华夏传播研究论丛

海外华夏传播
研究【陈国明卷】

谢清果 / 主编

《华夏传播研究论丛》（三卷）系

福建省高等学校人文社会科学研究基地"中华文化传播研究中心"建设成果
福建省学位办研究生导师团队"华夏文明传播研究团队"建设成果
厦门大学一流本科建设课程"华夏传播概论"建设成果
厦门大学"课程思政"建设课程"华夏传播概论"建设成果
福建省本科高校教育教学改革研究项目"华夏文明传播学的理论体系、教学模式与实践探索的综合改革"建设成果

九 州 出 版 社 JIUZHOUPRESS | 全国百佳图书出版单位

图书在版编目（CIP）数据

海外华夏传播研究：陈国明卷 / 谢清果主编. --
北京：九州出版社，2020.6
　（华夏传播研究论丛）
　ISBN 978-7-5108-9139-7

　Ⅰ . ①海… Ⅱ . ①谢… Ⅲ . ①传播学－研究－中国
Ⅳ . ①G219.2

中国版本图书馆CIP数据核字(2020)第089233号

华夏传播研究论丛

作　　者	谢清果　主编	
出版发行	九州出版社	
地　　址	北京市西城区阜外大街甲 35 号（100037）	
发行电话	(010)68992190/3/5/6	
网　　址	www.jiuzhoupress.com	
电子信箱	jiuzhou@jiuzhoupress.com	
印　　刷	北京九州迅驰传媒文化有限公司	
开　　本	720 毫米 ×1020 毫米　16 开	
印　　张	66.25	
字　　数	1268 千字	
版　　次	2020 年 8 月第 1 版	
印　　次	2020 年 8 月第 1 次印刷	
书　　号	ISBN 978-7-5108-9139-7	
定　　价	298.00 元（全三册）	

编者序

　　经过了四十余年的消化吸收，一些中国的传播学者开始集体性自我反思与批判：一是对中国传播学教育与研究的反思与批判——破的方面；二是致力于亚洲（中国）传播学派的建立——立的方面。所谓"立"，既有西方学者加强了对东方传播智慧的关注，这也是西方传播学向前发展的必然延伸，又有两岸和港澳学者及海外华人的跨文化传播研究使然，这也是中国传播学更上层楼的必然选择。华夏传播研究就在这样的背景下应运而生、发展壮大。近些年来，内地有厦门大学的黄星民教授等，香港有肖小穗教授等，美国有陈国明、赵晶晶、张惠晶、吕行、贾文山等学者，都勤力于探索中国传播学。黄星民教授是最早努力界定"华夏传播"概念的学者，他认为华夏传播研究将最终促成"传播学中华学派"[①]。陈国明先生也认为："正是华人传播学者，如何对中华文化诠释再诠释，创新再创新，建构出一个独立与特殊的所谓的'中华传播学'或'华夏传播学'，然后经由谈判与策略性的联系与互动，投射到全球脉络的过程。从传播学的角度，无疑地，中华传统文化蕴藏着大量尚待开发的宝贵知识。这种具有文化认同色彩和知识贡献，是未来人类全球化社会之所需。"[②] 进而，他主张严格构建华夏传播学的学科体系——当从本体论、认识论、方法论、形上论等方面努力。陈国明于2008年发表《有助于跨文化理解的中国传播和谐理论》一文，提出中国人传播活动的普遍理论，即以"仁""义""礼""时""位""几""关系""面子"和"权力"等九个概念为基础，并基于"变"的概念提出三条本体论假设：人类传播是一个不断变化、不断转换的过程；人类传播不变化，所依据的是无穷无尽却有一定秩序的宇宙循环；人类传播永远不会绝对完成或者说停止。进而又基于中国人的终极目标是"和谐"这一观点，而得出第四条假设："中国人的传播意在实现人类关系的和谐状态"，最

[①] 黄星民：《华夏传播研究刍议》，《新闻与传播研究》2002年第4期。

[②] 陈国明：《中华传播学研究简介》，陈国明主编：《中华传播理论与原则》，五南出版社2004年版，第20页。

终演绎出中国人传播活动的 23 条原则与 23 条定律，较为系统且富原创性地表述了华夏传播理论①。赵晶晶教授自述自己"长期在太平洋两岸奔走，立意在国际传播理论间的架构上起一介微力"。她在编译的《传播理论的亚洲视维》的前言中强调："作为一个既成事实，传播理论的亚洲中心学派已经在国际上出现，并在逐渐发展壮大和成熟，尽管该学派目前还不能说在国际传媒理论领域内领率一时，但影响已经开始形成。其视角之叠加多重，立意之新颖，分析之透辟明澈，触角之延伸多元，内涵之深沉丰富，理论之廓落大气，胸怀之开放宽容，对西方现有相关理论必将有所触动……"②剑桥大学文学博士维莫尔·迪萨纳亚克认为中印日韩等亚洲国家创造的文明必当依赖于积极有力的传播体系。而"传播学要想在亚洲以及世界的其他地方变成一种更有意义的研究，就必须与相关的知识本源、情境信息及本地思维模式相联系。因此亟须发展亚洲的传播学理论、概念、方法和模式"③。源于美国的传播学在世界的扩展，必须采取在地化方式，或者非欧美中心的世界其他各国应当自主发挥后发优势，从自己的历史传统中，从自己当下的社会实践中生发可以与欧美对话的传播观念和传播理论，以此自觉推动本国各项传播事业。在传播学者看来，传播是一切社会活动的基础，加强传播意识，培养传播能力，是一国文化软实力的关键一环，欧美的强势相当程度上正是因为欧美人民传播素养的优良。正如一些学者所常举的外来文化中国化的成功例子，一是古代的佛教中国化，二是马克思主义的中国化。佛教中国化即产生了中国化的佛教，例如禅宗，就是吸收中国道家、儒家等思想综合创新的产物。马克思主义中国化的成就——毛泽东思想、邓小平理论等对中国革命和建设都发挥了根本性的指导作用。且不说这其间蕴藏着的许多传播规律值得我们深入探讨，还有许多"小传统"，例如民间艺术、中华武术、民间信仰、村规民约，它们中若隐若现的传播智慧也值得我们去理性把握。这正是中国传播学当下应着力的重点。当下新兴的乡村传播学、发展传播学就应当细化研究，例如卜卫女士对儿童与媒介，性别与媒介关系的研究就是从传播学视角对乡村留守儿童现象的媒介接触以及社会发展媒介与性别观念变迁的内在关联进行探讨。华夏传播学的建构呼吁传播学人立足中国现实，梳理中国传播传统，含摄世界传播前沿，开拓创新。华夏传播是亚洲传播的有机组成部分，我们应当为维护亚洲传播学派地位做出自己的贡献。日本的

---

① 陈国明：《中华传播学研究简介》，陈国明主编：《中华传播理论与原则》，五南出版社 2004 年版，第 20 页。

② 赵晶晶：《探足于"后现代"、"后美国"与"复变"的交叉河流》，赵晶晶编译：《传播理论的亚洲视维》，浙江大学出版社 2008 年版，第 2 页。

③ 陈国明：《有助于跨文化理解的中国传播和谐理论》，赵晶晶编译：《"和实生物"——当前国际论坛中的华夏传播理念》，浙江大学出版社 2010 年版，第 19—42 页。

三池贤孝将"亚洲中心传播学术研究"定义为"一种理论体系或传播学派,其理念、基本原理和资源植根并来源于多样的亚洲文化传统所凝聚的智慧",他认为这种研究是"为了拓展和丰富目前以欧美为中心的人类传播理论,非西方的传播领域学者应当从本土和比较研究的视角,重新思考传播理论的本质"①。当然,亚洲学派内部各国传播传统也有其差异,当主要由各国传播学者去挖掘总结。诚然如是,华夏传播学(研究)的建构强调的也是基于传统中国(当然许多核心价值观依然在当代社会中发挥作用)数千年的传播经验而积淀的传播规则,甚至传播理论。中国和亚洲各国,尤其是受儒家文化辐射的亚洲各国形成相近的文化特性——"互惠性、他人导向性及和谐性",因此,亚洲传播衍生出三个基本面向:"传播发生在跨时空的多种关系的情境下;在许多情境下,传播者在认知和行为方面既主动又被动;互相适应在和谐传播过程中具备核心重要性。"②包括中国在内的亚洲传播重内向、重集体、重关系。华夏传播学的使命就在于整理中国传统的传播理念、传播理论、传播制度,这不仅是理解当下中国诸社会现象的重要依据,也是反思中国传统,构建未来和谐社会所需要的传播资源,还是丰富世界传播理论的必由之路。

海外华夏传播研究具有旗手式的学者当属美国罗德岛大学陈国明先生。海外华人传播学者从事中西跨文化传播研究,是自然而然的。居延安也常年在国外谈授跨文化传播问题。他们的身份诚然适合研究跨文化传播。这些学者大多是成年后移居或定居国外的,因此,他们在两国之间有深刻的跨文化体会。赵晶晶亦如此。陈国明也出版了《跨文化交际学》《跨文化传播学关键术语解读》等中文作品。其中,对华夏传播学研究推动最大的当属陈国明主编的《中华传播理论与原则》一书。陈国明是西方华夏传播研究的领军人物。他创办的"中华传播研究学会",便是凝聚华人传播力量,推动华人传播研究的影响。其中,一项重要作用便是中西汇通,以西方能够听懂的语言和方式表达中国的传播智慧。该书分3篇:第一篇由7篇论文探讨了华夏传播研究相关的宏观理论、方法问题;第二篇也由7篇论文中观层面探讨了道家、儒家、易经等与华人传播的关系问题;第三篇由10篇论文从微观层面研究了华人社会中的脸面、关系、礼、报、客气、缘、风水、占卜、气等与华人沟通的关系问题。该书的作者群大多是华人传播学界有影响的传播学者,能够较好地用传播话语表达中国传播富有独特的一面,因此一定程度上

---

① 赵晶晶:《探足于"后现代"、"后美国"与"复变"的交叉河流》,赵晶晶编译:《传播理论的亚洲视维》,浙江大学出版社2008年版,第2页。

② [斯里兰卡]维莫尔·迪萨纳亚克:《人类传播研究的亚洲方法:回顾与展望》,赵晶晶编译:《国际跨文化传播精华文选》,浙江大学出版社2007年版,第116页。

成为新时期有代表的华夏传播研究者。

上面结合海外华夏传播学者的情况介绍了陈国明老师的主要贡献。正是因为陈老师是海外华夏传播研究领域的代表性学者，因此，我邀请他参与到本丛书的出版，请他把自己最有代表性的论文，尤其是在海外以英文发表的论文，发给我，我找了几位博硕士帮助翻译成中文，并请陈老师校译后，汇集成著作，以惠及国内学者。本书的主要内容与框架是陈国明老师亲自审定的。相信本书的出版有助于推动国内华夏传播研究的进展 。

谢清果

2019 年 6 月 25 日

目 录

第一篇　理论建构

易经的传播模式

前言

作为一个具有普遍性的概念，"传播"存在于所有人类社会中。换句话说，不同社会中的人们都会经历"交换符号以达到相互理解之目的"的过程。因此，建立人类传播的普遍模型或者说普遍理论是有可能的，特别是在解释传播的存在、本质和组成部分时。不过，在对学者们所说的"我们不能不进行传播"（Watzlawick，Bravin & Jackson，1967）、"传播是符号性的、动态性的和发展性的"（如Chen 和 Chen，2005）或是"传播包含了信息发出者、编码过程、传播渠道、信息、信息接收者、解码过程、反馈、噪音、环境等因素"（如 Adler & Rodman，2006）都了然于胸之后，认识到"理解传播概念和实践传播活动的方式都要受到个人所在文化的影响"（Chen，2004）这一点就显得尤为重要。

以人类传播的共同组成部分为例。"编码过程"是指信息在形成并通过一定的渠道传递至信息接收者之前、在信息发出者的意识中进行符号创建的内在过程。不过在编码过程中，中国人会受到其文化教导（如"守诚""沉默是金""多说多错"等）的制约，因此在符号创建时非常小心。这一点反映在源自编码过程的信息中时就会使中国人的自我披露程度小于西方人（Chen，1995），信息的特性也会显得更加倚重关系、倚重他人（Chang & Holt，1991；Hwang，1987）。不仅如此，"以和为贵"的信念也让中国人更为内敛、间接，在反馈过程中避免对立（Chen，2001；Chen & Ma，2002）。所以这些都证明，从文化的角度看，不同的文化群体明显拥有不同的传播方式。

于是，文化对传播过程的影响为建立有效的传播模式提供了实际上的理论基础，此可用于解释特定文化群体成员之间的相互交流行为。从这一点上看，传播的这种主位模式（emic model）不再具有普遍性，即使它并不会对"从更抽象的/客位层面（etic level）看待传播的普遍性方式"产生挑战。基于这种看法和特点，本文尝试从中国文化的视角出发——尤其是基于《易经》——提出一个传播模式。它应该可以从一个较为微观的角度帮助人们更有效地理解中国人的传播行为，同时与可能存在的人类传播普遍模式进行比较。本文将先对以《易经》模式为基础的传播特征进行描述，然后从传播势力、传播活动形式和传播结果的角度出发对人类传播的整体性特征及动态性特征加以分析。

人类传播的《易经》模式

《易经》出现于两千多年前，汇集了古老的中华智慧；"变"是其中的关键概念，这是《易经》被称为"变之书"（*Book of Changes*）的原因。"变"的概念后来形成了中国哲学的本体假设，指导着中国人的传播行为。"阴"与"阳"这两种相反相成的势力辩证互动是"变"的源头。根据《易经》，有三种本体论假设将连续性引入变化的过程，调节阴阳互动（Chai & Chai，1969；Chen，2008a）。第一，宇宙（包括人类互动）是一个巨大的整体，一切都处在不断运转的过程中。第二，宇宙的运转呈环形。第三，宇宙的这种环形运转永无止息。因此，人类社会的所有矛盾都会在宇宙的这个连续变化过程中得以解决。

根据 Cheng（1987）的观点，具有相对性的不同"极"之间辩证相成是阴阳互动的结果。于是，一切都是蕴于阴阳互动的协同的整体处在不同的转化阶段之中。阴阳互动的整体性特征表现了一种总体性，"万物都属于它，万物都源于它"（p. 36）。阴阳互动以生成万物的观点成为中国人解释人类活动兴衰荣枯的框架（Xiao，2006）。不仅如此，阴阳互动转化之动态而和谐的平衡状态是生命维持的关键。缺乏和谐就意味着缺乏动态平衡，会导致人类活动的失败（Chen，1993）。图 1 展示了阴阳互动的《易经》模式，可用于展示人类传播过程。

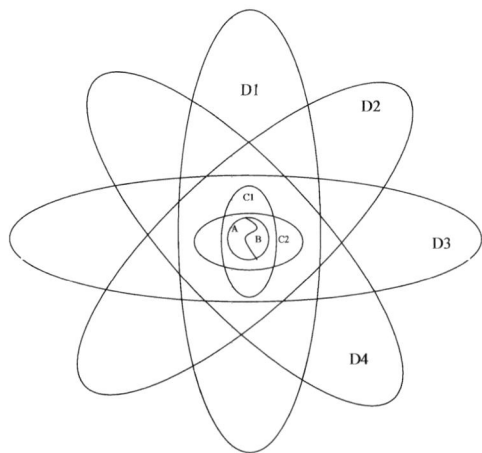

图 1：人类传播的《易经》模式

图 1 展示了两股宇宙势力（即"阴"和"阳"）互动的前进方向，遵循连续循环的形式，将带来人类社会的发展。永无止息的循环运转暗示了两种重要属性：相互关联的创造性以及和谐的等级性（Chen，2001；Fung，1983）。

"创造性"是说彼此互证的"阴""阳"二者活动是创造和再创造的过程。换句话说，"变"意味着创造和再创造，或如 Fang（1981）所说是"生生"（creative creativity）（p. 109）。阴阳的连续运动生成了"道"；而"道"又表现在人性之中，透彻万物，带来了"存在"的无穷演绎、无尽可能和无限潜力。在阴阳互动开始前，蕴于"诚"中的"感应"作用激发了"绝对静止"状态。换句话说，是真诚和实在的心灵形成了阴阳之间诚心感应的基础，将相反的两种势力合于一处，从而产生连续的创造，并在相互联系的运动循环中不断发展。

从人类传播的角度说，Xiao and Chen（2009）将《易经》中的"感应"概念定义为在二元因素之间培养相互联系和相互作用的一种有机势力。此外，"感应"天生具有一种道德和精神倾向，对于作为一个整体的其他生命具有同情心与同理心，要求人们从道德角度采取合适的做法和恰当的反应。通过这种匀称协调的传播过程，和谐的关系得以建立，平衡的状态得以达成。

在《易经》中，阴阳互动的等级结构通过各卦的"六爻"得以体现。从"初爻"（最下面一爻）到"上爻"（最上面一爻）的运动体现了"变"的原则和方式。根据 Chen（2008a），"初爻"指示变化的基础；"二爻"是萌发阶段，指示事物变化的生成；"三爻"是成形阶段，指示变化的具体化；"四爻"像树叶，指示变化的强劲增长；"五爻"是开花阶段，意指变化的繁盛；"上爻"是果实，意指变化的成熟，暗示着这是向另一个循环转化的阶段。（p. 8）

这种运动是有序的而非混乱的，是阴阳互动的动态过程。六爻之间的相互作用产生了等级关系的两种模式，每一种都含有"阴"或"阳"的特征："应"和"比"（Li，1987）。

"应"是指初爻与四爻、二爻与五爻、三爻与上爻之间的关系。对应之爻如果为一阴一阳，则"有应"；如果都是阳爻，或者都是阴爻，则"无应"。"有应"则相互吸引，"无应"则互相排斥。

"比"是指相邻两爻之间的关系，上面一爻为"乘"，下面一爻为"承"。如果"乘"之一爻为阳（代表强势，控制一方）、"承"之一爻为阴（代表弱势，顺从一方），则吉；反之则凶。如果相邻两爻都是阴或者都是阳，则明显相互排斥（Xu，1991）。

根据《易经》，等级关系的稳定性以六爻之间的动态互动为基础，由源于"卦"的三大因素决定：时（时间因素）、位（空间因素）、几（变化的微妙开端）（见

Chen，2008b；Wilhelm，1990）。换句话说，和谐的等级关系网络乃因"认识到了变化的轨迹（几）和合适的时间（时）从而在合适的情境（位）下使行为恰如其分"。由"时""位"和"几"构成的网络，为中国人构建行为方式和理解日常生活提供了基础。

基于以上对图1《易经》模型的讨论，我们可以总结出人类传播的五个特点：整体性、等级性、相联性、创造性与和谐性。

首先，人类传播是一个整体系统，由阴阳（图1模型中的A和B）之间的动态/辩证互动构成。虽然阴（和阳）自身就是一个系统，其中自身的势力会产生内在的转变过程，但是《易经》认为孤阴不生，孤阳不长。换言之，少了阴阳这相反的两股势力的互动，由"太极"呈现的整体系统（其中黑为阴，白为阳，见图2）就不能得以发展。

图2：太极图

第二，人类传播是创造性的。阴阳互动从而进行创造和再创造，此永无止息的过程使人类传播的整体系统得以发展。因此，人类传播是更高一层的系统，包含了不同层次的子系统（如图1模型中的A、B、C1、C2、D1-D4）。

第三，人类传播具有相互联系的特性。图1模型中的所有子系统都包含阴与阳；因此，它们是相互关联、相互依赖、相互交融、相互阐发、相互印证的。

第四，人类传播是等级性的。人类传播整体系统中的主要因素相互联系，其基础是这种关系的等级结构，受到时空条件的制约。

第五，人类传播是和谐的。和谐是中国人传播活动的终极目标（Chen，2002；Chen & Chung，1994）。阴阳之间的辩证互动意在实现动态平衡的状态，其中和谐被视为人类传播的终点而非手段。因此，所有的矛盾对立都应该在传播的过程中得以解决。

下文将进一步从《易经》模式的角度阐述人类传播的动态特征。

人类传播的动态特征

《易经》以变化作为宇宙的基本原则。人类传播是一个动态过程，其中的参与者努力利用辩证的、永无止息的、循环的转变过程达到和谐平衡的状态。这种整体和谐源于互动双方的相互融合和相互阐发，显示了人类传播活动的一种有序而具有发展性的特征；通过人类传播活动，事物得以展示，问题得以解决，目标得以实现。换言之，只有通过人类互动的动态过程，运动的轨迹才能通过学习和观察得以感测。正是通过这种传播的过程，人们才有可能通过引入连续性和稳定性来对变化加以调节，从而"可以建立适当的自我空间，发展人生价值，展示生命意义；因此人类能够与天地相对应、相融合，形成天地人之三角关系"（Chen，2008a，p. 8）。人类传播的这种动态特征以《易经》中"变"的概念为基础，可以从"势力""形式"和"结果"三个方面进行阐释。

人类传播的势力

人类互动的无限循环运转建立在两种原始势力——"直"与"方"相互作用的基础上。前者代表一种沿直线前行的势力，而后者沿"方"的方向形成一块开阔的空间（见表1）。Wilhelm（1990）认为，在《易经》中"直"代表乾卦，象征着不断开的实线（阳爻），纯阳，与刚健不息的天（图1中的A；图2中的白色部分）；它一直向前，无有旁扰，就像无限延伸的时间，生成了变化的质；而"方"代表坤卦，象征着断开的短线（阴爻），纯阴，与厚德载物的地（图1中的B；图2中的黑色部分）；它循方形而动，无有旁扰，就像无限伸展的空间，生成了变化的量。因此，"直"和"方"、时间和空间、质和量，两种不同的属性协和统一，形成了连续的循环运动，从而使人类传播的真实／存在得以完成。

表1：八卦和八种势力的性质

八卦	☰	☱	☲	☴	☳	☵	☶	☷
卦名	乾	兑	离	巽	震	坎	艮	坤
象征	天	泽	火	风	雷	水	山	地
势力	|	O	ノ	^	—	M	⌐	⊐
方向	直	圆	斜	尖	平	曲	扁	方
运动	开放	离心	向心	辐射	波动	陷入	专注	关闭
属性	创造性	循环性	附着性	渗透性	激起性	险陷性	濡滞性	接受性

两种原始势力的有机组合产生、再生了代表六种不同势力的其他六卦：震，坎，艮，巽，离，兑。向左或向右的滚动就像"震"卦，由一阳爻和两阴爻构成，是激起的雷；旋转的曲线运动就像"坎"卦，由一阳爻和两阴爻构成，是渊深的

流水；平稳迁延的运动就像"艮"卦，由一阳爻和两阴爻构成，是延绵的山；有独特指向的运动就像"巽"卦，由两阳爻和一阴爻构成，是具有穿透力的风；包罗万象的斜向运动就像"离"卦，由两阳爻和一阴爻构成，是附着的火；环形的活动就像"兑"卦，由两阳爻和一阴爻构成，是含有环动的湖。表 1 显示了这八卦和这八种势力的性质。

代表八卦的八种变化势力合在一处，系统地构成了《易经》所述的变化法则（Wang，1983）。八种势力连续地辩证互动、相互结合产生出人类传播的无限方式。

人类传播的转化形式

作为一种动态的过程，人类互动的活动 / 转化可以分成四种：本质的转化、速率的转化、统一的转化、对立的转化。每一类都包括两种变化。

首先，本质的转化包括量变和质变。量变是指交互活动之时空条件的变化，质变是指量变带来的互动本质的变化。以互动期间自我披露的过程为例，Wheeless（1978）识别出自我披露的五个维度各别程度的大小变化就可展示人类互动的量变。自我披露的量的变化不可避免地带来了人类传播活动的质变，Altman 和 Taylor（1973）的"社交渗透模式"（Social Penetration model）可以例证这一点。根据社交渗透模式，变化是以自我披露的宽度和深度为基础，而人类关系的"质"又取决于这种变化。比如说，浅交关系乃建立在自我披露的宽度（而非深度）基础之上；而亲密关系则需要自我披露具有较高水平的宽度和深度。在组织传播的层面上，如 Chen（2008a）所言，质变也可以通过采用一种新的用以提升组织表现的管理体系得以实现；这种做法常常会在组织内带来领导 / 管理性质的变化。

第二，速率的转化是指反映在人类传播的发展过程中的活动速度的变化，有渐变和突变之分。作为人类，我们努力通过传播过程满足三种社会需求：接纳需求、控制需求和情感需求（Schutz，1966）。随着交流活动的"量"与"质"逐渐变化，我们才能实现受到接纳、获得控制力以及建立情感关系的目标。渐变代表一种行为在时间和空间中逐步累积的演化过程。

Devito（2008）指出，人际关系从最初的接触阶段开始发展，然后进入参与阶段、密切阶段再到恶化阶段，最终是消解阶段。在更为详尽的分析当中，Adman & Rodman（2006）说人类关系的发展包括十个渐进阶段：开始、实验、强化、整合、联合、分化、限制、停滞、回避和终结。在每一个阶段中，关系的性质都显示出缓慢的、逐渐变化的过程。比如说，交流过程中的退缩、不愿自我披露、欺骗、掂量等都是逐渐变化的信号（Devito，2008）。因此，在最终的消解阶段之前出现的各种信号都是传播活动渐变过程的作用。

当渐变达到饱和，传播过程中的运动加速现象就会出现。这常常会带来革命性的或者说是突然的变化。换句话说，当累积的各种势力强度达到饱含的时候，"突变"就会发生，使得一个新的系统在很短的时间内出现。新系统代表着旧系统的死亡，因此为重生提供了机会。在人类传播中，各阶段累积的势力会带来一定的速率；当关系逐渐发展到恶化阶段或回避阶段，这种速率作为最后的推动力会将关系送入终结阶段或者说消融阶段。而在此过程中，一段关系的终点又为新关系的萌发埋下了种子。正如《易经》中革卦所示，当互动双方的观点阻碍了相互理解，这就意味着双方处在不能融合的状况，就像水与火。革命性的或者说"突变"就成为交流活动不可避免的结果。

第三，趋向"统一"的转变是指在和谐稳定状态下的两种变化："保合"与"太和"。变化的统一是一种平衡的状态，由互动双方进行相互协调、相互印证的传播活动而形成；和谐就是这种辩证平衡的产物。根据《易经》，在平衡的状态中，互动双方接受各自的真正本质与命运，进入永久相合的状态。

Chen（2008a）指出，根据《易经》，"保合代表了存续在稳定条件下的平衡状态，而太和是天地在保合状态下相互交流的基础"（p. 13）。换句话说，保合是阴阳之间的静态平衡，为太和提供了基础，继而"在对称与合和的条件下发展太和的过程"（p. 13）。平衡是变化的理想状态，在平衡中太和成为人类传播的终极目标。不仅如此，太和的平衡象征着一种整体性，只能从互动参与者之间的辩证相互关系出发进行理解。而这种辩证相互关系是一种无尽的过程，通过它，矛盾得以和谐互动；于是正如 Wang（1957）所说，可以将之看作一种没有矛盾的状态。这就是《易经》所述的"中"的状态，它构成了中国文化的核心思想（Cao，1986；Wang，1970；Xiao，2003）。

作为人类传播目标之所企及，"能力"（competence）的概念可以体现于为统一矛盾所做之改变。学者们将传播活动的"恰当性"和"有效性"视为一个硬币的两面（如 Chen & Starosta，1996；Wiemann，1977）。"恰当性"为传播活动设定了一个稳定的互联网络，而"有效性"则要求参与者在这个整体系统中运用传播技巧，将对立相统一。恰当性就像"保合"，而恰当性和有效性的结合就是"太和"。因此，"能力"意味着人类传播的平衡状态。

最后，趋向"对立"的转化也有两种：否定、否定之否定。"否定"是问题解决办法的变化。《易经》认为"否定"是停滞状态中向下一阶段前进的一种决定，显示了变化发展过程中的积极结果。交流参与者之间不相容的需求会产生冲突，而这种冲突会在传播的过程中得到解决，这就是一个"否定"的例子。它表现了从对立走向和睦的转化。否定活动揭示了一个事实：即使很难相处，通过传播过程，人们仍可以为新的局面、新的解决办法打下基础，拿出一定的肚量适应冲突、培养恰当的观念看待冲突（Wilhelm，1979）。否定是一种线性的变化，从一点到另一点；这其中没有反复，从量和质的角度看，它表现了系统的一种永久变化。

"否定之否定"是否定活动的一种连续性进程，是指从积极状态到消极状态，或是从对立到和睦再到对立的情况。如《易经》所说，变化即创造和再创造的过程，黑生成白，白又生成黑，无限往复；通过这种无限变化的螺旋式过程，连续性和持续性得以实现。这种螺旋式的过程不是和睦与对立之间的机械重复循环，而是意味着现象的再次发生绝不以与原来相同的形式再次出现。在螺旋运动的过程中没有相同的情况重现，这是"否定之否定"的特点。这就给了变化以机会，避免产生恶性循环，同时也达到对立与和睦之间的辩证平衡状态（Wang，1970）.

正如 Chen（1998）的"中国关系发展之《易经》模式"所展示的那样，在"关系"达到渊深阶段之后就会进入停滞，这给否定变化的激活提供了机会。此时，关系要么转向和同一个人重新建立一段新的关系，要么转向和另一个对象另起炉灶。不管是哪一种转向，都意味着关系发展的另一个（螺旋）循环，然后为新一轮的否定达到另一个停滞点。虽然连续的螺旋运动（对立—和睦—对立）反映了一种往返转化，但通过试着延长时间跨度、扩展和睦幅度，《易经》赋予了这种连续否定以积极意义。换言之，人类传播的目标就是"持盈保泰"，或者说是将基于"太和"的平衡状态最大化。表2总结了人类传播活动的转化形式。

表 2：人类传播活动的转化形式

本质		速率		统一		对立	
量变	质变	渐变	突变	保合	太和	否定	否定之否定
交流活动时空因素的变化	交流活动本质的变化	以演进的方式变化	以革命的方式变化	阴阳之间的静态平衡状态	阴阳之间的动态平衡状态	问题解决方法的变化	否定活动的连续进程

人类传播活动的结果

交流过程中的任何行为都是一个"因"，会带来一个"果"。"前因—后果"的运动代表了人类传播的结果。前文说到，"感应"现象源于"诚"，这就是交流活动中积极因果关系的一个例子。因此，在互动的不同阶段，参与双方的辩证交流产生了一系列结果。根据《易经》，传播的结果或为积极或消极。积极的结果象征着好运（吉），消极的结果象征着厄运（凶）。

比如，Knapp and Vangelisti（1992）总结说：合与分是人类关系发展的两种结果，深植于传播过程当中。经过开始、实验、强化、整合、联合的渐变步骤，"合"表现了人类关系的积极结果；经过分化、限制、停滞、回避、终结的渐变步骤，"分"表现了人类关系的消极结果。《易经》说，"吉"（即人类传播的积极结果）的方向是从"无咎""亨"到"利"。"凶"（即人类传播的消极结果）的方向是从"悔""吝"到"厉"（Chen，2008a）。在人类传播活动中，吉是获得之象，凶是失去之象。

那么，人们如何将人类传播之平衡的理想状态或者说"吉"的理想状态永久维持下去呢？换言之，一个人参与传播活动，如何才能成功地对变化加以调节、从而使传播的动态过程具有连续性呢？或者换一种说法，一个人通过什么样的方式才能实现《易经》所定义的传播能力呢？答案就是"中道"。《易经》说"中道"是人类传播的指引。Cheng（1983）和 Tseng（1986）认为，中道是在传播过程中保持"恰当"与"有效"的方法。它使传播参与者获得感测运动轨迹（几）从而在合适的时间（时）合适的情境（位）采取合适的做法的能力（Chen，2008b）。前文有述，从中国人的角度看，传播能力是时（时间条件）、位（空间条件）和几（变化的微妙开端）的综合结果。不仅如此，Chen（2002）指出，基于《易经》的中国式传播能力表现在了控制情感、避免攻击行为、避免说不、保留面子和强调特殊关系这五种传播行为中。

结论

传播是人类的普遍行为。作为一种符号性的、动态性的和发展性的过程，传播实现了人类行为和人类存在，所以我们是有可能获得人类传播的普遍模式的。不过，文化的影响让不同群体的人们在传播过程中拥有不同的行为方式；所以，即使人类传播现象是普遍的，我们有必要基于某一种特定文化来建构传播模式，以便更有效地来理解这一文化群体成员的传播行为。以此为基础，本文既认识到了获得一种人类传播普遍模式的可能性，同时又尝试建立以《易经》为基础的传播模式——这可以用来更有效地阐释中国人的传播行为。

本文列出了《易经》传播模式的五个特征，包括：整体性、等级性、相连性、创造性与和谐性。所有这些特征都受到人类传播的动态本质的制约。通过传播，人们努力达到蕴于辩证的、无穷的、循环的转化过程中的和谐状态。人类传播的这种动态转化或者说变化，通过两股相反相成的宇宙原始势力（即"阴"与"阳"）交互作用而产生，反过来又继续产生了震、坎、艮、巽、离、兑这六种势力。如《易经》所述，这八种势力在一起形成了人类传播的变化法则。而这八种势力之间的连续性辩证互动以及它们的联合创造了人类传播的无限形式。

在人类传播过程中，变化的八种势力相互作用形成变化的四种类型，每种类型又分两种：（1）本质的变化：量变和质变；（2）速率的变化：渐变和突变；（3）统一的变化：保合和太和；（4）对立的变化：否定和否定之否定。人类传播过程中的每一个变化都代表了一个"因"，会引向一个"果"，而这个果代表了交流活动的结果。《易经》指出，人类传播活动的结果可以是积极的或者是消极的。人类传播的积极结果（"吉"）是从"无咎""亨"到"利"。人类传播的消极结果（"凶"）是从"悔""吝"到"厉"。根据《易经》，人类传播的目标是：通过恰当而有效地控制变化微妙之始（几）、时间条件（时）和空间条件（位），将人类传播之"吉"的理想状态或者说平衡的理想状态永久维持下去。

总之，除了认识到可以有一种普遍模式用于描述人类传播现象之外，本文还提出人类传播的《易经》模式可以用于更有效地从主位的角度出发理解中国人的传播行为。这个模式反映了中国人与西方人在交流活动中有可能存在的价值取向或道德取向差异。未来的研究可以更为系统地考察这些源自文化影响的差异。最后，以后的研究还可以进一步将人类传播的《易经》模式运用于研究交流活动的关键概念（比如"关系发展"和"传播能力"），从而更有效地解开文化间的传播差异，丰富人类传播研究成果。

参考文献

Adler, R. B., & Rodman, G. (2006). *Understanding human communication*. New York: Oxford University Press.

Altman, I., & Taylor, D. A. (1973). *Social penetration: The development of interpersonal relationships*. New York: Holt, Rinehart and Winston.

Cao, M. (1986). Zhong dao and Chinese culture. In M. Cao, et al. (Eds.), On I Ching learning (pp. 79-94). Taipei, Taiwan: Li Ming.

Chai, C., & Chai, W. (1969). Introduction. In J. Legge (trans.). *I Ching: Book of changes* (pp. xxvii-xcii). New York NY: Bantam.

Chang, H.-C., & Holt, G. R. (1991). More than relationship: Chinese interaction and the principle *guan-hsi*. *Communication Quarterly, 39*, 251-271.

Chen, G. M. (1995). Differences in self-disclosure patterns among Americans versus Chinese: A comparative study. *Journal of Cross-Cultural Psychology, 26*, 84-91.

Chen, G. M. (1993, November). *Communication competence: A Chinese perspective*. Paper presented at the annual convention of the Speech Communication Association, Miami, Florida.

Chen, G. M. (2001). Toward transcultural understanding: A harmony theory of Chinese communication. In V. H. Milhouse, M. K. Asante, and P. O. Nwosu (Eds.), *Transcultural realities: Interdisciplinary perspectives on cross-cultural relations* (pp. 55-70). Thousand Oaks, CA: Sage.

Chen, G. M. (2002). The impact of harmony on Chinese conflict management. In G. M. Chen & R. Ma (Eds.), *Chinese conflict management and resolution* (pp. 3-19). Westport, CT: Ablex.

Chen, G. M. (2004). Preface. In G. M. Chen (Ed.), *Theories and principles of Chinese communication* (pp. 1-2). Taipei, Taiwan: WuNan.

Chen, G. M. (2008a). *Bian* (Change): A Perpetual Discourse of *I Ching*. *Intercultural Communication Studies*, 17(4), 7-16.

Chen, G. M. (2008b). Toward transcultural understanding: A harmony theory of Chinese communication. *China Media Research, 4*(4), 1-13.

Chen, G. M., & Chen, H. H. (2005). *An introduction to human communication.* Taipei, Taiwan: Jiuliu.

Chen, G. M., & Chung, J. (1994). The impact of Confucianism on organizational communication. *Communication Quarterly, 42*, 93-105.

Chen, G. M., & Starosta, W. J. (1996). Intercultural communication competence: A synthesis. *Communication Yearbook 19*, 353-383.

Chen, G. M. (1998). A Chinese model of human relationship development. In B. L. Hoffer and H. H. Koo (Eds.), *Cross-cultural communication East and West in the 90's* (pp. 45-53). San Antonio, TX: Institute for Cross-Cultural Research.

Chen, G. M., & Starosta, W. J. (2005). *Foundations of Intercultural Communication.* Lanham, MD: University Press of America.

Cheng, C-Y. (1983). Searching for a modern model of Chinese management. *China Tribune, 16*(9), 27-31.

Cheng, C-Y. (1987). Chinese philosophy and contemporary human communication theory. In D. L. Kincaid (Ed.), *Communication theory: Eastern and Western perspectives* (pp. 23-43). New York NY: Academic.

Devito, J. A. (2008). *The interepersonal communication book*. San Francisco, CA: Benjamin Cummings.

Fang, T. H. (1981). *Chinese philosophy: Is spirit and its development*. Taipei, Taiwan: Linking.

Fung, Y. L. (1983). *A history of Chinese philosophy*. Princeton, NJ: Princeton University Press.

Hwang, K. K. (1987). *Renqin* and face: The Chinese power game. *American Journal of Sociology, 92*, 944-974.

Knapp, M., & Vangelisti, A. (1992). *Interpersonal communication and human relationship*. Boston, MA: Allyn and Bacon.

Li, Y. K. (1987). *An interpretation of I Ching*. Taipei, Taiwan: San Wen.

Schutz, W. (1966). *The interpersonal underworld*. Palo Alto, CA: Science and Behavior Books.

Tseng, S. C. (1986). *The Chinese idea of administration*. Taipei, Taiwan: Lien Ching.

Watzlawick P., Bravin J. H. and Jackson D. D. (1967). *Pragmatics of Human Communication*. Norton Publishing, New York.

Wang, B. S. (1989). *Between Confucianism and Taoism*. Taipei, Taiwan: Han Kuan.

Wang, H. S. (1957). *The tai chi model*. Taipei, Taiwan: Min Zhu Xian Zheng.

Wang, H. S. (1970). *An annotation of I Ching*. Taipei, Taiwan: Xin Shi Ming.

Wang, H. S. (1983). *The study of action*. Taipei, Taiwan: Long Hua.

Wheeless, L. R. (1978). A follow-up study of the relationships among trust, disclosure, and interpersonal solidarity. *Human Communication Study, 4*(2), 143-157.

Wiemann, J. M. (1977). Explication and test of model of communication competence. *Human Communication Research, 3*, 195213.

Wilhelm, R. (1979). *Lectures on the I Ching: Constancy and change*. Princeton, NJ: Princeton University Press.

Wilhelm, R. (Trans.) (1990). *The I Ching*. Princeton, NJ: Princton University Press.

Wu, Y. (1976). *The philosophy of Cheng in Chuon Yuon*. Taipei, Taiwan: Don Da.

Xiao, X. (2003). *Zhong* (Centrality): An everlasting subject of Chinese discourse. *Intercultural Communication Studies, 12 (4)*, 127-149.

Xiao, X. (2006). *Yijing:* A self-circulating and self-justified Chinese cultural discourse. *Intercultural Communication Studies, 15*(1), 1-11.

Xiao, X., & Chen, G. M. (2009). Communication competence and Moral competence: A Confucian perspective. *Journal of Multicultural Discourses, 4*(1), 61-74.

Xu, Z. R. (1991). *The interpretation of the yin yang hexagrams of I Ching.* Taipei, Taiwan: Li Ren.

译者：J. Z. 爱门森

原文出处：Chen, G. M. (2009). Toward an *I Ching* model of communication. *China Media Research, 5*(3), 72-81.

易经八卦的人际关系发展模式

前言

　　人类不是独居性的生物，当我们思欲与他人分享喜、怒、哀、乐、爱、恶、欲等七情六欲之时，也正是寻求与他人建立人际关系 (interpersonal relationship) 网的时候。从我们出生的那一刻，我们已经开始经由沟通的管道，编织一个社会关系网 (social network)。人性本就具有爱与被爱的本质，这种本质随着年龄的成长，逐渐地表现出来。换句话说，人类一生都持续着与周遭的人们发展 (develop)、维系 (maintain) 以及终止 (terminate) 相互间的关系。

　　人际关系指人们在日常生活里，如何在陌生 (strange) 与亲密 (intimate) 之间的连续线上，相互对待的过程。对人际关系内涵的认知，不同文化会有显著的差异。例如，阿拉伯人把人际关系看作一个相当个人化 (personalized) 的现象，开始与发展得比其他文化快速。阿拉伯人也认为朋友的义务之一，就是随时能够尽己所能帮助他的朋友。这似乎和东亚文化有类似之处。但是大部分加拿大与美国人则不认为朋友有义务对朋友提供协助。他们通常不轻易请求朋友帮忙，除非是在陷入困境而且找不到其他协助的情况下 (Klopf, 1995)。

　　不过，不管文化对人类认知关系的影响为何，人类这种与他人联系的欲望，同是建立在"社会需求"(social needs) 的基础上。根据 Schutz (1966) 的研究，人类的社会需求包含了三个要素：归属感 (inclusion)、支配力 (control) 以及情感 (affection)。

　　归属感 (inclusion) 是我们意欲参加社交、文化、宗教或学术等不同团体的动因。在不同的团体与成员建立人际关系，是人们发展自我认同 (personal identity) 的基本步骤，因为只有在具有归属感的团体内，个人的特质与思想行为才能够受到接受与认同。

支配力 (control) 代表影响他人思想行为的能力。支配力通常来自一个人的知识、吸引力或权威。人类沟通的过程，其实就是互动者彼此说服对方，也就是经由个人支配力彼此影响对方的过程。显示支配力的行为，可包括如提供他人不知晓的讯息、提供新点子、鼓吹行动、替人解决冲突或排解纠纷或同意对方意见等项目。

情感 (affection) 需求则是人类追求爱人与被爱的欲望。为了维持良好的人际关系，归属感和支配力必须以情感来调和。情感的流露可以培养出亲密的感情和产生海誓山盟的承诺。只有情感有了适当均匀的表达与维护，人类才能彼此在生理、心理其他方面紧密地联结起来。

总而言之，人际关系乃是人们在社会需求的领域中寻求建立连接网路的互动过程。在这个彼此试着满足对方归属感、支配欲与情感需求的过程，因为双方文化背景、宗教信仰、教育程度与个性等因素的影响而产生正面或负面的结果。

从文化的角度而言，文化对关系发展的取向具有重大的影响。例如，文化的差异在两人开始互动时就扮演了一个重要的角色。有些文化对与陌生人的交谈比较开放，有些则相当保守。Barnlund (1989) 的研究，即显示了美国学生对陌生人的态度，比较开放与具有接受性，他们可以在不同场所，敞怀地与陌生人攀谈；日本学生在同等的时间内，与陌生人攀谈的次数则比美国学生少得多。传统上，中国的妇女是不准与陌生男人交谈的。中东回教国家，妇女与陌生男人交谈也是一种禁忌。

Yum (1988) 曾以东亚文化为例，说明了儒家思想对社交关系和沟通形态的影响，并与北美文化做了一个比较。她首先指出，东亚与北美文化对沟通的看法，最主要的差别在于前者以社交关系为重，后者以个人主义为主。东亚文化的这种思想取向，主要是受到儒家对仁、义、礼、智四个概念的重视的影响。这四个概念的信仰，对东亚人的沟通过程形成了与北美不同的重大影响。其中一项就是人际关系运作的形态。例如，Yum 认为东亚人在人际关系运作上，比较受到一组清晰的规范 (norms)、层级 (hierarchy)、互惠 (reciprocity)、你我族类 (in-group and out-group)、仲裁 (mediation) 与形式 (formality) 等价值取向的制约；北美的文化对人际关系的处理则比较重视客观 (objectivity)、平等 (equality)、公平 (fairness)、一视同仁、不重形式与公私分明的法则。

足见不同文化在人际关系的发展、维系与终止的过程，各具不同的特色与方法。本章的目的乃是试图从中华文化的角度，发展出一个适合解释华人人际关系演进过程的模式，并更进一步以此模式对华人人际关系加以分析。全文的讨论，分以下几个部分进行：人际关系研究的理论模式，一个中华文化的关系模式，中华文化关系模式的特色与形态，中华文化关系模式对沟通行为的影响，和谐关系的另一面以及结论。

人际关系研究的理论模式

研究关系建立的理论与模式俯拾可得，本节就简单地讨论几个比较具有代表性的论述：社会交换理论 (social exchange theory)、社交关系渗入理论 (social penetration theory)、不确定性减除理论 (uncertainty reduction theory)、沟通适应理论 (communication accommodation theory)、Devito 的关系五阶模式、Knapp & Vangelisti 的关系两段十层模式以及第三文化建立理论 (third-culture building theory)。

社会交换理论 (social exchange theory) 以经济学的奖赏 (reward) 和代价 (cost) 两个概念为基础，主张人们凡事都会衡量奖赏和代价的差异，并试图争取最大的效益。交易中，如果奖赏大于代价，人们会趋之若鹜；如果代价大过奖赏，人们则按兵不动或避之唯恐不及。应用到人类关系的发展也是一样，如果交往的过程，充满着欢笑、情意、尊重、权力地位等奖赏性的成分，人们通常会继续追求该项关系的进展。如果关系满是仇恨、不快、痛苦、财务损失等负面代价，人们会裹足不前或结束双方的关系 (Thibaut & Kelly, 1959; Roloff, 1981)。

社交关系渗入理论 (social penetration theory) 则认为人们关系的进展建立在自我表露 (self-disclosure) 的基础上。从表露讯息的深度 (depth) 和广度 (width)，可以判断出彼此之间的关系仅是泛泛之交 (causal/superficial relationship) 或具有深交 (personal/intimate relatonship) 以及关系进展的四个阶段：适应期 (orientation stage)、探测性的情感交换期 (exploratory affective exchange)、情感交换期 (affective exchange) 以及稳定期 (stable stage) (Altman & Taylor, 1973)。

在适应期的表露均属于表面性的或刻板印象性的讯息；探测性的情感交换期的讯息，围绕在互动者个性周边的事实；在情感交换期，彼此开始感到自在地表露个人的意见；进入稳定期则可以无所不谈，不会有所顾忌。

不确定性减除理论 (uncertainty reduction theory) 专门用来检视人们在见面初期，彼此如何开始来认识对方的过程。不确定感 (uncertainty) 指在认知上，因无法在不明情况下适当解释自己或对方的思想行为所引起的焦虑感 (Berger, 1979; Berger & Calabrese, 1975)。这个理论主张，唯有减低这种焦虑感人们才有办法发展关系。因此，在关系发展的过程，人们一直是试着经由讯息的交换行为来减低不确定感。通常有三种策略，可用来达到减低不确定感的目的：被动、主动和互动策略。

被动策略 (passive strategy) 指不直接与对方沟通，但暗中观察对方在不同情况下的行为，收集可资了解对方的资讯。不确定感经由这个间接资料收集的过程得以减轻。主动策略 (active strategy) 也不直接与对方沟通，但却积极地从认识对方的人们或朋友收集有关对方的资料。由于没有与对方直接对话，因此被动与主动两种策略所收集的资讯不见得是正确可信的。最后，互动策略 (interactive strategy) 则使用两种方法。第一是直接询问对方有关他们的资讯，第二是经由自我表露，让对方了解你自己。询问对方加上自我表露，通常会使对方觉得有义务提供适当的资讯。互动策略所得的资讯比前两者正确。

沟通适应理论 (communication accommodation theory) 融合了言语适应理论 (speech accomodation theory) 和民族语言认同理论 (ethnolinguistic identity theory)，探讨在社会与心理情境下，双方沟通进展的情形以及沟通与个人特性之间的关系 (Gallois, Franklyn-Stikes, Giles, & Coupland, 1988)。沟通适应理论以三个概念为基础：聚合 (convergence)、分歧 (divergence) 及维系 (maintenance)。

聚合 (convergence) 指改变自己语言表达的方式来适应互动对方，以显示彼此之间的休戚与共；分歧 (divergence) 指刻意强调与互动对方，在语言上使用的不同；维系 (maintenance) 指不顾互动对方，持续使用自己的语言表达方式。在文化间沟通的过程，聚合的使用可以增加吸引力，分歧则相反。少数族裔在发现自我语言的重要性时，通常会采用维持的方式持续使用自己语言或表达方式 (Giles & Johnson, 1981;Giles & Powesland, 1975)。

Devito (1992) 的关系模式，着重在关系发展的阶段。他发现人类关系的发展，可分为五个阶段：接触期 (contact)、投入期 (involvement)、亲密期 (intimacy)、恶化期 (deterioration) 以及分手期 (dissolution)。每一期的发展都有一个起头与结尾。在结尾的时候，互动者必须决定，关系就停驻在该阶段，或继续往另一个阶段推进。

在接触期，彼此的互动停留在交换表面性或非个人性的资讯。如果喜欢对方的话，关系转入了投入期。在这个阶段，互动者开始与对方建立联系 (association) 的关系。初始之际，互动者会以提出不同问题的方式测试自己决定转入接触期的可行性。若情况可以接受，就会逐渐地加强联系的关系，迈入亲密期的初阶。在亲密期，彼此发生了感情，产生了责任感，于是成了好朋友或爱人。这种感情，首先是两个人私底下秘密进行着，强化到某个阶段后，自然地公开化。男女之间，最后是走到地毯的另一头，结为连理。

如俗语所言，"人无千日好，花无百日开"，人类的关系像潮水一样，有涨退的时候，如果没有适当的处理，彼此的感情会开始恶化。恶化期和分手期代表了关系的倒退与衰败。个人持续的不满显示了关系恶化期的征兆。这种个人的不满意，使得互动者开始怀疑两者之间关系的重要性与持续该段感情的必要性。

个人负面的情绪如果有增无已，会开始觉得与对方在一起有点尴尬 (awkward)，继而减少互动。没有仔细与诚意来呵护这段情，两人的关系开始波涛汹涌，冲突发生的频率增加，终至不可收拾的地步。也就是到了决定是否要斩断情丝的时刻，在这个分手期，朋友间逐渐减少见面的机会，夫妻间可能决定分居一段时间。如果情况没法改善，从此挥手拜拜，不再相见。

Knapp and Vangelishti (1992) 的模式，把人类关系的进展细分为两大阶段，每个阶段又以五个层次区分关系的分和。两个阶段为聚合 (coming together) 和分离 (coming apart)。

合则来，不合则去。聚合阶段象征着彼此吸引力的升迁，这个阶段包括了五个层次：启动 (initiation)、试验 (experimenting)、强化 (intensifying)、整合 (integrating) 以及联结 (bonding)。这五个层次，可说是 Devito 关系模式前三个阶段的延伸。

启动层次发生在人们初次见面之时，试着展现一个正面的形象 (positive image)，在此层次的互动，大致上遵循着社交的规范 (social norms)，使行为不逾矩。这个层次也提供互动者，一个判断对方能力的机会。进入了试验的层次，互动者开始以表面性或陈腐性的话题来减低情境的模糊性 (ambibuity) 或不确定感 (uncertainty)。双方于是发现彼此间相似 (similarity) 的部分，泛泛之交的关系也因此发展起来。到了强化的层次，有关个人与心理性的资讯大幅度地增加。互动者开始有发展亲密关系的欲望。双方的互动因非正式符码 (informal codes) 的增加而逐渐强化。深入的交谈与个人特性的表露也是这个层次的特色。关系发展到整合层次后，生理与社交上的亲密性 (closeness) 逐渐增强。双方开始调整自己的生活脚步，以彼此配合。两人独自相处的时间增多，彼此也参与对方的社交团体，浪漫与亲密的关系于是成立，心理也有了终生相守的准备。联结层次是罗曼蒂克关系结成的花果。彼此形影不离，如胶似漆，经由公开仪式 (public ritual) 或订婚或结婚，显示彼此给予对方的承诺 (commitment)。以有形的社会契约的方式来表现关系的稳定性 (stability) 与安全感 (security) 是此层次主要的特征。只是花不常开，人不常乐，联结后的生活必须面对内外现实的挑战。如果无法共同协力，彼此睁一只眼闭一只眼，龃龉与冲突的次数与严重性不免增加。彼此的关系也往分离 (coming apart) 的方向沉沦。

分离阶段象征彼此吸引力的坠落，这个阶段也包括五个层次：分辨 (differentiating)、划分界限 (circumscribing)、停滞 (stagnating)、回避 (avoiding) 及终

结 (terminating)。这五个层次，可说是 Devito 关系模式最后两个阶段的延伸。

在分辨层次，双方可能猛觉彼此个性似乎不合，因此开始注重两人的差异 (difference)。意见不同的次数也逐渐增加，于是回头检讨两人海誓山盟的联结 (bonding) 是否是正确的抉择。两人进而划分界限，减少彼此沟通的时间。亲密性讯息的互换也不再那么热络。保持沉默变成一种让自己感到舒适的选择。双方非讲话不可的时候也尽量停留在表面性的资讯互换。关系发展到停滞的层次，不仅认为保持沉默是较好的选择，而且认为根本没有对话的必要，因为不用说就已经知道结果了。感觉上，对方似乎变成了陌生人，讲起话来，感觉实在很别扭。避不见面于是成了最好的选择。最后，终结代表关系的云消雾散，所有包括困窘 (embarrassment)、迟疑 (hesitation)、愚蠢 (ineptitude) 等异样的感觉在此层次统统出笼。断线是解决这种困境不得已的抉择，于是对方变成了前夫、前妻等以前彼此相好过，但现在已是各自飞的鸟儿。

最后，第三文化建立理论 (third-culture building theory) 是应用在跨文化关系发展的理论。以文化综合 (cultural synergy) 论点为基础的第三文化建立理论，在 1992 年即由 Starosta and Olorunnisola(1995) 两位学者提出，之后经由 Casmir (1993, 1999) 的接续研究，促使第三文化建立理论，成为探讨跨文化关系发展的重要理论。

依照 Adler (2002) 的说法，文化综合论主要的特色在于确认与整合了两个以上文化互动时的同与异。同时顾及文化间的异同，并加以综合，代表了一加一等于三的有力模式。这个理论，原先是使用在跨国公司的环境，后来应用到跨文化的关系 (Shuter, 1993)。Casmir (1993, 1999) 把第三文化关系的建立，分为四个阶段：接触期 (contact)、需求期 (need)、依赖期 (dependence) 以及互依期 (interdependence)。

首先是接触到了另一个文化的人、事或物。接触之后，很可能因缺乏技巧、恐惧等因素，决定不再往前发展。跨文化关系的建立也因此无从生起。初期的接触也可能发现类似的经验与自己的某种需求 (need) 有关，例如求偶或满足好奇心等。有了需求上的可能配合，最明显的行动就是开始寻求互动 (interaction)，做更进一步的接触。经由较深入的沟通过程，新的需求可能产生，旧的需求可能需要改变或重新调整，以便配合 (accommodate) 对方和衍生的关系。需求的满足和变迁的过程，若不再存在或失去兴趣，关系就此寿终正寝。顺利的话，互动会继续发展出双方彼此的依赖 (dependence)，以达互利之目的的关系。在这个互信互赖的过程，第三文化关系的建立开始浮现，也就是在可能浮现的第三文化关系的结构内，彼此通过沟通和谈判，试图调整双方互动的规范、个人的角色或双方可同时接受的互动结果。最后，关系成熟后，建立在所谓的"相互依赖"(interdependence)的第三文化关系，于焉而成。"相互依赖"指互动双方，在持续对话沟通的过程，能彼此接受这个事实：文化的发展和变迁，与个人的安全感，只有经由双方互信互赖，而非冲突的过程，才能达成。当然，维持这个终极的第三文化所建立起来的关系有赖于持续不断的学习。

从以上几个有关人际关系建立的理论与模式，一方面可以看到人类关系形成、发展与结束之过程的普世性；另一面却也看到，所有这些理论模式完全是西方学者从西方文化的角度所发展出来的。若应用到东方或其他文化，其有效性的程度为何仍是个值得怀疑与有待查证的。除了在不同文化的脉络中，测试这些理论之外，另一个可行的方法，就是从不同文化的面向发展出适合解释该文化内人际关系建立过程的理论模式。下一节就朝着这个方向，以中华文化的土壤为基础，从《易经》的本体观与后天八卦，试着发展出一个比较适用于解释华人人际关系演进与特色的模式。

一个中华文化的关系模式

《易经》"一阴一阳之谓道"与"是故易有太极，是生两仪，两仪生四象，四象生八卦"的思想，可以推演出一个华人特别注重互动，双方相辅、相生与相克的生生不已的整体性与动态性的沟通关系（陈国明，2003）。从这个模式，我们更可以进一步演化出一个关系发展的中华文化模式（陈国明，1996; Chen, 1998）。

《易经》提供了三项引导华人沟通行为的本体观 (Chai & Chai,1969)：

第一，宇宙是一个转化 (transforming) 的大整体，没有任何元素是永恒不变的。因此，人类关系的发展也是一个变迁和转化的过程。

第二，宇宙的运转呈环形 (cyclic) 或螺旋形 (spiral) 而非一直往前推移的运动。人类关系的发展，循着这个环形规律，如同日夜的更迭和潮汐的涨落，一来一往地转换着。

第三，宇宙的转化是一个永无止息 (endless) 的过程。人类关系的发展，因此也是一个没有终点或绝然完成的过程。

这个转化、环形以及永无止息的阴阳互动过程，强调了人类沟通的整体取向 (holistic oriented)，并且显示了互动者之间动态平衡 (dynamic equilibrium) 的结构。这个过程也展现了一个启蒙开放的心灵，引导人们能够在互利互惠的基础上，彼此有尊严地沟通和相互影响。这很类似 Thayer (1987) 所谓的"能够彼此被沟通"(to be communicated with) 的互动环境。由此可以看出，"和谐地联系"(harmonious connection) 乃是华人发展彼此间关系的主要目标 (Chen, 1994)。

建立在上面讨论的三项本体观点，《易经》后天八卦的交互运动提供了一个可以用来阐释人类关系发展的辩证法则。易经八卦象征着大自然八个主要的属性，每一卦同时有固定的时间与空间加以搭配，这八卦的演进正好可以用来代表人类关系发展的八个阶段。其顺序与内涵如下：

第一阶段：震—雷—激起

震卦以雷的激起为象征，时间是清晨四点半到七点半。这是万物始生或开始苏醒的时刻，也正是人类关系发展的萌芽期，代表人类关系发展的第一个阶段。如同即将升起的朝阳，我们内心兴起了一股与他人建立联系的欲望。这种欲望显示了我们的心理动机和在感情上寻求与他人搭上线的内在蠕动。

在这个阶段，人类包括归属感、支配力以及情感的社交需求，仍是处于一种待发的潜意识状态。这种内在蠢蠢欲动的刺激是推动往后行动的基本动力。个性(personality)是决定此阶段转化与否的主要因素，基于个人的属性，我们开始建构喜欢或不喜欢的人的形象。与人建立联系的内在动机一旦外显之后，关系的发展于是进入了第二个阶段。

第二阶段：巽—风—渗入

巽卦以温煦和风渗入万物为象征，时间是早上七点半到十点半。这是受到了太阳初升的激起，微风带给大地元气的时刻，代表人类关系发展的第二个阶段。如同欣欣向荣的花草树木，我们开始接触内心想建立关系的对象。

有了接触的欲求，我们自然会慢慢地收集有关对方的资讯。这个过程，通常是依循着自己文化的社交规范或礼仪，试图建立有关正面的形象。因为是接触的初期阶段，所收集到有关对方的资讯大致上属于表面性的居多。但是这表面性的资讯却能够把双方从陌生人 (stranger) 的阶段提升到彼此相识 (acquaintance) 的层次。若持续下去，两人的关系于是进入了第三个阶段。

第三阶段：离—火—附着

离卦以明亮火焰附着万物为象征，时间是早上十点半到中午一点半这段时间。这是热烈的阳光普照大地的时刻，代表人类关系发展的第三个阶段。如同光明的太阳，两人建立的关系充满着亮丽与活泼的色彩。在这个阶段，我们强烈地感受到对方的吸引力，开始向对方表示在情感和心理上彼此相互依赖扶持的欲望。

由于火的产生必须依赖对方（如木头）的存在，因此是否能够与对方碰出感情的烈火，有待对方善意的回应。若东风齐备，双方于是开始发展出朋友的关系网，彼此寻求更深入的个人讯息。个人讯息的增加意味着更进一步的彼此了解，双方的独特性和真正的魅力也因此逐渐地展现。如果双方能够搭配，彼此接受，亲密的感情将如火如荼地进入第四个阶段。

第四阶段：坤—地—承受

坤卦以温柔大地承受万物为象征，时间是午时一点半到四点半。这是太阳渐向西移，喂息的黄昏时刻来临，代表人类关系发展的第四个阶段。如同慈爱的大地，敞开着胸怀，双方已经发展到了彼此接受对方情感的地步。

发展到这个阶段的关系，宛如含苞待放的蓓蕾，等待着盛开出美丽的花朵。亲密的关系，于焉形成。彼此在生理、心理和社交上的依赖性与亲近程度，也大幅度地增长着。两人生活的脚步逐渐取得同调，继续下去，共同组成一个生活世界的欲望已势在必行。这是第五个阶段的开始。

第五阶段：兑—泽—喜悦

兑卦以笑口逐开的湖泽为象征，时间是傍晚四点半到七点半。这是太阳即将下山的时刻，庆祝一天忙碌后，丰收的喜悦，代表人类关系发展的第五个阶段。如同湖泽流水的韵律，双方在欢娱的心情下建立了海誓山盟。

在这个阶段，两人之间亲密的关系，在闪烁和透明的湖面上，清晰地映照了出来。以订婚或走到地毯的那一端等公开的仪式，彼此宣誓表明忠贞，成了大部分人选择的路线。从此，两人的关系进入了稳定的状态，感情有增无已，于是迈入了第六个阶段。

第六阶段：乾—天—健壮

乾卦以健壮稳硕的天为象征，时间是夜间七点半到十点半。这是庆祝与喜悦之后，两人携手独处、勇往直前地共创未来的意志，代表人类关系发展的第六个阶段。如同乾卦天行健自强不息的精神，双方在稳定中持续成长的感情达到了最高峰。

这个阶段表示着双方的感情因纯洁无疵而臻于顶点。但基于《易经》环形运动与物极必反的原理，感情发展到巅峰之后，虽然可以力图持盈保泰，以长保巅峰状态，但迟早得开始走下坡。这种变化乃因内外环境因素所带来的冲击，若无法有效地处理这些环境所形成的危机，两人的关系势必会产生裂缝，严重的龃龉和冲突于是慢慢浮现。这是第七个阶段的开始。

第七阶段：坎—水—深渊

坎卦以滚动翻腾的水为象征，时间是深夜十点半到一点半。这是关系发展到高峰，双方因了解了对方的"真面目"，彼此开始挑剔对方缺点，感情开始滑落的时刻，代表人类关系发展的第七个阶段。如同倾泻而下的瀑布，水气升空成云再化为雨水降下大地，然后没有止境地注入一个无底的深渊（Wilhelm,1979）。

到了这个阶段，双方关系的发展已偏离了正轨，彼此开始纠缠在相互挑剔、冲突的渊薮里，和谐的感情已不复存在。渐渐地对相处在一起，感到不自在，相互间的关怀化为只是对自己的重视，彼此间的差异日益尖锐化，期求独处的时间有增无已。如果没有足够的耐心、毅力和诚意，力求改善这种尴尬困窘的情况，两人的关系注定陷入第八个阶段。

第八阶段：艮—山—止息

艮卦以止息不动的山为象征，时间是深夜一点半到凌晨四点半。这是关系停滞发展的时刻，代表人类关系发展的第七个阶段。如同屹立不动的大山，两人关系的发展已经受阻，双方不再有所互动。

在这个阶段，保持沉默不语反而使自己觉得舒服些。思欲结束这段"孽缘"的想法，时时在脑海浮现。这是《易经》后天八卦关系模式的最后一个阶段。由于人类关系的发展像宇宙永无止息的转化一样，是一个没有终点或绝然完成的过程，到了这个阶段，可能产生两种不同的变化。第一，既无心与对方持续这段感情，只好壮士断腕，结束两人的关系。第二，按宇宙万物循环运动的规律，废墟中重拾希望的火花，彼此重新认识对方，恢复到震卦，创造一个新的循环系统。这个恢复到关系发展的第一个阶段也可以应用到两人结束关系后，另起炉灶，与另外一个人建立起新的环形关系网。

中华文化关系模式的特色与形态

与前面几个以西方文化为主的关系发展模式比较一下，《易经》后天八卦的华人关系模式，显示了两项相当不同的特色：细水长流性与和谐性。

第一，细水长流性。这可从第一到第四阶段的发展看出。内心开始有了与他人建立关系的动机之后，要收集对方的资讯，以建立正面的形象时，必须好似太阳清晨初升时，激起之微风的吹拂，轻轻地、慢慢地渗入对方的心园。含蓄地表示心意之后，还得等对方善意地回应，然后彼此增加了解，才演进到彼此接受的第四阶段。这种细水长流的发展特色同时反映了中华文化含蓄性与耐性的特质。

第二，和谐性。后天八卦的关系发展模式，很明显地反映了重合不重分的特色。首先，彼此的关系必须平平稳稳地发展到第七个阶段才开始发生问题。问题发生后，关系如山止息不动时，最好的解决方法是重新疗伤止痛，力求新生，从第一阶段再来一次循环，而避免真正的决裂，或再另起炉灶、琵琶别抱。对和谐的追求，可说是中华文化的核心价值与理想 (Chen, 2001, 2002)。

陈国明（1996）更进一步指出，关系发展所具有的细水长流性与和谐性，引导华人发展出五项明显的人际关系形态：特殊性、长期性、亲内性、合礼性以及公私重叠性。

首先是特殊性。Condon (1977) 认为特殊性人际关系取向的社会，强调年龄、性别、角色和地位的差异，同时也强调互利互惠的互动关系。在这种社会里，人们的行为和互动必须遵循一组特殊的沟通原则与型式，跟谁何时在何处沟通都有一定的规矩可循。这种特殊性取向的人际关系，建立在层级 (hierarchy) 的基础上，因此在不同情况下该行使的行为变得很容易辨识和预测。根据 Cronen and Shuter (1983) 的研究，在层级性的人际关系社会里，我们可以看到关系的建立，往往较考虑门当户对的条件，同性之间的关系同时也比较容易发展起来。黄光国（1988）与 Jacobs（1979）也分别认为在华人社会，特殊性的人际关系取向，具有避免发生尴尬场面和严重冲突的功能。

其次是长期性。长期性的人际关系孕育了互惠的社交方式。这种方式把人际关系看作一个相互依赖和相互补偿的过程。这是项退结（1982）指出为什么华人在交往的过程中，常常背负着人情债的原因。华人一收到礼物就非找个机会回赠不可。推展到组织生活，主管与员工之间的关系也循着这条理路而行。因此华人公司常被认为是一个家庭，上下阶层的关系就如同父母子女与兄弟姊妹一样。Chen & Chung (1994) 指出，常有华人公司主管关照员工家庭的问题，就是受到这种长期性人际关系取向的影响所致。

再次是亲内性。华人建立人际关系的时候，常常把内外人分得很清楚。圈内的人因为相似处较多，因此容易彼此吸引。这种亲内性的人际关系发展主要来自华人社会结构的五组亲近的团体。一是具有包括本家、内亲与外戚等血亲关系的成员。二是同乡，三是同事，四是师生，五是同窗的关系。华人对圈内人亲近，对圈外人薄情寡义的现象乃缘于此。

复次为合礼性。如前所述，在层级社会的结构下，华人发展人际关系必须依礼或成规而行。Ma (1992) 认为，这种依礼而行的正式性作风，导致华人依赖如媒人等中介人物来介绍双方认识或处理冲突的做法，以避免不必要的面对面尴尬和误会等情形发生。因此，在华人这种社会里，相互使用头衔尊称对方的现象就显得比较普遍。

最后，公私重叠性也是华人人际关系的特色之一。华人总觉得在私下的气氛里互动比较舒适，这种喜欢在私下气氛里互动的习惯，虽然有助于彼此接触次数的增加，并提供一个建立互信的机会，但也同时造成了公私不够分明的缺点。Yum (1988) 指出，要与华人建立美好的公共关系，首先非得营造出热络的个人关系不可。

中华文化关系模式对沟通行为的影响

人际关系发展的细水长流性与和谐性，所引导出来的特殊性、长期性、亲内性、合礼性以及公私重叠性的形态，对华人的沟通行为带来什么影响呢？ Chen and Xiao (1993) 指出，建立在《易经》本体论的人际关系特色与形态，提供了华人发展出一组沟通行为，以达到彼此间和谐完美的关系。这些行为可归纳成四种：互惠、克制、间接性以及重面子。

第一，互惠的观念显示了和谐乃是人际关系演进的终极目标。互惠的实践表现在双方互动时展现出相互的责任感，并时时存有积欠人情的感觉。互惠的沟通行为是合礼性人际关系发展形态的必然产物。从另一个角度来看，互惠其实就是"礼尚往来"的内涵，它和送礼及公平的观念有关，一物来，一物去的礼貌性交往是与华人建立与维持和谐关系的重要条件。

Xiao (2002) 认为，作为一个社会适当行为的制定规范，"礼"给华人的社交互动提供了强有力与高度动态的文化机制。以冲突经营或谈判的过程为例，虽然"礼"的实践并不保证可以带来一个满意的结果，但无疑会使冲突经营或谈判的过程在一个相对和谐的情况下进行。因此，在冲突中，所谓的"礼尚往来"，实质上是一个取得和谐的原则，而非双方互利的物化原则 (Chen & Starosta, 1997—1998)。也就是说，"礼尚往来"正是互动者之间表现相互责任的互惠行为。再者，"先礼后兵"清楚地说明了武力或小人招式，必须在"礼尚往来"失败后才得使用，如此才可能在道德上得到第三者的支持，因为破坏和谐的责任必须由互动的对方来负担。

第二，克制是一种控制情感的功夫，意指自我修养与自我控制的能力。Eberhard (1971) 认为，在助长和谐的人际关系发展过程中，对华人而言，压抑个人情感与欲求以利团体福利的行为，占着相当重要的地位，因为赤裸裸地表现出自己未经修饰的情感立刻损害了双方和谐的关系。自我修养与自我情感控制的举止，直接减低了发生冲突的可能性。除此之外，客气或彬彬有礼的互道恭候之语也是建立良好关系的方法。根据 Shenkar and Ronen (1987) 的观察，在华人社会，表现侵略性或引发冲突的行为，不仅侮辱了互动对方与给了对方一个反击的把柄，而且会带来自作自受的后果。

　　第三，间接性的沟通方式，除了受到华人含蓄的人际关系形态的影响之外，更是用以维护互动双方和谐关系所不可或缺。间接性的沟通方式，主要表现在避免直接说不或拒绝互动对方的请求。这种间接或含蓄性的表达方式，对华人而言，算是礼貌性接待彼此所应尽的义务。直接的拒绝通常意味着或被解释为不合作的态度在互惠和谐的关系网中是不应该使用的。这是为什么华人试着拒绝他人请求的时候常常不直接正面回答，而试着以身体语言或其他方式来暗示对方的原因 (Chu, 1988)。华人间接或含蓄性的沟通方式也常会使语言表达产生模糊不清的现象，造成正确意义的难以获得，加上不轻易表露感情，沟通受阻或出现误会的情形也就时有所闻了。这在谈判的时候，冲击更是明显。因此，Chen and Chen (2002) 在研究中国大陆商业谈判后，特别强调与华人谈判时，有耐心、彬彬有礼、与善于解读华人谈判着身体语言的重要性。

　　最后是重面子。面子可定义为投射在人际关系网内的个人形象 (Ting-Toomey, 1988)。面子代表一个人的社会地位与声誉。这种地位与声誉乃是因吾人成功地扮演了该扮演的社会角色，而受到他人认可与尊敬所得来的。Jia (1997—1998, 2001) 认为面子在华人社会具有四项特色：（1）面子是一个关系性 (relational) 的概念，它是华人用来强化或表达和谐关系的手段和目的 (Cheng, 1986)；（2）面子是一个社区或社会性 (communal/social) 的概念，它是 Hu (1944) 所谓的"公共审查"(public censor)，亦即社群用来监视成员是否违反社会规范的武器；（3）面子是一个层级性 (hierarchical) 的概念，它的实践乃是依据家族内以年龄、性别与血缘为基础的层级关系而定 (Chang & Holt, 1994)；（4）面子是具有高度道德性 (moral) 的概念，一个有道德声誉的人，通常会给认定是有面子或有脸的人 (Ho, 1976)。

　　Jia 又认为，面子在华人社会具有三项明显的功能：（1）面子具有取代法律的作用。丢了脸或没面子和受到整个社群的非难，两者的意义是对等的。一个没有面子的人，通常很难在华人社会生存下去；（2）对面子的重视或生怕丢脸，其实是帮助一个人晋升君子之道的方法。换句话说，维护面子，不仅是一个人自我修养与自我发展，而且是社会达到和谐的重要方法；（3）面子是社会成员分配关系、社交和物质资源的基本机制。它是每一个分子维持社会、感情和生理需求的手段。

　　因此，华人一向认为，刻意贬损或丢他人面子的行为，不仅会伤害他人，同时也会毁损自己的形象。反之，知道如何给人面子的人，不但会讨人喜欢，而且能够强化对方的自尊。在华人社交场里，不顾他人面子的作风，常常会导致他人心理的不安、焦躁，甚至引发严重的冲突。这是华人为何喜欢拉关系和要面子以求和谐相处的主因（金耀基，1988；黄光国，1988；乔健，1988a）。例如，双方因不得已而产生冲突或矛盾的时候，华人往往央求有关系有面子的第三者来仲裁协调。如前面所言，这种间接性解决问题的方法意在避免双方面对面时的尴尬，与可能仇人相见分外眼红所产生非理性的对立面丢脸现眼。注重面子的沟通的形态也与其他两种沟通形态关联紧密，亦即在社交的过程，华人很难出口说不、拒绝别人的请求或是公然动怒、表现侵略性的行为。因为说不与公然动怒乃是保护面子与促进和谐最大的敌人。

另外，在谈判过程，建立良好关系的先决条件就是多给华人面子。不给面子意味着挑战华人在层级结构关系内角色和地位的功能 (Chen & Chen, 2002)。因此建立关系和给面子，在与华人谈判的过程可说是一个铜板的两面，缺一不可，它们是谈判成功的两个最主要的因素。

和谐关系的另一面

"一阴一阳之谓道"的中华文化思想很清楚地显示了宇宙万物的生成，包括人际关系的发展与沟通行为，乃是阴与阳两股相反但相成的辩证势力的交互作用。所谓的"孤阳不生，孤阴不长"，意味着万物万事的存在，必然有正反两面。因此，探讨华人的人际关系，若只顾及其中一面，则不免有偏颇失真之嫌。

可惜现存有关华人人际关系或沟通行为的文献，大部分偏重于中华文化正面或理想性，或所谓的传统性的研究与论述，缺乏两面俱顾。这种缺陷不仅僵化了文化的动态与多面性，更可能造成对华人文化与行为的误解。换句话说，在实际的日常生活的层次上，除了理想色彩或正面的文化表现之外，同时存在着负面或活生生地与理想文化相悖的言行举止。

例如，从以上的论述，当然可以得知，试图建立一个没有冲突的和谐关系是中华文化所追求的终极目标，但如果就因此认为华人社会是一个完全安详无暴力的乌托邦，那就大错特错了 (Chen, 2001,2002)。因为在华人社会看到泼妇骂街式的直接表达情绪、赤裸裸的斗争、钩心斗角、不顾礼仪唯利是图，或凶狠残暴的行为，其实是不足为奇之事。如前面所谈的"先礼后兵"，敬酒不吃或不给面子，双方撕破脸的时候，冲突起来不仅视和谐为敝屣，而且可能比任何文明社会更是凶残。尤其在对待非我族类的分子，常常是毫不留情，有非置之于死地不可的残酷之态。这点在研究华人人际关系的运作或沟通行为时是不可不察的。本节就来分析华人关系与沟通行为，较具动态性的这一面。

对华人而言，在和谐失效的情况下，"复仇"的行为就像"报恩"一样，也是一种"礼尚往来"的表现，是受到儒家文化的允许和鼓励的。文崇一 (1988) 分析中国历史上报仇的案例，发现严重到如彼此杀戮的报仇行为，通常是发生在血亲或家族系统内的成员受到侮辱的时候。文崇一把华人这种报恩和复仇的文化行为，归纳为五种类型：以德报德、以怨报怨、以德报怨、以怨报德、恩怨均不报。前两项是华人社会最常见到的行为。这种有恩必还，有仇必报的作风，文崇一认为在华人社会具有五项共性：（1）"来而不往，非礼也；此仇不报，非君子"，是华人报恩和复仇的两个基本原则；（2）报恩和复仇与家族最有直接关系，但有时也提升到国家的层次；（3）报恩和复仇具有浓厚的伦理观念，特别是复仇，常与尽孝的信仰结合；（4）报恩和复仇通常是属于偶发性的行为，少有连续性的实行；（5）报恩和复仇符合中国以道德为主的文化价值观，因此获得社会的承认，甚至鼓励和赞扬。

在人际关系发展的过程，如果和谐不能确保，尤其是在冲突无法避免的情况之下，如何来制服或击败对手，便成了互动者追求的首要目标。这种以不同手段或策略 (strategy) 来达到说服或击垮对手的方法，由于与仁、义、礼所护持的层级结构下的和谐观念不兼容，因此不受到儒家的鼓励与接受。但是翻阅一下中国历史，马上可以发现，讨论制敌方法的论说充满着道家、法家以及兵家的著作。传统上的兵法，特别是《孙子兵法》与计策，如三十六计与近代的《厚黑学》等著作，唾手可得。

其实每一个文化都有使对方顺从 (compliance-gaining) 的各种策略。在西方，使对方顺从的理论和方法早就是沟通学一个重要的研究领域 (Marwell & Schnmitt, 1967; Miller, Boster, Roloff, & Seibold, 1977)。但是乔健 (1988b, 1988c; Chiao, 1989) 认为华人的计策行为具有与西方不同的三项特色：（1）说服或使互动对方顺从的策略，由于儒家视之为异端，因此主要是保留在口语 (oral) 管道的传统，而避免以文字记载；（2）计策行为通常用象征性的语句 (metaphorical phrase) 来表现。如"调虎离山"即是；（3）大部分的计策源自军事上的手法。作为行动的方针，这些军事计策给应用到社会生活或人际关系的演进过程，以求达到个人或团体的目的。

以计策为例，Chen and Zhong (2000) 曾对华人使用的计策，做了一个实证性的分析。除了传统的三十六计之外，作者从不同文献中，再搜索出二十九种通用的策略，总计六十五个计策合起来加以因素分析。结果发现了其中四十九计，可以归纳为七大类别：（1）借机或造势之计，以迷惑或混淆对方耳目，而使其失算。包括了拍马屁、落井下石、小题大做、拉关系、扮猪吃老虎、无中生有、顺手牵羊、趁火打劫、鱼目混珠、笑里藏刀、浑水摸鱼、狐假虎威、虚张声势、美人计、张冠李戴、攀龙附凤等十六计；（2）借对方之力，来达成自己的目的，或误导对方，以防其达到目的。包括了关门捉贼、上屋抽梯、偷梁换柱、树上开花、杀鸡儆猴、两面三刀、拖刀计、李代桃僵、假痴不癫、远交近攻、围魏救赵、弃卒保帅、移尸嫁祸、推诿之计、暗度陈仓等十五计；（3）借分散对方注意力，以达到自己目的。包括了欲擒故纵、调虎离山、抛砖引玉、打草惊蛇等四计；（4）间接观察对方之心机，以采取下一步行动。包括了明知故问、见风使舵、旁敲侧击、投石问路等四计；（5）使间以分离对方，或以苦肉计欺敌。包括了一箭双雕、空城计、反间计、苦肉计等四计；（6）利用当场情况，作为应付对方之策。包括将计就计、忍辱负重、顺水推舟等三计；（7）省己之力，欺敌以突破对方。包括借刀杀人、瞒天过海、以逸待劳等三计。

这些计策的运用并不见得丑化了中华文化或华人的关系建立与沟通行为，但却一方面映照出华人并非一派拘谨保守、保守有礼，或谦虚自抑，另方面表现出华人狡黠聪狯与操纵使诈的高度动态性的接近人性的作风。无疑地，这对了解真正的中华文化与华人的行为有莫大的帮助。

最后，不分中外，权力 (power) 无疑是主导关系往正反向发展或沟通行为的主要关键。但权力的来源或集中地（locus of power），不同文化有不同的取向。以中华文化为例，权力的来源筑基在"资历"(seniority) 与"威信"(authority) 两个概念之上 (Chen & Starosta, 1997-8)。

资历包括年长与年资，也就是指老年人与在机关内工作有多少年的经验。年高望重或年高德劭都可用来说明在华人社会，"老"就是权力集中地的特征。就像陈年好酒，越久越是香醇，人越老，信用越高，权力也就越大。主要看看华人社会领导人物的平均年龄与"大老"常得出面帮忙解决各种纷争，即可了解"老"在华人社会的功能之大。

例如，Chung (1996) 分析 1990 年 1 月和 2 月间，台湾执政党竞选地区领导人连任产生了党内政治危机，处理时必须央请岛内八大老来帮忙协调的过程。他发现在冲突解决的决策过程，主要是受制于两个要素：资历和特殊性关系。这八大老的年龄，最年轻的是 78 岁，最老的高达 92 岁，而且每一个都与地区领导人有良好的关系。

威信则来自华人社会特殊关系网的层级结构。在这个关系网内，上司、父亲、丈夫以及长兄等男性角色，基本上给赋予较高的地位与较大的权力，以资影响或控制其他分子。和年龄一样，占据这些较高地位的人，通常给认为他们的知识一定比常人高深，因此相对地，他们就受人尊敬与取得权力。若具有资历又占有权威的地位，其对人际关系与沟通的左右之力，更是如虎添翼、势不可挡。Chen & Chung (2002) 实地观察台湾一个新兴宗教团体的年终会议，所做的个案分析，很具体地刻画了这个现象。Chen & Chung 发现其中一个长老，虽然在教里已不具任何领导头衔，但却以其资历（在教里已服务 39 年）、年长（84 岁）与威权地位（男性）所衍生的权力，纵横整个会场，软硬兼施，倚老卖老，主导发言的顺序，阻挠会议进行的方向与控制决策的结果。

这种我族或同团体的关系网内直接滥用权力的横霸作风，并不亚于对非我族类的鲁莽或残暴行为。这种现象清楚地表现了华人和谐关系的另一面，但也同时显示了华人文化的动态性与多面性，不至于把华人的关系行为僵化在和谐、谦让、间接表达等理想化或不切实际的层次。

结论

寻求与他人建立关系，以获取归属感、支配力与情感等社会需求的满足乃是人类的共同属性。唯在发展关系的过程，不同族裔或文化，因认知与信仰的差异，很自然地对关系的发生、演进与停止，形成不同的看法与形态。本章从中华文化的角度，提出了一个人际关系发展的模式，并以此模式为基础进一步分析了华人关系发展的特色。

首先对当今研究人类关系发展的几个重要理论，做了约略的讨论。然后以《易经》后天八卦的属性与方位，建立了一个能够解释华人人际关系发展的模式。这个模式显示了两项与其他文化不同的特色：一是反映了中华文化含蓄与耐性特质的细水长流性；二是对和谐关系的高度追求。

这两个特色引导华人发展了包括特殊性、长期性、亲内性、合礼性以及公私重叠性等五项明显的人际关系形态。这五项人际关系形态，继而促使华人发展了互惠、克制、间接性以及重面子等沟通行为。

最后，本章强调研究有关华人人际关系或沟通行为，需正反两面俱顾，才能较客观地反映出中华文化的动态与多面性。因为只讨论传统理想或正面的文化表现，误以为华人社会是一个谦冲和谐，安详无冲突的世界，难免会僵化了中华文化与华人的行为举止。

中华文化的动态与多面性，因时代的变迁，目前更是明显。如台湾半世纪来，经济自由化、社会多元化、政治民主化等各面向的重大改变，已逐渐重新描绘传统中华文化的面貌。对保守、谦卑、含蓄、和谐等传统美德的价值判断与认知，已有了巨大的变化。虽然这些传统德性在社会仍处处可见，但相对的激进、直接表达等开放的作风也大受欢迎与大为普遍。这不仅挑战了华人特殊性、长期性、亲内性、合礼性以及公私重叠性等人际关系的传统形态，更可能修正了关系网内互惠、克制、间接性以及重面子等传统性的沟通行为。

在大陆，因经济的发展对社会与政治的影响，这种与传统背道而行的变迁也逐渐地显现。香港与澳门则因受殖民的影响，人际关系的发展与沟通行为多年来不免也有所变化。至于海外的华人，因生活于不同的文化的环境，长期濡化以适应地主国的生活形态，对关系与沟通的运作势必与传统中华文化的指归有所差异。

这些因时代与地理的变迁给文化带来的冲击，显明了中华文化阴阳两面辩证互动的动态与多面性，更让我们了解到研究华人关系与沟通行为，不可只拘泥于传统、理想或丑恶一面的重要性。只有经由传统的理解，并做此时此地 (here and now) 的观察研究与分析，才有可能比较正确地掌握到真实的华人关系与沟通行为，并且提供厚实丰富 (thick and rich) 的文献资料。

参考文献

文崇一 (1988)：《从价值取向谈中国国民性》，李亦园、杨国枢编，《中国人的性格》，台北：桂冠出版社。

金耀基 (1988)：《"面"、"耻"与中国人行为之分析》，杨国枢 编，《中国人的心理》，台北：桂冠。

陈国明 (1996)：《经八卦与人际关系的演进》，《中华易学》，第 202 期：64—68 页。

陈国明 (2003)：《文化间传播学》，台北：五南出版社。

乔健 (1988a)：《关系刍议》，杨国枢编，《中国人的心理》，台北：桂冠出版社。

乔健 (1988b)：《中国文化中的计策问题初探》，杨国枢编，《中国人的心理》，台北：桂冠出版社。

乔健 (1988c)：《建立中国人计策行为模式刍议》，杨国枢编，《中国人的心理》，台北：桂冠。

黄光国 (1988)：《人情与面子：中国人的权力游戏》，黄光国编，《中国人的权力游戏》，台北：巨流出版社。

项退结 (1982)：《中国民族性研究》，台北：商务印书馆。

Adler, N. J. (2002). *International dimensions of organizational behavior*. Cincinnati, OH: South-Western.

Altman, I., & Taylor, D. (1973). *Social penetration: The development of interpersonal relationship*. NY: Holt, Rinehart and Winston.

Barnlund, D. S. (1989). *Communication styles of Japanese and Americans: Images and reality*. Belmont, CA: Wadsworth.

Berger, C. R. (1979). Beyond initial interactions: Uncertainty, understanding, and the development of interpersonal relationships. In H. Giles, & R. St. Clair (Eds.). *Language andsocial psychology*. Oxford: Basil Blackwell.

Berger, C. R., & Calabrese, R. (1975). Some explorations in initial interactions and beyond: Toward a developmental theory of interpersonal communication. *Human Communication Research, 1*, 99-112.

Casmir, F. L. (1993). Third-culture building model: A paradigm shift for international and intercultural communication. *Communication Yearbook, 16*, 407-427.

Casmir, F. L. (1999). Foundations for the study of intercultural communication based on a third-culture building model. *International Journal of Intercultural Relations, 23*, 91-116

Chen, G. M. (1994, November). *A conceptualization and measurement of communication competence: A Chinese perspective.* Paper presented at the annual convention of the Speech Communication Association, New Orleans, Louisiana.

Chen, G. M. (1998). A Chinese model of human relationship development. In B. L. Hoffer and H. H. Koo (Eds.), *Cross-cultural communication East and West in the 90's* (pp. 45-53). San Antonio, TX: Institute for Cross-Cultural Research.

Chen, G. M. (2001). Towards transcultural understanding: A harmony theory of Chinese communication. In V. H. Milhouse, M. K. Asante, and P. O. Nwosu (Eds.), *Transculture: Interdisciplinary perspectives on cross-cultural relations* (pp. 55-70). Thousand Oaks, CA: Sage.

Chen, G. M. (2002). The impact of harmony on Chinese conflict management. In G. M. Chen & Ringo Ma (Eds.), *Chinese conflict management and resolution* (pp. 3-19). Westport, CT: Ablex.

Chen, G. M., & Chen, V. (2002). An examination of People's Republic of China business negotiating behaviors. *Communication Research Reports, 19*, 399-408.

Chen, G. M., & Chung, J. (1994). The impact of Confucianism on organizational communication. *Communication Quarterly, 42*, 93-105.

Chen, G. M., & Chung, J. (2002). Superiority and seniority: A case study of decision making in a Taiwanese religious grouup. *Intercultural Communication Studies, 11,* 41-55

Chen, G. M., & Starosta, W. J. (1997-8). Chinese conflict management and resolution: Overview and implications. *Intercultural Communication Studies, 7, 1-16.*

Chen, G. M., & Starosta, W. J. (1998). *Foundations of intercultural communication.* Needham Heights, MA: Allyn & Bacon.

Chen, G. M., & Zhong, M. (2000). Dimensions of Chinese compliance-gaining strategies. *Human Communication, 3*, 97-107.

Chang, H-c. & Holt, R. (1994). A Chinese perspective on face as inter-relational concern. In S. Ting-toomey (Ed.), *The challenge of facework* (pp. 95-132). Albany, NY: State University of New York Press.

Cheng, C. (1986). The concept of face and its Confucian roots. *Journal of Chinese Philosophy, 13*, 329-348.

Chung, J. (1996). Avoiding a "Bull Moose" rebellion: particularistic ties, seniority, and third-party mediation. *International and Intercultural Communication Annual, 20*, 166-185.

Cronen, V. E., & Shuter, R. (1983). Forming intercultural bonds. In W. B. Gudykunst (Ed.), *Intercultural communication theory* (p. 89-118). Beverly Hills, CA: Sage.

Devito, J. A. (1992). *The interpersonal communication book*. New York: Harper Collins.

Feng, H. R. (2002, November). *Keqi (Politeness): The fragrance of Chinese communication atmosphere*. Paper presented at the annual of National Communica-tion Association, New Orleans, Louisiana.

Gallois, C., Franklyn-Stokes, A., Giles, H., & Coupland, N. (1988). Communica-tion accommodation in intercultural encounters. In Y. Y. Kim & W. B. Gudykunst (Eds.), *Theories in intercultural communication* (pp. 157-185). Newbury Park, CA: Sage.

Giles, H., & Johnson, P. (1981). The role of language in ethnic group relations. In J. C. Turner & H. Giles (Eds.), *Intergroup behaviour* (pp. 199-243). Oxford: Basil Blackwell.

Giles, H., & Powesland, P. F. (1975). *Speech style and social evaluation*. London: Academic.

Ho, D. Y. (1976). On the concept of face. *American Journal of Sociologist, 81*, 867-884.

Hu, H. C. (1944)。 The Chinese concept of "face". *The American Anthropolo-gist, 46*, 45-64.

Hwang, K. K. (1997-1998). Guanxi and mientze: conflict resolution in Chinese society. *Intercultural Communication Studies, 7,* 17-40.

Jia, W. (1997-1998). Facework as a Chinese conflict-preventive mechanism: A cultural/discourse analysis. *Intercultural Communication Studies, 7,* 63-82.

Jia, W. (2001). *The remaking of the Chinese character and identity in the 21st century: The Chinese face practice.* Westport, CT: Ablex.

Jocobs, B. J. (1979). A preliminary model of particularistic ties in Chinese political alliances: Kanching and Juan-his in a rural Taiwanese township. *China Quarterly, 78,* 237-273.

Klopf, D. W. (1998). *Intercultural communication: The fundamentals of intercultural communication.* Englewood, CO: Morton.

Knapp, M., & Vangelisti, A. (1992). *Interpersonal communication and human relationships.* Boston: Allyn & Bacon.

Ma, R. (1992). The role of unofficial intermediaries in interpersonal conflicts in the Chinese culture. *Communication quarterly, 40,* 269-278.

Ma, R. (2002, November). *Guanxi (interrelation): The bridge of Chinese effective communication.* Paper presented at the annual of National Communication Association, New Orleans, Louisiana.

Marwell, G., & Schmitt, D. R. (1967). Dimensions of compliance-gaining behaviors: An empirical analysis. *Sociometry, 39,* 350-364.

Miller, G., Boster, F., Roloff, M., & Seibold, D. (1977). Compliance-gaining message strategies: A typology and some findings concerning the effects of situational differences. *Communication Monographs, 44,* 37-51.

Roloff. M. E. (1981). *Interpersonal communication: The social exchange approach.* Beverly Hills, CA: Sage.

Schutz, W. C. (1966). *The interpersonal underworld.* Palo Alto, CA: Science and Behavior Books.

Shuter, R. (1993). On third-culture building. *Communication Yearbook, 16,* 429-436.

Starosta, W. J., & Olorunnisola, A. A. (1995, April). *A meta-model for third culture development.* Paper presented at the annual meeting of Eastern Communication Association, Pittsburgh, Pennsylvania.

Thayer, L. (1987). *On communication: Essays in understanding.* Norwood, NJ: Ablex.

Thibaut, J. W., & Kelley, H. H. (1959). *The social psychology of groups.* New York: Wiley.

Ting-Toomey, S. (1988). Intercultural conflict style: A face negotiation theory. In

Y. Y. Kim & W. B. Gudykunst (Eds.), *Theories in intercultural communication* (pp. 213235). Newsbury Park, CA: Sage.

Xiao, X-S. (2002a). Li: A synamic cultural mechanism of social interaction and conflict management. In G. M. Chen & R. Ma (Eds.), *Chinese conflict management and resolution* (pp. 39-49). Westport, CT: Ablex.

Xiao, X-S. (2002b, November). *Li (rites): The catalyst of Chinese harmonious communication.* Paper presented at the annual of National Communication Association, New Orleans, Louisiana.

（原文出处：陈国明（2004）：《易经八卦的人际关系发展模式》，陈国明（编），《中华传播理论与原则》（203—229 页）。台北：五南出版社。）

人类传播中的阴阳理论

前言

自 20 世纪 90 年代，全球化趋势日益发展以来，在研究和应用领域，越来越多不同学派的学者们持续提出和讨论诸如文化互融 (ambiculture) (Chen & Miller, 2010)，二元互动 (ambidexterity) (Simsek, Heavey, Veiga, & Souder, 2009)，合作性竞争 (co-opetition)(Brandenburger & Nalebuff,2011)，全球本土化 (glocalization) (Thompson & Arsel, 2004)，和主客平衡 (etic-emic balance) (Morris, Leung, Ames, & Lickel, 1999) 等辩证性的理论概念。所有这些概念的提出都涉及哲学论述和战略文献中所提到的"悖论理论"(paradox theories)。这些理论试图解决人类在互动和活动中因内在矛盾产生的不安，并勾勒出这样一个观念：呈现两极对立的势力似乎是可以共存和妥协的。换言之，这两股矛盾势力是没有必要全面分裂或甚至陷入"非此即彼"的境地。这一论点与中国阴阳学说确有相似之处。

如图 1 所示，阴阳学说阐释了两种对立势力之间的辩证互动。图中左侧的白半球指阳之势力，右侧的黑半球指阴之势力。阴阳模型描绘了一个动态、相互依赖与相互渗透的过程，并试图经由这个过程达到一种整体平衡、矛盾力量一体化以及和谐互惠的周期性变化的状态 (Chen, 2013)。

图 1. 阴阳模式

令人遗憾的是，悖论理论的研究被批评者认为缺乏概念一致性和经验证据 (Li, 2012；X. Li, 2014；Paparchoni, Heracleous, & 个 Paroutis, 2014)。Smith 和 Lewis

(2011) 认为这个问题主要是人类社会的快速变化导致的。全球化趋势使得组织环境以及人与人的互动变得更有活力、更具辩证性和竞争性。为了面对这个问题，本文对阴阳哲理展开研究，尝试从社会科学的角度对阴阳两个概念进行理论化。文章首先阐述阴阳哲学的假设，然后再论述人类传播中阴阳理论的发展，最后提出结论。

希望本文能起到方向性的作用，使得阴阳学说在经验观察和理论应用上能更加可靠与有效。为了实现这一目标，在本文的理论论述部分将以假设 (assumption) 形式作为前提定义，随后阐释理论原理 (axiom) 和定律 (theorem) 作为论点的根本。这里所指的原理在范围上是普遍适用的，也是对于不同概念间关系的描绘。定律是在原理之下的陈述，尽管也是构建在普遍范围之内，它却包含着那些可被具体定义的和可被经验观察到的概念。研究问题(research question)或研究假设(research hypothesis) 可以直接从定理中推演出来 (Hawes, 1975)。

阴阳理论的哲学假设

阴阳的概念植根于中国古代宇宙观，这种观点认为宇宙是无限的但也是有序的是一种环形轨道运动（环道论）；它以"变化"作为宇宙的基本原则 (Chen, 2008；Liu, 1992；Wang, 1983)。宇宙的变化就如四季之交替，日月之更迭与潮汐之涨落。虽然东西方文化都认为宇宙的本质是一个变化的过程，中国的哲学家则用阴阳的概念来解释宇宙变化的本质。从阴阳哲理可得出以下两个基本假设：

假设 1: 宇宙是一个无限循环但却有序的运动过程。

假设 2: 阴和阳是宇宙循环交替的本质。

从词源上看，阴指山的阴（暗）面，阳指山的阳（明）面。随着太阳的运动，阴／暗会逐渐转化为阳／明。因此，阴阳之间水乳交融般的相互依存、相互渗透的互动转换关系形成了宇宙无限循环的模式。阴、阳被进一步发展为代表宇宙的两个基本元素。它们对立而互补，构成宇宙之"气"（能量、生命力）。这两种元素的辩证互动于是成了宇宙永不止息运动的根本 (Chung, 2011)。

从象征功能上看，阴象征着至柔之力，经由黑暗、顺从、软弱、敏感、温柔等柔性特点得到体现；阳则代表着至刚之力，其特征是光明、控制、力量、创造力和刚毅。阴阳的动态互动决定了自然的本质和宇宙的法则。正如 Chen(2008) 所提出的，阴之力是一种承受与包容的力量。静止时，它处于一种包容性的闭合状态；但在运动中，它是开放和广阔的。根据 Wilhelm (1990) 的理论，阴力的运动是以一种包容的方式，以动态广博为特征，代表着宇宙的量变。阳之力则生生不息、刚健有力。静止时，阳之力是一种刚健的实体，在永不止歇的运动中，它的表现是坚决、果断的。阳之力所产生的动态宏大性，代表着宇宙的质变。

源于《易经》"孤阳不生，独阴不长"的理念 (Zhu, 1974)，宇宙万物的存在必须建立在阴和阳两股势力相互作用的基础之上。因此，阴之广袤包容与阳之勇往直前两股势力的合一，建立起了一个无尽变化与循环的模式，并体现在阴之收缩与阳之扩张的辩证张力运动之中。这两种对立的力量创造了辩证的整体性或统一性，这种整体性是由对立与合作、竞争与友谊之间彼此不断的拉锯所维持的。

阴阳交合动态统一的整体观解释了阴阳两种势力之间既对立又相互依存的矛盾关系。除此以外，在阴阳相互作用和转化的过程中，宇宙中所有的矛盾和冲突都应该在这个动态循环的过程中得到解决。为了把永续性带入变化的过程与适当的质变，中国的哲学家们认为，只有通过和谐的手段才能达到这种平衡的目的。换言之，中国人强调"当变化遵循宇宙法则时，则能达致预期目标"(Chen, 2008, p. 14)。中国的哲学家进一步指出，"中"（中庸之道）是通过阴阳互动而达到和谐或平衡之境的要素。正如 Chen (2016a) 指出的，"中"经由调节阴阳的相互作用而达到宇宙的整体平衡状态。这被认为既是培养自我能力最有效的途径，也是人际沟通成功的钥匙。

对于中国人的阴阳循环之普适性的宇宙观，徐（2001）扼要地归纳出三各要点：(1) 一阴一阳之谓道；(2) 阴阳互相争胜负；(3) 阴阳的整体和谐。这一阴阳哲学衍生出一套中国人世界观的范式假设。这范式假设又成为中国人思维和行为的指导原则。中国人的阴阳循环交替宇宙观生成了四个主要的范式假设：(1) 从本体论上讲，阴阳的整体观认为宇宙是一个大整体，在其中万物的运动就像一条没有起点也没有终点的河流；(2) 从认识论上讲，阴阳的相关互依性阐明了关联性乃是事物存在意义的来源，通过阴阳的互联性，宇宙中所有的事物都变得有意义，并且相互可以被感知；(3) 从价值论上讲，阴阳和谐的必要性决定了和谐是人类社会的根本价值，是解开连接宇宙各部分之间结点的关键；(4) 从方法论上讲，阴阳对称的"中"性强调中庸是维护宇宙大和谐之道 (Chen, 2009a；Cheng, 1987；Fang, 1981；Fung, 1983)。

基于上述阴阳哲学的范式观点，我们可以得出四个扼要的假设。也就是说，中国阴阳哲学要求：

假设 3:"整体性"是宇宙的终极本质。

假设 4:"互联性"是感知宇宙存在的方式。

假设 5:"和谐"是宇宙的基本价值。

假设 6:"中"是实现宇宙和谐之道。

这四种阴阳哲学的假设为下一节的人类传播概念的理论化奠定了基础。

人类传播的阴阳理论

人类的交流是经由符号交换以达到两个人之间相互理解的过程。许多人类传播的模式和理论都是由学者，特别是西方学者所发展出来的。虽然传播活动是人类普遍存在的现象，但正如 Chen (2009a) 所提到的，不同民族文化背景的人有不同的方式去感知传播的要素和实践传播的活动。本文提出的人类传播的阴阳理论显示了中国传播的独特方式。它可以与西方学者现有的人类传播模式进行比较。例如，Chen 和 An (2009) 认为，与西方不同，天人合一的本体论观点使中国文化倾向于期望个人融入群体的集体主义；对和谐的强调，使得中国人较重视间接和心领神会的沟通方式；对互联性的关注，则使中国人建立了一套注重互惠互利、划分等级的关系。

阴阳的互动互换产生了宇宙的循环变化，这也决定了人类传播的动态本质。也就是说，人与人之间的传播是一个无止境、有序变化的过程，这是阴阳哲学辩证本质的显现。阴阳的辩证法则设定了人类传播的三个重要性质：（1）变化——人类传播是一个动态的、转换性的过程，它不断地从一个互动的阶段过渡到另一个互动的阶段；（2）矛盾——人类传播是两个互动体之间的向心力和离心力构成的一个对抗的过程；（3）整体——人类传播是一个整体的系统，它说明了在不断变化和矛盾所界定的互动过程中，所有要素都是相互联系和彼此依存的 (Altman, 1987；Baxter & Montgomery, 1996；Li, 1994；Peng &Nisbett, 1999；Zhang, 2010)。

如图 2 所示，Chen 和 Starosta (2015) 利用阴阳概念建立了一个人类传播的模式。模式中心人物 A 和人物 B 分别代表阴和阳（即图一的 A 和 B）。这两股势力是相互渗透的，它们通过相互对立与相互依存的辩证周期性运动而生生不息（即图中 C1-C4 and D1-D8）。此外，中国的哲学家认为，人类传播的成功，乃建立在互动双方能够保持这个整体关联系统的平衡与和谐的能力。因此，人类的传播可以被概念化为一个动态的相互决定的过程，在这个过程中，传播者的目标是通过在一个整体网络中不断的符号创新与交换来发展相互依赖的关系 (Chen, 2009a)。

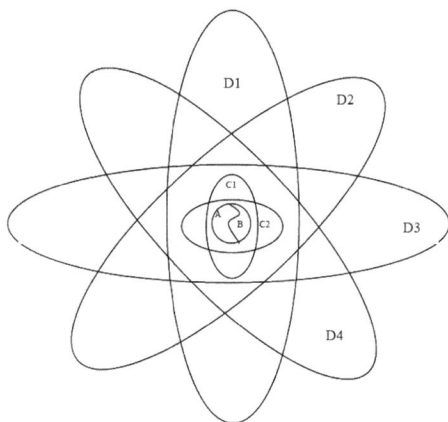

图 2. 人类传播的阴阳模式 (Chen, 2009a, p. 73)

　　基于辩证阴阳哲学的概念，Chen（2009a）进一步确定了人类传播中的三个具体特征：（1）人类传播是整体的；（2）人类传播是相互联系的；（3）人类传播是和谐的。以下分别阐述这三个特点。

人类传播是一个整体系统

　　根据《易经》(Zhu, 1974)，一阴一阳之谓道。阴阳两股势力的相互转化形成了变化的循环系统。它反映了人类交流永不止息的本质，它也显示了阴阳两股势力之间的张力（图 1 和图 2 中的 A 与 B）所形成的永不止息的循环运动是宇宙万物生生不息的源泉。阴阳之间永恒辩证的互相渗透，进一步孕育出了人类传播的统一性或整体性。虽然阴阳或 A 和 B 互动双方各自也是自我变化的一个实体，阴阳哲学表明，只有通过两股势力之间永恒不断的互动和转换，宇宙或人类沟通的本质才有可能得到体现 (Chai & Chai, 1964)。

　　因此，人类传播是一个建立在阴阳互动基础上的整体系统。人类传播的整体性反映的动态互动或辩证张力不仅仅存在于系统内对立统一的两个互动主体之间，也存在于这两个互动主体构成的二元体和整体内其他外在环境之间 (Baxter & Montgomery, 1996)。这表明，为了完整地理解人类传播，我们不仅要审视 A 和 B 构成的二元体自身的交流网，还要审视这个二元体与整个系统里的其他个别元素组成的互联网。正如在《中庸》(Zhu，1978) 中所提出的，整体系统的统一性指的即是"一理"，然后一理再散为万事，然后再由万事复合为一理。一理中的所有元素作为人类传播的基础都包含着阴阳两股势力。正如 Chang（1963）所言，"在统一中存在着无限的彼此交融的多元化元素，但在每一种多样性中，我们也发现了多元统一的可能性"(p. 68)。它显示了部分与整体之间的相互依存关系。

互为因果关系的"一与全部""部分与整体"或"多元与统一"也反映出阴阳整体观的生生之德 (Fang, 1981)，其中敏感性（sensitivity）和创造性 (creativity) 成为解释人类交流循环往复之意义的关键概念 (Chen & Starosta, 2004)。敏感性指"全部"归于"一"的运动过程，创造性指"一"衍生"全部"的运动过程。正如 Chen 和 Starosta 认为，敏感性是从多元收敛为统一的能力，而创造性则是从统一辐射为多元的能力。

阴阳哲学的整体观进一步指示了人类传播是一个形成彼此联系、相互依存、相互渗透和相互转化的过程。人类传播整体系统中的关系性质将于下一节讨论。此外，人类传播中的辩证总体性，并非指由所有部分连接而成的一个完美或完全的网络系统。阴阳互动二元体内部的以及二元体与外部环境间的矛盾和持续的张力，表明了在人类传播整体系统中各元素的互动是一个永不止息的持续变换的过程。在这个过程中，积极的和消极的情绪和情感总是不断地呈现与消失。

Baxter 和 Montgomery (1996) 指出，从辩证的角度来更好地理解人类传播整体性的本质，需要加入三个与矛盾相关的概念，即位层关系（location）、依存关系 (interdependency) 和情境关系 (contextualization)。位层关系指人类传播的辩证张力处于二元关系的层次。它强调，要把图 2A、B 间的关系或互动形成的张力作为分析单位，而不是把 A 和 B 作为个体元素来分析。因此，作为一个分析单位的辩证张力是建立在 A 和 B 之间阴阳两股势力同步或非同步互动的基础之上。

依存关系反映了多重矛盾存在于人类传播整体系统中这个事实。除了图 2 中的 A 和 B 之外，还存在着随时间变化产生的无穷无尽的互联关系层，这些 A 和 B 组成的二元体代表着不同的次系统和整个超系统。因此，矛盾不仅指 A 和 B 的内部矛盾，也包含 A 和 B 二元体与系统中不同层面的其他二元体之间在无尽的时间长河中的矛盾关系。各个矛盾都代表着一个相互依存的关系。这些相互依存的矛盾关系共同构成了一个高度复杂的人类传播网络，通过观察这些矛盾关系点，人类传播的本质变得可以感知。

矛盾的情境关系指每个 A 和 B 组成的二元体特殊或主位的辩证性互动的本质。换句话说，虽然矛盾是人类传播的一种普遍现象，内部与外部矛盾的辩证互动乃取决于当时的情境，这些情境包括了人际、团体、组织和国家等不同的层面。例如，Fang 和 Faure (2011) 与 Faure 和 Fang (2008) 运用阴阳哲学中的相悖特质，阐释了在沟通和管理语境下中国文化独特的价值观。Beveridge 和 Kadura (2016) 运用中国式悖论管理模式，通过民族志的方法考察中国在国际服务领域的运作。阴阳二元的文化互融模式（M.J. Chen, 2002; Chen & Miller, 2010）也被用来发展组织管理中的矛盾整合。此外，Chen (2001) 提出了一种基于阴阳哲学的和谐理论来解释人际层面上的中国人交际行为。

辩证矛盾理论所提出的位层关系、依存关系和语境关系，与中国学者们为了论述阴阳动态矛盾而提出的"时"和"位"两个概念有相似之处。"时"和"位"是阴阳整体系统的结构和形式 (Chen, 2001；Wang, 1970；Wu, 1976)。在《易经》中，阴阳的动态矛盾呈现在每一卦的具有等级和互联性的六爻之上，这六爻所形成的和谐辩证网络的稳定性乃取决于对时、空两个要素的把握。换句话说，为了处理阴阳之间的动态矛盾，我们需要能够理解在某个特定语境（位）下的恰当的时机（时）以及具备察觉细微变化痕迹的能力（几）(Chen, 2009a；Wilhelm, 1990)。

从上面的讨论可以得出三个假设和一个原理：

假设 7: 人类传播是一个整体系统。

假设 8: 人类传播的总体性是由两个主体之间不断的辩证互动所决定的（即阴和阳之间）。

假设 9: 两个主体之间的辩证互动，乃建立在阴阳两股势力持续的矛盾张力之上。

原理 1: 矛盾的位层关系、依存关系和情境关系有助于对人类传播整体性的理解。

人类传播是一个互联网络

阴阳之间的转换和循环互动决定了人类传播的整体观，从而形成了互动主体之间的动态与联系性平衡的结构。这种阴阳互动的结构孕育出一个互联网系统，在其中关系决定了系统里各个元素之间的连接性。阴阳网络的辩证性质使系统中的关系具有动态性、独特性和不可替代性，它和传统的辩证思想有两个主要的差异。

首先，阴阳哲学指出，关系的发展根植于"感应"的过程。"感应"是阴阳势力在人类传播的有机整体中产生的精神和伦理共振 (Xiao & Chen, 2009)。"感应"是互动主体之间内在的相互反馈的能力，它通过符号交换将有机部分连接成一个和谐的整体。因此，为了在整体世界中找到自己的位置或成功地发展和谐的关系，互动双方必须有能力做出适当的行为和反馈。换句话说，阴阳辩证互动中的沟通能力（communication competence）乃是指一个人在感应过程中能够行使适当行动的能力。阴阳感应也强调能够感动对方心灵以给予正面回应（即"应"）的力量，而这种力量是建立在传递者内心的编码过程（即"感"）之上。Xiao 和 Chen 更进一步指出，从"感应"的角度，沟通能力应该被视为一个道德问题。因此，道德能力成了衡量人类传播成功与否的主要标准。更具体地说，道德能力是建立阴阳整体连接系统的方法。

第二，因为阴阳的和谐关系只能通过道德能力来实现，等级性于是成了整体系统内关系网的特色。以阴阳互动形成的等级关系网，在《易经》里有所说明。《易经》阐明了人类交流的发展表现在各具阴阳势力的六爻由下而上的循环运动。也就是说，第 1、3、5 爻是阳爻，第 2、4、6 爻是阴爻。从变化的角度，六爻所象征的发展阶段可以表示为：（1）初爻——运行的基础阶段；（2）二爻——萌发成形阶段；（3）三爻——具体成干阶段；（4）四爻——枝叶成长阶段；（5）五爻——开花繁荣阶段；（6）六爻——结果转变阶段。这意味着事物已发展到盛极而衰的阶段，而开始进到另一个新的循环过程 (Chen，2008)。

为了观察与评估阴阳辨证结构的六爻的关系发展过程，《易经》提出了三个相互依存的概念作为标准：位（positioning）、应 (corresponding)、比 (neighboring) (Xu, 2001)。首先，"位"是指是否在适当的时间处在一个适当的位置。一卦的六爻也称为"六位"。从结构上看，第 1、3、5 爻的属性为阳，第 2、4、6 爻为阴。如果这些爻位的属性不匹配就会导致不利的后果，反之亦然。虽然观察每爻的定位是否恰当并不困难，但只有将这 6 爻作为循环系统进行分析才能得到更有效的结果。对爻位的分析涉及与"应"和"比"之间的关系。

其次，"应"是指初爻与 4 爻、2 爻与 5 条线以及 3 爻与 6 爻之间的对应关系。这是指一卦内的内卦（包括 1—3 爻）与外卦（包括 4—6 爻）各爻之间的应对情况。基于结构的本质，1 与 4，2 与 5，以及 3 与 6 的配对称为"正应"。不过，这些静态的对应关系，因为阴阳永不止息的变化，常常变得非常复杂。也就是说，理论上各爻位置的阴阳结构属性，与阴阳在功能上的刚柔属性必须彼此相互对应 (Xu, 2001；Zhong, 1992)。例如，如果本是阳刚的初爻为阴柔所据，那么与本是阴柔的第 4 爻就成了阴阴相应。阴阳刚柔的属性一变，意味着互动双方对应关系的改变。理想的对应关系是刚柔或柔刚的配对。这就是所谓的"正应"，是前面提及的互惠互利，彼此相互吸引的"感应"的基础。反之，阴柔与阴柔，或阳刚与阳刚相应为彼此排斥的敌对关系是人类传播过程恶性竞争或冲突产生的主因 (Chen, 2008)。

最后，"比"指内卦各爻之间的相邻关系（即初爻与 2 爻，2 爻与 3 爻之间）与外卦各爻之间（即 4 爻与 5 爻，5 爻与 6 爻之间）的相邻关系。除了各爻阴阳或刚柔对应的属性之外，邻比还有由上而下和由下而上两种关系 (Xu, 2001)。由上而下的关系称为"乘"，由下而上的关系称为"承"。以刚"乘"柔（阳上阴下）或以柔"承"刚（阴下阳上）之对应关系为"顺"，反之为"逆"。从占卜角度来说，前者为"吉"，后者为"凶"(Hong, 2014；Li, 1987；Wen, 1993)。传统中国哲学认为这种以六爻或六位之间阴阳关系的辩证互动是稳定社会系统的基础。图3展示了基于六爻的等级关系网络。

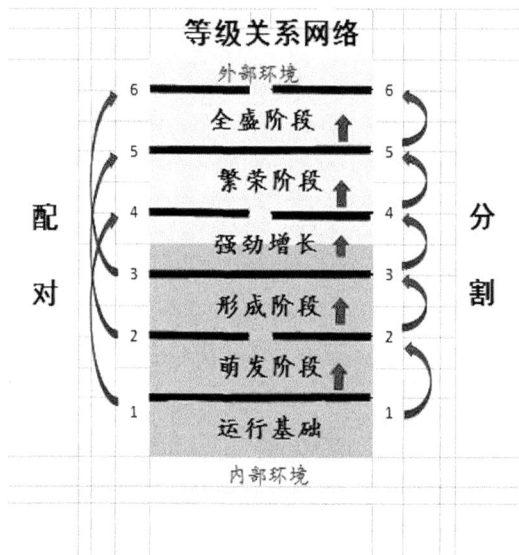

图 3. 六爻的等级关系网络

阴阳关系的等级结构进一步发展为儒家的"五伦"，规范了两千多年来中国君臣、父子、夫妻、兄弟、朋友之间的不平等但互补的关系 (Chen & Chung, 1994)。更确切地说，阴阳关系的等级结构给儒家用来建构了一套独特的中国人际关系模式。这种模式强调特殊性、长期性、团队性、形式性和个人间的关系 (Chen, 2001, 2011)。因此，阴阳关系模式是用以观察和理解中国人交往沟通的一个有效手段。以上讨论可以得出以下假设和原理：

假设 10：人类传播是一个互联网络系统。

假设 11：互联网络系统是由所属的互联元素组成的。

假设 12："感应"是关系发展的基础。

假设 13：由"感应"衍生的道德能力是阴阳沟通能力的基础。

假设 14：等级结构描绘了阴阳关系的特征。

假设 15：阴阳关系的等级结构强调特殊性、长期性、团队性、形式性和个人性的互联关系。

原理 2：道德能力的增长强化了成功建立彼此关系的机会。

原理 3: 与中国人交往时，建立一种特殊性 (长期性、团队性、形式性或个人性) 关系的能力越强，其道德能力就越高。

人类传播是一个和谐过程

阴阳哲学要求在辩证循环过程中的所有矛盾都应得到解决，以保持关系处于和谐平衡状态的永续性。从这个意义上说，辩证矛盾中所产生的张力并不代表是一种冲突。与西方辩证法迥异，阴阳辩证法强调以一种建设性的方法来处理矛盾的张力 (Wang, 1957；Yu, 2005)。阴阳哲学不主张使用对抗性方法来处理矛盾关系，而是通过一种较间接、含蓄或适应对方的互动方式来凸显和谐的重要 (Chen, 2016b)。

正如 Chen（2001）指出，中国人对和谐的重视造成了中西方传播的三个主要差异。首先，中国人把和谐视为传播的目的而不仅仅是手段。其次，人类传播是一种通过以适应互动对方为导向，谋取相互依存、相互合作的交流过程。最后，以和谐为目的说明了人类传播包含了伦理的诉求，要求互动双方表现一颗真诚与关怀之心。因此，如前所述，和谐是中国人在人类传播过程中追求的根本价值和终极目标。和谐是"以伙伴关系和相互依靠为目标，以一系列道德规范为准绳，以对互动对方真诚的关心为途径的相互适应、相互容纳的过程"(Chen, 2018)。和谐被视为成功地调节了互动的循环与转换过程之后，人类传播的一种自然的结果。因此，能否取得和谐是评审中国式沟通能力的一个重要指标。

Chen (2001) 进一步归纳了九个阴阳哲学可用来建立和谐人类传播的概念。从内在上来讲，个体必须能够内化三个原则：仁 (人本主义)、义 (公正)、礼 (礼仪)；从外在上来讲，个体必须能够运用三个要素：时 (时间因素)、位 (空间因素)、几 (动之微)；从策略上来讲，个体必须具备三种行为技能：关系 (双方联系)、面子 (彼此尊重)、权力（资源掌握）。基于这九个观念 Chen 提出了 4 个命题、23 个原理和 23 个定律来阐释中国人交流的和谐理论（见附录 A）。

由以上的讨论可进一步归纳出两个假设和一个原理：

假设 16: 人类传播是一个和谐的过程。

假设 17: 人类传播的目的在于达到关系和谐的状态。

原理 4: 在中国人的传播活动中，达到和谐的能力越强，意味着交际能力的水平越高。

最后要回答的一个重要问题是：如何才能实现和谐或达到阴阳哲学所提出的人类传播的平衡状态? 答案是"中道"。"中"规范阴阳两股势力的平衡互动。它是人类活动的中心或者说人类传播活动的中心 (Cao, 1986；Chen, 2006；Xiao,

2003)。如图 4 阴阳模式所示，"中"就是由阴阳两股势力平衡互动后所达致的大和谐状态。它是阴阳辩证互动和转换的执中点。根据 Wilhelm (1979) 的说法，"中"整合了对抗和互助。也就是说，在人类交流活动的过程中，阴阳两股势力起到了润滑双方互动的各个环节的作用。"中"是"宇宙两股对立势力相互作用的轴心，或者是打通由气的运行导致的一切阻滞的钥匙"(Chen, 2016a)。因此，"中道"或"守中"（涵养中道）是达到宇宙整体和谐循环状态的最佳途径。Chen (2016a) 认为这也是培养中国式传播能力的理想途径。

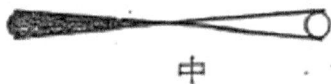

图 4. "中"的阴阳模式（源自 Wang, 1982, p. 143）

一直以来，不同学科的学者已试图发展不同的中道模式来处理辩证矛盾之间的张力以期待达到阴阳平衡的状态。例如，Jing 和 Van de Ven (2014) 利用阴阳模式研究成都公交集团的组织变化；Chung (2011) 提出了一个用来研究全球化社会中的公共关系的阴阳互动的"气"的模式；M. J. Chen (2002) 以及 Chen 和 Miller (2010) 提出了一种在管理过程中促进阴阳矛盾整合的文化融合方法；M. J. Chen (2008) 进一步运用中道的概念重新界定了竞争—合作关系；Li (2012, 2014) 提出了基于阴阳平衡的综合管理框架；Fang (2012) 从阴阳哲学的角度提出了中国人传播活动的特点；Chen(2013) 以及 Chen 和 An(2009) 则建立了一个全球管理和领导的中道模式。

所有这些在人类传播的背景下对阴阳哲学所进行的理论化尝试，为高度哲理化和抽象的阴阳概念转化为具有科学性和经验上可观察的变量提供了极大的可能性，并直接应用到行为层次的分析研究。例如，Chen (2013) 与 Chen 和 An (2009) 所建立的中道模式很能展示阴阳理论应用在实证研究的可能性。该模式具有三个维度，每个维度都包含阴阳管理的两个要素：(1) 自我修养——包括敏感性和创造力；(2) 语境深度——包括多元文化心态和环境描绘；(3) 行为灵巧——包括互动的灵活性和与时、位、几的协调。该模式为成功地提供了与中国人交往的有效方针。模式中的概念不仅可以发展出原理和定律，而且可以直接导出可检验的假设。

上述关于"中道"的讨论提供了以下的假设和原理：

假设 18: "中道"是通往阴阳整体循环和谐状态的理想途径。

原理 5: 应用"中道"的能力越高，与中国人沟通的能力就越高。

原理 6: 自我修养（语境深度、行为灵巧）的水平越高，与中国人沟通的能力就越高。

表 1 列出了本文提出的所有假设和原理。

表 1. 本文所有假设与原理 (organized by May Ho)

阴阳理论的哲学假设		人类传播活动中阴阳理论	
假设	特点	假设	原理
假设 1: 宇宙是一个无限循环但却有序的运动过程。	—	—	—
假设 2: 阴和阳是宇宙循环交替的本质。	—	—	—
假设 3: "整体性"是宇宙的终极本质。	人类传播是一个整体系统。	假设 7: 人类传播是一个整体系统。	原理 1: 矛盾的位层关系、依存关系和情境关系有助于对人类传播整体性的理解。
		假设 8: 人类传播的总体性是由两个主体之间不断的辩证互动所决定的（即阴和阳之间）。	
		假设 9: 两个主体之间的辩证互动，乃建立在阴阳两股势力持续的矛盾张力之上。	
假设 4: "互联性"是感知宇宙存在的方式。	人类传播是一个互联网络系统。	假设 10: 人类传播是一个互联网络系统。	原理 2: 道德能力的增长强化了成功建立彼此关系的机会。
		假设 11: 互联网络系统是由所属的互联元素组成的。	
		假设 12: "感应"是关系发展的基础。	
		假设 13: 由"感应"衍生的道德能力是阴阳沟通能力的基础。	
		假设 14: 等级结构描绘了阴阳关系的特征。	原理 3: 与中国人交往时，建立一种特殊性（长期性、团队性、形式性或个人性）关系的能力越强，其道德能力就越高。
		假设 15: 阴阳关系的等级结构强调特殊性、长期性、团队性、形式性和个人性的互联关系。	

续表

阴阳理论的哲学假设		人类传播活动中阴阳理论	
假设	特点	假设	原理
假设 5:"和谐"是宇宙的基本价值。	人类传播是一个和谐的过程。	假设 16: 人类传播是一个和谐的过程。	原理 4: 在中国人的传播活动中，达到和谐的能力越强，意味着交际能力的水平越高。
		假设 17: 人类传播的目的在于达到关系和谐的状态。	
假设 6:"中"是实现宇宙和谐之道。		假设 18:"中道"是通往阴阳整体循环和谐状态的理想途径。	原理 5: 应用"中道"的能力越高，与中国人沟通的能力就越高。
			原理 6: 自我修养（语境深度、行为灵巧）的水平越高，与中国人沟通的能力就越高。

结论

本文试图通过构建人类传播的阴阳理论来弥合概念的抽象或哲学论述与实证观察之间的裂缝。本文从阴阳哲学的分析提出了理论假设和原理。这种尝试有助于从理论角度和应用层面来理解阴阳的概念。虽然如此，本文并无贬低传统从哲学角度解读阴阳概念的观点；相反地，作者希望通过提出一些阴阳理论在科学研究中可能的应用来提高阴阳理论研究的实用价值。以下讨论本研究的一些局限和启示。首先，虽然阴阳哲学是一种特别在中国具有启发与影响性的思想，但它毕竟只代表了一种本土性的思想。X. Li (2014) 指出，在中国对阴阳的研究到目前一直还受困于概念定义的模糊不清和缺乏严谨的研究方法。这意味着，作为一种主位性思想，阴阳概念的研究已开始受到学者的质疑与挑战。阴阳概念研究缺乏严谨论证的支持，常让学者怀疑阴阳哲学概念是否能有效地用来解释中国人的行为。

其次，阴阳哲学作为一种本土思想，在解释不同文化人们的传播行为时，可能并不见得优于其他的辩证哲学，如希腊辩证法、印度的否定辩证法、黑格尔的辩证法、玻尔的互补原则等 (Wong, 2006)。虽然"变"是各种辩证哲学所共有的一个核心概念，但在实际生活中处理这种变化的方式往往是不同的。例如，中国阴阳辩证法将和谐视为宇宙的手段和目的，包括人类传播，但在西方，对抗似乎是解决问题的一个更好的手段。因此，在试图将一种辩证哲学普遍化以解释不同文化背景下的人类行为时，学者们应该避免掉入以管窥天的陷阱。

第三，尽管每一种辩证法都有其本土性或主位性的属性，学者在处理任何辩证法时必须避免落入二分法的困境 (Chen, 2009b)。二分法或非此即彼的思路不仅阻碍了学术研究的发展，更严重的是，它会给跨文化交流带来负面的影响。除了"变"是大多数辩证哲学的共同特征外，两种矛盾力量之间的"平衡"也是这些辩证法所追求的目标。因此，经由"整合"的过程来达到两种力量之间的平衡状态，例如文化互融、二元互动、全球本土化或者 Naroll (1971) 的"theorics"模式以及主客整合，应该是在这个全球化的人类社会中值得推广的理想方法。此外，整合或平衡不应仅仅局限于两种力量之间。因为当今全球社群需求一种多元文化的共存生活模式，整合和平衡的观念与做法应该被应用到处理各种不同哲学方法之间的紧张关系 (Chen, 2005, 2015)。

最后，本文仅从阴阳的研究中导出理论建构的命题 (proposition) 和原理 (theorem)。如前所述，为了直接观察基于阴阳交互的传播 / 通行为，必须从原理和定律 (axiom) 中进一步推演出可直接观察的研究性假设 (hypothesis) 的陈述。目前已经有越来越多的研究华人传播行为的学者从这个角度提供了研究的资源。例如，除了蕴含中国人传播行为的可观察变量的原理 3 之外，Chen (2002) 在中国人冲突管理方面的研究，特别提出了阴阳哲学影响下的五个概念来理解中国人在互动过程中如经营冲突的过程。这五个概念包括自制、互惠、婉拒、顾面子和特殊关系。这些概念可清楚地加以定义，作为直接观察中国人交际行为的变量。

参考文献

Altman, I. (1987). Centrpetal and centrifugal trends in psychology. *American Psychologist, 42*(12), 1058-1069.

Baxter, L. A., & Montgomery, B. M. (1996). *Relating: Dialogues and dialectics*. New York: The Guilford.

Beveridge, I., &Kadura, J. (2016). Paradox management approach to service: Empirical study of Western service dynamics in China. *China Media Research, 12*(4), 7-17.

Brandenburger, A. M., &Nalebuff, B. J. (2011). *Co-opetition*. New York: Doubleday.

Cao, M. (1986). Zhongdao and Chinese culture. In M. Cao, et al. (Eds.), *On I Ching learning* (pp. 79-94). Taipei, Taiwan: Li Ming.

Chai, C., & Chai, W. (1964). Introduction. In J. Legge (Trans.), *I Ching: Book of change* (pp. xxvii-xcii). New York: Bantam Books.

Chang, C.-Y. (1963). *Creativity and Taoism: A study of Chinese philosophy, art, and poetry*. New York: Harper & Row.

Chen, G. M. (2001). Towards transcultural understanding: A harmony theory of Chinese communication. In V. H. Milhouse, M. K. Asante, and P. O. Nwosu (Eds.), *Transculture: Interdisciplinary perspectives on cross-cultural relations* (pp. 55-70). Thousand Oaks, CA: Sage.

Chen, G. M. (2002). The impact of harmony on Chinese conflict management. In G. M. Chen & R. Ma (Eds.), *Chinese conflict management and resolution* (pp. 3-19). Westport, CT: Ablex.

Chen, G. M. (2006). Asian communication studies: What and where to now. *The Review of Communication*, *6*(4), 295-311.

Chen. G. M. (2005). A model of global communication competence. *China Media Research, 1*, 3-11.

Chen, G. M. (2008). *Bian* (Change): A perpetual discourse of *I Ching. Intercultural Communication Studies*, *17*(4) 7-16.

Chen, G. M. (2009a). Toward an *I Ching* model of communication. *China Media Research, 5*(3) 72-81.

Chen, G. M. (2009b). Beyond the dichotomy of communication studies. *Journal of Asian Communication*, *19*(4) 398-411.

Chen, G. M. (2011). An introduction to key concepts in understanding the Chinese: Harmony as the foundation of Chinese communication. *China Media Research, 7*(4) 1-12.

Chen, G. M. (2013). A zhongdao model of management in global context. *Intercultural communication Studies*, *22*(1), 1-8.

Chen, G. M. (2015). Theorizing global community as cultural home in the new century. *International Journal of Intercultural Relations, 46*, 73-81.

Chen, G. M. (2016a). *Zhong* (Centrality), self-competence, and social/communication competence: A Chinese perspective. *Intercultural Communication Studies*, *25*(1), 17-31.

Chen, G. M. (2016b). *Harmony theory* (Chinese). In K. B. Jensen & R. T. Craig (Eds.), *The international encyclopedia of communication theory and philosophy*. West Sussex, UK: Wiley-Blackwell.

Chen, G. M. (2018). Chinese communication modes. In Y. Y. Kim (Ed.). *International encyclopedia of intercultural communication*. Hoboken, NJ: Wiley-Blackwell。

Chen, G. M., &An, R. (2009). A Chinese model of intercultural leadership competence. InD. K. Deardorff (Ed.), *The SAGE Handbook of intercultural competence* (pp. 196-208). Thousand Oaks, CA: Sage.

Chen, G. M., & Chung, J. (1994). The impact of Confucianism on organizational communication. *Communication Quarterly, 42*, 93-105.

Chen, G. M. &Starosta, W. J. (2004). Communication among cultural diversities: A dialogue. *International and Intercultural Communication Annual, 27*, 3-16.

Chen, G. M., &Starosta, W. J. (2005). *Foundations of intercultural communication*. Lanham, MD: University Press of America.

Chen, M. J. (2002). Transcending paradox: The Chinese "middle-way" perspective. *Asian Pacific Journal of Management, 19*, 179-199.

Chen, M. J. (2008). Reconceptualizing the competition-cooperation relationship: A transparadox perspective. *Journal of Management Inquiry, 17*(4), 288-304.

Chen, M. J.,& Miller, D. (2010). West meets East: Toward an ambicultural approach to management. *The Academy of Management Perspectives24*(4), 17-24.

Cheng, C.-Y. (1987). Chinese philosophy and contemporary human communication theory. In D. L. Kincaid (Ed.), *Communication theory: Eastern and Western perspectives* (pp. 23-43). New York, NY: Academic.

Chung, J. (2011). *Chi (qi)* process: The interplay of opposites in selected communication contexts. *China Media Research, 7*(4) 85-92.

Chung, J. (2011). Chi-based strategies for public relations in a globalizing world. N. Bardhan& C. K. Weaver (Eds.), *Public relations in global context* (pp. 226-249). New York: Routledge.

Fang, T. (2012). Yin yang: A new perspective on culture. *Management and Organization Review, 8*(1), 25-50.

Fang, T., & Faure, G. O. (2011). Chinese communication characteristics: A yin yang perspective. *International Journal of Intercultural Relations, 35*, 320-333.

Fang, T. M. (1981). *Chinese philosophy: Its spirit and its development*. Taipei, Taiwan: Linking.

Faure, G. O., & Fang, T. (2008). Changing Chinese values: Keeping up with paradoxes. *International business review, 17*(2), 194-207.

Fung, Y. L. (1983). *A history of Chinese philosophy*. Princeton, NJ: Princeton University Press.

Hawes, L. C. (1975). *Pragmatics of analoguing: Theory and model construction in communication*. Reading, MA: Addison-Wesley.

Hong, D. (2014). *Notes on I Ching*. Shanghai: Dongfang.

Jing, R., & Van de Ben (2014). A Yin-Yang Model of organizational change: The Case of Chengdu Bus Group. *Management and Organization Review, 10*(1), 29-54.

Li, I. K. (1987). *I Ching jieshi* [An interpretation of I Ching]. Taipei, Taiwan: Shi Jie.

Li, L. (1994). *Zhou I's thinking and logic*. Anhui, China: Anhui People Publisher.

Li, P. P. (2012). Toward an integrative framework of indigenous research: The geocetric implications of Yin-Yang balance. *Asia Pacific Journal of Management, 29*(4), 849-972.

Li, P. P. (2014). The unique value of Yin-Yang balancing: A critical response. *Management and Organization Review, 10*(2), 321-332.

Li, X. (2014). Can yin-yang guide Chinese indigenous management research? *Management and Organization Review, 10*(1), 7-27.

Liu, C. L. (1992). *Zhong guo zhihuiyu xi tong si wei* (Chinese wisdom and systematic thinking). Taipei, Taiwan: Shangwu.

Morris, M. W., Leung, K., Ames, D., &Lickel, B. (1999). Views from inside and outside: Integrating emic and etic insights about culture and justice judgment. *Academy of Management Review, 24*, 781–796.

Naroll, R. (1971, September). *Conceptualizing the problem, as seen by an anthropologist*. Paper presented at the American Political Science Association Annual Meeting. Chicago, Illinois.

Paparchoni, A., Heracleous, L., &Paroutis, S. (2014). Organizational ambidexterity through the lens of paradox theory: Building a novel research agenda. *The Journal of Applied Behavioral Science, 51*(1), 71-93

Peng, K., &Nisbett, R. E. (1999). Culture, dialectics, and reasoning about contradiction. *American Psychologist, 54*(9), 741-754.

Simsek, Z., Heavey, C., Veiga, J. F., & Souder, D. (2009). A typology for aligning organizational ambidexterity's conceptualization, antecedents, and outcomes. *Journal of Management Studies, 46*(5), 864-894.

Smith, W. K., & Lewis, M. W. (2011). Toward a theory of paradox: A dynamic equilibrium model of organizing. *Academy of Management Review, 36*(2), 381-403

Thompson, C. J., &Arsel, Z. (2004). The Starbucks brandscape and consumers' (anticorporate) experiences of glocalization. *Journal of Consumer Research, 31*(3), 631-642.

Wang, H. S. (1957). *Tai Chi Tu*. Taipei, Taiwan: Min Zhu Xian Zheng.

Wang, H. S. (1970). *An annotation of I Ching*. Taipei, Taiwan: Xin Shi Ming.

Wang, H. S. (1982). *A new view on the mind law*. Taipei, Taiwan: Longhua.

Wang, H. S. (1983). *A study of movement*. Taipei, Taiwan: Long Hua.

Wen, Z. Y. (1993). *The philosophy of I Ching and modern life*. Beijing: China Bookstore.

Wilhelm, R. (Trans.) (1990). *The I Ching*. Princeton, NJ: Princeton University Press.

Wilhelm, R. (1979). *Lectures on the I Ching: Constancy and change*. Princeton, NJ: Princeton University Press.

Wong, W. C. (2006). Understanding dialectical thinking from a cultural-historical perspective. *Philosophical Psychology, 19*(2), 239-260.

Wu, Y. (1976). The concept of change in I Ching. *ChuonKuo Yi Chou, 754,* 19-21.

Xiao, X. (2003). *Zhong* (Centrality): An everlasting subject of Chinese discourse. *Intercultural*

Communication Studies, 12(4), 127-149.

Xiao, X. S., & Chen, G. M. (2009). Communication competence and moral competence: A Confucian perspective. *Journal of Multicultural Discourses, 4*(1), *61-74.*

Xu, Z. R. (2001). *An interpretation of yin yang and trigrams in the Book of Changes*. Taipei, Taiwan: LiRen.

Yu, D. K. (2005). *The modern view of I Ching*. Guilin, China: Guangxi Normal University Press.

Zhang, C. F. (2010). *On I Ching and dialectics*. Zhejiang, China: Zhejiang University Press.

Zhong, Q. L. (1992). *Sixteen lectures on I Ching*. Beijing: ZhongguoHuaqiao.

Zhu, X. (1974). *A collected interpretations of I Ching*. Taipei, Taiwan: Wen Hua

Tu Shu.

Zhu, X. (1978). *A collected interpretations of Si Shu*. Taipei, Taiwan: Ruicheng.

译者：王婷（厦门大学新闻传播学院博士研究生，贵州师范大学国际教育学院讲师）

原文出处：Chen, G. M. (2018). A yin-yang theory of human communication. *China Media Research, 14*(4), 1-15.

附件 A　源自九个观念的原理和定律

仁 Jen (humanism)
原理 2：在中国人传播活动中，"仁"的程度越高，越容易实现和谐。
原理 3：在中国人传播活动中，人性化的程度越高，越容易维持"仁"。
定律 1：一个人的互惠之心越强，在中国人传播活动中的能力就越强。
定律 2：一个人的同理心越强，在中国人传播活动中的能力就越强。
义 Yi (righteousness)
原理 4：在中国人传播活动中，"义"的水平越高，实现和谐的可能性越大。
原理 5：在中国人传播活动中，得体性的水平越高，维持"义"的可能性越大。
定律 3：一个人的灵活性越强，在中国人传播活动中的能力就越强。
定律 4：一个人的适应性越强，在中国人传播活动中的能力就越强。
礼 Li (rite)
原理 6：在中国人传播活动中，"礼"的行为的增加会带来和谐性的增加。
原理 7：在中国人传播活动中，正式性程度越高，维持"礼"的可能性就越大。
定律 5：一个人使用敬语的能力越强，在中国人传播活动中的能力就越强。
定律 6：一个人应对等级社会关系的能力越强，在中国人传播活动中的能力就越强。
定律 7：一个人越有礼貌，在中国人传播活动中的能力就越强。
定律 8：一个人控制情绪的能力越强，在中国人传播活动中的能力就越强。
定律 9：一个人的侵略性越弱，在中国人传播活动中的能力就越强。
时 Shih (temporal contingencies)
原理 8：在中国人传播活动中，对"时"之认识水平越高越能增进和谐。
原理 9：在中国人传播活动中，对"时"各因素的认识程度越高越能保持"时"的作用。
定律 10：一个人越清楚行动的合适时机，在中国人传播活动中的能力就越强。
位 Wei (spatial contingencies)
原理 10：中国人传播活动中，对"位"之认识水平越高越能增进和谐。
原理 11：中国人传播活动中，对空间各个因素的认识程度越高越能保持"位"的作用。
定律 11：一个人越清楚传播的环境，在中国人传播活动中的能力就越强。
定律 12：一个人越清楚社交背景，在中国人传播活动中的能力就越强。
几 Ji (the first imperceptible beginning of movement)

原理12：在中国人传播活动中，对"几"之认识水平越高越能增进和谐。
原理13：在中国人传播活动中，对互动发展轨迹越是清楚越能保持"几"的作用。
定律13：一个人越清楚互动发展轨迹，在中国人传播活动中的能力就越强。
定律14：一个人的敏觉力越强，在中国人传播活动中的能力就越强。
定律15：一个人越真诚，在中国人传播活动中的能力就越强。
关系 Guanxi (inter-relation)
原理14：在中国人传播活动中，"关系"的提升可以增进和谐。
原理15：在中国人传播活动中，特定关系的建立越牢固越能维持"关系"的作用。
定律16：一个人越能与他人建立相互关系，在中国人传播活动中的能力就越强。
定律17：一个人越能分辨内外的成员，在中国人传播活动中的能力就越强。
定律18：一个人的"群体感"越强，在中国人传播活动中的能力就越强。
面子 Mientz (face)
原理16：在中国人传播活动中，对"面子"的重视可以增进"关系"的发展。
原理17：在中国人传播活动中，对"面子"的重视可以增进"和谐"的发展。
原理18：在中国人传播活动中，越尊重对方越能维护"面子"。
原理19：在中国人传播活动中，越重视人情越能维护"面子"。
定律19：一个人越能给对方面子，在中国人传播活动中的能力就越强。
定律20：一个人越能施惠对方，在中国人传播活动中的能力就越强。
定律21：一个人"回报对方"的感觉越强，在中国人传播活动中的能力就越强。
权力（Quanli，Power）
原理20：在中国人传播活动中，权力的适当运用可以增进"和谐"的发展。
原理21：在中国人传播活动中，"关系"的强化可以增进"权力"的发展。
原理22：在中国人传播活动中，"资历"越高越能增进"权力"的发展。
原理23：在中国人传播活动中，"权威"越大"权力"就越强。
定律22：一个人的资历越高，在中国人传播活动中的能力就越强。
定律23：一个人的权威越大，在中国人传播活动中的能力就越强。

摘　自：Chen, G. M. (2011). An introduction to key concepts in understanding the Chinese: Harmony as the foundation of Chinese communication. *China Media Research,* *7*(4) 1-12. (pp. 4-5)

风水与华人沟通行为

看到或听到"风水"(feng shui) 这两个字，很多人一定会眉头紧皱，认为它是封建社会的遗毒，迷信不科学，怎可登上传播研究的大雅之堂？在华人社会延续超过两千年，风水这门实用之学，内容不合乎科学的糟粕真的是不少。但是一门学问可以流传两千年不坠，而且枯杨生根，老干新枝，越来越具蓬勃之象，其中必有其可取之处。我们若从心理学、传播学、建筑学等现代社会科学学科的角度来加以观察，可以立即发现风水学的内涵，其实具有很多可以用科学方法加以印证的成分。从传播学的角度来看，风水学的内涵，就是非语言沟通里，尤其是空间学 (proxemics) 这个领域研究的主要范畴。令人惊讶的是，风水学的内容比当今空间学丰富多了。因此，若因风水学具有迷信的成分就不分青红皂白，思欲除掉而后快，那就不免显得无知和情绪化了。

建立在这个认识上，本章就从传播学的角度，分四个部分来探讨风水学这门学问：风水是什么、风水的特色、风水的中华文化与哲学基础与风水对华人社会的影响。探讨的过程，本章也将试着从风水的属性与中华文化与哲学思想的关系，提出与风水学有关的假定 (assumption)，并进一步以这些假定为基础提出不同的命题 (proposition)，作为建立风水初级理论的依据。

风水是什么

风水学扎根在中华文化的土壤，并深具哲学基础。作为一种传统华人的世界观 (worldview)，风水之说据言是伏羲氏所创。《易经系辞下传》第二章有此记载：

古者包羲氏之王天下也，仰则观象于天，俯则观法于地。观鸟兽之文，与地之宜，近取诸身，远取诸物。于是始作八卦，以通神明之德，以类万物之情。

经由这个系统性的观察过程，伏羲氏能够归纳出自然与宇宙运行对万物与环境影响的法则。伏羲氏于是以风水之术协助百姓的日常生活，教导百姓配合大自然的节奏，并赋予百姓生命与生活的安全感及延续性 (continuity)。

就这样代代相传，风水学强调的人与大自然之间和谐的关系，至今仍影响着华人社会生活的每个角落。很多华人常把人生的成败归之于神秘风水的作用，而非人为的因素。不管是财富、健康、运气、出生、结婚、建屋、丧葬等，无不受风水左右。那么，风水到底是什么呢？

风水其实就是传统华人看待人与大自然之间关系的世界观 (worldview)。风水原来的名字是："堪舆"。"堪"指天，"舆"指地，天地关系之学就是"堪舆"。依据道家的说法，天地之间是彼此影响的。风水另一个较通俗的名字是"地理"，意味着对土地与其形态结构，包括天然与人为一套有系统的研究。西方人常把中国的风水看成"土占"术 (geomancy)，但史金纳 (Skinner, 1982) 认为，源自阿拉伯、后来传到欧洲与非洲的土占术，只是风水学的一小部分。

王玉德 (1991) 把风水定义为："一个代代相传的文化现象，一种追求好运与规避灾难的方法，一种普遍的民间习俗与一门研究环境与人之间关系的学问。"(p. 5) 风水学特别注重如何取良时择良处，为活人居与为死人葬。更具体地说，风水学就是"在适当的时间与适当的地方，建立人与土地和谐相处的关系，以获取最大的利益、安详与富裕的一种艺术"(Skinner, 1982, p. 4)。因此，风水学的终极目标在于教导人们，如何在广垠的宇宙内，经由空间的安置，天然资源的保护与生态的均衡，取得一个安和乐利之处身立命的地方 (Rossbach, 1984)。

假定一：风水学是研究人与自然如何和谐相处，以增进人类福祉的一门学问。

风水的特色

从风水的定义，我们可以演绎出四项特色：遍及性 (pervasive)、神秘性 (mysterious)、功利性 (utilitarian) 与和谐性 (harmonious)。

第一，从先秦到当代，风水术在中国已实行了超过两千年。包括中国大陆、台湾、香港，只要有华人在的地方，就有风水学，而且深深渗透了华人社会的日常生活。就是在北美洲也常在报章杂志看到华人购地建屋或买房子时，依风水之理，大肆整修地皮、砍伐树木，而遭邻居白人质疑的消息。这种遍及性 (pervasive)，无疑地已使风水成为中华文化传统不可或缺的一部分。

第二，风水是神秘的 (mysterious)。风水旨在操纵宇宙间隐秘无形的气，来建立人与环境之间的和谐关系。也就是教导人们，学习如何与外在环境步调一致，以培养吾人正气或发挥潜能。另外，风水的神秘性来自它的形上宇宙论。风水学不仅吸收了哲学、心理学、伦理学、美学与天文学等学科的知识，更杂糅了像阴阳、五行、八卦等中国传统的类似宗教信仰的理论（杨文衡、张平，1995）。所有这些来自不同领域的知识与方法结合起来，使风水学成为一门既复杂又神秘的领域。

第三，风水的实行具有很大的功利性 (utilitarian) 色彩。风水学继承了中国传统的信仰，认为人类生活的理想，在于获取和平、利益、财富、健康、长寿、幸福与快乐（俞灏敏，1992）。因为华人相信大自然的威力足以影响人的未来、运道及生理与心理状况，所以风水学的要务是协助人们寻找一块好地方供活人居住或安葬死人。这个选择的过程，必须确认所有不同层次的"气"能够符合大自然运行的规律，以便带来福运。风水的这种功利性质，是在华人社会普及的主因之一。

最后，风水重视人类与自然环境的和谐关系 (harmonious relationship)，并且主张和谐的获得是经由寻找而不是经由创造的过程。因此，人们无论建立房子、坟墓、农场或举行任何仪式都应该根据风水学的原则与技术，探索检验出一个具有和谐性的适当方法与地点。这个过程要求人们去适应与寻找方法配合大自然环境，绝不可试着改变大自然或与大自然一争长短。

总之，风水学是探讨人与大自然关系的一门学问。以大自然运行的法则为基础，风水学为我们提供了一套了解如何寻找与发展出一个舒适的环境，以增进生活品质与工作效率的方法。换句话说，风水学教导我们如何建立一个与周遭环境和谐与均衡共处的状态。挟着其多样化的技术与深奥的理论，风水学早已成为中华传统文化的一个主要部分。它就像一面镜子，反映出中华文化一项可贵的智慧：只要多关照大自然，我们便能够发现新的方法，编织一个细致强韧的意义之网，并且在我们的生活场域，建立出多样化的实境 (multiple realties)。

假定二：风水学具有遍及性、神秘性、功利性与和谐性四项特征。

风水学的中华文化与哲学基础

在华人社会如此源远流长与有系统的实行运用，风水学无疑地与中华文化有着密切的关系。风水的理论深植于中国哲学的土壤，它的内涵不仅反映而且持续强化华人社会的文化价值观 (cultural values)。以下就来讨论风水学与中国哲学思想与文化的关系。

风水学的哲学基础

风水学的历史，其实就是一部中国哲学史。中国哲学提供风水学一个生根、苗壮与开花的园地。仔细研究，可以发现四个中国哲学概念与风水学的发展存在着紧密的关系：天人合一、阴阳、五行以及气。

第一，天人合一是中国哲学主要的概念之一。根据中国哲学的说法，经由彼此互动沟通的过程，天与人是相互依存、相互影响的。换句话说，上天的意志决定了人们的命运，包括社会及政治的稳定、个人的祸福、农稼耕作、生死运数等；相对地，人类的行动与社会状况也影响着大自然的运行（劳思光，1991；杨慧杰，1989）。例如，到目前华人还认为，个人如忠孝的德行可以感天；统治者的横行暴为，也是天灾人祸的起因之一。

早期的风水理论采取了天人合一的思想，并进一步推演到人与地之间的关系。天与人既然有所感应，地与人自然也有所感应。因此，如前所述，风水的理论完全建立在这个思想上：一个人所择而居而葬的环境，直接影响了该人与家庭的祸福。以此类推，一个人的一举一动也直接影响到地气或地灵。所以，不同德行的人在同一地点建屋或筑坟，所得的后果与效应也相对的有了差异（刘晓明，1995）。

假定三：风水学主张天人合一论。

第二，阴与阳的辩证性互动关系是风水学吸收的另一项中国哲学的重要论说。阴与阳是宇宙的两股相生相成又相敌相克的势力。从字义来说，阴指山之北，阳光照射不到的阴影部位；阳指山之南，阳光普照的地方。依此意义，阴的属性可以延伸到包括柔和、亲和、推让、接受、顺从等；阳的属性包括积极、刚健、不屈、支配等。阴与阳虽然自成一个变化的系统，但是整体性宇宙，必须经由阴阳互动的过程才得形成（Chen, 1993；劳思光，1991）。如同《易经系辞上传》第五章所说的"一阴一阳之谓道"；老子《道德经》第四十二章也说，"道生一，一生二，二生三，三生万物。万物负阴抱阳，冲气以为和"。风水学深受阴阳地理方位和两者之间动态和谐之互动关系的影响。

假定四：风水学强调阴阳两气的动态平衡。

第三，风水学同时采用了和阴阳思想具有密切关系的五行观念。五行代表构成宇宙的金、木、水、火、土五种元素。这五种元素具有相生相克的关系。相生的循环关系是水生木，木生火，火生土，土生金，金生水；相克则为水克火，火克金，金克木，木克土，土克水。相生的关系带来正面的互动，反之，相克的关系带来负面的互动（李焕明，1987）。

风水学主张人在生前本是五行的一部分。换句话说，人乃是五行互动所累积而成的气，在某种特殊环境下的产物。因此，五行对人们的生命与生活具有决定性的作用。不过，五行理论对风水主要的影响在于它们与宇宙四个方位的结合运用。以北半球为例，因太阳由东方升起，所以东方充满着生气，因此配之以木；因太阳落于西方，光辉暗淡，所以配之以金。同样的道理，南方暖和，配之以火；北方阴冷，配之以水；中部则居地球之中，故为土。以五行的互动为基础，风水乃建立了一套判断地理良窳的完整理论。

假定五：风水学深信五行生克之理。

最后，根据中国哲学思想，气是万物的本质。它是构成阴与阳两股势力互动以及五行相生相克的基本元素。气具有三项特色（Chung & Busby, 2002；李庆，1980）：天地由气生、气是生命的终极根源以及存在人体与天地间的气是彼此渗透的。气的这些特性，对风水影响很大。刘晓明 (1995) 认为气对风水学的影响，主要有三项：（1）气的观念成了风水学的本体论；（2）气引导风水学发展出"生气"理论；（3）气成为风水应用时，进行判断的总标准。

风水学以气解说宇宙的生成。包括山陵河川的宇宙，是充塞在天地之间的氤氲之气互动化生而成的。风水学认为气是万物普遍性的原则，宰制万物的规律，以及万物存在的归因 (Chen, 1996)。也就是说，气是万物生成的因、形态、本质、和最高的准则，它无所不在。气理论的吸收把风水学从一个技术性取向的实用学转化成一个具有本体论的学科。

人体与天地之气相互渗透的原则，帮助了风水学提出"生气"的理论来解说人与地的关系。风水学认为人死后，"生气"即与人体分离，因此，寻找一块具有"生气"的地方来配一个人生前及死后的生气，成为风水学重要的目的之一。地气与人气配合之后，人可以持续吸吮地的"生气"，使家业腾达，造福他人。

"生气"的原则成为风水判断的依据。充满"生气"山陵平原，通常绿意盎然，流水清澈，紫气袅绕；反之则为"煞气"。另外，"生气"之所也必须能够"藏风得水"。因为气为风之动，水之聚。"得水"之地，必定是藏风或聚气之所。这是风水得其名的原因。

假定六：风水学以气论为基础。

风水学的文化基础

具有源远流长之文化基础的风水学，扎根在中华文化的几个领域。风水学的发展，不仅使中华文化的土壤更加肥沃，更同时强化了华人的文化价值观。四项风水学强调的中华文化价值观包括：繁荣、和谐、道德观与美学观。

第一，繁荣包括财富、地位、和长寿等概念。因为风水学旨在寻找生气盎然之所，或居或葬以利己利人，追求财富、地位、和长寿等繁荣气象的中华文化价值观，很自然地受到风水学的青睐。财富是拥有，地位是社会面子，长寿是生命之乐。风水算对这些能满足心理需求的价值观的重视，使它们变成了中华文化最吸引人的部分（杨文衡、张平，1995）。

假定七：追求繁荣为风水学的主旨之一。

第二，风水学与中华文化强调避免冲突的和谐观念一致。中华文化自古即把天地人三才，视为一个合一与相互依存的有机整体，因此，华人把和谐当作人类互动的目的而非手段。华人认为人际关系的发展是一个彼此互相适应以达到共存及合作的动态过程，敌对或冲突对这个过程会有伤害性的影响 (Chen, 2001; Chen & Chung, 1994)。风水学就是教导人们如何经由适应的过程，与大自然保持和谐或避免冲突的学问。

假定八：追求和谐为风水学的主旨之一。

第三，对道德的关心是中华文化另一项核心价值观，而且家庭被视为社会的基本单位与所有道德的汇集点。华人一向相信"家和万事兴"(Huang, 2000)。华人这种以家庭关系为主的道德关怀，主要反映在华人家庭的直系血亲结构。直系关系取向的特色就是具有强烈的历史感（韦政通，1981）。华人在历史洪流的延续下，把孝顺父母、尊敬长辈与慎终追远，视为理所当然之事。直系关系取向也延伸到与包括外亲及内戚之亲戚系统的紧密关系。换句话说，华人的道德实践寄托在大家族的系统，孝则是把大家族成员和谐与紧密地联结在一起的要素。如俗语所言"百善孝为先"。

风水学很鲜明地反映了华人这种筑基于家族系统的道德关怀。风水学对人与大自然和谐关系的追求，其实就是孝顺父母与崇拜祖先的映照。因此，寻找一块好地方居住，以示对父母的尊敬或死后安葬他们，成了风水学主要的伦理信条。

假定九：追求道德为风水学的主旨之一。

最后，华人的美学观源自《易经》的论说。其中四项论点，奠定了中国的美学观：天地人合一、和谐、阴阳的互动以及道德与艺术的重视（王振复，1991；李焕明，1992；李泽厚、刘纲纪，1990；叶朗，1990）。风水学吸收融会了这些美学观点后，发展出自己一套完整的美学系统。李人奎 (1989) 与高友谦 (1992) 指出，风水美学有四项原则：第一，山曲水转风水好。这是生气聚集之所。第二，建筑必须配合地势。因此，屋顶或坟墓最好呈半球体状。第三，住所或葬地应有清晰的周边，以显示与环境整体性的均衡。这指住所或葬地的四周，在适当距离内，应有天然的屏障。第四，住所或葬地的整体和谐必须筑基在人文的和谐之上。风水学强调的人文与自然的整合，和谐地化解了阴阳、强弱、动静、圆缺、快慢等相对势力的对立现象。

假定十：追求美感为风水学的主旨之一。

风水对华人沟通行为的影响

毋庸置疑，风水的学说与实践，贯穿了华人社会建筑、美学、社交、政治、组织与个人生活的每一个部分。这种强大的影响力无疑是建立在以上提出的十项风水学的假定之上。以下就来探讨风水学对日常生活与沟通最有关系的两个领域：人际的互动与组织及商业生活，并依此演绎出不同的研究命题 (proposition)。

人际的互动

风水学的原则直接影响了华人人际的沟通行为。风水学发展了两种与其他文化不同的沟通形态：和谐的关系与选择性的沟通。

风水学强调的大自然与人的和谐关系，更进一步地规范了人们互动的行为，以增进生活的福祉。因此，经由共同协力创造一个和谐的社会，成了华人普遍追求的目标。风水学认为以仁、义、礼、诚诸要素为基础的端正行为是达到社会和谐的重要手段。这种行为的规范，在华人社会发展出了层级性的关系 (hierarchical relationship) 形态。例如，孔子以"五伦"阐释层级性的关系。用现代的语言，"五伦"的表现，就是上司公正，下属忠诚；父母慈爱，子女孝顺；夫唱妇随；兄姊亲爱弟妹，弟妹尊敬兄姊；朋友间彼此信任 (Chen & Chung, 1994)。这种特殊性人际关系的主要功能，在于清楚地界定年纪、性别、角色与地位的差别，以维持彼此间相互依存的关系 (Condon, 1977)。

命题一：愈是特殊性的人际关系结构，愈能达到和谐的相处。

风水学在华人社交生活过程，培养了选择性的沟通 (selective communication) 方式。门当户对、八字相配、生辰相符、个性相近的结合才能带来幸福及好运。生辰八字的信仰至今持续影响着两性关系的发展。因生辰八字相冲而导致热恋男女分手的凄惨事件，仍时有所闻。

命题二：愈具选择性的沟通方式，愈能达到快乐的生活。

组织与商业生活

风水不仅影响人们日常生活的福祉也与组织生活及商业利益有关。对华人来说，新事业开张之前，找风水师帮忙是司空见惯之事。在商业上，风水术可用来侦测、避免与矫正所谓的"煞气"。例如，按照风水学理论，办公室的摆设与装潢，应该力求"生气"的流通与累积。在生气蓬勃的环境下工作，员工的精力更形强化，创造力更能发挥，身心更能均衡发展。这些潜力的开展是促进社交和财富成就与个人和谐的保障。

风水学又主张，一个空间的气是可以加以改造与转换，以适应居住者之所需的。不过，和谐之气必须随时呵护与囤积，其价值才会持续上升。除此之外，风水学对组织与商业生活的影响，有四项值得一提：公司的名字、公司的地点、公司内的摆设与装潢与组织行为。

第一，因为名字代表公司对外的形象，风水学认为取用一个适当和正确的名字事关生意是否兴隆。好名字带来好运气与信心，使得经营管理大受鼓舞；不适当的名字则带来心理的焦虑与负担。所以，要商业兴隆，选择一个具有吉祥与有意义的公司名字来调和阴阳与五行是不可或缺的第一步。通常，好名字不外是带有与财富、好运与幸福有关的用语。

和名字一样重要的是公司标志 (logo) 的设计。例如，从风水学的角度，一个商业大楼的标志，必须能够直接指示出该公司的商业性质与产品。换句话说，公司的标志必须力求吸引人、容易辨识与适当。

命题三：愈符合公司对外形象的名字，愈能使公司兴隆。

命题四：愈符合公司商业性质的标志，愈能使公司兴隆。

第二，风水学主张，商业建筑的位置，应该与周遭的大楼与环境取得和谐的搭配。寻找"龙脉"，如城市内的大街是决定建筑物位置的指导原则。细言之，风水学提供了六项适合公司建地的原则（龙天机，1987; Lip, 1991;Walters, 1988）：

（一）使用罗盘来测定位置。

（二）背靠小山。山为龙，是公司兴隆与惨淡时的最佳屏障。

（三）近水。水代表龙脉，是集气之所，也是财富与利益的象征。

（四）远离高架物。如高架桥与刀形建筑物等为散气的不祥之物，会给公司带来厄运。

（五）远离医院、庙宇或坟场。类似地方容易给员工带来不祥之兆，导致公司气的运行不稳。

（六）避免居于高楼环绕之间。以免公司的气受到逼压。

命题五：位居龙脉的公司，生意比较兴隆。

第三，一个理想的工作场所，其作用在于制造优良产品与提供最佳服务，以达获利的目标。因为室内的设计与摆置，影响到整个办公室或生产场所的气氛，创造一个员工工作时舒适的空间，直接关系到公司的成败（林志森，1990; Davis, 1984;Sundstrom, Burt,& Kamp; 1980）。例如，风水学建议，公司经理的桌子，应该摆设在安静隐秘和具有依靠及保护的地点；经理千万不可对着窗或门，因为门窗的气太强，缺乏依傍，不容易集中或发挥控制力。另外，经理室桌椅的大小高矮也都须与自己和公司的地位、财富及兴隆等因素配合。

办公室的装潢也影响了整个公司的环境。例如，密宗黑教认为，在办公室内摆设一个金鱼缸，不仅可以除掉煞气，还能把煞气转成生气（马盛家，1995）。另外，金鱼的数目必须是单数，并且金鱼缸放置在办公室的气衰之角落，风水的效果才会显现。这种说法似有玄虚之疑，但可以用来支持办公室装潢摆设的重要性。

除此之外，办公室内家具的摆置与装饰对公司盛衰的影响也不能忽视 (Adler, 2002; Kwok & O'Brien, 1991; 李人奎 , 1989; 蔡东照 ; 1991)。几项要点值得参考：（一）办公室的门，必须与室内的面积及形状相配，以累积生气。（二）办公室的窗户也须与室内的面积及形状相配，以促进气的流畅。（三）办公室内隔间的尺寸与间数的多寡，须因需要并以风水学的计算法来衡量。（四）办公室灯光不应太暗淡。适当的灯光可以提升员工的生气，与平衡阴阳两气。（五）善用镜子。挂在适当的高度与地点，可以吸收生气。（六）善用颜色。风水学认为不同颜色具有不同的意义，例如，红色代表幸福、财富与温暖；黄色代表阳光与明亮。（七）选用植物。植物可以代表公司的精力、活气与成长，也可以用来调节办公室的气。

命题六：公司空间的设计愈是舒适，公司的生意愈是兴隆。

第四，风水影响公司员工的心智运作与工作表现，似乎是毋庸置疑的事。一般认为，能正确地把风水知识应用到在办公室的人，身心显得较健康，解决问题的能力较强，人生比较得意成功，而且也较容易与同事和谐相处 (Wah, 1998)。总括起来，风水学对组织行为有四项明显的冲击 (Kwok & O'Brien, 1991; Lip, 1991, 1995)：

（一）风水学强调组织结构对人类行为的影响。因为组织的结构是由人来创造、维持或破坏的，管理应该着重如何发现或建立组织结构的多重实境，并进而探讨这种结构，对决策过程可能造成的影响。

命题七：愈是适当的组织结构，愈能达到满意的决策。

（二）风水学把人类视为外在势力或环境的产物，而且因为环境的制约，人类的行为是先定与可以预测的。换句话说，人类的行为是由一组系统性的秩序所引导。因此，组织行为可以经由外在引导势力的发现来加以预测与控制。职是之故，组织的成败建立在我们是否能够正确地解释外在的势力或环境，然后进一步与之配合。从这个角度来看，风水学可以提供一组了解环境与协助组织运作的知识与方法。

命题八：公司愈能配合外在环境，生意愈是兴隆。

（三）风水影响商业沟通的成效。风水学认为，具有好风水的空间或办公室能提供一个生意双方和谐讨论或谈判的环境。这种充满生气与阴阳协调之气的空间满溢着活力，使在里面互动的人感受到生理的舒畅与心理的平衡。这项原则很明显地表现在商业谈判与签约的过程。风水学建议商业上的谈判与契约的签订，必须选择适当时间在适当的地点完成。例如，在台湾与香港，重大的商业交易或建筑，通常不会选在"鬼月"举行，因为一般认为阴历七月是孤魂野鬼与活人交接频繁之月，生气难以纯正，阴阳难以调和，生意难以达到满意的结果。

命题九：空间的设计愈是适当，商业谈判的过程愈是顺利。

（四）风水影响组织管理过程。从风水学的观点，为了有效地组织与管理员工，经理应该知道员工的生辰八字，把个人的资料列表存档，然后依个性的异同，加以组织员工，以便管理与提高生产力。

命题十：经理人员愈了解员工的背景，公司的生意愈是兴隆。

讨论与结论

虽然风水学披着神秘的面纱，而且很多人认为风水学是封建社会迷信的产物，但是从以上的分析，我们可以发现风水学的信仰深深地影响着华人生活的每一个部分，包括商业行为、沟通方式与建筑的运用等等。如此扎根在华人社会生活的土壤，风水学不仅反映而且同时形成了传统的中华文化价值体系。更重要的是，两千年来，风水学的实践，历久不衰，继续在当今华人社会占着一席重要的地位。因此，由学者以理性的心态与系统的方法来研究风水学，协助一般人了解华人的思想与行为，诚属必需。本章不厌其烦地从传播学的非语言沟通领域，抽丝剥茧地分析风水学相关的理论就是为了达到这个目的，并进一步去芜存菁，证明部分风水学的理论，可以登现代社会科学研究之堂，突破视风水学全为迷信之学而待之如糟糠，思欲除之而后快的偏颇态度。

首先，为了了解风水学正面的论点，本章做了一个大胆，但是粗略性的尝试。本章试着从社会科学的角度，耙梳出风水学具有实证测试价值的部分，以理论架构的方式加以表现。总共归纳出十个假定与十个命题。十个假定，勾勒出风水学源自中华哲学与文化的中心思想，并提供更进一步深入研究的基础。十个命题乃是以这些假定为垫脚石，使用概括性的表述，阐明两个构成概念 (construct) 之间的关系。

依照伯佳拉 (Bacharach, 1989) 的说法，在架构理论时，命题 (proposition) 内所包含的是构成概念 (construct)。构成概念本身并无法经由实证的过程加以观察，必须转化成变项 (variable) 之后，才能直接观察与付诸测试。包含两个变项关系的陈述就是所谓的"假设"(hypothesis)。本文虽然没有进一步从命题内演绎出假设，但是从文中的解析，我们可以发现诸多假设存在里面。例如，命题二"愈具选择性的沟通方式，愈能达到快乐的生活"的两个构成概念是"选择性沟通"与"快乐"。"快乐"本身即可以一个变项待之；"选择性沟通"则可以拆分成门当户对、八字、生辰与个性等变项。四个假设于是可以成立：

假设一：比起不门当户对的结合，门当户对的生活感到比较快乐（或：门当户对的结合对快乐的生活有正面的冲击。或：门当户对的结合与快乐有着正面的关系）。

假设二：比起八字不相符的结合，八字相符的生活感到比较快乐。

假设三：比起生辰不相配的结合，八字相配的生活感到比较快乐。

假设四：比起个性不相同的结合，个性相同的生活感到比较快乐。

再以命题五"位居龙脉的公司，生意比较兴隆"为例，两个构成概念是"龙脉"与"兴隆"，依前面的描述，"龙脉"是位于好地方，如背靠小山或近水，若邻近医院、庙宇、与坟场或居于高楼环绕之间，则非"龙脉"之所。"兴隆"则可以用生产力这个变项来代表。于是可陈述下列假设：

假设一：背靠小山的公司，生产力较高。

假设二：位居近水之地与公司的生产力有正面的关系 (positive relationship)。

假设三：临近医院的公司，生产力较低。

假设四：靠近庙宇的公司，生产力较低。

假设五：位近坟场与公司的生产力有负面的关系 (negative relationship)。

有了假设之后，直接的观察与测试得以实行，风水的理论是否可信，经由假设测试的过程立即可以分辨。

第二，如果我们从传播学的角度，仔细地审视风水学的内涵，可以发现风水学对空间和方位运用的理论与非语言传播学研究的空间学内涵没有两样，而且丰富性犹有过之。除了空间理论之外，风水学其他如时间和颜色的理论也甚丰富，这也是属于非语言传播学研究的内涵。以下就进一步简略地加以讨论：

（一）作为华人空间摆置或设计 (space arrangement) 的艺术、风水的学说，可以归类为空间传播学 (Proxemic communication) 的研究范畴。空间学是非语言传播学主要的领域之一，已经有数十年的研究历史，文献颇有累积，理论与研究方法也渐趋成熟 (Burgoon, Buller, & Woodall, 1989; Chen & Starosta, 1998; Hall, 1966; Knapp, 1977; Mehrabian, 1972)。硬把风水学的空间摆置理论与方法当作毫无价值的迷信之术，实是自绝于学术研究之外的不智之举。正视风水学的观点，纳入学术研究的领域，进一步加以实证测试以与社会科学接轨，是当今华人与对风水学有兴趣的学者所该奋斗的目标。

从以上的分析可以得知，风水学时常以空间来传递特殊的意义，例如用空间来表现祖先的地位与权威。风水学认为越久远的祖先牌位，在祖先堂里，必须摆得越高。这种以高低位置表现辈分的现象，充分反映了中华文化里权力距 (power distance) 的取向。

风水学尤其重视室内的摆设与装潢。在办公室方面，力求对工作效率有所助益的空间设计。例如，隔间必须注意到空气的流通，不碍水电修理的方便性，弹性的计划与区分以及容易接近消防梯或其他紧急的设施。在家庭房间的安排也甚为重要。例如，风水学认为主卧房、厨房与起居室为整个房子聚集生气的主要地方。以起居室来说，因为起居室是加热与亲朋共聚的地点，风水学主张该室应该位居房子的底层，起居室的家具的摆设也该中规中矩。位于入门对角的"财位"则最好摆放着叶圆肥厚的常绿植物，避免摆置移动性的东西。

（二）风水学的方位理论，亦是空间学研究的一部分。风水学使用罗盘把方位划分成八个角度，每个角度代表一个特殊的意义。人们包括行住坐卧的日常生活受到面对的方位的影响。例如，南方代表长寿，西南方代表死亡，西方代表灾难，西北方代表凶兆，北方代表生命，东北方代表良鬼，东方代表好运，东南方代表活力。八个方位若与八卦结合起来，如北方配后天坎卦，东北方配后天艮卦，东方配后天震卦，东南方配后天巽卦，南方配后天离卦，西南方配后天坤卦，西方配后天兑卦，西北方配后无；乾卦，则变成一个更庞大的理论与应用系统。

用在个人生活上，思欲成功必须配合自己工作目的的方位。例如，做生意的人想获利赚钱，不仅公司应设在东方，自己的办公桌的摆置也该面对东方，因为东方代表好运。一个人若要身体健康，则须与代表活力的东南方配合。风水学方位的理论似有过度玄奥难解之嫌，但从传播学的角度，探讨方位对信仰者心理与意义形成过程的影响，却具有学术与了解华人思想行为的价值。

（三）风水学对时间使用的论点，可以归入时间学（Chronemics）的领域。例如，中国的通书把一天分为十二个天干，每一个天干所代表的时辰的一切活动，又有吉与凶等判断性的归类（Palmer, 1986）。因此，如何时入厝、出游、公司开张、婚丧喜庆等都因个人生辰八字的不同而有其适当与不适当的活动时辰。另外，风水学很重视过去取向（past time orientation），因此，强调祖先崇拜、复古与历史的沿袭。这些都是非语言传播学领域的时间学研究的范围。

（四）风水学以颜色代表不同事物与意义。与五行配合起来，青配木，代表蓝天与绿树；红配火，为幸运色，代表喜事；黄配土，代表高贵的帝王之色；白配金，为金属反射之光，代表纯洁；黑配水，原为幸运色，后演变为代表厄运之色。从科学的角度来检视这项颜色所代表的意义与事物，似乎看不出什么价值。但是，如同方位的使用，从传播学与民俗学角度，研究这些颜色的意义，不仅对非语言传播学的文献有所贡献，而且对华人认知的建立与对思想行为的影响，其意义更不可小觑。

例如，从风水学的颜色理论，我们可以了解，为何华人新年送的礼物与压岁钱都以红纸包装；为什么新娘子喜欢穿红色旗袍；为什么新生婴儿时要送红蛋；为什么宫殿与宫中服饰以金黄色为主色；为什么佛教使用橘黄色袈裟等等。由于每个文化对颜色各有不同解说，颜色的比较就成了文化间沟通学的重要主题之一。

最后，对风水学的信仰可能导致文化间沟通的误会。风水学是华人社会特殊的产物，它对大自然的观点与西方人有很大的不同。西方人致力于对大自然的控制，风水学则力倡与大自然的和谐观。以组织生活为例，一个西方人对自己办公室的选择，通常是强调大的空间与权力亲近性以利于自己地位与影响力的扩张。风水学则认为这是非理性的做法，因为这种抉择常常违反充满"生气"的重要性和与大自然和谐的原则。如果公司里有类似这种不同信仰的员工，彼此间很可能产生误会与冲突 (Adler, 2002)。

总之，作为中华传统智慧的累积，风水学除了包含神秘不可解的知识外，还有许多论点可以用当代实证、解释、批判等研究方法加以研究与阐释。若因风水学部分理论的神秘不可解，而贴上迷信、不科学的标签，大加挞伐或束之高阁才是真正不可理解的做法。

参考文献

王玉德 (1991)：《神秘的风水》，南宁：广西人民出版社。

王振复 (1991)：《周易的美学智慧》，长沙：湖南人民出版社。

李人奎 (1989)：《李人奎谈风水》，台北：时报文化出版社。

李焕明 (1987，译)：《风水：中国的方位艺术》，台北：明文书局。

李焕明 (1992)：《易经的生命哲学》，台北：文津出版社。

李泽厚、刘纲纪 (1990)：《先秦美学史》，台北：金枫出版社。

李庆 (1990，译)：《气的思想》，上海：上海人民出版社。

林志森 (1990)：《林云大师风水观及其矫正法大全》，纽约：华侨联合会计师楼。

韦政通 (1981)：《中国文化概论》，台北：水牛出版社。

马盛家 (1995)：《云林禅机》，台北：华视文化。

俞灏敏 (1992)：《风水探究》，香港：中华文化出版社。

高友谦 (1992)：《中国风水》，北京：新华出版社。

劳思光 (1991)：《中国哲学史》，台北：三民书局。

叶朗 (1990)：《中国美学的发端》，台北：金枫出版社。

杨慧杰 (1989)：《天人关系论》，台北：水牛出版社。

杨文衡、张平 (1995)：《中国的风水》，台北：幼狮文化有限公司。

蔡东照 (1991)：《住宅与风水》，台北：武陵出版社。

刘晓明 (1995)：《风水与中国社会》，南昌：江西高校出版社。

龙天机 (1987)：《风生水起好运来》，台北：华视出版社。

Adler, N. J. (2002). *International dimensions of organizational behavior*. Cincinnati, OH: South-Western.

Bacharach, S. B. (1989). Organizational theories: Some criteria for evaluation. *The Academy of Management review, 14*, 496-515.

Burgoon, J. K., Buller, D. B., & Woodall, W. G. (1989). *Nonverbal communication: The unspoken dialogue*. New York: Harper and Row.

Chen, G. M. (1993, November). *Communication competence: A Chinese perspective*. Paper presented at the annual convention of Speech Communication Association, Miami, Florida.

Chen, G. M. (1996, November). *Feng shui: The Chinese art of space arrangement*. Paper presented at the 1996 annual meeting of Speech Communication Association. November, San Diego, California.

Chen, G. M. (2001). Towards transcultural understanding: A harmony theory of Chinese communication. In V. H. Milhouse, M. K. Asante, and P. O. Nwosu (Eds.), *Transculture: Interdisciplinary perspectives on cross-cultural relations*. Thousand Oaks, CA: Sage.

Chen, G. M., & Chung, J. (1994), The impact of Confucianism on organizational communication. *Communication Quarterly, 42*, 93-105.

Chen, G. M., & Starosta, W. J. (1998). *Foundations of intercultural communication*. Boston, MA: Allyn and Bacon.

Chung, J., & Busby, R. (2002). Naming strategies for organizational communication: The chi-shih approach, *Intercultural Communication Studies, 11*, 77-95.

Condon, J. C. (1977). *Interpersonal communication*. New York: Macmillan.

Davis, T. R. (1984). The influence of the physical environment in offices. *Academy of Management Review, 9*, 271-283.

Hall, E. T. (1966). *The hidden dimension*. Garden City, NY: Doubleday.

Huang, S. (2000). Ten thousand businesses would thrive in a harmonious family: Chinese conflict resolution styles in cross-cultural families. *Intercultural Communication Studies, 9*, 129-144.

Knapp, M. (1978). *Nonverbal communication in human interaction*. New York: Holt, Rinehare and Winston.

Kwok, M. H., & O'Brien (1991). *The elements of feng shui*. New York: Barnes

& Noble.

Lip, E. (1991). *Feng shui for business*. Sigapore: Times.

Lip, E. (1995). *Feng Shui: Environments of power*. London: Academy.

Lomax, A. (1968). *Folk song style and culture*. New Brunswick, NJ: Transaction.

Mehrabian, A. (1972). *Nonverbal communication*. Chicago, IL: Aldine.

Palmer, J. (1986) (Ed.). *Tung Shu: The ancient Chinese almanac*. Boston, MA: Shambhala.

Richmond, V. P. (1992). Increasing teacher influence through immediacy. In V. P. Richmong & J. C. McCroskey (Eds.), *Power in the classroom: Communication, control, and concern*. Hillsdale, NJ: Erlbaum.

Rossbach, S. (1984). *Feng Shui - Ancient Chinese wisdom on arranging a harmonious living environment*. London: Anchor Brendon.

Skinner, S. (1982). *The living earth manual of Feng Shui*. London: Graham Brash.

Sundstrom, E., Burt, R., & Kamp, D. (1980). Privacy at work: Architectual correlates of job satisfaction and job performance. *Academy of Management Journal, 23*, 101-117.

Wah, L. (1998, May). The power office. *American Management Association International*, 10-14.

Walters, D. (1988). *Feng shui*. New York: Simon & Schuster.

原文出处：陈国明（2004）:《风水与华人沟通行为》，陈国明（编），《中华传播理论与原则》（483—502 页），台北：五南出版社。

和谐与华人沟通行为

文化 (culture) 与沟通 (communication) 相互依存的关系，从不同领域学者的研究，早已有所验证 (e.g., Becker, 1986; Chen, 1995a; Gudykunst & Nishida, 1984; Harnett & Cummings, 1980; Hofstede, 1980; Nakanishi, 1987)。根据 Chen & Starosta (1998a) 的说法，虽然沟通扮演着文化传递者的角色，人们在何时、何处、怎么表达以及说什么却是受到文化的制约。因此，文化不仅约束人们的思想，也同时显现在沟通的过程。

学者也研究了文化对沟通行为的影响。譬如，Hsu (1953) 发现，美国人在互动时，比较容易表现出以自我为中心 (individual-centered) 与表露情感 (emotion-displayed) 的行为；华人则比较以情境为中心 (situation-centered) 与隐藏情感 (emotion-constrained)。Ma (1990, 1992) 也发现，华人在沟通的时候比美国人更不善于表达情感。其他学者同样地指出，华人与美国人沟通形态最主要的差别，在于华人表达时比较不那么直接 (direct) 与不采用对抗 (confrontational) 的方式 (Lindin, 1974; Schneider, 1985; Wolfson & Pearce, 1983; Yang, 1978)。

Gudykunst & Ting-Toomey (1988) 和 Hall (1976) 则归纳了高情境文化 (high-context culture) 与低情境文化 (low-context culture)，在沟通行为上的差异。他们认为，高情境文化的人们具有以下特色：

1. 较不重视外显的语言讯息 (explicit verbal messages)。

2. 善于经由脉络线索 (contextual cues) 传递重要信息。

3. 高度重视和谐 (harmony)。

4. 较沉默 (silent) 与较常使用模糊性语言 (ambiguous language)。

5. 避免直接拒绝对方。

低情境文化的人们具有以下特色：

1. 比较不重视情境脉络 (situational context)。

2. 善于直接使用口语传递重要信息。

3. 高度重视自我表达 (self-expression)、口语流利性 (verbal fluency) 以及雄辩 (eloquent speech)。

4. 较自由地表达意见与意向，并直接地说服对方接受己见。

这些研究显示了，要真正了解一个人的沟通行为或有效地与人沟通，必须对该人的文化先有所认识。换句话说，思欲达到"跨文化实境" (transcultural realities)，我们必须经由直接与该文化人们互动与对话的过程来了解该文化 (Epstein, 1995)。这种建立"跨文化实境"的能力类似"跨文化沟通能力" (intercultural communication competence)。这个概念包含了文化理解力 (intercultural awareness)、文化敏觉力 (intercultural sensitivity) 以及文化有效力 (intercultural adroitness) 三项特殊性的能力 (Chen, 1989; Chen & Starosta, 1996, 1998b, 1999, 2000)。

以上述文化与沟通行为的关系为基础，本章旨在阐明中华文化的核心价值观，协助人们理解华人的沟通行为。这种以单一文化为研究的对象以期协助人们有效地相互沟通，多年来已有不少学者着手在做 (e.g., Benedict, 1946; Broome, 1996; Condon, 1984, 1985; Knapp, 1983; Stewart & Bennett, 1991)，但是从沟通的角度，对中华文化有系统的研究却是凤毛麟角。本章乃针对这个缺陷，从和谐的角度，试着建立一个可以用来解释华人沟通行为的理论。

华人沟通的本体观

要了解华人的沟通，首先必须对指导华人信仰与行为的本体观点有所认识。Chen (1987) 和 Wilhelm (1979) 指出，华人认为"变"是宇宙运行的唯一永恒的原则。"变"乃是阴与阳两股既相克又相生相辅的势力的辩证互动的结果。阴代表可亲、柔和与退让之属性，阳代表不屈、刚强与支配之属性。这两股刚柔势力的激摩相荡，产生了有形与无形、明与暗、动与静、大与小、多与寡、高与低、开与闭、远与近等相对但互依的变化配对。因此，宇宙是一个变动不居、永无止息的变化过程。应用到人类沟通，一个成功的互动乃建立在如何把永续性 (continuity) 带入这个永无止息的变化过程，正如《易经》所言，"易穷则变，变则通，通则久。是以自天佑之，吉无不利"（朱熹，1974: 106）。

Chai and Chai (1969) 从"变"的角度，提出了三项指导华人沟通行为的本体论点：

第一，宇宙是一个不停转化的大整体 (a great whole)，其中不存在任何永恒不变的元素。因此，人类的沟通也是一个变迁 (change) 和转化 (transformation) 的过程。

第二，宇宙的变化并非一直往前而是环形的运动过程。因此，人类的沟通也是循着这个规律，如同日夜更迭和潮汐涨退地转换着。

第三，因为宇宙的转化是一个永无止息的过程，人类的沟通也因此是一个没有终点或截然完成的过程。

在这个转化、永无止息和环形互动的沟通过程，人类自身扮演着一个相当重要的角色。这个过程展现了一个启蒙开放的心灵，并借此使人们能够在互惠互依的基础上，有尊严地相互沟通与相互影响着 (Cheng, 1997; Fang, 1981)。

这三个本体论点，提供了人们一个达到更具动态性 (dynamic)、互动性 (interactive) 与回应性 (responsive) 的人类沟通的基础。从华人文化的角度，人类沟通于是意味着个人在互依互惠的互动转换过程，必须发展与保持彼此间和谐的关系。

归纳以上的论述，三项理论陈述性 (theoretical statement) 的假定 (assumption) 可以用来表现华人对人类沟通的本体观点。这三个假定为本章陆续提出的理论公理或通则 (theoretical axiom) 与定理 (theorem) 的基本依据。

假定一：人类沟通是一个变化转换的过程。

假定二：人类沟通的变化转换，乃是依照宇宙永无止息但具有秩序性的环形运动法则。

假定三：人类的沟通是一个永远没有停止或完成的过程。

和谐理论的建构

Hawes (1975) 主张，一个实质的理论 (substantive theory) 必须含有一个主要的陈述 (primary statement)，之下可加入定理 (theorem) 作为次要的陈述 (secondary statement)。通则或公理 (axiom) 乃是具有概括性内涵 (general scope) 但是被认为真实 (true) 的主要陈述。

从公理可以推论 (infer, derive) 出内涵概括与实证有效性 (empirically valid) 的定理。另外，在定理内的概念 (concept) 必须能够加以观察 (observable) 或可以做操作性的定义 (operationally definable)。有必要的话，一组假设 (hypothesis) 可以从定理推论出来。换句话说，假设是对预测 (prediction) 提供一个必要条件 (necessary condition) 的陈述。这些理论建构的原则为以下所提出的华人沟通和谐理论的依据。

对人类沟通的看法，中西有三项差异 (Chen, 1993)：

第一，华人把和谐 (harmony) 当作人类沟通的目的 (end) 而非手段 (means)，因此，冲突 (conflict) 乃是和谐沟通的大敌。

第二，西方人认为沟通是一个把互动导向自己利益方向的过程，华人则认为沟通是双方彼此无止境地相互调适 (mutually adapt) 与互依互赖 (interdependent) 的协力 (cooperation) 过程。

第三，华人认为人类沟通包括双方建立相互合作与责任感的道德诉求 (ethical appeal) 是双方同心协力以诚相待，而非尔虞我诈的过程。

这些明显的差异显示了和谐是指导华人沟通行为的文化核心价值。如同 Legge (1955) 指出，华人认为，只有经由和谐的实践人类社会才有可能欣欣向荣。因此，和谐乃是华人用以规范永无止息与随时转化的人类沟通的主要元素。由此也得知，华人沟通的最终目的乃是在追求一个没有冲突的人际与社会的关系 (Chen & Chung, 1994)。

职是之故，是否能够建立一个人类和谐关系的能力就成了判断华人沟通胜任能力 (communication competence) 的主要指标。由华人对和谐的重视可以推演出一个假定与通则：

假定四：华人沟通旨在达到一个和谐的人类关系。

通则一：在华人沟通的过程，建立和谐关系能力的增加意味着沟通胜任能力 (communication competence) 的增强。

为了达到和谐或沟通胜任能力，中华文化发展出了三组的指导原则 (Chen, 1997; Chen & Chung, 1997; Chen & Starosta, 1997-98; Hwang, 1987; Shenkar & Ronen, 1987; Wu, 1964; Yum, 1988)：

第一，由内在角度而言 (intrinsically)，个人必须能够内化 (internalize) 三个要素：仁、义、礼。

第二，由外在角度而言 (extrinsically)，个人必须能够配合三个要素：时、位、几。

第三，由策略角度而言 (strategically)，个人必须能够运作三项行为技巧：关系、面子、权力。

以下就分别来探讨这九个要素。

仁

"仁" (humanism) 是建立两人之间紧密联系的内在动力。Chen and Chung (1994) 指出，这个对人表现出关怀与慈爱的内在动力乃是经由克己或自律 (self-restraint or self-discipline) 培养而成的。换句话说，"仁"是指一颗四海之内皆兄弟的心，它同时发展与滋养了自我与他人 (Fung, 1983)。

从沟通的角度来看，神入 (empathy) 的功夫是显现仁心的先决条件 (Chang, 1992; Chung, 1992; Yum, 1988)。在日常生活与互动的过程，"仁"表现在自律、尽孝、友爱他人、尊老、尽职与可信等方面的发挥 (Chen, 1987)。也就是说，"仁"是以人道主义为核心的众德之汇。

另外，以"仁"的实践来达到一个沟通和谐的情境必须建立在礼尚往来 (reciprocity) 的基础上。只有经由彼此间相互依存与互惠的关系，"仁"的光辉才可能有效地放射出来。因此，沟通过程中，彼此间相互责任感的表现乃是和谐理想之所系 (Chen & Xiao, 1993)。诸如不知回报或态度冷漠等违反礼尚往来之原则的沟通行为通常为华人所忌讳。

通则二：在华人的沟通里，越能表现"仁"的行为就越能发展出和谐的关系。

通则三：在华人的沟通里，越有人道的行为就越能表现出仁心。

定理一：在华人的沟通里，越能礼尚往来就越能表现出一个人的沟通胜任能力 (communication competence)。

定理二：在华人的沟通里，越具深入的功夫就越能表现出一个人的沟通胜任能力。

义

"义"与适当性 (appropriateness) 或正义性 (righteousness) 同义，为人类沟通行为的内在指标，提供了社交互动过程中什么该做或不该做的标准 (Chen & Chung, 1994)。Chen (1997) 指出，对人类沟通而言，"义"最少具有三项功能：

第一，它指导着个人的沟通行为。

第二，它借着预防逾越社会规范 (social norm) 的过程，制约着个人的行为。

第三，它渗入了所有在社会规范领域内的行为。

这些功能说明了所有有关适当性的行为都受到"义"的原则的指导与制约。它们也同时指示了，在沟通的过程，"义"的境界只有经由适当性的行为才能获致。因此，"适当性"(appropriateness) 成了判定或测量一个人的行为是否符合"义"之要求的主要指标 (criterion)。

适当性行为同时意指着对沟通情境的适应性 (adaptability) 与弹性 (flexibility) 的能力。换句话说，"义"的作用旨在对包括人、事、时、地、物等外在刺激 (external stimuli) 采取了最适当的反应，以达到最佳的互动结果 (Chen, 1987)。职是之故，本具于"义"之内的情境取向 (situational orientation) 的特征，促使人们在沟通的过程，能够超越个人的利益，进一步发挥人类善之本性的特质，而对互动的整体利益提出贡献 (Yum, 1988)。

总而言之，从华人沟通的角度，没有"义"的指导与制约，和谐的境界就无法达到。"义"的内涵，则表现在适当性的举止行为；适当性的举止行为，则经由适

应性 (adaptability) 与弹性 (flexibility) 的能力来完成。

通则四：在华人的沟通里，越能表现"义"的行为就越能发展出和谐的关系。

通则五：在华人的沟通里，越是适当性的行为就越能表现出义的内涵。

定理三：在华人的沟通里，行为越具弹性就越能表现出一个人的沟通胜任能力。

定理四：在华人的沟通里，适应力越强就越能表现出一个人的沟通胜任能力。

礼

"礼" (rite) 代表一种神圣的仪式，在沟通的过程，用来象征人类动态关系的特殊人性化的形式 (humanizing form)。这种形式产生了一组统合文明社会里社交互动的行为形态。经由"礼"的形象，我们可以了解到，仪式乃是日常生活里有教化互动 (civilized interaction) 的强化性或精致化地延伸 (Fingarette, 1972)。中华文化不仅把"礼"的形式视为一种人类与语言的特征，而且是道德与宗教的特征。

在沟通的过程，"礼"也意味着一组适当行为的规范和准则。它是遵从社会规范以达到和谐理想境界的手段。Yum（1988: 378）认为"礼"是"人类行为最基本的规范礼节"。经由对言行举止规范的遵守，"礼"把个人特性与社会责任紧密地联结了起来。因此，在华人的社会，个人思欲积极地调适社会和谐与层级的秩序结构，在社交互动时，非得依礼而行不可。

"礼"的形式从华人日常互动里，尊称语言 (honorific language) 的使用与五伦关系间的举止上可以容易地分辨出来 (Chen & Starosta, 1998a; Condon & Yousef, 1975)。它也表现在"客气"这个概念。"客气"除了意味着有礼 (politeness) 之外，更包括了在人类沟通过程里，诸如谦虚、体贴、体谅与善解人意等行为特征 (Wei, 1983)。由此可见，在公众场合情绪失控或表现出侵略性行为，对华人而言，是违反和谐原则的不易获得谅解的失礼表征 (Eberhard, 1971)。

华人在社交互动过程不愿与人争辩，正是这种避免侵略性行为的例子。言语上受到挑战或挑衅的时候，纵使非自己理亏，华人往往可能保持沉默不语，以顾全双方的面子与和谐的关系 (Chen & Xiao, 1993)。Shenkar and Ronen (1987) 指出，这种社交的礼节或拘谨性，是华人用以避免因正面对抗 (confrontation) 产生的尴尬，处理社交模糊性 (ambiguous situations) 与维持重团体轻个人取向的手段。

通则六：在华人的沟通里，越能表现"礼"的行为就越能发展出和谐的关系。

通则七：在华人的沟通里，越是正式性 (formality) 的行为就越能表现出"礼"的内涵。

定理五：在华人的沟通里，越能操控尊称语言的使用就越能表现出一个人的沟通胜任能力。

定理六：在华人的沟通里，越能处理层级结构的社交关系就越能表现出一个人的沟通胜任能力。

定理七：在华人的沟通里，越是有礼 (polite) 就越能表现出一个人的沟通胜任能力。

定理八：在华人的沟通里，越能控制自我情绪就越能表现出一个人的沟通胜任能力。

定理九：在华人的沟通里，越是不具侵略性的行为就越能表现出一个人的沟通胜任能力。

以上三个华人沟通内在结构基础的概念，是达到和谐与沟通能力的必要条件。要有效地与华人沟通，个人内化 (internalize) 这三项元素乃是最基本的要求。然后，基于此，再进一步把这内在化的元素，与时、位、几三个外在需求的元素配合。内在与外在元素的整合提供了一个判定与华人沟通成功与否的更有效的依据 (Wu, 1964)。

时

"时"指人类互动的时间变数 (temporal contingencies)。例如，《易经》以八卦的符号配合一天二十四小时的运转，可以用来描述华人在沟通中人际关系呈螺旋形演进的过程 (Chen, 1998; Wilhelm, 1979)。清晨四点半到七点半为震卦，代表关系如激起的雷声开始了萌芽的阶段。上午四点半到十点半为巽卦，代表关系如和风吹拂，开始建立了初级的接触。上午十点半到下午一点半为离卦，代表关系像火的燃烧，强化了起来。下午一点半到四点半为坤卦，代表关系如地的承受，彼此接受了对方的感情。下午四点半到晚上七点半为兑卦，代表双方亲密娱悦的关系开始。晚上七点半到十点半为乾卦，代表关系如天之健壮。晚上十点半到凌晨一点半为坎卦，代表关系到达顶点之后，开始走下坡的阶段。最后，从清晨一点半到四点半为艮卦，代表关系受阻，如山一样，停滞不前而陷入僵局。

得知时间流转的关系与在沟通不同的阶段采取适当的行动，乃是"时"发挥的功能。换句话说，知"时"意味着在互动的过程能够在适当的时刻引起话题、维持发言的均衡以及知道何时结束沟通。这种适时性可说是"义"所隐含之适当性的延伸。它是用来解释互动过程，时间的变迁所可能带来的影响的重要性。华人认为不知时间变项的运作是达致和谐境界的大敌，而且往往带来失败的沟通。

通则八：在华人的沟通里，越是知"时"就越能发展出和谐的关系。

通则九：在华人的沟通里，越是知道时间变数 (temporal contingencies) 的变化就越能表现出"时"的内涵。

定理十：在华人的沟通里，越能适时而动就越能表现出一个人的沟通胜任能力。

位

"位"指人类互动的空间变数 (spatial contingencies)，包括了所有社会情境与沟通环境的静态属性。"位"像一个盛装着"礼"的器皿，因为社会情境与沟通环境一改变，礼仪的行使，就得跟着改变。以华人而言，"位"最明显地表现在制约君臣、父子、夫妻、兄弟与朋友之间的层级关系结构的五伦信仰与实行 (Lin, 1988)。

五伦的层级结构，不仅确保了一个不平等但是互补的社会关系，更给华人沟通提供了特殊的情境。它极度地扩大了年龄、性别、角色与地位的差异，并且鼓励互动者之间建立相互依赖的关系 (Condon, 1977)。因此，知道空间的变数，以在不同的社会情境与沟通环境行使适当的行为，就是"位"发挥的功能。换句话说，知"位"意味着在沟通的过程，互动者必须具有解与区分人、事、地、物以有效地经营互动 (interaction management) 的能力。和"时"一样，"位"的空间变数在对人类沟通展现影响的同时，整合了"义"的适当性。因此，"位"也是测量华人沟通和谐与能力的主要标准之一。

通则十：在华人的沟通里，越是知"位"就越能发展出和谐的关系。

通则十一：在华人的沟通里，越是知道空间变数 (spatial contingencies)，就越能表现出"位"的内涵。

定理十一：在华人的沟通里，越能了解沟通的环境 (communication environment) 就越能表现出一个人的沟通胜任能力。

定理十二：在华人的沟通里，越能了解社会情境 (social context) 就越能表现出一个人的沟通胜任能力。

几

"几"为动之微 (the first imperceptible beginning of movement)，指引发互动结果的最初动因 (Wilhelm)。华人一向认为，沟通的能力乃是建立在对情况知著与知微的功夫上。知著与知微的能力，尤其是后者则是敏觉力 (sensitivity) 的发挥。经由敏觉力，人们才可能发展出对因时空变数的影响而产生的潜在差异的了解与感激的正面情感 (Chen & Starosta, 1996)。因此，辨认事物变化之轨迹的能力是一个人发展和谐与在互动过程中获取安全感的基础 (Chen, 1993)。

另外，诚 (sincerity) 是培养敏觉力或知几能力的必要条件。诚代表一个人以诚心或不二之心待人的内在心灵的一致性 (internal consistency)。只有诚意之心才能协助吾人洞察变动的轨迹，以及进而得知如何在不同情境下，在最适当的时间，做出最适合的行动。这是把互动双方合而为一的要素 (Wang, 1989; Wu, 1976)。诚无异于整合时、位、几的动力与连接仁、义、礼三项要素的桥梁。

通则十二：在华人的沟通里，越是知"几"就越能发展出和谐的关系。

通则十三：在华人的沟通里，越能掌握事情变化的轨迹就越能表现出"几"的内涵。

定理十三：在华人的沟通里，越能知道互动可能结果的轨迹就越能表现出一个人的沟通胜任能力。

定理十四：在华人的沟通里，越有敏觉力 (sensitivity) 就越能表现出一个人的沟通胜任能力。

定理十五：在华人的沟通里，越有诚意 (sincerity) 就越能表现出一个人的 沟通胜任能力。

仁、义、礼作为内在的元素可视为华人沟通系统的纬线 (latitude)；时、位、几作为外在的元素可视为华人沟通系统的经线 (longitude)。这两条经纬线合织成一个华人沟通的情境脉络网 (contextual network)。在这个沟通脉络网内，华人发展了各式各样的应对日常互动的策略行为 (strategic behaviors)。其中以关系、面子与权力三项最是显著与最具代表性 (Chang & Holt, 1991; Chen, 1997; Chiao, 1998b; Chu, 1991; Hwang, 1987, 1988, 1997-98; Jia, 1997-98; Jocobs, 1979; Ma, 1992)。华人沟通和谐理想的达成最终还是得依赖这三个要素的适当运作。

关系

关系 (guanxi, interrelation) 指互动双方之间的相互关联。Jocobs (1979) 发现，华人社会网至少有九种关系的基本形态。这些关系形态的形成乃是因为双方享有地缘、血缘、同事、同窗、同宗、师生、经济地位以及歃血为盟之兄弟等共同的背景。

Leung (1988) 指出，华人较容易与非属于这些关系网内的陌生人产生龃龉与冲突。对华人而言，维持这些关系是实现"礼"的目标所必需，因为良好的关系是避免日常生活中发生严重冲突与避免陷入窘境的方法。另外，在华人社会可以把关系当作一种解决冲突的社会资源，或用来发展说服、影响与控制等功能 (Chang & Holt, 1991; Chung, 1991)。

根据 Yum (1988) 的说法，由于华人重视五伦关系为基础的层级社会结构，前面 Jocobs 所提到的各种特殊性的关系形态，容易在华人社会产生，是很自然的事。

这些特殊性的关系形态无一不受到一组特定的沟通规则的制约，各人在互动的过程与谁说、何处说、如何说与何时说等行动，于是有了一个遵循的方向 (Chen & Chung, 1997)。

因此，华人发展出了把生人与熟人分辨得清清楚楚的取向。在生人或不熟悉的人面前，华人显得比较拘谨，与熟人在一起则比较开放自在 (Chen, 1995c)。这说明了在互动过程，适当地分辨出层级关系结构的能力具有发展彼此间和谐气氛或关系的功能。

对特殊性的关系的重视也导致了清楚地划分了我族 (in-group) 与非我族群 (out-group)。华人明显地不信任非我族类。我族或自己人的感受 (we-feeling) 常常影响了华人的沟通结果 (Gu, 1992)。Pye (1982) 更指出，在社会、政治或商业谈判的情况下，若个别分子只顾及自己的利益，整个团体的层级结构与和谐马上陷入困境。

职是之故，知道如何建立良好的关系是在华人沟通过程达到和谐与沟通能力 (competence) 的先决条件。Shenkar and Ronen (1987) 认为，随时保持联系，发展彼此间的了解、送礼以及建立彼此间的信任与相互的利益乃是与华人建立良好关系的几个要项。

通则十四：在华人的沟通里，越能加强彼此间的关系就越能发展出和谐的关系。

通则十五：在华人的沟通里，越能建立特殊性的联系 (particularistic relationships) 就越能维持双方的关系。

定理十六：在华人的沟通里，越能知道如何与人建立关系就越能表现出一个人的沟通胜任能力。

定理十七：在华人的沟通里，越能区分我族 (in-group) 与非我族群 (out-group) 分子就越能表现出一个人的沟通胜任能力。

定理十八：在华人的沟通里，越有强烈的自己人 (we-feeling) 的感受就越能表现出一个人的沟通胜任能力。

面子

面子 (mientz, face) 意味着在互动过程，因受到对方的尊敬而获得的声誉 (reputation) 与自尊 (self-esteem)。它代表一个人的社会地位与声望。这种社会地位与声望，是因为自己成功地扮演了一个特殊的社会角色 (specific social role) 而受到他人确认而产生的 (Chen, 1988; Hu, 1944)。

在华人社会，要能够保持和谐的气氛，一个有沟通能力的人必须懂得如何适时顾虑到他人的感受或是所谓的面子。任何刻意让人丢脸或没面子 (lose face) 的举动，在华人的互动过程中，不仅会引起对方情绪上的不快，而且往往给自己带来自取其辱的后果 (Hwang, 1987; Jin, 1988)。

因此，保持双方的面子意味着保持了在关系互动网内彼此间的友谊 (friendship)。例如，在与华人谈判的过程，面子功夫没做好导致友谊无法建立，失去了谈判的筹码而全盘尽输的例子时有所闻 (Jia, 1997-98)。

彼此给面子的重要性可以用来解释特别是在冲突的情况下华人倾向于使用先礼后兵的解决方法的原因。另外，华人也常邀请第三者充当协调人来解决问题以避免双方撕破脸。这种间接性的互动引导华人追求一种息事宁人的平和式的口语与非口语 (verbal and nonverbal) 的沟通方式。

重面子的特色也使得华人在互动对方有所求的时候，避免直接或公开地加以拒绝或表现出对和谐关系有害的侵略性行为。结果是，华人在沟通的过程中，竭尽思虑地给对方面子，以便建立一个和谐的互动气氛 (Chiao, 1981; Chu, 1983)。由此可见，华人的沟通胜任能力可由一个人给别人面子的适当性 (appropriateness) 与技巧性 (skillfulness) 来加以测知 (Chen ,1993)。

依照 Silin (1981) 和 Pye (1982) 的看法，作为一个日常生活的行为技巧 (behavioral skill)，给面子不仅是华人常常用来经营当今组织，而且是决定成功的商业交易，特别是谈判的要素。例如，Shenkar and Ronen (1987) 就发现，华人在谈判结束之前，通常都会做适当的让步，给对方面子以保持彼此间和谐的关系。面子功夫 (facework) 因此成了华人权力游戏过程最具影响力的因素之一 (Wang, 1992)。

从策略性的角度而言，利用或制造机会给对方一个人情是华人做面子最常使用的方法 (Hwang, 1988)。经由这个方式，一个关系网乃逐渐形成。不过，在华人社会，人情的使用必须受制于互惠 (reciprocity) 的原则。Hwang (1988) 指出，华人常在施与人情之后，有意识或无意识之间，期待对方给予某种程度的回报。在华人沟通的过程，不知给予适当的回报通常会导致不给面子的解释，使和谐的关系或气氛受到挑战。

如前所述，互惠的原则要求在社交互动的过程显示相互的责任感 (mutual responsibility)。这种相互间的责任感自然发展出一种负债的感觉 (feeling of indebtedness)，使得华人随时都准备要归还对方的人情。根据 Hwang (1988) 的观察，此等矛盾的现象在华人互动的过程常常带来两难 (dilemma) 或焦虑 (anxiety) 的症状，因为要分辨出何时、如何以及在何种状况下回报对方是一件相当困难的事情。从以上的分析，我们可以窥见面子、关系与这两个概念之间的互依关系大致上决定了华人沟通的成败。

通则十六：在华人的沟通里，越能给对方面子就越能建立起关系。

通则十七：在华人的沟通里，越能给对方面子就越能发展和谐的气氛。

通则十八：在华人的沟通里，越能尊敬对方就越能维持住面子。

通则十九：在华人的沟通里，越能给对方人情就越能维持住面子。

定理十九：在华人的沟通里，越能知道如何给对方面子就越能表现出一个人的沟通胜任能力。

定理二十：在华人的沟通里，越能知道如何给对方人情就越能表现出一个人的沟通胜任能力。

定理二十一：在华人的沟通里，越有人情债的感觉 (feeling of indebtedness) 就越能表现出一个人的沟通胜任能力。

权力

权力 (power) 意指对互动对方所宝贵之资源的控制。权力通常是一个社会的成员所认定，并且认为他们理当服从该种支配和寻求某些特殊分子的人情与支持 (Conrad, 1994)。一个人所行使的权力通常维持了该人在社会互动过程中的进退之举 (Folger, Poole, & Strutman, 1993)。在华人的社会，权力的基础建立在两个要素：关系以及社会网的层级结构。

Conrad (1994) 指出，具有良好关系的人们彼此间较易依从对方的要求，并认为对方是专家、比较可信和有威力。另外，如前所述，在华人社会，关系不仅可以用来避免冲突与赧颜相向，更可以当作一种影响或控制他人的社会资源。Chiao (1988b) 也发现，关系可说是渗入了华人生活的每一个面向。例如，不管在婚丧喜庆、求职就业、居家、医疗、娱乐或其他社会、文化、政治与经济活动，随时都可以看到关系在其中所起的作用。

在华人社会，五伦的信仰对人类关系要求建立一种层级与特殊性的结构。根据 Chen (1997) 的观察，这种社会关系网的特殊结构把权力赋予了那些具有年资 (seniority) 与握有威权 (authority) 的人士。在儒家思想笼罩下的社会，年资可说是知识与权力的集中地。如今，老年人 (elders) 在华人家庭与社会仍继续享有崇高的地位 (Bond & Hwang, 1986; Carmichael, 1991)。

不仅如此，老年人在社交互动过程也相对地享有对提供意见与决策的较大自由。例如，Chung (1996) 的研究发现，老年人在华人社会冲突解决与谈判的过程总是较具有特权，而且人们也常把年长与信用 (credibility) 相提并论。这种现象通常可以决定一个人在互动过程是否采取合作或对抗的态度，并常引起包括对互动过程的控制与接受对方影响等社会关系的改变 (Griffin, 1967; Nadler, Nadler, &

Broome, 1985)。

特殊性的层级结构也赋予上司、父亲、丈夫、长子和位居高位者，拥有更大权力或控制的威权 (authority)。因此，在华人互动的过程，发生威权凌驾专业与知识取得最后决策权的现象并不足为奇。换句话说，在华人的社会特殊关系结构网，位高常被认为德劭与知识丰富裹着年资与威权外衣的权力，因此与关系和面子合起来，强化了华人沟通对和谐追求的最终目的。

通则二十：在华人的沟通里，越能适当地行使权力 (power)，就越能发展和谐的关系。

通则二十一：在华人的沟通里，越能增进关系就越能发展出权力。

通则二十二：在华人的沟通里，越具有年资就越能发展出权力。

通则二十三：在华人的沟通里，越具有威权 (authority) 就越能发展出权力。

定理二十二：在华人的沟通里，越具有年资就越被认为具有沟通胜任能力。

定理二十三：在华人的沟通里，越具有威权就越被认为具有沟通胜任能力。

总括而言，和谐乃华人沟通之轴，由仁、义、礼、时、位、几、关系、面子以及权力九条辐支撑着。这九条辐或概念的功能与彼此间的关系形成了一个理想化的华人沟通的整体系统。它们之间的互动与整合给生生不息与随时变迁的华人沟通注入了永续性 (continuity)。从这九个理论所形成的理论，我们可以了解，对华人而言，和谐乃是一个动态平衡 (equilibrium) 的状态，代表着实现安、和、乐、利四项人类沟通最终目的胜任沟通 (competent communication) 境界的完成 (Chen, 1993; Hsu, 1987)。

讨论与结论

本章所提出的理论乃是作者以和谐这个概念为基础，试着建立一个华人沟通通论 (general theory) 的初始尝试。作为中华文化的核心元素，和谐是华人在人类互动过程所追求的最终目标。和谐同时也是评定在华人社会是否具有沟通胜任能力的标准。和谐的原则制约于转换、有秩序的环形前进以及无止息的运动等三项中华文化的本体观点。要达到和谐的目标，一个人必须能够内化仁、义、礼，调适时、位、几，适当地行使关系、面子以及权力。

本章一共罗列了 4 个假定 (assumption)，23 个通则 (axiom) 与 23 个定理 (theorem)。前 3 个假定，陈述了中华文化的本体观。这 3 个本体观引导了设定和谐为华人沟通行为之基础的第 4 个假定。在通则方面，除了第一个通则设定了和谐与沟通胜任能力之间的关系，并依此带领出其他通则与定理之外，所有其他的通则皆为在华人社会具有普遍性内涵，并引发和谐与其他 9 个概念之关系的主要

陈述 (primary statement)。在定理方面，所有提出的定理皆是陈述沟通胜任能力与 9 个概念或由其引发出来的概念之间的关系，它们是具有概括性内涵与实证效力的次要陈述 (secondary statement)。将来若思欲直接测试这些概念与华人沟通的关系，不同的假设 (hypothesis) 可从通则或公理间接地提炼出来 (Hawes, 1975)。

本章所提出的和谐理论表述了华人把永续性带入不停变迁转化的沟通过程的一个较完整的方法。华人沟通的和谐观与西方文化有着显著的差别。对西方人而言，达到目的 (goal attainment) 或有效性 (effectiveness) 乃是沟通胜任能力的主要因素；但华人却强调用以达到和谐的适当性 (appropriateness) 与互惠性 (reciprocity) 的重要性 (Chen & Starosta, 1996)。本章提出的和谐理论，不仅像一面镜子可以反映出文化间沟通所可能产生的障碍，更能提供一个协助人们与华人沟通与增进彼此了解的机会。

但是，读者千万不可从这个和谐理论得到一个文化与沟通具有直线形 (linear) 关系的错误看法。文化的动态与复杂特性提示了人类沟通是一个多面向的过程，在这个过程里，人们可能有意或无意间把文化价值或信仰当作欺凌或控制对方的工具。例如，在社会或政治动荡不安的时期，权力 (power) 常常受到滥用，造成了挑战和谐或伦理信仰的恶势力 (Chen & Starosta, 1997-8)。Powers (1997-8) 研究中国大陆十年"文革"期间，冲突经营与解决策略的使用，即显示了当时人们的行为是如何背离了华人沟通的和谐原则。Chen (1997) 的个案分析也刻画了在决策过程，华人文化赋予年资的优越性，如何受到操纵以达到私人目的的扭曲现象。

除此之外，华人社会层级与特殊性关系的结构也带来了对非我族类 (out-group members) 另眼相待的现象。换句话说，违背仁、义、礼的沟通原则，在华人的互动过程并非少见之事。例如，和非我族类人们争取资源时，"给面子"的文化信仰常常成了竞争下的牺牲品。从华文历史典籍充满着为了达到目的而屈服对方之策略的记载，更可以发现和谐信仰无法规范华人行为的一面 (Chen, 1995b; Chen & Zhong, 1996; Chiao, 1988a, 1989; Chu, 1991; Cleary, 1988; Li, Yang, & Tang, 1989; Senger, 1988; Wang, 1976)。这种矛盾的现象提供了一个更能了解华人沟通行为的未来研究的大好机会。

最后，华人沟通另一个有趣的面向，亦值得一提。当华人对命运的掌握产生无力感的时候，往往在沟通的过程中采取了听天由命的态度。"命"与"缘"代表了这个面向的运作 (Chen, 1996; Chen & Starosta, 1997-8)。在这种情况下，是否能够与他人建立起各种关系，对华人而言，乃是谋事在人成事在天的命运的安排。以人际关系而言，如果前生注定相会，那么就是"有缘"，反之则"无缘"。"命"与"缘"的信仰，仍持续影响着当今华人如何发展彼此间的关系 (Chang & Holt,

1993; Wen, 1988)。深化这条研究路线，对了解华人的沟通行为也势必大有助益。

参考文献

Becker, C. B. (1986). Reasons for the lack of argumentation and debate in the Far East. *International Journal of Intercultural Relations, 10, 75-92.*

Benedict, R. (1946). *The chrysanthemum and the sword*: *Patterns of Japanese culture.* Tokyo: Charles E. Tuttle.

Bond, M. B., & Hwang, K. (1986). The social psychology of Chinese people. In M. H. Bond (Ed.), *The psychology of Chinese people* (pp. 213-226). Hong Kong: Oxford University Press.

Broome, B. J. (1996). *Exploring the Greek mosaic.* Yarmouth, ME: Intercultural Press.

Cai, B., & Gonzalez, A. (1997-8). The Three Gorges project: Technological discourse and the resolution of competing interests. *Intercultural Communication Studies, 7,* 101-112.

Carmichael, C. W. (1991). Intercultural perspectives of aging. In L. A. Samovar & R. E. Porter (Eds.), *Intercultural communication: A reader* (pp. 128-135). Belmont, CA: Wadsworth.

Chai, C, & Chai, W. (1969). Introduction. In J. Legge (trans.), *I Ching: Book of Changes.* New York: Bantam.

Chang, H-C. (1992, November). *From words to communication: Some philo-sophical implications for Chinese interpersonal communication.* Paper presented at the annual convention of Speech Communication Association, Atlanta, Georgia.

Chang, H-C., & Holt, G. R. (1991). More than relationship: Chinese interaction and the principle of Guan-hsi. *Communication Quarterly, 39,* 251-271.

Chang, H-C., & Holt, G. R. (1993). The concept of *yuan* and Chinese inter-personal relationships. In S. Ting-Toomey & F. Korzenny (Eds.), *Cross-cultural interpersonal communication* (pp. 28-57). Newbury Park, CA: Sage.

Chen, D. C. (1987). *Confucius thoughts.* Taipei: Cheng Chuong.

Chen, G. M. (1989). Relationships of the dimensions of intercultural communi-cation competence. *Communication Quarterly, 37,* 118-133.

Chen. G. M. (1993, November). *A Chinese perspective of communication competence.* Paper presented at the annual convention of the Speech Communication

Association, San Antonio, Texas.

Chen. G. M. (1995a, August). *A Chinese model of human relationship development*. Paper presented at the 5th International Conference on Cross-Cultural Communication: East and West. Harbin, China.

Chen, G. M. (1995b). Differences in self-disclosure patterns among Americans versus Chinese: A comparative study. *Journal of Cross-Cultural Psychology, 26,* 84-91.

Chen. G. M. (1995c, November). *A classification of Chinese persuasive communication strategies*. Paper presented at the annual convention of the Speech Communication Association, New Orleans, Louisiana.

Chen, G. M. (1996, November). *Feng shui: The Chinese art of space arrangement*. Paper presented at the annual convention of the Speech Communication Association, San Diego, California.

Chen, G. M. (1997, November). *An examination of PRC business negotiation styles*. Paper presented at the annual convention of the Speech Communication Association, Chicago, Illinois.

Chen, G. M. (1998). A Chinese model of human relationship development. In B. L. Hoffer and H. H. Koo (Eds.), *Cross-cultural communication East and West in the 90's* (pp. 45-53). San Antonio, TX: Institute for Cross-Cultural Research.

Chen, G. M., & Chung, J, (1994). The impact of Confucianism on organizational communication. *Communication Quarterly, 42,* 93-105.

Chen, G. M., & Chung, J. (1997). The "Five Asian Dragons": Management behaviors and organizational communication. In L. A. Samovar and R. E. Porter (Eds.), *Intercultural Communication: A reader* (pp. 317-328). Belmont, CA: Wadsworth.

Chen, G. M., & Starosta, W. J. (1996). Intercultural communication competence: A synthesis. *Communication Yearbook, 19,* 353-383.

Chen, G. M., & Starosta, W. J. (1997-8). Chinese conflict management and resolution: Overview and implications. *Intercultural Communication Studies, 7,* 1-16.

Chen, G. M., & Starosta, W. J. (1998a). *Foundations of intercultural communication*. Needham Heights, MA: Allyn & Bacon.

Chen, G. M., & Starosta, W. J. (1998b). A review of the concept of intercultural sensitivity. *Human Communication, 1,* 1-16.

Chen, G. M., & Starosta, W. J. (1999). A review of the concept of intercultural awareness. *Human Communication, 2,* 27-54.

Chen, G. M., & Starosta, W. J. (2000). Communication and global society: An introduction. In G. M. Chen and W. J. Starosta (Eds.), *Communication and global society* (pp. 1-16). New York: Peter Lang.

Chen, G. M., & Xiao, X-S (1993, November). *The impact of harmony on Chinese negotiations.* Paper presented at the annual convention of the Speech Communication Association, Miami Beach, Florida.

Chen, G. M., & Zhong, M. (1996, November). *Dimensions of Chinese compliance-gaining strategies.* Paper presented at the annual convention of the Speech Communication Association, San Diego, California.

Cheng, C-Y. (1987). Chinese philosophy and contemporary human communication theory. In D. L. Kincaid (Ed.), *Communication theory: Eastern and Western perspectives* (pp. 23-43). New York: Academic.

Chiao, C. (1981). *Chinese strategic behavior: Some central principles.* Paper presented at the Conference on Content of Culture, Claremont, California.

Chiao, C. (1988a). On *guanxi.* In K. S. Yang (Ed.), *The Psychology of* Chinese *people* (pp. 105-122). Taipei: Kuei Guan.

Chiao, C. (1988b). An establishment of a model of Chinese strategic behaviors. In K. S. Yang (Ed.), *The Psychology of* Chinese *people* (pp. 431-446). Taipei: Kuei Guan.

Chiao, C. (1989). Chinese strategic behavior: Some general principles. In R. Bolton (Ed.), *The content of culture: Constants and variants* (pp. 525-537). New Haven, Conn: Hraf.

Chu, C-N (1991). *The Asian mind game.* New York: Rawson.

Chu, J. L. (1988). The Chinese social interaction: a face perspective. In K. S. Yang (Ed.), *The Psychology of* Chinese *people* (pp. 238-288). Taipei: Kuei Guan.

Chu, R. L. (1983). *Empirical researches on the psychology of face.* Doctoral dissertation, Taipei, Taiwan: National Taiwan University.

Chu, S. (1974). *The interpretation of I Ching.* Taipei: Wen Hua.

Chung, J. (1991, April). *Seniority and particularistic ties in a Chinese conflict resolution process.* Paper presented at the annual convention of Eastern Communication Association, Pittsburgh, Pennsylvania.

Chung, J. (1992, November). *Equilibrium in the Confucianism-influenced superior-subordinate communication system.* Paper presented at the annual convention of Speech Communication Association, Chicago, Illinois.

Chung, J. (1996). Avoiding a "Bull Moose" rebellion: particularistic ties, seniority, and third-party mediation. *International and Intercultural Communication Annual, 20*, 166-185.

Cleary, T. (1988). *The art of war.* Boston, MA: Shambhala.

Condon, J. C. (1977). *Interpersonal communication.* New York: Macmillan.

Condon, J. C. (1984). *With respect to the Japanese: A guide for Americans.* Yarmouth, ME: Intercultural Press.

Condon, J. C. (1985). *Good neighbors: Communicating with the Mexicans.* Yarmouth, ME: Intercultural Press.

Condon, J. C., & Yousef, F. (1975). *An introduction to intercultural communication.* Indianapolis, IN: Bobbs Merill.

Conrad, C. (1994). *Strategies organizational communication.* New York: Harcourt Brace College Publishers.

Eberhard, W. (1971). *Moral and social values of the Chinese - collected essays.* Washington, DC: Chinese Materials and Research Aids Service Center.

Epstein, M. (1995). *ing: Theory and model construction in communication. Reading, MA: Addison-Wesley.*Fang, T. H. (1981). *Chinese philosophy: Its spirit and its development.* Taipei: Linking.

Fingarette, H. (1972). *Confucius: The secular as sacred.* New York: Harper & Row.

Folger, J. P., Poole, M. S., & Strutman, r. K. (1993). *Working through conflict.* New York: Harper Collins.

Fung, Y. L. (1983). *A history of Chinese philosophy.* Princeton, NJ: Princeton University Press.

Griffin, K. (1967). Interpersonal trust in small-group communication. *Quarterly Journal of Speech, 53*, 224-234.

Gu, Y. J. (1992). Distinction of in-group and out-group. In C. Yiao (Ed.), *The Chinese renqin and mientz* (pp. 24-33). Beijing: Chinese Friendship.

Gudykunst, W. B., & Nishida, T. (1984). Social penetration in close relationships in Japan and the United States. In R. Bostrom (Ed.), *Communication Yearbook, 7.*

Beverly Hills, CA: Sage.

Gudykunst, W. B., & Ting-Toomey, S. (1988). *Culture and interpersonal communication.* Newbury Park, CA: Sage.

Hall, E. T. (1976). *Beyond culture.* Garden city, NY: Anchor.

Harnett, D. L., & Cummings, I. I. (1980). *Bargaining behavior: An international study.* Houston, TX: Some.

Hawes, L. C. (1975). *Pragmatics of analoguing: Theory and model construction in communication.* Reading, MA: Addison-Wesley.

Hofstede, G. (1980). *Culture's consequences: International differences in work-related values.* Beverly Hills, CA: Sage.

Hsu, F. L. K. (1953). *Americans and Chinese: Two ways of life.* New York: Abelard-Schuman.

Hsu, W. (1987). *The modernization of Chinese management.* Hong Kong: Hsin Lien.

Hu, H. C. (1944). The Chinese concept of face. *American Anthropology, 46,* 45-64.

Hwang, K. K. (1987). Renqin and face: The Chinese power game. *American Journal of Sociology, 92,* 944-974.

Hwang, K. K. (1988). The Chinese *renqin* relationship. In C. Y. Wen and S. H. Xiao (Eds.), *The Chinese: Their perception and behaviors* (pp. 43-70). Taipei, Taiwan: Ju Lieu. Hwang, K. K. (1997-8). *Guanx*i and *mientze*: conflict resolution in Chinese society. *Intercultural Communication Studies, 7,* 17-40.

Jia, W. (1997-8). Facework as a Chinese conflict-preventive mechanism: A cultural/discourse analysis. *Intercultural Communication Studies, 7,* 63-82.

Jin, Y. J. (1988). An analysis of face, shame, and Chinese behaviors. In K. S. Yang (Ed.), *The Psychology of* Chinese *people* (pp. 319-346). Taipei: Kuei Guan.

Jocobs, B. J. (1979). A preliminary model of particularistic ties in Chinese political alliances: Kanching and Juan-his in a rural Taiwanese township. *China Quarterly, 78,* 237-273.

Kapp, R. A.. (1983) (Ed.). *Communicating with China.* Chicago, IL: Intercultural Press.

Legge, J. (1955). *The Four Book.* Taipei: Wen Yo.

Leung, K. (1988). Some determinants of conflict avoidance. *Journal of*

Cross-Cultural Psychology, 19, 125-136.

Li, S. J., Yang, S. J., & Tang, J. Z. (1989). *Sun Tze Bin Fa and business management.* Hong Kong: San Lien.

Lin, Y. S. (1988). *The social philosophy of Yin Chuan's Yi Chuan.* Taipei, Shen Wu.

Lindin, O. G. (1974). Harmony with nature in Chinese thought and opposition to nature in Western thought. *The Journal of Intercultural Studies, 1,* 5-9.

Liu, C. L. (1990). The cyclic view of I Ching and Chinese thinking. *China Yi Studies, 123,* 14-16 & *124,* 13-18.

Liu, C. L. (1992). *Chinese wisdom and system thoughts.* Taipei: Shen Wu.

Ma, R. (1990). An exploratory study of discontented responses in American and Chinese relationships. *The Southern Communication Journal, 55,* 305-318.

Ma, R. (1992). The role of unofficial intermediaries in interpersonal conflicts in the Chinese culture. *Communication quarterly, 40,* 269-278.

Nadler, B. N., Nadler, M. K., & Broome, B. J. (1985). Culture and the management of conflict situations. In W. B. Gudykunst, L. P. Stewart, and Ting-Toomey (Eds.), *Communication, culture, and organizational processes* (pp. 87-113). Beverly Hills, CA: Sage.

Nakanishi, M. (1987). Perceptions of self-disclosure initial interactions: A Japanese sample. *Human communication Research, 13,* 167-190.

Powers, J. H. (1997-8). Conflict genres and management strategies during China ten years turmoil. *Intercultural Communication Studies, 7,* 149-168.

Pye, L. (1982). *Chinese commercial negotiation style.* Cambridge, MA: Oelgechlager, Gunn & Hain.

Schneider, M. J. (1985). Verbal and nonverbal indices of the communicative performance and acculturation of Chinese immigrants. *International Journal of Intercultural Relations, 9,* 271-283.

Senger, H. (1988). *The book of stratagems: Tactics for triumph and survival.* New York: Viking.

Shenkar, O., & Ronen, S. (1987). The cultural context of negotiations: The implications of Chinese interpersonal norms. *The Journal of Applied Behavioral Science, 23,* 263-275.

Silin, R. H. (1981). *Leadership and values: The organization of large-scale*

Taiwanese enterprise. Cambridge, MA: Harvard University Press.

Stewart, E. C., & Bennett, M. J. (1991). *American cultural patterns: A cross-cultural perspective.* Yarmouth, ME: Intercultural Press.

Wang, B. S. (1989). *Between Confucianism and Taoism.* Taipei: Han Kuan.

Wang, J. D. (1976). *Sun Tze Bin Fa.* Taipei: Chuon Wen.

Wang, Y. L. (1992). *Renqin and mientz.* In C. Yiao (Ed.), *The Chinese renqin and mientz* (pp. 34-45). Beijing: Chinese Friendship.

Wei, Y. (1983). The importance of Being KEQI: A note on communication difficulties. In R. A. Kapp (Ed.), *Communicating with China* (pp. 71-76). Chicago, IL: Intercultural Press.

Wen, C. I. (1988). An investigation of Chinese national character: A value orientation perspective. In I. U. Lee and K. S. Yang (Eds.), *The Chinese character* (pp. 49-90). Taipei: Kwei Kwan.

Wilhelm, R. (1979). *Lectures on the I Ching: Constancy and change.* Princeton, NJ: Princeton University Press.

Wilhelm, R. (Trans.) (1990). *The I Ching.* Princeton, NY: Princeton University Press.

Wolfson, K., & Pearce, W. B. (1983). A cross-cultural comparison of the implications of self-disclosure on conversational logics. *Communication Quarterly, 31,* 249-256.

Wu, Y. (1964). The concept of change in I Ching. *Chuon Kuo Yi Chou, 754,* 19-21.

Wu, Y. (1976). *The philosophy of Cheng in Chuon Yuon.* Taipei: Don Da.

Yang, H. J. (1978). *Communicative competence in Formosan sociable events: A participant observation study.* Dissertation Abstracts International, 39, 2622A.

Yum, J. O. (1988). The impact of Confucianism on interpersonal relationships and communication patterns in East Asia. *Communication Monographs, 55,* 374-388.

译者：林凯（厦门大学新闻传播学院博士研究生）

原文出处：Chen, G. M. (2001). Toward transcultural understanding: A harmony theory of Chinese communication. In V. H. Milhouse, M. K. Asante, and P. O. Nwosu (Eds.), *Transcultural realities: Interdisciplinary perspectives on cross-cultural relations* (pp. 55-70). Thousand Oaks, CA: Sage.

理解中国人的关键概念之引论：
作为中式交际基础的和谐

前言

　　两大主要趋势加速了世界对中国人交际行为的了解。首先，中国人口众多，而且近几十年的经济发展迅速，两岸暨港澳成了一个强大的网络，几乎影响到世界各个角落。第二，随着世界日益全球化，不同文化的人们相互理解，成为全球和平互利生生活在一起的必要条件。因为缺乏文化意识与处理文化差异的适当方法，会导致不切实际的期望、挫折和无法与不同族群的人们建立良好的跨文化关系。理解中国人的思维和行为方式将是发展相互依存与世界和平的重要一步。

　　中国文化是由大陆（内地）、香港、澳门、台湾和许多其他国家和地区的华人一起体现的。中华人民共和国不仅是世界上人口最多的国家，拥有 14 亿多人口，也是最大的新兴力量。自从 1979 年开放以来，在过去 20 年中，中国经济年均增长 10%，已经成为增长最快的国家，并且正在成为最大的出口国。考虑到中国人民在经济、政治和其他事务中越来越重要的地位，中国和其他国家和地区之间的相互影响和依赖在 21 世纪变得更形重要。适当地理解中国人，于是成为在全球化社会人与人、国与国之间和平共存的关键。

　　虽然不同的学科同时研究人类交际行为，但针对某个特殊文化有系统性的研究仍然不多。致力于中式交际的研究更是稀少，到目前为止只有几本书出版（例如，Chen, 2010; Chen & Ma, 2002; Gao & Ting-Toomey, 1998; Pye, 1982）。基于此，本期特刊包括的奉上一批共 11 篇的论文加上书评，进一步丰富了中式交际行为的研究文献。这些研究无疑能促进跨文化和国际交流研究，尤其是对中式的交际行为更有助益。在描述本期特刊内容之前，以下先论述中国人交际行为的三个主要方面，即本土交际研究的趋势，和谐作为中式交际范式假设的基础以及中式交际研究的陷阱。论文最后是结语与未来研究的建议。*

本土交际研究的趋势

在 20 世纪 90 年代，全球化引发的学术研究中的一个突出趋势是来自非西方世界的学者对欧洲中心范式用于不同社会的恰当性的挑战。除了从洲际角度，如非洲中心主义（例如，Asante，2007）或亚洲中心主义（例如，Chen, 2006; Chen & Starosta, 2003; Dissanayake, 1988, 2003; Miike, 2006, 2010）对抗欧洲中心主义外，越来越多的学者采用主位方法来研究特定文化或地区。实例包括如日本的交际概念"amae"（消息扩展和消息接受需求）、"Enryo Sashi"（克制—猜测）和"en"（缘）(Ishii, 1994, 1998; Kotajima, 1990, Miike,2003)；韩国的"uye-ri"（互补和强制性的互惠）(Yum，1987 年)；菲律宾的"kapwa"（相互存在），"pahiwatig"（策略模糊性）和"pakiramdam"（感受他人的能力）(Maggay, 1993; Mendoza, 2004; Mendoza & Perkinson, 2003)；和泰国的"kreng jai"（极为体贴的）(pornpitakpan，2000)。

正如阿散蒂（2006）指出，欧洲中心主义是由西方优胜态度引起的，它通过积极个人主义、沙文式理性主义和无情文化主义来表现，最终导致了在全球化影响下来自非西方学者的挑战。陈（2009a）总结了阿散蒂所言的西方优胜主义的三个方面：

根植于欧洲中心主义模式的积极个人主义，崇尚自力更生、自主、独立和个人自由等威胁到人类合作的思想；沙文式理性主义认为只有欧洲人有权定义什么是真理；无情文化主义认为欧美思想是人类社会最正确的形式。这种欧洲中心主义导致其他族裔的被边缘化、压制、失声、排斥与歧视。因此，为了纠正这一问题，必须采取一种特殊或个别的文化方法来研究人类交际 (p. 399)。

自 20 世纪 90 年代初以来，中式交际本土化研究的趋势反映了去西方化的运动（Wang，2011）。这可以被视为建立以亚洲为中心的交际模式的局部努力 (Chen& Miike, 2003, 2006)。这一趋势反映在陈（2004a, 2010）、王（2010）、王和陈（2010）的研究。不过，正如陈（2007）和黄（Hwang）（2010）声称，中国学者的当务之急是从中国文化的角度，建立更多的社会科学理论来与其他模式竞争，而不是继续停留在批判欧洲中心主义与西化的弊病。那么，我们该如何适当地从中国文化的角度来构建交际理论呢？首要之务就是要理解中式交际的范式假设。

中式交际范式假设的基础：和谐

范式是指世界观或某一群体的哲学假设，它指导人们的思考、信仰和行动。一个范式包括本体论、价值论、认识论和方法论四个要素，可以用来理解人类交际过程 (Chen, Peng, Ye, & An, 2010; Smith, 1988)。本体论探讨人类交际的本质，价值论探讨人类交际的终极目标，认识论探讨理解人类交际的方式，方法论探讨实现人类交际目的方法。表 1 总结了中国人交际的哲学假设（Chen & An, 2009, p. 204）。

表 1：东方文化的范式假设

	本体论 （人类交际的本质）	
	整体的	
	潜在的 集体的	
价值论 （终极目标）	认识论 （认识方式）	方法论 （实现目的的方法）
和谐的	互相联系的	直觉的
间接的 含蓄的 适应的 一致的 同意的	互惠的 我们 层级的 关联的 归因的	主观的 非线性的 模棱两可的 仪式的 通融的

根据陈（2006）的说法，表 1 表明了中国文化对人类交际持有整体性的本体观，认为宇宙是大整体，其中主体和客体相互渗透、相互统一。因此人们在无止境、不断转化的人类互动过程融入了一个大群体或表现了集体性的特征。从价值论来讲，中国人认为和谐不仅是调节宇宙永无止境的变化过程，也是人类交际的终极目标。因此，人类交际伦理目的在于以真诚的互动为基础实现合作。在日常社会交往中，和谐取向显现在间接的、微妙的、适应性的、一致的和令人愉快的互动方式。在认识论方面，中国人相信万事万物的意义存在于彼此之间的关系过程。因此，双方之间的关系才是真知的所在地。相互关系的非二元论体现在相互的、"我们"意识的、层级的、关联的和归因的人类交际之间。最后，在方法论假设上，中国文化采取了一种非线性、殊途同归的互依互补的循环思考方法。这种非线性循环的思维方式表现在主观的、非线性的、模棱两可的、仪式性的和通融的交流方式。

虽然本体论制约了某个群体范式思维的价值论、认识论和方法论的取向，但价值论是审视人类交际最主要的依据。从中国人的交际角度看，正是和谐这个价值观体现了整体性、相互关联性和中式交际的直观表达方式。也就是说，中式交际旨在达到一个高度动态的和谐平衡状态（Chen，2009b）。因此，为理解中式交际，本特刊中的所有关键概念都展现了和谐的功能或是用来体现和谐的工具。从这个意义上说，和谐是一个"根喻"（Pepper，1942），在理解中国式交际行为具有很强的概念阐述功能。同时，它还是奥特纳（1973）所指出的一个阐释性的符号，这种符号用于事务的分类，是一个文化用来"概念化世界秩序"或作为"成功的社会行动"的机制（p. 1340）。和谐作为一种阐释性的象征符号，给中国人提供了认知和情感取向以及有序社会行动的策略。

基于此，陈氏（2001）认为，建立一个科学的和谐理论基础来理解中式交际行为是刻不容缓之事。首先，陈氏勾画了中国文化的本体论假设作为建构和谐的中式交际理论的基础，于此，和谐可以用来定义中式的交际能力。陈氏接着以中国文化的 9 个重要概念建立了一个较完整的和谐理论。这个中国和谐理论包括了4 个命题、23 个公理和 23 个定理。这些概念的功能和相互关系形成了一个整体系统，给中式交际过程带来了永续的发展。

在这 4 个命题中，前 3 个是本体论假设，第 4 个是对和谐和中式交际本体假设的应用：

1. 人类交际是一个变化的过程。

2. 人类交际依循宇宙无休止但有序的循环过程而变化。

3. 人类交际是一个永不止息的过程。

4. 中式交际旨在实现人际关系的和谐状态。

从第 4 条假设中，陈氏提出了一个公理，把和谐与中式交际能力联系起来："在中式交际中提高和谐能力将会增强交际能力"（公理 1）。为了描述实现和谐的方式或获得中式交际的能力，陈氏进一步提出 9 个概念，陈述了一系列的公理与定理（Chen, 2001）。这 9 个概念包括内化于心的仁、义、礼，外在适应的时、位、几，以及行为上策略应用的关系、面子和权力。

陈氏的和谐理论所包括的九大概念是重要但非全面理解中式交际行为的模式。其中有一些概念，如和谐、面子、关系已有不少学者研究，但其他则研究甚少。在本特刊中，"礼"和"层级"可划入陈氏分类中的内在概念，缘、占卜 / 算命为外在概念，面子、关系、人情、报、客气可归类为策略概念。至于钟氏的"气"主题则涉及中式交际的本体论问题。此外，本文主要介绍和谐作为中式交际范式假设的基础。本期特刊的所有主题无疑地可用来补强陈氏的和谐模式。

中式交际研究的陷阱

从和谐的角度研究中式交际行为最常见的错误是误解了和谐作为中式交际的终极目标，是中国人互动方式的一种实际的状态。陈氏（2004b）指出，从和谐的角度看中式交际具有两面性。该中国哲学主张，作为一种变化的过程，人类交际反映了两个对立但互补力量，即阴和阳的共存 (Chen, 2008, 2009c; Fang & Faure, 2011)。在人类交流中，阴代表屈服、顺从，阳代表不屈和支配。它们好比一个硬币的两面，两个都同时出现在交际过程中，只是力度不同而导致互动情况的对称或不对称。

陈氏（2004b）指出，从和谐角度出发的中式交际的第一面已铭刻在中国人的心头长达数个世纪（Wright，1953）。它是中式交际阳的方面，指的是互动和谐的状态。换句话说，它代表人类交际的终极目的或理想状态，是中国人在日常互动过程勠力追求的目标。它是一个动态的、无止息的追求过程。因此，所有的行动都是旨在实现和谐。所有不同的道德规范和行为准则都出自和谐。包括本期特刊，诸多研究皆从这方面来研究中式交际行为。

中式交际的第二面与"如果和谐不能在互动中维持会发生什么？"这个问题相呼应。这是中式交际阴的方面，指的是互动对立的状态。在这种情况下，中国人总是会遵循"先礼后兵"的原则，努力表现"客气"。换句话说，在互动的初始阶段，中国人总是通过尊重、积极的互惠和真诚来展示礼貌的态度以构立和谐交际的气氛（Xiao，2004）。如果违反了"扬人抑己"或彼此互惠的法则，中国人很有可能为了面子而出现了攻击性的行为，进而导致了冲突局面（Chen & Xiao, 1993; Xiao, 2002）。

很明显，当人们争夺短缺的资源或彼此目标不相容时，这种冲突经常会发生。在这种情况下，和谐往往成为双方"权力游戏"（Hwang，1988）过程中的牺牲者。当和谐在冲突的情况下无法维护时，中国人会为了自己的利益而进行激烈的斗争。这就是为何"泼妇骂街"或西方人常常在公开场合看到中国人情绪失控而感到困惑的原因。

从阴阳互动来理解和谐的两面性是得知中式交际行为的不一致或不相容性的基础。因为对和谐的信仰，中国人在交际过程总试着化敌为友。正如卫礼贤（1979）解释说，在人类交际过程中化敌为友是一个艰难过程，但通过否定的过程，人们可以播种下潜在发芽的问题解决的种子，并以此培养适应与解决矛盾的态度与能力。更准确地说，这正是中国人的信仰和行为方式。

本期特刊结构

本期特刊从不同的概念视角分析了中式的交际行为。来自不同学科和不同地区的 11 位学者参加了这个项目；每位学者探讨了一个关键概念，这有助于人们更好地理解中式交际。这 11 个概念包括了和谐、面子、关系、人情、报、客气、礼、缘、等级、气与占卜 / 算命。

在第一篇论文中，陈国明先介绍了在全球化社会理解中国人的需求以及本期特刊的目的，随后提出了和谐是中式交际价值论的基础与终极目标。陈氏采用了中式交际的和谐模式作为框架来涵盖本期其他学者所审视的关键概念。陈氏进一步提到，虽然和谐是中式交际的终极目标，但这并不表示中式交际总是和谐的。相反地，中式交际具有阴阳两面性，表明中国人除了和谐之外，在冲突中无法维持和谐时会不顾礼仪做出具有侵犯性的言行举止。换句话说，中国人不断追求和谐社会的理想目标，但这不意味着中国人总是温文尔雅，也不是说中国社会毫无冲突。

黄光国的论文从儒家关系论的角度，解释了面子在各种角色关系中的作用。黄认为中国人"面子"的原型说明了，一个人在人际关系中不得不履行自己的职责，以便为互动双方制造一种"大我"的感受。把面子互动原型扩展至群体互动，意味着在特定关系中每个人都必须依"礼"而行，特别是领导人。因为领导人的表现随时受到成员的监视，他们他们在公共场合的言行举止必须特别警惕，以便能以"中道"之行来维护群体内部的和谐。

马成龙从中式人际传播的角度探讨了"关系"的概念。马氏表示"关系"在中文有不同含义，包括"关系""关联"和"联系"。尽管建立人际关系或联系是一个普世的现象，但实践上则因文化差异而有所不同。作为一个多维的社交现象，"关系"已成为中国文化的重要元素，是实现生活目标的工具。因此，了解"关系"的意义与操作对理解中国人际或组织间交际是非常重要的。马氏进一步从"关系"的各种维度解释了"关系"在中国文化中比其他许多文化更重要的原因。

黄懿慧从儒学角度，探讨了在中国企业交际背景下的"人情"概念。正如黄氏指出，近年来中国（包括香港、台湾）已立法规范商业行为，以减少"人情"实践对商务交流的影响。其论文旨在于研究中国现代企业语境下的"人情"形态以及中国传统与当代制度之间的动态关系。此文的最终目标是希望通过跨区域的比较能推进交际关系理论的发展。

理查德·霍尔特的论文把"报"视为中式交际的平衡机制。霍尔特解释说，"报"强调了中国是喜好平衡性的民族，就像恶有恶报，善有善报一样，凡是都有相对的后果。这种思想也具体地体现在人类互动过程，因此对人际关系的经营起了错综复杂的作用。在文中，霍尔特首先详述了"报"的哲学基础，然后讨论了"报"与"关系""人情债""缘"等民间概念的关系以及这些概念对中式人际关系的特殊影响。最后，霍尔特分析了"报"的两面性："报"一方面让人们更亲近，另一方面却离间了中国的人际关系。这种看似矛盾的平衡，使学者有必要重新评估长期以来认为中国人际关系的特殊性的看法。

　　冯海蓉的论文把"客气"视为中式交际的芬芳剂。冯氏认为"客气"是中国礼貌的另一个概念，主要发生在人际交往中。此论文从不同的角度探讨了"客气"这个概念。首先，冯氏通过历史分析评论了儒家思想如何影响"客气"的形成和发展。接着讨论了表现"客气"的各种策略，包括谦虚、顺从、送礼和以亲属称谓称呼非亲属关系。然后审视了"客气"与面子、关系、社交距离等概念的关系。最后，冯氏讨论了中国的"客气"与西方"礼貌"概念的异同。

　　肖小穗在《礼：中国人性的符号制造》一文批评了目前对"礼"的研究往往过度集中在伦理和政治性的功能而忽略了它更为基本的创造符号意义的功能。肖氏利用恩斯特·卡西尔的符号形式理论，建议学者应该把"礼"看作一个使用与创造象征符号的过程。从这个角度，通过审视从儒学经典中选择的有关"礼"的重要描述，肖氏揭示了"礼"的符号意义的生成以及这个过程是如何塑造文化和社会的过程。这种研究"礼"的方法使我们能够更理解"礼"塑造中国文化和人性所扮演的深刻与积极的角色。

　　张惠晶探讨的是"缘"这个概念。"缘"源自佛教，在中国人心中占有很重要的位置，不仅是对彼此邂逅，对生活的态度也是可以用来分析。张氏从"缘"的哲学和宗教基础，说明了它是如何通过一套复杂的语言表达，如"有缘""无缘""投缘""惜缘"等慢慢转变一个通俗的概念。这些"缘"的话语对中国人的人际关系产生了深远的影响，无论是浪漫的、亲情的，还是只是萍水相逢的，因为每一次相遇都是"缘"的展现。因此，珍重团聚的激情和接受分离的无奈感的意义制造过程是"缘"的重要方法。最后，张氏讨论了"缘"的这种情感矛盾性是如何重构人类互动的意义与人们生活的哲学态度。

　　刘双探讨的是在组织环境中"层级"这个概念，它象征着组织互联关系的金字塔结构。论文探讨了层级的根源、在现代中国组织中的维护以及对管理层提出了建议。刘认为在中国组织中，层级是地位高低的关系模型。集体主义性的中国文化，培育了相互依存的自我意识也构建了基于层级的社会秩序。对层级制度的尊崇可以追溯到儒家的学说。儒家主要提出了"五伦"，即君臣、夫妇、父子、兄弟和朋友。遵守这些层级关系是保持社会和谐与稳定的基础。在如组织的社会系统中，层级是由分等的关系网络所组成，并形成交际的系统与同时受到交际系统的反塑。网络中的每个位置都具有要求组织成员何时何地与谁如何交际的规则。

钟振升通过分析人际交往中对立统一的阴阳两个势力的互动来体现"气"这个中国的本体概念，文中阐述了中国和东亚文化中的哲学名言，即老子的"万物负阴而抱阳，冲气以为和"。十年来交际学研究阴阳互动对交际的影响已做了不少贡献，但阴阳的相互作用是如何产生气的问题还有待进一步探讨。钟氏提到了阴阳在交际中如何相互作用产生能量流以变成"气"的研究。不过，钟氏认为东方"气"的概念在交际学不同层次里的表述是零碎不完整的。因此，此文通过聚焦在人际和组织交往中的阴阳互动探讨了"气的生成"过程。西方传播理论，如关系控制类型、非语言代码中的平衡理论、双关注冲突管理模式、消息分类和结构理论等给用来阐释这个过程以促进对"气"的更深入的理解。

最后，庄瑞玲通过对占卜/算命概念的研究走进了中式交际的精神境界，并且展示了中国的文化的实践和世界观。庄氏说，作为一种流行的文化交际形式，"占卜"不仅体现了许多中国人的生活世界，也反映了他们的文化价值观。因为中国人不愿意求助于专业人士，占卜或算命就成了那些生理或情感上出现问题的人咨询的依据。占卜深深地融入中国文化和他们的生活方式中。此文使用现象学探讨中国人对占卜的依恋意义以及其与中国人生活世界的关系。占卜能做出预测，所以可以减少人的未来不确定性。当做出积极的预测或提前发布警告时，人们可采取预防措施以建立安全感。占卜还具有两个重要的交际功能：心理咨询与提供大众话题。另外，它也反映了中国人交际的哲学、传统和仪式的基础。此文论述了占卜和算命的精神基础和跨文化含义。庄氏进一步说明了算命对中国宇宙观、文化传统和世界观深远的影响。

本期特刊除了11个概念之外，也包括了李佩雯的书评。这篇文章评论了陈国明的《中式交际行为研究》一书。此书收集了陈氏所发表的21篇论文，从四个方面探讨了中式交际行为，即概念阐释、实证研究、理论建构和未来发展。这本书是一个很好的补充资料源，可用于支持和扩展特刊的11个概念。因为，正如李氏指出，书中阐明了塑造中式交际行为的主要文化根源，并且真实地呈现了不只是积极一面的中国人的交际方式。

结论与未来方向

令人鼓舞的是，由于全球化的影响，本土化研究的学术趋势越来越强。本期特刊就是因应全球化趋势所带来的挑战的努力。我们通过主位方法探索了中式交际的关键概念，以便帮助人们更加理解中国人的思维和行为方式。在处理学术本土化问题时，学者必须注意到有三个问题，即文化因时而变、二分法的潜在问题和本土概念的普世化。

首先，文化是动态的。因为受到技术发明、自然灾害和人为灾害、文化接触以及其他可能的环境因素的影响，文化不断地随着时间变化（Chen 和 Starosta，2005）。当文化发生变化时，文化价值观会跟着改变，关键概念的重要性也同时发生变化，包括了那些以前用来解释文化或人类行为的重要概念。因此，学者从本土角度研究概念的表征而把文化价值观视为一种静态变量的时候，要特别谨慎面对可能的错失。例如，在本期特刊中的关键概念是否真正代表了当代中国文化，或只是反映了传统的文化价值观？质疑这些关键概念的当代有效性，或在不同时期这些概念意义可能发生的变化是合理的。

第二，把文化二分化的趋势是研究常见的问题，尤其是在跨文化交际的研究过程。表 2 使用价值论假设来显示二分法问题。陈氏（2009a）认为文化二分法问题的出现来自在从事本土性研究时过度强调了特定文化或主位方法的必要性。这个二分法表现在三种形式：忽略了文化价值观的多样性、崇尚局内人的特权、盲目地接受或拒绝外来元素。陈氏说道：

首先，学者忽略了文化价值观的多样性。例如，很多学者把中国看作集体主义的文化，而美国时是个体主义者，没有考虑到文化的内在变化性……第二，文化二分法误导了一些学者，认为只有自身的成员才有能力或特权来了解自己的文化。例如，只有中国学者才有权力或洞见研究中国人的交际行为……最后更糟的是，在面对来自外界学者研究的贡献或挑战时，二分法分裂了学者的立场。学者不是盲目地接受如欧洲中心范式，就是全然的拒绝（p. 402）。

陈氏进一步认为，学者应该把文化价值观视为一个连续统一体。其中，每一个文化的或较倾向于价值观的一端，而较少强调另一端。换句话说，中国文化可能集体性较强，但这并不意味着中国社会并不存在个人主义。这只是说中国人在互动时比较不那么个人主义。它是一种"或多或少"，而不是"非此即彼"的情况。此外，只有本土学者才有能力了解自己文化的说法是没有依据的，因为一个局外人可能看到局内人因世界观的局限性所看不到的东西。关于盲目接受或完全拒绝外境元素，它只是一种非理性或无知的做法，因为尽管每一种文化或社会本身都是独一无二的，但人类社会不是一个孤岛。因此，文化价值观的共通性并不罕见。所有这些都表明，不同文化的价值观之间的差异不应该是截然或不可逾越的。应用到本期特刊，我们可能会问：所有用来解释中式交际行为的关键概念完全是属于中国文化的吗？答案应该是否定的，因为这些概念也反映在其他社会的交际行为中只是程度有所不同而已。

表 2：中美价值观假设的二分法

价值论	
和谐的 （中国人）	对抗的 （美国人）
间接的 ← → 直接的 含蓄的 ← → 表现的 适应的 ← → 辩证的 自愿的 ← → 分裂的 一致的 ← → 说教式的	

最后，不同社会文化价值观的共通性提供了一个建立普世性人类交际模型的可能性。一些心理学学者已经主张发展本土心理学的终极目标，是推动一个全球性的或普世的心理学（如 Berry & Kim, 1993; Enriquez, 1993; Ho, 1988）。正如普丁加（1999 年）声称，不同社会的人们应该拥有相同的心理功能。不幸的是，跨文化学者常把文化看作一个稳定的系统而过分强调不同文化的心理差异。这种忽视不同文化的心理作用的共通性常常导致陈述上的错误和理论的误导。因此，在人类文化具有相同的深层结构的基础上，什韦德、古德诺、哈塔诺、莱文、马库斯和米勒（1998）提出了"一个心理，多种思想；普世但不合模"的观点（p. 871）作为本土学术研究的原则。这个论争给学者们提供了一个好机会来阐述这些中国人的关键概念背后的普世心理或互动功能；然后思考，如果这些概念的普世界性功能可以确定，那么一个具有普世性的交际模式该如何发展出来以更有效地理解中国和其他社会的人们，并且在研究文献上提供有意义的贡献。

参考文献

Asante, M. (2006). The rhetoric of globalization: The Europeanisation of human ideas. *Journal of Multicultural Discourses, 1*(2), 152-158.

Asante, M. K. (2007). Communicating Africa: Enabling Centricity for Intercultural Engagement. *China Media Research, 3*(3), 70-75.

Berry, J. W., & Kim, U. (1993). The way ahead: From indigenous psychologies to a universal psychology. In U. Kim & J. W. Berry (Eds.), *Indigenous psychologies: Research and experience in cultural contex*t (pp. 277-280). Newbury Park, CA: Sage.

Chen, G. M. (2001). Toward transcultural understanding: A harmony theory of Chinese communication. In V. H. Milhouse, M. K. Asante, and P. O. Nwosu (Eds.), *Transcultural realities: Interdisciplinary perspectives on cross-cultural relations* (pp. 55-70). Thousand Oaks, CA: Sage.

Chen, G. M. (Ed.). (2004a). *Theories and principles of Chinese communication* (in Chinese). Taipei, Taiwan: WuNan.

Chen, G. M., (2004b). The two faces of Chinese communication. *Human Communication, 7*, 25-36.

Chen, G. M. (2006). Asian communication studies: What and where to now. *The Review of Communication, 6*(4), 295-311.

Chen, G. M. (2007). Where to now for communication studies in Chinese societies. *Communication & Society, 3*, 157-174.

Chen, G. M. (2008). *Bian* (Change): A perpetual discourse of *I Ching. Intercultural Communication Studies, 17*(4), 7-16.

Chen, G. M. (2009a). Beyond the dichotomy of communication studies. *Journal of Asian Communication, 19*(4), 398-411.

Chen, G. M. (2009b). Chinese harmony theory. In S. Littlejohn & K. Foss (Eds.), *Encyclopedia of communication theory* (pp. 95-96). Thousand Oaks, CA: Sage.

Chen, G. M. (2009c). Toward an *I Ching* model of communication. *China Media Research, 5*(3), 72-81.

Chen, G. M. (2010). *Study on Chinese communication behaviors*. Hong Kong: China Review Academic Publishers.

Chen, G. M., & An, R. (2009). A Chinese model of intercultural leadership competence. In D. K. Deardorff (Ed.), *The SAGE Handbook of intercultural competence* (pp. 196-208). Thousand Oaks, CA: Sage.

Chen, G. M., & Ma, R. (Eds.) (2002). *Chinese conflict management and resolution*. Westport, CT: Ablex.

Chen, G. M., & Miike, Y. (Eds.) (2003). Asian approaches to human communication. A special issue of *Intercultural Communication Studies, 12(4)*, 1-218.

Chen, G. M., & Miike, Y. (2006). Ferment and future of communication studies in Asia: Chinese and Japanese perspectives. *China Media Research, 2*(1), 1-12.

Chen, G. M., Peng, W. C., Ye, Y. J., & An, R. (2010). *Communication research methods*. Taipei, Taiwan: Wiseman.

Chen, G. M., & Starosta, W. J. (2003). Asian approaches to human communication: A dialogue. *Intercultural Communication Studies, 12(4)*, 1-15.

Chen, G. M., & Starosta, W. J. (2005). *Foundations of intercultural communication*. Lanham, MD: University Press of America.

Chen, G. M., & Xiao, X. (1993, November). *The impact of "harmony" on Chinese negotiations*. Paper presented at the annual convention of the Speech Communication Association, Miami, Florida.

Dissanayake, W. (Ed.). (1988). *Communication theory: The Asian perspective*. Singapore: Asian Mass Communication Research and Information Center.

Dissanayake, W. (2003). Asian approaches to human communication: Retrospect and prospect. *Intercultural Communication Studies, 30*(1), 27-30.

Enriquez, V. G. (1993). Developing a Filipino psychology. In U. Kim & J. W. Berry (Eds.), *Indigenous psychologies: Research and experience in cultural context* (pp. 152-169). Newbury Park, CA: Sage.

Fang, T., & Faure, G. O. (2011). Chinese communication characteristics: A Yin Yang perspective. *International Journal of Intercultural Relations 35*, 320–333

Gao, G., & Ting-Toomey, T. (1998). *Communicating effectively with the Chinese*. Thousands Oak, CA: Sage.

Ho, D. Y. F. (1988). Asian psychology: A dialogue on indigenization and beyond. In A. C. Paranjpe, D. Y. F. Ho, & W. Rieber (Eds.), *Asian contributions ft psychology* (pp. 53-77). New York: Praeger.

Hwang, K. K. (1988b). *Renqin* and *mientze*: The Chinese power game. In K. K. Hwang (Ed.), *The Chinese power game* (pp. 7-55). Taipei, Taiwan: Jiu Leu.

Hwang, K. K. (2011). *A proposal of scientific revolution for psychology*. Taipei, Taiwan: Psychological Publishing Co.

Ishii, S. (1984). *Enryo-sasshi* communication: A key to understanding Japanese interpersonal relations. *Cross Currents, 11*(1), 49-58.

Ishii, S. (1998). Developing a Buddhist *en*-based systems paradigm for the study of Japanese human relationships. *Japan Review, 10*, 109-122.

Kotajima, Y. (1990). *On "en": China and Japan*. Tokyo: Shintensha.

Maggay, M. P. (1993). *Pagbabalik-loob: A second look at the moral recovery program*. Quezon City, Philippines: Akademya ng Kultura at Sikolohi-yang Pilipino.

Mendoza, S. L. (2002). *Between the homeland and the diaspora: The politics of theorizing Filipino and Filipino American identities*. New York: Routledge.

Mendoza, S. L. (2004). *Pahiwatig*: The role of ambiguity in Filipino American communication patterns. In M. Fong & R. Chuang (Eds.), *Communicating ethnic and cultural identity* (pp. 151-164). Lanham, MD: Rowman & Littlefield.

Mendoza, S. L., & Perkinson, J. (2003). Filipino "kapwa" in global dialogue: A different politics of being-with the "other." *Intercultural Communication Studies, 12*(4), 177-193.

Miike, Y. (2003). Japanese *enryo-sasshi* communication and the psychology of *amae*: Reconsideration and reconceptualization. *Keio Communication Review, 25*, 93-115.

Miike, Y. (2006). Non-Western theory in Western research? An Asiacentric agenda for Asian communication studies. *The Review of Communication, 6*(1/2), 4-31.

Miike, Y. (2010). Culture as text and culture as theory: Asiacentricity and its raison detre in intercultural communication research. In T. K. Nakayama & R. T. Halualani (Eds.), *The handbook of critical intercultural communication* (pp. 190-215). Malden, MA: Wiley-Blackwell.

Ortner, S. B. (1973). On key symbols. *American Anthropologist, 75*(5), 1338-1346.

Pepper, S. C. (1942). *World hypotheses: A study in evidence.* Berkeley, CA: University of California Press.

Pornpitakpan, C. (2000). Trade in Thailand: A three-way cultural comparison. *Business Horizon, 43*(2), 61-70.

Pye, L. (1982). *Chinese commercial negotiation style.* Cambridge, MA: Oelgechlager, Gunn & Hain.

Shweder, R. A., Goodnow, J., Hatano, G., LeVine, R., Markus,H., & Miller, P. (1998). The cultural psychology of development: On mind, many mentalities. In W. Damon (Ed.), *Handbook of child psychology* (vol. 1), (pp. 865-937). New York: John Wiley & Sons.

Smith, M. J. (1988). *Contemporary communication research methods.* Belmont, CA: Wadsworth.

Wang, G. (Ed.). (2011). *De-Westernizing communication research: Altering questions and changing frameworks* New York: Routledge.

Wang, G., & Chen, Y. K. (Eds.). (2010). Collectivism relations, and Chinese communication. A special issue of *Chinese Journal of Communication*, Vol. 3, No. 1, pp. 1-131.

Wilhelm, R. (1979). *Lectures on the I Ching: Constancy and change.* Princeton, NJ: Princeton University Press

Wright, R. F. (1953). Struggle vs. harmony: Symbols of competing values in Modern China. *World Politics, 6*, 31-44.

Xiao, X. (2002). *Li*: A dynamic cultural mechanism of social interaction and conflict management. In G. M. Chen & R. Ma (Eds.), *Chinese conflict management and resolution* (pp. 39-49). Westport, CT: Ablex.

Xiao, X. (2004). *Li* and Chinese communication behaviors. In G. M. Chen (Ed.), *Theories and Principles of Chinese Communication* (pp. 379-405). Taipei, Taiwan: WuNan.

Yum, J. O. (1987). The practice of *uye-ri* in interpersonal relationships. In D. L. Kincaid (Ed.), *Communication theory: Eastern and Western perspectives* (pp. 87-100). San Diego, CA: Academic Press.

译者：李海文（厦门大学新闻传播学院博士研究生）

原文出处：Chen, G. M. (2011). An introduction to key concepts in understanding the Chinese: Harmony as the foundation of Chinese communication. *China Media Research, 7*(4), 1-12.

第二篇　概念阐释

儒家视角下的传播能力观与道德修养观

前言

随着全球社会越来越依靠跨文化间的相互依存和合作，许多西方概念和理论似乎不再足以解释世界多样的文化实践。遗憾的是，这些概念和理论在目前学术界普遍的应用，不仅引起误解，还对非西方文化带来不公平的判断。

这种西方偏见明显地体现在沟通能力（communication competence）的跨文化研究中，因为这类研究主要是由来自西方或者在西方接受过教育的学者进行的（e.g., Gudykunst & Nishida, 1994; Spitzberg & Cupach, 1984; Wiseman, 2003）。例如，如果我们依据西方标准，并将自信和自我表露视为沟通能力的重要指标，那么许多亚洲人，如中国人或日本人可能被视为交际无能，因为应用西方概念和方法的研究下，已经把亚洲人认定是顺从的，社交焦虑的，并且不善表达自己的（e.g., Barnlund, 1989; Chen, 1995; Daly & McCroskey, 1984; Sussman & Rosenfeld, 1982）。这种西方导向的另一个例子是斯匹茨伯格（Spitzberg, 1988）将沟通能力定义为"与他人良好互动的能力"。这"良好"一词涉及了"准确性、清晰度，可理解性、连贯性、专业性、有效性和得体性"（p. 68）。自古希腊时代以来，这些品质一直是西方传播的基本要求。然而，如果这些品质代表沟通能力，那么孔子所强调的交流方法恐怕是一个糟糕的模式，纵使孔子建立的沟通模式已为世世代代中国人所认可。

理解不同文化视域下的交际能力对于跨文化交流非常重要。跨文化误解的产生主要是因为不同文化对于什么构成妥善良好的沟通有不同的预期。本文的目的旨在阐明儒家对交际沟通能力的看法，儒家观点在很多方面已经定义了亚洲交流方式。本文首先概述西方的交际能力观，并以此作为参照，在最后一部分中比较儒家和西方的观点。

西方对沟通能力的概念化

沟通能力的研究在西方仍是一个有争议的领域。Parks（1994）已经提供了关于怎样定义交际沟通能力的众多争议中的三个关键问题。第一个问题涉及是否应该从行动者或观察者的角度来判断能力。能力（competence）可以通过行动者对其互动成果的满意程度来确定。但是，它也可以通过观察者的目光来判断和评价 (Spitzberg & Cupach, 1989)。从观察者的角度来看，行动者的能力需要由沟通对象来观察和确认。第二个议题是，是否应该从认知或行为的角度来看待能力。虽然一些学者只专注于个体行为或认知能力 (Chomsky, 1965; McCroskey, 1982; Phillips, 1984)，大多数传播学者认为能力同时具有认知和行为两个维度 (Allen & Brown, 1976; Parks, 1985; Spitzberg & Cupach, 1989; Wiemann & Backlund, 1980)。换言之，为了有能力，我们不仅要"知道"和"知道如何做到"，并且要"做出行动"和"知道我们达到了目的"(Parks, 1985, p. 174)。第三个问题涉及一般的能力。能力常常被看作一种跨时空表现出来的特征 (e.g., Foote & Cottrell, 1955; McCroskey, 1982)。它很少被定义为一套用于处理特定问题或情况的特定技能 (Parks, 1985; Wiemann, 1977)。

三个反复出现的主题：控制、适应和协作

不过，这些概念化沟通能力的不同途径是基于有限的根本问题，特别是贯穿几乎所有西方沟通能力概念的三个主题 (Parks, 1994; Spitzberg & Cupach, 1989): 控制 (control)、适应 (adaptation) 和协作 (collaboration)。

首先，西方学者普遍认为，沟通具有内在的目的性和目标导向性。一个得力的传播者必须具有敏锐的控制感，因为"如果我们不依赖他人来实现我们的期望，就没有理由进行沟通交流 …… 这些期望或需求是通过影响或控制他人对我们的回应来实现的"(Parks, 1994, p. 592)。根据帕克斯对西方各种定义所做的调查，无论是在对环境的控制还是影响他人反应的意义上，对控制的关注"或隐或显地处于几乎所有交际能力定义的核心"(pp. 592-593)。

其次，西方传播能力的一个基本问题是适应性。为了在特定情况下有效和适当地控制他人的反应，沟通者必须理解对控制的情境约束。沟通者还必须能够改变自己的交际策略以应对不断变化的情境因素和来自其他人不断变化的回应 (Kellermann, 1992)。

最后，许多西方关于沟通能力的概念也包括协作的观念。合作是必要的，因为如果没有其他人的帮助，我们的许多目标都无法实现。因此有能力的沟通者必须能够维持良好的关系和互动，以实现个人和共同的目标 (Canary & Spitzberg,

1989)。

有效性和适宜性

在西方，人们对沟通能力的描述多种多样，包括准确性、清晰度、灵活性、感染力、共情性等。然而，有效性（effectiveness）和适宜性 (appropriateness) 是最常被用来表述沟通能力的概念 (Chen, 2007a; Chen & Starosta, 1996)。有效性是指个体通过互动产生预期效果的能力，通过确定互动目标是否实现以及达到何种程度来衡量。

适宜性一般指的是交际者满足情境的基本语境要求，进行有效沟通的能力 (Wiemann & Backlund, 1980)。通常涉及的语境要求是：（1）言语语境，即措辞得当；（2）关系语境，即与特定关系相一致的信息的结构、类型和风格；（3）环境语境，即考虑符号意义或环境对信息传达的约束。继 Grice（1975）之后，Wiemann and Backlund（1980）在下列行为中指出了适当沟通的四个要素为数量、质量、相关性和信息表达方式：（1）说得足够——不要太少或太多；（2）不要错误表达或讲出缺乏证据的事情；（3）将主题和情景联系起来；（4）明确要说的话，并"迅速"说出来。

儒家视角下传播沟通能力的宇宙论

儒家对于沟通能力的看法有所不同。不仅使用的术语、假设，甚至宇宙论都有差别。要彻底理解儒家的看法就必须探究其对宇宙起源的论述。因此，我们的讨论从儒家的宇宙观开始，特别是从"感应"（行动和回应）这个概念开始。正如许多学者所认同的，儒家宇宙观的特点是有机整体主义 (organic holism) 和动态生机主义 (dynamic vitalism)。Needham (1962) 通过以下观察准确地指出了这些特征的实质：

中国人思想的关键字是秩序（order），也就是一种形态（pattern）（或首次我称其为"有机体"）。符号相关或对应都是一个巨大模式的组成部分。事物以特定的方式运行，并不一定是因为之前的行为或其他事物的冲动，而是因为它们在不断移动的循环宇宙中的位置如此之高，以至于它们被赋予了内在的本性，使得这种行为对它们来说是不可避免的。如果不按照这些特定的方式行事，它们就会失去在整体上的关系地位（正是这种关系造就了现在的他们），变成与自己不同的东西。因此，它们是存在且依赖于整个世界有机体的一部分。它们之间的反应与其说是机械性的冲动或因果关系，不如说是一种神秘的共振（pp. 280-282）。

"感应"作为有机的能力

显然，在这样一个有机整体中，相互作用或李约瑟所说的"神秘共振"，其各部分之间的相互作用是必不可少的。为了描述这种至关重要的相互联系和相互作用，古代中国人使用了两个含糊不清的术语"感"和"应"，它们分别被翻译为"刺激"和"反应"(Graham, 1992, p. 38)。然而，"感"和"应"与刺激和反应的因果过程本质上是不同的，正如 Graham 所阐述的那样，"当 A 作用于 B 时，B 不仅会被它所改变，而且会主动回应"(p. 38)。

在汉语中，"感应"的概念是指在生活过程的各个方面发生的一种普遍的互动形式。它以两种相互依存的宇宙生命力量的存在和相互作用为前提，这两种力量通常被称为阴阳。正是这两种宇宙力量的相互作用和反应，从根本上把有机部分连接成一个和谐的整体。从这个意义上说，"感应"是一个广义的范畴，它包括一个有机体内任何心理和生理的相互作用。这一范畴包括人类交流，即人类的言语是对某种内在或外在行为的反应。朱熹区分了内在和外在的"感"："当一个人说完了话，他必须保持沉默；当他沉默后，感到又必须说话，这是内在的'感'。但如果另一个人从外界影响了这个人的行为，这只能被称为外部的'感'。"(Zhu, 1986, p. 2438)

"感应"的概念是儒家学说的基础。它解释了整个宇宙存在和运行的方式。一切皆可为"感"或"应"。程颐甚至认为普天之下除了感应别无他理 (Cheng & Cheng, 2000, p. 198; cf. Zhang 1999a, p. 349)。阴阳两种力量之间的互动与相互感应被视为生命的根本源泉。《易经》(1994) 里也有一段描绘阴阳感应的话："天地氤氲，万物化醇；男女构精，万物化生。"(p. 85)

"感应"作为一种宇宙运动的过程，被视为天生的能力。万物必须能产生特定的行为和反应从而在有机世界中找到自己的位置。对于儒家学者来说，人类的沟通能力有其天赐的宇宙起源。

"感应"的本体论假设

"感应"的动态概念引发了一种激进的本体论，即假定每一个生命都具有相同的微妙元素和生命力，即所谓的"气"。这一假设为儒家学者提供了一个本体论基础来概念化世界上事物之间可能的相互作用。例如，山和泽是如何相互作用的？答案是：它们通过气相互作用。《易经》(1994) 提道："天地定位，山泽通气，雷风相薄，水火不相射，八卦相错。"(p. 2)。中国古代的风水学采用八卦之说，即基于一种不断交互和充满宇宙的气的假设 (Chen, 2007b)。八卦的运用关系到天、地、泽、山、火、水、雷、风等八类基本自然物体符号之间的相互作用，产生新的意义（Chen, 1998; Xiao, 2006）。

"感应"的认识论功能

儒家的"感应"概念有认识论的含义。从某种程度上说，所有的相互作用都被看作发生在一个世界有机体内部的，有机体的每一部分，在与其他部分相互作用的同时也应该能够感知整体的状态和需要，并能够做出适当的行动或反应。每个部分都能以某种方式行动或反应，因为它知觉到了这样做的必要性。从这个角度来看，"感应"最终是由机体内的感觉交流互动所驱动和引导的。这种感性是在气的概念中预设的，气本身就是感性的。儒家将事物的"性情"和"人格"分为两类，例如男性化和女性化、坚定和顺从、积极和冷静、热情和冷静等。这些性情和人格，可以用《易经》和其他著作来解释事物的感召力和变化反应以及由于这些行为和反应，不断变化的膨胀和收缩、运动和静止、光明和黑暗、热和冷等状态（Chen, 2008）。

"感应"的伦理道德与精神倾向

现在我们来了解儒家宇宙观中最具特色的"互动"概念：它的伦理价值和精神倾向。"感应"是一种对其他生物和整个有机体的情感或同理心。因此，它不只是任何行为和反应，而是一种合乎道德的行为和反应。基于这种伦理价值和精神倾向，新儒学认为儒家的"仁"理想是一种普遍的情感流动，对他们来说，这种情感流动将世界上的万物联系在一起形成一个和谐的整体 (Zhang, 1999b)。这种伦理和精神上的倾向从根本上区别了儒家的"感应"与因果的机械概念以及"刺激和反应"的生物学概念。

儒家的传播能力观

儒家对"感应"这一宇宙过程的思考设定了中国人理解和实践人际传播的框架。因此，儒家的沟通能力概念应该在这个框架内进行考察。在下一节中，我们将从内部和外部能力的角度讨论这一概念。

道德修养能力观

从内在而言，儒家认为沟通能力是伦理道德力量的表现，即改变人心的力量。伦理本身就是说服的力量：儒家经典中充满了"力量即公理"之说。例如，在《易经》（1994）里，孔子说："君子居其室，出其言，善则千里之外应之，况其迩者乎，居其室，出其言不善，则千里之外违之，况其迩者乎……。"(p. 58)《易经系

辞》(1994) 指出："鼓天下之动者存乎辞"(p. 68)。据公元 5 世纪中国文学评论家
刘勰 (1983) 所说，感动世界的话语力量来源于道的话语。刘将孔子的言论比作最
辉煌的声光，响彻千里，影响深远，并开启了民智。

对于儒家学者来说，这种改变世界的力量不仅仅是为圣人保留的，它深植于
人类的本性之中，每个人都可以得到它。因此，儒家的另一个信念是，每个人都
有良好的沟通和说服能力的潜力。要培养这种能力，不需要依靠外界的力量，只
需要回归自己的道德禀赋。问题仅仅是一个人是否有道德能力这样做或者一个人
是否能最大限度地发挥潜力。这是值得审视怀疑的，因为儒家学者也相信，一个
人来到这个世界后，原本是纯洁的心灵会被各种物质和肉体的欲望所阻塞，从而
失去其道德恩赐。

儒家的第三个信念为可行的道德实践体系提供了基础，即相信通过真诚的道
德修养过程可以恢复天赋之能。"诚"是理解这一过程的关键。"诚"的字面意思是
"诚而无欺"《大学》(1973, p. 89)。在儒家思想中，这一概念指的是道德和精神的
完美和真实的状态。因此，修持真诚的美德就能指引到一个人的道德本性和宇宙
起源。儒家经典《中庸》(1973) 指出：

> 唯天下之至诚，为能尽其性，能尽其性，则能尽人之性；能尽人之性，则能尽
> 物之性；能尽物之性，则可以赞天地之化育；可以赞天地之化育，则可以与天地参
> 矣。（p. 107-108）

最后一个目标看起来似乎高不可攀，非普通人可以获致。然而，"真诚"对任
何人都是可能的。儒家认为，一个人只需要控制自己不适当的或过度的欲望就能
达到这个目标。

凭借真诚，一个人便能获得有效沟通的能力。人们相信，处于真诚状态的心
灵能够清晰、真实地感知他人的处境和需求，"就如一面镜子，能映万象"(Cheng
& Cheng 2000, p. 215)。当一个人对情境做出反应以及真诚地对待他人的需要时，
其作为总是恰当而且有力的。如《中庸》(1973) 所言："诚者，不勉而中，不思而
得，从容中道，圣人也。"(p. 107) 在儒家思想中，这样的人可以感动天地："至
诚而不动者，未之有也；不诚，未有能动者也。"(《孟子》(1973, p. 74)

运用道德传播规范的能力

对儒家来说，外在能力指的是能力的行为方面，特别是运用道德传播规范的
能力。在传播行为方面，儒家的能力观与西方的能力观较为接近。即便如此，儒

家仍然强调传播者的真诚品格、思想的自由表达以及传播规则的创造性应用。

在行为方面，儒家如西方学者般同样关注沟通的有效性和适宜性。问题是如何从儒家的角度来判断沟通的有效性和恰当性。再次，我们必须在儒家世界有机体的框架内讨论这种判断的基础。任何有助于维护和促进社会和谐发展的作为都被认为是有效和合适的。如前文所述，儒家学者已经得出结论，有效和适宜的言行是那些良好且真诚的。然而，由于内在的善意与真诚只能通过言行来表达，儒家也发展了一套传播规则和规范体系以保障和促进良好和真诚的沟通实践，这套规范便是"礼"。

儒家的另一个概念对于理解外部能力至关重要。虽然"礼"的字面意思是"仪式"，但它的实际运用超越了任何通常发生在特定时间和空间的普通仪式 (Fehl, 1971)。在儒家的社会，"非礼勿视，非礼勿听，非礼勿言，非礼勿动"(p. 112)。"礼"作为君子进行社会交往的方式，实际上已经渗透到中国日常生活的各个方面。"礼"的精神内涵是尊重和真诚。孔子说："不学礼，无以立。"(p. 71) 除了尊重之外，"礼"也应该真诚地践行。例如，一个人不应该要求别人为自己举行祭祀仪式："吾不与祭，如不祭。"(p. 69) 此外，即使一个人亲自经历了整个过程，如果他心不在焉，祭祀是不算数的。因此，一个人必须"祭如在，祭神如神在"(p. 69)。从这个角度来看，"礼"是一种规范和准则系统，专门用于带有尊重和诚意的口头或非口头的传播沟通中。在这方面的沟通能力体现在一个人运用这些规范和准则的能力上。

进一步探究"礼"的动态功能对于全面理解儒家的能力观具有重要意义。作为一种源远流长、行之有效的传播规范文化体系，"礼"具有双重目的：规范和创造人之间的互动 (Xiao, 2001)。一方面，"礼"被规范化，在一定程度上提供了交流的确定性，因此，它是交流者应遵循的可靠行为准则。另一方面，"礼"在一定程度上是开放的，允许和鼓励创造性互动。

John Searle 的规制性规则 (regulative rules) 和构成规则 (constitutive rules) 的概念有助于解释"礼"的这种双重功能。根据 Searle (1969) 的研究，有两套基本的规则：规制性规则和构成性规则。规制性规则通过独立存在的行为形式进行规范，而行为形式独立于为规范行为而建立的规则而存在。例如，饮食规则规范了我们的饮食方式，但无论给定的规则如何，我们在任何情况下都会吃喝，这些行为不依赖于规则。然而，构成性规则创造了新的行为形式，例如下棋和足球，这些行为仅在规则允许的某些背景中发生，例如，国际象棋和足球的场景。因此，活动依赖于规则。规制性规则具有说明性和限制性，通常以"若 X，要做 Y"的形式表达。例如，"当吃饭的时候，要……这样做"。相反，构成规则允许个人选择他们认为遵循规则的适当方式。因此，在玩中国象棋时，可以选择移动"卒"，"车"或任何其他棋子，除非是给将军之时。构成性规则通常以"X 视同 Y"的形式表示，例如，"当你 …… 时，你正在下棋"（pp. 33-42）。

儒家"礼"的实践显然涉及这两种规则。也就是说，它包含一组高度限制性的规则，同时使用非常有限数量的构成性规则来运作。因此，能力的类型有两种。一是遵循规则的能力，以满足某些人际关系和涉及互动的情况要求。另一种是利用构成性规则的能力，以便在传播互动中建立有利于自己的地位和情境。

遵守规制性规则的能力

第一种能力似乎不需要特殊技能。但事实并非如此，因为儒学已经制定了非常具体的规则，其中一些非常详细地阐明了在各种可能的场合、不同等级和社会地位的人应该如何与相同或不同等级和社会地位的人交往。这些规则的根本来源——有机世界是一种等级复杂性的信念，尽管在本体论上有机体的每一部分都共有相同的"气"和"仁"心。因此，每一种人际关系都需要一种独特的沟通方式或模式。例如，臣民表达对君主尊崇的方式与儿子表达对父亲尊敬的方式是不同的。一个人的表达只有在与对方的关系相适应的情况下才是有效和恰当的。这就是孔子 (1979) 所说的："名不正，则言不顺；言不顺，则事不成。"(p. 118)

经过几个世纪的实践，儒家思想在中国已经发展了无数规范人们应对的具体规则来确保道德和真诚的沟通。以《礼记》(1967) 中规定的封建君主为例，"当封建君主即将被介绍给天子时，他被宣告为'你的臣民某某，某某国之太子"。他对人民说自己是"寡人"。如果他（为他的父亲）悲伤，他被称为"嫡长子，孤子"；如果他在祖庙参加祭祀，被称为"孝子，某某国之太子"。如果是另一场献祭，其风格是"远房某某国之太子"。这些只是封建君主制度交往规则中最基本的部分 (p. 112)。因此，这些规则的适当和准确应用涉及对每一人的关系和每一具体情况的具体需要的了解以及选择遵守最符合这些需求规则的能力。

运用构成性规则的能力

从表面上看，儒家的传播模式似乎都被规制性规则所制约。但在这种规制施行的背后，儒家思想实际上有意为个体传播者留出空间，让他们选择自己认为有效、合适的方式来表达自己的尊重和真诚，甚至建构自己的身份和传播沟通的有利环境。这就是儒家的"礼"如何作为一种道德和真诚的沟通体系，能在中国延续两千多年生命与魅力的主因。

在创造性的传播实践中，人们必须诉诸另一套规则。Xiao (2004) 确定了"礼"

的三个基本构成规则为尊重、真诚和互惠。这意味着，将其放入"X 视同 Y"的模式中考量，当一个人恭敬、真诚地对他人采取行动并做出反应时，无论采取何种行动或做出何种反应，他都是在践行着"礼"。

习"礼"的早期阶段通常需要遵循规制性规则，但掌握了道德交流的精神或本质之后就没必要再遵守那些外在的规则。反之，个体应该由精神来引导。构成性规则使传播者能够超越限制性规则来应对不断变化的情况。它们还允许传播者超越习惯做法，以微妙的方式传达尊重和真诚的信息。因此，这些规则在道德和精神修养的更高领域起了作用。要运用尊重、真诚和互惠的原则，传播者必须至少具有一定程度的自由和创造力，而自由和创造力只能从自身的道德和真诚修养中获得。

孔子（1979）主张的"从心所欲不逾矩"（p. 63），被认为是拥有精神自由和创造力的完美典范。他不仅只是遵守旧的规则。譬如，子入太庙，每事问。或曰："孰谓鄹人之子知礼乎？入太庙，每事问。子闻之，曰：'是礼也"（p. 69）。询问每件事似乎不是那个地方的习俗，否则，有人应该看到了它与"礼"实践的相关性。很明显地，说这句话的人所指的"礼"不是孔子的"礼"。前者关注的是宗庙内传播沟通的规制性规则，后者关注的是"礼"构成行规则的创造性运用。在这里，只有理解了"礼"的精神和"礼"的构成性规则的人才能理解孔子的真正意图。无论如何，通过让自己显得无知，孔子成功地为自己塑造了一个谦逊的形象。他实际上是在践行《礼记》(1967) 中所称的"贵人贱己"的一般原则"(p. 65)。

另一个例子是孔子 (1979) 在《论语》中按照"礼"的构成性规则行事："孔子于乡党，恂恂如也，似不能言者。其在宗庙朝廷，便便言。唯谨尔。朝，与下大夫言，侃侃如也，与上大夫言，訚訚如也。君子，踧踖如也，与与如也。君召使摈，色勃如也，足躩如也。揖所与立，左右手，衣前后，襜如也。趋进，翼如也…入公门，鞠躬如也，如不容。立不中门，行不履阈。过位，色勃如也，足躩如也，其言似不足者。摄齐升堂，鞠躬如也，屏气似不息者。"(p. 101)

孔子对他的听众所说的话实际上并没有被记录下来，不过在这里也不重要。真正重要的是他在不同的受众面前巧妙而富有创造性地展现不同的角色。角色展现本身就传达了尊重且真诚的强有力讯息。

儒家观念与西方观念

以上的论述表明了儒家对于传播的观点存在着双重的倾向，同时视作一种自然过程和一种伦理道德过程。一方面，人类的交流是高度智性与感性合一的"感应"的宇宙运行过程的一部分。另一方面，不同类型的"感应"或"互动"正是一种道德和精神的召唤。从这个角度来看，传播沟通能力不仅仅是人类独有的能力，它实际上指的是自然和道德的双重力量。只有在这种宇宙和伦理起源的基础上，我们才能理解儒家传播能力观的深刻内涵。

道德观在这里尤为重要。儒家不相信一个人仅靠自己的天资就能习得沟通能力。对于儒家和西方人来说，交际传播都是需要勤奋学习和刻苦训练的。不过儒家学者认为，对沟通的研究和训练本质上是一种道德修养过程。因此，在中国，传播沟通能力总是与更广泛的道德教育结合在一起的。

我们可以将西方与儒家的传播能力观进行比较。如前所述，西方的能力观有其哲学渊源，但这些哲学渊源似乎与本文所讨论的宇宙、伦理上的过程没有任何关系。相反地，西方的能力概念假定人人生而平等，相互独立；人与人之间的关系是建立在共同利益的基础上，而不是建立在预先确定的有机统一或感情联系的基础上的。

这种本体论的假设预先决定了对西方人对什么是有意义的交流的看法。首先，沟通必须是一种打破个体间相互作用的边界的操控性过程，这就解释了为什么"控制"这一主题支配着西方的传播能力概念。因此，传播必然是目标导向的。因此，在西方关于能力和社交技能的文献中，目标的实现、任务的完成或问题的解决自然被认为是一个主要的动机结构 (Greene & Geddes, 1993)。于是进而产生了另一种根深蒂固的观点：传播是自我导向的。纵使在与他人合作以实现个人目标时，传播沟通者仍须"至少对他人有一些关注，至少愿意考虑他人的身份和行为"(Parks, 1994, p. 595)，每个传播者的行为都是为了自身利益而行的。因此，在西方，自我主张和自我表露往往被用来衡量沟通的有效性，而表达自己的思想、情感和信仰时，其一致性、完整性、清晰度、直率和诚恳等属性在传统上被视为沟通能力的重要组成部分。

本文并无意表明儒家有关传播能力的观念优于西方。相反地，本文的目的在呼吁解释中国人交际传播行为时，应该根据一套不同的本体论和认识论假设来处理。只强调西方或儒家的观点无助于促进中西之间的理解。事实上，儒家的观点给我们提供了非常深刻的见解，例如，东方和西方可以通过相互尊重和真诚沟通来理解对方。

在中国方面，对于未来的研究，学者可以更进一步来说明更具体与可以实证观察的概念，如自我克制、间接表达、爱面子、互惠和强调特殊关系等 (Chen, 2002; Chen & Xiao, 1993)，这样可以从伦理和精神的角度使中国传播沟通能力的研究能够更加具体化。此外，这些关于交际能力的中国思想的本体论和认识论假

设如何与日常交往中的"面子"（face）"关系"（interrelation）、"人情"（favour）、
"缘"（predestined relation）、"报"（reciprocity）、"客气"（politeness）和"资历"
（seniority）等概念相互作用，仍然是学者未来研究的一个具有挑战性的课题（e.g.,
Chang & Holt, 1991, 2002; Chen & Chung, 2002; Feng, 2004; Hwang, 1987, 1997,
1998; Jia, 19971998; Ma, 2004）。

参考文献

Allen, R. R., & Brown, K. L. (Eds.). (1976). *Developing communication compe-tence in children.* Skokie, IL: National Textbook Co.

Barnlund, D. (1989). *Communication styles of Japanese and Americans.* Belmont, CA: Wadsworth Publishing Co.

Book of rites (also *Li chi*) (1967). (J. Legge, Trans.). New Hyde Park, NY: University Books.

Canary, D. J., & Spitzberg, B. H. (1989). A model of the perceived competence of conflict strategies. *Human Communication Research, 15,* 630-649.

Chang, H.-C., & Holt, G. R. (1991). The concept of *yuan* and Chinese interpersonal relationships. In S. Ting-Toomey & F. Korzenny (Eds.), *Cross-cultural interpersonal communication* (pp. 28-57). Newbury Park, CA: Sage.

Chang, H.-C. (2002). The concept of *yuan* and Chinese conflict resolution. In G. M. Chen & R. Ma (Eds.), *Chinese conflict management and resolution* (pp. 19-38). Westport, CT: Greenwood.

Chen, G. M. (1995). Differences in self-disclosure patterns among Americans versus Chinese: A comparative study. *Journal of Cross-Cultural Psychology, 26,* 84-91.

Chen, G. M. (1998). A Chinese model of human relationship development. In B. L. Hoffer and H. H. Koo (Eds.), *Cross-cultural communication East and West in the 90's* (pp. 45-53). San Antonio, TX: Institute for Cross-Cultural Research.

Chen, G. M. (2002). The impact of harmony on Chinese conflict management. In G. M. Chen & R. Ma (Eds.), *Chinese conflict management and resolution* (pp. 3-19). Westport, CT: Ablex.

Chen, G. M. (2007a). A review of the concept of intercultural effectiveness. In M. Hinner (Ed.), *The influence of culture in the world of business* (pp. 95-116). Germany: Peter Lang.

Chen, G. M. (2007b). The impact of feng shui on Chinese communication. *China Media Research, 3*(4), 102-109.

Chen, G. M. (2008). *Bian* (change): A perpetual discourse of *I Ching*. *Intercultural Communication Studies, 17*, 7-16.

Chen, G. M., & Chung, J. (2002). Superiority and seniority: A case analysis of decision making in a Taiwanese religious group. *Intercultural Communication Studies, 11*(1), 41-56.

Chen, G. M., & Starosta, W. J. (1996). Intercultural communication competence: A synthesis. *Communication Yearbook, 19,* 353-383.

Chen, G. M. & Xiao, X. (1993, November). *The impact of 'harmony' on Chinese negotiations.* Paper presented at the annual convention of the Speech Communication Association, Miami, Florida.

Cheng, H., & Cheng, Y. (2000). *Er Cheng yishu* [Literary remains of the two Chengs] (Vol. 15). Shanghai: Shanghai Guji.

Chomsky, N. (1965). *Aspects of a theory of syntax.* Cambridge: MIT Press.

Classic of changes: A new translation of the I Ching as interpreted by Wang Bi (1994). (R. J. Lynn, Trans.). New York: Columbia University Press.

Confucius (1979). *Confucius: The analects* (D. C. Lau, Trans.). London: Penguin Books.

Daly, J. A., & McCroskey, J. C. (Eds.) (1984). *Avoiding communication shyness, reticence, and communication apprehension.* Beverly Hills, CA: Sage Publications.

Doctrine of the mean (1973). In W. T. Chan (Ed.), *A source book in Chinese philosophy* (W. T. Chan, Trans., pp. 97-114). Princeton: Princeton University Press.

Feng, H. R. (2004). *Keqi* and Chinese communication behaviors. In G. M. Chen (Ed.), *Theories and principles of Chinese communication* (pp. 435-450). Taipei: WuNan.

Fehl, N. E. (1971). □*Li, rites and propriety in literature and life: A perspective for a cultural history of ancient China.* Hong Kong: The Chinese University of Hong Kong.

Foote, N. N., & Cottrell, L. S. (1955). *Identity and interpersonal competence.* Chicago: University of Chicago Press.

Gudykunst, W. B., & Nishida, T. (1994). *Bridging Japanese/North American differences.* Thousand Oaks, CA: Sage Publications.

Graham, A. C. (1992). *Two Chinese philosophers: The metaphysics of the brothers Ch'eng* [Cheng] (2nd ed.). La Salle, IL: Open Court Publishing Co.

Greene, J. O., & Geddes, D. (1993). An action assembly perspective on social skill. *Communication Theory, 3,* 26-49.

The great learning (1973). In W. T. Chan (Ed.), *A source book in Chinese philosophy* (W. T. Chan, Trans., pp. 85-94). Princeton: Princeton University Press.

Grice, H. P. (1975). Logic and conversation. In P. Cole & J. Morgan (Eds.), *Syntax and mantics 3: Speech acts* (pp. 107-142). New York: Academic Press.

Hwang, K. K. (1987). *Renqin* and face: The Chinese power game. *American Journal of Sociology, 92,* 944-974.

Hwang, K. K. (1997-8). *Guanxi* and *mientze*: Conflict resolution in Chinese society. *Intercultural Communication Studies, 7*(1), 17-40.

Jia. W. (1997-8). Facework as a Chinese conflict-preventive mechanism: A cultural/ discourse analysis. *Intercultural Communication Studies, 7*(1), 43-61.

Kellermann, K. (1992). Communication: Inherently strategic and primarily automatic. *Communication Monographs, 59,* 288-300.

Liu, Xie [also Hsieh] (1983). *The literary mind and the carving of dragons: A study of thought and pattern in Chinese literature* (Y. C. Shih, Trans.). Hong Kong: The Chinese University Press.

Ma, R. (2004). *Guanxi* and Chinese communication behaviors. In G. M. Chen (Ed.), *Theories and principles of Chinese communication* (pp. 363-377). Taipei: WuNan.

McCroskey, J. C. (1982). Communication competence and performance: A research and pedagogical perspective. *Communication Education, 31,* 1-7.

Mencius (1973). *Mencius*. In W. T. Chan (Ed.), *A source book in Chinese philosophy* (W. T. Chan, Trans., pp. 51-83). Princeton: Princeton University Press.

Needham, J. (1962). *Science and civilization in China* (Vol. 2). Cambridge: Cambridge University Press.

Parks, M. R. (1985). Interpersonal communication and the quest for personal competence. In M. L. Knapp & G. R. Miller (Eds.), *Handbook of interpersonal communication* (pp. 171-201). Beverly Hills, CA: Sage Publications.

Parks, M. R. (1994). Communicative competence and interpersonal control. In M. L. Knapp & G. R. Miller (Eds.), *Handbook of interpersonal communication* (2nd ed., pp. 589-618). Thousand Oaks, CA: Sage Publications.

Phillips, G. M. (1984). A competent view of "competence." *Communication Education, 33,* 24-36.

Searle, J. (1969). *Speech acts: An essay in the philosophy of language.* Cambridge: Cambridge University Press.

Spitzberg, B. H. (1988, November). Progress and pitfalls in conceptualizing and researching intercultural communication competence. Paper presented at the Speech Communication Association Conference, New Orleans, LA.

Spitzberg, B. H., & Cupach, W. R. (1984). *Interpersonal communication competence.* Beverly Hills, CA: Sage Publications.

Spitzberg, B. H., & Cupach, W. R. (1989). *Handbook of interpersonal competence research.* New York: Springer-Verlag.

Sussman, N., & Rosenfeld, H. (1982). Influence of culture, language, and sex on conversational distance. *Journal of Personality and Social Psychology, 42,* 66-74.

Wiemann, J. M. (1977). Explication and test of a model of communicative competence. *Human Communication Research, 3,* 195-213.

Wiemann, J. M., & Backlund, P. (1980). Current theory and research in communicative competence. *Review of Educational Research, 50,* 185-199.

Wiseman, R. L. (2003). Intercultural communication competence. In W. B. Gudykunst (Ed.), *Cross-cultural and intercultural communication* (pp. 191-208). Thousand Oaks, CA: Sage.

Xiao, X. (2001). Li: A dynamic cultural mechanism of social interaction and conflict management. In G. M. Chen & R. Ma (Eds.), *Chinese Conflict Management and Resolution* (pp. 39-50). Westport, CT: Ablex

Xiao, X. (2004). *Li yu huaren chuanbo xingwei* [Li and Chinese patterns of communication]. In G. M. Chen (Ed.), *Theories and principles of Chinese communication* (pp. 379-405). Taipei: Wunan.

Xiao, X. (2006). *Yijing*: A self-circulating and self-justified Chinese cultural discourse. *Intercultural Communication Studies, 15,* 1-11.

Zhang, S. (1999a). *Menzi shuo* [Treatise on Mencius]. In *Zhang Shi chuanshu* [Collected works of Zhang Shi] (Vol. 1; pp. 239-393). Changchun: Changchun Chubanshe.

Zhang, S. (1999b). *Renshuo* [Treatise on humanity]. In *Zhang Shi chuanshu*

[Collected works of Zhang Shi] (Vol. 2; pp. 803-804). Changchun: Changchun Chubanshe.

Zhu, X. (1986). *Zhuzi yulei* [Classified conversations of Chu Xi]. Beijing: Zhonghua Shuju.

译者：李孟名（华中师范大学新闻传播学院硕士研究生）

原文出处：Xiao, X., & Chen, G. M. (2009). Communication competence and moral competence: A Confucian perspective. *Journal of Multicultural Discourses, 4(1), 61-74.*

变化:《易经》永恒的话语

前言

作为永恒不变的规律，变化决定了宇宙的基本原理。中国圣人常说，变化本身是宇宙中唯一不变的现象。像四季循环、昼夜更替、潮涨潮落、花开花落、生老病死、周而复始，一切都如流水般流动。东西方认知变化这个概念的方式虽然不一，但都认可宇宙本质是变动不居的。

变化的概念在中国文献里，主要是在《易经》一书里体现的。《易经》不仅以变化（易）为其书名，更发展出一组有系统的变化思想体系。追溯词源，在《易经》之前，汉字"易"有三种含义（Li，1987；H. Wilhelm，1960）。首先，"易"同"蜥蜴"中的"蜴"，它的顶部被比作蜥蜴的圆头，底部类似于蜥蜴腿的部分。此外，"易"和"蜴"发音相同。据说蜥蜴一天要换几次皮肤颜色。因此，"易"吸收了它的变化的语义，显示了蜥蜴的活动性和变化性。

第二，从结构上讲，"易"是由"太阳"和"月亮"组成的，太阳代表阳性，月亮代表阴性。太阳和月亮的相互作用成为《易经》中的重点，即阴阳。

最后，在中国古代甲骨文中，人们经常发现"易日"（交替的太阳）和"不易日"（不变的太阳）。"易"意为改变、转变，它可以用来解释《易经》中的卦象变化的性质。

作为宇宙的基本原理，变化形成了中国哲学的基础，并进一步发展为中国人信仰和行为的指导原则。对变化的研究自然成为早期中国话语实践的焦点。例如，《易经系辞传》提道：

> 易之为书也不可远；为道也屡迁。变动不居，周流六虚，上下无常，刚柔相易，不可为典要，唯变所适。(Zhu, 1974, p. 112)

"六虚"是指一卦的六爻，它规定了变化的模式、方向和原则。从初爻到六／上爻代表一个特定情况的变化。《易经》提出 64 个卦，每卦包含六爻，一共 384 爻，代表了宇宙变化所有可能的情况。初爻指示变化的基础；二爻是萌芽期，表示事物变化的形成；三爻是表示变化的具体化阶段；四爻类似于树叶，表示变化日益强劲；五爻是开花期，表示变化的繁荣；六／上爻是果实，表示变化结束，暗示向另一个周期转变的阶段。

变化的发展性话语也表现在《中庸》里（Zhu，1978），它阐释了以真诚之心培养特殊美德的本质："诚则形，形则著，著则明，明则动，动则变，变则化。"（Chan，1963，p. 108）

此外，类似的话语也出现在《大学》，它描述了发展最高德行的过程："知止而后有定，定而后能静，静而后能安，安而后能虑，虑而后能得。"（Chan，1963，p. 86）

尽管这些话语与六爻的变化类似，它们并不意味着一个一成不变的固定转化程序。相反地，它们表明变化是有序的、非混乱的，但却是充满活力的动态过程。换句话说，从人文主义的角度来看，变化的辩证本质总是揭示出一个轨迹，可以通过学习和观察来发觉。正是在这个基础上，人类才有可能调节变化，以便为自己建立一个适当的空间，生命的价值与生活的意义得以展开，进而与天地参。

《易经》认为，变化的产生乃基于阴阳的辩证互动。阴阳代表宇宙两个相反相成的力量，"阴"代表屈服和顺从的属性，"阳"代表对抗和主宰。正如 Chen（2001）所指出的，这两股力量的拉锯使宇宙不受任何法则的规范，永恒地运动变化着。因此，为了将连续性带入"变化"的过程，中国哲学家提出了三个本体论假设（Chai & Chai，1969；Chen，2001）：（a）宇宙是一个大整体，万物万事都只是一个持续变化的过程；（b）宇宙的转化是在一个循环运动的过程；（c）宇宙的转化是一个永无止境的过程。这种无休止、循环和转化运动的论述持续影响着中国的哲学话语，其假设也一直影响着当代中国人的行为。

本文意在延续这一话语思路，尝试从五个方面来探索变化的本质：变化的属性、变化的原则、变化的力量、变化的形式和变化的结果。

变化的属性

如前所述，变化呈现在阴阳两股相反相成力量辩证互动的过程之中。这两股力量都代表着一种自我变化的系统，本身就是一个内部转换的过程。这两股力量的相互作用构成了一个完整的整体变化体系。因此，《系辞》有"一阴一阳之谓道"之说（Zhu，1974，p. 95）。在这里，"阴"指黑暗，"阳"指光明；它们是大自然的两股原始力量，也是宇宙正负两股势力的代表。由于自然的原始力量从未停止循环变化，因此生而再生，形成一个动态的转换系统，正如《系辞》所言的"变生生之谓易"（p. 96）。

作为变化的属性，阴阳也分别以坤卦、乾卦来表示。"是故，阖户谓之坤；辟户谓之乾；一阖一辟谓之变。"（p. 103）此外，"阴阳合德，而刚柔有体，以体天地之撰，以通神明之德"（p. 110）。换句话说，通过阴阳的交融与渗透，"夫易，开物成务，冒天下之道"（p. 102）。

阴阳两股对立力量的结合形成了一种整体的和谐，这乃是为变化的黄金法则和《易经》追求的终极目标。如乾卦所述，"乾道变化，各正性命，保合太和，乃利贞"（p. 3）。阴阳两股力量的平衡称之为"中"，它已成为中国话语的永恒主题（Chen，2006；Wang，1982；Xiao，2003；Xu，1994）。

应用至人类世界，一个人喜怒哀乐之未发，即是处于"中"的状态，而发而皆中节，就是所谓的"和"。因此，《中庸》说："中也者，天下之大本也；和也者，天下之达道也。致中和，天地位焉，万物育焉。"（Legge，1955，pp. 2-3）

守中或求和不仅支配着诸子百家思想，也成为中国人行为的基本守则（e.g., Chen，2001，2002；Chen & Chen，2002；Huang，1999-2000；Yang，1989）。

变化的原则

阴阳相生相克的彼此依存作用形成了一个大整体，说明了变化是相对性的运动（Cheng，1987）。分开而言，阴阳是一个各自封闭的系统，其内部的变化表现了自我凝聚的性质。然而，实体是通过这两股力量的相互作用显现的，这表明了一切事物都是"阴阳各阶段作用的综合统一体"（p. 34）。换言之，变化是由阴阳相互辩证转换来定义的。《易经》以"太极"来表征这个阴阳的互动关系（参见图1）。太极图黑色的部分代表"阴"，白色部分代表"阳"，万物就是起源于阴阳或黑白两区的互动过程。因此，宇宙万物都必须由阴阳两部分组成。

图 1：太极图

阴阳两股力量相互作用形成现实，反映了三个变化原则：直前、广大、循环。

首先，变化是勇往直前的。这是指乾卦的内在性质。正如《系辞》所描述，"夫乾，其静也专，其动也直，是以大生焉。"（Zhu，1974，p. 96）"乾"的直线向前运动是用一横或一条坚固或完整的线（—）来象征的，对应于上天，不断地向前进，像是时间的无限延伸。这个以动态为特征的直线运动的创作力造就了变化的品质（R. Wilhelm，1990）。"乾"的运动是"刚健中正"（Zhu，1974，p. 6）。只有通过坚定和强健的性质，"乾"才能不断前进；而通过适度和中正的运动，"乾"才能稳定向前推进（Wang，1970）。

第二，变化是广大的。这是指坤卦的内在本质。《系辞》说："夫坤，其静也翕，其动也辟，是以广生焉。"（Zhu，1974，p. 96）坤卦开放与广阔的运动是由两段的线（— —）来表示，对应于大地，不断地移动，从不中断，就像无穷无尽的空间延伸。坤卦开放式运动的生产能力以动态浩瀚为特征造就了变化的量性（R. Wilhelm，1990）。坤卦的运动是"坤，至柔而动也刚，至静而德方"（Zhu，1974，p. 10）。只有通过柔和顺从的天性，"坤"才能不断地移动；通过它的坚持不懈，坤的运动才能有力地推进。

最后，变化是循环的。因为它需要阴阳的合和统一来显现实体的存在，这两股力量不断地对立与合作，导致了宇宙的辩证和循环运动。正如《系辞》所指出的：

> 日往则月来，月往则日来，日月相推而明生焉。寒往则暑来，暑往则寒来，寒暑相推而岁成焉。往者屈也，来者信也，屈信相感而利生焉。（Zhu，1974，p. 108）

太极本身的运动是循环的。如反映在卦象中，每一卦都是自身内部的一种循环变化。延伸到整个《易经》的 64 个卦，合成了一个更大规模的循环运动（Liu，1990；Wang，1957）。泰卦的"无平不陂，无往不复"最能解释这种变化的循环性。

根据《易经》，宇宙中的所有矛盾都应该在这种循环运动过程中解决，任何未解决的矛盾都会带来负面影响。此外，循环思维形成了中国人对世界整体观的看法（Liu，1992；Starosta & Chen，2003）。整体性原则揭示了循环运动的发展特征，其中各个组成部分相互依赖，并且在关系网中相互依存的。换言之，"在统一中有无限的多元互融，在多元里具有统一的潜力"（Chang，1963）。这个部分—整体的相互依存关系也表明了所有的组成元素都是太极或阴阳互动所带来的成果。

变化的力量

任何运动都需要一股力量来保持其动态性。在《易经》中，八卦象征着八种不同的力量，相互推动，形成一个多维多方向的变化反映在 64 个卦中。

根据 Wang（1983）的说法，首先，乾，其象为天，朝上方运动。向上的力量就像"飞龙在天"（Zhu，1974，p. 2）。它是强健而坚定的，代表着创造的力量。

第二，坤，其象为地，以一种接受的方式，方形轨迹移动着，形成一个和平或宁静的空间。方形运动的势力可描述为："坤厚载物"（p. 8）。因此，"坤"代表接受力。

第三，坎，其象为水，以一种乱流弯曲的方式移动，往深渊旋转而下。弯曲运动的力就像"水洊至，习坎"（p. 46）。它代表深不可测的险陷力量。

第四，离，其象为火，以一种全面的方式、倾斜方向移动着。无所不包的火势正如"离，丽也"（p. 47）。它代表一种依附的力量。

第五，艮，其象为山，指运动的进行受到阻碍。扁平濡滞的压扁或延迟运动象征着："艮，止也。时止则止"（p. 76）。它代表一种濡滞不前的力量。

第六，巽，其象为风，以一种往一个特定方向的方式运动。这个渗入力的定义是"巽，入也"（p. 121）。它代表一种渗入性的力量。

第七，兑，其象为泽，以漩涡的方式移动，就像湖泊一样。这种涡旋循环运动的力量就像"坤"的本质，"刚中柔外，……是以顺乎天而应乎人"（p. 83）。"兑"代表涡旋循环的力量。

最后，震，其象为雷，以平直滚动的方式移动，惊醒人们。震的滚动力被描述为"震来虩虩，……震惊百里"（p. 74）。它被当作唤醒的力量。

八卦变化的八股力量系统地建构了《易经》的变化规律。换言之，基于八卦的运动，64 个卦便产生了。"是故刚柔相摩，八卦相荡"（p. 92）解释了这循环变化，揭示了"周而复始的环道运动"的（《易经》的核心话语，Wilhelm，1990，p. 283）。正是这八股力量的互动形成了宇宙变化的基础。

变化的形式

从八卦的八股力量的推拉引起转换运动的循环过程，可以归纳出七种形式的变化：量变、质变、渐变、突变、平衡、否定和否定之否定。

量变指在卦爻在每卦中位置的变换，但卦的整体质量没有改变（Wang，1970）。换言之，虽然阴爻阳爻在卦中转换位置，但它们的数量和比例不变。以遁卦转换为大壮为例，在变化之前，遁卦包含两个阴爻和四个阳爻，但变成大壮后阴阳爻数量仍然一样，尽管阴爻阳爻的位置互换了。就像一条河流淌千里，依然是那条河，即使河的不同部分在时间和空间都有了变化。此外，人类从出生、青年到老年的转变也显示出这种变化。一个人的身心状态，不管它如何变化，他仍然是一个人。

质变是指卦爻由阴 / 阳爻变成阳 / 阴爻。遁卦转为临卦就是一个例子。遁卦最初包含四个阳爻和两个阴爻，但在它变成临卦后则为两个阳爻和四个阴爻。就像水蒸发成蒸汽或冻结成冰，本质上，水、蒸汽和冰的质性不同。此外，从领导和管理的角度看，采用新的管理体制取代旧的管理体制，提高企业绩效也是一种质变的过程。

渐变是指事物运动过程一滴一点逐渐的转化。正如坤卦所指出的，"履霜，坚冰至"，"臣弑其君，子弑其父，非一朝一夕之故，其所由来者渐矣"（Zhu，1974，p. 8）。又如严酷的冬天或事物腐烂来临之前，转化的征兆一步一步地显示出来，直到质变的发生。

突变是指变化达到饱和点时所形成的运动加速而产生激变的过程。因此，突变被认为是一种渐变的结果，旧的系统迅速地被新的系统所取代。革卦是就是象征革命的一种突变。正如卦象所说，革卦就像"水火相息；二女同居，其志不相得，曰革"（p. 70）。因此突变提供了更新的机会。

平衡是指阴阳两股力量处于辩证均衡的状态。阴阳的这种辩证均衡状态具有两种形式：保合和太和。正如乾卦所述，"乾道变化，各正性命，保合太和"（p. 3）。保合代表的是在稳定条件下的静态平衡状态；太和是天地在保合状态下动态平衡。换句话说，保合提供了一个恒定的空间，在那里太和可以在对称和一致的条件下发展它的动态过程。Wang（1970）指出太和的状态超越了矛盾律的局限性，它形成了中国文化中执中、守中的基本思想。

否定是指突破或解决问题的运动。如夬卦所言，"夬，决也，刚决柔也"（p. 63）。《易经》认为否定本身就是走向积极结果的一种决策过程。它代表变化发展过程中的一个前进运动。《系辞》有这样一句话："天地之大德曰生"（p. 106）这句话反映了对死亡或黑暗的否定就是为生存或生产。

最后，否定的否定是指从积极的运动转换为消极状态的过程。《系辞》"生生之谓易"（p. 96），解释了否定的否定的含义。就像"暗生明，明再生暗永不停息交替的过程"（R. Wilhelm，1990，p. 301）。《系辞》的"易穷则变，变则通，通则久"（p. 106）阐述了《易经》强调否定的否定的永续性的积极意义，这与强调消极否定的转化而造成一个恶性循环的运动形成了强烈的对比（Wang，1970）。

变化的结果

任何变化都会带来结果。根据《易经》，从人事的角度来看，变化的结果是处于由吉（好运）到凶（厄运）的连续线上。在吉凶两个极端之间存在六种结果：

利（适宜）、亨（顺利）、无咎（没有过错）、悔（悔恨）、吝（羞辱）、厉（危险）。顺序如下：

　　　　吉←利←亨←无咎←→悔→吝→厉→凶

　　正如《系辞》所指出的，"是故吉凶者，失得之象也"（Zhu，1974，p. 93）。好运（吉）是一种获得利益的状态，事情进展顺利，没有困难。《易经》强调，变化与宇宙规律相协调的时候，所期望的目标就会实现，这就是所谓的好运。反之，厄运是一种利益损失的状态，会带来不良后果或灾难，它发生在变化与宇宙规律不协调的时候。

　　根据变化的容量、范围和强度，结果可以朝着吉或好运的方向前进（无咎、亨、利）或朝着凶或厄运的方向（悔、吝、厉）。无咎阶段反映出无过失行为的状态。走向无咎是由出现小疵的"悔"决定的。如果一个人表现出悔意并试图改善问题，变化将朝着无咎的方向前进，反之则陷入"吝"的境地。正如《系辞》所说："无咎者，善补过者也。"（Zhu，1974，p. 94）"悔"与"吝"都是指小瑕疵和"忧虞之象也"（p. 93），其中"吝"使人陷入一种令人困惑和耻辱的情况。

　　在悔吝阶段缺乏悔改和改善最后会把人带入危险。如大壮卦所述："小人用壮，君子用罔。继续则危。羝羊触藩，羸其角。"（p. 52）在这种情况下的变化无疑反映了厄运的一面。

　　在"悔"的阶段，及时补救瑕疵可趋向无咎阶段，持续的努力自然会通往"亨"。正如泰卦中所指出的："小往大来……则是天地交，而万物通也……君子道长，小人道消也。"（p. 23）亨（顺利）是由"通"（穿透）来定义的，"往来不穷谓之通"（p. 103）。"亨"为变化提供了一个永续发展的基础。

　　因此，大自然必须持续发展才能为了弥补不足和丰富生产。泰卦说："后以财成天地之道，辅相天地之宜，以左右民。"（p. 23）根据 R. Wilhelm（1990 年）的说法，"左右"在汉语中的意思是"左右两侧"，表示在"亨"阶段阴阳之间适时适地地相互渗透。两种反作用力彼此不断地渗透导致了"利"的到来。因此，"利"是一个适当和丰收的阶段。在顺利变化的巅峰之时，正如大有卦所指出的，"自天佑之，吉无不利"（p. 28）。因此，处于变化结果的哪个阶段乃是建立在制变的能力的基础之上。

结论

　　本文以《易经》的话语为基础，试图阐述变化的关键概念。变化的概念从五个方面来探讨，包括变化的属性、原则、力量、形式和结果。显而易见地，本文纵使有助于更好地理解变化这个概念，整个论述仍仅限于哲学层面。未来在这方面的研究有必要应用到如何解释现实的生活状况，如社会中的人际互动。如《系辞》所言："形而上者谓之道，形而下者谓之器。"（p. 104）哲学上的道虽然超越了以器用为标志的生活领域，但也通过变化的规则和指南提供了器物间行动的指南。因此，如何依据《易经》学说来习得制变之道是值得学者们关注的。

如之前所言，适当的制变之道在于守中。根据 Chen（2001, 2005, 2007）和 Wu（1976）的研究，《易经》指出要达到守中的目的，必须具备时、位和几三项能力。本文为今后的研究提供了有价值的线索。换句话说，如何培养具备时、位、几的知识与行动技巧以弥合道器之间的横沟为未来的研究铺陈了一个新的方向。

* 本文所采用的《易经》翻译是基于三位学者的工作：W-T. Chan, R. Wilhelm, & J. Legge。本文中使用的《易经》版本是朱熹的《易经集注》。

参考文献

Chai, C, & Chai, W. (1969). Introduction. In J. Legge (trans.). *I Ching: Book of Changes* (pp.xxvii-xcii). New York NY: Bantam.

Chan, W-T (1963). *A source book in Chinese philosophy*. Princeton NJ: Princeton University.

Chang, C-y (1963). *Creativity and Taoism: A study of Chinese philosophy, art, and poetry*. New York NY: Harper & Row.

Chen, G. M. (2001). Towards transcultural understanding: A harmony theory of Chinese communication. In V. H. Milhouse, M. K. Asante, and P. O. Nwosu (Eds.), *Transculture: Interdisciplinary perspectives on cross-cultural relations* (pp. 55-70). Thousand Oaks, CA: Sage.

Chen, G. M. (2002). The impact of harmony on Chinese conflict management. In G. M. Chen & R. Ma (Eds.), *Chinese conflict management and resolution* (pp. 3-19). Westport, C T: Ablex.

Chen. G. M. (2005). A model of global communication competence. *China Media Research,1*, 3-11.

Chen, G. M. (2006). Asian communication studies: What and where to now. *The Review of Communication*, 6(4), 295-311.

Chen, G. M. (2007, November). *A Chinese model of global communication competence*. Paper presented at the annual convention of the National Communication Association, Chicago, Illinois.

Chen, V., & Chen, G. M. (2002, November). *He xie (harmony): The axis of Chinese communication wheel.* Paper presented at the annual convention of the National Communication Association, New Orleans, Louisiana.

Cheng, C-Y. (1987). Chinese philosophy and contemporary human communication theory. In D.L. Kincaid (Ed.), *Communication theory: Eastern and Western perspectives* (pp. 23-43). New York NY: Academic.

Huang, S. (1999-2000). Ten thousand businesses world thrive in a harmonious family: Chinese conflict resolution styles in cross-cultural families. *Intercultural Communication Studies, 9*(2), 129-144.

Legge, J. (1955) (Trans). *The doctrine of the Mean.* Taipei: Wen Yo.

Li, K. I. (1987). *I Ching jie shi (An interpretation of I Ching).* Taipei: Shi Jie.

Liu, C. L. (1990). Zhou I's cyclic views and Chinese thinking patterns. *Zhong Hua I Xue, 11*(3), 14-16 and *11*(4), 13-18.

Liu, C. L. (1992). *Chinese wisdom and systematic thinking.* Taipei: Shang Wu.

Starosta, W. J., & Chen, G. M. (2003). "Ferment," an ethic of caring, and the corrective power of dialogue. *International and Intercultural Communication Annual, 26,* 3-23.

Wang, H. S. (1957). *Tai Chi Tu.* Taipei: Min Zhu Xian Zheng.

Wang, H. S. (1970). *An annotation of I Ching.* Taipei: Xin Shi Ming.

Wang, H. S. (1982). *A new view on mind law.* Taipei: Longhua.

Wang, H. S. (1983). *The study of movement.* Taipei: Long Hua.

Wilhelm, H. (1960). *Eight lectures on the I Ching.* Princeton, NJ: Princeton University Press.

Wilhelm, R. (Trans.) (1990). *The I Ching.* Princeton, NY: Princeton University Press.

Wu, Y. (1976). The concept of change in I Ching. *Chuon Kuo Yi Chou, 754,* 19-21.

Xiao, X. (2003). *Zhong* (Centrality): An everlasting subject of Chinese discourse. *Intercultural Communication Studies, 12*(4), 127-149.

Xu, Z. R. (1994). *An interpretation of yin yang and trigrams in the Book of Changes.* Taipei: Li Ren.

Yang, H. J. (1989). *On the relationship between heaven and man.* Taipei: Shui Niu.

Zhu, X. (1974). *A collected interpretations of I Ching*. Taipei: Wen Hua Tu Shu.

Zhu, X. (1978). *A collected interpretations of Si Shu*. Taipei, Taiwan: Zhong Guo Zi Xue Ming Zhu Ji Cheng Foundation。

译者：李海文（厦门大学新闻传播学院博士研究生）

原文出处：Chen, G. M. (2008). *Bian* (Change): A perpetual discourse of *I Ching*. *Intercultural Communication Studies, 17*(4), 7-16.

"中"、自我能力、社交 / 传播（沟通）能力：
一个中国的视角

前言

在中国的哲学研究里，两千多年来对于"中"的论述一直占据着主导地位 (Wang，1982a；Xiao，2003)。根据《易经》，道是"阴""阳"互动的体现。"阴""阳"是宇宙中由"气"启动的两股对立却又互补的力量 (Chang，Chen，Chung，& Holt，2010；Chung，2011)。"阴""阳"之"道"指的是一个整体的本体论假设 (ontological assumption)，认为天、地和人联合成了一个巨大的整体。在"道"之中，宇宙间万物不过是由于"阴""阳"之"气"的运行而持续变换的一个过程。"阴"是一个反向力，"阳"是一个正向力 (Chen, 2006; Zhang, 2010)。因此，从"气"的运行或"阴""阳"的互动达到"太和"(great harmony) 的平衡状态，成了中国人追求的核心价值和终极目标 (Yu, 2005)。为了实现这一目标，中国的哲学家们不断地阐述只有通过"中"才能实现"太和"。本文旨在描述"中"的本质，并将其作为审视中国人的自我和社交 / 传播（沟通）能力 (self-competence and social/communication competence) 的基础。

"中"的本质

"中"的两个维度

人们认为，宇宙形成之前是处于"无""空""虚""无穷"或"无限"等"无极""中"的状态。通过持续不断的"生生"(creative creativity) 过程 (Fang，1981，p. 109)，实现"无极"生"太极"、"太极"生"两仪"、"两仪"生"四象"、"四象"生"八卦"、"八卦"生"六十四卦"，直至"万物"。这个过程代表了从宇宙"虚空"发展而来的空间和时间的起源、延伸和维度 (Zhou, n.d.)，又或者是"中"生成 (being-becoming) 的阶段。正如老子所说："天下万物生于有，有生于无"（第四十章）。Li (1999) 进一步将"无"解读为以自然之法生成万物之"道"。也就是说，那些变化之力是从"无极"而生以实现宇宙万物的本体存在 (Shang, 2015)。

"无极"的状态，在庄子的《南华经》中被描述成"混沌"(Huang, 1983)，是《易经》中的"氤氲"(Zhu, 1974)。"混沌"和"氤氲"描述的都是在无生命或者出现生命之前的状态里，阴阳两股力量未分离以前，充满着宇宙的混然稠密的生命力（气），也就是"无为"，也可以说是天和人、主体和客体未分离的状态 (Billeter, 2009)。因此，"中"既是"无极"的静态平衡，也是"太极"之中"阴""阳"的动态平衡。更确切地说，"无极"代表了"未生成"(non-being/pre-being) 的状态，太极代表了"中"的"生成"(being-becoming) 状态（"太极"生"两仪"直至万物）。也就是，"无极"和"太极"是"中"的两个维度。

庄子则用"虚室生白"（只有空的房子才能产生光/亮度）来解释这一从"无"到"生成"过程的本质 (Huang, 1983)。它表明虚空是宇宙的原始状态，生产繁衍的种子隐藏其中。Pereira (1956) 将这种虚空称之为"零"(zero)，它是一个连续体，具有"无穷"的特性，并且是万物的起源。在《道德经》中，老子进一步阐述了这一观点："三十辐共一毂，当其无，有车之用。埏埴以为器，当其无，有器之用。凿户牖，当其无，有室之用。故有之以为利，无之以为用。"（第十一章)

因此，"中"是互为中心的天、地和人的统一体 (Wang，1982a)。在"太极"阶段，"中"表明"太极"是阴阳（两仪）的起源和载体。由此人的心智开始通过对物理结构和事物之间的关系的感知而形成空间概念。人类思想的这种延伸的力量将自己创造的空间概念与时间联系起来。这个过程的终极目标是为了回到"中"这一最初的静止状态，也即"无极"。在其中，互为中心的天、地和人合为一体，回归虚空。这也是"肉身成道"的过程或者是通过自我实现的过程从肉体归于"道"(Lin, 1986)。

"中"的空间，时间和象征/符号

通过人的心智，"太极"的空间延伸过程开始形成空间的结构和维度，这是人类思维所创造与经营的有限与可知的空间。根据 Pereira (1956) 所言，空间有水平平面（数量）和垂直平面（质量）。空间的水平平面是人类活动和创造的感官领域，它是空间具体、客观的一面。空间的垂直平面则表现为与时间的联系以及时间本身的连续性。通过人类心智的感知，个体超越了自身肉体的局限，将自我延伸至与未知世界相连。

换言之，通过人类心智的内在启发，水平平面和垂直平面的交汇将时间和空间结合一起。这确立了人在宇宙中的地位与个人的空间，为自我与宇宙之间的同构对应提供了基础。此外，空间的水平平面是人的心智在行动中的延伸和维度。空间的垂直平面则是就空间层级结构维度而言的时间的连续性，它同时也创造了一种历史的连续性。因此，一个人的精神／心灵 (spirit) 因为心智的作用和对灵魂的渴望而涌动，在浩瀚无涯的时空里奋力寻求一个安稳的身心栖息之所，企求实现与天地的重新联结，又或者说是连于宇宙的中心，连于"中"(Yang, 1989)。

人的心智在不可知的／无限的空间、零的状态或者虚空之中，通过感知而创造时空区域的这一过程，被以一种符号／象征 (symbol) 的方式表达出来 (Kahler, 1960)。也就是说，这个人造的时空区域是一个符号的空间。因此，为符号所激活的力量是人的心智功能在发挥作用。换句话说，符号就是空间和时间之中的现实存在。符号的这种创造性来源，以回归并与宇宙或"中"的原始状态相合一的潜在可能性，通过将疆界打开至无限扩张的空间的方式，不断地尝试超越已知边界的局限。当空间和时间，或水平平面和垂直平面通过新符号的不断激增而达到平衡状态或和谐关系的时候，人类就在一个先验层次上重新连于一个整体或宇宙秩序，也就是从"无极"到"太极"，再从"太极"又回到"无极"的过程。它是"中"的"生成"和"未生成"两种状态之间循环的、相互转化的过程。因此，符号形成了空间的结构和维度，建立了时间的连续性。这种符号象征的空间代表了人类经验的全部内容，也是"中"的已知空间。

由人的心智通过符号的使用（即客观的符号陈列）而创造的空间水平平面可以用庄子《南华经》中的六物（即：贵、富、显、严、名、利）来阐释："彻志之勃，解心之谬，去德之累，达道之塞。贵富显严名利六者，勃气也。容动色理气意，谬心也。恶欲喜怒哀乐六者，累德也。去就取与知能六者，塞道也。"（第二十三章，庚桑楚）

由人的心智通过符号的使用所创造的空间垂直平面（即符号维度的层次连接结构），可以分别用下列表述中的递进过程来阐释：

此六四者不荡胸中则正，正则静，静则明，明则虚，虚则无为而无不为也。（《南华经》，第二十三章，庚桑楚）

知止而后有定，定而后能静，静而后能安，安而后能虑，虑而后能得。（《大学》）

其次致曲。曲能有诚。诚则形。形则著。著则明。明则动。动则变。变则化。唯天下至诚为能化……故至诚无息。不息则久，久则征。征则悠远。悠远，则博厚。

博厚，则高明。(《中庸》)

正是在阴阳互动的基础上，通过符号的创造来发展空间和时间的过程表现了"中"的"生成"状态。这一过程也显示了人类活动的生生不息。因为"中"的作用就存在于这两股对立、互补、相互依存、互相渗透的力量的互动关系中。因此，"中"不仅是"天下之大本也"，而且也使得"和"成为天下之达道。正所谓"致中和，天地位焉，万物育焉"(《中庸》)。

因此，"中"提供了中国传播的本体存在，而"和"构成了符号创造和维持的价值论和目的论的基础，中国文化也由此开展出来。换句话说，文化空间是随着时间的推移和符号交互的积累而形成的。而且，文化空间的迁移涉及了根植于过去，也是未来转变基础的当下活动的修正和再创造 (St. Clair, 2015; St. Clair & Williams, 2014)。

正是在"中""的"生成"这个阶段，我们开始见证到人类交流的出现并将之概念化。接下来的部分从这一视角对"中"的本质加以论述，然后从中国文化的视角运用它来审视自我和社交／传播（沟通）能力的概念。

"中"、自我和社交／传播（沟通）能力

"中"的"生成"

对"中"的两种传统定义引起了我们的注意，并将它们应用于本文的分析。首先，Wang (1970) 认为汉字"中"可以解释为"无极"和"太极"的统一。"中"字方形的空间与"无极"的圆圈（即，O）相似，代表无或虚空。"中"的那一竖（即"|"）是导致阴阳出现的 s 线（也就是这一竖将 O 分离成两个对立而互补的个体）。因此，如图 1 所示（黑为"阴"、白为"阳"），将"无极"转化为"太极"，代表着宇宙生成的阶段。这就是为什么《中庸》将"中"描述为化育万物之大本的原因。它是人类互动的起源、中心与中道。人类的互动是基于阴阳互动的平衡特征 (Xu，1991；Yu, 2005)。

图 1. 太极图

第二，Tan (1981) 指出，"中"在原始的象形文字中就像一面旗帜，这是中国古代有重要事件发生时在特定地方用来将人们聚集在一起的一种标志。"中"指的就是人类活动的中心。因此，中心性 (centrality) 作为"中"的本质成为理解中国文化和中国传播的重要概念 (Chen，2006；Xiao，2003)。"中"作为中心可以用图2、图3和图4来表示。

图 2. "中"的阴阳模式（from Wang，1982a, p.143）

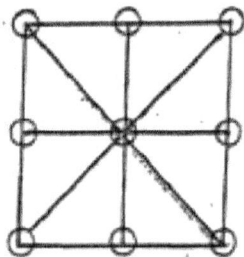

图 3. "中"的九宫图（from Wang，1982a, p.137）

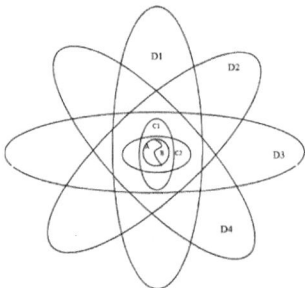

图 4. "中"的生生模式（from Chen, 2009a, p. 24）

图 2 显示了由阴阳平衡构成的"太极"的平衡状态。它表明，"中"是人类互动中对立或协力的统一 (Wilhelm, 1979)。图 3 显示的是"中"位居图中 9 个点的中心位置。如《黄帝经》(Wang, 1982b, p. 139) 所述，九个点在一个正方形中共享一个相同的中心点。为了到达另一个点，每一个都必须经过这个相同的中心点。在前面、后面、右边、左边都分别有三个点为一行。每一行都必须共享一个相同的中心点，使自己成为三点一线。这个共同的中心点叫作宇宙的"中"点。（"昔者黄宗质始好信，作自为象，方四面，傅一心，四达自中，前三后三，左三右三，践位履三，是以能为天下宗"）。换句话说，中点或"中"是植于所有事物中的阴阳两种力量之间的旋转、互动和转换的轴心。

图 4 揭示了《易经》所记载的"生生之德"。"太极"之中的阴阳互动依循了

无极生太极，生两仪，生四象，生八卦，生六十四卦到生万物的顺序衍生出了宇宙万物的发展轨道。《道德经》也有记载："道生一，一生二，二生三，三生万物。万物负阴而抱阳，冲气以为和。"（第四十二章）

从人际交往的角度来看，阴阳互动就像甲乙两人之间的互动，而"守中"是保持两种力量之间动态平衡的方法（如图4所示）。以下先从自我能力的个人修身养性角度阐释"守中"的概念，接着把"守中"作为实现社交/传播能力的关键进行论述。

"守中"和自我能力

从自我修养的角度，"守中"本身就是以精神为导向，寻求天、地、人合一以达成自我实现的一种精神修养的体现。这是建立在人类心智被激活的基础上。人的心智建立了个人的信仰体系，它经由直观、精神或理性的过程，赋予了人类活在这个世界的意义。"守中"扩展了人们的思维，它提高了自我的心智能力，以宽广的视角来审视世界以达到和谐的境界。如此一来，"自我"就能从"太极"的动态状态或"生成"状态回到"无极"的原始静止或"未生成"的状态。

这过程就如老子所言的"反者道之动"（第四十章）。这经由"守中"回归到原始虚空状态，《中庸》认为必须通过"诚"的践行才能实现。因此，作为与天地参的共同创造者，"自我"必须不停地养正、解放、与净化自己 (Chen，2005)。只有这样，一个人才能达到"天地与我并生，而万物与我为一"的状态（庄子《南华经》，第二章）。

根据 Cornford (1952) 的说法，自我的内在价值与宇宙秩序之间的一致性赋予人与宇宙相互转化的能力来达到真正的虚空状态。St. Bonaventure 也提到，这是通过沉思实现回归真实自我的精神经历。在这个过程，感官和理性的现实被超越了，自我解放的真相也得以彰显，时间、空间和物质的界限随之消解 (LaNave, 2011)。

"守中"在中国传统中最常见的方法就是"心斋"。如庄子的《南华经》所述："若一志，无听之以耳，而听之以心，无听之以心，而听之以气。听止于耳，心止于符。气也者，虚而待物也，唯道集于虚。虚者，心斋也。"（第四章，人间世）这一过程与《列子》中所述有异曲同工之妙，"正如亢仓子所言，'体合于心，心合于气，气合于神，神合于无'。"（仲尼篇）

经由心斋来"守中"进一步与下列中国哲学家的解释相一致 (Wang，1982a)：

1. 止（身体停止活动，思想获得休息）："载营魄抱一，能无离乎？"（《道德经》，第十章）[对应"体合于心"]

2. 专（专注于气）："专气致柔，能如婴儿乎？"（《道德经》，第十章）[对应"心合于气"]

3. 守（养精）："无视无听，抱神以静。"（广成子，见《南华经》，第十章）[对应"气合于神"]

4. 虚（空 / 虚空）："唯道集于虚。虚者，心斋也。"（《南华经》，第四章）[对应"神合于无"]

因此，"心斋"的四个阶段实际上是在精神修持过程中调节自己的"气"以达到整体的平衡或回到原来"中"的"未生成"状态。这一从"中"的动态状态回归到静态与整体的"中"的原始状态的内在回归过程，赋予了自我能力的意义；而在这个自我能力基础上向外扩张过程，逐渐开展了人类社交 / 传播能力。换句话说，内在的精神修养是从动态创造力转变到静态承受力，然后进入"无极"的境界。这是在彼此和谐的基础上，由"诚"和"敏觉力"(sensitivity) 来实现的 (Chen & Starosta, 2004; Wu,1976)。正如《中庸》所言："喜怒哀乐之未发，谓之中。发而皆中节，谓之和。中也者，天下之大本也。和也者，天下之达道也。致中和，天地位焉，万物育焉。"

人类的行动显然涵盖了"中"的"平衡"与"和谐"两个面向。"平衡"代表了"中"的"未生成"状态，而"和谐"代表了"中"的"生成"状态。如前所述，前者是"中"的原始虚空状态或是人类的"真宅"(Wang, 1982a)，它是自我经由"守中"的实践所欲回归之所。后者指以"和谐"为基础的"中"的生生动态状态，这意味着在人类交往的过程中"守中"是实现和谐状态的基础。由此可见，在人类交往中决定社交 / 传播能力的"中"是由"和谐"这个概念来定义的。

"守中"和社交 / 传播（沟通）能力

根据 Chai and Chai (1969) 与 Chen (2008) 的说法，阴阳之间无止息的互动，使中国先贤和哲学家相信包括人类的互动的宇宙是一个大整体。在这当中，万物永远都是以相互转化的循环变化着。和谐作为中国文化的核心价值将连续性引入了这个过程，并在这一整体系统中规范着互动的变化。这种动态变化是靠中国传播中的创造力 (creativity)、关联性 (interconnection) 和层级 (hierarchy) 等要素来维持着 (Chen，2001；Fung，1983；Liu，2011)。

正如 Chen (2001) 所言，人类传播的创造性体现在阴阳永无止息互动的生生之德。因此，人类传播是一个在整体空间中包含着不同的次级系统 (subsystem) 与超系统 (suprasystem)。图 4 说明了人类传播的这一创造性特征。因为这个超系统和包含其中的次级系统本身就是一个包含阴阳的"太极"。所有这些系统本质上都是相互关联、相互依存，也因此相互渗透与相互融合的 (Chang, 1963; Liu, 1992)。此外，"在人类传播的整体系统内，各部分的相互关联是建立在关系的等级结构之上的。这种等级结构受制于时间和空间的变项"(Chen，2009a，p.75)。同时，Fung (1983) 认为，相互关联的创造力 (interconnected creativity) 和和谐的层级 (harmonious hierarchy) 是理解中国传播本质的两个关键概念。

Fang (1981) 用"生生"来描述阴阳之间连续与相互关联的互动，这给了"中"无限的解读、无限的潜力和无限的可能。Wang (1989) 和 Wu (1976) 进一步认为阴阳的互动是"感应"的精神作用，而"感应"源于"诚"。换句话说，中国人相信"至诚之心是引发阴阳股势力相互感应的要素。它将这两股对立的势力结合起来，在相互关联的运动循环中实现生生之德"(Chen, 2009a, p.74)。Xiao and Chen (2009) 把"感"应作为个体在人类互动中建立起双方关联的有机能力。这同时也"赋予了一种道德和精神的气质"，并且"激发了人们和谐共存的同情和同理心。这些都需求一个合乎道德要求的感应过程"(Chen, 2009a, p.4)。

阴阳动态互动而生成的社会关系的发展并不意味着一个混乱的过程。因为和谐是"中"的终极目标，社交互动的层级结构乃成为实现这一目标的前提。通过相互关联的创造过程而编织的关系网络反映了其中和谐的层次结构。这个层级结构也反映了阴阳正负感应之间的秩序和平衡性 (Xu, 1991)。此外，根据 Chen (2009b, 2011) 和 Wilhelm (1979) 的说法，双方互动的层级化关系的稳定性决定于"时"（时间变项）"位"（空间变项）和"几"（动之微/变化之端）三个要素。也就是说，一个和谐的层级关系网络是来自一个能辨别动之微（几），并在合适的场合（位）、合适的时间（时）做出适当、有效的行为。这一原则是中国社交/沟通能力的基本要素。

从上述"中"的观点来看，社交/沟通能力因此可以定义为一个人在特定的语境中适当和有效地实现一种和谐互动状态的能力。Cheng (1987) 认为和谐是阴阳两极平衡辨证互动的最终结果。这两种势力的综合统一性反映了人类在不同转化阶段互动的整体性。因此，缺乏和谐就代表失去了沟通的动态平衡，也表示了人类互动的失败 (Chen, 2001；Liu, 2013)。

"中"作为衡量阴阳两股对立势力结合的最佳手段，是用来润滑人与人之间相互依赖关系的有效利器。它是宇宙的两股对立势力互动的轴心或是解开因"气"的运行而引起的各种矛盾的工具。因此，"守中"而获的社交/沟通能力，是指在适当的时间（时）和适当的地方（位），通过觉知互动者之间的变化之微（几）而取得大和谐的能力 (Chen, 2013)。

Chen (2001) 试图将"时""位"和"几"等概念在中国传播的语境中理论化。

他认为"时"是人类互动中的时间变项，它要求对时间关系的意识，从而在不同的互动阶段中表现适当的行为；即理解如何适当地打开话匣子，适当的互动和适当的结束互动的能力 (Spitzberg & Cupach, 1984)。Chen 认为，在中国人的交流中，一个知"时"的人能制造和谐的氛围，而且被认为较具有沟通能力。"位"作为空间的变项，指的是静态的元素，如互动时的社会和物理环境。知"位"意味着能够认识到在互动过程中的谁、什么以及在什么地方等元素。在中国文化里，很大程度上"位"是由前面提到的关系层级结构所决定的。因此，就像了解"时"，越了解"位"，越有助于两者和谐关系的发展，从而成为一个更具有沟通能力的人。

"几"为动之微，它揭示了互动可能发展的轨迹 (Wilhelm, 1990)。知道互动的显与微需要具有敏觉力 (sensitivity)。敏觉力能培养人开放的心灵，故能推进互动双方的情感；它使互动双方能够察觉、尊重、认可，甚至接受由于时空变项所导致的差异 (Chen & Starosta, 2004)。如前所述，Wang (1989) 和 Wu (1976) 声称，知"几"能力或"敏觉力"是"诚"培养出来的。只有通过"诚"，互动双方才能敏锐察知交流的轨迹而彼此合而为一。因此，"诚"是通过"敏觉力"来整合"时""位""几"的力量。"诚"是融合"创造力"和"敏觉力"的关键，因为"创造力"是"时"和"位"的源泉，"敏觉力"是"几"的基石。"诚"就是用于打开隔离"未形成"（无极）和"形成"（太极）之门的钥匙。"诚"的本质和功能在《中庸》如此解释道：

> 诚者，天之道也。诚之者，人之道也。诚者，不勉而中，不思而得……（第十九章）
> 唯天下至诚为能尽其性。能尽其性，则能尽人之性。能尽人之性，则能尽物之性。能尽物之性，则可以赞天地之化育。可以赞天地之化育，则可以与天地参矣。（第二十二章）

最后，"诚"经由"感应"来统一阴阳，这在中国传播中有着强烈的道德和精神取向。Xiao and Chen(2009) 认为，这是东西方传播的主要差异，尤其是当它被应用于处理沟通传播能力 (communication competence) 这个概念的时候。Xiao and Chen 批评西方传播具有高度的目的性和工具性，而且强调自信、对抗与直白。因此，西方学者在处理沟通能力的时候往往忽略了道德维度 (see Deardorf, 2009; Nakayama & Martin, 2013; Sorells, 2013)。Xiao and Chen 宣称，如果不知道道德和伦理因素在中国传播中所起的重要作用就永远不能胜任与中国人交往。

结论

本文试图揭示"中"的本质，认为在中国人互动过程中"中"是衡量自我和社交 / 沟通能力的手段。从形上学、时间、空间、符号象征等方面审视了"中"的内涵，显示了"中"的静态和动态的平衡状态。"中"的静态平衡状态代表了由空、无、虚所主导的"无极""未形成"或"形成之前"的状态。"中"的动态平衡状态代表着由生生过程所决定的"太极"或"形成"状态。时间和空间通过阴阳的互动而产生，时空之网里的符号生成则创造了人类文化的形态，人类的交流活动也因此而生。

"中"因此成了自我与社交 / 沟通能力的衡量标准，"守中"则是达致自我和社交 / 沟通能力的手段。自我能力是引导自我回归静态平衡状态的精神修养过程；社交 / 沟通能力指的是在特定的环境中适当而有效地进行互动的能力。"中"经由"感应"的精神和道德过程而实现的"诚"，是开启"无极"与"太极"之间的钥匙。

从人类互动的角度来看，"中"认为中国传播是一个由相互关联的创造力与和谐的层级构成的整体系统。在道德原则的基础上，知"时"、知"位"与知"几"是中国传播能力的基础。对道德原则的这种强调显示了中国与西方传播的主要差异。换句话说，除了互动的有效性 (effectiveness) 之外，中国人更注重互动的恰当性 (appropriateness)。了解东西方的这种差异对能否在当今全球化社会安居乐业是至关重要的。全球化社会需求一种能展示多元文化共存的生活方式。了解不同文化之间的差异，并基于文化双融方式发展出一种融合的传播模式应该是减除文化二分法问题，进而实现多元文化共存目标可行的方法 (Chen，2009c；Chen，M. J, 2002; Tu, 2014)。

参考文献

Billetter, J. F. (2009). *Zhuangzi si jiang* (Four lectures on Zhuangzi). Trans. Song Gang. Beijing, China: Zhonghua.

Chan, W-T. (Trans.). (1963a). *The way of Lao Tzu*. Indianapolis, IN: The Bobbs-Merrill.

Chan, W-T. (Trans.). (1963b). *A source book in Chinese philosophy*. Princeton, NJ: Princeton University Press.

Chang, C. (1963). *Creativity and Taoism: A study of Chinese philosophy art and poetry*. New York: Harper & Row.

Chang, H, C, Chen, L., Chung, J., & Holt, Richard (2010). In search of Western counterpart of Ch'i: Eastern and Western cognitive frames in interpreting relevant Ch'i terms. *China Media Research, 6*(1) 20-36.

Chen, G. M. (2001). Toward transcultural understanding: A harmony theory of Chinese communication. In V. H. Milhouse, M. K. Asante, and P. O. Nwosu (Eds.), *Transcultural realities: Interdisciplinary perspectives on cross-cultural relations* (pp. 55-70). Thousand Oaks, CA: Sage.

Chen. G. M. (2005). A model of global communication competence. *China Media Research, 1*, 3-11.

Chen, G. M. (2006). Asian communication studies: What and where to now. *The Review of Communication, 6*(4) 295-311.

Chen, G. M. (2008). *Bian* (Change): A perpetual discourse of *I Ching. Intercultural Communication Studies, 17*(4) 7-16.

Chen, G. M. (2009a). Toward an *I Ching* model of communication. *China Media Research, 5*(3) 72-81.

Chen, G. M. (2009b). Chinese harmony theory. In S. Littlejohn & K. Foss (Eds.), *Encyclopedia of communication theory* (pp. 95-96). Thousand Oaks, CA: Sage.

Chen, G. M. (2009c). Beyond the dichotomy of communication studies. *Journal of Asian Communication, 1*(4) 398-411.

Chen, G. M. (2011). An introduction to key concepts in understanding the Chinese: Harmony as the foundation of Chinese communication. *China Media Research, 7*(4) 1-12.

Chen, G. M. (2013). A zhong dao model of management in global context. *Intercultural communication Studies, 22*(1) 1-8.

Chen, G. M., & Starosta, W. J. (2004). Communication among cultural diversities: A dialogue. *International and Intercultural Communication Annual, 27*, 3-16.

Chen, G. M., & Starosta, W. J. (2005). *Foundations of Intercultural Communication*. Lanham, MD: University Press of America.

Chen, M-J. (2002). Transcending paradox: The Chinese "middle-way" perspective. *Asian Pacific Journal of Management, 19*, 179-199.

Cheng, Chungyin. (1987). Chinese philosophy and contemporary human communication theory. In D. L. Kincaid (Ed.), *Communication theory: Eastern and Western perspectives* (pp. 23-43). New York: Academic.

Chung, Jensen (2011). *Chi* (*qi*) process: The interplay of opposites in selected communication contexts. *China Media Research, 7*(4) 85-92.

Cornfold, F. M. (1952). *Principium sapientiae.* Cambridge, UK: Cambridge University Press.

Deardorff, D. K. (Ed.). (2009). *The Sage handbook of intercultural competence.* Thousand Oaks, CA: Sage.

Fang, T. M. (1981). *Chinese philosophy: Its spirit and its development.* Taipei: Linking.

Fung, Y. L. (1983). *A history of Chinese philosophy.* Princeton, NJ: Princeton University Press.

Huang, J-h. (1983). *Zhuangzi du ben* (The interpretation of Zhuangzi). Taipei: Sanmin.

Kahler, E. (1960). The nature of the symbol. In R. May (Ed.), *Symbolism in religion and literature* (pp. 50-73). New York: George Braziller.

LaNave, G. F. (2011). Bonaventure. In P. L. Gavrilyuk & S. Coakley (Eds.), *The spiritual senses: Perceiving God in Western Christianity* (pp. 159-173). Cambridge, UK: University of Cambridge.

Legge, J. (Trans.). (1955). *The four books.* Taipei; Wenyou.

Legge, J. (Trans.). (1962). *The texts of Taois*m. New York: Dover.

Legge, J. (Trans.). *Chuang Tzu.* Retrieved from http://oaks.nvg.org/zhuangzi22-.html#23.

Li, R. (1999). *"Wu" de yi yi* (The meaning of wu). Beijing, China: Ren Ming Wen Xue.

Lin, A (1986). *Zhong guo zong jiao yu yi yi zhi liao* (Chinese religion and meaning therapy). Taipei: Wen Hai Foundation for Culture & Education.

Liu, C. (1992). *Zhong guo zhi hui yu xi tong si wei* (Chinese wisdom and systematic thinking). Taipei: Shangwu.

Liu, H. L. (2013). *He xie hua yu lun* (Ann intercultural & multidisciplinary approach to rapport discourse). Hunan, China: Hunan Ren Ming Publisher.

Liu, Shuang. (2011). Hierarchy (*Dengji*): A pyramid of interconnected relationships. *China Media Research, 7*(4), 77-84.

Nakayama, T. K., & Martin, J. N. (2014). Ethical issues in intercultural communication competence: A dialectical approach. In X-d. Dai & G. M. Chen (Eds.), *Intercultural communication competence: conceptualization and its development in cultural contexts and interactions* (pp. 197-117). London: Cambridge Scholars.

Pereira, I. R. (1956). *The nature of space*. New York: Privately Published.

Shang, G. (2015, forthcoming). Interality shows through: An introduction to interalogy. *China Media Research, 11*(2).

Sorrells, K. (2014). Intercultural praxis: Transforming intercultural communication competence. In X-d. Dai & G. M. Chen (Eds.), *Intercultural communication competence: conceptualization and its development in cultural contexts and interactions* (pp. 144-167). London: Cambridge Scholars.

Spitzberg, B. H., & Cupach, W. R. (1984). *Interpersonal communication competence*. Beverly Hills, CA: Sage.

St. Clair, R. (2015, forthcoming). The stratification of culture. *Intercultural Communication Studies, 24*(1).

St. Clair, R., & Williams, A. C. T. (2014). The framework of cultural space. In B. Hoffer, Y.-x. Jia, H. Nobuyuki, & L. Song (Eds.), *Intercultural communication: East and West* (pp. 81-97). Shanghai, China: Shanghai Foreign Language Education Press.

Tan, L. (1981). *Yinxue wenzi ji* (The written records in Yin Dynasty ruins). Beijing, China: Zhonghua.

Tu, W-m. (2014). The context of dialogue: Globalization and diversity. In M. K. Asante, Y. Miike, & J. Yin (Eds.), *The global intercultural communication reader* (pp. 496-514). New York: Routledge.

Wang, B. X. (1989). *Between Confucianism and Taoism*. Taipei: Han Kuan.

Wang, H. S. (1970). *I Ching lun zhu* (Notes on *I Ching*). Taipei: Xin Shi Ming.

Wang, H. S. (1982a). *Xin fa xin lun* (A new thesis of mind law). Taipei: Longhua.

Wang, H. S. (1982b). *Huang Di Jing* (The doctrine of the Yellow Emperor). Taipei: Longhua.

Wilhelm, R. (1979). *Lectures on the I Ching: Constancy and change*. Princeton, NJ: Princeton University Press.

Wilhelm, R. (Trans.). (1990). *The I Ching*. Princeton, NJ: Princeton University Press.

Wu, J. (1961). *Lao Tzu Tao Te Ching*. New York: Barnes & Noble.

Wu, Y. (1976). *The philosophy of cheng in Chuon Yuon*. Taipei: Don Da.

Xiao, X-s. (20013). *Zhong* (centrality): An everlasting subject of Chinese discourse. *Intercultural Communication Studies, 12*(4) 127-150.

Xiao, X-s., & Chen, G. M. (2009). Communication competence and moral competence: A Confucian perspective. *Journal of Multicultural Discourses, 4*(1), 61-74.

Xu, Z. R. (1991). *The interpretation of the yin yang hexagrams of I Ching.* Taipei: Li Ren.

Yang, H. (1989). *Tien ren he yi lun* (On the relationship between heaven and human). Taipei: Shuniu.

Yu, D. K. (2005). *Zhou Yi Jin Xi* (The modern view of I Ching). Guilin, China: Guangxi Normal University Press.

Zhang, C. (2010). *I Ching yu bian zheng fa za shuo* (On I Ching and dialectics). Hangzhou, China: Zhejiang University Publisher.

Zhou, D-i. (n.d.). *Tai chi tu shou* (on tai chi diagram). Retrieved from http://baike.baidu.com/view/82869.htm

Zhu, X. (1974). *A collected interpretations of I Ching.* Taipei: Wen Hua Tu Shu.

Zhu, X. (1978). *A collected interpretations of Si Shu.* Taipei: Ruicheng.

译者：林凯（厦门大学新闻传播学院博士研究生）

原文出处：Chen, G.-M. (2016). *Zhong* (Centrality), self-competence, and social/communication competence: A Chinese perspective. *Intercultural Communication Studies, 25*(1), 17-31.

孔子和而不同与老子无为伦理观

孔子和而不同伦理观

孔子，又名孔丘（约公元前551—前479年），是中国历史上的一位教育家、哲学家、政治人物，也是儒家创始人。他生于春秋时期（约公元前770—前221年）的鲁国（今山东省曲阜）。春秋时期是中国古代社会、政治分裂的一个时期。孔子的学说主要保存在他死后由弟子编纂的《论语》中。《论语》建立了一套个人、家庭、社会和公共交往的伦理体系。这种制度是以日常生活的美德为基础，通过修身、齐家、治国、平天下的路径来实现的。

孔子发展了一套具有强烈人道主义和理性取向的伦理体系。儒家思想在宋代（960—1279）之前是中国的官方帝王哲学，至今仍影响着中国和其他东亚国家人们的思维和行为方式。儒学已成为中国哲学的主流，它与道教、佛教相结合，形成了中国文化的基础。直到今天，孔子仍被视为中国历史上最具影响力的教师，被中国人尊称为"万世师表"。孔子的思想被孟子发扬光大，成为一个有系统的儒家学派。《大学》《中庸》《论语》《孟子》在中国被编成影响深远的"四书"。

在动荡分裂的春秋时期中，中国的封建制度逐渐失去了维持社会秩序和控制国家事务的能力。周朝幅员辽阔的国土被分割成诸多小国，导致中国传统信仰的衰落和道德的严重沦丧。作为一个知识分子，孔子认为复兴和巩固传统社会价值是他挽救周朝免于灭亡的责任和机遇。他的目标是建立一个新的社会和政治模式。通过这种模式，中国可以缓解社会混乱、各国之间的战争和道德教条的冲突，从而维持一个和谐的社会。他试图通过教育、写作和编纂中国经典来达成目标。《论语》是一部汇集他教学内容的论著。据说孔子撰写了《春秋》，还联合编纂了《诗经》《礼记》《尚书》和注解了《易经》的《十翼》。

中心主题

为了通过一个新的社会和政治模式来实现和谐的社会，孔子创立了以"仁"为核心的哲学思想，并以"义"和"礼"作为支撑。它们是孔子思想的三个核心概念，其中"仁"是统摄所有美德的最高价值 (Chen, 1987)。孔子主张和谐是中国文化之轮轴，"仁""义""礼"是车轮的三根辐条。"智"则是一个人通过学习，将"仁""义""礼"内化，从而推动和谐之轮的力量。

孔子认为"仁"是完美道德的终极理想。它是一个人禀赋发展的最高境界，根植于对他人之爱的实践。节制、耐心和毅力是达到"仁"的要素。作为诸如"恭、宽、信、敏和惠"等所有美德的综合体（《论语》，17.6），"仁"表现在两条黄金法则的实践中：（1）"己所不欲，勿施于人"（12.2）；（2）"己欲立而立人，己欲达而达人"（6.30）。"仁"要求通过彼此合作实现共同利益的善意，强调在社会互动过程彼此互惠，并指出自制和自律的重要性。孔子进一步指出，想要有效地开展这种互惠的社会互动需要"义"和"礼"。前者指行为的正确性，后者指行为的适当性。

"义"，作为"行正道"的原则，是判断一个人的行为是否合乎正义与道德的标准。它不仅为"仁"提供了一个人行为是否合乎本性的基础，也为"礼"在"仁"所编织的互惠社交网络中提供了合乎礼节的依据。有"义"的人具有"绝四：毋意，毋必，毋固，毋我"之德（《论语》，9.4）。"义"所指的正当行为并不是一个固定的原则，而是以"中"作为指导。"中"代表着"恰如其分的精神，是构成世界平衡与和谐的基础，也是人们行为的普世准则"(Chen, 2006)。换句话说，它体现了由"礼"制约的行为适应所需要的灵活性。如《论语》(11.21) 所述，当孔子被问及是否应该听后即行，孔子对子路和冉有的回答是矛盾的，因为两个弟子的家庭背景不同。因此，只有通过"义"，一个人才能在时间、空间、人物和事件所建构的情境下做出最正当的行为，从而达到社交的最佳结果。"中"这个概念在《中庸》里有详述。

与"义"相似，"礼"也制约一个人在交往中的行为。"礼"指在等级区分的社交网络中的规范，在其中个体意识到自身和社会责任。等级关系网是由"君臣也、父子也、夫妇也、昆弟也、朋友之交也"（《中庸》，20.8）构成的。孔子认为一个人要谦恭行"礼"才能达到"仁"的境界。例如：一个人要"非礼勿视，非礼勿听，非礼勿言，非礼勿动"（《论语》，12.1）。孔子还指出，一个人的行为需要与真诚的内心意图一致。根据芬格莱特的说法，人就像可塑性的器皿，通过适当的仪式将其转化为一件神圣的礼器，使人性得以绽放 (Fingarette, 1972)。在治国方面，孔子提倡"名正"以实行"礼"，因为"名不正，则言不顺，言不顺，则事不成"(13.3)。此外，"礼"的恰当性体现了它的灵活性。它由规范性规则和构成性规则组成。规范性的"礼"要求人们严格遵守既存的行为规则，而构成性的"礼"则提供人们一个创造新的礼仪形式的机会，来适应互动的语境 (Xiao, 2002)。

最后，"智"是在学习过程中获得的智慧，它是推动"仁""义""礼"构成的车轮之力。"智"是人性的体现，是知道如何以最佳方式依礼行事。因此，"智者不惑"（《论语》，9.29）是因为如前文所引，他能够"绝四：毋意，毋必，毋固，毋我"（《论语》，9.4）。孔子认为"智"乃是通过坚定的动机和全然的投入来融合态度和行动的能力，从而保证和谐之轮可以沿着人道主义之路顺利前行。对"智"的强调使孔子在其事业生涯中特别强调学习或者说教育的重要性。正如《论语》的第一句话所说："学而时习之，不亦说乎？"(1.1)。在另一本儒家著作《大学》中，对"智"的本质和实现过程做了充分的阐述。

传播伦理学的启示

孔子的伦理观深植于仁、义、礼、智的概念之中，他强调人生的价值和平等以及人与人之间的和谐关系。反映在人际交往中的儒家伦理思想，巩固了中国人交际行为的基础，为中国人的社交过程设定了一套明确的行为规范。这些规范建立在两个旨在达到和谐互动的伦理原则，即：自我约束/克制情、与彼此互惠。

自我约束是通过不断的学习或自我修养过程来实现的。因为赤裸裸的感情表现将直接威胁到和谐，客气、委婉、含蓄、就势、不针锋相对于是就成了中国人社交互动的一个特点。"互惠"建立在共同的责任和相互依存的基础上，它由"义"的社会规范来调节的，为互动各方建立"关系"和"人情"。保持良好的关系，知道什么时候"给予"和"回报"以获得面子，成了中国人交际的一种重要能力。此外，自我约束和互惠都涉及交往中的彼此互敬，因此，孔子认为在特定的层级关系网中要知道如何保护对方的尊严。

综上所述，孔子将人际交往视为一个伦理过程。他认为人是生来就有道德心的，具有感知、欣赏和尊重他人的能力。理解孔子学说为基础的对中国人的交际特点，有助于跳出西方人普遍持有的中国人含蓄、闪烁其词、捉摸不透的看法。最后，正如杜维明所指出的，儒家人道主义精神具有成为全球伦理资源的巨大潜力 (Tu, 2009)。全球化带来了一个高度相互依存的人类社会，不同文化、种族和宗教背景的人们之间，日益增多的面对面的交流已经成为人类生活的常态。我们需要一个以全球意识为基础，配有一套共同价值观念的全球伦理制度，以便为人类社会创造一个可持续的未来。孔子追求"和而不同"（论语，13.23）的人道主义概念，有可能作为构建全球公民社会的一个依据。

老子无为伦理观

身为哲人与道家的创始人，老子或李耳（公元前601—前531）出生于楚国的苦县（河南省鹿邑县），他与孔子同生在动荡不安的春秋时期（公元前770—前221年左右）。和孔子一样，老子试图恢复当时的社会秩序，但采取了截然不同的方式。他的思想保存在《道德经》中，约5000字，但却极大地影响了中国人生活的各个层面。佛教进入中国之前，道家和儒家是中国古代思想的两大支柱。

老子学说在汉代（公元前206年至公元220年）最为盛行。他的思想导致道教的建立。道家和道教都旨在追求自然无为的和谐生活方式。儒家和道家同时强调"天人合一"或"人与自然的和谐"，此为中国古代文化的核心观念。不过与孔子建立在"德"的思想不同，老子在"道"的概念上建立了自己的哲学。这种差异使道家对儒家思想产生了敏锐的批判。儒家强调积极的生活和社会秩序，道家则注重追求宁静平和的个人生活。老子的哲学由庄子继承，发展成了一个系统的道家学派，也是佛教能将其概念转化为中国人可以接受的一个桥梁，后来发展为中国禅宗。老子《道德经》和庄子《南华经》是道家两本主要著作。

"道"作为一种生活的依据在中国历史上为不同思想流派所共认的道德真理体系，但老子将其视为"一"，无名，难以描述，简朴、无形、自发、空虚、宁静、自然、永恒和柔弱的(Chan, 1963)。例如，"道可道，非常道……无名，天地之始"（《道德经》第1章）。道是无为而无所不为。"无为"并不是指没有活动，对于老子来说，它是不违背自然的行动。只有通过自然的行动才能完成任务，如"道常无为而无不为"（第37章），"道冲而用之或不盈。渊兮似万物之宗。挫其锐，解其纷，和其光，同其尘"（第4章）。也就是说，自然和无为代表了道的两个面向，前者是生命的本质，后者是生活的泉源。

老子试图在当时建立一种新的政治理念以维持和谐社会，这与孔子的思想形成鲜明对比。他批评儒家"仁""义""礼"和"智"的主张，认为它们是造成社会混乱的原因。正如老子所说，"绝圣弃智，民利百倍；绝仁弃义，民复孝慈"（第19章），"大道废，有仁义"（第18章）。

中心主题

道的概念有助于老子在他所处的时代构建实现和谐社会的理想。根据 Chen and Holt (2002) 的观点，老子主要使用"水"作为隐喻，将形而上学的"道"转化为适用于社会和行为层面的伦理体系。水的特性是柔弱的，但它"柔之胜刚"（第78章）。水是近于道的最高善德，因为"上善若水。水善利万物而不争"（第8章）。老子以水喻道，提出了两个关键概念来体现道的意义，即"致虚"和"柔弱"。"致虚极，守静笃，万物并作，吾以观复。夫物芸芸，各复归其根。"（第16章）通过回归宁静来致虚，因为"反者，道之动"（第40章）。对老子来说，"无为而无不为"（第48章），"无为"就是致虚极之道。

例如，在治理国家时统治者若采取过多的行动，往往会导致灾难，难以统治人民。无为有助于统治者避免过度的行动，因此虚伪性的社会的和政治的制度不会出现。更具体地说，从社会和行为层面来看，"无为"乃是通过"无欲"和"无身"得以实践的 (Chen & Zhong, 2000)。

有欲指常带来灾难的有目的性的行动。"祸莫大于不知足，咎莫大于欲得，故知足之足，常足矣。"（第46章）无欲能带来简朴和安宁的生活，老子认为这是维持和平世界的一种方式。为了构建一个和谐的社会，人们应该遵循中庸之道，远离那些令人眼盲、耳聋、食不知味、心灵发狂与囤积居奇的过度行为的生活方式。"无欲"还使老子成为一个坚定的反战倡导者，道家崇尚不使用武器、武力和暴力。想要实现这个理想则须"小国寡民，使有什伯之器而不用"（第80章），在这样的社会状态下，人们不会冒着生命危险迁移远方，而"甘其食，美其服，安其居，乐其俗"（第80章）。

"无身"指生活中没有自我意识，不过于沉迷肉体的享受。老子指出，天、地、与圣人能永垂不朽，因为他们无私，不为自己而活。"无身"并不是因为没有个人利益，而是因为把私利放在一边，因此也得到个人利益。这进一步证明了"是以圣人自知不自见；自爱不自贵"的重要性（第72章）。

最后，"柔弱"是老子用来阐释"道"的功能的第二个概念。正如他所提到的，"弱者，道之用"（第40章），"道"像水一样，因为它的柔弱，所以又是如此的坚强。柔弱表现在"处下"和"不争"，如"强大处下，柔弱处上"（第76章）所示，这表明为了实现和谐的目标，应采取如水一样的处下，不竞争、被动、退让和谦卑的方式。在个人修养方面，人们也需要经由不争名利的方式来"弱其志"（第3章）。

传播伦理学的影响

老子的伦理体系深深植根于"道"，彰显了人与天地之间因和谐而带来的价值与平等。虽然老子和孔子都信仰"天人合一"，但老子注重人与自然的合一，孔子则强调社会关系的维系。此外，孔子提出仁、义和礼的行为规则，老子则使用辩证性的方法来处理这些概念，即"反者，道之动"（第40章），如"知其雄，守其雌……知其白，守其黑……知其荣，守其辱"（第28章）。老子的这种辩证论述导致了社交和军事行动中战策沟通和运用的发展，因此往往被误解为是一种不道德的思想与行为。不过学者们普遍认为儒家和道家是中国文化的一体两面，儒家思想代表阳或光明的一面，道家则代表阴或阴暗的一面。要完全理解中国人的交往行为，需要同时了解儒家和道家的伦理思想。

总而言之，老子的伦理体系植根于他的三宝："一曰慈，二曰俭，三曰不敢为天下先"（第 67 章）。他认为勇敢来自仁慈与同情心的表现；慷慨来自节俭；要成为领袖必须能身居人后。"无为"则是实现这宝的利器。

最后，老子的伦理观有两个重要论点可以为现代人类社会做出贡献。首先，道家人与天地参的无私伦理观可以用来诠释"我"与"他者"之间的关系 (Chen, 2009)。如庄子《南华经》所示，"天地与我并生，而万物与我为一"（《庄子·齐物论》)，给予了个人一个超越了以自我为中心的全然的自由。这种以无私建立的自我身份的灵活性，可以促进全球社会中不同文化背景的人们的和平共处。其次，老子强调人与自然的和谐关系，对现代社会的环境保护具有重要意义。老子敦促人们要了解自然法则，与自然和谐相处，并对现有的物质生活感到满足。他相信"知常曰明，不知常，妄作，凶"（第 16 章），"知和曰常"（第 55 章），"知足不辱，知止不殆"（第 44 章）。Han 认为，老子的"道"与当今生态平衡、适度扩张和人类社会的可持续发展具有相互辉映与互补的作用 (Han, 1991)。

参考文献

Chan, W-T. (1963). *A source book in Chinese philosophy*. Princeton, NJ: Princeton University Press.

Chen, D. (1987). *Confucius thoughts*. Taipei: Cheng Chuong,

Chen, G. M. (2006). Asian Communication studies: What and where to now. *The Review of Communication*, 6(4), 295-311.

Chen, G. M. (2009). On identity: An alternative view. *China Media Research*, 5(4), 109-118.

Chen, G. M., & Holt, R. (2002). Persuasion through the water metaphor in Dao De Jing, *Intercultural Communication Studies, 11*(1), 153-71.

Chen, G. M., & Zhong, M. (2000). Dimensions of Chinese compliance-gaining strategies," *Human Communication, 3*, 97-109.

Fingarette, H. (1972). *Confucius – The secular as sacred*. New York: Harper.

Han, Z. (1991). Laozi's thoughts and environmental protection. In R. Ge (Ed.), Culture and modern civilization (pp. 183-205). Beijing: Renmin University Press.

Tu, W-m. (2009). Confucian humanism as a spiritual resource for global ethics.

Peace and Conflict Studies 16(1), Article 1.

Xiao, Xiaosui. 2002. Li: A dynamic cultural mechanism of social interaction and conflict management. In *Chinese conflict management and resolution* (pp. 39-49). G. M. Chen & R. Ma (Eds.). Westport, CT: Ablex.

原 文 出 处：Chen, G. M. (2018). Communication ethics: Confucius. In R. C. Arnett, A. M. Holba, & S. Mancino (Eds.), *An Encyclopedia of Communication Ethics* (pp. 101-105). New York: Peter Lang.（译者：林凯，厦门大学新闻传播学院博士）

Chen, G. M. (2018). Communication ethics: Laozi. In R. C. Arnett, A. M. Holba, & S. Mancino (Eds.), *An Encyclopedia of Communication Ethics* (pp. 273-277). New York: Peter Lang.（译者：王婷，厦门大学新闻传播学院博士研究生，贵州师范大学国际教育学院讲师）

《道德经》中以"水"为喻的说服观

前言

道家作为中国三大思想体系之一，与儒家和佛教已成为中国人生活的一部分，而且也深刻地影响了东亚文化。事实上，由于中国传统哲学中的大多数主要概念都源于道家，一些学者（e.g., Chen，1999）认为，以老子和庄子为基础的道家哲学实际上是中国哲学的主流。道家不仅在范围和深度上超越了儒家思想，而且也是佛教融入中国文化的一个桥梁。

道家对中国人生活的影响不仅在于它所具有的历史的地位，Ge（1991）和 Nagel（1994）认为，道家至今仍然是理解当代中国文化的关键，包括日常生活、医疗实践、个人修养、气功、文学精神、建筑、绘画、企业管理、军事战略、农业方法与环境保护。由于其特有的自然主义和人文主义倾向，道家是"中华文明的重要组成部分"（Chan，1963，p.3）。道家思想可说是"深入每个中国人的心中 …… 每个中国人的体内或多或少都含有老子的细胞"（Yu，1989，p.1）。因此，了解道家及其对东亚文化的影响是实现东西方之间跨文化理解的重要途径。

在文学、哲学和宗教领域有许多关于道家哲学的研究。研究传播的学者也已经开始为探索道家提供新的视角，特别是从修辞的角度，为传播的本质提供一个新的见解（Combs，2000，本期；Crawford，1996,1997, in press；Holt, in press；Holt, Chang, & Steingard，1990；Holt & Steingard，1990；Jensen，1987,1992；Lu，1998，本期；Oliver，1961；Xiao，本期）。本文将继续拓展前人的研究，并通过考察老子在《道德经》中以"水"喻道作为一种说服方法，以此来重塑对社会生活的认识。

隐喻

隐喻是象征形式中最基本的一种。隐喻语言与字面用法不同，因为它假设"字面上与一个对象相关的术语可以转移到另一个对象……目的是实现一个新的、更广泛的、'特殊的'或更精确的含义"（Hawkes，1972，p. 2）。广义而言，隐喻只是一个语言过程，是就通过一个事物的比拟而得知其他事物。根据 Bednar and Hineline（1982）的观点，隐喻有三个主要功能：表达、对感知的影响和学习。隐喻作为表达的语言工具，是传达、联系和阐述预期意义的有力手段。隐喻"通过为语言提供了灵活性、可表达性和扩展性增强了文字的表述力达"（Billow，1977，p. 81）。

隐喻作为一种语言工具，也影响了我们的感知以及如何看待世界。它是一种观察和理解的方式（Loewenberg，1975）。隐喻通过对复杂世界提供有目标、焦点和参考标准性的感知与阐释来指导和整合人类经验（Boyd，1979；Hawkes，1972）。Brown（1976）和 Morgan（1980）指出，隐喻不仅建构成了本体的形象与认识焦点，而且还重构并创造了对本体新的认知。这种感知—重构过程"挣脱了旧与约定成俗的解释，突破了传统思维和行为模式的制约"（Bednar & Hineline，1982，p. 12）。

Hawkes（1972）指出，隐喻是学习过程的重要组成部分，可以呈现、保留、回忆和扩展信息和知识。它是"捕捉和处理可感知并存在事物"的一种工具（Morgan，1980，p. 610）。学习功能在于确认、验证、制裁、认可和认证特定的思想和行为，并进一步"建立一个信仰和情感的特定结构"（Edelman，1971，p. 61）。

Edelman（1972）利用隐喻的上述功能来解释政治事件，他认为隐喻"可以通过群众来创造共同的意义、感知和确认，以发挥关键性的作用"（p. 65）。因此，政治语言的象征使用可以有效提高修辞说服力。Martin and Martin（1984）指出，一个有说服力的政治隐喻可以制造共识、与群众说理以及强化符号形象和创造参与角色。

通过对《道德经》的考察，可以看到老子扮演了一个有效的修辞者角色。他以"水"喻"道"，认为道是改变混乱社会环境的最佳途径，因此"道"成了用来说服读者的一个基本概念。通过《道德经》"水"的比喻，老子传达了"道"的意义，帮助人们从突破当时既存语言的禁锢，感知到纷繁复杂的社会环境（Holt，已出版）。老子不仅用"水"的隐喻来显示修辞功能与创造"道"的统一形象，而且还成功地制造了一种用来处理当时与后来社会紊乱动荡的政治和哲学信仰。从这个意义上讲，"水"成为一个"根喻"（root metaphor），经由它，一整套关于"道"

的系统论述于是出现（Allan，1997）。水作为道的类比，将道化为一个更具体和可理解的概念，并在社会和社会行为层面发挥作用。因此，"水"作为一种经验上可观察到的现象，帮助人们适切地掌握了《道德经》的中心思想。本文旨在分析在《道德经》老子如何以"水"喻"道"，以达到说服目的的过程。

其人、其书和"道"

虽然历史学家无法完成证实有关老子和《道德经》的记载，但大致认为老子是周朝都城洛阳守藏室内任史（Chan，1963）。《道德经》最初被称为《老子》，创造于战国后期（公元前 403—前 222）。它在两汉时期（公元前 206 年—前 8 年）被命名为《道德经》，成为中国哲学的经典之作。《道德经》不同版本的字数不一，但大约在 5227—5722 字之间，俗称"老子五千言"。此书分为两部分：1—37 章为《道经》，38—81 章为《德经》。

《道德经》被认为是一本神秘主义的书，因为它认为"道"是无法通过言语来表述与理解的，它也涉及如本体论、伦理学和宇宙论等哲学问题（Blakney，1983；Huang，1981）。此书主要将"道"视为宇宙的本体，并描绘了"道"在人类生活中的应用（Chang，1966；Fang，1981；Lao，1991）。

"道"是大多数中国传统哲学流派的基本概念。其原来的意义是"道路"，意指社会和道德意义被喻为一条道路，后来演变成方法、真理、原则和本体（Chan，1963；Watts，1975）；但是老子进一步把"道"的意义扩展到形上学的范畴。如 Fung（1983）所言，在《道德经》里老子"……给'道'赋予了隐喻意义。也就是说，宇宙的形成必须具有一个生成万象的第一原则，这就是'道'"（p. 177）。Fung（1981）指出，《道德经》试图从本体论、宇宙生成学、现象学和特征论四个视角来勾勒出"道"的意义。

在本体论上，"道"是包括天地的一个莫测高深的统一体，是万物的根本，大而无方、无名无言、无止无始。正如老子所说，"道可道，非常道；名可名，非常名。无名，天地之始，有名，万物之母"（第 1 章）。"道"的虚无莫测高深，使它取之而不尽。"道冲而用之或不盈，渊兮似万物之宗。挫其锐，解其纷，和其光，同其尘。湛兮似或存，吾不知谁之子，象帝之先。"（第 4 章）它是万象的起源："可以为天下母。吾不知其名，字之曰'道'。"（第 25 章）

在宇宙生成学上，"道"发挥着无所不在的功能，通过存在于虚空的超越性与在动态的转化过程释放强大的能量。"道"是宇宙无所不包、自发生成的原则。它的精神就像一条不在山谷中奔流不息的河川。"谷神不死，是谓玄牝，玄牝之门，是谓天地根。绵绵若存，用之不勤。"（第 6 章）"道"深邃难以捉摸，但它构成了宇宙的本质：

> 道之为物，惟恍惟惚。惚兮恍兮，其中有象；恍兮惚兮，其中有物。窈兮冥兮，其中有精；其精甚真，其中有信。自古及今，其名不去，以阅众甫。吾何以知众甫之状哉？以此。（第21章）

此外，老子认为"道"的变化是朝着常规相反方向运动；如第40章所述柔弱反而是一种力量："反者，道之动；弱者，道之用。"从现象学的角度来看，在一方面，"道"的自然属性以它本身固有的永恒形式来表达。Fang（1981）指出，"道"的自然属性包括其不可分割的特征；无为而成；无名无功，万物之始；功成不居；辅万物之自然，而不敢为。例如，"道常无为而无不为"（第37章）；并且"道隐无名。夫唯道善贷且成"（第41章）。"道生一，一生二，二生三，三生万物。万物负阴而抱阳，冲气以为和。"（第42章）

另一方面，老子认为"道"具有大、深、虚、隐、静、无名、无形和不可测等属性。所有这些属性都可以通过一个人的主观意识和语言的运用来认知其意义。"视之不见名曰夷，听之不闻名曰希，搏之不得名曰微。此三者不可致诘，故混而为一。"（第14章）事实上，由于其无所不在及其作为万物之源的属性，"道"是难以形容和无名的，它只能被感知。

虽然无名的"道"既朴又微，但却是无可克之的。"道常无名，朴虽小，天下莫能臣也。"（第32章）"道"无法被攻克的另一个原因是没有任何东西可以和它比拟，"天下皆谓我道大，似不肖。夫唯大，故似不肖。若肖，久矣其细也夫"（第67章）。

最后，从特征论的角度来看，"道"的至善体现在圣人的正直特性。圣人具有"道"的完善精神，因此成了臻民于至善的人类社会的典范，"是以圣人抱一，为天下式"（第22章），"为而不恃，功成而弗居……是以圣人为而不恃，功成而不处，其不欲见贤"（第77章）。"道"在圣贤中的体现也表现在下面一章：

> 是以圣人处无为之事，行不言之教，万物作焉而不辞，生而不有，为而不恃，功成而弗居。夫唯弗居，是以不去。（第2章）

综上所述，根据老子在《道德经》中的论述，"道"是"宇宙的循环与动态的实体。道似空而实，静而动；它包含时空以及精神和物质的属性；它创造与制约万物的活动"（Chang, 1977, p. 27）。

水的隐喻与"道"的统一形象

在中国历史上，东周战国时期的特点是人与人之间不断的斗争、贪婪和不满。老子和其他哲学家一样，试图经由社会改革来发展一个理想的国家。在老子看来，理想国家是小而简朴孤立的：

小国寡民……使人复结绳而用之。甘其食，美其服，安其居，乐其俗。邻国相望，鸡犬之声相闻，民至老死不相往来。（第80章）

为了实现这一目标，老子以"道"的形上观建立了一个具有三重目的之哲学体系：（1）谴责统治者的残暴；（2）教育和说服人们来理解社会的困境；（3）为实现理想社会提出改革建议（Liu, 1970；Wang, 1991）。老子是如何将"道"的意义从形而上转化到社会行为的层面，以达到这三个改造社会的目的呢？ Xiao在本期指出，《道德经》话语的修辞建构主要由否定、悖论和类比／隐喻三种互补的方法所构成。其中，隐喻是中国古典文学和历史文本中反复使用的一种修辞手法。隐喻的使用在《道德经》尤为常见，因为《老子》试图将"道"具体化，使之通俗易懂。

虽然老子使用了几个对"道"的有效比喻，包括婴儿、女性、山谷和未雕琢之石（Chan, 1963，p. 13)，但其中用得最灵活有力的以水喻道："上善若水。水善利万物而不争，处众人之所恶，故几于道"（第8章）。另外，"譬道之在天下，犹川谷之于江海"（第32章）；"大道泛兮，其可左右，万物恃之而生而不辞"（第34章）。正如Chan(1963)所言，"以水喻道可说是老子最成功的象征使用"(p. 113)。

老子在《道德经》使用了三个概念以水喻道来统一"道"的形象：致虚、用柔以及处下和不争。

致虚

老子认为，"道"的最高境界是"致虚极"（第16章），它是生命的源泉，如在不同章节都有提到，"是以圣人之治，虚其心"（第3章）；"道冲而用之或不盈"（第4章）；"大成若缺，其用不弊：大盈若冲，其用不穷"（第45章）。

致虚意味着通过守静回到根本（Chan, 1963；Chang, 1977）。例如，"致虚极，守静笃，万物并作，吾以观复。夫物芸芸，各复归其根"（第16章）；也就是"反者，道之动……天下万物生于有，有生于无"（第40章）。

老子建议效法水以达到"虚"的境界，因为水像"道"一样，具有"虚""有用""无私""不竭""不争"等属性。"上善若水。水善利万物而不争，处众人之所恶，故几于道"（第8章），而且"万物恃之而生而不辞，功成不名有，衣养万物而不为主……以其终不自为大，故能成其大"（第34章）。"道德经"提出致虚的三个方法：无为、无欲与无身。这三个概念都可从以水喻道来理解。

无为。老子认为，统治者有目的的行为常常给国家带来纷争。太多的行为违反了自然规律，有损百姓和社会："天下多忌讳，而民弥贫；民多利器，国家滋昏；人多伎巧，奇物滋起；法令滋彰，盗贼多有"（第57章）。此外，"民之难治，以其上之有为，是以难治"（第75章）。因此，"不知常，妄作，凶"（第16章），"为者败之，执者失之"（第29章）。知识导致以人为计的社会和政治制度来满足人类的欲望。虽然这些制度规范着人类的生活，但其有目的的行为却违反了宇宙的自然规律，带来危害与导致灾难。讽刺的是，社会制度不是秩序而是混乱的来源，往往产生了与预期相反的结果（Fung, 1983）。

要纠正有为所带来的问题，就必须实践"无为"，不采取有目的的、过度的行动，正如《道德经》这几章所言，"是以圣人处无为之事，行不言之教"（第二章）；"将欲取天下而为之，吾见其不得已。天下神器，不可为也"（第29章）；"吾是以知无为之有益。不言之教，无为之益，天下希及之"（第43章）；以及"取天下常以无事"（第48章）。

老子的无为并不是指的"什么都不做"，相反地，它像水一样遵循着自然规律，"人法地，地法天，天法道，道法自然"（第25章）。Wang（1971）称无为是"至善且有秩序的运动"(p. 4)。自然的行动（即无为）最终促使任务的完成，"为无为，则无不治"（第3章）；"功成事遂，百姓皆谓我自然"（第十七章）；"道常无为而无不为"（第三十七章）。在这些情况下，行动者就像水一样自然地流动着，无为但却能完成重要的任务，就像水一样，自然地流着，但却同时清洁了一切污垢，滋养和培育着万物（Li, 1992）。

Chang (1977) 则认为老子的"无为"实际上是在鼓励人们行动。例如，老子说："上士闻道，勤而行之"（第41章）；"知其白，守其黑，为天下式……知其荣，守其辱，为天下谷"（第28章）；"将欲歙之，必固张之；将欲弱之，必固强之；将欲废之，必固兴之；将欲夺之，必固与之"（第36章）；"天下难事必作于易"（第63章）。这些如"练习""保持""扩大""加强""促进""给予""准备"和"处理"等表达都表示有为。只不过老子强调这些行为必须像流水一样自然，不留痕迹："善行无辙迹，善言无瑕谪，善数不用筹策，善闭无关楗而不可开，善结无绳约而不可解"（第27章）。水洗能涤万物，它利万物，但从来不索取回报 (Li, 1992)。

无欲。欲望是导致灾难的有目的絜矩性的行为，"五色令人目盲，五音令人耳聋，五味令人口爽，驰骋畋猎令人心发狂"（第 12 章）；"祸莫大于不知足，咎莫大于欲得"（第 46 章）。因此，《道德经》教导一个人要减少私欲。当人无欲无求时，道的目的就达到了："不欲以静，天下将自定"（第 37 章）；"我无欲而民自朴"（第 57 章）。

老子认为知足是减少欲望的主要途径。他教导人们要学会"知足"，因为名誉、财富和个人利益的斗争对社会和政治来说都是一种祸害。知足意味着知道何时何地停止行动。虽然知足可能会产生消极的影响，例如阻碍前进和进步，但它不等于放弃 (Chan, 1963)。如老子所言："知足者富"（33 章）；"知足不辱，知止不殆，可以长久"（第 44 章）；"故知足之足，常足矣"（第 46 章）。

知足类似于儒家的中庸之道，中庸之道的基础是抛弃"去甚，去奢，去泰"（第 29 章）与"挫其锐；解其分，和其光，同其尘"（第 56 章）。老子将这种状态描述为"玄同"，即存在与道融合为一个和谐的状态，所有的区别和差异都被完全消除 (Chan, 1963)。"道"生万物而无所拥有，这再一次以水的形象得到了最好的说明。水无怨无悔地居处于下，造福众生，而且不妄自尊大。

另一个减少欲望的方法是反对战争。老子说国与国之间的战争是战国时期最不道德的行为。战争源于人类对名利的欲望，避免战争自然会减少欲望；因此，老子反对使用武器 (Wang, 1971)。在战国这样一个混乱征伐的时期，一个国家可以保留军事和武器，但它们只能用于防御目的，"虽有甲兵，无所陈之"（第 80 章）。老子继续说："以道佐人主者，不以兵强天下，其事好还。师之所处，荆棘生焉。大军之后，必有凶年"（第 30 章）；"夫佳兵者，不祥之器。物或恶之，故有道者不处……不得已而用之，恬淡为上"（第 31 章）。无欲的特性就像水的本性一样，使万物受益而不与之竞争，从而防止战争的发生。

无身。"无身"不是无视或毁坏自己的身体，而是指没有意识到自我的存在与重要性。老子不认为身体是邪恶的，而是建议要谨慎对待身体以避免自私 (Chan, 1963, Chang, 1988)。因此，老子一方面强调无私的重要性，"天长地久。天地所以能长且久者，以其不自生，故能长生"（第 7 章）；"贵大患若身？吾所以有大患者，为吾有身，及吾无身，吾有何患"（第 13 章）。

另一方面强调热爱生命的重要性，"……不厌其所生。夫唯不厌，是以不厌。是以圣人自知，不自见；自爱，不自贵"（第 72 章）。此外，懂得热爱生命的人也懂得如何好好地维持生命，"盖闻善摄生者，陆行不遇兕虎，入军不被甲兵"（第 50 章）。老子又认为，人们应该遵循水忘我无私的自然法则来热爱生命。

用柔

老子不仅把柔弱看作道的功能，而且主张"柔弱胜刚强"（第三十六章）。水的性质说明了这一点，"天下莫柔弱于水，而攻坚强者莫之能胜……天下莫不知"（第78章）。老子进一步用另一个例子来支持这个论点：

人之生也柔弱，其死也坚强。

故坚强者死之徒，柔弱者生之徒。强大处下，柔弱处上。（第76章）

由于水是柔弱的，因此它是最好的学习榜样。水能改变一切，但不是靠人为而是柔弱的力量来达到目标的。通过水的属性，老子在《道德经》把"柔弱"运用于生活的四个方面：个人修养、解决问题、治理国家、军事战略（Chang, 1977）。

个人修养。以"柔弱"修身，社会可以得到安宁。老子说："揣而锐之，不可长保"（第9章）。因此，人们在被动的情况下，应该"弱其志"（第3章），效仿刀的"挫其锐，解其纷，和其光"（第4章），而在主动的情况下，应该"专气致柔，能婴儿乎"（第10章）。进入纯粹自然状态的策略，就像婴儿一样，则是"知其雄，守其雌，为天下溪。为天下溪，常德不离，复归于婴儿"（第28章）。

解决问题。"柔弱胜刚强"的原则也被用来解决社会交往过程中出现的问题。通过使用负力（即柔弱）来对待正力（即刚强）是"超越矛盾律"的一个好例子（Wang, 1971）。例如，老子指出："将欲歙之，必固张之；将欲弱之，必固强之；将欲废之，必固兴之；将欲夺之，必固与之"（第36章）。这一普遍原则的基础是"物极必反"的转换（Fung, 1983, p. 182）。但这一原则的适用性建立在适时适地的基础之上。换句话说，它必须合乎"道"，"道"法自然，而且像水一样，柔弱而胜刚强。

治理国家。有效的国家治理应该像水一样能够处下，因为"大国以下小国，则取小国；小国以下大国，则取大国"（第61章）。此外，统治者应该重视舆论而非自己的看法；应该以水为师，保持弹性，避免僵化有如"圣人无常心，以百姓心为心……圣人在天下歙歙，为天下浑其心"（第49章）。最后，以道辅佐统治者也需要知道不以强兵服人之理，因为"以道佐人主者，不以兵强天下，其事好还……物壮则老，是谓不道，不道早已"（第30章）。

军事战略。老子强烈反对使用武器。然而，当战争不可避免时，武器的使用必须小心谨慎，因为"夫慈，以战则胜，以守则固"（第67章）。对老子来说，这种慈爱不仅适用于自己的人民，也适用于自己的敌人。"善战者不怒，善胜敌者不与"（第68章）。老子引用了以下古训来进一步强化他对战争中的仁慈原则：

用兵有言："吾不敢为主而为客，不敢进寸而退尺是谓行无行，攘无，执无兵，扔无敌……故抗兵相加，哀者胜矣"。（第六十九章）

毫无疑问地，这一原则反映了老子在《道德经》中反复强调的主题："守柔曰强"（第 52 章），这一原则完全符合了水的本性。

处下 / 不争

在《道德经》中，老子用水来说明生命的掌握是通过服从来实现的。这就是水"处众人之所恶，故几于道"（第 8 章）的原因；还有"大国者下流，天下之交"（第 61 章）；"江海所以能为百谷王者，以其善下之"（第 66 章）。这些都表现了老子强调服从，并在事情发生之前就培养一种谦虚的态度来谨慎地准备行动，"为之于未有，治之于未乱。合抱之木，生于毫末；九层之台，起于累土；千里之行，始于足下"（第 64 章）。因此，保持低调就是提升自己的手段；从小事做起，成就大事，"故贵以贱为本，高以下为基"（第 39 章）。此外，"图难于其易，为大于其细。天下难事必作于易，天下大事必作于细，是以圣人终不为大，故能成其大"（第 63 章）。

处下也指不争。老子的"道"体现在水不竞争的特性，"上善若水"（第 8 章）。他把不争作为《道德经》中提出的三个法宝之一："我有三宝……三曰不敢为天下先……不敢为天下先，故能成器长。"（第 67 章）不争也可以作为行为的指南，"圣人之道，为而不争"（第 81 章）。因此，通过不争可以自然地达到需要利用竞争的方法才能达到的目标，"夫唯不争，故天下莫能与之争"（第 22 章）；"天之道，不争而善胜"（第 73 章）。《道德经》中有两种类型的不争：不追逐名利和不争利益。

不追逐名利。老子认为"道"的追随者应该隐藏自己的才华，生活在一种类似避难或退休的状态中。老子通过常用的"处下"的概念来表达这个观点，"故致数舆无舆。不欲琭琭如玉，珞珞如石"（第 39 章）。如果人们记住了这点而"不尚贤"（第 3 章），那么人们就不会相互竞争，而且"绝圣弃智，民利百倍"（第 19 章）。这一做法与西方传统的修辞学大相径庭，西方传统的修辞学认为渊博的知识和超群的演讲技巧是美德的根基。

老子虽然肯定了绝圣弃智的积极作用，但并不是要否定智慧。他说："正言若反"（第 78 章），基于这一原则，我们知道智慧是"道"的一个重要属性。但是，我们必须记住，智慧在《道德经》中有着特殊的意义。在大多数哲学思想中，智慧是通过精妙的语言和曲折委婉的表达来获得的。对老子来说，这种"智慧"不是让人更接近而是史远离了真理。要能真正达到说服的目的，智慧必须像无私与不争的水一样。圣人不需要通过辩论来发现与建构真理，因为自然无为即是真理，它已经而且永远存在那里。因此，圣人不需要对知识建立个人主张，"是以圣人为而不恃，功成而不处，其不欲见贤"（第 77 章）。

不争夺利益。人们常常也为了名誉和利益而相争。争利比争名显然更不光彩，但人们为什么还这么做呢？老子认为，这是因为社会重视稀有之物与鼓吹物欲，"难得之货令人行妨"（第 12 章）；"是故甚爱必大费，多藏必厚亡"（第 44 章）。消除争利的动机是达到社会理想状态的一个好方法，因为如果人们学会"绝巧弃利"，社会就会"盗贼无有"（第 19 章）。"绝巧弃利"类似 Feng (1989) 提出的与说服过程相关的"放弃聪明睿智"。巧言妙思对说服而言是不必要的，它甚至会使人偏离真理。与其把精力集中在获取人为的名利，不如像水一样处下无争流动无碍的育养着万物。

结论

以上分析显示，隐喻是老子《道德经》所运用的一种有效而且有力的用来阐明"道"之意义的工具。"道"是老子形上学论述的基本概念，老子把道描述为无名无实、捉摸不定、深不可测、无处不在、深奥玄妙和无形无状。不过和他那个时代的哲学家一样，老子的目的是要经由改革社会把社会带到一个理想的状态。为了达到这个目的，老子必须将道的形而上意义转化为一套易于理解的概念，并能够说服统治者和人民按照他的原则行事。为此，老子以水作为隐喻，把形而上的"道"转化成一个更容易理解与实践的概念。更具体地说，《道德经》以水喻道来联系生活层面"致虚""柔弱""处下 / 不争"等浅显的原则。图 1 总结了这个转化程。

分析还表明，正如 Lu（在本期中）所言，修辞实践在亚洲早已存在，亚洲修辞往往具有道德性和含蓄性 (Garrett, 1991；Jensen, 1992)。Lu(1998) 的研究证实了这一观点。因此，西方学者的批评（例如，Becker, 1986；Oliver, 1971）认为中国人缺乏修辞传统的说法是不成熟的。虽然老子不提倡在人际交往中使用劝导性的信息，但《道德经》本身就是一种有效的修辞劝导工具的典范，是将隐喻作为一种语言表达工具，是一种传达和阐释形而上学概念意图意义的有力手段。

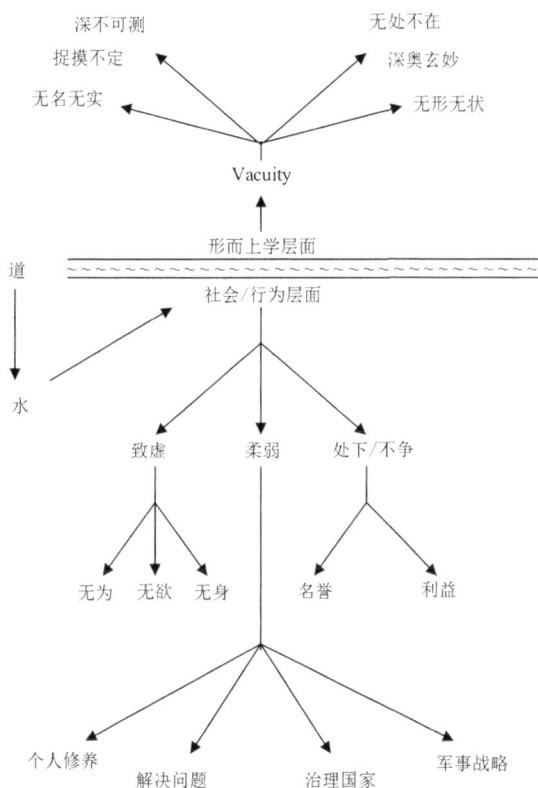

深不可测　　　　　　　无处不在
捉摸不定　　　　　　　深奥玄妙
无名无实　　　　　　　无形无状

Vacuity

形而上学层面

道

社会/行为层面

水

致虚　　　柔弱　　　处下/不争

无为　无欲　无身　　名誉　　利益

个人修养　　解决问题　　治理国家　　军事战略

图1：以水喻"道"

老子以水作为隐喻，不仅使读者能创造共享的意义来构建了一个统一的"道"的形象，而且说服人们以一种新的思维来更清楚地看到社会的真实情况。老子的《道德经》作为一个具有说服力和成功的修辞著作，继续对中国和其他东亚文化产生重大的影响。两千多年来，中国的风俗习惯、形上哲学、政治行为、艺术和文学都深深地带着道家的烙印 (Kim 1973；Lin, 1948；Liu, 1970)。《道德经》在修辞和交际方面是值得进一步研究的。

参考文献

Allan, S. (1997). *The way of water and sprouts of virtue*. Albany, NY: State University of New York Press.

Bednar, D. A., & Hineline, J. (1982). *The management of meaning through metaphors*. Paper presented at the Academy of Management, New York.

Becker, C. B. (1986). Reasons for the lack of argumentation and debate in the

Far East. *International Journal of Intercultural Relations, 10*, 75-92.

Billow, R. M. (1977). A review of the psychological literature. *Psychological Bulletin, 84*, 81-92.

Blakney, R. B. (1955). *The way of life: Lao Tzu.* New York: New American Library.

Boyd, R. (1979). Metaphor and theory change: What is "metaphor" for. In A. Ortony (Ed.), *Metaphor and thought* (pp. 356-408). Cambridge, England: Cambridge University.

Brown, R. H. (1976). Social theory as metaphor: On the logic of discovery for the science of conduct. *Theory and Society, 3*, 169-197.

Chan, W.-T. (1963). *The way of Lao Tzu.* Indianapolis, IN: The Bobbs-Merrill.

Chang, C. C. (1966). *Lao Tzu.* Taipei: Shieh Chi.

Chang, C. C. (1988). *Taoism wisdom and modern civilization.* Taipei: Shen Wu.

Chang, Y. M. (1977). *The thoughts of Lao Tzu.* Taipei: Li Ming.

Chen, G. Y. (1999). *A new perspective to Lao Tzu and Chuang Tzu.* Taipei: WuNan.

Combs, S. C. (2000). Explorations in Daoist rhetorical criticism: Deeper meanings in *A Bug's Life* and *Antz*. In T. Suzuki, Y. Yano, & T. Kato (Eds.), *Proceedings of the 1st Tokyo Conference on Argumentation* (pp. 24-31). Tokyo: The Japan Debate Association.

Combs, S. C. (in this issue). The Tao of Rhetoric: Revelations from *The Tao of Steve, Intercultural Communication Studies, 11*.

Crawford, L. (1996). Everyday Tao. *Communication Studies, 1996, 1&2*, 25-34.

Crawford, L. (1997). Conflict and Tao. *The Howard Journal of Communications, 8*, 357-370.

Crawford, L. (in press). Six ideas, interpersonal conflict, and philosophical Taoism. In G. M. Chen & R. Ma (Eds.), *Chinese conflict management and resolutions*. Stamford, CT: Ablex.

Fang, T. H. (1981). *Chinese philosophy: Its spirit and its development.* Taipei: Linking.

Feng, G.-F., & English, J. (Trans.). (1989). *Tao Te Ching*/Lao Tsu. New York: Vintage Books.

Fung, Y. L. (1983). *A history of Chinese philosophy.* Princeton, NJ: Princeton

University.

Garrett, M. (1993). Classical Chinese conceptions of argumentation and persua-sion. *Argumentation and advocacy*, 29, 105-115.

Ge, R. J. (Ed.) (1991). *Taoism and modern civilization*. Bejing: Chinese People University Press.

Holt, R. (in press). A small country with few people: Metaphors from Taoism and the modification of mediator behavior. In G. M. Chen & R. Ma (Eds.), *Chinese conflict management and resolutions*. Stamford, CT: Ablex.

Holt, G. R., Chang, H.-C., & Steingard, D. (1990). Taoism and the metaphoric analysis of international dispute mediation. In F. Korzenny & S. Ting-Toomey (Eds.), *Communicating for peace* (pp. 118-135). Newbury Park, CA: Sage.

Holt, G. R., & Steingard, D. (1990). The merely-known mediator: Taoism and the metaphoric analysis of mediator behavior in divorce and custody mediation. *Mediation Quarterly*, 7(3), 251-284.

Jensen, J. V. (1987). Rhetorical emphases of Taoism. *Rhetorica, 5*, 219-29.

Jensen, V. (1992). Values and practices in Asian argumentation. *Argumentation and advocacy 28*, 155-166.

Huang, K. W. (1981). *An investigation of Taoism philosophy*. Taipei: Hsin Sen Fen.

Kim, Y. C. (1973). *Oriental thought: An introduction to the philosophical and religious thought of Asia*. Totowa, New Jersey: Rowman & Allanheld.

Lao, S. K. (1991). *The history of Chinese philosophy*. Taipei: San Min.

Lee, Y.-R. (1992). *The interpretation of Tao Te Ching*. Taipei: Lan Den.

Lin. Y.-T. (1948). *The wisdom of Lao Tzu*. New York: The Modern Library.

Liu, B. C. (1970). *The philosophy of Lao Tzu*. Taipei: Huan Chiou.

Liu, K. J. (1991). The outline of Lao Tzu's thoughts. In C. F. Shiao & S. Luo (Eds*.), Chuon Miao Chi Men: an exploration of Taoism* (pp. 24-34). Hu Nan: Hun Nan Education.

Loewenberg, I. (1975). Identifying metaphors. *Foundations of Language: International Journal of Language and Philosophy, 12*, 315-338.

Lu, X. (1998) *Rhetoric in ancient China, fifth to third century B.C.E: A compari-son with classical Greek rhetoric*. Columbus, SC. University of South Carolina Press.

Lu, X. (in this issue). Chinese Political Communication: Roots in Tradition and

Impacts on Contemporary Chinese Thought and Culture. *Intercultural Communication Studies, 11.*

Martin, D. R., & Martin, V. G. (1984). Barbara Jordan's symbolic use of language in the keynote address to the national women's conference. The southern Speech Communication Journal, *49*, 319- 330.

Morgan, G. (1980). Paradigms, metaphors, and puzzle solving in organization theory. *Administrative Science Quarterly, 25*, 605-622.

Nagel, G. (1994). *The tao of teaching.* New York: Primus.

Oliver, R. T. (1961). The rhetorical implications of Taoism. *Quarterly Journal of Speech, 47*, 27-35.

Oliver, R. (1971). *Communication and culture in ancient India and China.* New York: Syracuse University.

Wang, H. S. (1971). Lao Tzu Tao Te Ching. Taipei: Shuan Yuan.

Wang, B. S. (1991). *The philosophy of Lao Tzu.* Taipei: Don Da.

Watts, A. (1975). *Tao: The watercourse way.* New York: Pantheon.

Xiao, X. (in this issue). The Rhetorical Construction of the Discourse on the Dao in *Daode jing. Intercultural Communication Studies, 11.*

译者：王婷（厦门大学新闻传播学院博士研究生，贵州师范大学国际教育学院讲师）

原文出处：Chen, G. M., & Holt, R. (2002). Persuasion through the water metaphor in *Dao De Jing. Intercultural Communication Studies, 11*(1), 153-171.

华人交际的两面性

前言

传播学者需要不断地努力来寻找有助于审视和理解人类交际行为的范式。探究交际过程中的范式，有助于理解不同群体互动的方式。但在探究过程中学者有可能忽视在同一群体交际过程中导致交际多样性的组成部分。这个现象显然存在解释华人交际行为的研究。

Asante (1980) 认为人类传播主要有三个文化区分——非洲中心论、亚洲中心论和欧洲中心论，每个区域都有自己的一套模式来指导学生、学者和实践者进行传播学研究。可惜的是，大多数的传播学理论都带有欧洲中心论的偏见。Miike (2002、2003、2004) 认为从事亚洲传播学的研究、亚洲中心论比欧洲中心论更能提供一个比较准确的解读。

Miike (2003) 认为亚洲中心论包含三个假设：（1）从本体论来讲，亚洲中心论范式主张人在时间和空间上都是相互关联的；（2）从认识论来讲，人只有在与他人的关系中才会变得有意义；（3）从价值论来讲，人只有在和谐的人际关系网中才得以生存。

Chen and Starosta (2003) 与 Miike (2003) 的阐释遥相呼应，并从方法论上补充说明了亚洲中心论观点，认为人类交际是一个不断循环的非线性转化过程。他们进一步从目的论的角度说明了亚洲中心的交际行为倾向于使用"顺其自然"的观念，人们在日常的互动过程必须随时调试他们行为方式。

亚洲中心论的方法提供一个高度抽象的亚洲人形象，并提供一种便捷的方式来理解亚洲人的交际行为，强调亚洲人有别于其他区域的交际特性。然而亚洲中心论往往将"文化、社会、宗教和经济上都大为不同"的亚洲人交际行为概括得过于简单化和笼统 (Chen & Starosta，2003，p. 1)。换句话说，亚洲中心论忽视了亚洲内部的文化多样性。

本文试图探讨在研究过程中经常被忽视的中国文化的内在多样性。具体地说，本文从行为层面考察了华人的交际方式，并以此展示华人交际的真实面貌，以弥补这方面研究的缺失。

华人交际的这一面

已经有不计其数的致力于理解华人交际行为的研究（例如：Chang & Holt, 1991, 1993; Chen,1997-8, 2000, 2001a, 2004a; Chen & Ma,2 002; Chung,1987; Chung, 1996; Huang, 2000; Hwang, 1997-8,1988a; Jia,1997-8; Ma,1992; Xiao, 2004）。这些研究用来解释华人交际方式的范式主题是"和谐"。"和谐"是中国文化的核心价值观，它指导着华人的交际行为。Chen (2001) 在他的研究中认为华人的交际行为旨在实现人际关系的和谐状态，并从该研究中发展出了一个华人交际的和谐理论 (p. 48)。基于这个论述，他还提出了一条公理："在华人交际中和谐能力的提高可以加强沟通的能力"(p. 58)。

几个世纪来，"和谐"的概念已经深深地烙印在华人的心中 (Wrigh，1953)。正如《中庸》中所说，"和"为"天下之达道也。……天地位焉, 万物育焉"(Legge, 1955, p. 2)。因此, 所有的行为都是为了达到"和谐"的状态, 并在"和谐"这个概念的基础上衍生出行为的准则与道德标准。

因此，Chen (2001a) 指出，要达到和谐的人际互动，一个人必须具备三种能力：一、在自身方面，要内化"仁""义""礼"；二、在外在因素上，要适应时（时间偶然性）、位（空间偶然性）和几（动之微）；三、从战略上，要恰如其分地运用关系、面子和权力。Chen 的模型从和谐的角度用于较全面地考察华人的交际行为。其他学者则把和谐的概念应用到华人交际行为的单一方面。

例如，Chen and Xiao (1993) 将"和谐"作为华人交际中践行"礼"的社交指导原则，并认为从这一原则出发，可以开发出八条特定的交际策略，即先礼后兵、礼尚往来、情绪控制、避免攻击性行为、避免说"不"、顾面子、强调特殊关系和内外有别等。因此，要想成功地与华人进行交际就需要将这些策略巧妙地运用到互动过程中。

Chen and Chen (2002) 研究了"和谐"对特定交际行为的影响。他们认为，对华人来说，只有维持适当的角色关系并接受既定的层级结构才能达到"和谐"的状态。因此，表达的委婉性成了华人"醉翁之意不在酒"的交际行为实现和谐的手段。Ma (1992) 认为委婉的交际风格是不专断的、不争执的、不对立的，它用间接的方法明确地反映出一种情绪的对立的互动风格，具有清晰符码的交流讯息。

Jia (1997-8, 2001) 从 "面子" 的概念探讨 "和谐"。他认为，华人通过三种面子功夫来维持和谐的关系，即：以规则和惩罚代替法律；培养绅士风度；在社会成员之间分配物质、精神和社会资源。正是这种面子功夫使得华人免于陷入冲突。

在 "和谐" 的基础上，Hwang (1997-8, 2004) 进一步整合了面子和关系的概念，提出了一个用于华人冲突管理的模型。为了维持三种关系的和谐，华人倾向于在同一圈子里纵向关系中采取 "照顾面子" 的方式，在同一圈子里的横向关系中采取 "给面子" 的方式，在不同圈子的横向关系中采取 "争取面子" 的方式。除了保持和谐的目的，Hwang 还阐述了在这三种不同类型的关系中，华人为了实现个人目标、起到协调作用和使用强势性反馈的不同沟通方法。

因为恰到好处地运用 "关系"，得以实现 "和谐" 的目标 (Chang & Holt, 1991、1993、2004)。作为一个多维的概念，"关系" 不仅是中国社会的规范因素，而且是通过战略过程构建起来的。它指的是一种控制人际资源、权力和社会地位的方式 (Hackley & Dong, 2001；Yan,1996)。因此，如何发展一种和谐的关系，尤其是一种特殊性的关系，决定了在与华人交往的过程中能否成功地进行交流。华人的特殊性关系是由一种特定的交流规则来规范的，这种规则制约了互动时对谁说话、在哪里说话、如何说话以及什么时候说话的过程 (Chen & Chung, 1994, 1997)。

Chang and Holt (1991) 以及 Chang, Holt, and Lin (2004) 将和谐的 "关系" 扩展到 "缘" 的概念。"缘" 是华人接受命中注定的 "有缘" 或 "无缘" 的心理态度。"缘" 是解释华人人际关系的先决因素。Chang, Holt, and Lin 指出，"缘" 反映了关系的存在和深度、关系的质量、吸引力的强弱以及对关系的态度。此外，"缘" 还具有促进社会和谐的功能。

"客气" 是华人交际的另一种规范。它是在强调 "和谐" 的基础上发展起来的 (Feng, 2004; Gao & Ting-Toomey, 1998; Gu, 1990)。"客气" 是 "和谐" 在华人交际中的体现。正如 Feng 所指出的，在熟人关系中，"客气" 起到了将熟人关系推向更亲密状态的作用。换句话说，在华人交际中，"客气" 是维持和谐关系的一种方式。

至于另一个基于 "和谐" 的概念——"报"，Chang and Holt (1994), Holt and Chang (2004) 以及 Wen (1989) 都指出，它的作用是在华人交际的紧张情况下保持动态平衡的过程。"报" 是基于一个人在交往中对对方的真诚感激。它是在华人交际中表现出更多善意和牺牲的意愿，从而实现和谐的关系。当然，"报" 就像一把双刃剑，它既可以是感激也可以是报复。报复是基于相互之间 "以眼还眼" 的正当性。

最后，还需要提到两个与"和谐"相关的重要概念：风水和占卜。"风水"是一种时空安置之术，其目的是通过维持人与自然之间的和谐关系来实现人类交际的最大利益 (Chen, 2004b; Skinner，1982; Wang, 1991)。Chen (2004) 分析了"风水"对华人交际的影响，并解释说，在人际交往中，"风水"推崇一种特殊的关系结构和选择性的交际方式以达到和谐愉快的邂逅。在组织传播中，为了带来财富与和谐，公司应该选择一个匹配其公众形象的名字，公司的选址要与周围的环境互容，要为员工设计一个舒适的办公空间以及选用个性相合的员工和管理模式。

"占卜"代表了华人的辩证交际，这种辩证交际反映了华人追求天人合一的心理需求 (Chung, 2004; Jung, 1977; Nan, 1992)。作为一种咨询工具，"占卜"在动态交流过程提供华人一个决策的方向，在吉凶之间求得心安的平衡状态。换句话说，"占卜"提供了一个自我实现预测的机会，给华人减少交际的不确定性 (Chung, 2004)。

从以上基于和谐范式对华人交际行为的阐释，我们对华人交际有了一个较清晰的认识。不过仔细研读文献之后，我们发现还有一些潜在的问题。也就是说，大多数研究在华人崇尚和谐的论述下，往往只揭示或强调华人交际的积极面向。这可能会让人误认华人社会是一个没有冲突存在的，人与人之间是和谐无争的，因而忽视了华人交际潜在的消极或黑暗面 (Chen, 2001a; Chen & Zhong, 2000)。

华人交际的另一面

如果在互动过程不能保持和谐，会发生什么情况呢？这个问题一提出，华人交际的另一面就浮现了。多位学者（例如 Chen, 2001a, 2002, 2003; Hwang, 2004）提到了这个问题，但并没有全面去审视它。这一面指的就是在不能保持和谐，特别是当互动者的需求不相兼容或资源稀缺时，华人如何处理"权力"问题 (Chen, 2001a) 或者 Hwang（1988b）所说的"权力游戏"。要理解华人交际，我们不能忽视这一点的重要性。

准确地把握华人交际网络中每个环节有形和无形的力量并保持平衡，是华人建立和谐互动的必经之路。当和谐无法保持时，华人会在公共场合会很直接地、挑衅地表达他们的感受；会为了争取资源而做出激烈与不客气的行为 (Chen, 2002)。

华人社会的"和谐"是靠"礼"来维持的。"礼"是权力游戏的一个规则。在互动的初始阶段，华人总是通过尊重、有来有往和真诚表现出"客气"的态度，以便构建一个和谐的交流气氛 (Xiao, 2004)。一个人会通过"虚以处己，敬以待人"来表达尊重 (Xiao, 2002, p. 42)，或通过"以彼之道，还施彼身"(p. 45) 来回报对方。如果违背了这两条原则，在觉得丢脸或没面子的情况下华人会使出"先礼后兵"的招数 (Chen & Xiao, 1993)。这意味着冲突将不可避免。

从"客气"的角度看，"礼"的游戏规则是由互动者之间交情的深浅来决定的。Feng (2004) 认为，华人在与熟人之间会表现出"客气"，但对陌生人和关系亲密的则不会由此表现。不过比起私人朋友，华人更有可能与陌生人发生冲突。这种情况有其文化根源，因为华人社会强调一种特殊性的关系，这种关系导致了圈内人和圈外人的明显区别。在圈中营造出强烈的"我们"之感的同时，华人并不信任圈外人。在华人交际中，对陌生人表现出尊重、礼尚往来和真诚往往是没有什么意义的。

少了"我们"的感觉、没了"面子"、缺了"客气"或失了"礼"，这些在华人交际中往往会导致情绪失控和攻击性行为的出现。在这种情况下，华人交际消极或黑暗的一面就随之显现。华人交际的这一面远比"和谐"所制约的另一面更有活力、更真实。

华人交际的这一面表现出两种行为。较为严重的是落入"报仇"循环窠臼。这是一种"以眼还眼"的非理性行为，可以用前文提到的"礼尚往来"原则来印证。Wen (1989) 指出，华人的报仇行为有很强的与家庭制度相关的伦理基础，特别是与"孝"有关。它往往是偶发性而非事先安排好的。在"报仇"的时候，赤裸裸的情绪发泄可能会严重到杀人的程度。这种因家庭不和而发生的杀人冲突事件在中国历史上层出不穷。人际交往中无意识或非理性的突发行为在中国社会日常生活中也屡见不鲜。

"报仇"是一种解决冲突的极端方式。当"以和为贵"无法维持时，利用行为策略来击败对方则是华人更为普遍的做法。利用"获得依从"（compliance-gaining）或说服策略来达到交际目的是人类社会的普遍现象。在西方有关"获得依从"的理论、知识和技能的发展和研究，在传播学领域已有悠久的历史 (Burgoon, Pfau, Parrott, Birk, Coker, & Burgoon, 1987; Gass & Seiter, 1999; Marwell & Schmitt, 1967; Miller, Boster, Roloff, & Seibold, 1977; Schneider & Beaubien, 1996); Wiseman, Sanders, Congalton, Gass, Sueda, & Ruiqing, 1995)。不过华人"获得依从"或说服策略与西方有三个差异 (Chiao, 1988a, 1988b, 1989)，即：(1) 华人"获得依从"的策略主要是通过口口相传的方式传承下来的，因为这有悖于儒家关于"和谐"的教诲；(2) 华人"获得依从"的策略一般是以隐喻的形式来表达的；(3) 中国大多数"获得依从"的策略都来源于军事行动，并被应用于社会或人际交往中。

已经有不少研究考察了华人的策略行为（例如 Chai, 1993; Chu, 1991; Cleary, 1988; Lieu, 1980; Senger, 1988; Wang, 1990; Yu & Yu, 1995）。在华人获得依从的

各种策略中，"三十六计"是最有系统的记录。它可以分为 5 类，包括危险情况、间接行动、敌人或对手、诡计或欺骗以及具体目标 (Senger, 1988)。Chen (1995) 根据这三十六计的含义进一步分析，将其分为 8 个因素：惑敌、借用、误导、威胁、退却、终止、间谍和煽动。

除了最常引用的三十六计之外，还有其他更多应用于日常交际的策略。Chen and Zhong (2000) 在三十六计之上又增加了 29 个有记录的计谋，发现总共 65 个华人"获得依从"的计谋可以分为 7 类：惑敌、借用 / 误导、分心、试探、间谍 / 苦肉计、因势利导和欺骗。

"惑敌"是利用策略迷惑对手，并从他们的误判中获益；"借用 / 误导"是利用对手的力量来打败他们；"分心"是通过分散对方对关键事件的注意力来达到目的；"试探"的目的是在下一步行动之前，用一种巧妙的方式探测对方的意图；"间谍 / 苦肉计"是试图疏远对手之间的关系，并通过自我施加痛苦之计来愚弄他们；"因势利导"是利用现状作为说服工具；"欺骗"就是通过欺骗或拖延来节省精力。

上述各种华人"获得依从"的策略显示了华人交际动态的一面，它们显示了华人并不是一般认为的保守、礼貌、谦虚和自我克制的形象，而是会在交际中更符合人性地表现出耍手段、狡猾、诡诈等特点。

当交际的策略与和谐面对时，我们看到华人社会出现了一种新的权力博弈。换句话说，在和谐的粉饰下，"和谐"本身被利用成一个实现交际目标的工具。例如，与西方社会不同，权力在中国是植根于资历和权威之中的 (Chen & Starosta, 1997-8)。也就是说，在中国层级社会的特殊关系结构中，权力归属于长辈和那些身在高位的人，如统治者、父母、老师、丈夫、受过教育的公务员等，因为在中国社会他们被认为是和谐系统的维持者，因此他们的意见成了解决冲突的直接依据 (Powers, 1997-8)。不过在权力斗争或谋求个人利益的情况下，他们可能私下或公开地滥用职位所赋予的权利或权力。

Chen and Chung (2002) 的个案例研究说明了华人社会的权力滥用情况。两位作者观察了台湾一个宗教团体的年终会议，发现该团体中资历最高的人——在该团体服务了 39 年的 84 岁李先生，成功地利用自己的资历让该团体无法按议程做出决策。他的行为完全颠覆了华人典型的以"和谐"为基础的决策或互动方式的所有特征。例如，在会议一开始，在他表明不赞成选举结果前（李先生本以为他自己会当选主席），他首先说道："我现在 84 岁了，我在这个宗教团体将近 40 年的时间，现在我即将走到我生命的尽头了……"然后在会议过程中，李先生为了把讨论引向他自己的方向而不断地"打断"会议成员的发言，偶尔他还威胁说，如果他的观点没有被记录下来，他就会"发火"。那位当选的年轻主席别无选择，只能听从李先生的"命令"，因为他才 43 岁，只在团体服务了 22 年，他得以"和"为贵。然而，在为了个人目的而以自我为中心的情况下，尤其是在谈判过程中，华人往往会用"口是心非"的策略来"欲擒故纵"。此外，"口是心非"的策略经常被用来逃避不利的情况。这种故意违反语言表达规则的循环思维模式，对于线性思维文化的人来说是难以想象的。

只有揭开华人交际研究中普遍存在的和谐范式的面纱才能理解华人交际的真实面孔。正是华人交际的这一面，让我们看到了华人社会日常生活互动的生动画面。和谐作为一种哲学或理想目标无疑是华人交际行为的指导原则，它形成了华人交际的独特性。因此，说中国是礼仪之邦是没错，但这并不意味着华人社会是一个没有冲突的地方，因为冲突或不和谐的邂逅是人类社会的常态。仅凭对理想情况的观察不可能完全了解华人交际的特色。一个完整的画面只能在"当下"华人在不和谐或冲突的情况下如何处理与互动的过程观察出来。

结论

人类交际研究的范式有助于人们将复杂的概念抽象化，可以对特定群体的交际行为有基本的理解。可惜的是，依据范式的研究往往过度简化了人类交际的动态性。因此，用于理解华人交际行为的和谐范式容易误导学者理想化或美化了华人的交际方式。换句话说，和谐范式的应用与华人对"变"的信念之间可能造成矛盾的现象。作为一个重要的本体论假设，"变"的观点主张人类交际是一个无穷无尽、循环往复的转换过程，所有元素在这个过程中都不是一成不变的 (Chai & Chai, 1969; Chen, 1996)。"太和"是在阴阳两种对立而又互补的力量不断辩证互动的基础上实现的。因此，"和谐"本身是一种恒动而非静止的状态。

Chen (2004) 进一步解释"变"在人类交际中的性质。他指出阴阳的动态互动乃遵循着"变"的内聚 / 向心和辐射 / 离心的原则。内聚指的是系统内凝聚力的能量得到完全释放，从而引起一系列变化。内聚本身也是一个变化的过程。通过这个过程，系统内部可以维持动态平衡的状态。辐射是变化的外在延伸，它像时间的运动持续而公开地进行着。然后通过这个向前扩展的过程产生动态多样性。内聚与辐射体现了"变"的时空交融的特性。

Chen (2001) 更从"变"的角度提出了"时""位"和"几"等概念，进一步审视华人交际的真实面貌。一方面，华人学会在适当的时间与地点，通过观察互动的可能前因后果而采取行动，从而达到和谐的目标。另一方面，当"以和为贵"无法维持或处于冲突状态时，华人也学会巧妙地运作"时""位"和"几"，以便在互动中策略性地压倒对方。

　　无论是采用诸如欧洲中心论或亚洲中心论的观点，还是以单一文化为分析单位，本文都肯定了使用范式来理解人类交际的贡献和重要性（例如，Chu, 1986; Dissanayake, 1986, 1989, 2003; Miike, 2002，2003; Wang & Shen, 2000）。不过，只用一种方法可能会倾向于对特定人群的交际行为过度简化、过度概括甚至形成刻板印象。本文使用了和谐范式对华人交际的两方面进行了论述，为了更全面描绘华人的交际行为，未来研究有必要超越这个范式，并进入现实生活中观察互动的动态层面，以更深入了解华人在和谐受到挑战时采取策略性手段的过程。

参考文献

Asante, M. K. (1980). Intercultural communication: An inquiry into research directions. In D. Nimmo (Ed.). *Communication Yearbook*, *4* (pp. 401-410). New Brunswick. NJ: Transaction.

Burgoon, J. K., Pfau, M., Parrott，R., Birk，T., Coker，R., & Burgoon，M. (1987). Relational communication, satisfaction, compliance-gaining strategies, and compliance in communication between physicians and patients. *Communication Monographs, 54*, 307-324.

Chai, S. L. (1993). *On strategy*. Taipei: Shu Chuan.

Chai, C., & Chai W. (1969). Introduction. In J. Legge (trans.), *I Ching: Book of Changes*. New York: Bantam

Chang, H-C., & Holt, G. R. (1991). More than relationship: Chinese interaction and the principle of *Guanhsi. Communication Quarterly, 39*, 251-271.

Chang, H-C., & Holt. G. R. (1993). The concept of *yuan* and Chinese interpersonal relationships. In S. TingToomey & F. Korzenny (Eds.)，Cross-cultural interpersonal communication (pp. 28-57). Newbury Park, CA: Sage.

Chang, H-C., & Holt, G. R. (1994). Debt-repaying mechanism in Chinese relationships: an exploration of the folk concepts of *pao* and human emotional debt. *Research on Language and Social interaction, 27*, 351-387

Chang, H-C., Holt. G. R., & Lin, H. D. (2004) *Yuan* and Chinese communication behaviors. In G. M. Chen (Ed.), *Theories and Principles of Chinese Communication* (pp.451-481). Taipei: Wunan.

Chen, G.M. (1995, November). *A classification of Chinese persuasive communication strategies*. Paper presented at the 1995 annual meeting of Speech Communication Association, San Antonio. Texas.

Chen, G. M. (1996) I Ching Ba Kua and the development of interpersonal relationship. *Chinese Yi-Ching Learning, 202*, 64-68.

Chen, G. M. (Ed.) (1997-8). Chinese conflict management and resolution. A special issue of *Intercultural Communication Studies, 7*(1), 1-163.

Chen, G. M. (Ed.) (2000). Chinese conflict management in intercultural context. *A special issue of Intercultural Communication Studies, 9*(2), 1-175.

Chen, G. M.(2001a). Towards transcultural understanding: A harmony theory of Chinese communication. In V. H. Milhouse. M. K. Asante, and P. O. Nwosu (Eds.), *Transculture realities: Interdisciplinary perspectives on cross-cultural relations* (pp. 55-70). Thousand Oaks, CA: Sage.

Chen. G. M. (2001b). From sorry to apology: Understanding the Chinese. *Chinese Community Forum*, July 11. No. 2001, 27. Retrieved from http://www.China-Net.org.

Chen, G. M. (2002). The impact of harmony on Chinese conflict management. In G. M. Chen & R. Ma (Eds.). *Chinese conflict management and resolution* (pp. 3- 19). Westport, CT: Ablex.

Chen. G. M. (2003). *An introduction to intercultural communication.* Taipei: Wunan.

Chen. G. M. (2004a) (Ed.). *Theories and principles of Chinese communication (in Chinese).* Taipei: Wunan.

Chen, G. M. (2004b). *Feng shui* and Chinese communication behaviors. In G. M. Chen (Ed.), *Theories and Principles of Chinese Communication* (pp. 483-502), Taipei: Wunan.

Chen, G. M. (2004. November). *Bian (change): A perpetual discourse of I Ching.* Paper presented at the 2004 annual meeting of National Communication Association. Chicago. Illinois.

Chen, G. M., & Chung, J. (1994). The impact of Confucianism on organizational communication. *Communication Quarterly, 42.* 93-105.

Chen, G. M., & Chung, J. (1997). The five Asian dragons: Management behaviors and organizational communication. In L.A. Samovar and R. E. Porter (Eds.), *Intercultural communication: A reader.* Belmont, CA: Wadsworth.

Chen, G. M., & Ma, R. (Eds.) (2002). *Chinese conflict management and resolution.* Westport, CT: Ablex. Chen, G. M., & Starosta, W. J. (2003). Asian approaches to human communication: A dialogue. *Intercultural Communication Studies, 12*, 1-15.

Chen, G. M., & Xiao, X. (1993. November). *The impact of "harmony" on Chinese negotiations*. Paper presented at the annual convention of the Speech Communication Association. Miami. Florida.

Chen. G. M., & Zhong, M. (2000). Dimensions of Chinese compliance-gaining strategies. *Human Communication, 3*, 97-109.

Chen. Y., & G. M. Chen. (2002, November). *He xie (harmony): The axis of Chinese communication wheel*. Paper presented at the annual convention of the National Communication Association, New Orleans, Louisiana.

Cheng, C- Y. (1987) Chinese philosophy and contemporary human communication theory. In D. L. Kincaid (Ed.), *Communication theory: Eastern and Western perspectives* (pp. 23-43). New York: Academic.

Chiao, C. (1988a), A primary examination of the strategic behaviors in Chinese culture. In K. S. Yang (Ed.), *The psychology of Chinese people* (pp. 415-430). Taipei: Kuei Guan.

Chiao, C.(1988b). An establishment of a model of Chinese strategic behaviors. In K. S. Yang (Ed.). *The psychology of Chinese people* (pp. 431-446). Taipei: Kuei Guan.

Chiao, C. (1989), Chinese strategic behavior: Some general principles. In R. Bolton (Ed.), *The content of culture: Constants and variants* (pp. 525-537). New Haven. Conn: Hraf.

Chu, C-N (1991). *The Asian mind game*. New York: Rawson.

Chu, G. C. (1986), In search of an Asian perspective of communication theory. *Media Asia, 13*,3-5.

Chuang, R. (2004). *Zhan bu* and Chinese communication behaviors. In G. M. Chen (Ed.), Theories and principles of Chinese communication (pp. 503-515). Taipei: Wunan.

Chung. J. (1996). Avoiding a "Bull Moose" rebellion: particularistic ties, seniority, and third-party mediation. *International and Intercultural Communication Annual, 20*, 166-185.

Cleary, T. (1988) (Trans.), *The art of war: Sun Tzu*. Boston: Shambhala.

Dissanayake. W. (1986). The need for the study of Asian approaches to communication. *Media Asia, 13*, 6-13.

Dissanayake, W, (1989). Paradigm dialogue: A Eurocentric universe of discourse. In B. Dervin, L. Grossberg, B. J. O'keefe, & E. Wartella (Eds.). *Rethinking communication: Vol. 1. Paradigm issues* (pp. 166- 168). Newbury Park, CA: Sage.

Dissanayake, W. (2003). Asian approaches to human communication: Retrospect and prospect. *Intercultural Communication Studies, 12*(4), 17-37.

Feng, H. R. (2004). *Keqi* and Chinese communication behaviors. In G. M. Chen (Ed.), *Theories and principles of Chinese communication* (pp. 435-450). Taipei: Wunan.

Gao. G., & Ting-Toomey, S. (1998). *Communicating effectively with the Chinese*. Thousand Oaks, CA: Sage.

Gass, R. R., & Seiter, J. S. (1999). *Persuasion, social influence, and compliance gaining*. Boston, MA: Allyn and Bacon.

Gu. Y. G. (1990). Politeness phenomena in modern Chinese. *Journal of Pragmatic, 14*, 237-257.

Hackley. C. A., & Dong, Q. (2001). American public relations networking encounters China's guanxi, *Public Relations Quarterly, 46*, 16-19.

Holt. G R., & Chang. H.C (2004). *Bao* and Chinese communication behaviors. In G. M. Chen (Ed.). *Theories and Principles of Chinese Communication* (pp. 407-434). Taipei: Wunan.

Huang, S. (2000). Ten thousand businesses would thrive in a harmonious family: Chinese conflict resolution styles in cross-cultural families. *Intercultural Communication Studies. 9*(2), 129-144.

Hwang. K. K. (1988a). The Chinese *renqin* relationship. In C. Y. Wen and S. H. Xiao (Eds.). *The Chinese: Their perception and behaviors* (pp. 43-70). Taipei: Jiu Liu.

Hwang. K. K. (1988b). *Renqin* and *mientze*: The Chinese power game. In K. K. Hwang (Ed.), *The Chinese power game* (pp. 7-55). Taipei: Jiu Liu.

Hwang, K. K. (1997-8). *Guan xi* and *mientze*: Conflict resolution in Chinese society. *Intercultural Communication Studies. 7.* 17-40.

Hwang, K. K. (2004). Face and communicative actions in Chinese society. In G. M. Chen (Ed.). *Theories and principles of Chinese communication* (pp. 311-336). Taipei: Wunan.

Jia, w. (1997-8). Facework as a Chinese conflict-preventive mechanism: A cultural/discourse analysis. *Intercultural Communication Studies, 7*, -82.

Jia, W. (2001). *The remaking of the Chinese character and identity in the 21st century: The Chinese face practices.* Westport. CT: Ablex.

Jung. C. G. (1977). Forward. In R. Wilhem (Ed.), *The I Ching or Book of Changes* (pp. xxi- xxxxix). Princeton. N J: Princeton University Press.

Legge. J. (1955). *The Four Books.* Taipei. Wen Yo.

Lieu. J. F. (1980). *The strategy.* Taipei: Bi Shan Yan.

Ma. R. (1992). The role of unofficial intermediaries in interpersonal conflicts in the Chinese culture. *Communication quarterly, 40*, 269-278.

Marwell. G., & Schmitt, D. R. (1967). Dimensions of compliance-gaining behaviors: An empirical analysis. *Sociometry, 39*, 350-364.

Miller. G., Boster. F., Roloff. M., & Seibold. D. (1977). Compliance-gaining message strategies: A typology and some findings concerning the effects of situational differences. *Communication Monographs, 44*, 37-5 1.

Miike. Y. (2002). Theorizing culture and communication in Asian context: An assumptive foundation *Intercultural Communication Studies, 11*(1), 1-21.

Miike. Y. (2003). Toward an alternative metatheory of human communication: An Asiacentric vision. *Intercultural Communication Studies, 12*(4) ,39-63.

Miike. Y. (2004). Asiacentric paradigm of communication theory. In G. M. Chen (Ed.). *Theories and principles of Chinese communication* (pp. 55-74). Taipei: Wunan.

Nan, H. J. (1992). *Yi Ching Za Shuo.* Taipei: Lao Gu.

Powers, J. H. (1997-8). Conflict genres and management strategies during China's "Ten years of turmoil." *Intercultural Communication Studies, 7*, 149-168.

Schneider, D. E., & Beaubien, R. A. (1996). A naturalistic investigation of compliance-gaining strategies employed by doctors in medical interviews. *The Southern Communication Journal, 6*, 332-341.

Senger. H. (1988). *The book of stratagems: Tactics for triumph and survival.* New York: Viking.

Skinner, S. (1982). *The living earth manual of Feng Shui.* London: Graham Brash.

Wang. G., & Shen, V. (2000). East, West, communication and theory: Searching for the meaning of searching for Asian theories. *Asian Journal of Communication, 10*, 14-32.

Wang, S. C. (1990) (Ed.). *Wisdom game: The seventy ji.* Taipei: Lon Ho.

Wang, Y. D. (1991). *The mysterious feng shui. Guangxi*: People.

Wen, C. Y. (1989). *Bao en* and *fu chou*: An analysis of exchange behaviors. In G. S. Yang (Ed.). *The psychology of Chinese people* (pp. 347-382). Taipei: GuiGuan.

Wiseman, R. L., Sanders. J. A., Congalton, J. K., Gass, R. H, Sueda. K., & Ruiqing, D. (1995). A crosscultural analysis of compliance gaining: China, Japan, and the United States. *Intercultural Communication Studies, 10*(1), 1-17.

Wright, R. F. (1953). Struggle vs. harmony: Symbols of competing values in Modern China. *World Politics, 6.* 31-44

Xiao, X. (2002). *Li*: A dynamic cultural mechanism of social interaction and conflict management. ln G. M. Chen & R. Ma (Eds.). *Chinese conflict management and resolution* (pp. 39-49). Westport CT: Ablex.

Xiao. X. (2004). *Li* and Chinese communication behaviors. ln G. M. Chen (Ed.), *Theories and principles of Chinese communication* (pp. 379-405). Taipei: Wunan.

Yan, Y. (1996). The culture of *guanxi* in a north China village. *The China Journal, 35,* 1 -25.

Yu, J. P., & Yu, J. M. (1995). *An analysis of the 36 ji.* Beijing: Jin Dun.

译者：林凯（厦门大学新闻传播学院博士研究生）

原文出处：Chen, G. M., (2004). The two faces of Chinese communication. *Human Communication, 7,* 25-36.

第三篇　实践分析

儒家思想对组织传播的影响

前言

二十余年来交通与传播科技的突飞猛进，已促进了市场的全球化和商业世界的关联性和国际性。Adler(1983) 指出，商业国际化的发展直接增强了组织内多元文化主义的倾向，并且增加了组织内来自不同文化背景的员工的比率。这种变化意味着加强对文化做更深一层了解以及采取新的组织经营策略的重要性。Adler 的论点，让我们发觉儒家思想对现代亚洲组织的影响是值得传播学者探讨的一个有趣的主题。

太平洋盆地区内的各个国家，当然免不了受到这种文化多元主义的影响。这个区域，尤其是东亚，多年来出现了几个新兴的工业国家。在众亚洲国家之间，有五个地区，同时在 80 与 90 年间经历了所谓的"经济奇迹"。一般把这五个包括香港地区、日本、新加坡、韩国与台湾地区，称之为"亚洲五龙"。根据世界银行 1988 年的报告，1980 到 1986 年之间，亚洲五龙 GDP 每年平均增加的比率为：台湾地区 6.8%、日本 3.7%、韩国 8.2%、新加坡 8.2% 以及香港 6.1%。同时期欧洲国家平均只成长了 1.8%，而美国也仅成长了 3.1%。

为何亚洲五龙有如此惊人的经济成就呢？学者已经试着从不同的角度来回答这个问题。例如，Chan (1990) 认为是因为这些国家和地区重视经济成长的价值观所造成的。Wu (1988) 则主张是因为这些国家和地区对国际市场快速反应的结果。虽然看法各有不同，大部分学者还是认为要解答这个问题，非由文化的因素着手不可。本章的目的就是在解析文化环境对亚洲五龙经济成就的影响。换句话说，本章试着探究亚洲五龙经济成就可能受到儒家思想传统什么影响，尤其侧重在对组织生活和组织传播两方面的影响。

文化的影响

文化因素 (cultural factors) 对一个社会的组织生活的影响程度为何呢？Child (1981) 认为不同的文化取向会带来殊异性的组织效果。Gorden (1984) 把 Child 对文化取向与组织效果之间关系的看法，归纳为五个假设：

1. 如果一个社会相信人性本善，组织定是鼓励员工的自主性 (autonomy)，并且依赖人们内在的动机 (intrinsic motivations)。

2. 如果一个社会相信人类支配大自然，组织定是采用冒险性 (adventurous) 与预动性 (proactive) 的管理方式。

3. 如果一个社会具有未来取向 (future orientation)，组织定是强调长期计划与评鉴制度。

4. 如果一个社会具有存在取向 (being orientation)，组织定是强调人际间的敏觉力 (interpersonal sensitivity)，并且关心道德与沟通气氛 (communication climate) 的问题。

5. 如果一个社会具有个人主义取向 (individualism orientation)，组织定是不重视权威 (authority) 与层级 (hierarchy) 的影响。

Hofstede (1980) 对全球各地经理人员的大型研究，证实了文化取向与组织生活之间密切的关系。他发现，与组织生活有关的文化价值可以归纳为四类：权力距 (power distance)、个人主义 (individualism)、阳刚性 (masculinity) 以及减除不确定性 (uncertainty reduction)。

The Chinese Culture Connection (1987) 更进一步从 22 国家收集资料后，同样发现影响组织生活的文化价值可分为四类。其中三项为 Hofstede 的权力距、个人主义、阳刚性。第四项则为"儒家工作动力"(Confucian Work Dynamism)。The Chinese Culture Connection 研究群的学者认为，"儒家工作动力"不仅区分了东西方文化取向的差异，而且与亚洲五龙在 1965 到 1985 年之间的经济发展有密切的关联。以上这些研究都显示了文化因素与组织生活的不可分性。

亚洲五龙的主流文化

众所周知，每个国家都具有一组拒变的文化特征。Kahn(1979) 指出，东亚诸国的文化特色就是筑基在儒家思想的传统上。这个共同的文化背景不仅能在历史上找到根源，而且深深影响了东亚诸国 30 年来在国际市场上惊人的表现。儒家思想源自孔子，他的学说主要建立在不含宗教色彩的日常生活的道德伦理观。孔子思想给一般人在日常生活举止上提供了一组实用的规范。根据 Hofstede 和 Bond (1988) 的研究，儒家思想主要是由四个要素组成：层级关系、家族系统、仁道观念以及重视教育。本章就以这四个要素作为架构来分析儒家思想如何影响亚洲五龙的人际关系与组织生活。

层级关系

孔子认为人类互动之间的关系必须建立在君臣、父子、夫妇、兄弟和朋友等五伦的基础上。五伦之间的关系是互惠、互补，但不是均等的。Condon(1977, p.54) 指出，这种互补性的关系在于"扩大辈分、性别、角色和地位的差异，并且鼓励相互间的依赖性关系"。在这个关系网里，幼者必须尊敬长者，长者也必须呵护幼者。换句话说，五伦的原则在于君主对臣下公正，臣下对君主尽忠，父慈子孝，夫唱妇随，兄仁弟恭以及朋友互信。应用到组织生活上，五伦的原则衍生了五种关系形态：特殊性的关系、互惠的社会关系、内外人的区分、中介人的依赖和公私重叠的关系 (Yum, 1988)。

特殊关系网提供了一组清晰可辨的互动规则和形态，因此互动者之间的言行举止比较容易预测。这种关系可延伸到朋友、家庭和公司里上司与部属之间的互动。Jacobs (1978) 和黄光国 (1988) 认为，维持这种特殊性关系的功能主要是在于避免发生尴尬的情况。Chung (1991) 也认为，这种特殊性的关系时常被当作一种社会资源，用以达到影响、说服或控制他人的目的。

互惠的关系意指资源的给予和回收的社会互动的过程。因为孔子认为人际关系是层级性的，所以互动双方应该建立在互惠的基础上。项退结 (1982) 认为这是东方人喜欢互相送礼的主因。这种相互回馈恩惠的现象也很明显地表现在亚洲五龙组织内上司和员工之间的关系。通常的情况是上司以争取员工的福利来换取员工对公司的忠诚。

孔子也认为，一个人的存在必须由他人来定义。这种相互依存的特色形成了严分内外人或我族与非我族类的现象。在这样的社会里，一个人仅能"依附于极少数的团体，以建立紧密和长久的关系"(Yum, 1987, p.94)。一个人一旦属于一个团体或组织的成员就必须扮演一个特殊的角色，以尽某些责任。另外，成员必须对团体尽忠，一切以团体的利益为重。这种对团体成员身份的要求使得人们一生中，只可能参与少数的团体。这种个人与团体之间的长久与互惠的关系乃是日本公司终身雇用制形成的主因。

对中介人物的依赖来自儒家思想对个人行为的要求。孔子认为，在社会互动的过程，每个人都应该遵守"礼"和"义"的原则。为了避免尴尬的冲突和失面子，东方人常因此依赖中介人物来帮忙解决人际或团体间的冲突。这种中规中矩的要求可以用来解释，何以东方人在社交上比较重视头衔或拘谨的现象。

最后，儒家互惠关系的理念导致了公私之间关系的模糊不清。Yum (1988) 认为，这种关系促使了东方人喜欢在个人化而非商业化的环境下进行交易。事先建立良好的人际关系乃成为与东方人商业交易成功的主要条件。日本人在召开会议之前，通常都已经达到一致性的决策就是这种特色的表现。在其他东亚国家也很容易可以发现，为了有效达到商业交易的目的，双方必须事先经由接触，建立起相互了解的个人关系。

家族系统

儒家思想把家庭视为社会组织的基本单位。如同水泥一样，儒家思想把家庭分子牢牢地凝结在层级关系网上。在这种家庭内所实行的忠、孝和服从等观念也直接移植到了社会的组织阶层，成为组织生活与运作的基础。MacFarquhar (1980) 认为东亚国家公司里的员工，对上司服从的习惯就是家庭内这种顺从权威现象的延伸。

儒家这种家族系统包含了三种主要的价值取向 (Chen,1988)：(1) 直向 (lineal structure) 的关系网路；(2) 特殊的角色行为 (positional role behavior)；(3) 权威取向 (authoritarian orientation)。

直向的关系网路取向蕴涵着高度的历史感。除了尊敬长者和慎终追远之外，和亲戚之间的关系也非常紧密。这种紧密的关系产生了一个相当复杂但极有秩序的沟通系统。家庭内特殊的角色行为由辈分、年龄和性别来决定。换言之，辈分高的、年纪大的和男性通常位居高位。最后，权威的取向也强烈地表现在家族系统里。例如，性别的差异造成了父权至上的系统，妻子和儿女在家庭内也必须听从父亲的意见。

黄光国 (1989) 指出，这种集体性的家庭意识正是亚洲五龙经济突飞猛进的主因之一。在这种权威取向的家庭内，所有成员通常都必须学习如何自制去私以保持家庭内的和谐 (Hofstede & Bond, 1988)。延伸到商业组织上，家族系统在亚洲五龙形成了所谓的"家族企业"。陈明璋 (1991) 认为这种受儒家思想影响的家族企业具有五项特色：

1. 私人关系 (private relationship) 的色彩浓厚。私人关系以"同"(similarity) 和"近"(affinity) 两个概念为基础。几种主要的私人关系包括亲戚 (即血亲、姻亲、外戚、内戚和同宗)、同乡、同侪、同窗和师生等直接的关系 (Chiao, 1988)。

2. 父权领导 (paternalistic leadership)。在这种组织内，雇主或经理人员总是扮演着如同父亲的角色给予员工家庭式的关怀和督促，以增进生产力的品质。这种取向使雇员很难在个人与组织生活之间画出明显的界限。

3. 以和为贵。和谐为百善之首，只有组织内的成员和谐相处，公司才有致富的可能。一般都相信"家和万事兴"的教诲。和谐是保持自尊和荣誉的最佳方法。

4. 不信任外人。这点从组织内中高阶层的经理人都是从私人关系网内选出，可以看出端倪。

5. 上司和部属之间相互性的忠诚。通常上司利用对员工利益的争取和保护来换取员工无条件的忠诚和牺牲。

仁道观念

"仁"是孔子思想的中心概念。仁是一个涵育着各种德行的集体性概念，但是"爱"为仁的核心意义。对自己，仁是一种克己自制的表现；对他人，是施恩；对父母，是尽孝；对长辈，是恭敬；对个人责任，是尽忠；对人际间的互动，是互信（陈大齐, 1987）。仁就像一粒种子培育着理想人格的因数。

基本上，仁和儒家其他两个中心概念相互交织着："义"和"礼"。只有经由义和礼的实践，仁的意义才能显现。义是社会互动的凝结力，它指涉着正直、信实、忠诚和公正等观念。义的主要功能在于指导和联结各种适宜的行为。在指导行为方面，义厘定了可行与不可行之间的界限。例如，"不义而富且贵，于我如浮云"指出了义是衡量为富与否的标准。由此观之，义乃是影响人类所有行为的仁之适当性的内在准则 (internal criterion)。

礼则是仁之表现的外在形式 (external form)。它意味着礼节、仪式和对社会规范的遵循。经由礼的履行，个人和社会责任之间的关联才能明显地表达出来。《论语》中列举了三种和本章讨论有关的礼则：行为之礼、言语之礼和典范之礼。彼此互惠乃是行为之礼的准绳。"己所不欲，勿施与人"，即是彼此互惠的注脚。孔子认为这种为他人设想和尽责的态度，就是自我道德发展的手段。他说："夫仁者，己欲立而立人，己欲达而达人。"这种人类行为的互惠规范和西方社会与商业生活中，为了目的而不择手段的方法大相径庭 (Dawson, 1915)。

在言语之礼方面，孔子规诫人小心言语，因为巧言容易招惹怨尤。孔子用言语来判断一个人的品格。他说："君子一言以为知，一言以为不知。"孔子也很重视轻言寡信的缺失。他说："其言之不诈，则为之也难矣"。简洁中肯乃是言语的鹄的，但是没有顾虑到互动的规范而直言不讳却是危险的。他说："直而无礼则绞。"

孔子也很注重沟通时听者的角色。身为听者必须能够了解言者的弦外之音，以确实掌握言者的意思，并进而判断言者的品行。他说："不知言，无以知人也"，"有德者，必有言；有言者，不必有德"。另外，知道何时开口和解读言者的表情也是一般人所该具备的能力，尤其是和上司交谈的时候。这点表现在"未及之而言，谓之躁；言及之而不言，谓之隐；未见颜色而言，谓之瞽"。

典范之礼意指一个人该和何种人交往。孔子列举了三种益友：直、谅和多闻；三种损友：便辟、善柔和便佞。理由是和正人交往，自己也会因之而正；和恶人交往，自己也会因之而恶。孔子在《论语》里一再强调和巧言令色的人为伍的害处。例如，"巧言令色，鲜矣仁"。这种对谨慎言行的告诫实为孔子思想的一大特色。

最后，孔子鼓励对朋友和上司的劝诫。但是劝诫必须适可而止，否则会自取其辱。孔子说："忠告而善道之，不可则止，毋自辱焉。"他进而警告不要做无谓的劝诫，因为"事君数，斯辱矣；朋友数，斯疏矣"。所有这些儒家的思想提供了一套指导亚洲五龙里现代组织内上司与下属的行为以及关系准则。

重视教育

人类的可塑性和向善性是儒家思想的一个重要部分。这种对教育的重视已成为中国文化最主要的特色之一。这个传统也影响了其他亚洲国家，特别是亚洲五龙。根据世界银行的报告，1985 年亚洲五龙的中等学校入学比率为：台湾，99%；日本，96%；韩国，94%；新加坡，71%；香港，69%。Tai (1989) 强调，儒家对教育的重视是亚洲五龙经济现代化的主要推动力。这种现象显示了人类资源的开发是一个漫长和花费庞大的投资。但相对地，这种投资也可能得到相当大的回报。因为只有智力高技术好的员工才可能充分地利用经济资源。

儒家的教育哲学建立在"有教无类"的基础上，并且非常着重伦理道德教育。因此，教育的目的乃在于辅助学生发展健全的人格。根据陈大齐 (1987) 的分析，对儒家而言，教育的终极目的在于达到七项目标：不足感、自决、自信、自发、好学、坚毅、发愤以及学以致用。对教师的选拔则有五项标准：完美的人格、能传尽所知、教学不倦、能循序渐进引导学生以及博学多闻。

经由这种教育系统，道德的追求和个人生命中的使命得到了整合。儒家思想中和亚洲五龙经济发展有关的美德，包括了对技术的追求、工作勤奋、谦虚、耐性和坚毅。表一归纳了儒家思想的四要素与它们的内涵。

以上所分析的儒家思想的几个要素对亚洲五龙的组织生活产生了巨大的影响。以下就逐次来讨论这些影响。

儒家思想和组织传播

从以上的讨论，我们可以发现儒家思想的四个要素乃是以"人"为中心的理论。把这个理论应用到管理方面可称之为"人性管理"或"道德管理"（曾仕强，1986a, 1986b,1991）。此种管理模式与西方的组织"人类关系模式"(Human

Relations Model) 颇为类似。如 Conrad (1989, p.157) 所言，西方的"人群关系模式"侧重在"员工个人认同与需求，以及个人与人际间沟通的增进，并依此为达到组织控制、协调与员工对可预测性 (predictability)、创造力 (creativity)、自主 (autonomy) 以及社会性 (sociability) 之需求的手段"。本节就来讨论儒家思想对亚洲五龙组织中的管理原则以及人际互动与沟通的关系所产生的影响。

表 1：儒家思想的四要素与它们的内涵

要素	内涵
层级关系	特殊性关系 互惠性 内外人之分 依赖仲裁与形式 公私关系重叠
家族系统	私人的关系 父权领导 以和为贵 不信任外人 尽忠
仁、义、礼	仁：爱人、自制、孝顺、友好、互信 义：适当、公正、忠实 礼：礼节、仪式、尊敬社会规范
重视教育	有教无类 道德教育

儒家思想对管理原则的影响

为了探讨儒家思想对组织管理的影响，本分析以管理的理想境界和领导统御两个原则为对象。

对儒家而言，管理的理想境界在于经由自启、自发和自我改善的过程，建立一个安和乐利的工作环境。这就是曾仕强 (1986b) 所谓的"M 理论"。M 代表三个概念：人 (men)、中庸 (medium) 以及管理 (management)。换句话说，M 理论主张管理是一个增进人间和谐的过程。M 理论陈述了三项假设：

1. 人性是可变的。管理人员的责任是经由仁的实践，为员工建立一个完善的工作环境。

2. 好的员工能够适应环境的改变。因此管理人员必须清楚地告知员工有关公司的目标和行为准则。这种对环境变化的适应力必须遵循义的指引。

3. 雇主和雇员之间的相互了解是公司制胜的关键。这项假设建立在管理人员能够让员工清楚地了解他们在公司里的角色、地位和行为的基础上。这个过程乃是以礼的互助、互惠和互信的原则为依据。

由此可知，儒家理想的管理境界是在管理的过程中整合了仁、义、礼三个概念。

虽然层级关系的结构，促使亚洲五龙的社会团体，运作在权威式的互动模式中，儒家思想非常强调成功领导统御，必须遵守"正名"和"诚意"两个法则。正名的作用在确定和让员工了解领导者的角色以便利组织的运作。谢长宏和方清辉 (1991) 认为正名的功能，除了确定角色行为之外，同时可以让领导者取得合法的权威。

诚意指忠实于自己和员工。诚的功能在激发个人的良知以行善事 (Chan, 1952)。儒家认为诚心是达到感应的必要条件，它是员工对领导者的影响所做的善意回应。孔子所言的"尊五美，屏四恶"即是行诚的指标。五美为"惠而不费，劳而不怨，欲而不贪，泰而不骄，威而不猛"；四恶为"不教而杀谓之虐；不戒视成谓之暴；慢令致期谓之贼；犹之与人也，出纳之吝，谓之有司"。表 2 归纳了儒家思想对管理原则的影响。

儒家思想对人群关系和沟通的影响

从前面的论述，可归纳出六项特色来解释儒家思想对亚洲五龙的组织运作过程中在人际关系和沟通两方面所形成的影响。这六项特色包括：明确的沟通规范、互惠互利的关系、严分内外人的关系、依赖中介人物、模糊不清的公私关系网以及相似的沟通脉络。

首先，明确的沟通规范 (explicit communication rules) 表现在人际互动的过程。由于在儒家思想影响下的社会，人类关系是受制于五伦的规范，因此人际互动的准则也就显得相当明晰。这种人际互动的规范同时应用在组织内的生活。例如，君臣和父子的关系给移植到上司和下属之间的相处。由于这些清晰的规范控制着人际互动的关系，教导组织成员学习认知这些规范，成了组织生活的必要步骤之一。遵循这些规范是保证和谐的互动关系以及降低因不了解情况而产生的内心不安感的有效方法。在这种情况下，因沟通所付出的代价 (communication cost) 可因此降低。

表 2　儒家思想对管理原则的影响

理想的管理境界	领导统御
发展一个安全的工作环境	正名：认清角色行为与权威
人性的管理： 1. 人性可变 2. 适应环境 3. 上下彼此了解	诚意：尊五美，屏四恶

这种明确的沟通规范在韩国和日本的公司里表现得特别清楚。例如，Klopf (1991) 的研究即显示，日本商业间的互动关系几乎完全建立在以性别、年龄、教育背景和年资所形成的阶层基础上。另外，这种层级性的关系结构也要求一组相当严谨的沟通形态。这就是下属与上司互动时通常使用尊称语 (honorifics) 与变得拘谨的原因。

第二，由于人际关系是互惠互利的，公司的雇主和经理必须给予员工父亲似的全盘关怀以换取他们的忠诚。这种充满着人情的交换过程充满着社会—情感 (socio-emotional) 的功能。例如，Chung (1991) 指出，在日本和台湾的公司，经理人员常常试着帮员工解决家庭问题。在日本，若员工因公殉职，公司甚至会雇用未亡人以解除生活的负担。这种人情上的措施虽然投资甚大，但是却可因而有效地疏解或防止员工的挫折感和不满意。

第三，因为严格区分圈内圈外人，激发员工的团队 (team-building) 精神比较容易。如此不仅可以达到整个组织结为一体的目标，员工互助合作的工作环境也可以更容易地发展起来。整个组织的气氛 (organization climate) 也因此显得和融 (supportive)。Kaisha 这个日本字很能贴切地表现出严分内外人的特色。根据 Nakane (1970) 的说法，kaisha 是："我的"或"我们"的公司，指一个人主要归属的社团；它对个人的一生至为重要。因此，在大多数情况下，公司几乎提供了个人的社会生存之所需，并且影响个人生活的各个部分；员工完全投入组织生活乃是必然之事。(p. 4)

我尊你卑的圈内圈外人区分的现象，也影响了雇主和雇员之间的关系与整个组织的控制系统。Rehder (1981) 指出，和美国公司比较起来，日本公司较注重团队精神的激发和遵守组织规范。这种做法培养了员工以公司为荣的习惯 (Goldhaber, 1993)。当然，这种区分圈内圈外人的现象相对地必须付出代价，因为激发团队精神必须摒除外人的参与。这就是为何外国人不容易打进受到儒家思想影响的公司的主要原因。由于外在环境的输入减少，组织因此容易变成一个封闭性的系统。

第四，由于习惯上依赖中介人物来建立新的人际关系和解决冲突，儒家思想影响下的社会，自然地发展出一种非对抗式 (non-confrontational) 的沟通模式。这种模式把冲突的可能性降到最低的程度，同时也减少了沟通时所付出的代价。Chung (1991) 指出，中国人一向认为冲突是有碍公司运作的。就是有任何奖赏也都遵守着"扬善于公堂，规过于私室"的原则。

第五，公私关系界限的模糊增加了公司员工相互接触的机会。员工因而能确认彼此之间共同的利益，建立互信，扩展沟通基础的层面和达成共识的效果。日本的经理常常在下班后，邀请员工一起饮酒作乐就是一个例子。

最后，对教育的重视，缩小了沟通脉络间的痕沟。由于员工有相同的教育水准和背景，彼此之间变得比较容易沟通。教育的投资虽然是一笔庞大的开销，但是教育改善员工间沟通的障碍，进而给予公司正面影响的部分却是难以估计。表三归纳了儒家思想对关系和沟通的影响。

综观以上的分析，我们可以得知，儒家思想影响下的组织传播乃是以"人"为注意的焦点。这和西方"人群关系学派"(Human Relations School) 的组织理论颇有相通之处。例如，该学派的 Follett 和 Barnard 两位创始人也和儒家一样鼓吹对人际关系的重视 (Bostdorff, 1985)。Mayo 也不例外，在组织人类关系理论里，与亚洲五龙一样，强调人与人之间对组织运作的重要性。Eisenberg and Goodall (1993) 在归纳 Mayo 的理论时，就曾提及以社会需求 (social needs) 引发员工动机以及经由互动过程自我认同意识的说法。

表 3　儒家思想对人际关系和沟通的影响

人际关系	组织生活
明确的沟通规范	减低组织沟通的不确定性
互惠的关系	社会—情感性沟通的普遍
内外人的区分	团队精神的建立与终身雇用制
中介人物的依赖	非对抗式的沟通
公私关系界限的模糊	避免冲突与建立互信
类似的沟通脉络	促进沟通与训练

不过，相较之下，可以发现西方"人群关系学派"对沟通如何增强组织效力 (effectiveness) 与生产力 (productivity) 并没有提供适当的解释。本章所讨论的儒家思想对组织沟通的影响可以称为东方版的"人群关系学派"，而且这个版本，提供了丰富的解说，特别是从沟通成本 (communication cost) 角度，重视人际关系如何强化组织效力的资料。

从以上的分析更可以进一步发现，儒家社会与组织，在学习团体规范、建立长期性互动、排挤圈外人、使用中介人物、个人的接触以及教育方面做了很大的投资。这些组织内的投资与沟通成本有着很紧密的关系。例如，对"学习团体规范"的投资取得了避免对情况瞎猜 (guess work) 与减低了不确定性 (uncertainty) 的回报。对"建立长期性互动"的投资取得了沟通焦虑 (communication apprehension) 的减低与提高相互性的尊重与喜爱。对"排挤圈外人"的投资可能取得激发员工动机 (motivation) 的回报。对"使用中介人物"的投资，减少冲突或是缓和冲突解决的过程。对"个人的接触"的投资取得了员工对组织忠诚的回报。对"教育"的投资则在缩小沟通痕沟 (communication gap) 以及避免误解方面取得了回报。

从这个模式看来，所有这些投资的成本，显然都是使用在问题的防范 (problem prevention) 而非问题的解决 (problem resolution) 之上。这种重视员工在社交与人际关系的满意 (satisfaction) 情形对整个组织的生产力有着重大的影响 (Carey, 1967)。表 4 归纳了儒家思想影响下的组织内防范性沟通的成本与回报。

表 4　儒家思想影响下的组织内防范性沟通的成本与回报

防范性沟通成本	回报
规范学习成本	避免瞎猜与不确定性
长期性互动成本	减低沟通焦虑与提高相互性的尊重与喜爱
排挤圈外人成本	容易激发员工动机
依赖中介人物成本	减少冲突
个人接触成本	员工的忠诚
教育成本	容易沟通与避免误解

再仔细地观察，可以发现儒家思想影响下的组织，特别关心员工个人的问题与困难。这是 Likert (1961) 指出的高生产力的组织的特色之一。儒家思想因此给亚洲五龙的组织带来了几项重要的贡献：离职率低、抱怨少、容易激励公司士气以及员工的精诚尽忠。这些项目正是 Goldhaber (1993) 认为可以用来测量组织效率的指标。

最后，本章的分析确认了沟通成本研究的一个新的面向。先前在这方面的研究，大部分着重在诸如组织的地理位置与维系接触的成本之间的关系等与空间有关的项目 (Goddard, 1975; Pye, 1976; Thorngren, 1970)。本章的分析，可以指出一个从人类关系角度来研究沟通成本的方向。从这个角度出发的论证，虽然在评估方面不容易加以量化，但比起从空间角度出发的方法，其重要性与带来的冲击显然是大得多。

结论

本章认定儒家思想为亚洲五龙的文化根基。30 年来，亚洲五龙在经济和社会上的快速发展，实在令人刮目相看。虽然已有不少论述从不同角度探讨这个问题，但大部分学者还是认为以儒家思想为主的文化影响是造成亚洲五龙经济成就的主因之一。孔子发展的道德伦理规范建立了组织内家庭式的人际互动关系。亚洲五龙承袭了儒家思想，形成了一股以人为中心的工作动力。这种动力不仅减低了人际沟通的成本，而且创造了高度的组织效率。

本章所归纳出的儒家思想影响下的组织沟通的特色，显示了一组提高有效的组织沟通的策略。这些策略基本上是投资在预防性而非问题解决性的组织效力的评估之上。

首先，组织在训练新进员工方面可以做更多的投资，以便加强对组织规范的学习。这些规范学习的规划可以建立在员工愿意长期留在公司内贡献的假设之基础上。

第二，社会—情感 (socio-emotional) 沟通的活动应该以建立员工间长期性关系为方向。例如，在肤浅的鸡尾酒会上可以加入一些需求更多个人接触与互助合作性的团体活动。再如品管圈 (quality control circle) 的推行。品管圈是一个历史悠久但却长期受到忽视的好方法。

第三，动机性的沟通努力 (motivational communication efforts) 可以侧重在强调与外团体竞争，并且促进内团体凝聚感的主题上。

这些建议虽然不见得每个都是新颖的说法，如品管圈早在日本经济成功发展后就已经相当普遍，可惜的是，这些建议却不受到西方组织的重视。另外，上面所提到的策略运用到国际性或多元文化的现代组织内很可能更具有威力。

最后，儒家思想影响下的组织沟通，当然也非十全十美的。例如，圈内与圈外人或我族与非我族类的区分，很可能把组织派系化 (clannish) 或孤立起来，减少了与外在环境互动的机会，而使组织变成一个同质性 (homogeneity) 高的封闭系统 (close system)，逐渐失去远见与创造力。这种现象，在西方流动性、异质性以及个人主义色彩皆高的组织似乎是不容易发生的。另外，如果只认定文化是造成亚洲五龙经济奇迹的唯一因素也是一项不可理解的错误。例如，Kim (1988) 曾经辩称，儒家思想并非韩国经济起飞的主因。相反地，对科技产品的欲求和从教育与大众媒介所获取的技术行为模式才是主因。尤有进者，根据 Chinese Culture Connection (1987) 的研究，过度强调儒家思想中爱面子、互惠、尊重传统和个人的稳定性等价值观，很可能会阻碍创新、寻求风险和在国际市场上求变与竞争的能力。因此，日后的研究，除了探讨儒家思想对亚洲五龙组织生活正面的影响外，学者亦有必要试着从其他角度来研究这个主题。

参考文献

项退结 (1982)：《中国民族性研究》，台北：商务书局。

陈濬 (1969)：《论语话解》，台北：商务书局。

陈大齐 (1987)：《孔子思想》，台北：正中书局。

陈明璋 (1991)：《家族文化与企业管理》，杨国枢、曾仕强编：《中国人的管理观》，台北：桂冠出版社。

黄光国 (1988)：《人情与面子：中国人的权力游戏》，黄光国编：《中国人的权力游戏》，台北：巨流出版社。

黄光国 (1989)：《儒家思想与现代化：理论分析与实证研究》，《中国论坛》。

曾仕强 (1986a)：《中国管理哲学》，台北：东大图书公司。

曾仕强 (1986b)：《中国的经营理念》，台北：经济日报。

曾仕强 (1991)：《以儒家为主流的中国式管理理念》，杨国枢、曾仕强编：《中国人的管理观》，台北：桂冠出版社。

谢长宏、方清辉 (1991)：《〈论语〉显示之儒家管理理念》，杨国枢、曾仕强《中国人的管理观》，台北：桂冠出版社。

Adler, N. (1983). Cross-cultural management research: The ostrich and the trend. *Academy of Management Review, 8,* 226-232.

Chan, S. (1990). *East Asian dynamism.* Boulder, CO Westview.

Chan, W. T. (1952). Basic Chinese philosophical concepts. *Philosophy East and West, 2,* 166-170.

Chen, G. M. (1989, November). *A comparative study of value orientations of Chinese and American families: A communication view.* Paper presented at the annual meeting of Speech Communication Association, New Orleans, Louisiana.

Chinese Culture Connection (1987). Chinese values and the search for culture-free dimensions of culture. *Journal of Cross-Cultural Psychology, 18,* 143-164.

Chung, J. (1991, April). *Seniority and particularistic ties in a Chinese conflict resolution process.* Paper presented at the annual meeting of the Eastern Communication Association, Pittsburgh, Pennsylvania.

Condon, J. C. (1977). *Interpersonal communication.* New York: Macmillan.

Conrad, C. (1989). *Strategic organizational communication.* Chicago, IL: Holt,

Rinehart and Winston.

Dawson, M. M. (1915). *The ethics of Confucius.* New York: Knickerbocker.

Goldhaber, G. (1993). *Organizational communication.* Dubuque, IA: William C. Brown.

Hofstede, G., & Bond, M. (1988). Confucius and economic growth: New trends in culture's consequences. *Organizational Dynamics, 16, 4-21.*

Jacobs, B. J. 91979). A preliminary model of particularistic ties in Chinese political alliances: Kan-ching and Juan-hsiin a rural Taiwanese township. *China Quarterly, 78,* 237-273.

Kahn, H. (1979). *World economic development: 1979 and beyond.* Boulder, CO: Westview.

Kim, K. D. (1988). The distinctive features of South Korea's development. In P. L. Berger & H. M. Hsiao (Eds.), *In search of an East Asian development model* (pp. 197-219). New Brunswick: Transaction.

Klopf, D. W. (1991). *Intercultural encounters.* Englewood, CO: Morton.

Likert, R. (1961). *New patterns of management.* New York: McGraw Hill.

MacFarquhar, R. (1980, February 9). The post-Confucian challenge. *The Economist,* 65-72.

Rehder, R. (1981, April). What American and Japanese manager are learning from each. *Business Horizons,* 63-70.

Tai, H. C. (1989). The oriental alternative: A hypothesis on culture and economy. In H. C. Tai (Ed.), *Confucianism and economic development: An oriental alternative.* Washington D. C.: Washington Institute.

World Bank (1988). *World development reports.* New York: Oxford.

Wu, R. I. (1988). The distinctive features of Taiwan's development. In P. L. Berger & H. M. Hsiao (Eds.). *In search of an East Asian development model* (pp. 179-196). New Brunswick: Transaction.

Yum, O. J. (1988). The impact of Confucianism on interpersonal relationships and communication patterns in East Asia. *Communication Monographs, 55,* 374-388.

原文出处：陈国明 / 锺振昇（2004）：《儒家思想对组织传播的影响》，陈国明（编），《中华传播理论与原则》（245—264 页），台北：五南出版社。

中国式领导力模型

前言

科技的迅猛发展和经济的转变，作为全球化的两个主要趋势已经影响了我们生活的每一个方面（Chen, 2006; Chen & Starosta, 2000）。虽然人类不同社会和族群的互动交流已经持续了几千年（Lubber, 1998），然而全球化给人类社会所造成的影响迄今为止是最大的。全球化不仅改造了人类传统的社会架构，而且迫切要求其社会成员拥有一种全新的思考和生活的方式。举个例子来说，从商业的角度分析，传统意义上的国内经济和国内市场已经演化成了一个全球系统。为了能够在新世纪优胜劣汰的游戏规则中存活，借 Gupta 和 Govindarajan（1997）的话说，一个要去开发全球市场和寻求国际合作的现代企业需要用更加科学的管理模式去升级自己，以此来处理好来自不同文化背景下的员工和迎合全球化社会里的顾客。这种把人与人、组织与组织、政府与政府越来越紧密联系起来的趋势，让 Friedman（2005）做出"世界是平的"（p. 11）的结论，世界的尺寸已经从小（small）被压缩成微型（tiny）。

科技的突飞猛进已经很明显地反映在通讯运输上面。互联网的不断壮大对传播技术和全球社会的发展影响最深远。互联网把全球的任何一个角落都联系到一个互相交织的网络里，并且模糊了大众传播和人际传播的分界限，使得个人的和大众的信息都轻而易举地飞跃国界（Flew, 2005; Manovich, 2003）。互联网的使用已经成了我们日常生活的一部分，并且通过建立一个全球化的城镇广场式平台（global town square）重新定义了时空的概念。通过这个全球的平台，人们可以自由地交流意见，无数的国家出现在电脑空间已经屡见不鲜（Naisbitt, 1997）。

新的通讯和运输的技术很明显已经为我们引领来一个新的经济前景。Adler（2008）追溯了全球化企业的发展历程，发现这些组织的演变经过国内、区域间、跨国，然后才到全球化企业。在全球化企业这个阶段组织成了一种全球式的联盟，等级制度被压缩，权力分散并且高度合作。一个成功的全球化企业必须证明自己有能力去应对潜在的国际客户和有能力迅速地将这种需求转化为产品和服务。这种全球化经济已经很明显地改变了劳动力的界定轮廓，并且要求一种全新的共同文化去适应新的环境（O'Hara-Devereaux & Johansen, 1994）。

全球化的趋势同时引发了大规模的移民和多元文化的发展（Chen & Starosta, 1996, 2005），增加了文化间的交流和跨国的融合，也增加了人类社会里的多元族群结构。通过这种社会结构，文化间的交流变得更加通畅，来自不同族群的人们也可学会如何去适应文化认同。人类社会结构的重组意味着增加了劳动力差异，包括不同种族、不同文化、不同年龄、不同性别和不同语言。因此，学习如何去沟通互动，如何去适应新的文化领域，如何去建立一个全球意识的能力将会决定在这个多元文化社会里的成功与否。

总体来说，全球化通过压缩时空改变了人类社会的各个方面。在全球社会里新的游戏规则要求人们需要一种新的领导力。换句话说，全球化趋势已经折射出了在领导力领域的一个真空地带（Nasbitt, 1997）。旧的主流思想在新的全球化社会已经不再适用，而全新的领航者还有待出现。正是这个时候，我们应该着手寻求和建立一种新的领导力模型来应对今天这个到处充满机遇和矛盾的日新月异的世界（Moran, Harris, & Moran, 2007; Rosen, 2000）。

因此，伴随着辩证的能动性，普遍的深入性，全面的互动性，文化的杂交性和个体的主观能动性，全球化持续迫切地要求其领导者去更好的处理人际、文化间的纽带和规则（Chen, 2005; Rosen, Digh, Singer, & Phillips, 2000）。这些规则包括对潜在机会的发掘，处理事务有效性的发展，对当地特殊文化的适应和保持全球合作和连贯性的能力（Chin, Gu, & Tubbs, 2001; Kofman & Youngs, 1996）。换句话说，也就是说全球化趋势迫切需求一种"全球领导力"（global leadership competence）。通过这一种全球领导力，领导者能够去寻求新的使命和机遇，寻求互相的理解和去寻求多元的身份认同，而达到一个智力，知识和创新等全面高度发展的高效能社会。

在全球化社会中，中国扮演一个关键性的角色。这就要求学者从传播学的角度出发去审视，以求达到一个东西方之间互相的理解而建立一个更加和谐的人类社会。从20世纪80年代初期的改革开放到如今成千上万个不同领域里的合作企业在中国建立发展（*China Statistical Yearbook*, 2007）。这种高速发展不仅给中国带来了翻天覆地的变化，而且也带来了在国际事务上的巨大挑战。

因为中国式的感知和交流方式跟西方社会截然不同（Chen & Chen, 2002; Liu

& Chen, 2000; Liu, Chen, & Liu, 2006），所以对于那些跟中国人接触的人们来说，意识到这种文化差异是关键。这个章节的目的，就是要通过从中国文化的角度检验一个领导力模型，并将这个研究应用到领导力领域里面。通过这个模型，一方面人们可以更好地理解中国，另一方面，可以把中国式的思考和行为方式整合进全球领导力的领域里面。

中国式领导能力的哲学基础

为了更好地从中国文化的角度理解领导力这个概念，我们必须对中国的哲学基础和哲学假设有所认识。我们不禁要问，究竟对中国人来说，什么是世间万物和人类活动的基本原则？中国人认为，"变化"（change）是永恒的宇宙定律，人类行为也一样。而且这种变化是取决于阴和阳（*yin and yang*）这两股相反互动且互补的力量。这两个力量之间互动互补的运动（movement）可以是单向性前进（straight forward）、空间包容性（capacious）或者循环性（cyclic）的（Chen, 2004; Chu, 1974; Wilhelm, 1990）。

宇宙万物都是通过阴和阳的融合而存在。在太极里面，黑色表示"阴"，白色表示"阳"（见图 1）。这个揭示了中国人看待这个世界的一个总的方式。中国人假设宇宙万物里都存在矛盾，包括人类行为，这种矛盾会在阴阳的永恒运动（dynamic movement）中得到解决（Cheng, 1987; Starosta & Chen, 2003a）。根据 Chen (2004) 所提出的"这个全面性的原则揭示了循环运动（cyclic movement）的发展特性。在这个循环单个的成分都是在关系网络中互相依赖互相制约的，"并且这种互相依赖的关系反映出了从局部到总体的互相制约，同时也预示了所有个体成分在"太极"和"阴阳互动"里面都均衡的有效（p. 10）。还有，中国人相信阴阳的融合，或者太极是一个平衡（equilibrium），或者说大和谐（Great Harmony）的状态，并且这正是人类社会必将达到的一个终极目标。

图 1. 太极图

中国人相信"变化"乃宇宙定律，并由此而相信宇宙是一个大的总和（a great whole），无时不刻地处于一种循环的变化过程中（Chai & Chai, 1969; Liu 1990）。Chen (2001) 通过应用这个信念提出了引导中国式传播行为的三种假设：

假设 1：人类传播是一种变化中的过程。

假设 2：人类传播的变化是基于宇宙的无止境但有序的循环。

假设 3：人类传播是绝对不会完成或者停止的。（p. 57）

根据 Chen and Starosta（2003a），Cheng（1987）and Fang（1981）的说法，在这个连续不断的、循环的、互相影响的过程中人类扮演了一个至关重要的角色。在这个角色里，相互性、尊重和诚实都受到了肯定。进一步讲，在各种相互制约的因素中发展和保持一种和谐的关系是至关重要的。这些假设从中国式的角度给予了领导力一个基础的定义和描述。因此，一个领导者去达到和谐关系的能力可以用来衡量那个领导者的领导力程度（Chen, 2001）。

为了能够成功地把和谐融合进变革的过程中去，或者说规范人类相互关系中的变化，中国哲学思想为领导者规定了三种元素：时、位、几（Wu, 1964）。"时"指的是在传播过程中的时间偶然性因素，"位"指的是空间偶然性因素，"几"指的是反映出一连串因果关系轨迹的不可感知的一种运动。

根据 Chen（2001）的说法，知道时空的偶然性和任何运动（movement）的轨迹，将会更容易达到一种和谐的状态和在传播过程中获得领导力。而懂得时、位、几的能力，象征着人类社会、天上和地下的万物。这种能力亦保证了克服人类世界里的不同领域所遭遇的事物。同样的思想在孙子那里也被阐释过（Li, Yang, & Tan，1985）。并且这种能力只能通过不断地进行净化、持续的学习、感知的培养、创造力的发展和心神的提升来实现（Chang, 1963; Chen, 2005; Fang, 1980）。因此，实现中国式领导力或者和谐是建立在能力的基础上的，在这个均衡状态里，安全因素、集体、快乐和利益将会反映出一个理想的人类社会（Cheng, 1983, 2000; Tseng, 2005）。

最后，"诚"（*cheng, or sincerity*）里面所包含的"中道"（*zhong dao*）是在传播和领导力方面取得和谐状态道路上的方向标（Legge, 1955; Xiao, 2003）。中道是使个人的沟通方式迎合情境的一个渠道（Tseng, 1986）。它提供了一个原则去引导互动因子（人们）去认识运动（movement）的轨道（几）和引导人们知道在适当的时间（时）做适当的事情，最后让自己融入环境里去（位）。诚是中道的核心，这一理论有三种说法：仁善、正义、适当。诚象征着个体内在的一致性，包括对别人和自己真诚和诚实，这将通过持续的自我完善和在学习中的过滤来获得（Xiao, 2004）。一种真诚和诚实的思想是感应（wholehearted responding）的基础，通过它人们——领导者和被领导者都将被团结到作为一个整体（Wang, 1989; Wu, 1976）。一种和谐的关系就这样建立在这种均衡和合适的过程中，一个领导力的系统也将得以完成。

中国式领导力模型

根据以上所谈到的中国式哲学假设，中国式领导力模型包括三个互动的方面：自我完善、情景深度、行动机敏（Self-cultivation, Context profundity, Action dexterity）（见图2）。首先，自我完善为一个卓越的领导者形成一个真诚的思想提供了有效的基础，也因此中道可以实际应用到规范阴阳互动的变化。其次，情景深度是一种对时空偶然性、跨情境和跨文化运动轨迹的认知意识也是连接领导力中的真诚思想和行为的桥梁。最后，行动机敏象征着领导力里面互动的方面，在领导力的过程中融合进连续性和持久性。此外为了进一步说明，除了这三个方面以外，另外两个代表性的因素也将会视为独立的层面而有所涉及。

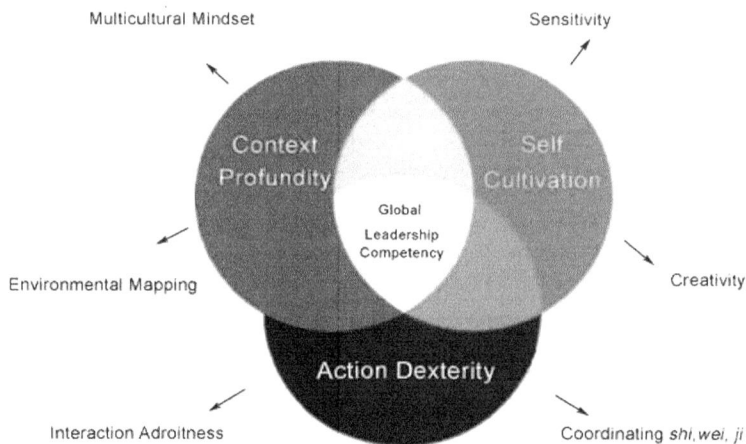

图 2. 中国式领导力模型

自我完善

自我完善是一个把领导者由低水平领导力转化到高水平领导力的过程。这个过程不断地对自我品质进行启发、释放、过滤。所有的这些自我品质都是由大的移情作用（great empathy）所规范，而移情作用意味着统一性是由多样性所结合而成，特殊性则是由普遍性来确定。这种人类多样性的融合和解释，"通过把自我意识扩大到同伴意识来使同伴感情公式化"，在全球范围内，"它则意味着寻求共同的传播交流符号和投射自我的想法到别人的角度去思考和感受的能力"（Chen & Starosta, 2004, p. 13）。

从中国文化的角度来看，移情作用的完成是建立在人类的敏感度和创造性上面。根据 Chen and Starosta（2004）的说法，敏感性是关于多样性到统一性的收缩，而创造性是指由统一性到多样性的扩展。两者结合，敏感性通过提供潜力平台而补充了创造性，创造性则提供实现性手段从而使移情作用得到展示。两者结合起来使得他们的作用在学习过程中得以体现。（p. 13）

情境深度

情境深度要求领导者减少对不同文化的偏见，从而扩展自己的视野。它使领导者拥有一种精神上的技能，从而会细心地分析周围的环境和敏锐地预料新颖的趋势，帮助更加有效和谐地完成个人的和组织的目标（Rhinesmith, 1992, 1996）。从中国文化角度，多元文化的思维和环境的构思可以作为另外两种附加的因素加入情境深度里面。

建立在开放思想和接纳思想的基础上，多元文化思维意味着减少或者消除民族优越感和狭隘的乡土观念（Chen & Starosta, 1998-9）。一个有多元文化思维的领导者通常拥有一些与众不同的特征，比如文化意识敏感性、适应性和感性且全面的思维。

环境构思是指表明不同情境意识的能力。领导者知道如何去降低环境的隐晦性和不确定性，从而创造一个可以给大家自由发挥的场所。在全球化情境里面，是通过领导者获得不同文化知识和特征的过程来反映出他们对困惑、沮丧、分析和消沉的理解程度（Chen & Starosta, 2003b; Hanvey, 1987）。

行动机敏

行动机敏是指领导者有能力在适当的时候有效地对口头和非口头的互动进行的启动、持续和终止。这很大程度上是取决于领导者的沟通表现。从中国文化的角度，有两种关键的因素包含其中，第一是时、位、几的协调，第二是互动的熟练性。

流畅的协调好时、位、几这三个因素，其实就是指在变化过程中强调连贯性。在人类传播和交流的过程中，"时"作为时间偶然性因素，要求领导者去熟知时间上的联系和在不同的阶段采取正确的行动；"位"作为空间偶然性因素，要求领导者去断定在什么地方采取什么行动才是正确的，而且我们不该忽略，这个空间很大程度上取决于中国式的人际关系和阶级结构，也导致了领导者必须维持一种在中国社会儒家哲学里面一种不公平但互补的关系（Lin, 1988）。"几"促使领导者去判断在互动的过程中，什么是隐藏起来的什么则是明确的。从一开始就能够觉察到如何能够在正确的时间正确的位置采取正确的行动，正是"时、位、几"协调得好的必要条件。

互动的熟练性是指领导者处理好与被领导者的互动关系的能力。互动熟练性的技巧包括工作技巧、语言能力、行为弹性、互动管理和身份融通维持（Chen, 2007）。互动熟练性巩固了自我完善和情景深度的基本目标去促使领导者更有效地行使职责。也就是说，领导者的精神上、情感上和认知上的能力必须整合成一个行为技巧，去使领导者在全球社会里成功有效地行使职责完成使命。

模型评估

这一章节里所提到的中国式领导力模型提供了一个对中国文化的亚洲文化的定位。从本质论上讲，这个模型反映了佛教、儒教、印度教、神道教和道教的教义，描述了一个全面的、互动的和变化中的世界观和道教中的领导力模型。价值论上讲，这个模型提倡了和谐，润滑了领导者与被领导者之间的纽带，这正是这个领导力模型的根本原则。认识论上讲，这个模型把互相关联看作领导能力的关键，阐明了领导者与被领导者的关系。方法论上讲，这个模型着重强调了中道的重要性，这个非线性的循环过程赞同直觉、感觉、间接的传播交流方法作为融合阴阳的正确手段（Chen, 2006）。

应用到互动的过程中，这些范式假设规定了组成中国式传播和领导力模型结构的行为方式。比如说，Chen（2003）确定了五种传播行为作为中国式互动的能力，包括情感控制、过激行为的避免、消极表达的避免、面子问题和特别关系。

这些中国式的传播行为方式跟西方观念上的领导力格格不入。西方模式强调的是原子状竞争（atomistic）、对抗性、反证论法和逻辑思维。这些不同都反映到了人类互动行为的各个方面，比如商业谈判（Chen & Chen, 2002）、领导模式（Wu, 2008）和在合作企业里的危机管理（Knutson, Hwang, & Deng, 2000; Liu & Chen, 2002）。表 1 罗列出了东西方范式假设的对比（归纳于：Chen, 2006; Chen & Miike, 2006; Dissanayake, 1988; Miike, 2003; Okabe, 2007; Wei, 1981; Yum, 2007）。

表 1　东西方领导力的范式假设

Ontology			
	East	West	
	Holistic	Atomistic	
	submerged collectivistic	discrete individualistic	

Axiology		Epistemology		Methodology	
East	West	East	West	East	West
Harmonious	Confrontational	Interconnected	Reductionistic	Intuitive	Logical
indirect subtle adaptive consensual agreeable	direct expressive dialectical divisive sermonic	reciprocity we hierarchical associative ascribed	independent I equal free will achieved	subjective nonlinear ambiguous ritual accommodative	objective linear analytical justificatory manipulative

这些领导力方面反映出来的不同信念，使得在东西方之间达成一个理解看似不太可能。然而，高度互动和高度联系的全球化趋势却迫切地要求一个会聚性的全球领导力模型，使得领导者能够更有效地去处理好不同文化交接的环境。学者们和从业者们的目标在于如何去改变针对中西方差异的传统观念，进一步去整合出一个全球领导力模型。也就是说，在强调文化差异，保持不同文化的重要性的同时，不可忽略人类的一些共同价值观，包括勇气、善心、勤奋、诚实、正直、爱心和包容（Chin, Gu, & Tubbs, 2001; Schwartz & Bilsky, 1987, 1990）。只有通过这种共识，跨文化传播的代沟才可被消除，跨文化的纽带才可被建立。

建立一个全新的全球领导力模型的主张已经多次被不同学科的不同学者们提及。比如说，Rosen（2000）提出一个成功的领导者必须具备四个方面的能力：个人教养（真正理解和正确评价自己）、社会教养（契合和挑战对手）、商业教养（专注和动员自己的组织）和文化教养（尊重和处理好文化差异）。另外，Adler（2008），Moran，Harris 和 Moran（2007），Thorn（2002）等人也提出了类似的能力可通过连接领导者现在和未来的品质而获得。

这些研究表明，虽然美国和西方的领导方法对于其他情境和文化背景可能无法适用（Hofstede, 1980; Lurent, 1983），但是通过对其他文化的适应过程，一个适用全球的全球领导力也可被建立（Dorfman el., 1997）。Chin, Gu and Tubbs（2001）的全球领导力模型阐明了在阴阳互动与和谐的基础上建立起来的东西方文化价值观的整合。这些学者们主张全球领导力的不足之处可以通过由认知和评价层面往态度和行为层面的转变从而得以弥补。也就是说，通过对不同文化的无知、意识、理解、欣赏和接受这个过程，全球领导力可以得到体现。这个章节所提到的中国式领导力模型同样也适用于这个过程。

最后，建立一个全新的全球领导力有赖于跨文化传播的研究。很多来自这个领域的学者多年来已经致力于跨文化传播领导力的研究（比如，Byram, 1997; Chen, 2006; Chen & Starosta, 1996; Collier, 1989; Hammer, 1989; Lustig & Koester, 2005; Lustig & Spitzberg, 2002; Martin, 1993, 2002; Martin & Hammer, 1989; Ruben, 1977, 1989; Ruben & Kealer, 1979; Spitzberg, 1994），来自这些学者的研究成果都为领导力传统模式转向全球领导力模式做出了巨大贡献。

结论

这一章节的主要目的是讨论中国概念化的领导力模型和它在跨文化方面的应用。这个章节确定了一个全球化领导力模型的必要性。全球化对人类社会的影响已经迫切需求类似的模型来填补这个领域的空缺。基于中国式哲学假设，作者描述了一个中国式的领导力模型。这个模型有三个部分组成，包括自我完善、情景深度、行动机敏，每个方面都包含有另外两个因素。接着从跨文化情境出发，去验证和评估这个模型。因为这个模型仅代表中国文化方面，关于这个模型如何应用到全球社会还有待深入研究和探索。在接下来的研究中，必须与学术界现存的模型进行对比，特别是与西方文化的模型进行比照，从而发展出一个更启发性更综合性的方案，可以更好地服务于全球化社会。

参考文献

Adler, N. J. (2008). *International dimensions of organizational behavior*. Mason, OH: Thompson.

Byram, M. (1997). *Teaching and assessing intercultural communicative competence*. Bristol, PA: Multilingual Matters.

Chai, C., & Chai, W. (1969). Introduction. In J. Legge (Trans.), *I Ching: Book of Changes* (pp. xxvii-xcii). New York: University Books.

Chang, C-y (1963). *Creativity and Taoism: A study of Chinese philosophy, art, and poetry*. New York: Harper & Row.

Chen, G. M. (1993, November). *A Chinese perspective of communication competence*. Paper presented at the Annual Meeting of the Speech Communication

Association, Miami Beach, Florida.

Chen, G. M. (2001). Toward transcultural understanding: A harmony theory of Chinese communication. In V. H. Milhouse, M. K. Asante, & P. O. Nwosu (Eds.), *Transcultural realities: Interdisciplinary perspectives on cross-cultural relations* (pp. 55-70). Thousand Oaks, CA: Sage.

Chen, G. M. (2004, November). *Bian (change): A perpetual discourse of I Ching*. Paper presented at the annual meeting of National Communication Association. Chicago, Illinois.

Chen. G. M. (2005). A model of global communication competence. *China Media Research, 1*, 3-11.

Chen, G. M. (2006). Asian communication studies: What and where to now. *The Review of Communication*, 6(4), 295-311.

Chen, G. M. (2007). A review of the concept of intercultural effectiveness. In M. Hinner (Ed.), *The influence of culture in the world of business* (pp. 95-116). Germany: Peter Lang.

Chen, G. M., & Chen, V. (2002). An examination of PRC business negotiations. *Communication Research Reports, 19*, 399-408.

Chen, G. M., & Miike, Y. (2006). Ferment and future of communication studies in Asia: Chinese and Japanese perspectives. *China Media Research, 2*(1), 1-12.

Chen, G. M., & Starosta, W. J. (1996). Intercultural communication competence: A synthesis. *Communication Yearbook, 19*, 353-384.

Chen, G. M., & Starosta, W. J. (1998-9). A review of the concept of intercultural awareness. *Human Communication, 2*, 27-54.

Chen, G. M., & Starosta, W. J. (2000). Communication and global society: An introduction. In G. M. Chen and W. J. Starosta (Eds.), *Communication and global society* (pp. 1-16). New York: Peter Lang.

Chen, G. M., & Starosta, W. J. (2003a). Asian approaches to human communication: A dialogue. *Intercultural Communication Studies, 12(4)*, 1-15.

Chen, G. M., & Starosta, W. J. (2003b). A review of the concept of intercultural awareness. In L. A. Samovar and R. E. Porter (Eds.), *Intercultural communication: A reader* (pp. 344-353). Belmont, CA: Wadsworth.

Chen, G. M., & Starosta, W. J. (2004). Communication among cultural diversities: A dialogue. *International and Intercultural Communication Annual, 27*, 3-16.

Chen, G. M., & Starosta, W. J. (2005). *Foundations of intercultural communication*. Lanham, MD: University Press of America.

Cheng, C-Y. (1983). Searching for a modern model of Chinese management. *China Tribune, 16*(9), 27-31.

Cheng, C-Y. (1987). Chinese philosophy and contemporary human communication theory. In D. L. Kincaid (Ed.), *Communication theory: Eastern and Western perspectives* (pp. 23-43). New York: Academic.

Cheng, C-Y. (2000). *C Theory: Chinese management philosophy*. Shanghai: Xuelin.

Chin, C. O., Gu, J., & Tubbs, S. L. (2001). *Developing global leadership competencies. The Journal of Leadership Studies, 79(*4), 20-31.

China Statistical Yearbook (2007). Beijing: China Statistics Press.

Chu, S. (1974). *The interpretation of I Ching*. Taipei: Wen Hua.

Collier, M. J. (1989). Cultural and intercultural communication competence: Current approaches and directions for future research. *International Journal and Intercultural Relations, 13*, 287-302.

Dissanayake, W. (Ed.). (1988). *Communication theory: The Asian perspective*. Singapore: Asian Mass Communication Research and Information Center.

Dorfman, P. W., Howell, J. P., Hibino, S., Lee, J. K., Tate, U., & Bautista, A. (1997). Leadership in Western and Asian countries: Commonalities and differences in effective leadership processes across cultures. *Leadership Quarterly, 8*, 233-274.

Fang, T. H. (1980). *Creativity in man and nature*. Taipei: Linking.

Fang, T. H. (1981). *Chinese philosophy: Its spirit and its development*. Taipei: Linking.

Flew, T. (2005). *New media*. New York: Oxford University Press.

Friedman, T. L. (2005). *The world is flat: A brief history of the twenty-first century*. New York: Farrar, Straus and Giroux.

Gupta, A. K., & Govindarajan, V. (1997). *Creating a global mindset*. Retrieved December 15, 2006, from http//www.bmgt.umd.edu/cib/wplist.html.

Hammer, M. R. (1989). Intercultural communication competence. In M. K. Asante and W. B. Gudykunst (Eds.), *Handbook of international and intercultural communication* (pp. 247-260). Newbury Park, CA: Sage.

Hanvey, R. G. (1987). Cross-culture awareness. In L. F. Luce & E. C. Smith

(Eds.), *Toward internationalism* (pp. 13-23). Cambridge, MA: Newbury.

Hofstede,, G. (1983). Motivation, leadership and organization: Do American theories apply abroad? *Organizational Dynamics, 9*, 42-63.

Kofman, E., & Youngs, G. (1996). Introduction: Globalization – the second wave. In E. Kofman & G. Youngs (Eds.), *Globalization: Theory and practice* (pp. 1-8). New York: Pinter.

Knutson, T. J., Hwang, J. C., & Deng, B. C. (2000). Perception and management of conflict: A comparison of Taiwanese and US business employees. *Intercultural Communication Studies, 9*(2), 1-31.

Laurent, A. (1983). The cultural diversity of Western conceptions of manage-ment. *International Studies of Management and Organization, 13*(1&2), 75-96.

Legge, J. (1955). *The Four Book*. Taipei: Wen Yo.

Li, S. J., Yang, X. J., & Tan, J. Z. (1985). *Sun Zi and management*. Hong Kong: San Lian.

Lin, Y. S. (1988). *The social philosophy of Yin Chuan's Yi Chuan*. Taipei: Shen Wu.

Liu, C. L. (1990). The cyclic view of I Ching and Chinese thinking. *China Yi Studies, 123*, 14-16 & *124*, 13-18.

Liu, S., & Chen, G.. M. (2000). Assessing Chinese conflict management styles in joint ventures. *Intercultural Communication Studies, 9,* 71-88.

Liu, S., & Chen, G. M. (2002). Collaboration over avoidance: Conflict manage-ment strategies in state-owned enterprises in China. In G. M. Chen & Ringo Ma (Eds.), *Chinese conflict management and resolution* (pp. 163-182). Westport, CT: Ablex.

Liu, S., Chen, G. M., & Liu, Q. (2006). Through the lenses of organizational culture: A comparison of state-owned enterprises and joint ventures in China. *China Media Research, 2*(2), 15-24.

Lubbers, R. F. (1998, November). *The dynamic of globalization*. Paper presented at the Tilburg University Seminar.

Lustig, M. W., & Koester, J. (2005). *Intercultural competence: Interpersonal communication across cultures*. Boston: Allyn and Bacon.

Lustig, M. W., & Spitzberg, B. H. (2002). Methodological issues in the study of Intercultural communication competence: A review. In R. L.Wisemann & J. Koester (Eds.), *Intercultural communication competence* (pp. 153-167). Newbury Park, CA:

Sage.

Manovich, L. (2003). New media from Borges to HTML. In N. Wardrip-Fruin & N. Montfort (Eds.), *The new media reader* (pp. 13-25). Cambridge, MA: The MIT Press.

Martin, J. N. (1993). Intercultural communication competence: A review. In R. L. Wiseman & J. Koester (Eds.), *Intercultural communication competence* (pp. 16-32). Newbury Park, CA: Sage.

Martin, J. N. (2002). Intercultural communication competence: A review. In R. L. Wisemann & J. Koester (Eds.), *Intercultural communication competence* (pp. 16-29). Newbury Park, CA: Sage.

Martin, J. N., & Hammer, M. R. (1989). Behavioral categories of intercultural communication competence: Everyday communicators' perceptions. *International Journal of Intercultural Relations, 13*, 303-332.

Miike, Y. (2003). Toward an alternative metatheory of human communication: An Asiacentric vision. *Intercultural Communication Studies, 12*(4), 39-63.

Moran, R. T., Harris, P. R., & Moran, S. V. (2007). *Managing cultural differences: Global leadership strategies for the 21st century.* New York: Elsevier.

Naisbitt, J. (1997). *Global paradox.* New York: Avon.

O'Hara-Devereaux, M., & Johansen, R. (1994). *Globalwork: Bridging distance, culture, and time.* San Francisco, CA: Jossey-Bass.

Okabe, R. (2007). The concept of rhetorical competence and sensitivity revisited:

From Western and Eastern perspectives. *China Media Research, 3*(4), 74-81.

Rhinesmith, S. H. (1992). Global minsets for global managers. *Training & Development*, October, 63-68.

Rhinesmith, S. H. (1996). *A manager's guide to globalization.* Chicago, IL: Irwin.

Rosen, R. R. (2000). What makes a globally literate leader? *Chief Executive, 154*, 46-48.

Rosen, R., Digh, P., Siinger, M., & Phillips, C. (2000). *Global literacies: Lessons on business leadership and national cultures.* New York: Simon & Schuster.

Ruben, B. D. (1977). Guidelines for crosscultural communication effectiveness. *Group & Organization Studies, 2*, 470479.

Ruben, B. D. (1989). The study of cross-cultural competence: Traditions and contemporary issues. *International Journal of Intercultural Relations, 13*, 229-240.

Ruben, B. D., & Kealey, D. J. (1979). Behavioral assessment of communication competency and the prediction of crosscultural adaptation. *International Journal of intercultural Relations, 3*, 1547.

Schwartz, S., & Bilsky, W. (1987). Toward a psychological structure of human values. *Journal of Personality and Social Psychology, 53,* 850-862.

Schwartz, S., & Bilsky, W. (1990). Toward a theory of the universal content and structure of values: Extensions and cross-cultural replications. *Journal of Personality and Social Psychology, 58,* 878-891.

Spitzburg, B. H. (1994). A model of Intercultural communication competence. In L. A. Samovar & R. E. Porter (Eds.), *Intercultural communication: A reader* (pp. 347-359). Belmont, CA: Wadsworth.

Thorn, M. (2002). *Leadership in international organizations: Global leadership competencies.* Retrieved February 25, 2008, from http//www.academy.umd.edu/publications/global_leadership/marlene_thorn.htm.

Tseng, S. C. (1986). *The Chinese idea of administration.* Taipei: Linking.

Tseng, S. C. (2005). *The way of administration.* Beijing: Peking University Press.

Wang, B. S. (1989). *Between Confucianism and Taoism.* Taipei: Han Kuan.

Wei, Z. T. (1981). *An introduction to Chinese culture.* Taipei: Shui Niu.

Wilhelm, R. (Trans.) (1990). *The I Ching.* Princeton, NY: Princeton University Press.

Wu, M. Y. (2008). Comparing expected leadership styles in Taiwan and the United States: A study of university employees. *China Media Research, 4*(1), 36-46.

Wu, Y. (1964). The concept of change in I Ching. *Chuon Kuo Yi Chou, 754,* 19-21.

Wu, Y. (1976). *The philosophy of Cheng in Chuon Yuon.* Taipei: Don Da.

Xiao, X. (2003). *Zhong* (Centrality): An everlasting subject of Chinese discourse. *Intercultural Communication Studies, 12*(4), 127-149.

Xiao, X. (2004). *Li* and the Chinese Patterns of Communication. In G. M. Chen (Ed.), *Theories and Principles of Chinese Communication* (pp. 379-405). Taipei: Wunan.

Yum, J. O. (2007). Confucianism and Communication: *Jen*, *Li*, and *Ubuntu*. *China Media Research, 3*(4), 15-22.

原文出处：Chen, G. M., & An, R. (2009). A Chinese model of intercultural leadership competence. In D. K. Deardorff (Ed.), *The SAGE Handbook of intercultural competence* (pp. 196-208). Thousand Oaks, CA: Sage.

全球语境下的中庸式管理模式

前言

从古典管理理论、人力资源／关系学、系统学到文化学派和批判学派，组织管理研究的发展在 20 世纪产生了丰富的文献和理论。学者们不仅记录了组织行为的历史发展（尤其从西方的角度），而且反映了人类社会在不同转型阶段的变化。

在全球化的推动下，新世纪组织行为管理学的研究呈现出一个重要的转折。运输和传播技术的革新把全球化趋势推向了人类历史的最高水平。全球化趋势以其辩证的动态性、普遍的渗透性、整体的互连性、文化的交错性、个体的强大性五个鲜明特征，通过压缩时间和空间把世界缩小了，形成了一个全球性的互联网络 (Chen & Zhang, 2010)。在这个全球互联的网络中，紧密的互动成了一种常态。这也涉及在地和全球之间的竞争与合作的加速。正是在这样的背景下，我们才开始看到融合跨文化理念与机构组织的研究在 20 世纪 90 年代初蓬勃发展，并在 21 世纪持续快速发展。

不幸的是，在过去的两个世纪中，包括对组织行为和管理的研究的学术研究，一直受到欧洲中心主义（Eurocentrism）的支配。以欧洲为中心的信念，反映在侵略性的个人主义，沙文主义的唯理主义和无情的文化主义 (Asante, 2006)，导致过度强调自我独立主义、单一的现实观点以及西方权力的主导地位。然而，这种以欧洲为中心的取向已经显示出其巨大的局限性，并开始面临来自全球社会其他文化群体的挑战。换句话说，欧洲中心主义导致的边缘化、镇压、抵制、诋毁及排斥其他非欧洲范式的问题将在新世纪受到纠正。纠正以欧洲中心主导地位的有效方法是，通过鼓励不同学科、不同地方区域的学者在知识生产过程中经由文化通性的方法来进行合作 (Chen, 2009a)。

管理是一个典型的以情境为主的过程，它反映了自己特定的文化特征。因此，为了更好理解管理的独特性，学者有必要从自己的文化角度来研究，然后通过理解和尊重文化的异同，努力探索融合不同群体的文化成分的可能性，从而找到一种方式来帮助人们在全球社会中变得更有生产力和取得成功。

因此，本文试图提出一种基于中国哲学思想的中道管理模式，并将其投射到全球社会的语境中。为了考察全球环境下的中道管理模式，我们首先需要理解中国文化的范式假设以及它们如何作为中国式管理的准则。

中华文化与管理的范式假设

表1展示了中国文化的基本范式假设。简而言之，在本体论上，中华文化认为宇宙是一个大整体，它就像一条没有起点和终点的奔流的河流；在价值论上，中华文化主张和谐是连接天、地、人的润滑剂；在认识论上，中国人认为一切事物只有在与他人的关系中才变得有意义和可感知；在方法论上，中华文化更倾向于一种直觉上的、感知的且迂回的表达方式。

运用到管理的过程，中华文化在本体论上把管理看作一个整体的过程，依宇宙的无穷而有序地循环不断地变化，这个过程从来没有绝对的完成或结束。正是在这个循环的、变革的、无穷无尽的过程中，我们看到主体和客体在管理过程中作为一个整体相互渗透和统一。这个过程也就是"道"的显现。因此，意识到互动双方之间的相互渗透和彼此合一的特性是解开人类沟通或管理之谜的关键。

在价值论上，中国式管理的致力于通过和谐来实现"在合作的基础上于相互依存的网络中具有尊严和影响力"的交流的目标（Chen & Starosta, 2003, p.6）。因此，管理伦理是通过真诚态度表现彼此之间全心全意的关心，来明确互动者之间合作的责任而不是通过口头或行为策略来克服对手。和谐一致作为管理的最终目标是由一套个人和社会价值观所支撑的。例如，中国人非常重视个人价值，例如努力工作、尊重知识、诚实、自律和履行义务，也非常重视社会价值，例如有序社会、尊重权威共识和官员问责体制。因此，能否达到和谐的人际关系状态，是从中国文化角度界定管理能力的基本标准。

表 1 中华文化的范式假设

Ontology		
Holistic		
submerged collectivistic		

Axiology	Epistemology	Methodology
Harmonious	Interconnected	Intuitive
indirect subtle adaptive consensual agreeable	reciprocity we hierarchical associative ascribed	subjective nonlinear ambiguous ritual accommodative

从认识论的角度看，中国式管理认为真正的认识存在上司与下属之间的互联性，上下属之间是相互融合、没有任何矛盾和武断的。因此，真正的认识表现在关心对方的感受，在不同的语境中呈现不同的角色以及表现在互惠互助和主动倾听的过程，因此互动的融洽关系能自然地建立起来。从这种对立统一的状态中，我们可以看到，每一个实体都可能具有不同甚至相反的性质，但通过相互作用的互联性就可以找到对立的统一性或差异的同一性。这种上司与下属之间相互联系关系的实现是基于"大同理心"，即一种对他人存在的认知，它以敏感性和创造性作为维系人和万物的两大要素 (Chen & Starosta, 2003)。

最后，从方法论上来说，中国式管理思维的直觉性或非线性模式表明了条条大道通罗马，虽然现实中没有一条路径与另一条路径完全不同，因为所有的路径都是相互定义和互补的。在中国的非线性循环思维过程中，追求直觉知识以达到非二元论现实的普遍途径就是"中道"（中庸之道）。中庸之道是不执着于存在或不存在，自信或没自信等二分法，它"非此即彼"的对立。因此，中庸之道代表着一种恰当的精神，是一种构成世界基础并为人类行为提供普遍路径的平衡与和谐的状态 (Chen, 2006)。

中道管理的四种模式在方法论上反映出了中庸之道的动态性、情境性和多面

性 (Chen, 2006; Pang, 1980; Xiao, 2003)。第一种是"非 x 非 y"模型，指的是在管理过程中避免两个极端。既不表现出不感兴趣也不偏袒他人的管理风格就是一个例子。第二种是"是 x 也非 x"，指的是管理的一种极致美德被另一种美德修正或中和，以保持适当的状态。一个例子是，一个经理表现出一种具有魄力但不严厉的领导风格。第三个是"x 配 y"，指的是一种管理美德，在另一种美德的补充下达到合适状态。这可以通过一个例子来证明，一位经理可以同时拥有关怀和诚实的美德。最后一个是"x 和 y"，指的是管理者能够将管理风格的两个相反面进行整合从而形成一个完整整体的能力。在管理过程中，"软硬兼施"的结合就是一个很好的例子。

基于上述范式假设，我们可以得出中国式管理的四个特点：(1) 它是一个整体变化的过程；(2) 它的最终目标是达到和谐；(3) 它的意义蕴含在上司与下属之间的互联性；(4) 中道是在不断变化的整体管理体系中，从相互联系的关系中获得和谐状态的途径。换言之，中国的中道管理是建立在《易经·泰卦》的思想基础上的，"天地交而万物通也，上下交而其志同也" (Trans. Wilhelm, 1990, p. 441)。

因此，中道管理的目标是达到"泰"的境界，这个境界由安、和、乐、利四要素组成 (Edmondson, 2012)。中道管理模式在全球化社会可成为实现理想的管理目标的依据。

中国中庸式管理理论

在中国以中庸哲学发展起来的两个代表性的管理模式值得讨论：M 模式和 C 模式。曾仕强（1985,1986,2005）的 M 模式试图以儒家思想建立一个现代的中国管理模式。M 指的是人（man），中庸（mean）和管理（management）三方面的组织管理。此模式主张中国式管理经由中庸之道的实践而特别注重人本主义。中国式管理的三个方面是由注重从业人员安全感、权变原则和絜矩之道来实现的。从概念上讲，这三个方面与儒家的"仁""义""礼"三个概念一致；在实践过程，则与情（love）、理（ration）、法（rule）相对应。

从业人员的安全感是通过管理者的人文关怀来实现的。在组织生活中，它意味着员工被公司当作一个家人来对待，公司通过提供人性化的、全面的员工福利来回报员工带来的价值。权变原则体现在基于正义的灵活性和适应性的管理上，管理者能够因时制宜地执行员工的绩效考核过程，如奖惩等。絜矩之道用来构成组织行为的合法规制，它将人文关怀与因时制宜有机地结合起来形成管理原则的制度化。因此，以 M 模式为基础的中国管理的最终目标是追求源于人文关怀、权变和道德规范三者相结合的平和状态。

成中英 (1995, 1999) 提出的 C 理论有两层含义。对外而言，它代表着中国 (China)、文化 (culture) 和变化 (change)，《易经》(Changes) 和孔子 (Confucius)；对内而言，它指的是集中性 (centrality)、掌控性 (control)、权宜性 (contingency)、创生性 (creativity) 和调和性 (coordination)。该理论旨在以《易经》"生生"的概念来解释中国式管理。《易经》的五个哲学假设构成了 C 理论的概念框架，包括整体宇宙论、同一和对立的融合、五阶段辩证思考（整体创生性 /"太极"、阴阳二元性 /"两仪"、多元发展 /"四象"、互动互补 /"八卦"、新创生性 /"新太极"）、"观"认识论和"感应"价值论。与决策预测法结合，中国式管理的 C 模式旨在实现管理的可持续发展，它体现的管理五大内在要素，适用于现代社会。

中国式管理的 M 理论和 C 理论都能够把握中国哲学思维的基本要素。它们具有启发性，有效地帮助人们在传统的"中道"概念的基础上理解中国式管理方式。可惜的是，这两种理论因其过于复杂和高度抽象化而难以付诸实施，尤其是在全球化社会中。所以，本文提出这个中道管理模式来试图解决这个问题。

中道管理模式

此模式最初用于解释中国视角下对全球领导能力的看法 (Chen & An, 2009)，它也可以用来代表中国式管理的中道模式。图 1 是这个模式的重构，它阐释了中国的中庸哲学假设，并进一步融入西方管理的共同组成部分，从而创造出一个可以运用到全球化社会的通用模式。

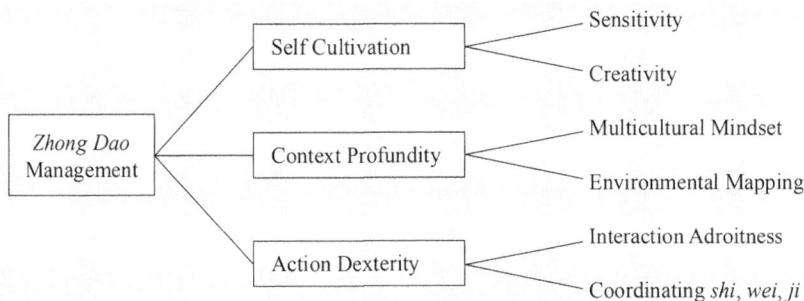

图 1　中道管理模式

此模式建立在前面提到的中国式管理四种范式假设的基础上，认为管理是一种以中庸之道的方法实现和谐共联为目标的整体变化过程，它包括了"修身养性""情境深化"和"行动机灵"三个维度。

"修身养性"指通过不断的学习过程净化和解放自己的感性能力，用以培养敏捷力和创造力，它是一种将个体能力转化为更高管理能力的过程。"情境深化"代表个体在管理过程中熟悉环境和语境以及获取相关文化知识的认知能力。在全球社会背景下，深化理解的能力体现在培养多元文化思维和绘制合适的情境地图。"行动机灵"指在管理的互动过程，能够采取适当和有效行动的能力。它表现出互动的灵活性和调和"时""位"和"几"三个要素的能力之上。

这个中道模式同时反映了中国文化与西方文化的管理特色。它类似于文化双融的理念，整合了东西方矛盾的管理观点，从传统的非此即彼 (either-or) 的二分法走向现代的两者兼之 (both-and) 的融合途径 (Miller, 2010)。正如 Chen(2002) 所指出的，西方思想的力量在于它的分析和分类法，而东方思想的力量则在于它的包容和整合性。中道模式蕴含的矛盾整合思想有可能使东西方思想相互转化和整合，以产生两个世界之间互为依赖的关系，并形成对立统一的整体。

结论

当今人类社会相互依存的情况需要一种整体化的管理模式，以面对充满活力和多元文化碰撞的全球化挑战，特别是在商业界或组织生活中。只有承认文化的相似性与接受文化的差异性才能弥合全球社会中不同群体之间的沟通鸿沟。虽然本文阐述的整合型管理模式依赖于中国范式假设和中庸哲学，但作者希望通过这个模式的运用，能在全球化社会实现更有效和成功的生活。

最后，建立中道管理模式的文化双融法有可能弥合不同文化之间的鸿沟，并对东西方的组织机构具有启发作用。强调整体平衡、高效整合与和谐关联，中道管理的目标是达到一种多元文化、多元情境共存的状态，这可以通过太极图表现出来（图 2）。它认为全然发展的状态只能通过两个相反但相互依存和相互渗透的力量的对应和合成统一来实现，譬如"阴与阳""明与暗""否定与肯定"(Chen, 2008, 2009b)。通过这个过程，中道管理模式可以成为培养全球经营者包容性思维的依据。

图 2　多元文化 / 多元情境和谐共存的状态

参考文献

Asante, Molefi. (2006). The rhetoric of globalization: The Europeanisation of human ideas. *Journal of Multicultural Discourses, 1*(2), 152-158.

Chen, Guo-Ming. (2006). Asian communication studies: What and where to now. *The Review of Communication, 6*(4), 295-311.

Chen, Guo-Ming. (2008). *Bian* (Change): A perpetual discourse of *I Ching*. *Intercultural Communication Studies, 17*(4), 7-16.

Chen, Guo-Ming. (2009a). Beyond the dichotomy of communication studies. *Journal of Asian Communication, 19*(4), 398-411.

Chen, Guo-Ming. (2009b). Toward an *I Ching* model of communication. *China Media Research, 5*(3), 72-81.

Chen, Guo-Ming & Starosta, William J. (2003). Asian approaches to human communication: A dialogue. *Intercultural Communication Studies, 12*(4), 1-15.

Chen, Guo-Ming & Zhang, Kai. (2010). New media and cultural identity in the global society. In R. Taiwo (Ed.), *Handbook of research on discourse behavior and digital communication: Language structures and social interaction* (pp. 801-815). Hershey, PA: Information Science Reference.

Chen, Ming-Jen. (2002). Transcending paradox: The Chinese "middle-way" perspective. *Asian Pacific Journal of Management, 19*, 179-199.

Edmondson, Jingjing Z. (2012). A model of *zhongdao* contingency management: An outline of Chinese management in global society – An interview with Guo-Ming Chen. *Global Sources*, July 6, 2012, pp. 12-16. Retrieved from http://www.ceconline.com/leadership/ma/8800064371/02/.

Miller, Danny. (2010). West meets East: Toward an ambicultural approach to management. *The Academy of Management Perspectives, 24*(4), 17-24. doi: 10.5465/AMP.2010.55206381.

Pang, Pu. (1980). Zhong yong ping yi (On "middle way"). *Zhongguo Shehui Kexue* (中国社会科学). Retrieved from http://www.cnki.com.cn/Journal/H-H1-ZSHK-1980-01.htm.

Wilhelm, Richard. (Trans.) (1990). *The I Ching*. Princeton, NJ: Princeton University Press.

Xiao, Xiaosui. (2003). *Zhong* (Centrality): An everlasting subject of Chinese discourse. *Intercultural Communication Studies, 12*(4), 127-149.

译者：李孟名（华中师范大学新闻传播学院硕士研究生）

原文出处：Chen, G. M. (2013). A zhong dao model of management in global context. *Intercultural communication Studies*, *22*(1), 1-8.

资历与优势：台湾宗教团体决策的个案分析

文献回顾

虽然年龄是人类社会必须面对的普遍问题，但在不同文化中，感知和处理问题的方式各不相同。传统上，由于老年人被认为是知识、权力和权威的中心，在大多数文化中，年龄的重要性一直占着主导的地位（Condon & Yousef，1975）。但随着时间的推移，人类社会逐渐形成了不同的年龄价值取向。正如 Condon 和 Yousef（1975）指出，现代社会有三种不同的年龄价值取向：青年、中年和老年。美国是青年价值取向的典范，强调理想主义和活力，而许多非洲国家都属于老年价值取向，资历（seniority）被高度重视。

大多数亚洲国家，特别是那些受儒家思想影响的东亚国家，如中国、日本和韩国也高度重视资历。资历指年龄与在一个组织中服务的时间。例如，Palmore（1975）指出，在日本，老年人在家里、公司和社区都享有很高的地位。这可以通过尊重老年人所使用的的敬语、老年人在家庭中的特殊待遇以及旨在保护老年人福利的国家政策来证明（Carmichael，1991）。Nishyama（1971）还描述了资历是决定一个人在组织中的权威和地位的最关键因素之一。

在中国社会，儒家的"五伦"设定了一种严格的人际关系等级结构，其中资历被赋予了广泛的权威、权力和地位（Bond & Hwang，1986; Knutson，Hwang，& Deng，2000）。老年人在个人或社会交往中提出某一想法、话题或决策时，享有较多的自由。老年人不仅决定了信息的重要性，而且也在中国社会受到尊重与免于批评。老年人在中国政治上也扮演着非常重要的角色；例如，Chung（1996）在对 1990 年台湾地区领导人选举的研究中阐述道，为解决候选人提名过程中出现的严重问题，台湾地区领导人聘请了 8 名调解员，他们的年龄从 78 岁到 92 岁不等；年龄可说是聘请调解员聘请的主要因素之一。

Chen and Starosta(1997-8) 提出了一个中国冲突管理和解决模式，进一步反映了资历对中国决策过程的影响。他们认为，和谐、关系、面子和权力是中国冲突管理和解决过程中的四大主导因素。

和谐是中国人社交互动的轴心，是人类交流的终极。中国人的交往倾向于在互动主体之间相互依存的转化过程中发展和保持和谐的关系 (Chen, 2001a, 2001b)。

关系与面子维系着和谐社会互动的顺畅运行。中国人强调特殊关系或者内群体和外群体成员之间的区别。他们利用特定的关系来说服、影响和控制社交互动中的对手以避免或解决冲突（Shenkar & Ronen, 1987）。例如，Ma（1992）发现，在中国，人际冲突的非正式调解通常由冲突双方的朋友或内部成员来进行，以避免互动时面对尴尬的情况。给面子是提高互动者自尊的一种方式，对中国人来说，丢脸会立即导致情绪上的不安或严重的冲突。因此，在互动时给对方"面子"是建立和谐氛围的先决条件（Chiao, 1981,1988）。

Chen and Starosta(1997-8) 认为，和谐、关系和面子三者是密切相关的，而权力则是中国社会交往模式的最终决定因素。在儒家思想的社会中，资历是获得权力的主要来源。换句话说，资历赋予老年人在互动过程权力。尽管在中国社会，经由资历而产生的权力一向是为了追求和谐而设的，但当权力"被滥用而破坏关系和面子的伦理原则"时，和谐可能会被牺牲 (Chen & Starosta, 1997-8, p.9)。已有不少文献记录资历对中国社会交往的影响，但研究资历对决策的影响过程的研究仍然很少。因此，本研究以台湾某大型宗教组织高层领导人一个年终会议作为个案探讨资历对中国决策过程的影响。

为了分析，本研究采用了 Kume（1985）提出的五个决策组成因素作为依据。这些部分最初用于比较美国和日本文化之间的差异。由于不同的文化价值取向，每个文化都有其独特的方式来处理这五个决策的因素。例如，研究发现美国人比较理性、直接、具有对抗性，领导者倾向于在决策过程中自我承担责任；中国人和日本人则比较直观、间接、强调和谐，领导者倾向于分担责任（Chen & Chung，1994; Kume，1985）。

Kume 的五个决策组成因素包括决策地点、启动和协调、达成决策的模式、决策标准和沟通方式。决策地点是指做出最终决定的地点；启动和协调意味着如何在决策过程中首先表达和协商导致决策的信息或想法；达成决策的方式是指如何达成最终决定；决策标准是指做出决定的基准；沟通方式是指参与决策过程的人员之间的互动模式。本案例研究不是比较中国与其他文化的决策差异，而是侧重于分析资历如何影响中国决策过程中的五个组成因素。

案例分析

背景

1996 年 12 月 31 日，山教教主召开年终会议讨论上次会议的记录。议程有十个项目需要得到代表们的同意，以便得到台湾"内政部"的批准，在台湾中部进行 3 亿美元投资的计划。台湾的官方宗教法规定，所有宗教团体都得注册为董事会的"法人团体"，以方便管理和运作。山教虽已注册为法人团体，但其内政的治理，包括继承过程和各种活动都受其自身的宗族法（宗法）的制约。为了避免自身行政人员与管理制度之间的矛盾，山教法人团体的大多数董事会成员也在宗法体系中担任高级职务。董事会的八名成员在上次会议上获得提名。此外，法人团体董事会也具有山教对外商业投资的执行权。这导致了一个问题，即一些未被提名为董事会成员的代表可能是因为害怕失去权力，不同意董事会也应该是执行单位的提议。会议持续了近四个小时。

事件

会议在台北一家中餐馆的特别客房举行。山教秘书长 K. Lin 首先要求与会者签名并解释说，山教教主要求 K. Lin 主持会议，但是他坚持认为自己没有资格担任主持人，因为他是会议中最年轻的成员。因此，W. Cheng 被选为主持人，他的立场在山教的管理中是较中立的。在会议正式开始之前，T. Lee 突然打断了对话：

"我现在已经 84 岁了，我已经在这个宗教中待了将近 40 年，我已接近生命的尽头。我想让你知道我将在这次会议中扮演"黑脸"（即坏人）的角色。如果我们心中有"爱"，我们应该知道如何和平地处理今天的讨论。让我们不要太情绪化。"

K. Lin 解释说，会议应按照惯例进行，并告诉主持人，会议的目的是讨论如何落实上次会议批准的关于投资的十个项目。随后，他试图朗读这 10 个项目。但就在他完成了关于 8 名董事会候选人获得批准的第一个项目后，T. Lee（不是候选人之一）立即打断：

"且慢。你说'遵循正式的程序是什么意思？'我们必须首先决定董事会应该只是作为一个监督而不是一个执行单位，否则讨论将是令人感到不快与徒劳无功的。"

T. Lee 接着陈述他所做过的事情以及他在山教服务 39 年所经历的艰辛。谈了大约 18 分钟后，他情绪性地总结道：

"我们不需要任何法律（即法人团体）来限制我们的行为。任何喜欢而且有能力做事的人都应该继续为山教服务。这 10 个项目不是我们应该关注的关键问题。

我们需要的是根据个人的意愿和能力来讨论如何发展山教的教务。我已年迈了，但我会继续传播山教的教义。我没有力气与任何人斗争，但我相信如果你坚持按照正式程序讨论如何实施这十个项目，那将是毫无意义的。"

当主持人和 K. Lin 试图解释组建董事会的必要性时，T. Lee 再次打断谈话：

"我们应该讨论我们应该做些什么。没有必要就上次会议的记录做出任何决定，因为我怀疑会议记录的合法性。我们应该让所有在场的人发表意见，然后再得出结论，我建议让我们的两位长老（指 C. Chen 和 L. Chiang）先发言。"

主持人似乎别无选择，只能遵循 T. Lee 的强性建议，与会者于是开始提出他们的意见。在此期间，T. Lee 经常通过发表评论或纠正他们所说的内容来打断发言者。几乎所有与会者都强调了在会议和处理山教事务过程中和谐的重要性。在所有与会者表达了他们的意见之后，K. Lin 继续提醒主持人，会议应该集中讨论 10 个项目并在与会者之间达成协议，因为他说："除非这些项目得到批准，否则我们不能合法地做任何事情。"然而，T. Lee 却表现得好像他是主持人一样，反对 K. Lin 的意见：

"那些项目都是没用的，我们没必要继续讨论它们。每个与会者的报告应该是今天会议的记录。总之，'和平团结'是今天会议的主题。记录应表明董事会只是一个监督单位，一切决策都应由山教总部（以宗族法为依据）负责。"

然后他威胁说，如果记录不显示他刚才提到的结论，他将公开反对这一决定。最后他说：

"是的，我们需要一个结论。'和平'和'团结'是结论。我希望我们都有一个温暖和和平的除夕夜晚。"

会议在将近 4 个小时后结束，未就会议的原始议程作出决定。在与会者开始享用美味晚餐之前，他们同意应安排下一次会议继续讨论。

方法

与会者

来自山教总部及其分支机构的十一名代表出席了会议：

* C. Chang：当地代表，72 岁，已经在山教工作了 28 年，是目前讲道中心的主任。

* C. Chen：76 岁，已经在山教工作了 31 年，是山教的会计师。

* P. Chen：区域代表，71 岁，已经在山教工作了 25 年。

* W. Cheng：区域代表，68 岁，已经在山教工作了 26 年。

* L. Chiang：区域代表，75 岁，已经在山教工作了 31 年。

* D. Jian：区域代表，52 岁，已经在山教工作了 22 年。

* T. Lee：山教讲师，84 岁，已经在山教工作了 39 年，是前任秘书长兼讲道中心主任，亦是本案例分析的关键人物。

* K. Lin：山教的秘书长，43 岁，已经在山教工作了 22 年。在这次会议上，他代表山教教主（94 岁，因病住院）主持会议。

* N. Tsen：山教副教主，74 岁，已经在山教工作了 29 年。身为副教主，他负责提名八位董事会成员。

* S. Tsen：区域代表，70 岁，已经在山教工作了 29 年。

* L. Wang：公关代表，54 岁，已经在山教工作了 18 年。

研究过程与数据收集

本研究的第一作者作为观察员参加了会议。基于 Gold (1958) 对观察角色的分类，第一作者在本研究中扮演了一个完全观察者的角色，通过避免影响参与者来收集更多关于他们之间互动的客观数据。但是，由于第一作者是山教的长期成员，他所扮演的角色也类似于 Adler and Adler（1987）所说的"完全—成员—研究者"。他对团队成员的了解与联系，为他会后从一些与会者的后续对话中深入收集信息带来了巨大优势。除了观察员所做的实地记录外，在与会者的许可下，会议还进行了录音。为了进行分析，第一作者将录音带从中文转译成英文，他也在会议第二天早上与几位与会者进行了非正式对话，以澄清和收集有关会议的更多信息。

分析

此次会议为资历对中国决策过程的影响提供了丰富的背景说明。在这个案例中，84 岁的 T. Lee 是团队中资历最深的人。尽管在出席这次会议的成员中，他的宗教信仰时间确实是最长的，但他并不具有高级职位的身份，不过却凭借他的资历成功阻断了会议的进展。从观察员的角度来看，4 小时的会议没有结果，因为会议没有讨论原议程的任何项目。这结果显示资历所赋予的权力和权威显然被滥用了。

在整个会议过程中，我们发现当与会者表达他们的意见时，经常使用与资历相关的词汇。较年轻的与会者会说"我知道我不够年长，但是 ......"；而年龄较大的与会者会说"我太老了 ......"这显然是 T. Lee 用来向 K. Lin 和主持人施加压力的以退为进的策略。例如，当 72 岁的 C. Chang 发表意见时，他说："我只有 72 岁，而他（T. Lee）84 岁。我知道我不应该和他竞争，因为他资历较深 ......"。C.

Chang 在职位上高于 T. Lee，但他知道 T. Lee 更强，因为他年纪大了，而且比他在山教服务更长的时间。T. Lee 打断了 C. Chang："我俩都老了，就让年轻人（指52 岁的 D. Jian）发言吧。"D.Jian 用免责声明接受邀请："我还很年轻，但我想提出一个非常实际的问题。"

这些例子显示了资历与年龄在决策过程产生的重大影响。与会者大多已经 68 岁，但他们掌握了山教未来的前途。

利用上述决策的五个组成因素来分析这个案例，我们可以看到资历是一把双刃剑，它既可以促进也可以瘫痪决策的过程。大多数情况下（如 Chung, 1996），在中国社会资历是通过缓和群体内部或群体之间的冲突来建立和谐氛围的润滑剂。但在这个案例中，T. Lee 利用资历所蕴含的权力拖延了会议。他策略性地使用了"和平"和"团结"这样的词汇，给人一种安抚集体的印象。事实上，正如会后其他成员指出的，他显然是为了阻止成员讨论议程项目；而这些议程项目一旦实施，将会重组董事会，从而将他排除在权力圈外。T. Lee 的行为是滥用职权达到个人目的的代表案例，这在中国社会并不罕见。我们现在用这五个组成因素来分析资历对会议决策过程的影响。

在决策的过程，中国文化强调集体主义、相互依赖、群体导向、合作、和谐、循环思维、群体忠诚、从众、整体思维和间接沟通 (Chang & Holt, 1991; Chen, 1997, 1998, 2001b; Chen & Chung, 1994; Chu, 1991; Hwang, 1988; Jocobs, 1979; Ma, 1992; Peng, Zhou, & Zhu, 2000; Pye, 1982; Yum, 1988)。中国人一向把决策权归到集体身上，彼此分担责任，领导者只负责推动决策过程。但在这个案例中，T. Lee 从头到尾操纵了会议，他想什么时候打断讨论就什么时候打断。他甚至提到，他将为那次会议所做的决定承担一切责任。他声称：

"我们不需要讨论会议记录。我们只需要每个人都有一份报告。这些报告将成为今天会议的记录。如果有任何问题，我将承担全部责任。"

在会议发起和协调方面，T. Lee 忽视了中国人强调经常讨论和事先协商，以便在决策过程中提出想法。在会议期间，他为所欲言，不守常规。例如，如上所述，当 K. Lin 说会议将遵循正式程序，由成员首先决定董事会的职能时，他插话了。他还坚持不应讨论这十个项目的执行情况，会议的结论应是"和平"和"团结"。有趣的是，通过这种方式，他表现得好像他是会议主持人，试图协调会议的进展。例如，他打断一个参与者说："够了，让我们让下一个人说话吧。"第一作者的观察发现，控制会议进程的是 T. Lee，而不是主持人。

共识是中国决策过程中最常见的模式，而不鼓励个人或分裂的决定。在这种情况下，资历的负面影响常使会议无法达成真正的共识。从会议开始到结束，T.

Lee 都试图武断地为大家做决定。例如："让我们都知道这一点，我们不需要集体领导。让那些愿意承担责任的人来做这份工作。""你不会担任董事会的会计的"（他打断了 C. Chen 的话）。"让我们表达一下我们的观点，看看能不能得出结论。""我们换另一位发言者吧"（他打断了 C. Chen 的话）。还有，"别担心时间，我今晚叫辆出租车送你回家"（当主持人 W. Chen 发言时，他打断了主持人的话，认为会议不能花太长时间，因为他得乘最后一班火车回家，那是大约 5 个小时的车程）。T. Lee 提出的每一个建议都立即成为一个决定，因为接下来的讨论总是转移到 T. Lee 建议的方向。在这种情况下，共识只是一种被群体成员的沉默所掩盖的虚假形象。

在中国，"群体和谐"通常是决策过程所追求的主要目标。毫无疑问，会议上所有小组成员都强调了和谐。但第一作者发现他们大多数提在会议中心里都承受着压力，对自己的立场感到不安。从这个意义上讲，和谐只是一种表象，它牺牲了群体决策的有效性和效率。例如，尽管 T. Lee 一直使用"爱""兄弟情谊""和平""团结""合作"等词汇，他实际上是用这些词汇来掩饰自己偶尔流露出的不快。他说："让我们和谐地讨论这个问题……团结合作。（变得情绪化）集体领导？那不是我们应该做的。如果你坚持这一点，那么继续开会就没有意义了。"T. Lee 甚至说：

"老天啊！我们已在这里两个半小时了……那些条文有什么用…（愤怒地）难道我们必须把垂死的教主从医院里拉出来，让他死在这儿，再来决定我们应该做什么吗？"

最后，虽然间接和非对抗性的沟通方式主导着中国的决策过程，但这一原则并不适用于团队中资历最够的 T. Lee。第一作者注意到，主持人和其他比 T. Lee 年轻的成员都试着避免与他人发生冲突或使用不友善的语言。但 T. Lee 却总是直接表达自己的想法，并打断别人的发言。很显然地，T. Lee 是利用了资历在会议中作威作福。

资历并非绝对的优势

从 T. Lee 成功地操纵了决策的过程来看，资历表面上似乎是高于一切其他文化价值（如和谐和面子）。通过五项因素对决策过程的考察也表明，尊重资历在本个案并不符合中国典型的决策方式。此外，在 T. Lee 的阻挠下，该组织甚至没有试图寻求妥协。然而，尽管在这个群体中，资历似乎有一定的影响，但它并不总是导致绝对的权力。在 4 个小时的会议结束时，该小组未能做出决定，这表明资历的权力并非至高无上。事实上，会议上的其他与会者不同意他的建议，相反地，他们决定把这些项目提上议程，这表明没有决定就是决定。

Chung (1996) 的多层次系统环境决策模型也能用来解释这一决策过程。在本研究中，尊重资历的价值观明显主导了群体的决策过程，但会议成员该牢记宗教组织的整体文化价值观。例如，当前的组织价值可能是选择成为宗教社区的主流团体，而不是继续作为无视法律的邪教；或者组织成员可能接受盈利的价值观以用来资助组织。他们显然比较愿意看到议程上的项目得到通过和执行，以满足政府的要求，并使本组织同其他宗教组织处于同样的地位。他们甚至必须考虑到在整个社会大环境下遵守法律的价值观。按照 T. Lee 的观点来做决定，可能会与这些不同环境层次的价值观相冲突。换句话说，当与会者考虑到其他不同价值观的时候，资历的力量就会在决策的过程减弱。

除了以上所讨论的纵向（时间）分析之外，我们还可以从横向（空间）角度考察资历受尊敬程度的下降。山教成员会议时没有遵守 T. Lee 的意见，表明尽管该宗教目前充满活力，但资历的价值正在减弱中。这项研究也显示，如果这次会议是在 50 年前举行的，那么资历会受到严格尊重的；或者如果当局没有规范宗教组织，T. Lee 的专制风格可能会盛行。随着社会的复杂性、权力来源的多样性以及与决策环境互动性的增加，资历生成的权力的效用和地位自然会下降。资历价值在中国文化中生长了几千年，已经获得了它自己的资历，但这个概念可能正在失去它的优越性。

在决策过程中忽视纵向和横向的观点，会使资历及其职能的概念过于简单化。因此，这些结论将在另一个维度上扩展 Chung (1996) 关于资历决策的多层次文化模型。简而言之，资历作为一种文化价值在决策过程中可能会受到两个维度的制约：首先，它可能会受到来自决策环境中不同文化层面的挑战。其次，随着时间的推移，它可能会受到文化自身演变的考验。

结论

传统上，大多数人类社会都重视资历。那些受儒家思想影响的社会，尤其是在东亚国家，持续尊敬老年人。老年人不仅在家庭中享有权威和权力，在私人或公共组织中也享有权力。人们对老年人使用敬语，政府制定法律要求人们尊重老年人。大多数国家领导人和组织高层管理人员往往是老年人，他们的影响力一直延续到退休后直至去世。因此，在这些社会中，资历对于加强和延续其文化价值和传统起着关键作用。但就像本研究案例，资历还可以用于增加个人利益或其他不适当的目的，这种情况通常导致社交行为的异常，与社会或文化规范所要求的行为背道而驰。

本研究以台湾某一个新兴宗教团体的高层代表会议为个案分析，说明中国决策过程中的这一异常现象。研究结果从决策与文化的辩证关系上，揭示了决策的动态性和复杂性。人类行为是文化的反映；文化为人们提供了一套思维模式，并且引导人们采取特定的行动方式。不过在某些情况下，文化可能会失去其调节成员行为的能力。从文化价值取向的角度来理解这种偏差，对真正了解文化是至关重要的。可惜的是，大多数跨文化交际学者忽视了这方面的研究，本研究因此可为今后的研究方向提供了一个范例。

本研究所阐述的决策的动态性和复杂性，表明了中国的决策是一个多层面的过程；在这个过程中，可以有意识或无意识地利用一种突出的文化价值作为手段，含蓄或明确地挑战其他核心价值观。这些研究发现强化了 Chung (1996) 和 Hwang(1997-8) 对华人沟通行为的重要性。Chung 提出了一种适用于中国决策的多层次系统模型。该模型从政治冲突解决的角度制约了中国决策的三个层次，文化价值观对决策的影响在各个层次内部和各个层次之间，可能具有不同程度的影响差异。基于中国人际关系类型（纵向内团体、横向内团体和横向外团体）的三个层次与四个行为变量（即和谐维护、个人目标达成、协调策略、主导性反应）之间的相互作用，Hwang 提出了一个中国社会的冲突解决模式，以此解释中国人可能选择使用的策略，包括那些与中国文化价值观相反的策略，如对抗、直接沟通和反抗。这两个模型值得在未来的研究中进一步检验。

最后，需要指出本研究中数据收集方法的潜在局限性。虽然参与式观察法是一种收集深度数据的有效方法，但它也可能危及数据的有效性。本研究中的一个例子是，在会议进行到一半时，T. Lee 突然对第一作者说："陈先生，你是一名博士，你比我们这儿的人知识渊博得多。你认为在这种情况下我们该怎么办？"作为一名研究观察员，第一作者善意地拒绝了发表意见的邀请。然而，本研究发现，与会者偶尔只是因为第一作者在场才会特意说些什么。换句话说，我们怀疑如果第一作者缺席或者没有录音，会议成员表达的一些观点可能会有所不同。避免这种传统的方法论问题一直是参与观察研究学者面临的挑战。

参考文献

Bond, M. B., & Hwang, K. (1986). The social psychology of Chinese people. In M. H. bond (Ed.), *The psychology of the Chinese people* (pp. 213-226). Hong Kong: Oxford University Press.

Carmichael, C. W. (1991). Intercultural perspectives of aging. In L. A. Samovar & R. E. Porter (Eds.), *Intercultural communication: A reader* (pp. 128-135). Belmont,

CA: Wadsworth.

Chang, H-C., & Holt, G. R. (1991). More than relationship: Chinese interaction and the principle of Guan-hsi. *Communication Quarterly, 39,* 251-271.

Chen, G. M. (1997, November). *An examination of PRC business negotiation styles.* Paper presented at the annual convention of the Speech Communication Association, Chicago, Illinois.

Chen, G. M. (1998). A Chinese model of human relationship development. In B. L. Hoffer and H. H. Koo (Eds.), *Cross-cultural communication East and West in the 90's* (pp. 45-53). San Antonio, TX: Institute for Cross-Cultural Research.

Chen, G. M. (2001a). The impact of harmony on Chinese conflict management. In G. M. Chen & R. Ma (Eds.), *Chinese conflict management and resolution* (pp. 3-18). Westport, CONN: Ablex.

Chen, G. M. (2001b). Towards transcultural understanding: A harmony theory of Chinese communication. In V. H. Milhouse, M. K. Asante, and P. O. Nwosu (Eds.), *Transculture: Interdisciplinary perspectives on cross-cultural relations* (pp. 55-70). Thousand Oaks, CA: Sage.

Chen G. M., & Chung, J, (1994). The impact of Confucianism on organizational communication. *Communication Quarterly, 42,* 93-105.

Chen, G. M., & Starosta, W. J. (1997-8). Chinese conflict management and resolution: Overview and implications. *Intercultural Communication Studies, 7,* 1-11.

Chiao, C. (1981). *Chinese strategic behavior: Some central principles.* Paper presented at the Conference on Content of Culture, Claremont, California. Chiao, C. (1988). An establishment of a model of Chinese strategic behaviors. In

K. S. Yang (Ed.), *The Psychology of* Chinese *people* (pp. 431-446). Taipei: Kuei Guan.

Chu, C-N (1991). *The Asian mind game.* New York: Rawson.

Chung, J. (1996). Avoiding a "Bull Moose" rebellion: particularistic ties, seniority, and third-party mediation. *International and Intercultural Communication Annual, 20,* 166-185.

Condon, J. C., & Y ousef, F. (1975). *An introduction to intercultural communica-tion.* Indianapolis, IN: Bobbs Merill.

Hwang, K. K. (1988). Renqin and face: The Chinese power game. In K. K. Hwang (Ed.), *The Chinese power game* (pp. 7-56). Taipei: Juliu.

Hwang, K. K. (1997-8). Guanxi and mientze: conflict resolution in Chinese society. *Intercultural Communication Studies, 7,* 17-40.

Jocobs, B. J. (1979). A preliminary model of particularistic ties in Chinese political alliances: Kanching and Kuan-hsi in a rural Taiwanese township. *China Quarterly, 78,* 237-273.

Knutson, T. J., Hwang, J. C., & Deng, B. C. (2000). Perception and management of conflict: A comparison of Taiwanese and US business employees. *Intercultural Communication Studies, 9,* 1-31.

Kume, T. (1985). Managerial attitudes toward decision-making: North American and Japan. In W. B. Gudykunst, L. P. Stewart, & St. Ting-Toomey (Eds.), *Communication, culture, and organizational processes* (pp. 231-252). Beverly Hills, CA: Sage.

Ma, R. (1992). The role of unofficial intermediaries in interpersonal conflicts in the Chinese culture. *Communication quarterly, 40,* 269-278.

Nishyama, K. (1971). Interpersonal persuasion in a vertical society: The case of Japan. *Speech Monographs, 38,* 148-154.

译者：何雨蕾（厦门大学新闻传播学院 2018 级硕士研究生）

原文出处：Chen, G. M., & Chung, J. (2002). Superiority and seniority: A case analysis of decision making in a Taiwanese religious group. *Intercultural Communication Studies, 11*(1), 41-56.

"一带一路"倡议与实践：一个跨文化传播视角

前言

中华人民共和国主席习近平于 2013 年 9 月在哈萨克斯坦与 10 月在印尼首先提出"丝绸之路经济带"与"21 世纪海上丝绸之路"（"一带一路"）的跨国经济合作概念之后，"一带一路"计划案于 2015 年 3 月正式由中国国务院总理李克强将之纳入中国政府报告中。在中国政府勠力主导下，几年来在经济开发合作方面已逐步启动与落实。到 2017 年中，全球已经有一百多个国家与不同国家组织支持与参与"一带一路"的倡议与实践（习近平，2017a）。

"一带"沿着传统中国陆上丝路，经由中亚地区连接上欧洲。北路线从中国西北省份经过中亚与俄罗斯，然后达到欧洲；南路线从中国西南省份经过中亚与西亚，然后连接波斯湾与地中海沿岸地区。"一路"则沿着传统中国海上丝路，从特别是东南几个主要港口，经由南海、印度洋到达非洲，并延伸到欧洲诸国。据估计，到 2018 年初"'一带一路'涵盖 65 个国家，覆盖面积约 5539 万平方公里，约占全球总面积的 41.3%；涵盖 46.7 亿人口，约佔全球总人口的 66.9%；区域经济总量达 27.4 万亿美元，佔全球经济总量的 38.2%"（邝志良，2018）。由此可见，"一带一路"的经济倡议，对未来的全球社会会带来巨大影响与冲击。

根据中华人民共和国国家发展和改革委员会（2015）的报导，"一带一路"的倡议，旨在"顺应世界多极化，经济全球化，文化多样化，社会信息化的潮流，秉持开发的区域合作精神，致力于维护全球自由贸易体系和开放世界经济"。它是在遵守"坚持开发合作，坚持和谐包容，坚持市场运作，与坚持互利共赢"的四大共建原则之下，追求"全方位推进务实合作，打造政治互信，经济融合，文化包容的利益共同体，命运共同体和责任共同体"的理想。"一带一路"是在"以政策沟通，设施联通，贸易畅通，资金融通，民心相通为主要内容"的条件下和各参与国家加强合作。它是各国人民在 21 世纪能共享共建成果的"一条互尊互信之路，一条合作共赢之路，一条文明互鉴之路"。

"一带一路"的计划庞大，牵涉国家众多，带动利益巨大，影响层面庞杂，与其相关的媒介报导与学术研究也相对地大幅度增加。"一带一路"本质上是一个经济交流的倡议，因此，大部分的报导与学术研究也都以经济的角度为主轴。有些报导与研究在这个基础之上，进一步延伸到政治、外交、军事与社会的领域（如：何茂春、张冀兵、张雅芃、田斌，2015；纽约时报中文网，2017；袁新涛，2014；Overholt, 2015; Perdinand, 2016; Swine, 2015），还有极少从"文明"的方向诠释"一带一路"（如：每日头条，2017；Winter, 2016）。习近平在 2017 年国际合作高峰论坛开幕式上的演讲词 15 次提及"文明"这个概念，特别是他的第五点意见：

"第五，我们要将'一带一路'建成文明之路。'一带一路'建设要以文明交流超越文明隔阂、文明互鉴超越文明冲突、文明共存超越文明优越，推动各国相互理解、相互尊重、相互信任。"

然而，仔细查询既存文献，似乎尚未见到有直接从"文化"的角度来分析"一带一路"的倡议与实践，而且更受到忽略的是从"传播 / 沟通"（communication）的视角（希文，2017）。

以"一带一路"的五大主要内容，即前面提及的政策沟通、设施联通、贸易畅通、资金融通和民心相通而言，它们所直接触及的基本问题其实都与"文化"和"传播 / 沟通"两个概念与研究领域有着直接的关系。例如，"政策沟通"旨在处理基础建设策划与得到合作对象的支持；"设施联通"旨在整合贯通参与国家和地区的各种建设；"贸易畅通"旨在促进跨国或跨区域投资和供应链之间无障碍的合作；"资金融通"旨在协调货币政策与强化各国或区域之间的金融合作关系；"民心相通"旨在适当地推进各区域文化之间的交流以有效地达到人们之间彼此的了解与共融（HKTDC, n.d.）。换言之，这五大内容或"一带一路"的五大机遇，每一项都有个"通"字。"通"者，沟通、传播、交流、交际也，也就是communication。它意味着两个主体之间经由符号的交换以达到相互理解的过程。这"两个主体"乃建立在两个人（群体）之间直接的互动，或间接经由传媒来经营彼此之间互动的基础之上。而文化，特别是不同族群所背负的文化价值观，正是主导人们直接或间接互动方式的主要变项。整合起来，也就是说明"一带一路"成功的基础乃在于"文化间或跨文化沟通 / 传播"。可惜的是，到目前与"一带一路"相关的报导，似乎没有从这个的角度来处理。学术界到目前也仅有极少数，如最近在北京举行的第四届中国跨文化传播圆桌论坛，开始讨论"一带一路"的倡议与跨文化传播之间的关系（时晓莉、张赛，2018），但似乎尚无这方面的研究著述。基于这个不足，本文乃从跨文化传播的视角来探讨"一带一路"的倡议和实践。希望能从学理上进行分析，推动它的发展。

跨文化传播视角下"一带一路"倡议与实践

跨文化传播/沟通学作为传播学门较年轻的一个领域，起源与20世纪50年代末期文化人类学家的研究，之后经由传播学者传承下来。在西方学术领域，跨文化传播学主要归属于传播学，在其他国家，如前些年的中国，跨文化研究则是语言学家居多。不过20世纪90年代之后，因为全球化潮流的冲击，不管是人文、社会或理工商等各种学科，因跨国互动的需求，学生都必须具备跨文化传播的知识与技巧（陈国明，2017）。

简而言之，跨文化传播就是指来自两个不同文化的人们经由符号交换的互动过程（Chen & Starosta, 2005）。这个互动有两种方式，一是人与人之间面对面直接的沟通，它可以是个人与个人之间的人际沟通（interpersonal communication），团体与团体（如组织与组织以及国家与国家）之间的互动；二是经由媒介的间接沟通（mediated communication）。因此，跨文化传播学的范畴包含甚广，诸如国际传播 (international communication)、种族间沟通 (interracial communication)、族裔间或少数民族间沟通 (interethnic or minority communication)、跨文化传播 (cross-cultural communication) 与比较大众传播 (comparative mass communication) 等，都是属于跨文化传播学的研究领域 (Gudykunst,1987; Rich, 1974)。

跨文化传播学以"文化"和"传播/沟通"作为其核心概念，以文化价值观 (cultural value) 作为核心概念的主要基础，经由语言符号的表征，应用在跨文化适应与跨文化关系发展等主题，并以达致跨文化传播/沟通能力为其最终目的。由于"一带一路"的倡议与实践本身就是一个跨文化互动的过程，本文就试着以跨文化的几个层面来分析"一带一路"。这五个层面包括了：（1）文化价值观；（2）跨文化适应；（3）跨文化关系；（4）文化流动与媒介；（5）跨文化传播能力。

文化价值观 (Cultural Values)

文化作为人类生活与互动的基石乃体现在文化价值观之上。文化价值观指一个文化群体思想与行为的指引；它是一组决定人们行动与决策的指导方针，并经由语言与非语言符号的表征，在互动过程决定了人们的行动。文化价值观是一个高度抽象的概念，为了研究的目的，学者必须从文化价值取向 (cultural value orientation) 着手，经由观察人们的互动行为，间接地理解个人或群体的价值观。历来学者已建立了多种文化价值观模式（如：Kluckhohn & Strodbeck 1961;

Condon & Yousef, 1975; Hall, 1976; Hofstede, 1984）。陈国明（2014）更进一步从范式的角度，列出了东西方文化价值观所表现出的差异性。

表 1　东西方文化的范式假设与价值观（取自：陈国明，2014，589 页）

本体论 (Ontology)			
东方	西方		
整体性 (Holistic)	原子性 (Atomistic)		
个体隐没的 (submerged) 集团主义的 (Collectivistic)	个体分明的 (Discrete) 个人主义的 (Individualistic)		

价值论 (Axiology)		认识论 (Epistemology)		方法论 (Methodology)	
东方	西方	东方	西方	东方	西方
和谐的 (Harmonious)	对抗的 (Confrontational)	互连的 (Interconnected)	返约的 (Reductionistic)	直觉的 (Intuitive)	逻辑的 (Logical)
间接的 (indirect) 含蓄的 (subtle) 适应的 (adaptive) 一致的 (consensual) 同意的 (agreeable)	直接的 (direct) 表达的 (expressive) 辩证的 (dialectical) 分裂的 (divisive) 训诫的 (sermonic)	互惠的 (reciprocity) 我们 (we) 层级的 (hierarchical) 联结的 (associative) 与生的 (ascribed)	独立的 (independent) 我 (I) 平等的 (equal) 自由意志 (free will) 达成的 (achieved)	主观的 (subjective) 非线性的 (nonlinear) 模糊的 (ambiguous) 仪式的 (ritual) 配合的 (accommodative)	客观的 (objective) 线性的 (linear) 分析的 (analytical) 印证的 (justificatory) 操纵的 (manipulative)

如表 1 所示，东西方文化的价值观的确有显著的差异，且这个差异往往在互动的过程形成彼此理解与沟通的障碍，而带来可能的文化间的对抗与冲突。这对"一带一路"的实践有着重大的意义。由于"一带一路"是跨洲际的倡议，参与各国与区域的文化价值观必然有所不同。虽然"一带一路"本质上是属于经济的合作，但理解参与国之间文化价值观的差异，必然是成就包括经济等各种不同互动与合作的基本要素。它直接影响到互动双方彼此之间的文化适应，文化之间关系的建立与发展以及文化流动的进行。对文化价值观的理解与适当和有效地应用到互动行为的层面，也是决定跨文化传播 / 沟通能力的标志（Chen, 2010）。

值得注意的是，从传播的过程来说，真正达致彼此互敬互信的因素在于了解文化价值观的差异并非一道不可跨越的鸿沟。也就是说，人类社会价值观的差异并非截然二分的。人类文化虽然不同，但亦有相同之处。因此，传播目的的达成必须建立在"和而不同"的基础之上（Chen, 2015a），了解到人类文化也具有其普世的特性。例如，说东方人在表达上比较间接与含蓄，西方人比较直接与开放，这只是程度上的差异，而不是说东方人不直接与开放，只是比较起来，比西方人间接与含蓄罢了。Chen（2009a）曾批评，学者研究时为了方便，常把文化价值观两分化，造成了对文化的误解，甚至对跨文化传播具有悲观的看法。从跨文化传播视角来分析"一带一路"的倡议与实践，对此点不能不知。

另外，从最近一带一路倡议所遇到的瓶颈，除了各种不同因素之外，从文化价值观的角度来分析，或许也可得到一些启发。据报导（见：http://news.dwnews.com/china/news/2018-07-15/60070860.html），由 RWR Advisory Group 的研究发现，从 2013 到 2018 年，"一带一路"的施行，"中国在 66 个'一带一路'沿线国家宣布投资的 1,674 个基础设施项目中，迄今约有 234 个遇到阻力"，且这些困境的发生主要是因为管理不善，管理的问题又源于大部分参与"一带一路"国家的社会文化结构与中国的有所不同。这种社会文化结构的差异，显然是经由文化价值观影响到互动的结果。

从中国的角度来看，"一带一路"乃是建立在中国传统"世界大同"的文化价值观，试图以"包容"与"同理心"来推动与接纳多元文化与不同国家命运的做法。可惜西方国家很少能从这个视角来理解中国"一带一路"的倡议。这也反映出文化价值观是任何跨文化互动的根本，也是成就"一带一路"实践的基本要素。

跨文化适应 (Intercultural Adaptation)

跨文化适应可说是跨文化传播学最早受到研究的主题。早期特别是天主教传教士深入到人烟稀少的原始族群之中传递神的讯息，因为彼此语言文化截然不同，互动的过程出现很多的问题，面对着跨文化适应的困境。有些神父具有人类文化学的训练，就开始研究跨文化适应这个现象。从加拿大人类学家 Oberg (1954) 于 1951 年在一次研讨会上用"文化休克"（culture shock）这个概念来讨论跨文化适应之后，至今这个跨文化传播学的研究主题已发展成一个具有充实内容与丰富理论模式的研究领域。

不过，大部分的研究偏向于把跨文化适应视为单向的适应活动。也就是研究一个人进入一个异文化之后适应的过程。其实较正确的做法应该是把跨文化适应视为主客文化之间彼此适应的过程，而非只是从客居者的角度来研讨适应的问题。基于此，Chen (2013a) 提出了一个具有启发性的看法。他把跨文化适应视为一个边际博弈 (boundary game) 的互动过程；是"两个背负著不同文化价值观的文化灵

魂 (cultural soul)，经由平等互动达到和谐均衡 (harmonious equilibrium) 境界的过程"（陈国明，2014，591—592 页）。跨文化适应就是建立在双方彼此理解与尊重甚至接受彼此之间差异的基础之上，开拓出一个整体性的平等共存空间。经由这个连续性的相互依存与转化的互动过程，文化边际线开始有了推移，并慢慢构成一个相互依存的新空间。这个新空间可称为第三空间（third space）(Casmir, 1993)或文化间性 (interculturality)（Dai, 2012）。

　　Chen (2015b) 把这个经由跨文化适应过程建立起来的新空间定义为人类未来社会理想的"全球化社群"(global community)。这个社群表征了全球化社会文化融合的特色，它是当今人类社会所该追求的目标。Chen 进一步用中国太极图阴阳模式来阐述这个空间（见图 1）。图中 A 和 B 代表两个文化或来自不同文化的人们，也代表太极图的阴和阳，中间曲线代表双方的边际线。经由 A 和 B 或阴和阳的相互依存与渗透的动态互动过程，原本隔离的边际线开始发展出一个相互重叠的区域，也就是第三空间或全球化社群。正如图 3 和图 4 所示，从图 3 的零互动发展到图 3 中间菱形区域所代表的共存与共享的新的第三空间（Chen, 2017）。突显与极大化这区域代表全球社会跨文化与多元文化互动的终极目标。这个区域越大，越表示了跨文化适应的成功与人类的和平共处。它是人类未来社会的"新文化之家"（new cultural home）(Chen, 2015b, p. 75)。值得一提的是，在这个相互依存的新区域，并不意味着各自文化身份 / 认同 (cultural identity) 的消亡，而是不固执自己文化的一种具有弹性与自由性的文化身份的建立。Starosta and Chen（2003）指出，作为建立全球社群的基础，只有这个在互动过程能暂时解放对自身的执着，能带领双方彼此和平地相互渗透转换，以达跨文化沟通的目的。

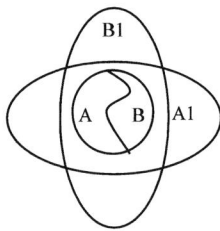

图 1　跨文化适应边际互动模式 (Chen, 2013a, p. 4)

文化 A   文化 B

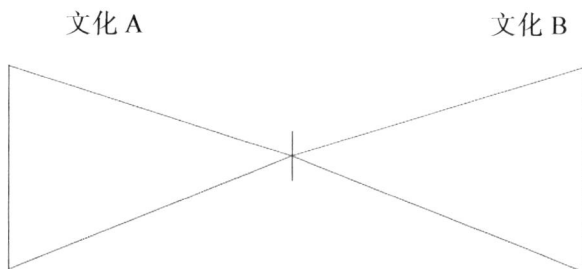

图 2　互动之前的两个隔离文化（Chen, 2017, p. 150）

文化 A   文化 B

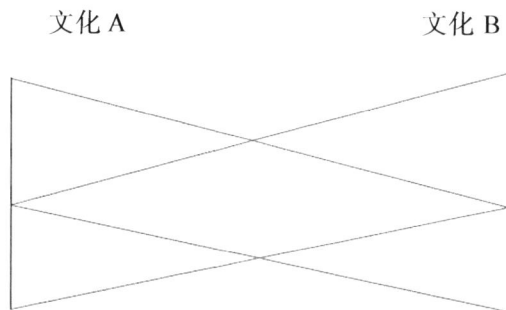

图 3　互动之后的文化交融模式（Chen, 2017, p. 151）

这个文化 A 与文化 B 之间边际博弈的过程，需要以边际智慧（boundary wisdom）来支撑。跨文化边际地区因文化的差异，自然产生高度的模糊与不确定性，会提高互动的压力与困难度。边际智慧正是把这个人们不熟悉的"反常"区转化成熟悉的"正常"区的能力（陈国明，2009）。Chen (2015b) 更认为，边际智慧其实就是所谓的"跨文化沟通能力"(intercultural communication competence)。从中国不同朝代版图变化的过程来看，这个边际智慧若能与"拓边意识"妥当结合，往往是以开放之心来面对与接受"殊方异物"的见证。

"一带一路"倡议的实践也正是这个边际博弈的跨文化适应过程。当两个文化之间人们背负着不同文化价值观从事经济互动的时候，就如前面图 1 到图 3 所示，双方正进行着文化边际的博弈。从中国的角度，文化 A 代表着第一线工人、职员、管理人员、谈判的代表与媒介讯息的传递等。文化 B 则代表合作对方。如何培养与训练这批先锋者的边际智慧关系到"一带一路"的成败。跨文化适应在近年来孔子学院的发展过程已逐渐受到重视与研究。也就是如何培训孔子学院的中方管理人员、教师以及志愿者的跨文化适应能力，或是如何经由认知文化知识、尊重文化差异与良性互动能力来把文化边际线（boundary line）逐渐扩展到一个边界 (border)，再扩大成一个文化重叠共存的边境区 (frontier)（陈国明，2011），以达到孔子学院宣扬中华文化与语言的目标（安然、刘程、王丽虹，2015；黄湄，2016；An, He, & Chen, 2018）。

这个扩大化的边际区最终将成为互为中心（co-center）的全球社群，生活在这个文化共享共存的中心，人们不再是所谓的给异化的"边缘人"（marginal person）(Rogers, 1999) 或陌生人（stranger）(Park, 1928)，而是合建可持续关系，共同参与生生过程以及分享共同文化意义的一群家人 (2015b)。在这个优质跨文化适应的情境之下，"一带一路"的倡议似乎才有可能经由文化脉络相对性的彼此渗透、融合与转化的过程，来化解出现在跨文化互动过程诸如中心与边缘（center/periphery）、强势与弱势（power/ powerless）和本真与虚假（authentic/inauthentic）等文化、社会、政治、军事、外交各种相对势力之间的矛盾 (Cohen, 2000; Shils, 1975)。这种在政治与外交领域又称为"边缘智慧"(peripheral wisdom) (Fernandez, 2000) 的理论，很值得作为推展"一带一路"倡议的参考。

跨文化关系 (Intercultural Relationship)

人非孤岛，必须经由关系的建立来完善一生。团体与团体，组织与组织，文化与文化以及国家与国家之间也同样经由彼此之间关系的建立来健全它们的生活，延续它们的命脉与历史的永续发展。两个主体之间关系的建立与发展，不外乎在满足双方的归属感 (inclusion)、支配力 (control) 与舆情感 (affection) 上有着依托等三种身为人类的普世需求之上 (Schutz, 1966)。跨文化关系的发展，因为彼此文化价值观的差异，比起同文化内关系的发展来得更加的复杂与高度动态，因此彼此之间产生误解的机遇也大为提高。

承续前面第三空间或全球社群概念的论述。这个新文化平等共存空间的发展主要是建立在文化融合（cultural synergy）这个理念之上（Casmir, 1993）。文化融合的基础要求是在互动双方对对方文化的理解，然后经由彼此适应、协商的过程融合了双方的文化价值观后，发展出一个共同合作与达成的工作目标 (Adler, 1980)。依 Casmir 的看法，在这个新文化区域关系的发展方向上，通常是从接触期 (contact) 进到需求期 (need)，再进入依赖期 (dependence)，然后达到最终的相互依赖期 (interdependence)。跨文化对话（cultural dialogue）则是保证这四个发展阶段顺利进行的基石 (Dai, 2010)。无可讳言，这个跨文化关系是一个复杂的联结体，但只有这个联结体的成立才能使"交流整体性与彼此互证 (mutual identification) 的意识逐渐浮现，打开了彼此可持续性适应之锁，缓和了文化紧张与冲突，文化的差异于是给转化成一个动态与创造性的因子"（陈国明，2014，593 页）。

跨文化关系建立的困难度由此可见。若从共文化理论 (co-cultural theory) 的

角度 (Orbe, 1998) 来审视跨文化关系的发展，其复杂程度尤有甚之。由于双方互动之前的权力结构通常是不平衡的，如何经由彼此配合对方与相互濡化和同化的过程来保持权力的平等与平衡以解除双方可能前定的关系的矛盾现象，在"一带一路"实践的过程中是一个很值得注意的问题。

因文化价值观投射在思考形态、语言使用与沟通行为的差异性，误解与冲突变成了在跨文化关系发展的过程所无法避免的现象（单波、肖珺，2015; Dai & Chen, 2017）。

由此可见，"一带一路"的跨文化关系的发展与建立，与对中国既存的国家形象有着重要的关系。例如，Fan (2002) 指出，一个品牌的成功与否与该品牌相关的国家形象是有关的。因此，如何营造一个可见度高与正负平衡的中国形象，并经由媒体议题、公共议题以及政策议题的有效的议题制定和公关的运作 (Manheim & Albritton, 1984) 来强化中国的国家形象，对"一带一路"的倡议与实施会有很大的助益。

国家形象与软实力（soft power）也有不可分割的关系。软实力塑造了一个以文以德服人的国家形象。软实力与硬实力 (hard power) 的差别在于前者能经由沟通的过程来说服互动对方，经由政策的前瞻性来有效地吸引对方，以及经由高度的情商系数来了解己方的一举一动，且有能力经由互动推动双方的关系发展。硬实力则以力服人，经由组织、国家或政治的建制力量来使对方屈服（Nye, 2006）。Nye（2008）强调，在当今全球化社会复杂的结构与互动情境下，如何在不同的语境适当地并用硬实力与软实力是比较有效解决问题的方法。而这个视情况软硬实力有效并用，亦即 Nye 所谓的"慧实力"(smart power)，又与公共外交 (public diplomacy) 息息相关。Nye（2008）进一步认为传统的公共外交主要使用在推展软实力，但当今的人类社会更需求建立在慧实力基础上的公共外交，它主要是经由对信用、自我批评和文明社会等概念的理解与掌握来提炼软实力的过程。

由于"一带一路"的倡议，中国亟须检讨经由公共外交的行使来充实自己的软实力以建立正面的国家形象，以达致健全的跨文化关系的实践过程。"公共外交"这个概念，是 Edmund Gullion 在 1965 年一个讨论会上首先提出的。它是指一个政府如何经由执行外交政策来影响一般大众态度的过程，专门侧重资讯与思想的跨国界流动。Gullion 认为公共外交包含的内涵甚广，主要涵盖了"非传统性国际关系，政府在他国培养的公共意见，与其他国家的私人利益团体的互动，对外国事务与政策冲击的关心与报导和外交人员与外国新闻从业人员的沟通，以及处理跨文化传播的过程"等。之后在美国对公共外交的看法更加重视传播／沟通这个概念。如 Tuch (1990) 认为公共外交就是政府经由外交政策在国外营造一个有利的沟通环境的过程，它主要的目的是在改善其他国家对美国的错误认知与误解。另外，早期学者使用的"宣传"(propaganda) 这个字眼与公共外交的意义似乎甚为接近（Stephens, 1955)。虽然日后两个概念分别存在，但两者之间的关系是相当密切的。也就是说，公共外交必须经由宣传的过程来达到它的目标。

文化流动与媒介 (Cultural Movement and Media)

传播科技，尤其是新媒体，几十年来突飞猛进的发展已成了人类社会全球化潮流最主要的推动力。Chen（2012）认为，新媒体不仅把人类社会与彼此之间的互动推到一个相互联结与复杂的新高度，同时也挑战了对传统跨文化传播的认知与实践。媒体科技的发展正在改变着本文讨论的文化价值观、跨文化适应与跨文化关系建立的本质与应用。因此，探讨当今人类社会的任何行动，包括"一带一路"的倡议皆不能对媒体与文化的关系视而不见。本节就专从学理的角度来讨论文化跨国流动与媒体传播之间的关系，希望能给"一带一路"的倡议与实践提供一些启示。

文化是动态的，它经由不同载体同时在一国之内与跨国之间流动着。例如，中国古老的丝绸之路乃是由人自身、动物、船只等的载运，传递至不同的远方，虽然移动速度缓慢，但经由千百年的积累，陆续打通了丝绸之路，带来了经济与文化上绵绵流长的深广交流，促进了跨洲际广袤区域的文化互动与文明发展。西方工业革命之后，传播与交通科技的跃进，彻底改变了文化、经济与其他的人类活动。近年来新兴的媒体，更挟其数位化、融合性、互动性、超文本性、与虚拟性五大功能 (Chen & Zhang, 2010; Flew, 2005)，把全球化潮流推到高点。新媒体与全球化潮流的融合，把世界变小了，把时间与空间压缩了，把人类社会各个角落联系起来了，把全球各区联结了，更把在地与全球之间的竞争与合作关系增强了 (Chen & Starosta, 2000)。经由新媒体与全球化潮流合流的推波助澜，当代人类文化的流动性变得更加快速与复杂。

综观历来的研究文献，文化流动与媒体之间关系的主要研究模式大致有三种：媒介帝国主义的文化流动、跨国性的文化流动和历时性的文化流动（张玉佩，2017）。这三种模式分别建立在五个思想范式之上：国际主义理论 (theories of internationalism)、马克思主义范式 (Marxist paradigm)、表征理论 (theories of representation)、接收理论 (theories of reception) 与身份认同理论（theories of identity）(Alleyne, 2009)。

媒介帝国主义的文化流动源自马克思劳资剥削关系的经济理论，形成了上个世纪西方列强对第三世界大量输出文化与商业产品一面倒的现象。由于双方实力的差距，造成了无奈和单向流动的现象，进而带来了西方国家在政治与经济上殖民与宰制第三世界国家的悲剧后果。文化跨国性的流动则建立在文化接近或相关性的论点之上（Straubhaar, 1991）。地缘的相近性自然提高了文化产品的可得性，也易于形成文化间的依赖关系；但文化流动性所生成的临近或相关性通常突破了地理的限制，使距离遥远的两个国家感觉上显得亲近，彼此的影响也能深入。最后，文化流动性除了空间的横向运行之外也具纵向的历时性的流动。这种历时性的文化流动，不仅反映而且促进了一个文化内社会的转型与族群文化的变迁。

经由"一带一路"的倡议来发扬开放包容的、责任担当的、同舟共济的与德流四方的"天下观"，以提供一个和谐世界构建的中国方案（董明利，2016），是在表现中国与周边国家试着建构的地缘政治观（储殷，2018），以和平作为基础的历史思想与文化帝国主义或殖民主义显然是极为不同的。对西方国家而言，中国这种"天下观"的实施，无疑会挑战目前全球化社会既存的结构，更有可能取代西方国家主导与掌控的全球秩序。因此，中国政府如何从宣传与公共外交加上媒体的适当运作让西方国家理解"天下观"乃是一种世界各国利益共生的理念；并经由谈判与对话的过程来达到西方国家和"一带一路"倡议参与国之间的理解与合作，是中国"走出去"和参与重建全球新秩序的过程中的当务之急。

跨文化传播能力 (Intercultural Communication Competence)

跨文化传播成功与否，取决于互动双方是否具备跨文化传播能力（intercultural communication competence）。因此，跨文化传播教育或训练的主要目标乃在于培养互动者的跨文化传播能力，以达到跨文化交流的目的。"一带一路"的倡议作为一个跨文化交际的过程，互动者的跨文化能力乃成了"一带一路"倡议顺畅与否的试金石。由于跨文化传播能力的重要性，多年来学界已累积了庞大的研究资源(Dai & Chen, 2014b; Deardorff, 2009)。其中如图五显示的跨文化三角模式（Chen, 2010），最适合应用于"一带一路"的倡议。

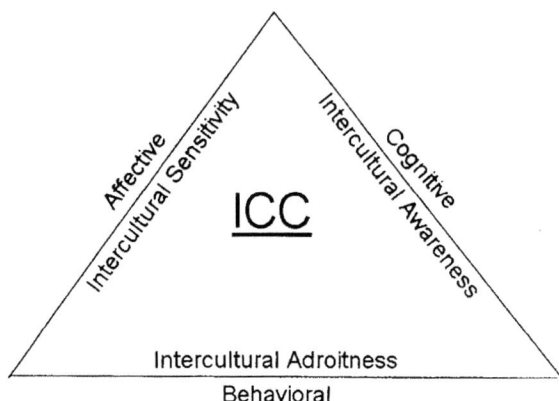

图 4　跨文化交际能力三角模式（Chen, 2010，p. 180）

这个模式包含了跨文化传播能力的三个主要层次：跨文化意识 (intercultural awareness)、跨文化敏感性 (intercultural sensitivity) 与跨文化敏捷力 (intercultural adroitness) (Chen & Young, 2012)。跨文化意识代表文化习得与认知（cognitive）的能力，也就是经由学习的过程对自身与互动对方的文化，特别是前面所讨论的文化价值观有适当的理解。对自身文化的理解与得知互动对方文化的异同，是打开跨文化沟通门户的钥匙。跨文化敏感性代表情感上 (affective) 的能力。这种能力表现在不仅希冀对其他文化理解的动力，而且能更进一步欣赏、尊敬、认可，甚至接受彼此之间的文化差异所带来的思想举止上的不同。跨文化敏捷力则是指表现在互动过程的行为 (behavioral) 能力。这种能力指的是适当与有效地把跨文化认知与情感在行为上展现出来，促使互动达到满意的境地。

由此可见，训练具有跨文化传播能力人员与这方面人才的培育是"一带一路"倡议与实践制胜的要诀。如前所述，"一带一路"倡议涵盖了欧亚非一百多个国家，各国之间文化的差异极大。只有经由跨文化意识，理解各国之间不同的风土民情与文化信仰，加上跨文化敏感性才有可能在跨文化适应的过程，经由有效与适当行为的表现，建立彼此之间的跨文化关系，以把误会与冲突降到最低程度。

从另一个角度来讲，跨文化传播能力的习得正好给"一带一路"倡议带来了一个强调文化传统的多元性以及本土与全球联结的必要性的好机会（Sorrells, 2013）。这个机会也正是面对与矫正当今人类社会受到欧洲中心主义的极端个人主义、沙文的理性主义和无情的文化主义所形成的西方至上的态度所导致的非西方世界的边缘化的现象 (Asante, 2006)。当然，这并不意味着"一带一路"倡议与实践的同时，企图经由跨文化传播能力来建立一个亚洲或非洲的文化中心 (Asante, 2007; Miike, 2006)，而是在与欧洲中心主义对话甚至对抗的过程，能同时建立一个多元共存的人类社会；也就是中国在参与全球治理体系改革的过程中体现具有中华文化色彩的人类命运共同体的理想。这个理想的追求也显示了中国公共外交的主体、使命、宗旨、信念、原则、基础问题、布局与谋划、理念、底线、和风范（杨晖，2018）。

结论

从中国"韬光养晦"与"摸石过河"的时代，到目前"中国梦""走出去"到"中国制造 2025"（国务院发布《中国制造 2025》，2015）走入全球化社会的愿景与计划，显示了中国半世纪来举目可见的发展，中国已从贫穷的小康社会，步入了大国的行列并往强国的目标迈进，同时也显示了中国对参与全球治理体系改革的信心。在这个发展过程的标志是"一带一路"倡议。"一带一路"倡议成了中国政府目前外交与经济政策的主要标志，它无疑给中国带来在经济、政治、文化等方面巨大的发展潜力，但在国际上也引起诸多的不确定性、担忧与批评，特别是把"一带一路"的倡议误认为是中国试图在政治上影响周边国家的手段。

如何应对国际对"一带一路"倡议的疑虑与负面看法，不仅是中国政府必须小心翼翼面对与化解的问题，也是新闻报导与学术研究该关注的问题。可惜从目前累积的文献来看，几乎都是从经济、外交、政治或军事的角度来处理，极少是从文化或跨文化传播的视角来报导或研究"一带一路"的倡议。基于这种缺陷，本文乃从跨文化传播的角度，从文化价值观、跨文化适应、跨文化关系、文化流动与媒体和跨文化传播能力五个层面来探讨"一带一路"的倡议。本文并非蓄意突显跨文化传播的重要性或夸大跨文化传播在"一带一路"倡议与实践过程可扮演的角色，而是认为"一带一路"的倡议本身就是一个跨文化交流的过程，因此跨文化传播的知识与技巧应该可视为"一带一路"倡议的行动基础。笔者希望从跨文化传播的视角来分析"一带一路"倡议，能提供一些有意义的理论参考，并进而为达到互利互信、和平共存的人类未来社会能尽微薄之力。

最后，两个论点在"一带一路"倡议与实践的过程，值得提出来探讨以作为本文的结论。首先，如前面的分析，"一带一路"倡议一路走来颠簸不平，加上近来美中贸易战纠缠难解，致使中国承受莫大的压力，使得"一带一路"倡议的不确定性大为增加。诸多媒体已在讨论这个问题，例如最近环球时报社评提出面对中美贸易战几个理性应对的建议（张迪，2018），引起了"新版韬光养晦"之说的回应（凌云，2018）。这是一个值得思考的问题，也似乎是值得接受的建议。这种看法可矫正如高喊"全面超越论"和"厉害了，我的国"等民粹作风与民族主义高涨的迷思。众所皆知，中国当前的国力谓之大国可当之无愧，但中国是否已是一个强国，却是一个无法肯定的论点。如何保持冷静头脑，看清自身实力，一再反思、改进与突破，该是永续发展的保证。若以《易经》乾卦来解释，前期的韬光养晦是为初爻"潜龙勿用"之时，现在正如第二爻的"见龙在田"，开始面对来自四面八方的批评与阻碍，因此须如第三爻"终日乾乾，夕惕若厉"，然后可暂入第四爻的"或跃在渊"，也就是再度发挥韬光养晦的耐性，等情况改善后，时机一到，再度登高一呼，就如第五爻的"飞龙在天"，大展宏图。乾卦虽然以自强刚健，勇往直前为其核心意义，但整个刚强运动的过程其实是由忍、忧、悔三个概念制约着（周山，2014）。刚柔互用的弹性适应措施似乎可作为当前"一带一路"如何面对各种机运与困境的参考。

其次是"一带一路"倡议连带产生的所谓"中国模式"的问题。从跨文化传播学的角度来说，人类虽然具有共同信仰如追求快乐与享受等普世性的价值观，但却很难有举世皆准的对人类事务操作的模式。虽然西方思想模式在当今人类社会大行其道，不过因东西文化的差异，西方模式不太可能完全移植到或适用于东方社会。反之，东方的经济或文化模式，也不可能完全移植到西方社会。因此，具有文化特色的模式，在应用时必须经过适应与磨合的过程才能测试出其可行性。既然西方经济或文化模式无法有效地应用到"一带一路"的倡议，那么什么模式才具有适用性呢？多年来学者已开始研究这个问题。也就是，什么是可应用于当今全球化社会的中国模式呢？

从不同层次建构中国模式的论著已越来越多（邵培仁、姚锦云，2018；谢清果、陈昱成，2018）。细微层次如前面用《易经》乾卦来阐述中国的"新版韬光养晦"之论即是一例。在人际沟通与管理方面，不同领域学者也做出了不少的贡献。如成中英（1995）的管理 C 理论；曾仕强（2005）的《易经》管理理论；陈国明的《易经》八卦的人际关系发展模式（2004a）、《易经》传播理论（2009b）与和谐理论（2004b）；Chen and An (2009) 的跨文化领导的中华模式，Chen (2013b) 和 M. Chen (2002) 的中道管理理论等比比皆是。

在政治与经济领域，直接因'一带一路'的倡议而引起的最好例子是前面提及的"天下观"或"天下主义"与"中国模式"两个较全面与整体性的论点的探索。这些从中国文化角度而形成的理论或模式，代表着中国试图走入与共治全球化社会的尝试。"天下观"是建立在传统儒家思想的一种时代使命感，但从中国历史来分析，它是以"礼"为基础的一种虽然关系不平等但却是重义不重利的和平共存的体系，在"一带一路"实践的过程，对周边各国的经济、文化、政治提供了保护的作用（杨晖，2018）。从儒家"礼"的概念来阐述"一带一路"的天下观值得参考，它使得中国的现代性具有延续中华文化传统的特色。但如何与当今西方国家为首的人类文明相互贯通与融合，却是一个极大的挑战。正如前面所分析，在中国目前国家形象处于劣势之时，如何经由跨文化传播过程来有效地宣传，进而拟定一套可行的公共政策来落实这个可作为人伦关系与人类文明秩序之基础的"天下观"，应是为政者与学者可继续努力的目标。

最后，"中国模式"的主要问题是要回答什么是"新时代中国特色社会主义思想"（习近平，2017b）。这是一个具有中国特色的大国外交模式，但对具有世界意义的中国模式的描述却仍是众说纷纭，莫衷一是。毋庸置疑的是，中国三十几年经济稳定高度的发展给中国社会带来重大的转型的过程，必然是有个客观存在的模式在那里。只是这个模式的轮廓为何，如何客观地将之描绘出来，至今一直没有定论。不过可确定的是，这个中国模式仍处于一个动态可塑的阶段，意即中国模式尚未是一个高度稳定的理论化建构，随着时代的前进，全球互动的频繁，这个模式一直处于修正的过程。

根据姚洋（2011）的说法，以"中国经验"或"中国道路"似乎比用"中国模式"来得适合。但不论使用那个词语，这个正在进行中的中国模式具有四个基本要素，包括精英主义、贤能体制、有效的制度与中性的政府。郑永年（2015）也有类似的论点。他更认为，中国模式虽众说纷纭，但其核心就是中国特有的政治经济模式，它的常态是一种混合的经济模式，而且到目前，中国模式并非是一个一成不变或具有普世价值的模式。处于这个中国正在崛起的全球化年代，可预期的是这个中国模式与其他来自不同文化的模式之间的竞争与合作的频率会更加提高。因此，对中国模式的未来发展以及如何在"一带一路"倡议与实践的过程适当地体现出来，我们抱着审慎的态度拭目以待着。

参考文献

习近平（2013）：《习近平在纳扎尔巴耶夫大学的演讲》（全文），见：http://www.fmprc.gov.cn/mfa_chn//zyxw_602251/t1074151.shtml。

习近平（2013）：《携手建设中国－东盟命运共同体》，见：http://www.xinhuanet.com/world/2013-10/03/c_117591652.htm。

习近平（2017a）：《携手推进"一带一路"建设——在"一带一路"国际合作高峰论坛开幕式上的演讲》，见：http://www.xinhuanet.com/2017-05/14/c_1120969677.htm。

习近平（2017b，12月28日）：《习近平接见2017年度驻外使节工作会议与会使节并发表重要讲话》，新华网，见：http://www.xinhuanet.com/politics/leaders/2017-12/28/c_1122181743.htm。

中华人民共和国国家发展和改革委员会（2015）：《推动共建丝绸之路经济带和 21 世纪海上丝绸之路的愿景与行动"。见：http://www.ndrc.gov.cn/gzdt/201503/t20150328_669091.html。《从指责中国走明朝模式看美防长的认识盲区》（2018），见：http://news.dwnews.com/global/news/2018-06-26/60066816.html。

安然、刘程、王丽虹（2015）：《孔子学院中方人员跨文化适应能力研究》，北京：中国社会科学出版社。

成中英 (1995)：《理论：易经管理哲学》，台北：三民书局。

李克强（2015）：《推进"一带一路'合作建设，加快实施自贸区战略》，见：http://www.scio.gov.cn/31773/35507/gcyl35511/Document/1529019/1529019.ht。

希文（2017）：《美前总统助理：一带一路关键在沟通》，见：http://global.dwnews.com/news/2017-05-16/59815324.html。

何茂春、张冀兵、张雅芃、田斌（2015）：《"一带一路"战略面临的障碍与对策》，《新疆师范大学学报：哲学社会科学版》，第 3 期。

时晓莉、张赛（2018，7 月 26 日）：《学界研讨"一带一路"倡议与跨文化传播》，中国社会科学网，见：http://news.cssn.cn/zx/bwyc/201807/t20180725_4510648.shtml?from=timeline&isappinstalled=0。

邵培仁、姚锦云 (2018)：《本土之路三十年：华夏传播理论的建构实践（1988—2018）》，《中国传媒报告》，第 3 期，4—18 页。

张迪（2018，8 月 1 日）：《中美会战略性对抗并影响一代人吗？》http://news.sina.com.cn/c/2018-08-01/doc-ihhacrce6554416.shtml。

张玉佩（2017）：《导读：文化流动的模式与另类想象》，《中华传播学刊》，第六期，3—15 页。DOI:10.6195/cjcr.2017.31.00。

周公瑾（2018，July 24）：《英媒：中国如何应对一带一路负面评价》，见：http://news.dwnews.com/global/news/2018-07-24/60072849.html。

每日头条（2017）：《"丝绸之路"与"一带一路"上的文化传播者》。见：https://kknews.cc/zh-tw/culture/68k63vv.html。

纽约时报中文网（2017）：《"一带一路"：中国巨额投资欲重塑全球经济秩序》，见：https://d2tw5djyacg82s.cloudfront.net/business/20170515/china-railway-one-belt-one-road-1-trillion-plan/?utm_source=news-list&utm_medium=email&utm_campaign=newsletter

陈国明（2004a）：《易经八卦与人际关系发展模式》，陈国明（编）《中华传播理论与原则》（203—229 页）。台北，台湾：五南出版社。

陈国明（2004b）：《和谐与华人沟通行为》，陈国明（编）《中华传播理论与原则》（337—362 页）。台北：五南出版社。

陈国明（2007）：《跨文化沟通》，鲁曙明（编）《沟通交际学》（184—217 页）。北京：中国人民大学出版社。

陈国明（2009）：《死生之事》，香港：中国学术评论出版社。

陈国明（2011）：《跨文化传播的脉络性》，《传播研究与实践》，第 1 卷第 2 期，13—24 页。

陈国明（2014）：《跨文化学的现状与未来发展》，洪俊浩（编）《传播学新趋势》（582—605 页）。北京：清华大学出版社。

郑永年（2015）：《中国模式：经验与挑战》，北京：中信出版社。

单波、肖珺（2015）：《文化冲突与跨文化传播》，北京：社会科学文献出版社。

国务院发布《中国制造 2025》（全文）（2015），见：http://www.gov.cn/zhengce/content/2015-05/19/content_9784.htm。

周山（2014）：《读易随笔》，北京：海豚出版社。

袁新涛（2014）：《"一带一路"建设的国家战略分析》，《理论月刊》，第 11 期，5—9 页。

黄湄（2016）：《大机构观与中国道路：孔子学院发展比较研究》。北京：外语教学与研究出版社。

谢清果、陈昱成（2015）：《"风草论"：建构中国本土化传播理论的尝试》。《现代传播（中国传媒大学学报）》，第 9 期，59—64 页。

曾仕强 (2005)：《管理大道：中国管理哲学的现代化应用》，北京：北京大学出版社。

董明利（2016）：《习近平"天下观"的理论渊源、现代诠释和中国方案》，《中学政治教学参考：下旬》，第 11 期，8—10 页。

储殷（2018）：《解码习时代外交思想：百年历史变局下的天下观（一）》，见：http://news.dwnews.com/global/news/2018-07-20/60072222_all.html。

邝志良（2018）：《"一带一路"推动全球》，见：http://orientaldaily.on.cc/cnt/finance/20180222/mobile/odn-20180222-0222_00275_001.html。

Adler, N. J. (1980). "Cultural synergy: The management of cross-cultural organizations". In W. W. Burke & L. d. Goodstein (Eds.), *Trends and issues in OD: Current theory and practice* (pp. 163-184). San Diego, CA: University Associates.

Alleyne, M. D. (2009). International communication theories. In. S. W. Littlejohn & K. A. Foss (Eds.), *Encyclopedia of communication theory* (pp. 537-541). Los Angeles, CA: Sage.

An, R., He, G., & Chen, G. M. (2018, in print). Intercultural communication influence of Confucius Institutes: A yin-yang perspective. *China Media Research, 14*(4).

Asante, M. (2006). The rhetoric of globalization: The Europeanisation of human ideas. *Journal of Multicultural Discourses, 1*(2), 152-158.

Asante, M. K. (2007). Communicating Africa: Enabling Centricity for Intercultural Engagement. *China Media Research, 3*(3), 70-75.

Casmir, F. L. (1993). Third-culture building: A Paradigm shift for international and intercultural communication. *Communication Yearbook 16* (pp. 407-428). Newbury Park, CA: Sage.

Chen, G. M. (2009a). Beyond the dichotomy of communication studies. *Journal of Asian Communication, 19*(4), 398-411.

Chen, G. M. (2009b). Toward an I Ching model of communication. *China Media Research, 5*(3), 72-81.

Chen, G. M. (2010). *A study of intercultural communication competence.* Hong Kong: China Review Academic Publishers.

Chen, G. M. (2012). The impact of new media on intercultural communication in global context. *China Media Research, 8*(2), 1-10.

Chen, G. M. (2013a). Theorizing intercultural adaptation from the perspective of boundary game. *China Media Research, 9*(1), 1-10.

Chen, G. M. (2013b). A zhong dao model of management in global context. *Intercultural communication Studies, 22*(1), 1-8.

Chen, G. M. (2015a). Seeking common ground while accepting differences through tolerance: U.S.-China intercultural communication in global community. In L. A. Samovar, R. E. Porter, E. R. McDaniel, & C. S. Roy (Eds.*), Intercultural communication: A reader* (pp. 465-471). Boston, MA: Cengage Learning.

Chen, G. M. (2015b). Theorizing global community as cultural home in the new century. *International Journal of Intercultural Relations, 46*, 73-81.

Chen, G. M. (2017). The yin and yang of conflict management and resolution. In X-d. Dai & G. M. Chen (Eds.), *Conflict management and intercultural communication* (pp. 144-154). Oxfordshire, UK: Taylor & Francis.

Chen, G. M., & An, R. (2009). A Chinese model of intercultural leadership competence. In D. K. Deardorff (Ed.), *The SAGE Handbook of intercultural competence* (pp. 196-208). Thousand Oaks, CA: Sage.

Chen, G. M., & Young, P. (2012). Intercultural communication competence. In A. Goodboy & K. Shultz (Eds.), *Introduction to communication: Translating scholarship into meaningful practice* (pp. 175-188). Dubuque, IA: Kendall-Hunt.

Chen, G. M., & Starosta, W. J. (Eds.) (2000). *Communication and global society.* New York: Peter Lang.

Chen, G. M., & Starosta, W. J. (2005). *Foundations of intercultural communication.* Lanham, MD: University Press of America.

Chen, G. M., & Zhang, K. (2010). New media and cultural identity in the global society. In R. Taiwo (Ed.), *Handbook of research on discourse behavior and digital communication: Language structures and social interaction* (pp. 801-815). Hershey, PA: Idea Group Inc.

Chen, M-j. (2002). Transcending paradox: The Chinese "middle-way" perspective. *Asian Pacific Journal of Management, 19*, 179-199.

Cohen, A. P. (2000). Introduction: Discriminating relations - Identity, boundary and authenticity. In A. P. Cohen (Ed.), *Signifying identities: Anthropological perspectives on boundaries and contested values* (pp. 1-13). New York: Routledge.

Condon, J. C., & Yousef, F. S. (1975). *An introduction to intercultural communication.* New York: Prentice Hall.

Creemers, R. (2015). Never the twain shall meet? Rethinking China's public diplomacy policy. *Chinese Journal of Communication, 8*(3), 306-322.

Dai, X-d. (2010). Intersubjectivity and interculturality: A conceptual link. *China Media Research, 6*(1), 12-19.

Dai, X-d. (2012). Out of a dialogical dilemma: The construction of interculturality. In X-d. Dai & S. J. Kulich (Eds.), *Intercultural adaptation (1): Theoretical explorations and empirical studies* (pp. 97-114). Shanghai: Shanghai Foreign Language Education Press.

Dai, X-d., & Chen, G. M. (2014a). The construction of national image in the media and the management of intercultural conflicts. In R. S. Fortner & P. M. Fackler (Eds.), *International handbook of media and mass communication theory* (pp. 708-725). Hoboken, NJ: Wiley-Balckwell.

Dai, X-d., & Chen, G. M. (Eds.). (2014b). *Intercultural communication competence: conceptualization and its development in cultural contexts and interactions.*

Newcastle upon Tyne, UK: Cambridge Scholars.

Dai, X-d., & Chen, G. M. (2017). *Conflict management and intercultural communication: The art of intercultural harmony*. New York: Routledge.

Deardorff, D. K. (Ed.). (2009). *The Sage handbook of intercultural competence*. Thousand Oaks, CA: Sage.

Fan, Y. (2002). The national image of global brands. *Journal of Brand Management, 9*(3), 180-192

Fernandez, J. W. (2000). Peripheral wisdom. In A. P. Cohen (Ed.), *Signifying identities: Anthropological perspectives on boundaries and contested values* (pp. 117-144). New York: Routledge.

Flew, T. (2005). *New media*. New York: Oxford University Press.

Gudykunst, W. B. (1987). Cross-cultural comparisons. In C. R. Berger & S. H. Chaffee (Eds.), *Handbook of communication science* (pp. 847-889). Beverly Hills, CA: Sage.

Gullion, E. (1965). *Public diplomacy*. Retrieved from http://publicdiplomacy. wikia.com/wiki/Edmund_Gullion.

Hall, E. T. (1976). *Beyond culture*. Garden City, NY: Anchor.

Hofstede, G. (1984). *Culture's consequences*. Beverly Hills, CA: Sage.

HKTDC (n.d.). "一带一路简要"。见：https://beltandroad.hktdc.com/tc/ belt-and-road-basics.

Kluckhohn, C., & Strodbeck, F. (1961). *Variations in value orientations*. Evanston, IL: Row, Peterson.

Manheim, J. B., & Albritton, R. B. (1984). Changing national images: International public relations and media agenda setting source. *The American Political Science Review, 78*(3), 641-65.

Miike, Y. (2006). Non-Western theory in Western research? An Asiacentric agenda for Asian communication studies. *Review of Communication, 6*(1/2), 4-31.

Mitchell, M, J. (1986). *International culture relations*. London: Allen & Unwin Publishers Ltd.

Murray, M. (2011, November). *Constraining divergent voices: Western media coverage of protests during the 2008 Beijing Olympic Games*. Paper presented at the annual conference of the National Communication Association, New Orleans, Louisiana.

Nye, J. (2006). *Hard power, soft power, and leadership*. A public seminar at Kennedy School of Government of Harvard University. Retrieved from https://www.belfercenter.org/event/hard-power-soft-power-and-leadership.

Nye, J. (2008). Public diplomacy and soft power. *Annals of the American Academy of Political and Social Science, 616*(1), 94-109.

Oberg, K. (1954). *Culture shock*. Panel discussion at the Midwest regional meeting of the Institute of International Education in Chicago, November 28, 1951. Retrieved from http://www.smcm.edu/Academics/internationaled/Pdf/cultureshockarticle.pdf.

Orbe, M. P. (1998). *Constructing co-cultural theory*. Thousand Oaks, CA: Sage.

Overholt, W. H. (2015). *One belt, one road, one pivot*. Retrieved from https://globalasia.org/article/onebeltoneroadonepivot/.

Page, J., & Shah, S. (2018, July 22). China's global building spree runs into trouble in Pakistan. *The Wall Street Journal*. Retrieved from https://www.wsj.com/articles/chinas-global-building-spree-runs-into-trouble-in-pakistan-1532280460.

Park, R. E. (1928). Human migration and the marginal man. *American Journal of Sociology, 33*(6), 881-893.

Perdinand, P. (2016). Westward ho – the China dream and "one belt, one road": Chinese foreign policy under Xi Jinping. *International Affairs, 92*(4), 941-957.

Rich, A. (1974). *Interracial communication*. New York: Harper & Row.

Rogers, E. M. (1999). Georg Simmel's concept of the stranger and intercultural communication research. *Communication Theory, 9*(1), 58-74.

Schuman, M. (2018, July 21). Xi needs a Confucian foreign policy. *Bloomberg Opinion*. Retrieved from https://www.bloomberg.com/view/articles/2018-07-21/xi-needs-a-confucian-foreign-policy.

Schutz, W. (1966). *The interpersonal underworld*. Palo Alto, CA: Science and Behavior Books.

Shambaugh, D. (2007, January). China's propaganda system: Institutions, processes and efficacy. *The China Journal, 57*, 25-58.

Shils, E. (1975). *Center and periphery: Essays in macrosociology*. Chicago, IL: University of Chicago Press.

Sorrells, K. (2013). *Intercultural communication: Globalization and social justice*. Thousand Oaks, CA: Sage.

Stephens, O. (1955). *Facts to a candid world*. Stanford, CA: Stanford University Press.

Straubhaar, J. D. (1991). Beyond media imperialism: Asymmetrical interdependence and cultural proximity. *Critical Studies in Mass Communication, 8*(1), 39-59.

Swine, M. D. (2015). Chinese views and commentary on the "one belt, one road" initiative. *China Leadership Monitor, 47* (summer),1-16.

Thu, H. L. (2018, July 24). *China's aggression is starting to backfire.* Retrieved from https://www.yahoo.com/news/china-apos-aggression-starting-backfire-235200989.html

Tian, D-x., & Deng, L-j. (2018). *Leadership roles of Peng Liyuan as China's First Lady. China Media Research, 14*(3),8-20.

Tuch, H. N. (1990). *Communicating with the world:* The U.S. public diplomacy overseas. New York: St. Martin's Press.

Winter, T. (2016, March 29). One belt, one road, one heritage: Cultural diplomacy and the silk road. *The Diplomat*. Retrieved from http://thediplomat.com/2016/03/one-belt-one-road-one-heritage-cultural-diplomacy-and-the-silk-road/

Zhao, Y. (2013). China's quest for soft power: Imperatives, impediments and irreconcilable tensions? *Javnost-The Public, 20*(4), 17–30.

原文出处：本文首先发表于 IAICS2019 年度会议，Brno, Czech Republic。

第四篇　未来思考

中华传播学往何处去

包括香港、台湾与大陆的大中华区域的传播学教育与研究，正面临着严厉挑战的时刻。这个挑战铺陈了转型的基础也布下了沦落的可能。尤其是稳固的学门未立，新的潮流却是猛力冲击之时，中华传播学的路怎么走是整个华人传播学界的同仁必须集思广益、共同面对的问题。本文就以对中华传播学往何处去为题，分三个部分来分析如何建立中华传播学门：（1）中华传播学发展沿革；（2）中华传播学门的建立；（3）中华传播学未来的挑战。

中华传播学发展沿革

经由符号的交换，相互传递讯息的传播过程是不论中西的人类社会所共同从事的活动。但以传播作为一个研究的概念，进而发展成一个学术领域与学门则是西方的产物。在西方，亚里士多德的修辞学理论，在希腊时期早就已经为人类沟通／传播的研究奠下了基础。不过，大量与有系统的传播研究乃是因为 19 世纪西方社会巨大变迁的推波助澜，在进入 20 世纪之后才正式开始的。连"传播研究"（Communication Study）这个词语也直到 20 世纪 40 年代才在美国出现。至于传播学门真正的建立则是与演辩学（Speech）与新闻学（Journalism）分分合合，折冲樽俎了几十年，才在 1960 年之后，一路颠簸走来，慢慢地形成（陈国明，1999a，2001 ； Delia, 1987）。

华人社会则从 20 世纪 50 年代开始，由新闻学主导，香港和台湾的发展比较顺利，大陆则因政治上以阶级斗争的意识形态为统治政策，在 50 到 70 年的 30 年之间几乎与外界隔绝，新闻学教育与研究无所进展（陈立丹，2005）。不过在改革开放之后则如雨后春笋，发展开始蓬勃起来。

80 年代之后，因为传播学在西方，尤其是在美国猛进发展，华人世界也慢慢跟进。不过由于一直以新闻学挂帅，加上过度依赖实用的取向，因此只重视传播

学门的大众传播 (Mass Communication) 一个领域而已，造成了学门发展失衡，学界版图不全的现象（陈国明，2003a；Chen，2002）。以大陆为例，这种领域发展不平衡的问题可以从 1981 到 2001 年之间，大陆传播学者的专著与译著的统计资料明显地看出来（张健康，2003）。其中，如人际传播学与组织传播学两个传播学门的重要领域只占了 3.2% 的比率，其他部分几乎都与大众传播有关。至于如公共传播等其他传播学领域的著作，则付之阙如。就是 2001 到 2004 年之间，大陆传播学研究的主要成果还是集中在传播理论、WTO 与中国媒介产业、媒介集团化与资本运转、网路传播、新媒体以及广告与公关等方面（浙江大学传播研究所，2003a，2005）；至于新闻学的研究则仍然以新闻相关主题为对象（浙江大学传播研究所，2003b；浙江大学新闻传媒与社会发展研究所，2005）。

除了过度重视实用取向而导致版图发展不均衡的问题之外，整个华人社区的传播学研究更是毫无自主性，不论理论或研究方法完全跟着西方的脚步走 (Lee, 2005; Leung, Chu, & Lee, 2006; Wang, 2006; Wu, 2006)。Chen & Miike (2005) 指出，华人传播学学界这种过度西化的根源出自两个原因：一是对中国固有文化与传统缺乏深刻的认识，二是学者缺乏思辨或批判的思考能力。

对固有文化与传统缺乏认识，起因于 19 世纪末与 20 世纪初中国社会的动荡不安，造成了文化的断裂，致使学子无法经由正规的教育系统获取文化的知识与认识固有传统的内涵。纵使知识精英试着图强与改革，但是终究无法扭转局势。缺乏思辨或批判的思考能力，则可能起因于学术训练或外语能力的不足，加上学术资源的匮乏与个人短视或速求一夕成名的动机，结果造成了慵懒、投机、不求精、抄袭等非专业、没有学术理性的作风。对思想的多元性、多层性与多变性也就无意，更无能力加以理会（何爱国，2005），导致了研究水平低落、粗制滥造、假冒伪劣以及原创性的丧失（王晓华，2002；沙林，2001），更不用说经由类比与批判来探讨建立本土性传播学的可能性了。

除了这两个因素之外，大陆 30 年的动荡对整个学术现代化的发展，无疑地产生了重大的阻碍。香港与台湾传播学界，思想与方法受到西方阉割宰制的情况也颇为严重。海外华人传播学者的研究，在内涵上显得比较均匀，对传播理论也时而提出质疑与挑战（陈国明，2001），不过根浮异域，对整个华人社会传播学门的建立贡献颇为有限。

华人社会传播学界所面临的这种困境，凸显了清扫门户、建立正规传播学门的迫切与必要性。加上传播的过程对当今社会所带来的激剧冲击，导正传播学研究与实务作为已是刻不容缓之事。以下就来讨论如何建立中华传播学门。

中华传播学门的建立

一个学门的建立立基于专业主义 (professionalism) 的出现；专业主义表现在学术的规范化，学术的规范化起源于学术理性与学术的自主性。

学术理性与学术的自主性乃是一个铜版的两面，彼此互证，相辅相成。一个具有学术理性与自主性的学门，在学术生产与交换的过程有其严守的自觉、反省与批判的精神，追求真理的意志，以及可依循的一套具有一贯性的认知与分析方法（姜义华，2000）。换言之，学门自主性取决于架构在学术理性的其自身内部的规则，经由严谨的内部规则的实践，而建立起该学门权威的正当性 (legitimacy of authority)（刘擎，2005）。唯有权威正当性的建立，学门自身的论述话语才有其立足与驰骋的场域，也因此学门才能在学术界真正取得独立自主的地位。

华人社会的传播学门既无一套原创性的知识与论述话语，也无独立自主的学术领域与地位，学术权威的正当性更付之阙如。可以说，华人社会根本没有一个可资信赖，甚至受到公认的传播学门。只要仔细地观察便可以发觉，华人社会传播学界包括研究、发表与课程教授的学术生产过程，以及包括与研究、发表与课程教授息息相关之评估与交流的学术交换过程缺乏一套在操作上可以依据的既客观又一贯稳定的标准。由此得知，华人社会并没有"重建"传播学门的问题而只有怎么从头开始建立传播学门的问题。

何以有必要建立华人传播学门呢？如前所述，西方传播学萌芽于希腊时期的修辞学研究，到了19世纪因为西方社会受到工业化、都市化以及教育普及三大潮流的冲击，使得对媒体的研究与如何获取人与人之间有效沟通的知识与技巧成为社会急剧的需求，传播学门的必要性也因之而起。到了20世纪下半叶，传播学成为一门独立的学科也因此建立 (Delia, 1987)。虽然中国传统对传播没有像西方那么有系统的研究，但历史上与传播有关，如与传、播、扬、流、布、宣、通、递、诏、敕、表、懿、柬、疏、说、谈、讲、论、颂、吟、咏、唱等用语有关的意义与人类传播的活动的记载却颇为丰富（陈国明，2002）。如今又面临一波波交通与传播科技突飞猛进所带来社会结构的冲击与生活方式的改变，如何有系统的从事传播学的研究与落实传播学教育，对华人世界的未来将具有举足轻重的影响（陈国明，1999）。

华人传播学门的建立，可以从概念与应用两方面着手。建立的先决条件在于首先赋予学门场域两项基本的要素：多元主义与理性主义。多元主义与独尊或一言堂相对。多元的学界讲求开放与包容，不容许话语霸权与学派专制等思想一统的现象存在。理性主义与泛道德主义相对。理性化的学界，以理服人，不以情压人，也不受行政、经济等外部场域之权力的诱惑与侵犯。

概念层次之建立

学术概念问题 (conceptual issues) 主要集中在学门研究与教学的核心概念是什么的界定，也就是"传播"的定义、属性与范畴是什么的问题。概念层次的厘清，首先必须解答该概念具有普世性或特殊性的问题。那么，"传播"是否为一个具有普世性或特殊性的概念呢？可惜的是，华人社会传播学界久来承袭西方的论述，似乎已认定传播是一个放诸四海皆准的概念。因此，西方的传播理论与研究结果，同样适合华人社会。是耶？非耶？

作为经由符号的交换以达到彼此了解的传播过程是一个普世的现象。因为只要是人类，其生存与生活都是以口语与非口语符号的互动为基础，推进整个社会之文化或文明的延续。不过，在讯息传送者与接收者互动的过程，因为文化的差异，存在互动过程中的各个变项的属性与功能，自然就产生了不同，而形成了传播过程的特殊性。因此传播学研究可能就具有本土性的特色。

建立在这个基础之上，陈国明 (2004a) 指出，传播学与自然科学的属性不同。例如，物理、数学、工程、化学等研究是具有普世性的，因此有举世皆准的"物理"或"数学"原理，但不该有所谓的"中国物理"或"中国数学"原理之类的东西存在。传播学则不同，传播既然是属于人类行为，必然受到整个族群之价值观的制约，因此所谓举世皆准的"传播学"原则是值得怀疑的；而所谓的"东方传播学""华夏传播学""西方传播学"或"美国传播学"等显示本土传播原则的用语则是可以接受的。也就是说，所谓的具有中华文化特色的"中华传播学"是可以建立的。

从这个论点，马上可以发觉华人社会传播研究过度西化的严重性。例如，在理论方面，华人社会的传播研究几乎完全没有经由批判与测试过程全盘横向移植当今西方盛行之理论，如 G. Hofstede 组织内的文化价值观模式、E. T. Hall 的文化脉络模式、W. B. Gudykunst 的跨文化沟通原则与"子弹理论""皮下注射理论""沉默螺旋理论"等传媒研究方面的理论，不仅充满着华人传播学场域，更受到许多华人传播学者，未经验证即全然接收。

这种把冯凉当马京的视障做法窒息了本土性传播学发展的空间。因此，发展华人传播学门，首先要扪心自问的是，以台湾传媒研究为例，"若与其他社会的媒体生态有所差异，发展出一套能够解释台湾媒体特色的模式和理论，是否可能出现"（陈国明，2004b：34）？汪琪、沈清松、罗文辉 (2002)、孙旭培 (1999)、陈世敏 (1998)、陈国明 (2004c)、陈韬文 (2004) 以及臧国仁 (2000) 等学者，对本土性中华传播学从不同角度也都有了论说。这也正是华人传播学者如何纵向承接华夏文化传统的问题。

横向移植外来的学术理论、方法或规范与纵向承接自身文化传统的同时并存，是发展一个具有正当性与开放性学门的必要条件。要点是外来的资源必须建立在参照而非囫囵吞枣的基础之上。唯有经由对比与批判的参照过程，外来资源移植的适当性才能开展出来。换句话说，西化并不是问题，问题在于西化的过程必须经由批评过程来审核西方学术理论、方法或规范是否真的适用。适用当然可取，不适用则必须扬弃或加以修正以适应本土之所需。这是建立华人传播学门不能不知与不得不做的基本需求。

纵向承接文化传统不仅同样必须经由批判的过程，而且必须更进一步达到从传统走出来的一种创造性承接与延续。百年来中华文化断裂的争论已布满学术文献，不论是全盘西化、中体西用、西体中用或穿越传统（吴炫，2004），比比皆是，在此不用细说。就直接以传播学研究来印证。

中华传播学的耕耘不是意味着食古不化、死守四书五经或照单全收传统九流十家之牙慧。时代在变，就是三本论语也治不了一个家，甭谈天下。当今现代性对人类行为之需求，其性质与前时截然不同，以厚古薄今之态度或以古早的药方思欲治疗现今症状，皆不符实际。因此，像这两年来风行的文化保守主义，扛出孔学兴国的极端复古之运动都是成事不足、败事有余的不智之举（王达三，2005；秋风，2005；陈明，2006；陈占彪，2005；蒋庆，2000）。

但是文化传统之潮流，不论是水波不兴、暗潮汹涌或巨浪排空都具有持续性，也就是文化的核心价值通常历久不衰，也因如此，所谓"中华传播学"才有可能成立。所以，如何反思与诠释中华文化的核心概念，创造出与时代同流的模式或理论才有办法合理的解释当代华人的传播行为。例如，Chen (2001) 以"和谐"这个核心价值概念，作为华人传播/沟通行为的本体依据，发展出以仁、义、礼三个概念为经，时、位、几三个概念为纬，编织出了华人沟通互动的脉络或场域，并且以关系、面子与权威三个相辅相成的概念，作为影响仁、义、礼与时、位、几交互作用时的主要元素。一套异于西方，但可以用来解释现代华人行为的本土性沟通理论于是产生。

近年来，海内外越来越多有心的华人传播学者，已逐渐注意到中华传播学这个问题。例如，黄光国 (2004) 探讨"脸"与"面"与华人沟通行动的关联，肖小穗 (2004) 从"礼"的角度分析华人沟通行为，钟振昇 (2004) 的"气"的华人传播理论，祝建华 (2001) 的以受众及媒介效果的整合理论，Chang & Holt (1991) 的"缘"与华人人际关系，Chen & Chung (1994) 的儒家思想与组织传播的关系。甚至探讨易经八卦的华人人际关系发展模式（陈国明，2004d），道家的无为谈判（黄铃媚，2004），风水与占卜对华人沟通的影响（陈国明，2004e；庄瑞玲，2004）

以及以方志学作为华夏传播学方法的可能贡献（陈世敏，2002）。

这些试着从中华文化提炼出适合解释华人传播行为的尝试，在整个传播学研究的数量上，虽然如沧海一粟，整体性的影响仍然微乎其微，但却是很值得鼓励的方向。唯有纵向批判性与创造性地继承中华文化的核心价值，同时横向地参照西方的传播学理论与方法，在彼此互竞互合的激荡过程，建立起在全球化脉络下具有本土性的中华传播学门，才是华人社会传播学界所该迈进的正确方向。

总之，如陈韬文 (2004) 所言，在简单的移植外来理论，因本土社会的特殊需求来修正或补充外来理论以及本土的原创理论等三种建立本土化理论的方法之中，以第三种创新式的本土化最为理想。这也正是建立华人传播学门所追求的目标。更确切地说，华人传播学本土的原创理论乃是创造性地继承中华文化的核心价值，包括诸如本体论的整体性 (holistic) 思考、价值论的和谐 (harmony) 取向、认识论的由联结性 (interconnectedness) 产生意义与知识以及方法论的以直觉 (intuitive) 与非线性 (nonlinear) 的问题解决方式作为基础等 (Chen, in press; Chen & Starosta, 2003)，所建构起来的一套适合当今人类社会潮流的传播学。

应用层次之建立

建立中华传播学门在应用的层次必须面对传播教学与研究发表两个问题。华人社会目前的传播教学，除了因传播内涵失衡而偏向传媒，过度西化而依赖翻译书籍与西方理论以及因社会的急剧需求而造成技术导向的偏颇之外，还出现了教学资源重叠与校际或传播系所之间缺乏合作的现象（陈国明，2002）。如何导正这些教学上的问题是建立中华传播学门必须面对的挑战。

偏向传媒或大众传播的教学固然有其历史的因素，但一个学门的建立与巩固，其学科版图必须具有基本的平衡性。除了大众传播之外，传播学的领域还有其他诸如人际传播学、小团体传播学、组织传播学、公共传播学、文化／国际传播学等领域以及如健康传播与危机传播等跨不同领域的新兴学科（陈国明、陈雪华，2005）。不同学校因不同需求，可能注重不同领域，但在基础的传播课程，对这些领域的介绍是不可或缺的。另外，虽然不同学校对传播领域有不同的侧重，整个学门合起来应该呈现出基本的均衡才对。

为了参照与了解传播学的发展，引用翻译或原文书籍是绝对需要的。问题在如何立足于本土文化的特性来理性的批判西方的思想论著，以防止过度依赖甚或全盘接收的现象发生。走出这种困境的方法，除了改善课程的设计之外，不外乎鼓励学者在教书之余，投入具有本土性与多视角的学术研究与发表的行列。

教学过度的技术导向，势必导致重利不重义的弊病。协助学生毕业后找到一个良好的工作固然是学校教育的目标之一，但学校绝对不能只像一个训练技工的职业培植所；在赋予学生职业的技能之外，更重要的是原创力与思辨能力的训练，也就是除了专业知识之外，对通识与全观传播人才的培养（翁秀琪，2004）。如此才能尽到教育的社会责任，并使学生在事业的发展上更具有潜力。传播学门，尤其是新闻与传媒两个领域，实用与技术的需求特别强大，加上华人社会急剧的变迁，如台湾的解除报禁与大陆经济的起飞，唯利是图的现象充斥着校园。中华传播学门建立之时，如何矫正这种歪风对传播学发展的未来有着决定性的影响。

最后，华人传播学界教学资源重叠与校际或传播系所之间缺乏合作的现象颇为严重。由于资源的匮乏，加上山头与形式主义的作祟，各校在传播系所设立与课程设计方面，常有闭门造车、各自为政的情况发生。缺乏各校之间资讯的交换，结果造成系所重复的浪费现象。例如广告、资讯、公关等热门科系，各校抢着设立，也不管到底整个社会能容纳多少，弄得到处都是相同的系所，超过市场的需求，形成教育资源的浪费，学生在毕业后，失业情况也日趋严重。这种现象，甚至发生在同校的系所之间。例如，文化间传播学在语言与传播学系都抢着教，由于双方处理这个科目的同质性过高，彼此之间若无法相互协调，无疑是浪费本校的教育资源。

在研究发表方面，一个学门的巩固必须由健全的研究／学术社区 (research/academic community) 来维持。前面所提到的学术自主与学术理性，乃是公平与权威性学术社区成立的先决条件。靠着传播学者、教师、学生以及相关科系与行业同仁的支持与投入，经由彼此之间思想与意见的折冲樽俎所建立起来的这个"学界"或研究／学术社区，是传播学门研究与教学规范立订之所。除了教学内容的建议与教学评估标准的制定之外，对各学校传播教学的认定 (accreditation) 也能提供必要的标准与实际的操作。至于研究发表的规范就更不用说了。

学术社区以学会为主要的建制。除了全国性的学会组织之外，区域与地方性的学会同时存在，但学术精神与追求目标与全国性的学会不该有所抵触。以美国传播学术社区为例，NCA (National Communication Association) 为全国性最主要的学会，在其底下，有东部、西部、中部与南部四个区域性传播学会，另外，很多州也有该州的传播学会。其他如 ICA (International Communication Association) 与 AEJMC (Association for Education in Journalism and Mass Communication) 等跨国性的传播学会也都具有类似的性质。

专业学会提供两大功能。一是举办学术研讨会，提供来自各方的传播成员交换研究所得与教学心得。二是发行传播期刊，提供学者发表研究的成果。经由学会的活动与成员之间的互动所产生的共同学术规范，可以防止目前华人学术界所存在的诸如徇私关照、近亲繁殖、研究造假、抄袭剽窃、情理不分、贩卖文凭、奖赏自订、评鉴虚假、资源垄断等无奇不有的学术腐败的可怕症状（亦明，2005；何爱国，2005）。

华人传播学界，至今尚未有个强大有力的学会。台湾的"中华传播学会"(Chinese Communication Society) 于 1996 年成立，并以《中华传播学刊》为核心期刊。虽然每年举办一次研讨会，但对整合台湾整个传播学界的成果仍有待增强。传播学会与具有影响性期刊在香港尚未见到。在大陆则是处于争夺时代，不同学会（如"中国传播学会"[CAC] 与"中国跨文化传播学会"[CAIC] 与刊物因经济起飞与政策的开放，可说是风起云涌，像雨后春笋一样迸现。可惜的是，要产生一个能够整合全国传播领域的学会与严谨可靠的传播期刊，恐怕仍有待时日。海外华人传播学界，则有 1990 年成立的 Chinese Communication Association (CCA) 与 1991 年成立的 Association for Chinese Communication Studies (ACCS) 两个主要的学会（陈国明，2003a）。这两个传播学会对华人传播研究十余年来的贡献，尤其是在西方世界介绍华人传播学的努力，实在功不可没。但是因为属于海外的组织，真正对华人社会传播学门的建立所可能带来的影响仍有待观察。

因此，在中华传播学门建立的同时，如何发展出一个整合性的学会组织，然后逐渐建立相关性的其他学会来规范化华人社会传播教学与研究发表，乃是当务之急。没有规范化或缺乏专业主义，健全的传播学门的建立将遥遥无期。学门不存在，传播学的学术认同或身份 (identity) 也就无法受到认定，永远只是个其他学门的附属领域，枉费了传播学者对理想的追求。

未来的挑战

时代潮流变化汹涌，中华传播学门的建立，除了必须以多元主义的开放态度与理性主义的实践，来解决概念与应用两个层次所要求的传播学内在的基本问题之外，同时还得面对一波又一波外在的冲击。中华传播学门的建立，在目前与未来必须面对的外在冲击，主要来自全球化对当今人类社会的影响。全球化潮流的动态、渗透、联结、混合以及强化个人等特性，对社区意识、文化认同与多元、全球化媒体以及全球化社会市民身份的冲击（陈国明，2003b ； Chen & Starosta, 2000），无疑地直接影响到中华传播学门的建立。其中两项挑战特别值得华人传播学界注意：学门的翕辟与新科技的影响。

学门的翕辟

翕，合户或内敛之谓；辟，开户或外延之意。内敛凝聚之力，是学门认同与巩固的基础；外延开放之力，是学门与外界联系与成果分享的基础。有如朱熹在《中庸》的引言："放之则弥六合，卷之则退藏于密"，能先退而扎实经营本土的功夫，而后又能自如往外辐射，与全球互动。

全球化社会包含三个社区层次：在地社区、区域社区、全球社区。这三种社区形成了一条由翕到辟的连续线，华人传播学的在地发展，除了必须凝聚成一个具有中华文化特色的传播学门，还要外延到与区域和全球社区竞合的地步。区域社区包括邻近的亚洲诸国的传播场域，然后是全球各地的传播社区。换句话说，中华传播学门建立后，必须驰骋于在地到全球这条连续上与国际接轨和对话，而非门户闭锁，敝珍自扫。也就是："要求华人传播教育与研究，必须扎根于自己文化土壤的同时，能够把声音投射到全球的脉络。"（陈国明，2000：20）虽然内部的整合为往外发展的基础，但是以华人传播学立基晚与当今时代变迁之快速的情况来看，中华传播学门的内在巩固与外延联系必须双管齐下、同时进行，才能与时并进，与时代潮流合一。

新科技的影响

科技，尤其是交通与传播科技的日新月异不仅改变了人类思考与生活方式，也直接影响了整个教育与研究的系统。由于诸多新科技与传播的关系紧密，对传播学教育与研究的冲击可说是更甚于其他学门。例如，当今新科技最主要的影响乃是来自媒体的数位化 (Abernathy & Allen, 2003)。数位化具有把传统类别性 (analog-native) 的媒体（如报纸）结合与转换成数位性 (digital-native) 媒体（如电脑）的惊人功能。媒体数位化对传播学教育与研究的冲击主要表现在三个方面：认知系统、社会性的影响以及新的数位美学观 (Chen, 2006)。

数位化对认知的冲击，在于它的非线性本质以及制造对讯息内涵的期待，所直接对学生或大众使用媒体方式的影响。这与传统的线性思考与操作方法截然不同。去大众化 (demassification) 是媒体数位化所带来的最主要的社会性冲击 (Olson & Pollard, 2004)。传统的大群同质性受众的情景将逐渐消失，取而代之的是让受众各取所需的讯息获取模式。这种从大众到个人化的重大转变，对文化、政治以及人类社会其他各方面，无疑将带来革命性的影响。

最后是数位化的新美学观。数位化乃是传统印刷与先进的电子媒体二进码 (binary code) 模式的混合体，因此需求一个与传统完全不同的生产与分配的方法。这种转变除了影响人们的认知系统之外，更影响了审美的观点。Olson & Pollard (2004) 指出，数位化美学观的差异表现在它的互动性、操纵性、跨媒体讯息内容目的的先定与再定、虚拟经验的刻意制造以及对生产讯息不同内涵的样本测试手段。

从以上三个面向，足见媒体数位化对人类生活与行为铺天盖地的影响。这个影响对人类教育，不管东西方社会，势必带来重新设计和再造的要求。华人社会自然免除不了这个潮流的激荡，建立中华传播学门之时更需要掌握这个时机，与时俱进。

结论

一个学门的建立通常必须经过类似社会运动 (social movement) 的过程。社会运动讲求流动性、急迫性、戏剧性等登高而呼的宣传口号，但是，我们应该了解，这些只是达到告知、说服或揭开弊端的过渡性手段而非建立一个学门的目的。目前中华传播学门的建立可以说还是处于这个发声的阶段。因此如何快速度过这个阶段，以落实传播学教育与研究的理念与方法，是华人社会传播学界每个分子所该负起的责任。

本文不揣简陋，以作者多年来对华人传播学发展的观察与研究，先从华人社会传播学发展的沿革，论证建立中华传播学门的正当与迫切性。再从概念与应用两个层面，提出建立中华传播学门的理念与方法的建议。最后则从学门的翕辟与新科技的影响两方面，举例说明建立中华传播学门所面对的未来挑战。

除此之外，本文因采取宏观的角度，论述中华传播学门的建立，许多论点无法做深入的分析，其中诸如"中华传播学"这个概念的界定与内涵、如何均衡传播学各个领域的发展、中华传播学与其他文化之间可能的差异与共性、中华传播学与西方传播学之间的对话以及中华传播学如何因应全球化的挑战等问题，都有待学者在未来的研究里更进一步来加以厘清与探讨。

参考文献

王达三 (2005)：《儒教与中国》，Retrieved April 16, 2006, from http://www.frchina.net/data/detail.php?id=6969。

王晓华 (2002)：《学术失范与中国学术的深层危机》，中国教育和科研计算机网，Retrieved April 12, 2006, from http://www.edu.cn/20020401 /3023947.shtml

亦明 (2005)：《中国的学术界到底有多腐败》，中国教育和科研计算机网，Retrieved April 21, 2006, from http://www.ideobook.net/doc/ymdaodi.doc

肖小穗 (2004)：《礼与华人沟通行为》，《中华传播理论与原则》(379—405 页)。台北：五南图书出版公司。

沙林 (2001)：《腐败形形色色：谁玷污了象牙塔》，中国教育和科研计算机网，

Retrieved April 12, 2006, from http://www.edu.cn/20010827/209182.shtml。

吴炫 (2004):《中国当代文化批评》,上海:学林出版社。

汪琪、沈清松、罗文辉 (2002):《华人传播理论:从头打造或逐步融合?》,《新闻学研究》,第 70 期,1—15 页。

何爱国 (2005):《学术非理性:现象、危害、根源和治理》,《世纪中国》,Retrieved April 12, 2006, from http://www.cc.org.cn/newcc/browwenzhang.php?articleid=5747。

秋风 (2005):《儒家如何实现复兴》,Retrieved April 16, 2006, from http://www.ica.org.cn/content/view_content.asp?id=4762。

姜义华 (2000):《理性缺位的启蒙》,上海:上海三联书店。

孙旭培 (1999):《既要本土化,又要国际化》,袁军、龙耘、韩运荣 (编):《传播与社会发展》(266—277 页)。北京:北京广播学院出版社。

庄瑞玲 (2004):《占卜与华人沟通行为》,《中华传播理论与原则》,台北:五南图书出版公司,503—415 页。

祝建华 (2001):《中文传播研究之理论化与本土化:以受众及媒介效果的整合理论为例》,《新闻学研究》,第 68 期,1—22 页。

陈明 (2006):《即用见体说儒教》,Retrieved April 16, 2006, from http://www.tomedu.com/ydbbs/dispbbs.asp?boardID=2&ID=11369&page=1。

陈世敏 (1998):《传播学的位置:回顾与看法》,《传播研究简讯》,第 16 期,1—3 页。

陈世敏 (2002):《华夏传播学方法论初探》,《新闻学研究》,第 71 期,1—16 页。

陈立丹 (2005):《中国传播学研究的历史与现状》,Retrieved April 6, 2006, from http://media.people.com.cn/BIG5/22100/28502/28503/3955362.html。

陈占彪 (2005):《儒学第四次浪潮:激辩儒教》,《社会科学报》,2 月 23 日,第 1、4 版。

陈国明 (1999a):《传播学研究概观》,《新闻学研究》,第 58 期,257—268 页。

陈国明 (1999b):《华人传播研究教育前瞻》,《新闻学研究》,第 59 期,179—181 页。

陈国明 (2000):《全球化与本土化》,《传播学研究简讯》,第 23 期,19—20 页。

陈国明 (2001):《海外华人传播学研究初探》,《新闻学研究》,第 69 期,1—28 页。

陈国明 (2002):《华人传播学的过去、现在与未来》,《中国传媒报告》,第 2

卷，第 2 期，4—12 页。

陈国明 (2003a)：《2000—2002 年华人传播学研究：大陆以外地区》，《中国传媒报告》，第 2 卷，第 1 期，37—51 页。

陈国明 (2003a)："文化间传播学"，台北：五南图书出版公司。

陈国明 (2004a)："前言"，《中华传播理论与原则》，台北：五南图书出版公司，1—2 页。

陈国明 (2004b)：《台湾媒体的弥留与再生》，《中华传播学刊》，第 5 期，25—34 页。

陈国明 (2004c)：《中华传播学研究简介》，《中华传播理论与原则》，台北：五南图书出版公司，3—25 页。

陈国明 (2004d)：《易经八卦的人际关系发展模式》，《中华传播理论与原则》，台北：五南图书出版公司，203—229 页。

陈国明 (2004e)：《风水与华人沟通行为》，《中华传播理论与原则》(483—502 页)。台北：五南图书出版公司。

陈国明、陈雪华 (2005)：《传播学概论》，台北：巨流图书有限公司。

陈韬文 (2004)：《理论化是华人社会传播研究的出路：全球化与本土化敌张力处理》，《中华传播理论与原则》，台北：五南图书出版公司，45—54 页。

庄瑞玲 (2004)：《占卜与华人沟通行为》，《中华传播理论与原则》，台北：五南图书出版公司，503—415 页。

张健康 (2003)：《论中国大陆传播学到引进、发展与创新》，传播学论坛，Retrieved April 5, 2006, from http://ruanzixiao.diy.myrice.com/lzgdlcbxdyjfzycx.htm。

黄光国 (2004)：《华人社会中毒脸面与沟通行动》，《中华传播理论与原则》(311—336 页)。台北：五南图书出版公司。

浙江大学传播研究所 (2003a)：《2001—2002 年中国传播学发展报告》，《中国传媒报告》，第 2 卷，第 1 期，14—26 页。

浙江大学传播研究所 (2003b)：《2001—2002 年中国新闻学发展报告》，《中国传媒报告》，第 2 卷，第 1 期，27—36 页。

浙江大学传播研究所 (2005)：《2003—2004 年中国传播学发展报告》，《中国传媒报告海外版》，第 1 卷，第 1 期，1—12 页。

浙江大学新闻传媒与社会发展研究所 (2005)：《2003—2004 年中国新闻学发展报告》，《中国传媒报告海外版》，第 1 卷，第 1 期，13—26 页。

黄铃媚 (2004)：《无为谈判者：道家思想与谈判行为研究》，《中华传播理论与原则》，台北：五南图书出版公司，265—294 页。

翁秀琪 (2004)：《台湾传播教育的回顾与愿景》，传播学论坛，Retrieved April 21, 2006, from http://ruanzixiao.diy.myrice.com/twcbjydhgyyj040523.htm。

蒋庆 (2000)：《关于重建中国儒教的构想》，《中国儒教研究通讯》，Retrieved April 16, 2006, from http://www.confucius2000.com/admin/list.asp?id=2184。

刘擎 (2005)：《当代中国学术界"学术"与"思想"的分裂》，《世纪中国》。Retrieved April 12, 2006, from http://www.cc.org.cn/newcc/browwenzhang. php? articleid=5744。

臧国仁 (2000)：《关于传播学如何教的一些想法》，《新闻学研究》，第 65 期，19—56 页。

钟振昇 (2004)：《气的传播理论与语文策略》，《中华传播理论与原则》，台北：五南图书出版公司，517—539 页。

Abernaty, K., & Allen, T. (2003). *Exploring the digital domain: An introduction to digital information fluency*. New York: PWS.

Chang, H. C., & Holt, G. R. (1991). The concept of yuan and Chinese interpersonal relationships. In S. Ting-Toomey & F. Korzenny (Eds.), *Cross-cultural interpersonal communication* (pp. 28-51). Newbury Park, CAL Sage.

Chen, G. M. (2001). Towards transcultural understanding: A harmony theory of Chinese communication. In V. H. Milhouse, M. K. Asante, and P. O. Nwosu (Eds.), *Transculture: Interdisciplinary perspectives on cross-cultural relations* (pp. 55-70). Thousand Oaks, CA: Sage.

Chen, G. M. (2002). *Problems and prospect of Chinese communication study*. In W. Jia, X. Lu, & D. R. Heisey (Eds.), *Chinese Communication Studies in the 20th and 21st Centuries: Advances, Challenges and Prospects* (pp. 255-268). Westport, CT: Ablex.

Chen, G. M. (2006, July). *An Overview of Media Education in the United States*. Paper presented at the 2006 conference of Cross Boundaries: Global Communication in the New Media Age, July 6-10. Taipei.

Chen, G. M. (in press). Asian Communication Studies: What and Where to Now. *Review of Communication, 6*.

Chen, G. M., & Chung, J. (1994). The impact of Confucianism on organizational communication. *Communication Quarterly, 42*, 93-105.

Chen. G. M., & Miike, Y. (2005). The ferment and future of communication studies in Asia: Chinese and Japanese perspectives. *China Media Research, 2 (1)*, 1-12.

Chen, G. M., & Starosta, W. J. (Eds.) (2000). *Communication and global society.* New York: Peter Lang.

Chen, G. M., & Starosta, W. J. (2003). Asian approaches to human communication: A dialogue. *Intercultural Communication Studies, 12*(4), 1-15.

Delia, J. G. (1987). Communication research: A history. In C. R. Berger and S. H. Chaffee (Eds.), *Handbook of communication science* (pp. 20-98). Beverly Hills, CA: Sage.

Lee, S. N. (2005). The challenges of communication education in Asia. *Australian Journalism Review, 27(2)*, 189-201.

Leung, K., Ch, L., & Lee, P. (2006). The communication research and education in Hong Kong. In K. Leung, J. Kenny, & P. Lee (Eds.), *Global trends in communication research and education* (pp. 189-209). Cresskill, NJ: Hampton.

Olson, S. R., & Pollard, T. (2004). The muse pixelipe: Digitalization and media literacy education. *American Behavioral Scientist, 48*(2), 248-255.

Wang, S. (2006). Journalismand communication education in Taiwan. In K. Leung, J. Kenny, & P. Lee (Eds.), *Global trends in communication research and education* (pp. 159-176). Cresskill, NJ: Hampton.

Wu, T. (2006). Journalism education in China: A historical perspective. In K. Leung, J. Kenny, & P. Lee (Eds.), *Global trends in communication research and education* (pp. 133-157). Cresskill, NJ: Hampton.

原文出处：陈国明 (2007)：《中华传播学往何处去》,《传播与社会》, 第 3 期, 第 157—174 页。

亚洲传播研究目前的情况和发展趋向

前言

他山之石，可以为错……他山之石，可以攻玉。(《诗经·小雅·鹤鸣》)

近三十年来，虽然学者们在推进亚洲传播研究方面的成绩激励人心，然而我们仍然需要持续不懈的努力从而建立一种更为坚实的亚洲中心传播范式。在刚刚过去的半个世纪中，欧洲中心范式对传播研究的统治是一个问题，而其他地区（包括亚洲）的教育家和学者们盲目接受欧洲中心范式的普遍适用性则反映了一个更加严重的问题。近年来，亚洲传播教育界和研究界对西化的批评日盛，越来越多的学者尝试着为亚洲传播研究的未来提出新的方向（如：Chen，2002a；Chen & Miike，2006；Chen & Starosta，2003；Dissanayake，1981，2003，付印；Gunaratne，1991，2005；Horning，1990；Ishii，2004；Khiabany，2003；Lee，2005；Leung，Kenny & Lee，2006；Miike，2003a、b，2004，2006；Starosta & Chaudhary，1993；Wang & Shen，2000；Yin，2003），这实在是个好迹象。

在这些学者中，Miike（2006）不仅尖锐地批评西方的知识帝国主义以及亚洲学者对欧洲中心范式的过分依赖，而且基于亚洲中心主义的原则提出了亚洲传播研究的五项要务：(1)从亚洲文化中汲取理论观点；(2)扩大亚洲传播研究的地理关注范围；(3)对不同的亚洲文化进行比较和对比；(4)使理论视角多重化、历史化；(5)正视超理论（metatheoretical）问题和方法论问题。

此外，Gunaratne（2005）批判性地考察了经典的"报刊的四种理论"（Siebert，Peterson & Schramm，1956）的欧洲中心偏向，认为它们是静态的、一般性的和线性的。然后 Gunaratne 提出了一种更加偏重以全人类为中心的理论框架，尝试将东方的佛教、儒教、道教和印度教哲学整合进去。Gunaratne 的人类中心理论具有动态的和非线性的特点，结合了东方哲学关于"正反统一、宇宙恒动、万物相联"（p. 160）的思想，使学者们可以"用泛文化的标准、在世界体系的全部三个层面上对传播途径与自由表达的系统加以分析"（p. 164）。

亚洲传播学者的这些贡献说明亚洲传播范式已经初具其形。不过现在仍是一个关键的时期，亚洲传播学者们应该通过自我检视，停下脚步，想一想，然后再前行。本文想从三个方面对亚洲传播研究的现在和将来加以考察：（1）亚洲传播之本质——对建立在前期研究基础上的亚洲传播范式加以思考；（2）亚洲传播研究之"阴""阳"——对有关亚洲传播研究的二分概念加以阐释，从而对显示亚洲传播研究内外差异的对立/争议观点进行说明；（3）亚洲传播研究之"道"——对亚洲传播研究阴阳两极的统一加以讨论。

亚洲传播之本质

"在追寻亚洲视角的过程中，我们必须搞清楚，我们到底想用自己的传播理论解释什么。"（Chu，1988，p. 209）

亚洲地域辽阔，文化与宗教种类众多。要想对所谓"亚洲传播"的本质加以概括，是一件非常危险的事。不过，亚洲传播不仅有诸多内部差异，也存在明显的类同。"亚洲中心传播"和"欧洲中心传播"有一些相似的地方（Asante，1980），这为亚洲学者追寻亚洲中心传播范式提供了基础。无论是在某种具体的亚洲文化中还是就整个亚洲而言，学者们已经对传播的本质进行了大量的研究。不过，只有将这两种视角的研究结合起来，我们才能对亚洲中心传播范式进行全面的描绘，从而认清亚洲传播的本质。

从本体论来说，亚洲诸文化认为：宇宙就像一只车轮，所有轮辐组成的整体是驱动其前进的终极现实；宇宙就像一条河，滚滚而逝，无始无终。比如说，印度教将差异视为人类生活中的必然而不是例外；而这些差异会使人类的交流朝向一种整体性的目标，就像甘地对生态系统的描述那样，宇宙万物和谐地相互联系，任何部分的变化都无可避免地会影响到其他所有部分（Chaudhary & Starosta，1992）。佛教中有关"幻境"（*maya*）的教义指出，所有的差异都服从于相对性原则，人类通过这种相对性对一切现象加以描述。这些描述会因我们不同的视角而不同，是幻象和暂时的表现。"幻境"所显示的多重形式的现象世界，要通过"解脱"（*moksha*）才能达到"梵"（*Brahman*）的境界，然后再没有相反或二元的存在（Watts，1957）。

印度教和佛教中关于整体、变化和相互联系的观点与儒教、神道教以及道教的学说相合。在儒教和道教学说中，宇宙是一个巨大的整体，其中没有任何部分是静止不动的。正是在这种无穷无尽的变化、循环、转换过程中，我们看到了主与宾、一与众、人类与宇宙是相互认识、相互渗透、连为一体的。这就是"道"。换句话说，"道生一，一生二，二生三，三生万物"；万物存于同一，特殊识于普遍（Chai & Chai，1969；Cheng，1987；Fang，1981）。因此，我们应该认识到互动双方的相互渗透和相互统一，这是揭开人类传播之谜的关键所在。Chen（2001）将此种本体论思想总结为三条用于人类交流：（1）人类传播是一个不断变化和转换的过程；（2）人类传播的变化符合无穷无尽但有机可循的宇宙循环；（3）人类传播永远不会完结（p. 57）。

就 Hara（2003）看来，神道教认为：通过"神能"（kan'no）的过程，传播的终极状态是感知和认识到自我是自然的一个部分，与自然共存，从而使万物都融于"一"。在日本，神道教的"祭祀"（祭り，matsuri）活动常常融合各方的传播方式，使之从社会关系的束缚中解脱出来，得到净化，感受不二、统一或一元（Sugiyama，1988）。本体论思想为我们从其他方面（包括价值论、目的论、认识论和方法论）描绘亚洲传播范式提供了基础。

从价值论的角度说，亚洲文化强调和谐，认为和谐是人与人之间、人与自然之间、人与超自然之间联系的润滑剂。对于亚洲人来说，人们只有通过和谐才能"在一个相互依存的网络中、在合作的基础上有尊严地、有影响力地进行传播"；和谐是"亚洲传播的终极目标，亚洲人将和谐视为调节不断变化、永不停止的人类传播的指针"（Chen & Starosta，2003，p. 6）。这种和谐互补的合作是印度教教义的中心也是东亚和东南亚人民的中心信念。

Chen（1993）指出：在传播活动中，各方要通过真诚地展示相互间全心全意的关怀从而明确合作中的责任（而不是利用语言或行为策略来征服对方）——对于中国人来说，人类传播的道德即在于此。因此，中国人的传播目的在于达到人类关系的和谐状态，和谐是定义中国人传播能力的关键概念。基于此，陈国明（2001）发掘拓展出一套中国传播的和谐理论，他认为：要想在交流的过程中达到和谐或具有擅长交际之能力，人们必须内化"仁""义""礼"三种既有原则，协调"时""位""几"三种外在因素，并且策略性地运用"关系""面子"和"权力"三种行为技巧。

和谐是亚洲人文化生活的中心，这在一系列个人和社会价值中得到了印证。Koh（2000）说，亚洲人极为强调个人价值（比如勤劳工作，尊重知识、诚实、自立、自律、履行义务等）和社会价值（比如保持社会秩序、尊重权威、共识和正式责任）。这些在韩国的"uye-ri"行为中得以体现，它从社会互惠、相互依存和社会责任三个层面规范着韩国的人际关系（Yum，1987）。Stowell（2003）发现，韩国对和谐的重视同样见于中国和日本。

此外，菲律宾的"*kapwa*"和泰国的"*kreng jai*"都强调了和谐在亚洲的重要价值。对于菲律宾人来说，在传播过程中，参与各方只有通过不停的给与和获得才能保证 *kapwa*（互惠的存在）（Mendoza & Perkinson，2003）。对于泰国人来说，只有通过 *kreng jai*（极度为别人着想）的互惠过程，人们才能脸上有光、才能获得或重获面子，从而维持和谐的关系（Pornpitakpan，2000）。因此，要想在泰国传播中获得成功，就必须掌握 *kreng jai* 的能力（Chaidaroon，2003）。最后，不仅儒教、印度教、神道教和道教将和谐视为人类交流的终极目标（Ishii, Cooke & Klopf, 1999），中亚和东南亚地区盛行的伊斯兰教同样重视和谐传播。比如说，Ayish（2003）、Hasnain（1988）& Hussain（1986）从《古兰经》中提取了一系列传播原则和传播方法，它们都用于维持和加强人际传播与社会秩序的和平与和谐。

从认识论的角度说，"相互联系"是亚洲人寻求"存在"的意义所在。换句话说，一切事物只有通过与其他事物相联系才能有意义，才能被感知（Dissanayake，1983a；Miike，2002）。因此，认识事物的人和被认识的事物之间存在交流，真知就蕴藏其中；认识事物的人和被认识的事物之间相互融合，远离一切矛盾与限定。从"不二"的状态或者说从相反相合的角度看，我们发现所有的统一中都含有差异、多样甚至是对立；但是通过交流的相互联系，对立得以综合，差异得以同一。

不过，"不二现实"并不是指交流双方之间的一种因果关系。正如佛教"缘起"概念所释（Conze，1967；Dissanayake，1983b，2003），表面上的因果关系只是实际依存关系的一种表现或者说幻象，其本质为"空"（性空）（Chien，1988）。个人只是暂时的灵魂所在，与其他事物之间有依存的关系和经历；因此，对依存性的"缘起"及其与"空"的同一关系加以认识是"觉悟"之门（Wright，1998）。

据道家看来，要想认识"无"之境界，或者说要想通过主与宾之间相互联系的关系来获得绝对现实（absolute reality），必须以"大慈悲心"为基础。这是一种对他者之存在的感知，引导个人达到印度教思索者隐喻中那"现实"之高山的巅峰。正是通过这种一致统一，个人境界上升而达到和谐圆融的状态，互动各方之间伸缩自如。在交流中，大慈悲心可以获得敏感性和创造性，从而将人类和一切事物结合在一起。Chen & Starosta（2004）认为：作为"大慈悲心"的双目，敏感性将多样聚于同一，创造性将同一演为多样。敏感性提供了潜力基础，成为创造性的补充；而创造性则为慈悲之心的表达提供了实现方式（p. 13）。

当一个人在传播过程中关心对方的感受，在不同的情况下懂得换位思考，做到互惠互利、积极倾听，那么他/她就体现出了敏感性和创造性，从而在传播中自然地建立起互动和谐。

中国哲学进一步解释说，直觉性的认识是慈悲之心的基础或者说是揭开不二现实之谜的途径，在相互联系的形式中得以明确。直觉性的认识是对个人内心的私密认识；它是"纯粹的个人意识，通过简单直接的洞察（而不是利用间接推理的方法）获得"，"通过宇宙万物的相互融合、相互渗透而得以体现"（Chang，1963，p. 41）。儒教学说认为直觉性的认识是一种有意识的过程，而道教更倾向于将之视为一种无意识的行动；佛教和印度教认为"无我"在此过程中扮演了重要角色，因为只有通过"无我"，相关各方的相互渗透才可能发生、才能达到和谐的最终目标。

从方法论的角度说，Miike（2003a）在文章中挑战了欧洲中心的方法论假设，然后讨论了有关"亚洲中心传播学术如何发展"的三个主要问题。第一，亚洲学者应该采用他们自己的、为亚洲人所知的主观资料与根据，而不是欧洲中心资料与根据的等级观点或客观观点。第二，亚洲学者应依靠以亚洲世界观为基础的经验知识来对理论的合理性与适用性进行评价。第三，亚洲学者在进行亚洲传播理论研究时不应遗漏那些不易观察到的问题。对于亚洲传播研究的方法论问题，Miike 的主要观点显示出亚洲思维的非线性循环方式；这种思维更偏向于一种直觉的、感知的和间接的亚洲传播方式，这正如佛教、儒教、印度教、神道教和道教学说所阐明的那样（Chen & Starosta，2003）。

非线性的亚洲思维方式和问题解决方式表明条条大路通罗马。而且由于所有的途径都处于相互定义和相互补充的关系中，因此可以说所有的途径实际上都是一样的。在非线性的亚洲循环思维中，为获得"不二现实"而寻求直觉性认识的一般方法是"中道""中庸"。佛教、儒教和道教都提到了这一点。"中道"不执着于存在或非存在，认识或非认识。这是一种"超越相反相对"的方法，避开了"此"与"彼"的二分（Chang，1963；Thompson，2000）。因此，中道代表了一种恰当性的精神、一种平衡与和谐的状态；这种状态构成了世界的基础，为人们的行为提供了普遍性的指引。它起始于"一个原则"（即统一、普遍），继而展开为万物（即多样、特性），最终回归，将无数之一切再次归于一个原则之下（Chan，1963）。换句话说，这是一种"无念、无执、无碍"的境界，"让思想有如明镜，将信息发出者和接收者之内外合于统一，或者说达到相互理解的状态"（Chuang & Chen，2003，p. 76）。这一点在禅宗的箭道中有很好的体现，其意在达到"合技术与艺术、物质与精神、过程与目标于无间"的状态（Herrigel，1971，p. 66）。

Xiao（2003）指出，从人类行为的角度来看，中道的表现归为四种形式：(1)

非甲非乙；（2）甲而非甲；（3）甲随乙；（4）甲和乙。就 Xiao（2003）看来，"非甲非乙"指向中道，将之作为避免两种极端的恰当方式（比如，既无偏爱也无偏恶）；"甲而非甲"代表一种极端特质受到另一极端的改进或缓和，从而保持一定的恰当性（比如，强硬但不暴虐）；"甲随乙"的意思是，一种特质必须得到另一种特质的补充才能达到恰当的状态（比如，力量结合诚意）；"甲和乙"代表交流中相对的双方必须融合成为完整的一体（比如《易经》中所谓"一阴一阳之谓道"，英文翻译见 Chan，1963，p. 266）。这四种形式从方法论的角度反映了中道的动态、随境、多面的本性。

为了在相互联结的关系网络中达到"不二"或者说绝对现实的状态（即"道"），亚洲传播常常使用多种特别的方法，从而实现"中道"的恰当性。比如说 Xiao（2002a）指出，否定、逆论（paradox）和类比／隐喻是以修辞形式对"道"进行传播的三种互为补充的方法。

运用否定，意在以有限表达无限，将现实的意义内涵加以延伸。人们还可以通过使用逆论的方法来对否定进行加强。逆论中包含了对立的概念，运用逆论可以促进辩证的发展和意义的转换。类比／隐喻可以用来对现实进行正面的解释，也可以用来调解不同观点间的冲突。

在禅宗六祖惠能的《坛经》中，否定和逆论方法使用得很出色："若有人问汝义，问有，将无对；问无，将有对；问凡，以圣对；问圣，以凡对。二道相因，生中道义，汝一问一对，余问一依此作，即不失理也。"（英文翻译见 Wong，1998，p. 113）换言之，使用否定和逆论的方法乃是通过一种常识的产生来避免陷入走向两个极端；而这种常识既非线性也不合逻辑，它是以一种"平和而自然恰当"的表现方式来呈现的（Grigg，1999，p. 271）。禅宗的大师们用"问答"的禅语机锋来使人领悟、进入无境。否定和矛盾在这种交流方式中表现得非常典型。

提及类比／隐喻，Suzuki（1960）指出，佛教哲学将整个世界视为一个象征，其中包括了我们定义"现实"的方式和内容。所以，我们不应该因此象征而障目；相反，我们应该搞清象征真正代表的东西。佛教和道教也利用类比／隐喻来解释"道"或"现实"的意义（Allan，1997；Chen & Holt，2002；Ma，1999）。比如说 Chen 和 Holt（2002）写道，老子将"道"喻为水，其目的是将"道"的意义从形而上学的层面转换到交流的社会层面与行为层面。通过水的比喻，"道"的概念解析为三层：子虚、永柔、处下／不争。

以上论及范式的各个方面，组成了亚洲传播的本质，让我们可以更好地理解"为什么相互性、开放思维、诚实和尊重等因素是亚洲道德传播的主要原则"（Chen & Starosta，2005），"为什么亚洲人的传播行为会受直觉、强调沉默、同情性情感控制和避免冒犯等特征的支配"（Chuang & Chen，2003）。不仅如此，亚洲传播研究范式的这些方面还反映出亚洲传播研究对本土概念的考察，包括 *amae*（依赖）（Miike，2003c），报（回报、报答）（Chang & Holt，1994），*enryo-sasshi*（克制—推测）（Ishii，1984；Ishii & Bruneau，1994），因缘（注定的关系）（Chang & Holt，1991；Ishii，1998；Kotajima，1990），关系（Hwang，1997_1998；Jacobs，1979；Ma，2004），*kapwa*（互惠的存在）（Mendoza & Perkinson，2003），客气（Feng，2004；Gu，1990），*kreng jai*（极度为别人着想）（Pornpitakpan，2000），面子（Hu，1994；Hwang，1987；Jia，2001），*nunch'i*（目测）（Park，1979；Robinson，2003），*omoiyari*（利他的敏感性）（Hara，2006），*pahiwatig*（策略模糊）（Mendoza，2004），*pakiramdam*（感知他人的能力）（Maggay，1993）和 *uye-ri*（补充性和责任性的互惠关系）（Yum，1987）。这些本土概念为从亚洲中心视角出发进行文化与传播的理论研究奠定了超理论基础。

亚洲传播研究之"阴""阳"

"根据中国人的世界概念，所有现象的存在都制约于两极相照，或为明暗，或为正反，或为阴阳。"（Wilhelm，1979，p. 135）

中国哲学认为，万物都有其对立面。正是两种相对力量（即阴和阳）的交互作用维持着宇宙的动态变化，使得人类生生不息。就像一枚硬币的正反两面，阴阳之间相互依赖、相互补充，相生相息、相互转化。将这种思想运用于亚洲传播研究，我们发现有四对相反的力量与上文所述的范式各方面相联，值得讨论：整体与部分、和谐与冲突、互联与独立、理性与直觉。

如前所述，从本体论的角度说，亚洲人将宇宙视为一个巨大的整体，所有的部分都在宇宙的整体中以循环和转变的形式滚滚向前，无始无终。而西方的原子观认为宇宙是由无数单独的成分构成的。在研究亚洲传播时，学者们经常拿欧洲中心的原子观来做对比，突出亚洲的观点。不仅如此，通过强调整体的重要性、强调各个部分的相互依赖性，亚洲学者习惯性地批评或贬低西方原子观。在行为层面上，这种对比性的观点无可避免地带来了东方集体主义和西方个人主义的二分对立（Hofstede，2001）。很不幸的是，在对亚洲文化和西方文化进行比较时，大多数亚洲传播学者视这种二分为当然。面对不同的文化价值，人们接受了过于简单、过于概括的分类方式，没有对这些方式的合理性或恰当性进行批判性考察。这往往导致研究结果不可靠。

"和谐"是亚洲传播的价值信念，这在亚洲传播强调以环境为中心、情感受到约束的传播方式中得以体现，而这又使得人们在表达情感或是交流观点时使用间接的方式。因此，亚洲人倾向于避免冲突（Chen，2002c；Hsu，1953；Ma，1992）。

与此相对，西方人被视为惯以直接的传播方式公开传递信息，所以在解决问题时依赖于一种对抗性的方式（Ting-Toomey，1988）。简单地将"和谐"与"对抗"放在一起看，难免有失偏颇；两种情况下都存在真正的交流。比如说，没有哪个人类社会完全没有冲突；无论在哪个社会中，解决冲突都既可以使用和谐的方式也可以使用对抗的方式。因此，我们应将和谐与对抗视为一体的两端；亚洲文化倾向于和谐一端，而西方文化倾向于对抗一端。

此外，亚洲传播学者应该认识到，作为亚洲价值信念，互动中的和谐是动态的、多面的，而非静态的、一维的，它也具有局限性。就像 Chen（2004）所说，中国人的传播有两面；当他们与集体外的成员处于冲突之中或者当他们在礼貌失败颜面尽失之时，中国人所表现出的情绪性、直接性与对抗性会远远超出人们的想象（Chen & Xiao，1993；Xiao，2002b）。

在本体论思想的基础上，互联与独立这两种认识论导向在亚洲传播研究中相互作用，此消彼长。任何一个社会都有特定的社会结构，社会组织就像一张棋盘。数千年来（当然也看不到头），亚洲社会一直认为棋盘上各个棋子之间是相互联系和互惠互利的关系，并以此为基础来解释生命的意义。这使得亚洲社会拥有一种强烈的集体感，或者说认识事物的人和被认识的事物之间形成了"不二"的认识共同体。与此相对，西方社会认为每个棋子都有独立的自由意志（free will）；只能通过这种自由意志来认识每个个体，而不能将之没入社会结构中，因此每一个实体都有不同的秉性。在亚洲，个人主义受到贬斥，社会等级受到推崇，于是差异被综合为一体。而在西方，社会结构由个人主义和平等意识构成。换句话说，西方人持独立观点，倾向于通过考察较小的独立成分来解释或理解整个社会；而亚洲人倾向于从整体的角度考察各个成分。

从儒教、佛教和道教的学说出发，我们有了一些有趣的发现。儒家将自我视为与天地齐平的共同创造者。自我会通过与他者的相互联系而成为宇宙整体的一个组成成分，就像江河入海；而在此之前，自我要得到"不停的启发、不断的解放和持续的净化"（Chen，2005，p. 7）。在佛教中，实现"领悟"或是"无我"，意味着自我对万物有了全面的认识。而在道教中，"真知"的获得依赖于通过个人修为而使自我得到完全解放（Dissanayake，1993；Liu，1991；Mei，1964；Suzuki，1964）。换句话说，自我在亚洲所受到的重视并不逊于西方。自我在亚洲被视为维持集体的基础。集体作为一个整体所获得的成就，必然源于自我的修养。亚洲与西方的不同之处在于：对自我的强调在演变为"个人主义"之前，亚洲文化已经发展出"无执"的思想，让个人融入集体的整体之中。

在研究东西方传播时，逻辑客观与直觉主观是方法论层面的另一对肤浅的二分理念。表面上看，我们无法否认，在解决问题时，西方人推崇逻辑思维和线性推理，东方人推崇直觉感知和非线性思路。但是使用"客观"和"主观"作为评价这种推理差异的标准并不合适。

让我们以禅宗为例。禅宗被视为道家观念和佛家教义结合的产物，在中国后来的发展过程中还吸纳了儒家的思想（Ge，1986；Wu，1996）。如 Chuang & Chen（2003）所言，禅宗对直觉性观察的强调建立在"念"（mindfulness）的基础上。在外人看来，运用公案（koan）来使人领悟或者获得对现实本质的直接感知并不那么合乎逻辑。而这确是一种非常有意识的理性的方法，禅宗大师用之以教化。禅宗以某些简短而微妙的形式，希望使人自然而然地对现实的意义有所认识，这种方法"平和而自然恰当"（Grigg，1994，p. 276），它所带来的领悟无法用主观 / 客观的二分标准来解释。

不仅如此，为了达到上文所说的"不二现实"的状态，禅宗还会运用一些特别方法（比如否定、逆论和类比 / 隐喻）。这些方法代表了一种与中道相关的高度合理、高度理性的行为过程。这证明，将"逻辑客观"和"直觉主观"用作区分西方思想模式和亚洲思想模式的工具是不恰当的。因此，将西方学术圈中不同方法论阵营（即功能 / 社会科学—批评 / 解释科学）之间的矛盾冲突延伸到亚洲传播研究中是没有道理的。

我想在这里表达的观点有三：第一，阴阳相对的性质不是一种静态关系。阴阳之间总是不停地运动、不停地相互转化。这不仅意味着，当时空变化时，阴阳会互相转变；而且意味着，就在此时此地，阴阳互相包含。阴阳之间的这种辩证的相互渗透关系可以打开学术思路。所以，简单地割裂阴阳（比如对事物进行二分的倾向）对于知识生产是没有意义的，即使这种简化可以在学习过程中发挥一些作用。

第二，当我们研究不同文化中的人类传播时，"亚洲人倾向于……"或者"西方人的行为好像……"这样的表达方式更为恰当，而不是生硬武断地说"亚洲人 / 西方人就是……"、这样做可以带来一定的弹性空间，让阴阳本性得以发挥，让每种文化内部的变化差异得以理解和容忍。

第三，从实践层面上说，阴阳天生各有优劣。换句话说，单有阴不能生，单有阳不能存。只有阴阳相应才能实现全面发展或是达到完满状态。因此，我们要解决的问题不是"亚洲传播行为可否用于西方传播行为的研究中"，也不是"西方范式可否用于亚洲传播研究"，而是在运用过程中通过进行批判性评价，从而实现

"他山之石，可以攻玉"。Chu（1990）对调查研究方法在亚洲发展中国家的运用情况进行了考察，认为问题不在于调查方法本身是否适应这些国家的文化、社会和历史背景，而在于研究人员能否理解本地文化的不同需要、能否利用这些需要来指导自己对调查方法的结构与操作进行修改或调整。在这里，阴阳在文化转移（transculturation）的过程中成功地相互融合，其中包含了功能、框架、内容、环境、时间、信息接收者和信息传播渠道等因素（Chan，2001；Mundorf & Chen，2006）。

从这个角度说，亚洲传播研究中的其他二分观念（如理论运用的普遍性与特殊性、亚洲传播研究的亚洲学者与西方学者）很自然地失去了意义。

亚洲传播研究之"道"

"总之，这就是道，万物的更高层次的统一。"（Chang，1963，p. 50）

认识到阴阳的相生相合是解开"道"之谜的关键。"道"这个概念不仅代表二元同一、相反调和，而且意味着多元聚于一统、部分组成整体。"道"象征"大同"，消弭一切限制和冲突。这是从事亚洲传播研究的终极目的。

作为亚洲传播研究的终极目的，"道"/"大同"并不排除现象世界中的阴阳互动，比如存在于东方/西方差异中的二元冲突。但是，"道"/"大同"要求学者们有求同的态度，这种态度可以以超越的精神调和与融合东西方学者在亚洲传播研究中的差异。正如庄子所说，同与异仅是人类的武断评价。"自其异者视之，肝胆楚越也；自其同者视之，万物皆一也。"（英文翻译见 Huang，1983）因此，研究亚洲传播的学者们非常需要培养自己认识自然、认识异同关系、协调差异的能力，从而实现"道"的目标。

应该注意的是，这里说要调和与融合东西方差异，并不意味着排斥亚洲本土文化特点或是全盘接受欧洲中心范式。相反，学者们应该努力培养自己开放的思路，在发展亚洲中心传播范式的过程中强调本土的特定语境，或者说相关的亚洲传统；在此文化交流、经济发展和学术对话受西方统治、亚洲和其他地区文化处于边缘或失声状态之时，尤其应该如此（Shi，2006）。换句话说，超越差异、达到"道"的状态应以追求多种文化共存为基础，对真理的种族中心垄断应该停止，人性应在不同文化的群聚中得到滋养（Chesebro，1996；Starosta，付印中）。只有实现多种文化的平等共存，学者们才能超越学术中的对立矛盾，逐步实现人类传播之"道"。

总结

在本文中，我从范式的不同方面出发论述了亚洲传播的本质。我认为"阴"和"阳"是相反相成的两种力量，支配着现象世界（包括学术活动）的存在。我提出，亚洲传播研究需超越阴阳，从而达到一种"大同"或"道"的状态。

西方学者占据了学术霸权地位，他们倾向于将建立在西方文化基础上的表达方式进行普遍运用。很明显，这些问题在全球化的过程中还将继续困扰着学术研究者们。如何面对这种挑战？如何立足本土文化提高自己的声音？这是亚洲传播学者为避免进一步被边缘化而必须解决的问题。不过，从亚洲文化的视角寻求知识存在一种危险，即"以牙还牙、以眼还眼"的恶性循环，或者说是"文化不相容"的黑洞。这会妨碍东西方以积极的方式进行思想交流和学术对话。

因此，在这由于欧洲中心传播范式的一统地位而形成的东西方相对时期，亚洲传播学者应顺应亚洲文化导向找到一条发展之路。即：压力带来转变；为了亚洲传播研究的未来，学者们应该为了新的前景而努力，从对立走向共荣。

参考文献

Allan, S. (1997). *The way of water and sprouts of virtue.* Albany, NY: State University of New York Press.

Asante, M. K. (1980). Intercultural communication: An inquiry into research directions. In D. Nimmo (Ed.), *Communication Yearbook, 4* (pp. 401-410). New Brunswick, NJ: Transaction.

Ayish, M. I. (2003). Beyond Western-oriented communication theories: A normative Arab-Islamic perspective. *Javonost - The Republic, 10*(2), 79-92.

Chai, C, & Chai, W. (1969). Introduction. In J. Legge (trans.), *I Ching: Book of Changes*. New York: Bantam.

Chaidaroon, S. S. (2003). Why shyness is *not* incompetence: A case of Thai communication competence. *Intercultural Communication Studies, 12*(4), 195-208).

Chan, J. M. (2001). Disneyfying and globalizing the Chinese legend Mulan: A study of transculturation. In J. M. Chan & B. McIntyre (Eds.), *In search of boundaries: Communication, nation-states and cultural identities* (pp. 1-27). Westport, CT: Greenwood.

Chan, W. T. (1963). *A source book in Chinese philosophy*. Princeton, NJ: Princeton University Press.

Chang, C-Y. (1963). *Creativity and Taoism: A study of Chinese philosophy, art, and poetry*. New York: Harper & Row.

Chang, H-C, & Holt, G. R. (1991). The concept of *yuan* and Chinese inter-personal relationships. In S. Ting-Toomey & F. Korzenny (Eds.), *Cross-cultural interpersonal communication* (pp. 28-57). Newbury Park, CA: Sage.

Chang, H.-C., & Holt, G. R. (1994). Debt-repaying mechanism in Chinese relationships: An exploration of the folk concepts of *pao* and human emotional debt. *Research on Language and Social Interaction, 27*(4), 351-387.

Chaudhary, A. G., & Starosta, W. J. (1992). Gandhi's Salt March: A case study of *Satyagraha* with rhetorical implications. *World Communication, 21,* 1-12.

Chen. G. M. (1993, November). *A Chinese perspective of communication competence*. Paper presented at the annual convention of the Speech Communication Association, San Antonio, Texas.

Chen, G. M. (2001). Toward transcultural understanding: A harmony theory of Chinese communication. In V. H. Milhouse, M. K. Asante, and P. O. Nwosu (Eds.), *Transcultural realities: Interdisciplinary perspectives on cross-cultural relations* (pp. 55-70). Thousand Oaks, CA: Sage.

Chen, G. M. (2002a). *Problems and prospect of Chinese communication study*. In W. Jia, X. Lu, & D. R. Heisey (Eds.), *Chinese communication theory and research: Reflections, new frontiers, and new directions* (pp. 255-268). Westport, CT: Ablex.

Chen, G. M. (Ed.). (2002b). Culture and communication: An East Asian perspective [Special Issue]. *Intercultural Communication Studies, 11*(1), 1-171.

Chen, G. M. (2002c). The impact of harmony on Chinese conflict management. In G. M. Chen & Ringo Ma (Eds.), *Chinese conflict management and resolution* (pp. 3-19). Westport, CT: Ablex.

Chen, G. M., (2004). The two faces of Chinese communication. *Human Communication: A Journal of the Pacific and Asian Communication Association, 7*(1), 25-36.

Chen. G. M. (2005). A model of global communication competence. *China Media Research, 1,* 3-11.

Chen, G. M., & Holt, R. (2002). Persuasion through the water metaphor in *Dao De Jing. Intercultural Communication Studies, 1*(1), 153-171.

Chen, G.-M., & Miike, Y. (Eds.). (2003). Asian approaches to human communication [Special issue]. *Intercultural Communication Studies, 12*(4), 1-218.

Chen. G. M., & Miike, Y. (2006). The ferment and future of communication studies in Asia: Chinese and Japanese perspectives. *China Media Research, 2*(1*)*, 1-12.

Chen, G. M., & Starosta, W. J. (2003). Asian approaches to human communication: A dialogue. *Intercultural Communication Studies, 12*(4), 1-15.

Chen, G. M., & Starosta, W. J. (2004). Communication among cultural diversities: A dialogue. In G. M Chen & W. J. Starosta (Eds.), Dialogue among diversities [*International and Intercultural Communication Annual,* Vol. 27] (pp. 3-16). Washington, DC: National Communication Association.

Chen, G. M., & Starosta, W. J. (2005). *Foundations of intercultural communication.* Lanham, MD: University Press of America.

Chen, G. M. & Xiao, X. (1993, November). *The impact of 'harmony' on Chinese negotiations.* Paper presented at the annual convention of the Speech Communication Association, Miami Beach, FL.

Cheng, C-Y. (1987). Chinese philosophy and contemporary human communication theory. In D. L. Kincaid (Ed.), *Communication theory: Eastern and Western perspectives* (pp. 23-43). San Diego, CA: Academic Press.

Chesebro, J. W. (1996, December). Unity in diversity: Multiculturalism, guilt/victimage, and a new scholarly orientation. *Spectra* [Newsletter], *30*(12), 10-14.

Chien, E. T. (1988). The New-Confucian confrontation with Buddhism: A structural and historical analysis. *Journal of Chinese Philosophy, 15*, 347-348.

Chu, G. C. (1998). In search of an Asian perspective of communication theory. In W. Dissanayake (Ed.), *Communication theory: The Asian perspective* (pp. 204-210). Singapore: Asian Mass Communication Research and Information Center.

Chu, G. C. (1990). Survey research in developing countries in Asia: Some personal experiences from 25 years of research. In U. Narula & W. B. Pearce (Eds.), *Cultures, politics, and research programs: An international assessment of practical problems in field research* (pp. 151-160). Hillsdale, NJ: Lawrence Erlbaum Associates.

Chuang, R., & Chen, G. M. (2003). Buddhist perspectives and human communication. *Intercultural Communication Studies, 12*(4), 65-80.

Conze, E. (1967). *Buddhist thought in India.* Ann Arbor, MI: University of Michigan Press.

Dissanayake, W. (1981). Toward Asian theories of communications. *Communicator:*

A Journal of the Indian Institute for Mass Communication, 16(4), 13-18.

Dissanayake, W. (1983a). Communication in the cultural tradition of India. *Media Development, 12*(4), 27-30.

Dissanayake, W. (1983b). The communication significance of the Buddhist concept of dependent co-origination, *Communication, 8*(1), 29-45.

Dissanayake, W. (Ed.). (1988). *Communication theory: The Asian perspective.* Singapore: Asian Mass Communication Research and Information Center.

Dissanayake, W. (1993). Self and body in Theravada Buddhism: A tropological analysis of the "Dhammapada." In T. P. Kasulis, R. T. Ames, & W. Dissanayake (Eds.), *Self as body in Asian theory and practice* (pp. 123-145). Albany, NY: State University of New York Press.

Dissanayake, W. (2003). Asian approaches to human communication: Retrospect and prospect. *Intercultural Communication Studies, 30*(1), 27-30.

Dissanayake, W. (in press). Postcolonial theory and Asian communication theory: Toward a Creative Dialogue. *China Media Research.*

Fang, T. H. (1981). *Chinese philosophy: Its spirit and its development.* Taipei: Linking.

Feng, H. R. (2004). *Keqi* and Chinese communication behaviors. In G. M. Chen (Ed.), *Theories and principles of Chinese communication* (pp. 435-450). Taipei: WuNan.

Ge, Z. G. (1986). *Zen Buddhism and Chinese culture.* Shanghai, China: Ren Ming.

Grigg, R. (1994). *The tao of Zen.* Edison, NJ: Alva.

Gu, Y. G. (1990). Politeness phenomena in modern Chinese. *Journal of Pragmatics, 14*, 237-257.

Gunaratne, S. A. (1991). Asian approaches to communication theory. *Media Development, 38*(1), 53-55.

Gunaratne, S. A. (2005). *The Dao of the press: A humanocentric theory.* Cresskill, NJ: Hampton Press.

Hara, K. (2003). Aspects of Shinto in Japanese communication. *Intercultural Communication Studies, 12*(4), 81-103.

Hara, K. (2006). The concept of *omoiyari* (altruistic sensitivity) in Japanese relational communication. *Intercultural Communication Studies, 15*(1), 24-32.

Hasnain, I. (1988). Communication: An Islamic approach. In W. Dissanayake (Ed.), *Communication theory: The Asian perspective* (pp. 183-189). Singapore: Asian Mass Communication Research and Information Center.

Herrigel, E. (1971). *Zen in the art of archery*. New York: Vintage.

Hofstede, G. (2001). *Culture's consequences: Comparing values, behaviors, institutions, and organizations across nations*. Thousand Oaks, CA: Sage.

Hornig, S. (1990). A uniquely Asian theory. *Journal of Communication, 40*(1), 140-143.

Hsu, F. L. K. (1953). *Americans and Chinese: Two ways of life*. New York: Abelard-Schuman.

Hu, H. C. (1994). The Chinese concept of "face". *American Anthropologist, 46*, 237-257.

Huang, J. H. (Trans.) (1983). *The new translation of Chuang Tzu*. Taipei: San Min.

Hussain, Y. (1986). Islamization of communication theory. *Media Asia, 13*(1), 33.

Hwang, K. K. (1987). *Renqin* and face: The Chinese power game. *American Journal of Sociology, 92*, 944-974.

Hwang, K. K. (1997-8). *Guanxi* and *mientze*: Conflict resolution in Chinese society. *Intercultural Communication Studies, 7*(1), 17-40.

Ishii, S. (1984). *Enryo-sasshi* communication: A key to understanding Japanese interpersonal relations. *Cross Currents, 11*(1), 49-58.

Ishii, S. (1998). Developing a Buddhist *en*-based systems paradigm for the study of Japanese human relationships. *Japan Review, 10*, 109-122.

Ishii, S. (2004). Proposing a Buddhist consciousness-only epistemological model for intrapersonal communication research. *Journal of Intercultural Communication Research, 33*(2), 63-76.

Ishii, S., & Bruneau, T. (1994). Silence and silences in cross-cultural perspective: Japan and the United States. In L. A Samovar & R. E. Porter (Eds.), *Intercultural communication: A reader* (7th ed., pp. 246-251). Belmont, CA: Sage.

Ishii, S., Cooke, P., & Klopf, D. W. (1999). Our locus in the universe: Worldview and intercultural misunderstanding/conflicts. *Dokkyo International Review, 12*, 299-317.

Jacobs, B. J. (1979). A preliminary model of particularistic ties in Chinese political alliances: Kan-ching and Kuan-his in a rural Taiwanese township. *China Quarterly, 78*, 237-274.

Jia, W. (2001). *The remaking of the Chinese character and identity in the 21st century: The Chinese face practices.* Westport, CT: Ablex.

Khiabany, G. (2003). De-Westernizing media theory, or reverse Orientalism: "Islamic communication" as theorized by Hamid Mowlana. *Meida, Culture & Society, 25*, 415-422.

Kim, M. S. (2002). *Non-Western perspectives on human communication: Implications for theory and practice.* Thousand Oaks, CA: Sage.

Kincaid, D. L. (Ed.). (1987). *Communication theory: Eastern and Western perspectives.* San Diego, CA: Academic Press.

Koh, T. T. B. (2000). Asian values reconsidered. *Asia-Pacific Review, 7*(1), 131-136.

Kotajima, Y. (1990). *On "en": China and Japan.* Tokyo: Shintensha.

Lee, S. N. (2005). The challenges of communication education in Asia. *Australian Journalism Review, 27*(2), 189-201.

Leung, K., J. Kenny., & Lee, P. (Eds.) (2006). *Global trends in communication research and education.* Cresskill, NJ: Hampton Press.

Liu, G. Y. (1991). *The Zen's spirit in Chuang Tzui's work.* Taipei: Shang Wu.

Ma, R. (1992). The role of unofficial intermediaries in interpersonal conflicts in the Chinese culture. *Communication Quarterly, 40*, 269-278.

Ma, R. (1999). Water-related figurative language in the rhetoric of Mencius. In A. Gonzalez & D. V. Tanno (Eds.), *Rhetoric in intercultural contexts* (pp. 119-129). Thousand Oaks, CA: Sage.

Ma, R. (2004). *Guanxi* and Chinese communication behaviors. In G. M. Chen (Ed.), *Theories and principles of Chinese communication* (pp. 363-377). Taipei: WuNan.

Maggay, M. P. (1993). *Pagbabalik-loob: A second look at the moral recovery program.* Quezon City, Philippines: Akademya ng Kultura at Sikolohi-yang Pilipino.

Mei, Y. P. (1964). The status of individual in Chinese social thought and practice. In C. A. Moore (Ed.), *The status of the individual in East and West* (pp. 333-346). Honolulu, HI: University of Hawaii Press.

Mendoza, S. L. (2004). *Pahiwatig*: The role of ambiguity in Filipino American communication patterns. In M. Fong & R. Chuang (Eds.), *Communicating ethnic and cultural identity* (pp. 151-164). Lanham, MD: Rowman & Littlefield.

Mendoza, S. L., & Perkinson, J. (2003). Filipino "kapwa" in global dialogue: A different politics of being-with the "other". *Intercultural Communication Studies, 12*(4), 177-193.

Miike, Y. (2002). Theorizing culture and communication in the Asian context: An assumptive foundation. *Intercultural Communication Studies, 11*(1), 1-21.

Miike, Y. (2003a). Toward an alternative metatheory of human communication: An Asiacentric vision. *Intercultural Communication Studies, 12*(4), 39-63.

Miike, Y. (2003b). Beyond Eurocentrism in the intercultural field: Searching for an Asiacentric paradigm. In W. J. Starosta & G. M. Chen (Eds.), *Ferment in the intercultural field: Axiology/value/praxis* (pp. 243-276). Thousand Oaks, CA: Sage.

Miike, Y. (2003c). Japanese *enryo-sasshi* communication and the psychology of *amae*: Reconsideration and reconceptualization. *Keio Communication Review, 25*, 93-115.

Miike, Y. (2004). *The Asiacentric idea: Theoretical legacies and visions of Eastern communication studies.* Unpublished doctoral dissertation, University of New Mexico, Albuquerque, NM.

Miike, Y. (2006). Non-Western theory in Western research? An Asiacentric agenda for Asian communication studies. *The Review of Communication, 6*(1/2), 4-31.

Miike, Y., & Chen, G. M. (2006). Perspectives on Asian cultures and communication: An updated bibliography. *China Media Research, 2*(1), 98-106.

Mundorf, J., & Chen, G. M. (2006). Transculturation of visual signs: A case analysis of the Swastika. *Intercultural Communication Studies, 15*(2), 33-47.

Park, M. S. (1979). *Communication styles in two different cultures: Korea and American.* Seoul, South Korea: Han Shin.

Pornpitakpan, C. (2000). Trade in Thailand: A three-way cultural comparison. *Business Horizon, 43*(2), 61-70.

Robinson, J. H. (2003). Communication in Korea: Playing things by eye. In L. A. Samovar & R. E. Porter (Eds.), *Intercultural communication: A reader* (10th ed., pp. 57-64). Belmont, CA: Wadsworth.

Shi, X. (2006). A multiculturalist approach to discourse theory. *Semiotica, 158*,

383-400.

Siebert, F. S., Peterson, T., & Schramm, W. (1956). *Four theories of the press.* Urbana, IL: University of Illinois Press.

Starosta, W. J. (in press). Rhetoric and culture: An integrative view. *China Media Research.*

Starosta, W. J., & Chaudhary, A. G. (1993). "I can wait 40 or 400 years" : Gandhian *Satyagraha* East and West. *International Philosophical Quarterly, 33*(2), 163-172.

Stowell, J. A. (2003). The influence of Confucian values on interpersonal communication in South Korea, as compared to China and Japan. *Intercultural Communication Studies, 12*(4), 105-115.

Sugiyama, K. (1988). *Matsuri* (festival). In S. Sturumi & T. Konagawa (Eds.), *Communication jiten (Dictionary of communication)* (pp. 355-361). Tokyo: Heibonsha.

Suzuki, D. T. (1960). Buddhist symbolism. In E. Carpenter & M. McLuhan (Eds.), *Explorations in communication: An anthology* (pp. 24-35). Boston, MA: Beacon.

Suzuki, D. T. (1964). The individual person in Zen. In C. A. Moore (Ed.), *The status of the individual in East and West* (pp. 519-533). Honolulu, HI: University of Hawaii Press.

Suzuki, D. T. (1980). *The awakening of Zen.* London: The Buddhist Society.

Thompson, M. (2000). *101 key ideas: Buddhism.* Lincolnwood, IL: NTC/ Contemporary.

Ting-Toomey, S. (1988). Intercultural conflict styles: A face-negotiation theory. In Y. Y. Kim & W. B. Gudykunst (Eds.), *Theories in intercultural communication [Intercultural and International Communication Annual,* Vol. 12] (pp. 213-235). Newbury Park, CA: Sage.

Wang, G., & Shen, V. (2000). East, West, communication, and theory: Search for the meaning of searching for Asian communication theories. *Asian Journal of Communication, 10*(2), 14-32.

Watts, A. W. (1957). *The way of Zen.* New York: Pantheon.

Wilhelm, R. (1979). *Lectures on the I Ching: Constancy and change.* Princeton, NJ: Princeton University Press.

Wright, D. S. (1998). *Philosophical meditations on Zen Buddhism.* Cambridge,

UK: Cambridge University Press.

Wong, M. L. (1998). *The sutra of Hui Neng*. New York: The Buddhist Association of the United States.

Wu, J. C. H. (1996). *The golden age of Zen* . New York: Doubleday.

Xiao, X. (2002a). The rhetorical construction of the discourse on the *dao* in *Daode Jing*. *Intercultural Communication Studies, 11*(1), 137-151.

Xiao, X. (2002b). *Li*: A dynamic cultural mechanism of social interaction and conflict management. In G. M. Chen & Ringo Ma (Eds.), *Chinese conflict management and resolution* (pp. 39-49). Westport, CT: Ablex.

Xiao, X. (2003). *Zhong* (Centrality): An everlasting subject of Chinese discourse. *Intercultural Communication Studies, 12*(4), 127-149.

Yin, J. F. (2003, August). *Press freedom in Asia: New paradigm needed in building theories*. Paper presented at the annual convention of the Association for Education in Journalism and Mass Communication. Kansas City, MO.

Yum, J. O. (1987). The practice of *uye-ri* in interpersonal relationships. In D. L. Kincaid (Ed.), *Communication theory: Eastern and Western perspectives* (pp. 87-100). San Diego, CA: Academic Press.

Zhong, J. H. (Trans.) (1976). *The Book of Odes*. Taipei: Wen Hua.

译者：J. Z. 爱门森译

原文出处：Chen, G. M. (2006). Asian communication studies: What and where to now. *The Review of Communication*, 6(4), 295-311.

一个有关人类传播的亚洲研究方法的对话

　　本对话围绕人类传播的亚洲研究方法展开。在阐释"亚洲传播"的概念内涵后，对话者继而从本体论、认识论、价值论、方法论和目的论等五个例证方面，勾画出了"亚洲传播"的本质。这些哲学的假设还将对话进一步导向了对亚洲传播之共同传播风格：直觉、移情、沉默、内敛和含蓄的探讨。同时，对话者又谨慎指出亚洲乃非同寻常的多样化之地，任何有关亚洲传播的讨论都必须避免可能的过分简化和概括普遍化。

　　陈国明：请告诉我，当您看到"人类传播的亚洲研究方法"这个标题的时候，您的反应是什么？

　　威廉姆 J. 斯塔柔斯塔：亚洲是一个如此非同寻常的多样化的地方。印度尼西亚的大部分地区属于穆斯林，但是巴里岛却包含有一块很大的印度教区域。印度人还移民到马来西亚的部分地区，而起源于印度的佛教，现在除了作为一种对种性制度的政治反拨力量存在之外，在印度几乎已经绝迹。而相反，佛教却在中国、斯里兰卡和其他地区扎根。神道教在日本盛行，但是在其他地方就不见得了。亚洲拥有一些大型城市，但是一些亚洲国家有 80% 的地区属于乡村。印度和中国的语言种类或方言有 800 种之多。当我看到传播文献中使用"亚洲的"这个词时，担心这种普遍化可能会暗藏风险，尽管除了明显的差异外，这片土地上同时还是存在着许多共同点的。对我来说，"亚洲传播"是个令人心生畏惧的讨论话题。

　　陈国明：用像"亚洲传播"这样一个概括性的词，来描述一个在文化、社会、宗教和经济上如此不同的多样化人群，的确是有些困难。问题是——尤其是当我们在以讨论或研究为目的之时——是否有可能理出一条渗透于所有差异的共同线索，从而在以之与其他相似概念（如"欧洲传播"或"非洲传播"）进行比较或对比时，能显示出只有这个地区才拥有的特征。当阿澈梯（Asante，1980）宽泛地将世界上的存在观划为"非洲中心""欧洲中心"和"亚洲中心"三种的时候，我想，他间接地假定了共性可以从每一种存在中产生出来，即使在每一种文化的大陆中心，多样性都作为一种定则而非例外而存在。因此，为了将我们关于"亚洲传播"的对话继续下去，我认为我们应该首先认识到亚洲存在着异质性和同质性，并视亚洲人中所存在的这差异性和共性两者具有同样的重要性。

威廉姆 J. 斯塔柔斯塔：我明白你的意思，亚洲往往被一种来自西方的、遥远的视角所审视，而且被假设为和那些在地理上更接近西方的地区有所不同。正如墨卡托在世界投影中把欧洲放在地图中央一样，西方人将西方置于世界中心（同样的，"中国"的名字也反映其认为自己处于中心）。无论那些非欧洲文明有多么古老，每一个文明都要等待着被西方人"发现"，就好像这些地区的本土居民就不能被算作发现者一样。除了黄金、香料、皈依者、贸易通道或奴隶等可能获取的资源之外，早先的探索者和殖民者对早期的秘鲁文明、中国文明和埃及文明并没有太多兴趣。西方的地图绘制者倾向于将欧洲视为世界的中心，美国人倾向于将美国视为传播世界的中心，我认为我们应该对此加以反思和批评。曾几何时，非洲和亚洲、南美洲一样属于边缘化地区，不受关注。后来，摩勒菲·克梯·阿澈梯（Molefi Kete Asante），阿里·马兹瑞（Ali Mazrui）和简黑恩兹·贾赫恩（Janheinz Jahn）等黑人学者对撒哈拉沙漠以南、班图语非洲地区的传播状况进行了非常细致的描述，成为整个非洲大陆传播情况的一个原型。非洲与美洲之间历史久远的密切联系，使非洲大陆对于"什么使非洲成为非洲"这一问题有了更进一步和更为清晰的认识。如此，也引发了另一种相关的看法，即认为：大部分非洲地区在传播模式和价值方面所具有的共性，比起部落之间、地区之间可能存在的差异来说，更为显著、更为重要。即便这种视角可能过度概化了非洲大陆上不同种族的人群之间的共性，并且可能在与西方之间划出了太明显的割裂差异面，但是这一视角为研究人类传播的多种途径提供了另一个开端、另一个有利位置。它提供了一个新中心，从而使整个世界的传播图系能关注欧洲之外的其他地域。

阿澈梯和其他一些持非洲中心论的作者们对西方的了解多于对东方的了解。他们证实了除去欧洲和非洲的视角之外，还可以通过其他视角阐明传播，在这一点上他们是有功劳的。不过对于他们是否具有足够的能力，像为流落他乡的黑人所做的那样为亚洲人做些什么，我是有些怀疑的。

现在是开始为亚洲传播中什么才是具有最典型性的"亚洲性"下定义的时候了。这个问题不能交由东方主义者解决，他们只能是置亚洲于一个西方事物的异域镜象的位置上。这个问题必须交给那些能从生活在亚洲社会中的人群出发、探求各种亚洲社会的实质的人。门朵萨（Mendoza，2002）就是其中之一，他试图详细阐明亚洲单个民族的独特性。而三池贤孝 (Miike，2002, 2003a) 则跨越民族界限，对亚洲地区的传播方式进行了探索。这两个研究各有千秋且相辅相成，不会互相阻止干扰。

强调亚洲的异质性有助于分类、理解和保留人类多样性。它还阐明了中心主义 (Starosta & Chen, 2003) 这一理论有助于人们治疗原本因殖民和战争而留下的精神创伤。强调同质性——我认为这是我们的主要任务——同样有其价值。它提出，一些影响因素已在亚洲的辽阔土地上广泛传播，以致我们把它们提到共同性的层面上来进行论述成了可能。

在共同性的层面上进行探讨又为西方传播研究者提供了又一次认识其思维之文化局限性的机会。同时，它为研究者们提供了新的机遇，使他们跨越文化疆界来探讨传播的价值和信仰，比如你之前所罗列的那些。

陈国明：我认为一个文化把自己放置在世界"中心"是可以理解和接受的。这是文化用以形成民族优越感的一种方式；它转而给其本族成员以安全稳定的心理状态，从而形成一种有凝聚力的团体身份认同。没有经历过这一过程的文化是无法生存的。

问题在于，基于这种"中心式"的心理，尤其是在现代人类社会多样化和全球化趋势的影响下，这种民族优越感还有多强烈？如何加以检验？生活在这样一个多元"文化中心"的世界中，如果我们无法培养一种新的个性，并通过这种个性发展多重身份、保持多元文化共存，那么人类社会注定会重蹈覆辙，无路可走 (Chen & Starosta, 1996)。

所谓"文化中心"或"民族优越感"似乎给我们留下这样的错误印象——异质性是存在于不同（文化）中心之间的普遍规律。事实上，不同的文化之间除了存在使它们相互区别的各种差异外，也存在共性。例如，格博瑟（Gebser，1985）指出，除了主体的意识结构外，所有人类社会中都存在初始的、巫术的、神话的和理性的结构。这些意识结构可能在某种文化中呈隐性，但在另一种文化中却通过文化价值的形式明显地表现出来，可在行为层面加以观察。在我看来，了解差异能增强我们的特色，荣耀我们的身份。而对共性的了解则为相互间的连通打下基础。

通过多种多样的因素——如地理接近性、种族相似性等——相邻文化将通过互动显示出更大程度上的共同性，因为互动为相邻文化的成员们提供了一个机会，使隐性意识中的共性结构显性化。这为我们合理归类"非洲中心""欧洲中心"或者"亚洲中心"提供了基础。

让我们来谈谈亚洲。正如您所提到的那样，"亚洲"这个概念涉及包含着多种文化的广阔地域。从这个角度来看，"亚洲传播"这种说法似乎没什么意义，或者说对在这个多种文化并存的亚洲内生活的人们的了解上也没有多大价值。尽管如此，但譬如在讨论"亚洲五小龙"的传播模式的时候，我们的确发现有可能找出一条共性线索——这条线索是由渗透到这五个地区传播行为中的儒学思想贯穿起来的。我们还发现佛教思想——起源于印度，后传播至东南亚和东亚——在亚洲的传播行为中扮演着重要角色。南亚和西亚地区信奉伊斯兰教，但是我们也发现，这些地区在和亚洲其他地区的不断互动中产生了共同的文化价值观。因此，将亚洲内部人群进行比较研究，能比把亚洲人与世界其他人群进行比较展现出更多相似性。这使我们看到了在对不同人类社会——即为数不多的几大主要人类社会获取基本了解的过程中，使用亚洲、欧洲或非洲传播模式所具有的潜在实用性和价值。我们可以此作为起点，一旦有必要，再对某个特定文化加以进一步的探索。

这种方法不可避免地要冒将独特的文化特征过度简化或过度概化的巨大风险，或将不同的差别统统混入面目模糊的文化大杂烩中。但是于我而言，作为一种了解文化的途径，这种"从'一大块'再转化到'许多小块'的方式"是可以接受的，尤其是在学习过程中；它可以成为一座桥，帮助人们越过不信任和不理解的湍流。当然，人类交流的终极目标是了解每一种特定文化。毕竟，在跨文化传播的过程中，陷于大杂烩的囹圄中将是弊大于利的。

威廉姆 J. 斯塔柔斯塔：我们对这共同话题的探讨目的似乎是既不同又互补的。我希望能阐明另一种中心来替代亚洲和非洲中心，从而检验传播理论化的局限性。而你则表示了一种关切：担心人类在对差异进行分类时会牺牲可能存在的连贯整体性。如此，我们双方都有了探究这个世界区域以寻找其共性的理由。

我明白你的意思，还有，多种民族和文化毗邻共存，在商业上互相合作，在信仰上同受伊斯兰教或儒教、印度教的影响，如果只关注这些民族和文化之间存在的差异，就会展现出一种文化独立的假象。比如我所熟悉的印度和巴基斯坦的例子。这两个国家从大不列颠独立出来后，蒙巴顿勋爵划了一条横穿南亚的线，把黄麻纤维生产商和布匹生产者剥离开来，并把同说乌尔都语或旁遮普语的村庄划分开来。如今，蒙巴顿勋爵专横划分的分界线，已经成为割裂那些仍然说着同样语言、吃着同样食物的人们的一种主要障碍。盲目地坚持差异或许有朝一日会付出抹杀文明的代价。而这种代价，从潜在意义上来说，与外来的单一殖民观念的代价是一样的。

跨越差异进行交流，说明有"共性"；而"共性"又暗示着"差异"的存在。对于一种文化的内部成员来说和对于来自学界的分析人士来说，"共性"与"差异"的社会结构可能有所不同；前者是从他们自己的本土（主位）视角出发的，而后者是从比较性的（客位）视角出发的。有的人可能抛开俗世凡尘成为一个佛教徒，有的成为印度教徒，有的成为道教徒。对于这种遁修的行为，尽管他们从自己主位角度的解释各异；但从概念上说，他们都放弃了与世事的联系。他们通过不同的途径所建立的是一个貌似不同但却同一的观念事实。

我认为在亚洲的很多地方，这种割舍的做法是一个重要主题。寻找个体与哲学理念的联系似乎是另一个反复出现的主题。对"自我"进行定义是对"关系"加以确定的一个部分。具有讽刺意味的是，这些主题以及其他的一些主题，既互相区别，又互相统一。我认为，"亚洲传播"的观念将有必要更多地关注其他的相关概念体系，而不是将眼光仅仅局限于主位视角。在超理论的层面上，个体解读服从于跨地区的、更广泛的连贯性模式。

陈国明：拿"差异"对比"共性"可能是一种非常武断的判断，这种判断会受到个人解读的影响。我记得《庄子》中有议论：若从"差异"的角度看，近邻也会变得遥远；而若从"相似"的角度看，万物都可以成为一体。采取何种态度、做出何种解读是人类根据自己意愿做出的选择。但是，如何提高了解差异与共性本质、联系的能力，如何培养调和差异、达到和谐互动的能力是全球化社会的关键问题。换句话说，依我看，人类进行有效传播的关键在于理解共性中存在着差异，并争取从差异中获取统一。

为了反映亚洲传播中的潜在统一性，让我们来看一看亚洲文化多样性中有哪些可以被推断出来的相似成分。为了更有效地表达我的观点，我想我应该通过范式的四个方面来进行论述，这四个方面包括：本体论、认识论、价值论和方法论。关于这些共性的讨论可以很容易地在 Chai 和 Chai (1969), Chen (1994, 2001), Cheng (1987), Dissanayake (1983), Ishii (2001), Miike (2002, 2003a) 以及 Yum (1987) 等学者的研究中找到。

在本体论方面，亚洲文化倾向于对宇宙采取一种整体观，特别是受到佛教、儒教、道教和神道教影响的地区。换句话说，亚洲人倾向于认为宇宙是一个大整体，其中的任何部分都不过是一种过渡过程，其根基上没有固定物质。于是，人类传播就成为一种整体性的相互联结的网络，而且总是处于变换和转化的状态中。这种本体论假设在认识论、价值论和方法论方面为亚洲型假设提供了基础。

在认识论方面，对宇宙乃一整体结构的意味深长的理解，被深植于对所有事物都是相互联系的认识之中。如此而言，人类传播是一种关联性的过程，在此过程中，处于互动中的各方是不断地在相互依存的网络中彼此适应并调整位置的。相互依存的思想主导着亚洲的存在观，而基于单极化或两极化的孤立现象则失去了相互依存的意义。

在价值论方面，和谐遍布于宇宙整体的互相依存和关联中。作为亚洲文化价值的核心观念，和谐被当作人类传播的终极目标而非手段。因此，人类传播不是一种交际双方显示力量、把互动引向利于自身的方向的过程，而是一种在以合作为基础的相互依赖的网络中，充满彼此尊重和影响的交流。换句话说，传播过程中的和谐，代表着一种道德需求，这种道德需求能引发一种与其他人合作的责任感，而且这并非来自传播者策略性的言语，而来自对其他人真心诚意的关心。和谐是亚洲传播的终极目标，亚洲人把和谐作为指导性原则，用以规范不断变化且永不停息的人类传播活动。

最后，在方法论方面，亚洲人认为宇宙的转换过程并不是线性的，而是一种无穷的非线性循环。人类传播活动按照这种宇宙循环不断变化，就仿佛日夜交替和潮汐更迭一般。于是乎，通过传播发展人类关系将永远不会绝对地完结或终止。亚洲人偏好直觉的、细微的、敏感的和间接的传播方式的倾向，体现了这种非线性循环的推理方式。

当然，正如前面我所强调过的那样，亚洲各文化之间的这些抽象的或哲学的相似性并不能保证亚洲人在日常生活中或行为层面上也是相似的。也正是在日常生活或行为层面上，我们能更清晰地观察到"共性中的差异"，这反映出亚洲文化的活力和多元，而且进一步保存了每种文化的特性。

威廉姆 J. 斯塔柔斯塔：在你所说的四个看法之上，我还想再加一个目的论：如何展现"是什么"，宇宙是否有某些目的，从而对个体生命施加作用？宇宙是否存在可被辨别和凭直觉感知的方向？我认为亚洲"唯心主义"的观点说明个体需要知悉他们应该怎么做，以使自己达到更好的存在状态，或避免由于错误的知识和实践而带来的痛苦与不和谐。举两例来说，我想佛教和印度教就指向以某种更高层次、更理想的与某种更高"目的"或"法"相和谐统一的个体终结之道。此外，以某种更高秩序的天道善德的名义于既定的社会关系中生活，似乎也是儒教理念的一部分。用古人的教义来定义、规范日常生活，依据口头和书写文本界定目前关系，崇尚因果报应的宇宙法典而放弃行为的后果，所有的这些都契合了这样一种模式——调整个体的日常生活，从而使自身与更高尚的意愿或宇宙层面的"目的"相联结。

这里，我并不一定是指神掌管个人生命的这种理念。我估计对一些佛教徒来说可能是这样，但对其他的教徒则不一定。从更广泛的意义上说，很多亚洲人都有一种普遍的"道"的概念，他们必须根据这一概念，对自身的日常生活和关系进行调整（中国妇女应当听从于父亲、丈夫和儿子。人类应当保持和谐。无法保持和谐的帝王君主将激怒上天）。"道"的概念是一种更完美的理解，这使得那些看上去对事物真谛了解得更透彻的人们得到了更多尊重。

　　以上是我补充的，让我们再回到你谈的四个方面上来吧。从《庄子》的立场来看，我们可以选择视异还是视同，我坚信这一点。同样的，多元文化也强调一种同时承认异同的观点。对我来说，在差异中看到共性和在共性中看到差异，这关系到价值论的立场。我认为很多西方传播理论都从一种系统差别的观点开始，而且最终总是归结于差异（我先不说自己的价值趋向了，如果需要，我们可以待会再谈）。

　　在你对亚洲本体论的观察之上，我希望再补充一些关于印度教的看法。日常生活中会出现差异和区别，但它们却驱使人们更接近同一的、整体的目标。在了解圣雄甘地的修辞学取向的过程中，绰德哈利（Chaudhary）和我（1992）曾撰文阐述我们对圣雄甘地语言修辞取向的看法。我们发现了甘地语言修辞的"系统生态"基础，认为万物之间都有联系。对任何一个单一事物的改变都将引发所有其他部分的变化。改变自我就意味着改变他人。在我看来，这与"整体观"不谋而合。

　　印度教的根本教义是对物质现实的认知依赖于错觉。虽然随处可见差异，但真实趋向同一。更深入的理解会驱使人们走向一个物质与差异不存在的层次。而且具有讽刺意味的是，这种结果是通过迷宫般严密的社会阶层和种姓制度导致的。甘地倾其一生反对贱民制度（untouchability），他希望从转世中获得解脱。然而，如果他必须被转世的话，他希望被称为神的孩子（*Harijan*）(Jack, 1956)。在亚洲的许多唯心主义教义中都存在这种似非而是的论点。例如，有时，一物可以同时是两种不同之物。而有时，一物可以是非非的（*neti neti*）既非彼，也非此。我必须回过头去研究更多的印度教文本，来看看我能否找到什么更改变化。或者说，看看这些更改变化是否仅仅是外观。也许我需要把社会层面和宇宙层面区分开来：宇宙是亘古不变的，而表象却处于永不停息的变化之中。我想印度教教徒承认"一"以制"多"，但是我还没想明白其中的缘由，也没想明白为什么它进而也相信"多"，莫不是将"多"作为了一种"游戏"的形式。

　　人伦互依定位，使之各尽其职，以求达到更和谐的社会状态，这对儒教来说是非常重要的。和儒教相类，种姓制度（如贾吉曼尼制度）的设置原意也在于以之为社会实践的互补方式，在获取公益的过程中起到联结作用。我想，被教做什么和想做什么这两者之间还是存在区别的，而且有可能导致某一群体获得比另一些群体更多的权利。

　　在认识论方面，我们如何得以理解事物之"道"呢？答案可以在施行某种"道"的一些榜样人物的更见多识广的教诲中找到；可以在以提高个人对"大事物"理解为目标的、为真诚信仰努力的正确生活中找到；可以在潜心旁隐、沉思事物

的缘由中找到。理解或许在每个人的能力范围内也能被写入对他人的社会责任和
阶层的规约中，从而达到等效状态——一个终极的状态。对大多数人来说，对知
识的追求是建立在互相依存得来的经验之上的。日常经验为获得更完整的理解提
供了工具。

在价值论方面，和谐是亚洲生活中最核心的宗旨。在许多情况下，这种和谐
通过与他人建立恰当的关系而得以培育。相互依赖的角色之间的界定与互补对许
多亚洲教义来说司空见惯。像你所说的一样，在理想状态下，人类传播不是互动
双方运用自身力量使交流按自己的意愿方向所发展的过程。合作（或者说互补）
是印度教教义的核心，东亚和东南亚亦是如此。我能明白你的观点：你认为和谐
"代表着一种道德需求，这种吸引力能引发一种与其他人合作的责任感，而且这并
非来自传播者策略性的言语，而来自对其他人真心诚意的关心"——尽管就印度
唯心主义而言，我想将你所观察到的"对他人的关心"限定为"净化自我"。印度
人关注个人释放，而这种个人释放如何通过一种封闭的互相紧密依存的社会网络
呈现出来，我将此视为另一种看起来自相矛盾但可能正确的说法。

此外，在印度教中，宇宙目的和理解的演变具有显而易见的非直线性。可能
有许多道路通向同一地方，没有哪条道路真正地区别于任何其他道路。平行线不
会交汇，因此，我不能把这些途径称为平行的。但是它们看起来是通向同一个理
解的不同道路。人们可能可以在某条道路上想走多远就走多远，可能一些道路与
其他道路相比的社会化程度有所不同，或者在互动性上有差异。然而，所有的
路径都远离物质之地而通向以理念为基。印度人称这种"非线性循环"为瑜伽
(*yuga*)。这一循环的唯一出路是从重生中获得自由。在这一过程中，人们必须在
一种互相认可和互相补充的关系中彼此包容。所谓的知识来源于直觉，来源于接
近智者，来源于从对一条道路一心一意的追求，并将此道路视为唯一道路，不断
求索。与远东地区不同，间接性可能不是南亚或者穆斯林中的主要教义。

充满活力的多样性体现相应于一个共同的本体的核心观念，似乎对许多亚洲
传统都是很重要的。而传播则能阐明和规范对更普遍、更理想化的知识的追求。

陈国明：印度教视角颇有助我们的讨论！看起来亚洲文化明显持有一种宇宙
整体观，此观念认为，只有与其他组成部分比照后，才能界定和理解宇宙中的个
体组成部分。而也正是这种关系网络赋予了每个个体独特的特质。因此，如果不
先了解个体，就不可能了解整体。此外，这种互相依赖的网络由"万物之道"的
普遍理念交织而成，要求个体组成部分在宇宙循环转换过程中和谐共处。

以此与中国哲学类比，总体就是太极（一，终极），太极生阴、阳，阴阳既相
对立又相补充。阴代表着亲和的、屈从的、顺从的属性，而阳代表着不屈服或主

导的属性。两种力量的辨证互动产生一系列对立统一的变化组合，例如虚实、明暗、动静、远近等。这里我们看到整体的"一"就是本体，而阴阳差异会在"一"这个整体中的各处引发更独特的差异。与你所谈及的印度教一致，本体或者说"宇宙是亘古不变的，而表象却处于永不停息的变化之中"；"有时一个物质可以同时是两种不同的物质，而有时一个物质可以是非非的（neti neti），既非彼，也非此"，这些都与印度教相吻合。总而言之，它是对立统一的。

但是，我们如何观察亚洲唯心主义和哲学假设对亚洲人日常传播行为的影响呢？让我先试着回答一下这个问题，然后来听听你对我的看法的意见。

我认为，亚洲哲学假设使大多数亚洲文化强调其传播行为的三种道德特性：互依、尊重和诚实。人们在传播过程中通过自己的语言为自己和传播对象增光，而不是抹黑。这种行为促成了和谐的相互关系，体现了相互依存和尊重。换句话说，人类的交际是为了显示一种启迪的精神，使互动双方能在相互依赖的网络中交流得有尊严，而且有影响力。这一过程形成了一种连续的自然序列，同时没有故意贬损传播双方。至于诚实，它体现在言语过程中，通过契合真实的行为，保持言语与自己思想和行动的一致性，或者换句话说，体现在始终对他人怀着一颗真诚的心，从而达到自我的内在统一。根据我的观察，亚洲哲学假设还引发了许多常见的传播风格：直觉的、同情的、安静的、内敛的以及敏感的。

首先，亚洲人的直觉传播方式源自因直接而自然的生活理解而所强调的对内在的解放，这种理解使亚洲人在互动过程中有更倾向于"感知"而非"分析"或"思考"的状况。

第二，亚洲人似乎很重视同情性传播，他们认为所有的事物都会改变，所有事物互相联系。在这种认识的基础上，亚洲人愿意主动接受事物，主动脱离小我，于是培养一种慈悲心，愿意接受他人的存在。换句话说，富有同情心的传播，通过把自我意识扩大到他人意识，培养起一种朋友般的情感。这种对他人感受、反应的深切关注以及双方感情上的互相关怀，使得亚洲人更容易建立一种互动关系。

第三，在亚洲传播中，沉默也是一种言语表达方式，这可能是因为亚洲人崇尚宁静，宁静是创造性的直觉感受和天性的或与其相关的经历的结合。亚洲传播似乎更重视内在意识，而非外在话语。我怀疑亚洲人可能认为，将口头信息和言语最小化，对信息接收者来说，能创造出更大的想象空间和创造力。亚洲人被普遍认为从总体上来说更能读懂非语言的蕴意，此即可为证。

第四，和谐关系原则防止亚洲人在传播中走极端，相反，鼓励他们实践"中庸之道"，而这反过来导致形成一种更内敛的传播方式。这种亚洲传播方式在互动过程中表现为控制情绪和避免攻击性行为。

最后，对口头语言的不重视或对沉默的重视以及收敛的传播方式，使得在为了达成理解、避免不必要的尴尬或冲突，而必须采用口头表达或非口头表达的时候，亚洲人会通过一种微妙或含蓄的方式表达自己。当亚洲人觉得必须拒绝对方的要求或行为，而又担心会破坏和谐的时候，这一点尤其明显。

我的观察可能过度简化或者过度概化了亚洲传播，但是这些特点可以将亚洲人与其他大陆的人们区别开来。当然，我们也可以看到，当将这些传播方式应用到亚洲不同文化或地理区域内的日常生活中时，亚洲人开始表现出内部多元化。从这个层面上讲除了评价我的观点，如果有的话，您是否可以谈谈关于亚洲传播探讨的其他批判性问题？

威廉姆 J. 斯塔柔斯塔：对我来说，有不少需要细细品味消化的东西。

我认为，亚洲传播的大部分都贯穿着一种偶然性因素。一件事可能按计划发生，也可能不这样。让它发生可能是好事，也可能不是。制定计划时当然是真诚希望它们能实现的。但是对无法预料的、意外的偶然性来说也存在着一种可见性。从你所提出的命题中，我看到了这种倾向性是如何形成的。

毫无疑问，你肯定知道这样一个故事。一个人捡到一匹好马，大家都说他运气好，他说，焉知是福。后来这匹马逃走了，大家都说他晦气，他说，焉知非福。再后来，这匹马带着其他马回来了；他的儿子骑马时摔断了腿；正是因为摔断的腿，他的儿子没有没征去当兵⋯⋯故事就这样继续下去。他既不承认自己是幸运的，也不说自己倒霉，因为对他来说无法预见所有偶然发生的事情。当一个人抱着一种整体的世界观时，当一种系统从一开始就对潜在的可能性开放时，我想，亚洲传播者必然能接纳不可预见的偶然性。亚洲人相信一个人无法预料所有的可能性，因为一个人的知识总是少于全知的。这种意识部分地导致亚洲人在商业交易中较难达成协议。基于此，我可以做出一种预言——不过对此我个人了解得并不多——在这种情况下，双方的交易可能需求周期性的回顾和重新谈判。

我已经提到过这种系统的开放性。互动过程中，任何事物都能进场或出场，从而产生无法预料的结果。这可能也就是为什么尊重、诚实和相互联系会体现在亚洲大陆的很多地区；如果一个人承认他人的本意是好的，那就能更好地处理误解，并把误解理解为偶然事件而非故意冒犯。

你强调同情心，这与我所碰到的关于传播的谦恭、保留 (*enryo-sasshi*) (Starosta, 2003) 以及我们在跨文化传播教科书 (Chen & Starosta, 1998) 中提到的传播模式不谋而合。如果一个人必须预测信息的接收方式，从而避免伤害他人，而且必须培养一些微妙的技巧，从而对细心、含蓄的信息进行解码，那么在我看来，你提到的沉默可以部分地归因于 Ishii、Bruneau (1994) 和 Miike (2003b) 所讨论过的，同情性编码和解码的外延。

这可能是你对发展高度和谐重要性之观察的另一方面。可能是东亚儒教中的一些因素，导致有的时候，对人和对工作同等重视。地主会借钱给别人举行婚礼。亲戚和邻里会允许参加婚礼的人住在他们家中。当工人们遇到困难的时候，会有组织出面提供帮助。组织和机构不仅把工人和成员放在互相依靠的位置，更把他们放在与机构领导相互依靠的位置。他们提高期望指数，认为工人的品格应该使组织满意。那些"认识"某个人的人会将自己放在依赖那个人的位置上，有把握地认定那个人会担起责任、排除困难。

这种来自和谐的互相依赖关系中的一部分，是一个人如果有所得到，就应该相应地回报帮助他（她）的人。亚洲不同地区对这种强有力的互依和尊重关系有各自的名称。就举两种可能性好了，可能曾几何时，这种互补互助义务可以追溯到印度教或儒教的教义上去。但是，我想，在某一个历史阶段中，对许多亚洲互动者来说，互相的依靠信赖成了另一天性，而且这种关系形式来自直觉生成，而非详细地通过口头语言来表述。

目前，我还没有足够的研究以对亚洲大众传播方式做更多评述，我也无法更详细地谈论亚洲组织来加深我们对这一话题的探讨。我认为，南亚的商界组织领导们比西方的领导们更会给部属提供忠言；而且他们必须使工人过得好，自己才能过得好。我不会试图将此普遍化到亚洲的其他地方，虽然从你上面归纳的特点来说，从原则上看来，这是有可能的。

陈国明：我喜欢您关于亚洲传播"偶然性"的观点，这与我所表述的观点——亚洲传播方式在充满活力的信息交换过程中，给予互动者更大的空间来施展想象力和创造力——相应。但是，这一观点也存在着双面性。从积极的角度来看，它帮助外来者更准确地理解亚洲传播行为。然而，从消极的角度来看，它可能也会强化外来者对亚洲人的刻板印象。比方说，在编码和解码过程中预留的想象和创造空间，可能会被理解为缺乏清晰度和确定性。说实话，我们常常能在跨文化传播文献中看到关于亚洲传播模糊性、不确定性和不可预知性特征的描述以及亚洲人在与西方人互动时畏缩、不确定的态度——这种态度在组织情境下尤其突出(Chung, 2000; Sue, Ino, & Sue, 1983)。如何改善这种对亚洲传播方式的不准确的理解认知，仍旧是摆在跨文化传播研究者、教育者和实践者面前的艰巨任务。

是的，对这个领域的研究需要更深入地探讨亚洲大众和组织传播方式。希望我们能再有机会关注那个方向的研究。

在结束对话之前，我想再重申一下，在今天的讨论中，可能存在对亚洲传播的过度简化和过度概化，这是我们需要慎重的。虽然这个讨论帮助我们看到亚洲传播行为区别于其他大陆传播行为的独特性，但是我们应当记住，亚洲是个在地理上、宗教上、文化上和其他方面都很广博和多元的地区，因此，亚洲必然具有内部多样性，而且应该研究探讨。

当然，尽管世界各个角落的人们都存在差异性，但是人类存在相似性。这种人类或社会具有的普遍特征，应当是一盏始终照耀着跨文化传播研究过程中的明灯。

威廉姆 J. 斯塔柔斯塔：我们就像在一个透明的玻璃鱼缸中进行我们的思考和分析探讨，外面围有一圈人在听我们谈话。这些观察者是谁呢，他们的动机又是什么？

他们中的一些可能是经验主义者，他们试图从我们对亚洲传播的提炼和归纳中寻找思路，将之变为新的工具以衡量传播的"亚洲性"。其他人可能从后现代主义视角出发，抗议我们没有关注女性的、各年龄层的、遍布世界各地的难民的、农村或城市居民的声音。我感到在我们试图找到一条金科玉律的过程中，有许多双眼睛正注视着我们的谈话

是的，我可以预见，有些听众会超乎我们本意地结论化我们归纳出的特点，并使之形成一种固定模式。一些听众希望我们闭嘴，因为我们的讨论看上去过于概括化了。还有一些人会希望从具体的情境中了解更多的亚洲术语，会希望我们关注某些特定文化社群中的事物。我记得埃弗雷特·M·罗杰斯（Everett M. Rogers）和其他一些人讨论过所谓的中层理论——理论非常庞大，如果不把它进一步分解，就无法进行经验论证；但是如果没有具体的、依据观察或实验或由观察或试验得出的经验作为基础，又会显得太过狭隘。

我觉得我们的讨论也处于这样的阶段。我们在讨论中从不同层面进行了探讨，并且没有试图对这个问题给予不成熟的意识形态总结，我觉得这是很有益的。来自提议、批评、改善，再提议的激励是我们职业的源泉。关于是什么使得亚洲传播具有"亚洲性"，我们的观点是既非空前，也非绝后的。

陈国明：的确，这仅仅是一个开端，让我们继续这种探索吧。谢谢您参与这番发人深省的对话。

参考文献

Asante, M. K. (1980). Intercultural communication: An inquiry into research directions. In D. Nimmo (Ed.), *Communication yearbook 4* (pp. 401-410). New Brunswick, NJ: Transaction.

Chai, C., & Chai, W. (1969). Introduction. In J. Legge (Trans.), *I Ching: Book of*

Changes. New York: Bantam.

Chaudhary, A. G., & Starosta, W. J. (1992). Gandhi's Salt March: A case study of *Satyagraha* with rhetorical implications. *World Communication, 21*, 1-12.

Chen, G. M. (1994, November). *A conceptualization and measurement of communication competence: A Chinese perspective*. Paper presented at the annual meeting of the Speech Communication Association, New Orleans, LA.

Chen, G. M. (2001). Towards transcultural understanding: A harmony theory of Chinese communication. In V. H. Milhouse, M. K. Asante, & P. O. Nwosu (Eds.), *Transcultural realities: Interdisciplinary perspectives on cross-cultural relations* (pp. 55-70). Thousand Oaks, CA: Sage.

Chen, G. M., & Starosta, W. J. (1998). *Foundations of intercultural communication*. Needham Heights, MA: Allyn & Bacon.

Cheng, C.-Y. (1987). Chinese philosophy and contemporary human communication theory. In D. L. Kincaid (Ed.), *Communication theory: Eastern and Western perspectives* (pp. 23-43). San Diego, CA: Academic Press.

Chung, J. (2000). The challenge of diversity in global organizations. In G. M. Chen & W. J. Starosta (Eds.), *Communication and global society* (pp. 73-89). New York: Peter Lang.

Dissanayake, W. (1983). Communication in the cultural tradition of India. *Media Development, 30*, 27-30.

Gebser, J. (1985). *The ever-present origin*. Athen, OH: Ohio University Press.

Ishii, S. (2001). An emerging rationale for triworld communication studies from Buddhist perspective. *Human Communication, 4*, 1-10.

Ishii, S., & Bruneau, T. (1994). Silence and silences in cross-cultural perspective: Japan and the United States. In L. A. Samovar & R. E. Porter (Eds.), *Intercultural communication: A reader* (pp. 264-271). Belmont, CA: Wadsworth.

Jack, H. A. (Ed.). (1956). *The Gandhi reader*. Bloomington, IN: Indiana University Press.

Mendoza, S. L. (2002). *Performing "Filipino-ness" in the Filipino American diaspora: Who's in, who's out? And why does it matter?* Paper presented at annual meeting of the National Communication Association, New Orleans, LA.

Miike, Y. (2002). Theorizing culture and communication in the Asian context: An assumptive foundation. *Intercultural Communication Studies, 11*, 1-21.

Miike, Y. (2003a). Beyond Eurocentrism in the intercultural field: Searching for an Asiacentric paradigm. In W. J. Starosta & G. M. Chen (Eds.), *Ferment in the intercultural field: Axiology/value/praxis* (pp. 243-276). Thousand Oaks, CA: Sage.

Miike, Y. (2003b). Japanese *enryo-sasshi* communication and the psychology of *amae*: Reconsideration and reconceptualization. *Keio Communication Review, 25,* 93-115.

Starosta, W. J. (2003, July). *Intercultural listening: Collected reflections, collated refractions.* Paper presented at a joint session of the World Communication Association and the International Listening Association, Haningen, Sweden.

Starosta, W. J., & Chen, G. M. (2003). Theorizing difference: Culture as centrism. In W. J. Starosta & G. M. Chen (Eds.), *Ferment in the intercultural field: Axiology/value/praxis* (pp. 277-287). Thousand Oaks, CA: Sage.

Sue, D., Ino, S., & Sue, D. M. (1983). Non-assertiveness of Asian Americans: An in accurate assumption? *Journal of Counseling Psychology, 30,* 581-588.

Yum, J. (1987). Korean philosophy and communication. In D. L. Kincaid (Ed.), *Communication theory: Eastern and Western perspectives* (pp. 71-86). San Diego, CA: Academic Press.

译者：J. Z. 爱门森

原文出处：Chen, G. M., & Starosta, W. J. (2003). Asian approaches to human communication: A dialogue. *Intercultural Communication Studies, 12*(4), 1-15.

华夏传播研究论丛

华夏传播研究在中国【谢清果卷】

谢清果 / 主编

《华夏传播研究论丛》（三卷）系

福建省高等学校人文社会科学研究基地"中华文化传播研究中心"建设成果

福建省学位办研究生导师团队"华夏文明传播研究团队"建设成果

厦门大学一流本科建设课程"华夏传播概论"建设成果

厦门大学"课程思政"建设课程"华夏传播概论"建设成果

福建省本科高校教育教学改革研究项目"华夏文明传播学的理论体系、教学模式与实践探索的综合改革"建设成果

九 州 出 版 社
JIUZHOUPRESS ｜ 全国百佳图书出版单位

图书在版编目（CIP）数据

华夏传播研究在中国 ：谢清果卷 / 谢清果主编. --
北京 ：九州出版社，2020.6
　（华夏传播研究论丛）
　ISBN 978-7-5108-9139-7

　Ⅰ．①华… Ⅱ．①谢… Ⅲ．①传播学－研究－中国
Ⅳ．①G219.2

中国版本图书馆CIP数据核字(2020)第089232号

序

正如费孝通先生曾指出，"文化自觉是一个艰巨的过程，只有在认识了自己的文化、理解所接触到的多种文化的基础上，才有条件在这个正在形成中的多元文化世界里确立自己的位置，然后经过自主的适应，和其他文化一起取长补短，共同建立一个有共同认可的基本秩序和一套各种文化都能和平共处、各抒所长、联手发展的共处守则"①。这里的文化自觉更侧重比如国内的齐鲁文化这类的地域文化，还可以指某类工艺等物质和非物质文化遗产等，当然还可指整体的中华文化。文化的自觉是特定族群对自己文化的珍惜，相对侧重对自己文化的维护与建设，具有内向性，防守性。而文明自觉则是对自己文化的自豪，淬炼文化精髓，然后积极对外传播，因此具有显著的外向性与传播倾向。

习近平曾说："中华文明是在中国大地上产生的文明，也是同其他文明不断交流互鉴而形成的文明。"②他肯定中华文明虽是内生性文明，但在漫长的历史长河中，也自然与其他文明相互交融。只不过，我们有"文明自信"，坚信文明会在交流中崛起，而不会沉沦。中华文明对其他文明的吸收并不会贬低我们的文明。"三人行，必有我师"的学习心态，是中华文明的优秀品质。

（一）交流互鉴：文明传播与发展的规律

习近平在纪念孔子诞辰 2565 周年国际学术研讨会上的讲话中说道："文明因交流而多彩，文明因互鉴而丰富。任何一种文明，不管它产生于哪个国家、哪个民族的社会土壤之中，都是流动的、开放的。这是文明传播和发展的一条重要规律。"③在这里，习近平指出交流与互鉴是文明多彩与丰富的根本源泉，从而成为一条文明传播和发展的"重要规律"。这里说出了文明的传播是文明的本质特征。文

---

① 费孝通：《论文化与文化自觉》，北京：群言出版社，2007 年，第 190 页。
② 习近平：《习近平谈治国理政》，北京：外文出版社，2014 年，第 260 页。
③ 习近平：《在纪念孔子诞辰 2565 周年国际学术研讨会上的讲话》，新华网，http://www.xinhuanet.com/politics/2014-09/24/c_1112612018.htm。

明在传播中生成，又在传播中发展。而传播即交流，交流是动态的、互动的。传播必然有传受双方，必然会产生影响，传播的过程有时也有灾难（如战争），但那是传播过程的逆流，人类文明总体上汹涌向前，战争等这些不文明的现象，终究会被更文明的形态所反省，所抚平创伤，以至所取代。霸权行径不得人心，让"文明"的优质内涵蒙羞。而"发展"又是文明传播的目标，文明借助传播而得到自我认识与反思的参照系，正如人与人的交往一样，不交往的人生是不存在的，无论是现实世界中的来往，还是精神世界上与古今中外思想巨人的"心灵对话"。人类文明大家庭中的他者，正是丰富与完善自我思想的源头活水。每种文明的丰富与多样，正如人的个性丰富与多样一样，我们通过不同的文明的交流，正如通过与不同的人来往可以欣赏不一样的人生那样，这时他者就可以如同镜子一样让我们看到自己的不足与优点，从而明白前进的方向。正因为人不可能过相同的人生，因为有不同的际遇；而不同的文明创造出不同的生活方式与思维模式，亦是如此。因此，发展在传播中造就，传播是发展的原动力。当然，发展又是促进更自觉更自然地传播的基础与条件。发展促进文明更主动地开放与对话，在此过程中，传播的形式与渠道乃其效果都将更加理想，发展的动力也将更加充足了。因此文明传播与文明发展如车之两轮、鸟之双翼，共同推动人类这个大家庭更幸福健康地共同生活在这个星球之上。

文明传播的精神内核是交流互鉴。而交流互鉴的原则是古为今用，洋为中用。即将文明交流的成果时刻接受实践的检验。当我们作为文明传播的受者时，"我们都应该采取学习借鉴的态度，都应该积极吸纳其中的有益成分，使人类创造的一切文明中的优秀文化基因与当代文化相适应、与现代社会相协调，把跨越时空、超越国度、富有永恒魅力、具有当代价值的优秀文化精神弘扬起来"①。即要考虑文明主体性，以我为主，兼收并蓄。交流以互鉴为导向，增强交流的自觉性与主动性、方向性，也就是要欣赏与吸收其他文明的优秀方面，并结合中国社会的实践，汲取其中具有"跨越时空、超越国度、富有永恒魅力、具有当代价值的优秀文化精神"，在此过程中，还要做到"要坚持从本国本民族实际出发，坚持取长补短、择善而从，讲求兼收并蓄，但兼收并蓄不是囫囵吞枣、莫衷一是，而是要去粗取精、去伪存真"②。说到底是要注意创造性转化，创新性发展，把其精髓化为我体，为我所用，同时，我们也要继续创新发展，把创新发展后的文明成果奉献给世界。比如高铁技术，中国学习后加以创新，然后向国际输出，便可以反哺世界了。

---

① 习近平：《在纪念孔子诞辰 2565 周年国际学术研讨会上的讲话》，新华网，http://www.xinhuanet.com/politics/2014-09/24/c_1112612018.htm。

② 同上。

（二）借助人类文明交流，缔造"人类命运共同体"

2015 年 9 月，习近平在纽约联合国总部出席第 70 届联合国大会一般性辩论时，发表了题为《携手构建合作共赢新伙伴，同心打造人类命运共同体》的讲话，讲话中指出："和平、发展、公平、正义、民主、自由，是全人类的共同价值，也是联合国的崇高目标。目标远未完成，我们仍须努力。当今世界，各国相互依存、休戚与共。我们要继承和弘扬联合国宪章的宗旨和原则，构建以合作共赢为核心的新型国际关系，打造人类命运共同体。"[①]要建立平等相待、互商互谅的伙伴关系；要奉行双赢、多赢、共赢的新理念，扔掉我赢你输、赢者通吃的旧思维；要倡导以对话解争端、以协商化分歧；要营造公道正义、共建共享的安全格局；要谋求开放创新、包容互惠的发展前景；要促进和而不同、兼收并蓄的文明交流；要构筑尊崇自然、绿色发展的生态体系。虽然讲话是基于联合国的视角来谈，但联合国迄今是人类最大的全球性组织，全球共同治理的核心推动机构。中国努力维护和推进以联合国及其如 WTO 等国际性组织开展对话协商，奉行人类"共同价值"，和平是发展的前提，也是民心所向；发展是解决社会和国际问题的关键，经济、社会、文化等各层面发展了，人类才能更有信心与能力来解决全球问题。

文明传播当要有主体性意识。文明传播有其自发的部分，即百姓日常交往的实践，如经旅行、商贸等往来而带动的文明传播。而文明传播更侧重作为文明传播核心主体的国家当更具有传播文明的自觉，亦即在制度与政策层面进行顶层设计，时下社会主义核心价值体系的海内外传播，孔子学院的海外传播以及国家形象传播等方面的着力正是文明传播自觉的落实。习近平在亚洲文明对话大会上的主旨演讲中，深刻指出："人是文明交流互鉴最好的载体。深化人文交流互鉴是消除隔阂和误解、促进民心相知相通的重要途径。"[②]人本身就是最好的，最直接的媒介，充分发挥人的传播功能，是文明交流的核心路径。文明既是人创造的，也是人传承的。而人只有在交流中才能继承与发挥文明的光芒，创造更辉煌的未来。

文明自觉必然伴随着文明觉醒，犹如历经了近代百年屈辱的中国，尤其是改革开放以来的四十年，特别是"十八大"以来，中华文明以前所未有的自信走近世界舞台的中央，大方且积极参与维护与完善以联合国为中心的国际治理体系建设，果断地以人类命运共同体的理念来引导世界舆论，展现人类未来方向，更是

---

① 习近平：《携手构建合作共赢新伙伴，同心打造人类命运共同体》，《习近平谈治国理政》第二卷，北京：外文出版社，2017 年，第 522 页。

② 习近平：《深化文明交流互鉴 共建亚洲命运共同体——在亚洲文明对话大会开幕式上的主旨演讲》，新华网，http://www.xinhuanet.com/world/2019-05/15/c_1124497022.htm。

以共建"一带一路"的倡议，作为人类的和平之路、合作之路、文明之路而著称于当代世界舞台。这是因为其背后的精神正是华夏文明"和而不同""天下大同"智慧的当代创新性表述。当然费老的论述用于表述"文明自觉"也是恰当的。文明自觉不是自然而然的，而是文明长期发展中，在物质文明、制度文明、精神文明、生态文明等方面取得举世瞩目成就的时候，也只有当社会相对和平安宁的时候，"文明自觉"才易于生成，如汉代通西域、唐朝展雄风、明代下西洋时期，他们那些时代都不惧于对外交流，不惧于接纳其他文明的饮食等风俗艺术来丰富自身的生活，甚至主动地向朝贡体系下的其他国家送去中华文明，而且其他文明也往往乐于接受。而当鸦片战争以后的百年时间里，虽然有少数有识之士致力于倡导中华文明本位主义，但是社会时局的频废使时人对中华文明充满怀疑，乃至于有些人提出"全盘西化"的口号，试图以放弃自身文明的主体性来走向现代化，实践证明这样的思路是危险的，也是走不通的。唯有走激活中国自身文明优秀基因的道路，才能充分吸取世界优秀文明成果，包括马克思主义这种体现中华"天下一家"的光辉思想。正是共产党人借助马克思主义激活了中华优秀传统文化，将传统士人的家国情怀激发出来，传播开来，才能攻艰克服，团结一心，重振中华民族雄风的。正如学者姜佑福所指出的那样："我们似乎可以从'轴心时代'中华文明与西方文明的'平等'或'平行'地位出发，来重新思考中西文明的交汇问题。也就是说，我们可以尝试着不再把'西方现代性'视为一切'文明'形态都必须经历的一个历史通道，即便是我们也承认中华'文明'传统需要某种意义上的'现代化'。"① 这就是中华文明自觉的底气所在。

美国学者亨廷顿提出的著名"文明冲突论"观点，即预言今后国际间的冲突将主要在各大文明之间展开，这种异质文明的集团之间的社会暴力冲突不但持久而且难以调和。尽管如此，他依然希望"在多文明的世界里，建设性的道路是弃绝普世主义，接受多样性和寻求共同性"②。历史上既有文明和谐的时代，也有文明冲突的时期，人类总体是趋向文明，而文明总是在与不文明的斗争中达到的。"文明冲突"彰显了"文明和谐"的可贵。正如联合国教科文组织总部大楼前的石碑上的那句话一样："战争起源于人之思想，故务须于人之思想中筑起保卫和平之屏障。"战争是文明冲突的极端表现，归根结底是以文明对抗代替文明对话的结果。因此，倡导对话协商的文明正是和平发展的根本保障。

当代中华文明之于世界的意义越发凸显，这一方面是中华民族伟大复兴的

---

① 姜佑福：《文明论与普遍历史的有机统一：中国道路研究的根本视域》，《天津社会科学》2017年第5期。

② （美）塞缪尔·亨廷顿：《文明的冲突与世界秩序的重建》，新华出版社，1998年，第369页。

内在呼唤，另一方面是世界和平对中华文明的期待。中华民族在交往日益丰富和多元的情况下，中华民族如何"共同生活"，如何和谐美好地生活在中国这样的伟大国度，已成为中华民族崛起迫切需要回答和问题。国家的繁荣富强需要全国民众的凝精聚力，心往一处想，劲往一处使，才能在"两个一百年"目标的伟大征程中乘风破浪，到本世纪中叶建设富强、民主、文明、和谐、美丽的社会主义现代化强国。到那时，我们将更能骄傲地向世界宣称，中华文明五千年的探索终于能够向世界说明"中国方案"：如何让国家兴旺、社会和谐、人民幸福的方案，将更有信心与世界人民一起分享中华民族伟大复兴的红利；如何回应世界人民对中华文明独特的有关"共同生活"的丰富思想的期待，总体而言，"人类命运共同体"和共建"一带一路"倡议的提出，便是这方面的落实与体现。

（三）"四个讲清楚"：中华文明本位与中华文化立场的具体体现

然而，我们应该看到了的是正如著名中国问题研究专家新加坡的郑永年的最新著作中所提出的，中国人要警惕文化殖民，且要思考"中国能否为世界提供一种新的文化选择"，当前"中国缺少一套可以和其他文化分享的共享价值（shared value）"，只有保持自己的文化优势的同时，并整合西方文化与穆斯林文化，中华文明才能走向重生，而重要的标志是我们的文明体系能够解释自己，能够让"他者"信服，进而为"他者"自愿接受①。我国提出"繁荣哲学社会科学"的总体部署，其背景很大程度上就是发觉到中国的知识界、文化界在改革开放的四十年的进程中，更多倾向于理解了西方，也更深入地把握了西方的理论和思想体系，然而在向西方学习的过程中，却并没有从根本上提升了我们的思考能力和原创能力，反而只会用西方的思维方式和理论来思考问题，甚至认为不合乎西方的标准就是荒谬的。这样，我们的"中华文化立场"被动摇了，我们的许多留学生，包括国内的大学教育也一味地"西化""国际化"，却忽视了"本土化"，忽视了任何思想都要植根于本民族的思想与社会土壤，都要从如何更好地服务于我们的人民，服务于中国问题的解决，而不是生搬硬套西方的理论，用西方的理论来解释中国现实。而事实上，在西方的"中国威胁论""中国崩溃论""黄祸论"盛行的时候，我们就应该清晰地认识到，中国问题只有依靠自己来解决，中国问题的分析根本上要由中国问题意识、中国方法自觉去探究。西方可以提供参照系，充当磨刀石，而中国社会问题正是我们的实验场，是我们思想作业的主战场。我们的思想创新

---

① 郑永年：《中国的文明复兴》，北京：东方出版社，2018 年，第 188—211 页。

当回应中国社会的期待，回应中国人民对更富强、更民主、更和谐、更自由、更平等生活的期待，不仅要能提出一系列高瞻远瞩的理念，更要有一系列卓有成效的举措来落实，这应当正是"新时代"的新内涵。对此，习近平同志于2013年11月26日视察山东曲阜孔子研究院时，就继承和弘扬中华传统文化时强调"四个讲清楚"，即"讲清楚中华文化积淀着中华民族最深沉的精神追求，是中华民族生生不息、发展壮大的丰厚滋养；讲清楚中华优秀传统文化是中华民族的突出优势，是我们最深厚的文化软实力；讲清楚每个国家和民族的历史传统、文化积淀、基本国情不同，其发展道路必然有着自己的特色；讲清楚中国特色社会主义植根于中华文化沃土，反映中国人民意愿，适应中国和时代发展进步要求，有着深厚历史渊源和广泛现实基础"。这"四个讲清楚"就是体现了鲜明的"文化自觉"与"文明自信"。第一个"讲清楚"，直截了当地强调了中华文化是我们民族的精神家园，是中华民族代代相传的精神支柱，更是我们民族创造创新的不竭源泉。第二个"讲清楚"，则进一步从"文化优势""文化软实力"的角度突出他对传统文化的自信，突出了当代中华优秀传统文化是我们民族振兴的丰厚资源，我们可以通过充分保护和开发我们的文化资源，进行创造性转化，创新性发展，就一定能够彰显我们五千年文明的巨大优势。第三个"讲清楚"，则直接就传统文化本身如何传承发扬的问题发表看法，强调侧重讲清楚"历史传统"，以史资鉴，发扬本民族的历史智慧，挖掘我们民族的深厚的历史记忆，因为忘记过去意味着背叛，理解历史是为了更好地开创未来。而讲清楚"文化积淀"是要明白我们的文化家底，是要把握我们文化传统中最具活力最具代表性的思想与成就，做到了然于心，做到让优秀的文化传统真正成为全民族的共识与价值追求。而讲清楚"基本国情"，则是强调文明和文化总是在特定时空下创造的，讲清楚我们的历史传统与文化积淀是如何形塑了我们的民族性格，如何形成我们的文明特质，如何选择了我们的社会制度与道路。第四个"讲清楚"是对前面三个"讲清楚"的落实。要讲清楚中华民族选择了中国特色社会主义道路，是有其历史必然性的，是根植于我们的文化传统，当然也体现在近代的民族革命和社会主义建设的伟大实践以及新时代的新征程之中。站在历史的高度与现实的厚度上，将传统民本思想发扬为"以人民为中心"治国理政的根本理念，落实在国家总体发展战略之中，将人民对美好生活的向往作为一切工作的出发点与归宿点，从而将发扬传统文化优良基因与当代人民群众的主体性创造实践完美地结合起来，从而使我们的奋斗有目标，有基础，可持续。习近平曾对此深刻分析说："我国今天的国家治理体系，是在我国历史传承、文化传统、经济社会发展的基础上长期发展、渐进改进、内生性演化的结果。"①

　　本书是我从事华夏传播研究教学与科研 13 年的一次集结。文集文章包括我独自创作和我与指导的博士和硕士研究生一同创作的论文，所有的论文都已经正式发表过，在此感谢各学报期刊的大力支持与帮助，收录本书中的论文也做了一些必要的修订，请读者朋友批评指正。

谢清果 于厦门若水居

2019 年 6 月 26 日

---

① 习近平：《不断提高运用中国特色社会主义制度有效治理国家的能力》，《习近平谈治国理政》，北京：外文出版社，2014 年，第 105 页。

目　录

上篇　华夏传播学的多维考察

中西传播观念特质差异论纲

20 世纪 70 年代末开始，华夏传播研究开始兴起，也取得了相当进展。在当代反思传播主体性的思潮下，有必要深入剖析中西传播理论的差异。我们认为西方传播学重科学精神与方法，具有"理剖万物"的特质，但其经验学派研究重点侧重大众传播效果研究，缺乏价值与道德判断；批判学派侧重文化研究，却解构有余，建构不足。华夏传播理论则以仁兼济天下、具有"心传天下"的理论特质，为世界传播学增添一缕人文精神。为此，本文将从发展背景、思维方法、表达方式、研究重点、价值取向等各方面对中西传播理论进行对比研究，以期彰显华夏传播观念的中国风格。

引言

现今西方传播思想大行其道，并被广泛应用于我们的日常生活与社会实践活动。但是以中国悠久文明为背景的华夏传播理论却远未被广大受众认可与重视，甚至有部分文化虚无主义者认为华夏传播理论都是封建残余的过时理论，全盘否定中国古老传统文化的历史传承与当代价值。

许多学者在研究实践中越发体会到，传播学研究不能只依赖于西方人总结出的理论与方法。这些理论固然有其科学性与指导性，但是可能不完全适用于中国的传播实践。而在中国自身五千年的文明发展史中，有大量先人总结的传播观点和原理，亦有不计其数的传播事件和现象，这些丰富而极具价值的宝藏等待着我们去发掘、整理和提炼，并结合当今世界实践加以综合创新，打造富有中国气派的华夏传播理论。例如，儒家关于传播与政治、伦理、人际关系，传播的内容与形式及其相互关系，传者的修养，传播与反馈，传者与受传者等诸多方面的观点与论述。而道家的传播思想富有传播辩证论色彩，从老子中的"道可道，非常道；

名可名，非常名”①到庄子的“大道不称，大辩不言；言者在意，得意忘言”②，对传播符号与意义的关系进行了探索；“辩而不争、知言知默、与人善言、贵其所贵、接人用拙”③等则是对传播原则与技巧的探索。

扩而言之，政治传播方面呈现出从朴素的民意观到“民本”思想的发展；传播伦理方面讲究“信言不美，美言不信”④，对信息的真实性与受传者心理感受的关系做出了探索；“道听而途说，德之弃也”⑤，对谣言与公共舆论的传播机制进行考量；“挟贵而问，挟贤而问，挟长而问，挟有勋劳而问，挟故而问，皆所不答也”⑥，对传播秩序与人格平等问题有了新思考；人际传播方面有对“三纲”“五达道”等与和谐、诚信、平等传播的探索；内向传播方面关注“克己复礼”“以仁、义、礼、智、信为核心的五常”“中庸之道”“化性起伪”等思想；组织传播方面表现出对“仁而有序，仁礼同构”“仁者爱人”等对和谐有序组织传播的新探索；“慎言”“善言”等体现出对传播责任的强调；“众星拱辰”“风行草偃”为内容的风草论等思想正是对受众的深层次认识；儒家讲究“以仁释礼，情在理中”，强调“我欲仁，斯仁至矣”⑦，实际上提出了价值传播的“内化”模式；荀子又将人的认知活动分为两个阶段：“天官意物”和“心有征知”⑧，将人类传播与动物的体内传播加以区分，奠定了传播活动中“人”的主体地位。

经研究，我们认为西方传播学经验学派确有重视科学方法和实证主义的传统，而批判学派侧重文化研究，解构有余，建构不足，但总而言之，都彰显理性精神，故有“理剖万物”的特征；而中国传播观念则重人文主义，讲究仁义道德至上，故有“心传天下”的特征。现详细分析如下：

一、理剖万物：西方传播观念的特质

以大众传播效果理论为代表的西方传播理论，主要兴起于工业革命之后，是现代工业社会发展的成果，18世纪开始繁荣发展，19、20世纪更是结出累累理论硕果。尤其是第三次科技革命，这次革命给传播学的研究带来了翻天覆地的变化与源源不断的新血液。

---

① 《老子·第一章》。
② 《庄子·外物》。
③ 《荀子·非相》。
④ 《老子·第八十一章》。
⑤ 《论语·阳货》。
⑥ 《孟子·尽心上》。
⑦ 《论语·述而》。
⑧ 《荀子·解蔽》。

以西方传播学中曾经出现过几大最经典的传播理论，不管是起源于 20 世纪 40 年代的经典受众行为理论"使用与满足"，还是 20 世纪六七十年代对大众传播潜移默化的效果进行研究的"培养"理论，不管是 20 世纪 70 年代对大众传播与现实建构进行新探索的"框架"理论，还是 20 世纪 70 年代关于研究大众传播与信息社会中阶层分化之间关系的"知沟"理论，抑或提出于 20 世纪 70 年代，试图探索大众传播与环境认知间关系的"议程设置"理论，20 世纪 80 年代关于大众传播影响力认知倾向的理论"第三人效果"，以及对大众传播传播功能与效果进行新探索的"沉默的螺旋"。从以上这些理论中，我们可以发现几个特点：第一，这些理论大部分诞生于第三次科技革命之后，以新科技带来的传播方式的变化与影响作为主要方向。第二，这些理论的探索过程与研究方式，大部分都极具实证性，采用科学的实验或方法对问题进行验证考察，且对象明确，目的性极强。第三，研究对象方面，以大众传播的影响及其与社会、受众的互动为主，注重探究媒介与人和社会的关系。

在西方传播学界，除了传统的实证主义学派，起源于欧洲、萌芽于 20 世纪 60 年代、80 年代成为传播学主流之一的批判学派同样不可忽视。这种学派不同于美国的实证分析与经验研究的派别立场，坚持以批判观的方法进行研究。批判学派又主要分为几大流派，分别是集中于对商业化体制下文化工业及大众文化的批评，剖析和批判西方传播媒介的垄断化和"霸权主义"本质的法兰克福学派，着重分析西方垄断传播体制的经济结构和市场经济运行过程的政治经济学派，着力研究意识形态表达方式的意识形态学派，着重研究大众传播在社会及文化过程中所扮演的角色的社会文化学派，着重研究男性统治束缚对女性传播的方式、女性传播形式的力量的女权主义学派。

批判学派与经验主义传播学派确实存在一些不同之处，除了方法上侧重面不同外，在研究视角上也存在较多的差异。经验主义传播学较多地是从具体问题出发，较为微观地分析各种因素如何构成某种结果，而批判学派则一般是从宏观、中观角度分析问题。但是双方不论在方法还是角度上，仍然是互通的。英国不少传播学者，观点上属于批判学派，研究方法上则采用了相当多的经验主义的做法；美国当代传播学研究中，也越来越多地渗入了批判学派的研究方法。

所以从某种程度上来说，现今的西方传播是经验学派与批判学派相互渗透，共同作用的，但是诸多西方经典传播理论仍是在 20 世纪中期兴起并迅速发展的实证主义理论，可见实证主义仍是西方传播最显著的特征。经验学派确有重视科学方法和实证主义的传统，而批判学派侧重文化研究，解构有余，建构不足，但总而言之，都彰显理性精神，所以在此篇文章中，本文将西方传播理论的特征简要地概括为"理剖万物"，即用科学、实证性的方法探索传播、社会与人的互动与规律。

（一）"理"：西方传播理论的科学追问

1. 思维方法：注重科学实证与理论反思

西方传播理论主要分为经验学派、批判学派两大学派，在思维与研究方法方面，经验学派在方法上坚持经验性的实证研究立场，在方向上坚持实用主义的研究目的，该学派多从行为主义角度进行研究，在研究中注重经验材料和实证考察，重视问卷调查、数字分析、试验对比与控制，总体上倾向于科学实证。而批判学派一般是从宏观、中观角度分析问题，主要针对资本主义传播业中的缺陷，提出深刻和尖锐的批判，注重理论反思与现实批判，倾向于人文学科。

2. 理性至上：注重科学与实践性

与西方盛行的理性主义、经验主义思潮相对应，在科学研究与日常生活中，西方普遍认为人的理性可以作为知识来源的理论基础，且高于并独立于感官感知。理性能够识别、判断、评估实际理由以及使人的行为符合特定目的，另一方面，理性更可以通过论点与具有说服力的论据发现真理，通过符合逻辑的推理而非依靠表象而获得结论。

所以西方传播理论的研究，大部分都是基于以上两个思潮与根本立场，十分注重实践性，且每个研究都带有明确的目的，强调从认知、态度到行为的层层推进，注重细节与层次。

3. 研究重点：重视传播效果与传播技巧

在北美人的生活与思维习惯中，他们重视交流结果，强调直接交流，以传者为中心、语言编码区别不大。[①]与西方固定的思维习惯相对应，所以在西方传播理论的研究中，一直非常重视传播效果与传播技巧方面的研究，如以沉默的螺旋、议程设置、拟态环境、培养、第三人效果、知沟等为代表的大众传播效果理论。且研究前期一度强调以传者为中心，包括应用甚广的使用与满足理论，甚至有一些过于偏激的传播效果理论，如魔弹论等。

（二）"剖"：西方传播理论的问题意识

1. 注重探索规律

有关西方传播理论的大部分研究多为有明确目的的、针对性的研究，注重探索

---

① 周伟业：《东方范式：华夏传播理论的内涵、特征与价值》，《南京政治学院学报》2010 年第 5 期。

媒介与人和社会之间关系的本质规律。尤其是后期的主流传播学派，它们多对传播进行多种定义与研究，不仅仅把其看作信息传输和交换的过程，同时也看作人类的一种社会实践活动，从而使相关传播学研究具有了更广泛的社会意义。

传播政治经济学的创始人斯迈思认为，应该关注宏观的传播与社会的关系，即关注传播作为一种经济力量对社会的影响以及社会政治、经济权力机构对传播活动的作用，强调以一种"历史的""制度的"方法来研究传播现象，探索其中最本质的现象与规律。[①]

2. 研究方法多为科学实证方法

西方传播研究大多运用数学、心理学、社会学等多种学科与研究方法，包括测量、统计、心理测验、社会实验、民意测验等多种方法皆被运用到其研究当中。如 20 世纪 70 年代总统选举期间，为了说明媒介在建构公众话题方面的作用，传播学家就媒介的选举报道对选民的影响做了一项社会调查，最终调查结果的总结与提升，即成了经典大众传播理论——议程设置理论，这就是社会学学科相关理论与方法在传播领域成功的一个案例。

3. 表达方式多为学术性的理论与模式

与西方追求简约的生活与思维习惯相对应，西方传播理论最终成果的表达方式大多为学术化的书面形式，最终概括为一个个基本概念和理论命题，大多为标准的理论与模式。[②] 以传播模式为例，传播模式即是指研究传播过程、性质、效果的公式。模式研究在传播学领域中占有重要的地位，专家学者们的研究活动，往往都是在传播模式的基础上展开。这些模式，既是对复杂的传播现象、过程和环节的高度概括和抽象，也给予了人们了解、认识，进而深入研究传播学以极大的启迪。传播学研究中使用模式方法建构的传播模式，实际上就是科学地、抽象地在理论上把握传播的基本结构与过程，描述其中的要素、环节及相关变量的关系。

20 世纪 20 年代以来，西方传播学研究中出现了反映不同观点和不同研究方法的多种模式，但没有一个被普遍接受的模式。早期多为单向线性模式，50 年代以来普遍强调传播是双向循环过程。具有代表性的传播模式有："5W"模式、香农 – 韦弗模式、两级传播模式、施拉姆模式、德弗勒模式、韦斯特利 – 麦克莱恩模式、波纹中心模式等。[③]

---

① 刘晓红：《西方传播政治经济学的发展》，《当代传播》2004 年第 1 期。

② 周伟业：《东方范式：华夏传播理论的内涵、特征与价值》，《南京政治学院学报》，2010 年第 5 期。

③ （英）麦奎尔（Mcquail, D.），（瑞典）温德尔（Windahl, S.）：《大众传播模式论》，祝建华、武伟译，上海：上海译文出版社，1987 年。

（三）"万物"：注重传播效果的控制

西方传播理论在价值取向方面，注重研究媒介与人及社会的关系。一般而言，北美人之间的交往大多遵循客观交往原则，人际传播之间的差异性、区别性相对弱一些。所以西方传播理论在价值取向方面，更侧重于研究媒介与人及社会的关系，强调他们之间的良性互动，总体取向是通过媒介生态的改造来改良社会生态、文化生态。

西方传播学的两大学派在研究重点方面都是侧重媒介与社会的关系。经验学派受到实用主义哲学影响，希望发挥媒介正面效果，避免媒介负面影响，通过管理、控制媒介达到调控社会、引导人们行为的目的，而关于媒介与社会的传播控制问题，经验学派关注的核心是如何控制、在多大程度上控制。[1] 与经验学派不同，批判学派注重对社会现状的理论反思与剖析，总体上否认社会的合理性，着重于彻底的革命，在媒介与社会的控制问题方面，批判学派更关注，谁在控制、为什么存在控制、为了谁的利益控制等问题。[2]

（四）主要适用于媒介社会

西方传播思想的两大学派，经验学派和批判学派的崛起都与大众传媒兴起密切相连，我们甚至可以说，没有大众传媒的兴起与发展，媒介效果研究、媒介控制研究、媒介批判研究等相关研究就没有用武之地。所以西方传播理论主要是工业社会与媒介发展的成果，其理论与模式也主要适用于现代媒介社会，对现代社会的媒介传播、组织传播具有较好的解释力。

二、心传天下：华夏传播理论的特质

以儒道佛学说为核心内容的华夏传播理论主要是诞生于我国几千年封建社会的背景下，它聚合了源远流长的中华文化基因，拥有复杂又独特的汉文化传播语境，并且随着我国封建社会数千年的发展，而不断丰富完善。

华夏传播理论是与西方以实证主义、理性思维为主导的系统性的传播理论完全不同的另外一种体系。这个体系带有浓重的中华色彩，以"天下"这个特有字眼为例，说明其具有强烈的中国独有特色。另一方面，它非常注重传播各个环节的和谐共通，注重受众的心灵共鸣。

简而言之，这个体系不像西方学术性的传播理论体系那样，具有极强的系统

---

① 周伟业：《东方范式：华夏传播理论的内涵、特征与价值》，《南京政治学院学报》2010 年第 5 期。

② 同上第 113 页。

性与实践性。该传播理论是看似零散却又自成体系的；看似虚无却又无处不在；看似晦涩却又适用于各种日常实践；看似简单却又博大精深的一种非常精妙的理论。以下我们就对华夏传播理论"心传天下"这一理论内核进行详细分析。

（一）"心"：华夏传播理论的人文气质

1. 思维与研究方法方面，多为生活经验升华的哲理反思

华夏传播理论更多的是在总结人们生活经验的基础上产生的一种哲理反思。如我国的成语、谚语及相关理论，许多都是广大民众在日常生活中总结出的结论与升华。与西方传播理论不同，华夏传播理论的成果既不是来源于严谨的科学实证与数据分析，也不是来源于社会实验与民意测验等，更不是来源于对社会文化的批判，而是在总结人们生活经验的基础上升华的一种哲学。[①]

如果说经验学派是科学思维的典范，批判学派是批判思维的代表。那么华夏传播理论就是社会生活智慧的结晶。如许多有关传播的成语、谚语都是民间集体创造、广为口传、言简意赅并较为定型的艺术语句，其反映的内容涉及传播领域的各个方面，是民众丰富智慧和普遍经验的规律性总结。

2. 强调和谐传播，引起受众的心灵共鸣

华夏传播理论的核心即是强调和谐传播，提出了一系列和谐传播的理念，包括人与自身的内部身心和谐（"三省吾身求心和"）、人与人的和谐（"为仁由己"）、人与社会的和谐（"克己复礼"）、国家与国家的和谐（"协和万邦"）、人与自然的和谐（"天人合一"）等多种层次。"和谐"这一词体现了中国传统文化的内在精神和显著特征，也由此成为中国传统文化核心的概念之一，更成为传播、交流的终极目标。[②]

此外，华夏传播理论对受众与传播内容之间的关系与互动尤为重视，注重通过传播手段与内容的调整引起受众的心灵共鸣，达到一种共鸣共通、天人合一的理想境界，如儒家的"内圣外王""修身齐家治国平天下"等理论都是在内外结合、层层推进等情况下促进受众理想状态的实现。

3. 重视传播过程

从东亚的整个社会环境与生活习惯来看，另一方面，也与中国几千年封建社会的历史背景相对应，与西方人重视传播结果恰好相反，东亚人则更加重视交流过程，在传播过程中强调间接交流，许多相关传播理论皆是以受者为中心，并且

---

① 周伟业：《东方范式：华夏传播理论的内涵、特征与价值》，《南京政治学院学报》2010年第5期。

② 陈雪军：《论儒家的和谐传播理论》，《浙江传媒学院学报》2013年第1期。

依据对象使用不同的语言编码。①

与之相对应，华夏传播理论在研究方向上，侧重于对传播过程的探索，如儒、道、法几大学派都极重视传播技巧的使用与分析。另一方面，华夏传播理论的总体取向是通过人际关系的协调来实现社会关系的优化。如儒家的核心思想即是通过人际传播与人内传播、组织传播的相互协调，最终达到"天人合一"的"太平和合"境界。

（二）"传"：注重传播过程的生活化

1. 并非刻意探索规律，而是随着历史变迁演化而成

华夏传播理论大多为宏观视角的研究，通过对各种名人事迹与时代大事发展历程的探索，相关理论在多年历史文化进程与社会发展中慢慢演化，反映了不同朝代的政治、历史、文化特征与发展趋势。

另一方面，与西方传播理论的目的性研究不同，华夏传播理论中的许多核心成果都不是刻意地对传播领域进行探索，而是一些文学或哲学领域的大家在国家、人民的日常生活及运作方面，进行文化、道德及更高层面的探索与研究的成果总结。这些理论在诸多领域将人与人之间的伦理关系做出总结与提升，并将之运用到政治实践中，而这些智慧结晶经历数千年的丰富与完善，到了现代社会即被延伸为众多经典传播理论。

2. 表达方式多为经验式的总结，便于传播

在最终理论成果的表达方面，华夏传播理论更多地表现为一种经验式的总结，最终凝聚为含蓄优美的语词、文章与格言式的谚语、俗语等，如儒家理论精华凝结而成的十三经——《论语》《孟子》《诗经》《尚书》《仪礼》《乐经》《周易》《春秋》《周礼》《礼记》《春秋公羊传》，《春秋谷梁传》《尔雅》，文辞优美而又饱富内涵，且相关文献书籍资料较好保存，利于向后世传播。

而另一种表达方式——成语、谚语，则生动而鲜明，简练形象，多数反映了劳动人民的生活实践经验，而且一般都是经过口头传下来的，口语性强，通俗易懂，便于传播。另一方面，这些成语、谚语一般都表达一个完整的意思，信息量大，更加利于传播。

（三）"天下"：华夏传播理论的价值追求

如果说西方传播理论的主要研究对象是"万物"，而我们的华夏传播理论则是

---

① 周伟业：《东方范式：华夏传播理论的内涵、特征与价值》，《南京政治学院学报》2010年第5期。

侧重于研究"天下","天下"有以下四个层面的含义：

第一，天下是由人构成的。

第二，天下是整个中国层面的统治。

第三，中国人自古以来一向崇尚"天下"观念，甚至超过"国家"这一概念。

第四，新时期我们更需要将华夏传播理论发扬光大，推向世界。

1. 价值取向方面，注重研究人际关系

华夏传播理论侧重于人际关系的研究，如在儒家、道家、佛家几大学派的理论体系中，人际传播都是非常重要的一大部分。这也许与我们的文化根源有关，西方人注重个人与个性，而东亚人注重人际关系与社会关系。

华夏传播理论强调个人传播、人际传播与组织传播的关系与演进。在儒家文化影响下，华夏传播理论特别重视人际传播，儒家思想的核心价值——仁、义、礼、智、信等伦理原则既是个人修身的纲领，也是人际传播、人际交往的原则。而且儒家文化还将人际传播的原则推广、扩大到组织传播领域。在中国人眼里，国就是家，家就是国，适用于人际传播的理论同样适用于国家内部管理与国家之间的交往。如三纲五常、五达道、仁礼同构等核心原则都是适用于人际传播与组织传播多方面的。将组织视为家庭，将组织传播人际化、亲情化，也成为华夏传播理论的一个重要特征。①

2. 研究的最终目的是天下"大同"，达到和谐

西方传播理论的研究重点主要是媒介与社会的关系，最终目的也是通过媒介生态的改造来改良社会生态、文化生态。而华夏传播理论则侧重于研究人际关系，以儒家为代表，其追求的是融"成己成人成物"为一体的德性价值，注重的是个人对于他人的道德义务以及个人与国家整体价值的共同实现。总之，华夏传播理论的总体取向是通过人际关系的协调来实现社会关系的优化，最终通过传播活动构建一个内心和谐、人际和睦、天人合一的和谐人生、和谐社会、和谐宇宙。

所以从某种程度上说，华夏传播理论所追求的"天下"是一个与人际传播、组织传播、国际传播都完全不同的层次，它超越了个人、社会甚至国别，试图达到一个理想中的宇宙和谐状态。

3. "天下"情怀是维护社会治理、安定天下的武器

以儒道佛为代表的华夏传播理论在古代主要是作为统治者维护统治，安定天下的武器，在思想方面巩固统治秩序，建立社会伦理规范，约束人民。

---

① 周伟业：《东方范式：华夏传播理论的内涵、特征与价值》，《南京政治学院学报》2010 年第 5 期。

以儒家为例，自汉代开始"罢黜百家，独尊儒术"之后，它逐渐成为中国古代最有影响的学派。基于"家国合一"的价值追求，儒家关于政治传播，主张要建立以"道"为导引、以"德"为贯通、以"仁"为内核、以"礼"为框架，融个人、国家、天下为一体的道德和政治的共同体。①

如孔子提出的"大同小康"，孟子的"王道仁政"，《中庸》的"道并行而不悖，万物并育而不相害"，荀子的"一天下"等观点都体现了儒家对于政治的共同追求。而就政治的价值目标而言，以孔子的"正名"思想为标志，儒者主张政治行为应该体现为"正其不正以归于正"，即对社会层级以及基于不同社会层级的权利与义务的肯定与认可。儒家认为政治的价值理想体现为，成就个体的完美人格，并体现兼济天下的价值承担，修己成己、成人成物、化成天下。在政治关系的价值定位方面，儒者主张民贵君轻、君臣有义，并提出了系统的为君为臣之道。最后，关于政治行为中的价值选择问题，儒者尊崇"尊王贱霸""义以制利"和以公为先的价值原则。②

以我国古代社会中的许多思潮与古代思维习惯为例，如传统的责任思想、节制思想和忠孝思想，这些都是儒家思想与我国古代封建专制统治结合的结果。

4.源远流长的"天下"观念具有世界传播责任的胸怀

中国人自古以来就有着一种特有的"天下"观念，这种传统的"天下"观念的地位甚至超过了"国家"观念。

首先从"天下"的概念说起，从儒家传统价值观来说，"天下"不是所谓的以领土国界来划分的某个国家，而是代表一种社会伦理文化和传统纲常，也代表沿袭下来的政治统治、社会秩序的合理性和正当性，概括来说，是"国"与社会（政治实体与意识形态）的和谐统一。儒家"天下为公"的"大同"社会，将个体意识、群己形态、国家观念和谐统一在内，显示了儒家对于人类社会的理想。而"修身、齐家、治国、平天下"的"治道设计"，也可见"天下"追求公共幸福的公共性、超越性的价值特征。③

其次，"天下"更是儒家社会责任观念的关键词。儒家"以天下为己任"的这一社会责任观，贯彻了近现代以来救国存亡的历史任务，被具体化为"天下兴亡，匹夫有责"。其强大的历史责任指向，也体现了中国人特有的社会责任观，成为指

---

① 荆雨、魏书胜：《先秦儒家"道德的政治"之价值理想及其当代意义》，《政治学研究》2013年第5期。

② 吴建国：《先秦儒家政治哲学研究》，博士学位论文，湖南师范大学，2014年，第85—88页。

③ 何静：《核心价值观"爱国"之社会责任——兼论儒家"天下"责任观的现代转化》，《学术探索》2015年第10期。

导中国近现代社会和青年人行为的重要精神资源。

在不同的时代，"天下"体现了特定的不同使命。那么，在我国现实的语境中，"天下"又将重新定义，与社会主义核心价值观相结合，从而体现"天下"的价值，提供社会发展的意义指引。①

三、华夏传播理论的走出去战略

与西方传播理论产生并适用于工业文明发展的现代媒介社会不同，华夏传播理论诞生于我国几千年的封建社会历史进程，侧重于人际关系与社会关系的研究，与媒介形态与制度关系不大。

所以华夏传播理论对于人际传播、人内传播等具有较好的解释力，且其适用范围更为广泛，其中极具普适意义的基本理念与原则既适用于现代媒介社会，也适用于前媒介社会，可以说对众多社会形态都有普遍适用性。

（一）华夏传播理论具有"走出去"的扩散性

华夏传播理论由"地域文化"走向"主流文化"的过程是其"走向世界"的最初的步骤，它所具有的"地域性""特殊性"与"世界性""普遍性"的二重品格，揭示了其走向世界的必然性与可能性。吴予敏曾在《无形的网络》一书中，提出关于中国传统文化"身—家—国—天下"同心圆式的传播结构，认为该结构信息内敛的矢量特征，势必造成文化上的强大内聚力，这一强大的内聚力更是促进华夏传播理论在我国的根深蒂固与繁盛发展。而这一顽固的同心圆结构有一个"自我中心"，所以华夏传播理论在认知习惯上更趋向于同化对象，这种强大的同化性与凝聚力有利于促进华夏传播理论走向世界，吸引更多的不同民族与国家。但是另一方面，华夏传播理论这种强大的同化性，对于任何事物都采取同化统一的态度，而非顺应对象，很难以一种自由开放的容纳态度来应付外部世界。②

（二）华夏传播理论具有利于世界和谐的普世性

中国文化博大精深，源远流长。华夏传播理论历经了两千多年的发展与延续，其思想内容丰富，文化底蕴深厚，对汉民族的生活、思维、语言等方面等产生了巨大影响，成为中国传统文化的精髓。后经跨文化传播，在亚洲形成华夏文化圈，成为东方文化的代表；又因与西方文明的冲突和碰撞而不断融合，成为世界思想

---

① 何静：《核心价值观"爱国"之社会责任——兼论儒家"天下"责任观的现代转化》，《学术探索》2015 年第 10 期。

② 吴予敏：《无形的网络》，北京：国际文化出版公司，1988 年，第 209—213 页。

史与文化史上最具影响力的三大文化之一。在当今世界文化多元化发展的时代，通过各种途径传播华夏文化至关重要。[①]

华夏传播理论是一种富有人文精神和人文哲学的文化体系，它包含许多普遍意义与原则，其核心价值观可以说是真正具有普世价值的观念。尤其是华夏传播理论的"和""仁""中庸"等思想，这些都是对西方社会甚至整个世界具有普世性意义的法则。尤其是其核心"和谐"，西方最应该学习的即在于此，推广这一思想，对于当今利益纷争不断、信仰危机频出的世界有明显的普世意义。[②]

（三）华夏传播理论以"和谐"为核心，安人利他，抑制文化霸权主义

华夏传播理论是"和"文化，其思想核心就是"和谐"。当今世界正处于全球化迅速发展，多种文化交流共存的时代，但是与此相伴随的是西方的文化霸权主义。我国加入WTO后，融入全球化的进程迅速加快，华夏传播理论是我国抵挡文化霸权，促进自身软实力增强的重要武器。

华夏传播理论饱含中国文化的优良主流基因，也是中国与全世界对话的桥梁。实现华夏传播理论的对外传播，一方面可使国人更加清楚优秀传统文化的意义与价值，提升文化自觉和自信；另一方面，有利于提高中国文化软实力，增强中国在国际舞台上的话语权和影响力，提升国际地位，树立国家形象。[③]

首先，儒家以"和"为核心的人文精神，能够和西方人文精神中的精华有机地结合起来，共同解决经济全球化下的人文困扰。"以和为贵""己所不欲勿施于人""中庸之道"，对这些观念的深入诠释正可以有效地缓解当今的文化霸权主义。

其次，推广华夏传播理论中人类社会道德的基本原则，"仁爱忠恕"之道。这一理念与当代文化多样性的理念和宽容精神相结合，可以促进中华文明与世界文明的交流。

（四）促进和谐的国际传播关系的发展

在华夏传播理论中，以儒家为例，儒家的目标是大同社会，亲邻柔远，天下一家，永远太平是其终极追求。《书尧典》中的"协和万邦"是其所倡导的国际关系的理想境界。首先，华夏传播理论主张国与国的交往中应奉行"讲信修睦""以邻为善"的原则，反对一切欺诈行为；其次，它主张树立"和而不同"的国与国

① 蒋平福：《儒家文化传播与对外汉语教学研究》，硕士学位论文，陕西师范大学，2013年，第1页。

② 罗公利、李玉良：《试论儒家思想的对外传播》，《齐鲁学刊》2010年第6期。

③ 周晓：《全球化视域下儒家文明的对外传播困境》，《中共济南市委党校学报》2015年第1期。

交往观念；第三，在国际关系上主张以德服人，用文明的力量感化；第四，主张以互利的原则进行国际交往；最后，它主张国际交往中要相互尊重和讲究诚信。[1]

（五）响应"和谐世界"的号召

2011年10月18日，党的十七届六中全会通过的《关于深化文化体制改革推动社会主义文化大发展大繁荣若干重大问题的决定》提出"文化走出去"战略，指出要推动中华文化走向世界。现今随着中国国际交往的日益增多，中国领导人在许多国际场合反复阐述过"和为贵"和"和而不同"的中国传统思想，又提出构建"和谐世界"的主张，在国际上产生了越来越大的影响。和谐的社会、和谐的世界，是人类的共同追求。中国建立在儒家"和而不同"思想基础上的"和谐世界"概念的提出，是对国际关系理论的一大贡献。

（六）华夏传播理论利于跨文化传播

绵延五千年的中华文明史，创造了被各文化体系普遍公认的文化价值观：华夏传播理论，它集中体现了我们中国五千年的文化思想与内涵，融政治、道德教育、传播为一体。这种理论体系不仅在世界观、人生观、价值观上启发中国人的思维方式，更可以通过跨文化传播的方式启示全人类。

英国著名的哲学家汤因比在《历史研究》中指出："中国从公元前221年以来，几乎在所有时代，都成为影响半个世界的中心。恐怕可以说正是中国肩负着不止给半个世界而且给整个世界带来政治统一与和平的命运。"[2]

华夏传播理论正以厚重的历史底蕴和重要的角色参与着中外文化的跨文化传播。但是在传播我们自身理论的同时，也要始终坚持尊重文化差异性。[3]在比较相互的价值体系时，以包容的心态循序渐进地进行传播，因为外来思想只有适应输入国思想，并适当调整，才可以在该国发生作用，如此跨文化传播的文化才能得以与输入国文化和谐融合。

（七）华夏传播理论走出去的建议与对策

总之，华夏传播理论当前在对外传播中，面临着许多问题，诸如理论本身的相关特性、缺乏系统的对外文化传播战略、缺乏对西方文化的深入了解、文化帝

---

① 赵振宇：《和而不同：全球化时代的中西方文化传播》，《传播文化》2004年第2期。
② （日）池田大作、[英]阿诺德·J. 汤因比著，荀春生、朱继征、陈国梁译：《展望21世纪——汤因比与池田大作对话录》，北京：国际文化出版公司，1985年，第289页。
③ 赵振宇：《和而不同：全球化时代的中西方文化传播》，《传播文化》2004年第2期。

国主义长期威胁、缺少强大硬实力支撑、网络传播媒体飞速发展等挑战。

因此，在华夏文化的传播过程中，必须优化传播内容，突出理论精髓，去除宗教迷信糟粕，大力宣扬其思想的普世意义和现代价值。

与此同时，尽快实施切合实际的思想传播战略，即构建国家文化传播战略体系，优化华夏思想传播内容、创新华夏思想传播体制，培育传播人才、讲究华夏思想传播策略，推进华夏思想传播主体与渠道多元化，提高华夏思想网络传播水平。①

（谢清果 祁菲菲）

---

① 张丽平：《论华夏文明的网络传播》，硕士学位论文，华中科技大学，2005年，第42—44页。

华夏传播理论的内涵、特征及其未来展望

华夏传播理论具有"心传天下"的特质，以仁兼济天下为指归，为中国传播学增添一缕人文精神。为深入阐扬华夏传播理论的核心特质，我们先从儒道佛思想与传统文化中的成语入手，然后着重从内向传播、人际传播、组织传播三个维度出发，力图勾勒出华夏传播理论的主要内涵，进而总结出其主要特征，最后基于历史与现实考量，提出拓展华夏传播理论的相关建议与对策。

引言

研究问题源起当前传播学界的焦虑，那就是中国亟须有中国自己的传播理论来回应中国社会问题。虽然现今的中国政治、经济飞速发展，整体社会发展水平迅速提高，但是文化软实力却没有跟上经济社会发展的步伐，甚至有部分文化虚无主义者全盘否定自身的传统文化与当代价值。当今世界经济全球化日益迅猛，国与国之间的联系空前加强，文化霸权主义横行，所以努力发展自身文化、提升文化软实力迫在眉睫。对此，中国传播学界不但不能缺席，而且应当积极发展"华夏传播理论"，打造出传播学"中华学派"，从而为中华民族的伟大复兴贡献中华传播学的智慧。

在中国自身五千年的文明发展史中，有大量先贤总结的传播观点和原理，亦有不计其数的传播事件和现象，这些丰富而极具价值的宝藏等待着我们去发掘、整理和提炼。我们要努力继承发扬这些有价值的文化宝藏，并结合当今世界实践与中国的具体社会现状，加以综合创新，打造富有中国气派的华夏传播理论，进而以华夏传播理论作指导，更好地指导中国的传播实践。华夏传播理论诞生于我国几千年传统社会的背景下，聚合了源远流长的中华文化基因，拥有复杂又独特的多民族文化传播语境，并且随着我国社会发展，而不断丰富完善。这种理论体系与西方以实证主义、理性思维为主导的系统性传播理论完全不同，以仁兼济天

下，具有"心传天下"的理论特质，并且带有浓重的中华色彩。

在思维与研究方法方面，华夏传播理论多为生活经验升华的哲理反思，而且非常注重传播各个环节的和谐共通，注重受众的心灵共鸣，重视传播过程。另一方面，华夏传播理论并非刻意探索规律，而是随着历史变迁演化而成，其表达方式也多为经验式的总结，利于迅速传播。总之，华夏传播理论不像西方学术性的传播理论体系那样具有极强的系统性与实践性，与之相反，该传播理论是看似零散却又自成体系的；看似虚无却又无处不在；看似晦涩却又适用于各种日常实践；看似简单却又蕴藏着博大精深的一整套非常精妙的理论体系，只不过，还缺乏发现她的一双双慧眼。

为此，我们从有关华夏传播理论的内容着手，以儒、道、佛三家学派作为主着力点，再加上传统文化中的成语、谚语等内容，分别从人际传播、人内传播、组织传播等维度，对华夏传播理论的主体进行总体梳理与详细分析，在此基础上，对华夏传播理论的整体体系与特征进行概括总结。

一、华夏传播理论的核心内容

华夏传播理论，又称华夏传播学，是在对中国传统文化与文化传统中的传播活动和传播观念进行发掘、整理、研究和扬弃的基础上建构起来的能够阐释和推进中华文明可持续发展的传播机制、规律和思想方法的学说，亦是立足中国历史与现实，能够解释中华文明传播现象，解决中国社会传播问题，运用中华术语建构起来的具有中国风格、中国气派的理论体系。

（一）传统文化中的成语、谚语等透露出的传播智慧

在古老的华夏文明体系里，除了已经自成体系的成熟的各学派理论之外，我们还有许多民间智慧的结晶：如成语、谚语、俗语等，这些理论更加能代表古老中国在传播方面的领悟与智慧。在此我们仅列举部分有代表性的例子作为切入点概略地进行分析论证。

1. 人心叵测：内向传播的复杂性与人际传播的负外部性

"人心叵测"，即每个人的内心都是难以捉摸且可能极具危险性的，这个词语充分表达出了内向传播的复杂性，内向传播作为一种个人内部"主我"与"客我"的交流与过程，与他人的联系本就不太紧密，又因为每个人在思考与处理事情时，着力点与思考方向是完全不同的，种种主客观因素的累加愈加造成了内向传播的复杂性。

另一方面，"人心叵测"还揭示了人际传播的负外部性，因为内向传播是个人

在人体内部（主要是人的意识世界中）进行信息处理的一系列过程，所以对他人而言，仅从人类的共识来理解往往存在解码上的难度。具体说来，自我的编码不一定能被他人恰当地解码，很容易造成解码错误，从而加大了这种传播难度，埋下了误解乃至冲突的根源。可见，"人心叵测""知人知面不知心"等表述中蕴藏着内向传播复杂性的认知，甚至衍生出人际沟通的许多负面印象。

2. 心有灵犀一点通：内向传播的共同性与人际传播的特殊规律

与上面的"人心叵测"相对应，还有另外一种传播现象："心有灵犀一点通"，这个词语又揭示了内向传播的共同性，即个人内部的信息处理活动也是可以被他人恰当地解码并加以传播的。另一方面，这个词语还暗示了人际传播中的一种特殊规律，即心照不宣，心领神会，这种特殊的传播形式可以脱离一般传播要素的束缚，转而以相同或相似的人类经历和先前的沟通交流形成的对彼此行为方式的深切感知，加之相应的认知能力和价值认同作为前提条件，从而实现在某种条件下的非言语沟通。

当然，这类成语只是中华优秀传统文化的冰山一隅，值得我们去发现与探索的传播智慧还数不胜数，这些都需要我们对华夏文明进行深层次、多维度的学习与探索。

（二）重视伦理关系，仁礼同构的儒家

儒家主张修身养性，齐家治国，注重秩序和人与人之间的伦理关系，仁礼同构，并坚持奉行中庸之道。它维护"礼治"，提倡"德治"，重视"人治"。以"仁"为核心，和谐沟通思想贯穿其中。

儒家重视人际传播，人际传播甚至为其思想核心所在，同时在组织传播与内向传播方面也有较多贡献。人际传播方面，形成了注重规范、和谐与责任的成熟传播体系，内向传播方面，重视人的自身修养，强调个人内部的和谐与"中庸"之道，组织传播方面仍是以"仁礼同构"为中心思想，强调秩序与和谐共行。

1. 和谐与规范并行，注重责任和诚信的儒家人际传播

（1）三纲：强调表率性与责任的人际传播

三纲五常是中国儒家伦理文化中的重要思想，最早源于孔子。"三纲"的主要内容是君为臣纲，父为子纲，夫为妻纲。这一思想如今普遍被认为是古代封建君权社会的文化产物，已不适用于人权平等的现代社会。但是在现代社会中，我们完全可对这一思想做出全新的阐释，"纲"者，表率也。所以我们可把"三纲"延伸为：君主理应成为臣下的表率，父亲理应成为儿子的表率，丈夫理应成为妻子的表率。根据这种现代意义的延伸与理解，我们可以得出结论：身处某种位置，

就要承担相应的责任。从古至今，儒家这一基本的伦理思想对塑造表率性的人际传播关系，促进人际传播中的责任培养起到重要作用。

（2）五达道：强调规范的人际传播

五达道主要是运用中庸之道调节天下通行的五种基本人际关系，即君臣、父子、夫妻、兄弟以及朋友之间的交往。到了现代社会，将君臣关系视为上下级关系，这五种人际关系仍然是现代社会的基本传播脉络，我们可以以"五达道"为传播范本，对日常的多种人际关系进行梳理分类，找准自己在五种基本人际关系中各自的准确定位，恰当地把握并且正确处理这五种人际关系，促进规范的人际传播关系的建立，最终达到太平和合的理想境界。

（3）诚信：人际传播的基础

儒家伦理重诚信。孔子一向非常重视"信"的价值，并且将"信"列为个人、社会发展中的一个重要类目。孔子说，"人而无信，不知其可也"①，他将"信"看作个人建功立业的前提条件；还说"言必信，行必果"②，将"信"看作个人待人处事中不可缺少的品德。直至今日，诚信都是一切人际沟通顺利进行的基础。

（4）和谐传播：整体和谐、群体和谐与道德和谐的人际传播

孔子说："君子和而不同，小人同而不和。"③"和"与"同"是我们对待日常人际关系的两种基本取向。但是什么才是真正的和谐呢？真正的和谐不是没有分歧、没有原则的纯粹相同，而是各种不同的意见通过交流、讨论、融合之后形成的新的均衡状态，这种和气是尊重不同的"和"，即"和而不同"。

儒家的和谐内涵主要包括三个层面：

儒家和谐的第一层面超出了西方普遍意义上的组织、人际、人内传播领域，从一个更为整体宏观的视角对"和谐"进行考察，即注重人与自然、人与宇宙万物的整体性和谐。在这一领域，较为典型的有我们最为熟知的"天人合一""万物一体"思想；第二层次则偏重于人际传播领域，主要强调人与社会、人与人的群体和谐。《尚书·尧典》中"百姓昭明，协和万邦"的主张，其实描述的就是古代以国家、族群为主体，进而达到它们之间的一种和谐状态。而《周易·乾卦·象辞》所说的"保合大和……万国咸宁"，文中提到的"太和"也是作者认知中群体和谐的理想境界；第三层次则对应于现今的人内传播领域，强调个体的身心和谐。④

---

① 金良年：《论语译注》，上海：上海书店出版社，2001年，第13页。
② 金良年：《论语译注》，上海：上海书店出版社，2001年，第115页。
③ 金良年：《论语译注》，上海：上海书店出版社，2001年，第116页
④ 楚天舒：《儒家文化传播与和谐文化的构建》，硕士学位论文，东北师范大学，2009年，第5、6页。

综上所述，儒家文化的和谐观，其实是整体和谐、群体和谐与道德和谐辩证统一的和谐观，它是以尊重"不同"为前提，以"仁"为核心价值观照，以"和"为目标，同时也将"和"视为方法途径，以义、礼、智、信、忠、孝、廉、耻等范畴为主要着力点的道德人文主义思想体系。①

（5）己所不欲勿施于人：尊重他人，平等待人的人际传播

孔子曰："己所不欲，勿施于人。"②自己不愿承受的事切莫强加在别人身上。人应当以对待自身的行为为参照物来对待他人，这是对他人的一种基本尊重，也是平等待人的基本修养。在日常生活中，我们除了关注自身想法，也要注意他人的存在，人与人之间是对等的，切勿将自己的意志强加于他人。这也是人际传播中处理人际关系的一大重要原则。

2. 仁礼同构、仁者爱人的儒家组织传播思想

（1）仁而有序，仁礼同构：注重秩序的组织传播

儒家在组织传播方面，强调"仁而有序"，在坚持其一贯的"仁"思想之外，注重"礼"与"序"，即强调秩序，强调尊卑等级之分。这一思想对现代的组织传播也是有一定借鉴意义的，注重组织传播中的秩序与分层。

（2）仁者爱人：注重道德、爱心与包容的组织传播

在古代封建社会，儒家思想强调德政、礼治和人治，注重道德感化。儒家传播遵循仁礼两大核心思想为真理。孔子认为，仁作为价值之源，一切德行之源，一切礼仪之本源，是绝对的，它超越一切时空架构。仁是内在性原则，它可表现为不同的德，而呈现为不同的形态。而礼是相对的，礼在不同的时代、不同的社会、不同的人际关系中都具有相对固定的形式，并且它随社会形态的变化而改易其内容。这种外在性的规约弥漫在各种不同的人际关系之中，并成为调整人际关系的规范。③

到了现代社会，德政与礼治同样适用于现代组织传播，即注重爱心与包容、道德，在坚持以"仁"为核心的前提下，注重"礼"，强调组织秩序的建立与维护，最终达到清除、减少组织及组织成员对自身环境的不确定性，沟通组织内部联系，促进和谐包容传播的目的。

3. 讲究克己复礼、力行中道的儒家内向传播思想

（1）内向传播的基础：注重道德规范的"自省""克己复礼"

儒家强调个人的自省，克己复礼，即约束自己，使自己品行提升，最终使每

---

① 同上第8、9页。
② 金良年：《论语译注》，上海：上海书店出版社，2001年，第139页。
③ 马宏艳：《论语中孔子的传播思想研究》，硕士学位论文，延边大学，2010年，第14—16页。

件事都归于"礼"。儒家强调的"礼"是当时西周的礼，但是经过千百年的演化，其内涵早已产生了许多引申与转化。我们现今社会的内向传播同样可以此为基本准则，即内向传播中要注重自我反省，克制并战胜自己，不为外物所诱。"礼"字即是"理"字，礼乃固理之不可易者，复礼就是要恢复到人际规范的原本的合理状态。

儒家还强调"以礼驭情"，我们要时刻注意以"礼"为标准，约束自我，使自己的举手投足都能遵循社会认可的道德规范。总之，即注重个人反省，这个层面的传播注重自我身心关系的处理，属个人内部传播，是内向传播的基础与前提。

（2）内向传播基本准则：注重主观意志力量与责任的"五常"观念

贯穿于中华伦理的"五常"，即仁、义、礼、智、信，成为传统中国人规范自我，提升自己的思想指南。古人最先提出了"仁"的观念，也就是如今所谓的换位思考，它以爱为核心内涵，注重关系和谐，而这一切都源于个体高尚的道德意识，以实现他者的利益为达到个人利益的前提和基础。"仁"看似最基本的德目，但是要深入地贯彻坚持它，又谈何容易，所以"仁"在某种意义上也是最高的德目标准，与此同时，"仁"还是一种最普遍的德性标准。而以"仁"为核心形成的古代人文情操，经过现代改造，完全可以转化为适用于当代社会的现代人文精神。

义，经常与仁并用，通常意义上被视为道德的两个典型维度，并称为"仁至义尽"。在价值观方面对"义"进行解读，即是倡导我们根据自己的"位"做适宜的事情，体现出强烈的责任担当意识。如"义不容辞""义无反顾""见义勇为""大义凛然""大义灭亲""义正辞严"等；另一方面，如果在人生观方面对"义"进行解读，"义"则是强调人生理应承担的道义责任和奉献精神。经历了这么多年的发展，"义"如今仍是中国人崇高道德的表现，如义诊、义演、义卖、义务等。

礼，与仁互为表里，仁是礼的内在精神，礼是仁的外在表现。第一，在组织传播与社会整体发展的维度，我们强调"明礼"，广义上来说，是讲文明；狭义上来说，作为社会中待人接物的表现，我们谓其"礼节"、"礼仪"；第二，在内向传播维度，"礼"也是调适个体修养的重要原则，我们谓其为"礼貌"；第三，在人际传播维度，在处理个人与他人的关系时，也注重"礼"，我们谓其为"礼让"。而关于"礼"的这些原则，不管是礼节、礼貌还是礼让，它们其实已经成为一个人、一个社会，甚至一个国家文明程度的表征和直观展现。"礼之用，和为贵"，"礼"的最终价值取向是"和谐"。如今我国正在积极构建和谐社会，更加需要我们对传统的"礼"进行新的继承发扬。礼有礼仪与礼义两个互为表里的内涵。礼义是礼仪的内在指导思想，而礼仪是礼义的外在表征。个体只有深切的体认"礼义"，才能在行为上表现为得体的"礼仪"。

智，矢口日，矢，即是箭；口即是口；日即是太阳。表义为口中言语如箭出口而说太阳。内义为，知日，知太阳之阴阳也。广义为明万物阴阳之本，对事物过去现在未来的变化对答如流，胸有成竹。所以"智"其实包含两个基本层次，首先是科学智慧，而后延伸到了道德领域，夸奖一个人经常称其为"智者"，其实正是对其科学智慧与道德情操的双重肯定。把科学精神与人文情怀美妙地结合起来，相互促进，这正是我们今天亟须发扬的。另一方面，智还是理性的体现，欲行仁尽义合礼都需要有"智"的配合，因为只有正当性、合理性的"智"的考量才能有效地履践人文精神。

信，乃人言，是说人要对自己说过的话负责任，"信"不仅是为人处事的根本，更是兴业与治世之道。言而有信、一言九鼎、一诺千金以及君子一言，驷马难追，关于诚信的古代谚语数不胜数，也在各个层面上表明，守信用、讲信义是中华民族几千年来始终坚持并且共同认可的价值标准和基本美德。"信"成为获得他人认同的关联性概念，内向传播的目标是通过身心的调适，进而外放为言行举止，而言行举行获得他人、社会的认同，可以说是实现了"信"。

五常是儒家道德规范的核心内容，也是引导自我内部传播与规范人际沟通的基本准则，这一思想对塑造中华民族性格起到了十分积极的作用，如重视发挥个体自身的主观能动性，爱惜自我的节操，培育坚强的自我克制能力，树立远大理想，勇于担当社会责任和历史使命等。

（3）中庸之道：促进良性循环的内向传播

中庸之道，即指奉行不偏不倚、折中调和的处世态度，被认为是实现美丽人生、和谐社会和世界的方法论与道德境界。这种思维方法强调个体思维不走极端，保持中正、中和、时中、经权等方面灵活统一。

中庸之道含有多层意义，第一层含义是：人生不偏离，不变换自己的目标和主张；第二层含义是：人需要保持中正平和；第三层含义是：每个人都应有自己的一技之长，做一个对他人、家庭和社会有用的人才；又指人要忠实于自己的岗位，在其位，忠其职。总之，中庸之道通过以上三个方面，力图达到天性与人性合一、理性与情感合一、外内合一的理想境界。

总之，中庸之道的要旨是启发人们自觉地开展自我修养、自我监督、自我教育、自我升华，进而把自己培养成为至善、至仁、至诚、至道、至德、至圣、合外内之道的圣人，共创"致中和，天地位焉，万物育焉"的"太平和合"境界。如此看来，中庸之道不啻为促进个人良性循环的内向传播的良好方式。

（4）个体内部的和谐传播：身心和谐

上文已言，和谐传播的第二层次是着力于内向传播维度的自我身心和谐。孔子提出的"克己复礼为仁""为仁由己""修己以敬"等主张，都在各种层面上强调了个人的身心和谐，并且倡导人们通过道德修养达到这种内向传播的和谐状态，进而成就君子人格。

人内和谐是指个体内心清静宁静，具有高尚的道德情操、健全的人格，能够自然自觉地做到"慎独"。与之相对应的是，先秦儒家非常重视内向传播，并且提出通过"内省"方式促进人内和谐的明确主张。儒家文化在内向传播领域，一直强调自身的修身养性，并且提出"三省吾身"的主张，"吾日三省吾身：为人谋而不忠乎？与朋友交而不信乎？传不习乎？"[①]，从各个层面着手，通过各种方法，力图达到人内的身心和谐。[②]

值得注意的是，儒家的身心和谐理论已经超出了现今普遍意义上的所谓内向传播、人际传播领域，而是将其提升到了治国安邦、世界和谐的高度，这种情况正体现了中华文化历来十分重视发挥个体的主体性。而且，儒家的主体性是一种"求诸己"而非"求诸人"的主体性。梁漱溟曾说过，中国人的人生是向里（即内省）用力的。在我国的人际传播观念中，各种关系能否实现和谐共处，关键在主体自觉地以礼来自我约束。[③]而这种情况更加证明了人内身心和谐的重要意义，只有传播的源头——传播主体达到了个体内部的身心和谐，才能促进其他各种人际、组织、社会关系的整体和谐与发展。

（5）化性起伪：注重个人与社会的良性互动

荀子提出"圣人化性而起伪，伪起而生礼义，礼义生而制法度"[④]，他认为可用礼义法度等去引导人的自然本性，改造人的本性，使之树立道德观念，这是内向传播中个人与社会良性互动的经典法则。而"化性起伪"这一学说，在方法途径与目标方面都注重个人与社会的结合与互动。

从方法途径方面，荀子这一独特的"化性起伪"学说，主张用礼义、法度去引导、改造人的自然本性，使之树立道德观念。荀子以"劝学"为入手处，提升个体理性自觉，而以"明礼"作为为学的基本目标，即通过学习来知礼，守礼，从而一方面达到道德教化的目标，另一方面又实现了社会和谐有序的效果。从目标来看，"化性起伪"以"成人"与"天下治"为道德教化的终极目标，就个体来讲，是"成人"，即通过人的努力，实现"性伪合"；就社会来讲，是"天下治"。当个体的"成人"境界达到了，他们达到了理想的道德操守境界，通过化性起伪，

---

① 金良年：《论语译注》，上海：上海书店出版社，2001年，第2页。
② 陈雪军：《论儒家的和谐传播理论》，《浙江传媒学院学报》2013年第1期。
③ 陈雪军：《论儒家的和谐传播理论》，《浙江传媒学院学报》2013年第1期。
④ 王威威译注：《荀子译注》，上海：上海三联书店，2014年，第308页。

达到"性伪合"。如此具有道德理性的"成人"多了，整个社会就会呈现公平正义，明礼守法的"天下治"局面[①]。

4．内向传播、人际传播到组织传播的递进与融合

（1）儒家思想的核心：贯穿三种传播的"仁"与"和谐"

"仁"与"和谐"是贯穿于儒家传播的两个基本思想与关键词，且贯穿于内向传播、人际传播与组织传播三个主要环节。

如儒家在内向传播方面，"自省""克己复礼""为仁由己""修己以敬"等观念，都是注重个人内部的和谐传播；还有注重主观意志力量、强调责任的"五常"观念以及促进良性循环的内向传播的中庸之道，这些内向传播的相关观念都是以"仁"与"和谐"为核心。而在人际传播方面，如强调表率性与责任性的三纲、强调规范性人际传播关系的五达道，还有"君子和而不同，小人同而不和"等强调和谐的人际传播观念，"己所不欲，勿施于人"，强调尊重与平等的人际传播观念，这些人际传播观念都是以"仁"与"和谐"为核心准则。在组织传播方面，儒家的"仁而有序，仁礼同构"观念及"仁者爱人"这些组织传播观念也都是注重道德、爱心与和谐包容的。

（2）三纲五常：适用于三种传播的核心准则

三纲：君为臣纲，父为子纲，夫为妻纲。君主理当给臣下当表率，父亲理当成为儿子的榜样，丈夫也应成为妻子的楷模。身处何种位置，就要承担相应的责任。这种注重角色定位与责任的传播观念对于每个人的内向传播都起到积极的作用，促进个人注重自我反省与提升；另一方面，这种观念可以促进每个人对父子、夫妻关系的理解，有利于塑造表率性的人际传播关系，促进人际传播中的责任意识培养，有效地促进我们对人际传播关系的处理；而其对君臣关系的理解对现代社会的组织传播更是有诸多可借鉴之处。

五常：仁、义、礼、智、信。这一准则其实在强调人际传播与组织传播的责任与秩序的同时，也重视个人主观意志力量与内向传播的培养与促进。

所以说，即使放在现代社会，"三纲五常"经过现代性诠释之后也是极具价值的，这一思想准则依然适用于内向传播、人际传播与组织传播三种传播方式，并且可以积极有效地促进这三种传播关系的和谐发展。

（3）内圣外王：三种传播类型的良性互动

儒家思想体系是伦理政治型的体系，其目标是达到"内圣外王"的思想境界。

[①] 龚丽红：《化性起伪——荀子教化观对当前人文教育的启示》，《山东工商学院学报》2008 年第 4 期。

内圣外王，指内具有圣人的才德，对外施行王道。"内圣外王"观的发展又分为几大阶段：从孔子的"由仁及礼"到孟子的"性善政仁"，再到荀子的"尽伦尽制"。

"内圣外王"一词最早出自《庄子·天下篇》。但是从宋朝之后，儒释道三教合流，理学逐渐兴起并且迅速发展，许多人开始用"内圣外王"这一理念对儒学进行阐释与解读。《论语》有云："克己复礼为仁"，"非礼勿视，非礼勿听，非礼勿言，非礼勿动"①。由礼启仁，强调礼是仁的基础与前提；孔子还说："恭而无礼则劳，慎而无礼则葸，勇而无礼则乱，直而无礼则绞"②，由仁及礼，强调了"礼"对各种道德的约束功能，认为"仁"是"礼"的核心内涵。综上所述，由仁及礼，由礼启仁，二者紧密联系，相互作用，为儒家内圣与外王的组合奠定了理论基础。孟子因袭了孔子由仁及礼的思想，并且在其基础上提出了"以仁心通仁政"这一塑造"内圣外王"理想人格的路径。另一方面，孟子较为注重传播主体本身主体性的发挥，他提出"性善论"，强调人具有"四端"的天然道德自觉，可见其突出了"内圣外王"中"内圣"这一层面的极端重要性。③与孟子注重"内圣"的思路不同，荀子则是重点强调理想人格的"外王"一维。在这一思路的基础之上，荀子进一步提出了造就"外王"理想人格的具体路径，即"天地—礼义—君子"④。

老子的《道德经》有言："治大国如烹小鲜。"此语体现出"内圣外王"的思维和理路，强调了领导者当有举重若轻的气度和爱民亲民的不折腾的理念。"内圣外王"这一思想作为儒道互补的典型成果，是我国传统社会与文化的思想精髓，蕴含着深厚的民族精神和道德情怀，只要加以合理利用，它完全可以成为我们当代道德与社会发展的重要依据与发展动力。

在"内圣"方面，孔子主张"为仁由己"，非常重视主体性的发挥，认为能不能成为品德高尚的仁人，关键在于自己。在"外王"方面，儒家以"修身"为着力点，而以"治人"为试金石，其身正，不令而行，其身不正，则虽令不行。在儒家思想中，内圣和外王是相互统一的，内圣是基础，外王是目的，只有内心的不断修养，才能达到内圣，也只有在内圣的基础之上，才能够安邦治国，达到外王的目的，即内向传播促进人际传播与组织传播。同样，内圣只有达到外王的目的才有意义，外王实现了，内圣才最终完成。⑤即组织传播促进人际传播与内向传

① 金良年译注：《论语译注》，上海：上海书店出版社，2001年，第99页。
② 同上第61页。
③ 王因：《先秦儒家内圣外王理想人格及其现代德育价值研究》，硕士学位论文，华东师范大学，2013年，第26页。
④ 王因：《先秦儒家内圣外王理想人格及其现代德育价值研究》，硕士学位论文，华东师范大学，2013年，第27页。
⑤ 王因：《先秦儒家内圣外王理想人格及其现代德育价值研究》，第46、47页。

播的最终实现。

"内圣外王"的这一思想，体现了儒家道德与政治的直接统一，道德偏向内向传播与人际传播，而政治偏向组织传播，"内圣外王"即倡导内向传播、人际传播、组织传播的融合与统一。[①]

（4）修身齐家治国平天下：三种传播类型的递进与融合

修身齐家治国平天下即，那些要想让天下人都成为具有光明正大品德的人，先要治理自己的国家先达到这一点；要想治理自己的国家达到这一点，先要管理好自己的家；要想管理好自己的家，先要涵养自身的德性；要想涵养自身的德性，先要端正自己的心志；要端正自己的心志，先要做到自己的意念真诚。修身主要指个人的内向传播，齐家则属人际传播，而治国平天下意属组织传播。可见，这句话可以说充分地体现了内向传播、人际传播与组织传播间的层层递进与最终的融合。

（三）追求道法自然与辩证思维的道家传播智慧

道家以尊道贵德、虚静无为、去欲不争、返璞归真为品格，讲究自正自化，主旨是自然和谐、道法自然、以无为治国。从而在内向传播、非语言传播、人际传播等方面的思想独树一帜。[②]内向传播方面强调清静柔弱与自我升华，人际传播方面注重"慎言"思想，强调含蓄内敛的沟通方式，组织传播方面则以"无为而治"为思想核心。

1. 物我消融的道家内向传播智慧

（1）庄子"吾丧我"思想：人物合一，和谐自然的传播

老子学派提出"吾丧我"[③]思想，形容人表面上臻入一种行如槁木、心如死灰的境界，但本质上却是主体能"以明""葆光""朝彻""见独"而与物为一，忘记了自己，进入忘我的至高境界。对"吾丧我"的理解主要有几种说法：第一种说法认为"吾丧我"是物我两忘的意思；第二种说法认为"吾丧我"是忘己形的意思；第三种说法认为"吾丧我"是摒弃我见的意思。

《庄子》书中所描述的"吾丧我"境界，主要包含两层含义，既要"丧形"，又要"丧心"，这种境界听起来的确很难达到。但是值得注意的是，庄子认为的"丧心"，应该不是意味着心之活动完全停止。甚至与此相反的是，在达到"吾丧我"的境界之后，呈现在自我意识中的，不仅不是一片黑暗荒凉之"无"的世界，

---

① 王因：《先秦儒家内圣外王理想人格及其现代德育价值研究》，第46、47页。
② 谢清果：《道家语言传播效果的求美旨趣》，《哲学动态》2008年第3期。
③ 方勇、陆永品：《庄子诠评》，成都：四川巴蜀书社，2007年，第38页。

而是有着相当丰富多彩的画面，世界本来的丰富性都对自我敞开了。总而言之，这是形容精神因解放而得到自由后的理想境界。

"吾"丧我之后是如此一种解放自由的理想境界，但是怎样才能达到这种境界呢？"吾"又是如何"丧我"呢？庄子提出"以明"与"道枢"的解脱法门。何谓"明"，即知事物的本末究竟，自然不"昧"，自然不"芒"，谓之"明"。不管是"道枢""以明"这两种基本路径，还是"两行""知至""葆光"等相关思想，这些都是从正面对人生的理想境界进行探索，而"丧我"则是从反面而言的超越，两者一正一反，成为一个合体，从而促进了庄子"齐物"思想的达成，而"齐物"这种思维方法其实是一种辩证看待事物的眼光和胸怀。①

众多学者普遍认为"吾丧我"之后能够达到一种理想中的自由境界，但是这种境界究竟是怎样的呢？其实，"吾丧我"的状态不是主体自我的不存在，而是受世俗尘垢污染的那个"俗我"的抛却、丢弃。而只有抛却了"俗我"，才可以臻至与物一体的完全"物化"的状态。

总体来说，庄子的"吾丧我"思想体现了人物合一的理想境界中的一种内向传播状态。②

（2）老子的无身观：消除外界干扰与自我升华，自我主体意识

老子的自我观蕴藏着独特的内向传播智慧，主要体现在要求自我确立起"唯道是从"的主体意识，进而以"道"的符号象征意义为媒介来引导自我省思，不断消除世俗价值观的污染，最终实现"无为而无不为"的自然、自由的人生境界。与侧重考察自我与社会互动的西方内向传播理论相比，老子的内向传播智慧反而更倾向于消融社会性对自我超越的干扰，注重自我内心通过向"道"的复归而实现自我升华。③

老子倡导清静无为，待人处事柔弱不争，从而能够营造一个平安喜乐的良好心境，而要做到这一点，则必须心定于道，一方面，以"唯施是畏"自警，对自己的言行保有高度自觉，另一方面，以"唯道是从"自励，坚信道是平安的源泉，正当的追求可以实现，可能的过错也易于消逝。世人如能以大道的宽容、谦下、中和等本性作为自己的指导思想，就能在实践中做到"清""静""净"，洋溢出一派"圣人"的气象，此时便无身无我，逍遥自适，这正是老子内向传播的要义所在。

另一方面，老子呼吁人类更多思索自身，即提倡从内向传播上实现个人对自

---

① 罗安宪：《庄子"吾丧我"义解》，《哲学研究》，2013 年，第 58 页。
② 罗安宪：《庄子"吾丧我"义解》，《哲学研究》，第 59、60 页。
③ 谢清果：《内向传播的视阈下老子的自我观探析》，《国际新闻界》2011 年 6 期。

身人生意义的完整占有。但是，在具体实现路径方面，老子提出了与西方传播学内向传播理论相反的操作指向，即通过对社会性活动的有意识地减损，进而虚空心灵，破除成见，超越人类已有知识，进而促进自我升华。① 老子告诉我们，在求学的过程中，知识会日益积累增加；但是当我们探寻"道"时，就不能靠积累知识，而要靠"玄览""静观"，要逐渐减少自己的主观意识与思维见解。"为道"是不断超越一切有形、有名的存在，表现在日常生活中就是要不断减损自我对社会和他者的依赖，最终才能达到像"道"那样无可匹敌的自由，达到"无为而无不为"的理想境界。

（3）守一：注重内向传播的专注性

《道德经》第十二章深刻地指出"五色"具有令人"目盲"的可能危害；"五音"具有令人"耳聋"的可能后果；五味具有令人"口爽"的味觉伤害；"驰骋畋猎"具有产生"令人心发狂"的可能后果；"难得之货"往往令人的行动受到妨碍；所以，圣人奉行"为腹不为目"的生活法则。② 不管古代还是现代，人们经常会受到色、声、香、味等等外界事物的干扰和诱惑。尤其是在现今这个物欲横流的社会，如果我们不能及时控制自己，任由自己的心意追随外界事物不停地忙碌，时间久了一定会危害自身的身心健康。相反，我们如果能够遵从道门的"守一"③ 原则，放松并回收自我的心志，聚焦于自身，力求身心合一，不为外物牵绊，保持气定神闲的心灵境界，如此便能身心康泰。

因此，圣人"为腹不为目"之意，一方面是吃饱肚子维持生命的基本生存，另一方面是强调意识向内，不向外去追逐声色犬马的享乐，自觉摒弃各种花花世界的诱惑，满足于清静自然的生活方式。坚守坚定正确的人生观、世界观、价值观，贯彻"守一"原则，以实现自我身心愉悦作为人生的自然。

"守一"指在身心安静的情况下，通过心理调节、心理暗示等方法，把意念集中到身体的某一部位，以改善身心环境，其侧重点不在炼形，而是养神，目的是通过对心神的调节与修炼，排除心中杂念，保持心神清静。④ 根据以上的种种阐述，我们将道家的内向传播归结为排除干扰，保持清静的内向传播方式。

2. 自然天成的人际传播智慧

（1）"君子之交淡如水"：自然不造作的人际传播智慧

庄子在《庄子·山木》一章中提出："君子之交淡若水，小人之交甘若醴；君

---

① 谢清果：《内向传播的视阈下老子的自我观探析》，《国际新闻界》2011 年 6 期，第 59、60 页。
② （魏）王弼注，楼宇烈校释：《老子道德经校释》，北京：中华书局，2008 年，第 26、27 页。
③ 王明：《太平经合校》，北京：中华书局，1960 年，第 742 页。
④ 孙鹏：《论守一》，《哲学论丛理论月刊》2013 年第 4 期第 37 页。

子淡以亲，小人甘以绝。"① 这是庄子对人际传播的主要观点之一，意思是贤者之交谊，平淡如水，不尚虚华。深层含义是：君子之间因心怀坦荡，所以无须存有戒备之心，不用讲究太多礼节及客套语，不用太过谦卑，可以轻松自然，心境如水一样清澈透明。这表达了道家对人际传播的基本认识，即提倡自然不造作的人际传播，不需过多刻意的经营与修饰。

（2）素朴纯粹的人际传播境界

道家待人处世，待人如待己，皆以一而不变。相对儒以仁义而为，道家待人多以虚无，齐物、弱柔、纯粹、素朴亦使人得虚无，齐物、弱柔、纯粹、素朴，即"是以圣人处无为之事，行不言之教"②，总之，道家在人际传播方面注重纯粹齐物，力求达到素朴纯粹的理想人际传播境界。

（3）以慎言之心，重视非语言符号的力量

在人际传播方面，庄子一直强调"慎言""少言"的人际传播策略，"不言"是庄子的最终理想，也是他的传播总则。虽然一直强调"少言"甚至"不言"，但在这种"言意之辨"的思考中，庄子还是认识到了语言的表意功能。但是因为受到不可知论的影响，庄子强烈地放大了语言与含义之间的矛盾，认为"言不尽意"，即言语难以全面深刻地表达曲折深远的情意。为化解这个矛盾，他进一步提出了"得意忘言"："蹄者所以在兔，得兔而忘蹄。言者所以在意，得意而忘言。"③庄子认为言词是用来表达我们的意思、意图的，既然已经知道了意思，就不再需要言词，在另外一个层面上触摸到了传播实质的一个核心法则，即传播的最本质意义不是其形式、主体抑或途径，而是其互相理解的最终传播效果。④

根据上文所述，在人际传播的关系处理问题上，《庄子》一直表现出对语言较为谨慎的态度，在许多传播情境中，作者都更加重视非语言符号的力量。庄子学派主张行不言之教，并且提出了"慎言""随顺""真诚"等相关理论与方法。

（4）含蓄内敛的人际传播方式

庄子在人际传播方面，十分重视传播活动中受传者的感受，可以说相当洞悉当时人际沟通中的种种世故。与上文强调"慎言""少言"的传播策略相对应，庄子提倡含蓄内敛的沟通方式，甚至有时候可以达到迂回曲折的境况，但是他始终强调保持人际沟通的和谐，不与人直接发生对抗性冲突。最终庄子学派阐释出了一套既保全自己，又不得罪他人，以真诚动人，并且能达到很好劝服效果的

① 方勇、陆永品：《庄子诠评》，成都：四川巴蜀书社，2007年，第633页。
② （魏）王弼注，楼宇烈校释：《老子道德经校释》，北京：中华书局，2008年，第6页。
③ 方勇、陆永品：《庄子诠评》，成都：四川巴蜀书社，2007年，第893、894页。
④ 赖惠民：《庄子传播观念初探》，硕士学位论文，厦门大学，2007年，第1页。

策略。①

3. 顺其自然，充分发挥个人创造性的组织传播

在道家的组织传播思想中，主张"无为而治"，老子认为"我无为，而民自化；我好静，而民自正；我无事，而民自富；我无欲，而民自朴"②，这三句话从不同层面上始终强调了一点：无为才能无不为。其实"无为而治"的本意并不是不为，而是不妄为，我们要顺其自然，不去过多地干预，从而充分发挥百姓的创造力，最终达到"无不为"的理想境界，不仅促进自我的实现与超越，还促进万民与整个社会的和谐稳定发展。

在现代组织传播领域，"无为而治"可延伸为：顺其自然，不过多地干预每个人，充分发挥个人创造性。

（四）圆通处世，灵活统一的佛家传播智慧

因为佛家总体上偏向于宗教性质，有许多自成一派的思想观念与论断，所以在此我们不对其思想做过多赘述，而只是单独列出其与传播相关的主要观念进行梳理分析。

1. 注重和谐、平等传播的佛教人际传播观

（1）因果轮回：主张度己度人，和谐传播

佛家深信因果，坚信有因必有果，造业必受报；种什么因，必得什么果，造何种业，必受何种报。这种思想看似带有某种迷信、神秘色彩，但是佛家这种三世迁流、因果报应的学说对于劝说人心向善，培植良好的社会道德体系，进而促进整个社会的和谐人际传播，都具有非常积极的意义。

佛家所说的因缘果报，是一个辩证的、复杂的、非线性的动态开放系统。因果报应说的基本用意在于启迪世人认清一切关系都产生后果，因此不可不慎。与因果学说相对应，佛家更是强调正知正见，超脱轮回，度己度人，成就佛果。③扩展到现代人际传播方面，佛家这种理想化的推动人心向善的相关思想与精神，其实正是力求建立和谐的人际传播关系。

（2）世间万物生灵平等：提倡人际平等传播

佛家鼓励人们行善，勿恶，忍耐，戒欲，这些看似无情的钢铁戒律其实都是在贯彻一条基本准则：坚持世间万物生灵平等。佛教的平等观也经历了一个发展

① 赖惠民：《庄子传播观念初探》，硕士学位论文，厦门大学，2007年，第1页。
② （魏）王弼注，楼宇烈校释：《老子道德经校释》，北京：中华书局，2008年，第149页。
③ 任宜敏：《佛家因果学说的真精神》，《浙江学刊》1998年第5期。

的过程，主要是从"人与人"的平等发展到"众生"乃至"诸法"平等。①

佛教小乘、大乘的差异，不仅是度人能力的差异，而且是境界、视野、胸怀、格局的殊异，反映在平等观念上，便由最初的"人与人"发展到"众生平等"，最终提出"诸法平等"的主张，这种范围的逐渐扩大，其实和佛家自身的变化紧密相关，小乘只追求个人解脱，而大乘则追求普度众生。②"人与人"的平等，强调人际关系的平等传播与策略处理；而"众生平等"，主要是从佛性的高度而言的，如《别译杂阿含经》卷第五中说："不应问生处，宜问其所行，微木能生火，卑贱生贤达。"我们不应当去追问人的出身，而应当关注他的所言所行。人人皆具佛性，只要每个人一心向佛，身体力行，当都可让卑贱变成贤达，最终达到"众生平等"。从早期的"人与人"平等，发展到"众生平等"，最后达到"诸法平等"的层次，这其实是佛家整体思想的一个跨越性进步。因为它摆脱了人类中心的知见障，把宇宙看成整体，一切有情、无情的事物，都与宇宙整体息息相关。所以佛家的这种平等观可以说是宇宙主义的平等观。③

2. 强调自身修养，主张出世的佛教内向传播观

佛家理论总体属唯心主义，强调自身修养，主张超出世俗，用一种超然的眼光与视角去看待所有的人、事、物，包括审视自身。以梁漱溟为例，梁先生即是受了佛家思想的影响，以出世的心态来经营入世事业。梁先生少年时将佛教作为解决人生苦闷的根本出路，在对佛学有了深刻体悟和真实契入后，他以出世为解决人生问题的唯一归向，然而，目睹时艰，感慨民困，他发出了"吾辈不出如苍生何"的沉痛呼声。于是抱着"除替释迦、孔子发挥外，更不作旁的事"的心情执教于北大，主教佛学，不仅如此，他还从事乡村建设于山东，奔走抗战，呼吁和平。其实，梁先生在积极从事这些入世之事的同时，其内在精神支柱便是强烈出世的心态底蕴。④佛家这种将入世行为与出世心态恰当结合的内向传播观值得我们深入探索。

3. 圆通处事，灵活且辩证统一的佛教组织传播观

佛家在组织传播方面看似并没有太多的论断与分析，但是当我们对佛家整体思想做了梳理分析后，可以发现贯穿佛家传播的一个中心词是"圆通"。这个"圆通"并不是普通意义上的八面玲珑抑或圆滑之类，而是一种极为高深的处世智慧，"圆"代表着根据不同情况适当地改变自己、提升自我，而"通"则是对"圆"之

---

① 曹树明：《儒道释平等观之比较》，《河北职工大学学报》2001 年第 2 期。
② 曹树明：《儒道释平等观之比较》，《河北职工大学学报》2001 年第 2 期。
③ 曹树明：《儒道释平等观之比较》，《河北职工大学学报》2001 年第 2 期。
④ 韩焕忠：《此翁长怀出世：心佛家思想对梁漱溟先生的影响》，《柳州师专学报》2005 年第 3 期。

后的状态的表述，"圆"后自"通"，这是一种理想的传播与生活状态。"圆"代表的是一种灵活的传播方式，而"通"则是一种辩证统一的理想状态。

从有关佛家的众多成语、俗语来看，我们也可对佛家思想窥探一二，如：放下屠刀立地成佛、醍醐灌顶等，在这一点上，佛家与道家有些许相似，即认为世间万物都是辩证统一且互相转化的。所以我们把佛家关于组织传播的思想归结为：非常灵活且注重辩证统一的传播。

（五）儒道佛三家的相同之处：仁与和谐为中心，包容的天地情怀

综上所述，儒道佛三家思想在人际传播方面，都强调和谐传播，注重仁义；在内向传播方面，都注重自我反省与提升；在组织传播方面，注重道德规范的约束作用。因此，我们可以将儒道佛三家的共同之处总结为："仁"与"和谐"贯穿始终的天地情怀。何为天地情怀，即一种包容性极强，极具人文关怀的中国式传播精神，其实中国人一直对天和地有着别样的情结，这种情结在日常生活的方方面面都有所表现，而在古老的华夏文明与相关传播理论里，这种情结更是表现得淋漓尽致。虽然儒道佛三家的学术流派与思想不尽相同，但是他们在传播思想方面的主张却是有着这一大共同点，即以"仁"与"和谐"为中心，极具包容性的天地情怀。

二、华夏传播理论的总体特征

通过以上关于华夏传播理论主要层面的分析，我们可以得出以下几个结论：

（一）华夏传播理论以人际传播为中心

儒道佛三大学术流派皆是在人际传播方面有更多的理论成果，且我们传统文化中的成语、谚语等也有大部分是关于人际传播的，这些种种现象表明：华夏传播理论总体上是以人际传播为中心的。这可能与我们的文化根源与封建社会的传统观念有关，因为从文化传统来看，我们中国人自古就十分注重人际关系与社会关系的维持。

（二）内向传播为其次，注重个人修养

除了作为核心的人际传播外，华夏传播理论也是极为重视内向传播的，内向传播本就是实现良好的人际传播的基础与前提。在儒道佛三家中，道家是最侧重于内向传播的，也在这个方面为我们提供了许多理论成果。而三家的共通之处即儒道佛三家在内向传播方面都比较注重个人修养，强调个人的自我约束与提升。

（三）组织传播方面成果较少，但是与内向、人际传播相互融合

纵观整个华夏传播理论体系，相对于人际传播与内向传播，组织传播方面的相关针对性成果是最少的，但是华夏传播理论的一大特点就是兼容共通，许多内向传播、人际传播方面的理论同样适用于组织传播，三者相互融会贯通，共同促进良好传播秩序的建立。当代学者从管理学角度探讨儒释道思想，其核心内容依然是从如何调动人的积极性与创造力着手。而这个正是中华文化以"心性论"见长的表现。

（四）以"仁"与"和谐"为核心，极具包容性

在上文的分析中，我们已经提到，儒道佛三家的共同之处即是仁与和谐贯穿始终的天地情怀，再加上对传统文化整体的分析，我们仍然可以说，这是整个华夏传播理论的核心特征。与我们中国的文化根源相对应，我们的整个华夏传播理论可以说是以"仁"与"和谐"为核心，包容性极强，极具人文关怀的一个中国式传播思想体系。这一点陈国明在《有助于跨文化理解的中国传播和谐理论》[①]一文中有深刻的分析。

（五）矛盾中互相交融，促进整体理论的发展

在整个庞大的华夏传播理论体系中，如在内向传播方面，儒家主张个人与社会的良性互动，强调"内圣"的基础性作用，"外王"是检验"内圣"效果的标志，从而体现社会实践对修身的积极效应作用，而道家则主张内向传播的清静柔弱，注重自我升华；在人际传播方面，其他学派都主张积极互动，促进良好人际关系的循环，但是道家却提出"慎言"思想，强调含蓄内敛的沟通方式并十分重视非语言符号的力量；在组织传播方面，儒家主张有秩序与规范的组织传播，但是道家却主张无为，意在充分发挥每个人的主动性与创造性。

这些种种观点看似矛盾，但是却都有其可取之处，内向传播既要促进无干扰状态下的自我提升，也要注重与社会的互动；人际传播既要积极主动，又要注意各种传播技巧，恰当地运用非语言符号；组织传播既要注意秩序与规范，又要充分发挥每个人的主动性。这些理论于矛盾中互相交融，从而共同促进整个华夏传播理论的丰富与完善，促进整体理论的大发展。其实这也正印证了上文所述，华夏传播理论是极具包容性的思想体系。

---

① 陈国明：《有助于跨文化理解的中国传播和谐理论》，赵晶晶编译，《"和实生物"——当前国际论坛中的华夏传播理念》，杭州：浙江大学出版社，2010年，第19—42页。

三、拓展华夏传播理论的建议与对策

华夏传播理论虽然是根植于中华文明，但是其智慧则可以为世界传播学的丰富发展贡献中国方案，弥足珍贵，应当发扬光大。

（一）将华夏传播理论的普适性思想精髓继承并发扬光大

华夏传播理论深深扎根于中国的优秀传统文化之中，可谓包揽百家，博采众长，它恰当地吸收了儒家的"内圣外王"伦理政治观念、道家"阴阳和合"的辩证思维与佛教"四大皆空"的修行思想，可谓对华夏优秀传统文化的总结和反映。与西方的传播思想不同，华夏传播理论是自成体系且有其独特价值的。这种传播理论，是一种以"和谐"为中心、包容性极强、极具人文关怀的文化体系，并且其中的许多基本理念与原则是具有普适意义的。具体表现为：自我反省、积极提升自我的内向传播、中庸平和、外圆内方、注重仁义与和谐的人际传播、家庭和睦、等级有序且注重个人实现的组织传播等等。

这些理论在不同层面共同体现了华夏理论"心传天下"这一本质属性与特征。且其中的许多基本原则与精髓理念，如"仁""和谐""中庸""礼""诚恕之道"等，这些都是对现今社会极具现实意义与价值关怀的。

现今西方社会科学研究方法大行其道，但是我们不能数典忘祖，贬低中华优秀传播理论和传播智慧。我们要珍惜这些财富，将其中的思想精髓继承并发扬光大，并且学会根据现实传播语境，同时注重学习、借鉴西方传播学理论和方法，积极创造性转化传统传播观念。

（二）充分挖掘华夏传播理论的独特智慧

与西方传播理论相比，华夏传播理论存在许多独特之处，而这些独特之处也正是其特有的价值所在。

西方有许多科学、实证主义色彩浓重的经典传播理论，如专注于受众行为的使用与满足理论，集中于大众传播与环境认知间关系的议程设置、拟态环境理论，聚焦于大众传播影响力的认知倾向的第三人效果理论，着力于大众传播功能与效果的沉默的螺旋、涵化理论抑或框架、知沟理论等。这些理论主要集中于受众和大众传播、社会三个方面，在处理经济与社会发展的关系，人与社会的关系时可以发挥非常重要的作用。

但是以"和谐"为核心又兼容并蓄的华夏传播理论，形散而神不散，特别适用于各种日常实践的传播体系在处理人际传播、人内传播、人与环境的关系、国与国之间的关系更加得心应手。其中注重和谐，但是又强调秩序的人际传播主张；

注重自我反省、积极提升自我的人内传播；处理人与环境的关系时尊重、爱惜自然，适度采取，天人合一的主张；处理国与国之间的关系时和而不同、"讲信修睦""以邻为善"的理念。这种种理念与原则更加适合处理此类关系，且能发挥其独特的作用。

（三）积极创新，并将相关理论与现代社会结合

华夏传播理论诞生于我国几千年的历史语境中，其中固然有许多极具普适性意义的通用思想原则，但还有许多理论是需要创新的，需要注入时代精神，与现代社会的现状相结合。

如儒家的"三纲"，"君为臣纲，父为子纲，夫为妻纲"，"纲"的含义与古代相比发生了较大的改变，在现代我们更可将其引申为一种表率与责任。古代的君臣关系与现代社会的上下级关系比较类似，即在上下级、父子、夫妻关系的处理中，上级、父亲、丈夫应该起到表率作用，对另一方起教育、劝导的主责任。还有儒家思想核心之一的"礼"，在古代社会主要是礼制与等级秩序的含义，但是在现代社会，我们不再强调"礼"字所包含的等级，而是转化为强调秩序，即在日常传播关系的处理中，也要依礼而行，遵守一定的秩序与规范，让人们的一切活动都处于规矩的范围之中。

（四）促进华夏传播理论与西方传播思想的结合

西方传播思想"理剖万物"，华夏传播理论"心传天下"。这两种理论各有不同的侧重点与理论精华之处，中国人那种深邃的智慧与洞达，完全可以与西方人的工艺智识相结合①。华夏传播理论，这种扎根于中华文化的东方范式的传播学理论，体现了中华先贤对民族传播规律的深刻领悟，也是华夏文明对世界传播学所做出的独特贡献。华夏传播理论与西方传播思想结合，是传统文化与西方文明的碰撞。

在这种沟通过程中，我们要注意几个问题：首先，在学习和吸收西方优秀文化的同时，要摒弃和反对西方的腐朽、霸权文化，取其精华，去其糟粕，实行科学的"拿来主义"；其次，在学习西方文化的同时，我们也要保持自己的差异性，以"和而不同"的理念为准则，弘扬华夏传播理论中的特色文化；最后，我们还要结合现实的具体国情，在保持民族文化特色的同时，实现华夏传播思想的世界化。

---

① 周伟业：《东方范式：华夏传播理论的内涵、特征与价值》，《南京政治学院学报》2010年第5期。

　　在具体的结合方式方面，我们可以有多种创新，如用西方的经典传播理论来为华夏传播理论塑造更加简洁、易于理解的框架，根据人际传播、人内传播、组织传播、跨文化传播等维度对华夏传播理论的理念原则进行总结概括等等。

（五）以西方的科学方法与实证主义为华夏传播理论增添新光彩

　　西方传播理论是"理剖万物"，强调科学方法与实证主义，而这种理念与方法正是华夏传播理论比较缺乏的，所以我们正可以利用西方的科学主义为华夏传播理论做注解。

　　中华文化的优势在于心物相合，物质世界与心灵的世界可以感通，可以以同理心的方式去处理人与外在世界的关系，注重将一切都内置于心灵的无穷空间中，实现道通天下的理想境界。而西方文化更注重的是理剖万物，将人置于审判者的地位，处理人与世界的关系，将世界作为解剖的对象，而不是意识层面的协作关系，旨在探究自然、社会、人生的客观规律。在传播领域里，亦是如此。中国强调心传天下，注重定性研究；西方强调理剖万物，注重实证研究。①

（谢清果　祁菲菲）

---

① 谢清果、祁菲菲：《中西传播理论特质差异论纲》，《现代传播》2016 年第 11 期。

传播学"中华学派"建构路径的前瞻性思考

华夏传播研究自 20 世纪 70 年代末肇始，90 年代兴盛一时，此后平淡发展，而至 21 世纪初渐有勃兴之势。本文首先力求充分把握这一领域前沿热点的研究成就，并归纳出其显著特征，进而从反思"传播学本土化研究"问题入手探讨"华夏传播研究"的合法性，再基于 40 年华夏传播研究的历史变迁与近年来发展的丰硕成果，从核心概念辨析、中国新闻传播史研究、民族文化传播学建构、华夏传播学的想象力培育、华夏传播理论体系构建等维度，全方位、前瞻性地展示出传播学"中华学派"建构的基本态势与发展路径，以期推动华夏传播研究向建构"华夏传播学"的方向挺进，最终为"中华传播学"的形成奠定历史与文化的基石。

导言

一般认为，华夏传播研究肇始于 20 世纪 70 年代末，由香港中文大学的余也鲁、台湾政治大学的徐佳士等前辈学者在传播学传入中国（首先是港台地区）伊始，便提出研究中国传统文化中的传播智慧问题，并在香港与台湾分别召开中华传统文化的"传"的问题研讨会，此后台湾政治大学传播学院的朱传誉、祝基滢、关绍箕等人成就斐然。90 年代初，大陆的厦门大学成立传播研究所，专门作为推动华夏传播研究的机构。在这一机构的推动下，召开过多次学术研讨会，出版了论文集《从零开始》，推出了首部概论性著作——《华夏传播论》（孙旭培主编），出版了首套研究丛书——《华夏传播研究丛书》（郑学檬的《传在史中：中国传统社会传播史料选辑》、李国正的《汉字解析与信息传播》和黄鸣奋的《说服君主：中国古代的讽谏传播》等三卷），此外，吴予敏、黄星民、李彬、尹韵公、邵培仁等人表现突出。同时，厦门大学新闻传播学院（前身为"新闻传播系"）逐步开设出此领域本硕博成体系的课程——"媒介发展史研究""华夏传播概论""华夏传播研究""中国传播理论研究"。21 世纪的第二个十年以来，华夏传播研究获得迅猛发展。厦门大学创办了《中华文化与传播研究》刊物，推出《华夏文明传播研究文库》，开设"中华文化与传播大讲坛"，邀请海内外专家学者主要围绕中华文化传播相关议题开讲，努力推进华夏传播研究领域的教学与科研工作，期望能够再度引领该领域的学术研究，进而使华夏传播研究这一领域成为传播学中国化研究进程中一道亮丽的风景线。

何为"华夏传播研究"呢？厦门大学黄星民教授早在 15 年前将之界定为"是对中国传统社会中的传播活动和传播观念的发掘、整理、研究和扬弃"。研究对象包括"华夏文化"与"信息传播"，研究目标是形成"传播学中华学派"[①]。何以称为传播学"中华学派"而不直接称为"华夏学派"或"中国学派"呢？首先，孔颖达在《春秋左传正义》中有言："中国有礼义的大，故谓之夏；有服章之美，故谓之华。华夏，一也。"可见，华夏与中国意义相近，但前者更有文化自觉，文化自信的意谓，而"华夏"在后世的发展与运用中，更倾向于表述"古代中国"，同时"中国"一词当今较为稳定地用于表述"中华人民共和国"的简称。其次，传播学"中华学派"的形成无疑如黄星民老师所言，必须进行"引进消化国外传播科学""整理研究华夏传播学说""研究总结中国当代传播实践"三个层面的工作[②]，最后形成有我国传播特色的的理论范式，以指导中国社会实践，参与世界传播学对话。明显地，我国传播学的未来应当是融通古今中外的传播学说，因此，用"中华学派"一则表达是中国的传播学派；二则传递出该学派是对中国悠久文明的继承与创新的结晶；三则"中华"一词在当代使用的意蕴中涵盖整个中国大陆与港澳台，甚至包括国外华人华侨及认同中华文化的国际友人，共同形成的大中华文化圈。最后，所以不称为"中国学派"，是因为"中国"一词当今约定俗成地侧重指称作为国家的中国，即便广义上使用的历史上一直处于意义流变的"中国"概念，但内涵过于丰富，比如作为方法的中国，作为价值的中国，就不好用于专称一个学派。所以不称为"华夏学派"，因为此概念内涵偏重于古代，易让人忽视其理论的当代实践与价值。不过，华夏传播研究及其华夏传播学的建构正是建构传播学"中华学派"必经的一个阶段，而传播学"中华学派"真正形成的标志便是"中华传播学"的创立。

笔者提出的"华夏传播学"正是研究华夏传播学说的理论成果，也是构建传播学"中华学派"的理论基础。而传播学"中华学派"的最终形成必当是华夏传播学与世界传播学、中国（现当代）传播学融合而成的有中国特色，中国气派，

---

① 黄星民：《华夏传播研究刍议》，《新闻与传播研究》2002 年第 4 期。
② 黄星民：《华夏传播研究刍议》，《新闻与传播研究》2002 年第 4 期。

中国话语的传播学崭新范式——"中华传播学"。具体说来，华夏传播学的使命正在于整理中国传统的传播理念、传播理论、传播制度，这不仅是理解当下中国诸社会现象的重要依据，也是反思中国传统，构建未来和谐社会所需要的传播资源；还是丰富世界传播理论的必由之路。基于此，笔者曾撰文认为，华夏传播学是华夏传播研究的终极指向，并做如下界说："华夏传播学是在对中国传统社会中的传播活动和传播观念进行发掘、整理、研究和扬弃的基础上，建构起来的能够阐释和推进中华文明可持续发展的传播机制、机理和思想方法的学说。"① 这里包含三个含义：其一，以史鉴今，通过开展华夏传播研究，提炼华夏独特的传播理念、传播技艺；其二，华夏传播研究的目标在于既能解释中国传统社会的传播现象与活动，又能推导中国当代社会实践，实现传播理论的当代创新；其三，着力点在于将复杂的传播现象、传播制度、传播理念通过"由表及里，去粗取精，去伪存真"的功夫，形成一套能够保持自然生态和谐、社会关系和顺、政治运作高效廉洁、民众生活有序安宁、国际关系和平互助的传播思想、传播制度，以指导当下的传播活动，实现与社会运作方式的紧密配合。② 总之，华夏传播学作为华夏传播研究领域最终的理论成就，是最终促进作为传播学"中华学派"理论表征的"中华传播学"最终形成提供底基。

近年来，华夏传播研究领域取得了长足进展。为了总结过去，展望未来，笔者选择《国际新闻界》《现代传播》《新闻与传播研究》《新闻大学》4 本新闻传播学界最具影响力的期刊论文为核心，旁及其他刊物；还有相关著作，力求既生动准确又能概览式地展示华夏传播研究近 40 年来，尤其是近 5 年来的学术样态和发展趋势，力争把握建构传播学"中华学派"的基本方向和路径，从而阐明了传播学"中华学派"建构何以可能这一核心问题。

一、传播学"中华学派"建构的雄厚基础及显著特征

笔者已于《华夏传播学引论》（厦门大学出版社，2017）和《华夏文明与传播学本土化研究》（九州出版社，2016）两部著作的绪论部分中相对系统地介绍了华夏传播研究近 40 年来研究的成就。尤其是在纵览 21 世纪以来华夏传播研究的主要成果之后，笔者发现，华夏传播研究领域的研究基础已然日益雄厚，业已呈现出其以下研究成就与显著特征：

（一）研究主体年轻化。研究主以中青年学者为主。他们有的从传播学相邻学

---

① 黄星民：《华夏传播研究刍议》，《新闻与传播研究》2002 年第 4 期
② 谢清果：《华夏传播学勃兴的东方视维、问题意识与方法自觉》，《中国文化与传播研究》2014 年第 2 期。

科如政治学、历史学、哲学等领域走向传播学议题的研究，如历史学博士白文刚、政治学博士陈谦、哲学博士谢清果等人。有的因为师从于对华夏传播研究有兴趣的导师，如出版博士学位论文《元代传播考》的李漫师从清华大学的李彬教授，华东师范大学的潘祥辉、暨南大学的姚锦云都曾师从浙江大学的邵培仁教授；研究先秦政治传播思想的贾兵师从上海大学的许正林教授；出版过《先秦诸子传播思想研究》的全冠军师从北京大学的肖东发教授；赵晟、杜恺健两位博士生师从厦门大学的谢清果教授，深圳大学主要从事汉代信息传播研究的黄春平师从中国社会科学院的尹韵公教授，等等。

（二）研究对象集中。目前华夏传播研究的对象相对集中在文艺传播、政治传播、语言传播、舆论传播、符号传播、内向传播。传统文学经典作品的传播研究兴盛，如《西游记》《西厢记》以及诸子百家作品的海外传播研究，比如戴俊霞的《诸子散文在英语世界的译介与传播》（北京师范大学出版社，2014）、李亚宏的《中国古典说服艺术》（云南人民出版社，2011）等等。同时，与当下传播学界研究热点前沿问题相呼应，如符号学、舆论传播研究，也自然向传统回溯，向历史要智慧。先秦诸子传播思想研究也是经久不衰的研究热点。甘惜分教授早年的博士生何庆良的《先秦诸子传播思想研究》从传播功能论、传播效果论、传播媒介方式论、论辩思想、传播技巧、传播心理、受众需求论、传播控制论、传播道德论等九个方面重点论述了儒道法墨纵横家的传播思想。作者认为："研究诸子传播思想不是整理国故，也不是发思故之幽情，而是探索如何利用历史遗产服务于今天、面向未来的严肃课题，这是中国传播学研究所不能忽视的。"[①] 北京印刷学院魏超教授的《老庄传播思想散论》（中国轻工业出版社，2010）一书以幽默风趣的笔触，散文的表现手法，在传播主体、传播符号、传播技巧、传播受众和传播过程与环境方面探讨了老庄传播思想的启示。

华夏内向传播智慧研究特色凸显。笔者近年来对此多有耕耘。例如以《道德经》第20章中"众人熙熙，如享太牢、如春登台。我独泊兮其未兆，如婴儿之未孩，儽儽兮若无所归。众人皆有余，而我独若遗。我愚人之心也哉！沌沌兮！俗人昭昭，我独昏昏；俗人察察，我独闷闷。澹兮其若海，飂兮若无止。众人皆有以，而我独顽似鄙。我独异于人，而贵食母"这段为核心观照对象，将"众人"解读为俗我，即主我，而将"我"解读为道我，即"客我"，进而阐述了老子内向传播智慧，以自我境界升华为指向，与西方以社会功能为指向的内向传播研究是

---

① 何庆良：《先秦诸子传播思想研究》，博士学位论文，中国人民大学，1993年，第7页。

有着不同的学术进路。① 接着，笔者发现《庄子》书提出的"吾丧我"的命题是最具道家鲜明特色的内向传播命题，因为庄子学派发现了有两个自我（即"吾"与"我"）的存在，而这两个自我的矛盾张力，正是主体实现超越的操作路径，视"吾"为"道我"，"我"为"俗我"，通过心斋、坐忘等心性修炼功夫，来消除后天自我观念对本性的遮蔽，以"丧我"为路径，回归"吾"，即道我，真我。② 再者，笔者将研究对象指向佛家。佛家的心性论重在启人由迷而觉而成佛，成佛的过程本质上就是内向传播的过程，即通过戒定慧的内心操持，消除自我妄见，进入无上正等正觉，借助弗洛伊德的本我、自我、超我的人格理论来加以分析，自我以佛为操作指向，摆脱本我的贪嗔痴，放下我执、我见、我相的自我局限，向觉悟的超我——佛的境界挺进。③ 此外，也关注儒家，笔者在研读《大学》《中庸》等儒家作品的过程中，发现"慎独"是儒家内向传播的核心观念，是超凡入圣的必由之路，而凡可视为俗我，主我；圣可视为圣贤，客我，通过慎独功夫，使自我由凡而圣。④ 相应地，道家的"见独"观念最能体现道家式的内向传播智慧。理由是"见独"观念清晰地呈现了道家内向传播活动是如何运作及其怎样营造良好运作的环境条件的。具体说来，"见独"正是道家自我认知、自我反省、自我升华的内向传播活动，其运作机制是以"道我"对"俗我"的召唤，同时，"俗我"以"道我"为镜子来修身养性，而在这过程中，通过内观、心静如镜的一系列内向操作过程，终究能让心灵焕发"天光"，以促成"俗我"向"道我"的转化。⑤

青岛大学的陈谦连续推出《中国古代政治传播思想研究》（中国社会科学出版社，2009）、《中国古代王明政治传播制度研究》（中国社会科学出版社，2016）两部作品，加上广州大学贾兵老师的博士论文《先秦诸子政治传播观念研究》（上海大学，2011），中国传媒大学白文刚的《中国古代政治传播研究》（中国社会科学出版社，2014）以及华东师范大学潘祥辉的《传播史上的青铜时代：殷周青铜器的文化与政治传播功能考》《"对天发誓"：一种中国本土沟通行为的传播社会学阐释》，中国社会科学院的朱鸿军、季诚浩的《经筵会讲：一种中国本土的政治传播仪式及其演变》等文章充分说明中国三千年的封建社会是研究政治传播的天然

---

① 谢清果：《内向传播视阈下老子的自我传播观探析》，《国际新闻界》2011 年第 6 期。

② 谢清果：《内向传播视域下的〈庄子〉"吾丧我"思想新探》，《诸子学刊》（第十辑），上海：上海古籍出版社。

③ 谢清果、季程：《内向传播视阈中的佛教心性论》，《扬州大学学报（人文科学版）》2016 年第 3 期。

④ 谢清果、王昀：《华夏公共传播的概念、历史及其模式考索》，《华侨大学学报》（哲学社会科学版）2016 年第 1 期。

⑤ 谢清果、王昀：《华夏舆论传播的概念、历史、形态及特征探析》，《现代传播》2016 年第 3 期。

素材。

（三）研究态势呈学科交叉融合。文史哲学科与传播学的交叉融合，这一特征本身是华夏传播研究的特质所在。华夏传播研究致力于研究中国人的交往观与关系哲学，而这些研究离开文史哲的厚重积累，是不可能的。尤其是华夏传播智慧的珍珠本就在于中华元典及其赓续的经典文献之中。例如，《周易》通常被认为是群经之首，是中华文化的源头。而从传播学的角度看，它实际上从思维方式（交通感应）和传播哲学（阴阳和合）上奠定了中国人的交往观。邵培仁、姚锦云在李国正、陈国明等诸多学者研究基础上，认为《周易》建构"交—通—合"的传播观，这种传播观沟通了现实交往与理想世界的鸿沟，使人与人的心灵交汇，价值观契合。毕竟《周易》是中华智慧的集大成，是中华先人试图以卦爻（符号）与辞（意义）的内在关系，建构起中华民族诠释千变万化的生活与世界的思想体系，将人类的一切传播活动都纳入"变易、不易、简易"的周延的解释系统中。[①]暨南大学姚锦云老师的博士学位论文《春秋释〈易〉与德性交往观的形成》，正是以《左传》《国语》中的22个占卜筮例来分析那个春秋时期的由天人沟通观念向人人沟通观念转变的历程，颇为精彩。

（四）研究取向上，策略性明显。相关学者选择研究问题意识方面与自己所在地域和学校的传统优势相结合，从而更易于策略地在学界展现自己的学术成就。例如对民族文化的研究，郝朴宁等学者则往往身处少数民族地区，或者如庹继光、汤景泰等人参与到复旦大学刘海贵导师主持的"中国少数民族传播研究"方面课题或大项目中去，从而能够方便高效地利用资源凸显自我。笔者本人从事老庄道家研究20余载，自然也着力将老学与传播学相结合，打造"老子传播学"这一跨学科交叉研究领域，推出了一系列著作：《和老子学传播——老子的沟通智慧》（宗教文化出版社，2010）、《和老子学管理——老子的组织传播智慧》《和老子学养生——老子的健康传播智慧》（宗教文化出版社，2011）、《大道上的老子——〈道德经〉与大众传播学》（九州出版社，2016）、《生活中的老子——〈道德经〉与人际沟通》（九州出版社，2018）。这些作品分别从语言传播、人际传播、组织传播、健康传播、大众传播、人际传播等视角来剖析《道德经》文本及其流传，且重点探讨了"道可道，非常道；名可名，非常名""无为""小国寡民"在符号学、传播效果以及传播社会责任等方面的意义，最有特色的是将《道德经》与彼得斯的《交流的无奈》一书进行比较研究，探索了两者在语言的失真与意义之惑、文字的

---

① 邵培仁、姚锦云：《天地交而万物通：〈周易〉对人类传播图景的描绘》，《浙江社会科学》2016年第8期。

冒险与意义的曲解、交流无奈的破解之道等方面所进行的富有启发性的阐释，发表有《交流的无奈：老子与彼得斯的不谋而合》（谢清果、杨芳）、《老子对人际传播现象的独特思考——与〈交流的无奈——传播思想史〉比较的视角》（谢清果、杨芳）、《架构"交流的无奈"通向"人际的和谐"桥梁——论老子人际沟通的逆向思维》（谢清果，曹艳辉，2012）等多篇论文。从而在先秦诸子传播思想研究领域中有了一定的显示度。

（五）论文发表阵地，分散中有聚焦。华夏传播研究的成果发表较为分散，各类人文社科类大学学报，各级社科院院刊都时有刊载，细致分析后发现，往往未必凸显其传播学科类别，而是或在历史研究领域，或在文化研究领域，不一而足。同时，新闻传播学界的核心刊物中《国际新闻界》和《现代传播》时有相关论文，而《新闻与传播研究》侧重于发表华夏传播史类的文章，而《新闻大学》则更倾向发表华夏传播媒介方面的文章。而尚处于发展中的浙江大学传播研究所办的《中国传媒报告》已出版 62 期（第 60 期刊就载有笔者作为华夏传播研究专栏主持的一组文章）。厦门大学传播研究所办的《中华文化与传播研究》已出版 5 期，主题分别是"深切缅外余也鲁先生"（第一期），"传播学中国化的历史、现实与未来展望"（第二期），"中国文化遗产传播：理论、方法与实践"（第三期，"民族／文化心理研究"（第四期），"华夏文明传播研究"（第五期）。此两份刊物均因主办者为华夏传播研究的不懈推动者，刊物自然成为华夏传播研究成果的重要展示平台，尤其是后者，则明确表示着力于华夏传播研究在新世纪的开展，并筹备于 2017 年创办致力于研究精深学问的专业化辑刊——《华夏传播研究》。

（六）研究时段与历史学研究热点有较高重合度。分析已有的华夏传播研究的论文往往集中于先秦、汉代、唐代、宋代、清代晚期等历史上较为辉煌的时期。例如：先秦时期的研究注重探讨诸子百家传播思想，也关注先秦社会传播活动。如赵云泽等人认为先秦社会传播活动，如史官记事、官方文书通讯、采风、乡校议政等具有大众传播功能，主要体现在"辅佑政事"和"延揽民意"方面。难能可贵的是作者进一步认为"新闻纸"出现之前存在大众传播活动，因此，中国新闻传播事业诞生的标准问题，应以"新闻传播的活动"为标志。[1]

汉代的研究备受关注。有学者探讨汉代檄文的形制、传播内容、传播方式，与露布的区别，及其作用和影响。[2]汉代的谣言等研究颇为突出，既有专著，如吕宗力的《汉代的谣言》（浙江大学出版社，2011）；又有论文，如《"举谣言"考

---

[1] 赵云泽、丁琢、孟雅、李师贤：《辅佑政事和延揽民意：先秦时期社会传播活动的功能考察》，《国际新闻界》2016 年第 6 期。

[2] 黄春平：《汉代军事信息的传播——檄文》，《新闻与传播研究》2011 年第 3 期。

辨》(陈建群，2014)。

唐代是中国的盛世，回味唐代是中华民族复兴的重要意象，自然也牵引了学者的目光。有学者从研究当代的国家形象传播入手，回顾唐代的传播对外传播经验，认为唐朝在"我—他"关系的想象中，加强了自身的国家身份认同。①

宋代是个科技与文化昌盛的时代，当时传播制度方面也有许多值得关注的地方。例如有学者就关注宋代作为信息控制的"定本"制度的存废过程，深刻指出：宋代定本制度的存废之争，实际上是新闻信息传播效率与新闻信息传播安全之间矛盾的外在反映。②还有学者探索宋代"榜"这种媒介的形态、张贴空间及其功能、传播范围，都做了深入细致的考察。③

清代晚期由于社会处于近代转型期，媒介与社会的关系研究，较为突出。例如有李滨研究《京报》与当时中英关系，探讨两国通过《京报》及其《字林西报》的"京报摘要"等围绕"觐见问题"引发的社会舆论，形塑了近代化过程中的中国与世界透过媒介的交流状况。④还有李秀云研究维新变法等时期的士人如何因应新媒介时代，具体来说，就是士人是如何借助新式报纸进行宣传与自我身份建构。

二、传播学"中华学派"的建构当根植于省思"传播学本土化"的理论自觉

刘海龙教授曾以特殊与普通、应用与理论二元划分来剖析四象限的关系。总体上华夏传播当前所处的阶段集中在特殊与应用，特殊与理论两个象限内，即应用西方理论解释中国传统思想与实践；借鉴中国经验，以中国实践应证西方理论，在修正中发展西方理论。其实，西方理论本身也是特殊的理论，因此，移植中国情境，仍需要在地化印证或检验。而相较于西方，中国文化更多以思想的形式表达，缺乏理论的推演。不过，在西方传播理论的刺激下有可能基于中国文化传统与实践经验建构适合中国的传播理论。不过，传播学者的追求当不止于这一境界，那就是在此基础上，借由中西传播学者的对话，可以进一步在应用与普遍、理论与普遍这两象限推进，亦即在全球化的时代，世界交往日益密切，中国可能也能够为世界传播实践贡献中国"方案"，例如和谐传播理论；基于中国实践，进而生发出带有普适性的传播理论，即由中国学者首先发现并被世界认可的理论，如面子理论。"应用/理论、特殊/普遍之间的张力既客观存在，同时又是中国传播研

---

① 陈雅莉、张昆、曾林浩：《唐代的对外传播与"中国"在前近代国际关系中的国家认同建构》，《国际新闻界》2016年第6期。

② 魏海岩：《宋代定本制度存废新考》，《新闻与传播研究》2012年第2期。

③ 杨军：《宋代榜的传播学解读》，《新闻与传播研究》2011年第3期。

④ 赵莹：《〈京报〉的流传与19世纪中英关系构建：以"觐见问题"为例》，《国际新闻界》2013年第7期。

究保持活力的重要条件。这既符合中国现阶段以发展为主的国情（时间因素），同时也是全球化与多元主义、统一的民族国家与其内部的多元主义等张力（空间因素）的体现。"①诚然如斯，凭此路径与心境，既不会简单地否定从中国悠久的历史传统中去找寻传播惯习的努力，又不会担忧丧失学术话语权这一令人焦虑的问题。总之，立足中国文化传统与现实社会实践，研究中国问题，提出中国见解，解释并前瞻地分析中国社会，在此基础上生发出传播思想和理论，其实就是如同中国特色马克思主义一样，培育出有中国特色的传播学——华夏传播学（或称华人传播学、中华传播学）。其实，作为《华夏传播论》一书的主编孙旭培在介绍该书的文章中早就透露，当时两岸暨香港的学者拟在三个方面着手研究，一是断代史，二是专题研究，三是理论探索。"从中国传统文化中找出原则与原理，结合现代社会实际进行研究验证，建立科学理论。"②

　　华夏传播研究，乃至传播学"中华学派"的形成，到底发展之路在何方？在这一点上，邵培仁教授提出的六点路径富有启发。其一，验证主义：重新验证西方的研究发现；其二，寻根主义：反向的学术探寻与追溯；其三，融合主义：将西方学术融入中国文化；其四，问题主义：用西方理论与方法研究中国问题；其五，改良主义：改良旧理论，优化老办法；其六，创新主义：建构和创立新的理论和方法。③这与陈韬文提出的本土化三阶段说法（简单移植，修订理论和原创理论）④有异曲同工之妙。理论创新是中国传播学者追求的理想目标。而华夏传播学者当下在做的，重点在于"寻根"，邵培仁认为是"将现有的传播理论或提炼总结的学术元素和本土基因，通过寻根问祖式的分析研究，在中国五千多年文化典籍和历史记忆中探讨其学术渊源和发展规律，比对同西方传播学在思维特点、理论深度、研究方法等方面的差异，思考其进一步发展与繁荣的走向和趋势"⑤。究其实质是以回溯的方式，在中国的历史与文化中找寻中国人对待传播问题的思维方式和行为方式，从而力争将"中国传统思想影响下的中国人传播行为"概念化，理论化，进而能够理解和解释在现实与历史共同形塑而成的中国人的传播习惯及其相适应的一系列制度规范。在此过程中，我们无法拒绝和抛弃西方的传播理论，

---

　　①　刘海龙：《传播研究本土化的两个维度》，《现代传播》2011 年第 9 期。

　　②　孙旭培：《探讨中国传播理论的可喜尝试——介绍〈华夏传播论〉》，《新闻学研究》1998 年第 57 期。

　　③　邵培仁、姚锦云：《寻根主义：华人本土传播理论的建构》，《新疆师范大学学报（哲学社会科学版）》2013 年第 4 期。

　　④　陈韬文：《理论化是华人社会传播研究的出路：全球化与本土化张力处理》，张国良、黄芝晓主编：《中国传播学：反思与前瞻》，上海：复旦出版社，2002 年。

　　⑤　邵培仁：《华人本土传播学研究的进路与策略》，《当代传播》2013 年第 1 期。

而是希望将它作为建构华夏传播理论的参照系，因为没有"他者"，无法确认自我。因此，对话机制是华夏传播理论建构的必由路径。既探讨传播的人类共通方面，又深研中国在传播实践中形成中国经验和中国模式。

笔者近期也提出"中西传播理论特质差异"说，认为可以用"心传天下"概括华夏传播理论的特质，因为它强调和谐传播，注重生活经验，以"天下"为价值终极取向；同时可以用"理剖万物"概括西方传播理论的特质，因为它强调科学追问，讲究实证方法，追求问题意识导向，以传播效果控制作为目标。并认为应当推动华夏传播理论"走出去"战略，以建构和谐世界的传播理想，抑制西方文化霸权主义，尊重文化多样性，奉行"和而不同"的相处交往之道。[①] 我们相信在更深入地研究中西传播理论的差异基础上，来开展华夏传播研究，提出富有中国特色的理论与思想观点，如此开展中西对话利于对人类传播理论做出中国的贡献。

邵培仁、姚锦云认为经验与理论并不存在鸿沟，而是可以经由经验而上升为理论，华夏传播研究可于此努力。中国的儒家道德传递观就具有打造成为类似于凯瑞仪式传播观一样的儒家道德传播观的可能。[②] 邵、姚两人还发文阐述了"华夏传播"研究的合理性。他们认为，前人的经验通过语言和思想在后人的经验中延续，并成为后人的"意义之网"和"释义系统"，因此，以历史为对象的华夏传播研究能够发展为关于现实的知识。[③] 进而邵姚两人认为至少有"阴—阳""和—合""交—通""感—应""中—正""时—位""名—实""言—行""心—受""易—简"等十对华夏传播观念，它们既是中国传统思想的重要范畴，又是中国人日常传播行为和行动的"释义系统"，这一努力对发展出"华夏传播理论"至关重要。[④] 如此看来，当前的华夏传播理论如同已然经过破土而出阶段，进入迎着风雨、立根长芽的新时期。

三、传播学"中华学派"的建构当在中国新闻传播史论的研究中提升研究后劲

华夏传播学的建构必须在历史、理论、方法等方面加以着力。而事实上，中国历来有治史的传统，深厚的史学基础，为华夏传播研究奠定了坚实基础。对中国古代报纸的研究，是管窥华夏社会关系结构的重要路径，也是观察传统社会信

---

①　谢清果、祁菲菲：《中西传播理论特质差异论纲》，《现代传播》2016 年第 11 期。
②　邵培仁、姚锦云：《从思想到理论：论本土传播理论建构的可能性路径》，《浙江社会科学》2016 年第 1 期。
③　邵培仁姚锦云：《为历史辩护：华夏传播研究的知识逻辑》，《社会科学战线》2016 年第 3 期。
④　邵培仁、姚锦云：《传播理论的胚胎：华夏传播十大观念》，《浙江学刊》2016 年第 1 期。

息流通的必然要求。华夏传播媒介自我的变迁及其牵涉的国家管理，无疑是作为研究社会关系建构的华夏传播学所关注的。吉林大学程丽红主持国家社会科学基金项目"清代新闻传播史研究"，其成果之一《清代小报初探》论述了清代小报是独立的媒介这一观点，也肯定了小报有"混杂于邸报或报房《京报》的发抄事件之中"的可能。[①]这是当时小报非法存在而不得已的运作形态。于此，亦可了解在传统专制社会里言论自由是何其艰难，但有需要就有满足这种需求的媒介形态。

此外，中国新闻传播史的研究成果中，巫称喜教授的《殷商文化传播史稿》一书填补了商代传播研究的空白。还有许多方面都涉及华夏传播研究议题，如研究传播思想、传播制度和传播媒介，都丰富了华夏传播的内容。例如，传播思想方面有：《被遗忘的中国早期传播研究——评朱希祖的〈道家与法家对于交通机关相反之意见〉》一文就是对希祖于1925发表的对古代道家与法家传播观的比较研究[②]；赵尚博士探索了具有"保"性质的"报"观念的历史流变，分析"报"与西方宣传的差异，并评价其积极与消极意义。[③]传播制度方面：宋素红、齐琪对唐到宋进奏官的传播职能与对其管理制度方面的变化进行细致考察[④]，这对于了解古代政治传播是很有助益的。面对四起的谣言，宋代政府一边布置谣言传播的政治禁区，一边建立预警、预案制度，并由此形成一套严密的传播与防控体系。[⑤]此种研究本身可以以古鉴今，还可以探讨中华文化情境的信息传播规律及其治理的制度。

传播媒介方面：吴果中、夏亮透过"新闻画"的分析来把握晚清媒介、社会、国际三者互动的关系呈现，将时尚消费与政治批判融合在一起，体现媒介与当时上海社会关系的时代烙印。[⑥]孔正毅、陈晨从明代"京报"是否存在这一问题入手，进而以丰富的史料表明明代"京报"不仅存在，而且以邸报与小报两种类型存在。[⑦]魏海岩研究了王安石变法时期新出现的月报周期的官报在实际运作中的问题，并指出多样化与专门化为宋代官报发展的趋势。[⑧]还有对元代是否存在邸报问题，学界展开争鸣。孔正毅主持国家社科基金"中国古代官报——邸报史"课题，其成

① 程丽红、焦宝：《清代小报初探》，《现代传播》2013年第9期。

② 高海波：《被遗忘的中国早期传播研究——评朱希祖的〈道家与法家对于交通机关相反之意见〉》，《国际新闻界》2011年第1期。

③ 赵尚：《论"报"的中国文化背景——我国古代信息传播意义上的"保"、"报"关系考》，《国际新闻界》2015年第9期。

④ 宋素红、齐琪：《进奏官从唐到宋的演变初探》，《国际新闻界》2014年第10期。

⑤ 刘大明：《试论宋代谣言传播的政治风险防控》，《新闻与传播研究》2012年第1期。

⑥ 吴果中、夏亮：《媒介的社会批判：清末〈图画日报〉的文本特色——以"新闻画"为中心》，《国际新闻界》2011年第12期。

⑦ 孔正毅、陈晨：《明代"京报"考论》，《国际新闻界》2012年第2期。

⑧ 魏海岩：《中国最早的新闻月刊——进奏院月报》，《国际新闻界》2012年第2期。

果之一如《再谈元代的"邸报"、"朝报"及"除目"问题——兼答李漫博士》与李漫的《元代邸报"新证"考辨》(《国际新闻界》2010 年第 6 期)进行商榷，此类研讨有助于推动对中国古代报纸的深入研究，期望将来学者能够在古代报纸与传统社会结构间的关系进行更有广度深度的研究。当然，晚清电报电话传中国后，对中国政治、经济、社会、文化都有深刻影响。孙藜教授的《晚清电报及其传播观念（1860—1911）》(上海世纪出版集团，2007)便早已探讨了晚清社会对电报的接受过程及其思想观念变迁的历程，揭示了新传播技术嵌入后的社会传播话语实践。[①]2015 年孙教授又推出新作《再造"中心"：电报网络与晚清政治的空间重构》探讨了电报网络对驿传等旧媒介所建构、维系的空间与社会联系之网的重构，而这过程中伴随着晚清政府致力将电报的网络纳入于权力的结构之中，以维系中心和权威。[②]

郭镇之、郭云强（2013）也关注了晚清电报与电话引进后产生的主权与利权之争，反映了晚清政府面对电信这种新媒介技术在传媒经济与政治经济两重观念的冲突。[③]这一研究对于我们今天互联网主权、安全、交流权等的讨论可以提供历史经验。

四、传播学"中华学派"的建构当在核心概念的辨析中奠定理论基石

对于华夏传播学的建构而言，需要像西方传播学一样对相关的核心概念，进行历史与现实的考索，使同行能够在合适的情境下探索中华传播问题。这方面也有些学者进行了开创性研究，如暨南大学的邓绍根对"舆论"一词的考证，还有学者对"传播""宣传""媒介"等概念进行历史梳理。其中，张振宇、张西子考证指出中国古代的"媒介"是媒人和推荐者之意，具有仪式感。[④]而直到晚清才具有了指代"交流"的事物。很值得一提的是潘祥辉从传播考古学的视角，从"圣"的来源、演变、中西圣人差异等角度，进行探玄钩沉，认为圣人的原型是拥有超凡传播能力，能够沟通天地人神、偏倚耳听口传的"传播之王"。[⑤]郝雨出版的《中国媒介批评学》一书，从中国传播的文学批评中介绍思想方法，来丰富发展媒介

---

① 孙藜：《晚清电报及其传播观念（1860—1911）》，上海：上海世纪出版集团，2007 年。

② 孙藜：《再造"中心"：电报网络与晚清政治的空间重构》，《新闻与传播研究》2015 年第 12 期。

③ 郭镇之、郭云强：《晚清电子传播的引进：兼析'权''利'之争》，《新闻与传播研究》2013 年第 4 期。

④ 张振宇、张西子：《自"名"而"动"由"人"及"物"——中国古代"媒介"概念的意义变迁》，《国际新闻界》2011 年第 5 期。

⑤ 潘祥辉：《传播之王：中国圣人的一项传播考古学研究》，《国际新闻界》2016 年第 9 期。

批评的中国见解，甚至力争建构起中国的媒介批评学。[①]需要说明的是，尽管传播学是舶来品，但是传播思想与传播观念则是各国家、各民族与生俱来的实践积淀，建构传播学"中华学派"着力方向就是要提出一套中国风格、中国气派、中国话语的传播学理论体系，这样的思想体系当是以我为主，综合创新，以解释和指导中国社会实践为试金石和归宿点的管用的学说。为此，中国传播学者应当，也必然根植于中国丰富的历史与生动鲜活的社会生活，生发出一整套，既能与西方对话，又有中国品格的华夏传播学来。而这样的传播学，无疑是需要从中国文化特有的观念与理论中去挖掘，去提升，去创造的。

总之，从中国文化观念入手，探讨华夏传播活动源流，无疑是促进华夏传播理论生成的基础工作，因为概念及其群落的生成，将为华夏传播学的最终铸就提供范畴基础。

五、传播学"中华学派"的建构当注重推进"民族文化传播学"研究

华夏传播理论与实践的研究，一个重要的方向便是基于中华民族文化多元一体的特征，深入研究民族文化传播，将是华夏传播研究最有可能突破的领域之一。仲富兰的《民俗传播学》（2007）、郝朴宁等人的《民族文化传播理论描述》（2007）、杨立川的《传播习俗学论纲》（2009）等书都是这一领域的代表作。庹继光、刘海贵曾撰文分析了民俗传播的信源分析、程式化处理、受众认同与信息变异等传播要素，探索民俗成为民族符号，形成"集体记忆"的传播过程。[②]节日作为民俗的一个重要组成部分，它通过仪式的展演，增强了民族认同感。节日文化在当代时空下的传播，不仅是节日自身演变的不得不然，也是国家形象塑造的社会基础。[③]研究中华文化传播，不可能脱离当下的时空，只有贯通古今，以今溯古，才能使华夏传播研究接地气。也就是说，应当着重研究中华文化意象的诸方面如宗祠文化、乡贤文化、节日文化等对于民族精神与价值传承的关系，避免文化"乡愁"漫延开来。其实，郭建斌、吴飞等老师研究少数民族村落在因应媒介变迁过程中的生存样态，不仅助于我们从文化传播的角度深刻体认少数民族文化自身传承的脉络，进而惜爱并保护好民族文化；而且也让世人明白民族文化如何应对媒介社会时代，走出民族发展新路子。这其实也是华夏传播学的现实关怀与历史使命。

其实，华夏传播研究未来推进的方向可以在建构"华夏传播学"为旗帜下，继续推进。以往的华夏传播研究是"向后看"，研究传统社会积淀的传播智慧，而

① 郝雨：《中国媒介批评学》，上海：上海大学出版社，2015年。
② 庹继光、刘海贵：《民俗传播要素简论》，《新闻大学》2012年第4期。
③ 崔莉萍：《节日传播的文化空间建构》，《新闻大学》2012年第4期。

其实，还有一个可取的方向当是"向前看"，探讨中华优秀文化在现当代社会如何传承发展问题，这既是事关中华民族核心价值观的发扬问题，也事关中国传播学的学术话语体系建构的问题。因为只有能够回应时代问题的研究，才有生命力。而说到底中华文化的当代传承问题，本质是传播问题，无论是国内传播，还是海外传播，因为一种独特的文化样态，本身正是一种有特色的传播方式。中华文化只有在当代能够自然自觉地融入人们的生活，那便是传播生活化了，便有了灵魂。例如，黄鸣奋认为儒家当因应数字媒体兴起的时代进行有效转型，而这个转型的方向便是"数码儒家"。[①]"数码儒家"的要义在于儒家既要掌握基本信息技能，具备跨媒体素养，又要继承儒家经世济民的人生理想，并在新时期不断发扬光大。各民族文化的传承与发展同样需要传播学等各领域学者的通力合作，使民族文化在适应媒介社会化时代发展中不断增强其传播力、影响力与凝聚力。这应当是中华文化软实力提升的必由之路。近年来也有学者在民族文化传媒化方面着力，这是个值得关注的研究方向，因为民族文化的健康有序发展离不开市场、政府与传媒三方力量的博弈。[②]2017 年 1 月 25 日，中共中央办公厅、国务院办公厅印发了《关于实施中华优秀传统文化传承发展工程的意见》，《意见》指出："文化是民族的血脉，是人民的精神家园。文化自信是更基本、更深层、更持久的力量。中华文化独一无二的理念、智慧、气度、神韵，增添了中国人民和中华民族内心深处的自信和自豪。"传承与发展中华优秀传统文化是时代的使命，也是学者的责任。传播学领域的学者应当积极投身于建设有中国特色的传播学的伟大实践中去，努力将华夏传播学与世界传播学、中国当代传播学融为一体，发出传播学的中国好声音。

六、传播学"中华学派"的建构亟须培育"华夏传播学"的想象力

刘勇认为当前中国的传播学研究缺乏想象力，过多地围绕要不要本土化的无谓争论，而其实，"究竟什么是本土化？本土化意味着什么？怎样本土化"才应该是传播学本土化命题的"真问题"。[③]培育想象力是需要质疑精神的。而其实，华夏传播学可以克服西方传播学过于注重传播过程与效果研究的只见物不见人的研究缺欠，发扬中华传统以人为本、讲究人的性灵安顿的和谐传播智慧。

培养想象力的一大路径就是进行中西传播观念的对话，这一点从近代西学东

---

① 黄鸣奋：《从电子媒体到数码儒家》，《中华文化与传播研究》2013 年第 1 期。

② 刘建华，Cindy Gong：《民族文化传媒化》，昆明：云南大学出版社，2011 年。

③ 刘勇：《"想象力"缺失：中国传播学研究反思》，《西南民族大学学报》（人文社科版）2006 年第 6 期。

渐以来，尤其是晚清时期，中国知识分子自身转型中自觉地省思中华文化，将相关思想与西方进行对照，以促使相关外来观念以中国人易于接受的形式落地。例如西方"言论自由"与传统的"开言路"进行对接思考。诸如此类的传播观念的思考是中国近代传媒事业发展的观念基础。① 而中国虽早有"自由"观念，但并不是近代政治学意义上的观念，有学者探索了晚清时期西方的"自由"如何历经跨文化传播而成为晚清以降的重要话语。②

其实，培育"华夏传播学"的想象力在笔者看来，可以从以下两个方面着力：

（一）注重回归在地传播经验的研究

在地经验包括当下中国社会实践，也涵盖中国历史实践。只要能够充分利用传播学相关话语分析，对历史与现实的中国实践中呈现的问题，进行研究，都可以视为对在地经验或中国问题的观照。姜红就曾探讨近代报刊话语体系中的以"黄帝"为对象的种族民族主义与以"孔子"为对象的文化民族主义进行的符号斗争，这一斗争呈现了近代报刊为新媒介的中国近代社会话语与历史叙事的复杂面向。③蒋建国关注晚清报刊及其大众阅读研究，由于晚清社会处于转型时期，新媒介发行与阅读已经进入百姓的日常生活，"劝民读报"也成为知识精英的社会动员指向，白话报的兴起，推动下层百姓的阅报行为，如此，办报与读报，成为一种新型社会关系，并日益成为变革社会的力量。④ 此类的研究关注中国情境的传播现象与传播问题，透过研究有助于世人把握具有丰富传播历史的中国是如何走向近代，拥抱现代社会。

反思中国传播学发展历程，传播学者都提出当研究中国问题。而华夏传播研究的一大努力方向正是将诸如"言论自由"等传播学议题引入中国情境，探索中国历史上的言论自由问题的演变史，这本身就是华夏传播学与西方传播学对话的重要路径，也是确立华夏传播学的前提条件，更是"问题"研究取向的体现。并且一个有趣的现象是，近代西方报纸及其思想传入中国的时候，无论是传教士的解释，还是中国知识分子都不由自主地采用了"附会"的方式，将报纸的社会功能比附中国古代的"清议""教化""规谏"等表述。⑤ 李立广指出，在中国古代言

---

① 于翠玲、郭毅：《清末民国开言路与言论自由的比较视野考论》，《国际新闻界》2013 年第 9 期。

② 周德波：《晚清自由观念的跨文化传播进路》，《国际新闻界》2015 年第 4 期。

③ 姜红：《"黄帝"与"孔子"——晚清报刊"想象中国"的两种符号框架》，《新闻与传播研究》2014 年第 1 期。

④ 蒋建国：《办报与读报：晚清报刊大众化的探索与困惑》，《新闻大学》2016 年第 2 期。

⑤ 李滨：《"附会"与中国近代报刊思想的早期建构》，《新闻与传播研究》2014 年第 3 期。

论专制形成过程中，统治者有意识地抛弃了民本的舆论思想，以"别黑白而定一尊"为政治目标，撷取了诸子思想中"齐言行""尚同""一教"等言论控制思想，以"焚书坑儒""罢黜百家，独尊儒术"为手段，建构了封建专制主义言论思想传播秩序。① 研究中国历史与现实中的传播现象及其问题本身，是华夏传播研究的方向与研究富矿。同时也是回应学者对做好华夏传播研究的忠告。比如，台湾政治大学传播学院的汪琪教授在分析了"西方主义"与"东方主义"的后殖民主义情境后说："东西方文明大规模接触的数百年间，东方人接受西方与否定自己其实是同时发生的，也是一体的两面。这种自我否定使得亚洲学者在从事研究的时候往往排拒或压抑本身的经验价值与文化观点。"② 诚然如斯，中国学者，大多一贯以学习西方以正途，以西方的思想、学说、理论来审视中国和中华文化，在思维方式上不由自主地以西方为标准，与西方不一致的方面常常斥之为愚昧落后。黄旦教授也曾质疑前些年的传播学"本土化"策略，认为其始终在中西二元对立的框架中，以西方的普遍来验证中国的特殊，为破解这些困境，他提出以吉尔兹的"地方性知识"为路径，立足中国经验和场景，提出有意义的传播问题，参与世界的对话。作者希望通过建构中国自己的传播知识体系，"以文化为方法，以传播为目的；以文化为路径，以传播问题为出口"，他深刻提出："我们的'本土化'研究应该是从提问开始，是从中国现实的传播问题开始，是从具有人类共通性的中国传播问题开始。"③ 此论发人深省。

（二）继续建构能够回应中国社会传播问题的理论体系

其实华夏传播研究的理论体系建构，前有大陆吴予敏的《无形的网络——从传播学的角度看中国的传统文化》（国际文化出版公司，1988），后有台湾关绍箕的《中国传播理论》（台北：正中书局，1994）等著作，它们都试图从各自的角度探讨中国传播理论的独特表达形态。笔者主持过福建省社会科学规划项目"道家符号传播思想研究"（2009）、厦门大学中央高校基本科研业务费项目"道家传播学的理论建构"（2011）等课题，带领研究团队正致力于建构能与西方传播理论进行对话的华夏传播理论，推出一系列成果，试图在传播学研究近年来较为活跃的公共传播、舆论传播、媒介批评、说服传播等方向上呈现华夏文明传播史上在这

① 李立广：《先秦言论传播思想与封建言论专制的建构》，《国际新闻界》2013 年第 7 期。
② 汪琪：《"华化"传播研究：挑战、目标与取径》，黄旦、沈国麟编：《理论与经验——中国传播研究的问题与路径》，上海：复旦大学出版社，2013 年，第 109 页。
③ 黄旦：《问题的"中国"与中国的"问题"——对于中国大陆传播研究本土化讨论的思考》，黄旦、沈国麟编：《理论与经验——中国传播研究的问题与路径》，上海：复旦大学出版社，2013 年，第 35—57 页。

些议题上所积淀的思想观念、表现形态、历史变迁，并思考其当代价值，期望能引发学界关注，共同在相关方向上深入开拓。浙江大学的邵培仁教授主持 2013 年度浙江省哲学社会科学规划课题"华夏传播理论研究：新视野、新思维、新路径"，其后，他和他的博士生姚锦云联手在华夏传播理论体系建构方面成就颇丰。例如，他们提出了"接受主体性"概念，并以庄子、慧能与王阳明为代表，分别探讨他们在思想交流、宗教信念传递、道德传承三大人类传播问题上的独特观念，认为中国传播观念重在"受"而不是"传"，即追求恢复内心本真的精神世界，亦称为"真宰""本心""良知"。从而，传达出与西方"传者为中心"的传播观不一样的"接受主体性"的传播观。① 邵、姚两人还提出了"传播辩证论"，能以表述中国古人在符号与意义的关系以及交流是否可能的问题上的理论思考。② 前者古人表达为名实之辨与言意之辨，而后者则表达为是非之辨与辩讷之争。《老子》开创，《墨子》《庄子》承续，而《荀子》以"解蔽"为集大成。总之，中国古人的辩证传播思想是我们理解中国人传播价值和传播心理结构的金钥匙。邵、姚两人还曾提出"传播模式论"，认为《论语》文本蕴含了四种传播模式：价值传播的"内化"模式（以仁释礼，情在理中）、道德传播的"情感"模式（众星拱辰，风行草偃）、人际传播的"外推"模式（忠恕为仁，推己及人）、知识传播的"情境"模式（不愤不启，不启不发）。其深层结构是儒家一以贯之的传播思维，包括传受兼顾的主体意识、知行合一的实践精神和情理交融的实用理性。③ 如此，至少建构了儒家的传播模式论，具有相当的解释力。厦门大学的杜恺健博士生探讨"华夏传播符号"的内涵、体系及其功能，作者认为中国古人注重语言符号的社会性质，一方面，通过对名学的考察，强调必须要有一个与社会相适应的语言符号系统才能够促进社会以及交往的发展。另一方面，古代中国人亦擅长使用非语言符号作为一种传播媒介，通过它们为人们提供了共通的传播理念，进而使得人们在一定交往背景下进行传播成了可能，同时也为传播活动提供了共识的规范。此外，华夏传播符号也具有协同继承的功能，周易卦爻辞的协同继承说明符号所继承不仅仅是中国符号原有的意义，同时也是对原有生活世界的阐扬。④ 赵晟博士生选取从华夏文明传播的安全角度重新诠释了"夷夏之辨"，认为"夷夏之辨"是一种民族中心、民

① 邵培仁、姚锦云：《传播受体论：庄子、慧能与王阳明的"接受主体性"》，《新闻与传播研究》2014 年第 10 期。

② 邵培仁、姚锦云：《传播辩证法：先秦辩证传播思想及其现代理论转化》，《杭州师范大学学报》（社会科学版）2014 年第 2 期。

③ 邵培仁、姚锦云：《传播模式论：〈论语〉核心传播模式与儒家传播思维》，《浙江大学学报》2014 年第 4 期。

④ 杜恺健：《华夏传播符号的内涵、体系及功能初探》，《中国传媒报告》2016 年第 4 期。

族自觉的传播本位观，而其核心"夷夏之防"反映的是一种华夏文化传播的安全观与责任观，此外，历代的和亲与朝贡则是夷夏博弈过程中的一种战略选择和跨文化传播策略。① 此类阐发颇有新意，使原来属于文史哲的议题转化为传播学的议题，体现了华夏传播研究注重与文史哲研究的学科交叉融合。

结语

"华夏传播学"：传播学"中华学派"的建构的当代目标

华夏传播研究当今虽然远不是传播学研究的前沿热点，但是她却具有推动与深化中国传播学研究，回应传播学基本问题的理论特质，也就是说未来必将成为研究热点，此乃时势使然。因为植根于本民族文化的传播研究才是学术研究的根本生命力所在。有学者指出，中国人面临的传播困境是"如何共同生活"问题。"因为谎言、作假、不信任、谣言、暴力、不公、腐败等这些问题已经不再是西方学术界思考的核心问题,而这正是中国问题的独特之处。"② 笔者倡导建构"华夏传播学"，目的是团结一批从事中国文化传播、中国新闻传播史以及传播思想史研究的学者，甚至包括文史哲领域对传播媒介、信息流通感兴趣的学者，组成学术共同体，力争通过 2013 年创刊的《中华文化与传播研究》和拟于 2017 年创刊的《华夏传播研究》以及每年一次的"华夏传播研讨会"（暂名）来搭建学术交流平台，将相关学者集聚起来，相互分享信息与思想，共同打造"华夏传播学"学术高地。笔者认为"华夏传播学，又称华夏传播理论，是对中国传统文化与文化传统中的传播活动和传播观念进行发掘、整理、研究和扬弃的基础上，建构起来的能够阐释和推进中华文明可持续发展的传播机制、规律和思想方法的学说，亦是立足中国历史与现实，能够解释中华文明传播现象，解决中国社会传播问题，运用中华术语建构起来的具有中国风格、中国气派的理论体系。"③

笔者认为当采取适当聚焦与兼容并包的思想方法来建构华夏传播学。华夏传播学的核心内容是文化传统的传播学研究，不仅包括古代的传播问题、传播事件，传播思想等的研究，还包括近现代对文化传统的海内外传播研究，如以新的媒介形态传播中华文化，也应当包括在其中。例如景宗虹撰文对茶文化海外传播内容、

---

① 赵晟：《夷夏之辨：华夏文明传播的安全观》，《中国传媒报告》2016 年第 4 期。

② 李红：《网络公共事件：符号、对话与社会认同》，北京：中国社会科学出版社，2015 年，第 302 页。

③ 谢清果：《华夏传播研究的前史、外史及其开端》，《中国传媒报告》2016 年第 4 期。

渠道、误区以及搭建传播平台推动传播等议题做了有深度的思考。① 理应纳入华夏传播研究的视域中来，这是华夏传播研究贯通古今的内在需要，也是中国传播学从传播汲取智慧，打造有中国特色的传播学体系奠定基础。在笔者看来，中国传播学侧重国别或疆域中国意义上的传播学。广义上讲，是指一切在中国的传播学或传播学在中国，可以包括从古至今一切从传播学视角或有传播学意蕴的学术研究，自然也包括华夏传播学；从狭义上讲，可以专指近现代、当代中国语境中的传播学，尤其侧重于包括新媒体、社交群体在内的大众传播研究。而华夏传播学侧重"文化中国"意义上的传播学。从狭义上讲，专指研究传统社会（鸦片战争以前，最迟可至五四新文化运动）中的传播问题，可称为"华夏传播研究"；从广义上讲，侧重研究从古至今的中华传统文化与文化传统中的传播问题，力求从中国历史、中国经验、中国实践出发，用中国传播话语体系，表述华人交往、交流及其关系建构与意义共享的传播理论，进而与世界传播学进行对话，从而丰富人类传播理论与经验。总之，侧重中华文化的传播与创新问题研究，可称为"华夏传播学"。也有学者在思路上与笔者有共通之处，比如，邹利斌、孙江波提出用"传播理论的本土贡献"观念来代替"传播研究本土化"，因为后者着力的是西方的传播理论，并提出本土研究的进阶路径是"中国经验、中国问题、中国范式的三位一体"设想。② 此种观念颇有启发，能够助于消解当前中国传播学界主体性的焦虑。

总而言之，笔者认为传播学"中华学派"的建构需要明确提出"华夏传播学"，不过，"华夏传播学"的建构当应坚持从"文明传播"观念入手，而不是从一般的"文化传播"出发，因为中华文明绵延五千年，其积淀的华夏文明传播智慧是无可替代的，深入研究华夏文明传播的观念、思想及理论体系是世界传播学对中国的期待，也是中国传播学界可以奉献给世界的最可宝贵的传播理论。当代以习近平同志为核心的党中央提出的建构"人类命运共同体"新理念，正是中国传统"天下"传播观念的当代表述，其实质正是要建构"人类沟通共同体"，而这正是华夏文明传播智慧可以奉献给建构和谐世界、太平国际的中国方案。令人欣慰的是，中国社会科学院新闻与传播研究所杨瑞明、王怡红等研究员于 2007 年以"文明传播的跨学科研究与学科创建"为题的课题被立项为院内重点课题。其课题成果以《文明传播的哲学视野》为题由中国社会科学出版社正式推出。该成果从传播哲学的高度，指出"文明传播"作为概念，是"文明的传播"与"传播的文明"

---

① 景宗虹：《论中国茶文化海外传播》，《国际新闻界》2012 年第 12 期。

② 邹利斌、孙江波：《在"本土化"与"自主性"之间——从"传播研究本土化"到"传播理论的本土贡献"的若干思考》，《国际新闻界》2011 年第 1 期。

的统一。前者强调的是"文明"在传播中生成和发展；后者强调"传播"亦是在"文明"的关照下进行的，传播活动本身也进行着"文明"的洗礼。正所谓"文明通过传播，走向对话语境，达到和谐。传播是表明文明的手段，是显露文明的平台，传播的对话方式是实现和谐社会的有效途径。"① 其实，关注这一议题的学者较早的当属毛峰教授。毛教授在其大作《文明传播的秩序——中国人的智慧》一书中很有见地地指出："人类的知识或信息传播，是一种文明价值或人文意义的传播，是人类知识或信息得以生成、固定、传承、读解、接受、变形等传播机制以及传播技术持久作用的结果，是特殊政治经济利益与价值观的产物。一言以蔽之，人类传播的基础与核心，是文明传播。"② 作者以诗意的笔触，通过对《中庸》《易经》《论语》等传统经典的哲学诠释，认为中华古典文明虽然经历了西方文明的洗礼，但是中华文明是以伦理原则为传播秩序，以"义利之辨"为核心的道德基础和精神基础的高雅文明，其所形成的"尊崇爱护自然、力行道德教化、追求精神提升、万物和谐"文明模式具有纠正"文明传播偏向"之弊的功能，其价值不可估量。厦门大学传播研究所于2016年推出《华夏文明传播研究文库》便是旨在承继这一创新理念，期盼能够共同打造出华夏文明传播研究的学术新高地。③ 目前笔者已编写了《华夏传播学读本》（世界道联出版社，2016），2018年已推出汇集四十年来华夏传播研究领域主要著作提要的《华夏传播学的想象力》和含摄华夏内向传播、人际传播、组织传播、大众传播、跨文化传播、舆论传播、媒介批评、文艺传播、宗教传播等为主要章节的本科生教材——《华夏传播学引论》与包含华夏传播情感论、风草论、责任论、时空观等为主要内容的硕士生教材——《华夏文明与传播学本土化研究》，力争夯实华夏传播研究的文献资料搜集和教材建设基础，从而高扬了创立传播学"中华学派"的闪亮旗帜，也为未来"中华传播学"的最终形成树立起里程碑与方向标。

（谢清果）

---

① 杨瑞明、张丹、季燕京、毛峰主编：《文明传播的哲学视野》，北京：中国社会科学出版社，2012年。

② 毛峰：《文明传播的秩序——中国人的智慧》，北京：中国传媒大学出版社，2005年，"序言"，第1页。

③ 谢清果：《2011—2016：华夏传播研究的使命、进展及其展望》，《国际新闻界》，2017年第1期。

"风草论"：建构中国本土化传播理论的尝试

　　"风草论"是中国学者对传播理论本土化的一大尝试。我们力求结合中国传统社会文化背景，阐发"风吹草偃"这一中国特色观念的传播理论意蕴。"风草论"主要内含三个层面的传播观念：注重传播过程的风化风行，关注受众主体性的草偃草起以及风吹草偃的传播效果。"风草论"既体现了有别于西方魔弹论的传播效果理念，又表达了中国对传播主体德性的关注以及以民为本所生成的一定程度上的受众主体性。虽然在实践中并不尽如此，但在理论层面却有着追求传播过程的自然和谐这一高尚目标。因此，我们相信"风草论"必将是一个有中国特色的本土化传播理论。

　　传播学界的"风草论"一说，最早是由厦门大学黄星民教授在一次学术会议上提出的。此后学者们大多认为"风草论"将是中国学者对传播理论本土化的一大突破，它跳脱了传统传播理论的条条框框，基于中国经典古籍《论语》，并历经从古至今的不断阐扬，从而在中国漫长的历史变迁与社会传播的激荡中，逐步提炼成一个富有深刻传播观念内涵的本土化的思想体系。我们经研究发现，"风草论"主要内含三个层面的传播意蕴：注重传播过程的风化风行，关注受众主体性的草偃草起以及风吹草偃的传播效果。

　　近年来，学者们对"风草论"陆续进行了一些探讨和研究，这些研究主要集中在以下三方面：第一，情感传播观。邵培仁、姚锦云等人认为，孔子明确意识到人具有的主体意识，不是可以随意恐吓或控制的机器，却是可以感化的积极主体。因此，"风草论"传播观带有浓重的情感论色彩，是一种巧妙利用受众主体性的而非强压式的传播。[①] 第二，正误思想博弈观。惠萍认为，"风草论"描述的是正误两类"意见"在自由的意见市场上较量的结果，"正确的思想不是静止不动

---

　　① 邵培仁、姚锦云：《寻根主义：华人本土传播理论的建构》，《新疆师范大学学报》（哲学社会科学版）2013年第4期。

就会产生效果，要持续不断进行宣传，要在与错误的思想辩论的过程中丰富自己、发现自己，错误的'草'就会没有抬头的机会，从而让正确的思想占领意识形态的主阵地"①。第三，中西传播比较观。陈世敏认为，"风草论"直接挑战了西方"传播"一词的定义（本质）。对此，他从传播学方法论角度出发，提出了大胆的设想："在中国，'传播'的本质可能不是西方传播学教科书所说的'建立共识'，这是本体论的问题；其次，中国社会似乎并未像西方一样，把'说服'列为传播活动的首要内涵，这是认识论的问题。"②第四，古语意蕴演变观。于翠玲在考查现阶段"风草论"研究之后，发现"风草论"中"风吹草偃"的比喻历史长河中发生了演变，"不仅指上行下效的教化，也指臣下对人君进行委婉讽喻而达到的效果。"③

综上所述，因相关研究资料匮乏、现有资料研究范围的局限种种因素，"风草论"远未成为一个具有系统架构的理论。不过，笔者认为至少"风草论"的提出与深化研究相当程度上体现出华人传播学界努力追求传播理论本土化这一共同志业中的重要一环。

一、"风草论"展现了中国社会与政治传播的基本理念

"风草论"相关理念的提出，可追溯到《论语·颜渊》。当时，鲁国季氏家族三分鲁国公室，为了自己权力巩固，"季康子问政于孔子曰：如杀无道，以就有道。如何？孔子对曰：子为政，焉用杀？子欲善，而民善矣！君子之德风；小人之德草。草上之风必偃"。朱熹注曰："为政者。民所视效，何以杀为？欲善则民善矣。上，一作尚，加也。偃，仆也。"何晏集解引孔安国曰："偃，仆也。加草以风，无不仆者。"《汉语大词典》中"德"字的第二义项为"行为；操守"④。朱熹在其《论语集注》中解释"道"和"德"时说："道则人伦日用之所行者是也"，即人们日常关系中所应当遵循的规则、道理。因此，"君子之德风，小人之德草"句中的两个"德"字，可译为"行为"或"操守"。杨伯峻如是理解这段话，季康子向孔子请教政治，说道："假若杀掉坏人来亲近好人，怎么样？"孔子答道："您治理政治，为什么要杀戮？您想把国家搞好，百姓就会好起来。领导人的作风好比风，老百姓的作风好比草。风向哪边吹，草向哪边倒。"⑤如此看来，"风草论"原义的解释焦点基本集中于"为政"的上行下效上，也就是说，为政者及君子的行为就像风，

① 惠萍：《〈论语〉传播策略浅析》，《青年记者》2009 年第 24 期。
② 陈世敏：《华夏传播学方法论初探》，《新闻学研究》（台湾）1993 年第 71 期。
③ 翠玲：《传统媒介与典籍文化》，北京：中国传媒大学出版社，2006 年，第 22 页。
④ 栾锦秀：《咬文嚼字读〈论语〉》，北京：中国青年出版社，2011 年，第 7 页。
⑤ 杨伯峻：《论语译注》，北京：中华书局，1980 年，第 138 页。

而被治者、小人的行为或操守像草，被统治者或小人则顺应上者的道德之风。统治者若为善，民众也将为善；统治者若循礼，被统治者也会守礼不逾。

"风草论"既强调的是一种上行下效的中国古代政治传播理念，也涉及了中国传统礼教是如何从上层统治阶级向下层民众普及亦即"风化"的过程。一方面，《尚书·蔡仲之命》有云"皇天无亲，惟德是辅；民心无常，惟惠之怀"①，这说明自周之后，这种建构帝王仁德以为下民效行的政治观念就已经开始形成。而这种上行下效的传播模式与中国传统宗法等级制度与其观念的极强渗透力存在很大关联，中国古代社会家国同构的一元性政体决定了中国传统传播制度的"定于一尊"的一元化格局。另一方面，"风草论"展现中国古代社会政治传播理念的同时，潜移默化地编织着一张无形的教化之网。对文化价值、社会规范、意识形态的宣传均可称为教化。教化传播又是中国古代政治传播中的重要一环，它是维系政治、传承政治文化、整合社会的重要的手段。前已述及，它像一张无形的政治之"网"，潜移默化地控制着社会。因而，作为高层权力统治者有力统治武器的教化传播被无形中赋予了"风化"的特征，这主要体现在三个不同的方面：一是"入"，浸润万物。即有利于上层统治的化民育德的教化思想通过文学、艺术、学校教育等方式影响万千家庭，深植于民众的社会生活中，从而在社会这一层面上形成一种极具整合性的无形影响力；二是"伏"，润物无声。儒家学说将德治、教化以及礼制认为是构建传统伦理道德三大要素，崇尚不言之教与自我修身的教化过程，这一过程中讲究的是人内心的自我体悟，而不仅仅是所谓"大张旗鼓"的教化行为；三是"顺"，顺应自然。"道法自然"等思想深入人心，中国传统社会的传播观更强调的是柔顺化物，以"和风"作为化育手段，依自然变化之势调顺其心。②

二、"风草论"运作与传统社会"定于一尊"的传播机制交相辉映

英礼士曾说："传播方式与频道决定于社会控制的方法和政府的机制。"③社会政治结构与隶属于这一社会的传播结构存在着密切的关系，可以说，一个社会的政治文化机制直接决定了这个社会的传播体制。孙旭培在《纵向传播强劲，横向传播薄弱》一文中将中国古代社会信息传播特点总结为"纵向传播发达，横向传播式微"两方面。而这种信息传播的横纵向差异特征，体现在中国古代社会政治、经济、文化等方方面面。政治方面，上有皇权至上的"定于一尊"的中央集权制

---

①　李民、王健撰：《尚书译注》，上海：上海古籍出版社，2012 年，第 262 页。

②　李家智、江净帆：《论我国传统教化之"风化"特征》，《西南民族大学学报》（人文社会科学版）2010 年第 8 期。

③　孙旭培：《华夏传播论：中国传统文化中的传播》，北京：人民出版社，1997 年，第 33 页。

度，下有严格的户籍制度，社会则是在亲缘基础上形成"君君，臣臣，父父，子子"家国同构的政治秩序，且国家垄断经营政治、军事信息传递系统，民间信息传递系统经营被严重遏制，纵向政治传播在这样金字塔式的社会结构中迅速有力；在经济方面，重农抑商"四民分业定居"的观念严重阻碍了横向传播；在文化方面，则以焚书、修书、科举制、文字狱等极端形式维持"罢黜百家，独尊儒术"的理念，排斥任何非正统思想文化的传播。① 邵培仁认为，家国同构的政治结构对中国古代社会的传播机制起到了决定性作用，"中国古代社会家国同构的一元性政治结构决定了中国传播体制的一元化格局"②。这种一元化传播体制突出体现在：第一，作为国家政权主宰的皇帝，掌握着全社会信息源头，对社会信息具有绝对的制导权；第二，皇帝既是社会最为权威的信息发布者，又是社会信息最权威的裁决者。在这种传播体制下，宗法等级制度及其观念渗透于社会传播活动中，最终导致的是传统社会信息流动极度不平衡。中国古代社会信息流动的不平衡性也正是在横纵两方面传播中展开。一方面，就纵向传播而言，这种不平衡体现在，皇帝懿旨、政令或尊长贤者理念责令等自上而下的信息往往可以顺利地四通八达畅行无阻；相较而言，臣僚谏言、属下意见、下层民众的意见或后辈之言这类自下而上的信息往往难以通达。另一方面，就社会信息横向传播与纵向传播而言，以自由、平等思想为基础却又刚好与中国传统社会所强调的宗法等级观念相抵触的横向传播往往遭受轻视和压制，在纵向传播面前显得尤为弱小。

在古代中国传播体制"定于一尊"的一元格局下，中国传统文化相关传播取向、传播技巧等内容也被深深地刻下"纵向"和"德"的烙印。"止于至善"是中国古代传播活动所追求的传播取向。在传统古代中国德性文化大背景下，"传播活动的独立性，信息价值的中立性显得异常微弱，中国人并不为了传播而传播信息，在很大程度上传播活动是以道德为起点和归宿的"③。由此，我们不难发现在中国古代社会的传播活动中，伦理纲常这一社会生活秩序的内核深深影响着传播活动，"一些伦理道德观念向传播活动渗透并对之发挥统驭作用，并进而演变成为社会公认传播规范"。④ 这种传播活动中对"善德"的追求取向在"风草论"中得到体现。在《论语》等经典中也随处可见，比如，"善人为邦百年。亦可以胜残去杀矣，诚哉是言也"（《论语·子路》）；孔子提出的为政应具备五种美德："惠而不费，劳而

---

① 孙旭培：《纵向传播强劲横向传播薄弱——论我国古代社会信息传播的特点》，香港中文大学，"华人传播想象"会议论文，香港，2008年。
② 孙旭培：《华夏传播论：中国传统文化中的传播》，北京：人民出版社，1997年，第32页。
③ 秦志希：《论中国古代文化传播的基本特性》，《现代传播》1996年第4期。
④ 孙旭培：《华夏传播论：中国传统文化中的传播》，北京：人民出版社，1997年，第40页。

不怨，欲而不贪，泰而不骄，威而不猛"（《论语·尧曰》）；"道之以政，齐之以刑，民免而无耻；道之以德，齐之以礼，有耻且格"（《论语·为政》）等。中国古代传播活动中的传播技巧可谓"东方智慧"的凝结，传播人伦道德化则是这种"东方智慧"的突出表现。"风草论"传播观带有浓重的情感伦理色彩，不是一种强压式的传播，而是一种巧妙利用受众主体性的传播。在传播活动中把"德"字摆在首位，欲以德服人，无不是先人在传播活动中对"德"在传播活动中的根本内涵——"德者本也"①的深刻认识。

"风草论"中，强调的是上行德风通过不断吹拂下及草木从而达到影响受众的过程，其中自上而下的单向性传播特征十分明显，这与这种传播体制不谋而合。同时，虽然"风草论"中带有浓厚的温和情感论色彩，即尽量避免强压式的传播，而是采取巧妙利用受众主体性的传播策略；但是这种"礼制"思维仍是站在统治阶级立场上来说的，这种站在"俯视"视角的传播定势带来的必定是平行横向传播的缺位。基于"君子之德风；小人之德草。草上之风必偃"而生发出的"风草论"主要聚焦点在于：风吹过去以后，草自然会逐渐站起来，恢复原状，只有不断被风吹拂，才可以使草完全倒下去，因此传播者需要耐心，取得理想的传播效果并非一日之功。笔者从中提取出三个关键词：风、草、风吹草偃。这三个关键词又分别对应于传播学相关概念：传播者在风行风化等传播过程所做的努力、受众主体性、传播效果。因此，本文依此为下文的基本框架。

三、"风草论"之"风"突出传播过程的风化功能

"君子之德风"，南怀瑾先生认为，中国人文字中的"风气"二字，就是从"风草论"这一观念而来。君子之德像风一样，普通人的德像草一样。如果有一阵风吹过，草一定跟着风的方向倒。②草上之风的吹拂无不代表着古代中国传播者（掌权者）在推行利于和维护宗法等级等具有文化传播一元性观念的种种努力。因为只有政治文化在一代又一代共同体成员中传承，政权统治的合法性才能得以延续；而只有作为辅助政权的伦理纲常在社会成员中得到普及教育，才能为政权的合法性添加更为结实的保障。而与这种文化社会化相对应的就是"风草论"语境中的"风化""风行"等概念。

"风化"和"风行"是一对关联概念。"风化"指的是中国传统政治伦理文化通过学校教育等方式灌输于社会成员的过程，它强调的更多是文化推广的循序渐进过程；而"风行"则指的是文化普及后在社会成员中引起的认同盛行现象，正

---

① 王文锦注译：《大学中庸译注》，北京：中华书局 2013 年版，第 12 页。
② 南怀瑾：《论语别裁》，上海：复旦大学出版社，2002 年，第 584 页。

如清·彭玉麟《〈盛世危言〉序》所云："故缀数语，讴劝其刊行问世，以期与海内诸公采择而力行之。将见孔孟之道风行海外，莫不尊亲。"[①] 这种盛行现象多带时代特征，即盛行现象多为短暂存在，因而它所强调的更多的是文化传播引起的效果。

（一）教化传播：上行下效式风化顺民

古时"风化"所对应的术语是"教化"，如《毛诗序》有云："风，风也，教也；风以动之，教以化之"[②]，因此在我国传统语境下，"风化"与"教化"基本对等。"所谓'教化'，就是中国古代的统治者通过学校和其他手段教育民众，将儒家文化内涵着的政治价值、政治理念和道德规范等等灌输给人们，使得一般社会成员都能接受或认同符合统治者根本利益的理念和观念，并以此修习道德，僵固头脑、束缚心性，最终成为合乎君主政治统治需要的孝子、忠臣和顺民，从而保证了政治秩序的稳定。"[③]

为了确保"风化"的可行性，古代中国在长期历史发展之中建立了以学校为中心的教化体系。《礼记·学记》有云："化民成俗，其必由学"，"建国君民，教学为先"[④]。由此可见，古代学校作为风化百姓主要的载体，在历史长河不断延续和发展中逐渐"成为古代中国最主要的意识形态国家机器"[⑤]。"风草论"中的教化强调的是一种由君子牵头的文化扩散过程，除了学校这一载体之外，皇帝、官吏、乡绅、师长、家长又构成了"君子"这一阶层，使"风化"范围扩展至中国古代几乎每一个社会成员。除此之外，我们也不能忘记礼仪在古代中国社会中对教化深刻的推动作用。礼仪可理解为一种道德意义上的人际交往行为规范，可细分为政治道德意义的政治行为规范和社会道德意义的日常生活行为规范两种内涵。古人所说的"礼"，既包括了礼之"义"，又包括礼之"仪"。《左传》有云："唯器与名，不可以假人，君之司也，名以出信；信以守器，器以至礼，礼以行义，义以生利，利以平民，政之大节也。"[⑥] 古人便以"器"和"礼"来说明礼仪和礼义之间的这种表里关系，其作用则是"用来明确、体认、协调政治行为以及日常行为规范两种情况"[⑦]。也就是传播者通过"礼"来推动"风化"的大力推广。总之，学校教育、

① 夏东元：《郑观应年谱长编》，上海：上海交通大学出版社，2009年，第188页。
② 《毛诗序》，载郭丹主编：《先秦两汉文论全编》，上海：上海远东出版社，2012年，第429页。
③ 葛荃：《教化之道：传统中国的政治社会化路径析论》，《政治学研究》2008年第5期。
④ （清）孙希旦：《礼记集解》（中），北京：中华书局，1989年，第956、957页。
⑤ 白文刚：《政治传播在中国古代政治中的地位与作用》，《哈尔滨工业大学学报》（社会科学版）2013年第2期。
⑥ （清）洪亮吉：《春秋左传诂》（下），北京：中华书局，1987年，第437页。
⑦ 孙旭培：《华夏传播论：中国传统文化中的传播》，北京：人民出版社，1997年，第161页。

君子引领、礼仪推广三大内容构建了整个风化系统，正是因为建立了如此完备的风化系统，中国古代文化才能得以不断传承，中国古代的政治体制也才能得以维护和延续。

（二）中国传统社会责任传播思想：君子"仁以为己任"对教化功能的补充

"风草论"中风吹草偃式的教化过程既承载着孔子"为政以德"的政治观，又体现了一种以"君子"为中心的教化传播观，这种教化传播观要求，要达到化民育德的教化效果，"君子"阶层应该起到表率作用。要成为表率，"君子"阶层首先从自身的修养做起，如《礼记·大学》所云："尧舜帅天下以仁，而民从之。桀纣帅天下以暴，而民从之。其所令反其所好而民不从。是故君子有诸己而后求诸人。无诸己而后非诸人。"①《论语·子路》亦云："其身正，不令而行；其身不正，虽令不从。"由此可见，我们可以把"正己"看作教化传播的前提，教化传承正是这样一个由"正己"到"正人"的过程。

不同的是，"偃"似乎天生注定，这在一定程度上抑制民众的意志自由，从而相当程度上削弱了道德责任。而社会责任论则力图打破这种宿命观，将道德责任置于社会整合、国家治理层面。

由此可见，风化顺民过程中，不仅需要"上行下效"的教化传播，君子阶层也应该从消极被动地接受责任转变为积极主动承担责任，只有这样，方能在化民育德上达到事半功倍之效。

（三）"风"概念的历史演变

在历史长河发展过程中，"风"相关概念内涵在历代释义中发生些许嬗变。详细考证儒家经传注疏就会发现：所谓"风行而草偃"的比喻在汉代、唐代都有所演变。汉代儒家美学纲领《诗大序》有云："《诗》有六义焉，一曰风，二曰赋，三曰比，四曰兴，五曰雅，六曰颂。上以风化下，下以风刺上，主文而谲谏，言之者无罪，闻之者足以戒，故曰风。"②唐代孔颖达《毛诗正义》亦云："臣下作诗，所以谏君，君又用之教化，故又言上下皆用此"，并进一步指出："人君自知其过而悔之，感而不切，微动若风，言出而过改，犹风行而草偃"③。此处，"风"的内涵更为丰富，具有了"上下皆用"的双向作用，而"风行而草偃"的比喻不仅仅指的是上行下效的教化作用，也指臣下对君主进行委婉讽喻而达到的效果。这样看

---

① 王文锦注译：《大学中庸译注》，北京：中华书局，2013年，第9页。
② 胡朴安：《诗经学》，长沙：岳麓书社，2010年，第26页。
③ 孔颖达：《十三经注疏》，北京：中华书局，1980年，第271页。

来，所谓"风草论"不仅突出的是传播过程中上行下效的风化功能，还在历史演变过程中不断丰富其内涵，逐步呈现双向互动的意涵。从这个角度看，对相关古语表述内涵的演变的发掘，能为今后传播学理论本土化研究提供了另一种从历史发展角度考查的研究范式。

四、"风草论"中"草"之发散体现受众主体性

"风草论"中另一大亮点则是"草论"的提出，在"风行草偃"式的传播中，"草偃"可比作受众的反应，"顺风而仆"则是受众面对强势信息流而采取的自我保护和调节机制。"这种'风草论'所指向的情感传播，既不是行为主义的因果解释，也不是使用与满足的功能解释，而是重新确立受众主体性的解释，向注重阐释和解读，在符号系统中理解个体的文化研究进行了东方式的回应。"①

现代传播学语境中受众主体性，是指受众在信息传播过程中，根据主体自我与劳动实践的需要，有意识地、批判地、自觉地进行信息选择与吸收的一种素质②。然而，"风草论"中所涉及的"受众主体性"，受到了古代中国传统社会政治制度以及尊君重道等观念的制约，受众在反抗性和自由性等方面的自主意识大大降低，且更多表现在强权政治下的为"明哲保身"而表现出的顺服以及对所接受信息的虔诚和尊敬的姿态。

（一）一元传播体制下受众主体意识的弱化

如前文所述，一元传播体制下，由于宗法等级制度观念对传播活动的渗透，较于古代中国强势的纵向传播而言，横向传播往往遭到轻视和抑制，显得势弱量小。从某种意义上来说，古代中国社会受众主体性意识与其横向间传播境遇较为相似，往往是以自由、平等思想为基础的，这恰好又与传统的宗法等级观念相悖。因此，与传播者纵向式的传播方式相比，受众的自主性往往处于隐性的、间歇性的状态，甚至常常受到信息传播者（统治者）的防范、监视或阻碍。

（二）"天父地母"观念深化古代受众对强权的顺服

古代受众对强权政治的顺服以及对所接受信息的虔诚又与"天父地母"观念的深入人心有着巨大联系。"天父地母"的提法始于《周易·说卦传》："乾，天也，

---

① 邵培仁、姚锦云：《寻根主义：华人本土传播理论的建构》，《新疆师范大学学报（哲学社会科学版）》2013 年第 4 期。

② 黄时进：《受众主体性的嬗变：媒体变革对科学传播受众的影响》，《新闻界》2007 年第 5 期。

故称乎父；坤，地也，故称乎母。"①"天父地母"观念主张将天地自然界与人类归结为同类，天地具有与人相同的生命结构特征；它要求人们应该像孝敬父母那样尊重天地，万不可加以伤害；否则天地之神会对人类破坏自然环境的行为予以严惩。②"天父地母"观念正是中国古代圣贤们主张人与自然和谐相处的生态哲学理念的具体体现，更以思维框架的方式深烙于古代民众思想，深刻影响其日常人际交往态度倾向，即在社会上表现为对权威的顺从，在家庭中表现为对父母的孝顺。

（三）"观""味""知"视角下中国古代受众主体意识

古代中国社会受众主体性的弱化并不意味着古代受众就如同"魔弹论"中描绘的那样同质、无力，邵培仁教授曾用"观""味""知"三个极具中国特色的字眼概括了中国古代受众信息接受的特质。"观""味""知"三者以递进的形式为我们翔实地展现了中国古代受众信息接受的精神状态以及行为特征，而受众的能动性也在这三者中得到良好的彰显。

中国古代社会语境中，"观"强调的是不仅一种"观我生进退"（《周易·观象传》）的内省式修身法则，也强调"观其会通，以行其典礼"（《周易·系辞上传》）的"从统一的整体的角度观察和审视事物或对象的多样性和矛盾性"③的观瞻程式；"为无为，事无事，味无味"④，"味"是中国古代受众内心对信息接收的隐秘过程，既是一种研习符号、领悟内涵的接收过程，又是一种反应过程，即"接受活动在受众心中所唤起和引发的思想、感情和审美上的变化，而这种反映是多种多样、变化万千的"⑤。这样的"味"接受——反映过程正是古代中国受众主体意识的体现；相较于"观"和"味"，"知"是受众一种更为深层次的信息接受，"不患人之不己知，患不知人也"（《论语·学而》），"不闻不若闻之，闻之不若见之，见之不若知之，知之不若行之"⑥。这时受众已步入了信息接收的最后理解品味阶段，都说"传播是人心的折射，人格的外化"，受众结合自身内部娱乐、情感、审美等需求以及社会外部君贵民轻、尊师重道等社会氛围对外来讯息加以"知"的处理。由此，中国古代受众在信息接收过程中"观""味""知"所延伸出的受众主体意识

---

① 陈鼓应、赵建伟：《周易今注今译》，北京：商务印书馆，2005 年，第 724 页。
② 乐爱国：《道教生态学》，北京：社会科学文献出版社，2005 年，第 159—164 页。
③ 邵培仁：《论中国古代受众的信息接受特色》，《杭州大学学报》（哲学社会科学版）1998 年第 3 期。
④ 王弼注：《老子道德经》，北京：中华书局，1985 年，第 61 页。
⑤ 邵培仁：《论中国古代受众的信息接受特色》，《杭州大学学报》（哲学社会科学版）1998 年第 3 期。
⑥ 王先谦：《荀子集解》，北京：中华书局，1988 年，第 142 页。

可总结如下：1. 对待传播者以及传播内容虔诚而严肃；2. 反对浅尝而止的接受态度，对传播讯息研习的细致与深入性；3. 政治、宗族等因素束缚下对上层传播者的顺从性；4. 环形思维引导的对传播讯息解读的联系性与窥探性。

五、"风草论"追求"风吹草偃"的渐变传播效果

"风草论"传播观带有浓重的情感论色彩，不是一种强压式的传播，而是一种巧妙利用受众主体性的传播。这种"风草论"的传播模式，既不是强大效果论，也不是有限效果论，而是"渐变效果论"，其强调的是一种循序渐进式的传播效果。这种循序渐进的传播效果与中国传统沿袭的中庸和谐观念有极大的关联。中国传统文化历来就有一种追求中庸和谐的精神倾向，无论是个人通过自省修身而达到的人格自我完善从而获得内心的平静和谐，还是人们追求的与社会群体趋同一致的中庸之道，抑或人与自然环境的和谐共处以达到"天人合一"的境界，这些都成了中国人的一种集体无意识，深深地蕴藏在每个中国人的内心深处。

（一）"风草论"与"魔弹论"比较：中国式传播效果渐进论

虽然"风草论"中"在君子（统治阶级）自身的德行没问题的前提下，只要自己愿意，那么对下民的传播效果就会非常出色"的观点与西方现代传播学说中的"魔弹论"非常相似，但是，当我们将"风草论"与"魔弹论"相比较，就会发现二者之间存在很大的差异。"魔弹论"是早期传播强大效果理论的代表，它认为传媒发出的传播内容就像出膛的子弹，无坚不摧，而受众就像是射击场上孤零零的靶子，只要被魔弹击中，便会应声倒下。魔弹论的缺陷在于过分夸大了传播者的威力，而低估了受众的能动性。"风草论"的确也强调君子之德风的传播效果巨大，不过这种强力的传播效果是有其使用场合的，需要较长的时间。《论语·子路》中"子曰：如有王者，必世而后仁。"朱熹注曰："三十年为一世"[1]。即使有道的君主，想要使民众归之于仁，知道也要一世——36年的时间[2]。这种传播效力并非一朝一夕便可获得，必须加以时间的培养，隔世或隔代的努力，"有了安定的社会基础，有了根深蒂固的文化教育，然后才能'世而后仁'"[3]。由此可见中国古代受众并非靶子，也并非对传播内容没有丝毫的抵抗力。"风草论"较"魔弹论"的高明之处就在于它没有绝对夸大传播的威力，而是充分考虑了受众的主观能动性，并非常强调传播要循序渐进，认为传播过程不是一劳永逸的，而是一个有反复、

① （宋）朱熹：《论语集注》，济南：齐鲁书社，1992年，第113页。
② 钱穆：《论语新解》，上海：上海三联书店，2002年，第337页。
③ 南怀瑾：《南怀瑾著作珍藏本》，上海：复旦大学出版社，2000年，第524页。

需要传播者不断投入的过程。

（二）"君子之德"与"小人之德"之间的互需互促

"风草论"中对"君子之德风，小人之德草"的论断，将君子之德与小人之德进行了区分。小人既然已经有了德，说明曾经作为统治阶级独享政行的"德"已产生了下移趋势，逐步变成民众具有普遍意义的行为操守。君子之德如风行使社会责任，小人之德因缺乏长期性持久性，需要君子的教化，二者间彼此互需，共同构成"风吹草偃"渐变效果论的基础。

前文述及，中国古代社会统治阶层在育德化民的过程中产生了一种君子阶层，不仅需要"上行下效"的教化传播，也应该从消极被动地接受责任转变为积极主动承担传播责任的社会道德责任观。与此同时，我国古代民本思想又为我们重新审视这种社会责任论提供了一种别样的视角。中国古代的民本思想，最早产生于西周。《尚书·五子之歌》有言："民惟邦本，本固邦宁。"意在说明人民是国家的本体，人民稳定了，国家才能安宁。重民、爱民、富民、顺民、信民则是中国古代民本思想最为本质的五大表现与特征[1]，民本思想的五大特征利于我们从根源上理解传播者社会责任论提出的意义。

中国古代社会传统意义上的"德"即"政德"，也就是孔子所主张的"为政以德"。"为政以德"强调的是把政治与道德结合起来的治国方案，政德局限于统治阶级层面，故被称为"君子之德"。然而另一方面，春秋时期周平王东迁后，定于一尊的天子地位日益式微，礼崩乐坏，王权旁落，诸侯主政。在传统的天命观受到极大动摇的背景下，作为统治阶级的"君子"意识到民众在政治生活中的作用不断提高，"德亦从君子垄断下的天命神权中解放出来，除了君子可有德外，小人亦可有德"[2]。但"小人之德"与"君子之德"又有所区分，后者涉及的是治国政策，其中蕴含的是仁爱精神以及社会责任感；而前者强调的是民众中具有普遍意义的行为规范，这种德行的沿袭又与"君子之德"的教化存在千丝万缕的联系。

"小人之德"的普遍行为与沿袭性特征，注定了中国古代受众的德行规范模式缺乏长期性和持久性，本质上对来自君子阶层的教化传播存在需求关系。"君子之德"和"小人之德"彼此需求，彼此促进，共同构成"风吹草偃"式渐变效果论的基础。

---

① 曾加荣：《文史蠡测》，成都：巴蜀书社，2010 年，第 10—15 页。
② 巴新生：《西周伦理形态研究》，天津：天津古籍出版社，1997 年，第 33—35 页。

（三）"草"之可塑性与"风"之温和性之间的良性互动

"风草论"用"草上之风必偃"描述其渐进性强大传播效果，首先，一个"必"字，从时间空间上肯定了"德"强大的渗透力。"中国古代教化传播思想的最终观点认为，在政治中，道德优先，教化优先，德教是贯穿于政治过程的一条主脉，没有它，一切免谈，甚至德教可以解决一切政治问题。"①因此，"草上之风必偃"被归结为表征传统教化传播的强效果论毫不为过。其次，一个"偃"字，从侧面印证了古代受众的可塑性以及"君子之风"的温和性。前文所提及具有主体性意识的古代受众是自主性和可塑性的统一体，草是"偃"而非倒，说明虽然古代受众接受信息一大特征仍为对权威的顺从性，但其在接受和思考信息内涵时所体现出的思维逻辑的个体性差异，这正是古代受众具有自主性的一面；经过引导和教化，民众的注意、兴趣、关切度可以向统治阶级希望的方向变化，这就是古代受众的可塑性。

古代王朝普遍重视风化的重要原因之一，就是将其作为一种政治控制手段，通过教化传播的能够改易风俗，使民众安分守己，便于统治。但是教化对移风易俗、稳定社会的作用，并非一朝一夕之功，它需要岁月积累，总体来说，风化是一个"潜移默化"的过程。"所谓潜移默化式的教化传播，不但指时程较长，而且强调的是'潜'、'默'，就是自然而然习惯成自然，使百姓'日用而不知'地接受教化所传输的伦常道德信息，并内化于心，践诸日常。"②温和的"潜""默"风化过程与古代受众的可塑性体现出"风草论"传播的互动模式，只有在这样良性的互动关系中，传播效果方可持久。

结语

通过对"风草论"蕴藏的华夏传统传播观念的初步分析，我们不由地想到南宋大学问家朱熹那首富有哲理性的小诗——《观书有感》（其二）："昨夜江边春水生，艨艟巨舰一毛轻。向来枉费推移力，此日中流自在行。"诗中朱熹将内心的感触具象化，描绘出了这样的一个思想境界：我们的烦恼与忧愁，就像江上一艘搁浅的大船，任凭怎么拖都难以拖动。但等到春天来临之时，河水渐涨，当水位涨到一定程度时，搁浅之船就会自然而然地漂浮起来。若想急于求成，盲目地在传播理论本土化道路上前行，传播理论的"华夏视维"就难以前行。只有沉下心来，认真对源远流长的中华传统文化加以钻研，华夏传播学在东方一隅就永远不会暗淡。

（谢清果 陈昱成）

①　陈谦：《中国古代政治传播思想研究》，北京：中国社会科学出版社，2009年，第225、226页。

②　陈谦：《中国古代政治传播思想研究》，第223页。

道家语言传播意象之美的哲学玄思与现实关照

　　道家语言传播带有强烈求美旨趣，而其求美旨趣同中国传统美学中所追求的美在意象是一样的，即追求的也是"物我两忘""天人合一""人在语言中穿行"的意象之美，而通达这种意象之美的途径就是"忘"，包括"忘言""忘象""忘意""忘我"，最后达到一种"和光同尘"的超越实体性存在，同时又超越自我的状态。在实际生活中，这种意象之美可启发人们在运用语言与人的交流和传播的过程中，应该尽量不把我与他人、与他物对立起来，而应保留一颗宽容的心。

　　武汉大学李敬一教授在《中国传播史论》中富有创见性地提出了"道教在中国传播思想史上第一次提出传播活动的'真''善''美'的概念，并且论述了三者之间的关系"①。而笔者亦曾在《哲学动态》2008 年第 6 期上撰文《道家语言传播效果的求美旨趣》，详细而深刻地阐述了道家语言传播求美旨趣的基本框架。在此研究成果的基础之上，本文着重从中国传统美学的角度来进一步指出道家语言传播中的求美旨趣其实在于意象之美。

　　一、意象之美，美在忘言

　　众所周知，美学也是一门从西方引进来的学科，在讨论中国传统美学的过程中，经过 20 世纪 50 年代和 60 年代的大讨论，主要形成了四种观点：分别是蔡仪：美是典型的，客观的；高尔太：美是主观的，美的本质，是自然之人化；李泽厚：美是客观性与社会性的统一；朱光潜：美是主客观的统一。李泽厚与朱光潜的观点看似一致，实则存在着很大的区别，李泽厚所谓的美的客观性与社会性的统一，是统一在自然物之中；而朱光潜则认为，美的主客观的统一是统一在审美主体，

---

　　① 李敬一：《中国传播史论》，武汉：武汉大学出版社，2003 年，第 187 页。

"美的社会性不在自然物本身,而在于审美主体"①。当代美学家叶朗继承了朱光潜的这种看法,并提出了与"美在形式"截然相反的观点即:"美在意象"。他认为中国传统美学一方面否定了实体化的、外在于人的"美",另一方面又否定了实体化的、纯粹主观的"美"。也就是"美不自美,因人而彰",柳宗元的话消解了实体化的、外在于人的"美"。"心不自心,因色故有",马祖道一的话消解了实体化的、纯粹主观的"美"②。那么,"美"到底在哪里呢?

(一)意象之美在传播中呈现

对于"美"在何处这个问题,中国传统美学的回答是:"美"在意象。意象之美离不开人的审美体验。一个客体的价值正在于它以感性存在的特有形式呼唤并在某种程度上引导了主体的审美经验。这种体验,是一种创造,也是一种沟通,是后来王阳明说的"我的心灵"与"天地万物"的欣合和畅、一气流通③,也就是说,中国的传统美学中的审美活动或者审美体验是一种沟通,沟通就是一种交流,交流就是一种传播,只不过,中国传统美学中所讲的传播、沟通、交流是一种"物我两忘"的"天人合一"的情景交融的意象之美。在《美在意象》一书中,叶朗多次强调审美体验是一种沟通活动,他说这并不是说,审美体验是纯粹主观的东西。体验既然是沟通,就不可能是纯粹客观的。任何审美体验,必有外界物色、景色或艺术想象的触发(本文作者加注:从传播学角度来说,这些被称之为为非语言符号)。所以中国古人又把"感兴"称为"触兴"。当然,有触发未必一定能兴,也就是未必能够沟通。这里的关键还是看意向性生发机制的动态过程。王夫之说:"天地之寂,新故之迹,荣落之观,流止之几,欣厌之色,形于吾身以外者,化也;生于吾身以内者,心也;相值相取,一俯一仰之际,几与为通,而浡然兴焉。""相值"就是相触。"相取"就是意向性生发机制的形式与功能。相值相取,浡然而兴,"物"与"我"悄然神通,"我"的心胸豁然开朗,整个世界迎会那沛然天地之间的大化流行,这就是沟通,这就是体验。④由此可以看出,这种意向性的审美活动乃是"我"与世界的沟通。⑤叶朗对审美活动是一种"我"与世界的沟通交流的论述,这就为美学与道家语言传播之间的契合提供了可能性。

---

① 叶朗:《美在意象》,北京:北京大学出版社,2010年,第40页。
② 叶朗:《美在意象》,北京:北京大学出版社,2010年,第56页。
③ 叶朗:《美在意象》,北京:北京大学出版社,2010年,第45页。
④ 叶朗:《美在意象》,北京:北京大学出版社,2010年,第74页。
⑤ 叶朗:《美在意象》,北京:北京大学出版社,2010年,第73页。

（二）意象之美在"物我两忘"中生成

这种物我交融的"美"是心物之间自然流淌的沟通交流形式，不需要过多的语言。因为语言是人与人之间交流的工具，而交流的必要则是始于人类对于自身的焦虑、恐慌和渴望，彼得斯在《交流的无奈》一书中这样写道："交流这个二元属性——既是桥梁又是鸿沟。"[①]他又说："'交流'是现代人诸多渴望的记录簿。它召唤的是一个理想的乌托邦。在乌托邦里，没有被误解的东西，人人都敞开心扉，说话无拘无束。看不见的东西，渴望越迫切；我们渴望交流，这说明我们痛感社会关系的缺失……只有当代人才会在面对面时担心如何'交流'的问题，仿佛他们之间相距千里之遥。"[②]在《交流的无奈》中，彼得斯并没有探究出解决之道，但是，叶朗的《美在意象》似乎为我们找到答案提供了一条路径。他说："在世俗生活中，我们习惯于用主客二分的眼光看待世界，世界上的一切事物对于我们都是认识的对象或利用的对象。人与人之间，人与万物之间，就有了间隔。人就被局限在'自我'优先的天地里，就如同陶渊明所说的'误入尘网中，一去三十年'，也就是日本哲学家阿布正雄所说的'作为人就意味着是一个自我，作为自我就意味着与其自身及其世界的分离；而与其自身及其世界的分离，则意味着处于不断的焦虑之中。这就是人类的困境。这一从根本上割裂主体与客体的自我，永远摇荡在万丈深渊里，找不到立足之处'。而返回人类家园的道路就是超越自我，超越自我与万物的分离，超越主客二分。美（意象世界）就是这种超越。美（意象世界）是情景合一，是对自我局限性的超越，是对'物'的实体性的超越，是对主客二分的超越。"[③]也就是说，审美活动或者说审美体验不是对于对象的审美，而仅仅是对于自身的体验，只是此时的自身是一种作为客体的"我"而出现的，这样泯灭主客之分，带有"自我传播"意味的审美活动与老庄所提倡的"物我两忘"的境界是一样的。老子希望的"夫两不相伤，故德交归焉"[④]，庄子希望"相濡以沫，不若相忘于江湖"[⑤]，这都是一种没有焦虑、物我两忘、与物浑然一体的审美状态。

综上所述，中国传统美学的"意象之美"在一定程度上来说，是在追求道家所说的"忘言"的境界。

---

① 彼得斯：《交流的无奈：传播思想史》，何道宽译，北京：华夏出版社，2003年，序论第1页。
② 彼得斯：《交流的无奈：传播思想史》，何道宽译，北京：华夏出版社，2003年，序论第2页。
③ 叶朗：《美在意象》，北京：北京大学出版社，2010年，第80页。
④ （魏）王弼注：《老子道德经注校释》，楼宇烈校释，北京：中华书局，2008年，第158页，下引同书只注书名与篇名。
⑤ （清）王先谦撰：《庄子集解》，陈凡整理，西安：三秦出版社，1998年，第87页，下引同书只注书名与篇名。

二、忘言之美，美在意象

（一）忘言之美

道家提出的"忘"的思想始于"忘言"，"在语言阐述意义的过程方面，道家还有一套臻至'忘言'境界的方法，那就是《易传》所诠释的言、象、意三者的关系。这里的象主要指卦象，言是卦爻辞，意是圣人演卦之意。王弼是诠释三者关系的代表。他将易理与老庄之道熔于一炉，其思想集中在《周易略例·明象》。首先，他认为言、象、意三者关系是'夫象者，出意者也。言者，明象者也。尽意莫若象，尽象莫若言。言生于象，故可寻言以观象。象生于意，故可寻象以观意。意以象尽，象以言著"①。因此，老子说："大音希声，大象无形"（《道德经》第四十一章），庄子说"故言者所以明象，得象而忘言。象者所以存意，得意而忘象。犹蹄者所以在兔，得兔而忘蹄；筌者所以在鱼，得鱼而忘筌也。然则，言者，象之蹄也；象者，意之筌也"。"言"可表达"象"，"象"可表达"意"②。

在主客二分的认识论观念中，言是连接自我与世界的媒介，而象是连接自我与意义的媒介，因此，"我"与世界之间是对立的，我是认识的主体，其他的，都是被认识的对象。但是，追求"赤子之心"的道家却不同意这种观点。他们认为"人非天"，"天非人"，"人即天"，"天即人"，人生是超越实体，也是超越自我的，因此，道家认为"言""象""意"三者之间是统一的，"意以象尽，象以言著"，你中有我，我中有你。所以，才有"忘言""忘意""忘象"的思想，而作为使用"言"的人游与三者之中。但是，道家里的人，并不仅仅是使用语言的工具。道家所追求的人是一种超越，是对外在实体（言，象）的超越，同时也是对于人自身的超越，这种过程是追求"悟性之知"的过程，这种"悟"的过程包含着叶朗所说的中国传统美学的"美不自美，因人而彰""心不自心，因色故有"的特点，因此，"忘言""忘象"的道家语言传播观念实则是一种对于主客二分的超越，是对于超越这种主客二分的美的追求。

前面所提到的"忘言"中的"忘"是现代所讲的"忘记"的忘吗？很显然，不是。作为一种哲学思想观念，这里的"忘"应该理解为"进入"，也就是"坐定"，也就是老子所说的"坐进此道"（《道德经》第六十二章）。因此，"忘言"并不是忘记了言，而是在进入到言之中去，达到心物自由往返的逍遥游的境界。

海德格尔也赞成这种"忘言"的主张。海德格尔认为，当去探讨语言的本质

---

① 谢清果：《道家语言传播效果的求美旨趣》，《哲学动态》2008 年第 3 期。
② 谢清果：《道家语言传播效果的求美旨趣》，《哲学动态》2008 年第 3 期。

的时候，我们实际上预先被语言召唤，被语言占有，被语言指派。后面的语言当然不是作为表达的语言，而是心物之间往返交流的原初境遇。[①]因此，语言实际上是一种存在，它的本质就是发生，所谓发生，就是成为本身，而不是其他什么。[②]人们也能够在语言经验中存在，[③]同时，也能达到海德格尔所说的"超越存在者，进入到世界中去"，"让人与存在者整体关联"的状态。这种在心物之间自由往返的道家语言传播世界。更进一步地说，就是一种敞亮，毫无隐蔽，在语言之中穿行的世界，[④]而海德格尔认为，"美是作为无遮蔽的真理的一种现身方式"，因此，道家的这种敞亮的语言传播世界在一定程度上说是一种美的世界。

（二）忘言之美，美在意象

通过上述论证可以看出，道家的语言传播观确实存在着对于美的追求，是一种敞亮的美的世界，但是，这种美，美在何方呢？在中国传统美学中，叶朗认为形成美这种敞亮方式的是意象，意象是什么？在叶朗看来，意象作为一种意向性产物。意蕴是意象的内在基础；意象的第二个层面就是象，这种象，就是朱光潜先生所说的"物乙"。他认为，物甲是自然物，物乙是自然物的客观条件加上人的主观条件的影响而产生的，已经不纯是自然物，而是夹杂着人的主观成分的物，换句话说，已经是社会的物了。美感的对象不是自然物而是作为物的形象的社会的物。[⑤]正所谓"五色令人目盲，五音令人耳聋，五味令人口爽，驰骋田猎令人心发狂，难得之货令人行妨"（《道德经》第十二章）。老子也承认美的对象并不在色、味、音等自然信号之中，而是有人参与的社会性非语言符号之中。他说"大象无形"，"大音希声"，自然物总是有形有声的，无形无声的审美对象只存在于人心之中，也就是郑板桥所说的"胸中之竹"，而中国绘画艺术，园林艺术中对于非语言符号所追求，也是这种"胸中元自有丘壑，盏里何妨对圣贤"[⑥]的点墨尽情的意象之美。

所以，作为中国传统文化的代表性思想的道家，其语言传播的求美旨趣中，所追求的美，也是存在于物我交融的意象之中的意象之美。但是，由于人们习惯

① 那薇：《天籁之音，源自何方——庄子的无心之言与海德格尔的不可说之说》，北京：商务印书馆，2009 年，第 40 页。
② 那薇：《天籁之音，源自何方——庄子的无心之言与海德格尔的不可说之说》，第 41 页。
③ 那薇：《天籁之音，源自何方——庄子的无心之言与海德格尔的不可说之说》，第 40 页。
④ 那薇：《天籁之音，源自何方——庄子的无心之言与海德格尔的不可说之说》，第 159 页。
⑤ 叶朗：《美在意象》，北京：北京大学出版社，2010 年，第 39 页。
⑥ （唐）厉霆：《大有诗堂》，参见向光忠：《成语源流通释大辞典》，南昌：江西教育出版社，2011 年，第 1484 页。

于用主客二分的思维模式看待世界，因而这个生活世界，这个本原世界，往往被掩盖了。① 在这样的世俗生活里，我们失去了自己的家园，失去了精神家园，失去了与世界万物一体的逍遥自由，"悲夫，世人以形色名声为足以得彼之情！夫形色名声果不足以得彼之情，则知者不言，言者不知，而世岂识之哉！"（《庄子·天道第十三》）也就是张世英所说："万物一体本是人生的家园，人本根植于万物一体之中。只是由于人执着于自我而不能超越自我，执着于当前在场而不能超出其界限，人才不能投身于大全（无尽的整体）之中，从而丧失了自己的家园"。因此众多哲学家都在探索如何回归人类本初的精神家园，海德格尔希望人类"诗意的栖居"着，庄子则是"客中思家的哀呼"，是神圣的"客愁"（闻一多）。②

综上所述，道家所提出的"忘言"的重要命题，在一定程度上也是一种对于美的追求。结合第一部分的论述，发现这两方面互为充分必要条件，所以，道家的语言传播效果的求美旨趣，求的也是意象之美。这两者之间的结合，所产生出来的便是"天人合一，和光同尘"的道家敞开语言传播意象之美的哲学玄思。

三、道家敞开语言传播意象之美的哲学玄思——天人合一，和光同尘

（一）天人合一

面对上述的这种哀呼，美便成了回归到本然状态的路径，美是超越与复归的统一。而在道家语言传播求美的道路上，我们认为"忘言""不言"是其重要的方法，而"言"是连接人们与外界的媒介，是在主客二分的世界里，人们试图解除焦虑和不安，回归到乌托邦里的工具，"忘言""不言"并非忘记，而是进入，这种进入就是成玄英所说的"此则泯合天人，混同物我也"③，也就是叶朗所说的美在物我交融，天人合一，"天地有大美而不言"（《庄子·知北游第二十二》），"知者不言，言者不知"（《道德经》第五十六章）。所以，"忘言""不言"从本质上说是一种泯灭主客二分，泯合天人的"天人合一"的思想，追求的是不言的意象之美。

这种"天人合一"的思想是道家非常重要的一种思想，"知天之所为，知人之所为者，至矣。知天之所为者，天而生也；知人之所谓者，以其知之所知，以养其知之所不知，终其天年而不中道夭者，是知之盛也。虽然，有患。夫知有所待而后当，其所待者特未定也。庸讵知吾所谓天之非人乎？所谓人之非天乎？"

---

① 叶朗：《美在意象》，北京：北京大学出版社，2010年，第77页。
② 叶朗：《美在意象》，第79、80页。
③ （晋）郭象注，（唐）成玄英疏：《南真经注疏》（上册），北京：中华书局，1998年，第135页。

（《庄子·大宗师第六》）对于这一段话，成玄英说："知能运用，无非自然。是知天之与人，理归无二，故谓天即人，谓人即天。所谓吾者，庄生自称。此则泯合天人，混同物我也"①。天之非人，人之非天，天即人，人即天，这种天人合一的思想在《大宗师》里体现得很明显。庄生举了一个例子：如果是以客我二分的观点来生活的话，则是"夫藏舟与壑，藏山与泽，谓之固矣。然而夜半有力者负之而走，昧者不知也。藏大小有宜，犹有所遁（《庄子·大宗师第六》）（作者注：遁通遁）"。而以天人合一的思想来看，则是"若夫藏天下于天下，而不得所遁，是恒物之大情也"（《庄子·大宗师第六》），因此，"在天地之先而不为高，在六极之下而不为深；先天地生而不为久，长于上古而不为老"（《庄子·大宗师第六》）。没有主客二分观念，哪里还会有高、深、老、死的观念，哪里还会有美、丑、善、恶之分？所以，老子才说"天下皆知美之为美者，斯恶已"（《道德经》第二章）。一旦以"知"的判断标准来看待万物，那么，就是泯灭了天人合一的思想，这种并非物我交融，而是由判断而得出的美，并不是美，而是恶。

（二）和光同尘

简单说来，老庄的这种"天人合一"的求美思想莫过于一"忘"字。这"忘"具体来说，就是老子所说的"和其光，同其尘"。对于"和光同尘"的含义，林希逸在注解《在宥》"从容无为而万物炊累焉，吾又何暇治天下也"（《庄子·在宥第十一》）时，对其做了深入浅出的解释。他说："炊：动也；累，细微而累多也。虚室之中，漏日如卵，看日影中微尘，便见此两字下得奇特，（日中微尘）若动而不动，若多而不见其多，故曰炊累。言我若无为与上；而天下之人日出而作，日落而息（如同微尘一样），自得其乐，如万物之炊累然，又何用我容心以治之！"②苏轼在《赤壁赋》中也说："寄蜉蝣于天地，渺沧海之一粟"，把人比作沧海的一粟。试想，如果我们不局限在"尘网"、"樊笼"之中，而是投身更为广阔的世界里，每个人又何尝不是天地之间的一粒微尘呢？语言在这样的对比下显得如此的苍白，何不"和其光，同其尘"，逍遥之间与天地同在呢？因此，从叶朗所提出的"美在意象"说再进一步地探究道家语言传播的求美旨趣，不外乎一"忘"字，这一忘字，就是天人合一和物我交融，而这，用老子精深的话来概括，那就是"和其光，同其尘"。

上述的这些观点，仅仅是从美学哲学的角度对道家语言传播思想进行解读。

---

① （晋）郭象注，（唐）成玄英疏：《南真经注疏》（上册），北京：中华书局，1998年，第136页。

② （宋）林希逸著：《庄子鬳斋口义校注》，周启成整理，北京：中华书局，1997年，第165页。

因此，这种形而上的解读对于一些形而下的工具性理性的研究方法裨益不大。但是，我们只是希望，通过这一视角，能够开启传播学的新天地，新思维。因为，正如恩格斯所说，锻炼理论思维能力的方法就是学习过去的哲学，而且毕竟，哲学是探讨人的意义和世界的意义。而美国社会学家库利如此说："传播指的是人与人之间关系赖以生存和发展的机制"①，也是一种研究人的活动。因此，传播学的终极的归属仍然是哲学，伽达默尔说"人是一种'理论的生物'"，"人类最高的幸福就在于'纯理论'"。

道家不仅仅具有哲学思辨，而且，还具有现实关照，他不仅提出了语言传播之美的哲学玄思，而且还提出了复归自然之美的现实之路。

四、回归道家语言传播之美的现实之路——忘言忘我，宽容大度

在上述的讨论之中，可以看得出，无论是中国传统美学还是道家语言传播求美旨趣，都对心有所强调，他们所追求的共同的目标就是"心物交融"，如何从心物二分（主客二分）进入到"心物不二"的境界就成了道家语言传播求美中的"求"的途径。这种途径也就是"忘"的过程，在《道家语言传播的求美旨趣》中，我们通过对《庄子·知北游》中"知"问道的经历进行分析，得出了"忘"的三个阶段：第一阶段，就是黄帝能言的"知道"；第二个阶段就是狂屈想说却说不出来的"安道"，"道"化在生活中，自己有所体验，但是想用语言表达的时候却找不到合适的语言；②第三个阶段，就是连想说的冲动和欲望都没有了的"得道"的阶段，所以，"为无谓"不知道怎样回答，因为他已是道，道已是他，他与道之间不是主与客的关系，而是"相忘乎道术"的关系，既然连道都忘了，那还如何能回答呢？这种阶段被老子精炼的概括为"坐进此道"的阶段。这三个阶段的进阶我们称为"悟性之知"。可以看得出，这种"悟性之知"是一个不断"忘"的过程，这种不断"忘"的过程，就是对实体性的自我的超越。而叶朗认为，在中国传统美学看来，"美"是对物的实在体的超越，同时也是对实在体的自我的超越。③所以，从这个层面上来说，"悟性之知"的"忘我"的过程其实就是一个尽善尽美的过程，而这个过程是从"忘言"开始的，因此，道家的语言传播思想带有强烈的求美旨趣。而这个求美的"悟性之知"的过程与唐代青原惟信禅师所说的"见山是山，见水是水"—"见山不是山，见水不是水"—"见山只是山，见水只是水"的"自我"超越的三个阶段有着异曲同工之妙。张世英在评论禅宗的这种超越"自

---

① 郭庆光：《传播学教程》，北京：中国人民大学出版社，1999年，第2页。
② 谢清果：《道家语言传播效果的求美旨趣》，《哲学动态》2008年第3期。
③ 叶朗：《美在意象》，北京：北京大学出版社，2010年，第54页。

我"的思想的时候说："只有这种非实在性、非二元性、非超验的'真我'，才不至于像主客二分中的日常'自我'那样执着于我，执着于此而非彼，才不至于把我与他人、他物对立起来，把此一事物与彼一事物对立起来，从而见到'万物皆如其本然'。"[①]因此，即使从形而下的角度来说，在日常生活与人的交流和传播过程中，也应该尽量不把我与他人，与他物对立起来，而应保留一颗宽容的心。

结语

综上所述，通过美学的角度，重新验证了道家语言传播带有强烈求美旨趣这一特点，而道家的这种求美旨趣同叶朗以及朱光潜所认为的中国传统美学中所追求的美在意象是一样的，道家的求美旨趣所追求的也是"物我两忘""天人合一"，"人在语言中穿行"的意象之美，而通达意象之美的途径就是"忘"，包括"忘言""忘象""忘意""忘我"，最后达到一种和光同尘的超越实体性存在，同时又超越自我的状态。但是，这是哲学层面的考虑，正如上述所言，从形而下的角度来说，在日常生活与人的交流和传播过程中，也应该秉持民胞物与，普天之下皆兄弟的宽容之心。如此，意象之美产生了和谐社会的现实功效。

（谢清果　杨芳）

---

① 叶朗：《美在意象》，北京：北京大学出版社，2010 年，第 56 页。

道家语言传播主体的求真意向

　　道家传播思想在中国古代传播思想史中占有重要的地位，突出地表现在对语言传播的批判性认知上。道家倡导正言、贵言、信言，充分体现了语言传播主体的求真意向。

　　道家思想中蕴藏着丰富的传播智慧，已成为研究中国传播思想史不能回避的重要对象。郭志坤最早于《先秦诸子宣传思想论稿》一书中阐述了老庄的宣传思想。[①] 其后，台湾的关绍箕先生也曾在《中国传播思想史》中以"道家传播思想"为章名，探讨了老子、《庄子》、《列子》等道家作品的传播思想[②]。庄万寿先生的《庄子语言符号与"副墨之子"章之解析》阐述了庄子语言符号的特点[③]。武汉大学的李敬一先生也在《中国传播史论》中深刻指出："道家在中国传播思想发展史上第一次提出传播活动中的'真'、'善'、'美'的概念，并且论述了三者之间的关系，这是弥足珍贵的。"[④] 因此，在力倡推进传播学本土化的今天，我们有必要多角度地研究道家的传播思想。

一、道家语言传播思想具有真、善、美向度

　　道家以尊道贵德、虚静无为、去欲不争、返璞归真为品格，讲究自正自化，从而在内向传播、非语言传播、人际传播、行政传播等方面的思想独树一帜。本文仅选取最具代表性的语言传播方面以管窥道家的传播思想。道家语言传播思想是通过"言"（"名"）与实、"言"（"名"）与"意"（"道"）关系的深刻阐释，表

[①]　郭志坤：《先秦诸子宣传思想论稿》，福州：福建人民出版社，1985 年。

[②]　关绍箕：《中国传播思想史》，台北：正中书局，2000 年。

[③]　庄万寿：《庄子语言符号与"副墨之子"章之解析》，载陈鼓应主编，《道家文化研究》第五辑，上海：上海古籍出版社，1994 年，第 95—103 页。

[④]　李敬一：《中国传播史论》，武汉：武汉大学出版社，2002 年，第 187 页。

达了语言在传播中应当秉持真、善、美价值取向的立场。道家以"道"为自己论说的出发点与归宿点，认为"道"集真善美于一体，非真不足以言道，非善不足以证道，非美不足以体道（合道）。从传播学的角度而言，求真是传播活动的出发点，无论是传播内容，还是传播主体心态，都应当葆有精诚之真。循善是传播过程顺利进行的法宝，传播中必须发生诸多关系，包括人与自然的关系、人与人、人与社会的关系、人自我身心的关系等，传播实践当以"夫两不相伤，故德交归焉"①（《老子》第六十章）为善，换句话说，传播活动当"道法自然"，即顺应自然、社会、人生之本性，而无所忤逆。臻美是传播效果的评判原则，美是一种超功利的感受。鱼儿与其有"泉涸，鱼相与处于陆，相呴以湿，相濡以沫"之悲壮，不如彼此体验"相忘于江湖"之乐。道家认为理想的传播活动当如传播没有发生过一样，正所谓"至言去言，至为去为"②（《庄子·知北游》）。

道家运用寓言、重言、卮言等语言传播方式，运用了大量的比喻和其他方法，彰显了传播技巧，以期取得最好的传播效果。不过，这些语言传播方式还只是重在语言传播的工具理性，其实，道家更注重语言传播的价值理性和审美意境，那就是沉浸于"道"的体悟之中，忘我、忘言，准确地说，是生成了悟性之境。这种情况，道家称为"得意忘言"。"忘"既是悟道的途径，也是对语言广泛意义的完全统摄，而语言符号此时好像被抽干了意义似的，被弃之不顾。如果执着于语言名相，那就会阻碍对"道"之意的领悟。因此，"忘言"是道家语言传播的最佳效果的表征，同时也是一种"美"的享受。限于篇幅，本文着重谈道家语言传播的求真意向。

二、正言、贵言、信言：道家语言传播主体的求真意向

语言包括口头语言与书面语言，亦即交谈中的言语和静态的文字，它说明人是一种符号动物，也标志着人的社会存在。正如著名语言学家萨丕尔所说的："我们可以毫不犹豫地做出这样的结论：除了正常的言语之外，其他一切自主的传达观念的方式，总是从口到耳的典型语言符号的直接或间接的转移，或至少也要用真正的语言符号做媒介。"③也就是说，语言是人类传播中最完善的符号系统。人作为社会关系的存在，语言传播则是维护其关系的基本纽带，同时，语言也总是与人的思想活动相关联，因此历史上的思想家们无一不自觉或不自觉地在"语言"

---

① 王弼：《老子注》，《诸子集成》第3册，北京：中华书局，1954年，第37页，本文下引同书只注书名与章数。

② 郭庆藩：《庄子集释》，北京：中华书局，1961年，第765页。下引同书只注书名与篇名。

③ 爱德华·萨丕尔：《语言论——言语研究导论》，北京：商务印书馆，1985年，第19页。

上高谈阔论，道家学者也不例外。

不过，道家对语言传播的见解别出心裁。老子率先提出"正言若反"（《老子》第七十八章）的命题。字面的意义是说正面的话好像反话，有类于"忠言逆耳"之意，这是人际传播中时常碰到的现象。河上公注曰："此乃正真之言，世人不知，以为反言。"[①]老子深知自己提出的"柔弱胜刚强"思想会遭到世人的讥笑，因为在世人的话语系统中历来是刚强胜柔弱。而智者老子不仅看到人生应当"强"的方面，如"自胜者强"，（《老子》第三十三章）而且也应注意柔弱的一方面，即"守柔曰强"，（《老子》第五十二章）如果一味地强下去，则会"强梁者不得其死"（《老子》第四十二章）。因此，老子告诫世人有时真理是反常规的，应当兼听则明，偏听则暗。于是老子进一步指出："信者，吾信之。不信者，吾亦信之，德信。圣人在天下歙歙，为天下浑其心。"（《老子》第四十九章）作为一个"以百姓之心为心"的圣人，一个传道者，在老子看来，相信自己话的人，应当跟他诚心地说；不相信自己话的话也应当要跟他耐心地说。久而久之，大家都能相信自己的话。当然，老子也明白"正言"的传播并不可能一帆风顺，正如新生事物总是倍受世人的误解与打击，此之谓"下士闻道，大笑之。不笑不足以为道"（《老子》第四十一章）。真理常常是朴素的，甚至赤裸裸的。为名缰利锁困扰着的世人对于合道的"正言"往往是嗤之以鼻的，因此，"正言"的传播必然是困难重重。"正言"从本质上说是合规律性与合目的性的统一，也就是说，一方面"正言"必定是合道的，正确的，即"言有宗，事有君"（《老子》第七十章）；说话是有根据的，事情是有主宰的，没有捕风捉影，道听途说。也就是说，说话要讲究真实性，不可"虚言"（《老子》第二十二章）。所以，"正言"亦是"真言"。传者内心保持"真"质，则语言自然精诚真实，才能打动人。《庄子·渔父》曰："真者，精诚之至也。不精不诚，不能动人……真在内者，神动于外，是所以贵真也。"不过，道家认为这个"真"是人的天赋本性，是不可改变的，但是却可能被遮蔽。遮蔽语言的传者与受者双方的往往是机智和知识。老子曰："善者不辩，辩者不善；知者不博，博者不知。"（《老子》第八十一章）辩论必伴有机心，智者多诈，此二者威胁着传播内容的真实性。因此老子提出的"四绝"思想即"绝圣弃智，民利百倍；绝仁弃义，民复孝慈；绝巧弃利，盗贼无有"（《老子》第十九章）、"绝学无忧"（《老子》第二十章）便带有语言传播学的意义。其一，传者当圣且智但不以圣智为怀，亦即不利用信息不对称来愚弄他人，从而使人们在信息充分沟通中广泛受益。其二，传者的语言应当顺应人们的自然本性，不用仁义之念干扰人们本来至孝至慈

---

①　王卡点校：《老子道德经河上公章句》，北京：中华书局，1993年，第298页。

的纯真心境，也就是说，传者要考虑自身语言可能引起的后果，要尽可能维护他者平静的心灵。其三，传者的言语也不要激发人们功利之心，以避免人们在功利的诱惑下作奸犯科，沦为盗贼。其四，传者要尽可能避免人们在追求知识的过程，忘记了生活本身，从而给自己带来无穷忧愁。《庄子·人间世》曰："名也者，相轧也；知也者，争之器也。"也就是说，语言文字可能会成为人们钩心斗角的工具，因此，语言传播的知识和智能等内容应当考虑能给他人带来快乐，而不是愁苦。另一方面"正言"必当合乎人民根本利益，"正言"最终是能给人带来益处的，是有价值的。也就是说，说话要讲究效用性，不说空话、假话、大话。否则，就会出现"信不足焉，有不信焉"（《老子》第十七章）的被动局面。道家要求语言要完全地信实，否则，如果说话者的言语中带有浮夸、隐瞒等不够信实的成分，终究会导致人际或民众对政府的信任危机。于是，老子再次告诫世人"悠兮其贵言"。也就是说，说话要谨慎，否则，必然会陷于"轻诺必寡信"（《老子》第六十三章）的境地。因此，"正言"亦是"信言"。

三、道家语言传播主体求真意向的落实途径

为了保证语言传播主体语言的正确、正当、正直，道家要求做到以下几个方面：

（一）希言守中。道家崇尚自然，在语言传播方面说话遵循语言经济原则，话要少而精，因为从传播效果而言，喋喋不休的说教，往往适得其反，正所谓"多言数穷，不如守中"（《老子》第五章）。话说过多，反而会使自己加速陷于困窘之地，不如管好自己，坚守中道，也即"希言自然"（《老子》第二十三章）。话少说，让彼此之间自自然然地沟通交往，渐渐地在点点滴滴的生活言语交流中，将自己所要表达的意义传达给对方，起到润物无声的效果。这就叫作"少则得，多则惑"（《老子》第二十二章）。老子所以一再强调要"多言"的害处、希言的益处，其中一个重要原因在于他注意到这样一个现象：对话双方在知识储备、理解能力、实践能力等方面的差异，有时甚至是悬殊的情况下，虽然你说的都是事实，都有根有据，但是对方无知，他就是不理解、不相信。老子就曾说："吾言甚易知，甚易行。天下莫能知，莫能行。"（《老子》第七十章）可谓曲高和寡，知音难觅。老子也不得不慨叹道："夫唯无知，是以我不知。知我者希，则我者贵，是以圣被褐怀玉。"（同上）其含义用现代话来说是阳春白雪与下里巴人间的对话有着难以逾越的鸿沟。如果遇到这种情况就不说为妙，必须等待时机，努力创造对话的条件。

此外，对话的双方应当具备相当的悟性，能领会到一些无法用语言表达的意义，这样才能顺畅沟通。老子说："道可道，非常道；名可名，非常名。"（《老子》

第一章）这里我们姑且把"道"理解为语言包涵的意义，名就是语言符号。"从语言传播看，它揭示了有限的'言'与无限的'意'的关系提出了怎样用有限的'言'表达无限的'意'的问题。"①而语言符号具有外延意义（基本义、逻辑意义）和内涵意义（引申义、审美意义）双层意义，且内涵意义的获得往往与人的文化背景、亲身经历、感情色彩等有着密切联系，也就是说语言符号的能指与所指之间具有很大的伸缩性、灵活性、主观性和文化性的特点。②因此，"道"是可以说的，但是能说出来的，往往不完全是传者所想表达的或所能表达的。语言作为符号是可以用于指称事物，但是能指与所指的未对称性（随意性）决定了符号自身的局限性，无论再如何准确地运用符号，符号总归是符号，并不是事物本身。因为符号是相对稳定、有限和抽象的，而事物是动态的、无限和具体的。③但这不等于说语言符号无用，关键是在用与不用之间保持一种灵动的张力，即"希言"。维特根斯坦把哲学分为"可说的"和"不可说的"。他认为对"可说的"要说清楚，对"不可说的"要保持沉默。沉默不是不言，"它将用明显地可以讲述的东西来意味着不可讲述的东西"④。就语言传播而言，传者说能说、可说的东西，至于不能说、不可说的方面留待受者去感悟。

（二）言必有宗。道家认为要说，就要说的有根据。"执古之道，以御今之有。能知古始，是谓道纪。"（《老子》第十四章）"道纪"大体上指纵观历史、把握事情来龙去脉的过程中积淀下来的思考和处理各种事情经验方法，用现代话来讲，可以统称"传统"。这种智能运用在语言传播上，是"言有宗，事有君"（《老子》第七十章）。老子为了让受者相信自己所说的话，他常常引用圣人的话，比如："故圣人云：我无为而民自化。我好静而民自正。我无事而民自富。我无欲而民自朴。"（《老子》第五十七章）"是以圣人云：受国之垢，是谓社稷主；受国不祥，是为天下王。"（《老子》第七十八章）还特别注重引用当时流行的各领域中的名言警句。比如："用兵有言"（《老子》第六十九章），"故建言有之"（《老子》第四十一章），等等。

（三）善言无迹。老子要求传者要做到"善言无瑕谪"（《老子》第二十七章），就是说，说话要做到恰到好处，滴水不漏，没有让人有可指责的地方。老子以"人之迷，其日固久"为例，探讨当如何善言开导。基本思路是："是以圣人方而不割，廉而不刿，直而不肆，光而不耀。"（《老子》第五十八章）具体说来，"方而不割"，

①　张卫中：《老子对语言传播的批判》，《社会科学战线》2002年第3期。
②　齐沪扬：《传播语言学》，郑州：河南人民出版社，2000年，第25、26页。
③　李彬：《传播学引论》（增补版），北京：高等教育出版社，2003年，第110—112页。
④　路德维希·维特根斯坦：《逻辑哲学论》，北京：商务印书馆，1996年，第51页。

方正但不割人。老子要求传者言语要犀利，但不要伤害人。"廉而不刿"，锋利但不伤人。传者观点要旗帜鲜明，但不能得罪人。"直而不肆"，直率但不放肆。传者不应当隐瞒自己的观点，应该秉笔直言，坦白相告，但不能无所顾忌，使人难堪。"光而不耀"，光亮但不耀眼。传者风光无限，春风得意，但在与他人言时，不能得意扬扬，不要去刺激他人。人际中言语若能做到这四点，可算是"美言"。老子说："美言可以市，尊行可以加人"。（《老子》第五十二章）美好的言论可能获得他人尊敬，自重的行为可以赢得他人尊重。如果是上下级之间，上级对下级尤其要特别注意自己的言语。老子明确指出："是以欲上民，必以言下之。"（《老子》第六十六章）只有能够说话谦逊，礼贤下士的领导，才能得到属下的拥护，达到"是以天下乐推而不厌"的理想效果，即天下人都乐意推举他为领导。[①] 同时，要注意的是，要办成一件事，要特别讲究信用，即"言善信"（《老子》第八章）。不过，判断一个所言是否信实，往往不能根据语言华美与否，老子告诫世人，往往华丽的语言是不能信赖的，是谓"信言不美，美言不信"（《老子》第八十一章）。信实的语言必当是朴素，不需要过多的修饰。《庄子·齐物论》也指出："言隐于荣华。"华丽的语言可能消解了内涵的意义。

（四）名止于实。《庄子·至乐》还提出"名止于实，义设于适"的主张，语言文字当以事实为根据，并且运用适当的语言文字表达恰当的意义，这里蕴含着语言符号运用的能动性问题。道家讲究凡言必言之有物，反对空言。《庄子·则阳》曰："有名有实是物之居。"物作为语言文字的所指居住于符号之中，是谓强调了名（言）必有实的原则。作者还说："言之所尽，知之所至，极物而已。"语言所承载的知识，恰当的传播当使符号所指之"物"在受者身上实现准确解码。

（五）得言必察。道家意识到"言"可能并不传播事实，因此，对于听到话要进行审察，以确定其真假。《吕氏春秋·慎行论·察传》提出："夫得言不可以不察"[②] 的观点。这是因为"数传而白为黑，黑为白"。因此，对于听闻的话不加审察加以接受，不如没有听到。作者举例说。舜曾说："夔能和之以平天下，若夔者一而足矣"，意思是说有夔一个人就足够了。但这句话经过传播就变成了"夔一足"，即夔只有一只脚。两者意思相去甚远。还有宋国丁氏常一人在外，家里要挖井，于是他说："吾穿井得一人。"这句话传开后，变成"丁氏穿井得一人"。由挖井需要一个人变成挖井挖到一个人，令人啼笑皆非。作者还说到一个形近字也可能在传播中发生误会，引起理解上的偏差。总之，"凡闻言必熟论，其于人必验之

① 郭志坤：《先秦诸子宣传思想论稿》，福州：福建人民出版社，1985 年，第 67 页。
② （东汉）高诱注：《吕氏春秋》，《诸子集成》第六册，北京：中华书局，1954 年，第 294 页。

以理"，听到的话要反复验证才行。

综上所述，道家以法天贵真的自然情怀与返璞归真的道德追求，体现在语言传播上，特别讲究正言、贵言、信言，以确保语言传播的真实准确。这种观念对于丰富当代的语言传播理论无疑是不可多得的思想资源。

（谢清果）

道家语言传播方法的艺术神韵

　　道家传播思想在中国古代传播思想史中占有重要的地位，突出地表现在对语言传播的批判性认知上。道家注重运用寓言、重言、卮言，体现其语言传播方法的艺术神韵。

　　武汉大学的李敬一先生在《中国传播史论》一书中深刻地指出："道家在中国传播思想发展史上第一次提出传播活动中的'真'、'善'、'美'的概念，并且论述了三者之间的关系，这是弥足珍贵的。"① 道家以尊道贵德、虚静无为、去欲不争、返璞归真为品格，讲究自正自化，从而在内向传播、非语言传播、人际传播、行政传播等方面的思想独树一帜。本文仅选取最具代表性的语言传播方面以管窥道家的传播思想。道家语言传播思想是通过"言"（"名"）与实，"言"（"名"）与"意"（"道"）关系的深刻阐释，表达了语言在传播中应当秉持真、善、美价值取向的立场。道家以"道"为自己论说的出发点与归宿点，认为"道"集真善美于一体，非真不足以言道，非善不足以证道，非美不足以体道（合道）。

　　道家语言传播思想在中国古代传播思想史中占有重要的地位，突出地表现在对语言传播的批判性认知上。道家注重运用寓言、重言、卮言，体现其语言传播方法的求善准则。因此，在力倡推进传播学本土化的今天，我们有必要多角度地研究道家语言传播思想。② 这里，我们着重来谈道家语言传播的求善准则，因为道家运用寓言、重言、卮言等语言传播方式，使用了大量的比喻和其他方法，彰显了传播技巧，以期取得最好的传播效果。同时，这种语言传播方式注重将语言传播的工具理性与价值理性美妙地结合起来，即既达到了意义传播的目的，又使传播主体处于愉悦的精神享受状态，庄子学派称此为"天和""天乐"。

---

① 李敬一：《中国传播史论》，武汉：武汉大学出版社，2002年，第187页。
② 谢清果：《道家语言传播效果的求美旨趣》，《哲学动态》2008年第3期。

概而言之，道家关注传者与受者间顺利沟通的方式方法，坚持"通畅性"原则，以展示出传播方法的艺术神韵，体现出其传播过程的"求善"旨趣，从而形成了一套道家独有的传播话语系统，这就是庄子学派所概括的"寓言""重言""卮言"。

一、寓言：对语言传播模糊性的理解与运用

刘熙载于《艺概》中说："庄子寓真于诞，寓实于玄。"庄子的语言表达特点，他的后学概括为："以谬悠之说，荒唐之言，无端崖之辞，时恣纵而不傥，不奇见之也。"（《庄子·天下》）司马迁在《史记》中也慨叹说："畏累虚、亢桑子之属，皆空语无事实。然善属书离辞，指事类情，……其言洸洋自恣以适己。"庄子说话天马行空，怪诞离奇，犹如梦者呓语，常常令人摸不着头脑，然而却意味深长。"其书虽环玮，而连犿无伤也。其辞虽参差，而諔诡可观。彼其充实，不可以已。"（《庄子·天下》）意思是说，庄子的语言叙述诚然宛转，变化多端，但不妨害其内在丰富真实的道理。也就是说，奇特的语言正是为了更准确地表达思想。庄子的语言虽然荒诞玄奥，但其含义却是真实的。换句话说，寓言的表述方式是为了更好地承载日常语言叙述难以表达的信息。《庄子·齐物论》指出："夫言非吹也，言者有言，其所言者，特未定也。"这其实是指出了语言的模糊性特点。语言并不像风吹洞穴那样简单，不同的洞穴吹出各自不同的声音，语言中栖息的意义往往是不确定的。模糊性首先是语言本身的特点，皮尔斯解释了生活中人们常常心中明了但却不能清楚地解释某种思想的这一现象。他说："并不是由于解释者的无知而不能确定，而是因为说话者的语言的特点就是模糊的。"① 其次，模糊性也是语言表达的艺术，有时有意识地运用模糊语言，其传播效果反而更好。法国学者杜梅曾说："如果说人类语言的许多表达不显现模糊性，我们就不能像现在这样运用我们的语言。"②

在道家看来，"道"是玄妙难知的，语言只能描述现实世界的事物，而道是超然物外，是派生万物的存在，所以语言在描述道的时候常常是"强为之名"（《老子》第二十五章）。为改变这种勉强的状况，庄子学派广泛运用了"寓言"这种表述方式，借助寓言模糊而广阔的诠释空间，使"无名"（《老子》第三十二章）、"不可名"（《老子》第十四章）且以恍惚窈冥状态存在的"道"得以有了自主敞开一个无限意义空间的可能。

庄子学派对寓言有着深刻认知。《庄子·寓言》曰："寓言十九，藉外论之。亲

---

① 伍铁平：《再论语言的模糊性》，《语文建设》1989 年第 6 期。
② 伍铁平：《再论语言的模糊性》，《语文建设》1989 年第 6 期。

父不为其子媒。亲父誉之，不若非其父者也。"通常生活中自己父亲说儿子好，不如别人的父亲说好有说服力。同理，我们借助他者来表达自己想说话，传播效果自然更好。《庄子·天下》曰："以寓言为广"。郭象注之曰："言出于己，俗多不受，故借外耳。"①成玄英亦疏之曰："寓，寄也。世人愚迷，妄为猜忌，闻道己说，则起嫌疑。寄之他人，则十言而信九矣。"②相对于己言来说，寓言的影响更广。不过，寓言还有一个类似于隐喻功能：借助某物某事来说明另一物另一事。两者间有一定的相似性。老子就以水喻道，他说："水善利万物而不争，处众人之所恶，故几于道。"（《老子》第八章）当然，还有以婴儿、山谷等来喻道的。不过，庄子学派的隐喻不以两者的相似性为基础，而是以"意义的盈余"即超出"能指"（或语言文字）的意义的方式来实现隐喻的。陆西星《读南华经杂说》就深明《庄子》寓言的要义，他指出寓言乃是"意在于此，寄言于彼也"。寓言重在形象，通过语言描述的形象去把握其寄寓的道理。庄子就借助"鱼之乐"，"庄周梦蝶"阐明了"天地与我并生"的"物化"思想。庄子寓言传播思想大体有三大特点：其一，只喻不议，喻中寓理；其二先喻后议，喻议结合；其三，先议后寓，议寓相连。③

二、重言：对语言传播稳定性的理解与运用

虽然从发生学角度而言，语言符号的能指与所指的关系是不确定的，但是一经约定俗成之后，特定的语言符号表达特定的意义，从这一点来说语言符号就具有相当的稳定性，有了这种稳定性，就使跨越时空的意义传播成为可能。《庄子·逍遥游》曰："名者，实之宾也。"语言文字是第二位的，只是客观事实的表现形式。"重言"乃是厚重之言，并不是指语言文字本身，而是语言文字承载的意义。虽然后人理解古人的意义有难度，但是通过理解历史进程，把握当时的语境与情境，是可能明白语言文字当时的意义的，这个意义应当具有一定的稳定性。就像我们现在去阅读古文，还是可以读懂一样。运用传播符号学理论来说，语言符号具有"可传承性"④。

"重言"字面含义是重要之言，即有分量的语言。不过，在《庄子》一书中，当有明道之言和重道之言两层含义。《庄子·寓言》曰："重言十七，所以已言也。是为耆艾，年先矣，而无经纬本末以期年耆者，是非先也。"重言是指年长者（延伸为古代圣人）的话，并不只是年龄的年长，而是学识才德过人的年长者的话。

---

①　（晋）郭象注、（唐）成玄英疏：《南华真经注疏》，北京：中华书局，1998年版，第539页。
②　（晋）郭象注、（唐）成玄英疏：《南华真经注疏》，第538页。
③　郭志坤：《先秦诸子宣传思想论稿》，福州：福建人民出版社，1985年，第150—152页。
④　余志鸿：《传播符号学》，上海：上海交通大学出版社，2007年，第42页。

在语言传播中运用这样的话有助于增强语言的可信度。《天下》也说："以重言为真"，世人常常相信"重言"是可信的，也可以理解为"重言"的意义具有真实性。老子曰："自古及今，其名不去，以阅众甫。吾何以知众甫之状哉？以此。"（《老子》第二十一章）在老子看来，"道"作为士人追求的终极意义，是永恒存在的。从古至今"道"之名就一直在传承着，而"吾"对道的把握，便是通过这个"名"（语言文字）来实现的。可见，言以载道，换句话说，"道"的意涵可以在"言"中得到相对稳定的保存。"重言"其实就是"道言"，亦即得道的圣人之言。唐代成玄英称："重言，长老乡闾尊重者，老人之言，犹十信其七也。"① 宋代林希逸亦解释曰："重言者，借古人之名以自重，如黄帝、神农、孔子是也。"② 《老子》书中就常常引用圣人之言，如"古之所谓'曲则全'者"。（《老子》第二十二章）还有"天道无亲，常与善人"（《老子》第七十九章），就是引用《金人铭》中的句子。其实，与老庄同时代的人们早就有了崇古情怀。孔子明确表态说："监于二代，郁郁乎文哉，吾从周。"（《论语·八佾》）亚圣孟子亦曰："率由旧章，遵先王之法而过者，未之有也。"（《孟子·离娄上》）先秦儒家集大成者荀子亦言："今夫仁人也，将何务哉？上则法舜、禹之制，下则法仲尼、子弓之义"。（《荀子·非十二子》）先师从儒者后自言门户的墨子提倡"言有三表""上本之于古者圣王之事"便是其中语言传播的第一表（根据）。儒墨两家所推崇的圣人大体只是三皇五帝。而道家则自创圣人谱系，将之推远至更为久远的上古年代。仅以《庄子·胠箧》为例，该篇中就载有容成氏、大庭氏、伯皇氏、中央氏、栗陆氏、骊畜氏、轩辕氏、赫胥氏、尊卢氏、祝融氏、伏牺氏、神农氏等十二代圣人的传承谱系，试图强化自身语言的神圣性。不过，有个有趣的现象是在《庄子》书中人们公认的尧、舜、禹、孔子等圣人往往成为庄子学说的代言人，他们在庄子书中俨然就是履践道家无为之道的圣人。此外，庄子学派自觉大量引述圣人著作之书和当时流传的名言警句。著作有《法言》（《庄子·人间世》引）、《记》（《庄子·天地》引）、《书》（《庄子·盗跖》引）等，名言有"野语有之曰"（《庄子·秋水》引），还有大量直接间接引用《老子》或先老学之言。总而言之，道家坚信"道"（意义）是可以通过语言来传播的。正因如此，道家特别重视"重言"，因为它承载着圣人历史实践的信息，这些都是后人进一步前进的精神财富。也就是说，上古道统（"道纪"）往往通过"重言"得以流传，能不珍惜吗？

---

① （晋）郭象注、（唐）成玄英疏：《南华真经注疏》，北京：中华书局，1998 年，第 538 页。
② （宋）林希逸：《南华真经口义》，陈红映点校，昆明：云南人民出版社，2002 年，第 403 页。

三、卮言：对语言传播创造性的理解与运用

根据传播符号学理论，语言符号还具有"强生成性"（即随着社会发展变化而变化的生命力）、"二元组合性"（总是跟自己最毗邻的另一符号进行组合）、"非对称性"（同一符号可指称多个内容，反之多个符号可以指称一个内容）、"超时空性"（符号可以指称不在眼前的事象、没有发生过的事象、非物质形态的事象）等特征。这些特征归结为一句话，语言符号具有变动性的特点。[①] 道家显然深明这个道理。《庄子·寓言》曰："卮言日出，和以天倪，因以曼衍，所以穷年。"卮是一种器皿，它空的时候是仰躺着的，装水到一半时是中立的，而装满时便倾。所谓"卮言"，第一种理解是日出日新之言。王先谦曾说："夫卮器满则倾，空即仰，随物而变，非执一守故者也，日新则尽其自然之分，己无常主也。"[②] 同样一个器皿在不同情况下会有不同的情态，同样，同一个"言"（语言文字）在不同情境下会表示不同的意义；也可以说不同的意义可以用同一"言"表示。也就是说，"言"具有多义性。因此，人们运用起"言"就有了广阔的意义创造空间。还有一种理解，卮言意为中正之言。陈景元解曰："日出未中则斜，过中则昃，及中则明，故卮言日出者，取其中正而明也。"而这两种意涵是相通的，因为变化不离其正，正是"卮言"的创造性所在。卮言在道家看来是道言，言道之言，此言乃无心之言，自然流淌之言，中正之言，日新之言，无可无不可的圆言，曼衍无终始、支离无首尾之言，耐人体味之言。[③] 对于语言的运用能达到信手拈来，随心所欲，那可以说是运用语言的大师了，庄子便是这样的人。

成玄英疏云："卮言，即无心之言。""卮言，不定也。""卮言"思想要求传者主体能够在言语时不抱成见。因为"物固有所然，物固有所可。无物不然，无物不可"。语言所指称的对象有其自在性、自为性，人的主观不能取代它，而只能"因其固然"。于是，庄子学派提出"言无言"的语言传播原则，即说出没有主观成见的语言。这样，终身说话，却好像不曾说；即便终身不说话，却也好像未尝没说。

语言的创造性源于世界运动变化的丰富性。郭象注曰："夫自然有分而是非无主，无主则曼衍矣，谁能定之哉！故旷然无怀，因而任之，所以各终其天年。"成玄英疏曰："曼衍，无心也。随日新之变转，合天然之倪分，故能因循万有，接物

---

① 余志鸿：《传播符号学》，上海：上海交通大学出版社，2007年，第38—45页。
② （清）郭庆藩：《庄子集解》（第四册），北京：中华书局，1961年，第948页。
③ 朱哲：《先秦道家哲学研究》，上海：上海人民出版社，2000年，第231页。

无心；所以造化之天年，极度生涯之遐寿也。"① 语言符号描述千变万化的世界，力求客观地反映事实，即"接物无心"，那么以这种语言传达的信息来处事，事与物都能各安其序，所以能"尽其天年"了。《庄子·人间世》曰："为人使易以伪，为天使难以伪。"就是认为有心（为人）必有伪，无心（为天）则难以起伪了。

语言符号除了如上所言的表述和理解功能、传达功能以外，还有思考功能，亦即语言激发人创造功能。语言符号承载的意义使受者在接受后在自身的情境中往往会生成崭新的意义。这是因为"思考本身也就是一个操作符号在各种符号之间建立联系的过程"。② 正因为思考才有创造性。不过，同时也可能带来破坏性。思考的同时往往被自己的主观偏见、成见、妄见所宥，不知不觉中干扰了信息的准确传播。故而应注意如下：

"卮言"要求公正以言。然而辩论往往是各执一词，为了战胜对手，常常运用诡辩等手法。庄子学派指出"人固受其黮暗"，"辩也者，有不见也"（《庄子·齐物论》）。论辩使人受偏执的迷惑。"彼至则不论，论则不至；明见无值，辩不若默。"（《庄子·知北游》）明道的人不去论辩，论辩者不明道，故而辩论不如沉思。辩论对道可言，并不能越辩越明，但对于客观世界的诸事诸物诸象而言，则是智力所及。《庄子·徐无鬼》："知之所不能知者，辩不能举也。"知性无法认知的对象，必须依靠悟性之知了。道家反对辩论这种特殊的语言传播方式还因为辩论可能破坏人纯真的天性。《庄子·盗跖》曰："辩足以饰非。"辩论者往往会竭力去粉饰自己的不足或过错。

"卮言"要求力戒"溢言"。《庄子·人间世》引《法言》之言曰："传其常情，无传其溢言，则几乎全。"希望实事求是地传达"常情"，不去传播"溢言"。"溢言"是过头话，不合实际情况的。要求不要去增加原来没有的方面，也不要遗漏本来有的方面，做到全面，客观、准确地表达实际情况。《庄子·人间世》强调指出："凡溢之类妄，妄则其信之也莫，莫则传言者殃。"溢言的事情必须是不真实的，而不真实就没人信，没人信则传言者会遭殃。因此，语言传播敢不慎乎？作者进而指出语言传播如果不符实，可能会还来很大的危害。"言者，风波也；行者，实丧也。夫风波易以动，实丧易以危。故忿设无由，巧言偏辞。"花言巧语和偏执之言都是"丧实"之言，都可能影响人们的喜怒哀乐，带来无穷后患。

因此，我们认为道家提倡和发扬的寓言、重言、卮言等语言传播方式，其实是一套系统且独特的语言传播方法，研究这种方法对于探讨中国传统语言传播思

---

① （晋）郭象注、（唐）成玄英疏：《南华真经注疏》（下册），北京：中华书局，1998 年，第539—540 页。

② 郭庆光：《传播学教程》，北京：中国人民大学出版社，1999 年，第 46 页。

想具有重要的理论价值，同时也有助于丰富人类语言传播方法的研究，进而展现出语言传播的艺术神韵。

（谢清果）

道家语言传播效果的求美旨趣

道家传播思想在中国古代传播思想史中占有重要的地位，突出地表现在对语言传播的批判性认知上。道家追求不言、无言、忘言的意境，从而流露出其讲究语言传播效果的求美旨趣。

道家思想中蕴藏着丰富的传播智慧，已成为研究中国传播思想史不能回避的重要对象。郭志坤最早于《先秦诸子宣传思想论稿》一书中阐述了老庄的宣传思想。① 其后，台湾的关绍箕先生也曾在《中国传播思想史》中以"道家传播思想"为章名，探讨了老子、《庄子》、《列子》等道家作品的传播思想。② 庄万寿先生的《庄子语言符号与"副墨之子"章之解析》阐述了庄子语言符号的特点③。武汉大学的李敬一先生也在《中国传播史论》中深刻指出："道家在中国传播思想发展史上第一次提出传播活动中的'真'、'善'、'美'的概念，并且论述了三者之间的关系，这是弥足珍贵的。"④ 因此，在力倡推进传播学本土化的今天，我们有必要多角度地研究道家的传播思想。

道家以尊道贵德、虚静无为、去欲不争、返璞归真为品格，讲究自正自化，从而在内向传播、非语言传播、人际传播、行政传播等方面的思想独树一帜。本文仅选取最具代表性的语言传播方面以管窥道家的传播思想。道家语言传播思想是通过"言"（"名"）与实，"言"（"名"）与"意"（"道"）关系的深刻阐释，表达了语言在传播中应当秉持真、善、美价值取向的立场。道家以"道"为自己论说的出发点与归宿点，认为"道"集真善美于一体，非真不足以言道，非善不足

① 郭志坤：《先秦诸子宣传思想论稿》，福州：福建人民出版社，1985 年。
② 关绍箕：《中国传播思想史》，台湾：正中书局，2000 年。
③ 庄万寿：《庄子语言符号与"副墨之子"章之解析》，载陈鼓应主编，《道家文化研究》第五辑，上海：上海古籍出版社，1994 年，第 95—103 页。
④ 李敬一：《中国传播史论》，武汉：武汉大学出版社，2002 年，第 187 页。

以证道，非美不足以体道（合道）。道家运用寓言、重言、卮言等语言传播方式，运用了大量的比喻和其他方法，彰显了传播技巧，以期取得最好的传播效果。不过，这些语言传播方式还只是重在语言传播的工具理性，其实，道家更注重语言传播的价值理性和审美意境，那就是沉浸于"道"的体悟之中，忘我、忘言，准确地说，是生成了悟性之境。这种情况，道家称为"得意忘言"。"忘"既是悟道的途径，也是对语言广泛意义的完全统摄，而语言符号此时好像被抽干了意义似的，被弃之不顾。如果执着于语言名相，那就会阻碍对"道"之意的领悟。因此，"忘言"是道家语言传播的最佳效果的表征，同时也是一种"美"的享受。

一、不言：语言传播的方式

日本的林进先生指出："各种非语言的象征符号体系如仪式和习惯、徽章和旗帜、服装和饮食、音乐和舞蹈、美术和建筑、手艺和技能、住宅和庭园、城市和消费方式等等，都包括其中。这些象征符号体系在人类生活中各个领域都可以找到。"[①] 这些象征性非语言符号也是一种无声的语言，它们主要以形象的方式传达了许多语言符号不能或不完全能传播的信息。生活中其实处处是语言符号与非语言符号相结合才能保证传播活动的顺利进行。老子率先提出"不言"的语言传播理念。在他看来就无限的道意而言，语言是苍白的。"不言"或少言比多言更能达到传播效果。老子是基于"多言数穷"的认识基础上，提出"不言"的。老子的"不言"思想历来引起不少争议。聪明的白居易对此也颇感困惑，他在《读老子》诗中说："言者不知知者默，此语吾闻于老君。若道老君是知者，缘何自著五千文？"他自鸣得意以为抓住了老子的致命弱点，其实，自己不过是老学的门外汉而已。老子所说的"知者不言，言者不知"（《老子》第五十六章）的名言是有着深刻的意涵的。首先是他一贯讲究慎言慎行的必然结果。他认为无论是说话做事，都应当奉行"唯施是畏"（《老子》第五十三章），言多必失，谨防祸从口出。不过，"老子没有否定语言传播的价值，而是从批判的角度，说明了语言传播的局限性，揭示了现实社会中语言传播的异化现象，提出了语言传播的最佳境界是'不言'，'不言'才是最好的'言'"。"从语言传播看，只要一切符合'言'的自然性（即'言'的规律），不在'言'的自然性之外去刻意追求，就能达到最佳的传播效果，这便是老子所谓'不言'的真正内涵。"[②] 其实，最好的语言是没让人感觉语言的存在，正如天地的美不需要言说而自美一样。庄子就说："天地有大美而不言，四时有明法而不议，万物有成理而不说。"（《庄子·知北游》）物以其内在规定（理）呈现

---

①　林进：《传播论》，东京：有斐阁，1994 年，第 18 页。

②　张卫中：《老子对语言传播的批判》，《社会科学战线》2002 年第 3 期。

为现象界的形象，这是自然而然的。语言传播的最好感觉那就是让受者好像成为对象本身，对象的一切了然于心，而没觉得语言符号在告诉他什么。"老子用否定的方法建立的对语言传播的认识，使我们对语言媒介可以有更清楚的了解，它促使人们对语言传播中言与意的关系、语言的美与真及美与善、语言传播的最佳效果等等这些问题做进一步的思考。"①

其实，老子提倡"不言"，还有一个意图，那就是实现语言符号与非语言符号相互配合以实现最佳的传播效果。老子曰："是以圣人处无为之事，行不言之教。"（《老子》第二章）称"不言"的传播效果是"不言之教，无为之益，天下希及之"（《老子》第四十三章）。"不言之教"的重要内容包括形象传播、体态符号传播等。老子形象地刻画了得道圣人的日常行为表现，而圣人的以身作则，便是对百姓的不言之教：

> 古之善为士者，微妙玄通，深不可识。夫唯不可识，故强为之容。豫焉若冬涉川，犹兮若畏四邻，俨兮其若容；涣兮若冰之将释；敦兮其若朴；旷兮其若谷；混兮其若浊。（《老子》第十五章）

这种不言之言的效果是"不言而善应"（《老子》第七十三章），意思是说百姓争先效仿。《管子·心术上》："不言之言，应也。"②《管子·心术下》："不言之言，闻于雷鼓。"可以说，不用言语的语言，有着潜移默化的效应。在道家看来仁义礼智信的教化效果是有限的，很容易适得其反。老子就说："上礼为之而莫之应，则攘臂而扔之。"（《老子》第三十八章）相反，圣人"为而不争"（《老子》第八十一章）的行为形象，反而深深地感动百姓，进而自觉地配合圣人的施政。正如施拉姆所言："尽管非语言的符号不容易系统地编成准确的语言，但是大量不同的信息正是通过它们传给我们的。"③也就是说，信息的传播并不完全依靠语言符号，只有充分地运用非语言符号的传播艺术，语言传播才能得以更顺畅地进行。

此外，不言也指面对不可言，不能言的东西，当保持沉默。在道家看来，道正是这样的存在。《庄子·知北游》说："道不可言，言而非也！"道是无限的，语言是有限的，以有限的语言来表现无穷的大道，必然会显得窘迫。《吕氏春秋·审应览·精谕》曰："目击而道存矣，不可以容声矣。"④意思是说，两个见面即相知，

---

① 张卫中：《老子对语言传播的批判》，《社会科学战线》2002 年第 3 期。
② 戴望：《管子校正》，《诸子集成》第 5 册，北京：中华书局，1954 年，第 221 页。
③ 李彬：《传播学引论》（增补版），北京：高等教育出版社，2003 年，第 126 页。
④ 高诱注：《吕氏春秋》，《诸子集成》第 6 册，北京：中华书局，1954 年，第 222 页。

无须语言。眼睛所见的形象也是一种承载意义的符号，是谓"目视于无形"（同上）。见到形象，则对方的心志自明。这正是不言的原因之一。

　　二、无言：语言传播的效果

　　道家崇尚"无为"，无为不是不为，其实是为无为，无为而无所不为，无言其实就是言无言，无言方可无所不言。道家追求"无言"之境，试图以"无言"的方式去体悟道意。这其实是"道"的存在方式决定的。道虽然不是具体事物，但也是物的存在，是无物之物，这就决定语言在表达道的时候当是"无言之言"。《庄子·则阳》曰："万物殊理，道不私，故无名。"无名自然是无言了。无名为众名之源，无言为众言之主，正所谓"此时无声胜有声"。在语言传播过程中，常常也有"此时无言胜有言"的情景。无言并不是不说，只是此时此地此人不该说则不说。无言又何尝不在"言"。"无言"可以通俗理解为"无不当之言"。言必及道，言必合道。庄子学派说："其口虽言，其心未尝言。"（《庄子·则阳》）他们认为口之所言，乃应事而言，事过则舍，其内心未尝动，没有情感渗入，故"无言"。《庄子·寓言》所说的"终身言，未尝言；终身不言，未尝不言"也是这个意义。此外，《列子·仲尼》曰："得意者无言，进知者亦无言。用无言为言亦言，无知为知亦知。无言与不言，无知与不知，亦言亦知。亦无所不言，亦无所不知；亦无所言，亦无所知。"[①]得意者沉醉于意境中，故无言。进知者在品味智能的佳酿时，亦无言。然而，他们此时此刻又何尝无言，何尝无知，又何尝言，何尝知。知与无知，言与无言没有绝对的界限，如果有界限了，就是小言、小知了。道家倡导"去小知而大知明"（《庄子·外物》），认为"小知不及大知"（《庄子·逍遥游》）。大知是没有局限的，而小知则囿于己见。道家倡导"大言"，摒弃"小言"，这是因为"大知闲闲，小知间间。大言炎炎，小言詹詹"（《庄子·齐物论》）。闲闲乃宽裕之意，炎炎乃燎原烈火；间间者，分别之意，詹詹者费词之意，含竞辩之意。道家提倡"大道不称，大辩不言"（《庄子·齐物论》）。大言乃是言满天下，无所不言，却又无所言，因为其言无瑕谪。小言则私心自用，费神焦心。

　　道家注重无言，并不是什么时候都可以无言，无言是得"意"的结果。黄老道家作品《吕氏春秋·审应览·精谕》曰："知谓则不以言矣。言者谓之属也。"谓是所指，即意义。语言是从属于意义的，意义既然获得了，就无须"言"。

---

① 　杨伯峻：《列子集释》，北京：中华书局，1979 年，第 126 页。

三、忘言：语言传播效果的极致

忘言是对语言工具的升华，其实质便是意义的获得。"语有所贵者，语之所贵者，意也。意有所随。意之所随者，不可以言传也，而世因贵言传书。"（《庄子·天道》）在道家看来，单纯的贵言是舍本逐末。"著于竹帛，镂于金石，可传于人者，皆其粗也。"[①]（《文子·精诚》）"粗"意谓"末"。因为本在"意"，末为"书"（含语言文字符号）。语言有形式上笔画的形象存在，还有发音上的声音存在，然而离开了意义，语言本身的形式存在便没有任何价值。其实正如解释学所说的，语言一旦以文本的形式呈现，其意义便非立言者所能限定，文本所载这"言"总是包含着不断延伸的意义空间。庄子学派将圣人之言视为"糟粕"，其旨在告诉世人不要死于文字之上，而应于圣人的心地上驰骋。《庄子·秋水》曰："可以言论者，物之粗也；可以意致者，物之精也；言之所不能论，意之所不能察致者，不期精粗焉。"物之外在形象和内在功用常常是可以言论的，也可以用思维来把握。在道家看来，终极的意义是言语道断，即语言成为进道的障碍，必须"忘言"。只有忘言了，才能实现对意义的完全占有。而此时，意会之内涵之意义是不能言传的。轮扁说：他"斫轮，……不徐不疾，得之于手而应于心，口不能言，有数存乎其间。臣不能以喻臣之子，臣之子亦不能受之于臣"。此种斫轮之技乃基于悟性，非语言的理性所能表达。《庄子·外物》曰："荃者所以在鱼，得鱼而忘荃；蹄者所以在兔，得兔而忘蹄；言者所以在意，得意而忘言。吾安得夫忘言之人而与之言哉！"言好比捕鱼之荃，逮兔之蹄，行动的目在于鱼兔，而非荃与蹄。语言运用的最终目的在于传意，得到意，就不需要去在乎"言"。究其实质，作者是想表达一种思想即语言不能代替生活本身。一切包括语言在内的活动都应以维护人的存在为前提。"得意"的含义在于是对语言的超越，是人对自己存在价值的获得。此种佳境是"无言而心说（悦）"（《庄子·天运》）。可见，道家除了关注言与意的关系问题，还以"心"的方式体现人的主体性，并关注着自由与幸福。此所谓"言不尽意"。"言不尽意"的意义在于"尽心""洗心"，即心的解决。《易传·系辞上》也肯定指出"书不尽言，言不尽意"[②]。但这不等于说不要言，言表达不了意。而是说"圣人立象以尽意，设卦以尽情伪，系辞焉以尽其言，变而通之以尽利，鼓之舞之以尽神"。这里的"尽神"便是"尽心"之意。卦象、卦爻辞都是在尽言，尽意，尽利，最终还在于悦心，是谓"圣人以此洗心，退藏于密"。忘言的精髓在于忘心。《庄子·大宗师》曰："怳乎忘其言也。"怳，无心也。言必有心，无心则无

---

①　王利器：《文子疏义》，北京：中华书局，2000 年，第 93 页。

②　黄寿祺、张善文：《周易译注》，上海：上海古籍出版社，1989 年，第 563 页。

言。语言常带有个人的目的性，而这在道家看来是人生之累的根源，应当舍弃。无言，无心，逍遥自在。

在语言表述世界的问题上，道家意识到有感性之知、知性之性和悟性之知三个层面，且尤其欣赏悟性之知。悟性之知其实是"意义的盈余"，它并没有脱离符号承载的感性对象与知性之知，但它无疑是一种超越。道家认为人们陷于前两者太久了，或者说太在乎符号本身了，阻碍了自身精神的超脱，于是提出"忘言"的思想，忘记语言洞察事物的本质。其实，道家把进入"忘言"当成一个过程，一个不断进道的过程。《庄子·知北游》记述了一位名叫"知"的求道历程。他请教"无为谓"三个问题："何思何虑则知道？何处何服则安道？何从何道则得道？"无为谓不回答。"非不答，不知答也。""知"再问狂屈，狂屈说他知道将要告诉"知"，可是"中欲言而忘其所欲言"。"知"后来只好去问黄帝。黄帝说："无思无虑始知道，无处无服始安道，无从无道始得道。""知"听了，还以为他与黄帝知道，无为谓与狂屈不知道。不过，黄帝却说："彼无为谓真是也，狂屈似之，我与汝终不近也。"作者此处所要表达的正是语言传播的困境。"知"为了求道，得先"知道"，黄帝所言，其实是对"知道"的语言表达。知道只是得道的第一阶梯。《庄子·则阳》曰："可言可意，言而愈疏。"第二阶梯是安道，而"安道"是"道"化在生活中，自己是有体验的，但是想用语言表达的时候却找不到合适的语言。《庄子·列御寇》曰："知道易，勿言难。知而不言，所以之天也。知而言之，所以之人也。古之人，天而不人。"因为道自道中悟，道外勿谈道。所以狂屈，一个率真而为的人，他想说却说不出来。也就是说，狂屈体会道不能言的困境，是个近道者。而第三个阶梯就是得道，一个人一旦得道，道就是我，我就是道，没有任何的主观愿望，连想说的冲动都没有了，所以"无为谓"不知道回答。这第三个境界其实就是"忘言"的境界。忘言的境界就是道的境界。

在语言阐述意义的过程方面，道家还有一套臻至"忘言"境界的方法，那就是《易传》所诠释的言、象、意三者的关系。这里的象主要指卦象，言是卦爻辞，意是圣人演卦之意。王弼是诠释三者关系的代表。他将易理与老庄之道熔于一炉，其思想集中在《周易略例·明象》。[①]首先他认为言、象、意三者关系是："夫象者，出意者也。言者，明象者也。尽意莫若象，尽象莫若言。言生于象，故可寻言以观象。象生于意，故可寻象以观意。意以象尽，象以言著。""言"可表达"象"，"象"可表达"意"。不过，我们认为"象"可以涵盖具象、抽象、意象三个层面。这样，就可以构成一个诠释世界的符号系统。其次，对"象"来说，"言"表达

---

① （魏）王弼：《弼集校释》，楼宇烈校释，北京：中华书局，1980年，第609页。

"象"的工具，而"象"是表达"意"的工具。得"象"当忘言，而得"意"当忘"象"。明确说明得"意"须经历"忘言"与"忘象"两个阶段。"象"是此过程的中介物。"故言者所以明象，得象而忘言。象者所以存意，得意而忘象。犹蹄者所以在兔，得兔而忘蹄；筌者所以在鱼，得鱼而忘筌也。然则，言者，象之蹄也；象者，意之筌也。"再次，王弼强调"言"与"象"的工具性和过程性，不可停滞于言与象本身。明了"象"，"言"的使命就结束了，停滞于"言"，也就是不明"言"，就生成不了"象"。广泛地说，"言"可指人们一切活动动机的语言表述；而"象"指为此动机而构建蓝图。而"意"其实便是保证完成这个蓝图的指导思想。同样，"象"的作用在于导向"意"的生成，如果停滞于"象"，也就是不明"象"，就生成不了"意"。"是故存言者，非得象者也；存象者，非得意者也。象生于意而存象焉，则所存者乃非其象也。言生于象而存言焉，则所存者乃非其言也。"最后，"意"是对"象"了然于心，即忘象的结果。而"象"也是"言"了然于心，即忘言的结果。总之，言与象是通向意的桥梁，只有忘言、忘象，圣人的思想才能明白。"然则，忘象者，乃得意者也；忘言者，乃得象者也。得意在忘象，得象在忘言。故立象以尽意，而象可忘也。重画以尽情，而画可忘也。"语言使用好比巧匠手中的锤子，锤子用得越顺手，其实主体越是忘记锤子的存在。海德格尔说："锤击不仅有着对锤子的用具特性的知，而且它还以最恰当不过的方式占有这一工具。""对锤子这物越少瞠目凝视，用它用得越起劲，对它的关系也就变得越原始，它也就越昭然若揭地作为它所是的东西来照面……用着操作着打交道不是盲的，它有自己的视之方式，这种视之方式引导着操作，并使操作具有自己特殊的状物性。"[①]语言也一样，语言用得越熟练就越是忘记语言。语言并不是不要，而只是"每寄言以出意"[②]，得意自可忘言。

综上所述，道家的语言传播思想洋溢着真善美向度。在道家看来，语言是悟道的工具，但语言与道（意义）是履与迹的关系。老子说："夫六经，先王之陈迹也，岂其所以迹哉！今子之所言，犹迹也。夫迹，履之所出，而迹岂履哉！"（《庄子·天运》）脚印能够说明鞋子的存在，但不能穷尽鞋子的本质与内涵，更不是鞋子本身。同样，先贤之意也不是他们的话语所可以穷尽的。不过，道家并没有因此舍弃语言，而是把语言当成明道的必要阶梯，诚如《庄子·大宗师》所言：

闻诸副墨（文字）之子，副墨之子闻诸洛诵（诵读）之孙，洛诵之孙闻之瞻明

---

① 海德格尔：《存在与时间》，陈嘉映、王庆节译，上海：三联书店，1987年，第85—86页。
② （晋）郭象注、（唐）成玄英疏：《南华真经注疏》（下册），北京：中华书局，1998年，第399页。

（见解洞彻），瞻明闻之聂许（耳闻），聂许闻之需役（实践），需役闻之于讴（咏欢歌吟），于讴闻之玄冥（深远幽寂），玄冥闻之参寥（空廓），参寥闻之疑始（迷茫之始）。

　　这是女偊入道历程的自白。这句话的意思可以意译为："开始我向书本文字学习；后来又抛开文字靠口头咏诵；接着我就不听不看靠主观见识的通彻；再接着我想也不想，在模糊不清的声音中获得悟觉；再接着我的身体也不动了，处于无为之中；再接着我混混沌沌，无见无知无感；再接着我在寥廓幽深的宇宙空间徜徉；最后我贴近宇宙精华凝结的本源。"① 对宇宙本体的领悟，或者说对终极意义的把握，是离不开文字（副墨）与语言（洛诵）的。道始终是向语言敞开的，没有真切的现实感受，即没有立足于所见（瞻明）、所闻（聂许）、所为（需役）的基础上，才能获得"真"信息。当然要获得终极意义，还需要善于消融感性之知、理性之知，进入悟性之知，即歌咏（于讴），力求超越有限通达无限，这便是"善"的修为。这样自我在超越中忘却，进入无言之境，体验着渺茫（玄冥）、空寂（参寥）和万物本原（疑始）的创生力，这便是"美"的境界。

（谢清果）

---

① 吴予敏：《无形的网络——从传播学的角度看中国的传统文化》，北京：国际文化出版公司，1988 年，第 179 页。

树状传播模式下唐诗风行的三大技巧

　　唐诗作为盛极一时的文体，它的繁荣，离不开独特的传播技巧。循着这一角度，不难发现唐诗不仅仅是单元化的"线状"或"环状"传播，而是具有一定系统性的"树状"传播。其中，"移栽"这一环节对于传播的效果起到至关重要的作用。唐诗的"移栽"大体有三种方式：嫁接、依附与共生，它们在传播广度、密度、速度、精确度方面分别具有不同的特点，如嫁接式传播具有较高的精确度，依附式传播具有较高的广度等等。但他们都很好地利用了内外部条件，来提升文学作品的传播势能。

　　明人胡应麟曾这样描述唐诗的繁荣："甚矣！诗之盛于唐也。其体则三、四、五言，六七杂言；乐府、歌行、近体、绝句，靡弗备矣。其格则高卑、远近、浓淡、浅深、巨细、精粗、巧拙、强弱，靡弗具矣。其调则飘逸、浑雄、沉深、博大、绮丽、幽闲、新奇、猥琐，靡弗诣矣。其人则帝王、将相、朝士、布衣、童子、妇人、缁流、羽客，靡弗预矣。"[①] 由此可见，唐诗无论在体裁、风格还是内容上，都达到了极其丰富的程度，而且几乎引发了全民性的创作。清代《全唐诗》共900卷，收录唐诗48900多首，诗人2200多家。[②] 仅就可统计的数量来看，唐诗远胜于小说、戏剧、赋、游记散文等同时代的文体，更是比西周到南北朝1600多年间保存下来的诗歌多出三倍以上。

　　唐诗的繁荣，与其文体和内容都有着极大的关系，同时也离不开其传播过程中的技巧运用。近年来，唐诗的传播学研究已然成为一种新的研究方式，代表著作有陶涛的《唐诗传播方式研究》、柯卓英的《唐代的文学传播研究》以及钱锡生的《唐宋词传播方式研究》等。他们都脱离了传统文学研究范式中对作家、流派以及审美特征等方面的讨论，而是从信息传播与接受的角度入手，以一种动态的

---

① 胡应麟：《诗薮》外编卷三，上海：上海古籍出版社，1979年，第163页。
② 沈松勤、胡可先、陶然：《唐诗研究》，杭州：浙江大学出版社，2006年，第1页。

方式看待唐诗的发展。陶著和钱著的写作重点都在于唐诗的传播方式，包括书信传播、题壁传播、歌舞传播等，详细考察并描摹出了唐诗流行的过程；而柯著则从传播主体、传播过程、传播媒介等层面，对唐诗的盛行作了传播学的解读。不过，这些研究，对于唐诗"传播模式"的总结与关注似乎较少。

所谓"传播模式"，就是对传播活动的过程及其各个要素之间关系和相互作用规律的直观而简洁的描述，是传播理论的简化形式。[①] 它不仅可以让人看到传播主体、传播过程、传播媒介，还能让人看到它们之间的联系与变化，是一种具有高度概括性和指导意义的信息运动公式。"传播模式"通常以简明清晰的图表呈现，从形状上看，已有的经典传播模式主要有"线状"和"环状"两大类。线状传播模式的代表是拉斯韦尔的 5W 传播模式：

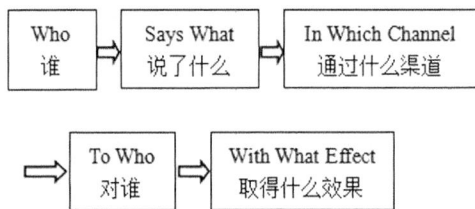

图 1：拉斯维尔 5W 模式图

这一模式反映了"传播者""讯息""媒介""受传者""传播效果"五个要素，这也是传播学的五个主要研究领域。可以说作为一个细胞式的传播单元，它几乎达到五脏俱全的程度。之后的香农—韦弗模式，则是在基本的线性模式中插入了"噪音"这个元素，表示信息传播过程中受到负功能的影响而产生的失真差异，但其重要性远远比不上传播的几个关键要素。而所谓"环状"的传播模式，相比于线状传播模式，只不过多了"反馈与互动"这一个层面，实际上相当于两个头尾相接的线状传播模式，其代表是奥斯古德—施拉姆的"循环模式"：

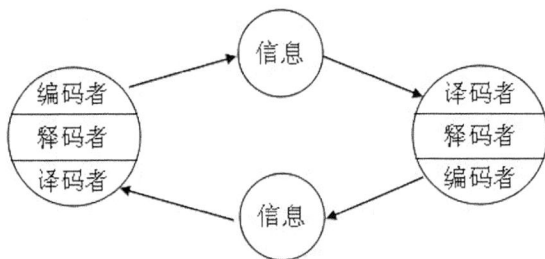

图 2：奥斯古德－施拉姆的循环模式

---

① 文言：《文学传播学引论》，沈阳：辽宁人民出版社，2006 年，第 43 页。

我们都知道，文学是一种独特的信息。文学的传播者和接受者都具有较高的知识水平，有较强的主观能动性；从信息本身的角度来说，文学是一种经过深层次处理的信息，不仅具有一定的逻辑性，而且能蕴含丰富的事实和情感；从传播媒介来说，文学通常依托于语言和文字来呈现，使得它具有较高的可复制性和迁移性[①]；就传播效果而言，文学不仅可以让受传者接受，产生共鸣，而且可能导致二次传播或是反馈。因此，文学传播的模式也许不同于一般的信息传播。在文言主编的《文学传播学引论》一书中，就结合"线状"和"环状"两种传播模式，总结出了一套独特的文学传播模式：

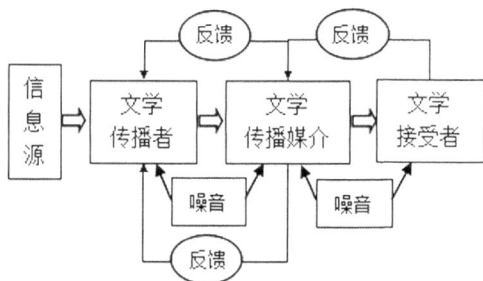

图3：文学传播模式图，仿自《文学传播引论》

无论是线状、环状，还是环线相结合的模式，他们关注的都是单元化的传播行为。然而文学传播属于一种规模化、层级化的传播，其模式不应局限在单元化的信息传递上，而应关照到具有一定组织性和系统性的信息流动脉络。以唐诗为例，一首诗可以通过诵读、抄写等形式从一个读者传递到下一个读者，然而他们之间的传递细节并不是我们所想了解的；我们所想要了解的，是这首诗在整个唐代社会网络中的扩散路径，及其在何种程度上能被作者本人控制。为此，笔者提出文学作品的"树状"传播模式：

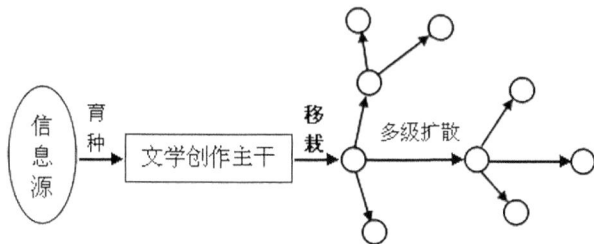

图4：文学传播的树状模式图

---

① 彼德·R.芒戈、诺什·S.康特拉克特：《传播网络理论》，北京：中国人民大学出版社，2009年，第30页："Badaracco(1991)区分了两种知识，分别称为迁移型和嵌入型知识……迁移型知识指那种易于从一个地点、人、群体或公司转移到另一个地点、人、群体或公司的信息。"

　　这一传播模式主要来源于文言的"文学传播模式"以及罗杰斯的多级传播理论，它实际上是一个中观的传播系统。文学传播的"根"是文学创作的信息源，它可能是一个事件，或是一种情愫。例如杜甫目睹了泰山的雄浑，从而写下《望岳》这首诗，于是，泰山的风光就成了杜甫文学创作的信息源。我把从信息源到文学创作的阶段称为"育种"，这是文学作者自我传播的阶段，在这一阶段中，"许多外部的刺激信息，经过收集和选择转化为长期记忆因子，作为从事文学创作的材料……"① 当然，育种过程并不单纯是对现实的收集和选择，也包含作者自身的思维生产，例如《望岳》的尾联"会当凌绝顶，一览众山小"所表现出的凌云壮志，便是作者思想创造的成果。

　　信息采集之后是文学创作，也就是作者将自己脑海中的信息转变成可传递的文学话语。与其说这是一种内在传播，还不如说它是一种模拟的人际传播。在文学创作过程中，作者始终在模拟着跟读者的对话，他根据自己的生活经验和价值取向，判断何种语言更能被读者接受，判断何种表达方式能更好地传递事实和情感。这一阶段对于文学作品的传播来说至关重要，因为作者与读者的模拟对话，将在接下来的每一个传播环节不断被重复，它就像一个主干般的东西，对整个文学传播系统起着支撑性的作用。白居易就相当重视与读者的模拟对话，他力求让自己的语句变得简单通俗，甚至连一些不识字的老人小孩都能听懂，这也是白诗得以广为流传的重要原因。

　　文学作品完成后，便进入对外传播阶段。所谓"移栽"，是指作者将文学作品从自己的内部世界"移"向外部世界的过程，它可以借助吟诵、题刻、书信等形式来扩散，总而言之，是要让除作者以外尽可能多的人接触到这个作品。正如植物生长需要水和阳光一样，文学作品的传播也需要借助一定的"势能"，它可能是已经存在的，或临时构建的。这种势能可以是一本刊物的销路、一个人的社会资源、一种政治力量或是一个事件的影响力，总而言之，它是使文学作品能得到更有效传播的所有内外部力量的总和。"移栽"是文学传播过程中最富有技巧性的一个环节，能否寻找到恰当的势能，直接关系到文学作品在社会网络中传播效果。

　　移栽之后，文学作品进入多级扩散阶段。在这一阶段，图中的每一个小圈都代表一个社会主体，他们之间的文学传递呈现出单向、非交叠的特征，也即每个社会主体不存在文学的重复接受。这一阶段是文学作者的非主动传播阶段，也是体现文学传播效果的阶段。

　　对于文学的传播效果，我们用传播级数、各级的分枝数、传播速度以及传播

---

　　① 文言：《文学传播学引论》，沈阳：辽宁人民出版社，2006年，第23页。

精准度四个指标来衡量。传播速度不言而喻，是指一部文学作品传播时间的快慢。如果一部作品能够名满天下，却需要花千百年的时间，那我们也不能说它的传播效果很好。传播级数可以代表文学传播的广度，比如一首写于岭南的诗，能被传到塞北，代表它有足够的传播广度，在这之间可能经历了十几级甚至几十级的传播。而各级分枝数则代表传播的密度，例如一首诗在京城中人尽皆知，则说明它在京城这一地点的传播密度很高。最值得解释的是传播的精准度，有些文学作品是要针对特定目标群体传播的，比如我们之后会提到的"干谒诗"，它是写给科举考官看的，如果它没有传到考官们的手里，而只是在百姓间流传，那就没有达到它的传播目的。

　　一般而言，文学传播效果的四个指标取决于从"育种"到"移栽"的整个过程。但对于不同体裁的文学作品来说，"育种"和"移栽"两个阶段对文学传播效果的影响权重会有所不同。体裁越短小的文学作品，育种阶段对于传播效果的影响就越小，而移栽阶段对于传播效果的影响就越大。唐诗恰恰是一种体裁极为短小的文学形式，因此，选择恰当的移栽方式，寻求强大的传播势能，对于唐诗的传播效果起到了非常重要的作用。那些能获得成功传播的唐诗，大都利用以下三种移栽技巧："嫁接""依附"和"共生"。下面，我们逐个剖析这三种文学移栽方式。

一、嫁接式传播

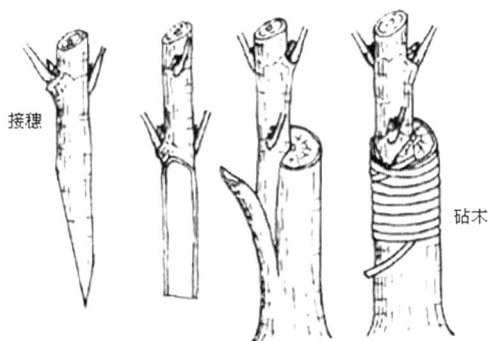

图5：嫁接图示

　　园艺中的嫁接是指将一种植物的枝芽连接到另一种植物的根茎上，让两部分融合生长。接上去的枝芽叫"接穗"，被连接的植物体叫"砧木"。嫁接能够利用砧木的有利特性，帮助接穗的生长。

　　在唐诗的传播中，我们也可以经常看到这种"嫁接"的现象。许多诗人在完成诗歌创作之后，都会去拜谒一些社会名人，向他们献上诗歌，谋求推荐。一些默默无闻的诗人往往因为当世贤达的有力扶植而一举成名。《云麓漫钞》云：

> 唐之举人，先籍当世显人，以姓名达之主司，然后以所业投献；踰数日又投，谓之温卷，如《幽怪录》《传奇》等皆是也。盖此等文备众体，可以见史才、诗笔、议论。至进士多以诗为贽，今有唐诗数百种行于世者是也。①

《唐音癸签》也记载：

> 举子麻衣通刺，称乡贡。由户部关礼部各投公卷，亦投行卷于诸公卿间。旧尝投今复投者曰温卷。礼部得采名望收录。凡造请权要，谓之关节。激扬声价，谓之往还。士成名多以此。②

向名人投献诗作的多为将要应试的举子，他们想在科举考试前先获得一定的知名度，增加及第的希望，这种做法被称为"行卷"。程千帆先生对王安石编辑的《唐百家诗选》进行了统计。在其中八十六位诗人中，进士及第者六十二人，参加进士考试而落榜者十五人，共七十七人。其余九人，无法确定他们是否参加过科考。程千帆先生在《唐代进士行卷与文学》中认为："他们的诗，必然有一些是专门为了行卷而写的，还有许多则是通过行卷这种特殊风尚才流传开来的。"此文道出了行卷与唐诗传播的关系，并肯定了其对传播产生的积极作用。③

比"行卷"更加广泛的一个概念叫"干谒"，它的主体不仅包括将要应试的举子，还涵盖了诸多渴望入仕和成名的文人。许多诗作都描述了唐代诗人的这种干谒行为。如高适《行路难》写道："有才不肯学干谒，何用年年空读书。"王昌龄《郑县宿陶太公馆中赠冯六元二》写道："云龙未相感，干谒亦已屡。"韩愈《送灵师》诗云："维舟事干谒，披读头风痊。"卢仝《扬州送伯龄过江》诗云："努力事干谒，我心终不平"等等。王佺先生在《唐代干谒与文学》一书中，对"行卷""执贽""投贽""投卷"等概念进行了梳理，认为它们大体具有相同的含义，都属于"干谒"的范畴。其中，"行卷"特指举子的干谒，包括对礼部行的"公卷"以及对达官行的"私卷"。尽管这种行为的初衷是为了入仕、中举，但它本质上是要让诗作、让诗人的才学得到更有效的传播。达官显贵们拥有丰富的社会和政治资源，他们犹如嫁接过程中的砧木，为诗作的传播提供了足够的生长势能。

---

① 赵彦卫：《云麓漫钞》卷八，北京：中华书局，1996年，第135页。
② 胡震亨：《唐音癸签》卷十八，北京：中华书局，1959年，第197页。
③ 陶涛：《唐诗传播方式研究》，合肥：安徽大学出版社，2010年，第114页。

《唐诗纪事》卷十五记载："（王湾）游吴中，《江南意》云：'海日生残夜，江春入旧年。'诗人以来，无闻此句。张公居相府，手题于政事堂，每示能文，令为楷式。"王湾的《江南意》本来不为人所知晓，后来得到了宰相张说的赏识，"海日生残夜，江春入旧年"一联被题写在宰相的政事堂上，频繁地向过往的朝臣和宾客推荐，这种传播效果十分显著。

孟浩然的成名，同样离不开宰相张说的赏识。张说曾多次在岳阳楼上举办诗酒笔会，孟浩然游湖湘时参加了其中的一次，当场写下："欲济无舟楫，端居耻圣明。坐观垂钓者，空有羡鱼情"的句子，张说大为称赞，孟浩然"始有声于江楚间"①。

性格狂放不羁的诗仙李白，实际上也是干谒的高手。他曾经向地方长官李长史、群督马公、襄州刺史韩朝宗等人投献诗文，而对于贺知章的干谒，则让他一举名动京城。《唐摭言》卷七云："李太白始自西蜀至京，名未甚振，因以所赍谒贺知章，知章览《蜀道难》一篇，扬眉谓之曰：'公非人世之人，可不是太白星精耶？'"贺知章很快便向唐玄宗推荐了李白，传播的效果十分显著②。唐代孟棨《本事诗》高逸第三也记载李白因向贺知章投献《蜀道难》一诗的经过，写道李白"由是称誉光赫"。

诗鬼李贺的成名，则是通过对韩愈的干谒。《剧谈录》卷下云："元和中，进士李贺善为歌篇，韩文公深为知重，于缙绅之间每加延誉，由此声华藉甚。"唐宪宗元和二年（公元807年），十八岁的李贺来到东都洛阳，当时的文豪韩愈以国子监博士身份来就职，韩愈的到来，对李贺一生产生了重要的影响。李贺带着自己的诗稿去拜访韩愈，韩愈刚刚送客归来，准备上床休息，当手下人将李贺的诗稿送上时，韩愈已经解下衣带，但是当他读了李贺的第一首诗后，立即重新系好衣带，邀请李贺来相见。韩愈特别喜欢《雁门太守行》那种奇伟壮烈的诗，这使得他以后逢人就推荐李贺。③

像这样通过干谒而成名的例子，在唐代不胜枚举。干谒的效果，在一定程度上可以用"名人效应""舆论领袖"等概念来解释，但归根结底，无论是政坛名人还是文坛领袖，他们对于文学传播来说最大的优势就在于他们所累积的传播势能。他们不仅拥有足够的社会关注度，还拥有强大的舆论号召力。他们所带动的文学传播，尽管有时范围有限，却会呈现出高速度、高密度、高精准度的特征。那些

① （清）董诰等编：《全唐文·卷334·送孟大人入蜀序》，上海：上海古籍出版社，1990年，第3381页。

② 陶涛：《唐诗传播方式研究》，合肥：安徽大学出版社，2010年，第108页。

③ 陶涛：《唐诗传播方式研究》，合肥：安徽大学出版社，2010年，第116页。

举子之所以能通过干谒及第，就是因为他们的诗作已经通过名人的推荐，准确地传递到他们的目标受众——考官们的手里。

植物学上的嫁接，讲究"接穗"与"砧木"的亲和力，也就是两种植物在组织结构，遗传特征上要尽量相似，这样才能比较好地融合生长。文学的嫁接式传播同样要注意文学作品与传播势能的契合度，如果不能将恰当的"接穗"与恰当的"砧木"相结合，就有可能导致嫁接的失败。这从尉迟匡投谒李林甫遭斥一事中可见一斑。《云溪友议》卷中记载：

> 举子尉迟匡，幽并耿慨之士也。以频年不第，投书于右座，皆以刺之说……及得相见，右座曰：'有一萧颖士，既叨科第，轻时纵酒，不遵名教，尝忤吏部王尚书丘，然以文识该通，孰为其敌？君子不遗其言，几至鞭扑，子之诗篇，幸未方于颖士，且吾之名，复异于王公（言王吏部），重欲相干，三思可矣。'匡知右座见怒，惶怖而趋出。栖屑无依，退归林墅。

尉迟匡在投献李林甫的诗文中针砭时事，触犯了李林甫的忌讳，遭到了一番训斥，只好灰溜溜地离开，退隐山林。[①] 尉迟匡投谒的失败，并不是因为他的诗作不好，而是因为他选择了与诗作生长趋势相悖的传播势能。

除了干谒之外，利用集会、游宴等娱乐场合来传播诗作，同样属于嫁接式传播的范畴。宴集是唐人的一种生活方式，这种人际交往活动涉及当时的各个阶层。上至帝王、贵戚，下至贫寒之士，都经常参与宴集赋诗活动。[②]《唐音癸签》记载："唐时风习豪奢，如上元山棚，诞节舞马，赐酺纵观，万从同乐……朝士词人有赋，翌日即留传京师。"可见宴集对于诗作传播有着重要影响。之前提到的孟浩然献诗张说的例子，也同样是对宴集场合的利用。之所以把宴集传播归为嫁接式传播，是因为它同样利用了现成的传播势能，而且同样具有高速度、高密度、高精准度的传播特征。

二、依附式传播

在当今社会，文学作品"依附式传播"最典型的例子就是书刊的出版。书刊的发行渠道在社会中织成一张"网"，文学作品沿着这张"网"的轨迹传播，就如同藤蔓依附着墙壁生长一样。

与依赖于人和事件的嫁接式传播相比，依附式传播更多地依赖于物体或地点

---

① 陶涛：《唐诗传播方式研究》，第 101 页。
② 陶涛：《唐诗传播方式研究》，第 139 页。

所汇集的传播势能。唐代雕版印刷刚刚起步，并不存在大规模的书刊出版。真正使唐诗实现较大规模"依附式"传播的是"题壁"。

现今存世的唐代诗作中，"题壁诗"是一大类。他们多为后世从驿站、寺庙的墙壁以及山石、树木上搜集而得。李彬先生在《唐代文明与新闻传播》一书中说道："我们倒更愿意将异军突起的唐人题壁视为近世文明生成之际大众传播意识的最初萌动，从历史的深层处讲，它预示着'我欲载之宣言，不如见之行事之浑切著明'（孔子）的古典风范，正朝表现、外露或曰优秀的现代旨趣转向。"[①] 题壁与书刊发行一样，能够形成伸向社会的传播网，只不过织就这张网的不是发行渠道，而是过往的人流。他们因为各种各样的原因游览或途经那些写有题壁诗的驿站、寺庙和山林，从而将这些诗作带到四面八方。与嫁接式传播的主动推广不同，人们对题壁诗的传播多是偶然的、随意的行为。就好像他们只是为诗作的传播提供了"附着物"，而不是直接为它们的生产供给养分。

就传播效果而言，依附式传播有一组相对的特征：范围广，但不精确。例如：白居易在《题裴晋公女几山刻石诗后并序》的序文中，对题壁诗的传播有这样的描述："裴晋公出讨淮西时，过女几山下，刻石题诗，末句云：'待平贼垒报天子，莫指仙山示武夫。'果如所言，克期平贼。由是淮蔡迄今底宁殆二十年，人安生业。夫嗟叹之不足，则咏歌之。故居易作诗二百言，继题公之篇末，欲使采诗者、修史者、后之往来观者，知公之功德本末前后也。"这里提到题壁诗的目标受众是"采诗者""修史者"以及"后之往来观者"，可谓十分广泛，没有特定针对的群体。白居易和元稹题壁唱和的经历也证明这种传播方式是不精准的。

元稹曾留宿阆州开元寺，因思念挚友白居易而在西壁书写白居易的诗歌，在东壁题写自己的诗，其中《阆州开元寺壁题乐天诗》说道："忆君无计写君诗，写尽千行说向谁。题在阆州东寺壁，几时知是见君时。"过了很长时间，白居易才经过开元寺，看到了元稹的题诗，却没看到他本人，不禁题诗感叹道："君写我诗盈寺壁，我题君诗满屏风。与君相遇知何处，两叶浮萍大海中。"可以想象，元稹在寺壁题诗时，最希望这些诗能被白居易看到，最希望马上得到他的反馈。可是时隔多年，在无数旅客路过阆州寺之后，白居易才看到这些饱经风蚀日晒的题壁诗。因而可以说，这种传播方式是迟滞的，不精准的。

但与传播精准度不高相对应的是题壁诗传播范围非常广。元和十一年（公元816年），以诗歌出名的李逢吉中了进士。此前他因为家里穷，只能徒步去考试。到了钱塘，他因为没有船费，无法过江，就在公馆题诗道："万里茫茫天堑遥，秦

---

① 李彬：《唐代文明与新闻传播》，北京：新华出版社，1999年，第298页。

皇底事不安桥。钱塘江口无钱过，又阻西陵两信潮。"这首诗被钱塘郡牧看到了，他立马向负责渡口的官吏问罪。《太平广记》称："至今天下津度，尚传此诗讽诵。舟子不敢取举选人钱者，自此始也。"李逢吉的诗后来居然传遍了全国的渡口，从此以后，那些摆渡的人再也不敢向举子收船费了。可见这首诗传播范围很广，收效甚好。

依附式传播范围广的特点，可以在一定程度上弥补它精准度的不足。如温庭筠的儿子温宪，因父亲得罪权贵而科举落第，便在江西崇庆寺的墙壁上题诗写道："十口沟隍待一身，半年千里绝音尘。鬓毛如雪心如死，犹作长安下第人。"表达自己的失落之情。后来这首诗被前来崇庆寺烧香的荥阳公见到，称"今日见一绝，令人恻然，幸勿遣也"[①]，于是让知举录用了温宪。《诗人玉屑》卷二十还记载了这样一件事：唐末有一个僧人在山寺中卧病，无人关心，便自己在门户上题诗写道："枕有思乡泪，门无问疾人。尘埋床下履，风动架头巾。"正好有个使者路过他的寺庙，看到这首诗后顿生怜悯之情，便将僧人带去疗养。后来这个使者升官了，下令让全天下的寺庙都设置"延寿寮"，专门疗养生病的僧人。两首诗都是无意之作，但后来都被自己潜意识中的目标受众看到了，并取得了可喜的传播效果。这除了巧合之外，也利益于依附式传播的范围之广。

从操作层面讲，依附式传播是一种相对容易实现的文学传播方式。唐诗题壁的地点可以有很多选择，据台湾逢甲大学罗宗涛先生在《唐人题壁诗初探》中总结，题壁诗的地点有宫壁、城壁、府厅、驿壁、石壁、桥柱、寺壁、亭壁、酒店壁、妓壁、雪地等等，几乎无处不可题壁。当然，有些题壁，诸如访人不遇而题于主人门壁这种行为，未必可以算得上是依附式传播，因为它的目标受众非常精确，如同私人书信。另外，唐诗题壁的主体也非常丰富，包括王公贵族、文臣武将、书生、僧侣、道士、闺秀等等，也几乎是无人不可题壁。但操作门槛低，也使得依附式传播的竞争也非常激烈。据统计，仅寒山一处的题壁诗就达到三百多首，一些人流旺盛的驿站，如靠近长安的潼关驿、马嵬驿，也有较多诗人留题。有些地方的墙壁被前人题满了诗，后人要再题时，只好将墙面清空，这样前人的题诗就不免有所散轶。《全唐诗话》记载："蜀路飞泉亭有诗板百余篇，薛能过此，悉去诸板，惟留（李）端《巫山高》一篇而已。"《唐音癸签》也说"刘禹锡过巫山庙，去诗板千，留其四。""留诗板"与"题壁"是相类似的传播形式，薛能和刘禹锡"去诗板"的行为虽然是抱着去粗取精的想法，但对于前人的诗作成果，未免是一种破坏。因此，依附式传播也是一种具有较大风险性和不确定性的传播

---

① （宋）尤袤：《全唐诗话·卷五·温宪》，《历代诗话》，北京：中华书局，1981年，第225页。

方式。

除了依附于旅游和交通网络外，唐诗还可以依附教育网络进行传播。

由于唐代"以诗取仕"的科举制盛行，学校在传经的同时兼以诗赋传授门徒。韩愈、柳宗元等都开馆授徒，注意对学生诗才的培养。[1]唐代教育网络蔓延之广，甚至到了乡村，为唐诗的传播提供了很好的渠道。元稹在《白氏长庆集》序中记载："予于平水市，见村校诸童竞习诗，召而问之，皆对曰：'先生教我乐天、微之诗'，固亦不知予为微之也。"皮日休《伤进士严子重诗序》也有"余为童在乡校时，简上抄杜舍人牧之集，见有《与进士严恽诗》……"的记载，可见在中晚唐时期，诗歌通过教学体系来传播已经十分普遍。由于它同样具有不精确性，甚至连元稹自己都没有料到他的诗会传到乡村的学校，因而也可以把它归为依附式传播。

唐朝虽然没有成熟的出版业，但我们也可以为唐诗依附于书籍进行传播寻找到一些蛛丝马迹。如元稹在《白氏长庆集序》中写道："扬、越间多作书模勒乐天及予杂诗，卖于市肆之中也。"这里一方面指出"作书模勒"这种雕版印书的行为，另一方面指出了书籍专门的出售地点——"市肆"。可见当时的出版业已经开始萌芽，这为之后的朝代文学作品的依附式传播提供了很大的帮助。

三、共生式传播

有的唐诗与一定的音乐、故事或其他诗歌捆绑在一起，能够收到很好的传播效果，这类似于生物学中的"互利共生"现象，因而我们称之为"共生式传播"。

（一）诗与音乐共生

"诗"与"歌"自古便是一对紧密结合的共生体，西汉《毛诗大序》就说道："诗是乐之心，乐为诗之声"。据袁行霈先生统计，《乐府诗集》中2239首乐府诗，合乐的占1754首。《唐诗纪事》所记1150诗家中，诗作与音乐有关的，共200家。《全唐文》中有关音乐之作有241篇。[2]据任半塘先生统计，唐诗及唐代民间齐言（诗）中确实曾歌唱，或有歌唱之可能者约二千首。这些数据说明，"诗"与"歌"在传播上有着相依相伴的现象。

在唐代，音乐有非常广泛的传播渠道。唐代自高祖武德时宫中设立专门掌管宫廷歌舞的教坊，开元三年两京又增设左右教坊，有大量的乐工供职其中，天宝年间又设置了"梨园"，代表了教坊的精华；此外朝廷还规定了官僚蓄妓制度，王

---

① 杨军、李正春：《唐诗在当时的传播》，《铁道师院学报（社会科学版）》1995年第1期。

② 袁行霈：《中国文学史》第二卷，北京：高等教育出版社，1999年，第203页。

公贵戚和五品以上官员大多私人养有歌妓，地方州县也有善歌的官妓；再加上民间各类私妓和歌手，便组成了从中央到地方、从上层到下层无处不有的强大传播网络。①在唐代音乐的传播网络中，我们处处可以见到诗人和诗歌的影子。

王维曾假扮乐工，混入教坊给玉真公主投献诗歌，受到公主欣赏，因而中了状元。李白在梨园与宫廷乐官李龟年合作了三首《清平调》，唐玄宗亲自吹玉笛伴奏，这也使得这三首诗歌被载入史册。中唐时期的边塞诗人李益，其《夜上受降城闻笛》一诗"天下亦唱为乐曲"②，《旧唐书》本传记载他"每作一篇，为教坊乐人以赂取之，唱为供奉歌词"。诗人的作品被谱为歌曲，甚至为他带来了可观的经济收益。而白居易的诗也是大受民间歌妓的欢迎，他在《与元稹书》中提到这样一件事："及再来长安，又闻有军使高霞寓者欲聘娼妓，妓大夸曰：'我诵得白学士《长恨歌》，岂同他妓哉？'由是增价……"歌妓因为能唱白居易的《长恨歌》，而提升了自己的身价。

唐朝的歌妓，大都具有较高的演唱水平。如《杜阳杂编》卷中记载："宝历二年，浙东国贡舞女二人：一曰飞鸾，二曰轻凤……上更琢玉芙蓉以为二女歌舞台，每歌声一发，如鸾凤之音，百鸟莫不翔集其上。"段安节《乐府杂录》也记载歌女许和子声音具有强大的震撼力，能使"喜者闻之气勇，愁者闻之肠绝"。

音乐一方面增加了诗歌的传播渠道，让它获得更广泛的受众；另一方面，也增强了诗歌在听觉上的表现力，让它获得更高的传播势能。反过来说，诗歌也增加了音乐的内涵，让它变得更有价值。因而，二者在传播过程中能够起到相互促进的作用。

（二）诗与故事共生

唐诗是一种非常短小的文体，尽管诗人尽可能地使它富有表现力，但它能传达的内容毕竟有限。但如果唐诗能跟一些故事、趣闻相结合，那么它可供人们玩味的东西就增加了。

有许多诗歌都是伴随着简单的创作背景和创作过程一起传播的，这就是所谓的"诗之本事"。宋代文献学家计有功著有《唐诗纪事》一书，大量收录了大量的唐诗本事，许多关于唐诗的研究，也是借此而展开的。其中，比较有名的是贾岛"鸟宿池边树，僧推（敲）月下门"中"推"与"敲"的典故。《唐诗本事》卷四十记载："（贾）岛赴举至京，骑驴赋诗，得'僧推月下门'之句，欲改推为敲，引手

---

① 杨军、李正春：《唐诗在当时的传播》，《铁道师院学报（社会科学版）》1995年第1期。
② （五代）刘昫等：《旧唐书·列传第八十七》，上海：上海古籍出版社，1989年，第3771页。

作推敲之势，未决，不觉冲大尹韩愈，乃具言。愈曰：'敲字佳矣。'遂并辔论诗久之。"贾岛与韩愈推敲诗句的故事，让《题李凝幽居》这首诗，变得更有内涵和意蕴。

有些诗人甚至会专门为自己诗文的传播制造事件。如《太平广记》卷一百七十九记载：

> 陈子昂，蜀射洪人，十年居京师，不为人知。时东市有卖胡琴者，其价百万。日有豪贵传视，无辨者。子昂突出于众，谓左右，可辇千缗市之。众咸惊问曰："何用之？"答曰："余善此乐。"或有好事者曰："可得一闻乎？"答曰："余居宣阳里，指其第处，并具有酒，明日专候。不唯众君子荣顾，且各宜邀召闻名者齐赴，乃幸遇也。"来晨，集者凡百余人，皆当时重誉之士。子昂大张宴席，具珍羞。食毕，起捧胡琴，当前语曰："蜀人陈子昂有文百轴，驰走京毂，碌碌尘土，不为人所知。此乐贱工之役，岂愚留心哉！"遂举而弃之。异文轴两案，遍赠会者。会既散，一日之内，声华溢都。

陈子昂在京城待了十年，都没人知道他的诗。后来他成功地利用了"砸琴事件"，让自己的诗文得到有效传播，在一天之内名满京城。

除了诗人自己的故事外，唐诗还与一些传奇小说配合传播。元稹就曾写就传奇《莺莺传》，并在其中大量穿插诗歌。如张生托红娘传《春词》二首后，崔莺莺回赠张生的《明月三五夜》："待月西厢下，迎风户半开。拂墙花影动，疑是玉人来。"由于诗文配合，文采斐然，加上故事曲折动人，《莺莺传》一经面世就很受读者欢迎。[①]传奇的流行，也极大地带动了其中诗歌的传播。

（三）诗与诗共生

诗人间的唱和也是诗歌传播中的一道奇观。中唐元和前后，诗坛尤其流行唱和之风。许多诗歌都以"酬""答""寄""赠"为主题，常常联袂而出，交相辉映。除了之前提到的元白唱和之外，比较出名的还有韩愈和孟郊的唱和，以及刘禹锡和白居易的唱和。

贞元八年的科举考试中，二十五岁的韩愈与四十一岁的孟郊出现在同一个考场上，韩愈及第而孟郊落第，两人却结下了深厚的友谊。韩愈写了《长安交流者赠孟郊》，说道："长安交游者，贫富各有徒。亲朋相过时，亦各有以娱。陋室有文

---

① 陶涛：《唐诗传播方式研究》，合肥：安徽大学出版社，2010年，第135页。

史，高门有笙竽。何能辨荣悴，且欲分贤愚。"以"贫富有徒""荣悴何辨"等概念来安慰孟郊，还与李观一同推荐他到张建封幕府。而孟郊也写了一首《答韩愈李观别因献张徐州》作为回赠，从此开始了韩孟两人的唱和。两人先后写有《答孟郊》《醉留东野》《汴洲别韩愈诗》等赠答诗，张籍、皇甫湜、李贺、贾岛等人也陆续加入了他们的唱和行列，形成了有名的"韩孟诗派"。除了唱和诗外，他们还进行"联句"的创作。所谓"联句"，就是几个诗人一人出一联，交替进行，组成一首诗。这实际上相当于一种作诗比赛，每首联句诗常有三四十联之多。人们在欣赏这类诗作时，不仅能品味诗句的内容，也能从诗人们的才智比拼中获得乐趣。

元稹和白居易同样因为科举而相识，两人为官后各遭贬谪，通过题壁、书信等形式作诗唱和，遥寄愁绪和思念。如《增修诗话总龟》卷二十七引《唐贤抒情集》记载："元白交道臻至，酬唱盈篇。微之为御史，奉使往蜀，路傍见山花，吟寄乐天曰：'深红山木艳彤云，路远无由摘寄君'……白应南迁回，过商山路驿忽睹元题迹，寄元诗曰：'与群前后多迁谪，五度经过此路隅。'"元白两人的唱和始于贞元十八年，止于大和五年元稹去世，历时三十年，唱和之作逾千首。[1]白居易与刘禹锡也有过许多唱和，其中比较著名的是唐敬宗宝历二年（公元 826 年），白居易在路过苏州时，与罢官返洛的刘禹锡重逢，他在筵席上写了一首《醉赠刘二十八使君》送给刘禹锡，并用筷子击盘而歌："为我行杯添酒饮，与君把箸击盘歌；诗称国手徒为尔，命压人头不奈何；举眼风光长寂寞，满朝官职独磋跎；亦知合被才名折，二十三年折太多。"刘禹锡深受感动，写下了有名的《酬乐天扬州初逢席上见赠》作为回馈，说道："巴山楚水凄凉地，二十三年弃置身；怀旧空吟闻笛赋，到乡翻似烂柯人；沉舟侧畔千帆过，病树前头万木春；今日听君歌一曲，暂凭杯酒长精神。"这首诗如果不是作为和诗，而是独篇，则其中所蕴含的感慨和谦逊很难为人体会。

能够说明唱和诗传播效果的还有这样一个事例。《云溪友议》卷下《闺妇歌》记载："朱庆馀校书既遇水部郎中张籍知音，逼索庆馀新制篇什数通，吟改后，只留二十六章，置于怀抱而推赞欤。清列以张公重名，无不缮录而讽咏之，遂登科第。朱君尚为谦退，作《闺意》一篇以献张公，张公明其进退，寻亦和焉。诗曰：'洞房昨夜停红烛，待晓堂前拜舅姑，妆罢低声问夫婿，画眉深浅入时无？'张籍郎中酬曰：'越女新妆出镜心，自知明艳更沉吟。齐纨未足人间贵，一曲菱歌敌万金。'朱公才学，因张公一诗，名流于海内矣。"当时的水部员外郎张籍很喜欢举

---

① 汤吟菲：《中唐唱和诗述论》，《文学遗产》2001 年第 3 期。

子朱庆馀的诗,时常主动向他索要。朱庆馀很好地利用了跟张籍的这层关系,通过一首《闺意》,委婉地打听张籍对自己文才的看法,实际是想让他提携自己。而张籍则回了他一首《酬朱庆馀》,肯定了他的才华,表示乐意帮他一把。后来朱庆馀果然登第了,与此同时,一献一酬两首诗也红遍天下。

总而言之,"共生式传播"利用了与诗歌同类或同属的传播体,让诗歌在表现效果、感染力、传播渠道、受众数量等方面都有了成倍的提升,增加了诗歌的传播势能。因而这种传播方式,无论在传播广度、传播密度和传播速度方面都能收到比较明显的效果。

总结

学界关于唐诗传播的研究已经有了非常丰硕的成果,而本文案例选取主要有两个原则:"当世效果性"与"诗人主动性"。三种"移栽"方式:嫁接、依附和共生,它们在传播效果方面各具特色,如嫁接式传播具有较高的精确性,依附式传播具有较高的广度,共生式传播具有高的黏性等等。当然,还有其他一些传播方式也是十分主流的,如唐诗书信传播,但由于它的"当世效果"不强,所以本文没有选取。"树状传播模式"用于解释唐诗传播具有相当解释力,但能否扩展到其他文艺传播,甚至一切传播领域,其多级传播的过程还有待进一步探究。

(谢清果 上官仪)

人际欺骗理论与《红楼梦》"茗玉雪下抽柴"故事

　　布勒和伯克恩德提出的人际欺骗理论认为欺骗在人际谈话中占据重要比重。《红楼梦》中刘姥姥欺骗贾宝玉的"茗玉雪下抽柴"故事情节相当程度上印证了这一理论。本文着重结合人际欺骗理论，深入剖析刘姥姥的故事编造和贾宝玉的痴情受骗背后的人际沟通心理。进而结合此案例，提出运用人际欺骗理论，防止受骗的基本策略。

　　人际交流本应坚持真诚友善的原则，然而事实上，从古至今各种欺骗层出不穷，其背后原理如何，值得我们去探究。就欺骗这一现象的研究，突出的成果有张永骅的《欺骗学》[①]、涂争鸣的《欺骗论——社会交往中的蜜制"砒霜"识鉴》[②]等著作，它们主要对欺骗的类型、骗术心态及危害等做了分析。另外，马宏伟的《欺骗心理学》[③]试图在行骗方式的基础上，分析欺骗心理问题；高金虎和徐小军两人的同名著作《战略欺骗》[④]反映了战争中的欺骗现象，主要内容是情报战，等等。但真正将人际欺骗现象上升为理论，最早当属美国的布勒（Buller David）和伯古恩（Judee Burgoon，一译为伯贡）联合于1996年第3期的《传播研究》上发表的题为"*Interpersonal Deception Theory*"的学术论文。此后两人，合作于2004年在Perspectives on persuasion,social influence,and compliance gaining 的论文集上又联合发表了同名的论文，即 Interpersonal Deception Theory（简称IDT），所不同的是，作者位置对换了。我们用"人际欺骗"为关键词搜索，目前国内没有相关研

---

　　① 　张永骅：《欺骗学》，北京：中央文献出版社，2007年。
　　② 　涂争鸣：《欺骗论——社会交往中的蜜制"砒霜"识鉴》，长沙：中南工业大学出版社，1997年。
　　③ 　马宏伟：《欺骗心理学》，呼和浩特：内蒙古人民出版社，1989年。
　　④ 　高金虎：《战略欺骗》，北京：金城出版社，2015年；徐小军：《战略欺骗》，北京：军事科学出版社，1991年。

究成果，只有在传播学教程、人际传播学教材中有零星介绍。可喜的是，复旦大学的殷晓蓉等人翻译的《人际传播：多元视角之下》一书的第十七章收录的正是这两位作者所撰写的《人际欺骗理论——欺骗中有目的的、相互信赖的行为》。至此，该理论才得以完整地以中文的形式介绍给中国读者。

《红楼梦》的研究早已成为一门大学问——红学。不过，就《红楼梦》中的"茗玉雪下抽柴"这一情节而言，笔者运用"读秀搜索"却未发现相关的研究成果。因此，鉴于"茗玉雪下抽柴"是一个较为经典的人际欺骗故事，我们借助西方学者提出的人际欺骗理论，来管窥中国人熟悉的经典作品——《红楼梦》蕴藏着的丰富的人际沟通智慧，是一项富有新意的研究。

一、人际欺骗理论（IDT）的提出和基本思想

我们每个人都会欺骗别人，同时也都会被别人欺骗，没有人能保证所说的话所传递的都是真实的信息。但欺骗并非完全是一件坏事，它不是真相的反义词，只是传递着与大脑中的"真相"不同的信息——谎言。这种人际传播的常态却没有得到深入的研究，一直到布勒（Buller David）和伯古恩（Judee Burgoon）提出了"人际欺骗理论"，才算是对人际传播中的人际欺骗研究做了系统的总结。在这个理论当中，他们把欺骗和发现欺骗看作传播者之间你来我往、进行相互互动的过程。他们把欺骗定义为："通过对信息，行为和形象的精心操控，导致对方接受一个虚假的信息和结论。他们认为，如果某个说话人实施了欺骗行为，那么他所从事的是一种策略性的行为，这种行为歪曲了信息的真实性，它本身就是一种不全面、不相关、不清楚的和不直接的言语行为。说话人有时甚至会努力把自己与他们所发布的欺骗性信息分离开来，他们试图操控虚假信息，他们忧惧自己这些虚假信息会被对方发现。同时，传播的接受者也试图揭露或者觉察信息的有效性，时时分析所接受的信息，如果听话人能够发现说话人使用了上述这些策略，那么，他们就会怀疑自己可能上当受骗。"① 由此可见，人际欺骗理论主要试图解释"有意欺骗行为"，而不是"无意欺骗"。②

两位学者近 20 年来不断在推进 IDT 研究，他们认为："人际欺骗理论（IDT）发挥着塑造人际传播，强调那些特别重要的变量和过程的透视镜的作用。不管是进行欺骗还是说真话，人们都试图管理他们的信息内容，管理他们的非语言行为

---

① 斯蒂芬·李特约翰：《人类传播理论》（第七版），史安斌译，北京：清华大学出版社 2003 年，第 162 页。另外参阅 Buller·David B &Judee K·Burgoon.Interpersonal Deception Theory.Communication Theory .1996(6):203-242.

② 赵建国主编：《传播学教程》，郑州：郑州大学出版社，2008 年，第 252 页。

以及整体风格，以便达到获得信任的目的。"① 正是因为人们往往具有对真相偏好的倾向，其实与正常的讲真话一样，欺骗性行为也具有调适和互惠的特点。这一点是我们特别要关注的。

两位作者还展望 IDT 研究方向，认为研究因应新媒体和新技术的变化，欺骗问题更显丰富多彩，而且人工智能和大数据挖掘方法的运用，可能能够将真实与欺骗，或将怀疑与信任分开来，进行检验②。总之，IDT 的运用研究前景广阔。

二、刘姥姥的故事编造与贾宝玉的痴情受骗的 IDT 分析

《红楼梦》可以说是一部体现传统社会中国人情世故的百科全书，今人完全可以借以窥探古代中国人际关系的常态以及当今中国人心理的文化基因。本文仅以刘姥姥编造"茗玉雪下抽柴"故事为例，参照 IDT 加以深入分析。

（一）"茗玉雪下抽柴"故事中的施骗动因与欺骗策略

在中国封建文化的百科全书《红楼梦》中，刘姥姥两进大观园是精彩的章回，文中的刘姥姥生动形象，大智若愚，生活在社会的底层，却不消极，而是积极乐观地面对生活中的点点滴滴。《红楼梦》中的第三十九回"刘姥姥信口开河，情哥哥偏寻根究底"③ 当中，讲述了刘姥姥信口开河地向贾宝玉等人编了一个"茗玉雪下抽柴"的故事，但是贾宝玉对这个故事深信不疑，甚至派他的贴身随从茗烟去寻找故事中的祠堂，并且在金钏的忌日还去祭拜了这位"雪下抽柴"的茗玉。在这个简短的情节中，读者可以明了刘姥姥是在欺骗贾府众人这一用心，因为书中这样写道："那刘姥姥虽是个村野人，却生来的有些见识，况且年纪老了，世情上也经历过的，见头一个贾母高兴，第二见这些哥儿姐儿都爱听，便没了说的编出些话来讲。"随后，刘姥姥就编造出了一个"茗玉雪下抽柴"的故事。

1. 编造"茗玉雪下抽柴"故事是故意欺骗行为

欺骗就是传播一些虚假的信息，而"编造"就是指"凭想象创造，捏造"④，是一种虚假的信息，所以刘姥姥是在欺骗众人。而刘姥姥的这种欺骗是一种有意欺骗，还是无意欺骗呢？我们认为，她是在有意的欺骗，因为她是为了哄贾母，贾

① 莱斯莉·A.巴克斯特、唐·O.布雷思韦特编著：《人际传播：多元视角之下》，赵晓蓉等译，上海：译文出版社，2010年，第309页。

② 莱斯莉·A.巴克斯特、唐·O.布雷思韦特编著：《人际传播：多元视角之下》，第312页。

③ （清）曹雪芹，高鹗（著）：《红楼梦》，中国艺术研究院红楼梦研究所校注，北京：人民文学出版社，1982年，第533、544页。

④ 韩敬体、李玉英等主编：《汉大商务汉语新词典》，上海：汉语大词典出版社，商务印书馆（香港）联合出版，1996年，第44页。

府的哥儿姐儿高兴，哄他们高兴地目的就是为了能从这些富贵的人手中拿到些好处，因为在这一回中这样写道："平儿答应着，一径出了园门，来至家内，只见凤姐儿不在房里，忽见上回打抽丰的刘姥姥和板儿又来了。"1982年人民文学出版社出版的《红楼梦》中对"打抽丰"的解释为："打秋风，旧时利用各种关系取得有钱人的赠予，本含'分肥'的意思，一说旧时衙役于秋风时以做棉衣为名向富户募钱"。刘姥姥是来"打抽丰"的，即目的就是向贾府这家富户要钱，这就是她欺骗众人的最终目的。由此可见，刘姥姥的信口开河是欺骗，而且是有意的欺骗。IDT提出者明确指出"人际欺骗理论不那么关注内在心理的、无意识的自动反应（例如，恐惧反应），而是更多地关注外在社会因素，诸如传递者和接收者之间的交流相互作用。"①

2. "茗玉雪下抽柴"故事编造是种策略性行为

根据IDT，施骗者所从事的是一种策略性的行为。所谓策略性行为是"欺骗的实施者寻求各种策略来达到他们的传播目的，使自己看起来可信，让他们的骗术被接受为真理或者免于被察觉。"②这一点，在第三十九回中也有体现。刘姥姥对自己所传播的虚假信息进行了操控，而且还是运用了倒金字塔式的倒叙的方式，整个欺骗过程显然是一种策略性的行为。

她先是道"我们村庄上种地种菜，每年每日，春夏秋冬，风里雨里，那有个坐着的空儿，天天都是在那地头子作歇马凉亭（本指就是驿路上供行人歇马休息的亭子，这里说是农民把地头当作"歇马凉亭"来休息——编者注），什么奇怪的事不见呢。就象去年冬天，接连下了几天的雪，地下压了三四尺深。我那日起的早，还没出门，就听见外头柴草响。我想必定是有人偷柴草来了。我爬到窗户眼一瞧，却不是我们村庄上的人。"刘姥姥的这种不是自己庄上人的说法就是为了引起众人的好奇和注意。果然，贾母回答了她的问题，贾母猜是路人冷了，取柴火来取暖，贾母的回答符合常理，但是刘姥姥否定了贾母的猜测，刘姥姥笑道："也并不是客人，所以说来奇怪。老寿星当是个什么人？原来是一个十七八岁的极标致的一个小姑娘，梳着溜油光的头，穿着大红袄儿，白绫裙子——"听到这里，无论是谁都会感到奇怪，都有想继续听下去的欲望，更何况是贾宝玉这样爱红、爱女孩儿的人。所以宝玉且忙着问刘姥姥："那女孩大雪地里作什么抽柴草？倘或冻出病来呢？"刘姥姥的主要目的是为了把这个故事讲给贾母听，没想到却中了

---

① 莱斯莉·A.巴克斯特、唐·O.布雷思韦特编著：《人际传播：多元视角之下》，赵晓蓉等译，上海：译文出版社，第298页。

② 莱斯莉·A.巴克斯特、唐·O.布雷思韦特编著：《人际传播：多元视角之下》，赵晓蓉等译，上海：译文出版社，第300页。

宝玉的下怀。宝玉再问这句话之前发生了一个插曲，就是贾府的某个地方失火了，而贾母把这场火与抽柴联系在了一起，就止住了宝玉的问题，也止住了刘姥姥的回答。

其次，IDT 认为信息处理是其中基础性部分。"人们可以通过操纵其信息的真实性、完整性、直接性、相关性和个性化，来选择隐瞒、歪曲、错误呈现，混淆视听，或者在其交往中避免传播信息等方式。"① 《红楼梦》紧接着的叙述暗合了这一思想。书中写道，宝玉心中只记挂着那抽柴的故事，因默默在心中筹划。并且在散了的时候，背地里足的（一直）拉着刘姥姥，细问那女孩是谁，而此时，刘姥姥只得编了，就告诉他道："那原是我们庄北沿地埂子上有一个小祠堂里供的，不是神佛，当先有个什么老爷。"这句话中刘姥姥明确地说出了祠堂的地点，而且还离她家很近，自己曾经经历过，这样就增加了信息的可靠性，说这不是神佛，这就更加增加了宝玉的好奇。而"当先是个什么老爷"这句话就表明了她在思索，在回忆，这也暗示着事情曾经发生过，为自己所传播的信息的可靠性寻找证据。这句话也抓住了宝玉想急切地了解事情真相的心理，她预测到了宝玉肯定会说："不拘什么名姓，只说原故就是了。"这样看来，刘姥姥是在为自己的谎言解围。而接着宝玉的话，刘姥姥道："这老爷没有儿子，只有一个小姐，名叫茗玉。小姐知书识字，老爷太太视如珍宝。可惜这小姐生到十七岁，一病死了。"

IDT 认为欺骗性交流当进入具体谈话任务的互动情境，并且两者之间熟悉程度和关系效价（relationship valence) 也会影响着欺骗的进行。具体说来，施骗者可以利用对受骗者情况（包括性格、价值观、交流风格等）的熟悉来建构似是而非的信息，反之亦然（同上）。刘姥姥很聪明，她看出了在贾府当中，贾宝玉与林黛玉的关系非同一般，所以她的这番描述与贾府中的女孩有些相似，特别是与林黛玉很像，"雪里抽柴"抽的是木，茗玉与黛玉只有一字之差，也同样是无兄弟姐妹，同样的体弱多病。这样的叙述就唤起了宝玉的共鸣，引发了他怜香惜玉的感情，使贾宝玉对这个故事更加深信不疑。所以"宝玉听了，跌足叹息，又问后来怎么样了"。从"跌足叹息"这个非语言符号中可以反映出宝玉对这个故事的深信。对于宝玉的问题，刘姥姥道："因为老爷太太思念不尽，便盖了祠堂，塑了茗玉小姐的像，派了人烧香拨火。如今日久年深的，人也没了，庙也烂了，那个像就成了精。"刘姥姥的这番话是很符合逻辑的，符合事情的发展，也暗合了宝玉的想法。对于刘姥姥的这一席话，宝玉忙道："不是成精，规矩这样的人是虽死不死的。"在这里，作者用了一个情态词"忙"，而且"忙"在前面的对话中，也经常是宝玉的

---

① 莱斯莉·A. 巴克斯特、唐·O. 布雷思韦特编著：《人际传播：多元视角之下》，第300页。

形容词，这个"忙"字传递着一种非语言符号的情态信息，这表明了宝玉对这个女孩子十分喜爱，深有同感。这与他的"无故寻愁觅恨，有时似傻如狂""行为偏僻性乖张，哪管世人诽谤"①的性格他点十分的贴合。其实，刘姥姥也看到了宝玉的这一特点，故意用茗玉的可怜来吸引宝玉对故事本身的注意，而忽视其他的符号和环境。针对宝玉的这句话，刘姥姥道："阿弥陀佛！原来如此。不等哥儿说，我们都当他成精。他时常变了人出来各村庄店道上闲逛。我才说这抽柴火的就是他了。我们村庄上的人还商议着要打了这塑像平了庙呢。"刘姥姥表示非常赞同宝玉的观点，这就打消了宝玉的产生怀疑的想法，而且，刘姥姥也顺着宝玉的思维，故意地制造了紧张气氛，说是要"平了庙"，使整个故事又有了悬念，紧张起来，再一次把宝玉的注意力完全吸引到故事中来了。

至此，我们不难明白，根据 IDT，"接收者是欺骗事件的积极参与者，他们影响了欺骗的时间进程和最终结果"②。果不其然，宝玉忙道："快别如此。若平了庙，罪过不小。"宝玉又是"忙"道，此时的心思完全放在了故事上。此时的刘姥姥觉得时机已经到了，是该让自己的谎言收场了。因为刘姥姥是个骗子，根据人际欺骗理论，骗子总会有某种程度的焦虑感，害怕自己的谎言被戳穿，也就是说，施骗者必须管理好那些具有欺骗性内容的核心信息，不要出现前后矛盾，而引起听者的怀疑。所以，刘姥姥道："幸亏哥儿告诉我，我明儿回去告诉他们就是了。"当宝玉听到这句话时，心里是如释重负，是宽心的，但是他又是忐忑不安的，因为从"就是了"这三个字中，他听到了刘姥姥的敷衍和不上心，所以在最后，宝玉说了一大段他们贾府如何乐善好施的话，这就是在暗示着刘姥姥，贾府是完全付得起这些香火钱的，不用平庙。由此看来，正如 IDT 介绍的，欺骗的过程中往往会出现无意识的行为，包括情绪的反应。这一点也是值得注意的。

第二天，宝玉还派了茗烟去刘姥姥说的地方去找那个祠堂。而且在整本书中，宝玉都一直相信着这个故事的真实性，相信着茗玉的存在，因为在第四十三回"闲取乐偶攒金庆寿，不了情暂撮土为香"中贾宝玉其实不仅仅祭奠了金钏一个人，还祭奠了这位茗玉姑娘。

（二）贾宝玉痴情受骗源于"真相偏见"和强烈的谈话需求

宝玉的这一系列举动看起来很可笑、无聊，竟然会为了一个不存在的茗玉这

---

① 曹雪芹，高鹗著：《红楼梦》，中国艺术研究院红楼梦研究所校注，北京：人民文学出版社，1982 年，第 50 页。

② 莱斯莉·A. 巴克斯特、唐·O. 布雷思韦特编著《人际传播：多元视角之下》，赵晓蓉等译，上海：译文出版社，第 300 页。

样煞费苦心，而这恰恰反映了宝玉已经完全中了刘姥姥的谎言"魔弹"，完全接受了刘姥姥所精心操控的信息。这种完全接受与布勒和伯克恩的人际欺骗理论中所提到的"接收者越是期望真实，并且越是熟悉欺骗者或欺骗行为，欺骗者就越是不那么担心欺骗被发现"[①]这个论断是完全一致的。这说明在人际欺骗的某种状态下，即存在一方对另一方完全信任的情况或者为人单纯而另一方老谋深算、精于世故的情境下，信息接受方的防骗意识降低到近乎没有。这其中的原因可以归结为以下几点：

首先，宝玉的心理期望得到满足，没有产生欺骗焦虑，故而易于受骗。在贾宝玉与刘姥姥的对话中，贾宝玉运用了一些情态词，像"宝玉且忙道""宝玉忙道""细问那女孩是谁""跌足叹息"等等，这些非语言符号的描写与刘姥姥在对话中的情态形成了鲜明的对比。在与宝玉的整个对话中，对于刘姥姥，她的情态词没有，都是"道"或者"说道"，看不出刘姥姥的任何非语言符号，但是在其他情况下，刘姥姥就有了一些情态词，像贾母在问刘姥姥的年龄时，刘姥姥忙立身答道："我今年七十五了"，这里的"忙"，"立身"都是修饰语言的非语言符号。特别是在讲"雪下抽柴"这个故事的前半部分时，刘姥姥与贾母的对话，是有情态词的，贾母以为抽柴的是过路人，但是，刘姥姥笑道："也并不是过路人……"就用了"笑"这个非语言符号，但是在与贾宝玉的对话中，刘姥姥就没有情态词了。这种对比的意义之一就是在说明贾宝玉完全被故事所吸引，而忽视了其他的信息和符号。IDT 认为："随着时间的推移，互动性语境会增加策略性的行为，减少非策略性的行为"，"有技巧的传播者表现出更多的策略性行为和更少的非策略性行为"[②]。我们通常认为《红楼梦》是作者现实生活的写照，作者这样的描述，其实也是在反映自己当时被一个故事吸引，而完全记不得讲述人的情态，这是很反常的。因为一般的骗子都会有焦虑感，这种内在的焦虑是会通过"外部"的行为有所体现的，其实，刘姥姥是有所体现的，就是最后的一句话"幸亏哥儿告诉我，我回去告诉他们就是了"。这个"就是了"就反映了刘姥姥的焦虑，只是宝玉把它理解为敷衍而不是欺骗。宝玉能够忽略这些情态，并且没有恰当的理解人物语气的主要原因就是宝玉的期望得到了满足。IDT 认为，期望在出现欺骗的情况下起着明显的作用，如果信息接受者的期望遭到破坏，就会唤起他的疑心，而如果信息接受者的期望得到满足，则会降低他的疑心。在上文的分析中可以看到，刘姥姥猜

① 莱斯莉·A. 巴克斯特、唐·O. 布雷思韦特编著：《人际传播：多元视角之下》，赵晓蓉等译，上海：译文出版社，第 302 页。

② 莱斯莉·A. 巴克斯特、唐·O. 布雷思韦特编著：《人际传播：多元视角之下》，赵晓蓉等译，上海：译文出版社，第 304 页。

透了宝玉的心理，也就是了解了他的期望，并且满足了他一些的期望，而且还调动宝玉的好奇心，创造宝玉的期望并满足他。

其次，IDT告诉我们，面对面交谈的互动性和直接性往往可能减少猜疑。

IDT认为：

当传播语境是互动的时候，当接收者具有高度的真相偏好的时候，当传递者是有技巧的传播者的时候，接收者将传递者判定为可信之人的可能性更大……当语境是互动的时候，当接收者具有真相偏好的时候，当传递者是有技巧的传播者的时候，接收者察觉欺骗行为的可能性更小。①

故事中，刘姥姥与贾宝玉所进行的是面对面的人际传播，面对面的人际传播相对于其他传播形式来说，具有更高的互动性。在这种高互动性的情况下，交流的双方，贾宝玉与刘姥姥彼此接近，而且，从上述的分析中可以得知，贾宝玉是全身心地投入到了整个交流之中。在这种情况下，他们彼此就会减少非策略行为（失控行为）的使用。宝玉也就很难发现刘姥姥的这些微小的失控行为，所以这种互动性极高的全身心投入的人际传播阻碍了宝玉发现欺骗。

第三，IDT告诉我们，欺骗行为的结果部分取决于接受者发现欺骗的动机的强弱。怀疑本是欺骗行为中的关键调控因素，但是我们知道宝玉发现欺骗的动机很弱，甚至可以说，他的意识中就不存在刘姥姥会欺骗他这样一个想法，他对刘姥姥存在着"真相偏见"。这种"真相偏见"的产生正是基于信任等情感而对可能的欺骗线索视而不见。这样，宝玉就不禁会产生一个疑问，为什么一个富贵人家的公子哥会对一个目不识丁的村野老太太产生"真相偏见"呢？这有很多原因，一方面可以说是贾宝玉的生长环境造成的。他生长在一个把他保护得极好的环境之中，生在温柔富贵乡，下人、姐妹兄弟、长辈们都宠着他，从来没伤害过他的心灵。他虽然会听到一些谎言，但那都是为了哄他而编造的善意的谎言。像在"贾雨村因缘复旧职 林黛玉抛父进京都"②这一回中，林黛玉刚进贾府，宝玉因见黛玉没有佩玉而摔了自己的通灵宝玉，这时，贾母就忙哄他："你这妹妹原来有这个来的，因你姑妈去世时，舍不得你妹妹，无法处，遂将他的玉带了去了，一则全为殉葬之死，尽你妹妹的孝心……"作者用了"哄"字，就说明在贾府中，对宝玉的骗都是为了哄他开心，所以宝玉从来没有因为被骗而受到伤害，反而是因为这

---

① 莱斯莉·A.巴克斯特、唐·O.布雷思韦特编著：《人际传播：多元视角之下》，第305页。

② 曹雪芹，高鹗：《红楼梦》，中国艺术研究院红楼梦研究所校注，北京：人民文学出版社，1982年，第36—56页。

些谎言活得开心。在他的整个社会化的过程中，他没有"欺骗"与"被骗"的概念，从文中的第五十七回"慧紫鹃情辞试忙玉 慈姨妈爱语慰痴颦"①即可以看出。在这回中，紫鹃骗宝玉说林家的人要派船来接黛玉回苏州成亲。就是这一席话，宝玉就信以为真了，受不了打击，疯了一段时间。这不仅可以看出宝玉对黛玉的感情之深，还能说明宝玉生活在一个自认为没有谎言的世界之中。这就是他对刘姥姥产生"真相偏见"的主观原因。另一方面，从刘姥姥见到贾母的那一段对话开始，刘姥姥就给人留下了一个老实、憨厚的庄稼人的形象。贾母问刘姥姥："老亲家，你今年多大年纪了？"刘姥姥忙立身道："我今年七十五了。"贾母就向众人道："这么大年纪，还这么硬朗……"刘姥姥笑道："我们生来是受苦的人，老太太生来是享福的。若我们也这样，那些庄稼活也没人作了。"贾母道："眼睛牙齿都还好？"刘姥姥道："都还好，就是今年左边的槽牙活动了。"从这些对话中，出现在人眼前的是一个诚实的庄稼人。而且在后面，贾母就直接说：凤丫头别拿他取笑儿，他是乡屯里的人，老实，那里搁的住你打趣他。"贾母对刘姥姥的评价就是"老实"。在贾母与刘姥姥的这段对话中，贾宝玉是在场的，他不仅感受到刘姥姥是个老实的人，而且贾府中的权威人物——贾母也说刘姥姥是个老实的人，这就会更加坚定了宝玉对她的信任。而且宝玉的姐妹们听到刘姥姥所说的那些话，也觉得比瞽目先生说得还好听，这使得宝玉增加了对刘姥姥的喜爱。而且在刘姥姥讲"雪下抽柴"的故事刚开了个头时，贾府内就走了水（着了火），等火灭了，宝玉还想听这个故事，但贾母道："都是刚才说抽柴草惹出火来了，你还问呢，别说这个了，再说别的罢。"虽然宝玉内心不乐，但是贾母的这番话，实际上是增加刘姥姥的可信度和权威性。因此，这些客观原因也导致了宝玉对刘姥姥的"真相偏见"。另外，虽然宝玉与刘姥姥的关系并不是很密切，但是，由于贾母很喜欢刘姥姥，而宝玉与贾母的关系很密切，宝玉很喜欢贾母，在这种情况下，"爱屋及乌"，宝玉产生了"晕轮"效应，喜欢一个人，也喜欢这个人所喜欢的一切，而且宝玉自身就是这样的一个人，这种作用也使宝玉对刘姥姥以及她所传播的信息产生了"真相偏见"。综上所述，再加上宝玉发现欺骗的动机很弱，甚至没有，就导致了宝玉完全接受了刘姥姥所传播的信息。

第四，人际欺骗的过程受说谎者动机和社交技能的影响②。刘姥姥所传播的主要对象是贾母而非宝玉，但是又不敢对宝玉有任何的不恭敬，怕宝玉揭穿她的谎言。基于此，刘姥姥在与贾母交流时有很多的非语言符号，可以说是声情并茂。

---

① 曹雪芹，高鹗：《红楼梦》，第798—817页。
② 孙武：《西方谎言研究理论综述》，《国外社会科学》2008年第2期。

但是在与宝玉交流时，就没有情态词，这其实就反映出刘姥姥为了个人私利的欺骗动机已经减弱了，与宝玉的交流时不得已，她只是不想让宝玉揭穿自己的谎言而已。这种较弱的欺骗动机也在一定程度上减轻了刘姥姥的焦虑和紧张，反而使宝玉更加相信她了。这正是 IDT 所认为的那样："在人际欺骗过程中，相互回应是传递者和接收者之间主导性的交往适应模式。"[①]

三、 DIT 与"茗玉雪下抽柴"故事对健康人际沟通的思考

贾宝玉的受骗并没有受到损失和伤害，但是在当下的社会中，如何防止自己像贾宝玉一样处于"被人卖了，还替人数钱"的境地，对于普通人来说，就很重要了。因此，从建构健康人际沟通关系的角度看，DIT 教导我们如下原则：

（一）尽量克服对任何人存有"真相偏见"，抑或"谎言偏见"

因为"谎言偏见"也会让我们抱有类似"怀疑从有"的思维，明明是真话，也会觉得对方是在说谎，这样自然不利于客观地看待问题。因此，无论这个人与自己关系的亲疏好坏，也不论这个人的地位、权势、声望的高低，都应理性地分析别人向自己传播的信息。

（二）人际沟通中应该多注意一些非语言符号所传递的信息

欺骗别人的人通常会有某种程度的焦虑感，害怕自己的谎言被戳穿。这些"内在"的想法通常会通过"外部"的行为表现出来。同时，这种欺骗焦虑通常会通过有节制的策略行为表现出来，但更易于通过非策略性行为表现出来，或者是出现了行为失控的情况。像有些人在欺骗别人的时候，会不停地眨眼睛或是不敢直视对方的眼睛。因此，在与人交流的时候，一旦怀疑被骗，就要留心传播者所传递的一系列的非语言符号，像声调、表情、肢体动作等等，来综合分析是谎言还是真话。

（三）尽量避免出现"爱屋及乌"的晕轮或者移情

不能因为喜欢一个人，而信任他所传播的一切信息。日常当加强在人际沟通中对他人真情实意或虚情假意的鉴别，不要轻易悬置自己的判断力，而保有古训"害人之心不有，防人之心不可无"的教诲，做个聪明且善良的人。

---

① 莱斯莉·A.巴克斯特、唐·O.布雷思韦特编著：《人际传播：多元视角之下》，赵晓蓉等译，上海：译文出版社，第306页。

（四）不能轻易向别人吐露自己的期望

IDT 告诉我们期望是欺骗得逞的重要因素，因此不要把自己的期望与传播者所传递的信息等同起来。一旦信息接受者的期望遭到破坏，那么就会唤起他的疑心，若信息接受者的期望得到满足，就会降低引起疑心的几率。很多算命先生能骗人的原因，不在于他的神奇，而是在于信息接受者把算命先生说过的话语与自己的期望等同起来了。去算命的人一般认为自己的命不好，算命先生也通常会说一些不好的话，而且提供一些破解命运的方式。这样就满足了信息接受者希望转运的期望。在上文中，正是因为刘姥姥满足了宝玉的期望，宝玉会相信她。这也说明，不要随便向别人吐露自己的期望，以免被别人利用。

总之，欺骗并非都是负面的，但是在如今残酷复杂的社会现实中，应该以古鉴今，从古人那里吸取经验，同时也应该充分吸收西方许多理论，并加以正确运用，来丰富我们对中国文化包括经典作品的理解。

（谢清果 杨芳）

《红楼梦》的五行色彩隐喻探析

本文通过对色彩与中国传统的哲学观念五行思想的探析，发现色彩作为一种非语言符号体系对中国人所产生的影响以及形成了中国人所特有的色彩的隐喻传播。并且把这种色彩传播的观点引入到《红楼梦》中，以五行的观点探析《红楼梦》中的色彩，巩固了已有的红学研究，又有所创新，并且也从分析中看到了华夏传播中的特点。

一、中国五行符号系统中的色彩

五行一直以来是中国人的朴素辩证的哲学思想。五行并不单单是木、火、土、金、水五者的相生相克而已，而是包含了多种内容的繁杂的体系，中国人把日常生活中所能遇见的所有事情都与五行做了一个联系，总的来说，这种联系大致分为下面两个表：

在《吕氏春秋中》对五行的对应系统做了一个总结和概括，主要是：

表 1

	木	火	土	金	水
天干	甲乙	丙丁	戊己	庚辛	壬癸
五帝	太昊	炎帝	黄帝	少昊	颛顼
五方	东	南	中	西	北
五色	青	赤	黄	白	黑
五音	角	徵	宫	商	羽
五味	酸	苦	甘	辛	咸
五节	春	夏	季夏	秋	冬
五数	八	七	五	九	六

在《黄帝内经》中，也对五行与人身体的对应系统做了概括和总结，主要是：

表 2

对应物	木	火	土	金	水
五气	风	暑	湿	燥	寒
五脏	肝	心	脾	肺	肾
五官	目	舌	口	鼻	耳
五体	筋	脉	肉	皮毛	骨
五志	怒	喜	忧	悲	恐

　　从中可以很清楚地看出，五行所对应的颜色，分别是：木（青），火（红），金（白），水（黑），土（黄）。在这个五色体系中，又分为了正色和间色，正色即是这五种颜色，间色是指正色相混而得的结果。南朝梁皇侃云："正谓青，赤，黄，白，黑五方正色也。不正谓五方间色也，绿，红，碧，骊（流）黄。"也就是青黄相融谓之绿，赤白相融谓之红，青白相融谓之碧，赤黑相融谓之紫，黄黑相融谓之骊（流）黄[1]。在中国人的心目中，颜色不仅仅只是一种光谱，而且是一种地位、身份和权力的象征。像唐代大臣们的朝服，不同的品级，朝服的颜色是不一样的：三品以上紫袍，佩金鱼袋；五品以上绯袍，佩银鱼袋；六品以下绿袍，无鱼袋。[2]而且在不同的朝代，同等级的官员，朝服的颜色也是不一样的。在隋朝，隋炀帝下令用颜色来区分官员和平民的衣着，限定五品以上的官员可以穿紫袍，六品以下的官员分别用红、绿两色，小吏们用青色，平民用白色，屠夫商人只许穿黑色衣服。到了清代，利用颜色来规定官员的级别的制度虽然被基本的废除，但是规定只在庆典时可用绛色；外褂在平时都是红青色，素服时改用黑色[3]。其中黄色是居于中间的颜色，是五帝中黄帝的颜色。传说黄帝有四张脸，分别为四方，而黄帝居于中央，所以黄色一般被认为是至高无上的颜色。从隋炀帝开始，黄颜色就成了皇族的专有色，与皇族没有关系的人是不能着黄颜色的，所以在清代的时候，得到一件黄帝赐予的黄马褂是一件非常荣耀的事情。从上面的表中也可以看到，五行的对应系统十分庞大。同样的，这五色的对应系统也是相当的庞大的，他们不仅仅是五种颜色，而是成了包含着丰富信息的符号。这些信息即与人们的身体有关，像青色对应肝脏，赤色对应心脏等等；又与人们的生活相关，像五色对应着五方，而北京天坛的四方分别放了赤色、白色、黑色、青色的泥土，而中间放了黄色的泥土，以这种土的颜色来代表五方，进行着每年一次的祭拜，保佑着中华民族的昌盛。再如，人们经常把颜色与季节联系在一起，大地回春时，人们骑

---

① 侯风仙：《谈中国传统色彩命名的文化内涵》，《宁波服装职业技术学院学报》2004 年第 4 期。

② 王强、黄永军：《文化常识全集》，北京：团结出版社，2007 年，第 56 页。

③ 王强、黄永军：《文化常识全集》，第 56 页。

上青马，穿上素衣，带上青玉去城东郊举行迎春活动。立夏之际，人们穿黄衣、佩黄玉，于王宫庙前行祭礼。立秋之时，人们着白衣、佩白玉，于西郊接秋。冬日来临，天气寒冷，人们穿黑衣、佩黑玉，于北郊祭冬；[①] 还与人们的思想有着很大的关系，像色彩所代表的感情以及通过五行的相克所延伸出来的颜色的相克等等。

从上述可以看出，在封建专制的长期影响之下，中国人习惯于"用一种事情和经验去了解和经历另一种事情或经验，通过自己的认知和推理将一个概念域系统地，对应地投射到另一个概念域"[②]，而颜色正好是一种非语言符号，用这种"隐喻"和"象征"的方式来传播自己真正的思想和意图。所以，色彩作为一种视知觉系统已经不再仅仅是物理性的、生理性的，它同时又是心理的、观念的，与文化观念相联系，被作为一种象征手段加以比附并延伸，拓展了它的内在实质，与其他事物相联系。这样色彩就已经完全成为一种观念性的阐释和象征性的比附，而不是一种视觉的，感性的知觉形式[③]。它已经发展成了一种思维方式和逻辑推理的形式，已经转化为一种主观的认识，成为人们思考自己、他人以及环境的一种方式，久而久之发展成一套完整的非语言符号系统，并形成一种文化。在华夏传播的漫长发展历程中，我们可以发现非语言符号系统的发展已经比较成熟，形成了一套以"阴阳，五行，八卦"这种传统哲学思想为中心的符号认知系统和传播系统，强调的是"天人合一"的思想。

二、《红楼梦》色彩观溯源

《红楼梦》被誉为中国封建文化的百科全书，无论在服饰、饮食、还是建筑方面都有着很高的研究价值，而在这些研究内容中，色彩是围绕其中不可缺少的重要部分。据统计，在《红楼梦》的色彩描述中，主要的颜色红、赤、朱、绛，分别为629次，28次，29次，24次，共700次，其他的颜色诸如黄，白，绿，青等等更是穿插全书始末。曹雪芹用这些色彩来勾勒他的毕生之作，并非只为表面的点缀，在这些瑰丽的色彩背后，还隐藏着很多的信息。

前文中已经提到，在中国的传统文化中，色彩主要是以五色作为其系统的基础，五色为其正色，一般象征着权力和地位，五色相融又生出很多颜色，地位要

---

① 张连生：《中国传统色彩的象征意义》，《设计艺术》(《山东工艺美术学院学报》)2004 年第 4 期。

② 朱成棋、苏建荣：《隐喻传播机制的模因分析》，《安徽工业大学学报》2010 年第 2 期。

③ 张连生：《中国传统色彩的象征意义》，《设计艺术》(《山东工艺美术学院学报》)2004 年第 4 期。

比五色低。五色包括青、赤、黄、白、黑，这五色又与木、火、土、金、水这五行相互对应，相互联系。五行是中国的朴素唯物主义哲学思想，它的系统十分庞大，并世世代代地影响着无数的中国人，这其中当然包括曹雪芹，并且据众多学者的考证，曹雪芹的父祖都当过"江宁织造"（"江宁织造"就是负责监造皇室用的服饰和织物）。雍正五年，曹雪芹的父亲（或叔父）曹頫，曾因做皇帝御用褂面的石青缎匹落色，不合标准，收到罚俸一年的处分。由此可以想见，曹家对服装，面料的颜色等等应该是深有研究的。在南京大行宫小学工地施工中，发现江宁织造西花园遗址，清理出了胭脂红、深绿、蓝靛色等染料，这些出土的文物也证明了曹雪芹生活在一个色彩缤纷的世界之中。[①]这种家族的影响和环境潜移默化的熏陶，使曹雪芹有了强烈而丰富的色彩观，也使他在思想深处深刻地认识到：色彩虽然不像语言一样直接，但是它也并非是单纯的色彩，而是一种牵涉到中国传统文化多方面的隐喻系统，这在《红楼梦》的色彩中也有体现。曹雪芹在《红楼梦》中运用了大量的间色，像"红""绿""靠红"等等，而非涉及皇权的正色。因此，深谙五行之道和色彩的曹雪芹，以这种思维方式为指导，把这两者恰当地融合在《红楼梦》之中，用了"一种隐蔽而有力的暗示来定义了现实世界"[②]，传播了丰富的信息。由上所述，我认为以东方的五行智慧来解读《红楼梦》中的色彩隐喻比用西方的色彩观念来解读更符合曹雪芹的本意，也更具有合理性和本土性。

三、《红楼梦》角色命运与五行色彩隐喻

在《红楼梦》中，这些颜色也得到了充分的体现。像曹雪芹的宠儿"贾宝玉"的主色调就是红色。红色是一种间色，是赤白混合而得到的颜色，应该是红多白少，因此贾宝玉是五行中的"火"行和"金"行人。这些"红"的证据很多，下面就列举几条：宝玉的出场形象是通过黛玉的眼睛表现出来，在"贾雨村因缘复旧职 林黛玉抛父进京都"中这样写道宝玉："穿一件二色金白蝶穿花大红箭袖，数着五彩丝攒花结长穗宫绦""面如桃花，目若秋波"，宝玉穿着的是饱和度极高的大红色，而脸面是像桃花一样的红色，无论是穿着还是长相都是一位"红"公子。而且，宝玉在未进入凡世之前，宝玉是离恨天的"赤瑕宫神瑛侍者"，"赤瑕"也明指为红色。而宝玉住的地方，在黛玉未进入贾府之前是"碧纱橱"，在黛玉进来后，"碧纱橱"就归了黛玉。宝玉搬进了"绛云轩"，"绛色"就是红色，在搬进大观园之后，宝玉的住所名字叫"怡红院"，他也自封自己为"怡红公子"。在"比通灵金莺微露意 探宝钗黛玉半含酸"中，在宝玉即将离开时，女侍者替宝玉披上的

---

①　陈诏：《曹雪芹的色彩感》，《语文世界》1999 年第 5 期。

②　尼尔·波兹曼：《娱乐至死》，桂林：广西师范大学出版社，2004 年，第 12、13 页。

是大红猩猩毡，黛玉帮宝玉扶起的是核桃大的绛绒缨络，使颤微微的立在红色的斗笠上。"琉璃世界白雪红梅 脂粉香娃割腥啖膻"中，宝玉穿着的是一件"茄色哆啰呢呢狐狸皮袄，罩一件海龙小鹰膀褂子，束了腰"，脚上蹬一双"沙棠屐"。在书的最后，虽然非曹雪芹所著，但是也保持了曹雪芹的基本思想，宝玉在出家时穿的衣服同样是大红猩猩毡，这些可以看出宝玉在不同场合的穿着也都是以红色为主。再看宝玉身上的物件，在往芦雪亭来的路上，宝玉怀里抱着的是数支红梅，在白雪的映照下越发的红。而宝玉的最具代表性的物件"通灵宝玉"也是一块红色的美玉。在"白玉钏亲尝莲叶羹 黄金莺巧结梅花络"中，宝钗对"通灵宝玉"的络子的配色发表了一些观点，她说："若用杂色断然使不得，大红又犯了色，黄的又不起眼，黑的又过暗，等我想个法儿，把金线拿来，配着黑珠儿线，一根一根的拈上，打成络子，那才好看。"在这其中"大红的犯了色等等"都说明了宝玉的"通灵宝玉"是红颜色的。在"蒋玉菡情赠茜香罗 薛宝钗羞笼红麝串"中提到的宝玉与蒋玉菡相互交换礼物，其中，蒋玉菡就送给宝玉一条茜香汗巾。茜就是红色，因为在袭人嫁给蒋玉菡的新婚之夜，看到了一条大红的汗巾子，就牵起了上述的交换礼物的往事。再看宝玉的居住环境，他的屋里是"大红锁金撒花帐子"，暖阁上挂着的是"大红绣幔"，院里有"一株西府海棠"，屋里还有青白红香的胭脂，这些塑造了一个红色的基地。宝玉所食用的食物也是红色的。他的一个癖好就是喜欢吃胭脂，胭脂就是红色的，还有书中提到的饮的"玫瑰露"，喝的"枫露茶"，吃的"腌鹅脯"等等都是红色的。宝玉作的诗中也写到了红色。像在与蒋玉菡、薛蟠等喝酒唱曲的时候，宝玉的唱词中的一句是"滴不尽相思血泪抛红豆"，宝玉所作的《芙蓉女儿诔》里的"岂道红绡帐中，公子多情，始知黄土陇头，红颜命薄"。在宝玉的即事诗中：《春夜即事》中有"霞绡云幄任铺陈"。《秋夜即事》中有"绛芸轩里绝喧哗""桂魄流光浸茜纱"（"绛""茜"都为红色）。《冬夜即事》中有"梅魂竹梦已三更"（梅也为红色）。在芦雪亭争联即事诗中，宝玉虽联了两句，但是其中的一句就包含红色，"清梦转卿卿，何处梅花笛"中的梅花就为红色。以上的这些都证明宝玉的代表色就是红色。根据五行的对应关系，红色对应五行之中的"火"，即宝玉是"火"行人。在五帝中，火代表炎帝，炎帝就是我们常说的神农氏。相传神农尝百草，最后因为误服了断肠草，断肠而亡。这也暗示了宝玉的命运，为了黛玉而断肠，即使没死，也是形同槁木地生活着。在《黄帝内经》中，火对应人身体当中的心脏。在《红楼梦》中，只有宝玉吐过血，黛玉也仅仅是痰中带血。在"秦可卿死封龙禁尉 王熙凤协理宁国府"中这样写道宝玉："如今从梦中听见秦氏死，连忙翻身爬起来，只觉心中似戳了一刀的不忍，哇的一声，直奔出一口血来。"宝玉自己安慰自己道："不相干，这是急火攻心，血不归经。"从宝玉的口中，我们可以看出，曹雪芹是深谙五行义理的，这不仅体现了宝玉的属"火"，而且从另一方面为用五行来解读《红楼梦》提供了依据。

　　林黛玉也是《红楼梦》的主角之一。贾宝玉是红色的，林黛玉就是绿色的，绿色也是一种间色，是青黄相混合得到的颜色，以青多黄少，黛玉就是"木"行和"土"人，可以从以下几个方面说明：首先从林黛玉的名字本身就可以看出，"林"不消说自是木，"黛"是一种古代女子画眉用的颜色，是石青色。在五行的对应关系中，青色代表着"木"，"玉"中有三横，在五行中，也将中国汉字分为金、木、水、火、土五大格式，其中，三横平行为"湿木"，湿木必须是两横短，一横长，左右无钩，"玉"字正好符合了这个特点。再来看黛玉的外形。对黛玉的描写是通过宝玉的眼睛来叙述的，在"贾雨村因缘复旧职　林黛玉抛父进京都"中这样写黛玉："两弯似蹙非蹙罥烟眉，一双似喜非喜含情目，态生两靥之愁，娇袭一身之病，泪光点点，娇喘微微，娴静时如姣花照水，行动处似弱柳扶风。""罥烟眉"是青烟一样的眉毛，"含情目"之"情""目"都带有一种冷调的青色，而"弱柳扶风"也是一种青色的柳。再来看黛玉的居住环境，上文已经提到，黛玉刚进贾府时住的地方是宝玉曾经住过的"碧纱橱"，"碧纱橱"当然就是绿色的房间了。在搬入大观园后，黛玉住在了"潇湘馆"，"潇湘馆"就是原来的"有凤来仪"。在"大观园试才题对额　荣国府归省庆元宵"中，对"有凤来仪"是这样描写的："忽抬头看见前面一带粉垣，里面数楹修舍，有千百竿翠竹遮映，出去则是后院，有大株梨花兼芭蕉。"而宝玉为"有凤来仪"题的联是"宝鼎茶闲烟尚绿，幽窗棋罢指犹凉"，对"有凤来仪"所做的诗是"竿竿青欲滴，个个玉生凉"。而在"史太君两宴大观园金鸳鸯三宣牙牌令"中，贾母对潇湘馆如此说道："着纱新糊上还看，过了后来就不翠了，这个院子里头又没个桃杏树，这竹子已经是绿的，再拿这绿纱糊上反不配。"这些描述中提到的"百根竹""芭蕉""绿烟"以及贾母的话给我们勾勒出的林黛玉的居住环境就是"绿""青"。黛玉自己表达了对"青"的热爱。在与香菱论诗时，黛玉说最喜欢李义山的"留得残荷听雨声"，"残荷"是墨绿色的，这就体现出了黛玉的"青色"，而且是带点水的凉凉的青色。在五行中，青色所对应的是"木"行。前面提到的宝玉的红色属"火"，根据五行相生相克的义理，木生火，所以，宝黛之间会产生炽热的爱情。但是，五行的生克义理是一种辩证的朴素哲学，没有绝对存在，因此，如果"火"太旺了，就会把木烧尽，而且火也不复存在，两者同时灭亡，这是火与木相互依存的表现。宝玉的"火"就是旺火，这就传达着一种隐喻的信息，就是宝黛相依，会有爱情，但是两者不会有什么好的结局。在前面的分析中可以看到，黛玉是那种凉凉的青色，就是带有一些"水"的"湿木"。在五行生克义理中，水克火，但是前面提到木又生火，这就传达着一种隐喻，就是宝黛之间的爱情起伏反复，彼此伤害，在纠结矛盾中走向灭亡。在《吕氏春秋》中，五行中的"木"对应五音中的"角"音，而"火"对应五音中的"徵"音，在"感秋深抚琴悲往事 坐禅寂走火入邪魔"中，宝玉、妙玉在听黛玉抚琴，前面很悲凉，在听到最后的时候，妙玉失色道："为何忽作变徵之声，音韵可裂金石矣，只是太过。"宝玉道："太过便怎"，妙玉道"恐不能持久"，正在议论时，听得琴弦嘣的一声断了。这虽系高鹗所续，但也基本上符合了曹雪芹五行隐喻，黛玉在"变徵"时不能长久，最后弦断了，也在暗示着宝玉的"火"过盛，最后两人不会有好的结局。另外，根据《脂砚斋重评红楼梦》的叙述和综合分析各处关系，由顾平旦等人绘制的大观园平面图得知，潇湘馆的位置应该是在大观园正门的西侧，也就是西方，而在五行当中，西方所对应的是五行中的"金"，但是，林黛玉是"木"行人，根据五行生克的义理，金克木，这种相克也注定了林黛玉的死亡。再如，从红楼梦中可以看出来，林黛玉是属于那种爱吃醋的女性，在《吕氏春秋》中，五味中的酸也正好对应五行中的木。我想上述的这些并非只是巧合，而是作者受中国传统文化影响下有意的描写和隐喻。

论述完了《红楼梦》中的两位主角，再论述一下其他的红楼梦中人与他们的五行。首先是薛宝钗是五行中的"土"行人与"金"行人的合体。在"比通灵金莺微露意 探宝钗黛玉半含酸"这回当中通过宝玉的眼睛，我们看到了这样一个宝钗："蜜合色棉袄，玫瑰紫二色金银比肩褂，葱黄绫棉裙""脸若银盘，眼若水杏"。蜜合色就是一种白中带淡黄的颜色，葱黄也是黄色，而宝钗的脸是银白色，眼睛就像水杏一样的明黄，在这一回中也提到了宝钗所带的缨络是"珠宝晶莹，黄金灿灿"，代表宝钗的缨络也是黄色的。宝玉在警幻仙境中看到的宝钗的判词是"金簪雪里埋"，黄金灿灿的金簪埋在雪里，这很明显的黄白相间。再看宝钗的居住环境，在"史太君两宴大观园 金鸳鸯三宣牙牌令"中这样写道："进了房屋，雪洞一般，一色的玩器全无。案上止一个土定瓶，瓶中供着数枝菊片，并两部书，茶奁，茶杯而已；床上只吊着青纱帐幔，衾褥也十分朴素"。在这里看以看到宝钗屋子的整体色调是雪一样的白色，中间比较显眼的颜色就是土定瓶里的树枝菊花所展现的黄色，这黄白的组合也正好与宝钗的判词不谋而合。在宝钗所作的诗歌《咏白海棠》中这样写道："冰雪招来露彻魂"，"欲偿白帝凭清洁"。冰雪是冷冷的白色，而"白帝"即为五帝中的少昊，在五行的对应系统中，五帝中的少昊对应的就是"金"行，属白色。在《咏蟹》诗中，宝钗写道："皮里春秋空黑黄"，在面对螃蟹时，宝钗看到了它的黑黄，这也反映的了她自己的审美趋向。从这些反映宝钗的外表、环境、思想的语句中，可以看出宝钗的颜色就是黄白，这对应了五行中的"土"和"金"。"土"和"金"在五行克生义理中是相生的，在宝钗的身上也很平衡，所以"土"和"金"和谐的融合塑造了宝钗这个人物。在五行中，"土"所对应的方位是"中"，所对应的五帝是"黄帝"，在中国传统思想中，居"中"者是至高无上者，认为黄帝居天下之中，其色属黄，具木德。黄帝有四张脸，各自面对东南西北四个方位，四方皆为黄帝统辖。联系这些，可以看到曹雪芹在向我们传递着一个隐含的信息，那就是这些都暗示了薛宝钗以后在贾府中的地位和作用。这种地位和作用的展现还从另一个方面说明着在五行的对应系统所对应的数字中，"金"所对应的数字是九，"土"所对应的数字是五，这两个数字合起来就是九五。在中国传统中，九五是富贵和地位高的体现，我们经常说"九五之尊"，这也证明了薛宝钗的地位的高贵。同时，宝玉属"火"，对应着五帝中的炎帝，相传炎帝是被黄帝部落所吞并的，并且两者融合，逐渐发展为了现在的华夏民族，炎黄子孙。通过这个故事，可以推断出，宝钗和宝玉会在日后结合，并且掌控了宝玉，这一点从宝钗、宝玉的新婚之夜就可以看出来。当宝玉发现新娘不是林黛玉时，痛不欲生，但是，宝钗索性将黛玉已死的消息告诉宝玉，宝玉化痛苦为悲凉，从此麻木的生活下去了。宝钗有如此的魄力，就表明了日后在贾府中的地位。宝钗是"土"与"金"的结合，"火"与"土"是相生的，但是"金"与"火"是相克的，这就传递着一个信息：虽然宝钗与宝玉能够结合，但是最终还是会分裂，不会有幸福美满的生活。另外，宝钗的"金""土"与黛玉的"木"在五行的生克义理中都是相克的，木克土，金克木，这也传播着一个两者不可能同时存在下去的信息。综合黛玉的"木"，宝钗的"金"，可以看到，这也与"游幻境指迷十二钗 饮仙醪曲演红楼梦"中的红楼梦曲《终身误》不谋而合。《终身误》这样写道："都道是金玉良缘，俺只念木石前盟，空对着，山中高士晶莹雪，终不忘，世外仙姝寂寞林，叹人间美中不足今放信。纵然是举案齐眉，到底意难平。""金玉良缘"就是指宝玉的"玉"与宝钗的"金"，"木石前盟"就是黛玉的"木"与宝玉的"石"。上文对三个人的五行的分析，都应了"人间美中不足今方信"这句话。我想五行与书中人物、判词、诗词的契合也是作者的原意吧。

另一位还需要提及"金陵十二钗"中的奇葩王熙凤——凤姐。一般情况下，凤姐的装扮都是穿金戴银，明光灿灿的，就像"贾雨村因缘复旧职 林黛玉抛父进京都"中的黛玉所看到的一样："这人打扮的与众姑娘不同，彩绣辉煌，恍若神仙妃子，头上戴着金丝八宝攒珠髻，绾着朝阳五凤挂珠钗；项上戴着金盘螭缨络圈，裙边系着豆绿宫绦，双衡比目玫瑰佩，身上穿着缕金百蝶穿花大红洋缎窄褙袄，外罩五彩刻丝石青银鼠褂；下着翡翠撒花洋绉裙。一双丹凤三角眼，两弯柳叶吊梢眉，身量苗条，体格风骚。粉面含春威不露，丹唇微启笑先闻。"从一段精彩的描述中，呈现在眼前的就是一个色彩绚烂但是又不杂乱无章，很懂得穿衣打扮的泼辣人物。但是在"苦尤娘赚入大观园　酸凤姐大闹宁国府"一回中，凤姐去尤二姐的家中迎尤二姐过门时，她是如此装束的："头上皆是素白银器，身上月白缎袄，青缎披风，白绫素裙。"这些词语描绘了一个全身皆素的凤姐。有学者把凤姐这一反常的装束描写解释为：由于在中国的传统审美中，素色，尤其是白色，黑色是比较忌讳的颜色，一般在丧葬的时候才穿，凤姐这样的穿着是为了制造一种肃然阴森，凌气逼人的氛围，给尤二姐一个下马威，也以此来预兆尤二姐的下场。这样说很有道理，我想从五行的角度来看的话，还可以发现，凤姐装束的白色在五行之中对应的是"金"行，而回想一下，发现尤二姐在最后也正巧是被金子坠死的，就是吞金而死。尤二姐刚入贾府大门，就被凤姐的白色给了个下马威，在死时也是因为"金"而死，这种前后的对应不是意会，而正是作者的有意为之，是作者严谨、缜密的思路的体现，真真地体现了作者的"批阅十载，增删五次"。

　　红楼梦中还有一个很明显的色彩特点就是红白色彩的相映，像对北静王的描写："头上戴洁白簪缨银翅王帽，穿着江牙海龙五爪龙白蟒袍，系着碧玉红鞓带。"白色背景下的艳红，很抢眼；像"琉璃世界白雪红梅脂粉香娃割腥啖膻"中就着力描写了"十数枝红梅，如胭脂一般，迎着雪色，分外显得精神，好不有趣"。而在"芦雪庵争联即景诗　暖香坞雅制春灯谜"中，作者借贾母的喜好，也表现出了自己的喜爱，就是喜欢仇十洲上文《艳雪图》，《艳雪图》所呈现的色彩就是红白相映。后来，平儿评价那次的赏雪时也说"昨儿那场大雪，人人都穿着不是猩猩毡，就是羽缎的，十来件大红衣裳，映着大雪，好不齐整"，这就是《艳雪图》所描绘的景色。作者用了两回来描写这次红白相映的雪景，足见作者对红白搭配的热爱。还有在"俏平儿情掩虾须镯勇晴雯病补雀金裘"中写到宝玉要去上学时，为他准备的是"一匹雕鞍彩辔的白马"，上文中已经提到，宝玉是以为"红公子"，这里又是一匹白马，也是红白相映。还有很多红白搭配的描写，就不一一列举了。我想作者这么热衷于红白的搭配，除了出于自己的喜爱之外，还有一些其他的寓意。红白代表着喜事和丧事，作者有意把这两个放在一起，就说明了贾府的衰落是必然的，但是可能还蕴藏着希望。根据五行的对应系统来说，红对应五行中的"火"，白对应五行中的"金"，在五行克生的义理中，火克金，这就传达了贾府毕竟走向衰落的信息。但是这种相克也不是绝对的，在火与金之间加上土就可以转危为机，这个土很可能是薛宝钗。在五行与五味的对应中，火和金分别对应着苦和辛，这也在说明作者自己对于贾府命运，人物命运还有自己命运的感觉，就是苦辣交织。但是作者的这种红白相映的色彩基调，还有很多内涵有待于进一步探索。

　　上述从色彩方面解读了《红楼梦》中的五行，此外还有很多地方体现了五行，如建筑、园林等等，还有待于继续探索。

四、从对《红楼梦》色彩解读中窥探华夏传播

从上述对五行色彩观的探寻以及对《红楼梦》的解读中，可以看出，中国传统的传播是一种含蓄而隐喻的华夏传播，主要是以"五行"这个中国传统的哲学观念为核心，以此来构建出自己的一套华夏传播体系。在这个体系当中，它强调的是各种关系的相互制约，相互影响，是一种"天人合一"的思想。但是由于中国的传统哲学思想的朴素性，这套传播体系中或带有很多的先验的观念、命运、神灵等封建的思想，这也是不可避免的。

五、结语

综上所述，以五行的观点来看待《红楼梦》，巩固了原有的研究，又有所创新，也合乎情理和作者的本意。曹雪芹作为生活在封建贵族家庭中的人物，能写出中国封建文化的百科全书，就一定深明中国的哲学——朴素的五行思想。从五行角度来解读《红楼梦》使我们对曹雪芹所代表的传统文化思想能有一个深入的认识，有助于我们更清楚地认识属于中国本土的华夏传播。

（谢清果　杨芳）

公共传播视域下的"魏晋清谈"及其当代遗思

　　作为魏晋南北朝时期一种特殊文化生态，魏晋清谈虽然与现代意义的公共传播有差异，却具有古典公共传播色彩。在魏晋清谈的公共传播机制探讨中可以发现：其传播主体集中于士大夫阶层，重视技术的传播策略建立在独立话语开展基础之上，并且清谈活动通过以公共话题为介质，拓展了自身传播空间。讨论魏晋清谈，亦能从侧面窥视中国古代公共传播的整体面貌。

　　传播学本土化研究的一个难题在于，在将现代意义的传播学与中国古代传播经验相对应的过程中会产生许多不适应性。我们既不能完全依据当代的学科定义与规则从而否定一部分中国古代传播实践的历史意义，也不能直接将现代理念套用到中国古代传播模式。在回顾中国古代传播经验、探讨传统传播原则的过程中，传播学者需要时刻思考如何立足于历史文化特征和具体的传播社会语境，从而"在对传播研究的历史和现状进行梳理的基础上，对传播研究本土化的问题做深入探讨"[①]。

　　在有关中国古代传播理论的探讨中，鲜有关于公共传播的论述。这可能是因为作为典型的现代传播学分支，"公共传播"同时被认为是公共性概念的一部分，这与古代中国的历史语境较难兼容。因为一般意义上认为，"在现代意义的大众媒体产生之前，中国的封建社会中不存在任何形态的公共领域"[②]。虽然中国古代社会早期就在文字与印刷等方面具备的工具成就奠定了公共传播的物质要求，但"公共领域"的缺席使得公共传播丧失了空间依托，公共传播的发展在封建社会严格的舆论控制中显得疲软无力。

　　本文从魏晋南北朝时期"清谈"这一特殊社会现象出发，试图结合历史语境和中国传统传播理念，在公共传播视域下探讨"清谈"的文化传播模式，从而回

　　① 田中阳：《双轮：本土与现代》，长沙：湖南大学出版社，2007年，第26页。
　　② 苏志武、丁俊杰：《亚洲传媒研究2003》，北京：北京广播学院出版社，2004年，第138页。

答以下问题：魏晋清谈是否具有早期公共传播色彩？如果有，它反映了中国古代社会公共传播什么样的独特特征？其建构了一种怎样的文化传播意义？

一、公共传播视角下的魏晋清谈

（一）公共传播突破私人领域彰显公共性取向

关于公共传播目前并无统一定义。瑞斯和阿特金认为公共传播活动包含两个含义，第一个指"一个团体试图改变另外一个团体的观念或行为的传播行为"，第二种含义"还包括上述传播行为所采取的各种方式"①。第一个含义说明了公共传播拥有较为明确的传播意图，用"团体"限定了公共传播的主体与客体，但对于团体的范围和形式，并没有明确规定，而且，它也没有明确如果存在个人角色代表某种团体进行传播活动，是否可以归纳到公共传播。第二个含义则意味着公共传播的手段与方式本身就具有区别于其他传播方式的性质，即对于公共传播概念的把握决定了公共传播的方式。

我国学者董璐将公共传播的定义阐述得更为具体："公共传播是指政府、企业及其他各类组织，通过各种方式与公众进行信息传输和意见交流的过程。公共传播是信息在当代社会的一种传递方式，包括新闻传播和舆论传播（口头议论、道德评议等）。"同时，其还以"发言人制度"为例明确公共传播也能在"人际传播层面"进行。②这个定义暗示了公共传播的现代性，认为公共传播是当代社会结构内部公共性秩序一面的体现。

还有一种定义摆脱了组织和团体这一主体限制，纯粹以传播主体数量的层级来界定的，即认为如果人际传播是"个人与个人之间的信息交流"，那么，公共传播就是"一种少数人与多数人之间进行的面对面的直接信息交流活动，是另一种意义上的人际传播"③。这种界定单纯把传播主体与受众范围的突破认为是传播活动从相对"私人空间"向"公共空间"的过渡，并排除了间接性的传播媒介。学者龚文庠甚至直接忽略了公共传播的主体，转而强调公共传播"公开"的特点，认为"公共传播指的是在公共社会的范围内有目的地向群体对象（以区别于个体对象）传递信息"④。他还突出了公共传播的说服功能，认为公共传播可以在短时间灌输某种观点甚至动员群体行为。这种对于说服功能的关注与西方公共传播学中对

---

① Ronald E. Rice, Charles K. Atkin. Public Communication Campaigns.Sage Publications,2001:5.

② 董璐：《传播学核心理论与概念》，北京：北京大学出版社，2008年，第12页。

③ 段文阁：《公共关系概论》，呼和浩特：内蒙古人民出版社，2006年，第105页。

④ 龚文庠：《说服学》北京：人民出版社，1994年，第202、203页。

于修辞学和演技技巧的重视相一致。一般而言，在泛义的公共传播语境中，修辞技巧与口语能力被认为是公共传播重要的一部分内容，公共传播实际上应当还包括公共演讲以及辩论和会谈能力。①

总而言之，关于公共传播定义的分歧在于：其一，人们对于公共传播的机构属性，即"公共领域"或者说"公共空间"的内涵与外延拥有不同认知，因为公共领域本身随着历史与社会的发展出现阶段性变迁，从早期以文学沙龙、俱乐部为代表的公共知识分子互动平台，到当今以新媒体技术为支撑的具有大众传播色彩的公共传播空间，公共传播被历史赋予了不一样的传播意义。其二，对于公共领域的模糊判断导致公共传播的主体也并不明确。公共传播被一方面认为是由组织尤其是官方组织主导的进行类似于公共关系活动的传播行为，又一方面被认为可以通过个人渠道实现。

不过，无论存在怎样的争议，人们在公共传播的论述中，其对于"公共性"的要求是一致的，即公共传播被认为是突破"私域"，成为普通人意志与"公域"相连接的通道。而且，传播技巧在公共传播中显得异常重要。因为公共性质的严肃场合给传播能力带来了挑战，并且相较于可以被技术修改的大众传播媒介，公共传播面对受众的方式更加直接。

（二）"魏晋清谈"呈现古典公共传播的色彩

魏晋时期兴起的"清谈之风"是中国古代社会出现的一种特殊文化生态。"如一般人承认，魏晋清谈，其初起于汉末清议。"②清议是士族阶层的联合，其内容往往"对时政提出议论和尖锐的批评"③，对东汉当时宦官外戚专权的腐败社会进行批判，带有很强的政治色彩。"到东汉末年，宦官专权，政治腐败，党锢之祸前后，士人们对政治失望，纷纷避世，议论之风，便由评论时事、臧否人物变为脱离实际，而趋向抽象事物的探讨，亦即从清议转向清谈了。"④魏晋时期的清谈活动被认为至少包括两方面的内容：其一是玄学论争，即基于《老子》《庄子》《周易》"三玄"为内容展开，同时也兼及佛理与儒学等内容的学术讨论；二是人物品评，这种人物品评基于士族阶层进行，指对人物品性、才能、容止、风度等的评论和品鉴，与个体的社会角色、声望息息相关⑤。

---

① 朱莉娅·伍德：《生活中的传播》，董璐译，北京：北京大学出版社，2009年，第28页。
② 贺昌群、季镇淮：《魏晋清谈思想初论》，《清华大学学报》（自然科学版）1947年第1期。
③ 何晓明：《中华文化事典》，武汉：武汉大学出版社，2008年，第329页。
④ 王慧芳：《论"清谈"与"清语"》，《攀登》2007年第1期。
⑤ 毛三红：《论魏晋清谈》，《湖北社会科学》2006年第9期。

　　唐翼明从现代视角认为魏晋清谈"指的是魏晋时代的贵族知识分子，以探讨人生、社会、宇宙的哲理为主要内容，以讲究修辞与技巧的谈说论辩为基本方式而进行的一种学术社交活动"①。这个定义与我们现在对于"清谈"的认知基本一致，但值得注意的是，清谈并不仅仅只有"玄谈"之说，也不完全局限于"学术"传播。其开始是以人物批判为主的，意义与清议互通，即使是在魏晋南北朝后期，清谈的含义也还包含清议在内，具有实际政治意义的内容。②

　　从上述可以看出，清谈的传播对象包括两个层面：其一是以士族名流为主体的古典知识分子群体；其二是封建王朝的上层建筑。这两种传播对象呈现了清谈本身拥有的双重性质。士人们通过将知识外化传达自我的学术观和世界观，玄谈式语言的模糊性强化了请谈内容"可解不可解、证实和证伪并存"的特征，使得清谈处于政治斗争的中间状态，"由具体转向抽象，由现象深至本体"的清谈即可以说是理论和学风的探讨，也可以说是对于现实世界的影射。③

　　事实上，魏晋清谈与"沙龙"这一早期资产阶级代表型公共领域具有极为相似的特征。两者都以社交性聚会的形式使得知识精英突破了"私人领域"，整合在共同的公共话题之中——不论这种公共话题是学术性的还是政治性的。通过谈话艺术体现的思想对抗和交流突出了某种群体性价值，清谈名士的修辞方式、生活习性、权力阶层成为一整套社会符号象征体系。其谈话的主题和讨论有时还突破清谈本身，呈现出公共性实践的一面。清谈流派中的"名理派"就对官吏选拔制度有着自己的观点，认为"考察一个人应透过虚名看实绩，看他实际具有的本领"④。其人物品评理念甚至还被接纳应用于官吏考核制度之上。

　　不过，魏晋清谈中体现的传播学意涵与现代意义上的公共传播活动仍是有差距的。因为在言论控制森严的魏晋南北朝时期并不能提供文化伸展的"自治领域"，清谈参与者也无法自由争议公共利益，只能通过玄学义理之辩来隐晦地宣泄自己的苦涩与不满。可以说，清谈的传播对象、传播范围、传播议题乃至传播效果都拥有公共性的一面，但却无法取得合理的公共空间依托。清谈这一传播行为是士族知识分子在无法拥有话语权，妥协于国家领域与私人领域互相缠绕的集权式社会结构中的公共交往方式。站在历史的立场上，本文并不认为魏晋清谈具有与现代公共传播一致的文化权力逻辑，但认可魏晋清谈突破私人领域，具有实现"公共交换"价值的一面，应当说其具有古典"公共传播"的色彩。

　　①　唐翼明：《魏晋清谈》，北京：人民文学出版社，2002年，第30页。
　　②　唐长孺：《唐长孺文存》，上海：上海古籍出版社，2006年，第32—34页。
　　③　刘康德：《论东汉魏晋名士的清议和清谈》，《探索与争鸣》1990年第6期。
　　④　孙淮斌：《魏晋的清谈及其对官吏选拔制度的影响》，《求实》1998年第10期。

二、魏晋清谈的公共传播机制

上文已言魏晋清谈带有公共传播的意蕴，这里我们将继续深入探究其公共传播意蕴展开的机制，以便继承其宝贵的历史文化遗产。

（一）以阶层关系为纽带，实现传播主体的统一

魏晋清谈活动设定在固定社会阶层，这个由士大夫阶层为主干的传播群体组成了一个相对封闭的圈子。从这个意义来说，清谈的"公共性"是相对性的，因为其参与主体并非意在对广泛的民众进行传播。并且，由于清谈对于文化素养和言辞技巧的要求，一般庶门寒士也很难进入。在当时作为一种风尚的清谈，环绕周围的是一个由士族知识分子构成的利益共同体，他们拥有相似的知识结构和文化诉求，从本质来说，清谈的传播体系正是由这样一种"关系"所构成的。一方面，清谈以学术为幌，以讨论玄学哲理为基本方式，注定成为文化精英的独宴；另一方面，统一的利益阶层集结也强化了清谈的社交性质，成为精英之间社会关系的联结。

清谈诞生于魏晋动荡社会，这一时期，知识分子和上层建筑之间的关系极为敏感，士人间的言论也备受控制。"篡窃之世，忌讳繁多，清谈自是一种避祸妙法，真隐未必遂可免思。"[①] 由于士大夫在严肃的、正式的官方场合的交流受到压迫，因此，清谈在不得已中却成为他们避开政治高压的渠道，亦提供了另一个公共场合来整合彼此的日常社交联系。可以说，清谈活动巩固了士大夫阶层作为一个共同体的观念和价值。

此外，清谈与九品中正制之间的血缘关系也强化了清谈在士族政治中的关系纽带作用。清谈虽以玄理之学为主，但其中的美谈和争论内容却有着人物评价性质。这使得清谈的形式虽是学术的，但最终结果和影响却是学术和政治兼有，其对中正定品和官员入仕都产生了很大的影响。[②] 在魏晋九品中正制度下，官僚通过清谈比赛来决定品级高低，士族"以清谈品题的技能作为保持并抬高地位的唯一武器"。[③] 清谈因而上升为一种选举手段。名士之间通过公共传播渠道进行标榜称誉，并建立了一种默契的适应于士族阶层的评价体系。正是这种看起来"无伤大雅、不议政事"的体系，一方面避免了政治敏感，另一方面也通过以学术的名义贯彻了知识分子的骄傲，使得清谈成为贵族之间"关系"传播和"关系"互动的平台。

---

① 汤一介、胡仲平：《魏晋玄学研究》，武汉：湖北教育出版社,2008 年，第 86 页。
② 张爱波、徐传武：《"清谈"中朝名士》，《理论学刊》2007 年第 4 期。
③ 逯钦立：《魏晋的清谈任达与九品中正制》，《东北师范大学学报》1986 年第 5 期。

（二）以独立话语为基础，运用传播策略

清谈与当代公共传播活动最为相似的特征在于其十分重视传播的劝服效果。作为公共场合的演说形式，无论清谈的组合形式如何，其必有主客双方，两方都以说服对方为目的。"在清谈场上，各人执理不同，互相辩难，有时意犹未尽而复执对手之理。"①《世说新语·文学》甚至记载道："玠体素羸，恒为母所禁，尔夕忽极，于此病笃，遂不起。"讲述个人由于过于倾尽心力于清谈而致病，可见清谈在传播过程中的对抗性。

正是由于清谈的劝服功能，每个参与者都拥有一个因为要辩驳他人而区别于他人的"我"之存在。并且，清谈拥有异于当时社会大环境的自由氛围，在辩难过程中，讨论的双方是平等的，现实权力差距则被潜在地淡化，因此，个体更容易在清谈语境中被相对独立出来。这种个体的独立具体体现在：

其一，优秀的参与者需要运用足够的学识来完成独立思考，面对思想交锋。浓厚的学术氛围提高了清谈的门槛，导致清谈对于参与者的知识结构要求较高。《世说新语·文学》有载："殷仲堪云：'三日不读《道德经》，便觉舌本间强。'《晋安帝纪》曰：'仲堪有思理，能清言。'"说明清谈之思理来自平时的阅读和积累。不过，思想争鸣机制也进一步提升了参与者的主体性，使得他们能够以更加开放的个性表达观点。

其二，由于清谈过程事实上往往就是说服性传播的过程，参与者需要运用各种传播策略来达成目的。清谈一反两汉经学的章句烦琐，提倡"一种简练扼要的表达方式"②。名士王夷甫就曾自叹说："我与乐令谈，未尝不觉我言为烦。"对于简洁词句的要求天然适应了以口语为主的辩论活动，不过，即使只语片言，清谈者也能通过对语言的修饰和加工完成极强的传播效果，如："公孙度目邴原，所谓云中白鹤，非燕雀之网所能羁也。"这里就通过比喻，巧妙地完成了人物识鉴。此外，清谈甚至还十分注重非语言符号的传播，如清谈活动中，参与者需注重仪表，"挥举羽扇，姿态风雅"③，说明其很明显地受到公共传播氛围的影响。

其三，清谈一定程度上体现士大夫具有些许公共知识分子的色彩，在思想高压中努力争取独立话语。与春秋战国时代诸子百家的传播活动不同，清谈淡去了强烈的政论色彩，其学术之辩仍是主体。不过，"从根本上说，清谈乃是人们的精神由现实世界转入抽象时间的产物"④，尽管其妥协于政治环境而生的，但这种学术

---

① 宋珊珊：《魏晋士人仕宦心态及其对游乐与清谈生活的影响》，《语文学刊》2009 年第 15 期。
② 张叔宁：《魏晋清谈论略》，《南京理工大学学报》（哲学社会科学版）1994 年第 4 期。
③ 李洪权：《魏晋生活掠影》，沈阳：沈阳出版社，2002 年，第 150 页。
④ 董志广：《魏晋清谈起源及发展新探》，《北方论坛》1987 年第 6 期。

社交的外衣依然体现了人们试图用"一种思想自由的方式去找用具体行动无法得到的东西"[①]。可以说,无论是从形式上还是内容上,清谈中的士大夫群体仍然通过自身的尝试获得了一种体制内的相对"独立",呈现着知识分子在苦闷彷徨中对于独立话语的追求。

(三)以公共话题为介质,整合传播空间

清谈话题的公共性体现在两个方面:其一,围绕玄学之理表达思想,在经学破坏后的魏晋时代,为广大读书人提供了另一种学术公共讨论空间[②];其二,尽管很多时候清谈内容看起来是不切实际的,但其依然存在直接干涉生活,甚至涉及上层建筑的批判之音,大量清谈亦表达出关心现实的出世倾向。[③]

1. 在朝廷的威压之下,清谈往往用隐晦而象征的手法来达成议题的上行传播策略。因此,"魏晋士人臧否古人,实含有以古喻今之意"。[④]嵇康就在《管蔡论》中为时为"历史罪人"的管叔、蔡叔翻案,并通过对于周公的微词,影射当时挟持着曹魏少帝、以周公摄政自拟的司马氏父子,言语间的现实意义直白明了。因此,在很大程度上,清谈的话题带有双关性质,它既是特定场合士大夫的社交内容,亦可以延展为更具张力的社会话题探讨。比如,郭象在论述玄学"独化论"时,就试图通过老子思想探索圣王治国之道,从而"为现实社会政治生活中,统治者放手运用礼乐刑政、法术教化治理国家寻找理论依据"[⑤]。可见,在这种情形之下,玄学清谈被转化成了对政治理想和社会管理思想的讨论。

2. 清谈还具有对于民间话题的下行传播功能,实施着一定程度的社会监督作用。如《抱朴子·疾谬》有载:"俗间有戏妇之法……或清谈所不能禁,非峻刑不能止也。"这里的清谈就接近于"清议",旨在通过对社会的不良现象进行评议或批评,从而发挥知识分子的舆论监督作用。处于这个意义而言的清谈事实上已经脱离了官方权力和单纯的学术领域,而处于一种中立的公共话语空间。

可见,尽管在绝大多数时候,清谈的传播主体被限定于固定人群。但通过公共话题的引入或者说清谈本身内容的"公共化",清谈因而突破了士大夫圈子,而成为一个垂直的传播系统。掺杂着知识分子理想与苦闷的清谈由此扩展到社会其

① 董志广:《魏晋清谈起源及发展新探》,《北方论坛》1987 年第 6 期。
② 任继愈:《魏晋清谈的实质和影响》,《历史教学》1956 年第 10 期。
③ 滕福海:《一代文学 千古独步——魏晋清谈艺术论》,《广西大学学报》(哲学社会科学版)2009年第 1 期。
④ 毛三红:《论魏晋清谈的积极意义》,《湖北教育学院学报》2006 年第 9 期。
⑤ 谢俊:《对魏晋玄学清谈风格的成因及其所追求的虚拟理念的考证》,《康定民族师范高等专科学校学报》2009 年第 3 期。

它角落，成为士大夫与世界连接的通道。

三、中国古代公共传播思想映照下的魏晋清谈

（一）传统公共传播思想呈现重传播技巧和文化学识的状态

公共传播在古代中国的发展一直面临十分尴尬的地位。因为古典公共知识分子受到现实环境的挤压，声音往往无法自由表达。纵然在春秋战国时代，伴随着王权下移和文化扩散的加速，以私学为代表的社会运动使得传播的公共空间大大拓宽①，但这种百家争鸣现象只是昙花一现。随着秦朝宣告"大一统"时代的来临，中央政权以集权手段将"整个社会生活都置于自己的支配之下，各个领域都与政治权力都有着千丝万缕的关联，官方成为占有和分配社会财富与社会资源的关键力量"②，在儒家"内圣外王"的意识形态下，政治权力甚至入侵到私人领域，依照王权要求对个人的修身之道进行规范。

在政治铁幕之下，尽管知识分子有着议政的愿望，却没有得到充分宽容的公共领域。中国古代所谓的公共伦理，也更接近于一种执政伦理。因此，中国古代社会无法产生完全具有近现代意义的公共领域，公共传播是在一种广义的公共领域或者说公共空间实现的，这种公共传播往往避开纯粹政治色彩的舆论，而是"利用文化的方式讨论公共性问题，以期对政治权力和公众发挥理性的影响力"。③在强势的政治压制之中，中国古代公共传播基本都处于一种重传播技巧、重文化学识的状态，直接涉及社会管理和公共秩序的内容并不多。

（二）魏晋清谈在公域和私域交织中透出一缕公共价值的追寻

魏晋清谈就是基于学术文化意义之上的公共传播活动。在知识分子丧失实际话语权的政治环境中，魏晋名士处于一种"能言不能行"④的状态。学理之辩的传播方式可以使士大夫通过文化的方式打开另一层对话的公共视域，也能回避政治意义的党派结合，通过知识价值上的共鸣来联结阶层关系，团结群体利益。可以说，魏晋清谈所推动的依然是一个"熟人社区"的形成，清谈注重的不止是学术义理上的真理对错，而且依赖的是在以名望为标准审核的九品中正制下，精英之间社交意义中关于"关系"的建立和维护。士族对于清谈玄学的自觉投入既是一

① 周月亮：《中国古代文化传播史》，北京：北京广播学院出版社，2000年，第90—92页

② 彭立群：《公共领域与宽容》，北京：社会科学文献出版社，2008年，第157—200页。

③ 彭立群：《公共领域与宽容》，第198页。

④ 张岂之、刘学智：《中国思想学说史·魏晋南北朝卷》，桂林：广西师范大学出版社，2008年，第134页。

种逃避，亦是一种面对，其看似用一种玩世不恭的态度脱离现实，却又以另一种姿态打破了原有的公共议政形式，并且开辟了一种新的社会关系建立渠道。

尽管魏晋士大夫的风义节操充满了个人主义色彩，其门第家庭亦是个人主义的，这种知识分子的个人主义还在历史洗礼中蜕变为清谈这样一种"外无所带的艺术性"形式[①]。但是，由于古代中国社会"公域"与"私域"本身便是相互混合的，"私域"的概念被叠加在"公天下"内部，并被"公"的概念所兼并。值得注意的是，这种"公域"在现实中的投射并非中立的公共领域，而是以王权为核心的国家系统。因此，即使允许独立话语的清谈依然无法跳跃出这样一种框架，从而成为一种杂糅的混合体：处于学术性公共空间中的清谈是认可个性与张力的，但其仍然无法避免威权干预。清谈者中存在如"竹林七贤"者对政治采取"不合作"态度，但其也始终无法以独立的精神指点政治，而只能选择消极的规避策略。一方面，清谈看似追求抽象思辨的精神之境，论道玄学理义之争，另一方面，清谈的"公共性"亦受到来自政治意识形态的侵蚀，而成为士族之间整合阶层关系，提升社会声望的平台。

总的来说，受到政治背景的影响，由于无法突破公共空间的局限，较之其传播的功能意义，魏晋清谈可能为后世留下更多的是传播技术上的借鉴。作为带有艺术气质的"语言游戏"[②]，清谈家们留下了丰富的说服性传播经验。但是，不可否认的是，清谈的传播体制仍然具有公共性价值的一面，随着后期科举制的来临，知识分子进一步被政权体系收编，在很长一段时期内，我们很难找到如清谈这种游离于政府和民间之中，开启普遍性公共讨论的中立地带。

因此，魏晋清谈脱胎于中国早期社会历史这一基体，其在带有自身特点的同时也折映了古代中国公共传播的整体面貌。清谈与其说是魏晋的，不如说是历史的，亦是中国的。清谈活动中独立自由的学术精神为后世提供了借鉴，更为重要的是，在探讨其公共传播内涵的过程中，我们可以窥探到自先秦至"大一统"时代来临后的古代中国，其社会公共结构的演变。在"私域"逐步为象征王朝权力的"公域"所吞食，整个社会都并入一个天子体系的时候，原本处于中立地带的公共领域也就甚为微弱了。清谈这种古典公共传播活动正是在古代中国"公私"概念合二为一的过渡进程中，知识分子于国家政权与民间私域之间无奈妥协的文化联结方式。

（谢清果 王昀）

---

① 钱穆：《中国知识分子》（节录），选自姜义华、吴根梁、马学新：《港台及海外学者论中国文化》，上海：上海人民出版社，1988年，第450—454页。

② 臧要科：《魏晋清谈：语言游戏——以伽达默尔的游戏概念为视角对魏晋清谈的分析》，《兰州学刊》2005年第3期。

口语媒介的变迁与人性化传播理念的回归

纵观口语媒介变迁的历程，不难发现其中跃动着人类"民主、自由、互动"的传播理念。这种传播理念诞生于"口头传播为主"的小众传播第一阶段；而在"以文字为主"的小众传播第二阶段，文字成为特殊阶层的特权，口语媒介及其平等互动的传播理念被颠覆；大众传播将传播的垄断推向巅峰，然"电子口语"的出现却标志着口语传统走向复苏；当网众传播勃兴时，"网众口语"的流行则进一步折射出人性化传播理念的高度回归。

按照马克思的观点，传播的人性化应该是实现每个人自由、平等的传播权力和双向互动的传播体验，即秉承"自由、民主、互动"的传播理念。传播离不开媒介，人性化的传播离不开媒介的非垄断性。纵观媒介发展史，媒介在不断突破时空局限，增强传播能力的同时，也在一定时期内不断加深媒介掌控的鸿沟。

加拿大著名传播学家、媒介理论家哈罗德·伊尼斯在其经典著作《传播的偏向》中提出媒介在信息传递中都有时间或空间上的偏向性，媒介的偏向性会在一定程度上决定传播的特性，从而无孔不入地影响其创造出的文明。[1] 在伊尼斯看来，石头、黏土、羊皮纸等笨重耐久的媒介倚重时间，塑造了"永生"的观念，加强了万世千秋的君主地位；文字、莎草纸、广播电报等便于运输的媒介倚重空间，强调地域扩张和中心对边缘的控制，形成帝国扩张。[2] 由此可见，过分倚重偏向时间的媒介或空间的媒介都会导致传播方式的偏向和垄断。尽管伊尼斯对媒介偏向性分类标准的一致性和准确性有待商榷，但他对媒介和传播偏向性的洞察为我们审视人类传播特性提供一种新的思路和方法。要克服传播的偏向和垄断，既不能过分倚重时间媒介，也不过分倚重空间媒介。[3] 伊尼斯推崇口语传统，特别是希腊

① 哈罗德·伊尼斯：《传播的偏向》，何道宽译，北京：中国人民大学出版社，2003年，第27、28页。

② 哈罗德·伊尼斯：《传播的偏向》，第12页。

③ 哈罗德·伊尼斯：《传播的偏向》，第5页。

口语传统，他认为口语媒介的时空性能虽然不佳，却构成了时间和空间偏向上的平衡，不易被垄断，因此有利于民主参与等积极因素的形成。"希腊的口语传统强大，这使他们能够抵御东方帝国的倾向，不至于走上绝对权威的君主制和神权政治"。[①]

亚里士多德后，希腊从口语传统走向文字传统，[②]而美国学者沃尔特·翁则认为从柏拉图开始，希腊人就逐渐内化了文字，这标志着人类历史的一个转折点，内化到人心灵深处的拼音文化，与口语文化首次正面相冲突。[③]文字是第一套外化于人类的媒介符号，大大拓展了人类的传播能力，同时使智力和知识有了可供量化的标准。当人类从口语传统走向文字崇拜的一瞬间，能够掌握和控制文字这种传播媒介的阶层在传播中就获得了合情合理的霸权，成为知识和信息的富有者。纸、笔、墨、印刷术等工具和技术的先后诞生，更加巩固文字在传播中的长期统治地位，所谓"书中自有黄金屋，书中自有颜如玉""学而优则仕"将文字带来的书面文化和传播特权展现得淋漓尽致。总的来说，与口语相比，文字的广泛传播加深了人与人之间的知识鸿沟，同时也带来了传播观念的颠覆，人们从互动交流式的"对话"变成传受者双方角色清晰的"独白"。正如沃尔特·翁所述："文字改变人类的思维和表达方式"[④]，自从文字成功挑战口语的权威后，人类就习惯通过外在的媒介将信息传递给受众，加强一部分人对传播的主导权，报纸、广播、电视等后来兴起的媒体依旧深受这种传播方式的影响。

人性化的传播理念是否真如伊尼斯等学者们所担忧的那样一去不复返呢？尽管人类对文字的崇拜曾一度让自由、民主、平等的口语传统濒临灭绝，但纵观人类传播发展史，口语传统从始至终都顽强地存在于人类传播中，调适主导媒介的传播偏向性。主要表现在两个方面：一是文字离不开口语，文字的发展在一定程度上也促进了口语的表现力；二是口语传统在电子时代和数字时代以新的形态得以复活，电子口语和网众口语的兴起显示着人类对口语传统的重新认同。正如麦克卢汉所言，希腊人从口头走向书面，而20世纪，我们从书面走向口头。[⑤]从口

① 哈罗德·伊尼斯：《传播的偏向》，何道宽译，北京：中国人民大学出版社，2003年，第4页、第74页。

② 哈罗德·伊尼斯：《传播的偏向》，何道宽译，北京：中国人民大学出版社，2003年，第4页、第57页。

③ 沃尔特·翁著：《口语文化与书面文化：词语的技术化》，何道宽译，北京：北京大学出版社，2008年，第17页。

④ 沃尔特·翁著：《口语文化与书面文化：词语的技术化》，何道宽译，北京：北京大学出版社，2008年，第2页。

⑤ 哈罗德·伊尼斯著：《传播的偏向》，何道宽译，北京：中国人民大学出版社，2003年，第4页。

语媒介形态的变迁和发展，我们可以窥视人类在不断调适媒介的时空偏向性，不断争取传播的自由、民主和平等。而口语媒介在电子时代的复苏、特别是在数字时代的勃兴，昭示着人性化传播理念的高度回归。

一、口语媒介的起源和演变

（一）口语媒介的诞生标志着人类传播史的开端

在洪荒年代，人类便有了能将意识进行确定表达的口语。口语媒介的诞生在人类传播史上具有划时代的意义，是人类文明和传播史的开端。在口语产生之前，我们的祖先靠动作、表情、哄叫或其他简单的音节来传递信息，协调采集和狩猎活动，或表达喜怒哀乐的情感，人类传播和动物传播其实没有本质的区别。[①] 由于声音的时空性弱，转瞬即逝，难以保存，因此关于口语产生的确切时间和起源难以考证。罗翔宇认为："距今大约 10 万年，语言产生了。"[②] 而学者王政挺认为25000 年前人们开始会讲有音节的语言。[③] 在推测口语的来源时，威尔伯·斯拉姆在传播学概论中列举了好几种猜测：如"汪汪"理论，模仿自然声音；"感叹"理论，偶尔的情绪表达；"唱歌"理论，从原始歌声中演化而来等等。

尽管口语的起源众说纷纭，但产生的根本动力却是可以推论的。因为任何一种媒介产生的都是基于人类的需要，口语也遵循着同样的法则。马克思说过，语言最初是"由于和他人交往的迫切需要才产生的"[④]。罗翔宇根据马克思的观点，阐述了"正是在人类个体互相交流沟通的需要的呼唤下，人类在长期劳动进化中逐渐准备好的发音器官终于发出了有意义的、负载一定信息的一个个清晰的音节。从此，人类最原始的传播工具——语言就开始发挥它的媒介功能，把人类由松散的个体状态集结成为一个个部落和社区。"[⑤]

（二）口语媒介的演变

口语媒介的诞生奠定了人类传播史的开端，而媒介的不断创新和发展促进了

---

① 郭庆光：《传播学教程》，北京：中国人民大学出版社，1999 年，第 25 页。

② 罗翔宇：《从传播的局限到自由的传播——人类传播活动发展的历史分析》，《湖北民族学院学报》（哲学社会科学版）2003 年第 2 期。

③ 王政挺：《传播文化与理解》，北京：人民出版社，1998 年，第 48 页。

④ 罗翔宇：《从传播的局限到自由的传播——人类传播活动发展的历史分析》，《湖北民族学院学报》（哲学社会科学版）2003 年第 2 期。

⑤ 罗翔宇：《从传播的局限到自由的传播——人类传播活动发展的历史分析》，《湖北民族学院学报》（哲学社会科学版）2003 年第 2 期。

人类信息传播系统不断趋于完善，各个时期的主流媒介主导着各个时代的传播旋律。但媒介的发展从来不是一个推陈出新的过程，而是一个依次叠加和不断融合的过程。麦克卢汉提出"媒介即讯息"的观点，有助于我们理解媒介融合的过程，即一种媒介成为另一种媒介的内容，从而产生一种新的媒体。随着传播技术的不断创新和突破，口语在与其他媒介的融合中演变出了各种变体，延续和弘扬口语传播的文化及理念。通过对口语研究成果的借鉴，笔者在梳理口语媒介演变发展时，将其划分为"原生口语""电子口语""网众口语"。同时，根据传播方式的显著差异，人类传播史大致划分为三个阶段即小众传播时期、大众传播时期和网众传播时期，恰好对应口语媒介演变的三种形态。

人类自口语诞生到大众报纸出现，经历了一个漫长的小众传播时代。一般认为，大众传播的兴起让人类传播产生了翻天覆地的变化。实际上，小众传播时代口语和文字的分歧才是人类传播观念发生变化的根本转折点。小众传播时代分为两个阶段：在文字诞生之前，原生口语传播的时空局限性将人与人聚合在同一个交往场景，建立亲密的互动关系，集体的决议也是在商讨中完成，其传播理念是自由和平等的。而当文字产生后，复杂的文字成为特殊阶级的特权，倾向于支持贵族。[①]公元105年，中国发明了纸，造纸技术流传到世界各地，人类的思想有了便宜的抒写工具，文字的地位得到进一步确立。文字借助莎草纸、纸等轻便的材料扩张其传播范围，使用不同语言的人能够通过文字进行沟通交流，传播的空间扩张促进了中心对边缘的控制和帝国崛起。希腊强大的口语传统在一定时期内抵御了文字的影响，群体口头辩论的习惯为其成为民主的发源地。但自柏拉图和亚里士多德后，人类迈入了小众传播的第二个阶段——文字占垄断地位，传播理念也从自由民主走向垄断。"经过世世代代文字传统训练的人，是很难欣赏口头传统的力量的。"[②]可见原生口语在小众传播时代第二阶段受到长期忽视和压迫。

而印刷术的发明在一定程度上动摇了文字霸权。在印刷术发明之初，英国、法国、中国等各国政府都通过一定的经济、行政手段压抑着印刷术的普及，防止其将知识和信息传递到普通人手中。在印刷术的支持和商业利润的催化下，大众报纸开辟了大众传播时代，为普通民众提供了方便获取知识和信息的机会。有人甚至预言，印刷术将会推进广泛的民主。事实上，这样的预言过于乐观。判断一种媒介能否促进传播的民主，不仅要看人们能否普遍接触到，还应该看传受双方

---

① 哈罗德·伊尼斯著：《传播的偏向》，何道宽译，北京：中国人民大学出版社，2003年，第2页。

② 哈罗德·伊尼斯著：《帝国与传播》，何道宽译，北京：中国人民大学出版社，2003年，第6页。

的地位是否平等，换句话说，最重要的是要看人们是否有平等使用传播媒介的权利和能力。事实也证明，以大众报纸为开路先锋的大众传播时代，大众媒介在发展初期不仅没有带来传播的平等，而且将传播的垄断性推至高峰，受众成为"皮下注射"的客体。老子有句名言："反之，道之动也。"物极必反是事物发展的客观规律。广播、电视的访谈性、对话节目等电子口语类型相继流行，促进了人类对口语传统的重新认知和重视，正如沃尔特·翁在《口语文化与书面文化：词语的技术化》一书的序言中所言："电子媒介和印刷媒介的反差是我们对历史上书面文化和口语文化的差异更加敏感。"口语平等互动的传播理念开始逐渐成为媒体吸引受者的砝码。

互联网、数字技术的发展，人类的传播文明迎来一个新的发展阶段。基于互联网、数字技术不断涌现的社会性媒体，其平民性、对话性、匿名性、社交性、即时性特质为口语传统的勃兴提供了良好的环境。而社会性媒体语言的口语取向反映了人类对自由、平等、互动传播理念的强烈需求。总而言之，通过对各个传播时期口语媒介的新特性、传播方式、传播影响力的研究，发现人类"民主自由"的传播理念诞生于"口头传播为主"的小众传播时期，典型的传播形态是希腊原生口语；文字改写了人类思维和传播方式和理念，口语媒介在以"文字传播为主"的小众传播阶段受到长期压迫；大众传播初期依旧倚重"文字传统"，并借助大众媒介广泛的影响力将传播的垄断推至高峰，所谓物极必反，电子口语兴起标志着口语传统的复苏，平等互动传播观念开始得到重视；而在社会性媒体异军突起的网众传播阶段，其媒介语言的口语化倾向昭示着人性化的传播理念正走向高度回归。

二、原生口语与小众传播时代人类关系的自我确认

按照沃尔特·翁的观点，原生口语是指人类尚不知文字为何物时的口语。广义地讲，原生口语是指在没有或少有"文字思维"侵袭的情况下，人们在日常生活的自然状态中用于口头交流的言语。媒介的本质属性决定信息编码、存储、传输的方式以及传受者之间的关系。原生口语由发音器官发出，通过空气介质传递给受众，传播时间转瞬即逝，传播范围是人的声音所到之处。受原生口语媒介特性的影响，人类的信息传播范围局限在相对狭隘的空间，人类传播处于小众传播时期，即信息交流圈子小、人数少。但这种"面对面"的小众传播方式，奠定了民主参与、自由表达及互动交流的传播理念，促进人类关系的形成和自我确认。

首先，原生口语是由人的发音器官产生的传播工具，只要心理和生理正常的人都能普遍掌握和灵活使用。正如前文所述，判断一种媒介能否促进传播的民主，

最重要的是要看人们是否具有普遍使用该媒介的权利和能力。原生口语具有非垄断性，不是部分人的专利。在正常情况下，每个人都可以自主说话，参与信息的自由表达。

其次，由于声音的易逝性和传播范围的局限性，口语媒介将传者和受众拉入一个集中的场景，人们"面对面"地进行信息交流。"面对面"的交流为传者和受者之间的及时互动创造了条件，我们在进行口语交流时，高频率使用"你说是不是""对不对"等询问词语，目的是为了让对方能做出及时回应，并根据对方的回应及时调整自己的传播策略。集体决策必须在群体商讨、辩论中完成，这就形成了民主协商。这种互动式的传播中，传者和受者角色是可以随意互换的，人们可以更灵活地拥有话语权，实现平等对话。

再者，所谓"一回生，二回熟""面对面"的小众传播增进了交往对象之间的熟悉程度和亲切感，形成了长期来往和交流的熟人社会。在熟人社会里，"人情留一面，日后好相见"是群体的共识，因此平等的、互动的传播方式是小众传播时期的常态。如果一方过于霸权，人们往往会回避或断绝与其长期交往。

最后，原生口语传播的内容贴近生活，经常性的对话交流有助于自我确认和群体归属感的形成。人们利用口语媒介进行"面对面"的信息交流时，传受者双方都需要对传播的讯息做出快速反应，否则就会冷场。因此口语传播的信息必须是简单易懂、彼此熟悉的。所谓"劳者歌其事，饥者歌其食"，贴近生活的语言是彼此熟悉的，而不是陌生的；是生动具象的，而不是抽象逻辑的。回顾我们日常口语交流的情景，就很容易感受到口语传递的信息大多遵循这一原则，每一个交际圈子都有一些特有的方言、约定俗成的熟语以及高频率使用的词汇，承载着人们共同的生活经验和共有的熟悉记忆。

综上所述，互动传播彼此熟悉的信息是口语媒介的显著特征，有利于形成小众传播群体的群体归属感，人与人之间是一种熟人关系，自由互动平等地交流是一种常态。但自从文字促进体力劳动和脑力劳动分工后，口语媒介在很长一段时间受到压制，传播理念走向控制和垄断，直到电子口语的兴起。

三、电子口语与大众传播时代互动关系的虚拟建构

文字将受众和传者分离，大众媒介在发展之初世袭并强化了"文字传统"的单向性。早期大众传播效果研究的"子弹论"从侧面反映出大众媒介将传播的垄断性推至极端。大众媒介名义上作为社会的公器，实际上却成为特定利益集团谋取私利的手段，各种社会问题接踵而至。大众传播偏离人性化的传播方式引起社会的不满和反思，各种媒介批判理论风起云涌，大众传媒面临着存在合法性的危

险。在这样的背景下，加强传者和受者之间的互动关系被提上议程，电子口语凭借口语媒介天生的人际互动性，在大众传播时代构建了互动关系的拟像。

（一）大众媒介强空间偏向性与大众传播的单向性

一般认为，19世纪30年代大众报纸的出现是大众传播的开端。报纸依旧是以文字传统占主导地位的传播媒体，其广泛的发行量使之具有更加强大的控制力：一方面当时的文字普及率限制了很大部分人对报纸的阅读能力；另一方面，由于技术资源的垄断，受众依旧是被动接受信息。因此，报纸并没有如像某些乐观学者期待的那样带来广泛的社会民主，相反和后来出现的广播、电视等大众媒体一起将传播的垄断和控制推入高峰。

1844年莫尔斯成功展示电报是电子时代的标志[①]，而20世纪二三十年代，广播、电视等电子媒介的运用对于媒介空间性能产生了划时代的影响。在电子媒介之前，媒介的空间性能等于同时代的交通工具的空间性能，而电子媒介则彻底抛弃了交通工具的协助，依靠电磁信号在特定介质中传播，而电磁信号的传播速度理论上趋近于光速。[②]

电子媒介的强空间偏向性大大压缩了空间距离，媒介组织通过广播、电视等电子媒介，将大规模生产、复制的信息瞬间传递到世界各个角落，从而影响庞大的受众群体。这种信息传播的方式就是典型的大众传播，大大扩展了人类信息传播和交流的能力。伊尼斯强调"一味偏向时间或偏向空间会造成社会不稳定，一个稳定的社会离不开维护时间偏向和空间偏向之间的平衡机制。"[③]凭借电子媒介而盛行于世的大众传播是一种单向度的信息传播方式，传者和受众的角色是固定不变的，拥有先进垄断技术和资源的媒介组织单方面提供信息，其传递的信息具有公开性、权威性、显著性和直达性，大规模的受众在同一时间被动接受相同的信息。单向的传播方式使大众传播在传递信息、影响舆论上有强大的社会影响力，一旦媒介组织被某些别有用心的权益组织控制利用，将会给人类带来深重的灾难。一战中大众传播成为宣传心理战的工具；二战中被侵略者用来煽动民族仇恨；二战后，媒介组织在营利的驱动下，传播内容煽情化、低俗化、浅薄化加剧。[④]继一系列消极影响后，大众传播单向度的传播方式开始遭到人们的质疑和抨击，媒介

---

①　沃尔特·翁著：《口语文化与书面文化：词语的技术化》，何道宽译，北京：北京大学出版社，2008年，第126页。

②　鲍立泉：《网络对媒介时空偏向的平衡与补救》，http://media.people.com.cn/GB/40628/5817810.html。

③　张咏华：《媒介分析：传播技术神话的解读》，上海：复旦大学出版社，2002年，第55页。

④　郭庆光：《传播学教程》，北京：中国人民大学出版社，1999年，第122、123页。

自身为继续吸引受众注意力，保持传播效果也开始自我反思，不断增强节目内容的互动性，提出引导和满足受众需求的口号。

（二）电子口语建构互动传播的拟像

在这样的背景下，大量广播谈话节目、电视访谈节目、说新闻等互动性较强的节目形态兴起，电子口语成为大众传播中互动性节目内容的主要载体。电子口语是指通过电子技术或设备记录，并通过电子媒介面向大众传播的口语，借助大众媒介还原了"原生口语"面对面的传播形态。电子口语使大众传播融合了人际传播，构建了传受者之间平等对话、互动交流的拟像，让长期处于被动接收状态、媒介话语权缺失的受众耳目一新、欢欣鼓舞。例如广播中的热线节目，播音员与受众通过电话连线，进行沟通交流；《第七日》节目中，主持人元元带着北京人的"侃味"和腔调说新闻，用老百姓的话说是"替咱老百姓说话"，用于丹的话来说，也就是"站在社区的端口传播新闻价值和新闻理念"[1]；中央电视台的《对话》节目为精英阶层搭建一个平等交流、交锋思想的对话平台，非常注重观众提问；《艺术人生》让著名的艺术家讲述自己的人生故事和艺术历程，并真诚地与观众交流对话；《面对面》聚焦新闻人物，《实话实说》围绕社会热点话题与观众展开思想交锋和对话；《非常6+1》《挑战主持人》等节目都是让观众积极参与、场上场下互动，从而形成气氛热烈的群体体验的交流对话场景……[2]

事实上，在这些互动节目中，电子口语构建的平等对话只是一种虚拟的形象：绝大部分受众并没有真正享有媒介话语权，依旧是被动接受信息的观众；主持人相对嘉宾来说，拥有绝对的话语控制权。童琳玲以《艺术人生》中朱军采访赵雅芝的谈话文本和音像资料作为考察对象，就提问次数、话语轮控等因素进行编码统计，分析说明电视谈话类节目中的权势现象，得出主持人对嘉宾拥有权势的结论。[3]电子口语也不可能真正实现自由的情感交流，当摄像机镜头对观众和主持人时，人们就免不了对镜表演，当自己的言语可能会为自己带来某种利益或害处时，人们难免谨慎言论。

尽管如此，电子口语的传播方式毕竟为传播者和受众建立了虚拟的平等对话的关系，受众会在某种程度把节目中嘉宾或主持人当作自己的"代言人"，仿佛自己也在参与对话。从这种意义上来讲，电子口语"对话式"的传播方式矫正了大众传播单向、线性、传播者完全控制信息的弊端，缓和了传受者之间的矛盾，也

①　张大鹏：《〈第七日〉主持人的口语修辞》，硕士学位论文，上海戏剧学院，1998，第6页。
②　陈默：《电视文化的新理念——多元对话性》，《现代传播》2003年第4期。
③　童琳玲：《电视谈话节目中的权势现象》，《安徽文学》2010年第4期。

促进了自由、平等、民主的传播理念的复兴。

四、网众口语与网众传播的共生

电子口语的繁荣，一方面缓和了大众传播时代传者和受众之间的紧张关系，另一方面也进一步增强了普通民众对媒介话语权的意识和需求。网络和数字技术的蓬勃发展为现实生活中的低话语权阶层创造了自由表达，彼此分享意见、见解、经验和观点的工具和平台，即社会性媒体。[①] 在社会性媒体中，普通大众是媒体内容的主要生产者、传播者，还是最终的消费者，由此消解了大众传播时期单向的、精英式传播模式 [②]，人类迎来了交互式网状传播的网众传播时代。社会性媒体不仅给人们带来新的传播方式，而且改变了人们对语言的创造、使用习惯，其媒介语言的口语特质充分展示了传播交流的平等互动，而非像电子口语那样只是构建了互动传播的拟像。

（一）网众传播时代的到来

微博、BBS、Blog、SNS、ICQ、QQ 空间社会性媒体的兴起为网民提供了一个信息共享和自由表达的平台，开创了人类历史上新的传播模式。这种传播模式的匿名性、交互性、便捷性彻底颠覆了大众传播中媒介凌驾于受众之上的强势地位，受众不再是媒介的"靶子"或"观众"，而是使用媒介的用户，能够独立自主地选择信息和传播信息，是媒介内容的主要创造者、编辑者和最终使用者；而相比面对面的小众传播，媒介用户可以选择性地公开自己的身份，基本上不受传播对象的干扰，其传播活动更具自由性。按照惯例，我们把这种新的传播方式称为"网络传播"。事实上，随着数字技术发展和三网融合地推进，各种传播媒介不断走向"数字化"和"网络化"，包括大众媒介的网络化。因此，"网络传播"并不能准确描述这种新传播方式。作者认为张威提出的"网众传播"概念更加生动、具体、准确地描述了这种新的传播活动，并与"小众传播""大众传播"相对应。张威认为网众通过社会性媒体生产、发布和接受信息，发动并参与了"网众传播"。[③] 根据他的观点，门户网站中向受众推送信息的传播方式及大众网络化传播方式都属于大众传播范畴，传者和受者的权利是不一样的。大众传播与网众传播

---

①　百度百科：《社交媒体》，http://baike.baidu.com/view/2169907.html.

②　王晓光、郭淑娟：《社会性媒体初论》，http://news.163.com/08/1217/14/4TCEO1DH000131UN.html.

③　何威：《网众与网众传播——关于一种传播理论新视角的探讨》，《新闻与传播研究》2010 年第 5 期。

最显著的差异在于传受双方权力的不同：网众传播中传受双方在技术上平等，去中心化；大众传播是技术上的极度不平等，传者中心，受众末梢。据新华社发布的消息，截至 2010 年底，中国网民规模达 4 亿 5700 万人，手机网民达 3 亿 300 万人。[①] 互联网庞大的用户数目和强劲的增长势头，预示着网众传播时代即将到来。

（二）网众口语的兴盛和特质

萨丕尔（Sapir）假说认为语言反映了人们的世界观。[②] 网众传播时代，社会性媒体的发展壮大不仅为普通民众提供了新的传播交际渠道，也深刻改变了人们对语言的使用习惯。网众传播中语言呈现出鲜明的口语化特质，而口语倾向的媒介语言势必将进一步强化网众传播民主、互动、平等的传播理念。

Davis 和 Brewer 两位学者在其 *Electronic Discourse* 一书中形象地描述了网众传播中语言的口语属性（只是他们把网众传播命名为 electronic discourse），即"形式上是文字，但读起来像对话"（writing that reads like conversation）。[③] 由于人们习惯把网众媒介等同于网络媒介，国内学者们则直接将网众口语形态简化为网络口语。笔者认为，网众口语存在两种形式：一是网络语言的口语化，是口语化的文字和图像表述，虽脱离了语音的物质外壳，但读起来像对话；另一种是借助网众媒介进行传递的口语，如视频、语音聊天。

网众媒介语言的口语化是个不争的事实。网众们通过 QQ 和 MSN 即时通讯工具的聊天、BBS 上的留言、论坛社区上的留言、博客上"流水账"式的网络日志等等，都呈现出明显的口语化特征，主要表现在以下三个方面。首先是语言的随意性，如果按照书面语的语法规范来说，网众口语是一种缺乏语法规范的语言，甚至故意"犯错"的语言，与精英文化相对立，以此彰显社会文化的地位。有中文、英文及其他符号的混搭使用，如"你 OUT（落伍）了！"谐音的滥用，如"人生就像是一个茶几，上面摆满了杯具（悲剧）和餐具（惨剧）；非逻辑性，如"哥吃的不是面，是寂寞"等等。这些看似缺乏规范的网络流行语，却能让网众突破传统规则的束缚，激起网众们的共鸣。其次是非语言符号搭配使用。口语交流之所以就有人情味、能强化情感的交流，最为重要的原因是非语言符号的伴随。网众口语中"皱眉、拥抱、偷笑"等表情符号的高频度使用，高度模拟了原生口语

---

① 新华社：《中国网民达 4 亿 5700 万人》，《国际新闻界》2011 年第 2 期。

② Oliver,S.M., *Handbook of Corporate Communication and Public Relations*, London,Taylor & Francis e-Library,2005,p10.

③ Davis H.& Brewer P., *Electronic Discourse*, New York, State University of New York Press,1997,p2-6.

交流的非语言符号，以此强化交流双方的情感。再者就是互动性，原生口语传播的互动性表现在交流双方在同一时空，不断进行意义协商。而网众口语的互动性不仅表现在即时互动，也体现在延时互动。网众媒介在时间性和空间性上表现均佳，且达到平衡，网众口语以数字化的形式存储和传递，可以随时输入和拉出。因此，我们可以及时或延时地跟对方"交谈"，更具有灵活性。只要网络所及的地方，网众们可以随时随地进行信息交流和分享。

以语音形式存在的网众口语在形态上和电子口语相似，但在本质上却有明显的差异。人性化传播在电子口语中的只是可以感知的拟像，而在网众口语中不仅可以感知，还可以被普遍掌控。主要表现在以下两个方面：首先是自由度，即便是训练有素的电视人和播音员，当其站在大众传媒的镜头或录音棚中说话时，就好比是戴着镣铐跳舞，受到场内外各种束缚。电子口语传播者的声音代表的是媒体的立场和形象，是公众人物，无论是媒体本身还是受众都对传播者有着一定的角色期待和要求，不符合角色期待的言论是难以通过大众传媒传播的。因此，电子口语中的访谈、对话看似轻松自然，实际上多是经过精心策划和事先排练的演出。而网众口语就没有如此多束缚，你可以在自己熟悉的环境里自拍自录，表现得更为自然。且网众口语传播的主要目的不在于视听率，而在于分享生活，没有利益的牵绊，因此会有更加广阔的自由度。其次是话语权，也就是传播的民主性。"把关人""议程设置"等理论都深刻揭示了电子口语的话语权只掌握在少数人手中，而网众口语的话语权，掌握在每一个可以接触到网络的普通民众手中。电子媒介在信息的传递上受到时间的限制，每天播出的节目时长不可能超过 24 小时，这就意味着大众传媒必须按照一定的价值取向严格选传播者和传播内容，普通民众由于能力和社会影响力等诸多因素的限制，难以进入大众传媒的候选榜。而网络技术和数字技术为信息的海量存储和搜索提供客观条件，因此从理论上讲，随着互联网的全面普及，每个公民都可以拥有平等的话语权。

口语具有非垄断性，是一种人性化的交流媒介，开放自由的传播空间往往是口语最活跃的领域。网众媒介去中心化、交互性的特征恰好和口语媒介的平等性、互动性相融相通，因此在网众传播时代，口语的勃兴是一种历史的必然；而网众媒介语言的口语取向又会继续强化新的媒介生态和民主、自由、互动的人性化传播理念。正如陈作平学者所言："如果说传统媒体是一种偏重社会教化的媒体，那么网络媒体则是一种偏重个人使用的媒体。社会性媒体的交互性将人的本性彻底释放出来。网上流行的东西与传统媒体有着明显不同，其主要体现在更接近人性上。在网络媒体上，说空话、套话、官话是要被人嘲笑的。"①

结语

纵观媒介发展史的研究，伊尼斯首次提出了媒介的时空偏向，为我们审视媒介特性对传播性质和文明发展的影响力打开了一扇窗。而麦克卢汉继承和发展了伊尼斯对媒介的认知，提出"媒介即讯息"的重要理论，明确指出媒介不仅仅是传递信息的工具，更是影响人类感知和思维的重要力量。麦克卢汉企图摸索出自人类社会产生以来媒介进化的规律，开启了媒介进化研究的大门。之后保罗·莱文森提出了其著名的媒介进化论，包括时间、空间、心理三个维度的进化，心理维度的进化则表现为想要挣脱强权，获得信息交流和沟通的互动性和平等性。②

尽管人类传播在小众传播第二阶段和大众传播时期，传播的垄断性长期占据传播史，但媒介进化是人类传播的必然趋势。从口语媒介形态的演变可以得知：口语这种最简单、最直接、最古老、最民主的媒介在整个人类传播中都占有举足轻重的地位，口语传播渗透到人类交流沟通的各个层面；无论是原生口语、电子口语还是网众口语，都对应着互动、自由的传播模式；口语媒介在电子时代的复苏、在数字时代的勃兴折射出民主参与、自由表达、平等交流的人性化传播理念。

"透过传媒发展历史，我们禁不住要为传媒内部这种近乎完美的发展逻辑和发展奇观而赞叹。"③网众口语的兴盛和特质让我们看到了人性化传播高度回归的曙光。但媒介并不是决定传播方式的唯一因素，传播观念的人性与否还取决于使用媒介的人。目前网众传播中也还存在着种种非人性化的东西，一些学者提出媒介对人的异化，包括海量的信息、倚重虚拟环境的交往而非现实的交往等，这也都应该值得我们慎重。但总的来说，媒介朝着"人性化"的趋势进化还是显而易见的，只是需要一个过程，也需要所有公民不断提高媒介素养和公民意识。

（谢清果　曹艳辉）

---

①　陈作平：《传媒的"人格特征"》，《现代传播》2011 年第 4 期。

②　李玮：《从媒介进化的历史看民主传播的未来》，《青年记者》2009 年第 7 期。

③　陈作平：《传媒的"人格特征"》，《现代传播》2011 年第 4 期。

汉字媒介的性别权力特征辨析

　　伯克和克莱玛瑞的研究结果表明英语是"男性创造的语言",那中国汉字的性别权力特征是怎样的?研究汉字的性别权力特征,就要从原始的文字——甲骨文谈起。甲骨文产生的时代社会性质当处于原始社会向奴隶制社会过渡时期,当时父权并不完全,女性依然享有一定的地位。接着通过对甲骨文中出现的"人"和"妣"的考究,推断作为发生学意义上的中国汉字,其性别权力特征当同样是"男性创造的语言"。

　　甲骨文作为中国公认最早的系统文字,其初创时是否也同英语一样是"男性创造的语言"呢?这是个有趣的问题。话语即权力,而表达话语的语言是否也存在性别权力特征?汉语是否在草创时也作为男性话语权力而被使用?中国历史上出现的女书是否是女性对男性话语的一种抗争呢?而这一切我们或许可以从最早的汉字——甲骨文切入进行探讨,以期抛砖引玉。

一、权力性别视域下的汉字

　　肯尼斯·伯克和切瑞丝·克莱玛瑞认为世界的首要特征是它的"语言本质":"即信息本身所包含的词语和句法结构构建了人们的思维和互动。"[①] 克莱玛瑞不但强调语言本身在阐释人类经验中的重要作用,而且还强调了"权力"这一维度。"任何一种语言系统内部都嵌入了权力关系,社会权力的安排在很大程度上嵌入了语言之中。对于那些已经融入了主流语言系统的人而言,他们把自己的感知、体验和表达方式都纳入了这个语言系统当中。"[②] 经过分析,克莱玛瑞把英语称之为"男性创造的语言"[③],换言之,英语体现了男性视角,而不是女性视角。而作为中

---

① 斯蒂芬·李特约翰、凯仑·福斯著:《人类传播理论》,史安斌译,北京:清华大学出版社,2009年,第134页。

② 斯蒂芬·李特约翰、凯仑·福斯著:《人类传播理论》,第135页。

③ 斯蒂芬·李特约翰、凯仑·福斯著:《人类传播理论》,第135页。

国人的我们不禁要问，汉语是一种以何种性别权力为中心的语言？因为，从原始的岩画、陶符到甲骨文再到现今成熟的汉字，中间不仅仅经历了父系氏族社会，而且还经历一段相当长时间的母系氏族社会，仰韶文化就是典型的代表。而当今的汉字已经是一种高度抽象、精炼的文字，已经无法看出其中所包含的权力特征。因此，要想看到汉语的权力特征，就必须从原始的文字开始。有很多学者认为，陶符是一种原始的文字，甲骨文是由陶符演变过来的。但是基于陶符的出土资料以及字符相对较少，所以选取了甲骨文这种比较原始的文字为研究对象，来考察汉语的权力性别特征。

二、甲骨文产生发展时代的社会性质与女性地位

"甲骨文是甲骨文字的简称，是一种刻写在甲骨上的古汉字。"[①]19世纪末，河南安阳殷墟出土甲骨文之后，陆续又出土了大量的甲骨文。人们往往把甲骨文与殷墟联系在一起，实际上，在坊堆、白浮等地也出土过周朝的甲骨文，只是数量比较少。殷墟是商王朝后期的王都，所以大量的甲骨文就是商朝的甲骨文，所以，选择商朝的甲骨文作为研究对象。"从考古发掘可以知道，殷墟的甲骨刻辞是被作为档案有意识的埋藏在地下的。"[②]因此，作为档案的这些甲骨刻辞不是散乱无章的，而是已经发展成了"一种有严密规律的文字系统"[③]。这样严密规律的文字系统内部，必然也会嵌入诸多权力关系，既然甲骨文发展到商代后期已经是严密规律的文字系统了，这就说明甲骨文应该是早在商王盘庚迁都之前就已经经历了很长时间的演化发展。郭沫若在《奴隶制时代》这本书中曾经引用西安半坡出土的仰韶文化彩陶上所刻画的符号。这说明在母系氏族社会的仰韶文化时期，甲骨文还没有出现。因此，可以推断甲骨文的出现是在仰韶文化至商前期和中期之间。对于这段时期的社会性质，学者们众说纷纭，产生过四种说法，一是原始社会末期说，二是奴隶社会说，三是封建社会说，四是亚细亚社会说。[④]其中，大多数人认同奴隶社会的观点，但也有人赞同原始社会末期的观点，并提出了一些新的理由。包括"认为妇女在社会上的地位和作用，常常取决于该社会的性质，所以，从某种意义上以从妇女的作为来推断她们所处的是什么社会。商代的诸妇，可以接受商王的命令带兵征伐，独当一面，驻守边疆；和其他在外地的行政长官一样，在外

---

① 赵诚：《二十世纪甲骨文研究述要》（上），太原：书海出版社，1996年，第1页。
② 赵诚：《二十世纪甲骨文研究述要》（上），第6页。
③ 赵诚：《二十世纪甲骨文研究述要》（上），第112页。
④ 赵诚：《二十世纪甲骨文研究述要》（上），第179页。

地的诸妇也向商王交纳贡物；参与祭祀，死后接受祭祀"①。《英国所藏甲骨文》中武丁甲骨中有卜辞曰："辛巳卜，囗，贞登妇好三千等旅万，乎伐方。"②"这片卜辞的意思是拟征召由妇女统辖的三千女兵，组织编订万人之旅出征敌方"③。这就佐证了妇人带兵以及参政的说法。在《甲骨文语料库》的《合集·补编》6552 中，有卜辞："午囗财囗母己。卸财于妣丙。"④意思就是对母己，妣丙进行祈福，消灾之祭时献祭女牲。这就说明了在商代有名望的妇女在死后是可以享受祭祀的。因此，从上述的证据来看，至少，"这一时期还不完全是父权、夫权占绝对统治地位的社会，母权制的痕迹还是有遗存的。"⑤商代是有奴隶的，而且奴隶对于统治者来说就是牲畜，想杀就杀。这也正好说明了商代并不是真正的奴隶社会，真正的奴隶社会中的奴隶对于奴隶主来说是一种私有财富，是不能随随便便杀害的。而且，在商末，周武王之所以能轻而易举地打败商纣王，一个很重要的原因就是社会性质的不同。适应当时时代发展的奴隶制社会——周朝能够打收落后的商朝，这就说明了商代还没有进入真正的奴隶制社会。综上所述，从仰韶文化到商朝前期和中期这一段时间应该是处于原始社会的末期，即由原始社会向奴隶制社会转型的时期。因此，本文中研究的甲骨文的性别权力特征的时代背景应该是在原始社会末期向奴隶制社会转型的过渡时期。

三、甲骨文性别权力特征分析

那么这一特殊时期的语言文字到底是一种什么样的性别权力特征呢？这里我们以"妣"与"人"这两个关键字来管窥甲骨文中隐藏着的性别话语权力。

（一）从"妣"字看女性的社会地位

"妣"字在甲骨文中写作"↑"⑥，"妣"是以"女"字为偏旁的字，而且，《说文解字》中也这样写道："妣，殁母也。从女比声……"⑦这说明"妣"是从女的。但是再分析其他的从女的甲骨字，如表 1 所示。

---

① 赵诚：《二十世纪甲骨文研究述要》（上），第 180 页。
② 罗琨：《甲骨文解谜》，武汉：长江文艺出版社，2002 年，第 226 页。
③ 罗琨：《甲骨文解谜》，第 226 页。
④ 王平、顾彬：《甲骨文与殷商人祭》，郑州：大象出版社，2007 年，第 171 页。
⑤ 赵诚：《二十世纪甲骨文研究述要》（上），太原：书海出版社，1996 年，第 180 页。
⑥ 马如森：《殷墟甲骨文实用字典》，上海：上海大学出版社，2008 年，第 272 页。
⑦ （汉）许慎撰，（宋）徐铉校定：《说文解字》，北京：中华书局，1963 年，第 615 页。

表1　现代汉字和甲骨文对比

现代汉字	甲骨文	现代汉字	甲骨文
娥		奴	
妦		女	
妇		妓	
娕		妾	
姖		如	
姜		妅	
娵		汝	
姈		乳	
每		娠	
妹		妥	
母		姓	
娘		娅	
妞		妡	

资料来源：马如森：《殷墟甲骨文实用字典》，上海：上海大学出版社，2008年。

从表1可发现，所有从女的字中，都没有“[illegible]”（妣）字的出现，取代“[illegible]”的是“[illegible]”（女），即为甲骨文中“女”的原型。可以看出，在甲骨文中，“[illegible]”（女）是有自己的明显特征的，就是胸部比较明显，而且是原始社会中的女子的日常生活状态——跪状，即跪在席子上。像“[illegible]”（母）字是指已经结婚的女子，所以她也有明显特征的，就是在“[illegible]”（女）字的胸部加了两点，表示裸露的双乳。但是“妣”字却没有遵循“从女”的字所应有的规则，这种特殊情况就不得不引起注意。

（二）从“人”字看男性的社会地位

在甲骨文中的“人”是这样的“[illegible]”，是一个弯腰拱手的侧立的人形，这个“[illegible]”这样看是看不出它的性别的，但是从其他的信息中可以推断出，“[illegible]”指代的是男性。“[illegible]”是“尿”字的甲骨文形式，从中可以看出，字形具有很明显的男性特征。还有"𭣆"①（男）字，"而《汉书·地理志》注云：'男者，任也。'《白虎通·嫁娶》也说：'男者，任也，任功业也。'《释名·释长幼》也说：'男，任也，典任事也。'清人段玉裁认为：'古男与任同音。'并举例说，两汉之际王莽就曾改'公、侯、伯、子、男'之'男'为'任'"②。而"任"字在甲骨文中写作"𰁰""从人，从工"，③左边是个"𠂇"字，"男"与"任"字同音，由此，也可以推断出"𠂇"字是指代男性的。另外，一些表示奴隶的词也佐证了这一点，像"𦍓"（羌）是"从羊，从人"。④羌是指以畜牧业为主的异族，商人中用"羌"来指称西边的异族。《说文·羊部》中说："羌，西戎牧羊人也，从人，从羊，羊亦声。"⑤《后汉书·西羌》记载，羌人"所居无常，依随水草。地少五谷，以产牧为业"。⑥在甲骨文的卜辞中，被俘的西边异族的人员都叫作"羌"。《甲骨文语料库》中《合集》6608中有这样的卜辞："……曰：其复征羌。"⑦《甲骨文语料库》中《合集》293中有："戊子卜，宥，贞酉今夕用三百羌于丁，用，[十二月]。"《甲骨文语料库》中《合集》295中说："三百羌用于丁"⑧等。从这些卜辞可以看出来，商人俘获的羌人大多数被用于祭祀之牲，而且，还成为祭祀中人牲的主体。王慎行在《卜辞所见羌人考》中指出："甲骨文中称男羌为羌，女羌为姜。"⑨崔恒昇在《简明甲骨文词典》中也提道："姜，指女性的羌，为祭祀用牲。"⑩《甲骨文与殷商人祭》中也提道："姜为人祭卜辞中女性羌方人牲之专名。"⑪由此可见，"羌"代表了男性，"姜"代表了女性。而在甲骨文中，姜写作"𰃮""从女，从羊"，⑫而"羌"写作"𦍓""从人，从羊"。这些讲究说明了甲骨文中的"𠂇"（人）指的是男性，而非女性。另外，在《文字考古》中，作者提道："受朝拜的帝王即立志站着的，在堂下的朝臣也是站着的，在桑林祭场中有资格侍立在大人右侧的是"𠂇"（人），人是象形字，

---

① 马如森：《殷墟甲骨文实用字典》，上海：上海大学出版社，2008年，第308页。

② 赵玉宝：《先秦性别角色研究》，博士学位论文，东北师范大学，2005年，第28—29页。

③ 马如森：《殷墟甲骨文实用字典》，上海：上海大学出版社，2008年，第190页。

④ 同上第98页。

⑤ （汉）许慎撰，（宋）徐铉校定：《说文解字》，北京：中华书局，1963年，第78页。

⑥ （南朝·宋）范晔、（晋）司马彪、（唐）李贤、（南朝·梁）刘昭注：《后汉书·西羌》卷77，北京：北京图书馆出版社，2003年，第1页。

⑦ 王平、顾彬：《甲骨文与殷商人祭》，郑州：大象出版社，2007年，第49页。

⑧ 同上第50页。

⑨ 王慎行：《卜辞所见羌人考》，载《古文字与殷商文明》，西安：陕西人民教育出版社，1992年，第114页。

⑩ 崔恒昇：《简明甲骨文词典》，合肥：安徽教育出版社，2001年，第439页。

⑪ 王平、顾彬：《甲骨文与殷商人祭》，郑州：大象出版社，2007年，第34页。

⑫ 马如森：《殷墟甲骨文实用字典》，上海：上海大学出版社，2008年，第270、271页。

意指有任之人,而不是逻辑思维中作为抽象概念的人类的人。"① 祭祀时能够侍立在大人身边的人有很大部分是祭祀人员,而"祭"字在甲骨文中写作"🙦"②,右边是个"🙦"(父)③"父"自古就是男性的代称,即使母系氏族社会,也有只知其母不知其父的表述,这就说明"父"指代男性,而"🙦"中由"🙦"构成,这就说明参加祭祀的大多数为男性,祭祀是一种男性参加的活动,而有资格侍立在大人左右的"🙦"(人)也应该是男性了。

四、甲骨文:一种男性的文字系统

综上所述,甲骨文中的"🙦"以及"🙦"所构成的字是代表男性的词语。而代表男性的文字,却可带有女性的特征。但是仅从这一点,还看不出甲骨文的语言性别权力特征,依然还需深入探究"妣"字,上文中提到"妣"在甲骨文中写作"🙦",是与其他的女旁的字不一样的一个字,而"妣"在甲骨文卜辞中是对一些有重要地位的妇女的尊称。陈梦家提道:"商人致祭先王死去的配偶,称上面一代或两代以上的女性祖先为妣或是高妣。"④ "对先妣的祭祀,自商王示壬之妻妣庚开始,凡有条件者可入祀。这些能入祀的先妣生前或是才能出众,或是出身豪门,或得宠于时王,或有子嗣即位。"⑤因此,能称之为"妣"的妇女,在当时有着很高的社会地位,那些能受祭祀的"妣"在当时的社会地位更高。因此,"妣"是很多妇女中的优秀人物,所以,"妣"的甲骨文写法会与其他从女的文字不一样,而且"妣"的甲骨文写法,写作"🙦",与"🙦"(人)字的写法极其相似,这不仅仅是个巧合,而是反映了深层的社会问题,也就是在当时社会环境之下,应当是由男性来掌握着文字权力的。

我们知道,甲骨文是一种卜辞,因此,它的传播范围也就集中在社会的上层。在社会上层中的女性"妣"都用一个男性化的符号来指代,那么,生活在社会中下层的女性更是会受到压迫和噤声的,用男性化的符号来指代"妣",实际上是出于对"妣"的尊重和敬仰,因为其他从女的文字中的"女"都是跪着的,而且,据考证,这些字都是人祭中人牲的代名词,像上文中的"姜""姬""女""母"等,都是用来祭祀"妣"的人牲像。"《合集》33193:'[寅]……交三……三牛,图

---

① 周清泉:《文字考古》(第一册),成都:四川人民出版社,2003年,第360、361页。
② 马如森:《殷墟甲骨文实用字典》,上海:上海大学出版社,2008年,第15页。
③ 马如森:《殷墟甲骨文实用字典》,第69页。
④ 陈梦家:《殷墟卜辞综述》,北京:中华书局,1988年,第379页。
⑤ 王平、顾彬:《甲骨文与殷商人祭》,郑州:大象出版社,2007年,第168页。

[牢]。……三姜。'"①"《合集》35361：'甲申卜，贞王定祖辛斄妣甲姬捭二人，啟二人，卯二牢亡尤。'该卜辞意谓甲申日占卜，贞问时王亲自参加对祖辛和妣甲的祭祀，用女牲姬、辬，两个男性，两只小牛向神灵献祭，是否会有灾祸。"②"《合集》35363：'[庚] 辰卜，贞 [王盉] 妣庚 [姬] 捭二 [人]，啟一人，[卯] 口牢亡[尤]。'《合集》35364：'壬寅卜，贞王室武丁 [爽] 妣癸姬捭啟卯……亡 [尤]'"③等。这些卜辞都证明了上述观点，这也说明了"妣"的地位之高和受人尊敬，因此，那个时代的人们就用一种表示男性的符号来表示尊重。而且，在甲骨文中，"妥"字是这样写的"■"④，就像是一只手按在了一个女子的头顶上，把女子按在地上。还有"娶"字，"■"⑤，"甲骨文形为左边一个女，右边靠上一只手，意即抓住了一个女子"。《说又》释为"取妇也"。段玉裁进一步解释为"取彼之女，为我之妇也"。但"娶"之本字为"取"，娶是后起字。那么"娶"的初义即"取"。

黄翼斋《汉字文化丛谈》说："取字从又（手）持耳，本义是军战取耳（古人把杀死的敌人的左耳割下来作为报功领赏的凭证——原注）。引申为凡用武力抢夺之词。娶妻字只作取，正是野蛮时代抢婚旧俗贮存于语言文字中的信息。考其历史，抢婚之俗在我国古代确实广泛存在，以至到了整个中华民族的文明程度很高以后，还有很多少数民族仍然存在抢婚的习俗。抢婚之俗由何而来呢？这是父系氏族的早期，男人们因为地位渐高，就要把女性从娘家娶到自己家中来。而女性又想维持自己的权威，不肯嫁往男家，想仍然坚持男性夜访婚制。双方相持不下，于是就出现了抢婚。"⑥再联系"妥"字的含义，就不难推断出，居于仰韶文化与商前期和中期的这段时间，是由母系氏族社会向父系氏族社会转化的时代，并且父系氏族社会已经基本形成，但是女性仍然存在着最后的反抗。

五、结语

综上分析对比，特别是对于"妣"字和"人"字的考察可以看出，中国的原始文字——甲骨文实际上也同英语一样，是一种"男性创造的语言"，是一种嵌入了男性权力的语言文字系统。并且从"妥"字以及"娶"字中又看出了女性的反抗，这种状态恰好验证了对于从仰韶文化到商代前期和中期的社会性质的推测和

---

① 王平、顾彬：《甲骨文与殷商人祭》，郑州：大象出版社，2007 年，第 34 页。
② 王平、顾彬：《甲骨文与殷商人祭》，第 45 页。
③ 王平、顾彬：《甲骨文与殷商人祭》，第 45、46 页。
④ 陈发喜：《甲骨文女性文化简论》，《湖北民族学院学报》(哲学社会科学版)2004 年第 2 期。
⑤ 马如森：《殷墟甲骨文实用字典》，上海：上海大学出版社，2008 年，第 280 页。
⑥ 陈发喜：《甲骨文女性文化简论》，《湖北民族学院学报》(哲学社会科学版)，2004 年第 2 期。

认识，这也从另一个方面印证了甲骨文是以一种"男性创造的语言"。当今的汉字是从甲骨文一步一步地演化发展而来的，因此，同世界上的大多数语言一样，汉语是一种"男性创造的语言"，女性则遭到了噤声。

当然，我们深知要想更充分地论述汉语作为"男性创造的语言"，可能要有拓展性阐述，进而以表音文字的英语作为男性语言，来进一步探讨作为形意、象形为主要特征的汉语是否全面具有男性话语的特征，还需要人类学、语言学、文字学、社会学、历史学等多学科联合攻关。

（谢清果 杨芳）

特权现象与媒介环境关系的历史演进脉络

——从"混沌"到"制衡"的结构视角

    特权问题涉及社会公平与正义，是社会改革不可规避之重点。而媒介参与向来是社会监督、遏制和制约特权的主力军。通过梳理特权与媒介关系之演进，我们可以发现，早期两者呈现相互融合的面貌，媒介作为"特权"的依附而存在；尔后，大众媒介力量之兴起，虽然改变了媒介从属地位，媒介"第四权"得以发挥，但此种欣欣向荣生态下依然存在诸多法制与伦理争议。总的来说，特权与媒介经历了由"一体化"形态到逐步分离、相互制衡的结构演进。特权与媒介作用机制的变化，实际代表了社会民主形态变迁与公共领域演变的进程。

一、利与害的纠葛：特权合法化之争议

    "特权"这一概念被批判主义讨论由来已久。

    西方研究者往往将特权植入于两大问题进行探讨：其一从政治体系出发，讨论行政权力（executive power）在国家机器中的适用性与合法性[①]；其二则着眼于更宏观的文化结构，聚焦于西方历史上的"性别与种族"（gender and race）问题，批判特权作为与生俱来的产物（birthright）所导致的社会不公。[②]

    Locke 认为，特权在本质上是一种不受宪法约束的法外权力（extralegal

[①] 对行政特权的研究，又多集中于近代国家转型中的皇权分离，以及如今以美国学者为主流的对总统制权力约束空间的争议。相关文献可参见：Rakove, Jack N. Taking the Prerogative Out of the Presidency: An Originalist Perspective. *Presidential Studies Quarterly*, 37(1): 85-100; Genovese, Michael A. *Presidential prerogative: imperial power in an age of terrorism*. Stanford：Stanford University Press, 2011.

[②] McIntosh, P. White and male privilege: A personal accounting of coming to see correspondences through work in women's studies. In M. L. Anderson & P. H. Collins (Eds.). *Race, class, and gender: An anthology*, Belmont, CA: Wadsworth, 1992 : pp.70-81.

power)。① 他以现代国家法治体系为立场，似乎仍是以传统"人治"与"法治"之对立来观照特权现象，其观点固然没错，但忽略了在历史范围内，特权往往是与律法体系相互纠缠在一起的。作为上层建筑之象征，特权在不同历史时期，皆被统治者利用各种法律形式合理化。例如，《史记·秦本纪》谈及战国时期商鞅变法时，便载有"法之不行，自于贵戚。君必欲行法，先于太子。太子不可黥，黥其傅师"之言。可见，即使是以法治实践著称的法家流派，也无法真正完成"王子犯法与庶民同罪"的理想。"太子不可黥，黥其傅师"正是以法律形式明确了不可动摇的封建等级特权。

因此，对于特权概念，我国学者李守庸和彭敦文的观点可能更为中肯，其认为特权"有的为法律所规定，有的在法律规定之外"，但"都是建立在对这些权利或权力分配不公平的基础之上的"②。西耶斯亦强调，特权脱离于法律约束，乃是社会权力分配之不平衡所导致，"特权阶级的存在是对公共事务的背叛"。③ 换而言之，不论为法律认同与否，特权都游离于法治契约之外，其体现着社会"权力差序"格局。伦斯基则更进一步，认为特权乃由人们所处的社会地位层级结构决定，其通过社会层次理论诠释，在人类社会从强权统治向权利统治时代转变的过程中，特权都作为一种制度化的权力资源备受争夺，此种制度化的权力保证了利益自动流向特权所有者。④

进而观之，Black 和 Stone 在总结前人研究基础上，将特权视为一种"压迫"（oppression），指出特权包含了五个层面的内涵：其一，特权是一种特殊的优势，它并不普遍；其二，特权并非单凭个人努力可以获得，而是"约定俗成"的；其三，特权是一种与优越的身份或等级相联系的权力；其四，特权往往通过"损人利己"的方式实现；最后，特权所有者往往并不认为自己所拥有的是特权。⑤

以上视角，实际都认为特权的存在，致使公众的普遍利益受损，即特权乃少数人凭借其社会角色优势取得的特殊权力，其作为私权直接侵犯了日常生活的公共领域。

不过，特权现象是否一定就不合理呢？也有学者试图在更宽泛的意义上来理解特权。Magnell 即指出，特权是一个相对概念，自有其存在的合理性，并不一

---

① Pasquino, Pascuale. Locke on king's prerogative, *Political Theory,* 1998, 26(2):pp.198-208.

② 李守庸、彭敦文：《特权论》，武汉：湖北人民出版社，2000 年，第 28、29 页。

③ 西耶斯：《论特权 第三等级是什么》，冯棠译，北京：商务印书馆，1990 年，第 22 页。

④ 格尔哈斯·伦斯：《权力与特权：社会分层的理论》，关信平、陈宗显、谢晋宇译，杭州：浙江人民出版社，1988 年，第 57—75 页。

⑤ Linda L. Black & David Stone. Expanding the definition of privilege: the concept of social privilege. *Journal of Multicultural Counseling and Development,* 2005, Vol.33(4): 243-244.

定是"坏事"，不过，特权却总伴随着一定的责任义务。[①] 如果将特权与自由权相结合看待，特权现象似乎看起来更为理所应当。因为特权是"自由"的表现形式，"在更为广阔的历史视野里我们可以看到，在自由成为每个人的平等资籍之前，或者在达到如此状态的社会之外，自由总是体现为特权"。[②] 并且，"特权"不受法律约束的特征在某些时候看起来亦非如此糟糕。Jefferson 在其关于总统制的观点中即谈到，如果出于特殊国家利益或者公民利益考量，总统可以违背法律，通过其行政特权采取行动。[③] 就此意义而言，特权甚至成为施政主体发挥其能动性的必要保障。

无论如何，综合上述有关特权合法化争议，必然会产生如下问题：

首先，如果特权真是一种法外权力，具有能游离于法律体系的任意性，这基本意味着单纯依赖正式手段对特权的约束宣告破产。那么，社会应该以何种机制来约束特权？

其次，既然法外特权不一定对公众产生切实危害，甚至在社会结构中起到特殊作用。但特权之"益害"应该如何区分？

正是基于上述两点，社会必然引入对特权的监督与价值判断机制。媒体参与即是其中之一种手段。媒介与特权密不可分的联系使得两者在历史上呈现出复杂互动，下文首先将两者分开讨论，尔后总结出媒介与特权之间关系演变的基本进程。

二、作为"特权"的媒体：媒体效力之问

在一般大众传播观念中，媒体受社会系统影响，其传播产制往往受现实权力牵制而无法"独善其身"。从中国古代媒体环境观之，媒体亦与社会特权有着千丝万缕的联系，这主要反映在四个方面：

第一，作为物质生产资料的媒介，不论是复制材料、传播资本或技术设备都在相当一段长的历史时期内为社会上层建筑所占有。这使得媒介本身很容易被特权阶层所"操弄"。例如，在中国古代出版史中，官刻占有极为重要之地位，官办典籍既能承担巨额的出版成本，亦能以政治手段，集社会之力汇聚信息资源。《淮南子》曰："百家殊业，皆务于治"，强调了史书的治政教化目的，因而，历代统治阶级基于"修史"教化动机，都异常重视对出版的控制。虽然伴随造纸术、印刷

---

① Thomas Magnell. Privilege, responsibility , and dimensions of value with liberal education, *The Journal of Value Inquiry*, 2005, 39: 1-9.

② 韩水法：《特权与普遍资籍》，《学术月刊》2005 年第 9 期。

③ Bailey, Jeremy David. Executive Prerogative and the "Good Officer" in Thomas Jefferson's Letter to John B. Colvin. *Presidential Studies Quarterly*, 34(4): 732-754.

术以及市井文化的普及，出版活动开始由上层建筑向下普及。政府、私人、民间的编辑出版传播活动在唐以后逐渐壮大。① 但特权所有者占据的社会资源优势，始终使得其在"信息传播权"上处于天然"高位"。

第二，作为传播主体的知识精英往往无法摆脱"权力阴影"的约束。在古代相当长一段历史时期内，知识分子乃是被以官僚政治为主体的特权阶层所收编的。汉代以来，以儒家为道统之统治思想成为贯穿于中国古代的国家意识形态，其树立了一种明确的道德追求，塑造了一种包容性社会。② 这种包容性社会不仅淡化了舆论的反抗性，也使得士大夫的身份亦由于知识的统制和长期独占被特殊化和贵族化。③ 而科举制则完成了"儒的官吏化"与"官吏的儒化"两个过程④，作为社会知识传播主体的知识精英群体被进一步纳入官僚特权阶层，这就促进了媒体与政治"合流"。尔后，既作为特权阶层，又渴望发声的知识分子始终在政治与公共领域的双重互动中徘徊：一方面，知识分子借助出版物讽议朝政，试图发挥媒体监督政治之功能，另一方面，其言论亦受到统治者的警惕乃至大规模镇压。

第三，媒介的传播内容习惯于结构性地接近权力所有者。Hall 曾提出初级界定概念，认为媒介往往倾向于现实中具有声望与权力的群体，即所谓的"初级界定者"。⑤ 这就为特权向媒介内容渗透提供了可乘之机。即使是在现代民主制度下，特权者干涉媒体权利，歪曲新闻事实的情形，亦不在少数。Skewes 在对美国选举游说活动的研究中即指出，在选战期间，新闻内容经常成为记者与政治家协商"共谋"的结果。⑥ 而在以官僚政治体制为社会权力资源支配核心的古代中国，特权更成为封建国家向官吏"作为俸禄之外进行权利分配的补充形式"。⑦ 国家通过确立法律制度中的"八议""赎刑""官当"等基本内容使得政治上层建筑全面获得了凌驾于法律之上的特权，并使这一特权用法律的形式固定下来。⑧ 并且"中国官僚政治在较长期的发展过程中逐渐发现了并在某种程度上创造出配合它的其他社会

① 肖东发：《中国编辑出版史》，沈阳：辽宁教育出版社，1996年，第35页。

② Chang, Peter. Confucian China and Jeffersonian America: beyond liberal democracy. *Asian Studies Review*, 2011, 35(1): 43-V.

③ 王亚南：《儒家思想与官僚政治》，选自陈中民：《官僚政治批判》，台北：帕米尔书店，1948年，第93页。

④ 冯天瑜：《"封建"考论》，北京：中国社会科学出版社，2010年，第404页。

⑤ Hall. S. etal. The Social Production of News:Mugging in the Media. In S. Cohen & J. Young (eds.) *The Manufacture of News:Deviance,Social Problems,and the Mass Media*. Beverly Hills,CA:Sage,1981:335-367.

⑥ Skewes, Elizabeth A. *Message Control: How News Is Made on the Presidential Campaign trail*, New York: Rowman & Littlefield Publishers, 2007.

⑦ 刘笃才：《极权与特权——中国封建官吏制度读解》，沈阳：辽宁大学出版社，1994年，第8页。

⑧ 王学良、王天琪：《名人与廉政》，北京：中国卓越出版公司，1990年，第145—147页。

事象和体制"①，这致使古代官僚政治呈现出强大的包容性，进而向家族制、宗法组织、法律和文化教育等领域全面渗透。因此，历代社会系统中的媒介传播内容往往是被特权施以限制，加以改造后的产物。

最后，传播空间上的难以突破限制了媒介话语。首先，早期相对封闭的农业社会以稳定的文化结构为主导，其注重经验积累，对于资讯流动并不敏感。分散而独立的宗族式聚落形态使得人们对外界信息的了解需求不高。其次，以"尊儒"为核心的意识形态独霸知识领域，大一统的思想格局作为中心权威，排挤了其他话语的介入可能；再次，由于"在现代意义的大众媒体产生之前，中国的封建社会中不存在任何形态的公共领域"②，社会公共议题往往固滞知识阶层内部，公共言论路径难以通过上下垂直路径加以发挥。公共领域的缺位使得传播空间更加限制重重，媒介多元的声音渠道无法实现。

三、作为媒体的"特权"："第四权"的守望与能动

大众媒体的传播功能之一在于社会监测，即依靠信息流动与分享使人们正确评估社会风险。这里所指的风险既包含突发性自然危机，亦包含人为的特权意志对社会公共利益之侵犯。李普曼指出，正是媒体的新闻输出，使得人们能超越自身视野，获取关于公众事务的了解。③而媒介素养的程度，更在一定程度上决定着受众自身的社会判断能力和行为决策。④

媒体之监督效力长期被投注于政治特权。媒体"社会守望者"之角色几乎贯穿各国关于特权腐败问题的监督事业，"作为政治清明的温度计，公正勤勉的新闻界成为公众把关、鉴别是非善恶的雷达"⑤。正因如此，媒体在早期英美国家社会改革中便作为"第四权"（the Fourth Estate）分离出来，成为公民社会进程不可或缺的助力。

为了维系独立有序的媒体监督，在现代社会语境下，媒体的"特权"几乎得到众口一致的默认：一是与公众知情权息息相关的媒体报道权，记者采访行为被视为"一种公民间自由交谈的权利"⑥，并与常规权力组织相独立开来；二是媒介多

---

① 王亚南：《中国官僚政治研究》，北京：中国社会科学出版社，1981年，第41—43页。

② 苏志武，丁俊杰：《亚洲传媒研究2003》，北京：北京广播学院出版社，2004年，第138页。

③ 李普曼：《舆论学》，林珊译，中国人民大学新闻系，1984年。

④ Slater, Michael D. & Rasinski, Kenneth A. Media Exposure and Attention as Mediating Variables Influencing Social Risk Judgments. *Journal of Communication*, 2005, 55(4): 810—827.

⑤ 展江、张金玺：《新闻舆论监督与全球政治文明：一种公民社会的进路》，北京：社会科学文献出版社，2007年，第13页。

⑥ 陈力丹：《采访权是公民言论自由权的延伸》，《现代传播》2004年第3期。

元（media diversity）被奉为民主社会的金科玉律①，媒体运作应当在充分的自由市场规律下进行，而不受国家政权干涉。值得注意的是，媒体之"特权"固然在各国法律中都有相关限制，但由于"度量"媒介文本与言论自由的复杂性，法律对媒体活动的实际处理往往有着相当弹性。

媒体对于特权的约束与监督作用，具体来说，一般通过以下机制完成：

其一，上层建筑借助媒体信息渠道，完成自上而下的社会改革。特权问题攸关社会公平正义，因而，政府在进行社会体制改革时，必须考量如何削弱与遏制不合理之特权现象。不过，政府通常却需要透过媒体与公众对话，才能确认什么是重要的信息。②为了确保媒体与公众的充分互动，毛泽东亦指出，新闻报道需要援引不同阶层民众之观点。③这说明，媒体舆论可能引导着政府对于特权的规范行为。王毓莉在研究有关中国网络危机事件后即得出结论，国家机器有时会允许媒体更多的讨论空间，借此推进地方议题发酵，从而为改革铺垫。④就此意义而言，上层建筑成为主体，媒体作为"安全阀"被策略性运用以制约特权。

其二，媒体以自身新闻专业主义立场，通过内部新闻生产完成对特权的舆论监督。虽然新闻专业主义在实际产制中面对诸多政治、经济与文化障碍，⑤但这并不妨碍现代新闻专业主义以准确和客观（accurate and objective）为标杆。中国之新闻生产向来存在党的宣传工具之争议，但 Hassid 归纳中国媒体实则存在四种模式，即喉舌模式（mouthpieces）、美式专业主义（American-style professionals）、职业主义（advocate professionals）与日常记者（workaday journalist）。其指出，出于自身立场以及市场需求，媒体运作并非完全遵照国家意识形态。⑥而 Zhang 对《北京青年报》个案分析结果亦暗示，中国记者的专业主义认知已与发达民主国家极为接近。⑦由此说明，媒体在规范特权行为过程中，依然可能保持着自身独立性与能动性。

---

① McQuail, D. *Media performance: Mass Communication and the public interest.* London: SAGE Publications Ltd, 1992, pp.141-159.

② Kevin, d'Arcy. The fourth estate today in Europe: How fit for its purpose. *European Business Review,* 1995, 95(1): Ⅶ.

③ 毛泽东：《毛泽东新闻工作文选》，北京：新华出版社，1983 年，第 139 页。

④ 王毓莉：《网路论坛与国家机器的碰撞：从三个新闻事件看大陆网路论坛对公共性的实践》，《新闻学研究》，2007 年第 92 期，第 37—95 页。

⑤ Bartiromo. Maria. Modern Journalism. *Vital Speeches of the Day,* 2006, 72(18/19): 520-521.

⑥ Jonathan Hassid. Four Models of the Fourth Estate: A Typology of Contemporary Chinese Journalists. *The China Quarterly,* 2011: 813-832.

⑦ Zhang, Shixin Ivy. What's Wrong with Chinese Journalists? Addressing Journalistic Ethics in China Through a Case Study of the Beijing Youth Daily. *Journal of Mass Media Ethics,* 2009, 24.(2/3).:173.

其三，公众可借由媒介近用权，完成其自身的"赋权"（empowerment）过程。其中又可分两种情形：一是公众主动接近强势媒体，作为消息来源为媒体提供有力资讯；二是公众自身作为传播主体，参与新闻报道，甚至创办社区媒体。在某些时候，"公民记者"（citizen journalists）甚至能提供比官方更加可靠的内容。[①]公众参与将提升地方新闻流动和社会互动程度，尤其在新媒体时代，已然是特权监督机制不可或缺的重要部分。

四、媒介环境与特权现象关系之流变：从"一体"到"分离"

"文化是一种具有控制力的所有物。"[②]媒介作为承载文化、传播文化之中介，自应当纳入文化结构之中进行考量。在历史源流中，媒介既被作为一种思想文化特权长期受统治阶层把持，又在社会结构变迁中不断拓展着自身生存空间。讨论媒介环境与特权现象，实际应当包含两条线索：其一是作为社会文化动力之媒介被纳入政治体制，从被垄断于上层建筑到向民间话语松绑的逐步演进，其二是作为"社会公器"的媒介运用其传播权利，反过来约束特权行为的过程。

无论是作为"特权"之媒介，还是媒介之"特权"，在资本主义制度萌芽始终无法取得突破，自由市场迟迟未曾到来的古代中国社会，其最大牵制始终源于政治话语。尔后，伴随自由市场下独立经济人出现，近现代国家体系应运而生，公民的自由与权利被重新书写。公民力量的介入促进了传播媒介摆脱特权依附，进而使得大众传播结构扁平化、多元化。可以说，媒介与特权之间的关系与近现代公共领域的扩张，政治体制改革以及民主进程的深入有着密切渊源。

由是观之，我们认为，特权与传播之间的关系经历了从"一体化"然后逐渐分离的过程。早期，由于社会资源集中在政治、经济、文化一体的古典中央集权制度之中，传播媒介作为"特权"的一部分被上层建筑收编。特权与媒介融为一体，媒介监督职责与特权价值判断机制并不分明，处于一种"混沌"状态。随后，社会经济结构转型、民主体制的建立以及市民意识的觉醒，推动大众传播从特权垄断中分离，媒介作为一种相对独立的社会力量，成为公共领域的维系者。由此，媒介与特权开始进入相互"制衡"之境地，构成当代社会话语互动的常规生态。

值得注意的是，媒介与特权之间并未如人们所构想的那般"良性制衡"，如今这种常规生态仍然存在一些令人棘手之问题：

---

①　Martin, Alex. Citizen Journalists Playing Big Role in China, *McClatchy - Tribune Business News* , 2011-02-04.

②　保罗·博维：《权力中的知识分子：批判性人文主义的谱系》，萧莎译，南京：江苏人民出版社，2004 年，第 371 页。

一方面，特权干涉依然以各种方式存在，媒体"第四权"广受挑战。文化领域内的媒体作为话语权的象征而备受追逐：其既体现在政府运用政治特权，使媒体遵照意识形态原则进行舆论引导，又反映于全球化自由市场下，集团化浪潮下媒体垄断所形成的反民主力量。在当代技术、意识形态和经济力量的影响下，为新闻自由提供一个特殊的合法保护角色已经越来越难，"失去新闻自由"正成为一种社会风险或者政治风险。[1]

另一方面，被大众文化市场过度放大的媒介"特权"亦导致传播中的语法暴力。纵然在普遍意义上，新媒体被认为助推了社会公共话语空间。但舆论场域中不稳定因素亦带来系列社会伦理问题与法律问题。由于记者更习惯于对他的消费者而不是批评者做出响应[2]，媒体报道并非总站在公正立场之上。媒体乐此不疲地追逐受众注意力所导致的负面效应已是饱受诟病。Patterson 即以美国 1988 年总统选举为例，批判媒体的负面报道与攻击性新闻排挤了与民众利益相关之议题。[3]而在新媒体开放的舆论结构下，媒介传播更是面临道德与法律、自由与责任的两难境地。Cheung 在反思中国互联网舆论时强调，以"人肉搜索"（human flesh search engine）为代表的"网际追缉"行为，几乎使个体丧失了保护自我名誉和隐私的合法渠道。[4]这些警讯皆提示着人们对于媒介权利、个体权利和法律责任之省思，期望重塑严肃而理性的公共新闻学理念。

综上所述，本文最后将媒介与特权关系相互作用机制总结如图示。图 1 呈现了早期特权与媒介互为一体之状态，特权阶层通过对传播主体、内容以及物质资料的控制，进而压制了传播空间的公共化，媒介的"公器"职责混合在特权体系之中，使得媒介本身即为特权阶层的合法化而服务。图 2 则呈现出现代语境下，特权与媒介相对分离的结构，两者既通过公共舆论传播机制相互制衡，亦引发出其各自权力扩大下之忧虑：一是特权在政治与市场的双重变奏下，以更为隐蔽之方式掠取社会资源，对公共利益构成侵害；二是媒介话语盲目与无序化后带来的伦理与法制问题。本文认为，完善特权与媒介之间的制衡机制，防止双方权力脱轨，需要介入"第三方"力量加以实现：既要通过健全法律制度，完成宏观层面的社会契约对特权与媒介行为之控制，此外，则必须依赖公民理性之提升，推动公共领域的自我甄别与过滤能力。

① Anderson, David A. Freedom of the press. *Texas Law Review,* 2002, 80(3): 429-530.
② Smillie, Dirk : Reforming the fourth estate. *The World & I* , 2003, 18(4): 62-67.
③ Patterson, T. E. *Out of order,* New York: Vintage Books, 1994.
④ Anne S.Y. Cheung : A study of cyber-violence and Internet service providers' liability: lessons from China. *Pacific Rim Law & Policy Journal,* 2009, Vol.18(2): 323-346.

图 1　媒介与特权一体化的"混沌"结构

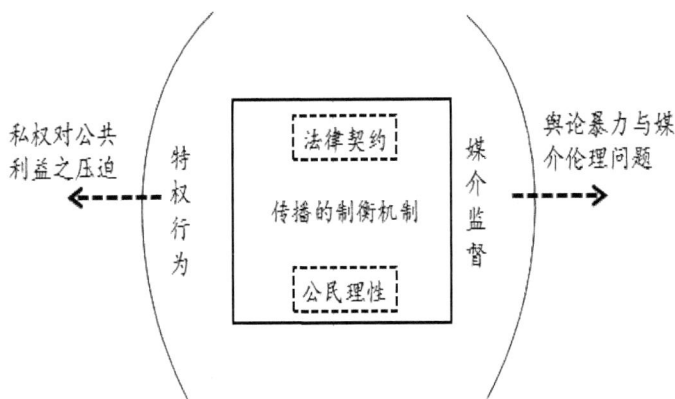

图 2　媒介与特权分离的"制衡"结构

　　总而言之，通过反思特权与媒介关系之演进，可以看到，试图单纯依赖公权力自身改革控制特权，或过分夸大媒体监督特权之能力，其观念都是不可取的。在现代语境下讨论特权问题，我们无法回避媒介制约机制，亦需要看到媒体话语之弊端与"失控"的一面。在探索更进一步的特权与媒介作用机制中，一方面，需要保持媒介与特权责任分明之状态，约束两者权力实施之"极化"，提升两者互动的内在传播机制；一方面，通过提升公民媒介素养以及法律体系的完善，从而完善媒介传播制度，使特权与媒介的制衡状态有序而合理化。

（谢清果　王昀）

中篇　华夏传播学的当代阐扬

人文精神：媒介批评的终极指向

媒介批评需要人文精神的观照与指导，而人文精神也需要媒介批评的培育。媒介批评过程中当遵循人性、理性、灵性的人文精神要旨，以维护和高扬人文精神作为自己的天职。而人文精神既是媒介批评的思想资源，又是媒介批评正常深入开展的精神动力，两者共同竭力去营造健康和谐的媒介批评与求真、趋善、臻美为核心内容的人文精神良性互动的文化环境，为我们构建社会主义和谐社会和提供文化软实力贡献了力量。

20世纪90年代"人文精神大讨论"已走过了第20个年头，立足当下，回顾、反思和展望人文精神讨论的成果，检视人文精神在传媒时代的现状，克服不足，树立标杆，应当是学人的神圣使命。

一、人与媒介、人文精神与媒介批评

（一）人与媒介关系的悖论

人与媒介的关系问题诚然是媒介批评的基本问题，也可以说正因为人与媒介的关系存在问题，这才有了解决问题方式之一的媒介批评。"媒介批评理论也就是立足于以'人为目的'的价值立场的关于媒介的社会、文化意义的批判。"[①]

人为了生存和发展不断创造媒介和创新媒介使用方式，而且媒介一旦产生就具有了不以人的意志为转移的相对独立性，即一定程度上它遵循技术规律又超越技术，受制于和反作用于社会规律以至于心理规律，它既丰富了人类生活生产和创造活动，同时又一定程度上扰乱了固有秩序，它与人一样既有天使的一面又有野兽的一面。这里面的道理如果用麦克卢汉的理论来解释似乎就很简单了。麦克

---

① 姚君喜：《媒介批评：究竟批评什么——"媒介批评学"的基本理论问题》，《河北大学学报》2013年第4期。

卢汉提出媒介即人的延伸。在他看来媒介的延伸是媒介自身的内在"冲动"，或者说媒介与它的环境（社会、文化、技术等因素）共谋了对"人"的主宰，或者说，使人类疲于奔命似的追求与媒介的"和平相处"。麦克卢汉说："一种媒介有自我转换为另一种媒介的功能。既然一切媒介都是我们肢体和感官的延伸，既然我们在经验中习惯将一种感觉转换为另一种感觉，所以我们在延伸后的感官或技术，将一种形式转换和融合为另一种形态的过程加以重复，就不足为奇了。"①

当前，我们已经进入新媒体时代，手机、互联网、微信、微博以及媒介融合，使我们的生活处于媒介环境中，这既激发了人们的创造力，同时也"麻醉"了人们的中枢神经，使人们多数时间沉浸于信息或知识的海洋中难以自拔。新媒介开拓了一些新的可能、新的天地，同时，它也灾难性地打扰了人与人、人与自然缓慢平静"相待"的时空距离，使远未充分接受媒介素养洗礼的人们卷入媒介世界中而不能自救，如网瘾、人肉搜索、网络谣言、网络诈骗、网络暴力等。正如郝雨先生所言："新媒体的发展弱化了主导阶级权利和意识形态批判的紧要性，但又突出地强化了对这种无中心的、虚拟的个人主义意识和行为批判的紧迫性和必要性。"②

（二）人文精神与媒介批评的共轭

人的全面自由发展依赖于人类超越于物的对人文精神的不懈努力，人文精神意味着人对过去、现在的反思和对未来的期望，它内含合规律性和合目的性的统一，即人和人类的发展应当有其自身的法则，有其应然的秩序，违背了它，人类就会陷于悲惨与不幸的境地；同时，人的活动应该出于人，为了人的目的不断地进行自我调控，使人类自身的言行举止在实然与应然之间保持必要的张力，使人类不至于陷于万劫不复之地。为了达到自由与全面的发展，人类不断地发明与创造着媒介，不断地超越人作为类存在的局限，然而基于人类认识的至上性与非至上性的矛盾，人类又不可能永远自如地操控好媒介为自己服务。即便是服务，又分为施政者还是为人民服务，是为当下还是为未来服务。而要分辨出这些又需要看效果，而一旦效果显现，就会发现我们有所失去，这也是发展的代价。问题的关键是这种代价尽在可控的范围之内，也就是说，媒介运作既不会造成施政者（操控者）的霸权，而导致公民的失语；又不会形成公民的众声喧哗，为了一人的自由以牺牲他人和社会的健康稳定持续发展，换句话说，社会能够以良好的媒介素

---

① 马歇尔·麦克卢汉：《理解媒介——论人的延伸》，何道宽译，北京：商务印书馆，2000 年，第 157 页。

② 郝雨、安鑫：《再论"媒介的延伸"与"媒介功能的延伸"》，《当代传播》2009 年第 2 期。

养理性地使用媒介。柯泽在其著作中将传媒理性分为传媒政治理性、传媒文化理性和传媒经济理性。传媒政治理性保障了人们的言论自由，体现了民意；传媒文化理性表现为传媒能传承人类核心价值、传承民族人文精神；传媒经济理性则表现为意见多元和自由竞争，实现伦理道德与市场的统一。[①]

从应然性而言，媒介应当承载人文精神，传承与发展人类理性，使人类社会健康持续发展；从实然性而言，媒介却又不那么温顺、不那么理性，总是会出轨与越矩，陷人类发展于种种隐忧之中。正因如此，我们需要媒介批评，为媒介发展过程中的种种违背人性的方面提出反思与评价，从而规范媒介，或者引导媒介走上正轨，其实，正是在这个过程中，媒介的发展才获得了永恒的动力。这就是辩证法所讲的矛盾是事物发展的内在动力。

媒介批评，一般是指基于人与媒介、媒介与社会等关系和谐发展的价值考量而对媒介的内容、形式、所有者、管理者、经营者甚至受众进行的多维评价。换句话说，媒介批评显然是要有价值取向和指导思想的，而这个价值取向和指导思想，可以归结为人文精神。因此，媒介批评"具有对媒介的监视功能"。[②]

因此，我们可以说，人类的人文精神本身也不是天生的，是人类在发展中积淀的用以维护人类发展的指导思想；它既是媒介发展、媒介批评的指导原则，又是媒介发展和媒介批评的终极目标。媒介批评总是呵护着人文精神、创新着人文精神。

二、人文精神：媒介批评的出发点

正如上文所言，媒介应当传承和创新人文精神，而现实中媒介却在有意无意地回避，甚至破坏人文精神，造成人文精神缺失现象层出不穷。虽然人文精神缺失的原因是多方面的，但是媒介的"罪过"却是关键的。媒介在当代已成为人们日常生活的重要组成部分，其创造的"媒介真实"与"社会真实"的落差，引发了社会危机。一方面"媒介真实"遮蔽"社会真实"的强度、深度、广度，使人们对媒介的信任度降低；另一方面"媒介真实"夸大的"社会真实"，使一些局部的、个别的社会矛盾被放大成为社会突出问题，造成了社会关系的紧张。而这两种状况，都不利于人文精神的维护和创新。前者没能使人们意识到人文精神的缺失是社会问题产生的内在精神机理。当前社会倡导的"以人为本"，其实正是对这种问题的回应，但是这种学术话语太抽象，大众不易接受，人文精神就不能落到实处。广州"小悦悦"事件反映出来的问题，虽然有过讨论，但却没能引发全民

---

① 柯泽：《理性与传媒发展》，上海：上海三联书店，2009 年，第 2、3 页。
② 郝雨：《媒介批评的整体缺席与系统失语》，《今传媒》2007 年第 2 期。

性的反思以至于产生国民性的重塑，是令人遗憾的。这在一定程度上反映了媒介未能充分体现社会的良心功能，未能设置议程、引导舆论，促进人文精神在当下的发扬。而这正是媒介批评的着眼处，也反映了媒介批评缺乏的严重性后果。进而言之，我们期望当每一重大事件中一旦媒介不在场、失声，或未能正常发挥其传播信息、监测环境、传承文明等功能时，就应该通过媒介批评，督促其履行"社会公器"的职责。然而当前中国的媒介生态中，由于种种原因，媒介批评群体未能生成，媒介的健康发展就难以期待，人文精神与媒介批评的良性互动就难以形成，社会文明、社会和谐就难以实现。我们可以归结为一句话，媒介批评是以维护人文精神为出发点而确认了自身存在的价值合理性。

三、人文精神：媒介批评的根本原则

人文精神的落脚点在"人"。而人文精神关注的"人"又是有"文"的人，即理性自觉和充沛情感融于一身的"人"。之所以还要强调"精神"正是因为"人文"作为人类活动的精神结果是庞杂的，意义与价值也是多层次的，因此，有必要抽取精华，即以人文中蕴藏着的核心价值即"精神"来统领，这样，人文就有了"精神"，有了主心骨。张汝伦先生认为："人文的基本意思显然应该是人类生活的基本关系、条理和秩序，但这种关系、条理和秩序是隐性的，即不是明文规定的制度，而是人类生活的当然之理。就其先天性而言，其不是人为规定，而是人类生活历史的自然产物，它是先天的；就其绝对性而言，它就是天理，违反了它就是伤天害理，就不能算是人。人文首先是人类社会和人类生活的当然之理，但它也是自然与人关系的当然之理。"[①] 张汝伦先生呼吁关注人文的物质基础，即身体需要。不能抛弃人的身体需要而空谈精神。这其实也是反人文的。因此，媒介在现实世界中提倡一种精神时，不能把人都当成不食人间烟火的神仙，要肯定人的正当需求。否则，"文化大革命"中那种大鸣大放的媒介宣传所导致的灾难还有可能重演。媒介的创立和变化都应围绕人文精神来展开，而媒介批评则是对媒介有违人文精神的地方适时适当地做出批评，引导媒介成为呵护人文精神的重大助力。正如郝雨教授所指出的那样，媒介制约和削弱了批判精神和超越维度，一方面异化了他者，另一方面也异化了自身。如果不清理这种异化，那么人文精神是无法得以高扬的。

相对而言，西方的人文精神强调的是个性的张扬与解放，提倡对理性的遵从和对幸福及尊严的追求。而中国的人文传统从《周易》开始就基本定型了。《周易》提出的"文明以止，人文也"强调人应该安分守己。对此，庞朴先生曾归纳为：

---

① 张汝伦：《再论人文精神》，《探索与争鸣》2006 年第 5 期。

"把人看成群体的分子，不是个体，而是角色，得出人是具有群体生存需要，有伦理道德自觉的互动个体的结论，并把仁爱、正义、宽容、和谐、义务、贡献之类纳入这种认识中，认为每个人都是他所属关系的派生物，他的命运同群体息息相关。这就是中国人文主义的人论。"[①] 冯天瑜撰文中肯地评价说："中国强调社会人格的人文传统，缺乏自发走向现代的动力，却有可能在经过现代诠释以后，为克服某些现代病提供启示。"[②] 我们这里强调的人文精神应该是中西合璧的，那就是直接继承中国人文传统中的人最贵、人的生命最重、人最灵等人本思想和重德敬民远神的社会现实担当精神，同时借鉴西方基于民主自由科学（理性）的个体张扬精神。这种人文精神包括以下几个层面：其一，对人性本善的追问，坚定人生底线意识，那就是"我"是人，我应当以"人"的方式来对待自我和他人，做不违背自身良知良能的君子；其二，对理性的本真追思，来追求真理，含摄科学精神的因子，做充满温情的智者；其三，对灵性本美的感悟，来追求超功利的意境，去体会人之为人的尊严和价值。其实，在我看来，人文精神，应当是以爱己爱人始，以爱人忘己终。前者是基本要求，后者为终极目标。媒介批评的终极目标就是通过对不理想的现实的批判而期待理想社会的到来。而在媒介批评过程中当遵循人性、理性、灵性三大原则，来考核媒介是否尊重人的尊严与人性，是否理性审视媒介的立场与意识形态干扰，是否期待对现实的超越，对利益的纠结淡定，而实现自我境界的升华和世界大同的来临。因此，媒介批评应当是以遵循高扬人文精神为根本原则，来确保其工作的合目的性。

四、人文精神：媒介批评理论与实践建构的文化资源

面对媒体缺乏人文精神的严重现状，学者呼吁人文精神应当成为 21 世纪媒介之魂。[③] 人文精神应主动观照媒介批评实践，或者说，用媒介批评实践来建构人文精神。人文精神的高扬才是媒介批评得以施展的文化舆论环境。人们也许容易接受人文精神的缺乏是媒介批评盛行的重要因素，因为此时批评似乎显得很必要、很自然。其实，当人文精神疲软的时候，媒介自身模糊了是非善恶，放弃了自我批评的救赎。因此，我们认为培育人文精神，是媒介批评的社会责任。媒介批评就是为了建构高尚的人文精神。人文精神不仅仅是关心人，而是指一切与人相关的问题，都能体现人作为人的尊严与价值。媒介批评既要批判媒体的假恶丑，也要歌颂媒体的真善美。正是在批判与歌颂的不断推进中，人文精神才得以高扬，

---

① 庞朴：《中国文明的人文精神》（论纲），《光明日报》，1986-01-06。
② 冯天瑜：《略论中西人文精神》，《中国社会科学》1997 年第 1 期。
③ 郝雨：《人文精神：21 世纪媒体之魂》，《新闻记者》2005 年第 11 期。

社会正气才得以弘扬，荣与耻的分野才会深入人心。"求知、求真、求善、求美是媒介批评最主要的标准。"① 其实，智真善美也是媒介批评的终极目标。

这里特别要强调的是，我们在谈人文精神与媒介批评的互动关系时，是不应该忽视科学精神的。其实，人文精神与科学精神也有交集，人文精神中的"真"，对本来面目的遵从，对自然的呼唤，都内含有科学精神的因子。而求真务实精神、批判精神、创新突破精神、自由的精神和规范有序的精神中也闪烁着人性的关辉。哈艳秋等人针对当下媒介批评存在的缺少学术品格与理性精神，假借"批评"之名对国内某些电视娱乐化现象进行商业炒作式的谩骂攻击；溢美之词泛滥、严肃批判不足等现象，呼吁媒介批评实践当坚守科学精神。②

总之，媒介批评需要人文精神的观照与指导，而人文精神也需要媒介批评的培育。媒介批评过程中当遵循人性、理性、灵性的人文精神要旨，以维护和高扬人文精神作为自己的天职。而人文精神既是媒介批评的思想资源，又是媒介批评正常深入开展的精神动力，两者共同竭力去营造健康和谐的媒介批评与求真、趋善、臻美为核心内容的人文精神良性互动的文化生态，为构建社会主义和谐社会和提供文化软实力贡献力量。

（谢清果 陈巧玲）

---

① 雷跃捷：《媒介批评》，北京：北京大学出版社，2007年，第15页。

② 哈艳秋、王启祥：《媒介批评的科学精神研究》，雷跃捷主编：《大众传播与媒介批评》，北京：中国传媒大学出版社，2010年，第56—65页。

以侨为桥，构建有中国特色的公共外交网络

为化解"中国威胁论"的言论、改变被西方媒体"妖魔化"的中国形象，开展有中国特色的公共外交势在必行。四五千万海外华人华侨是我国展开公共外交的优势资源，中国政府当深入剖析华人华侨群体的现状、明确其在公共外交中的角色定位，充分发挥其参与公共外交的天然优势。在此基础上，当着力从"经济网络""信息网络""心灵网络"三个维度探讨以侨为桥，构建具有中国特色的公共外交网络的基本路径，从而有力地增强我国的公共外交空间与能力。

公共外交近年来已日益成为中国和平崛起的必然手段，也是增加中国文化软实力的必然要求。而开展公共外交，华人华侨是我国可以加以利用的独特资源，应当加强华人华侨与公共外交交叉领域的研究。这里的华侨是指在国外定居，拥有中国国籍的中国公民；而华人是指具有中国血统，但没有中国国籍的外国人。

一、消解"中国威胁论"，公共外交势必关注华人华侨

过去 30 多年，中国发生了翻天覆地的变化，国际影响力迅速扩展。尽管"中华民族是热爱和平的民族。中国的发展不会妨碍任何人，也不会威胁任何人，只会有利于世界的和平稳定、共同繁荣"[①]，但在"一国崛起，必将给其他国家带来威胁"的理论框架下，中国的高速发展还是引起了国际社会的种种担忧。"中国威胁论"的谣言此起彼伏，不利于我国开展外交；在西方媒体掌握世界话语权、信息流通高度不对称的背景下，"妖魔化"中国的报道司空见惯，严重误导了他国公众对我国的认知和理解。随着全球化进程的深入，国与国之间有着千丝万缕的联系，任何国家的繁荣与发展都离不开国际社会的认可和理解；随着民主观念的兴盛，公众在国际事务中扮演着越来越重要的角色，任何国家的对外政策都不可能弃民意而不顾。因此，为加强与他国民众的联系和交流，化解国际社会对中国的误解

---

① 单成现：《中国开展公共外交的现实性意义》，《法制与社会》2010 年第 16 期。

和偏见，赢得其对中国文化价值观的认同和好感，塑造良好的国家形象，积极开展公共外交迫在眉睫、势在必行。

公共外交源于 20 世纪 50 年代的冷战时期，通常指一国政府以传媒、情报等多种手段，通过信息和文化交流等项目，影响国外民众对本国的看法和态度。[①] 对于中国而言，开展公共外交有着天然的优势，那就是数量巨大且具有广泛影响的华人华侨群体的存在。

二、海外华人华侨——中国公共外交的优势资源

自 1960 年来，公共外交在美国和其他国家广泛实践。[②] 而在中国则是近两年才引起重视。全国政协十一届二次会议新闻发言人赵启正在 2009 年两会期间接受记者采访时说，"2008 年中国成功举办了奥运会，是公共外交展开的标志"。[③] 与美国等西方发达国家相比，中国的公共外交理念和实践都还处在萌芽阶段，因此中国政府在践行公共外交时，一方面要借鉴发达国家在媒体外交、文化外交中积累的宝贵经验，另一方面必须重视基本国情，充分利用中国的优势资源，打造有中国特色的公共外交品牌。

四五千万华人华侨是中国的基本国情，是中国联系世界的天然桥梁。创造有中国特色的公共外交品牌，离不开海外华人华侨的参与和支持。事实上，历代海外华人华侨一直心系祖国，在中外国际交往中扮演着重要的角色。从积极促进中外建交到献计献策推介上海世博，从竭力澄清西藏事件到身体力行保护奥运圣火，海外华人华侨俨然成为中国公共外交的强大生力军。他们在向世界阐释和推介中国、影响所在国民众对中国的看法和态度方面起到了积极的作用。依托海外华人华侨资源，塑造有中国特色的公共外交品牌，首先必须明确以下几点：

第一，海外华侨的现状与公共外交的针对性。华人华侨数量众多，分布范围广，总体上经济实力强。[④] 特别是近 30 年来，海外华人华侨经济力量的崛起、参政意识的增强，他们对其所在国的经济、文化、政治、科技、外交等各个领域都有着较强的影响力。据统计，到 2007 年全世界华侨华人已达 4000 多万，分布在 140 多个国家和地区，其中东南亚占 80%。[⑤] 几乎全球各地都能寻觅到黄皮肤、黑

---

① 苏淑民：《公共外交与中国国家形象的塑造》，《教学与研究》2008 年第 1 期。

② 尼古拉斯·卡尔：《公共外交：以史为鉴的七条法则》，《国际新闻界》2010 年第 7 期。

③ 贺潇潇：《中国已经进入"公共外交时代"——赵启正谈如何开展公共外交》，《对外传播》2009 年第 12 期。

④ 茅根红：《海外华侨华人世界的新变化及其对中国未来发展的影响》，硕士学位论文，暨南大学，2006 年，摘要。

⑤ 彭伟步：《海外华文传媒概论》，广州：暨南大学出版社，2007 年，第 2 页。

头发的华人踪迹，他们对国际公众的影响力无处不在。按人口特征和与华关系，华人华侨群体大致可以分为三类：老一代华人华侨、新华人华侨、华人华侨新生代。这三类群体在社会影响力、文化价值观、与华关系等方面都表现明显的差异性。因此，我们应该充分认识他们之间的差异性、区别对待他们在公共外交中的地位和作用、有针对性地依托各类群体开展公共外交。老一代华人华侨受中国传统文化影响深刻，具有强烈的乡土情结和爱国情怀，虽异居他国多年，仍把中国当作自己的祖国。他们对中华民族有强烈的认同感和归属感，时刻关心着中国的前途和发展，具有无私奉献的爱国主义精神。因此，他们帮助中国开展公共外交的积极性最高，把维护中国利益和形象当作义不容辞的责任。针对老一代华人华侨，一方面，我们应该充分发挥他们参与公共外交的积极性，为他们践行公共外交提供更加便捷的途径和宽松的环境；另一方面，我们还应扩大这种"积极性"对于整个华人社会的辐射面和影响力，促使他们成为维系民族认同、弘扬爱国情操、倡导报效中华的核心力量。新一代华人华侨是指改革开放以来，随着留学、技术、资金移民定居到国外的中国人，他们文化素质高、经济基础好、社会地位高，日渐被所在国主流社会认可，是华人社会的中坚力量。他们既接受了中华传统文化的熏陶，又受到外国思想文化的教化，相比老一代华人华侨，他们对中国的亲情感和归属感弱化很多，"落地生根"的意识取代了"落叶归根"的意识。针对这一群体，我们应充分借助他们对于所在国民众的影响力，通过情感和利益等动因，引导和鼓励他们积极参与公共外交。华人华侨新生代是指新一代华人华侨的子女，他们从小在国外长大或在国外土生土长，与中国亲友联系少，几乎不会讲中文，生活习惯和思想观念日渐被所在国文化深度同化。针对这一年轻群体，我们的当务之急是努力争取他们对中华文化和民族的认同，使他们成为未来推动中国与世界各国友好交往的后备军。综上所述，正确认识海外华人华侨的群体特征，是充分利用这一特色资源的必要条件。

第二，海外华人华侨的角色定位与公共外交的可行性。其一，海外华人华侨是公共外交的重要对象。随着华侨身份的转变和老一代华侨的逝去，华侨数量越来越少，华人占据了绝大部分比例。从法律上讲，海外华人属于外国公众，是我国开展公共外交的对象，因此培育海外华人华侨尤其是新生代对中华民族的亲切感和认同感应该被提上公共外交的议事议程。其二，海外华人华侨是公共外交的协助者。中国公共身份的特殊性决定了他们在中国公共外交中可以扮演另一个更为重要的角色，即公共外交的协助者。血缘和文化的传承是一个源远流长的过程，无论海外华人华侨在外国生活多少年，黄皮肤、黑头发的种族特征依旧明显，对中华民族传统文化和价值观的认同感依然代代相传，与中国千丝万缕的联系依然存在，桑梓情怀和血脉相连的思想依旧根深蒂固，他们有协助中国政府进行公共外交的强烈动机。从情感上讲，海外华人华侨强烈希望所在国公众能正确全面了解中国，愿意尽自己的最大努力让所在国客观公正地看待中国；从自身生存发展来看，他们愿意利用自身影响力，积极促进中国与所在国建立良好的关系网络，有助于整个中华民族得到所在国主流社会的认可和支持。其三，海外华人华侨是外国公众认知中国的重要窗口，是中国开展公共外交的重要渠道。海外华人华侨遍布世界各国，是生活在外国公众身边、鲜活可感的"中国人"，是国外公众可以直接感知的中国形象。从某种程度上说，他们是一张张"中国名片"，其言行举止和思想品行折射出"中国形象"。例如：海外华人华侨们饱读诗书的气质、温良恭俭让的品质、奋发图强的特质，会增进外国公众对中华民族的好感。相反，若他们表现出投机取巧、不问政事、不讲公德等消极面，会严重损坏中国在外国公众中的形象。依托海外华人华侨践行公共外交时，应充分理解其角色定位，统筹兼顾。

第三，海外华人华侨的优势与公共外交的高效性。公共外交从本质上讲是一种传播交流活动，通过与外国公众进行信息、情感的沟通和交流，从而增进彼此之间的认知和理解。从传播学的角度来看，海外华人华侨在公共外交的参与中具有以下几个重要的优势。首先，传播渠道便捷，双向互动强。海外华人华侨数量多，分布广，生活在世界各个国家，与外国公众直接接触。俗话说"口说不如身逢，耳闻不如目见"，海外华人华侨的文化习俗、生活习惯、思想观念、社区活动会潜移默化地影响所在国民众，这在某种程度上促进了中华文化、价值观在国外的弘扬和传播。其次，传播主体被关注度高。随着新一代华人华侨在经济上的迅速崛起、社会地位的提高、落地生根思想观念的普及，他们对所在国各领域的贡献逐渐得到认可，他们的身份日渐被所在国的主流社会所认可。因此，外国民众和政府对海外华人华侨的民意和舆论日益关注和重视。事实上，许多国家在做出对华外交政策时，会倾听华人社团的意见。再者，传播主体的可信度高。从法律上讲，海外华人华侨中绝大部分是外国公民，与所在国的利益也是休戚与共。他们的声音犹如新闻传播中的旁证，会增加信息的可信度。当西方强势媒体对中国进行大量片面、不客观报道时，海外华人华侨出面澄清有时候比中国政府自己的危机公关更具说服力和影响力。最后，从受众理解角度看，海外华人华侨和所在国公众拥有更大的、共同的意义空间。象征性社会互动理论认为，符号意义的交换有一个前提，就是交换的双方必须要有共同的意义空间。共同意义空间主要包括两层含义：一是对传播中所使用的语言、文字等意义符号共同的理解；二是大体一致或接近的生活经验和相应的社会文化背景。无论是语言上的无障碍沟通，还是文化上的相互渗透和涵化，海外华人华侨在传递中国方面的信息时，更容易被所在国公众正确理解。

三、以侨为桥，架构中外友好的"公共外交网络"

进入 21 世纪，经济全球化、政治多极化、文化多元化、信息网络化，世界各国已经处于各种相互交织的网络中，互相影响、相互依存。"公共外交网络"一般是指公共外交得以开展的各个着力点形成的有机网络，包括各网络（例如经济网络、信息网络、心灵网络等）内部以及各网络之间借以发挥整体效益的机制、方法、手段与渠道的统一体。说到底，"公共外交网络"是一个国家争取国际公众的认可、走向世界的必要条件。鉴于海外华人华侨在公共外交参与中的角色和优势，我们应该主动出击，以侨为桥，架构中外友好的"公共外交网络"。

（一）依托华人华侨商社，构建三方共赢的"中外经济网络"

"经济网络"是"公共外交网络"的骨架。从公共外交的实践角度看，市场是前提，通过市场驱动的力量，把外国民众的利益和本国民众的利益结合在一起，形成一个密切联动的整体，只有在这个前提下，才能确立利益支点，保证公共外交获得规模效益。[1]虽然公共外交的核心功能是信息交流和情感沟通，在方式上强调润物细无声的文化价值观输出，但"天下熙熙，皆为利来，人群攘攘，皆为利往"，物质交往决定精神交往的广度和深度。因此依托华人华侨，加强中外经贸合作，是吸引外国公众高度关注中国变化和发展的重要途径。

改革开放以来，中国政府在经济发展中非常重视海外华人华侨的力量，在引进侨资、发展侨乡方面颇有建树。但长期以来，中国与侨商侨资的经贸合作，在策略上只局限于侨商侨资对拉动中国经济发展的贡献，在宣传上把来华投资颂扬为爱国主义表现，没有站在公共外交的高度来建构中外共同发展的"经济网络"。因此，中侨合作引起国际社会许多误解和打击，主要表现在以下几个方面：外国公众认为侨资输出是资源资金的外流，损害其国家人民的经济利益；华人华侨在与中国经贸合作中，只注重自身经济效益的实现，没有带动和促进当地经济的发展，引起外国贫困民众的嫉恨和打压；"中国威胁论"者亨廷顿等认为中国正在利用海外华人资本扩大在东南亚影响，并恢复在 19 世纪以前的区域霸主地位。[2]

只有站在公共外交的高度，才能消除国际社会对中侨合作的误会，才能进一步扩展中外经济合作的广度和深度，从而建立起既具有经济效益，又具有外交效

---

[1] 赵可金：《公共外交的理论与实践》，上海：上海辞书出版社，2007 年，第 148 页。
[2] 洪嘉泽：《对海外华人华侨经济与中国关系的重新思考》，《边疆经济与文化》2009 年第 8 期。

益的"中外经济网络"。公共外交关系中的中外经济网络的构建应该遵循如下原则：首先，在战略上，应实行"引进来"和"走出去"并重。"引进来"包括海外华人华侨及其所在国的对华投资和商品出口；"走出去"是指中国商品出口和对外投资。这是一种开放、平等合作的经济关系，既符合经济发展的规律，又有利于得到国家社会认可。这一公共外交战略符合中国发展战略的要求，"十二五"规划建议中提及，"对外开放由出口和吸收外资为主，转向进口和出口、吸收外资和对外投资并重"，因此具有可实施性。① 其次，在实践操作中，应积极联谊海外华人华侨商社。互通市场需求、寻求合作商机，是搭建中外经济网络的基础。而海外华人华侨商社在把握中外市场需求、发现合作商机方面有着得天独厚的优势，是联通"中外经济网络"的催化剂。一方面，海外华人华侨商社组织凝聚侨商力量，扩大了侨商在所在国经贸行业中的影响力，掌握了所在国各行各业的经济发展状况和市场需求动态；另一方面，近些年来，由于中国经济的迅速发展和中国政府对引进侨资的热情，海外华人华侨商社与中国政府的联系非常紧密，紧跟中国经济政策调整发展规划，从而把握发展商机、积极回应市场需求，促进中外经贸往来。例如中国侨商联合会副会长、佳运国际集团董事长谢湘蓉表示，顺应"十二五"发展规划，旗下企业正在做新的规划，欲调整经营结构，将新兴能源作为集团最主要的产业。② 因此，充分发挥海外华人华侨商社在沟通中外市场讯息的便利性，广泛利用海外侨商在国外铺设的商业网络，是实现中外经济长期合作的重要途径。最后，在对外传播上，应把握"凝聚三方力量，共谋经济发展"的宗旨。公共外交意义上的"中外经济网络"的构建，不仅仅是发展中国经济和海外侨商的需要，也绝非强化华人华侨对中华民族认同的需要，而是把外国民众的利益、华人华侨的利益和本国民众的利益结合在一起的需要。在对外传播中，应充分体现中国是一个促进世界经济和谐发展、为世界公民谋幸福的国家。宣扬只有共谋发展的经济网络，才能实现长久的合作的理念，从而使"和谐中国""和谐社会""和谐世界"外交理念在经济领域中得到真正认可。

（二）借力华文传媒，发出中国的声音，构建信息畅通的"信息网络"

"中国威胁论"谣言及"妖魔化的中国形象"的传播，其主要原因是西方媒体掌握话语权，中国缺乏自己的声音。西方政治家制造了意识形态鸿沟，并通过他们强大的媒体宣传，致使外国普通人士也对中国有众多误解，如认为中国特色社

---

① 中国新闻社：《转向新兴产业　侨商紧跟中国政策调整发展规划》[EB/OL]，(2010-11-24)[2010-11-27]http://chinese.people.com.cn/GB/13299222.html。

② 赵启正：《加强公共外交、促进国际交往》，《文汇报》，2007-06-18。

会主义"缺乏民主"；中国正常的国防建设是"为了取得军事霸权"；中国经济的发展"会增加外国的失业率"，中国对非洲的政策被诬为"新殖民主义"等。[①]

媒体总是一定利益集团的耳目喉舌，因此媒介内容的选择总是服务于相关利益集团的政治立场、意识形态、经济利益的。因此，我们不可能期待西方媒体成为反映中国现实情况的一面镜子，自觉为中国的不实报道拨乱反正。另外，出于信息安全的考虑，中国也不太可能在世界各国设立自己的媒体，中国对外报刊和节目的传播也受到很多政策上的限制。在这样的传播环境下，依托华文媒体发出中国的声音有着非常重要的公共外交意义。首先，华文传媒发展迅速，可以成为传播中国声音的重要渠道。"自己的声音有时候不是最有公信力的声音"，借助外国本土媒体，能达到更好的传播效果。[②]华文媒体一般是指在外国创办的中文媒体，主要受众是海外华人华侨。20 世纪 80 年代以来，为加强与中国的联系，在世界新的保护各民族权力、维护人权的新形势下，世界各国政府逐渐改变了压制华文传媒的政策，放松了对华文传媒的管理，甚至鼓励华闻传媒的创办，于是华文传媒得到了迅速发展。[③]其次，利用华文传媒，与海外华人华侨积极沟通。华文传媒是华人华侨了解中国讯息的重要途径，是维系民族认同的重要方式。海外华人华侨也是中国重要的公共外交对象之一。通过国内主流媒体与华文传媒的合作，积极向华人社会提供关于中国准确、及时、全面的信息，能有效对抗西方强势媒体对中国的歪曲报道，正确引导华人社会的舆论和对中国的认同感。这也为他们的对外传播提供真实有力的信息来源，间接影响其所在国的其他公众。再者，积极拓展华文传媒影响力，扩展华文传媒对外国公众的影响力。通过华文传媒向外国公众传递中国声音的方式可以多种多样。根据使用与满足理论，受众都是基于一定需求使用媒介。因此以受众需求为导向提供外国公众所需要的媒介内容，才能真正吸引受众注意力，从而达到公共外交的目的。例如政府部门官员会关注中国的对外政策和政府体制；想到中国留学的人会关心中国的教育；想学中文的人可能会把华文传媒当作中文阅读材料；想与中国进行商贸往来的人会关心中国的市场需求和对外经济政策……公共外交，应该把握受众需求，多层次、多方面地宣传中国，而不仅仅从政治新闻的方面单向度宣传。另外，也可以将华文报刊和电视节目用所在国语言进行传播，为想了解中国但又受制于语言障碍的外国人提供一个平台。最后，通过华文传媒，监测所在国的信息和舆论动态。公共外交不仅仅要传播自己的信息，同时应该善于倾听对方的故事，了解外国公众对中国的认知

---

① 赵启正：《加强公共外交、促进国际交往》，《文汇报》，2007-06-18。
② 尼古拉斯·卡尔，《公共外交：以史为鉴的七条法则》，《国际新闻界》2010 年第 7 期。
③ 彭伟步：《海外华文传媒概论》，广州：暨南大学出版社，2007 年，第 5 页。

态度以及这些认知态度形成的原因，从而有针对性地提供相对应的信息。只有保障信息的双向交流沟通，重视舆论监测和信息反馈，才能真正建立畅通的"信息网络"。

（三）以侨为媒，构建情感的"心灵网络"

公共外交被认为是一项"国际民心工程"，而感人心者唯乎情。古往今来，海外华人华侨在促进中外友好方面扮演着重要角色，在构建中外"心灵网络"中举足轻重。情感的交流方式也是多种多样，包括联谊活动、文化交流、通力合作等等。以侨为媒，可以从以下途径构建中外情感沟通的"心灵网络"。

依靠华人社团，开展丰富多彩的联谊活动。华人社团既是凝聚侨胞的核心纽带，又是与所在国主流社会平等对话的平台。华人社团将分散的华人华侨凝聚起来，其成立的宗旨包括：促进华人团结与合作，关心侨胞事业发展，推动华人参与社会事务，弘扬和保持优良的中华文化和传统，争取主流社会对华人文化和事务的认同。为增进所在国人民与中国人民的友谊，增强华人社会的精神凝聚力，华人社团每年都会开展丰富多彩的联谊活动。如邀请中国各种机构赴海外访问与演出，这样的访问与演出，不仅会受到海外华人华侨的热情参与，也会吸引许多异族人士参与这类活动；资助海外各种机构或个人来华访问，帮助海外人士学习近距离了解中国，学习中国的文化；节假日举办各种文化社区活动，特别是在中国盛大的传统节日时，华人社团通常会邀请中国文艺团体来表演原汁原味的中国文化，同时邀请当地政要社会贤达参加活动；推动所在国城市与中国城市结成友好城市，促进两地城市的人民进行文化、情感、经济等各方面的沟通交流活动……在这些促进中外友谊的联谊活动方面，海外侨胞在举办类似联谊活动中表现出了极大的热情，促进了所在国人民与中国人民的人际互动，增强了所在国人们对中华历史文化习俗民族的了解。而中国政府在开展公共外交时，应该充分认识联谊活动中面对面的人际交往对情感沟通的重要性，积极参与和促进这类活动的开展，彰显中国政要名人在这类活动中的影响力和人格魅力。

借助文教机构和华文传媒，弘扬中华文化，也是构建"心灵网络"的重要途径。文化熏陶是情感共鸣的催化剂，历史悠久的中国文化具有无可置疑的心灵感召力。华人华侨办设的文化教育机构包括华文学校、中文培训班、各种学习中华才艺的教育机构等，这些机构组织在传播中文知识、弘扬中华文化方面至关重要。特别是随着中国经济腾飞，许多国家都掀起了中国热，这给弘扬中华文化的文教机构带来了发展的前景。但这些教育机构普遍面临师资、教材和资金的缺乏，中国政府可以在教师培训、教材编写、资金赞助方面提供一些帮助，派遣志愿者和考察团与文化机构交流合作，鼓励新一代华人华侨及其他国外公众学习中国文化，从而扩大中华文化对外国公众心灵的感染力。

借助华文传媒，加强宣传力度。华人社团、文教机构和华文传媒是凝聚海外侨胞、影响国外公众的三大法宝，三者在功能上相互交叉、相互支持。华文传媒通常与一定的华人社团紧密联系，接受华人社团物资上的支持，是华人社会的耳目喉舌，也是海外民众舆论的风向标。情感的沟通离不开媒介的强大传播力。无论是华人社团举办各种联谊活动，还是中国对文教机构的资助，都可以积极借力华文传媒扩大传播力度。与此同时，中国政府要特别重视华文传媒的民意监测和舆论引导功能，防止因信息沟通不到位导致海外侨胞与中国政府为促进中外情感交流的良好初衷被曲解。[1]

总之，中国公共外交实践离不开华人华侨这一独特的资源，为充分利用这一资源，中国政府当着力从"经济网络""信息网络""心灵网络"三个层面研究如何以侨为桥，构建具有中国特色的公共外交网络。这也是中国和平崛起和彰显文化软实力的重要方面，宜深思践行。

（谢清果 曹艳辉）

---

① 张应龙：《华侨华人与新中国》，广州：暨南大学出版社，2009年，第320—348,340—364页。

中国文化话语权的提升路径探析

文化话语权是衡量文化影响力的重要指标。面对我国文化话语权目前所面临的挑战，本文试图从话语内容、言说主体及传播渠道三个层面探讨中国文化话语权的提升之道。在话语内容层面，只有充分挖掘自身文化资源，从传统文化和现代文化两方面双管齐下，才能建构起具有本土特色的文化话语体系，摆脱在西方强势文化话语下的他者地位。在话语的言说主体层面，政府、民间机构及普通民众在对外文化传播中应实现联动，各自发挥其独特的文化话语生产机制，积极干预西方话语对中国文化的言说。在传播渠道层面，需要发展外向型传播媒介，并整合媒介资源以打造多元化的传播矩阵。

前言：中国文化话语权所面临的挑战

近年来提升中国在国际上的文化话语权问题已成为学术关注的热点话题。中国文化如何更好地走出来，改变文化贸易严重逆差的局面；中国有着五千年文明积淀的丰富的文化资源，如何盘活成为文化资本，推动"中国智造"战略加快实施；如何为中国和平崛起赢得世界人民的认同，向世界传播"中国好声音"提供文化理念支撑，已现实地摆在学人面前。而目前文化话语权提升主要遇到两个障碍：

（一）文化认同遏制话语权提升

作为外来文化，若无法被受众自发地认可和接纳，那么其影响力及话语权的获得自然无从谈起。"文化认同是指对人们之间或个人同群体之间的共同文化的确认。"[①]在跨文化传播中，文化认同的实现并非易事。正如赵汀阳所言："思想的技术层面（逻辑和方法论）是普遍可理解的，我们可以把任何一种文化（或生活形

---

① 崔新建：《文化认同及其根源》，《北京师范大学学报》（社会科学版）2004 年第 4 期。

式）学得很地道，但所学会的却不一定是我们都能够同意的。在不同的文化或知识体系之间不存在所谓的理解难题（如果不计学习成本），而只存在接受的难题。"①

因此，要增强我国的文化话语权，必须首先提高国外受众对于中国文化的认同度，应在对外文化传播中深入分析受众心理及其文化背景，而不是盲目追求传播地域及受众覆盖面的对外扩张。

（二）缺乏独立的本土文化话语体系

自鸦片战争开始，随着中国封建文化的没落和西学东渐，救亡图存的国人开始以西方文明为标杆，对中国文化进行批判及改造。在这一过程中，西方文化固然发挥了启蒙作用，但也不得不承认，与此同时中国也日渐主动接受了西方强势文化话语权的审判。"西方关于中国的故事，从当代一直往前回溯很长时间，实际上都是一个关于匮乏和缺失的故事，讲述的都是中国没有什么，缺乏什么。而问题的复杂和有趣之处，在于中国现代文化和思想的主流，事实上是诚心诚意接受了这样一个关于匮乏和缺失的故事，认可了欧洲关于中国的强势话语。"② 于是，中国文化或主动或被迫地被建构成与西方文明相对立的落后形象，成为衬托西方文化优越性的工具。

因此，要实现中国文化话语权的"逆袭"，必须重新审视中国的文化资源，从中提炼出能够言说自身的本土概念和理论范畴，形成独树一帜的中国文化话语体系。从根本上扭转文化话语权的寄生地位，使文化话语抗衡成为可能。

在分析了面临的不足后，该如何在实践中提高中国文化的国际话语权？从传播学的角度来看，话语主体输出的信息经过权力的网络对话语客体产生影响，在取得效果之后便生产出了话语权。③ 因此，我们可以将话语权的生产链分解为以下关键要素：话语主体、话语内容、话语传播渠道及背后的权力网络。具体在文化传播实践中，可从话语内容、话语主体及传播渠道三个路径进行以下尝试。

一、话语权提升路径之话语内容层面

话语内容是话语权的核心要素。话语的民族特色、话语的可信度、话语的通俗性等都是提升话语权的着力点，且最核心的是形成一套可通约的本民族的话语体系。

---

① 赵汀阳：《认同与文化自身认同》，《哲学研究》2003 年第 7 期。
② Helmut F.Stern、唐小兵：《重新寻找资源讲述中国故事》，《社会科学报》，2011-08-25（6）。
③ 吴瑛：《信息传播视角下的话语权生产机制研究》，《四川大学学报》（哲学社会科学版）2011年第 3 期。

（一）重新审视传统文化资源，提炼中国特色文化话语

近代以来，中国文化话语亦深受西方文化话语的影响，这在促进文化对话的同时，也消解了自身文化话语的独立性。中西文化话语均植根于各自的文化实践中，因此西方文化话语体系必然无法完全恰当地言说中国文化。"当我们用'现实主义''浪漫主义'或'结构''张力'等概念去分析中国古代文学作品时，总给人一种生拉活扯、生硬切割的感觉。当人们用这些外来的概念将《诗经》《楚辞》、李白、杜甫切割完毕的时候，这些作品中的中国艺术精神也就丧失殆尽了。"[1]因此，中国文化话语权的提升，必须立足本土文化，为其赋予更为鲜明和独特的属性。悠久独特的中国传统文化为此提供了丰富资源。

费孝通便强调要对中国传统文化的特色进行研究和归纳，并指出其特征包括传承性、包容性、讲人己关系和天人合一。[2]"中国具有数千年光辉的文学艺术史和文学理论史，已经形成了一整套文化理论基本范畴和核心概念，例如'言''象''意''道''韵''神'和'中庸'等。"[3]

在具体的言说方式上，中国传统文化也有自身的鲜明特色。如道家和儒家对语言的局限性都有深刻认识，从而强调静悟和冥思，以摆脱语言的束缚。老子提出"道可道，非常道""知者不言，言者不知"，孔子也提醒众人要慎言，"君子欲讷于言而敏于行。另外，"虚实相生"也是中国传统文化话语的鲜明特征。这种话语言说方式的影响在中国传统文化中随处可见。例如，"留白"便是中国传统艺术中富有代表性的一种创作手法，被广泛运用在国画、书法及音乐创作中，产生"此处无物胜有物"的审美效果。

此外，中国传统文化中的诸多名词和术语都难以在西方文化话语中找到等义的对应物。若生硬地使用西方的文化话语来对其进行阐释，便会发生曲解。因此，目前迫切需要进一步从中国传统文化中提炼话语体系，并将其融入全球性的现代语境中，为国外的中国文化言说实践提供正确、统一的意义范本，减少跨文化传播中的意义损耗和失真。

（二）建立中国现代文化的话语体系

在官方的推动下，中国现代文化话语体系的建构已在进行中。"中国特色社会主义文化"是当下中国政府提出的文化建设目标。胡锦涛在十七大报告中提出要建设社会主义核心价值体系，建设和谐文化。"社会主义和谐文化"所代表的便是

---

[1] 曹顺庆、李思屈：《重建中国文论话语的基本路径及其方法》，《文艺研究》1996年第2期。
[2] 王延中：《费孝通文化论初探》，《社会学研究》2003年第2期。
[3] 曹顺庆、李思屈：《重建中国文论话语的基本路径及其方法》，《文艺研究》1996年第2期。

一种以人为本、以社会主义核心价值观为中心、多元但有序的现代文化话语系统。

可见，政府对于中国现代文化的话语阐述已初成体系，但若想将其转化为国际文化话语权，面对的挑战便是如何进行对外传播并取得文化认同。以"和谐文化"这一现代文化话语为例，首先，英文中"harmonious"一词并无法与中国文化话语中的"和谐"意义等同。根据上文中所提及的来自中国学者的阐释，"和谐"一词在中国语境下被赋予了更多政治性内涵，这也导致它的意义难以充分被外媒正确言说。

例如，《韩国时报》将"和谐社会"这一理念与中国古代文化中的"天下"一词相联系，认为这体现了中国统一全球的野心，进一步论证了"中国威胁论"。原文如下：

But a harmonious society also has implications beyond China's borders. This is the ancient Chinese concept of Tianxia, or "all under heaven." The emperor, who was the son of heaven, was by right the lawful ruler of all under heaven. Today, there is an attempt to revive this idea of Tianxia, with China of course in the center.[1]

可见，中国官方建构的诸如社会主义先进文化、和谐文化等中国现代文化话语，由于其内涵丰富且过于宏观和抽象，难以被其他的话语体系准确表述；同时意识形态、文化背景等也阻碍着文化认同的实现，难以产出文化话语权。因此如学者吴建民所言："我们对社会主义核心价值观等概念的解读有一点复杂化。其实国际传播在很多时候需要一种简单的传播思路，简单容易被人记忆、容易引起注意。"[2]

二、提升话语权路径之话语传播渠道层面

提升话语权关键点之一是让我们的话语能听见，能听进。那么渠道、媒介就显得尤为重要。因此，一方面要大力推动官方文化传媒走出去，另一方面要发动民营传媒和各类自媒体对外文化传播，共同形成合力。

（一）发展"外向型"媒体，推动文化传媒走出去

在世界品牌实验室（World Brand Lab）编制的 2014 年度（第十一届）《世界品牌 500 强》排行榜中，中国只有 3 家传媒品牌入选，分别为中央电视台（排名

---

① Frank Ching. *Confucian concept of harmonious society*，http://www.koreatimes.co.kr/www/news/opinon/2014/11/171_94973.html.2011-09-18/2015-03-23.

② 吴建民、胡正荣、赵月枝、谭峰：《国家形象与讲好故事》，《人民论坛》2015 年第 1 期。

57)、《人民日报》（排名 369）和新华社（排名 371）。① 可见，中国媒体的国际影响力仍十分有限，这也限制着中国文化国际话语权的提升。

目前中国大部分媒体仍属于"内向型"媒体。其对外国际影响力仍然有待提升。而要发展外向型媒体，我们首先应提高中国媒体的境外落地率。除了直接在国外开办分社或办事处，还可在国外主流社交媒体（如 Facebook、Twitter 等）上开设官方账号，以低成本来迅速提高受众接触率。另外，还可顺应移动互联网的发展趋势，开发移动端 APP 产品。目前，《人民日报》已开发了适用于安卓系统及苹果系统的 APP，国外受众可以登录 App Store 下载客户端，便捷地获取报道内容，也可在微博、微信上关注其官方账号，即时接受信息推送。

其次，对于中国专门的文化类媒体而言，其定位决定了它应该承担起更多的文化传播责任。目前来看，中国的主流文化类媒体的对外传播力度仍亟待增强。以《中国文化报》为例，作为中国文化部主管的权威性文化艺术类报纸，它在 2010 年推出《中国文化手机报》，并开设有微信公众账号及中国文化传媒网。而中国文化传媒网作为目前中国最大、最权威的文化门户类网站，却只有中文版，尚无更适合国外受众浏览的多语种版本。在微博及 Facebook、Twitter 等富有影响力的社交媒体平台上，《中国文化报》目前也未开通任何账号，这极大限制了它对国外受众的覆盖。

因此，《中国文化报》不妨借鉴《人民日报》的做法，尝试开发移动客户端，为国内外用户提供即时的碎片化阅读，增强互动性等，形成"报纸 + 手机 + 网络新媒体 +App 客户端"的传播模式，进一步提高其国际化程度。

（二）增强媒体国际公信力，打造多元传播矩阵

学者将媒体公信力定义为"公众对大众媒介的社会期待与媒介实际表现之间契合程度在公众心理上的反映"。② 可见，媒体的公信力是一个受制于受众的变量，能直接对传播效果产生关键性的影响，对文化话语权的建构也因此具有重要意义。

媒体的公信力一方面来自其报道内容，另一方面也源自其媒体身份。对于国外受众而言，由于中国政府在传媒体制中处于主导地位，主流媒体的官方色彩也表现浓厚，"在中国的政治治理体系中，政府永远是被人相信的；而在西方社会里，政府往往是被人质疑和批判的对象"③。在中国现有传媒制度下，国有的官方媒体往

---

① 世界品牌实验室：《2014 年世界品牌 500 强排行榜》，http://www.worldbrandlab.com/world/2014/. 2014-12-15/2015-03-23.

② 靳一：《中国大众媒介公信力影响因素分析》，《国际新闻界》2006 年第 9 期。

③ 何明星：《〈人民日报〉在海外的传播与影响》，《传媒》2013 年第 5 期。

往在对外文化传播中担当"挑大梁"的角色，其官方喉舌的身份也使它更易遭到国外媒体及受众的非议。因此，应充分把握互联网媒体的迅猛发展，打造多元化的传播渠道矩阵。

首先，应大力扶持民营媒体的发展。在对外的文化传播中，民营媒体的数量和地位均有待提升。以电视媒体为例，民营性质的蓝海电视台是目前唯一一家全面进入西方主流社会、仅面向西方受众传播中国内容的全英文电视媒体，设有《中国手工》《学汉语小技巧》等专门的文化类节目。其创办人诸葛虹云表示，蓝海一直以海外电视台的方式行事，以避免被受众误解为中国政府的喉舌。

此外，2006年中国商人王伟胜收购了一家迪拜电视台，成立了阿拉伯·亚洲商务卫视，同年，河北四达时代集团在非洲开通7个自办频道，至2014年已覆盖18个非洲国家。而曾在2009年收购英国普罗派乐卫视的商人叶茂西指出，目前中国政府对进军海外的官方媒体和民营媒体的支持力度还存在巨大差别。"他们（国有媒体）赚了钱给国家，我们赚了钱也只是临时给我们保管一下而已。"[1]

可见，在中国文化的国际传播中，民营媒体的力量还很薄弱。其体制外的属性能使它在内容及经营上拥有更多自主权，从而更为灵活地面向世界传播中国文化，也更易得到国外受众的信任。因此，政府在政策及资金层面应适当给予扶持，鼓励更多民营媒体走出去，充分发挥其在中国文化话语权建构中的独特作用。

其次，应充分重视自媒体的对外文化传播价值。据2015年2月中国互联网络信息中心发布的《2014年第35次中国互联网络发展状况统计报告》，截至2014年12月，中国网民规模已达6.49亿，博客用户规模为1.09亿，微博用户规模为2.49亿。[2]可见，中国自媒体的发展潜力十分巨大。同时，由于其运营多掌握在普通个体手中，在内容上往往带有鲜明的个人风格，在信息的交互性、及时性上也具有较大优势，尤其是在文化大事件的传播中，自媒体往往能够爆发出惊人的话语力量。因此，可鼓励自媒体增强文化传播意识，充分发挥其网络影响力，为国外受众了解中国文化提供更为个性化的渠道和视角。

三、提升话语权路径之话语主体层面

根据霍夫兰的研究成果，信源的可信度、权威性等都是影响信息传播效果的重要因素。因此，话语主体的身份及形象同样影响着话语权的生成。政府、公民

---

[1] 师小涵:《民营电视台的海外生存》，南方周末网，http://www.infzm.com/content/94935.2013-10-14. 2013-10-14/2015-04-03.

[2] 中国互联网络信息中心:《第35次中国互联网络发展状况统计报告》，http://www.cnnic.cn/hlwfzyj/hlwxzbg/index.htm.2015-02-03/2015-04-03.

和民间组织共同构成了中国文化话语的主要言说者，三者在文化话语权建构中各自发挥着不可替代的作用。力争发挥各自优势，相互补充，提供丰富多彩的话语言说方式。

（一）政府层面

我国政府在国际文化话语建构中占主导地位。它通过制定一系列政策法规等定义中国文化的核心价值观，主导文化建设的方向，并通过多种官方渠道向世界规模化地输出中国文化话语。

就当下而言，政府应尤其注重完善新闻发布制度，提高对文化危机事件的反应速度及应对能力。以孔子学院在国外遭遇的文化信任危机为例，作为推广中国文化的重要机构，其官方背景使它在美国被认为"是中国共产党的宣传分支，成立目的是传播中国共产党的意识形态，因而违背了学术自由"[1]。

2012年5月，美国国务院发布公告，将对孔子学院的学术资质进行审查，部分教师被强制离境。此后各方舆论不断发酵，虽然中方声音并未沉寂，如环球网发布评论员文章《美国大学封杀"孔子学院"是缺乏自信》等，但中国文化部及外交部始终未做出官方回应。2014年9月，美国芝加哥大学、宾夕法尼亚州立大学在一周内相继宣布与中国孔子学院停止合作。2014年12月5日外交部首次对美国关闭孔子学院做出回应，坚决否认孔子学院干涉学术自由。但由于已间隔超过三个月，错过了争夺话语权以化解危机的最佳时机，话语斗争中政府的缺席导致孔子学院的国际形象持续被抹黑。瑞典2015年6月30日，也将关闭欧洲第一家孔子学院。在此影响下，文化部宣布自2014年第三季度起月建立季度例行新闻发布制度，定期向媒体通报重要文化政策，回应文化热点话题。

（二）公民层面

人的言行便是对文化最真实的诠释。作为本国文化最为生动、最具说服力的载体，普通公民在国家文化话语权建构中的作用不容忽视。公民必须自觉提高文化素养，尤其是对于境外人员，更应使其认识到自身行为举止对国家文化形象可能造成的不良影响。

另外，随着互联网和移动通信的发展，公民可主动通过多种渠道积极发声，大力对外传播中国文化，利用民间外交营造更加软性的文化传播环境。目前在微博走红的"橘子哥"便不失为一个良好示范。2015年春节期间，因一部丢失的苹

---

① 王德华：《美国大学封杀"孔子学院"是缺乏自信》，环球网，http://opinion.huanqiu.com/opinion_world/2014-10/5158339.html. 2014-10-06/2015-03-23.

果手机，美国人马特与中国梅州市的"橘子哥"结缘。在中国网友和媒体的帮助下，二人通过微博取得了联系并展开互动。这样的情节也吸引了国外主流媒体的关注。美国当地东部时间2月20日，哥伦比亚广播电视台对"橘子哥"的故事进行了报道，并采访了当事人马特。3月17日，在"橘子哥"的邀请下，马特来到被称为"华侨之乡"和"足球之乡"的中国梅州，参观了"世界球王"李惠堂故居，并体验了"石匠之乡"五华的石雕工艺。马特表示第一次来中国就感受到了中国文化的博大精深，满足了他对中国文化的向往："我将全程记录这次可贵的旅程，回国后一定与家人和朋友分享中国人的热情。"[1]

可见，"橘子哥"自发性的对外文化传播活动取得了良好效果，外媒的主动介入也向我们揭示了"小人物"故事所蕴含的国际传播价值。个人在国家文化形象及文化话语权建构中的作用由此可见一斑。

（三）民间机构组织层面

民间机构组织在对外文化传播活动中亦具有自身独特的优势：它既不必受制于国外媒体和公众对中国政府的刻板印象，又比普通的单个话语主体拥有更强大的传播力与影响力，可有效增强中外民间文化传播的深度与广度。

在非营利性的民间机构组织中，应尤其注重发挥专门的民间文化组织的作用。我国的民间文化组织大致可分为两类：一类是文化研究协会，如民俗研究协会、历史研究协会、旅游研究协会等；一类是行业协会，如餐饮协会、戏曲协会、工艺协会等。[2] 它们植根于民间，涉及广泛的文化领域，能够更为灵敏地捕捉最新的文化需求，在政府尚未采取行动之前，便可自发地组织各类文化活动，成为对外文化交流的先行者。

另外，在营利性的民间机构组织中，涉外企业是影响国外受众对中国文化认知的重要主体。我国的涉外企业在经济发展的推动下不断发展壮大。据《中国新闻周刊》报道，截至2013年底，中国仅在非投资的中国企业便超过2500家，涉及采矿、建筑、金融、制造、电信、农业等诸多领域。[3] 与此同时，资源掠夺论、新殖民主义论等都使中国企业面临文化及道义上的困境，不仅损害自身的长远发展，也造成了当地社会对中国文化的消极评价。

---

[1] 杨草原、蔡欣欣：《"橘子哥"亲烹客家美食招待美国客人》，中新网，http://www.chinanews.com/sh/2015/03-18/7140383.shtml. 2015-03-18/2015-03-23.
[2] 谭宏：《民间组织在非物质文化遗产保护中的作用》，《民族艺术研究》2009年第5期。
[3] 陈君：《走进非洲的中国企业》，中国新闻周刊网，http://politics.inewsweek.cn/20140521/detail-81533.html.2014-05-21/2015-04-03.

据《中国企业海外形象调查报告（2014 亚太版）》显示，海外受访者对中国企业整体印象评分为 2.93 分，在被调查的五大经济体（德国、日本、法国、美国、中国）中得分最低。受访者还认为中国企业对当地文化、历史、消费者等的了解不够（33%），主动融入当地社会文化的力度不够（33%），吸纳当地员工就业的力度不够（31%），参与社区公益活动的力度不够（30%），企业宣传活动少、知名度低（28%）。[①]

因此，涉外企业必须尽快完善自身的对外传播体制，重视文化建设，树立起建设性而非掠夺性的企业形象，积极承担保护环境和资源等社会责任，保障当地工人的合法权益，主动融入当地文化之中，健全危机公关机制。不能为了经济利益而牺牲企业乃至国家的文化形象。

与中国日益显著的世界经济地位相比，中国文化话语权在国际上仍处于弱势地位。在全球化背景下，这种与经济实力差异相伴而生的文化话语权失衡，使我们的文化常常在国际文化场域中被迫失语，或面临被强势文化吞噬的困境。

我国文化话语权的崛起任重而道远，本文主要从传播学的角度来探索其提升之道，实际上，文化话语权的提升是一个更为复杂的过程，需要学者们从传播学、政治学、心理学等不同领域进行探索，以多学科的理论成果为指导，在实践中不断摸索和改进。

（谢清果　王小贝）

---

① 中国外文局对外传播研究中心课题组：《2014 中国企业海外形象调查报告》，《对外传播》2014 年第 10 期。

道教的当代传播问题及其对策研究

——与基督教比较的视角

道教是中华优秀文化的载体，但因历史与现实原因，传播力极为有限，远没有发挥出其应有影响。本文运用拉斯韦尔的传播模式，并在与基督教强大世界传播的现实进行比较，探讨道教突破困境，创新传播路径。

道教作为中国唯一的本土宗教，近年来与其他外来宗教，尤其是基督教，在国内的迅速传播相比，其传播力略显不足。他山之石可以攻玉。道教（含道家）是中华传统文化的主要载体之一，她的生存与传播是维系民族认同、文化认同、国家认同的重要纽带，也是增强中华文化软实力的基本路径之一，甚至需要提升到文化安全的角度来看待这一现象。因为要提升中国文化的话语权，关键还在国人的思想力和文化认同感、自豪感。试想如果国人都在批判唱衰作为中华文化支柱的儒道文化，那又如何令世界欣赏中华文化呢！因此，笔者借在美国访学之机，亲自考察了基督教传播的一些情况，进而反思道教传播问题，希望能够为加强道教传播提供一些思路。

拉斯韦尔的传播五要素，历为被视为经典的考察传播过程的基本模式，即传播者通过媒介向受众传递信息，产生了什么影响，有助于清晰地呈现传播的结构及其功能和效果，因此成为重要的理论分析工具。这里的五要素就是传播者、媒介、受众、信息以及效果。本文以此为框架进行论述。

一、传播者的形象与公信力塑造

人能弘道，非道弘人。世界上各大宗教不仅都有其道，而且它们的"道"都在教主创立之后，由教主及其弟子们或信徒代代相传而流传至今，都对其所波及地区的社会、政治、经济、文化产生深刻影响。而无论什么时候，各大宗教都把创立者的思想与形象作为信徒信奉的依归。基督教是由基督耶稣创立，耶稣作为上帝的儿子，是上帝代言者，此即所谓"道成肉身"。而道教也有太上老君即道、道即太上老君一说。两者都赋予了创立者的万能本领，他们都是神，都成为天地万物的法度。所不同的是老子（太上老君）一开始仅作为思想家，作为道家学派的创立者，而东汉的张道陵则是道教的实际创始人，是由人而成仙的。而基督则直接是上帝"道成肉身"的产物，且之后又回归上帝。因此，在故事叙事上看，上帝始终是权威的化身，是基督教唯一的真神，冒犯上帝会受到严厉的处罚。而道教叙事上显然更亲民，是由人而成仙，如此似乎开启了人人均可成仙的路径，因此神仙对于人而言就更亲近和善，其威严体现得不甚明显。后世的劝善书也更多是从人生成功角度，肯定了仙与人的亲密关系，即形成人信仙仙帮人这样的和谐关系。

基督教讲究信徒的奉献精神，正如耶稣以被钉十字架而替世人救赎。基督教认为一切都上帝赋予的，人只有讨好上帝，按上帝的指导去做，最后才能在末世时获得永生不死的机会。而道教而更讲究人的自我超越，人通过修行，可以掌握自己的命运，提出"我命由我不由天"的思想。

牧师通过神学院等途径培训而后为教堂所聘任为专业的经师，常年在教堂中服务。牧师常在周日的礼拜仪式上讲授圣经一些章节，或者讲授为什么周天需要休息的道理，牧师们能够旁征博引，结合历史与现实来发挥圣经思想，而且尽可能讲得风趣，引起信徒会心一笑。如此，每周做礼拜都成为一次心理洗礼。

道教的主持或经师当代也有许多是由道教院培养的，但力度很不够，许多宫庙的主持或住观之人缺乏正规的教育，他们或有科仪等家传之技，但缺乏主动传道之长，更多等靠信众上门，缺乏主动传教之动力，更难谈因应时代对传道方式加以改造。

二、传播媒介的多样化

宗教的传播媒介传统上是宗教活动场所，如基督教的教堂、道教的宫观。这个场所的经营就显得十分重要。基督教的教堂特色鲜明，其建筑风格上大多有高耸的塔尖，精美、震撼。还有十字架装饰，一目了然。更重要的是，每次的礼拜活动都像是一次小型的音乐会，有乐队唱歌颂上帝的歌曲，也有为新婚夫妻祝福，为小孩做洗礼。最为可取的是，教堂为让家长安心听经，而有专人分级帮家长带小孩，其职能相当于早教班。有条件的教堂往往办有学前班、中小学等学校，而这些学校的教学内容上往往采用一些宗教内容，也有宗教仪式，使孩子受到潜移默化的影响。平时也常举办一些活动吸引未信教而有兴趣参加的人参与《圣经》

学习，介绍教堂情况等，也有举行郊游等娱乐活动。可贵的是，每周一次的礼拜往往也是一次社区的聚会，大家聚在一起联络感情，发挥着难得的教化劝善、促进社会稳定的功能。

道教宫观虽也有仪式，但是往往只在神灵诞辰举行，或应信众要求而临时举行的各类斋醮活动。宫观道士有早晚功课，但对社会普通信众而言，很分散，少有集体经常性的宗教行为，这对巩固和提升信仰是十分不利的。正由于道观与信徒之间经常性联系的缺乏，道观在传经方面往往仅限于住观或正式入道的道士间进行，面向大众的传经就十分有限，使其教理教义的传播受到限制。因此，建议道观应当结合自身情况，因地制宜地，每周、每半月、每月确定一天作为讲经日，向社会开放，此外，还有确定在宫观主要神灵诞辰举行为众人祈福、施斋等活动，加强与周边民众的联系。目前上海城隍庙在王驰副教务长的带领下做了许多有益的尝试，如让道教院的学生固定为市民讲经。总之，道观当融入社区，服务社会，除力所能及的慈善活动，关键是通过教理教义的传播，影响社区民众，劝善教化，促进社会和谐。

当然，在新媒体时代，宗教传播发生了深刻变化。宗教团队都注重利用网络传教。通过微信、微博、网站等形式发布资讯，解疑释惑，加强与信众的联系。当前更重要的是经营好新媒体平台，各类公众号经常发布一些通俗易懂的道教经典教理教义，一些历史人物的精彩人生，一些道教礼仪，一些风水术数的内容，图文并茂地传播，以加深人们对道教的了解与理解。近些年，一些国内知名道观举办道文化夏令营，就是一种很好的方式。宫庙通过各类平台发布信息，公开招募社会好道人士参与道文化体验，而且是全免费进行，学员反映效果很好。中国道教协会如能积极总结这方面的经验，有序有效地开展"服务社会，发展自我"的思路，作为本土宗教，道教一定能够更好地融入社会生活。

三、传播信息的有序、有趣、有用

道教传播内容要有所讲究，一方面要针对社会上对道教的误解，做有针对性的回应，不是要批判谁，而是立意要正本清源，讲清楚道祖老子、教祖张道陵以及其他仙真的经世济民思想、修心养性智慧。既要讲清楚道教修真养生的主旨，又要讲清楚道教理身理国的智慧，是完全能够与社会主义社会相适应，也与世界的普世价值相契合。道教是能够提供正能量的东西，但长期被思想界、普通民众误解，认为是落后消极的，因此，我们应当着力于道教形象传播。将道教经典文献或故事，通过电影、动漫等形式，向世人传播。基督教将耶稣的故事通过影视作品，并翻译成多国语言，刻成光盘传播。多年来道教界和影视公司都想把老子的生平拍成电视剧，期望能尽快拍成经典作品，让更多的国人了解中国的伟大思想家的成长历程。电影《止杀令》就生动地刻画了丘处机"一言止杀"的传奇故事，产生良好的反响。同时，当代是读图时代，利用动漫等形式将历史上的高道故事展现出来，寓教于乐，能传播得更广，更深。

无论是道教界，还是学术界都应当注意研究与普及并重。尤其在普及上下功夫，力求将博大精深的道教思想，用现代的通俗语言表达出来。如果我们能够有越来越多的优秀普及读物成为热门书，道教的弘扬就有了广泛的群众基础。

基督教很重视上帝、耶稣形象的传播，制作有免费的载有反映圣经故事的光盘，也有圣经博物馆，介绍圣经在全世界的传播情况。尤其是有许多圣经传播的志愿者，进行人际传播，主动上门诵读圣经，对国外访学者尤其如此。这其实就是一种影响人的高效方式。访问学者或留学生可以称得上知识精英，影响这些人，就会培养一批基督教的同情者，甚至是认同者。

在我国，宗教虽然不能进校园，但也可以灵活通过经典学习等方式，借助志愿者，借助宫庙体验日之类的活动，将一些外国朋友请进来等方式，向他们生动地展示中国传统信仰文化。此类方式也是增强文化软实力的途径。

四、传播受众的多元、多层次定位

道教的健康稳步发展需要广泛的群众基础，但群众是众多而复杂的。必须有针对性地考察民众对道教的需求与认知，据我所知，道教界，学术界可能还少有开展过信众调查。其实，通过调查，才能发现道教发展的症结所在，然后寻找对策。就经验而言，许多道教的信众信仰某个神灵，或者对宫庙礼神，往往有一定的随意性，地缘性，停留在浅层次即有求必应的生活安慰性需求上。也有一部分人士基于消解忙碌激烈的社会竞争性，为寻找一些心灵的港湾而转向学习道教的清静无为思想；当然也有虔诚的信徒或居士。有条件的道教宫观应当提供各类人群的服务，如为食素的群体提供斋饭，并提供一些清修的方式方法的指导，培养起一批宫庙志工。这样，大量的琐碎的工作，志工可以代理解决，而一些复杂的问题可以由道士出面解答。还可以组建团体经营好微信、微博、客户端等，进行信众管理。例如，可以组建太极拳、辟谷等小组，帮助引导爱好者入门，服务于全民健身运动。道教只有在服务中，才能获得强大的发展动力。可以说，道教的清静无为智慧是现代人因应社会剧烈变化的精神武器。道教如能适应时代继承创新，不断能够赢得国人的喜爱，也能逐步成为世界性宗教。基督教的圣经已经制作成APP，可以在手机上进行浏览阅读，《道藏》，尤其是《老子》《庄子》《列子》等经典能否也制作成APP，方便阅读，比如中英或古文与现代汉语翻译等对照的多个版本，适合不同群体阅读。也可以制作各种专题的名言集锦等，使经典思想深入人心。

道教的智慧是完全可能走向世界的。正如当代英国汉学家和哲学家克拉克（J.J.Clarke）在新著《西方人的道——道家思想的西方化》中把道家思想在西方的逐渐普及，归结为思维方式上的三个变化：希望过更好的生活，但要从传统宗教教条式信念的束缚中解放出来；透过克服身心二元论，达到一种身心完整的生活；需要从更广的范围，看待当代各种思想潮流。道教要想成为名副其实的世界性宗教，还需要借鉴其他世界性宗教的传播方式，突出自己的养生特色，服务于人类健康，应当是很有竞争力的做法。当然，应该知道，培养和造就一批懂外语、明"道"理、有修为的道长，先在国外的华人圈经营，逐渐扩大到其他外国朋友。先试点开展，再根据条件推进。田诚阳道长在欧洲的传教便是个典范。2001年，他在巴塞罗那创建的清静宫道观正式落成，成为欧洲第一座道教实体宫观。此外，他还与西班牙、法国、德国、瑞士、意大利等国的弟子们联合，成立"欧洲道教联盟"，为道教的世界化打开局面，被誉为"海外传道第一人"。

五、传播效果的明晰与管控

道教传播目标当明晰，一是向世人说明道教，了解道教；一是让道教走向世界，进而规划一些具体的举措。比如，像基督教办有圣经版本图书馆，向人们介绍在各个国家的圣经传播情况，道教可以办《道德经》等经典的各国版本的图书馆，以方便学者和信众查阅。可以出版道教经典的规范基础读本，包括中小学注音读本、大学生读本、研究生读本、国民读本等。在教内可以规划基本教材，编写适合时代的道教思想理论体系著作，如上海城隍庙的《当代道教神学丛书》、厦门朝天宫的《道教文丛》、河北玉清观的以内丹学为特色的丛书，等等。

道教要走向世界，一是基础工程，当注重基本经典的外译工程，打磨出精品。二是，回应世界普遍关切的问题，如精神危机、环境危机、国际关系问题等，发出有道教风格、气派的话语，让世界了解道教。将道教的养生智慧、处世智慧、治国智慧等都呈现出来。

面对社会上可能出现的有辱道教形象的事件，当积极回应和引导社会认知，不能听之任之。对电影《道士下山》中对道士的塑造，当进行有理有利有节的回应。既不轻易否定艺术创作，也要让国人明辨正统道士的正面形象。

道教要树立起良好的社会形象，当积极地高举"生活道教""文化道教""生命道教""平安道教"的旗帜，将道教与人们的生活息息相关的内容，尤其是养生健康生活方式的内容，向国人推介；努力把道教作为中华文化优秀组成部分的内容向世人说明，突出道教的独特性与普世性；突出道教的养生智慧，无论是治疗身体的疾病还是精神问题，道教有其独特有效的方式。如屠呦呦对葛洪医学成就的创造性运用。尤其在当代社会，道教内含的平安理念，对于建设和谐世界与和谐社会都是十分有益的思想资源，当深入挖掘。

当然，道教的传播关键还在于人才培养。培养一批有深厚国学修养和世界文化修养、精通外语的道教内外的人才。这样既可以与世界宗教对话，又可以向世界传播道教，也可以在华人聚集的地区开设道观，与海外孔子学派相配合传播道教文化。

总而言之，道教当树立起传播意识，精心经营传播各环节，培养一批能够运用新媒体技术的传播人才，向国内外普通民众传播道教的优秀思想，使道教能够在与世界其他宗教的竞争与合作中走出困境，开拓更加美好的明天。

（谢清果）

从面子互动看中国现代婆媳关系管理

——以《双面胶》为文本进行解读

在中国社会的人际交往中，面子意味着自身在他人心智中占据的形象和分量，是个人判断其被他人接纳和重视程度的重要指标。婆媳关系不仅是面子互动的活跃场所，也是面子问题层出不穷的敏感地带。通过分析反映现代婆媳关系的热播剧《双面胶》中的情节和人物对话，可以窥见面子心理的本质内涵及其在婆媳关系管理中的重要性，进而归纳出面子互动对婆媳关系的影响力和作用机制，以及影响婆媳间面子互动成功与否的主要因素。

面子牵动着中国人最敏感的神经，"给面子""丢面子""伤面子""撕破面子"等面子互动行为是中国人际交往的重要组成部分，对互动双方关系的形成和发展产生深远的影响。自古以来，婆媳关系一直是人际关系管理中的难题。文化、价值观念、生活方式等多方面的差异从客观上形成了婆媳融洽相处的障碍，但沟通交流中的面子互动却能从主观上缩小或放大横亘在婆媳间的障碍。

一、面子的符号意义

俗话说，"人活一张脸，树活一张皮"，脸面对于中国人来说有着特殊的符号意义，在人际关系中扮演着重要的角色。在社会文化的熏陶和个人价值的社会习得中，"面子"的含义早已超越身体的"脸"部，具有丰富微妙的象征意义。

"如何定义面子，以何种方式完成面子工作，却是因人而异，因文化而异的。"[①]在日常生活中，"面子"一词虽耳熟能详，但要给它一个准确的界定却很难。就连熟知中国文化心理的林语堂也一再声称举例容易，下定义太难，只能说它是中国

---

① 斯蒂芬·李特约翰、凯伦·福斯：《人类传播理论》，史安斌译，北京：清华大学出版社，2009年，第201页。

人社会交往中最细腻的标准。[①] 直到 20 世纪 40 年代，人类学家胡先缙女士最早对面子下定义，她认为面子代表在中国广受重视的一种声誉，是借由成功或夸耀获得的一种名声，[②] 任何有修养的人都应该给别人留面子，不要触及他人声誉，不要毁了他人名声，以免伤人自尊。[③]20 世纪 70 年代，香港学者何有晖否定了关于面子的许多说法，他认为面子不是人格、地位、尊严、荣誉及威望等，最后总结面子是个人要求他人对自己表示尊重和顺从而得到的相应评价。[④] 翟学伟认为面子是业已形成的心理及行为在他人心目中产生的序列地位，也就是心理地位。[⑤] 美籍华裔学者丁允珠（Stella Ting-Toomey）将面子定义为"在他人在场的情况下一个人的自我形象，它包括有关尊敬、荣誉、地位、联系、忠心和其他类似价值的感受。换言之，面子意味着在特定的社会情境下你期望的自我形象，或者是别人赋予你的身份。"[⑥] 面子有正面含义和负面含义，正面含义是指"颜面"，也就是尊严。伤了一个人的"面子"，就等于伤了一个人的尊严。负面含义指的是"虚荣心"，也就是名誉或声望。所谓"打肿脸冲胖"。[⑦] 舒大平在东西方文化中"面子"的比较和分析中提到"面子"的作用是在社会关系中起到承认成员身份和地位的作用。[⑧]

尽管各位学者在界定面子这个概念时角度略有差异，但可以窥见面子是与尊严、地位、形象等概念息息相关的符号。因此，在人际交往中，面子经常被视作尊严的外衣、地位的象征，是个人判断其被他人接纳和重视程度的重要指标。换句话说，面子意味着自身在他人心智中占据的形象和分量。

二、婆媳关系是面子互动的活跃场所

面子与关系都是在人际互动中形成和发展，并相互作用。个人面子的大小、获得或丢失都是由与之交往对象的态度和行为决定，因此面子互动渗透到中国人际交往的各个层面。而关系的本质是通过一系列互动而产生或者说是被创造出来

---

① 翟学伟：《人情、面子与权力的再生产》，北京：北京大学出版社，2008 年，第 131 页。

② 黄光国、胡先缙：《面子，中国人的权利游戏》，北京：中国人民大学出版社，2004 年，第 40 页。

③ 同上第 53、54 页。

④ 翟学伟：《人情、面子与权力的再生产》，北京：北京大学出版社，2008 年，第 131 页。

⑤ 翟学伟：《人情、面子与权力的再生产》，北京：北京大学出版社，2008 年，第 133 页。

⑥ 斯蒂芬·李特约翰、凯伦·福斯：《人类传播理论》，史安斌译，北京：清华大学出版社，2009 年，第 201 页。

⑦ 孙旭培：《华夏传播论：中国传统文化中的传播》，北京：人民出版社，1997 年，第 340 页。

⑧ 舒大平：《东西方文化中"面子"的比较和分析》，《大连海事大学学报》(社会科学版)2008 年第 2 期，第 101 页。

的。① 在这个互动过程中，牵涉到个人颜面的互动往往能推动交往双方的关系朝着新的，甚至是出人意料的方向发展。面子可以说是人际关系的调节器。交往双方总是以对方是否给面子和给多少面子来判断对方对自己的接纳程度，并对彼此的关系进行认知和评价。② 若礼尚往来给足面子，往往会拉近彼此的心理距离，建立起互帮互信的亲密关系；若忽略或故意伤害彼此面子，则有可能导致关系疏远；若不顾情面撕破面子，则意味着反目成仇，老死不相往来。据中国网关于中国人"面子观"的调查表明，认为"面子"在中国人社会交往中很重要的占83.33%；认为一般的占11.98%；认为不重要的仅占2.61%。③ 足见面子在人际关系管理中的重要性。

面子虽然渗透到人际关系的各个领域，但在不同的人际关系领域的作用机制和影响程度是不一样的。台湾学者黄光国在《人情与面子：中国人的权利游戏》中为解释人情及面子的社会机制及其在中国社会中的作用，构建了人情与面子的理论模型。此模型将中国社会中个人可能拥有的人际关系分为三类，即情感性关系、混合性关系和工具性关系。人际关系都是由情感性关系和工具性成分构成的，其间差异仅在于两种成分的比例不同。情感性关系的典型是以血缘为基础的家庭成员，是一种长久和稳定的社会关系，关系双方的感情深厚到可以随意表现出真诚的行为，而不需要面子功夫；工具性关系是短暂和不稳定的，这种关系是作为获得其他目标的一种手段或工具，如医生和病人、店员和顾客，因为不期待再次进行情感性的交往，也就很少牵涉到面子上的礼尚往来；混合性关系介于两者之间，情感性成分和工具性成分的比例相当，这类人际关系的特色是交往双方相互认识，并有一定程度的情感关系，这类关系可能包括亲戚、邻居、师生、同学等。他认为"面子不仅牵涉到个人在其关系网中的地位高低，而且涉及他被别人接受的可能性，以及他可能享受到的特殊权利"④，"在中国社会中，混合性关系是个人最可能以人情和面子来影响他人的人际关系范畴"⑤。

婆媳关系非常特殊，形式上是情感性的家庭成员关系，其实质却是混合性关系。家庭关系中最基本的关系是亲子关系、夫妻关系，其他关系都是在这个基础上派生出来的，婆媳关系是以这两种关系为中介结成的特殊关系。根据中国人的

---

① 斯蒂芬·李特约翰、凯伦·福斯：《人类传播理论》，史安斌译，北京：清华大学出版社，2009年，第222页。

② 姜彩芬：《面子文化产生的根源及社会功能》，《广西社会科学》2009年第3期。

③ 张艳丽、司汉武：《中国人面子心理的文化解读》，《理论观察》2010年第1期。

④ 黄光国、胡先缙：《面子，中国人的权利游戏》，北京：中国人民大学出版社，2004年，第20页。

⑤ 黄光国、胡先缙：《面子，中国人的权利游戏》，第10页。

传统理念，"进一家门就是一家人"，媳妇娶进门，婆媳自然就成为一家人，构成了形式上的情感关系。但婆媳之间少了亲子之间的血缘联系，也不具备夫妻间的亲密，其关系的建立只是为了丈夫或儿子更加幸福，有着相当比例的工具性成分。混合性关系的实质决定着婆媳双方看重对方是否给自己面子；情感性关系的形式，使得婆媳在实际互动中，容易忽视双方的面子需求。从某种程度上讲，婆媳之间其实并没有绝对的利益冲突，其矛盾冲突的根源往往可以追溯到争夺自身在家庭，特别是在儿子（丈夫）心中的形象和地位，即面子问题。对自身面子的维护和重视以及对对方面子的忽视和伤害，会导致婆媳间形成难以逾越的心理鸿沟，使得婆媳关系紧张甚至恶化。此外，婆媳的中介——（儿子或丈夫）在面子修复中的失衡或失策则有可能进一步激化婆媳矛盾。由此可见，婆媳关系是一种特殊的混合性关系，不仅属于面子互动的活跃场所，而且是面子问题层出不穷的敏感地带。

三、面子互动对婆媳关系的影响力和作用机制

电视来源生活并反映生活，本研究以《双面胶》为文本，解读剧情中"给面子、忽视面子、平衡面子、伤面子、撕破面子"等面子互动行为对婆媳关系发展的影响力和作用机制。《双面胶》是一部以现代婆媳关系为题材的电视连续剧，共22集。剧中女主人公名叫胡丽娟（以后简称丽娟），是一个上海姑娘，嫁给了一个大学毕业后留在上海工作的东北小伙子亚平。在婆婆（以后称亚平妈）未来上海之前，丈夫对其嘘寒问暖、端茶倒水，小夫妻亲密无间、恩爱无比。但自从婆媳共处一室后，由于婆媳矛盾的不断升级，最终婆媳仇视、婚姻破裂。在这一悲剧的演绎中，婆媳在文化、价值观念、生活方式上的差异无疑是矛盾冲突的原因所在，但面子互动的失败在放大婆媳差异、激发婆媳矛盾中起了推波助澜甚至是力挽狂澜的作用。

（一）有心"给面子"，因迎合面子需求而互相欣赏

中国有"给面子"和"不给面子"的说法。从字面上理解，"给面子"就是给予、增进他人的面子；从心理感受上讲，"给面子"是让他人觉得有面子，即个人的言行举止让对方感到被尊重或是受欢迎。因此，"给面子"会让对方对自己产生好感或心生感激，由此拉近交往对象之间的心灵距离。如果我们期望与对方建立更加亲密的关系，往往会尽可能给对方面子。在正常情况下，婆媳之间是愿意或者说是乐意给对方面子的。从感性的角度讲，"进一家门就是一家人"，能成为婆媳是一种值得珍惜的缘分；从理性的角度讲，"婆媳亲，全家和"。但问题的关键

是什么样的言行举止会让对方觉得有面子。面子是一种人际知觉或人际评价[①]，不同人对面子的感知是不尽相同的。因此婆媳间面子互动成功的关键是把握双方的面子需求。

从剧情中可以窥见，对于婆婆而言，最有面子的事莫过于媳妇欢迎的笑容和一声亲切的"妈"。例如剧中亚平妈在和亚平爸聊天时这样评价丽娟："你还别说，这丽娟我第一眼看着还挺喜欢，这孩子没啥心眼儿，笑呵呵的，她不像有的媳妇，整天拉着个驴脸儿。你说叫人看着心里头别扭。你觉没觉着，这丽娟和亚平有点像，我看他俩真有点夫妻像……不是一家人不进一家门。"由此可见，媳妇的笑脸是赢得婆婆喜欢的关键因素。在现代社会中，婆媳的地位发生根本性的变化：传统社会中婆婆对媳妇来说处于绝对支配地位，在父权、夫权及孝道庇护下，婆婆对媳妇有无上的权利；而在当代社会，由于传统观念的消失，儿子与媳妇在经济上独立经营等客观变化使得婆婆的地位已经日渐衰微。[②]因此，婆婆搬进儿子家，最渴望得到的是媳妇的认可和欢迎。因此，对于搬进媳妇家的婆婆而言，媳妇的笑脸是非常给面子的做法，意味着媳妇对自己的欢迎和在家庭中地位的肯定。

而对于媳妇而言，最有面子的事莫过于婆婆对自己的爱护和尊重。出于对丈夫的爱以及对婆婆尽孝道等传统文化观念的影响，媳妇不得不接受和婆婆同住，在一定程度上包容和尊重婆婆守旧的思想观念，失去自己的一部分自由。但这是有限度的，用丽娟对丈夫的话来说："我没有义务对她好，因为她没有生我，我对她好，那是情分。"面对分歧，若婆婆能主动尊重媳妇的生活方式或用关爱感化媳妇，也会让其心生好感。例如第二集中有这样一个情节：

丽娟提议去外面吃饭："妈，那个我们出去吃饭吧，你们坐了几天火车，也挺累的了，我们早一点吃，早一点回来，好吗？"亚平妈是个过分节俭、非常反感外出吃饭花钱的人。但她没有严词拒绝或责备媳妇不会持家，而是委婉提出反对意见："出去吃干啥啊？又不是外人，就在家吃呗。出去吃，花钱，又不卫生。"为了进一步让媳妇有台阶可下，不失面子，接着说："你妈来了，我还能让孩子那个出去吃饭呀，是不是呀？那个啥，妈就是你们的贴身厨子。"一句"贴身厨子，不会让孩子饿着"让丽娟觉得很温暖，她的内心独白是"亚平妈也蛮和善，不像我妈，总板起脸来训我"。

《双面胶》虽然以婆媳间的各种矛盾为主轴，但"给面子"的情节时而穿插其中，且集中在剧情发展的前期，消失在婆媳关系完全恶化后。

---

① 吴铁钧：《"面子"的定义及其功能的研究综述》，《心理科学》2004年第4期。
② 李乐红：《当代中国城市婆媳关系的伦理考察》，硕士学位论文，江西师范大学，2009年，第14页。

（二）平衡面子，有失偏颇激化婆媳矛盾

形象地说，亚平犹如婆媳关系中的"双面胶"，是婆媳关系的黏合剂。在婆媳发生矛盾时，儿子（丈夫）站在客观公正的立场上，能够起到很好的平衡作用，有利于婆媳关系的协调。而偏向于任何一方，均不利于婆媳矛盾的协调和处理。[①] 婆媳间的许多小矛盾是无法避免的，而矛盾常常伴随着对面子的威胁，这就需要一个中介来修复双方受损的尊严和面子。此外，无论是婆婆还是媳妇都非常重视自身在儿子（丈夫）心中的形象和地位。因此儿子（丈夫）在平衡婆媳双方面子中的原则、立场、态度和方式都会深刻影响婆媳的心理感受和关系发展。

《双面胶》中亚平在婆媳面子的平衡中是有失偏颇的，其基本立场是维护其母亲的形象和地位。他死守儿子的身份，在母亲与妻子的矛盾中，坚定地站在母亲一方，明知母亲某些地方不对，也不指出来，只因为"这里有个君君臣臣父父子子的古训"。[②] 因妻子对母亲的不恭敬而对妻子发狠，让妻子理解体谅婆婆，将"不许给老人作脸"作为妻子的行为规范。剧中的许多情节都反映出他在婆媳矛盾和冲突中将平衡面子的天平倾向于她的母亲。例如第七集亚平对妻子发狠："胡丽娟，你这，我一直对你抱有幻想，她是我妈，她把我辛辛苦苦抚养这么大，我孝敬她是应该的。你是我老婆，也就等于是她半个女儿，她说什么你就得听。你如果再惹她生气的话，我要你好看。"丽娟反驳："没错，你妈没养我，我报答她，那叫情分，她没权利支使我做任何事情……"亚平："你看我面子，看在这个小家的面子上，只要你给我妈一个笑脸，我求你了。"丽娟："我实在忍太久了，我不喜欢你护你妈的样子。让我心里好难受的，我真的好委屈的，亚平，好咯。我答应你，我以后尽量不跟她发生正面冲突。"

虽然看在丈夫求情的面子上，尽量避免和婆婆起冲突。但丈夫对待婆婆和自己的双重标准，导致丽娟对婆婆的敌意和不满。她开始尽力减少待在家里的日子，曾经让婆婆赏识的笑脸也收藏起来，婆媳关系走入冰冷紧张的冷战期。由此可见，"双面胶"在婆媳面子平衡中的失衡加深了婆媳之间的矛盾。

（三）无意伤面子，因忽视婆媳差异而心存芥蒂

"无意伤面子"是指无意之中伤害到对方的面子，不是故意的。在沟通交流中，人们总是倾向于用自己的思想观念和生活经历来理解对方的言行举止。婆媳沟通

---

① 李乐红：《当代中国城市婆媳关系的伦理考察》，硕士学位论文，江西师范大学，2009年，第13页。

② 李丽：《解读〈寒夜〉与〈双面胶〉婆媳关系之差异》，《安徽文学》（下半月）2009年第11期。

中的言行举止包括语言符号和非语言符号，其本身具有一定的意义。但在具体的传播活动中，参与或介入进来的不仅仅是符号本身的意义，还有传播者的意义、受传者的意义以及传播情境所形成的意义。[①] 婆媳在生活方式、思想观念、文化水平等各方面的差异，因此婆媳在理解对方的言行举止时容易产生误解或者是难以理解。自以为理所当然的事，在对方看来可能就是对其不尊重或蔑视，感到有伤自己的面子。若婆媳双方忽视彼此之间的差异，经常无意伤害对方面子，则会累积对对方的不满，从而心存芥蒂。

例如对于媳妇来说，让丈夫为自己端茶倒水是老公疼爱自己的方式；但对于婆婆来说是媳妇当着她的面使唤儿子。如第二集中，亚平妈教育亚平："亚平啊，我说你，咋那么惯你媳妇呢 还给她盛饭呢，还吃她的剩饭，我的妈呀，你说，她没长手呀，她没长嘴呀，一个大老爷们也不嫌埋汰。"亚平解释说："自个儿家的媳妇，还嫌这嫌那的，又是上海，都是男的伺候女的，你那是老脑筋。"亚平妈据理力争："老脑筋啥的，新脑筋啥的，这男人在家就这么作践，我这捧星星，捧月亮，把儿子捧大了，我那舍不得，儿子结婚了，给老婆当使唤丫头去。我看不惯，真的看不惯。"又比如丽娟觉得自己和婆婆本来就没什么共同的话题，因此很少与之交流，但在婆婆眼里，这就是目中无人、不尊重她的表现。在第三集中，亚平妈抱怨："不过这孩子也有点不大懂事，你说吃完饭，拍了屁股就上楼了，你帮我收拾收拾，我也不是说，说这活儿我怕累，多少活儿，不就几个碗的事吗？我就是说那意思，你吃完饭了，就是说站我身后了，帮我拿个这，递个那儿的。我毕竟不是保姆啊，我是你婆婆你妈呀，站后头说个话什么的，咱像一家人似的，另外，就是我心头也热乎的，这可好，一早上就走了，晚上回来也没个话，叫我觉着这心里头凉哇哇的。"

而对于婆婆来说，自己作为长辈有权利有义务管教引导媳妇做人做事。用亚平妈的话来说——"做老人的，说什么不都是为了孩子好"；但对于媳妇来说，婆婆把自己当家庭女主人、通过其儿子来限制自己自由是难以接受的。第四集中有这样的情节：因为亚平在家吃饭，亚平妈难得做了红烧肉。这让被"猪肉炖粉条"折磨得够呛的丽娟开心得要命，这肉就一口接一口地吃。可坐在旁边的亚平妈看着心疼，一块肉也不夹。因为在她的思想观念里，儿子和丈夫是第一位的，女人在家里是从属地位，好东西都应该给儿子吃。亚平劝母亲夹肉吃，亚平妈的回答含沙射影："我不馋，我少吃一块，我儿子就能多吃一块。"言语中暗示丽娟别吃那么多，丽娟故意装着听不懂，还是继续吃，心想："说这种话，不是明显说给我听

[①] 郭庆光：《传播学教程》，北京：中国人民大学出版社，1999年，第49页。

的吗？我又不是不挣工资，吃两块肉，我还要看你脸色。"又如第六集中亚平妈指挥媳妇洗碗时，不停地教导："我的妈呀，怎么放这么大水，小点儿就行，一半，你放多了又废水，又溅一身。""你往这里倒不行，一下子就半瓶，多浪费啊，拿个布，完了就这么擦就行。""外头，外头也得冲啊，把外头沫也得冲掉了，这就跟化妆似的，你不能化半拉脸，对不对呀。""娟儿呀，你刷碗不能不刷锅呀，再说这灶台上也得擦。"……

（四）互伤面子，口不择言导致关系恶化

面子是人际交往中最不可或缺的人情媒介[1]，良性循环时是礼尚往来，恶性循环时是互相伤害。当心存芥蒂累积到燃点时，婆媳点燃"互伤面子"的战役，彼此关系越来越疏离；而关系的疏离，使得对方在沟通交流中越发口不择言，不顾及对方的面子需求。随着剧情的发展，"互伤面子"的情节频繁出现，给彼此心灵留下一道道伤疤，从而导致婆媳关系进一步恶化。

对待长辈，最伤面子的事莫过于蔑视她的权威，否定她的地位；对于同住一个屋檐下的人，最直接的蔑视莫过于不给笑脸，无视对方的存在。剧中，媳妇故意伤婆婆面子的行为主要表现在言辞激烈和冷战上。例如第六集中丽娟在婆婆挑剔的监督下完成工作，出言讥讽："你要我干活，就要按我的方法，你要看不惯呢，你就自己干。这个锅呢我之所以特意不刷，是留给你的，因为凭我对你的判断，锅底还有两滴油，你完全可以留着再炒一盘菜。"自从刷碗的正面冲突后，丽娟开始有家不能回，一下班就到处约人或是去健身房，尽量减少在家待的时间，每次叫"妈"也是一个称谓而已。丽娟的当面讥讽和冷战策略给婆婆心理留下了阴影，让其觉得自己是不被欢迎和重视，是"不要钱的保姆"或"贴身服务员"。

对于媳妇而言，最难受的事莫过于被丈夫否定和质疑。因此婆婆伤害媳妇面子的行为主要表现在对儿子抱怨数落媳妇的缺点和过错，从而损害媳妇在其丈夫心中的形象和地位。如第七集中，亚平妈通过数落媳妇来发泄心中的不满："你说说，这么多天拉脸给谁看啊，我叫她刷几个碗，怎么啦，还记仇啦？""健啥身，你少吃点肉，多干点活，不就把身给健了吗？目中无人，好吃懒做，一进屋一句话都不说，我呢，这个家呢，就是旅店，我呢，就是那个不要钱的贴身服务员。""你说我咋要怎么伺候她，内衣内裤我都尽心给她洗，可就唤不回她叫我一声妈。以前我还夸她，笑呵呵的，对谁笑啦？在外头笑了，一回来就拉着那个驴脸子，我欠她的，我……"在亚平妈的影响下，亚平开始反思，在第十一集中他

---

[1]　韩萍：《关于社会心理学研究之"面子"理论》，《安徽理工大学学报》2010年第4期。

发出这样的内心独白："上海女人的娇媚只适合观赏却不适合一起生活"，婆媳关系的恶化危及夫妻和谐。而媳妇对婆婆的尊重来自对丈夫的爱以及期待自己在丈夫中拥有美好的形象。而当婆婆总是在自己的儿子面前数落媳妇的不是、威胁到媳妇在其丈夫心中的地位和形象时，婆婆在媳妇心中就成了挑拨离间的坏人，失去了获得面子的资本。

不论是言辞激烈还是暗地抱怨，如此"口不择言"的话语，或许能发泄一时的情绪，却在她人心中留下难以磨灭的伤痕，进而相互报复，恶性循环。

（五）撕破面子，不留情面催化恩断义绝

撕破面子意味着不给对方留任何情面，越让对方无地自容、丢尽脸面，就越解气。其中尖酸刻薄的言辞是打击个人尊严的有力武器。彼此撕破面子常常标志着关系的彻底破裂、婆媳从亲人走向仇家。

例如第十七集有这样一个情节：亚平爸得了癌症，丽娟大费周折，从爱财的老妈手里又借到三万为公公治病，打算拿到报销费后再还给她妈妈。但后来亚平姐打电话说厂里没有报销，只给报 400 块钱，这下丽娟急了，让亚平把妈妈的养老钱还回来。亚平妈看媳妇逼儿子，说丽娟没良心。

亚平妈："我们不是故意骗你的钱，这不是家里碰到困难了吗？你作为儿媳妇，你不帮忙，你还这样，你还是人吗，你——"丽娟被激怒了，言辞激烈地顶回去："你说什么，我不是人，你是人对吧？你老公快死了，叫你卖房子，你死活不肯，你这样就算是个人了吧，我提醒你呀，你老公现在躺在医院里面的钱，全是我妈妈出的，要讲做人的话，我觉得我们全家谁都比你有资格谈做人，谁都比你有个人样。我告诉你，别逼我，还好意思说我呢，你除了在李亚平面前挑拨是非，说我这个不好那个不好之外，你什么都不会做，你就是全世界最毒最坏的老太婆……我不看你是亚平妈，我早把你扔出去了……"亚平突然冲上来死命地掐住丽娟的脖子，亚平妈也激动得气晕过去。

这是婆媳间第一次撕破面子，彼此心中都留下了难以痊愈的伤疤。后来丽娟和亚平妈都因为不同的原因，试图想修复彼此关系，但曾经撕破过的脸面，伤害过的自尊，却如同一枚枚埋在彼此心中的地雷，随时都有可能被踩爆的危险。

大结局中婆媳再次撕破面子就是以往失败面子互动的大爆发。在大结局中：一天丽娟逗刚会讲话的宝宝说话，怎知宝宝却清晰地吐出"妈妈坏"的字眼，显然是调教的结果。丽娟气急败坏："搞了半天，我在家里养了一只狼，不仅要吃掉我，而且要吃掉我儿子。李亚平，你给我听清楚了，这个家只能有一个女主人，那就是我。我留下，请这个老女人给我滚蛋。"言辞越来越失控的丽娟终于激怒了亚平，他失去理智地痛打丽娟，就在两人厮打成一团时，婆婆失声大喊，无人看管的宝宝从二楼摔了下来，后来幸好宝宝得救，但一家人从此彻底分开。

丽娟逞一时口舌之快的性格、婆婆的记仇发泄，撕破面子的事从此以后时又发生，并随着剧情的发展达到巅峰，直到曲终人散，家庭分崩离析，婆媳关系彻底决裂。

四、总结

社会学家根据长期调查研究发现，我国 8 对离婚夫妇中，有 4 对是由婆媳矛盾造成的，又有约 50% 的夫妻因婆媳关系无法调和而长期冷战甚至分居。[1] 可见婆媳关系管理不容小觑。婆媳间的融洽相处的确存在一些客观上的阻碍，但沟通交流中的面子互动却能在很大程度上缩小或放大这些障碍。影响婆媳间面子互动成功与否的主要因素有以下几点。

首先，能否理解面子的符号意义。面子是外，尊严和地位是里，面子意味着自身在他人心智中占据的形象和地位。无论是婆婆还是媳妇都有强烈的面子需求，并以对方是否给自己面子以及给面子的程度来判断自己被接纳和重视的程度。

其次，能否迎合对方的面子需求。婆婆和媳妇对自身形象和地位的期待是不一样的，因此满足双方面子需求的方式也会有所区别。对婆婆而言，媳妇的笑脸相迎、夸奖和一声发自内心的"妈"类似的言行举止可能比贵重的礼物更让她感受到被重视和欢迎，感觉更有面子；而对于媳妇而言，婆婆对其生活方式的尊重比为她打点家务更能赢得其好感。面子是人际关系中人情媒介，遵循着礼尚往来的原则，迎合对方积极的面子需求，有利于亲密关系的培养。

其次，能否换位思考，避免伤人面子。换位思考是站在对方的角度去思考和评估自己的言行是否得体。婆媳思想观念、文化知识、生活方式上的差异是客观存在的，若要处理好婆媳关系，必须正确对待这种差异，不能只站在自己的立场去解读彼此的分歧和冲突，从而伤及对方的面子。

最后，能否公正客观，平衡婆媳面子。儿子（丈夫）是黏合婆媳关系的"双面胶"，但若在处理婆媳矛盾中偏袒一方，则会加深婆媳间的矛盾，使婆媳走到完全的敌对面。

（谢清果 曹艳辉）

---

① 张华：《双赢的婆媳关系》，《天风》2010 年第 1 期。

舆论学视角下的汉代"月旦评"探析

"月旦评"作为我国东汉时期的民间乡议活动，对于社会和历史发展产生过深远的影响。其产生和兴衰历程，基于特定的社会人文环境，折射出古代中国民间舆论与官方舆论场相辅相成又互为对立的关系。学界对于"月旦评"的评价莫衷一是，本文以"月旦评"为研究对象，从舆论学的视角入手，分析其兴起的社会环境、舆论特征及舆论功能，并探讨其历史的进步意义，为当今社会舆情治理与和谐社会的构建提供镜鉴。

"舆论"源于英文"Public Opinion"，国内翻译成"舆情""民意""公共意见""公众意见""公共舆论"都比较常见。甘惜分在《中国大百科全书》新闻出版卷中，将"舆论"定义为"公众的意见或言论"。[1]"舆论是指在特定的时间和空间里，公众对于特定的社会公共事务公开表达的基本一致的意见或者态度"。[2]舆论既是个人社会心理的反应，表达了个人作为权利主体的社会心理和参政议政的自由，同时也反映了对国家政治、经济、文化等领域的社会评价，是塑造政府形象的重要环节。舆论是民情之所在，也是国家制定方针政策的重要参考依据，是国家政治传播的重要构成部分，舆论对个人和国家政治都产生深远的影响。网络时代，新传媒的发展，为舆论的传播提供了前所未有的空间和平台，社会舆论空前活跃，舆论危机更易爆发，严重影响政府形象的塑造和国际地位的提高。因此，正确认识舆论的地位和作用，巧妙引导和利用舆论为政治传播服务就成为重要的研究课题。

古代中国，舆论与古代政治的关系十分密切。历代王朝都十分注重民情民意的诉求和表达，加强对社会舆论的掌控。上古时期，公众舆论监督就成为先民实

---

[1] 中国大百科全书总编辑委员会：《中国大百科全书·新闻出版卷》，北京：中国大百科全书出版社，1990年，第457页。

[2] 李良荣著：《新闻学概论》，上海：复旦大学出版社，2016年，第55页。

现民主权利的主要途径。如《管子·桓公问》："黄帝立明台之议者，上观于贤；尧有衢室之问者，下听于人也。"①可见，明台、衢室为黄帝、尧采纳民意的场所。夏代时，夏禹广开言路，虚怀纳谏，据《左传·襄公十四年》师旷引《尚书·夏书》称："每岁孟春，遒人以木铎循于路，官师相规，工执艺事以谏。"杜预注："循于路，求歌谣之言也。"也就是说，夏王派专官遒人在路上敲木梆，巡行于各地，官员及百工众人可以歌谣的方式向遒人进言。商代著名君主盘庚在动员殷人迁都时，曾"命众悉至于庭"，与群众商量迁都事宜，听取意见。周厉王时期，严禁民众议论朝廷，召公提出"防民之口，甚于防川"的著名论断，然而，周厉王依然"弭谤"不改，导致"国人莫敢出言"，三年后，周厉王被人民推翻、流放。春秋时期，诸国纷争，诸国国君深明人心向背，以开明姿态应对社会舆论。据《左传·襄公三十一年》，郑相子产执政期间，民众常聚于乡校议论政事，有人建议毁掉乡校，子产说："夫人朝夕退而游焉，以议执政之善否。其所善者，吾则行之；其所恶者，吾则改之。是吾师也，若之何毁之？我闻忠善以损怨，不闻作威以防怨。岂不遽止？然犹防川，大决所犯，伤人必多，吾不克救也。不如小决使道，不如吾闻而药之也。"②这说明子产不仅重视民众舆论监督，而且阐述了执政者对待舆论监督的办法：堵远不如疏，政府要学会引导舆论，让舆论服务于政治统治。秦至清代，舆论监督制度化。秦始皇统一中国后，创设言谏制度，以"匡正君主，谏诤得失"，但是秦朝皇权膨胀，言谏作用甚微。两汉时期，言谏规模扩大，政策宽松。唐朝言谏制度进入了鼎盛时期。清朝君主专制进一步强化，言谏制度走向终结。由此可见，舆论与政权的兴衰具有重要的关系，言谏制度虽然在限制君权，在维护政治清明的过程中发挥过积极作用，但是由于其自身依附于君主专制政体而又作为君主专制的对立面存在，消亡是必然。

"真正对于传统社会里的政治起着舆论上的监督制约作用的，应当是蔓延于决策集团之外的士林中的自由议论。"③这种民间舆论作为君主专制的对立面，在限制君权，维护传统的道德规范，约束官僚言行方面都起到了积极作用。汉代民间舆论达到了鼎盛时期，以"月旦评"为代表。谢承《后汉书》曰："许劭仕郡为功曹，抗忠举义，进善默恶，正机执衡，允齐风俗，所称如龙之升，所贬如堕于渊，清论风行，所吹草堰，为众所服。"④足见其当时的社会影响以及对政治的舆论监督作用。

---

① （春秋）管仲：《管子》（下），何怀远、贾歆、孙梦魁编，呼和浩特：远方出版社，2005 年，第 107 页。

② （春秋）左丘明：《左传》，刘利、纪凌云译注，北京：中华书局，2011 年，第 179 页。

③ 吴予敏：《无形的网络——从传播学的角度看中国的传统文化》，北京：国际文化出版社，1988 年，第 134 页。

④ （宋）李昉等：《太平御览》，北京：中华书局，1960 年，第 977 页。

月旦评为何有如此巨大社会影响？作为民间舆论自身具有什么样的特点？与政治传播到底具有什么样的关系？如何客观评价其社会影响？本文从月旦评产生和发展历程、舆论视角下其功能和影响、对后世启示等方面分析论证。"月旦评"由于在历史进程中存在时间较短，研究成果并不丰硕。国内外学者多从家族学、人物评论、政治学、历史学等角度对"月旦评"进行研究。归纳如下几点：一、探讨"月旦评"产生发展历程及影响。如孙立涛《东汉末年汝南"月旦评"的生成及其评价问题》①、武剑青《汝南"月旦评"》②。二、从门阀士族的形成或对士人的评析关照"月旦评"。如朱绍侯《试论汝南许氏望族的形成——兼论许劭月旦评》③、王素英《从汉代月旦评谈汉末名士风度》④。三、从文学或美学的角度研究月旦评。如熊国华《世说新语》品评人物的审美特征及影响》⑤、万久富《魏晋人物品评的语言特色》。⑥四、将月旦评和清议一起纳入政治传播的范畴，探讨其对政治统治和政治传播的作用。如孙立涛《汉末"清议"与魏晋"清谈"之关系再探》⑦及《清议性质与汉代乡里清议略析》⑧。学界鲜有学者从舆论学的视角专门研究"月旦评"。笔者从舆论学视角全方位观照月旦评，深入其内部文化肌理，理清发展脉络。从月旦评的兴衰过程寻找民间舆论产生及兴盛的环境，探讨与国家政治统治与国家舆论之间的制约关系，以希总结规律，为当今提供借鉴。

一、月旦评兴起及演变

月旦评，又叫汝南月旦评，东汉末年由汝南郡人许劭、许靖兄弟主持，对当代人物进行品评、褒贬的一项评议活动，常在每月初一发表，故称"月旦评"。评议对象包括各个阶层的人士，以臧否人物，激浊扬清为目的，每个月品题都有变化。无论是谁，一经品题，身价百倍，世俗流传，以为美谈。因而闻名遐迩，盛极一时。月旦评社会影响之大，有其产生发展的独特的时代背景，兴盛及衰亡的历程，折射出古代中国民间舆论与官方舆论场相辅相成，又互为对立的关系。

① 孙立涛：《东汉末年汝南"月旦评"的生成及其评价问题》，《北京社会科学》2017年第8期。
② 武剑青：《汝南"月旦评"》，《兰台世界》2012年第11期。
③ 朱绍侯：《试论汝南许氏望族的形成——兼论许劭月旦评》，《黄河科技大学学报》(民办教育研究专号)2000年第1期。
④ 王素英：《从月旦评谈汉末名士风度》，《黑龙江史志》2009年第24期。
⑤ 熊国华：《〈世说新语〉品评人物的审美特征及影响》，《广东教育学院学报》1996年第1期。
⑥ 万久富：《魏晋人物品评的语言特色》，《修辞学习》2001年第6期。
⑦ 孙立涛：《汉末"清议"与魏晋"清谈"之关系再探》，《东方论坛》2017年第5期。
⑧ 孙立涛：《清议性质与汉代乡里清议略析》，《重庆师范大学学报》(哲学社会科学版)2014年第2期。

（一）民间与官方舆论场的角力：“月旦评”兴起

月旦评在汝南地区兴起，与当时特定的政治制度、社会文化背景密不可分，同时因许劭、许靖自身的社会身份、人格素养及其客观精准的评价，让其社会影响不断发酵。

1. 地域性成熟的人文环境促其产生。月旦评的兴起，有赖于当地发达的政治、经济和人文环境，为其产生提供了丰富的土壤。汝南，古属豫州，上古时期，豫州为九州之中，汝南又居豫州之中，故有“天中”之称。东汉学者应劭言：“汝南，中土大郡，方城四十，养老致敬，化之至也。”① 这说明当时汝南地区，政治经济实力强，道德风尚、文化素养达到了很高的水平——“化之至也”。同时，汝南地区是人才辈出之地。自古“汝颍固多奇才”。② 自东汉初至顺帝年间，学术上曾涌现出一批蜚声海内的经学大师，如戴凭、钟兴、许慎、周举、蔡玄等人，他们或享有“五经无双”“五经纵横”之美誉，或收徒千万，贵为一代宗师。政治上更是凸显，《后汉书·党锢列传》记载，“三君”“八俊”“八顾”“八及”“八厨”封号的人物共35人，其中 陈蕃、范滂、蔡衍、陈翔等均为汝南人士，并且在党锢名士中处于核心领导地位。另外，汝南地区，门阀士族林立，政治地位显赫，如许氏、袁氏、应氏等豪门士族。这些门阀士族要不世代位居高官，要不为儒学世家，文化传承超过百年之上。总之，地域经济文化环境孕育了月旦评。

2. 汉代“察举”“征辟”的选官制度，为月旦评兴盛提供了政治舞台。我国汉代实行“察举”“征辟”的选官制度，从西汉时期就实行以地方基层组织乡里和亭为单位的“乡举里选”和“乡议清议”的选举制度。就是参照社会舆论对个人的评价来决定官员的取舍，将社会舆论作为选官取士的标准。官员的推举，以“孝廉”“贤良方正”等为标尺，注重德行的考核。《后汉书》注引《汉官仪》云：“建初八年十二月已末，诏书辟士四科：一曰德行高妙，志节清白；二曰经明行修，能任博士；三曰明晓法律，足以决疑，能案章覆问，文任御史；四曰刚毅多略，遇事不惑，明足照奸，勇足决断，才任三辅令。皆存孝悌清公之行。”可见朝廷选官对“孝悌清公”的要求，“察举”对于“征辟”具有重要的决定性作用。被举荐人的德行从何而来，最直接的来源就是“乡议”，即民间舆论，看民间对这个人的品行、道德的评价。月旦评作为最有影响的乡社舆论，找到存在的政治价值和政治领域发挥社会效应的广阔舞台，助其兴盛。

3. 清议之风盛行。东汉后期，政治腐败，社会矛盾激化，外戚、宦官轮流执

① （汉）应劭：《风俗通义》，北京：中华书局，1985 年，第 88 页。
② 朱子彦：《走下圣坛的诸葛亮——三国史新论》，北京：中国人民大学出版社，2006 年，第 260 页。

政，士人地位受到排挤。学子、士人已无法潜心于学术，他们以退为进，将精力放在对社会政治的关切和人物的品鉴人物之上。《后汉书》卷六十八《党锢传·序》："匹夫抗愤，处士横议，遂乃激扬声名，互相题拂，品复公卿，裁量执政。"品题这项活动给当时的社会带来了不小的影响，同时也成为宦官发起"党锢之乱"的导火索。汉代察举、征辟的用官制度再加上政治时局的变化，引起社会上议论时政、臧否人物的"清议"风气。此为月旦评产生和兴盛的历史机遇。

4. 许氏兄弟名士身份及其客观精准的评价效果，扩大了月旦评的社会影响。月旦评社会影响巨大，与许劭、许靖兄弟名士身份及其刚正不阿的品格，精准的评价密不可分。首先，许劭、许靖是典型的"名士"，汝南名门士族，乡间士绅，祖上位列三公。《后汉书·许劭传》记载："劭从祖敬，敬子训，训子相，并为三公，相以能诌事宦官，故自致台司封侯，数遣请劭。劭恶其薄行，终不侯之。"①文中可见许劭、许靖兄弟显赫的家世以及刚正不阿的品格。其次，许劭、许靖自身德行高尚。"许劭字子将，汝南平舆人也。少峻名节，好人伦，多所赏识。若樊子昭、和阳士者，并显名于世。故天下言拔士者，咸称许、郭。"②这段话可以看出许劭聪慧、品格高尚，社会声誉良好。再次，评论精准，客观公正。许劭曾评陈寔为"太丘道广，广则难周"，论陈蕃是"仲举性峻，峻则少通"。③陈寔为当时名士中之"泰斗"，陈蕃则是名士中之"护法"，许劭对二人之品题，各为八个字，有褒有贬，恰如其分，客观公正。一时引得四方名士慕名而来，竞领二许一字之评以为荣。月旦评盛极一时。

（二）士人论政的舆论光芒："月旦评"的历史演变历程

综合月旦评产生及兴盛的原因分析，我们可以清晰看到月旦评的历史演进历程。首先，汉朝建立后为了休养生息，弥补战争创伤，统治者采用"无为而治"的政策。开国皇帝刘邦"豁达大度，从谏如流"，言谏规模较秦有所扩大，统治者对于思想文化控制不强，诸子学说进一步发展，民间舆论环境宽松。汉武帝时期，加强了对思想文化的控制，提出了"罢黜百家，独尊儒术"思想，儒家思想成为官方的正统思想，儒学成为士人必修的课程和入仕的诱饵。政府通过修史、建立太学、确立察举征辟制度等一系列措施，加强和巩固思想统治。学经—通经—入仕就成为士人追逐名利福禄的最佳途径。由此，朝廷对思想文化的传播控制进一步实现，经学义理辩论之风盛行。班固对此有精辟的总结："自武帝立《五经》博

① （南朝·宋）范晔：《后汉书》，北京：中华书局，1965年，第442页。
② （南朝·宋）范晔：《后汉书》，北京：中华书局，1965年，第442页。
③ （南朝·宋）范晔：《后汉书》，北京：中华书局，1965年，第442页。

士，开弟子员，设科射策，劝以官禄，迄于元始，百有余年，传业者寝盛，支叶蕃滋，一经说至百余万言，大师众至千余人，盖禄利之路然也。"①月旦评的产生营造了良好的言论环境，作为读经、通经入仕的门阀士子，许劭、许靖为士人树立了典范。

其次，东汉后期，外戚和宦官当权，清议之风盛行，月旦评进入了全盛时期。从东汉中后期开始，外戚和宦官擅权轮流执政，任人唯亲，卖官鬻爵，在政府机构随意安插浊流子弟和庸俗无才之辈。置"乡闾评议"于不顾，"察举制"名存实亡。学而优的儒家士子通经入仕之途受到严重的排挤和阻碍，他们自觉挺身而出，发动社会舆论、臧否人物、抨击朝政，"清议"之风盛行。士人"清议"主要有两种：一种是对戚宦政治的猛烈抨击，即"品核公卿，裁量执政"，以在朝的李膺、陈蕃等名士官僚为领袖、太学生为骨干，他们言辞激烈、危言深论，甚至采用违法极端手段打击宦官、豪强等浊流；另一种主要评论人物才干和德行风貌，即"激扬名声、互相题拂"，这类人物品鉴以在野的郭泰和许劭、许靖最为出名。"清议"源于乡闾评议。清初思想家顾炎武曾指出："两汉以来，犹循此制，乡举里选，必先考其生平，一玷清议，终身不齿。"②学者吴予敏认为："所谓汉末清议，不过是官僚集团与儒学集团中的'清流分子'，对宦官集团和外戚集团的舆论斗争。"③到了汉末士大夫清流分子与权宦集团与外戚浊流对抗之时，乡里公论仍存，但名士领衔的评论家成了公论代言人。许劭、许靖兄弟主持的月旦评，抨击时政，品评人物，推举人才，控制乡社舆论，地域影响巨大。名士陈蹇和陈蕃的品评客观、逼真，敢于直陈士林领袖的局限，轰动一时，为士人所推崇，从此月旦评风靡全国。两次党锢之际，名士官僚的清议受到了很大的挫伤，士大夫清流与宦官之间更加势不两立，月旦评以臧否人物为主的民间乡社舆论更加受到士人的欢迎和追捧。许劭洞悉时代需求，标榜自持，裁量德行，月旦评站在风口浪尖之上，"寄雌黄于一人之口"，掌握人物毁誉之生杀大权。他们的品鉴评论可以左右朝廷和地方政府选官。得到正面评价的士人，仕途通畅；被负面评价，则如坠深渊。月旦评进入了鼎盛时期。

最后，东汉灭亡，诸侯割据，月旦评退出历史舞台。董卓之乱之后，东汉进入军阀混战的局面，名士逐渐逃亡各个割据政权，清议盛况不在，人物评论之风

---

① （南朝·宋）范晔：《后汉书》，北京：中华书局，1965年，第442页。

② （清）顾炎武撰：《日知录》，严文儒、戴扬本校点，上海：上海古籍出版，2012年，第531页。

③ 吴予敏：《无形的网络——从传播学的角度看中国的传统文化》，北京：国际文化出版社，1988年，第60页。

日衰，退缩为朝廷和割据政权举荐人才，桓帝、灵帝时期有全国影响的、在野的评论大家不复存在。月旦评虽盛行于一时，然持续时间并不太长。史书对于月旦评的消亡记载不多。"邵邑人李逵，壮直有高气，邵初善之，而后为隙，又与从兄靖不睦，时议以此少之。"[①]据记载，许邵因与李逵有矛盾，与许靖有分歧，评论逐渐减少，月旦评进入衰弱时期。十常侍当国，许邵目睹朝政腐败，天下将乱，不愿入仕，他说："方今小人道长，王室将乱，吾欲避地淮海，以全老幼。"[②]乃南到广陵，投奔徐州刺史陶谦，后又转投扬州刺史刘哥于曲阿（江苏丹阳市），及孙策平吴，许邵又与刘霭南奔豫章（江西南昌市），并于兴平二年（195 年）死于豫章，终年四十六岁。许靖因事得罪董卓，亦避难出走，随着许氏兄弟两人关系的破裂并分别离乡他走，月旦评便逐渐淡出了历史舞台。

二、"月旦评"的舆论环境、特征及其功能剖析

月旦评作为东汉末年"清议"的重要表现形态，其实质是一种社会舆论（民间舆论），是当时民间意愿集中的表达，反映民意和民声。林语堂认为东汉的"清议"和"党锢"事件是"中国舆论史上舆论和统治当局之间第一次有组织的争论和冲突"[③]。月旦评作为民间社会舆论，既是我国古代社会乡社组织实施管理的一种方法和依靠力量，也是一种自下而上的政治传播形式，具备了社会舆论的特征、功能，现从舆论视角对其分析。

（一）月旦评的社会舆论环境分析

关于舆论，中国古代称之为"舆诵""舆颂""清义"，指众人的意见。现代对舆论的定义虽然说法不一，但是有如下几点是相同的：一是存在某个涉及人们共通利益的问题或者事件；二是有许多个人对这个问题或事件有一种具有共同倾向性的意见，并且这种共同的意见会直接地或间接地对社会产生影响。汉武帝时期，"独尊儒术"大一统思想的提出，儒家思想成为国家的正统思想，并通过各种媒介及途径自上而下渗透到人心骨髓。儒家思想强调道德伦理，注重对民众百姓的道德教化，注重人格德行的提升。强调"仁、仪、温、良、恭、俭、让"，重视孝道。在儒家"修身、齐家、治国平、天下"积极入世态度的影响下，"入仕"成为涉及人们共同利益引起共同关注的问题，为舆论的形成提供了客体。汉朝察举、征辟

---

① （南朝·宋）范晔：《后汉书》，北京：中华书局，1965 年，第 442 页。
② （南朝·宋）范晔：《后汉书》，第 442 页。
③ 林语堂：《中国新闻舆论史》，王海、何洪亮 主译，王海、刘家林 校，北京：中国人民大学出版社，2008 年，第 26 页。

的选官制度，使乡间评议（社会舆论）找到实现政治价值的舞台。考察官员，必先考其生平，察其乡邑之誉，根据社会舆论来鉴别德行。而对于官员的生平及德行，乡社无疑是最有发言权的，"月旦评"应时而生，将乡社对人物的德行评价通过代言人许劭、许靖之口，跨越时空定时（月旦）在乡间集中表达，通过乡社各种人际传播的途径，蔓延扩大。乡间评议一方面约束乡民的行为，巩固了乡间传统的道德规范，另一方面为士人"入仕"积累政治资本，为政府举荐了人才。因此乡间流传"宁可就刑受戮，不愿为乡评所短""一玷清议，终身不齿"的说法。东汉末年，宦官外戚专权，任人唯亲，卖官鬻爵，"君权神授"及传统的"学经—通经—入仕"的为官的政治体系彻底崩塌。士人"入仕"之路受到严重阻碍，舆论热点再次引爆，反对黑暗政治成为民间舆论的焦点。为了维护政治清明，实现士人"入仕"的利益。官僚集团合同"清流"分子与宦官和外戚集团展开了激烈的舆论斗争。月旦评寓"抨击时弊"于"臧否人物"之中，将舆论影响扩大，进入了全盛时期。由此可见，月旦评作为社会舆论，在东汉末年特殊的历史背景下，曾经留下浓墨重彩的一笔。

（二）月旦评的社会舆论特征

1. 公开性。社会舆论是社会意识形态的特殊表现形式。往往以拥护或反对、赞扬或谴责的方式对某一公共问题做出公开的评价。月旦评作为一种乡社舆论，以人物品评为主要内容，将乡邻对人物德行的评价汇总，代表群体公众的意见，每个月初定时公开开评，每期品题不同，因许劭、许靖的名士身份和社会影响，乡民和士子参与人数自多，聚集听其评论，并形成议论，公开传播评论信息，对社会产生广泛影响，具有很强的公开性。

2. 公共性。月旦评舆论的公共性主要包括两个方面，即舆论指向的公共性与目标的公共性。月旦评舆论的指向主要包括人物评论（注重德行）和时政，而目标是通过品评，以"清议"方式达到"举孝廉"和激浊扬清的目的。这一舆论对象和目标，在当时时代背景下，在儒家思想的统治下，对于积极入仕的寒门子弟和豪门子弟都具有共性的感召力，社会普遍关注，具有很强的公共性的特点。

3. 广泛性与正义性。月旦评虽然发源于汝南地区，但是影响范围广泛且深远。宋人秦观有诗云："月旦尝居第一评，立朝风采照公卿。"[①]"所称如龙之升，所贬如坠于渊，清论风行，高唱草偃，为众所服。"[②]从这些语句我们可以看出，月旦评影

①　（宋）秦观：《孙莘老挽词四首》，周义敢，程自信，周雷编注：《秦观集编年校注》（下），北京：人民文学出版社，2001年，第749页。

②　（南朝·宋）范晔：《后汉书》，北京：中华书局1965年，第442页。

响巨大。后人视月旦评为"第一评",因获月旦之高评而飞黄腾达,成为达官显宦者,在朝堂上威风凛凛,其风采超过公卿大臣。如果被月旦评贬低,如同坠入万丈深渊永世不得翻身。世人视月旦评如"风行草偃"具有"魔弹论"般的传播效果,虽然有些夸大,但是足见其影响巨大。因此,四方名士,慕名而来,就连曹操都讨到"君清平之奸贼,乱世之英雄"评论,大悦而去。月旦评影响广泛,除了许氏兄弟自身刚正不阿,不畏强权的品格及精准的评论之外,还存在如下原因:(1)许氏兄弟门阀名士的自身所带的"光环效应"。许氏兄弟,出身名门,祖上位列三公,是当地有名的门阀士族和乡绅豪佑,许氏兄弟积极举贤荐能,黜恶罚奸,闻达宦府,交通乡民,影响极大且口碑好,是许多士子仰慕的对象。(2)许氏"意见领袖"的作用。在人际交往过程中,有一些人会因为社交范围广,有较多的信息渠道和较高的学识背景而经常为他人提供信息、观点或建议,并在不知不觉中对他人施加了个人的影响。在传播学中,把这样的人物称为"意见领袖"。两汉时期,传播媒介并不发达,信息传递以人际口语传播为主,特别是对于广大的乡社,信息更是闭塞,外界信息很难传递到乡野,特别是政治信息,政治信息的缺乏与民众渴望入仕的愿望之间的形成矛盾对立的关系。许氏兄弟因为祖上多是政府高级官员,因此政治信息渠道多,并能就此发表简介和评论即"月旦评",无形之中成为政治信息传播的"意见领袖",信息可信度高,传播范围广泛。"士绅豪佑代表着乡社间人际交通的枢纽,控制着城乡之间,官民之间交通的渠道。"①(3)士人开创的广泛的传播网络。东汉末年普遍讲经授学的风气,扩大了社会信息横向传播的网络,依附于豪门士族的知识分子利用各种传播途径,急速传播社会政治舆论。太学生和地方学生之间积极地交友拜谒活动,扩大了月旦评的社会影响。

4.评价主观性与偏差性。舆论是一种意见,不是一般的客观陈述,而是对事物做出的判断,具有主观的倾向性和评价性。"乡间评议"作为乡民、士人口口相传的民间印象评议,难免带有主观倾向性,客观性很难保证。对士人"孝悌"的品评也难以公允全面,以讹传讹的现象时有发生。月旦评作为一种民间舆论,偏差性体现在以两点:(1)许氏兄弟主观的倾向性和阶级局限性。许氏兄弟作为士绅豪佑的代表,对人物和时政的评论也是从维护本阶层利益出发。"月旦评"之类的"清议"是统治阶级不同集团之间斗争的工具和筹码,并不能代表民众的心声,臧否人物,各怀私心,兄弟之间也存在分歧和压制,具有很强的主观性。(2)东汉小农经济的社会形态,严重限制了乡民的传播,士人掌握了广阔的传播渠道,特

---

① 吴予敏:《无形的网络——从传播学的角度看中国的传统文化》,北京:国际文化出版社,1988年,第138页。

别是对政治信息的传播，往往左右着"乡间评议"的定论，为了获得良好的评议，士人们交汇应酬，品评标榜，互相恭维吹捧，甚至巴结掌管舆论之人的现象时有发生，使得评价具有很大偏差性。（3）东汉末年，伪名士大量出现，社会道德根基败坏。为了获得良好的乡间评议获得"举孝廉"、入仕的机会，伪士子们或伪装孝行，或矫饰友悌，沽名钓誉。如陈蕃为乐安太守期间，民人赵宣"葬亲而不闭土延隧（用泥土涂抹的墓洞）"，"因居其中，行服二十余年，乡邑称孝，州郡数礼请之。郡内以荐蕃（陈蕃，豫章太守），蕃与相见，问及妻子，而宣五子皆服中所生。"于是怒其为人"诳时惑众，诬污鬼神"，遂治其罪。这个记载记录了"孝子"赵宣为父母墓洞守孝 20 年，乡间评议成为"孝"，地方官府"数礼请之"，并举荐给太守陈蕃，以便其入仕。但是按照中国传统的礼仪，守孝期间是不能过夫妻生活的，但是赵宣却生了五个孩子，这显然是对传统的"孝廉"以最大的讽刺。伪名士的出现带来了东汉末年社会道德的败坏。魏文帝曹丕为此曾痛心疾首，在《与吴质书》道："观古今文人，类不护细行，鲜能以名节自立。"时人赵壹更是愤而言道："于兹迄今，情伪万方。佞谄日炽，刚克消亡。舐痔结驷，正色徒行。妪媮名势，抚拍豪强。偃蹇反俗，立致咎殃。捷慑逐物，日富月昌。浑然同惑，孰温孰凉？邪夫显进，直士幽藏。"①伪名士的出现，也增加了月旦评评论的偏差性。

（三）月旦评的社会舆论功能

月旦评作为我国古代社会特殊时期的社会舆论，它反映当时的社会政治现实，揭示了当时的官民关系，形成了对政府、官员的监督，约束了民众行为，对政治信息的传播功能不容忽视。

1. 对政府、官员政治监督功能。舆论作为大众的对于社会公共事件的相对集中、一致的社会心理反应，由于自身具备公共性、公开性、广泛性、评价性等特点，成为除政治、法律之外一种重要的社会监督力量，积极发挥着政治监督功能。其监督功能主要体现在两个方面，一是对政府政治制度的监督。月旦评作为汉末"清议"的典型代表，寓时政议论于品评人物之中，以褒贬时弊、激浊扬清、政治清明为目标。面对汉末的外戚宦官专政，"清流"分子以太学生为强大的后备力量，与宦官集团和外戚集团展开了激烈的舆论斗争，与朝廷对立面的权贵分庭抗礼，攻击外戚与宦官。社会舆论与君主专制政权之间形成了激烈的对抗之势。封建专制政权以"清议""结党营私"为由，采取强制镇压手段，兴起了两次"党锢之

---

① （汉）赵壹：《刺世疾邪赋》，参见龚克昌：《汉赋研究》，济南：山东文艺出版社，1990 年，第 415 页。

祸",社会舆论最终成为统治阶级集团内部互相更替时期所借助的力量和权柄交争的筹码悲剧谢幕,月旦评随着许劭逃难而退出历史舞台。但是我们可以从封建专制政权对于"清议"的镇压而看到其对于政治统治的监督约束作用,社会舆论与君权专制统治历来势不两立,二者博弈,国家政治统治最终战胜了社会舆论。其二是对官员执政及言行的监督作用。月旦评以人物评论著称,品评人物时,除了对优秀孝廉人物大力褒奖举荐外,还对品行恶劣之人进行严厉辛辣的讽刺和贬斥,就连自己的亲戚都一视同仁。《三国志》记载许靖"少与从弟劭俱知名,并有人伦臧否之称,而私情不协"。① 足见许氏兄弟对人物品评不虚妄,不隐恶,广泛的社会影响使得官员、豪门士绅即敬仰又惧怕,都纷纷收敛言行,唯恐受其恶评。"初为郡功曹,太守徐璆甚敬之。璆音求,又巨秋反。府中闻子将为吏,莫不改操饰行。同郡袁绍,公族豪侠,去濮阳令归,车徒甚盛,将入郡界,乃谢遣宾客,曰:'吾舆服岂可使许子将见。遂以单车归家'。"② 文中我们可以看出官员对许劭的敬畏之心,清廉执政,收敛言行。就连放荡不羁爱慕虚荣的的袁绍,都害怕自己会引起社会舆论,约束自己的言行,简行回家,足见月旦评对官员执政及言行的监督约束作用。

2. 对民众的约束和鼓舞功能。"在古代中国,一乡一地的舆论,可举人也可杀人。"③ 月旦评作为一种乡社舆论,反应传统社会里乡民朴素的价值观。对传统农耕社会里人际传播为主的乡民有很强的监督和约束作用,约束其遵守乡约,遵守乡间传统道德,鼓励村民兼爱、互助、孝廉。成为乡间治理的一种手段。另一方面,作为察举征官制度的重要组成部分,为了个人前途命运,约束士人小心品行节操,隐恶扬善,为入仕争取舆论政治资本,无形之中也具有鼓舞其遵守传统道德的作用。

3. 政治信息的传播功能。月旦评作为汉末"清议",以特殊的方式传播了大量的政治信息,表达了民众对政治统治的意见。中国古代社会,由于自给自足的农耕经济占统治地位,乡社信息传播渠道和媒介极其缺乏,政治信息很难到达乡土民间。许氏兄弟因其家族显赫地位,具备了优先获得政治信息的条件,同时作为乡绅豪佑成为乡社之间人际交流的纽带,控制了城乡之间、官民之间的传播的渠道,成为政治信息传播的"意见领袖"。许氏兄弟以信息"把关人的身份"借用"月旦评"的传播形式,寓政治信息于人物评论之中,褒贬时弊,激浊扬清。在人

---

① (西晋)陈寿:《三国志》,郑州:中州古籍出版社,1996年,第10页。
② (南朝·宋)范晔:《后汉书》,北京:中华书局,1965年,第442页。
③ 吴予敏:《无形的网络——从传播学的角度看中国的传统文化》,北京:国际文化出版社,1988年,第134页。

物评论的同时，完成了政治信息的传播和反馈的双重过程，反映了民众对于政治统治的评价。汉末讲经授学的社会风气，扩大了政治信息传播的社会网络。经学的主要受众群体是遍及全国各地的太学生，开拓了横向的社会信息网。京师太学生又和各郡的国学和私塾学生保持着频繁的交流活动——"以文会友"，延伸了信息传播的纵向网络。这些依附于名门豪族的知识分子利用人物品评（如月旦评）、民谣、谚语等口语传播形式，简要快捷地传递政治信息。当时社会上所谓的"乡里之号""时人之论""京师之语"满天飞腾。这些谣谚，即褒奖同党，又贬斥揭露政敌。比如朱伯厚敢于弹劾中常侍车骑将军匡超谚语"车如鸡栖马如狗，疾恶如仇朱伯厚"。①月旦评因强大的社会影响力，吸引了众多的太学士子，利用广阔的传播渠道和独特的传播媒介，反映社会舆论，传递政治信息，发挥社会政治功能。

三、"月旦评"的历史评价及当代启示

古今中外，对于月旦评的评价褒贬不一。褒如："许劭仕郡为功曹，抗忠举义，进善黜恶，正机执衡，允齐风俗。所称如龙之升，所贬如堕于渊，清论风行，所吹草偃，为众所服。"顾炎武曾高度评价月旦评："天下风俗最坏之地，清议尚存，犹足以维持一二。至于清议亡，而干戈至矣。"②贬之："月旦，私法也"③，"不过借以植党树私，不足道也"④等。笔者认为评价月旦评应立足于当时的社会历史现实，重视其正面影响，辩证分析评价。

（一）"月旦评"作为古代民间舆论形态的积极意义

1.激浊扬清、左右议论，改善社会风气。月旦评面对当时的昏庸政治，寓政治评论于人物品评之中，针砭时弊，激浊扬清，不虚美，不隐恶，不中伤，能辨人之好坏，能分忠奸善恶。对政府、官员起到威慑、监督制约作用。以人物评论举荐乡间品行高洁的"孝廉"之士，左右乡间舆论，辅助乡社治理，约束乡民行为，维护传统道德规范。无论对于朝廷和地方都有改善社会风气的作用，虽然效果有限。

2.举荐人才，倡导入仕公平正义。月旦评以"人物品评"对当时朝廷宦官和

① 吴予敏：《无形的网络——从传播学的角度看中国的传统文化》，北京：国际文化出版社，1988年，第140页。

② （清）顾炎武撰：《日知录》，严文儒、戴扬本校点，上海：上海古籍出版，2012年，第532页。

③ （清）钱大昕：《廿二史考异》，苏州：凤凰出版社，2008年，第290页。

④ 余嘉锡：《世说新语笺疏》，北京：中华书局，2007年，第495页。

外戚专权、卖官鬻爵交易现实予以揭露，为寒门士子振臂高呼，倡导正义公平维护"学而优则仕"传统。同时，利用乡社评论举荐人才，为朝廷举荐了大量的优秀人才。"始发明樊子昭于膏幢之肆，出虞永贤于牧竖，召李叔才乡间之间，擢郭子瑜鞍马之吏，援杨孝祖，举和阳士，兹六贤者，皆当世之令爵也，其余中流之士，或举于淹滞，或显之于童齿，莫不赖劫顾叹之荣。"① 由此可见，和郭泰一样，许劭对那些才能突出，品行高尚的人举荐，并没有考虑其出身和门第，公平正义，尽力举荐，为国家举荐了优秀人才。

3.月旦评推动了"九品中正制"的选官制度的产生。九品中正制仍是延续了这种少数人掌握人才品鉴之权威的发展趋势，只不过朝廷中枢的中正官取代了月旦评和士人"清议"，重新树立起中央权威，令政府掌握舆论主动权。许靖成为后来重要的中正官，具有进步意义。

当然，月旦评对后来的豪门士族的结党营私也起到了推波助澜的作用。月旦评抑此扬彼的评论风格及评议的偏差性，也加剧了党派之间矛盾和斗争。晋代葛洪在《抱朴子》外篇《自叙》中说："汉末俗弊，朋党分部，许子将之徒，以口舌取戒，争讼论议，门宗成仇，故汝南人士无复定价，而有月旦之评，魏武帝深亦疾之，欲取其首，尔乃奔波亡走，殆至屠灭。"② 余嘉锡先生则谓之："许劭所谓汝南月旦评者，不免臧否任意，以快其恩怨之私，正汉末之弊俗。虽或颇能奖拔人材，不过借以植党树势，不足道也。"从两段文字我们可以看出，月旦评虽然能够举荐人才，但是评议主观倾向明显，加剧朋党之争，并最终导致了政府的干涉，月旦评最终退出历史舞台。

（二）"月旦评"的当代舆论引导启示

是非功过任人评说。"月旦评"作为中国历史上的民间舆论，随着历史的车轮已成为过去，但是"月旦评现象"并未消失。随着互联网和新传媒的发展，舆论信息的传播速度变得即刻瞬时、传播范围空前广泛，传播媒介多样化、立体化。同时，公民的知情权、言论自由、参政议政的意识空前高涨，社会舆论前所未有地活跃起来。社会舆论是社会变动的晴雨表，是社会和谐发展的风向标。如何良性引导社会舆论，正确运用社会舆论为社会发展服务，值得政府和每一个公民深思。

月旦评的兴盛历程启示我们：其一，古代社会舆论的兴起，多产生于政治昏

---

① （南朝·宋）范晔：《后汉书》，北京：中华书局，1965年，第442页。
② （晋）葛洪：《抱朴子外篇下》，庞月光译，贵阳：贵州人民出版社，1997年，第972页。

庸、政权交替之际。执政者忙于争权夺利，疲于政治斗争，无暇顾及清明政府形象塑造，开明政府舆论的传播，面对暴政，民怨起，民间舆论兴。其二，古代社会，小农经济的社会现状，阻断了政治信息传播渠道。政令不通，信息闭塞，官僚士绅与普通民众的政治信息不对称，"知沟"加大，"月旦评"成了民众获得政治信息的唯一渠道，因此，迷信"意见领袖"，追逐政治信息成为全民驱使，民间舆论空前强盛。其三，重视"意见领袖"对民间舆论的控制引领作用，对政治信息的"二级传播"功能。重视民间舆论产生的人际背景及其自身的偏差性，积极运用民间社团传播的力量，传递政治信息。其四，客观评判民间舆论的社会功能，并积极利用合理的成分。月旦评对社会的监督和制约作用，为广大士子争取公平公正的入仕环境，维护传统的道德伦理，功不可没，政府应积极吸收利用，清明政治，服务于政治统治。最后，正确认识民间舆论与政府舆论及执政的关系。中国古代"民本思想"由来已久，"民为贵，君为轻""水能载舟亦能覆舟"是民本思想最直接、深刻的反映，是民间舆论存在的最为厚重的文化土壤。但是民间舆论与封建专制的君主政权又形成二重对立的关系。此消彼长，矛盾不可调和。如今，我国国家的性质决定了，我国政府代表了广大人民的根本利益。民间舆论与政府舆论虽然会有差别，但却具有终极目标的统一的关系，共同服务于富强、民主、文明、和谐的社会关系。

互联网时代，我们首先应该正确认识民间舆论与政治传播之间对于建设和谐社会的统一关系，加强对社会舆论的监测，充分发挥与利用"舆论领袖"的凝聚与传播作用；其次广泛开辟政治信息传播的渠道，政务公开，管理透明，塑造良好的舆论环境；最后，加强政府舆论对民间舆论的引领作用，主动设置"舆论议程"，将舆论形成过程由来源于群众转变为来源于政府，传播到群众中为主的路径，掌握舆论形成的主导权。形成民间舆论与政府舆论有效互动，政府舆论引导民间舆论，从而实现塑造中国政府良好世界形象、构建官民同乐的和谐社会之目标。

（田素美 谢清果）

老子传播思想视域下的两岸文化交流研究

两岸文化交流是促进两岸民众民族认同，增强中华文化凝聚力的基本路径。然而，文化交流也遵循其内在的规律。两岸共有的传统文化经典本身就是文化认同的重要载体，也是两岸民众集体无意识的主要来源。因此，我们以《道德经》中蕴藏的传播思想来审思当前的两岸文化交流，以期增强交流效果，推动两岸关系和平发展。

引言

老子素有"中国哲学之父"的美誉，老学业已成为一门显学。近年来从传播学的视角研究老子及其《道德经》逐渐成为新的研究领域。其中，著作方面，厦门大学谢清果主持出版的《和老子学传播——老子的沟通智慧》《和老子学养生——老子的健康传播智慧》《和老子学管理——老子的组织传播智慧》《〈道德经〉与当代传媒文化》《大道上的老子——〈道德经〉与大众传播学》等著作成为这一领域有代表性的成果。此外，魏超所著的《老庄传播思想散论》以随笔的方式并结合当代传媒事件呈现出老庄在传播符号、传播技巧等方面的传播智慧。论文方面，有笔者的《内向传播的视阈下老子的自我观探析》（《国际新闻界》，2011年第6期）《老子的组织传播思想纲领初探》（《今传媒》2011年第3期）、温军超的《媒介融合视角下的老子文化海外传播研究》（《新闻知识》2013年第3期）、蔡铭泽的《老子传播思想探析》（《湖湘论坛》，2012年第6期），等近30篇。学位论文方面，仅有聂颖杰硕士论文《论老子传播思想及其价值》（南京师范大学，2015年）。以上这些论著都从一些侧面论述了《道德经》具有深刻的传播思想，大体上可以归纳以下几个方面：其一，"尊道贵德"的传播原则；其二，"处下不争"的传播策略；其三，"无为而为"的传播辩证法；其四，"道法自然"的传播价值观。不过，还未发现有论著将老子的传播思想运用于分析两岸文化交流领域，因此，本研究具有一定新意。

众所周知，当前由于台湾当局（执政的民进党）刻意回避"九二共识"，破坏了两岸"同属一中"的政治基础，在此情景下，如何深化两岸民众交流，增进"两岸一家亲"的同胞之情，成为摆在两岸人民面前的一道难题。而促进两岸文化交流，加强两岸人民的感情与共识，是实现海峡两岸和平统一的基础，也是"和平统一，一国两制"国策的重大实施举措。自 1978 年至今，海峡两岸之间的文化交流得到快速发展，与此同时两岸之间的文化交流仍存在一些隔阂和阻碍。2012年马英九竞选获胜，民进党郑重提出就两岸议题进行反思。转眼间，2016 年台湾"大选"蔡英文胜出及其之后的台湾《联合报》民调表明台湾民众"中国人"认同比率仅为 11%，令人忧虑。这些现象告诉我们：一方面应肯定这些年来两岸交流的努力与成就，另一方面使我们清醒地认识到加强两岸文化交流的重要性。中华文化作为连接两岸人民的重要纽带，有助于夯实共有的精神家园，并基于共同的文化认同进而促进民族认同，增强凝聚力，而文化的传承大都是通过耳濡目染，潜移默化来实现的，急功近利、刻板说教的交流方式反而会引起适得其反的效果。因此，如何将"文化统战"的策略良好地运用到两岸的文化交流中，具有重要意义。

老子的智慧是两岸共有的文化财富，深刻地影响着两岸民众的交流理念与方式。因此，我们选择以老子的传播思想来反思两岸文化交流历史与现实，期望能对改善和深化两岸文化交流的指导思想方面贡献我们的智慧。本文根据话题的特殊性和重要性，将老子传播思想有针对性地表述为如下几个层次互动意识："和光同尘"的平等沟通意识、"道法自然"的受众中心意识、"为无为"的传播原则。下面尝试详细分析。

一、以老子"和光同尘"的平等沟通思想推动两岸文化交流

"文化"的定义虽有许多种，著名学者李宗桂认为"文化是代表一定民族特点的，反映出理论思维水平的精神面貌、心理状态、思维方式和价值取向等精神成果的总和"①。关于文化的结构，沈祖祥先生指出："文化学家比较一致的看法是，文化由三个不同的要素和层面构成：一是文化的物质要素和物质层面，即我们通常所说的物质文化，主要包括各种生产工具、生活用具以及其他各种物质产品；二是文化行为要素和行为方式，即我们通常所说的行为文化，主要包括行为规范、风俗习惯、生活制度等等；三是文化的心理要素和精神层面，即我们通常所说的精神文化或观念文化，主要包括思维方式、思想观点、价值观念、审美情趣、道

---

① 李宗佳:《中国文化概论》，广州：中山大学出版社，1988 年，第 8 页。

德情操等。"① 显然，在文化的这三个层面上，大陆与台湾同为中华文化的有机组成，中华文化在台湾根深叶茂，台湾文化丰富发展了中华文化，因此，海峡两岸同根同源，其同源性和相似性是不容置疑的。

在物质和衣食住行方面，几千年间不同区域的大陆人带着故乡的衣物来到台湾，秉承故乡的生活习性和衣着习惯，台湾地区的饮食习惯也与大陆尤其是福建省有着一定的相似性，以面和米为主食。近代以来，台湾地区人民的物质生活虽然较早和较深地受到西方文化的熏染，但其基本的衣食住行依然具有中国几千年文化的深深烙印，具有极强的生命力，这不是简单的文化异化所能改变的。在精神观念方面，无论是宗教信仰还是哲学观念，两岸都具有明显的同根性，深受儒道文化和几千年中国传统美德的熏陶。

许嘉璐认为语言是特殊的文化现象，它既不属于主观世界也不完全属于客观世界，具有介于二者之间的性质。因此，不属于三个层次。但语言又是反映文化的重要载体。② 汉字作为两岸共同使用的文字，在两岸文化交流与寻源中有重要的作用。台湾宝岛上以讲"闽南话"和"客家话"为多数，台湾同胞把台湾的"普通话"称为"国语"，是对祖国文化认同感的表现之一。姚同发在其所著的《台湾历史文化渊源》中提及："台湾各类艺术的缘起与发展，与大陆紧紧相连；台湾诗社由于大陆文人的入台而得以勃兴；台湾书画留下了文人一些痕迹实由大陆分根发脉；台湾金石承续的是大陆遗风；台湾民间艺术更是接续原乡风韵。事关人才培养的台湾教育，其制度统统由大陆移入，科举取士则为大陆原版，书院主祀之朱子神位，与八闽文化一脉相承，显示台湾与中原文化深厚的渊源关系。"③ 虽然近代以来台湾受西方文化的熏染较为深重，但其本质并没改变，我们积极推进两岸文化交流，就是要让两岸人民尤其是台湾年轻一代认识彼此文化的同根同源性。

老子《道德经》五十六章中有"挫其锐，解其纷，和其光，同其尘"④，从交流的角度看，我们可以将其理解为：在我们逐步了解认识道的过程中，要不断地消磨认识的锋锐部分（对立的观点），理清消解认识的意见分歧（多元的观点），吸收融合各种观点的光辉（融合创新），同归于遍在的尘埃（形成共识）。如果我们把"道"视为两岸交流互通的根本文化精神，那么，两岸人民只有同归于这一精神，才能确立起交流的情感基础。换言之，两岸人民要想真正了解自己的文化，

---

① 沈祖祥：《旅游文化概论》，福州：福建人民出版社，2001 年，第 7 页。
② 许嘉璐：《许嘉璐论文化》，贵阳：贵州人民出版社，2005 年，第 27 页。
③ 姚同发：《台湾历史文化渊源》，北京：九州出版社，2002 年，第 120 页。
④ （魏）王弼著，《王弼集校释》（上），楼宇烈校释，北京：中华书局，1980 年，第 148 页。以下引用该书只注章数。

汲取文化中的精粹，必须通过文化交流这一途径，才能逐渐相向而行。

两岸文化本就是同根同源的中华文化，尽管台湾地区的文化深受西方文化的影响，但其主流和核心本质仍是几千年中华文化的地域呈现。可见，积极进行两岸文化交流，也是促进中华文化在台湾地区继续发扬光大，加强两岸和平发展的必经之路。《道德经》第四十二章有言"万物负阴而抱阳，冲气以为和"，这也是道家思想关于"和"的理念的表述。由于种种原因，两岸的文化表现出了各种各样的差异，出现了种种的"不和"，在"冲和"中进行文化交流，即是要通过这种方式在"不和"的基础上走向"和"。不过这种"和"，并不是意味着要去"同化"，去泯灭文化的个性，而是去达到更好地沟通与理解。亦即以文化为纽带和桥梁，唤醒台湾民众的寻宗意识，加强两岸人民感情，促进两岸和平统一。

传播学者拉斯韦尔曾指出，大众传媒具有监测环境、协调社会、传承文明三大功能。两岸的媒体人自觉地通过交流来共同承担起传媒在反映两岸交流状况，沟通两岸民意，传承中华文化方面的功能。2012 年 8 月 26 日第四届海峡媒体峰会在福州举行，本次峰会以"繁荣中华文化与两岸媒体的责任和机遇"为主题，两岸媒体人形成一个共识，那就是两岸媒体竞争在所难免，但在维护民族利益、繁荣中华文化的大问题上则应当联手把中华文化推向世界，大会最终通过了《繁荣中华文化共同建议书》，强调两岸媒体要非常好地策划组织灵活多样的文化交流推广活动，宣扬和倡导中华文化的核心价值。可见，就作为文化交流重要组成部分的媒体交流也意识到中华文化是彼此联系的纽带，是推动两岸合作交流的内在精神动力。[①]

二、以老子"道法自然"的传播思想夯实两岸民众交流的文化心理基础

国民党退踞台湾后，处于统治的需要对中华文化进行"传统的延续"，而到了李登辉、陈水扁执政期间，却主张"文化台独"，恶意丑化中华文化，致使许多台湾年轻人淡漠了中华文化意识，这对中华文化的认同以及两岸的和平统一都是很不利的。近代以来，台湾较早受到西方文化的熏染，接受了西方文化中有利于社会民主进步的因素，但博大精深的中华传统文化依然占据主导地位。总之，文化认同感受到政治因素干扰，同时又能反作用于政治。在这种文化背景下生活的台湾民众厌恶刻板说教式的文化灌输和传播者居高临下的态度。1998 年夏天，台胞林滴娟在辽宁海城遇害，在台湾民众最需要客观、详尽、真实的报道以了解真相的时候，大陆的一些对台报道文本却极力渲染林遇害时大陆人民表现出的"同胞

---

① 参阅 燕子、林芹：《两岸嘉宾共商如何弘扬中华文化——第四届海峡媒体峰会昨天在福州举行》，《海峡导报》，2012-08-27（18）。

情"，而忽略了对台胞遇害案客观、及时的报道，使得新闻报道显得苍白而做作，不可避免地引发了台湾同胞的反感。由此反省，我们大陆媒体在对台交流时往往忽略了台湾同胞的感情和心理，不由自主地站在大陆一方的立场来从事新闻活动，相当程度上是以灌输和宣传的基调进行交流，没有注重传者和受者的平等，这样其实是交而不流，沟而不通。

对于这种情况，我们也可以从老子《道德经》中得到一些启示。"少则得，多则惑"出自《道德经》第二十二章，运用到两岸文化交流中来，则可理解为我们在进行对台文化交流时，不可急于求成，将基于大陆文化而产生的思想观点不分时机和场合地一股脑儿传播过去，而不顾及台湾民众对文化内容的喜好以及接受程度，如此一来非但不能达到有效交流的效果，反而会引起台湾民众的厌恶甚至排斥，效果适得其反。文化的影响是随风潜入夜，润物细无声的，只有本着真诚友善的心态，开诚布公，又有理有利有节地稳步推进彼此交流，才能拉近彼此的心灵距离，否则，可能是越交流，心理距离越远。其中的关注，便是认同的力量。

《道德经》第二十三章有言"同于道者，道亦乐得之。"对此，我们可以理解为：在进行两岸文化交流时，要先对台湾民众的接受心理进行研究，尤其是对每次交流的效果进行跟踪分析，注意细节的得失，倾听台湾民众的感受，而不是凭自我感觉，凭自己的一颗真心。然后，根据台湾同胞的价值观和接受习惯调整交流策略，从而使台湾受众"乐得其道"，真切地感到彼此是一家人。

《道德经》第十二章告诉我们："五色令人目盲，五音令人耳聋，五味令人口爽，驰骋畋猎令人心发狂。"此句基本含义是指缤纷的色彩使人眼睛昏花，变幻的音响使人耳朵发聋，丰盛的美食使人口味败坏，驰骋打猎令人心意狂荡，珍奇财宝令人行为不轨。几千年积淀的中华传统文化博大精深，包罗万象，形式缤纷，不过，要达到交流的实效，我们得选择合适的交流途径，例如民俗信仰。闽台间有妈祖信仰、保生大帝信仰，开漳圣王信仰等，开展两岸宫庙往来，加强神缘关系的共同认知。还有两岸竞技体育、两岸社区营造等方面。总之，是要将这种文化中最天然和淳朴的精华部分与台湾地区进行交流，同时也注意汲取台湾在文化创意产业发展方面的优势，一方面让台湾民众接触到最原汁原味的中华传统文化的结晶而不是变了味的或者经过精雕细琢的"手工艺品"文化；另一方面通过两岸共同弘扬中华优秀传统文化，打造文创产业交流合作平台，夯实两岸文化同根同源的现实基础。

三、以老子"为无为"的传播策略来构建两岸文化交流的桥梁

我们早在《和老子学传播——老子的沟通智慧》一书中，提出老子传播智慧

中传播内容即"道"，道家提倡"道法自然"，从传播者的视角出发，从传播者自身的"无为"理念，传播过程的"自然"方法，以及受众的"自化"效果，三个方面深入探析老子"无为"思想蕴藏着的传播智慧。[①] 如此我们以此传播思想来观照两岸文化交流这一课题，从老子《道德经》中的传播思想中探寻启发，以求构建起有利于两岸交流的桥梁。

（一）"常无欲，以观其妙"的静思方法：由感性认识上升到理性认识，是人类认识论质的飞跃。从"虚无"的思维视角观察、认识事物是老子的一项伟大创举，他首先开启了"形而上"的认知思维方法，而在此之前人们对事物的认知偏重于视觉思维，不论是观察还是分析都建立在感觉经验的基础上，难以超越有形的思维空间。"求真务实"是我们工作的原则，在两岸文化交流的过程中，有时"务虚静思"也是必不可少的思维方式和工作方法。

中华传统文化具有悠久性、兼容性、独创性、统一性和多样性等特征，在中华民族悠久的发展历程中它已经像血液一样侵入到每一个炎黄子孙的内心，海峡两岸的民众对博大精深的中华文化也都有深刻的认同感，海峡两岸应当在双方都认同的共同因素中去深化进一步的沟通，比如两岸都认为双方都有着自强不息的精神、民族认同的心理、恋土归根的意识、内聚凝合的情感、企求和平发展的愿望等。这些精华的部分在海峡两岸的人民心中特别容易引起共鸣，无形中起到了促进两岸交流的桥梁作用。在两岸有心人的推动下，从 2009 年开始，两岸故宫开始互访。据报道，当两岸故宫互赠礼品时，双方突然发现，彼此不约而同地选择了《清明上河图》的复制品。不同的是，北京故宫采用的是张择端的版本，台北故宫选用的是清乾隆时期院体画的版本。时任台北故宫副院长冯明珠当时就笑道："《清明上河图》里桥多，我们需要桥来沟通嘛。"在这样的沟通过程中，我们不一定要求见到立竿见影的传播效果，但求引起两岸同胞的心理共鸣，这个效果可能是更长期的且隐形的，但对于加强两岸人民团结统一却起着不可忽视的推动作用。

（二）"不言之教，无为之益，天下希之"的情感交流：老子强调无为之治，让人的自觉性能够被发挥到极致，其实质是倡导一切都按照自然的法则自然地行事，不要强迫什么，更不要把自己的意志强加于他人。让人干自己不愿干的事情，那就成了我们今天所谓的"统治"或"管控"。在老子看来，那是一种压迫下人的不正常作为，必然会产生畸形的后果。尽管其结果可能在一时一事上让人失去方向，而表现出盲目的乐观姿态，但最后的结局却非常地让人心生逆反，进而相背

---

① 谢清果：《和老子学传播——老子的沟通智慧》，北京：宗教文化出版社，2010 年，第 1—30 页。

而行。因此，在两岸文化交流的过程中，我们也应注意避免出于一定的目的而进行强硬的说教，相反，当多以"不言之教、无为之益"的方式进行自然的文化交流。

台湾"和统会"副会长郭俊次说："众人皆知，'文化'最大功效，是潜移默化，耳濡目染，不知不觉地'内化'到心中；只要一代，其威力不亚于陆海空三军。"传统文化是两岸人民共同的财富和骄傲，文化的认同和共识也是推动两岸和平统一的基石。在目前台湾青少年一代中，中华传统文化意识却较为淡薄，他们的成长过程中受到各种各样以美日为主的西方文化的影响，对饱含中国传统文化的艺术生活形式却不加认同甚至是排斥。在这种情况下，如果大陆地区打着宣传、统战的噱头对台湾地区进行狂轰滥炸式的或者居高临下说教式的文化输出，难免会引起台湾人民尤其是青少年一代的抵触情绪，这样不仅是对和平统一大业起反作用力，也是对中国传统文化的扭曲和摧残。举例来说，2005年10月，我国"神六"发射成功。中央电视台和台湾的东森电视台合作主办的《东方时空》特别节目——"两岸看神舟"在东森电视台播出后，台湾2300万电视观众与大陆人民一起目睹神舟六号发射成功后欢欣鼓舞，极大地增强了民族自豪感。整个节目过程中没有出现宣教式的文化输出，但是效果却使台湾同胞们切切实实地体会到了两岸共同的文化自豪。可见，老子提倡的"行不言之教"传播策略，能够启发我们将文宣的目的隐藏起来，将大陆中华文化最传统和美丽真实的一面展现给台湾同胞，唤起他们对中华文化的向往之情，继而产生认同和追求。例如近年来厦门举办的"海峡论坛"期间举行的两岸郑成功文化节，两岸"同名村　心连心"交流活动等，以及"闽台宗亲族谱对接"等活动，极大地激起两岸民众的交流热情。

（三）"信言不美，美言不信""多言数穷，不如守中"的交流心态：强词夺理的结果是理屈词穷，滔滔不绝的结果是威信扫地，压服的结果总是压而不服。在我们的日常生活中总是难免碰上一些自己无能为力之事，这个时候或许我们根本就无法找到合适的方式去对待，亦或许根本就没有正确的方式，此时我们应该做的也许根本不应该是绞尽脑汁，想尽办法去对待，这时候最好的解决方法也许是保持适当的度，保持沉默，顺应自然。有学者分析说，人们都喜欢说自己的长处和优点，都愿意在别人面前过多过少地炫耀，这是虚荣心在作怪。所以与人交往时，如果对别人有所求，只要使对方多诉说他最得意的事就行。法国大哲学家洛士佛科说："与人谈话，如果自己说得比对方好，便会化友为敌，反之，如果让对方比自己说的好，那就可以化敌为友了！"这句话真是说得一针见血！如果对方总是夸自己的长处，并陶醉其中，觉得自己像个伟人，那么你就不妨多谦逊一下，表示卑小无能，这便自然容易获得对方的好感。"[1]

在进行两岸文化交流的过程中，我们也应当接受老子"不如守中"的教诲。反思近年来的两岸文化交流，我们大陆地区通常有一种文化母地的优越感，且有意无意地表露出一种居高临下和施与的交流态度，而这种态度恰是交流对方所反感和厌恶的。因此，无论是两地民间组织还是两地官方的文化交流，都应秉承一种平等对话的态度而不是自上而下的宣传和施教。老子"多言数穷"警示也是对两岸交流实践一针见血的建议。中华文化的表现形态丰富多彩，我们在进行两岸文化交流时应该针对不同的文化形式，尽量向台湾民众展现出这种文化的原生态，亦即此种文化的本来面目，而不要掺杂进一些急功近利的过多修饰成分。否则，台湾民众就不会看到基于两岸文化的同根同源自然而然生发的文化认同感，而是感到隐藏于这种文化形式中的统战意图，而心生厌烦，这样的传播效果也是我们所不愿看到的。因此老子提醒人们的"信言不美，美言不信"对我们深化交流是有深刻启示的，从传播学的视角看，我们如果用过分华丽的语言来传播自己的文化，反而会引起受众对传播内容的质疑，以至于影响传播内容的接收。举个例子来说，《爷爷，您回来了》是 2005 年前中国国民党主席连战访问中国期间，由西安后宰门小学演出的一组诗歌朗诵与舞蹈节目，因第一句话为"爷爷，您回来啦！您终于回来啦！"而闻名。此节目经现场直播后引起华人地区的轩然大波，因为表演形式、用词和语调与"文化大革命"的"样板戏"类似，许多人认为这反映了策划者的政治思维僵化、行为呆板的思维，整个表演充满成人意志的表演风格，更是对出演的孩子的侮辱。此外，由于"爷爷，您回来了"知名度很高，在节目播出后不久，台湾电信业者即推出改版的手机铃声。2005 年 12 月 20 日，中国《新周刊》也评选此为 2005 年度最经典语录榜首。该事件是两岸交流的典型负面教材，用过于感性化的言语和行为导致了台湾民众的抵触甚至是两岸民众共同的耻笑。这样的做法无论是在文化交流还是其他各项事务交流中都是极不可取而应着力避免的。因此我们在两岸文化交流的过程中，应当避免赤裸裸的统战情怀，尽量将中华文化中最质朴和美妙的部分展现给传播对象，这样的传播效果自会取得最佳的效果，也就是老子所说的"百姓皆谓：我自然"。

老子学说的精华部分在于"无为而治"，老子认为天地万物都是由道化生的，且天地万物的运动变化也遵循道的运作规律。同理，两岸的统一是大势所趋，也是两岸民众的共同愿望，不会以个别个人、组织和政党的意志和小动作而改变的，

---

[1] 关涛编著：《20 岁以后要懂得的 100 个人生智慧》，北京：化学工业出版社，2010 年，第 187 页。

我们大陆地区在进行两岸文化交流时也无须急于求成，而是要寻求一种台湾地区民众所喜闻乐见的方式来进行中华传统文化的交流，尤其是促进两岸共同承担起向世界弘扬优秀传统文化的责任。以"无为"的方式，达到"有为"的结果，这是两岸文化交流最有效的途径，不过，如何细化和优化这一途径，还需各界文化工作人员在如上总原则基础上进行深刻的思考和改进。有了这方面的努力，两岸文化交流乃至两岸关系和平发展的未来一定会更加美好！

（谢清果 姚家君）

妈祖文化中的道家元素与信俗传播的社会功能

　　妈祖文化历经千年传承，已然成为中华民族文化精神的重要载体。例如，妈祖名"默"和海上女神的身份在精神气质上与道家"无""不言""慈""水"论、崇母情结等思想都有着内在的暗合。进而言之，妈祖信俗在包括港澳台在内的海内外传播，成为联结炎黄子孙的共有精神纽带，成为增强民族凝聚力和文化认同感的着力点，因此，大力促进妈祖信俗传播是增强文化话语权、文化软实力的有效路径。

　　妈祖作为海内外中华儿女信仰的女神，她一开始被加封神号时便是道门的封号，这不是没有理由的。道理很明，妈祖生前是有神力的女巫，她近人侍神，受乡里乡亲爱戴，其升天后，自然为众人怀念，而上升为一种精神信仰。借由民众信仰的念力，沟通天人，福荫苍生，妈祖成为海上航行的保护神，被誉为"海峡女神"。可以说宋代以降的大多华人移民，尤其是通过海上移民的华人华侨把对妈祖的信仰，传播到世界各地，也成为全球华人联系的重要精神纽带。随着妈祖信俗进入世界非物质文化遗产名录，妈祖成为一张彰显中华文化软实力的名片。

　　纵览已有对妈祖文化研究的成果，不难发现，探讨妈祖与道门关系的文章极少。在中国知网上以妈祖与道作为关键词搜索，只有四篇相关文献：叶明生的《妈祖信仰与道教文化——民间道坛之妈祖信仰相关科仪及文化形态考探》(《福建师范大学学报·哲学社会科学版》，2009/03)、谢重光的《妈祖信仰与儒、释、道三教的交融》，《汕头大学学报》1997/05)、李舒燕、马新广的《佛道介入与妈祖信仰的嬗变》(《广东海洋大学学报》，2008/02)、王文钦的《妈祖崇拜与儒释道的融合》(《孔子研究》，1997/01)。这四篇论文均为探讨妈祖信仰中儒释道元素是如何融入这一问题，却还未在妈祖精神的文化内核中探讨与道家思想的关联，因此，本文的写作出发点便是探讨妈祖信仰中的文化元素与道家创始人老子《道德经》精神上的契合。在此基础上，探讨妈祖信俗传播对于增强中华文化软实力的重要意义。

一、妈祖之"默"与道家之"无"

妈祖，原名林默，因其"至满月不闻啼声"，故起名"默"。这一"默"字正道出了妈祖精神中的道家特质之一即"无"。此"默"，即不言，是道家老子哲学的核心理念之一。默，或不言，是道家独创的"无"范畴在人生哲学上的实践概念。世人大多易于执着于有，念念不忘功名利禄，活得不自在，不洒脱。而道家的学问核心在于"知阳守阴""视有若无"。道家倡导做回自己，珍爱生命，热爱生活，崇尚虚静，无为不争，自然大顺。

（一）默与"无"的呼应，彰显出妈祖大爱无疆

老子有言："天下万物生于有，有生于无"（《道德经》，第四十章），"无名，天地之始"（第一章），他强调了道以无而创生万有，而万有终归于无，宇宙天地处于"有无相生"的永恒运动之中。虽然道创生了万物，但道却始终秉持"生而不有，为而不恃，长而不宰"的品格，不与物争功。道生育了万有，却不执滞于万有。道还是道。正因如此，老子曰："道之尊，德之贵，夫莫之爵而常自然也。"道不求万物的回报，而万物则在本性上却有着向道的回归的趋势，莫不自然而然地尊道贵德。

"默"突出妈祖胸襟之巨大包容性。正如道因其"无"显其大，而妈祖则因其默而显其"伟"与"威"。

（二）默与"不言"的相应，体现了妈祖的人生大境界

老子有言："言者不知，知者不言。"对此，白居易曾作诗曰："言者不知知者默，此言吾闻于老君。若道老君是智者，缘何自著五千文。"白居易本义是想揶揄老子，其实正暴露出他对老子思想的误读。此处，老子强调的是"慎言"。而这一思想其实源于黄帝六铭之一的《金人铭》："古之慎言人也，戒之哉！无多言，多言多败；无多事，多事多患。"[①]可见，老子此句传承的是上古的治国安邦和安身立命的智慧。老子在《道德经》中还反复强调"希言"守中，"行不言之教，无为之益，天下希能及之"（第四十三章）。且鲜明地反对"虚言"，力求做到"善言"。因此，默不是不言，而不言也不是不说一句话，而是说，言而无"瑕谪"，言必合道，言所当言，不当言则默。因此，妈祖之"默"的品格体现的正是道家为人处

① （汉）刘向撰，赵善论疏证：《说苑疏证》，上海：华东师范大学出版社，1985 年，第 293 页。

事的低调、踏实。

二、妈祖的"海神"形象与道门之"水"论

（一）水之七善与妈祖之万能

妈祖信仰中的核心功能是作为海上保护神，与"水"直接相关。而道家是"尚水"的。老子有言："上善若水。水善利万物而不争，处众人之所恶，故几于道。"（第八章）水的德性是接近于道的。而水有哪些德性呢？"居善地，心善渊，与善人，言善信，政善治，事善能，动善时。"善地即水之处下品格；善渊即水之积蓄品格；与善人（仁），能够善利万物而不争，"天道无亲，常与善人"（第七十九章）；善信即水之信期，潮涨潮落都有其规律；善治即水之随圆就方，无所凝滞；善能即水滋养万物，而不争；善时即水之春夏秋冬各有其形态，与时偕行。

（二）水之归海与妈祖之敬道崇德

道经有言："道之在天下，犹川谷之于江海。"天下归道，如同百川归大海。海之广阔，海之变化，海之威力，人们都敬畏它，如同敬畏道一样。据《敕封天后志》记载："后十六岁时，与群女闲游，照妆于井中，忽见神人捧铜符一双，拥井而上，有仙官一班迎护状，诸女骇奔，后受之不疑。少顷，乘虚而化，莫不惊异。常身在室中，神游方外，谈吉凶祸福，靡不奇中。"此传说暗含妈祖的神通乃是受道门神人授法而来，而此神乃是井而上，似乎与暗示了妈祖之神通与水相关，这与其此后海上救难的神迹相呼应。南宋丁伯桂《顺济圣妃庙记》（1229 年）载："神莆阳湄洲林氏女，少能言人祸福，殁，庙祀之，号通贤神女。或曰：龙女也。"[1] 这里"龙女"一说与井中之神授法相一致。龙在中华文化中本是祥瑞之物，能降雨，为百姓所崇敬。将妈祖的出身暗指水之龙，增强了她法力的天然来源。

（三）水之阴柔与妈祖对世人的慈爱

水之特性在于其阴柔。这与妈祖作为女性的身份有着内在气质的关联。虽然林默升仙时方 28 岁，但其后则被尊称为妈祖或林默娘，甚至加封为"天妃""天后"。据说，在闽南方言中，对德高望重或年长的女性尊称"妈"，可见百姓对她的虔诚礼敬。人们的礼敬源于妈祖的救苦救难，尤其是海难。赵翼《陔余丛考》："台湾往来神迹尤著，土人呼为妈祖。倘遇风浪危急，呼妈祖，则神披发而来，其

---

① 蒋维锬、郑丽航辑纂：《妈祖文献史料汇编·碑记卷》，北京：中国档案出版社，2007 年，第 2 页。

效立应；若呼天妃，则神必冠被而至，恐稽时刻。妈祖云者，盖闽人在母家之称也。"正因为人们仰仗妈祖保平安的思想，故而亲切地将林默称为妈祖，或默娘，视为自家人。慈是人间之爱最博大的表现，通常用于称赞母亲，即为"慈母"。老子的《道德经》常将道比作"母"，有道者，必定是具有"慈"的本性。老子将"慈"视为"三宝"之首，指出："慈故能勇……夫慈以战则胜，以守则固。天将救之，以慈卫之。"（第六十七章）妈祖身上便具有"慈"特性，传说中，她生前生后都不辞辛劳地帮助需要帮助的人。

在后世传说，妈祖与观音大士（道门"慈航道人"）联系起来，进一步强调了妈祖神通的渊源。元人黄仲元就把妈祖说成观音的化身："妃族林氏，湄洲故家有祠……泉南、楚越、淮浙、川峡、海岛，在奉尝，即普陀大士千亿化身也。"① 水之阴柔映衬女性的"顺济"美德，宋徽宗宣和五年（1123 年）首次赐封妈祖庙"顺济"匾额，便说明了这一点。《道德经》第六十五章有言："玄德，深矣，远矣，与物反矣，然后乃至大顺。"老子称赞玄德即天道之德，便是深远且遍施万物，且使万有大顺"，此德又是"天之道，利而不害"的表现。

三、妈祖信俗传播：增强中华文化软实力的路径

"民俗不仅仅是一种民间自我传承的文化事项，还是一个民族自由表达情感、展现独特精神风貌和世界观的一种行为方式。"② 妈祖信仰作为一种民间习俗，具有很强的群众基础。民俗文化与精英文化不同，前者的创造者与传播主体是广大人民群众，而且习俗的承载者和接受者是人民群众自身，他们浸染在这种信俗中，并以这种信俗为纽带，呈现出他们的家国认同，因此信俗成为他们的重要精神家园。让包括信俗在内的民间风俗得到全面发展，是丰富百姓精神文化生活的主要途径。而当代是大众传播的时代，以传播学的理论视角和方法来自觉推动民俗传播，是中国文化焕发生机的重要动力源泉。精英文化如果能因应时代发展需要，眼光向下，服务民众，指导帮助民间将民俗文化由自发向自觉发展，充分发挥出民俗文化沌朴民风、教化人心、规范言行、和睦家庭、和顺邻里的价值，进而和谐社会。

妈祖信俗如今已然成为包括港澳台在内的全球华人华侨与祖国大陆紧密联系的精神纽带。而海内外同胞于妈祖诞辰等或其他妈祖文化节活动齐聚于湄洲岛进香，或在分布于全球各地的天妃宫、天后宫等供奉妈祖的庙宇朝廷礼神活动，正

---

① 郑振满、丁荷生：《福建宗教碑铭汇编》（兴化府分册），福州：福建人民出版社，1995 年，第 61 页。

② 周鸿铎主编：《文化传播学通论》，北京：中国纺织出版社，2005 年，第 46 页。

是这种文化精神纽带的具体体现。这就是仪式传播的意义所在。民俗传播大多依赖一定的仪式传播，正因为有了仪式传播，才使民众产生共有意义空间，产生民族认同与文化认同。人们在仪式中"产生了社会联结，无论真情还是假意，它都把人们联结在一起，并使相互共处的生活有了可能"[①]。以闽台妈祖信仰为例，台湾的妈祖庙最多，妈祖是最受台湾同胞敬仰的神灵，每年三月的大甲镇澜宫的妈祖巡境游即著名的"大甲妈祖绕境进香"，历时 8 天 7 夜的徒步参拜，已然演变为台湾一个重要的文化产业。1987 年农历九月初九日，时值湄洲岛妈祖庙隆重举行妈祖千年祭祀大典之际，大甲镇澜宫克服重重困难，绕道日本，登上湄洲岛，谒拜妈祖庙，并到妈祖故里莆田贤良港天后祖祠进香，成为海峡两岸分隔近四十年来，最先登上湄洲岛进香的台湾宗教团体。在朝圣结束返台时，还恭迎了一尊天上圣母神像回大甲镇澜宫供奉，此后两庙又结为亲庙，从而带动了台湾妈祖信徒赴湄洲岛朝圣的热潮。[②] 正是包括妈祖信仰在内的两岸神缘联系，缔造着两岸民众不可分割的精神纽带。

正如学者所言："一切民俗都是在传播的过程中得以生成和发展的。民俗是一个不断运动、演化着的生命过程，民俗文化一经产生就有一种向外'扩散'和'传递'的冲动。"[③] 传播是民俗文化生成、扩散、演化的内在机制。因此，我们就应当在"民俗传播"的理念下，自觉地传承民俗，这是对文化软实力的切实落实。"民俗传播是人类特的各种文化要素的传递扩散和迁移继传现象，是各种文化资源和文化信息在时间和空间中的流变、共享、互动和重组，是人类生存符号化和社会化的过程，是传播者的编码和解读者的解码互动阐释的过程，是主体间进行文化交往的创造性的精神活动。"[④] 可以说，民俗传播是族群最紧密联系的精神纽带。积极将发展民俗作为国家文化强国战略的有机组成部分，应当提上议事日程。文化是一种生活样式，文化的活力在于生活，一种文化如果离开了人们的生活，必将失去活力，甚至成为文化标本。因此，民俗文化应当通过一系列活动，让他们在不断的呈现中，加强族群的历史记忆和文化自觉。让民俗文化随着人们生活方式的变化而能够做到原生与再生的统一，即既保留其精神内核，又可以改变形式方法和手段，即不断在传承中实现再生。

2009 年 9 月 30 日，妈祖信俗被联合国教科文组织正式列入人类非物质文化

① 詹姆斯·W.凯瑞：《作为文化的传播》，丁未译，北京：华夏出版社，2005 年，第 11 页。

② 参见，百度百科 大甲镇澜宫，http://baike.baidu.com/link?url=37JyN_2q3b2DnV8Esjwgn9ZxUQkFzXhpuAeqDFVl4a7-oNd5eemyTjaOV4MRE9Wlh1cuwfsOcrE4Y-DVVyGMKK）

③ 仲富兰：《民俗传播学》，上海：上海文化出版社，2007 年，第 21 页。

④ 仲富兰：《民俗传播学》，第 21 页。

遗产名录，成为中国首个信俗类世界遗产。妈祖信俗是以崇奉和颂扬妈祖的立德、行善、大爱精神为核心，以妈祖宫庙为主要活动场所，以习俗和庙会等为表现形式的民俗文化。这一绵延千年的中国民间信俗，在申报过程中，两岸民众和华人华侨就联起手来，或打出横幅，或网上投票，或提供申报资料，或组织直航湄洲岛等方式积极参与。申遗成功后，海峡两岸和世界各地的妈祖宫庙和信众在第一时间以各种不同方式开展庆祝活动。这一时刻两岸同胞与全球华人的民族认同感、文化认同感真真深深地心头涌动。[①]

近年来，无论是传统媒体还是数字新媒体，都兴起了一股以"妈祖文化"为主题的创作热潮。2007年，由福建省实验闽剧院与台湾马祖文化局共同策划的闽剧《妈祖传说》，在马祖、福州等地公演，引起巨大反响。这是两岸戏剧史上首度合作演绎妈祖的传奇。同年，台湾"中华卡通制作有限公司"制作的数字动漫卡通片《妈祖》也在台北首映，这是首部以妈祖为题材的数字动漫卡通片，其中充分表现了妈祖为众生无私奉献的成长过程。由海峡两岸相关机构合作的影像作品还有大型电视散文诗《妈祖颂》、数字电影《守望妈祖》等。另外，大陆地区拍摄制作的一些影像作品新编京剧《妈祖》、央视戏曲频道播出的越剧电视连续剧《妈祖》、大型电视连续剧《湄洲岛奇缘》、长春电影制片厂筹拍的传奇影片《妈祖传奇》等等，也都在海峡两岸产生广泛的影响。这些都展现了大众传媒背景下妈祖文化多种多样的传播形态。网络时代的到来，给妈祖文化的传播带来了更大的可能性。2008年，由中华妈祖文化交流协会、福建电子音像出版社联合主办的全球妈祖官方网站——"天下妈祖"网开始运行。该网站以"用妈祖文化弘扬妈祖精神，用妈祖精神传播妈祖文化"为宗旨，运用现代传媒技术，通过文字、图片、视频等多种形式，反映妈祖文化在全球传播的情况及其丰富的内涵，向全球妈祖信众发布妈祖文化的相关新闻与最新资讯。应该说，通过现代传媒技术，妈祖文化在海峡两岸和世界范围内得到了前所未有的传播。[②]有了更丰富，更多元，更常态化的信俗传播渠道，中华民族的文化记忆就能不断地被强化，民族认同感才会不断增强。

有学者指出："华侨华人寺庙的建立是早期华侨社区形成的重要标志。中国的海外移民以血缘和地缘的纽带，寺庙多由同一祖籍地的华侨华人创建。这样，华侨华人寺庙也就成为共同祖籍地缘的华侨华人联系接触的最早公共场所，并由此

---

　　①　《妈祖信俗申遗成功　推动两岸交流更密切》，新华网福建频道，http://www.fj.xinhuanet.com/news/2009-11/02/content_18114209.htm

　　②　连水兴：《民间信仰的"媒介化"传播及其意义——以海峡两岸妈祖文化的传播为例》，《东南传播》2011年第8期。

导致华侨地缘社团的建立。反之，华侨华人地缘社团也管辖这些寺庙，并以其中某一庙作为地缘社团的核心寺庙，而核心寺庙的主祀神也就成为地缘社团成员认同的一种象征，并增强了凝聚力。"[1] 如此这般，神缘更加稳固了，文化也走出去了。目前海外建庙供奉的国家有日本、菲律宾、越南、泰国、马来西亚、新加坡以及欧美一些国家。这些妈祖庙宇选址多是依山面海或者是大江大河的岸边，有些还毗邻港口，这大概是由于江河湖海旁边的居民最需要海神的庇佑的缘故，也是华人华侨漂洋过海移民经商过程中海神崇拜的体现。[2]

（谢清果）

---

①　石奕龙、郭志超主编：《文化理论与族群研究》，合肥：黄山书社，2004 年，第 417 页。
②　王文钦：《妈祖崇拜与儒释道的融合》，《孔子研究》1997 年第 1 期。

下篇　华夏传播学的老学新研

人类交流的无奈与超越

——对"道可道，非常道"的再思考

　　老子"道可道，非常道"的潜台词是语言载体和"道"的内涵出现了不对等的悖论关系，即"言不尽意"。无论是老子的"道"，还是苏格拉底的"爱欲"，抑或耶稣的"箴言"都无法实现无损的传递，不完美的交流无可避免。我们认为，无论采用何种交流方式，只要用"心"沟通，能温暖彼此就是有益的沟通。

　　言有尽，而意无穷。因此，道可道，却始终未能道尽那恒常自在又处于流变中的"道"。老子的名句——"道可道，非常道；名可名，非常名"——是那样地令人玩味无穷。字面上，似乎是说，无形的"道"不能用一般的言语去描述，因为她并非一般的道。这句话的潜台词是语言载体和"道"的内涵出现了不对等的悖论关系，即语言的尴尬，这也就是古人所说的"言不尽意"。老子用"有"和"无"来描述幽深玄妙的宇宙万物，既是智慧选择，也是万般无奈。为何？无限的事物和有限的语言本身就是一对矛盾，古人所谓的"书不尽言，言不尽意"也即此意。今天的语言较之老子时代的语言要丰富得多，精致得多，但"言不尽意"的矛盾依然存在。

　　那么，如何才能破解这种交流的鸿沟？老子对此的解答是：首先，要明白"道可道，非常道；名可名，非常名"。《道德经》的开篇之章，老子坦诚地抛出"常道"不可用普通言语道尽的事实，从根本上否定了世界本原的"道"与事物表象（载体）的"言"之间的绝对对应的必然联系；其次，老子强调个人主观能动性在探究自然之"道"中的作用，认为需要通过"常无欲，以观其妙；常有欲，以观其徼"来方可领悟"道"。老子巧妙地将个人体验融于道的领悟中，使"道"与"言"的张力之间引入了"人"这个自变量。值得注意的是，老子所说的"道"是包罗万象"玄之又玄"的，她是世界的本原和"众妙之门"。那么人与人的交往法则、交往伦理、交往理性和交流体验等（或统称为"交往之道"）则也必然蕴含在"众妙之门"的"道"中。个人只有提升自己的积极主动领悟"道"的应然之境，加强自身对万物的理解力并保持"无欲"之心才有可能（在交流中）捕捉和体悟"道"（交往之道）。换句话说，在交往过程中，也许除了借助语言的指示功能属性之外，还得辅之以双方自身心领神会的情感属性。因为无论是交流感情，还是沟通思想，语言固然重要，但更多的还需要依靠"心领神会"，比如往往一个会心的微笑，或是一个简单的肢体动作，都是对语言的弥补和对需要表达的意义的深化，从而达到一种真正的默契。总之，老子认为获取"道"（此处的"道"包括交往之道。"道"本身是"无名之物"不能获取，这里引申为个人对"道"的领悟）的关键在于人，而不在于"道"与"言"本身或者两者之间有无确切而复杂的映射关系。可道之"道"是非"常道"，因为"常道"是既不可言尽，更不可悟尽的，个人只有通过自身的努力，才能不断尝试接近万物本来面目的"道"，个人若要穷尽世间所有的"道"绝无可能。同理，个人要想做事做到绝对完美也是不可能的，只能追求"尽善尽美"。交往之道，亦是如此。

在我们看来，与人相处也是一种追求领悟"道"的过程，修道之路曲折艰辛，横生荆棘，且尽头注定是不完美。这是人类的宿命，承认宿命不可怕，可怕的是对此置若罔闻，自甘堕落，在追求完美的道路上不积极进取。西方传播学者彼得斯（John Durhan Peters）在其专著《交流的无奈：传播思想史》中指出，完美的交流是不可能存在的。他认为，苏格拉底和耶稣基督，这两位历史上最伟大的传播者采用的最基本的两种交流模式——双向对话和单向撒播都具有缺陷。①

首先是苏格拉底的双向对话模式。《斐多篇》中苏格拉底将爱欲与对话等同，对他而言"问题不仅是心灵的对号，而是欲望的匹配。交流的主要本能是爱欲，而不是发送"②。换句话说，交流是在传递互惠的爱欲，而非冰冷的讯息。在交流中，"爱人就像在爱的潮水中沐浴，爱充满他的毛孔、长出羽毛，灵魂在这最美好、最神圣的爱中翱翔"③。爱欲之箭开始做单向飞行，但他的角色很快从爱人者过渡到被爱者，主客双方的爱欲与情感发生了深刻的交融与迁移，"在爱人身上看到了自己，就像在镜中看到自己一样……在施爱者身上，被爱者看到了他自己美的形象——于是他就爱上了施爱者"④。出现了"反向的爱"（anteros/counterros），这种爱的溪流从他的眼睛进入身体贯穿全身，这是爱"通达灵魂的自然路径"。柏拉图笔下的

---

① 彼得斯：《交流的无奈：传播思想史》，何道宽译，北京：华夏出版社，2003年。
② 彼得斯：《交流的无奈：传播思想史》，第33页。
③ 彼得斯：《交流的无奈：传播思想史》，第38页。
④ 彼得斯：《交流的无奈：传播思想史》，第38页。

苏格拉底崇尚面对面式的双向对话，反对语言的书写。他认为书写是不分对象的随意抛洒（scatter），知识的种子随着书写的随意播种产生了乱交的潜在危险。文字就像一个人工精子库，怀孕可以在两个不认识的人之间发生，他们的结合可以跨越巨大的时空距离，而书写的语言像一片"孢子云"，在空间里漫无目的的漂浮，等待落地和受孕生根。由于文字的这种繁殖性，爱欲的传递得不到保证，对交流双方都不负责任。此外，"书面的东西漠视读者的灵魂，不关心流通的情况，漫不经心地撒播语词"，永不可能达到适合所有接受者的境地，只是"假装交流双方互惠的关爱"。总之对苏格拉底而言，对话（多产的交合）是规范；撒播（抛洒的种子）是偏离。交流的扭曲，来自亲密关系的消失。彼得斯指出，真正平等、完美的（双向）对话其实是不存在的。"无论有多少人参加，一切的话语都必须要填补交替说话中间的空白；你心中想到的对方，也许永远不能够和实际的伙伴完全一致"。空白的间隙以及无法恰如其分的他者，使得心与心无阻碍的连接只能是梦想。

其次是基督耶稣从一对多到面的单向撒播模式。《马太福音书》中耶稣说道："凡是有耳朵听我讲话的人，让他们听见吧！"不同于苏格拉底传统中赋予私下和深奥的交流方式以特权，耶稣的单项撒播传统搁置了个体的差异，以上帝之名，将博爱之情像雨露一样普惠世人。单向撒播的价值在于馈赠，正如基督一句经外话所言，馈赠比接受更使人幸福。苏格拉底鄙夷浪费（尤其是对种子的浪费）；耶稣却颂扬这种浪费。播种者所做的工作就是浪费，他让种子随意抛洒，事前不知谁是善于吸收的土壤，他把重要的部分和挑选的权利留给聆听说话的人。"爱你们的仇敌，为那诅咒闭门的人祷告……就可以做你们天父的儿子，因为他叫日头照好人，也照歹人，降雨给义人，也给不义的人。"（《马太福音》第5章44—45节）苏格拉底赞美灵魂的狂喜升天，田园美景和自然风光让人心神荡漾；耶稣主张信徒体恤别人的伤痛。值得注意的是，单向的撒播并不能弥合传授双方思想的分歧，甚至阻碍了交流中互动的可能性，耶稣格言式的箴言用看似友好的方式无限期地推迟了对话的进行。

其实，无论是老子的"道"，还是苏格拉底的"爱欲"，抑或耶稣的"箴言"都无法实现无损的传递，不完美的交流无可避免。不可否认，绝大多数时候，我们需借助语言、文字、绘画等诸多符号来帮助我们传递讯息。但这些符号能表达我们心中的想法吗？又或者，这些符号脱离了创造它们的我们还具有意义吗？那么，我们还有可能超越自说自话（speaking into the air），实现真正的交流吗？沿着历史一路走来，多少人因这些符号的不完美咬牙切齿，却又不得不借助不完美的它们来表白自我。这个有趣的悖论恰是人类"又神圣又悲哀"的一种写照。"交流是没有保证的冒险。凭借符号去建立联系的任何尝试，都是一场赌博，无论其发生的规模是大还是小。"但这并不意味着交流会脱离语言而独行。我们所提倡的交流不会完全割离索绪尔的语言学研究，或者摒弃维特根斯坦的"语言游戏"，亦无意于扎根于唯心主义的神学或心学之中，只希望在技术话语途径外，试着寻找一条通往心灵感应与情感共鸣的幽静小路。

新时代的科技革命把人推向了媒介化社会，主体分离的窘境中我们一面沉溺在我与他者的虚拟幻象世界中狂欢、手舞足蹈，一面又抱怨媒介把真实世界中的我们分隔得越来越远，失落了人与人真实的面对面互动，形成了无所不在的心灵鸿沟。我们也越来越习惯地将个人孤独、不安的情绪归咎于媒介技术的促逼，导致交流的异化。殊不知，媒介技术向来就是无关乎情感的中性词，它无须也不能承受人类情感迷失的无谓指责。交流的主体是人，而人是集理性与感性于一体可以独立思考的高级动物，追本溯源的问题应是个人在享受现代社会的福利时，如何建构"人与媒介、社会"的和谐关系和解放人的交流思想[①]，而不是一味地追问或苛责技术的偏性。

老子认为，探究世间万物的奥秘，要有"无欲"之心（对己无欲，对他人无欲，交往中更无恃强凌弱之心）；苏格拉底说要将对他人的爱欲在交流中释放、升华；基督耶稣劝慰世人常怀慈悲济世之心，播撒爱的种子；彼得斯呼吁交流要敞开心扉去接受他人，去"拥抱""理解"，而不是"征服"或者把自己的观念加于他人意志。有一颗"共情"之心比什么都重要。起码，主观上要有对他者的爱。正如休谟在《人性论》（*A Treatise of Human Nature*）中所说："人性中最值得注意的莫过于对他人的同情，莫过于通过交流接受他人的禀性和情感，无论其如何与自己不同甚至是与自己对立。"

我们认为，无论采用何种交流方式，只要用"心"沟通，能温暖彼此就是有益的沟通，无论这种沟通方式看起来多么单调或无益。"（纵然）我们'交流'的尝试终归徒劳，这并不值得扼腕叹息；这是美丽的境界。"[②]我们希望在越来越被诸多幽灵缠身的媒介化社会里，敞开心灵，拥抱一个厚实、有温暖的身体。借用海德格尔的观点：我们用解释性的说话"投身于"一个与人共享的世界。

（谢清果　张丹）

---

① 单波：《面向交流的无奈：传播学自我救赎的路径》，《新闻大学》2012 年第 2 期。

② 彼得斯，《交流的无奈：传播思想史》，何道宽译，北京：华夏出版社，2003 年，第 25 页。

交流的无奈：老子与彼得斯的不谋而合

　　来自不同时代，不同国度的老子与彼得斯在各自的代表著作中不谋而合地表达了对于交流所持有的无奈的观点，更为巧合的是两者都以乐观的态度看待这种无奈的交流，都希望以仁爱来解救人类交流的困境。不同的是，彼得斯解决方法在于"己之所欲，请施于人"，而老子则以大音希声、大辩若讷、以静制动等方式调控自我而实现交流的超越。也许这不仅仅只是一种巧合而已，而是智慧的思想碰撞出的美妙火花。

　　《交流的无奈》是约翰·彼得斯的一部著作，它的原书的题目是"speaking into the air——A history of the idea of communication"，直译为"向空气说话"，意译为"交流的无奈"。作者意在说明交流始终是以失败告终，人与人之间不可能实现心灵的沟通，交流不是要共享意识，而是要协调行动，以思考公正这个话题。这种观点对于受到正统传播学影响的中国人来说，无疑是一次巨大的思想撞击，无论是心理学还是社会学，都一直在坚持着这样的观点：交流是致效的。以至于对于一些患有心理疾病的人的治疗，也是采用谈话的方式，希望通过患者的宣泄与沟通来达到治疗的目的，心理医生也往往是竭尽心力地希望完全走进患者的内心，来实现治疗的目的。但是，这一切都是妄谈，世界上没有完全相同的两片树叶，人与人也是如此。人与人之间是存在着严重的隔阂和差异的，"自我披露"并不一定是一种建立亲密关系的良好方式，就如同"洋葱理论"所揭示的那样，了解得越深，可能会流下更多的眼泪。而且巴克斯特也说过，人际关系的发展，并非简单地由浅入深的单向式的发展。可能是在不同的轨道上发展，其中包括欺骗、撒谎等等不同的交流方式。这就是人与人交流的不可把握，越是小心翼翼，越可能传递错误的信息，致使交流失败。[①]

　　这种观点启示我们重新审视传播学的代表性人物的思想，从本质上来说，他

---

① 鲁曙明：《沟通交际学》，北京：中国人民大学出版社，2008年，第107页。

们研究的最终目的都是在解决"交流的失败"的问题，无论是简单的传播模式，还是复杂的传播模式，目的都是为了使传播至效。但是，如果从反面来思考这个问题，就可以看出，所有传播至效的研究的前提条件是社会生活中无时无刻不存在着交流的失败，如果没有交流的失败，传播学也就没有存在的必要性，因为，疾病与治疗方法穿的是连裆裤。它是一种补偿性的理想，其力量的依托，就在于它与失败所形成的反差之中。交流失败是丑事，可它首先是推动交流观念的力量。①

一、意义与心灵：彼得斯对交流无奈的思考

（一）无法改变的天然失败

从彼得斯的角度看整个传播思想史，他发现众多的传播思想家都承认交流的无奈和失败。这是因为，每个人都是无可复制的独立存在，语言永远是一种符号，是信息的外壳，是替我们说话的工具，人类传播基本上只能借助这种外壳，而不是信息意义本身的交流。正如奥格登和理查兹所认为的那样：语言是必须而有缺陷的工具，每个人的内心都是一个世界，而我们的喉舌就是我们内心世界的把关人，是连接内心与外界的媒介。正如李普曼提到的"拟态环境"一样，我们整个人正是因为有了自身喉舌的把关，所传播的信息都是有选择性的，并非传递了全部的信息，因此所塑造的环境也并非我们真实的内心世界。这是一种与受众无关的看法，但是我们往往把传播的失效归结于与受众的交流不够好。从根本上来说，语言这种符号在人们的生活中就相当于公交车、超市、电影院一样，是一种公共设施，只不过是一种软性的公共设施，是人们生存的必需品，是独立于人心之外，但是能够为人类所利用的一种工具，因此，它永远都无法传递人类的所有的信息，它只是独立的公共设施而已。人们在语言符号提供的范围内进行交流，但是，至于交流的效果如何？这就要看人的内心是怎样的？

由上述归因看来，这种归因难道不是搬起石头砸自己的脚吗？难道不是用一个问题来解释另一个问题吗？我们从来就没有想过传播者自身这一媒介的存在，由于这种媒介的存在，我们往往出现语词的背叛，往往言不由衷，往往词不达意，这就注定了交流永远都是失败的，因为语言只是一种维持存在的工具，是交流的手段，是在树栖时代就存在着的，至今未改变的生存工具。对于这种语词的背叛，奥格登和理查兹提出了解决办法："大多数情况下，语词的背叛只能够用定义来控

---

① 彼得斯：《交流的无奈：传播思想史》，何道宽译，北京：华夏出版社，2003年，第5页。

制；可供定义的用语很多，差距的风险就越小。只要我们不假定符号本身具有自己的意义，只要不给世界赋予无数虚构的实体，语词背叛的可能性就越小。"① 这是一个令人可笑的解决办法，因为众所周知，对于意义的定义是："意义是人类以符号形式传递和交流的精神内容。"对于符号的定义是："符号是信息的外在形式和物质载体。"而信息是："精神内容与物质载体的统一体"，也就是符号与意义的统一体，在整个传播过程中，所运行的物质是信息，信息既离不开符号也离不开意义，意义离开了符号便不能表达，而符号离开了意义只不过是一些莫名其妙的物质，两者都不能单独引起社会互动行为。② 法国符号学家罗兰·巴尔特也认为：符号学中我们会遇到一些符号系统，对其意义我们也不了解或不能肯定。③ 由此可以看出，奥格登和理查兹所说的不假定符号本身具有自己的意义的观点是不可能成立的，只要有交流，我们总是在假定符号本身具有自己的意义。因此，彼得斯说："任何人说话都必须为他绝对驾驭不了的东西负责——这个绝对驾驭的东西，就是自己的言行在对方心灵中所起的作用。自我或世界的真实再现不仅不可能，而且永远不可能充分。"④

（二）彼得斯弥补交流无奈的方法：己之所欲，请施于人

这样看来，交流的失败是命中注定的。但是，伴随着不断的失败的交流，人类已经走过了几亿年的时间，这其实说明了，交流的失败并不是一件坏事。正如威廉·詹姆斯所说的那样，我们永远不可能像天使一样的交流，这是一个悲惨的事实，但又是幸运的事实。比较健全的视野，是交流中不能够接触却值得庆幸的视野。⑤ 针对这样的观点，彼得斯也认为："我们再次重申，交流失败并不意味着，我们就是孤魂野鬼，渴望搜寻灵魂伴侣的孤魂野鬼；而是意味着，我们有新的办法彼此联系，共同开辟新的天地。我强调，交流的梦想多亏了鬼魂和神奇的爱欲，这就是说，我要用它矫正一个仍然活跃的老生常谈：手段的扩展导致思想的扩展。"⑥ 当今社会，随着技术的发展，人们把实现美好交流的愿望寄托在这些技术手段之上，但是，彼得斯给我们当头一棒："手段的扩展不会导致思想的扩展。交流的缺陷仰仗于技术，可是任何技术都不能十全十美，新的技术带来新的问题，于是苛求更新的技术……当下的互联网被寄予厚望，探测器对其他星球生命的不断

① 彼得斯：《交流的无奈：传播思想史》，何道宽译，北京：华夏出版社，2003年，第11页。
② 郭庆光：《传播学教程》，北京：中国人民大学出版社，2007年，第3页。
③ 罗兰·巴尔特：《符号学原理》，李幼蒸译，北京：中国人民大学出版社，2008年，第49页。
④ 彼得斯：《交流的无奈：传播思想史》，何道宽译，北京：华夏出版社，2003年，第251页。
⑤ 彼得斯：《交流的无奈：传播思想史》，第24页。
⑥ 彼得斯：《交流的无奈：传播思想史》，第24页。

探询，显示人类对交流的渴望和坚信，同时也反映人们对技术的自信，其实，彼得斯的这种观点就是作为工具的交流是不可能使彼此的思想进行互动的，最多只是思想的独舞。而真正能使思想互动和人类发展的是基督教中所推崇的仁爱，在《交流的无奈》这本书结束篇——《手拉手》中，作者并没有提出解决失败的交流的方法，而是意图归结于宗教，通过基督教的仁爱来维持生存，也就是：己之所欲，请施于人——就是说，你的表现，不是让自己原原本本的再现，而是让他人受到关爱。[①] 因此，作者把这一章称为《手拉手》，而不是《心连心》，他告诉我们，有爱就要付诸行动，不是只说说而已，因为说说而已就是交流的失败。但是，我们每个人的爱又是有限的，我们只能对我们比较亲密的人进行关爱，其实，这已经足够了，只要是我们每个人都能对身边亲密的人表现关爱，那么，整个世界也就是充满光明和爱的世界。人类还是有继续生存下去的可能，因为，我们不仅仅是符号的存在，还是感情的存在。

三、天然的失败：老子对交流的无奈的省思

《交流的无奈》是一部研究国外的传播思想史的著作。在中国传播思想史的视阈中，《道德经》也是一部堪称传播思想史上有悖于儒家传播观的经典之作。通过研读《道德经》，不难发现其中对人际交流所持的观点是以少言寡语为特点，类似于彼得斯的"交流的无奈"的观点，而另一位思想家——孔子则认为交流是致效的，因此他以广泛的"撒播"为主要的传播途径，认为只要传播，就会达到自己想要的效果[②]，这其实反映了两个学派的怎样看待人的问题，儒家更强调的是大众传播，自身是站在一个媒介机器的角度；而道家更强调的是人际传播，更加关心个人的情况，这与彼得斯的《交流的无奈》所持有的观点是一致的。但是《道德经》中所体现出来的人际传播是圣人与平民进行的交流，而没有涉及处于平等地位的两者之间的传播，在这种关系不对等的人际传播之中，我们很少能看到互动以及反馈的存在，所看到的就是君王如何"言"才能成为一个圣人，平民是处在一种没有任何话语权的地位。其实，这不仅仅反映了老子的一种阶级立场，更是从深层次上反映出老子对于"交流"这种活动的鄙视，同彼得斯一样，老子认为交流最终是会走向失败的，他在《道德经》第十七章中说："太上，下知有之；其次，亲而誉之；其次，畏之；其次，悔之；信不足焉，有不信焉"[③]。老子说，最上

---

①　彼得斯：《交流的无奈：传播思想史》，第 252 页。

②　殷晓蓉：《"交流"语境下的传播思想史——解读彼得斯的〈交流的无奈〉》，《复旦大学学报》2008 年第 3 期。

③　黄友敬：《老子传真》，福州：海峡文艺出版社，1998 年，第 119 页。

等的就是老百姓仅仅是知道有他就足够了，其他的没有必要知道；而次等的，是老百姓亲爱而赞誉他；再次等的，老百姓敬畏他；更次等的，是老百姓轻侮他；这是治世之道的四个层次，也是人际传播的四个层次。除了第一个层次之外，老子在另外三个层次中的用语："誉"，"畏"，"侮"，这三个词都是带有感情色彩的含有传播交流意味的词汇用语。只有最高的层次中不含有互相交流的词汇，就仅仅是知道而已。以及老子在第八十章中所提到的自己关于理想的"小国寡民"社会的场景："甘其食，美其服，乐其俗，安其居。邻邦相望，鸡犬之声相闻，民至老死，不相往来。"① 其实这都是在传递着老子的不想交流，不愿交流的想法。相反，如果渴望交流，渴望联系，这说明了我们社会关系的缺失，正如我们口渴的时候要喝水，肚子饿的时候要吃饭的生理反应一样。这就说明老子同样感受到了交流很无奈，注定要失败，所以他如此表述自己理想中的治世之道以及自己心目中的理想之国。

　　在第七十章当中，对于交流的无奈，老子发出了这样的感慨："吾言甚易知，其易行，而天下莫之能知，莫之能行。"② 我的言论十分容易知道，十分容易实行，然而，天下之人没有能够知道，没有能够实行。这不就是彼得斯所说的"speaking into the air"，即"对着空气说话"吗？但是，对于交流的失败，老子所希望的是保持自身的初衷，因此他说："知我者希，则我者贵。是以圣人被褐而怀玉。"③ 知道我的人越少，向我学习的人就越尊贵啊！所以圣人被褐衣而身怀美玉。这也就更映衬出老子对于交流的态度：命定的失败，自己独善其身。正因为持有此观点，老子才在《道德经》的第四十一章中说"大音希声，大象无形"④，而在第二十三章中老子也这样说"希言自然"，稀少的言论是一种自然的状态，老子在整部《道德经》中所想表达的就是希望一切复归自然的状态，而对于交流的自然状态，老子很明确地表示出就是"希言自然""大音希声"。这就更加反映出老子对于交流无奈或者交流失败天然性的肯定。只不过，我也不能因此而认为老子完全否定人类交流，老子是凭借其"正言若反""反者道之动"的独特思维方式来启发世人对"交流"应保持谨慎的态度，而不是要真正逃避交流。否则，他就不会强调"言善信""善言者无瑕谪"这样的观点。

---

① 黄友敬：《老子传真》，福州：海峡文艺出版社，1998年，第510页。
② 黄友敬：《老子传真》，第458页。
③ 黄友敬：《老子传真》，第458页。
④ 黄友敬：《老子传真》，第273页。

四、大辩若讷：老子对交流失败的求解

老子对于交流的无奈并不是自身臆想的一厢情愿，而是有特定原因的，这些原因在《道德经》中有精要的表述：

首先，老子在《道德经》第七十三章中这样说："天之道，不争而善胜，不言而善应，不召而自来。"[①]天道是如何运行的，是不竞争而善于取胜，不用语言而善于感应，不召唤而自动来到。在老子看来，不竞争、不言语、不召唤，这些是宇宙自然的大道，而在这三方面大道特性中，都与交流有关系。首先是以"不争"的关系，实现"交流"的最优化效果；其次，以"不言"而获取"善应"效果；再次是以"不召"而取得"自来"的效应。在老子看来，宇宙自然的大道本身就是这样的，是"道可道，非常道；名可名，非常名"[②]的，道与名，万事万物，是有它自身的意义的，是可以表达的，但是，天之道不是说，而是感应，是"不言而善应"的一种感应。但是，老子在本章的表述，只是一个概括性的哲学观念，在第六十六章中，老子则具体地说明了奉行不争、不言、不召的天道的原因："是以圣人之欲上民也，必以其言下之；欲先民也，必以其身后之。故处上而民不重，处前而民不善，天下皆乐推而不厌也。非以其不争欤？故天下莫能与之争。"老子认为的不争、不言、不召的目的就是为了使"天下乐推而不厌也"，也就是为了"不召而自来""不争而善胜""不言而善应"，同时，"天下乐推而不厌"既是行天之道的目的，同样也是行天之道的原因。

其次，老子在第六十三章中提道："夫轻诺必寡信，多易必多难。是以圣人犹难之，故终无难矣。"[③]轻易许诺的人必定缺少信用，凡事都认为容易的人必定多遇困难。所以圣人尚且重视困难，因此终究没有困难，其实这也就是老子自己所说的"哀者胜"的道理。在交流中，轻易完成的沟通往往是不可信的，只有把交流当成一种终究会失败的事情来看待，可能会得到自己想要的结果。因此，老子根据自己的"哀者胜"的思想体系，认为交流是无比艰难的。因此，老子在《道德经》第四十五章提到"大辩若讷"，最雄辩的好似口吃一样，这种说法实在是有违常理，但是，细想来老子为何会说"大辩若讷"呢？在《道德经》中也给出了回答，那就是第五十七章"人多伎巧，奇物滋起"[④]就是对它的解释。在辩论的过程中，要想获得胜利，往往会耍一下小聪明，常常会歪曲一些事实为我所用，总是想着如何战胜对手，也就是会用一些"伎巧"，但是老子是不喜欢这些"伎巧"的，

[①]　黄友敬：《老子传真》，福州：海峡文艺出版社，1998年，第473页。
[②]　黄友敬：《老子传真》，第1页。
[③]　黄友敬：《老子传真》，第408页。
[④]　黄友敬：《老子传真》，第373页。

因为在第十九章中，老子说道："绝圣弃智，民利百倍；绝仁弃义，民复孝慈；绝巧弃利，盗贼无有。"[①] 老子是崇尚"绝圣弃智""绝巧弃利"的，也就是放弃那些伎俩、手段，使人性复归婴儿般的纯真，自然。所以，老子才会说"大辩若讷"。"大辩若讷"也是保全自身的一种方式，因为，老子秉持的观点就是"柔弱胜刚强"，否则，后果将是老子在第四十二章中所说的"强梁者不得其死"。正是因为"大辩若讷"，所以交流才应该是失败的，也许只有交流的失败，才能是人性复归美好的自然之态，这是由于交流往往是在说服，或多或少地希望对方接受自己的观点，这就含有一定辩解的意味，只有当人们之间不需要说服式交流的时候，才能真正实现宽容与平等的社会，也就是"鸡犬之声相闻，民至老死，不相往来"，在西方的《圣经》马太福音第 3 章第 37 节的译文里也有这样的表述："你们的话，是，就说是；不是，就说不是；若再多说，就是处于邪恶。"

第三，是因为在老子看来，深度的交流并非是一件有利的事情。这种观点，与上文提到的巴恩斯坦的观点有着某些方面的一致性，两者都不认为分享交流得越深，彼此的情意越深，越会朝着良好的方向发展，也就是说，两者都不相信交流或者是传播在沟通人与人的心智方面的作用。对于这一点，老子在《道德经》第五十八章中这样提道："其政闷闷，其民淳淳；其政察察，其民缺缺。"[②] 它的政治昏闷浑噩，它的人民淳然淳朴；它的政治明察秋毫，它的人民缺然亏损。其实，这与第二点的"大辩若讷"的观点是一脉相承的，也是在强调一种大智若愚的治世之道，正如《汉书·东方朔传》中所说的一样："水至清则无鱼，人至察则无徒"。交流得太深，就会心生畏惧，管理得太细，就会心生怨恨。这也就如同戈夫曼的"印象管理"所阐述的神秘化表演一样：神秘化表演是与别人保持一定的距离，使别人产生一种崇敬心理的表演。比如，在西方一些国家的军队中，军官与士兵不在同一个食堂就餐，以防止相互之间过于熟悉，避免作战时士兵可能会不听军官的话。在戈夫曼看来，对于一个人越熟悉，就越容易轻视他。[③] 这也就是《道德经》中的"其政闷闷"，一种神秘化的印象管理，从本质上来讲，这种神秘化的印象管理是拒绝交流的，是从本质上看不起交流，认为交流是无效的。

第四，老子在《道德经》第五十六章中提到"知者不言，言者不知"[④]，以及第二十七章中的"善言无瑕谪"[⑤]，"善言"是老子所希望"言"能达到的一种高的境

① 黄友敬：《老子传真》，第 128 页。
② 黄友敬：《老子传真》，第 380 页。
③ 陈燕：《人际传播：社会交换论与符号互动论的比较性研究》，硕士学位论文，安徽大学，2004 年，第 33 页。
④ 黄友敬：《老子传真》，福州：海峡文艺出版社，1998 年，第 368 页。
⑤ 黄友敬：《老子传真》，第 179 页。

界，根据老子的"反者，道之动"的观点，那么，未达到"善言"的理想状态的言论，就是存在着瑕疵的，也就是我们常说的"言多必失"。其实，用现代的传播观来看待老子的这个思想，他想表达的就是符号的有限性与意义的无限性之间的永恒矛盾导致了交流的天然失败。老子认为符号是有限的，意义是无限的，"多言"会"数穷"，它们之间不能对等，"道可道，非常道；名可名，非常名"① （第一章），这种道义的无限性与符号的有限性是无法协调的。而彼得斯也认为语言承载的内容并非说话者的真正意图，表达的意义受语境、道德、伦理等问题的影响。② "信言不美，美言不信"③（第八十一章）也表达了与彼得斯同样的意思：传播者通过语言媒介传达的意思可以不是其内心的真正意图。④ 东西方的这两位思想家都认为语言与意义之间无法进行完美的匹配是交流无奈的一个重要原因。

　　交流是无奈的，注定失败的。但是，面对交流的无奈，如同彼得斯一样，老子对于交流的无奈并非持有悲观的态度，反而是比较乐观的态度。因为对于老子而言，交流的失败是必然的天道，而且在《道德经》的第六十九章中，老子提到了自己的观点："故抗兵相若，则哀者胜矣"⑤。为何"哀者胜"？这是因为"祸莫大于无敌，无敌几亡吾宝矣"，哀兵是眼中有敌人，是时刻不敢轻视敌人，所以才会胜利。老子的用兵之道，其实也是一种处世的交流之道，正如彼得斯所认为的一样，人们只有认识到只凭借交流是无法达到心灵的共鸣的时候，才能够寻求不同的方式来维持相互之间的关系，维持自身的发展，是人类能够长久地存在下去。正所谓是"反者，道之动，弱者，道之用"⑥ 也。

　　五、守静：老子破解交流失败的方法

　　针对这种状况，用来弥补交流的无奈的其他方法主要有哪些呢？复旦大学教授殷晓蓉认为："交流转向的基本路径：不是以自我为中心，而是以对方为中心；不是按照自己的形象和喜好来塑造他人，影响他人，而是认识他人的特性；不是固守自身思想的传递，而是选择一种能让对方理解的说话方式。"⑦ 这些基本路径的共同思想就是彼得斯所坚持的仁爱。与彼得斯一样，老子所认为的一种补充的方

---

① 黄友敬：《老子传真》，第 1 页。
② 谢清果：《和老子学传播》，北京：宗教文化出版社，2010 年，第 295 页。
③ 黄友敬：《老子传真》，福州：海峡文艺出版社，1998 年，第 518 页。
④ 谢清果：《和老子学传播》，北京：宗教文化出版社，2010 年，第 295 页。
⑤ 黄友敬：《老子传真》，福州：海峡文艺出版社，1998 年，第 453 页。
⑥ 黄友敬：《老子传真》，第 269 页。
⑦ 殷晓蓉：《"交流"语境下的传播思想史——解读彼得斯的〈交流的无奈〉》，《复旦大学学报》2008 年第 3 期。

法就是人与人之间的关爱。老子认为，语言只是一种为了维持生存的工具，因为在第六十二章中，老子说："美言可以市尊"①。这其中的一个"市"字也就是"买"，真实地揭露出了语言的本质，就是一种用来交换的工具。这同美国社会学家霍曼斯的"社会交换理论"的传播观有着极其相似的地方，前提都是人与人之间是利益的存在，语言只是一种交换利益的工具。为了解决这种问题，老子在《道德经》中提出了"善"的观念，也就是彼得斯所说的仁爱，应该能够"居善地，心善渊，与善仁，言善信，正善治，事善能，动善时"②（第八章）。而什么样才是"善"呢？老子认为"上善若水"，最好的善举，应该像水一样的柔弱，而非刚强，是润物细无声的滋润，同时也内化为每个人生存的必需品，就如同人不喝水就会死一样；最高的善德，应该是一种不行善就会无法生存的必需品，只要是人人都能向善，即使是交流失败，我们彼此之间也能感到对方的诚信和真挚的感情，就像是"不言而善应"一样。这个"善"具体该如何执行呢？老子所持的观点就是《道德经》第四十九章中所说的"圣人无常心，以百姓心为心。善者，善之；不善者，亦善之；德善也"③，在人际关系的处理之中，不能顽固地坚持自己的观点，应该多站在受众的角度上考虑。为何"不善者，亦善之"，原因就在于在圣人的眼中，根本就不存在不善的概念，在他的眼中，一切都是善的，以此来感化人，就能够实现比较和谐的环境。

除了和彼得斯一样的观点以外，老子还提出了自己独有的解决方法。首先是"知止"。老子在《道德经》第三十二章中提道："始制有名。名亦知止，夫亦将知止。知止所以不殆。"④这就正如上文所述的奥格登和理查兹所述的一样，想要解决语词的背叛的问题，就是要不能假设符号本身有它的意义，也就是老子所说的这样：开始制作了，随着就是"有名"。名既然有了，那也就将要知止。知止所以不会危殆。在知道了是什么之后，就停止，不要在符号上面加入太多的感情意义色彩，这也就是"大辩若讷""大音希声"的道理，但是，人与人的交流，为了能够说服他人，往往赋予符号传播者自己定义的意义，这样，自然无法实现良好的交流，但是，人的欲望能够免除吗？不能，马斯洛告诉我们，人们的内心，无论强大到何种地步，都还是不能消灭自己的欲望。《道德经》这部书也在讨论应该如何压制欲望以达到"无为"的问题，但是它的落脚点却是"有为"，这就说明了，欲望不可泯灭，从而交流终究失败，人们所要做的是知止，知道"适可而止"，"过

---

① 黄友敬：《老子传真》，福州：海峡文艺出版社，1998年，第401页。
② 黄友敬：《老子传真》，第53页。
③ 黄友敬：《老子传真》，第324页。
④ 黄友敬：《老子传真》，第216页。

犹不及"。这个"知止"在一定程度上也可以理解为是"守中"，在《道德经》第五章中，老子提道："多言数穷，不若守于中"①，过多的交流会使人气乏，不如适可而止的守中，在《道德经》的第二十九章中也提出了这样的观点："是以圣人去甚，去奢，去泰。"②要想成为圣人，就要去掉过分，去掉奢侈，去掉极端，总体来看，也就是要"守中"，但是，"守中"是一个虚无缥缈的概念，如何"守中"？老子的解释就是"静"。在《道德经》第二十六章中，作者提到"轻为失本，躁则失君"。在第十六章中，老子说："夫物芸芸，各复归于其根，归根曰静，静曰复命，复命曰常，知常曰明。不知常，妄作凶。"③"归根曰静"万物众生，最终归于安静，这就是老子所谓的"守中"的解释——清静无为，分析事物的运行规律，凡事三思而后行，交流也是一样。就如同老子在《道德经》十五章一样："孰能浊而能静之，徐清？孰能安而动之，徐生？"④

综上所述，东方的《道德经》的作者老子与西方的《交流的无奈》的作者彼得斯，对于交流有着相似的看法，两者都认为交流从本质上来说，是无奈的，是失败的，但是这并未妨碍两人对于这个世界的信心。因为，在他们看来，交流只是生活的必不可少的一部分，不可缺少的一种工具，并不是生活的全部。也正是这种交流的无奈，才迫使人们找寻其他的彼此联系的方式，这其中比较重要的就是彼此的关爱，这也是两位思想家所秉持的观点。正如伏尔泰所说"我不赞同你的观点，但是我誓死捍卫你说话的权利"，这句话说明交流是无奈的，但正是因为宽容和友爱，我们人类才能更好地交流下去。

（谢清果 杨芳）

---

① 黄友敬：《老子传真》，福州：海峡文艺出版社，1998年，第34页。
② 黄友敬：《老子传真》，第199页。
③ 黄友敬：《老子传真》，第111页。
④ 黄友敬：《老子传真》，第103页。

老子的媒介技术观辨析

　　老子所处的时代是车船等媒介勃兴的时代，更是口语传播盛行的时代。作为时代的先知，老子对人类因为各种媒介而滋生了对人性和天道的严重背离，表达了他深切的忧虑。于此，我们着力探索老子《道德经》中蕴藏着媒介与人类沟通命题的深刻思索。

　　如果把大众传播的成功看成跨越媒介的灵魂触摸到另外一个人的身体的话，那么，人际传播的成功就可以说成是跨越媒介的身体触摸到另外一个人的灵魂。无论是大众传播，还是人际传播，都无法摆脱媒介进行，即使是渴望像透明的天使一般进行灵魂沟通的"传心术"，在对其进行定义的时候，也只能说它是通过另一个有机体，可以部分地激发出精神的记忆库，就如同"招魂术"需要灵媒这样一个有机体一样。

一、交流的无奈与媒介技术决定论

　　古往今来，对于传播媒介的研究者甚多，即使是生活在意识世界里的耶稣，他也在圣经里说"speaking into the air"，有学者将这句话意译为"交流的无奈"，但正是这句话表达出了一个很重要的观点，就是任何的交流都离不开媒介，也就是耶稣所提到的 air。古希腊的苏格拉底，在《斐德罗篇》中对于以斐德罗为受众的吕西阿斯的讲稿充满了恐惧和担忧，在那个书写作为一种新技术被作为新的传播媒介的时代，苏格拉底醉心于口语修辞所带来的思想的自由，他认为书写的文字，使我们充当了它的奴役，陷入技术的困境，而无法解放。

　　黑格尔的主体性的世界观，让我们对媒介又有了新的认识，媒介也成了这个世界的主体，而不是为我所用的客体对象，这种主体性的观念所带来的可能后果是媒介的无法驾驭。而在当今这样一个媒介功能日益强大的世界里，麦克卢汉的媒介决定论又大行其道，虽然它是一种极端化的媒介观念，但也是这个世界的真实反映。于此，我们可以看出，这些学者们所探讨的媒介总是与技术的进步有关系，也就是说，在很大程度上媒介可以等同于技术，所以，在西方世界，对于媒介的观点主要可以分为两大派，也就是技术反对论和技术决定论。

　　二、老子"小国寡民"社会理想下的媒介观

　　在东方的观念中，对于作为一种技术的媒介看法又是怎样的呢？为此，我们以《道德经》为研究对象，试探老子的媒介技术观。

　　在《道德经》这部书中，从传播学的角度来看，老子其实构架了一个他理想中的"小国寡民"组织，这是一个与任何形式的乌托邦都有所不同的组织形态，在这个组织当中，所有的听觉，所有的视觉，所有的味觉，所有的触觉，都变得十分纯粹、本真。在这个组织中似乎没有对话的必要，因为他们心意相通；似乎没有儒家倡导的仁爱，因为在道家看来仁爱是会导致差别心。老子认为"圣人不仁，以百姓为刍狗"，可见老子对各种爱保持一个谨慎的态度，他说："六亲不和，有孝慈"，因为有孝慈，便有不孝慈，怎么可能是理想的社会呢？甚至连最极端的沟通方式——战争都不存在。没有战争，也就意味着，人际矛盾不复存在。纯粹的人们都终将进入一种"死而不亡"的状态，一定程度上便是精神相通的境界。这种状态，用老子的话来描述就是：为无为，事无事，味无味；视之不足见，听之不足闻；多言数穷，不如守中；见素抱朴；甲兵不用；老死不相往来的大音希声、大象无形的寡民小国。从当代人的角度来看这样的一个组织，会发现这个组织是如此的安静，沉重。面对这样的一种构想，我们不禁会发问："这个组织内的成员依靠什么连接成为一个社会组织？这个组织内的成员依靠什么进行沟通？或者说，他们需要沟通吗？"在回答这些问题之前，不能忽视这个组织中的一个重要人物——"圣人"，他是整部《道德经》中的主角，在《道德经》中，这个圣人的形象是一个思想性的存在，他在思想上很鲜活，他"没有性别，见素抱朴，尊德重道，没有欲望，不发动战争，在他所在国的民心中，他并不存在"。这样一个似乎不存在的圣人，或者称为"王"，当然也就不需要通过媒介来传播自己的思想，进而统治民众了。因此，在这个组织当中，也就不需要媒介的存在了。没有媒介的社会存在，在我们这些已经被媒介化了的"容器人"的观念里，那是一种无法想象的景象。没有媒介的存在，人与人之间的相遇，不再是"肉墙"与"肉墙"的接触，而是灵魂与灵魂的透明接触，不用听觉，不用视觉，不用味觉，不用嗅觉，不用说话，那人与人之间就似乎完全依靠精神生存着，你在我面前，不再是物质的存在，不再是一堆走向死亡的人肉，而是死而不亡的灵魂。这是老子在那个时代为我们构建的理想天堂，圣人一定意义上可以看成西方的基督，民众可以看成天使。在人们的想象中，即使在一个细小的针尖上，也能有无数的天使在跳舞，因为他们是透明的，没有重量的，超越时空的灵魂。

如果仅仅是分析老子为我们构建的这个乌托邦的话，我们就会陷入一种想要发疯的境地，但是，正是这种疯狂的状态，才残酷地反映着真实的世界。老子整部《道德经》五千言的一个共同的特点就是"正言若反"（《道德经》第七十八章），也就是老子所说的"反者，道之动"（《道德经》第四十章）。所以，即使不了解老子所生活的时代，从老子正言若反的观点中，从老子构建的这个乌托邦的反面中，也能看出那个时代的特征，社会上充满着各种各样的声音，信息的繁杂令人迷茫，战乱不断，统治者穷兵黩武，人们为了满足自身的欲望不惜一切代价……面对这样的情形，老子并没有责备统治者，而是把这一切的罪过，归到了媒介的身上。他说："五色令人目盲，五音令人耳聋，五味令人口爽，驰骋畋猎令人心发狂，难得之货令人行妨。"（《道德经》第十二章）他在《道德经》第三十五章中说："执大象，天下往；往而不害，安平泰。乐与饵，过客止。故道之出口，淡兮！其无味。视之不足见，听之不足闻，用之不足既。"这一章，可以看成老子为我们讲了一个他的小故事，他自认为秉持着有关大道的思想，因此，就以之来游说天下，希望天下能够因此而太平。但是，沿途中的音乐和美食，这些凭感觉器官所感知到的各种物质的东西，总是诱惑着他，使他停下来，不能再继续完成自己的理想。他从这些诱人的物质之中，经过反思，得出了对于道的理解：道，不是物质，它不能凭感官接收到，凡是凭眼睛接受的信息，都不足以为道，凡是凭耳朵接受的信息，都不足以为道，因为这些信息，一旦能够被肉体感觉到，那么它就是一种有了生命的物质，而有生命所代表的就是"出生，入死"（《道德经》第五十章），也就是总有一天会被用尽。因此，老子就认为，自己所倡导的道要想长久地存在下去，就必须像水一样淡而无味，但又是生活的必需品。"道"也就是"说"，"说"是一种传播，交流，回望一下历史，所谓的能够起死回生的方式，有哪一个能够离得开传播，无论是古埃及的招魂术，还是当今保留死者声音的留声机，保留死者形象的照相机，以及当下保存行动着的信息的 DV 机。信息在发出之前就已经死了，唯有传播使它活着存在，那些招魂术所宣扬的灵魂再现，不也是通过灵媒的只言片语而表现出来的吗？！

由此可见，老子在构想一个乌托邦式的混沌寂静的世界的时候，并不是排斥交流的存在，而是把交流作为一个公共设施放在了这个乌托邦里。在精神的世界里，没有肉体的思想在空中飘荡，飘荡的思想因为没有了肉体，而无法完成自我投射，没有自我投射的世界，没有偏见，没有歧视，也没有仁爱，这些没有感觉的思想之间，自由地交流，结合，没有误解，没有矛盾。这种没有肉体包裹的灵魂之间，也就不需要媒介作为联系他们的纽带。因此，是不是可以说，老子的传播思想，是一种没有媒介的传播思想？是一种没有误解，没有矛盾的天使一般纯粹的灵魂之交呢？

三、老子和谐人际沟通的诉求与媒介技术嵌入的忧思

老子在《道德经》中不断地表现出他自己对于媒介技术的担忧和恐惧，他在第三十一章中说："夫兵者，不祥之器也。物或恶之……故兵者，不祥之器，非君子之器……"兵器，在老子生活的时代当中，对老子来说，应该算是一种新技术吧，这种新技术，从传播的角度来说，就是在战争中用来交流的媒介，老子厌恶这种技术，正如他厌恶交流的媒介一般。老子在第二十七章中说道："善行者无辙迹"，这句话的字面理解就是，善于行走的人不会留下任何痕迹。我们不禁会问：为什么不留下任何痕迹的人就是善于行走的人呢？对于这个问题，老子的意思可能是不让后来者知道我在这里走过，我走过，只要我知道就行了，不需要别人知道，不需要为别人铺设好道路，不需要以我的形迹作为媒介来告诉别人这条路该怎么走。这与鲁迅所说的"世界上并没有路，走的人多了便有了路"是不一样的观点，这条路的存在本身就是一种媒介，一种不尊重人的创造性的经验主义的论调，而老子给我们展现出来的，是一个荒芜的，没有道路的世界，每个人都不必遵循别人的经验，而是按照自然的状态生活着。在老子看来，这些像路、像痕迹一样的媒介，是一种不善的表现，是一种生命的累赘。所以老子才说："我独异于人"（《道德经》第二十一章），"不敢为天下先"（《道德经》第六十七章）。

而对于像语言这样的媒介，老子认为，并不是非有不可。老子在第七十三章中提道："天之道……不言而善应"，在第六十五章中，老子认为"古之善为道者，非以明民，将以愚民……"这是一种十分奇特的传播观点。对传播的一种理解就是消除信息的不确定性，我们在交流，并不是为了心灵的沟通，而是在解释，在向对方解释自己的内心，有时这种解释仅仅是一种内心的独白。老子认为：从古至今那些善于说的人，都是些什么样的人呢？都是一些通过话语，不会让民众更加明道，反而是越来越糊涂的人，也就是使民陷入自己的圈套里。这就是老子对语言这种媒介的批判，它只能是被一些人利用来鼓吹自我，实现自我利益的工具，而并非实现真正的交流的媒介，因此，他对语言的存在保有怀疑的态度，"多言数穷，不如守中"（《道德经》第五章）。

面对交流中所出现的障碍问题，老子是如此看待的，在《道德经》第十一章中说："三十辐，共一毂，当其无，有车之用；埏埴以为器，当其无，有器之用；凿户牖以为室，当其无，有室之用。""无"是什么？"无"不是一个时间的概念，

而是一个空间的概念。有了障碍的存在，无才是无。在生活中，我们每个人遇到的另外一个人都是一个障碍，都是一堵肉做的墙。有了这个障碍的存在，我们才知道我们的存在。在交流中，天使般无障碍的交流的前提是天使透明的存在，我们交流中出现的各种障碍，让我们认识到自己还在与人交流，还要不断地进行解释性地说，在这些障碍所形成的空间中进行解释性的交流，这就是人际传播，其实就是一个不断地解释以消除误解的过程，即使是熟人擦肩而过时所传递的信息，不管是打招呼还是不打招呼，都是在向对方解释我对你的态度。因此，障碍在交流中是必要的，不可避免的。但是，为何老子要描绘那样一个没有任何交流障碍的乌托邦呢？我想，他可能只是想以这个乌托邦的不可实现来展现现实的生存状态。在现实中，我们要听，要看，要闻，要品，随时随地需要进行语言的交流。他的这个乌托邦只是时时地在提醒世人：媒介的存在，可能会产生各种传播的障碍，媒介的发展，可能只是会使误解更加深重。利用媒介的人际交流，需要交流双方的宽容和善，才能超越媒介所造成的信息的失真和误解，达到灵魂的接触。

老子所描绘的这样的一个理想的王国以及无媒介的传播观与图灵在 20 世纪 50 年代所做的关于"猜谜游戏"的实验中所反映的思想如此相似：图灵让在两个完全隔绝的房间里的人进行打字，然后令第三者仅凭这些字来判别双方的性别身份。在这个实验当中，图灵的企图就是，没有直接身体的在场，没有可以凭感官接收的信息的存在。仅凭借智能的机器，是否能够实现交流。通过这个实验，可以看出，在图灵的思想中，性别完全是一个话语类别，而不是肢体类别。他的目的就是发现当身体作为一种媒介推出，而被智能所代替以后，到底会留下怎样的痕迹？在这个试验中，被媒介所代替的个体，没有其本身的吸引力，没有我们对于物体的了解，没有爱欲的存在，图灵认为，这个实验就是意在验证人神可以不同体，精神可以脱离身体而存在。通过这个实验，图灵幻想建立一个民主的社交模式，在这个模式中，身体、四肢与感情、精神之间没有必然的相关性，人们完全可以进行完全的心灵的沟通。但是，仅凭性与爱这一点来说，图灵的幻想就是不现实的，当爱的思想来临的时候，交流的双方的身体，就已经以实在的或者意想的形式存在并结合在一起了。所以，这个实验与其证明了灵魂之交的存在，不如说是证明了灵魂之交的不存在，一切的交流都须有物质的形式作为传播的落脚点。图灵很喜欢密闭的空间，正如他自己所幻想的理想状态一样，就是自己一个人待在一间房间里，随之用理性的观点和外界交流。这难道不是和老子在《道德经》中第四十七章中所说的一样："不出户，知天下；不窥牖，见天道；其出弥远，其知弥少。是以圣人不行而知，不见而名，不为而成。"不出户而知天下，只依靠道与外界进行交流。但是，这样的理想，在这个精神与身体不对等的世界中，似乎是不可能实现的。因为这种理想的思想根据是莱布尼茨所谓的"不可识别物的相等性"，对这个观点的成见意味着幽灵的存在和招魂术的正当性。但是，幽灵真的不存在吗？

罗兰·巴特在《恋人絮语》中说，电话线所负担的意义不在于连接，而在于距离，因为这声音好像是从另一个面具后面传来的。其次，在这声音里，对方始终处于即将动身的状态，他离去了，他的声音加上她的寂寞，该谁说话呢？我们一起陷入沉默，充满着两个虚空。电话里的声音每时每刻都在说："我就要离你而去了"。媒介的发展，技术的进步，并没有使交流更加顺畅，战争依旧，矛盾依旧，每天都有恋人在分手，每天都有婚姻在破碎。因为媒介并不是一个客观的存在，它在运输时，也为信息加入了自身的意义，因此，交流是无奈的。如此看来，老子所秉持的媒介技术理想从根本上讲是慎用媒介的传播观念，期待一种如同灵魂之间没有投射的直接接触，即心灵的感通。但是，在人的社会里，这似乎不可能实现，但对于我们审视现实却有着非凡的意义。因为悲剧是将有价值的东西撕毁给人看的。

（谢清果　杨芳）

架构"交流的无奈"通向"人际的和谐"的桥梁

——论老子人际沟通的逆向思维

媒介技术的发展、多元个性的张扬、功利欲望的激发，使得这是一个最易沟通的时代，也是一个最难沟通的时代。交流的无奈正困扰着现代人，老子对人际沟通的逆向思维或许能为世人找到人际和谐的出路。对于人际交往中的自我定位，老子主张"柔弱处下"，以此减少人际冲突；针对人际交往动机的异化，老子提出"见素抱朴"，意图净化被功名利所玷污的心灵；基于人们对人际关系的过高期望，老子强调只有抛却过多欲望和期望，才能"知足不辱"。

人际沟通对社会人而言，就好比空气和水，不可或缺。信息的交换、自我的确认、情感的交流、信任的建立、规范的形成，都离不开人与人之间的交流与互动。正如张慧晶学者所言："人际沟通是人之所以为人的道理"[①]，是个人社会化的基础和原动力。人际关系的和谐与否直接影响人类社会生活质量的高低。

追求人际和谐是社会人的本能需求，但交流的无奈却困扰着现代人。狄更斯在《双城记》开篇中写道："这是一个最好的时代，这是一个最坏的时代；这是一个智慧的年代，这是一个愚蠢的年代……人们正踏上天堂之路，人们正走向地狱之门。"用此描述当今社会的人际沟通状态非常贴切。我们拥有越来越多的沟通设备和手段，但促膝而谈的情境却越来越少；我们忙于应酬的交际圈子不断扩大，但能建立亲密关系的人却越来越少；我们花在人际沟通技巧培训的时间越来越多，但得到的真诚相待却越来越少；我们"见什么人说什么"的应变能力越来越强，但对自我身份的确认感却越来越少；我们殚精竭虑展示自我的方式越来越多，但赢得的理解信任却越来越少……人际沟通中的我们越来越像刺猬人，渴望靠近交流，又怕被对方刺伤。正如约翰·彼得斯指出，在信息技术日趋发达的当代，人们

---

① 鲁曙明：《沟通交际学》，北京：中国人民大学出版社，2008年，第89页。

却如同在"不同的频道上"，"我们在这里得到的，就是交流的失败"。①

人际沟通是否必须如此艰难复杂，怎样才能走出这个无奈的交流怪圈？"人法地，地法天，天法道，道法自然"（《道德经》第 25 章），万事万物都有其存在的自然状态和发展的内在法则，看透宇宙、人生、社会的老子思想或许可以为我们指明出路。

一、"柔弱处下"：人际交往中的自我定位

人际沟通是人类情感交流、信任建构的重要方式。相比组织传播、大众传播等其他沟通方式，人际沟通效果的实现更依赖人与人之间的平等交流和互动。在人际交往中，交往对象之间可能在社会地位、学历背景、社会资源的支配等方面存在着明显差异，但如果因为这些条件的优势，就将自己定位为"主导者、权威者"，势必招致对方的反感疏远。渴望他人的尊重和赏识固然是人之常情，但"为者败之，执者失之"（第 29 章），过分强调自我的"优势地位"，恐怕难免南辕北辙。在老子看来，与其自我拔高，让自己处在"高处不胜寒"的险境，不如像水一样"柔弱处下"，反而能赢得更多的欢迎和尊重。

（一）柔弱

老子曰："弱者，道之用。"（第 40 章）柔弱并非懦弱无能，而是避免处处强势，因而成为解决人际冲突的良方。在现实的人际沟通中，我们常常会看到夫妻为了一些芝麻绿豆的小事争得面红耳赤，也常常听到情侣互相埋怨对方"咄咄逼人、固执己见"，甚至目睹人们从"言辞锋利"到"大打出手"……世界上没有两片完全相同的树叶，人际沟通中的意见相左其实是再正常不过的事情。何况是在这个多元化的后现代社会，割裂、复杂、变动的特质取代了以往社会的一致、单纯、稳定。②相应地，人际交流中"共通的意义"空间在缩减，即人们在思想观念、社会经验、知识结构等方面的差异性在扩大，绝对的权威在消解。当今社会，人们越来越难以找到一个判断是非对错的统一规范，"公说公有理婆说婆有理"有了合理存在的空间，再加上人类争强好胜的劣根性，人际冲突成为摆在我们面前的严峻问题。彼得斯在叹息交流的无奈之后，开出的处方是："我们的任务是认识他者的特性，而不是按照自己的喜好和形象去改造他人。"③而老子的胸襟似乎更加

---

① 彼得斯：《交流的无奈：传播思想史》，何道宽译，北京：华夏出版社，2003 年，第 2 页。

② 张文强：《从资讯操控到社会知识建构：一种观看公共关系的新方式》，《广告学研究》2001年第 17 期。

③ 彼得斯：《交流的无奈：传播思想史》，何道宽译，北京：华夏出版社，2003 年，第 25 页。

宽广,他认为面对冲突,不仅忌讳示以居高临下的姿态去挑剔改造他人,所谓"不自见故明"(第 22 章);而更为有效的是像水那样示弱于人,以"天下之至柔,驰骋天下之至坚"(第 43 章)。在常人看来,示弱意味着没有面子,会沦为输家。可事实上,柔情密语往往是强势者的软肋,是调节人际紧张关系的天然润滑剂。若争执双方有一方主动示弱,或同意对方观点,或请求对方原谅,另一方很有可能心生歉意、换位思考。譬如夫妻争吵,各执己见只会让战火升级、伤害感情,而示弱退让者反而会赢得对方的倾慕和倚赖。所谓"退一步,海阔天空",以柔弱不争的姿态去面对人际冲突,人生将会减少许多无谓的争执和抱怨。

(二)处下

老子曰:"高以下为基。"(第 39 章)处下不是妄自菲薄,而是懂得虚怀若谷。对于功成名就者,客观上就存在被人敬畏的风险,若再加上"自我定位高贵",难免成为"孤家寡人"。功成名就者不缺乏交际圈,各种欲有求于他者萦绕身旁,但能够与之真情相待、无话不说者少矣。老子说"挫其锐,解其纷,和其光,同其尘"(第 4 章),越是身居高位、富有才华者就越应该谦卑自守,让自己融入普通群众中,这样才能真正得到他人的认可。被誉为经营之神的松下幸之助,他对员工不是以居高临下的心态去发号施令,而是以"请"的心态、以"万事拜托"的心态与员工们相处,使员工们感到:公司就是自己的家,自己就是公司的主人。只有这样,员工们才能把自己的全部智慧和力量奉献给公司。[①]"故贵以贱为本,高以下为基"(第 39 章),人不是万能的,纵使一个人的能力再强大,也离不开他人的帮助和团队其他成员的合作。谦虚自守、戒骄戒躁能为其赢得更多的人缘和帮助。而对于尚未功成名就者,谦虚好学者往往会得到更多的机会。《尚书·大禹谟》言:"满招损,谦受益,时乃天道。"对于心高气傲、孤芳自赏者,有几个人会甘愿冒着被漠视、否决的风险去给其意见或建议,即便他的缺点在旁人看来是那么明显;而对于谦虚处下者,懂得"忠言逆耳利于行""有则改之无则加勉"的道理,尊重每一个为之提供意见或建议的旁人。站在提供意见者的视角,自己的意见能被对方尊重和采用,这本身就是对他的奖励和回报。

在人际交往中,习惯"争强好胜、往高处走"的后现代人,是否能停下脚步,思索"弱之胜强,柔之胜刚"(第 78 章),"江海之所以能为百谷王者,以其善下之"(第 66 章)的哲理,重新确定自己的定位呢?"木强则折",保持人际交往中

---

① 成杰:《感恩你的工作》,http://www.jiangshi.org/Lect/person/1491/ detail/ article_f262b38e-991d-41b2-a05b-940ae75160c4.html

的柔韧度和弹性离不开"柔弱处下"的蓝海战略。

二、"见素抱朴"：人际沟通动机的净化

人际传播的动机是复杂多样的，信息的交换、自我的确认、情感的交流、信任的建立、规范的形成，一言以蔽之，是为了生活得更加幸福。但当今社会，人际沟通的动机却在异化，以至于人际交往的焦虑感普遍存在。原本助人幸福的沟通方式，为什么成为疲惫人心的苦差事？"天下熙熙皆为利来，天下攘攘皆为利往"，此语道破人际沟通动机异化的根源，即人的功利心太强，似乎所有的交往都必须有所企图。

（一）"如婴儿之未孩"与"一人千面"

因为功利之心，人际沟通变得世故圆滑、八面玲珑，以至于人们在冲突角色的扮演中难以自我确认。曾看过这样一幅漫画：一个求职者，当其面对方形人头的老板时，他的头像和简历是方形的；而当其面对圆形人头的老板时，他的头像和简历随之变成圆形，漫画名为"投其所好"。在现实的人际交往中，我们常常为达目的，不惜戴着面具斡旋在不同的交际场合，为"投其所好"而演绎不同的角色。我们为自己编织着一个又一个剧本，创造润色自己要扮演的角色，哪怕是极具冲突、违背真我的角色。在这个人脉资源价值凸显的社会，我们越发懂得传播的技巧，即迎合不同受众的心理需求传递合适的信息，以此赢得受众的青睐。但问题是，我们在达到物化的功利目的之后，我们的精神世界是否还能保持和谐？我们扮演众多相互冲突的角色之后，我们对自我身份的确认是否可以清晰可见？有多少八面玲珑、一人千面的当代人在焦虑沮丧，我们到底是谁？我们得到的与我们失去的相比，究竟孰多孰少？老子嫣然一笑："众人熙熙，如享太牢、如春登台。我独泊兮其未兆，如婴儿之未孩，儽儽兮若无所归。……我独异于人，而贵食母。"（第 20 章）当世人皆为功名利禄的"熙熙攘攘"时，我愿复归孩儿时的纯真质朴，虽在世人看来一无所有，但至少保持了真我的独立和完整。婴儿是多么纯真自然的状态，没有暗藏心机、不懂争名夺利，"如婴儿之未孩"是一种境界，是对人被功利之心所异化的矫正。

（二）"言善信"与"信息操控"

因为功利之心，人际沟通充满信息操纵、隐瞒欺骗，由此带来的后果是相互猜忌、信任缺失。格赖斯认为人类交流在某种程度上是通力合作，遵循四个合作原则：一是数量原则，即鉴于当时的情境，按照需要提供必要的信息；二是质量

原则，提供真实可信的信息；三是关系原则，即表达与前述话语相关的信息；四是方式原则，即用简洁有序的方式来呈现信息，避免制造模糊不清和模棱两可的信息。① 在合作原则的框架下，人际沟通应该是值得信赖的。但现实的人际交往中，合作原则通常只是受者对传者的期待，而传者会利用受者的期待操纵信息，如提供不全面的信息、制造虚假的信息、转移话题等，以此欺骗他人。特纳及其同事（1975）的实证研究结果表明，欺骗性的传播似乎无处不在；信息操纵理论（Information manipulation theory）赞同特纳及其同事的观点，认为我们呈现给他人的大多数信息都涉及某种形式的信息控制或"操纵"。②"言善信"（第 8 章）是一个人的道德操守，同时也是赢得人际信赖的必要条件。"信不足焉，有不信焉"（第 17 章），若为了他人的利益撒谎，上帝还可以原谅；弱者为了一己私利而欺骗他人，恐怕迟早会沦为那个叫"狼来了"的小孩。俗话说，一个谎言要用十个谎言去遮蔽，人并非天生喜欢撒谎和欺骗，只是过多的欲望遮蔽了理性之美。

黎巴嫩诗人纪伯伦有一句诗："我们已经走得太远，以至忘了为什么出发？"③ 人际交往本身为了得到幸福，但欲壑难填扭曲了我们出发的初衷，陷入了异化的险地。"见素抱朴，少私寡欲"（第 19 章）是老子为现代人净化沟通动机开出的一剂良药。

三、"知足不辱"：人际关系期望的淡然

人际关系的满意度取决于现实和期待的比较。换句话说，人们对自身人际交往现状的不满抱怨，往往是因为达不到期望的高度。人是理性的动物，每个人都会对自我的人际关系状态有所期望，这种期望值有高有低，并常常以他人作为参照对象。每个社会都有自身的潜规则，有着普世的价值观，在世人眼里，最理想的人际关系莫不是结交范围广、交往层次高、交往程度深。但人各有异，个人成长环境、言语表达能力、性格特质等因素决定了个体在人际沟通中的表现，影响个体人际关系网络的建立。如果人们不能正视客观差异，调节自身期望值，执着于跟他人比较，则难免悲伤失望。对此，强调在人际关系中自我升华的老子启发世人"知足不辱"（第 44 章），意思是知道满足才不会自取其辱、自寻烦恼。

知足常乐的道理虽世人皆知，但怎样才能自我满足？反观人际关系满意度的形成，关键还是在于静己修身、降低期待。"祸莫大于不知足，咎莫大于欲得。故知足之足，常足矣。"（第 46 章）最大的祸害莫过于不知足，最深的罪孽莫过于期

---

① 莱斯莉·巴克斯特、布雷斯韦特：《人际传播：多元视角之下》，殷晓蓉等译，上海：上海译文出版社，2010 年，第 284—291。

② 莱斯莉·巴克斯特、布雷斯韦特：《人际传播：多元视角之下》，第 284—291。

③ 赵启光：《老子天下第一》，北京：北京大学出版社，2010 年，第 114 页。

待欲望过多。只有知道满足者，才能得到永久的满足。此言不仅道出自我满足的重要性，更深刻揭示了让人难以自足的根源，即欲望过多、期望过高。"天地尚不能久，而况于人乎？"（第23章）人生短短数十载，何苦让自己被不能实现的期望所累。且"长短相较，高下相倾"（第2章），长短、高下等相对的概念并不是绝对不变的客观存在，它们在不同的情境下可以相互转化。"广、高、深"也不见得就是评判人际关系好坏的唯一标准。

首先，交际圈并非越大越好。个人的时间、精力总是有限的，随着交往对象的增多，花在单个交往对象的精力和情感难免减少。这也是为什么我们的QQ好友、微博粉丝、网络社区好友不断激增，但频繁不间断联系的人却很少，虚拟空间的人际交流越来越多，但现实中的亲密互动却越来越少。自然，交际圈狭窄不见得只给人带来孤寂，"行到水穷处，坐看云卷云舒"，偶尔独处也自有其妙处。卸下人际交往中的面具，与自我进行真诚的对话，了解真实的自己，这也是安顿心灵最有效的方式。人际交往的前提是"自知者明"，一个自我定位都模糊不清的人，很难弄清自己需要什么样的人际关系，只能是人云亦云。

其次，在人际交往对象上应有一颗平常心。我们固然期待"谈笑有鸿儒，往来无白丁"，因为交际对象的身份、地位、学术背景成为衡量交际手腕的标准。但儒雅显达者带给你的快乐和智慧真的会多于白丁吗？有多少攀权富贵、嫁入豪门者，虽外表富丽堂皇，但内心却被多少规矩束缚羁绊？得不到的也许真是最好的，但不一定是适合自己的。相比"变色龙"的伎俩，以一颗真诚之心对待所有与你交往的人会让你收获更多。

再者，交往的深度也应因人而异，并非越深越好。老子是非常推崇"小国寡民"的，希望人们在自己的小国度里"甘其食，美其服，乐其俗，安其居。邻国相望，鸡犬之声相闻。民至老死，不相往来"（第80章）。人们安于自己的交际圈，没有向外扩张的欲望，不同交际圈的人相互守望、和平与共，人与人之间有形的交流少，但精神上的交流却是富足的。

结语：

老子曰："以辅万物之自然而不敢为"（第64章），顺其自然，或许才能真正实现人际纯洁和和谐。摒弃争强好胜之傲气，以"柔弱处下"的姿态与人相处；摆脱一人千面、信息操控之圆滑，以"见素抱朴"之动机净化人际沟通的瑕疵；去掉人性攀比的欲望、降低对人际关系过高的期望。心若无界天地宽，"知足者富"（第33章），自我满足者才会真正富有、幸福。

（谢清果 曹艳辉）

老子对人际传播现象的独特思考

——与《交流的无奈：传播思想史》比较的视角

从字面上看，《道德经》五千言中，并没有直接以传播观念为主题，但从其思想的底蕴来看，《道德经》与西方传播思想史的奠基之作《交流的无奈：传播思想史》在一些传播思想问题上却是貌离而神合。为此，本文主要从人文自然思想特点以及思维模式两个方面来比较分析两者的异同，进而阐明老子人际传播思想本身的独异性。

当今学术界对现存的《道德经》版本之间所反映的思想存在着许多争议，但是，从总体上来讲，以《道德经》作为基本的道家所追寻的是人与自然的关系[①]，这与注重人与人之间伦理关系的儒家有着很大的区别。因此，道家思想与人际传播之间的关系并不是那么紧密，但是这只是从直接的行为层面来看，如果从间接的思想层面上来看，道家思想与人际传播之间有着思想层面上更为紧密的关系。

同时，作为传播思想史的奠基之作，彼得斯所写作的《交流的无奈：传播思想史》与以往传播史的著作都不相同，他并不是从传播学本身来研究传播思想史，而是历数柏拉图以下的各个哲学家的思想观点中与"交流"有关的观念，并加以分析，整理，总结，概括，得出了交流并非是心灵的共享，交流失败也并非是交流的失败的观点。他认为，人与人之间的交流要保有边界，分享并不是越多越好。他的这种思想就把传播抑或交流上升到了一种哲学的思辨层面。因此，从总体上来说，这种对待交流的反传统的哲学视角与《道德经》有着异曲同工之妙，两者风格上的整体契合，为在细微层面上研究两者的关系提供了可行性。

---

① 聂中庆：《郭店楚简〈老子〉研究》，北京：中华书局，2004年，第146页。

一、老子的人文自然思想特质呈现出其独特的人际传播思想

人际传播，从一个层面来说，就是人与人之间的交流。库利说，交流在这里的意义，是人的关系存在和发展的机制。① 因此，要研究人际传播，首先是要关心作为个体的人的生存。而老子的《道德经》中就包含丰富的自然人文情怀。从而能够阐明研究老子人际传播的可能性。

（一）老子以自然为善的人文思想与彼得斯的生存关怀

对老子的人文关怀思想进行总结和研究的代表人物应该算是刘笑敢先生，他明确地提出了老子的人文自然总纲。他通过对"人法地，地法天，天法道，道法自然""百姓皆谓我自然""是故圣人能辅万物之自然"中的"自然"的考察，总结出来老子人文自然思想的内涵。他认为老子之自然并非自然界之自然，"老子之自然是事物存在的一种状态，当我们谈到自然时，可以指自然界的情况，但在更多情况下，特别是在老子哲学中，自然显然是指人类以及人类社会的状态，道家讲自然，其关心的焦点并不是自然，而是人类社会的生存状态"。② 而詹石窗先生还在《道教和谐观与人类整体生存》中以《道德经》为线索，考察了道家对于人类整体生存的关怀，他说："就现实的层面而言，生存不仅表现为个体的生存，而且表现为整体的联结。"③ 而人际传播就是人与人联结成为整体的纽带，因此，人际传播研究也应该体现出对个体生存的关心，由此看来，把老子与人际传播结合起来研究就在情理之中了。同时，彼得斯在《交流的无奈：传播思想史》中承认他的交流的观念更多的也是集中于对人的生存状况的关心。他说："本书的中心思想比较严峻，里面提出的交流问题根本上是难以驾驭的问题。communication 一词，无论其含义是什么，绝对不是改进一条线路或更加袒露心扉，而是涉及人生存状况的一个扭结，剪不断，理还乱。"④ 此两者的契合也为以老子和彼得斯为例来研究老子人际传播的可能性提供了合理性依据。老子对于人的关怀主要体现在"无弃人"的"善"的伦理观念上。

（二）老子"无弃人"的"善"与彼得斯的宽容

今本《道德经》第五十四章说："善建者不拔，善抱者不脱，以祭祀不辍。"祭祀不辍含有子孙延绵不绝的意思，代表着宗庙的香火旺盛，这与中国根深蒂固的

---

① 彼得斯：《交流的无奈：传播思想史》，何道宽译，北京：华夏出版社，2003 年，第 8 页。
② 刘笑敢：《老子人文自然总纲》，《哲学研究》2004 年第 12 期。
③ 詹石窗：《道教和谐观与人类整体生存》，《中国宗教》2006 年第 7 期。
④ 彼得斯：《交流的无奈：传播思想史》，何道宽译，北京：华夏出版社，2003 年，第 24 页。

"不孝有三，无后为大"（《孟子，离娄上》）的传宗接代观念是一致的。因此，老子思想中也带有浓厚的时代特征，即宗族社会观念的渗透，宗族社会中传宗接代的观念所反映出来的就是对人的生存状态的关怀。反推这一段话，就可知，祭祀不辍的前提条件是"善建""善抱"，而"善建"与"善抱"都是以"道"为指归的①，而老子所希冀的圣人的理想人格就是得道之人。由此可见，以"道"为核心的老子哲学思想之中，深刻地反映着对于人的关怀，对于人的生存状态的关怀。这种通过祭祀文化而反映出来的人文关怀思想还特别体现在老子所谓的"善"的观念之中，通过"善"，老子所要表达的是一种"无弃人"的人文关怀思想。

今本《道德经》第二十章说："是以圣人常善救人，故无弃人，常善救物，故无弃物，是谓袭明。"从字面意思上可以看出，这反映了老子对于人的生存的保有和尊重，从深层次来说，这种对人的关怀也是有根据的。"善"是老子的重要哲学思想之一，"善"上羊，下口，"羊"是一种太牢、少牢都用到的祭祀牺牲，因此，与"羊大为美"的美一样，善就与祭祀联系在了一起，而在中国古代，存在着一种"羊神判"的祭祀形式。先民们进行"羊神判"的时候，未被羊角抵触的一方为胜，称"善"，被羊角抵触的一方为败，称"恶"，败的一方被处死之后，连同"割胲洒血"的羊一起，用一种称作"鸥夷"的兽皮包裹起来，然后放逐于水流中，表示祛除污秽而洁净。②这样，羊神判就与水联系在了一起，而老子说："上善若水"，水是上善，是高于羊神判所审判出来的善，老子为什么会这样说呢？很明显，连羊神判所审判出来的不善的人都能被水所净化洁净，那么水的宽容品质，当然高于羊神判本身的价值品质。因为，这种祭祀形式的结果就是把所谓的不善之人处死，是一种弃人的行为和态度，是对于人的生命价值的不尊重。由此看出，老子对于这样残酷的祭祀形式持有反对态度，他反对这种道德特权，而赞扬水的包容特质。老子"上善若水"的"善"能像水一样包容，洁净这些罪人，使其重生。因此，才有第二十章的"是以圣人常善救人，故无弃人"的不弃人的思想。这里的不弃，也并非指不放弃，里面包含着重生的概念。因为，"上善若水，水善利万物而不争，处众人之所恶，故几于道"。水和道是最为接近的，而道是"道生一，一生二，二生三，三生万物"的起始和根源，它具有"周行而不殆，可以为天下母"的生万物，循环往复的性质。因此，"几于道"的上善之水也应该有这种性质。因此"上善若水"之"善"也具有令万物新生的性质，所以，这里的"是以圣人常善救人，故无弃人"中的不弃便包含了重生的意蕴。这样说来，从"上善若水"

---

① 詹石窗、杨燕：《老子对祭祀文化的哲学升华》，《哲学研究》2007年第2期。

② 詹石窗、杨燕：《老子对祭祀文化的哲学升华》，《哲学研究》，2007年第2期。

的层面来讲，老子的"无弃人"便包含着对于人的生存的关心以及对于人实施拯救的思想。因此，这种"善"就不再是传统的价值判断的标准，而是一种属性，其反对的就是一种道德特权。

　　这一种"善"的非传统的观点，并非是老子的独创。反对传统的交流是心灵共享的观点，认为"我们需要有办法来尊重彼此心灵的边界，我们彼此的要求也应该有适当的边界，而不是渴望桥梁，悲叹壁垒①"的彼得斯也认为，"如果把共享内心生活看作未污染的善，那就是把思想建立在对人心不严密的描绘之上②"。可见，同老子一样，彼得斯所谓的"善"也并不是一种世俗所见的价值判断，而是更接近于一种属性，其反对的也是一种道德特权，而且彼得斯明确地表明了自己写作这本书的目的："它又独辟蹊径，寻找一条新的思路，既避免对话的道德特权，又避免交流失败的哀婉情绪"。③他反对把交流失败看成交流的失败的观点。他说："我发现，有一种关于'交流'的理直气壮的暴虐令人不安。这个字可以用来恐吓'交流失败'的人，然而实际上，人家只是想退出游戏而已。巴特比、爱默生和克尔凯郭尔都是交流失败的人——他们因此而名垂青史。"④而这种追求完美交流的暴虐的原因在彼得斯看来是缺乏宽容，他说"共享并非是一个仁慈的概念"，那些"围绕交流观念的流行讨论中，通常缺乏一种宽恕的品格"。⑤而这种宽恕的观点，在他看来，很大程度上体现为同情。他在附录中引用了休谟《人性论》中一段话来表达了自己对于人与人之间的同情心、宽恕心的关注："人性中最值得注意的莫过于对他人的同情，莫过于通过交流接受他人的禀性和情感，无论其如何与自己不同甚至与自己对立。"⑥这种对待交流中的人的宽容与同情的观点与上文中所论证的"是以圣人常善救人，故无弃人"的"无弃人"的"善"的观点是如此的不谋而合。虽然，老子并没有专门的讨论传播思想，但是，通过与西方传播思想史大师彼得斯的比较研究，可以看出，两者的思想有很多共同的地方，可谓"貌离而神合"，因此，老子人际传播思想研究是十分可行的。另外，老子所生活的年代比彼得斯早了几千年。几千年前的中国古人便已经有了对待传播主体——"人"的"无弃人"的宽容同情的观点，这说明中国传播思想史的研究也是十分必要和可行的。

---

① 彼得斯：《交流的无奈：传播思想史》，何道宽译，北京：华夏出版社，2003 年，第 60 页。
② 彼得斯：《交流的无奈：传播思想史》，第 251 页。
③ 彼得斯：《交流的无奈：传播思想史》，序言第 1 页。
④ 彼得斯：《交流的无奈：传播思想史》，第 251 页。
⑤ 彼得斯：《交流的无奈：传播思想史》，第 251 页。
⑥ 同上第 257 页。

（三）老子的"不言"与彼得斯的宽容

人是会说话的动物，人与人之间的交流就离不开语言这种工具来传递信息，而在《道德经》中，老子也多次提到"言"。像第二章："是以圣人处无为之事，行不言之教"，第五章："多言数穷，不如守中"，第二十七章："善行无辙迹，善言无瑕谪"，第四十三章："不言之教，无为之益，天下希及之"等等。这些篇章中都说明"言"作为一个概念，在老子思想之中占有十分重要的地位。但"言"是不是就是今人所说的日常说话的话语呢？显然不是，因为，子曰："从我于陈、蔡者，皆不及门也。德行：颜渊、闵子骞、冉伯牛、仲弓。言语：宰我、子贡。政事：冉有、季路。文学：子游、子夏。"①《史记》中把孔子的主要门徒分作德行、政事、言语、文学四个门类。而"言语"的代表性人物便是子贡和宰我，据张岱年的《孔子百科辞典》记载，宰我"能言善辩，以言语著称，从孔子周游列国，在游历期间，常受孔子派遣，使于齐、楚……担任过临淄大夫"。②宰我周游列国，使于齐、楚，担任临淄大夫是为了什么？当然是为了发挥其能言善辩的言语功能游说各国君主，推广孔子的政治主张，这样看来，孔子所谓的"言辞"就不再只是一般性的能言善辩的话语，而是与政治紧密地联系在了一起。宰我能言善辩，列为言辞之中的贤人，其实反映出宰我具有极高的政治敏感度。无独有偶，《春秋左传·襄公二十四年》中对于"德""言"也有与孔门四德同样排列顺序的表述："豹闻之：太上有立德，其次有立功，其次有立言，虽久不废，此之谓不朽。"③洪亮吉对"其次有立言"诂为："史佚、周任、藏文仲当之，言如此之类，乃是立言也"④，同时，杜预注解的《春秋左传集解》中，对于"其次有立言"也是如此集释为："史佚、周任、藏文仲。佚，音逸。任，音壬"⑤。两种集解都提到了"史佚、周任、藏文仲"三个人。据《史记·晋世家第九》记载史佚的言语是有言："史佚因请择日立叔虞。成王曰：'吾与之戏耳。'史佚曰：'天子无戏言。言则史书之，礼或之，乐歌之'⑥，这就说明，"言"在古代可能是和"礼""乐"一样都属于规章制度一类。由此推论，老子的"不言""善言""多言数穷，不如守中"之中的"言"，可能暗含着政治规范和主张的意思，所以他才说："法令滋彰，盗贼多有"，因此，可以这么说，"不言"也包含着反对约束性规范过多的意思，因此，老子才主张："太上，不知有

①　（宋）朱熹：《论语集注》，济南：齐鲁书社，1992年，第103页。

②　张岱年主编：《孔子百科辞典》，上海：上海辞书出版社，2010年，第276页。

③　（清）洪亮吉撰，李解民点校：《春秋左传诂》，北京：中华书局出版社，1987年，第566页。

④　（清）洪亮吉撰，李解民点校：《春秋左传诂》，北京：中华书局出版社，1987年，第566页。

⑤　（晋）杜预注解，孔颖达疏：《春秋左传集解》，上海：上海人民文学出版社，1977年，第1021页。

⑥　宫源海主编：《德法之治与齐国政权研究》，济南：齐鲁书社，2004年，第48页。

之；其次，亲而誉之；其次，畏之；其次，侮之"（第十七章）。这是因为，在封建社会中，制定规范的都是特权阶级。因此，制定的规范也都是为了维护自身的利益，维护自身利益肯定是以牺牲别人利益为代价的。那么，对于自身利益的维护越多，别人受的损害就越大，这是一种狭隘的观念，不是宽容的态度。由此可以反推，老子的"不言""善言"的思想正是为了表达对人宽容的观点。无独有偶，彼得斯认为把交流看成共享的观点使得"交流已经成为政客和官僚、技术专家和治疗专家的财产，他们一个劲地想证明，自己是与人交流的行家里手，所以这个词的流行已经超过了它的清晰度"①。所以，他认为"在围绕交流观念的流行讨论中，通常缺乏一种宽恕的品格"②，而交流的理想境界是这样一个境界："超越丢人的意见分歧的惟一出路，就是从这种分歧中得到快乐"③。这也就是庄子所说的"物无非彼，物无非是"（《庄子·齐物论》）的思想，这些都说明彼得斯对待"交流"的宽容态度。由此看出，老子"不言"之中所体现的宽容思想与彼得斯认为交流比尊重差异和鸿沟的宽容思想也是途殊同归的两种思想观念。这就为进一步的研究老子与彼得斯的传播观念提供了思想基础。

综上所述，从思想内容层面来看，老子与彼得斯确实有很多的共通之处，因此，研究老子人际传播思想就在一定程度上具有合理的学理基础。

二、老子思维模式反映其人际传播思想的价值取向

（一）感通思维模式体现出沟通诉求与人际传播

詹石窗先生在《老子对祭祀文化的哲学升华》一文中以《道德经》第五十四章"善建者不拔，善抱者不脱，子孙以祭祀不辍"为基本，考证了《道德经》与祭祀之间的紧密关系。可以看出，在这一章之中，老子认为对于"善建者"和"善抱者"的赞扬和承认，是要通过子孙祭祀不辍体现出来。而"祭祀"是一种人神之间相互沟通的行为，这种人神的沟通又往往是个人与特定神的精神交流，所以，这种人神互通的祭祀活动也体现着老子的天人感通的思维模式。詹石窗先生说："所谓感通思维，是遵循大道周行法则的一种思维方式，感通是宇宙万物生育生长的基本表现，事物没有阴阳感应，就不能流通，甚至积压坏死……社会诸群体如果不能进行思想沟通，那就不能相互了解，甚至造成误会，发生你死我活的

---

① 彼得斯：《交流的无奈：传播思想史》，何道宽译，北京：华夏出版社，2003年，序言第6页。
② 彼得斯：《交流的无奈：传播思想史》，第251页。
③ 彼得斯：《交流的无奈：传播思想史》，序言第25页。

争斗。"① 因此，"感通思维"落实到人的层面，便是要求人与人要进行交流，只不过这种交流以特有的人神交流体现出来，无论是哪种版本，这种感通的思维模式，在《道德经》当中都是普遍存在的。第十四章中说："视之不见，名曰夷；听之不闻，名曰希；搏之不得，名曰微。此三者不可致诘，故混而为一。其上不皦，其下不昧，绳绳兮，不可名，复归于无物。是谓无状之状，无物之象，是谓恍惚。迎之不见其首，随之不见其后。"在这一章中，"视"的主体是人或者动物，"听"的主体也是人或者动物，而最后人不看、不听，就可以"混沌"为一体。而"混沌"是什么？老子在第二十五章中明确的说道："有物混成，先天地生。寂兮廖兮，独立而不改，周行而不殆，可以为天下母。吾不知其名，强字之曰道，强为之名曰大。"因此，混沌在一定程度上就是指道。在此章老子又说："人法地，地法天，天法道，道法自然。"天地都是法道的，而道又是混成，因此天地也是混成，天地之间是感通的。而上文已论述的人与道之间也存在着感通的关系，故而天、地、人三者之间也是一种感通的关系，这种关系反映了老子的感通的思维模式。而这种思维模式落实到实际中，就是祭祀文化在《道德经》之中的渗透。因为祭祀就是一种人神不同的行为方式，这种感通的思维模式对于人类生存也是很重要的。正如詹石窗先生所说，事物如果没有阴阳感应，就不能流通，甚至积压坏死，同样，人与人之间如果没有思想的交流与沟通，不能相互理解，误会越来越多，那么，整个社会也会积压坏死。② 但这种对待交流的感通思维模式也并不是老子所特有的，在彼得斯的《交流的无奈：传播思想史》中就有专门的一章谈到过沟通人与灵交流的招魂术思想与灵媒在传播思想史中的作用和地位。两者有着共同的地方，所关注的交流的焦点都集中于生者与死者之间的交流。所不同的是老子把祭祀活动所传达的人神交流的思想升华为对于生者的道德和人格要求，也就是"神判"。所谓"神判"就是将人类无法自行处理的事件交给神来审判定夺，从而显示其公平合理。在上古先民的观念世界里，由于神没有形状，无法由人的外在感官直接感知，祭祀活动中的"神判"实际上是通过种种媒介来进行的：例如烧一盆汤水，由当事人对神盟誓，然后伸手"试汤"，以辨真假。《论语·季氏》中有"见不善如探汤"的说法，当是此等"神判"的遗存。③ 同样，彼得斯所谓的招魂术也需要各种各样的媒介。他说："到了19世纪80年代中期，幽灵就不再局限于发出叩击声，灵媒们采用了各种媒介去弥合阴阳两界的鸿沟，包括掀翻桌子、写字、

---

① 詹石窗：《道教和谐观与人类整体生存》，《中国宗教》2006年第7期。
② 詹石窗：《道教和谐观与人类整体生存》，《中国宗教》2006年第7期。
③ 詹石窗、杨燕：《老子对祭祀文化的哲学升华》，《哲学研究》2007年第2期。

说话、画画、唱歌、跳舞、置换有生命和无生命的客体、乐器尤其是吉他等等。"①
但是，彼得斯指出："借助一个灵媒或敏感的人，人们常常代表一位悲痛的家属在
此召唤亡灵。"②由此看出，借助于诸多媒介的灵媒仅仅是一种生者与死者进行对话
与交流的中介，并不是如中国的"神判"那样，起到一种价值判断，以及对生者
行为规范的作用。再者，从彼得斯那里可以看出，招魂术所希冀的效果仅仅是表
达生者的悲痛，没有崇敬、祭拜的感情，这与中国以祭祀为代表的感通思维模式
是不一样的。中国的祭祀所要表达的恰恰不是悲痛，而是对于亡者或者神明的崇
敬。所以，在西方传播思想史中占有重要地位的招魂术仅仅作是为一种弥合阴阳
两界的交流方式存在，而中国的祭祀感通文化除了要表达沟通的意味之外，其中
所带有的价值判断已经扩展为了中国人公共生存的一种基本规则。由上文的论证
可以看出老子思想与祭祀文化的紧密关系，因此，研究老子的人际传播思想是可
行的，而且应该是作为中国传播思想史的重要部分加以重点的研究。

（二）整体性思维模式体现人际传播的社会共有价值取向

这种感通的思维模式从另一个角度来看，实际上也反映了老子所持有的整体
思维模式。所谓整体思维指的是从事物的全部构成角度来认识其面貌特征、功能
以及事物之间相互联系的一种思维方式。这种思维方式在中国具有十分悠久的历
史。③远古时代，中国人对于开天辟地的看法就是这种整体思维方式的反应："天
地混沌如鸡子，盘古生其中；万八千岁，天地开辟，阳清为天，阴浊为地；盘古
在其中，一日九交，神于天，圣于地。天日高一丈，地日厚一丈，盘古日长一丈。
如此万八千岁，天数极高，地数极深，盘古极长，后乃有三皇。"④"天地混沌如鸡
子"，鸡蛋里面的蛋清和蛋黄两者和谐地混合在一起，构成了一个鸡蛋整体。这第
一句话就表明中国古人的整体思维方式，而"阳清为天，阴浊为地"，就更是说明
了现在的天地本来是一个整体，即使现在分离了，但还是要用整体的思维来看待。

这种整体的思维方式与西方哲学的主客分离思维完全不一样，而老子所继承
的这种整体的思维模式主要体现在"有无相生"的关系之中。对于有无之间的关
系，学术界一直强调无的作用，一直注重"有生于无"的观点。例如许抗生就认
为："'当其无，有车之用。当其无，有器之用。当其无，有室之用'，这三句话中
的车、器、室三者皆为实体之有，然而这三者之'有'之所以能发挥自己的作用

① 彼得斯：《交流的无奈：传播思想史》，何道宽译，北京：华夏出版社，2003 年，第 85 页。
② 同上第 85 页。
③ 詹石窗：《道教和谐观与人类整体生存》，《中国宗教》2006 年第 7 期。
④ 廖群：《神话录踪》，上海：上海古籍出版社，1996 年，第 16 页。

（车之用、器之用、室之用），皆依赖于自己的对立面'无'（车中之无，器中之无）而发挥自己的作用的，没有'无'的存在也就不可能有自己实体的作用。在这里老子的思想是很深刻的。人们一般只会看到实体'有'的作用（'有之以为利'），而往往很少去考虑'有'之所以能发挥作用还得依靠'无'才能起作用的情况。"①现在看来，这种观点过分强调了无的作用，带有片面性，是否符合老子的本意，还有待商榷，因为老子在第二章当中就已经提到"有无相生，难易相成，长短相形，高下相盈，音声相和，前后相随，恒也"，很明显，有与无并没有重要性上的分别，而且，随着郭店楚简的出土，有无相生的思想更是得到了证明。楚简中论述："反也者，道动也。弱也者，道之用也。天下之物生于有，生于无。"这就与今本中的"天下之物生于有，有生于无"有着根本的不同。所以，就此看出，"有生于无"的命题应该值得商榷，可以说，"有""无"是统一于"道"的，两者并不存在本末先后贵贱的问题。②如果，这样还是比较抽象的话，那么《道德经》第十一章就车、房以及器皿来具体实在地说明有无相生的道理："三十辐共一毂，当其无，有车之用。埏埴以为器，当其无，有器之用。凿户牖以为室，当其无，有室之用。"试想，房子没有墙壁就不成为房子，同样，房子没有房中空旷的空间，也不能成为房子，墙壁和空间能说哪个先，哪个后吗？没有墙壁就没有空间，没有空间也就没有墙壁。这就从实际生活中解释了有无相生的道理，而有无相生的结果是什么？有无相生的结果就是车、房、器皿等等这些有实用价值的整体，所以才是"天下之物生于有，生于无"。因此，有无相生的思想正是体现了一种整体的思维模式。万物是生于有，生于无，但是，万物是如何联结成为一个社会整体的呢？无论是从社会学上来说，还是从传播学上来说，人类社会正是依靠人与人之间的沟通和传播才能联结为一个整体。因此，从老子所具有的整体思维模式来看，研究老子与人际传播之间的关系也是有理有据的。

彼得斯对待交流也是持有这种整体的思维模式。他写作这本书的目的是为了"对交流是心有灵犀的梦想进行批判"③。他说："把交流当作心灵共享的观点是行不通的；然而并不是说，我们就不能进行美妙的合作"④，"事实刚好相反，互相接触最美妙的境界，是撒播，而不是痛苦的分享"。⑤他说："只有在稀罕而绝佳的场合，对话才能够兴起，撒播就是造就这种场合的基础。"⑥而彼得斯反对传统上把对话看

① 许抗生：《试论老子的辩证否定式思维方式》，《周口师范学院学报》，2006年第1期。
② 聂中庆：《郭店楚简〈老子〉研究》，北京：中华书局，2004年，第152页。
③ 彼得斯：《交流的无奈：传播思想史》，何道宽译，北京：华夏出版社，2003年，序言第1页。
④ 彼得斯：《交流的无奈：传播思想史》，第18页。
⑤ 彼得斯：《交流的无奈：传播思想史》，第25页。
⑥ 彼得斯：《交流的无奈：传播思想史》，何道宽译，北京：华夏出版社，2003年，第52页。

作交流的最好的方式的观点，因为"在许多人的想象中，对话仍然占有压倒的优势，他们认为对话就可能是最好的交流"①，但是"用更好的交流去填补交流的沟壑，可能会榨干团结和爱心的精华"②，因为对话这种"交流的梦想对个人的隐私太缺乏尊敬。非人格性的面具可以是保护心灵隐私的围墙"。③由此看来，彼得斯反对那种榨干团结和爱心精华的心灵共享式的对话，而赞同能够造就人与人对话场合的撒播。所以，综上这些观点就可以推断出，和老子一样，对待人的生存问题、对待人的交流问题，彼得斯也是坚持着一种整体的全人类的思维模式，虽然这二者对于整体性的表达不同，但是从思维模式来看，两者是契合的。

结语

从表面上看，《道德经》五千言中并没有直接涉及传播的观念，但是，通过上述对老子与彼得斯思想的比较分析可以看出，不论是从老子的思想内容方面，还是从其思维模式方式，对于老子人际传播思想的研究不仅必要，而且很有价值。

（谢清果　杨芳）

---

① 彼得斯：《交流的无奈：传播思想史》，何道宽译，北京：华夏出版社，2003 年，第 52 页。
② 同上第 51 页。
③ 同上第 51 页。

老子不言不辩思想与春秋时期传播环境研究

——与雅典"尚辩"传统的比较视角

任何一种传播观的产生都有其深厚的社会土壤。老子"不言不辩"的传播观念也是根植于春秋时代独特的社会环境。对比雅典的"尚辩"传统及其产生的社会背景，人们能够更清晰地认识"言"与"不言"的传播观都不是绝对正确的，适宜的传播观都体现出顺应当下实践的理性自觉。因此，后人应继承创新，以建构符合当下时代特征的传播观。

《道德经》中蕴含着丰富的传播学思想。其中"不言不辩"是老子颇具特色的传播观之一。在《道德经》中老子对此有多次论述，如，"道可道，非常道""知者不言，言者不知""希言自然""是以圣人处无为之事，行不言之教"等。身处大变革时代的老子为何会提出"不言不辩"的传播观？本文便试图通过对春秋时代社会传播背景的考察，来探究老子"不言不辩"传播观形成的原因。同时，此时在西方产生了"尚辩"的雅典文明，为何会产生这样两种截然不同的传播观？它们对后世的影响与借鉴又如何？也都是本文将探索的问题。

引言：内向传播：老子"不言不辩"传播观的取向

在探究老子的传播观与其社会传播环境的关系之前，我们首先应科学认识老子"不言不辩"的传播观。张卫中在《老子对语言传播的批判》中指出："老子从批判的角度来说明语言传播的局限性，揭示了现实社会中语言传播的异化现象，提出语言传播的最佳境界是'不言'。"[①]全冠军认为："相对于外向的传播，老子更重视内向传播，重视自身的体悟反省，以至于有些人误以为老子对传播活动采取

---

① 张卫中：《老子对语言传播的批判》，《社会科学战线》2002 年第 3 期。

否定的态度。所谓虚无，所谓清静，都是进行内向传播所必需的境界和途径。"①谢清果在《内向传播的视阈下老子的自我观探析》中指出："（老子）提倡从内向传播上实现个人对自己人生意义的完整占有，只不过在方法上却采取了与传播学上的内向传播理论不同的操作方向，即通过对社会性活动的减损和人类已有知识的超越来实现自我升华。"②

前人的研究为我们正确理解老子"不言不辩"的传播观提供了有益借鉴。"在认识人类的传播行为方式上，道家最早清楚地揭示了隐性传播——内向传播的存在与作用。"③老子在认识到"道可道，非常道"即语言的局限后，提出了另一种得"道"的方式：不言不辩。"如果执着于语言名相，那就会阻碍对'道'之意的领悟。'忘言'是道家语言传播的最佳效果的表征，同时也是一种'美'的享受。"④这里的"不言不辩"和"忘言"并不是要人们放弃语言，毕竟内向传播也需借助语言符号才可实现。而是要提醒人们应有意识地将进行传播活动的场域由外转向内，将"言"的对象由"他人"转向"自我"，更加注重通过内向传播来体悟"道"。只有在此基础上，才能在"外"向传播的过程中自觉做到"行不言之教"，以自身行为举止来潜移默化地影响受众，在非言不可的时候做到"贵言""慎言"，而非"妄言""美言"。

那么身处春秋乱世的老子为何如此重视内向传播？对此，我们从经济、政治、文化等方面来窥探当时的社会传播环境，试图对"不言不辩"传播观的产生做出合理的解释。

一、老子"不言不辩"的社会传播背景

（一）生产力发展下对信息真实性的要求

春秋时期，铁器及牛耕提高了社会生产力。西周时代的庄园经济随之发生改变。"庄园的人口过剩，多转化为独立手工业者而存在于庄园之内。由于独立手工业者的出现，遂使过去庄园内自给自足的生产转化为商品的生产，因而又刺激了商品交换关系的发展。"⑤伴随着商品经济，出现了独立的手工业者及商人，带来了城市的繁荣。"经济上，商业的发展，城市的兴起和规模扩大，商品交换的频繁等，

---

① 仝冠军：《先秦诸子传播思想研究》，博士学位论文，北京大学，2005 年，第 183 页。

② 谢清果：《内向传播的视阈下老子的自我观探析》，《国际新闻界》2011 年第 6 期。

③ 何庆良：《先秦诸子传播思想研究》，博士学位论文，中国人民大学，1993 年，第 88 页。

④ 詹石窗、谢清果：《中国道家之精神》，上海：复旦大学出版社，2009 年，第 298 页。

⑤ 翦伯赞：《先秦史》，北京：北京大学出版社，1990 年，第 290 页。

也增加了人们的交换机会，提供了传播活动的优良空间。"①

在经济的刺激下，人们对信息的需求量大大增加，春秋时代的传播活动空前繁荣起来。同时，生产力的进步虽然也促进了传播工具的发展，但青铜器对普通百姓来说过于昂贵，简牍、缣帛及陶器等则不便携带，因此平民百姓自不用说，包括老子在内的"春秋战国时代的许多聘使、游士、学者等，都是以口头传播为主的"②。随着口语传播的繁荣，语言符号在传播活动中的地位与作用也更为凸显。但"口语传播的特点之一就是信息易于失真，这是因为传播者的个人情感会自觉不自觉地掺入客观事实，歪曲事实的真相，几经转口，原有的事实可能被改编得面目全非"③。因此老子提出"不言不辩"，便是欲从源头上消除语言符号给传播活动带来的消极影响。它要求传受双方注重内向传播，在对信息进行充分过滤、反思的基础上，再投入到其他类型的传播活动当中。不再过分依赖口头语言，而是依靠自身体悟来获取意义。老子曾提出的"慎言"及"行不言之教"都是"不言不辩"的应有之意。"慎言"便是要求传播者"言有宗"，做到言之有据，确保信息真实可靠。"行不言之教"则进一步建议传播者用"身体力行"代替语言符号，潜移默化地影响受众。

（二）论辩盛行与社会政治动荡的关联

随着地方经济独立性的增强，诸侯对周天子的政治隶属关系随之减弱。政治动荡影响着社会传播环境。首先，王权的衰落使言论环境相对宽松，为口语传播的繁荣提供了条件。其次，随着"礼乐征伐自诸侯出"，原有的"由天子→诸侯→卿大夫→士→民众五个阶层的传播者构成的传播主体金字塔结构"④被打破，诸侯成为最有权势的传播主体，积极利用传播活动为自身的政治利益所服务。这也使得"士"成为新崛起的传播阶层，"许多落魄的小领主"具有传统的政治素养与经验，但是已经失去了政治的权力，在国破家亡后，他们的生活日趋艰难，于是便出卖其政治经验，纵横捭阖于诸侯之间，这就是所谓游说之士也。⑤说客谋士的"论辩"作为一种政治工具，其中不乏欺诈蒙蔽之词，服务于兼并战争而加剧了社会动荡。

面对由于传播主体的"有为""妄为"而更加混乱的社会局面，老子提出"圣

---

① 张伟：《先秦文明与口语传播》，硕士学位论文，南开大学，2005年，第45页。
② 张玉法：《先秦的传播活动及其影响》，台湾：商务印书馆，1993年，第250页。
③ 何庆良：《先秦诸子传播思想研究》，博士学位论文，中国人民大学，1993年，第84页。
④ 张翅、闻娱：《春秋战国传播活动初探》，《安徽教育学院学报》2002年第2期。
⑤ 翦伯赞：《先秦史》，北京：北京大学出版社，1990年，第320页。

人处无为之事，行不言之教"，也就不足为奇了。这既是老子的政治观，也是其传播观。首先，在老子看来，过分的"言"和"辩"反而是统治者无德无能的表现，"上仁为之而无以为"。智慧的传播者善于"行不言之教"，这并不是否定语言的作用，而是强调非语言符号传播重于语言符号传播。强调"行"先于"言"，身教重于言教。更为重要者，"行不言之教"是为了反对统治者和游说之士的"言而乱教"。① 其次，在春秋时代复杂的政治及传播环境下，若人人都为私利而"善言""多言"，失去了对语言的敬畏，那么语言便只是传播者维护自身利益之工具，非但无法使受众受惠，还会助长社会不良之风。"不言不辩"之意便在于应以思辨的态度对待包括口语传播在内的一切传播活动。而"思辨"只有在内向传播中才可实现。因此，只有"不言不辩""贵言慎言"，在传播活动中遵循"道"，才能实现最佳的政治传播效果。

（三）人文与地理滋养了"不言不辩"的理性自觉

1. 人道观转向与民本思想的突出

西周统治者利用百姓对"上天"的敬畏为自己树立起绝对权威。而随着王室式微，"天"在宗教体系中的至上地位也随之动摇。"春秋时代，天道观已逐渐转向'人道观'了"。② 同时，随着商品经济的发展，新兴商人地主阶级也建立起个人主义的哲学观。

因此，"绝地天通"的宗教发展使哲学家得以挣脱"天道"的束缚，重新审视"人"的地位。老子建立了以"道"为核心的思想体系，认为"道"才是世间万物的本源，这不仅否定了君主的个人权威，还包含着"民本"思想。虽然"道"不可被语言表达，却可被践行。人只要遵循"道"，便可成为"圣人"。这无疑肯定了人的主观能动性，"道"成为人发展完整自身的工具，人不再被简单地视为"天道"的奴隶。"老子提出了'道'，表明人作为世界精神主体地位的获得，人不仅以情绪的情感对待天地，而且开始以理性、智慧的态度对待宇宙万有。"③

因此在老子的传播观中，受众的主体地位得到凸显。传播者应当"不言不辩"，尊重受众。传播者若想取得良好传播效果，便应"行不言之教"，这样方可以非语言传播方式达到"无为之益"的传播效果，"隐传而播"。"善言""美言"则往往"显传而不播"，因为这仅仅是为了实现传播者自身目的而妄想迷惑受众，这种视受众为工具的传播活动难以实现理想的效果。

---

① 蔡铭泽：《老子传播思想探析》，《湖湘论坛》2012年第6期。
② 翦伯赞：《先秦史》，北京：北京大学出版社，1990年，第336页。
③ 李山：《先秦文化史讲义》，北京：中华书局，2008年，第220页。

2. 理性冷峻的史官素养传承了上古"慎言"传统

在社会变革时期，传播活动的社会功用尤其是政治、文化价值得到充分彰显。说客谋士奔走于诸侯间谏言献策，思想界百家争鸣，思想家讲学著书将思想推而广之。而主张"不言不辩"的老子显得颇有些淡然超脱。这与他作为一位史官的职业素养不无关系。据王应麟考证《金人铭》为《汉书·艺文志》所载的《黄帝铭》六篇之，后世的《孔子家语·观周》和《说苑·敬慎》都有大致相同的全文记载，且学者们也基本认定《金人铭》为《老子》思想的重要来源。《金人铭》开篇便说道："古之慎言人也，戒之哉！无多言，多言多败。"老子作为史官，他自觉继承了中华先祖的"慎言"传统，并从学理上加以阐扬。

此外，"道家之学的发祥地在周室，东周王室本来就是天然的文献、典章和史官聚集的中心"①。史官出身的老子，看多了朝代更迭，对于事物的兴衰无常有着更加深刻的感悟，因而视野更悠远，态度更冷峻理智。"道家的核心学说'道'与儒家的'仁'相比，重要差异之一是，'仁'强调情感和心灵之爱，而'道'则是突出天地规则的律动，非关人意。"②正是由于老子具备着史官的冷峻与理智，才以"道"代替"天命"，强调"去欲""无为"。而"老庄的传播思想与他们的'无为'思想是互为表里的，他们的传播思想是'无为'学说在传播领域中的应用，而'无为'之魂又无不凝结于每一个传播观点和思想当中"③。因此，主张"无为"的老子自然形成了"不言不辩"的传播观。

（四）"独善其身"地域风俗滋养老子慎言的精神气质

春秋时代随着各诸侯国的强大，不同的地域风俗文化也更加兴盛。以南方陈、宋、楚之区域文化为背景的道家之学，自然也受到楚文化的影响，"由于历史上的楚国对周王朝采取不敬（轻视）的传统政策，也由于周的势力难以越过大别山进入长江中游，因此，楚文化圈受周文化影响较小而保留着明显的'南蛮'的特色"④。道家思想也被认为"形成于周礼之外"。

既然"未及周德"，老子作为陈国人，其本国的风俗文化又是如何呢？"巫风盛、喜歌舞、礼法不严、男女关系相对自由，都是陈国风俗的显著特征。"⑤而进入春秋时代后，陈国战败，被楚人占领，"固有的文化传统，不幸的历史遭际，使这

①　李山：《先秦文化史讲义》，第196页。
②　李山：《先秦文化史讲义》，第209页。
③　何庆良：《先秦诸子传播思想研究》，博士学位论文，中国人民大学，1993年，第89页。
④　李福泉：《先秦文化史》，长沙：岳麓书社，1996年，第107页。
⑤　李山：《先秦文化史讲义》，北京：中华书局，2008年，第187页。

里的人少用世热情，偏爱独善其身"。①

因此，受这种地域风俗的影响，道家与其他思想流派相比，便少了些咄咄逼人的侵略性和功利性，多了些"回归内心"的自省。"道家情怀则以内向追求为主，寻找心灵恬静的精神家园，以期到达一种无恃、无待、无是非的境界。"②传播者与其绞尽脑汁想要操控受众，不如先独善其身。这也可以理解为何老子会有"不言不辩"的传播观，因为"不言不辩"正可以使传播者更注重提升自身修养，反思所欲传播的信息是否真实有益，在此基础上才能做到"贵言""慎言"。而"善言"和"美言"的人或是忽略了对信息的筛选与辨别，缺少应有的责任意识，或是有意愚弄迷惑受众，视传播活动为谋求私利的工具。这些都是被老子所鄙夷的。

二、"尚辩"的雅典文明

在中国大地经历着春秋战国的社会变革时，西方的雅典也正孕育着灿烂的文明。似乎与老子所提倡的"不言不辩"相反，雅典盛行论辩之风。"著名历史学家格罗特在他的《希腊史》一书中强调地说明：'在雅典那样的社会环境中……雄辩术总是一种最有实用价值的才艺，其重要性决不下于武术或体育训练'。"③那么雅典这种重视"言"和"辩"的传播观是如何形成的？

（一）商品经济刺激信息传播

沿海的地理位置及多山的地形，促进了雅典商业经济的繁荣。一方面，信息对商业的重要性刺激了传播活动的发展。口语传播作为重要的信息传播方式，自然也受到重视。另外，商业经济作为一种交换经济，培养了雅典公民"平等""自由"的观念，反映在传播活动中便是雅典人对言论自由的重视与争取。这为雅典"雄辩"传统的形成奠定了基础。

（二）民主政治培育"尚辩"传统

强大的商人阶级"不能忍受旧贵族的专权，对参政有了强烈的要求，他们反对贵族的斗争要深刻得多，成果也大得多。这不仅最终奠定了稳定持久的城邦经济基础，而且还最终导致了先进的民主政体。"④历经梭伦、克里斯提尼和伯利克里改革，雅典最终确立起民主制度。并且由于"小国寡民"，雅典得以实行直接民主，

---

① 李山：《先秦文化史讲义》，第188页。
② 张玉法：《先秦的传播活动及其影响》，台湾：商务印书馆，1993年，第258页。
③ 徐小明：《古希腊文化艺术的社会历史背景之探寻》，《贵州民族学院学报》（社会科学版），1999年第2期。
④ 胡幸福：《论中西城邦制差异的原因及后果》，《湖南教育学院学报》1995年第3期。

这极大提高了公民参政议政的积极性。最高权力机关公民大会负责讨论决定一切重要决策，因此辩论成为不可或缺的一道程序。"到伯里克利时代，所有公民都直接参加公民大会，每隔八九天便召开一次。公开的辩论和表决每九天就要在成千上万人的广场举行。雅典人就是用这种方法讨论和决定一切国家大事、制定法律等，公民的最后表决在很大程度上取决于辩论的成功与否。"①在最高审判机关陪审法庭上，原被告亦要经过辩论，最后由陪审员投票分出胜负。"自梭伦改革设立陪审法庭以来，演说辩论之风便推向了全体公民……尽管陪审法庭作为司法机关说来会有这样或那样的缺点，但作为一种训练思维能力并促进雄辩术发展的刺激素，其功效是无比优越的。"②

可见，雅典的民主政治与"尚辩"的传统是互相促进的。全体公民都可参加的辩论深刻影响着国家政治决策，"言"的重要性不言而喻。而我国的春秋时代，虽然王权式微，但在各诸侯国行的依然实是严格的封建等级制度，普通民众无权参政议政，国家的决策虽然也会经过统治阶层的讨论，但往往主要为侵略扩张服务，很少考虑到平民利益。因此，对普通百姓而言，这种论辩带来的也不是和平与发展，而是战乱和贫困。老子提倡"不言不辩"，也就不难理解了。

（三）语言通达真理的文化地位

雅典哲学家曾围绕着"语言与它所指代的事物之间有无必然联系"产生分歧。与认为"道可道，非常道"的老子语言观相似，亚里士多德倾向于"规定论"，即"否认共相的客观实在性……概念与客观事物之间没有必然的联系，这样语言与客观事物间的关系就具有任意性和约定俗成性"③。但苏格拉底和柏拉图持"本质论"认为："共相本身具有客观实在性。共相先于事物，是个别事物的本质。从语言角度看，用语言符号表达的共相和现实世界中的存在物之间有必然性和理据性的关系。"④因此，在"本质论"者看来，语言能够准确地表达所指事物的本质，论辩也因此被视为通过语言来探寻真理的重要途径，语言的这种崇高地位影响着雅典"尚辩"传统的形成。

---

① 易图强：《从希腊城邦谈中国先秦政体》，《湖南教育学院学报》2000 年第 1 期。
② 徐小明：《古希腊文化艺术的社会历史背景之探寻》，《贵州民族学院学报》(社会科学版)1999 年第 2 期。
③ 董艳：《先秦诸子和古希腊哲学家论语言》，《中北大学学报》(社会科学版)2011 年第 1 期。
④ 董艳：《先秦诸子和古希腊哲学家论语言》，《中北大学学报》(社会科学版)2011 年第 1 期。

三、结论

老子注重内向传播的"不言不辩"传播观与雅典的"尚辩"传统孕育于不同的社会传播环境，是不同经济、政治及文化制度下的产物。在传播活动中，这两种传播观并没有绝对的孰优孰劣。尤其是在信息时代，每个人都是传播活动的传播者与受众，若将老子的"不言不辩"狭隘化为"保持沉默，拒绝参与传播"，显然将无益于个人和社会的发展。"无言并不是不说，只是此时此地此人不该说则不说。无言又何尝不在'言'。'无言'可以通俗地理解为'无不当之言'。言必及道，言必合道。"①

同时，也不宜一味提倡"善言"。"尚辩"传统给雅典带来的也不尽是进步果实。正如亚里士多德在批判雅典民主制度时所言："这种制度只讲轮番执政，不讲才能大小，群众权威过大，甚至把法律撇在一边；有些所谓平民领袖不知坚持真理，只知道迎合群众，群众成了集体僭主。"②政治制度上的缺陷，也使得公民对辩论和语言的重视产生了消极影响。如辩论能力优秀的人并不一定执政管理能力也强，真理亦不一定属于在论辩中获胜的一方。在对苏格拉底的审判中，五百人法庭根据双方的辩论进行投票表决，最终苏格拉底被判死刑。③这被认为是雅典民主制度的一个耻辱。

时代更迭，后人应结合当下社会现实而批判地对待两种不同的传播观。这便要求身处信息时代的人们拥有更高的媒介素养，在"言"与"不言"之间找到恰当的平衡点，使传播者在"言"时更谨慎、负责；使受众在海量信息前不为信息所役，通过内向传播以更好地识别信息真伪，挖掘信息中的精华，并提升体悟能力，使信息为我所用，在信息浪潮面前变得更为清醒与独立。

（谢清果　王小贝）

---

① 詹石窗、谢清果：《中国道家之精神》，上海：复旦大学出版社，2009年，第301页。
② 贾薇：《对雅典民主政治的批判与反思》，《青海社会科学》2003年第3期。
③ 孙道天：《古希腊历史遗产》，上海：上海辞书出版社，2004年，第150页。

老子非言语传播思想的内涵、功能及其当代启示

运用非言语传播理论来系统解读老子"不言之教，无为之益"的深刻内涵，即是对语言霸权的拒斥，同时也展现出老子以"不言"的方式"言"的独特表达方式。本文进而探讨了老子对非言语传播功能的深刻认知，同时结合近现代社会实践简要论述其当代启示。

有人类就有传播，传递信息是人类生存和发展的需要，在传递信息的过程当中，人们使用着各种各样的符号，这些符号，除了语言之外，还包含着庞大的非语言符号系统，因此，美国心理学家梅瑞宾曾经总结过这样的一个公式：

信息总量 =7% 词语 +38% 副语言 +55% 体态语 [①]

由此也可以看出，非言语传播在信息传递过程中占据着极其重要的地位。这还只是从横向方面表明了非言语传播的重要性，如果从纵向方面来看，它的重要性依然突出。这是由于有声语言出现在人类的出现 690 万年才产生 [②]，而在此前漫长的岁月里，人类只能借助各种非语言符号来进行传播。2007 年以色列海法大学进化研究中心的研究员吉利·培勒在先天失明的志愿者进行实验后，发现喜怒哀乐的面部表情是可以遗传的 [③]，这些表情不是习得的，而是经过千万年的进化，已经包含在人类的遗传基因当中的。这些也从纵向上说明了非言语传播在信息传递过程中的重要性。非言语传播重要性的学理探索已经早被西方学者所关注，无论是达尔文的《人类与动物表情》、施拉姆的《大众传播论》还是马兰德罗《非言语交流》，都对非言语传播做过一些探索，我国中国政法大学的姜振宇教授所进行的"心理危机微反应"的研究课题则通过对于非言语信息的研究来服务于法制工作。

回观在没有传播学学科的古代，华夏先祖们是否也认识到了非言语传播的重

---

① 宋昭勋：《非言语传播学》，上海：复旦大学出版社，2008 年，第 19 页。

② 宋昭勋：《非言语传播学》，第 21 页。

③ 网易新闻中心：http://news.163.com/06/1024/15/2U788RGJ000120GU.html。

要性呢？答案是肯定的，因为在《礼记》中就有言："说之，故言之；言之不足，故长言之；长言之不足，故嗟叹之；嗟叹之不足，故不知手之舞之，足之蹈之也。"①而《庄子·至乐》亦载："庄子妻死，惠子吊之，庄子则方箕踞鼓盆而歌。"对死亡的态度，也能以歌的形式表达，再后来，词人柳永的"执手相看泪眼，竟无语凝噎"的凄美诗句也流传至今，离愁别绪尽在一个眼神的非言语符号中。但是，不论《礼记》的手舞足蹈，庄子的鼓盆而歌，还是柳永的泪眼婆娑，他们都是在老子之后对于非言语的理解和应用，如若探寻老子，就会发现，对于非言语传播的理解和应用充溢在他的力作——《道德经》之中，可以说，老子是一位对于非言语传播研究最早也是很透彻的人。

一、"非言语传播"视角下的老子"不言"观

如同对于传播的定义多种多样一样，对于非言语传播的定义也是异彩纷呈。美国学者洛雷塔·A.马兰德罗与拉里·巴克将非言语交流定义为"是个人发出有可能在他人头脑中产生意义的非言语暗示的加工过程"；美国人类学家、心理学家爱德华·萨丕尔认为："非言语传播是一种不见诸文字、没有人知道、但大家全都理解的精心设计的代码"；台湾学者李茂政则认为："凡是运用语言符号以外的所有传播行为都被称作非言语传播"②。可以看得出来，这些定义都是从"非言"这个角度来对非言语传播做了一种正面的解释和说明，但是仍然是站在"言语"的角度上。

（一）"不言"对"言"的超越

在《道德经》当中，老子也是站在"言"的角度对"不言"做了一番论证。老子是一位哲学家，他的思维方式中充满着"祸兮福所倚，福兮祸所伏"③（第五十八章）的辩证思想，而在这种辩证的思想中，他的"正言若反""去此取彼"的逆向思维方式更加明显，即使是在构建他的形象思维方式当中，老子也运用正反相成手法，来增强形象的感染力④。因此，老子思维方式的一个总的特点就是习惯于用相反的方式、否定的层次建立起思想体系来说明对否定意义的肯定。⑤正是由于老子的这种思维方式，在《道德经》中没有明确地说明什么是"不言"，而是通过

①　（汉）戴圣纂辑：《礼记》，北京：蓝天出版，2008年，第212页。
②　宋昭勋：《非言语传播学》，上海：复旦大学出版社，2008年，第8页。
③　（魏）王弼注：《老子道德经校释》，楼宇烈校释，北京：中华书局，2008年，第151页。
④　谢清果：《老子形象思维及其现代价值》，《福建师范大学学报》2002年第1期。
⑤　黄承贵、高成：《老子思维方式的特点以及期现代价值》，《安徽大学学报》1999年第3期。

对于"言"的否定来达到对于"非言"的肯定。老子在第七十章中，就对于言发出了这样的感慨："吾言甚易知，甚易行，天下莫能之，莫能行。"为什么会出现这种曲高和寡的局面呢？老子接着就给出答案："言有宗，事有君。"老子的这种解释与罗兰·巴尔特对于语言的认识有着异曲同工之妙，罗兰·巴尔特认为语言并不是由说话的大众而是由决策集团所制定的。在这里，巴尔特把符号的"任意性"理解为符号是由单方面决定的人为方式建立的，这就是决策集团。同样地，符号学家索绪尔也认为语言既是一种社会制度，又是一种价值系统，它是一种进行交流所必需而又与构成其质料无关的规约系统。①而老子这里所言的"宗""君"，就是巴尔特口中的决策集团，索绪尔眼中的规约系统。老子通过"吾言甚易知，甚易行，天下莫能之，莫能行"（第七十章）与"言有宗，事有君"的对比，指出了语言符号与其意义之间联系的随意性特点，正是因为老子认识到了语言符号的这种随意性，才会发出了："天下皆知美之为美，斯恶已；皆知善之为善，斯不善已"（第二章）的感叹。

（二）以"不言"的方式消解语言霸权

从老子的这些认识和感叹中，实际上，我们明白在那个"周尚文"的时代中，语言霸权的横行，如若不然，也不会有《国语·召公谏厉王弭谤》中"道路以目"故事的记载，也不会有"美丑善恶"的强制性划分。因此，老子说："善者，吾善之，不善者，吾亦善之，德善；信者，吾信之，不信者，吾亦信之，德信。"（第四十九章）套用鲁迅先生的名言，我们可以表达为："世界上本没有善恶，说的人多了，就有了善恶。"因此，老子反问："善之与恶，相去若何？"（第二十章）善与恶，距离到底有多少呢？他回答说："孰知其极？其无正？正复为奇，善复为妖，人之迷，其日固久。"（第五十八章）天道无所谓正邪，在人类社会中，正此时是邪，彼时邪也是正，君不见环肥燕瘦，各有所爱。因此，他说："人之不善，何弃之有！故立天子，置三公，虽有拱璧，以先驷马，不如坐进此道。"（第六十二章）在老子所生活的后周时代，已经设立了比较完善的三公六卿的中央结构，其中就设有"纳言"一职。《尚书·舜典》有言："命汝作纳言，夙夜出纳朕命，惟允。"孔颖达传曰："纳言，喉舌之官。听下言纳于上，受上言宣与下，必以信。"②在这里，强调了"信"的重要性，这说明在当时的情况下，已经有"不信"的存在。因为"信言不美，美言不信"（第八十一章），而"众人熙熙，如享太牢，如春登

---

① 李正良：《传播学原理》，北京：中国传媒大学出版社，2007年，第199页。
② 顾迁注译：《尚书》，郑州：中州古籍出版社，2010年，第34页。

台"（第二十章），大家都是趋向于美的东西，就会有不信现象存在。在《孟子·梁惠王章句下》中也有这种皇帝身边的"三公"传播失效的描写："左右皆曰贤，未可也；诸大夫皆曰贤，未可也；国人皆曰贤，然后察之。"① 由此可见，三公凭借其权力，对于言的控制是非常重要的，因此，老子才说"不如坐进此道"，因为"道常无名"（第三十二章），没有名的道不可说。而不可说，就不会造成传播的失效。道的化身就是朴，"朴散则为器。圣人用之则为官长"（第二十八章），"朴虽小，天下莫能臣也。侯王若能守之，万物将自宾"（第三十二章），"万物将自化。化而欲作，吾将镇之以无名之朴"（第三十七章）。这个朴，在一定程度上可以理解为是类似"孤、寡、不谷"这些众人所恶的词汇。因为"侯王无以贵高，将恐蹶……是以侯王自称孤寡不谷"（第三十九章），"人之所恶，唯孤寡不谷，而王公以为称"（第四十二章）。以孤、寡、不谷这些贱名来自称的话，就没有高贵的念头，就不会有"无以贵"的恐慌。"孤、寡、不谷"仅仅是名称而已。"朴"这样的词汇因其纯粹而本真，在老子眼中，就有如此强大的威力，在此就不难看出老子对于语言力量的敬畏。

面对着这种由于语言符号与意义之间的随意性所导致的语言权力主义，老子也很无奈，所以他会发出这样纠结的感慨："道可道，非常道；名可名，非常名"（第一章）。意义是如此的丰富，语言是如此的苍白，"道之出口，淡乎其无味"（第三十五章），但没有交流又是不行的，因为"有名天地之始，无名，万物之母……两者同出而异名，同谓之玄，玄之又玄，众妙之门"（第一章）。面对这样的无奈，老子所提出的解决之道就是"事无事，为无为，味无味"（第六十三章），"无为而无不为"（第四十八章）的交流原则，具体来说就是要"悠兮其贵言"（第十七章），"多言数穷，不如守中"（第五章）。但是，此二者"以为文不足"，更好的解决方式就是行"不言之教，无为之益"，这是因为"天之道，不争而善胜，不言而善应，不召而自来……天网恢恢，疏而不失"（第七十三章），"天之道，损有余而补不足"（第七十七章）。老子的学生孔子也坚持这样的观点，在《论语·阳货》中有言："子曰：'天何言哉？四时行焉，百姓生焉，天何言哉？'"由天之道而引申的人之道应是"不尚贤，使民不争；不贵难得之货，使民不为盗；不见可欲，使民心不乱"（第三章）。而人之道呢？"人之道则不然，损不足以奉有余"（第七十七章）。所以，老子才会说"善言无瑕谪"（第二十七章），没有瑕谪，就没有不足，没有不足，就不必被人道拿来进行不公平的分配。因此，老子口中的"不言"是一种无名的天道，"道常无名"，这种无名的道，却是"道之为物，惟恍惟惚，惚

① （战国）孟轲：《孟子》，杨伯峻、杨逢彬注译，长沙：岳麓书社，2000 年，第 29 页。

兮恍兮，其中有象，恍兮惚兮，其中有物，窈兮冥兮，其中有精，其精甚真，其中有信。自古及今，其名不去，以阅众甫，我何以知众甫之状哉？以此"（第二十一章）。很明显，在老子的眼中，这种无名之道，无言之教，是有象、有物、有精、有信的。也就是说，这些"无言之教"中，包含着丰富的信息，而这些信息是"其精甚真"，也就是这些无言之教之中所传递的信息是非常真切的，可以"以阅众甫，知众甫之状"，可以从这些信息中判断事物的发展状况。老子对于无名之道、无言之教的真实性的理解，与泰勒在《人际传播新论》中的研究结果不谋而合，通过对于非言语的观察和研究，泰勒指出：当词语与非词语讯息相互矛盾的时候，人们更倾向于相信非言语的讯息。[①] 这也是弗洛伊德所坚持的观点——非言语行为通常来自人的潜意识，而人通常更容易控制自己的意识，而不是潜意识，正是因为这样，非言语行为所传播的信息才会更精确，所以老子才说："其精甚真"。只有行"不言之教，无为之益"，才能够"我无为而民自化，我好静而民自富，我无欲而民自朴"（第五十七章），才能"和其光，同其尘"，才能"不可得而亲，不可得而疏，不可得而利，不可得而害，不可得而贵，不可得而贱"（第五十六章），由此，就没有亲疏贵贱之分，也就是解决了上文中所说的"天下皆知美之为美，斯恶矣；皆知善之为善，斯不善矣"的困惑了。

正如老子自己所言："多言数穷，不如守中"（第五章），按照"反者道之动"的观点，不言，无名，都是另一种言和另一种名。对于它们，也不能发挥到极致，因为"大曰逝，逝曰远，远曰反"（第二十五章），凡事过了就不及了，正所谓"其无正？正复为奇，善复为妖"（第五十八章）。老子也认为"名与身孰亲？身与货孰多？得与亡孰病？是故，甚爱比大费，多藏必厚亡"（第四十四章）。老子并没有告诉人们名与身到底是哪一个更亲，因为无论把哪一个看得太重，都会导致大废和厚亡，所以老子希望达到的是知足和知止："知足不辱，知止不殆，可以长久"（第四十四章），因此，"始制有名，名亦既有，夫亦将知止，知止可以不殆"（第三十二章）。从本质来说，老子仍然是持有"执两用中"的中庸思想，白居易的"言者不知知者默，此语吾闻于老君。若道老君是知者，缘何自著五千文"仅仅是对《道德经》的片面理解，没有理解老子的"知止"所蕴含的"中"的思想。

（三）以"不言"的方式"言"

经过上述分析可以得出，老子对于非言语的传播的理解实际上是建立在对于言语传播的理解基础之上，正如同来自他自己所说的："知其雄，守其雌，为天下

----

① 泰勒等：《人际传播新论》，朱进东译，南京：南京大学出版社，1992年，第64页。

溪。为天下溪，常德不离，复归于婴儿。知其白，守其黑，为天下式。为天下式，常德不忒，复归于无极。知其荣，守其辱，为天下谷，为天下谷，常德乃足，复归于朴"（第二十八章）。顺着这样的理路，我们也可以得出"知其言守其不言"的观点，换言之，老子是在充分地论述了"言"的基础上得出的对"不言"的理解，两者是相互呼应的。像前文已言："天下皆知美之为美，斯恶矣，皆知善之为善，斯不善矣"（第二章），这一观点运用在"言"，那就是"美言不信"，过于注重对"言"的修饰，反而会失去"言"应当具有的本质规定——"信"。因此后面他又说："知者不言，言者不知。塞其兑，闭其门，挫其锐，解其纷，和其光，同其尘，是谓玄同。故不可得而亲，不可得而疏，不可得而利，不可得而害，不可得而贵，不可得而贱，故为天下贵。"（第五十六章）智者的尊贵在于"不言"，即该沉默的时候沉默，不以言语去干扰领悟的过程。

综上所述，我们可以将老子的非言语传播思想做如下表述：非言语是道的一种表现形式，是不同于语言霸权的一种客观准确的表达方式，在非言语传播中，包含着较为确切的信息，虽然不见诸文字，但是是一种"不言而善应"的大家都能意会的共识系统。由此看出，与当时的文字崇拜的思想不同，老子所崇尚的是"非言"的无为之道，因为在《道德经》的最后，他把自己的理想王国描绘为：

小国寡民，使有什伯之器而不用，使民重死而不远徙。虽有舟舆，无所乘之；虽有甲兵，无所陈之；使民复结绳而用之。甘其食，美其服，安其居，乐其俗。邻国相望，鸡犬之声相闻，民至老死，不相往来。（第八十章）

什伯之器是什么？据《一切经音义》中解释："什，众也，杂也，会数之名也。孳生之物谓之什物"。而在现在汉语中"家伙什"也是经常用的词，因此，什伯之器，应该是居家用品。在老子所生活的时代，这些什物就是煮饭的"鼎"、蒸饭的"鬲"以及盛饭的"簋"、饮酒的"爵"等等。在商周的奴隶时代，这些什物都是标志贵族等级的器物。在没有纸张的年代里，而在这些器物的内壁，或底部就会刻一些甲骨文，考古学上称为钟鼎文①，像毛公鼎上所刻的文字就是对于战事、契约、占卜祭祀的描述。因此，可以说，这些什伯之器就是语言符号的载体，应该说是历史的进步，但老子却说："使有什伯之器而不用"，他所希望的是"使民复结绳而用之"。结绳而用之是文字出现以前的时代，因为孔安国在《尚书序》中有言："古者伏羲氏之王天下也，始画八卦，造书契，以代结绳之政，由是文籍生焉。"

---

① 陶圣建：《鼎、簋和钟鼎文》，《历史学习》2005年第10期。

唐时李鼎祚在《周易集解》中有言："古者无文字。其有誓约之事，事大，大其绳，事小，小其绳。"由此可见，结绳记事是早于八卦、书契的上古时代，是没有文字的时代。从用什伯之器而来划分等级，刻下文字与用结绳记事这种非语言来交流记事的两种愿望的对比中，就更能看出老子对于"不言"的尊崇。如果用现在的话来说，老子的这种思想其实表达出一种文明传播的悖论思想，即认为："文明在物质、技术以及媒介层面的进步，常常打乱了固有的文明传播秩序，尤其是文化信息的骤然增加与分歧杂乱，使原本共享共信的文明价值被怀疑并否定，最终文明成为传播、扩张的牺牲品，文明

老子之所以尊崇"不言"，乃是因为他认识到了非言语活动也有着重要的传播作用，非言语活语中含有十分丰富的信息。他说："鱼不可脱于渊，国之利器不可以示人"（第三十六章），国家的利器不能随便展示出来，一旦展示出来，就如同鱼离开了水一样，那么结果就是任人鱼肉了。所以，现在的军事基地是不允许媒体随便采访的。20 世纪 50 年代日本能够成功地中标大庆油田的采油设备的招标，就是仅凭《人民画报》上所刊登的一张王进喜在鹅毛大雪里的照片里所隐含的丰富的信息所推断出来大庆油田的地理环境，综合各方面的信息，来设计这次招标的采油设备才有可能中标的。这个案例充分说明了非言语传播的重要作用。我们并不是孤立地生活着，周边还有很多人在虎视眈眈地看着我们，因此，要"早服"，国家的利器不能随便展示出来，而要以"以身观身，以家观家，以乡观乡，以国观国，以天下观天下"（第五十四章）。也就是在重要时刻以之作为一种宣誓，一种威慑，这就如同我国举行的九三大阅兵，展示了我们维护和平、保卫自己领土与主权的坚定决心。有时像这种仪式般的"非言语"而不是直接言说的方式，比言语更能达到战略目的。

二、老子对非言语传播的功能和意义的理解

既然老子尊崇"不言"，也认识到了非言语在传播中的重要作用，那么在老子眼中，非语言具有什么样的功能和意义呢？首先，当代学者总结出了非语言传播的各种功能和意义。香港树仁大学新闻与传播系教授宋昭勋在其著作《非言语传播概论》中，把非言语传播的功能分为两大类：一、独立表意功能；二、伴随语言功能。在第一种功能中，作者又把它分为了替代功能和美学功能，在第二种功能中，作者也把它细分为补充、强化功能，否定功能以及调控功能。李正良在其主编的《传播学原理》一书中，把非语言符号的功能归为六点，分别是：补充作用、替代作用、强调作用、否定作用、重复作用调节作用。其他学者对于非语言符号的功能的认识未超出上述两种范围。在此可以把非语言符号的功能概括为：

补充、强化功能，替代功能，否定功能，调控功能这四类。那么，在老子的思想中，非言语传播的功能和意义又是怎样的呢？

（一）老子以婴儿、被褐怀玉、珞珞如石等形象展现非言语传播的否定功能

所谓非言语传播的否定功能就是我们经常所说的"言行不一"。当言语符号与非言语符号发生矛盾的时候，人们倾向于相信非言语符号所承载的信息，而不轻易相信语言符号。正是因为这样，老子才说"载营魄抱一，能无离乎？专气致柔，能婴儿乎"（第十章），憋着自己的气，故意装出柔弱的样子，不是真正的赤子之心，真正的婴儿是"未知牝牡之合，而全作，精之至也。终日号而不嗄，和之至也"（第五十五章）。真正的赤子之心，是这样的，他不会专气至柔，却可终日号而不嗄。相反，人类一旦进入有意识的作为了，常常会走极端，不懂得知止、知足，如此就会落入"心使气曰强，物壮则老，谓之不道，不道早已"（第五十五章）的窘境，背离于道，促使其早早死亡。

"婴儿"作为形象，它启示为道者的"专气致柔"过程始终在效法真正的婴儿，不愿掺杂自己的意识与欲望，如此揭示了非言语传播的否定功能。老子对于非言语的否定功能的认识不仅仅体现在这一个方面，老子就曾说："夫唯无知，是以不我知，知我者希，则我者贵，是以圣人，被褐怀玉"（第七十章），人们所看见的是圣人身上的破衣，看不见的是圣人怀里的美玉，总是被外表所迷惑。这一件破衣，是一种非言语符号，它的出现，在"圣人皆孩之"（第四十九章）的百姓眼中就否定了美玉的存在。老子从"正言若反"的肯定角度揭示出了非言语传播的否定功能，带着一种哲学的思辨。正是由于老子自己明白非言语传播的这种否定的功能，他才告诉人们："明道若昧，进道若退，夷道若类，上德若谷，大白若辱……大器晚成，大音希声，大象无形"（第四十一章），才多次强调："不自见故明，不自是故彰，不自矜故长"（第二十二章），才提倡弱骨实腹，才会强调内观的重要性："知人者智，自知者明"（第三十三章），只有自己内省，"知其白，守其黑，知其荣，守其辱"，才会拨云见日，不会被外部世界所迷惑。老子对于非言语传播的否定功能的认识是很全面的，他不仅以哲学的思维揭示了非言语传播的否定功能，指出了以内省来应对"言行不一"的迷惑，而且还在《道德经》中表达了自己对于"言行一致"的肯定和希望，因为他说"致数舆无舆，不欲琭琭如玉，珞珞如石"（第三十九章）。既然被褐怀玉的圣人不为人所了解，那么，还不如表里如一地做一枚普通的顽石，而不是去追求高贵的美玉。这难道不正能解答了那些"怀才不遇"的士人的苦闷吗？

（二）老子巧妙地用"笑"、左右等方式运用了非言语的替代功能

替代功能就是指用非言语的方式来替代言语信息进行交往[1]，就像张艺谋的《金陵十三钗》中玉墨的背影，孟书娟称之为会说话的背影，一个背影的镜头，不言不语，却道出了千言万语。在《道德经》第四十一章中，老子把非言语传播的替代功能发挥得淋漓尽致。他说："上士闻道，勤而行之；中士闻道，若存若亡；下士闻道，大笑之。不笑不足以为道！故建言有之：明道若昧，进道若退，夷道若纇。上德若谷，大白若辱，广德若不足，建德若偷，质真若渝。大方无隅，大器晚成，大音希声，大象无形。道隐无名，夫唯道善贷且成。"其中，"不笑，不足以为道"，这个"笑"，无论是嘲笑，还是会心一笑，都无法用言语来代替这个笑来表现老子的道在"笑"中呈现，下士的形象跃然纸上，而道的无名也得以凸显出来，因此，老子才会说"大音无声，大象无形"，无声即有声，无形即有形，老子用否定之否定的哲学思辨道出了非言语传播具有替代语言的功能，而且，这种替代性本身是无法被替代的。上述的这一章中可以说老子明确指出的非言语的不可替代的替代功能。在《道德经》中，老子还无意识地流露出了对于非言语的替代功能的认识。老子说："夫唯兵者不祥之器，物或恶之，故有道者不处。君子居则贵左，用兵则贵右。兵者不祥之器，不得已而用之，恬淡为上，胜而不美。而美之者，是乐杀人。夫乐杀人者，则不可得志于天下矣。吉事尚左，凶事尚右。偏将军居左，上将军居右，言以丧礼处之。杀人之众，以悲哀莅之。战胜，以丧礼处之。"（第三十一章）在这一章的叙述中，老子不断地提到左与右的问题。左、右本只是用来表示方位的非言语符号，老子却把它和"君子""兵""吉事""丧事""偏将军""上将军"联系在一起，可以看出，这些联系都是约定俗成的，理所当然的。在朝野之上，立于右边的，不用介绍，大家就知道是上将军，立于左边的，不用介绍，大家也都知道是偏将军，这不正体现了非言语符号的代替功能吗？老子没有明说，却在不经意地描述中，流露出了对于非言语符号替代功能的深刻认识，这就是非言语符号往往被赋予特定的含义而成为规范制度，起到不可替代的作用。针对非言语符号的替代功能的不可替代性，老子也提出了自己的担忧："执大象，天下往；往而不害，安平泰。乐于饵，过客止"（第三十五章），"五色令人目盲，五音令人耳聋，五味令人口爽"（第十二章），这些非言语符号被赋予意义之后，形成了符号消费对象，是可能会带来灾祸的。因此，老子提倡"不尚贤，使民不争；不贵难得之货，使民不为盗；不见可欲，使民心不乱"（第三章），"视之不足见，听之不足闻，用之不足既"（第三十五章），其意在不给非言

---

[1] 宋昭勋：《非言语传播学》，上海：复旦大学出版社，2008年，第46页。

语符号赋予太多的意义，使其与言语符号的随意性分隔开，做到弱骨实腹，从而发挥非言语符号的天然替代作用，也就是老子在最后所说的："甘其食，美其服，安其居，乐其俗。邻国相望，鸡犬之声相闻，民至老死，不相往来。"（第八十章）虽然民不往来，但是鸡犬之声，这种非言语符号本身就替代言语传播了无尽丰富的信息，留下无尽的想象空间。

（三）老子以"辎重""水"等形象发扬了非言语传播的补充、强化功能

补充、强化功能是指利用非言语传播方式来补充言语信息，加强言语语势，使语言更加生动，形象，有力。① 老子有言曰："重为轻根，静为躁君。是以，圣人终日行不离辎重。虽有荣观，燕处超然。奈何万乘之主，而以身轻天下？轻则失本，躁则失君。"（第二十六章）圣人终日行走，不离开载有粮秣的辎重，否则，就会失去根基，失去主宰。"辎重"这种非言语符号就是圣人的标志，它的意义就在于强调圣人的身份和地位，使圣人的形象更加明显。如果没有了这些非言语符号的补充和强调，就会出现"神无以灵将恐歇；谷无以盈将恐竭……侯王无以高贵，将恐蹶"（第三十九章）。侯王失去了表现他高贵的物品，就会被覆复。亦如《左传·宣公三年》中所记载的"楚子问鼎之轻重大小"的故事一样。九鼎是周王权威的象征，一般人不敢问鼎，但是楚庄王的这个问鼎，就代表着楚庄王对周朝的不敬和示威。从周朝方面来讲，就是代表着失去了九鼎这种原来无人撼动的尊贵地位，即陷于"无以贵高，将恐蹶"之境，而后历史证明，周朝真的就灭亡了。所以老子才说："侯王无以贵高，将恐蹶。"对于非语言符号的这种强化，补充作用，老子的态度却是"不如坐进此道"，这是因为"物壮则老"，"强梁者不得其死"（第四十二章），"强大处下，柔弱处上"（第七十六章）。在老子看来，始终守护柔弱，就不会有由坚强沦落为衰弱的可能性，就像没有开始，就没有结束一样，因此，老子倡导虚极，他坚持侯王以孤、寡、不谷自称，因为这些是"人之所恶"的，人之所恶的东西，就不会再有厌恶生成。如果侯王以高贵自诩，那么就会为人民的诟病而留下话柄，只有以人们所厌恶的词语自诩，才会"善行无辙迹；善言无瑕谪"，不会出现"侮之"的困局，这也就是"天下莫柔弱于水，而攻坚强者莫之能胜，以其无以易之"（第七十八章）。水之所以能攻坚强，就是因为坚强之物里面包含着死亡的因素，有空隙，可以为水的渗入提供便利，而水，随物即行，只有它渗透强物，强物不能渗透到它，所以老子在《道德经》中多次提到水之道，提倡虚极和无。无就是不会留下痕迹，也不会有消亡的可能。因此老子说：

---

① 宋昭勋：《非言语传播学》，上海：复旦大学出版社，2008年，第47页。

"天长地久，天地之所以能长且久者，以其不自生，故能长生"（第七章），所以他说："立天子，置三公，虽有拱璧以先驷马，不如坐进此道"（第六十二章）。那些用来补充、强化天子地位的三公、拱璧，还有驷马这些非语言符号都是坚强的实物，都是自生的符号，都被赋予了自生的意义，天子一旦持有这些，终有一天会被"问鼎"，会失去这些，而成为"无以贵"的人。为了防止这样的情况出现，老子主张无为、无欲，"我无为而民自化……我无欲而民自朴"（第五十七章），没有尊贵卑贱的象征符，民众就永远不会有丧失的可能性，就不会有被"问鼎"的危险。由上述可以看得出老子认识到了非语言符号的强化、补充的作用，并在《道德经》中倡导，把这种作用发挥在适当的水平之中，那就是"始制有名，名亦既有，夫亦将知之。知止可以不殆"（第三十二章）。

（四）老子以"张弓""动静"等图解了非言语传播的调控功能

非语言传播的调节作用是指非语言传播常常可以调节和控制双方之间的相互关系。例如，在想要和一个不太熟的朋友建立更加亲密的关系时，就可以利用和她一起走路时挽着她胳膊的方式来实现，反之，亦然。在《道德经》第七十七章中有个"张弓"之喻：

> 天之道其犹张弓与！高者抑之，下者举之，有余者损之，不足者补之。天之道，损有余而补不足。人之道则不然，损不足以奉有余。孰能有余以奉天下，唯有道者。是以圣人为而不恃，功成而不处，其不欲见贤。

老子《道德经》中的思维模式是通天道以明人事。本章以张弓以显示天道运行是个调适的过程，那么运用到人际关系上也应当"有余以奉天下"，进而以圣人为代表，圣人"为而不恃，功成而不处，其不欲见贤"正是调适人际关系的最好典范。这里的非言语传播的调控功能在于圣人以功成身退的行为为示范来倡导一种谦让的和谐人际关系。这种思想与第八十一章"圣人不积，既以为人，己愈有；既以与人，己愈多。天之道，利而不害。圣人之道，为而不争"共通。圣人自己的模范作为起到了"不言之教"的效果。

此外，我们还可从老子对于动静关系的论述中扩展到非言语的调控功能，他说："孰能浊以静之徐清？孰能安以久动之徐生？保此道者不欲盈。夫唯不盈，故能蔽不新成。"（第十五章）"躁胜寒，静胜热，清静而为天下正"（第四十五章），老子不主张把动或者静的任何一方单独发挥到极致，因为，动发挥得太多，就会浊，而静发挥得太多，就会死，因此，浊的时候，就要静，而快要死地时候，就要动，才能徐生。从这里就可以看出，老子的天道循环体现了运动的哲学辩证观点，此观点也可以应用在非言语传播与言语传播之间辩证的调控关系之上。

（五）老子对于非言语传播判断及其预测功能的发挥

以上对于《道德经》中所体现的非言语功能和意义的论述，其实就是运用已有的理论来把散落在《道德经》中的相关思想进行分类梳理的结晶。那么，老子有没有对于非言语功能和意义的自我直接理解呢？答案是肯定的，这个自我理解主要体现在老子对于非言语的判断、预测功能的认识。老子在第二十四章中就说："企者不立，跨者不行"（第二十四章），踮起脚尖的人，是站不稳的；两步并作一步走的人，是走不远的。由企和跨这两种肢体的非言语符号就可以判断和预测这个人的发展，而且，老子对于非言语的预测、判断功能的认识还不仅仅停留在这个层面，而是上升到哲学层次。在同一章之中，老子接着说："自见者不明，自是者不彰，自伐者无功，自矜者不长"（第二十四章），从一个人各种各样的神态之中，就可以推断出这个人的品性，这就仅仅是从肢体动作来判断，未来上升到了由神情状态来判断一个人的品性的问题了。正是因为老子认识到了非言语的这种判断、预测的功能，所以他在第七十九章中说："有德司契，无德司彻"。据陈鼓应考证，契是周代的合同，而彻是周代的税收。而老子在第七十五章中说："民之饥，以其上食税之多，是以饥"，由此看来，掌握税收的人是有无德的可能性的，而"契"是一种贷款合同，是要求以信为基础的，因此，"夫唯道善贷且成"（第四十一章）。由上述的论证，再结合老子的"正言若反"的思维方式，就可以推断出："持有契的人，很有可能是有德的人；而持有彻的人，却很有可能是无德的人"，这就是非语言传播的判断、预测功能的体现和运用。在《道德经》中，这种功能的运用，不仅只体现在这一章中。在第五十三章中，老子说："大道甚夷，而人好径。朝甚除，田甚芜，仓甚虚。服文采，带利剑，厌饮食，财货有余，是谓盗夸。非道也哉！"这不就是后来《孟子·梁惠王》中所说的"庖有肥肉，厩有肥马；民有饥色，路有饿莩，此率兽而食人也"以及杜甫所说的"朱门酒肉臭，路有冻死骨"的思想源头？梁惠王处在什么样的时代？那是个"道路以目"的变态时代，而杜甫处在什么样的时代？那是一个烽火四起的"天宝"年间，安史之乱正是这个时候发生的，因此，在这种"朝甚除"与"田甚芜"的非言语对比之中，就可以判断出时代特征，就可以看出这些统治者都不是有道的人，而是赤裸裸的盗贼。因此，老子说："民之轻死，以其上求生之厚，是以轻死"（第七十五章），而"民不畏死，奈何以死俱之！若使民常畏死，而为奇者吾将得而杀之，孰敢？"（第七十四章）这就是老子眼中的非语言的预测和判断的功能，这种功能超出了个人范围，而上升为对整个社会的发展状态进行判断的高度。

三、老子非言语传播思想的当代启示

上述是对于《道德经》中的非言语传播的概括性的探索，这种探索不仅有利于对散落在传统文化中的华夏传播思想进行归纳总结，而且对于当下也有一定的启示意义。这主要体现在：

（一）以非言语传播方式构筑丰满的自我形象

非言语传播包含了极其丰富的信息，对于个体来讲，在人际传播中一个极其微小的动作，例如眼神或者其他的非言语符号都会传播给他人，进而形成他人眼中的自我形象。因此，非言语符号对于塑造自己的个人形象会起到十分重要的作用。同样地，老子也非常重视这种个人形象的塑造，他告诉我们真正圣人的形象是这样的："古之善为士者，微妙玄通，深不可识。夫唯不可识，故强为之容：豫兮若冬涉川，犹兮若畏四邻，俨兮其若客，涣兮若冰之将释，敦兮其若朴，旷兮其若谷，混兮其若浊"（第十五章）。从上面可以看出，善为士者，是时时刻刻地监测着外部环境的变化以来观察自己，以便改变策略以适应整个环境，比如冰将释的时候，就要小心谨慎了。要去别人家里做客，就要恪守为客的行为准则等等。所以，这就启示现在的人，既然非言语传播有如此多的功能，我们就要时常监测自己所处环境的变化，来调节自己的非语言行为以适应整个环境的变化。比如说，在美国，见面拥抱是很正常的，但是在中国，这就不是正常的，中国人讲究"发乎情，止乎礼"，人与人之间的交谈距离在不同的社会环境之下也是不一样的，因此就要入乡随俗，见人说人话，见鬼说鬼话，如此"夫两不相伤，故德交归焉"（第六十章）。非言语符号的灵活性不仅仅要求人要随机应变，而且还要求人能够以此来建立起自己独特的形象，因此老子说："众人熙熙，如享太牢，如春登台。我独泊兮其未兆，如婴儿之未孩。傫傫兮若无所归。众人皆有余，而我独若遗。我愚人之心也哉！沌沌兮！俗人昭昭，我独昏昏；俗人察察，我独闷闷。澹兮，其若海，飂兮若无止。众人皆有以，而我独顽似鄙。我独异于人，而贵食母"（第二十章）。这就是要建立自己的品牌和个性，用这些闷闷、昏昏、沌沌的状态来建立自己的品牌形象。

（二）以非言语传播的方式彰显大众传媒无声的抗争

上述的第一点是老子的非言语传播对于个人的现代意义，同样地，作为大众传播媒介，媒体同样也有着自己的性格特质，也是需要用心经营的。广播中的音

色，电视中的色彩，画面，报纸的排版，题花，漫画①以及网站的设计，甚至是所刊登的广告都包含着丰富的信息，因此，非言语传播在其中的运用对于表达观点、塑造受众对于媒介的刻板印象相当重要。新闻是追求客观的，最好不在其中表达自己的观点，但是，完全可以通过排版等非言语方式来表达自己的观点。例如，辛亥年，武昌起义期间，革命党所办的《国风日报》由于报道了武昌起义的事件而被大清国警察勒令禁止刊登有关武昌起义的事件，于是在第二天的报纸中，《国风日报》开了头版一整版的天窗。同样的开天窗还被中国报刊的编辑应用到1949年前应对国民党白色恐怖的报刊审查当中。中国媒体开天窗的行为是因为他们懂得老子的"有之以为利，无之以为用"（第十一章）的"无为而无不为"的道理。什么都不用说，在当时的社会背景下，受众就什么都明白了，"此时无声胜有声"，没有刊登任何内容，就无从审查，邪恶力量也只能不让其刊登发行，这是《道德经》的"不言之教，无为之益"（第四十三章）在大众媒介上得到最高层次的运用，可谓真正地理解并践行了"善行无辙迹"（第二十七章）。那些邪恶势力如果禁止这样的开天窗，无疑是越描越浓，承认自己的恶劣行径，如果不禁止，又很无奈，这就是"善闭不用关楗而不可开，善结无绳约而不可解"，这就是"多言数穷，不如守中"，这就是"大象无形，大音希声"（第四十一章），这就是舍得，有舍才有得。半个世纪甚至一个世纪以前的报人能把老子的思想理解得如此透彻，应用得这样酣畅淋漓，这就是华夏文明的思想在国人心中的深厚积淀，在高唱着要学习国外理论的今天，我们是不是也应该回过头来，看看自己根基里那些被淹没的沧海遗珠呢？这值得我们每一个传媒人反思。

结语

本文以《道德经》为文本，管窥老子对于非言语传播的认识与运用，对非言语传播的功能和意义的感悟以及老子的非言语传播智慧在当代的运用，从而实现对于《道德经》中的非言语传播思想做一个概论性阐发。虽然还不够深入，但是希望借此打开一扇门，能够为沧海拾珠，串起华夏传播的美丽项链。

（谢清果　杨芳）

---

① 宋昭勋：《非言语传播学》，上海：复旦大学出版社，2008年，第124页．

老子的组织传播思想纲领初探

老子《道德经》中蕴藏着丰富的组织传播智慧。简而言之，他追求"正善治"的组织传播目标，并以"以正治国，以奇用兵，以无事取天下"为其基本纲领，而贯穿组织治理全过程的是"啬"这一原则。

老子因史官身份而深谙管理之道，其所道学圣典《道德经》究其实质就是承继和发扬上古流传下来的治身理国之道。老子管理智慧上承三代的治世经验，下启"文景之治""贞观之治""开元盛世"等治国安邦智慧，其管理智慧具有无为、守柔、和合等特点。具体说来，从当代自我管理、国家管理、家庭管理、企业管理等方面都可以钩沉老子的管理精华；而从宏观角度而言，老子管理智慧对组织战略抉择、战术运用、人才选任以及管理者素质养成等具有指导意义，从而全景式展示了老子博大精深的管理意蕴。本文着重探究老子的组织传播思想纲领。

一、老子何以有组织传播智慧

正因为老子的"道"具有普适性，因此，将老子之道放置在组织传播来思考，亦有别样的启迪。《老子》一书的管理智慧为历代帝王将相所钟情，或用于治国，或用于治身，或用治军，或用于治家，不一而足。这正是老子所言"正善治"[①]（第八章）之意，即正事，正道善于治理。"治"，《玉篇·水部》："治，修治也。"《广韵·至韵》："治，理也。"《孟子·滕文公上》："劳心者治人，劳力者治于人"。此处的"治"即治理、统治之意。《荀子·解蔽》曰："仁者之思也恭，圣人之思也乐，此治心之道也。"这里的"治"使修养、修饰之意。[②]可见，"治"的基本含义是"治理"，通于管理，包括组织管理和自我管理两个方面。其实，老子的管理智慧往往也不强调这两者的区别，认为两者"一"也。例如，老子提出一套共通的管

① （魏）王弼撰，楼宇烈校释：《王弼集校释》，北京：中华书局，1980 年。
② 汉语大字典编辑委员会：《汉语大字典》（缩印本），武汉：湖北辞书出版社，1992 年。

理模式:"不尚贤,使民不争;不贵难得之货,使民不为盗;不见可欲,使民心不乱。是以圣人之治,虚其心,实其腹;弱其志,强其骨。常使民无知无欲,使夫智者不敢为也。为无为,则无不治。"(第三章)"不尚贤"以防止内部争斗而内耗,表达了人才管理的要义,尊重和使用人才,但不让人才恃才傲物而破坏组织团结。"不贵难得之货"以防止员工投机取巧,损坏组织利益,其基本做法是以平等、民主、自由来实现自我管理,充分照顾员工利益,使之以组织为家;"不见可欲"以防人心混乱。组织之乱乃在人心之散,人心之散乃是见"可欲"之物而不能自制。基本做法是通过建设组织文化,使组织走正道,不为利益诱惑而偏离组织既定战略。优秀的组织管理者——圣人管理组织的基本经验是虚空自我的心意,即保持一颗清明理性的心,不自是,不自见,不自伐,不自矜,不自贵,总之,很有定力。充实自己的内在(腹),行事不张扬,韬光养慧,增强实力。严复曰:"虚其收,所以受道;实其腹,所以为我。"不断克制自己心志之奔竞,不轻易为外界事物所诱惑,不斗气,不发情绪,以柔克刚,不怒不武,以和致胜。强壮自我的骨气,坚持自己的原则。严复曰:"弱其志,所以从理而无所撄;强其强,所以自立而干事。"总之,管理的核心是从常道而言是"常使民无知无欲",即使员工都能精诚团结为组织目标而奋斗,心无旁骛,专心致志。而从诡道而言,要出奇制胜,是谓"使夫智者不敢为也",从内部治理角度而言是对破坏组织内部即定秩序的害群之马,要给予教训,共同维护组织法度。从外部环境而言,在建立良好合作关系的过程中,要谨防破坏游戏规则的个别不良组织或个人,因此要有预案以对付之。总之,管理者的工作是"为无为",将一切纳入计划之中,目的是"无不治",实现组织目标。国犹身也,治国之道与治身之道共通。从以上的分析,我们不难知道,其实,老子管理智慧的核心还是"道",具体说来,管理有道,管理必合道。管理是一项科学活动,一项系统工程,但贯穿其间的,还是"道",即凝聚组织和个人意志的是"意义"。丹尼斯·K.姆贝甚至认为:"意义是在传播中产生的。这就是说,意义既不是通过传播而传递的,也不是个人的解释或在社会相互作用之外的客观存在的实体的产物。在一个组织的情境中,传播是意义得以形成并随着时间而沉淀积累的过程。"①一个组织的文化及其运作是在"传播"中塑就的,虽然组织管理者有一定的经营理念,理念必须在具体的管理活动,即组织信息的传递中得以贯彻落实,并经组织检验而后为组织成员认同,成为他们自觉行事的内在依据,这才是组织核心竞争力所在。正如台湾大学陈昭郎先生在为埃弗雷特·M.罗

---

① 丹尼斯·K.姆贝:《组织中的沟通与权力:话语、意识形态和统治》,北京:中国社会科学出版社,2000年。

杰斯（Everett M. Rogers）的《组织传播》所写的译者序中所说："传播是组织的最重要要素，它是维系组织运作的原动力，没有它，即没有组织。任何形态，每一阶层的组织功能之运行都必须讲求传播技术。无论是社会的、政府的或企业的组织，其竞争力之达成均需仰赖有效的传播。"①

从老子对治身治国的论述，我们不难发现他注重组织传播，只不过，在老子看来，组织传播的顺利进行主要看组织中的领导者的"言传身教"，即通过组织管理者的治身即自我管理来引导组织成员对"道"（即秩序）的遵循，用今天的话讲，是对组织文化的认同。

二、老子组织传播思想的基本纲领

老子曰："以正治国，以奇用兵，以无事取天下。"（第五十七章）这可以视为老子组织传播思想的基本纲领。

（一）"以正治邦"：组织关系的象征互动

这里的"正"，《说文》："正，是也。"意为正中，平正，不偏斜。清郝懿行《尔雅义疏·释诂下》："《考工记·辀人》注：'正，直也。'《文选·东京赋》注：'正，中也。'中、直皆'是'之义也。"②因此，"以正治国"表明组织管理要确立起"正"的组织文化形象，这才是组织传播的常道。海能（E.Heinem）教授认为，组织文化是"有关组织的、通过象征传播的共同价值观念和行为准则"③。在老子看来，一个组织无论是大到国家，还是小到一个家庭，要想达到和谐治理，都应秉持这样的基本理念，即通过其管理自身的形象塑造的实现，具体说来，组织的管理者应效法圣人，以圣人的能力和气度自律，而组织成员都能以圣人作为楷模，从而形成组织的共同价值观念和行为规范。究其实质，组织文化的思想体系层面则是以"尊道贵德"作为组织的共有价值观念和行为准则。道是组织固有的秩序即制度安排和规则制度等，而德则是对秩序的遵从。只有奉行尊道贵德才是成员共同驾驶这艘大船行进于充满不确定因素的社会大海，而不偏离方向，达到彼岸的共同规范。因此，老子一直强调"多言数穷，不如守中"（第五章），"圣人抱一，为天下式"（第二十二章）。无论是"中"，还是"一"，都是"道"的另一表述而已。"'正'，正道；无为之道也。"④那么正的反面"邪"，即旁门左道、歪门

---

① 埃弗雷特·D.罗杰斯：《组织传播》，台北：台湾编译馆，1983年。

② 汉语大字典编辑委员会：《汉语大字典》（缩印本），武汉：湖北辞书出版社，1992年。

③ E.海能：《企业文化》，张庆洪、陆新等译，北京：知识出版社，1990年。

④ 《老子白话句解》，香港：文光出版社，1987年。

邪道，又是什么呢？老子接着说："天下多忌讳，而民弥贫；民多利器，国家滋昏；人多伎巧，奇物滋起；法令滋彰，盗贼多有。"（第五十七章）忌讳、利器、伎巧、法令一旦多（过度）了就会走向非正道。管理者人为设置禁忌，舍本逐末。如宋常星所说："一多忌讳，令烦则奸出，禁多则民困，必有妨民之事，使民不得尽力于生发，安得不贫乎？"贫者，一是财富少，二是心力困乏，自然人心难以归附。利器者，权谋也。管理者依赖于权谋，玩弄权术，势必上有政策，下有对策，组织反而陷于混乱之中。因此，老子总结出管理的经验是："古之善为道者，非以明民，将以愚之。民之难治，以其智多。故以智治国，国之贼。不以智治国，国之福。知此两者，亦稽式。常知稽式，是谓玄德。玄德深矣，远矣，与物反矣，然后乃至大顺。"（第六十五章）他明确指出，准确把握一正一反、一愚一智的关系，即稽式，是大顺天下的前提。道治天下，以人为本，不是把人当工具。体现出的组织文化模式是"人的文化模式"，即"把组织中的每一个个体的存在和发展视为内部活动的出发点，组织本身及其结构是为人服务的，而不是把人作为组织的依附以及实现组织目标的工具。组织的决策是在寻求相互协调并达到一致意见的过程中进行的，人员选用和人事安排的基本原则是唯才是举，以每一个个体潜能的最大限度的发挥为鹄的"[①]。老子反对组织管理者任智和依赖法令，不是不要智慧、权谋，也不是不要法令，关键是这些都不是真正把人当人看，而是把人当成组织破坏者来防，以对立的思维来管理，就会越发对立。因此，老子才会呼吁"我无为而民自化，我好静而民自正，我无事而民自富，我无欲而民自朴。"（第五十七章）

（二）"以奇用兵"：组织冲突化解之道

老子在第三十七章说："道常无为，而无不为。侯王若能守之，万物将自化。化而欲作，吾将镇之以无名之朴。无名之朴，夫亦将无欲。不欲以静，天下将自定。"从组织管理而言，作为管理者侯王当谨守无为之道，让组织成员能够自觉自然地按正常的管理规则行事即可。不过，可能也会出现异常情况，即在注重组织成员自化的自我管理过程中，难免有人违背组织秩序，出现"化而欲作"的情况，换句话说，个人的欲望凌驾于组织利益之上，这时管理者就得发挥"镇"的作用，即约束控制。不过，老子讲究以理服人，管理手段是"无名之朴"，按现代管理学的说法是人性管理、人本管理、柔性管理。讲究以心交心，以情感来化解各种矛盾，从而使组织复归到"无欲"的常态。老子指出组织管理要注意化解组织成员

---

① 胡河宁：《组织传播学——结构与关系的象征互动》，北京：北京大学出版社，2010年。

的"欲",即各种利益冲突,使各种利益都得到合理安排,这样组织成员才能安静下来,遵守共同的规则,以实现组织目标。当然在维护常态的同时,老子也注意到管理讲究知常达变,吕惠卿曰:"奇者,应一时之变者也。"萧天石解释得妙:"以奇用兵者,奇为正之反。正者,道也;奇者,术也。正以守一为道,奇以多方为术。多方始能肆应无穷,因物变化,与敌推移;其为法也,无穷如天地,不竭若江河……而'以奇用兵',以求立于不败不亡之地,冀有以自保自存也。"①对组织管理来说,内部争论和冲突也是不可避免,因此处理这些事情是要讲策略的。这些策略根据斯坦福大学战略与组织学教授凯瑟琳·埃森哈特等人的研究,大致有:其一,在工作中收集比较多的信息,同时把事实作为争论的基础。其二,发展多项可选方案,以丰富和深化争论的层次与内容。此两者的实施要注意专注于问题本身,而非个人的性格、人品。其三,共享一些大家一致认可的目标。其四,将幽默风趣注入决策过程当中。二者的实施要注意把决策构建成一种协作的产物,这种协作旨在为组织找到最佳可行方案。其五,维持一下平衡的权力结构。其六,不通过强求一致来解决问题。此二者的实施注意在过程中建立一种公平和公正的意识。②

(三)"以无事取天下":组织的权力意识

老子曰:"取天下常以无事,及其有事,不足以取天下。"(第四十八章)取,治也。治理天下当取"无事"模式。用老子的话说是"治大国若烹小鲜。以道莅天下,其鬼不神。非其鬼不神,其神不伤人。非其神不伤人,圣人亦不伤人。夫两不相伤,故德交归焉。"(第六十章)无事,即不扰,不折腾,亦即清静无为,不争善胜。范应元注曰:"夫亨(烹)小鳞者不可扰,扰之则鱼烂。治大国者当无为,为之则民伤。盖天下神器,不可为也。"③所谓"鬼"者,"阴险害人谓之鬼,此以喻邪恶之徒也"④。对于破坏组织法度的个人或组织,为顾全大局,老子亦持杀一儆百。他说:"若使民常畏死,而为奇者,吾得执而杀之,孰敢?"(第七十四章)为奇者即乱正者,杀之以维护无事的大好局面。"取天下"就要维护固有的秩序,因此本身意味着组织权力的存在。圣人与民之间就存在着权力关系。老子本身追求通过管理者的"无为"来杜绝权力的滥用,即出轨,或出鬼。但出于维护组织利益,"鬼"必须予以清除。道莅临天下,鬼无所遁形,即神气不起来。如朱

① 萧天石:《道德经圣解》,北京:华夏出版社,2007年。
② 乔·卡岑巴赫:《团队工作》,熊念恩译,北京:中国财政经济出版社,2005年。
③ (宋)范应元.《老子道德经古本集注》,上海:华东师范大学出版社,2010。
④ 《老子白话句解》,香港:文光出版社,1987年。

熹称"若是正道修明，则此不正之气，都消烁了。"

三、老子组织传播思想纲领的总原则

老子组织传播思想纲领的总原则即"啬"字。老子在第五十九章中说："治人事天莫若啬。夫唯啬，是谓早服。早服谓之重积德，重积德则无不克，无不克则莫知其极，莫知其极可以有国。有国之母可以长久。是谓深根固柢，长生久视之道。"他深刻指出治人与事天是管理者实施管理的两大任务，即维护人的关系和加强对环境的把握与遵循。韩非子注曰："知治人者，其思虑静；知事天者，其孔窍虚。思虑静，故德不去；孔窍虚则和气日入。"① 静以归根，归根则复命，故能积德；虚而能容，与道合真。亨利·福特："作为福特公司的策事长，我告诫自己，必须与各界建立和谐关系，不可在传播上无能为力。"② 这充分彰显了传播在"治人事天"过程中的意义。我们甚至可以说传播即管理，管理即传播。

啬的组织传播中的意义如何呢？《韩非子·解老》曰："少费谓之啬。啬之谓术也，生于道理。夫能啬也，是从于道而服于理者也"③。啬作为一种术，即方法，是一种组织控制行为。啬通俭，俭以养德，是因为"俭，故能广"。（第六十七章）积小成多，不贪多图快而生后患。因此当将"俭"作为手段加强组织控制。组织生于忧患，死于安乐。千里之堤溃于蚁穴。"啬"要求管理者收敛自己的心智，贯彻于组织的成长过程之中。如李息斋所言："谨于内，闲于外，内心不驰，外心不起，便是'啬'字之义。"老子曰："其安易持，其未兆易谋。其脆易泮，其微易散。为之于未有，治之于未乱。"（第六十四章）"啬"要求组织管理要对过程中出现的问题，及早治理，不要等乱了再来治，就太迟了。"啬"作为一种组织控制原则，并不是要管理者吝啬，不与组织成员利益共享。老子警告说："民之饥，以其上食税之多，是以饥。民之难治，以其上之有为，是以难治。民之轻死，以其求生之厚，是以轻死。"（第七十五章）组织中出现的冲突事件大多是因为利益没有分配好，伤害了一部分人的利益。老子告诫管理者不要人为去改变组织政策，应当实施民主管理，更多地诉诸协商。所以老子说："爱国治民，能无知乎？"（第十章）以无知之心听取组织成员的意见，充分尊重他们的想法，组织安全的保证。

综上所述，我们认为老子在春秋末期社会纷乱之时已深入思考了修身齐家治国平天下的问题，其中蕴藏着丰富的组织传播智慧。归结而言，他追求"正善治"

---

① 王先慎撰，钟哲点校：《韩非子集解》，北京：中华书局，1998年。
② 罗锐韧：《哈佛管理全集》，北京：企业管理出版社，1998年。
③ 王先慎撰，钟哲点校：《韩非子集解》，北京：中华书局，1998年。

的组织传播目标，并以"以正治国，以奇用兵，以无事取天下"为基本纲领，而贯穿组织治理全过程的是"啬"这一原则。这对当代的组织传播依然有深刻的启迪价值。

（谢清果）

老子思想中的媒介拟态环境批判意识及其治理之道

受众通过大众媒介所认识的世界，往往不等于客观世界本身。从当前传播媒介在构建拟态环境中出现的一系列问题以及拟态环境环境化越演越烈的现象出发，研读《老子》，不难发现老子的传播批判思想对于剖析"拟态环境"问题，进而提出消除当今社会传播媒介拟态环境负面影响之道，有着启发和指导意义。

一、老子传播思想中的拟态环境批判意识

拟态环境作为一个舆论学、传播学术语，最早由美国学者李普曼在《舆论学》中提出：由于世界太大，人们不可能直接地去认识每一个发生的事件，再加上国家检查制度的存在以及官方设置的保密制度等原因，人们往往生活在媒体提供的和自己设想的一种"假环境"中，也就是一种拟态环境。李普曼指出："新闻和真实并不是一回事，必须清楚地加以区分。新闻的作用是突出地表明一个事件，真实的作用是把隐藏的事实显露出来。"[①]

《老子》一书，虽仅五千言，却字字珠玑，闪耀中华文明之光；虽并非为传播学而著，却蕴含着丰富的传播思想。尽管老子生活在两千多年前的传统社会，但其对传播的批判意识蕴涵拟态环境的认知，却早已洞察明晰，透过其一部《道德经》向世人娓娓道来。

（一）"道可道，非常道"：对媒介拟态环境的深刻洞察

对于拟态环境的认识，老子在第一章就早有说明。"道可道，非常道。名可名，非常名。"道，可以描述，但经过描述的道与原来的道就不是一样的了，同样，名也是可以描述的，但经过描述的名与原来的名却也是不同的了，概而言之，经过

---

① 沃尔特·李普曼：《公众舆论》，阎克文、江红译，上海：上海人民出版社，2002年，第283页。

传播媒介传播的信息和信息本身之间是有所差异的。正如李普曼所言："我们在看到这个世界之前就被告知它是什么模样。"① 老子在两千多年前就已经认识到了传播中媒介（当时主要指语言文字）会对事实造成的影响，只是没有用今天所谓的传播学术语说出来而已，道理却是一样。

有学者在研究老子的传播批判思想时指出，"语言承载意义，而意义在承载过程中又会有噪音，乃至意义的丢失"，② 这里的"噪音"就包含语言传播中所形成的"拟态环境"。同样，"文字等符号包围着我们，我们却无法判断符号反映的是客观世界还是拟态环境，以媒介为中介的交流方式使个人无法独立地、直接地与世界和他人交流"③。

（二）"复结绳记事"与拟态环境环境化问题的消除

老子提倡以"复结绳"的方式来克服语言文字媒介所产生的"拟态环境"的环境化现象。这种智慧对于对待当今的信息爆炸时代依然有其振聋发聩的意义。所谓拟态环境的环境化，是指人们的行为是对拟态环境的反应，但结果却作用于实际发生的现实环境。④ 结绳记事虽然是人类蒙昧时期的文化传承方式，然而对于日益纷繁的传播世界而言，对于日益增多的媒介信息而言，却是一种跳出拟态环境、认清真实的绝佳方式。在老子看来，语言文字往往容易割裂"道"的整体性，而"复结绳"就实现了"从媒介层面消除对道意义的分割"，从而消除拟态环境环境化的隐患。⑤ 因此，老子倡导在小国寡民的理想社会里，人民"乐其俗"，即更多地通过现实的人际交往来实现对意义更充分的占有。

然而，对于老子有关拟态环境的批判研究，目前还多集中于原因和现象的解释，对其救治之道还没有十分详尽系统的阐释。因此，本文将以老子的传播批判思想为基础，以传播学拟态环境这一维度为研究视角，从《老子》中探寻当今社会传播媒介拟态环境负面影响的解决之道，以期对现实媒介环境有一定的指导和借鉴意义。

二、老子智慧中媒介拟态环境治理之道

传统社会中，人与环境的互动大多呈以下模式：客观环境—环境认知—人的

---

① 沃尔特·李普曼：《公众舆论》，第 73 页。
② 谢清果主撰：《和老子学传播》，北京：宗教文化出版社，2010 年，第 293 页。
③ 谢清果主撰：《和老子学传播》，第 30 页。
④ 李普曼：《舆论学》，林珊译，北京：华夏出版社 1989 年，第 15 页。
⑤ 谢清果主撰：《和老子学传播》，北京：宗教文化出版社，2010 年，第 253 页。

行为—客观环境。对环境的认知多是亲眼所见亲身所得的第一手资料，因此认知环境与客观环境有高度的重合。即便是这样，生活在两千多年前的老子依旧意识到了传播中媒介（当时多为口语、文字传播媒介）会对事实造成的影响。那么到了现代社会，随着媒介技术的不断发展，报纸、广播、电视等传统媒体加之互联网、手机等新媒体不断涌现，人们获得信息的渠道纷繁复杂，这种"非常道""非常名"的状态就成为受众获取信息时的一种必然，因此如何克服"拟态环境"的负面影响就显得尤为重要。

李普曼在研究人类与世界的精神交流中，将上游留给了传者研究，将下游留给了受众研究。因此，本文拟从这两个方面着手，从《道德经》中寻求拟态环境的救治之道。

（一）玄鉴以观：受众对拟态环境的认知与超越

通常情况下，"新闻媒介不会把事情原原本本地告诉我们，不会也不可能不带任何偏见；新闻媒介不可能完美地反映现实"①。正因为如此，受众媒介素养的提升才得到越来越多的重视。媒介素养是"受众对各种媒介信息的解读批判能力以及使用媒介信息为个人生活、社会发展所应用的能力"②。从《道德经》中我们发现，老子对受众如何认识和把握信息、如何识别和分辨信息真伪、如何提升受众的媒介素养以减轻拟态环境的负面影响都有相应的论述，概括来说就是要"玄鉴以观"，即对信息本质的一种深远的关照，如河上公注曰："心居玄冥之处，览知万事，故谓之玄览也"③。具体而言有以下三个阶段：

1. 常无欲，以观其妙——信息接收的无欲原则

有关"欲"的论述多次在《道德经》中出现，延伸到传播学领域，我们可以将其理解为一种"噪音"，即影响受众理性接受信息的障碍。李普曼认为，舆论的主体必须是一些"有理性的个人"、能明辨是非的公众，而他对现实的普通人是非常失望的，因此将其称之为"局外人"④。信息社会的发展使得受众在铺天盖地的信息洪流中迷失了自己，在信息接收和选择上往往以一种随心所欲的心态求新、求怪、求奇，沉迷于媒介所营造的拟态环境中不能自拔。因为欲望发作，受众无法以一种理性思维去看待媒介呈现的事实，而往往配合媒介共同"编织"拟态环境，

---

① 德弗勒·丹尼斯：《大众传播通论》，颜建军译，北京：华夏出版社，1989年，第341页。
② 张志安、沈国麟：《媒介素养：一个亟待重视的全民教育课题——对中国大陆媒介素养研究的回顾和简评》，《新闻记者》，2004年第5期。
③ 张继禹主编：《中华道藏》（第九册），北京：华夏出版社，2004年，第131页。
④ 李普曼：《公众舆论》，阎克文、江红译，上海：上海人民出版社，2002年，第312、313页。

不仅使自己处于一种虚幻麻木的状态，对媒介过度依赖，同时也会给媒体以错误的信号，导致媒介环境的恶化。

老子针对受众过多的"欲"，提出了"不欲以静，天下将自定"（第三十七章）的断言，提出了"虚其心，食其腹"（第三章）的方法，以期做到"不贵难得之货"（第三章）的要求，凡此种种，皆为说明"无欲"乃是认清媒体所建构的信息环境的首要条件。

"甚爱必大费，多藏必厚亡"（第四十四章），无欲，就不会被媒介所制造的拟态环境所蒙蔽，就能以一种比较清醒和客观的态度对待媒介提供的信息；"信言不美，美言不信"（第八十一章），无欲，就不会被媒介的美言所蒙蔽，就能以一种理性的观念对待媒介不美的"信言"；"少则得，多则惑"（第二十二章），无欲，就不会迷惑于媒介纷繁的信息之中，就能以一种纯粹天然的婴儿状态少而精地接收信息。总体而言，就是要"化欲而作，吾将镇之以无名之朴"（第三十七章），以一种朴素的思想，清除欲望，抵制不良信息。

2. 致静虚，守静笃——信息解读的虚静观复原则

信息解读过程中的"静"字，是老子对受众的第二个要求，为受众提供了甄别和筛选信息的第二道把关方式，即以冷静的头脑和审慎的态度寻找信息的本质，从而得出一定规律性的东西，是谓"虚静观复法"。[①]

信息解读的过程在传播学中又称作释码的过程，这一过程是对信息内容的逐个解码，是一个繁杂的过程。老子认为保持一种"静"的心态尤为关键。没有这种"致静""守静"的本领，就会导致释码过程中信息解读的误差，比如国内由于日本核辐射而引发的抢盐风波就是典型的例子，由于受众解读信息时的不冷静不细致，造成了信息理解的扭曲，随之而来的是谣言和恐慌的泛滥。尤其面对媒体精心构建、"日臻完美"的拟态环境，受众一颗冷静而平和的内心就更是正确释码的关键。

此外，老子这种"致静虚，守静笃"的信息解读法更能带来"万物并作，吾以观其复"（第十六章）的巨大效用。王弼说："以虚静观其反复。"[②]苏辙说："虚极静笃以观万物之变，然后不为变之所乱，知凡作之未有不复也。"[③]信息解读同样也有"以身观身，以家观家"的规律性可言，这对于长期处于拟态环境的受众来说，无疑是寻求信息本质的一条捷径。老子所说的"观"，并非观之以目，而是观之以心，即要求受众在解读信息时不是简单地看它表层的意思或事件的故事性，而是

① 黄友敬：《老子传真》，福州：海峡文艺出版社1998年版，第114页。
② 张继禹主编：《中华道藏》（第九册），北京：华夏出版社，2004年，第196页。
③ 张继禹主编：《中华道藏》（第十册），北京：华夏出版社，2004年，第378页。

要结合社会环境或事件来龙去脉做整体而深刻的理解，从而把握信息的实质。在多次这样的解读之后，就会产生一种解读能力，这种能力似乎可以理解为老子所言的默思冥想或直觉思维，即不受任何情感欲望的影响，在静观中即可认识事物的真相。

3. 悠兮！其贵言也——信息反馈的贵言原则

反馈是受者对接收到的讯息的反应或回应，也是受传者对传播者的反作用；是"受传者能动性"的体现，也是"社会传播的双向性和互动性的重要机制"的体现。① 因此，老子要求受众不论是处于"太上、其次或又次之"的层次，都要以"知有之、亲之、畏之、侮之"的积极态度进行有效反馈。在媒介所传播的信息中，对"太上，下知有之"的潜移默化式传播，受众就要给出"知有之"的知晓式反馈；对"其次，亲而誉之"的宣扬式传播，受众就要给出"亲之"的鼓励式反馈；对"其次，畏之；其次，侮之"的低俗式传播，受众就要给出"畏之、侮之"的反对式反馈。

然而，老子在第十七章又接着说："悠兮！其贵言也"，似乎又在告知受众不要多言，与开始要求受众积极反馈的思想相悖。其实，这正是老子对受众的一种严格要求，要求接收者以一种审慎负责的态度对信息做出回应，而非不假思索地随心而发。

老子说，"多言数穷，不如守中"（第五章），"希言自然"（第二十三章），"其贵言也"（第十七章），若将其简单地理解为"不言"或"少言"，就大错特错了。"希言""贵言"并不意味着不言，而是要求反馈必须是深思熟虑之后的，否则一方面会给媒介带来错误的暗示，使其朝错误的方向继续传播；另一方面也会使信息环境的环境化加重，因为这种反馈并不作用于拟态环境，而作用于真实的环境。正如日本学者藤竹晓所言"由于人们是根据媒介提供的信息来认识环境和采取环境适应行动的，这些行动作用于现实环境，便使得现实环境越来越有了'拟态环境'的特点，以至于人们已经很难在两者之间作出明确的区分。"②

由此可见，反馈对媒介、对受众自身所生存的现实环境都起着至关重要的作用，因此，以"贵言"的态度做积极的反馈，才是受众解读信息之后应有的心态。

（二）传无传：传播主体对拟态环境的解构

拟态环境说到底是作为传播主体的媒介以客观物质世界为源，借助文字、图

---

① 郭庆光：《传播学教程》，北京：中国人民大学出版社，1999年，第59页。
② 郭庆光：《传播学教程》，北京：中国人民大学出版社，1999年，第127页。

像或声音符号载体向受众传播信息的一种方式，尽管受众可以以主观能动性克服这种拟态环境的负面影响，但从信息散播的源头来治理拟态环境的危害似乎更为必要和重要。

老子在第六十三章提出："为无为，事无事，味无味"，从传播学角度解读，我们可以概括为"传无传"的传播理念，这种传播中的"无为"意识，对于当今媒体拟态环境环境化日趋严重的现象，无疑是十分必要的。具体而言，包含以下三方面：

1. 以百姓之心为心——传播目的的确立

传播主体在传播信息时选择什么样的事实、确立什么样的观点、进而期望建构起何种样子的拟态环境，归根到底是由传播目的决定的。因此，确立什么样的传播目的对媒介来说是指导思想的问题，是原则问题。

从《道德经》中我们不难发现，老子是十分重视"以人为本"的，"故道大、天大、地大、人亦大。域中有四大，而人居其一焉"（第二十五章），老子将人与道、天、地放在同一范畴，可见其对"人"的重视。推演到老子的传播思想方面，我们可以将其理解为老子对传播目的提出了"人本"的要求。

《道德经》第四十九章指出："圣人常无心，以百姓之心为心"，如果将这里的"圣人"理解为传播主体，那么"以百姓之心为心"就可以解读为以受众之所想所需为宗旨，确立一种全心全意为受众服务的传播目的。老子警示传播者，传播中要"不失其所"，不脱离"以受众为本"的传播思想，在此之下才能做到记录真实的事实、提供全面的意见信息、构建尽可能接近现实世界的真实图景。

2. 见素抱朴，少私寡欲——传播内容的选择

老子说："五色令人目盲，五音令人耳聋，五味令人口爽"（第十二章）。当今媒介的内容越来越有以"五色""五音""五味"为主导的趋势，以此来提高收视率、阅读率、点击率，而受众也越发沉迷于这些"难得之货"所构建的拟态环境。然而，这种"令人心发狂"的信息长此以往的存在，必然会"持而盈之，不如其已。揣而锐之，不可长保"（第九章），最终导致媒介和受众的两败俱伤，导致整个社会的拟态化越发严重，直至媒体环境的异化。因此，在传播内容的选择上，老子提出了"见素抱朴，少私寡欲"（第十九章）的观点。

"绝圣弃智，绝仁弃义，绝巧弃利"（第十九章），此"三绝"，可理解为老子对传播内容的具体要求。一绝"典型化信息"——"不尚贤，不贵难得之货"（第3章）。[①]"某种程度上典型报道会拔高典型，使之成为'难得之货'，让民众误认

---

① 郭庆光：《传播学教程》，北京：中国人民大学出版社，1999年，第115页。

为典型是脱离现实的'模范'，与典型保持距离，甚至背道而驰。"① 长此以往，拟态环境与现实环境的差距就会进一步加深。因此主张不尚贤，不贵难得之货，弃绝典型化信息。

二绝"低俗化信息"——"我无欲而民自朴"（第五十七章）。媒介内容的低俗化在信息爆炸的今天可谓越演越烈，究其原因，就在于媒介自身的"贪欲"，渴望获得更多的经济利益和市场份额。因此老子提出了"无欲"和"朴"的要求。对性的频频报道、对明星私生活的挖掘、对暴力事件的关注，使得媒体拟态环境越来越低俗，因此弃绝"低俗化信息"是媒体的当务之急。

三绝"同质化信息"——"我独泊兮，其未兆，如婴儿之未孩"（第二十章）。由于媒介技术的发展，信息同质化现象已经成为传播中的另一大问题，媒介中充斥着大量相同、相似的报道，扰乱受众的视线，加重受众的眩晕感。因此，用婴儿一样淳朴归真的心态来选择报道对象是减少"同质化"信息的必由之路。

达此"三绝"，则可"少私寡欲德乃全，见素抱朴化于道"②，从传播内容上对拟态环境进行有效的治理。

3. 为无为，事无事，味无味，"传无传"——传播理念的创新

李普曼曾说，媒介"像一束探照灯（search-light）的光柱一样不停移动，从黑暗中把事件逐个暴露出来"。③ 而媒介的传播理念，则是该探照灯照往何处的风向标。"无为"的思想无疑是老子全书的指导思想，同样，对整个传播过程也有着统领的作用。

王弼说："以无为为居，以不言为教，以恬淡为味。"④ 黄友敬说："无为者，无去世俗的私心妄为；无事者，无去世俗的争竞俗事也；无味者，无去世俗的浓腻滋味也。"⑤ 由"无为"统领，传播目的要"无去私心妄为"，传播内容要"无去浓腻滋味"，从而达到一种"传无传，则无不传"的境界，如此便能以一种有良知、有道德、有质量、有深度的新型传播理念构建拟态环境。

一方面，把关人自己要有"万物自化"的传播意识。老子说，"无为，故无败；无执故无失"（第六十四章）；王弼说，"处中和，行无为"⑥。具体而言就是传播中减少个人的倾向性，减少对受众有意识的干扰，让受众顺其自然地接受自己的观点才是真正高境界的传播，正所谓"道常无为，而无不为。侯王若能守之，万物

---

① 谢清果主撰：《和老子学传播》，北京：宗教文化出版社，2010 年，第 217 页。
② 黄友敬：《老子传真》，福州：海峡文艺出版社，1998 年，第 132 页。
③ 李普曼：《舆论学》，林珊译，北京：华夏出版社 1989 年，第 240 页。
④ 张继禹主编：《中华道藏》（第九册），北京：华夏出版社，2004 年，第 214 页。
⑤ 黄友敬：《老子传真》，福州：海峡文艺出版社，1998 年，第 411 页。
⑥ 张继禹主编：《中华道藏》（第九册），北京：华夏出版社，2004 年，第 142 页。

将自化"（第三十七章）。

另一方面，把关人要有"治大国，若烹小鲜"的传播策略。传播者在传递信息过程中"度"的把握是十分关键的，犹如"烹小鲜"，不可过分过度。传播者过度的报道不仅影响受众的解码，对整个传播环境都会施加过分的压力。

如此，以"万物自化"的传播意识加之"治大国，若烹小鲜"的传播策略，在"传无传"的新型传播理念的指导下，拟态环境必将得到有效的控制和治理。

从传播学角度看，传播者和受众是两个不可分割的组成部分，是一种"协同进化"的关系。所谓"协同进化"，是指传播者与受众的持续互动，其途径是"信息互动"，其形式是"双螺旋"，双方"制约因子"的变化会先后导致自身和对方性状的变化，如此循环往复。[1]因此，从传播者"传无传"和受众"玄鉴以观"两方面对拟态环境给出救治之道，二者相互依存相互转化，必将对现存的媒介拟态环境问题有一定的指导意义。

三、老子的媒介批判意识与当代传媒文化

从传播学的视角解读《道德经》，不难发觉老子有着深刻的媒介批判意识，这种意识不仅是对古代媒介发展的历史回味，而且可以转化为对当代传媒文化的深刻反思，对当前的媒介发展发挥着巨大的指导意义和启示作用。

老子的传播观说到底是其宇宙观、认识论、辩证法等对哲学观点在传播学的启示，虽然相对隐晦，但其深刻性、历时性、科学性为解释和解决当前信息环境下传媒的种种问题提供了十分重要的借鉴意义，值得我们细细研究和思考。

对于当下信息爆炸的媒介环境，老子似乎早有预见，也在《道德经》中做出了一定批判。在老子看来，有限的语言符号是难以表达无限的意义的。"知者不言，言者不知"（第五十六章），"多言数穷，不如守中"（第五章），"希言自然"（第二十三章）等都表达了老子对符号的一种怀疑和批判态度。老子还以"道"为例，指出文字的局限性。他认为的"道"是"玄之又玄，众妙之门"（第一章），是"惚兮恍兮，恍兮惚兮"（第二十一章），是"有物混成，先天地生"（第二十五章），因此，是无法用语言界定，无法用文字指称的。

这种认知我们可以视为对媒介拟态环境的一种超前认识，即言语和文字媒介并不能真正反映现实环境，通过言说和表达的事实已经和原本的事实有了差异。今天，随着媒介技术的发展，除了言语和文字，电子媒介的产生使得拟态环境现象更加严重，并且衍生出拟态环境环境化的问题。针对当代的媒介环境问题，我

---

[1]　丁汉青：《重构大众传播中传播者与受传者之间的关系——"传""受"关系的生态学观点》，《现代传播》，2003 年第 5 期。

们通过阅读《老子》，领悟其中蕴藏着的传播智慧，从受众和传播者两方面出发，对拟态环境的问题给出了相应的"道家"式解决之道，希望可以对现实的媒介问题有一定的指导意义。

（谢清果 于宁）

参考文献

陈国明主编：《中华传播理论与原则》，台北：五南图书出版公司，2004年。

陈国明：《有助于跨文化理解的中国传播和谐理论》，J.Z. 爱门森（2010），《"和实生物——当前国际论坛中的华夏传播理念》，杭州：浙江大学出版社，2008年。

陈建群：《"举谣言"考辨》，《国际新闻界》2014年第8期。

程郁儒：《民族文化传媒化》，北京：中国社会科学出版社，2012年。

崔莉萍：《节日传播的文化空间建构》，《新闻大学》2012年第4期。

付品品：《中国古钟文化传播述论》，北京：社会科学文献出版社，2016年。

郝朴宁、李丽芳、杨南鸥、郝乐：《民族文化传播理论描述》，昆明：云南大学出版社，2007年。

黄旦：《问题的"中国"与中国的"问题"——对于中国大陆传播研究本土化讨论的思考》，黄旦、沈国麟编：《理论与经验——中国传播研究的问题与路径》，复旦大学出版社，2013年。

贾奎林：《先秦诸子传播理论普适性分析》，《现代传播》2011年第1期。

姜红：《"黄帝"与"孔子"——晚清报刊"想象中国"的两种符号框架》，《新闻与传播研究》2014年第1期。

李漫：《元代邸报"新证"考辨—与孔正毅教授商榷》，《国际新闻界》2010年第6期。

李萍：《中华文化海外传播的策略性思考—基于"四大名著"海外传播的分析》，《现代传播》2012年第1期。

李滨：《试析谭嗣同的报刊角色观》，《国际新闻界》2011年第6期。

李漫：《元代传播考——概貌、问题及限度》，北京大学出版社，2013年。

李秀云：《梁启超舆论观之演变及其成因》，《国际新闻界》2013年第3期。

穆弈君 M. W. Luke Chan：《中华民族文化形象符号之动漫塑造》，《现代传播》

2014 年第 12 期。

潘祥辉：《传播史上的青铜时代：殷周青铜器的文化与政治传播功能考》，《新闻与传播研究》2015 年第 2 期。

潘祥辉：《"对天发誓"：一种中国本土沟通行为的传播社会学阐释》，《新闻与传播研究》2016 年第 5 期。

邵培仁、姚锦云：《寻根主义：华人本土传播理论的建构》，《新疆师范大学学报》（哲学社会科学版）2013 年第 4 期。

单波、肖劲草：《〈论语〉的传播智慧：一种比较视野》，《国际新闻界》2014 年第 6 期。

汪鹏：《碑刻媒介的文化传播优势及其现代功能转型》，《现代传播》2014 年第 2 期。

汪琪：《"华化"传播研究：挑战、目标与取径》，黄旦、沈国麟编：《理论与经验——中国传播研究的问题与路径》，复旦大学出版社，2013 年。

维莫尔·迪萨纳亚克：《人类传播研究的亚洲方法：回顾与展望》，赵晶晶编译：《国际跨文化传播精华文选》. 杭州：浙江大学出版社，2007 年。

吴予敏：《中国传播观念史研究的进路与方法》，《新闻与传播研究》2008 年第 3 期。

巫称喜：《殷商文化传播史稿》，暨南大学出版社，2015 年。

谢清果、周亚情：《无：道家内向传播的独特范式》，《老子学刊》2015 年第 6 期。

谢清果、陈昱成：《风草论：建构中国本土化传播理论的一种尝试》，《现代传播》2015 年第 6 期。

谢清果、王小贝：《华夏说服传播的概念、特征及其实践智慧》，《高职研究》2015 年第 3 期。

谢清果、曹艳辉：《华夏媒介批评的概念、思想流变及其价值取向》，《南昌大学学报（人文社会科学版）》2016 年第 2 期。

谢清果：《作为儒家内向传播观念的"慎独"》，《暨南学报》2016 年第 10 期。

谢清果、杨芳：《交流的无奈：老子与彼得斯的不谋而合》，《阜阳师范学院学报》（社会科学版）2016 年第 3 期。

谢清果、杨芳：《老子对人际传播现象的独特思考——与〈交流的无奈——传播思想史〉比较的视角》，《成都大学学报（社会科学版）》2016 年第 4 期。

谢清果、曹艳辉：《架构"交流的无奈"通向"人际的和谐"桥梁——论老子人际沟通的逆向思维》，《周口师范学院学报》2012 年第 1 期。

谢清果、祁菲菲:《华夏传播理论的内涵、特征及其未来展望》,《今传媒》2017 年第 1 期。

徐翔:《中国文化在国际社交媒体传播的类型分析—基于共词聚类的研究》,《现代传播》2015 年第 10 期。

徐瑶、樊传果:《论孔子的传播思想》,《中国传媒报告》2015 年第 3 期。

杨立川:《传播习俗学论纲》,西安:陕西人民出版社,2009 年。

张玲:《"衣冠禽兽"的文化符号读解—以明代官服制度为例》,《现代传播》2013 年第 7 期。

郑博斐:《在交往中实现自我与他者——孔子传播思想的核心内涵》,《中华文化与传播研究》2014 年第 2 期。

仲富兰:《民俗传播学》,上海:上海文化出版社,2007 年。

朱鸿军、季诚浩:《经筵会讲:一种中国本土的政治传播仪式及其演变》,《现代传播》2016 年第 10 期。

华夏传播研究论丛

华夏传播学年鉴【2019卷】

谢清果 / 主编

《华夏传播研究论丛》（三卷）系

福建省高等学校人文社会科学研究基地"中华文化传播研究中心"建设成果
福建省学位办研究生导师团队"华夏文明传播研究团队"建设成果
厦门大学一流本科建设课程"华夏传播概论"建设成果
厦门大学"课程思政"建设课程"华夏传播概论"建设成果
福建省本科高校教育教学改革研究项目"华夏文明传播学的理论体系、教学模式与实践探索的综合改革"建设成果

九州出版社 JIUZHOUPRESS｜全国百佳图书出版单位

图书在版编目（CIP）数据

华夏传播学年鉴. 2019卷 / 谢清果主编. -- 北京 ：
九州出版社，2020.6
　　（华夏传播研究论丛）
　　ISBN 978-7-5108-9139-7

　　Ⅰ．①华… Ⅱ．①谢… Ⅲ．①传播学－中国－2019－
年鉴 Ⅳ．①G219.2-54

中国版本图书馆CIP数据核字(2020)第089230号

序

华夏传播研究的初心、求索及其方向

华夏传播研究之所以成为传播学中国化进程中发展起来的一道亮丽的风景线，是因为它始终将"中华文化立场，全球传播视野"作为自己的初心，一方面求索中华民族何以延续五千年的传播学原理；一方面展望人类和平共处的传播学机制，永远将"心怀天下"作为华夏传播理论的特质，在与西方文明对话中不断发展中国传播理论。

传播学于20世纪50年代末引入台湾，而60年代中才开始应用研究；传入香港则是60年代中，真正研究始于70年代，而内地则始于70年代末，80年代中期才真正开始开展传播学研究①，而且大多经历了一段以欧美为师的时期，并于90年代初共同联合大力推动"传播学中国化"进程。进入21世纪后的中国，传播学创新研究已成为学界共识，反思与批判施拉姆开创的美国经验传播学派，从而走上了传播学多元探索道路，同时加强了传播学主体意识，力争围绕中国现实与问题，探讨传播学服务于社会、服务于国家繁荣富强的伟大实践。尤其是"十八大"以来，在注重提升"文化自信"和增强中华文化软实力的新时代背景下，"不忘本来，吸收外来，开创未来"已成为包括传播学在内的哲学社会科学创新发展的基本思路。以"中华文化立场"为底色的哲学社会科学也已成为学界共识，缔造有中国特色、中国气派、中国风格的学科体系、学术体系与话语体系成为今后相当长时期中国学者的使命与担当。在此新形势下，以推动中华文化的传播学研究、建构传播学"中华学派"为目标的华夏传播研究越发引起学界的关注，越来越多的学者进入这个具有明显跨学科研究性质的古老而常新的领域。

---

① 朱立：《传播研究"中国化"的方向》，臧国仁主编：《中文传播研究论述》，台北：台湾政治大学传播学院研究中心，1995年，第22页。

一、长风破浪会有时，直挂云帆济沧海：华夏传播研究的中国立场与全球视野

2002 年，黄星民于《新闻与传播研究》上发表的《华夏传播研究刍议》一文标志着华夏传播研究领域的确立，成为该领域具有里程碑意义的文献。文中他首先辨析了"华夏传播研究"概念的由来，进而郑重地下了定义："华夏传播研究是对中国传统社会中的传播活动和传播观念的发掘、整理、研究和扬弃。"①并指出"华夏传播研究"的价值与意义：学术意义，即熔铸西方传播科学理论和华夏传播学说精华于一炉，共同解释、指导和总结今天中国的传播实践，形成我国特色的理论范式，形成传播学"中华学派"；发扬时代色彩，华夏传播研究在华夏文化与信息传播两方面保持着灵动的张力，如此既有助于发扬中华文化的魅力，又有助于培育、探索适合中国国情，能够阐释中国实践的信息传播学说；提供世界启示，华夏技术与传播道德的结合，是中华文明延续的内在原理，这对于世界传播事业的健康发展具有一定启迪意义。翻阅《华夏传播论》《华夏传播研究丛书》等当时的文献，我们不难得出，这一见解代表和凝结着华夏传播研究余也鲁、徐佳士、郑学檬、孙旭培等第一代学者的共识。

进入新时代以来，一批青年学者一方面继承了前辈们的研究方向与思路，另一方面也拓展了研究范围和研究方法。前辈学者心目中的"华夏传播"研究的对象是传统文化，强调的是"向后看"，研究传统社会积淀的传播智慧。而其实，还应当有另一个可取的方向即"向前看"，即探讨中华优秀文化在现当代社会如何传承发展问题，这既是事关中华民族核心价值观的发扬问题，也事关中国传播学的学术话语体系建构的问题。因为只有能够回应时代问题的研究，才有学术生命力。因此，新时代的学者正努力将"华夏传播研究"的范围延续至今，并将建构"华夏传播学"确立为"华夏传播研究"的目标。学者认为，"华夏传播学"是对中国文化传统中的传播活动和传播观念进行发掘、整理、研究和扬弃的基础上建构起来的能够阐释和推进中华文明可持续发展的传播机制、规律和思想方法的学说，亦是立足中国历史与现实，能够诠释中华文明绵延五千年这一独特传播现象，解析中国社会传播问题，运用中华术语建构起来的具有中国特色、中国风格、中国气派的理论体系。②这一理论建构是力求让华夏传播研究贯通古今，且树立研究目标是既诠释中华文化绵延五千年的传播原理，又展望中华文明走向未来、走向世界的多元路径。其精神要义是在返本中开新，在开新中返本。以"不忘本来，吸收外来，开创未来"的思路来建构和发展华夏传播研究。其核心范式是传递中国

① 黄星民：《华夏传播研究刍议》，《新闻与传播研究》2002 年第 4 期。
② 谢清果：《华夏传播研究的前史、外史及其开端》，《中国传媒报告》2016 年第 4 期。

文化知识（传递中国历史与现实信息），洋溢中国沟通智慧（建构中国和谐共生关系），体现中国精神（共享中华文明意义），如何建构起中国"传播之网"。邵培仁与姚锦云也专门撰文论证了"以历史为对象的华夏传播研究能够发展为关于现实的知识"[①]。因此，这样的"华夏传播学"是贯通古今，以传统为主，以现实为辅；以现实为导向，以传统为着力点；试图在对中国传播史论与西方传播史论的双重观照中，寻找传统与现实的逻辑起点，营造中西交融对话的氛围，围绕社会运作与信息传播的互动为主线，夯实中华民族圆"中国梦"的传播学基础。[②]

总而言之，华夏传播研究是以整个中华文明作为自己的研究对象，以提炼中华文明在社会治理乃至全球治理与信息传播互动中所积淀的经验，反省其间的教训为着力点，致力于为建构"人类命运共同体"提供"中国思路"与"中国方案"这一崇高目标。其问题意识是"中华文化立场，全球传播视野"，即努力在全球化进程中理解中华文明的过程和把握中华文明的发展方向，一方面阐释和建构出中华文明是一种能沟通、善沟通的文明，以提升"文化自信"；另一方面为建构和谐世界，建构人类命运共同体理念提供"中国经验"乃至"中国方案"，从而在此两方面互动中生成能够与"文明冲突论"相对话的"文明共生论"。这种"文明共生论"洋溢着中华文明一以贯之的"共生交往（传播）观"。相对于西方文明优势的文明主义，中华新文明主义的精神实质是能够含摄西方文明成果而熔铸出的具有世界品格的"共生交往"旨趣。这一点体现在习近平同志有关人类文明交流互鉴的系列论述中。[③]也正因如此，华夏传播研究将积极应对中国社会永续发展与世界持续发展的历史难题，并以建构"幸福人生，和谐社会，美好世界"的人类沟通共同体而不懈努力。[④]

二、欲穷千里目，更上一层楼：华夏传播研究走向世界的沉思

作为学科意义上的传播学形成于西方，因此跟社会学、政治学等学科一样存在一个中国化的过程，同时也存在一个中国社会学、中国政治学自身主体性建构

---

① 邵培仁、姚锦云：《为历史辩护：华夏传播研究的知识逻辑》，《社会科学战线》2016 年第 3 期。

② 谢清果：《华夏传播学引论》，厦门大学出版社，2017 年，绪论第 11 页。

③ 参阅谢清果：《文明共生论：世界文明交往范式的"中国方案"——习近平关于人类文明交流互鉴重要论述的思想体系》，《新疆师范大学学报》（哲学社会科学版）2019 年第 3 期；谢清果：《天下一家：新时代人类文明交往观的中国气派》《广州大学学报》（社会科学版）2019 年第 2 期；谢清果：《共生交往观的阐扬——作为传播观念的"中国"》，《西北师大学报》（社会科学版）2019 年第 1 期；谢清果：《中华新文明主义的共生交往特质》，《今传媒》2019 年第 1 期。

④ 谢清果，徐莹：《构建人类沟通共同体的理论依据、可能路径及其价值取向》，《传媒观察》，2019 年第 6 期。

的探索历程，因此，作为中国传播学一个核心领域的华夏传播学自然也不例外。本部分着力从学理上把握华夏传播研究领域发生发展的整体脉络。

（一）在西方传播学中国化进程中思考华夏传播学

华夏传播研究的兴起与发展伴随着中国学者的家国情怀，换言之，基于对中华文明的热爱与自信，接触到传播学和以传播学为业的中国学者自然而然地为传播学中国化寻找文化土壤，努力发掘出那种如同基于西方文化传统而形成的西方传播学一样，中国的文化传统自然也可以生发出华夏传播学来。就连施拉姆也在《传学概论》新订本序中说："我们在西方的文化背景中学习科学的研究方法与理论的人，看见中国传统的文化，和她悠久的传的艺术传统，总免不了肃然起敬。我们常想，中国人那种深邃的智慧和洞达，要是有一天能用来帮助西方人多了解自己的工艺智识，增深我们在实验方面的体会，该是多么好的事。许多人已注意到现代中国人在传的学问上认识的深刻和精到，不但反映了悠长的历史传统，且常能推陈出新。"[①]显然，施拉姆是希望用中国的传播智慧来丰富西方的传播理论，那我们自然也可以这样思考，我们学习西方的传播学，自然是为了建构中国的传播学，让传播学说话语，讲中国理，述中国情，成中国梦。

（二）在亚洲传播理论的崛起中发展华夏传播学

回顾历史，我会惊讶地发现我们的亚洲同行也在思考传播学的在地化问题，也在努力彰显自身的传播主体性。来自斯里兰卡的学者维莫尔·迪萨纳亚克认为中印日韩等亚洲国家创造的文明必当依赖于积极有力的传播体系。而"传播学要想在亚洲以及世界的其他地方变成一种更有意义的研究，就必须与相关的知识本源、情境信息及本地思维模式相联系。因此亟须发展亚洲的传播学理论、概念、方法和模式"[②]日本的三池贤孝将"亚洲中心传播学术研究"定义为"一种理论体系或传播学派，其理念、基本原理和资源植根并来源于多样的亚洲文化传统所凝聚的智慧"，他认为这种研究是"为了拓展和丰富目前以欧美为中心的人类传播理论，非西方的传播领域学者应当从本土和比较研究的视角，重新思考传播理论的本质"。中国和亚洲各国，尤其是受儒家文化辐射的亚洲各国形成相近的文化特性——"互

---

①　[美国]施拉姆：《传学概论》，中国展望出版社，1985年，新订本序第 VI 页。

②　[斯里兰卡]维莫尔·迪萨纳亚克：《人类传播研究的亚洲方法：回顾与展望》，赵晶晶编译：《国际跨文化传播精华文选》，浙江大学出版社，2007年，第116页。

惠性、他人导向性及和谐性"①。包括中国在内的亚洲传播重内向、重集体、重关系。华夏传播学的使命就在于整理中国传统的传播理念、传播理论、传播制度，这不仅是理解当下中国诸社会现象的重要依据，也是反思中国传统，构建未来和谐社会所需要的传播资源；还是丰富世界传播理论的必由之路。

（三）建构能够阐发中华文明何来何往的华夏传播学

"华夏传播研究"作为领域已然形成。"华夏传播学"的前提假设是承载五千年文明的中华文化虽然没有用现代传播学话语表达的传播学理论，但是已然存在直接或间接用中国话语（无论是文言文，还是白话文）表达的传播学理论却是存在无疑的。华夏传播学是华夏传播研究的终极指向。我们可以这样表述：华夏传播学是在对中国文化传播中的传播活动和传播观念进行发掘、整理、研究和扬弃的基础上，建构起来的能够阐释和推进中华文明可持续发展的传播机制、机理和思想方法的学说。她侧重研究从古至今的中国文化传统中的传播问题，力求从中国历史、中国经验、中国实践出发，用中国传播话语体系，表述华人交往、交流及其关系建构与意义共享的传播理论，进而与世界传播学进行对话，从而丰富人类传播理论与经验。②

为此，我们相信华夏传播研究应当成为中国传播学研究的底基。因为中国传播学能否行稳致远，关键是看能否立足中国社会现实，立足中国历史与文化，借鉴凯瑞提出的"作为文化的传播"这一命题，不仅仅在传播的传递观上打转，而是在以文化的名义将传播的传递观与仪式观融合起来，让文化在历史与现实的展开中观照中国社会自身信息的传递过程与媒介的运作方式，感悟中国社会是如何运用默会知识，如何运用仪式，包括日常化的运作程式来建构中国的社会认同与社会关系，离开了这一点，中国传播学研究，就只能是"西方理论，中国经验"的翻板。当然我们的终极目标是建构可沟通的"中国理论，中国经验"模式，从而让中国的实践为人类传播学提供"中国思考"。我们相信传播学作为人文社会科学，有其共通性的一方面，因此我们也肯定西方传播学始终是中国传播学建构的他者，是个参照系。在全球化时代，我们已经不可能离开西方来孤立地建构中国传播学；但是我们始终要有传播学主体，要有中华文化立场，要有中国心与中国情，要把传播学的个性即"中国性"探讨出来，这就好比在西方崇尚的"民主政

---

① ［日］三池贤孝：《建立亚洲背景的文化与理论：一个假设性基础》，赵晶晶编译：《国际跨文化传播精华文选》，浙江大学出版社，2007年，第138、144—147页。

② 谢清果：《传播学"中华学派"建构路径的前瞻性思考》《新疆师范大学学报》，2017年第6期。

治"与中国所推行的"尚贤政治"有着显著差异。这样的社会，这样的文化下，根据杜威的社会即传播观念，这两种社会背后必然是不同的传播观念、传播方式、传播体制，因此努力探讨出两种传播理论同中之异与异中之同。才是建构中国传播学的应有之路。

　　同时随着传播学批判学派和媒介环境学派在中国的再度兴起，这与中国重关系、重人伦、重自然、求和谐的人文传统有着内在精神的高度契合，可以断言，未来华夏传播研究必将在这方面形成与西方传播思想的深层对话，在对话中形成中国传播观念，提炼中国传播概念，建构中国传播理论。单波认为中国学者可以基于"交流如何可能"这一世界共同的问题，展开思考。因此，"对于中国传播学来说，需要面向人类的交流自我，体悟人类传播实践的'体'。其基础性工作就是理论祛魅，把各种传播学还原到人类传播实践语境，以交流自我的内部视角理解传播学理论诞生的社会经验与知识脉络，使之转化为一种可理解、可对话的他者交流经验，发现在自我的视野内看不见的交流问题"①。

　　三、雄关漫道真如铁，而今迈步从头越：华夏传播研究未来方向的思考

　　华夏传播研究未来，其实就在当下，就在把握近百年学术史②回顾中，因为未来已来。这里，笔者集中撷取在这数十载发展过程中学者提出的真知灼见，这种见解为我们思考华夏传播研究指明了方向，铺就了通往未来的道路。

　　（一）起点：建构基于本土经验的华夏传播学

　　华夏传播研究的拓荒者余也鲁以意见领袖和说服理论提出的过程为例认为："许多传播形式或观念早已存在实际生活、习惯与行为中，它们在那里，历史悠久，世代相传，是指导我们传的活动的原则，要下功夫找寻、整理、加以组织，才能形成有系统的理论。应用这些又可以生发新的理论。"加之，不同文化与传统也会产生不同的传播观念与原则、形式，因此，"在中国的文化、实际中应该可以找到中国的传播理论"③。历史与传统烙印着我们中华民族的传播方式、手段与观念，完全有可能整理成华夏传播理论。而早在 20 世纪 80 年代，颜建军的《关于建立中国沟通学的构想》一文也承继了余也鲁的见解，其基本立场是"世界各民族的文

---

　　①　单波：《从新体用观的角度建构中国传播学的反思性》，《国际新闻界》2018 年第 2 期。

　　②　朱希祖：《道家与法家对于交通机关相反之意见》，《北京大学社会科学季刊》1925 年第 2 期。此文可视为开创华夏传播研究的先河。

　　③　余也鲁：《中国文化与传统中传的实际的探索》，载 W. 宣伟伯著，余也鲁述译，《传媒、信息与人——传学概论》（最新增订本），中国展望出版社，1985 年，代序第 XX 页。

化创立、规定并制约本民族人民的沟通方式，中国的沟通方式就扎根于中华民族的传统文化之中。"他认为中国沟通（传播）学可分一般理论和分支理论。前者包括信息理论、符号理论和意义理论，大体上是要阐述中国传播理论的基本范畴。而后者大体上是传播学的分支学科或研究领域。包括：其一，内向沟通，主要内容是内圣外王；其二，人际沟通，主要内容是基于五伦（君臣有义、父子有亲、夫妻有别、长幼有序、朋友有信）的人际关系；其三，环境沟通。主要内容是对自然环境、社会情境以及语境对沟通的影响；其四，组织沟通，主要对象是中国高度的中央集权制度所依托的官员选任制度与通讯工具一体化所形成的超稳定性结构。其五，民间沟通。主要内容是民谣、谚语、山歌、女书等独特沟通媒介；其六，情感沟通。传统文化是情感型文化，情感影响着沟通。其七，劝服与宣传。主要内容是传统修辞史论、合纵连横的说服以及喉舌观念。其八，娱乐传播。娱乐与人际沟通。其九，大众传播。主要内容是造纸术与印刷术产生之后，大众传播事业就开始了。其十，口语沟通。主要内容是中国的言语是持"慎言"态度，讲究说话得体，顾大局。其十一，非言语沟通。人承载着世代相传的思维方式和行为模式。其十二，中西沟通方法。中国沟通注重情境关系的把握；而西方沟通讲究对对象属性的把握。[①]

（二）目标：建构基于中西对话的华夏传播学

孙旭培的《华夏传播论》虽然研究的对象是中国传统社会的传播现象与传播活动。但他的目标却是"传播研究中国化也是一个过程，就是通过大量挖掘中国文化（包括传统文化与现代文化）中间关于传播方面的财富，促进传播学的发展，最终创造出集东西言文化精华之大成的传播"[②]。黄星民也期待华夏传播研究将最终促成"传播学中华学派"[③]以与欧洲学派和美洲学派相媲美。陈国明也认为："正是华人传播学者，如何对中华文化诠释再诠释，创新再创新，建构出一个独立与特殊的所谓的'中华传播学'或'华夏传播学'，然后经由谈判与策略性的联系与互动，投射到全球脉络的过程。从传播学的角度，无疑地，中华传统文化蕴藏着大量尚待开发的宝贵知识。这种具有文化认同色彩和知识贡献，是未来人类全球化社会之所需。"[④]进而，他主张严格构建华夏传播学的学科体系——当从本体论、

---

① 颜建军：《关于建立中国沟通学的构想》，《新闻学刊》1987年第10期。

② 孙旭培：《研究对象中国化》，王怡红、胡翼青主编：《中国传播学30年》，中国大百科全书出版社，2010年，第562页。

③ 黄星民：《华夏传播研究刍议》，《新闻与传播研究》2002年第4期。

④ 陈国明：《中华传播学研究简介》，陈国明主编：《中华传播理论与原则》，五南出版社，2004年，第20页。

认识论、方法论、形上论等方面努力。赵晶晶教授在其编译的《传播理论的亚洲视维》的前言中强调："作为一个既成事实，传播理论的亚洲中心学派已经在国际上出现，并在逐渐发展壮大和成熟，尽管该学派目前还不能说在国际传媒理论领域内领率一时，但影响已经开始形成。其视角之叠加多重，立意之新颖，分析之透辟明澈，触角之延伸多元，内涵之深沉丰富，理论之廓落大气，胸怀之开放宽容，对西方现有相关理论必将有所触动……"①剑桥大学文学博士维莫尔·迪萨纳亚克认为中印日韩等亚洲国家创造的文明必当依赖于积极有力的传播体系。而"传播学要想在亚洲以及世界的其他地方变成一种更有意义的研究，就必须与相关的知识本源、情境信息及本地思维模式相联系。因此亟须发展亚洲的传播学理论、概念、方法和模式"②。源于美国的传播学在世界的扩展，必须采取在地化方式，或者非欧美中心的世界其他各国应当自主发挥后发优势，从自己的历史传统中，从自己当下的社会实践中生发可以与欧美对话的传播观念和传播理论，以此自觉推动本国各项传播事业。在传播学者看来，传播是一切社会活动的基础，加强传播意识，培养传播能力，是一国文化软实力的关键一环，欧美的强势相当程度上正是因为欧美人民传播素养的优良。邵培仁出版的《亚洲传播理论——国际传播研究中的亚洲主张》一书正是这方面的优秀成果。

（三）路径：在理论化过程中建构华夏传播学

陈韬文先生也为中国传播学发展把脉。他认为华人传播学者研究华人社会，从这个意义上讲"本土化"早已完成，但"现在的最主要的问题是我们可否从华人社会的研究中产生新的概念和新的理论"③。诚然如是，当下的整个中国哲学社会科学界都弥漫着理论原创的焦虑。丰富深厚的中国社会实践理应诞生伟大的理论，然而，却迟迟诞生不了大师，产生不了为世界所认可的理论成就。李彬教授认为本土化研究当包括：1.本土化的分层，包括理论的本土化、方法的本土化、实践的本土化；2.本土化的资源，主要有传统文化中的传播意识与传播手段、近代新闻事业的丰富经验以及改革开放来的传播现象；3.本土化的意义，建设有中国特色的传播学体系，注意为现实的传播活动提供思想方法，探讨本土化的可能，等等。进而提出传播学研究的三个取向：从自然科学角度研究传播技术；从社会科

---

①　赵晶晶：《探足于"后现代"、"后美国"与"复变"的交叉河流》，赵晶晶编译：《传播理论的亚洲视维》，浙江大学出版社，2008年，第2页。

②　[斯里兰卡]维莫尔·迪萨纳亚克：《人类传播研究的亚洲方法：回顾与展望》，赵晶晶编译：《国际跨文化传播精华文选》，浙江大学出版社，2007年，第116页。

③　陈韬文：《从个人的经历看中国传播学研究的发展》，王怡红、胡翼青主编：《中国传播学30年》，中国大百科全书出版社，2010年，第603页。

学角度研究传播规律；从人文科学角度追寻传播意义。^①这三个取向从根本上也是用理论来提升我们的经验，将经验转化为世界上可以对话的学术话语，此谓本土经验，国际表达。对此，邵培仁旗帜鲜明地认为："传播学研究的对象是人，中国化或中国特色的传播学，研究的对象就是中国人。中国人的性格或思维方式、文字与传受行为不同于外国人；中国的尊'长'贵'和'、崇'礼'尚'忍'等观念也是'本土化'的。中国的传播学者的宗教信仰、文化积淀、知识传承、社会背景等均是'中国化'的。"^②

一些在欧洲受过传播学教育的学者，也积极为中国传播将往何处去把脉。例如，著名传播环境学专家林文刚曾撰文建议，筹建"中华传媒与文化研究中心"，来组织一整套大型、系统而宏观的"中国传媒生态文化史"，分前文字、文字、印刷与图像和电子传媒四个传媒生态时代，围绕中华传媒的发展、符号和传播特点，来分析历史、政治、社群、经济和文化的发展^③。香港的陈韬文也曾撰文提出"理论是本土研究与国际学术的纽带"，在他看来再小的问题，再本土化的议题，都应当提升到理论，只有这样才能与国际学界开展对话。他自己的博士论文选题便是将香港的媒介发展研究理论化表达为"社会权力结构更替下，权力结构与媒介的互动关系"，这样的研究问题就适用于其他权力结构有变化的地方或时期。^④

（四）原则：打造以解决中国问题为导向的华夏传播学

学理研究应当有明确的社会问题意识，华夏传播学的建构不是发思古之幽情，而是着眼于中国的和平崛起，着眼于向世界说明一个可沟通、善沟通、有担当的中国。"有鉴于此，传播学研究要扣紧中华文化的主题，并不是单纯着眼于中国古代文化或传统文化中有关传播思想、传播经验的总结与研究，也不是以此考据论证传播学理论中的某些理论、模式和观点，而是以民族性和时代性为支点，以中国现代、当代文化为重点，同时观照传统文化的继承，全面展开传播学的理论探索。"^⑤笔者很认同这一思想。华夏传播研究虽然依据五千年文明的历史实践，但是应更注意对当代中国社会治理作为着力点，探讨解释中华民族过去的路，理解当下所走的路，更要看清未来应走的路，这条路真是华夏文明传播之路。王怡红也说，"倡导'本土化'有利于在传播学'地方性'研究中，建立'主义'和'流

---

① 李彬：《追寻传播的意义》，载《传播学在中国》，第90—91页。

② 邵培仁：《放宽传播学研究的视野》，载《传播学在中国》，第229页。

③ 林文刚：《什么才是华人传通问题：中华传媒生态文化史初探》，（台湾）《传播研究简讯》2000年第22期。

④ 陈韬文：《理论是本土研究与国际学术的纽带》，（台湾）《传播研究简讯》2000年第22期。

⑤ 苑子熙：《我国传播学研究情况》，《新闻学会通讯》1986年第3期。

派'，借以扩大传播学的知识体系。相对'本土化'而言，我们还应该提倡传播学研究的'世界化'，将'世界化'也作为一种学术立场加以坚持。这样，我们的研究可以变得立体化。在这两种趋向之间，形成必要的张力，以使我们的学术目光更加开放自由，并有足够的空间来吸取最新的学术成果，丰富对本土经验的研究。"[1] 对此，笔者直接将此思想表述为"中华文化立场，全球传播视野"。总之，如同邵培仁所思考的那样："我们要客观、冷静、全面地看待中国悠久历史和灿烂文化，既不要自高自大，也不要妄自菲薄。在虚心吸收、消化西方传播学知识的同时，要潜心探究、搜索中国文化宝库中关于传播原理与理念的珍藏，努力向世界展示和返送中国人特有的传播思想和智慧，进而完全有可能开辟一个传播学研究本土化的新天地。"[2] 唯有如此，华夏传播研究，才能行稳致远。

谢清果

2019 年 7 月 2 日

---

① 潇湘：《传播学本土化的选择、现状及未来发展》，《新闻与传播研究》1995 年第 4 期。
② 邵培仁：《筚路蓝缕，以启山林》，载《中国传播学 30 年》，第 642 页。

目　录

第一部分　2018 年度华夏传播研究综述

2018年华夏传播研究综述

谢清果　王　婷

（厦门大学新闻传播学院，福建厦门，361005）

内容提要： 2018年是中国传播学发展的第40个年头，当年学科研究发展势态涌现集体"反思"现象，标志着中国传播学进入一个自觉的主体性思考阶段，同时也是学科研究对象在不断深化、研究范式也日益彰显的一年。本文从传播学中国化研究重要领域之一的华夏传播研究的相关议题出发，围绕目前华夏传播着力研究的核心主题，评析2018年发表于国内传播学具有学科代表的期刊论文以及本年度出版的较有标志性的研究著作，从而形成九大板块以与读者分享。

关键词： 华夏传播；中华文化；文明传播

作者简介： 谢清果，厦门大学新闻传播学院教授，博士生导师，华夏传播研究会会长；王婷，厦门大学新闻传播学院博士研究生。

一、主体与反思：华夏传播研究四十年

2018年是传播学入华的第40周年，在历经了40年的学科发展，中国传播学积累了丰硕成果。正如吴予敏教授提到，中国传播学40年的发展的重要性即在于同时经历了"中国的改革开放走过了40年的历程"，因此"（中国传播学40年和改革开放40年）这两个数字不是巧合，而是内在地说明了改革开放和由此开启的中国特色社会主义现代化进程是中国传播学发展的总背景"[①]。

2018年也是中国传播学发展的一个重要节点，这一年不约而同地成为了中国各大新闻传播院校、各新闻传播研究机构、各从事新闻传播事业的研究学者们集体反思的一年。[②] 许多研究学者对传播学发展问题进行了多元反思，反思、主体性、多元、重构等字眼成为关键词，"反思"这一字眼在这些文章的标题中更是被提到

---

① 吴予敏：《"重构中国传播学"的时代场景和学术取向》，《国际新闻界》2018年第2期。

② 参见《国际新闻界》2018年第2期，本期话题：反思传播学。

了 9 次之多。[1]

在众多提出"反思"的学者中，浙江大学传媒与国际文化学院的邵培仁教授"一针见血"地指出中国传播学所存在的一个学术困境即学术研究"过度西方化"和"过度量化"，这是一种并不"健康"甚至"有病"的状态。复旦大学张涛甫教授认为中国传播学出现的这种"亚健康"状态是一种"影响的焦虑"表现，即是传播学主体性缺失所致。[2]与此同时，邵教授在针对中国传播学发展所存在的问题给出了一个积极的回应，则是"现在需要回到中西方平等对话、交流的立场上来，丢掉建构'中国中心主义'或'东方中心主义'的幻想，积极探索传播学研究中的'第三条路经'或'第三种范式'，携手共同构建人类整体传播学。这既不是西方的，也不是东方的，而是世界的。这样可能导致传播学研究失去部分'中国性'，但'薄利多销'的'宝塔糖策略'会得到更多的'中国性'。坚持'传播学本土化研究'，则是强化文化'中国性'和'亚洲性'的不二法门，也是实现世界文化多样性、构建人类整体传播学的必经之路"[3]。

不约而同地、针对中国传播学目前发展所存在的诸多问题以及如何进一步让传播学本土化、中国化，或者更确切地说如何让世界传播学丰富、完整、更具活力，由西南政法大学全球新闻与传播学院与厦门大学传播研究所于 2018 年 5 月 19 日共同举办了主题为"传统文化与传播的问题、话语与理论建设"的传统文化与传播学术研讨会。来自复旦大学、厦门大学、暨南大学、西南政法大学、华东师范大学、扬州大学、宏德文化基金会等近 20 所科研院校和文化团体的 30 余名学者参加了本次研讨会。学者们围绕主题，各抒己见，就中华文明传播的世界意义、华夏传播的微观视域、"一带一路"与华夏文明传播、儒释道文化传播等问题展开深入的专题研讨。在研讨会中厦门大学谢清果教授给出了对中国传播学当前"反思"后的另一新方案："一个可行的方案便是将'中国'阐释为一种传播观念，即具有中国特色的'共生交往观'……'中国'是一种元传播符号，它集中代表着一种新的交往气象：以'文明中国'的姿态坚守'中道'传统；在世界交往中阐扬'共生'精神。总之，'中国'是一种负责任，敢担当的宏大传播叙事主题与象征符号。"也就是说，'中国'是一种世界理念，是一个可以包含世界他国的中国，亦即无外的中国。这是'中国'意涵中最可宝贵的地方。她体现出一种独特的文

---

① 谢清果主编：《光荣与梦想：传播学中国化研究四十年（1978—2018）》，北京：九州出版社，2018 年，第 9—10 页。

② 张涛甫：《影响的焦虑——关于中国传播学主体性的思考》，《国际新闻界》2018 年第 2 期。

③ 邵培仁：《携手共同构建人类整体传播学》，《国际新闻界》2018 年第 2 期。

明观念，那就是兼容并包、和谐共生的观念。"①

二、礼乐与儒道：华夏文明传播研究

中国传播学发展进入第 40 个年头，华夏传播研究也推向了一个新的增长点即"从零到一"②的进一步推进。正如《从"零"到一：中国传播思想史书写的回顾和展望》文中，吴教授阐释道："从零到一"的这个说法，不只是说我们的传播思想史研究，已经告别了"零"，迈出了第一步，而且这个第一步是在西方传播知识体系的帮助下走出去的。有的学者认为，中国传播思想史，或者传播思想史的价值在于为建立中国传播学的学科体系做出历史的梳理。这个观念内含了一个"一"，就是一个独创的有中国特色的学科地位。

"从零开始"是从无到有的突破，而"从零到一"则是由量通往质的飞跃。纵览 2018 年一年，华夏传播研究成果众多，在华夏思想传播方面较有代表的是：礼乐文化传播、儒家思想传播、道教传播思想等研究成果都具有华夏传播研究的特质，且诸多研究成果在这一年的华夏传播研究中较为有代表性。

（一）礼乐文化传播研究

郑州大学张兵娟教授在《中华文化与传播研究》第三辑的《中国礼文化传播》专栏的主持人语中提道："中国礼文化是中华传统文化的核心，也是中华文明的重要标志。在几千年的发展历程中，对增进中华民族凝聚力、促进文化认同、维护社会安定和谐、提升民众文化素质、塑造民族形象发挥了重要作用；在中国，礼文化是以礼治为核心，由礼仪、礼制、礼器、礼乐、礼教、礼学、礼俗、礼义等诸方面的内容融汇而成的一个文化丛，它就是中国文化的代表。"今天"礼文化"仍深深影响着我们的生活的各个方面，有必要从传播学的角度进行整体深入的挖掘，以此推进中国本土传播学的研究。③张教授主持的国家社科项目"中国礼文化传播与认同建构研究"正是对礼文化在当代中国的深入研究，是将中国礼文化放入全球背景下，如何凝聚力量，重塑"礼仪之邦"，构建国家认同、文化认同、价

---

① 谢清果：《中华文明传播思想的世界意义》，2018 年传统文化与传播学术研讨会会议论文集，重庆，2018 年 5 月，第 1—22 页；该篇文章后又发表于 2019 年第 2 期的西北师大学报（社会科学版），见谢清果：《共生交往观的阐扬——作为传播观念的"中国"》，《西北师大学报（社会科学版）》2019 年第 2 期。

② 吴予敏：《从"零"到一：中国传播思想史书写的回顾和展望》，《国际新闻界》2018 年第 1 期。

③ 张兵娟：《中国礼文化传播》，谢清果主编：《中华文化与传播研究（第 3 辑）》，北京：九州出版社，2018 年，第 1 页。

值认同的重要课题，目前该项目已有阶段性成果。[①]

厦门大学谢清果教授、林凯博士的《礼乐协同：华夏文明传播的范式及其功能展演》是继黄星民教授之后进一步研究礼乐传播的又一力作。文章中对传统礼乐定义："中国儒家的礼和乐是中华文化传承的两种特殊而普遍的载体形式，是中国古代社会生活的重要组成部分，更已内化为现代社会生活的基本规范。"他们还认为："礼乐协同是华夏文明传播的一种范式，在中国社会发展的历史进程中发挥着重要的作用，彰显了华夏文明的可沟通性和开放包容的品质。"[②] 这一认识是继承了早期研究礼乐传播的黄星民教授的观点和想法并不断推进和扬弃后的积极演变，正如黄教授曾说：毫无疑问，礼乐传播是中国历史上极有特色的重要传播活动之一，礼乐传播表现了中国儒家的高度传播智慧和传播道德，在今天还有启发意义。[③]

除此以外，礼乐传播方面的研究还贵州大学殷志教授提出的将"礼乐制度"视作华夏共同体的符号／象征意义的思考，是孔子在创立儒家学说时的传承与传播方式。[④] 以及讨论"礼文化"在现当代中国社会尤其是互联网社会的现实意义[⑤] 和"礼文化"对日本文化的影响等研究[⑥]，都从不同侧面反映了华夏礼乐文化在传播学领域的研究现状。

（二）儒家思想传播研究

先秦儒家思想对后世儒家包括整个华夏文明的影响毋庸置疑，是构建整个中华文明的重要基石。在这一语境下，安徽大学束秀芳副教授和芮必峰教授从当前社会失礼、失信、失和的人际交往困境出发，提出"从中国文化发端处找寻'中国式'的传播价值观"，并借鉴胡塞尔的现象学方法，对中国传统人际交往思想进行一次重估和再释。[⑦] 郑州大学哲学社会科学研究院杨云香教授在其2017年度教育部人文社会科学研究规划基金项目"数字时代中华传统文化的传承困境与对

① 张兵娟，王闯：《传播史上的孔庙祭祀礼制及其当代价值》，《现代传播（中国传媒大学学报）》2018年第1期。

② 谢清果，林凯：《礼乐协同：华夏文明传播的范式及其功能展演》，《新闻与传播评论》2018年第6期。

③ 黄星民：《礼乐传播初探》，《新闻与传播研究》2000年第1期。

④ 殷志：《"礼乐制度"的合法化及其作为文化的衍进》，《贵州社会科学》2018年第5期。

⑤ 刘美忆：《孔子"礼"的传播思想与互联网文明的建构》，《新闻爱好者》2018年第12期。

⑥ 侯巧红，刘俊娟：《中国礼文化在日本的传播、影响与认同建构》，《郑州大学学报（哲学社会科学版）》2018年第3期。

⑦ 束秀芳，芮必峰：《先秦儒家人际交往思想重估与再释——基于胡塞尔现象学视野》，《新闻记者》2018年第2期。

策研究"的阶段成果中也提出了以儒家思想为核心的中华传统文化讲仁爱、重民本、崇正义、求大同是中国在新时代下的继承和发展，是中国人最深厚的文化软实力。①

2018 年谢清果教授在儒家思想传播研究方面提出关于儒家"修身""自省""自悟"作为儒家文化中一种特有的内在传播活动。儒家内向传播思想的实质即是在心灵世界中的自我对话，在修身成圣的精神感召中，不断反省自我，升华内心，完善自我心中理想境界达到与社会契合、顺应自然的过程与方法。②

（三）道家思想传播研究

道家思想和《道德经》随着全球化的发展其世界范围影响力也日益加深，是华人在世界舞台上展现出的一个极具东方特点、华夏文明特色的角色形象。道家倡导的"放任自由""无为而治"等思想观念，无疑区别于冷战后以西方为中心的"丛林法则""弱肉强食"等思想。道家对"道"的阐释和对"道"的追求亦是人类文明未来发展的一个新思路，所以《老子思想向世界传播的文明互鉴意义》③在华夏文明传播中格外具有现实价值。例如，如何传播老子的思想，郑州大学的汪振军教授则在他的《从四个维度看老子〈道德经〉的传播观》中则提出了四个层面的传播思想："虚静无为"的内向传播观、"谦下不争"的人际传播观、"道莅天下"的国家传播观、"道法自然"的自然传播观。④李桂全的《论〈老子〉的"道"符号思想》则试图提出通过对"道"这一符号的解读而达到探究《老子》的思想精髓。⑤

在道教思想的传播研究中，谢清果教授进一步提出了的老子"玄同"思想的传播理念。⑥老子的"玄同"思想旨在启迪世人，与"大同"都是一种人类自我认知的理论成果，是一种人类自我期许的思想境界，进而各自衍生为一种社会理想。老子的玄同思想是为了天下大治，解决社会矛盾，实现无为治国的理想。无论从文化内涵而言还是作为华夏传播特有的一个方式而言，老子"玄同"思想不仅展

---

① 杨云香：《新媒体环境下中华传统文化的传承与传播》，《郑州大学学报（哲学社会科学版）》2018 年第 6 期。

② 谢清果：《儒家"修身为本"的内向传播意蕴考析》，《吉林师范大学学报（人文社会科学版）》2018 年第 3 期。

③ 谢扬举：《老子思想向世界传播的文明互鉴意义》，《青藏高原论坛》2018 年第 2 期。

④ 汪振军，杨利贞：《从四个维度看老子〈道德经〉的传播观》，《郑州大学学报（哲学社会科学版）》2018 年第 6 期。

⑤ 李桂全：《论〈老子〉的"道"符号思想》，《符号与传媒》2018 年第 2 期。

⑥ 谢清果：《老子"玄同"思想体系与人类命运共同体的建构方略》，《中原文化研究》2018 年第 1 期。

露的是华夏文明的智慧，亦是联合国教科文组织的"国际传播问题研究委员会"（The International Commission for the Study of Communications Problems）对世界所倡导的"多种声音，一个世界"的传播发展理念和合理要求。

三、元典与诠释：华夏典籍的传播学研究

2018 年谢清果教授编著的《中庸的传播思想》一书出版。中庸是儒家思想中极其重要的概念，也是中国传统文化的重要理论成果。《中庸》为核心的儒家文献，力图不仅探讨作为一种儒家实现自我完善和适应社会的内向传播方法意义上的中庸，而且还探讨中庸在政治传播、人际传播、跨文化传播以及游戏文化制作与传播实践中的运用，从多面向、多角度阐释中庸的传播思想。①

关于先秦时期的经典研究还有郑州财经学院杨建伟的《先秦时期〈诗经〉的传播形态》，开启了对《诗经》口头传播和文字传播两个方面的传播形态研究。②还有山东社会科学院文化研究所张伟对于先秦诸子在口语方面展开研究，特别是春秋战国诸子游说各国时各家各派所展示"说"的功夫继而形成百家的观点和思想，这些传播活动在传播理论和实践中逐渐形成了中国古代初具雏形的口语传播理念。③吴大顺所著的《汉魏六朝诗歌传播研究》主要以汉魏六朝诗歌音乐传播为研究对象以及其文本传播在历史语境中并行、交叉与相互转化活动中，考察诗乐共生和诗乐分离的过程以及诗歌多种传播方式与诗歌文学嬗变的内在联系。④

2018 年在教育部人文社会科学研究项目和国家社科基金项目中不乏华夏典籍传播研究的面向，比如，教育部的"魏晋南北朝时期的家传研究"涉及《颜氏家训》，"明清经典小说在英语世界的传播及启示研究"涉及"四大名著"，"《文心雕龙》在西班牙语世界的译介、接受与影响研究"⑤涉及《文心雕龙》等这些都属于华夏典籍传播研究，还有国家社科基金项目的重大课题中有关于"儒佛道三教关系视域下中国特色佛教文化的传承与发展研究""唐代到北宋丝绸之路（陆路）上的驿站、寺庙、重要古迹与文人活动、文学创作及文化传播""魏晋隋唐交通与文学图考"⑥等研究课题中，华夏典籍传播占据着重要地位。

---

① 谢清果等著：《中庸的传播思想》，北京：九州出版社，2018 年，"序"第 1 页。
② 杨建伟：《先秦时期〈诗经〉的传播形态》，《新闻爱好者》2018 年第 12 期。
③ 张伟：《先秦诸子口传理念探析》，《齐鲁学刊》2018 年第 6 期。
④ 吴大顺：《汉魏六朝诗歌传播研究》，北京：中国社会科学出版社，2018 年。
⑤ 教育部社科司：《教育部社科司关于 2018 年度教育部人文社会科学研究一般项目立项的通知》，http://www.moe.gov.cn/s78/A13/A13_gggs/A13_sjhj/201807/t20180725_343687.html，2018 年 7 月 24 日。
⑥ 全国哲学社会科学工作办公室：《2018 年度国家社科基金重大项目立项名单公示》，http://www.npopss-cn.gov.cn/n1/2018/1023/c219469-30358047.html，2018 年 10 月 23 日。

四、身体与符号：华夏的元传播研究

自 2017 年起，"元传播"就引起了新闻传播学界的高度兴趣和热情，为此新闻学与传播学名词审定分委员会与《国际新闻界》先后推出了对这一概念的知识考古。"元传播"概念于 1951 年被提出，在"神经控制论"和"符号—语用论"的时代思潮之下，贝特森（Gregory Bateson）用它来指称人际互动中"关于传播的传播"，包括符码化（传播的语言符号和人际关系）、传播发生的情境两个子命题。① 简单来讲"元媒介"（meta‑media）就是"媒介的媒介"，换言之，"元媒介"的研究就是人，是"以人为中心、以连接了所有媒介形态的人类大环境为媒介而实现的无时不在、无处不在、无所不能的传播"②。从人出发的考察中，身体传播常常成为被忽略的一个方面，如刘海龙教授在其《传播中的身体问题与传播研究的未来》提出传统的传播问题，身体问题几乎一直不受重视，因此刘教授考察该问题的起源视域力图梳理出传播研究中关于身体问题的思想史，希望对麦克卢汉、媒介考古学、控制论、后人类主义等理论下勾勒出传播中身体研究的主要议题。③

谢清果教授、赵晟博士生的《身体交往观视域下的老子思想新探》就是将认识回归人自然本身，尤其是道家所提倡的修身法制"道法自然"即对人在本初的传播中的理解，是通过"身体外部的交往，是以修身体用得来的整全身体来影响、反哺人类社会与自然世界，是在与他人身体关联中展开的整体且系统的交往观念，并观照人际传播、组织传播、大众传播、跨文化传播以及天人传播等场域"④。这一命题的华夏传播研究与"元传播"研究似乎"不谋而合"。华夏五千年的文明中无不闪烁着大量以人为本、以人为中心的优秀思想和学说，如儒家的"仁"，道家的"柔弱"，墨家的"兼爱"，法家的"法术势"等等以围绕人和人的交流而展开的各种传播现象和传播活动。在华夏文明语境下的"元传播"始终穿插着人的身体、情感、符号等表达，是一种为了传播而传播，并传递符号的定义和阐释传播的意涵。以及谢清果教授、张丹博士生的《观象制器：夏商周时期青铜器图像的文化符号表征》又从符号表征的角度，阐释了华夏传播在"元传播"命题上的讨论。文章虽未直接所指"元传播"概念，但夏商周时期为古代华夏文明的重要时期，通过青铜器上"象"的传递符号解读文化本身，无疑不是回归传播原点去理解传播

---

① 方惠，刘海龙：《2017 年中国的传播学研究》，《国际新闻界》2018 年第 1 期。

② 赵星植：《元媒介与元传播：新语境下传播符号学的学理建构》，《现代传播（中国传媒大学学报）》2018 年第 2 期。

③ 刘海龙：《传播中的身体问题与传播研究的未来》，《国际新闻界》2018 年第 2 期。

④ 谢清果，赵晟：《身体交往观视域下的老子思想新探》，《文化研究》2018 年第 2 期。

之于人的本真意义。①

因此，不难理解在回归到第一级传播媒介时，人的传播手段也即是人本身，如身体、情感和传递的基本信息符号即语言甚至包括声音等媒介。所以基于对麦克卢汉的经典认识——"媒介即人的延伸"的理解上，人们是不是更多想到了向前向外的延伸，而恰恰忽视了延伸之前的本初媒介难道不就是人本身么？这或许正是"元传播"将为我们打开的传播研究新领域。

五、传播与训诂：华夏传播知识考古研究

南京大学潘祥辉教授是华夏传播考古学研究方法的创新者，研究以中国传统文化为土壤，以考据为实的研究方法，同时在华夏传播的研究范围又开启了一个崭新而广阔的视域。在潘教授《华夏传播新探——一种跨文化比较视角》一书序中，其老师邵培仁教授提到潘教授是中文系出身，又致力于训诂学，博士转到传播学领域，这是传播考古学研究方法得以运用的一个重要方面。同时，这部作品体现"华夏传播学研究的新进展、新前沿、新水准……给沉寂一时的华夏传播研究吹入了一股新风"②。邵培仁教授还指出潘祥辉在中国古代传播机构的大视野中发现了三种媒介或媒介化事物的政治传播功能："第一，是青铜器作为一种传播媒介，不仅在形成和传承中华文明的过程中起着重要作用，更具有宣示与合法化政治权力、实践仪式以进行政治沟通的功能；第二，是先秦歌谣作为一种舆论机制，具备政治表达与品评、舆论监督、'舆情调查'与政治沟通、教化和舆论动员乃至政治博弈等功能，可以简称为'歌以咏政'；第三，是女性曾经被作为一种媒介，起着政治联姻的政治功能，尤其是在'秦晋之好'这样的政治婚姻中，当然也反映了古代社会对女性的压迫。特别是作者'接着讲'吴予敏在《无形的网络》中提出的古代君主信息控制的问题，发现了秦汉王朝官僚科层制下信息传播的悖论，出现了'传播失灵'的现象，值得现代人反思。"③

潘祥辉教授的《宣之于众：汉语"宣"字的传播思想史研究》同样采纳传播考古学的研究方法并且较为具有代表性，潘教授通过一个汉字"宣"则挖掘、整理出了大量的中国古代以"宣"为中心的传播实践，甚至可以说"宣"本身就是

---

① 谢清果，张丹：《观象制器：夏商周时期青铜器图像的文化符号表征》，《符号与传媒》2018年第2期。

② 邵培仁：《一部视野开阔的华夏传播专论——〈华夏传播新探〉序》，潘祥辉：《华夏传播新探——一种跨文化比较视野》，上海：复旦大学出版社，2018年，序言第1页。

③ 邵培仁，姚锦云：《本土之路三十年：华夏传播理论的建构实践（1988—2018）》，《中国传媒报告》2018年第3期。

一种重要的传播行为或传播活动。① 无独有偶，广西大学新闻传播学院的李庆林教授也提出了汉字可作为一种媒介的思考，尤其是进入网络时代，具有高度形象化的汉字的特点是保留完整的"声觉空间"和独特的"象思维"的结合②，在互联网的视觉表达中发挥了汉语文化的文明优势。因此，两位学者都从不同路径但相似的研究对象发挥出了华夏传播研究的特长和特点。

六、交融中共生：华夏传播的多学科交叉研究

华夏传播研究的一个特质就是其与他学科的交叉性、融合性和互动性。可以说文史哲学科与传播学的交叉融合，这一特征本身是华夏传播研究的特质所在。华夏传播研究致力于研究中国人的交往观与关系哲学，而这些研究离不开文史哲的厚重积累，尤其是华夏传播智慧的珍珠本就在于中华元典及其赓续的经典文献之中。③ 多学科的交叉研究是华夏传播学能够得以在更广阔研究领域的拓展，是与社会、生活、文化等方面的真实相连的尝试，实现实际价值与实践作用而并不只停留于理论上的泛泛而谈。正如吴予敏教授提到的：(中国传播学当然也包括华夏传播学)作为后起之学，她更需要向中国史学、社会学、语言学和文学等学科学习借鉴。④ 在与多学科交叉研究中，华夏传播研究可以与历史学、舆论学、视觉修辞、媒介学、符号学等方面进行结合和互鉴。

在与历史学和舆论学的交叉研究中，有从中国传统历史与文化中开展舆论学的探讨和研究，如栾保群的《中国古代的谣言与谶语》就揭示了中国正史和野史上流传下来形形色色的谣言和谶语，都是中国古代政治权力与斗争的利器，是从一个采取独特视角来观察中国传统文化之于群体传播、舆论制造、政治传播一个纵面。谣言方面的研究还有刘燕燕的《晚明传教士"点金"谣言的传播与辩驳》⑤则将考察范围缩小在对明晚期的传教士造成的谣言并对当时社会的传播和影响进行考察。还有谢清果教授的《华夏文明与舆论学中国化研究》一书（九州出版社，2018）则是卸下传统西方语境下所讨论的舆论和公众意见的观点，转而以中国传统历史与文化为起点展开之于舆论的研究，试图描述出华夏舆论传播的主要形态

---

① 潘祥辉：《宣之于众：汉语"宣"字的传播思想史研究》，《新闻与传播研究》2018 年第 4 期。
② 李庆林：《论汉字的媒介特性与汉语文化的新机遇——由麦克卢汉"声觉空间"理论引发的思考》，《现代传播（中国传媒大学学报）》2018 年第 12 期。
③ 谢清果：《传播学"中华学派"建构路径的前瞻性思考》，《新疆师范大学学报（哲学社会科学版）》2017 年第 6 期。
④ 吴予敏：《"重构中国传播学"的时代场景和学术取向》，《国际新闻界》2018 年第 2 期。
⑤ 刘燕燕：《晚明传教士"点金"谣言的传播与辩驳》，《华侨大学学报（哲学社会科学版）》2018 年第 6 期。

与历史特征，并希望可以勾勒出华夏文明下舆论学的一幅新图景。除此以外，田素美副教授的《舆论学视角下的汉代"月旦评"探析》则是以"月旦评"这一我国传统社会中的民间乡议活动为研究对象，对中国古代民间舆论与官方舆论以及它们之间的相联又对立的关系展开传播学视域下的研究和分析，对于当前社会中的舆论治理与和谐社会发展都可以提供一些有价值的借鉴。①

在媒介学方面的交叉研究中，贾南和芮必峰的《作为信仰"装置"的秦汉石刻：一种媒介学的视角》则以媒介学视角关注作为载体的秦汉石刻，探讨石刻媒介具有的神圣性、永恒性、稳定性和公告性，是大一统帝国集权统治的符号标志。②张婧文的《明清入藏瓷器与汉藏文化交流》则是将瓷器作为文化传播的媒介，探讨了明清时期大量瓷器通过官方和私人等渠道从内地往西藏的流通情况，并且在以瓷器交往流通的过程中所产生的汉文化对藏传佛教文化的影响具有多方面的意义。③潘祥辉的《"秦晋之好"：女性作为媒介及其政治传播功能考》则从政治婚姻出发，将"秦晋之好"制度中把女性也视为一种特殊的媒介，是古代社会建构联盟关系、建立政治信任的最为常见的沟通合作机制，在内政和外交中都被广泛应用。④

在视觉修辞方面，李红在《视觉之势：论视觉修辞的活力之源》研究中提出视觉修辞的活力即来自视觉之势，是一种无限的潜力。并探讨了在中国文化谈到"势"时，能引起人们所遐想的通常也往往是视觉意象，由视觉意象引发的"势"则能够在公共性、意向性和空间性上产生一种引发力。⑤刘涛对于视觉修辞在《意象论：意中之象与视觉修辞分析》中提出了"象"，并认为在视觉话语表征体系中，意象产生是一种常见的修辞实践，在中国古代文论传统中，"象"具有积极的媒介功能，可以缓解"言"与"意"之间的尴尬和矛盾。⑥而在《以"秽"抗争：表演式抗争实践中的"秽"话语及其视觉生产》中，作者采用训诂方法考察了文字"秽"来源，并认为视觉文化背景下，各类媒介普遍呈现出表演式抗争的图像文本，其内容广泛征用了具有肮脏、邪恶、不吉内涵的"秽"话语，并且"秽"话语通过象征生成、原型征用和语境重构的表达对中国人的心理结构和社会阶级形成影

---

① 田素美，谢清果：《舆论学视角下的汉代"月旦评"探析》，《现代传播（中国传媒大学学报）》2018 年第 7 期。

② 贾南，芮必峰：《作为信仰"装置"的秦汉石刻：一种媒介学的视角》，《现代传播（中国传媒大学学报）》2018 年第 11 期。

③ 张婧：《明清入藏瓷器与汉藏文化交流》，《郑州大学学报（哲学社会科学版）》2018 年第 3 期。

④ 潘祥辉：《"秦晋之好"：女性作为媒介及其政治传播功能考》，《国际新闻界》2018 年第 1 期。

⑤ 李红：《视觉之势：论视觉修辞的活力之源》，《新闻大学》2018 年第 4 期。

⑥ 刘涛：《意象论：意中之象与视觉修辞分析》，《新闻大学》2018 年第 4 期。

响。① 东北师范大学郭薇博士学位论文《〈赤壁赋〉的视觉艺术传播研究》也从《赤壁赋》作品文本、视觉艺术主题、视觉艺术与文学传播三个方面展开研究。② 这些学者将视觉修辞与中国文化进行对话，可谓别开生面。

目前在与华夏传播研究方面产生交叉性互动研究的其他学科较为众多，除了上述所提到的三个方面，还有关于集体记忆方面的研究，如中国人民大学王润泽和谭泽明的《〈戊戌政变记〉与政变图像建构：从个体想象到集体记忆》则考察戊戌政变的历史事件所形成的社会集体记忆，如梁启超的《戊戌政变记》作为个体的、非客观的历史记录，却对后世构建了一个普遍性认识的记忆图像，成为近代中国关于戊戌政变集体记忆的重要蓝本，深刻影响了戊戌政变的历史图像构建。③ 王闯的《记忆之场：孔庙的传播特征及其纪念碑性》也是将孔庙以及其中承载的文化记忆进行思考，试图论证以孔庙为一个记忆得以储存、共享和再生的记忆之场，在当代应当被重新认识和重视。④ 除此以外，还有涉及宗教学与人类学研究的《媒介入寺与当代佛教传播——基于一座汉传佛寺的媒介人类学研究》，作者经过田野调查认为释、俗两种文化在现今更为密切和多元的交往，以寺院为主体的佛教传播在当前特别表现出一种以适应"世俗化"为特征的实践过程。⑤ 包括以古籍文献为媒介研究对象，进而梳理特定条件、特定时期和文化下的文化传播，如吉林大学张瑾的博士论文《清代文人笔记研究》则是以清代文人笔记资料为切入，考察清代文人的文学传播活动，并跟进相关的传播渠道、传播方式与媒介、受众的接受与反馈等传播要素。论文爬梳整理了大量文献材料，清代文人基于明代的反思，奠定了文人笔记创作中的学者化倾向的清代学风基础，并涉及传播技术的改良，使得清代文人笔记的传播发生在中国文学传播史上由传统雕版、活字印刷术向近代印刷技术转型的这一次传播技术革命时期，以及当时知识阶层对西方文化的认识等亦颇值得思考。⑥

七、传统与现代：传统文化视域下的现代传播研究

吴予敏教授在探讨如何"重构中国传播学"的问题上提出三点建议，其中一

---

①　王雪晔：《以"秒"抗争：表演式抗争实践中的"秒"话语及其视觉生产》，《新闻大学》2018 年第 4 期。

②　郭薇：《〈赤壁赋〉的视觉艺术传播研究》，博士学位论文，东北师范大学，2018 年，摘要。

③　王润泽，谭泽明：《〈戊戌政变记〉与政变图像建构：从个体想象到集体记忆》，《新闻与传播研究》2018 年第 8 期。

④　王闯：《记忆之场：孔庙的传播特征及其纪念碑性》，《新闻爱好者》2018 年第 4 期。

⑤　冯济海：《媒介入寺与当代佛教传播——基于一座汉传佛寺的媒介人类学研究》，《北京社会科学》2018 年第 1 期。

⑥　张瑾：《清代文人笔记研究》，博士学位论文，吉林大学，2018 年，摘要。

点指明了传播学与当前社会结合的积极面向和现实意义，他说："中国传播研究必须牢牢把握本土文化情境和脉络，通过感知和实践投入中国本土的生活世界的创造过程，在和历史与现实的交互经验中进行理解和诠释，而不能仅仅停留在抽象观念的层面讨论。"① 华夏传播研究作为传播学本土化的急先锋关注的正是从古至今的中华文化传统中的传播观念与传播实践。不仅如此，近些年关于中国影视题材的作品也开始反思本土化的重要性，并且大量作品开始以中国传统的优良文化为导入，许多电影、电视、小说、话剧等形式的媒体内容都开始不断丰富、增进中国的尤其是传统文化方面的精神和内涵。如《〈白鹿原〉传统儒家文化的传播价值》一文谈到电视连续剧《白鹿原》获得收视热映与好评的主要原因之一是对传统儒家文化的经典传播，"仁""义""礼""孝""和"等传统儒家文化在剧中得到了充分的表达，产生了极大的社会效应。② 杨洗的《传播视域下中华传统文化的传承与创新——以电视节目〈国家宝藏〉为例》认为中央电视台推出的综艺节目《国家宝藏》是对传统文化传播的一次大胆创新与有益探索。③ 因此，从近几年的研究情况来看华夏传播不仅只发轫于一个学科内的专业要求与学术发展，华夏文化也在社会生活的各方面进行传播实践，这无论对于传播学的本土化的理论建设还是我国传统文化之于社会的现实贡献与中国未来文化复兴无疑都是一件值得认可的事情。

　　除此以外，值得一提的还有吴来安的《融入"家"文化：央视公益广告的文化传播符号分析》则讨论了"家"作为一种文化符号的分析，尤其是中国人自古都以"家"为一个重要的人生与社会的核心纽带，是中国人在文化认同中一个极其显著的因素。文章对调查的两则央视公益广告为研究案例，认为以"家"为核心，深入挖掘"家"文化中各重要元素为符号，可以弥补当前文化传播的符号断裂问题，是讲好中国故事，传播中国好声音的目的。④

　　2018年9月14—17日，由厦门大学传播研究所、中盐金坛盐化有限责任公司、江苏宏德文化出版基金会联合主办的首届"华夏文明传播与企业家精神培育"研讨会在江苏金坛举行。此次会议围绕"传播华夏文明，做华夏文明的传播者，用中华优秀传统文化涵养企业家精神"主题展开深入探讨，与会专家学者们共同讨论如何传承中华优秀文化、促进华夏文明发展，进而以中华文明传播促进"中

①　吴予敏：《"重构中国传播学"的时代场景和学术取向》，《国际新闻界》2018年第2期。
②　农莉芳：《〈白鹿原〉传统儒家文化的传播价值》，《新闻爱好者》2018年第12期。
③　杨洗：《传播视域下中华传统文化的传承与创新——以电视节目〈国家宝藏〉为例》，《新闻爱好者》2018年第10期。
④　参见吴来安：《融入"家"文化：央视公益广告的文化传播符号分析》，《新闻大学》2018年第2期。

华文明企业"的塑造和企业家精神的涵养,推进中华优秀传统文化的传承与创新。①
这次研讨会首先是华夏传播研究与现代社会发展的一次具体探讨与实践;其次,
这次研讨会对华夏传播研究的发展具有一个特殊意义,凭借本次会议搭建的学术
平台,组织方举行了"华夏传播研究会"的成立仪式,这个专业学会的成立标志
着华夏传播研究将进入一个更加专业化、学术化、标准化的一个研究层次,是未
来从传播学视角出发研究中华优秀传统文化,努力实现传播学中国化、本土化的
一支活力勃勃的生力军。②

八、中华文化与海外传播:华夏文明的海外传播研究

在华夏文化的对外传播和中国国际传播等议题方面,以"一带一路"的研究
成果较为丰硕,这是响应时代号召的结果。在众多关于中华文化与海外传播的研
讨会议中为贯彻落实《关于进一步加强和改进中华文化走出去工作的指导意见》,
为促进中华文化海外传播、增进中外文明交流互鉴、推动构建人类命运共同体提
供理论支持和解决方案,由中国新闻史学会全球传播与公共外交专业委员会、大
连外国语大学主办的"第二届中华文化海外传播大连论坛"于 2018 年 9 月 15 日
在大外举办。来自北京大学、清华大学、中国传媒大学等高校以及中国新闻史学
会、中国跨文化交际学会等研究机构的近 300 位专家、学者和汉语志愿者围绕如
何促进中华文化海外传播、增进中外文明交流互鉴、推动构建人类命运共同体等
时代课题进行了深入的交流和探讨。③ 在此次中华文化海外传播大连论坛上,大
连外国语大学和中国日报网共建中华文化新媒体海外传播研究基地举行签字仪式,
大连外国语大学校长刘宏和中国日报网总编辑韩蕾出席了签字仪式,并共同为"大
连外国语大学——中国日报网中华文化新媒体海外传播研究基地"揭牌,④ 这是中
华文化向海外传播进一步推进其研究力度和影响传播力的战略发展。

在论文发表的情况方面发现:2018 年关于华夏文化的对外传播的不少研究成
果,尤其是中国传统文化方面的研究,较为集中在了本年硕士和博士的毕业论文
中。如硕士毕业论文有山东理工大学金善佶的《〈管子〉在朝鲜半岛的传播与影

---

① 中国社会科学网:《"华夏文明传播与企业家精神培育"研讨会在江苏举行》http://ex.cssn.cn/
gd/gd_rwhd/xslt/201809/t20180917_4561799.shtml,2018 年 9 月 17 日。
② 创头条:《中华文化立场 全球传播视野——华夏传播研究会侧记》,http://www.ctoutiao.
com/1003919.html,2018 年 9 月 20 日。
③ 新华网:《2018 第二届中华文化海外传播大连论坛在大连外国语大学举办》,http://www.
xinhuanet.com/newmedia/2018-09/17/c_137474233.htm,2018 年 9 月 17 日。
④ 中国社会科学网:《"中华文化新媒体海外传播研究基地"揭牌》,http://www.cssn.cn/gd/gd_
rwdb/201809/t20180916_4561051.shtml,2018 年 9 月 16 日。

响》、四川外国语大学袁鹤颖的《孔子思想在法国的传播》以及郑州大学穆毅的《传播学视域下孔子人际交往观研究》都较有代表性，并且研究对象也较集中在先秦诸子及其思想对于后世和海外的传播与影响。除此以外，山东大学谢依伦（CHIA JEE LUEN）的博士学位论文《〈红楼梦〉在马来西亚和新加坡的传播与研究》则是将研究范围从《红楼梦》被带入马来亚的可能性自 19 世纪 20 年代开始至 2018 年近两百年的时间，通过文献记录尝试呈现出《红楼梦》在某个时代如何传播，当时的传播主体是谁、传播了什么信息、其受众范围的大小以及根据受众的反馈来探讨《红楼梦》传播的影响力。①

　　中国文化如何出去，华夏文明如何与其他文明进行互动是近十年中国跨文化传播与交流的热点问题，其中尤以四川大学林克勤教授的新作《中国文化走出去的策略与路径创新研究》为代表，该书从多个角度（如国家形象、自我形象、文化身份）、多个层次（如国际话语、中国话语、跨文化背景）等方面描述了中国在国际崛起的不争事实，也勾勒出了中华文明同世界文明接轨的真实图景，"中国文化走出去的深层考量则主要是基于文化逆差的现实规制和文化安全的必然进路。在西方中心主义的霸权思维和霸道行径冲击下，中国必然要形构和坚持自己的东方立场和价值体系，同时也会让中国制造和中国文化共同为世界面临的困难和问题提供解决方案、贡献中国智慧"②。本书作者给出了极富创建和深刻的洞见，更是基于华夏文明为核心的中国对外传播的一次积极探索。除此以外，在海外传播方面还具有代表的研究如郭镇之的《"旅侨"概念及中华文化的海外传播》，文章首先对"侨"进行一个文字考察，再对"旅侨"一词深探，对"旅侨"者加以定义进而希望作为中国在海外最主要的形象代表和舆论代表，应该进一步发挥旅侨在海外维护中国利益、改善中国形象、传播中国声音方面的重要作用。③刘琛等著《海外华人华侨对中华文化的传承与传播》则全面总结、梳理了我国推动海外华人华侨传承与传播中华文化的主要策略，并提出了中华文化传承与传播的评价指标体系，尽可能准确、客观地评估海外华人华侨对中华文化的传承与传播现状。④

　　在课题研究方面，中国传统文化的对外传播和跨文化传播一直是国家较为关注的热点，如 2018 年全国哲学社科规划办对"儒家思想文化在当代朝鲜社会流变

---

①　谢依伦（CHIA JEE LUEN）：《〈红楼梦〉在马来西亚和新加坡的传播与研究》，博士学位论文，山东大学，2018 年，摘要。

②　林克勤：《中国文化走出去的策略与路径创新研究》，成都：四川大学出版社，2018 年，"序言"。

③　郭镇之：《"旅侨"概念及中华文化的海外传播》，《现代传播（中国传媒大学学报）》2018 年第 11 期。

④　刘琛等：《海外华人华侨对中华文化的传承与传播》，北京：北京大学出版社，2018 年。

与影响的研究""王阳明思想在西方的翻译、传播与影响研究"和"中国传统文化跨文化传播体系构建及传播模式研究"①等项目进行立项则是华夏传播研究方面的一个拓展和深入。

九、范式与创新：华夏传播理论建构和范式研究的现状与发展

从早期宏观的理论建构情况来看，华夏传播研究的理论体系建构，前有大陆吴予敏的《无形的网络——从传播学的角度看中国的传统文化》（1988），后有台湾关绍箕的《中国传播理论》（1994）等著作，都试图从各自的侧重领域探讨中国传播理论的独特表达形态。②正如郑学檬先生提出的如何展开传播学中国化研究的三个基础工作：引进吸收国外的传播学研究成果，调查研究中国当代的传播现状和发掘光大中国传统文化中潜藏的传播理论。③在大陆和港澳台诸多学者的努力下，华夏传播的理论和范式建构在前人基础上又继续取得了不少研究成果，如以中国文化为基础并归纳总结的类似于西方传播研究范式的许多"小理论"都十分具有研究价值，在此之中，既有早期致力于此的华人学者团体的，亦包括中国本土学者们的诸多研究成果。④

在过去的一年，基于前人研究的理论和范式基础上，不断发展并持续创新且较有影响力的华夏传播研究理论和范式中，以邵培仁教授及其团队提出的"传播的接受观"⑤和谢清果教授提出的"共生交往观"⑥较具有理论建构方面的突出价值。除了二位学者当然还有许多学者也共同致力于构建传播学中国化、本土化方面的研究和贡献。不仅如此，每年具有代表性的新闻传播学术会议或论坛中以"华夏传播研究"或"传播学本土化研究"为主题的研讨板块也愈见增多。如 2018 年 11 月 23—24 日，由复旦大学信息与传播研究中心、深圳大学传媒与文化发展研究中

---

①　全国哲学社会科学工作办公室：《2018 年国家社科基金年度项目和青年项目立项结果公布》，http://www.npopss-cn.gov.cn/n1/2018/0621/c219469-30073601.html，2018 年 6 月 21 日。

②　谢清果：《传播学"中华学派"建构路径的前瞻性思考》，《新疆师范大学学报（哲学社会科学版）》2017 年第 6 期。

③　郑学檬：《〈华夏传播研究丛书〉总序》，郑学檬：《传在史中：中国传统社会传播史料选辑》，北京：文化艺术出版社，2001 年。

④　华夏传播的"小理论"：脸面（黄光国）、和谐（陈国明）、关系（马成龙）、礼（肖小穗）、报（Richard Holt/ 张惠晶）、客气（冯海荣）、缘（张惠晶）、风水（陈国明）、占卜（庄瑞玲）、气（钟振昇）等。以及费孝通"差序格局论"、翟学伟的"面子论"、黄星民的"风草论"、乔健的"计策论"和金耀基的"耻论"等等。参见吴予敏：《从"零"到一：中国传播思想史书写的回顾和展望》，《国际新闻界》2018 年第 1 期。

⑤　姚锦云，邵培仁：《华夏传播理论建构试探：从"传播的传递观"到"传播的接受观"》，《浙江社会科学》2018 年第 8 期。

⑥　谢清果：《共生交往观的阐扬——作为传播观念的"中国"》，《西北师大学报（社会科学版）》2019 年第 2 期。

心联合主办，深圳大学传播学院协办的"作为问题和方法的中国传播研究"学术恳谈会在深圳大学举行，该次会议汇集了全国十余所高校的新闻传播学院教授共商传播学的本土化问题。[1] 同年 12 月 22 日，2018 福建省传播学会学术年会在福州马尾阳光学院召开，会议以"传播新技术与海丝核心区建设"为主题，本次会议就首设了"华夏传播研究"分论坛，[2] 再一次标志着"华夏传播研究"将成为未来传播学本土化研究的一个重要阵地。

但总体来讲，以中国问题出发而展开的研究较多，但建构中国传播学理论和范式的较少，以华夏传播为核心命题的理论建构和范式研究的更是少之又少。仍然有不少学者们囿于"西方理论，中国经验"[3] 二元式的研究方法并常常成为本土研究的一个有效切入点，但鲜有学者专门致力于构建中国的或华夏的传播理论，这多少是目前发展的一个学术困境，即一个"言必称经典"但却是亟待理论创新的时刻[4]。尽管在反思下不断有新的共商议题在提出，如有学者提出可以通过体用观的革新达到与西方传播思想对话的可能性，但不支持"一味地西学为用"，因为这或许会导致走向理论工具化的歧路。[5] 但总的看来，实现本土化和中国化的道路还很漫长。因而，从前文提到的近些年学界就学科发展不断进行反思和讨论情况来看，目前从华夏传播研究理论建构和范式研究已取得的成果和未来的发展前景来看，对当前传播学的本土化、中国化能够进一步发展则就有着相当的价值和意义。

最后，笔者做一个关于 2018 年华夏传播研究总体情况的量化分析尝试，使用的分析工具为中国知网（CNKI）提供的计量可视化分析工具。首先，以华夏传播为主题词通过计量可视化分析工具的"全部检索结果分析"得到该主题的总体趋势图。（见图 1）

---

[1]　搜狐：《学术活动综述："作为问题和方法的中国传播研究"学术恳谈会》，http://www.sohu.com/a/279205539_659782，2018 年 12 月 2 日。

[2]　中国网海峡频道：《2018 福建省传播学会学术年会在阳光学院召开》，http://fj.china.com.cn/p/397231.html，2018 年 12 月 25 日。

[3]　胡翼青：《传播研究本土化路径的迷失——对"西方理论，中国经验"二元框架的历史反思》，《现代传播（中国传媒大学学报）》2011 年第 4 期。

[4]　喻国明：《传播学的学术创新：原点、范式与价值准则——在"反思传播学圆桌论坛"上的发言》，《国际新闻界》2018 年第 2 期。

[5]　单波：《从新体用观的角度建构中国传播学的反思性》，《国际新闻界》2018 年第 2 期。

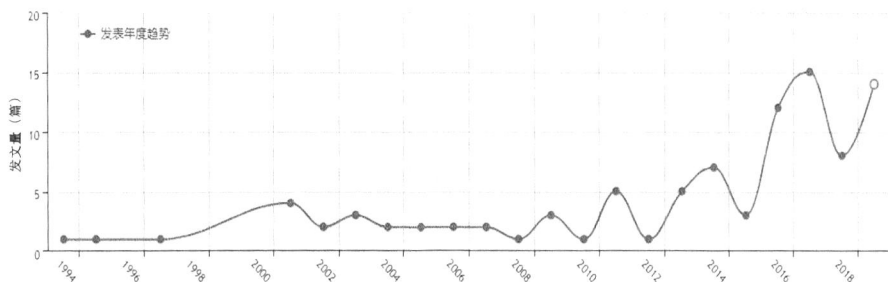

图 1　主题或题名为"华夏传播"的总体趋势分析

从趋势图来看，以"华夏传播"为主题或题名的公开发表情况近十年是逐年增加的，尤其是 2015 年至 2017 年上升显著，从 2015 年的 3 篇陡然增加到 2017 年的 15 篇。据分析工具提示 2019 年预计约有 14 篇文章，又将基于 2018 年有所增长。当然，这样分析的是以单一主题或题名为"华夏传播"的文章选取并进行分析，是较为有针对性并缩小范围的量化筛选，实际情况下以华夏传播为相关研究远不止于此。

图 2 则体现了主题或题名为"华夏传播"论文所涉及的其他主题分布。如图 2 中，通过词频分析，其中占到 10 篇以上的主题是：华夏文明、中华文明以及华夏传播，除此以外还有其他众多数量的其他相关研究主题。

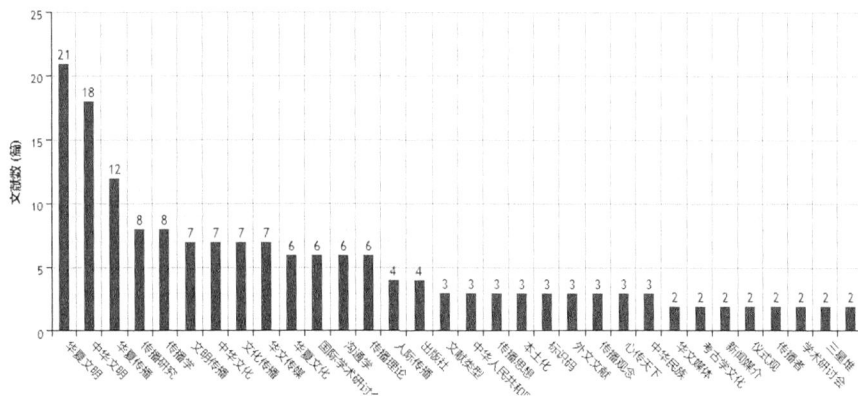

图 2　主题分布（前 40 个排名）

其次，笔者以传播、传播学、华夏传播、中国传统文化等为关键词搜索了 129 篇符合分析主题的文章（见图 3：资源类型分布），发表时间均为 2018 年，其中有 113 篇期刊、6 篇硕博士论文、3 篇博士论文、6 篇辑刊和 1 篇报纸。

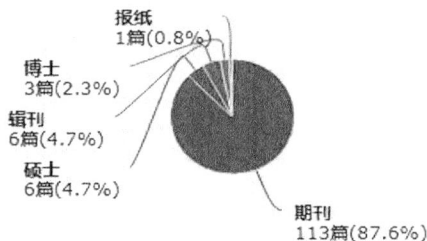

图 3　资源类型分布

在所选取的 129 篇文章的来源分布中（见图 4：来源分布），在发表的期刊中占比最多的是《国际新闻界》的 21 篇文章占到 16.3%，往后三位依次是《现代传播（中国传媒大学学报）》10.1%、《新闻爱好者》7% 和《新闻大学》6.2%。因此可见《国际新闻界》、《现代传播（中国传媒大学学报）》、《新闻爱好者》、《新闻大学》这四个期刊都较集中地体现出在 2018 年刊登了一定数量的华夏传播研究方向或者关于传播学本土化相关主题的研究文章。

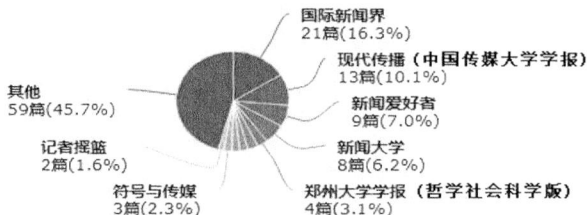

图 4　来源分布

通过对这 129 篇文章进行量化分析后也得出一个总体趋势图（见图 5）。这个趋势图相较图 1 所检索的主题词范围更大包括：传播、传播本土化、华夏传播、中华文化等相关主题，但两组图都有一个共通的趋势即是在近十年内所检索的主题呈逐年递增的状态。

图 5　以多个关键词检索的总体趋势

在文献互引分析中，以 2018 年为主要的观察时间段，则得到本年文献互引关系中较为集中的聚合中心 A（见图 6）。在图中，多个关键词都聚合在"元传播；浅描"为中心的周围（见图 7），包括：传播学研究、第三人效果、知识劳动者、贝特森、民族主义、视觉修辞、互联网等关键词。这样集中的聚合只能说明在以2018 年为主要考察范围内，"元传播"是研究的热点和兴趣点。除较为集中的聚合A 点外，还有一个聚合点 B（见图 6）。聚合点 B 的中心则是新世界主义和人类命运共同体，围绕其中的其他关键词则是：全球化、世界主义、国际话语权、"一带一路"等（见图 8）。因此，"聚合点 B—人类命运共同体"关于新世界主义和人类命运共同体是除"聚合点 A—元传播"的另一个研究热点和关注点。

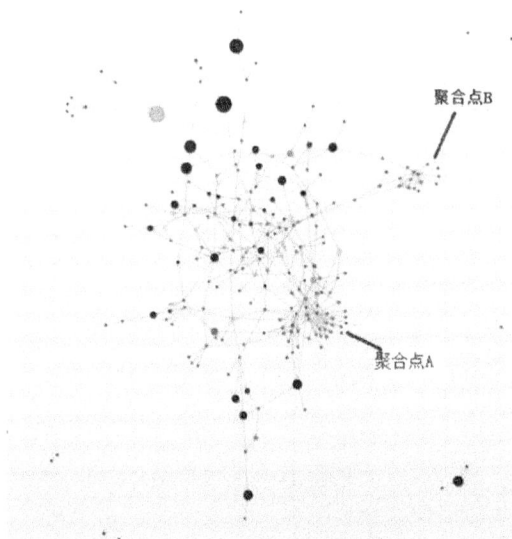

图 6　文献互引网络分析

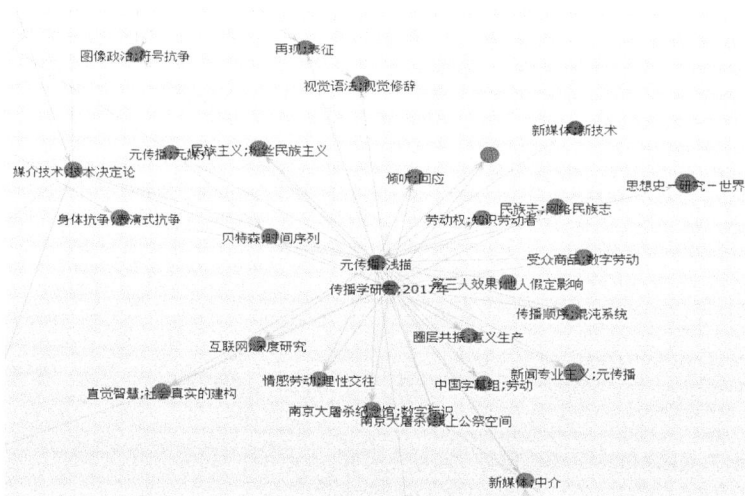

图 7　2018 年文献互引聚合点 A

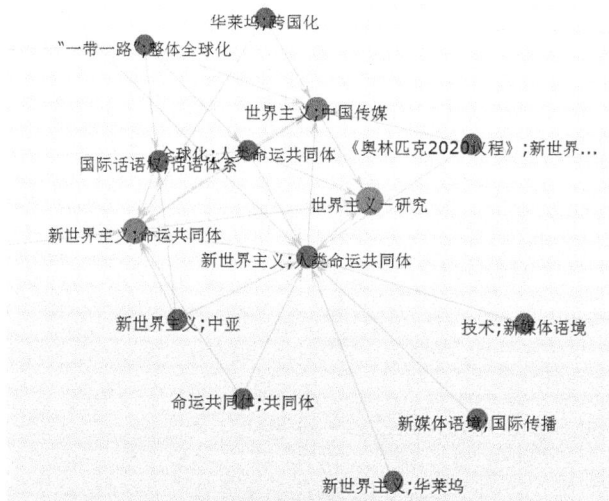

图 8　2018 年文献互引聚合点 B

　　在关键词共现网络的分析中（见图 9）主要的几个节点为：传播学理论、中国传播学、传播学研究等范围较大的中心点，但是有所不同的在于通过分析工具可以查看到不同研究侧重点所涉及的其他关键词领域有所区别。比如以《中庸》为考察节点，则得出这一组关系，见图 10；而如以儒家思想为考察节点，则是另一组关系图，见图 11。

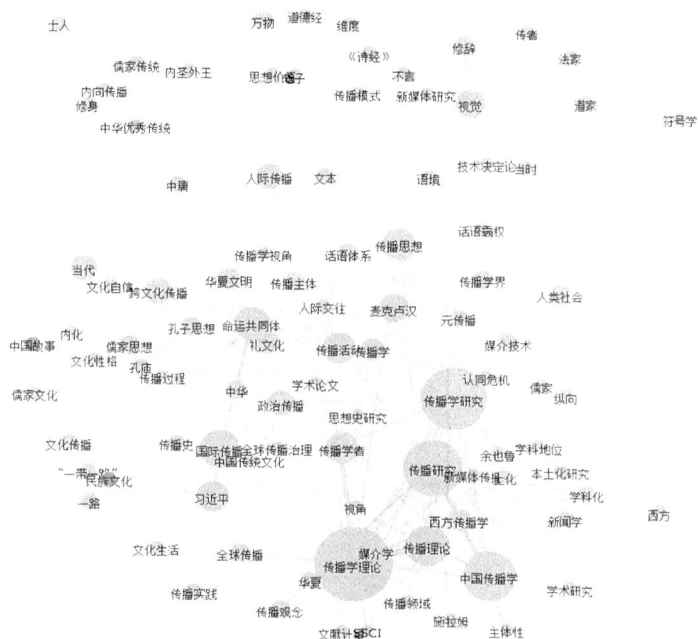

图 9 关键词共现网络的分析图

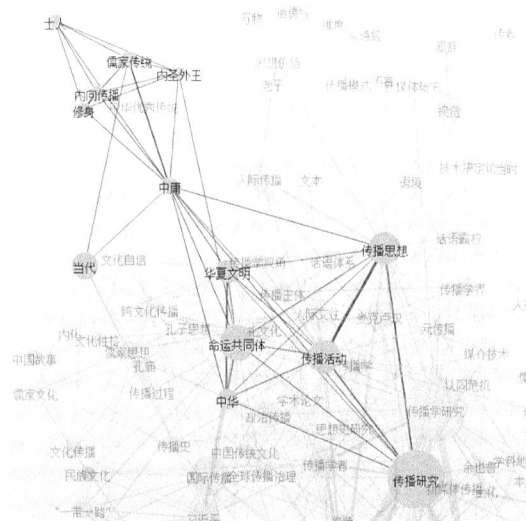

图 10 以"中庸"为考察节点关系图

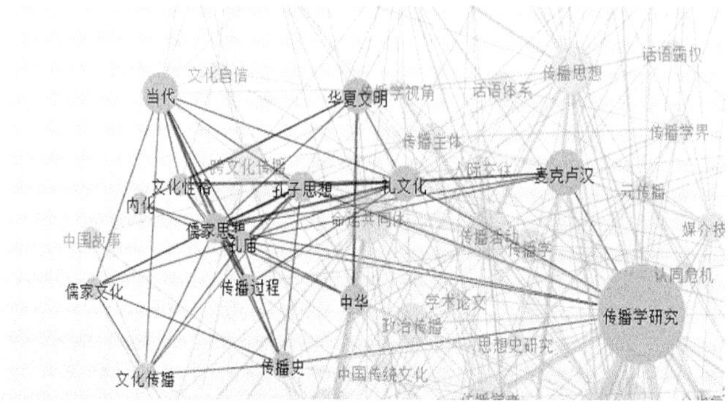

图 11　以"儒家思想"为考察节点关系图

正如《中国传媒报告》2018 年第 3 期文章《知识图景：中国传播学 40 年原创著作出版的回顾与总结——基于文献计量的视角》对可以从两条思路为切入在华夏传播领域的研究[①]：第一条思路是从中国传统文化中寻找"传"的智慧。即余也鲁先生所倡导的：我们除了可以在中国的泥土上学习与实验这些（西方传播）理论外，以中国人的智慧，应该可以从中国的历史中找寻到许多传的理论与实际，用来充实、光大今天传学的领域。第二条思路是面对中国社会现实的中国特色传播研究。也正是诸多学者大家在为中国传播学所勾勒的广阔蓝图——即形成"传播学中华学派"（黄星民，2002）[②]、"传播学的国学派"（杨瑞明，张丹，季燕京，毛峰，2012）[③]、"华夏传播学派"（谢清果，2016；2017）[④] 这一长远为最终实现本土化的学术目标，即使作为短期的学术追求，也能在传播学本土化发展中起到"最大限度避免西方传播学经典理论过度机械地运用于中国实践"[⑤]，并随着中国国家在文化、经济、社会等国际影响力的日益加深，中国传播学可以在一定程度上实现能同西方传播学或前经典传播学派的一个平等对话、交流、沟通和互鉴的学术图景。

---

① 周岩：《知识图景：中国传播学 40 年原创著作出版的回顾与总结——基于文献计量的视角》，《中国传媒报告》2018 年第 3 期。

② 黄星民：《华夏传播研究刍议》，《新闻与传播研究》2002 年第 4 期。

③ 杨瑞明、张丹、季燕京、毛峰主编：《文明传播的哲学视野》，北京：中国社会科学出版社，2012 年。

④ 谢清果教授认为华夏传播学可以视为传播学"中华学派"或称"中华传播学"的基础与过渡。参见谢清果：《传播学"中华学派"建构路径的前瞻性思考》，《新疆师范大学学报（哲学社会科学版）》2017 年第 6 期；谢清果编著：《华夏传播学本土化研究》，北京：九州出版社，2016 年。

⑤ 周岩：《知识图景：中国传播学 40 年原创著作出版的回顾与总结——基于文献计量的视角》，《中国传媒报告》2018 年第 3 期。

2018 年华夏政治传播研究综述

白文刚　赵　洁

（中国传媒大学政治传播研究所，北京，100000）

内容提要： 华夏政治传播研究作为政治传播本土化的一种尝试与努力，近年来越来越受到学界的关注。2018 年华夏政治传播研究成果持续增长，论著数量突破 50 篇。研究者学术背景主要以历史学为主，传播学和文学背景的作者数量位居其次，政治学、民族学、哲学背景的学者也占有一定的比例。学术成果主要刊发于综合性的社会科学类期刊，新闻与传播类期刊的刊文量在专业性期刊中属于佼佼者。研究方法以规范研究方法和质化研究法为主。研究内容以中微观研究为主，宏观研究较少，其中既有对华夏政治传播理论的廓清与提炼、传播观念的追溯与阐释，也有对传播制度的探索与讨论、传播媒介的考察与解读以及传播活动的描述与分析，主要涉及舆论、教化、合法性等研究热点，围绕自中央至民间、自民间至中央和中原王朝—藩属之间的对话和博弈展开探索。总体而言，2018 年华夏政治传播研究呈现出生机勃勃的特征，但是还需在中国—西方、古代—现代、现象—对策这三对张力的处理上进行加强，实现更加深入、细致的探讨。

关键词： 华夏政治传播；2018 年；研究综述

作者简介： 白文刚（1975—），山西寿阳人，中国传媒大学政治传播研究所副教授，研究方向为政治传播。赵洁（1992—），河南焦作人，中国传媒大学政治传播研究所博士研究生，研究方向为政治传播。

政治传播研究发端于现代西方，主要围绕竞选政治过程中的政治传播实践进行现象分析和理论探索。而中国文明作为一个迥然于西方的文明体系，具有特殊的政治传播实践与体验，因此，如何深入推进政治传播理论的研究，构建一种满足中国政治实践需要、体现中国政治特色、具有中国气派的政治传播理论便显得尤为重要。①而华夏政治传播研究便可以说是对政治传播本土化的一种尝试与努力。近年来，随着习近平总书记提出要"高度重视中华优秀传统文化，并将其作为治国理政的重要思想文化资源"②，深耕华夏政治传播研究便成为这一倡议的题中之义。因而，在上述内生动机和外部驱动的双重作用下，华夏政治传播作为一项对中国古代社会中的政治信息流动现象和观念的研究，越来越受到学界的关注。继而，对于当今华夏政治传播研究知识图谱的勾画也成为一种学术期待。本文旨在通过对 2018 年华夏政治传播研究成果进行概览和耙梳，描绘出现有研究的学术样态和主要观点，并对现有成果进行总结和反思，以供学界参考。

一、华夏政治传播研究的内涵与范畴

本文所说的华夏政治传播专指中国古代政治传播。具体而言，是指发生在中国古代的政治信息的流动现象，其中既包括"传播学视域下的政治传播"，即指政治传播主体通过政治信息交流来争取政治认同的一种活动，也包括"政治学视域下的政治传播"，即指政治信息在政治系统各部分之间的传递、处理和政府对政治的控制之间的关系。③基于这一定义，本文所选取的样本文献不仅包括明确以政治传播为研究对象的成果，而且也包括可以从政治传播角度进行解读的文献。换言之，或许一些学者并非有意识在进行华夏政治传播研究，但其研究成果在实际上与华夏政治传播研究范畴确有重合之处，本文也将其纳入样本文献之中。

依据上述范畴界定，本文利用中国知网、超星发现和谷歌学术等搜索工具对 2018 年华夏政治传播相关成果进行概览与耙梳，重点关注《中国社会科学》《文史哲》《历史研究》《清史研究》《新闻与传播研究》《现代传播》《国际新闻界》等人文社科权威、核心期刊，最终依据研究主题的相关性、学术期刊的权威性以及文章的质量等标准筛选出相关研究 53 篇（部），其中包括中文论文 48 篇，英文论文 3 篇以及学术著作 2 部。与此同时，通过对 2018 年的国家社科基金重大项目、重点项目、一般项目以及青年项目的筛选共得到 3 个与华夏政治传播研究相关的课题项目④。

---

① 荆学民：《政治与传播的视界融合：政治传播研究五个基本理论问题辨析》，《现代传播》2009 年第 4 期。

② 中共中央宣传部：《习近平总书记系列重要讲话读本》，北京：学习出版社、人民出版社，2016 年，第 201 页。

③ 白文刚：《中国古代政治传播研究》，北京：中国社会科学出版社，2015 年，"导论"，第 5 页。

④ 具体包括：2018 年国家社会科学基金（中国历史）一般项目"秦汉诏书与国家政务运行机制研究""明代告示榜文与基层社会治理研究""明代奏议制度与国家治理研究"。

二、2018 年华夏政治传播研究的学术样态

正如施拉姆所喻，传播学是很多人路过但是少有人驻足的十字路口，那么华夏政治传播作为传播学衍生的子领域，更是融合了历史学、传播学、政治学、新闻学等诸多学科。作为一个交叉研究领域，不同学科的专家学者常常就同一问题从不同的角度进行分析与探讨，形成学术对话与争鸣。也正是因为这样，华夏政治传播研究也越发地生机盎然。2018 年华夏政治传播研究成果在发展趋势、学科分类、研究主题、热点、视角以及方法上均颇具特点。

从发展趋势来看，自 2014 始，华夏政治传播的成果数量就开始以 15 篇（部）为基数，并且，每年的研究成果数量总体呈上升趋势。其中，2018 年的增长速度明显加快，成果数量突破 50 篇（部）这一大关，相当于 2017 年的 2 倍。

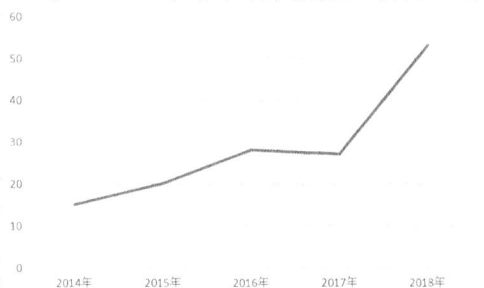

图 1　2014—2018 年华夏政治传播研究成果数量发展趋势图

从学科分类来看，通过对 2018 年华夏政治传播研究成果（不包括外文文献）作者的学术背景以及发文期刊进行耙梳，可以得到图 2 和图 3。

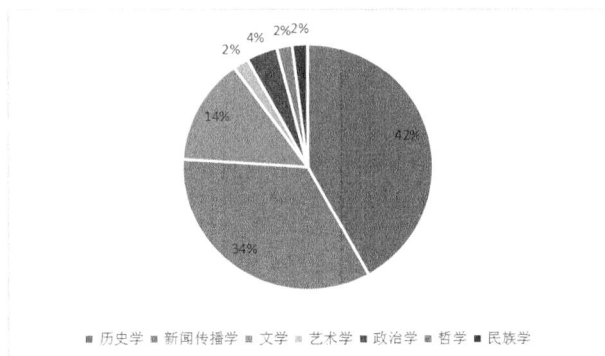

图 2　2018 华夏政治传播研究作者学科背景分布比例图

图 2 是以中华人民共和国学科分类进行整理划分的。由图 2 可知，样本文献作者的学科背景主要以历史学为主，新闻传播学和文学背景的作者所占比例也较大。除此之外，还有少量政治学、民族学、哲学以及艺术学背景的学者参与其中。

这说明，华夏政治传播研究作为学科交叉融合领域，其对研究者专业性要求较强，并且需要跨学科的研究视野，因此目前华夏政治传播主要以历史学和新闻传播学背景的学者为研究主力。

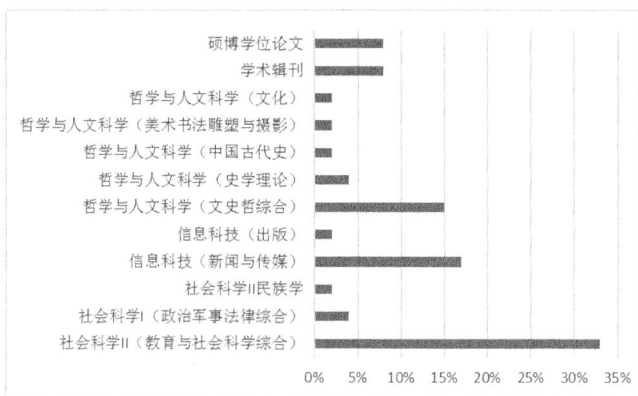

图 3　2018 华夏政治传播研究发行期刊类型图

图 3 是依据中国知网对于期刊门类的划分进行梳理的。由图 3 可知，目前华夏政治传播研究的学术论文成果主要刊发于综合性社会科学类期刊。这也体现了华夏政治传播研究的学科交叉性与融合性。作为中文社科领域的顶级权威期刊的《中国社会科学》在 2018 年间就刊发了两篇与华夏政治传播研究相关的文章。与此同时，从图 3 中，我们还可以看出在专业性较强的期刊中，新闻与传播类期刊对于华夏政治传播的刊文量属于佼佼者。《新闻与传播研究》《国际新闻界》和《现代传播》等新闻传播领域的权威期刊在 2018 年间均刊载有一定数量的华夏政治传播研究成果。这说明新闻传播学界早已将这一领域纳至研究视野中，并且已经涌现出了些许成果。相较而言，历史学专业期刊对这一问题的研究收录却相对较少。除此之外，在新闻传播类和历史类期刊上发表的研究的另一显著区别是发表在历史学期刊上的文章大多属于微观层面的研究，而新闻传播类期刊上刊载的成果则既包括微观层面的研究，也包括宏观层面的研究。

从研究内容来看，2018 年华夏政治传播研究较之前五年来看主题更加多元，热点更加突出，视角更加丰富。

就研究主题而言，2018 年华夏政治传播成果基本覆盖了政治传播理论、思想、制度、实践以及媒介五大维度。其中，以中国古代政治传播实践为主题的探讨在2018 年的成果数量中所占比例最大，然后依次是以政治传播媒介、制度、思想和理论为主要内容的成果。这些成果既有从宏观上对华夏政治传播研究范式的建构，如谢清果的《礼乐协同：华夏文明传播的范式及其功能展演》，也有《中国古代的舆情收集与舆论监督》《颁历授时：国家权力主导下的时间信息传播》等从中观层面对中国古代某一类政治传播现象进行总结、分析的研究；当然还有针对特定朝代的某一传播现象或者特定人物的政治传播思想进行的微观探讨，如《乡论与秩序：先秦至汉魏乡里舆论与国家关系的历史考察》《制度演进与舆论型塑：明末内阁政治生态解析——以钱龙锡、杨嗣昌为例》。总体来看，呈现出宏观研究相对较少，中观和微观研究较多的特点。

就研究热点而言，通过对 2018 年华夏政治传播研究学术成果的关键词和题目进行统计与筛选，得到图 4 和图 5。从图中可以明显看出舆论、教化等主题是目前的研究热点。而就研究成果所论及的朝代来看，清朝以 14 篇的数量位于首位，成为 2018 年研究成果重点关注的朝代。除此之外，对宋朝、明朝和汉朝的相关研究也居于前列。

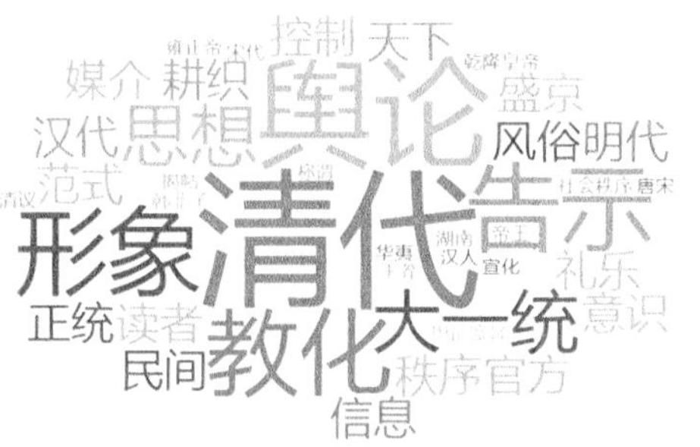

图 4　2018 华夏政治传播研究关键词词云图

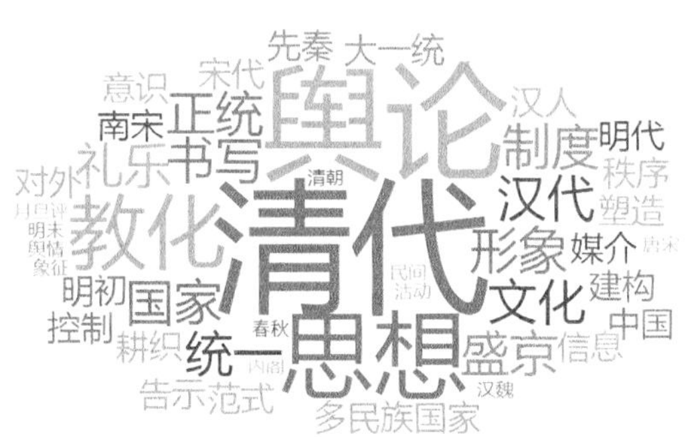

图 5　2018 华夏政治传播研究题目词云图

就研究视角而言，华夏政治传播研究作为一种交叉学科领域会吸引不同学科背景的学者，而正是因为学者学科背景的差异也会使华夏政治传播研究视角丰富多元，风格多样。具体而言，传播学背景的学者常常会根据传统经典传播学理论，从传播的视角对中国古代的政治传播现象进行解读，其中政治传播媒介、仪式和符号是传播学背景的学者重点关注的对象。而历史学背景的学者因为拥有深厚的史学基础，能够较好地掌握史料，因此一般是基于政治史或文化史视野，着重对中国古代政治传播体制的细致考察。政治学背景的学者则往往聚焦于合法性建构、国家—社会关系中的政治传播现象，旨在考察传播现象背后的权力与制度。

从研究方法上看，目前华夏政治传播研究以质化研究方法和规范研究方法以及二者相结合的混合研究方法为主，量化研究方法运用得较少。具体而言，主要是通过挖掘文献、钩沉档案、解读文本对中国古代传播现象、制度和观念进行描述与分析，并且进一步从理论上勾连传播现象与政治发展之间的关系抑或提炼出相关传播理论，为当今政治传播的开展提供经验借鉴。

三、2018 年华夏政治传播研究的观点深描

根据上述对 2018 年华夏政治传播研究学术样态的整体勾勒，可以发现在这一年度，学者们围绕华夏政治传播研究五大主题——华夏政治传播理论、思想、制度、实践和媒介均进行了考证与分析，出现了很多新观点和新见解。下面，本文就按照这五大主题对 2018 年的主要学术成果进行类型划分和观点深描，以期描绘出华夏政治传播研究的学术坐标。

（一）华夏政治传播理论的廓清与提炼

由于经典传播学理论均是基于西方经验提炼形成的，而中国古代政治传播实践本身及其赖以形成的社会背景、政治制度均不完全相同于西方实践。因此，一方面用西方传播学概念和理论来考察中国古代的政治传播现象需要十分审慎，另一方面构建中国本土化的政治传播理论也成为解决该问题的路径之一。在现有研究成果中，已有学者认识到这一点，并在他山之石的指引下积极深入至中国古代的文明体系之中，运用不同的方法和路径建构出本土化的传播理论，其中既有结合中国经验重构西方传播理论的尝试，也有直接立足于本土实践建构中国传播理论的努力。

在 2018 年的研究成果中，谢清果及林凯就曾尝试通过后一种路径建构出一种中国化的传播范式。在《礼乐协同：华夏文明传播的范式及其功能展演》中，他们从中国特有的文化载体——"礼和乐"出发，提出礼乐协同的重要目的和功能即为通过情感召唤，将儒家核心精神传递给社会民众，实现对民众的教化作用，并构筑出一个等级之网，进而维护社会稳定和统治秩序。[①] 在文中，他们虽然使用

---

① 谢清果、林凯：《礼乐协同：华夏文明传播的范式及其功能展演》，《新闻与传播评论》2018 年第 6 期。

的是文明传播，但其实质与核心是政治传播，传播的最终目的也是为了维系一种统治秩序的存在。因此本文也将其收录于样本文献中并加以评述。

除了对宏观传播理论的本土化建构以外，也有学者开始对经典传播学概念进行中国历史语境下的解读。姜华从古代中国的政治实际出发，考察了古代中国舆论的复杂性和纠纷状态，他认为中国古代舆论存在民间谣言、君—臣之间的舆论战和臣—臣之间公、私舆论之辩争三种形态，驳斥了"舆论乃多数人的意见"的主流说法。① 显然，这三种状态展现了中国古代舆论与现有传播学对于舆论之公认观点的差别所在，也体现了作者立足于中国现实对舆论概念以及内涵的本土化再探索。潘祥辉的《宣之于众：汉语"宣"字的传播思想史研究》也对"宣"和"宣传"进行了中国语境下的再考察。与上一篇文章相同的是，这篇论文旨在廓清"宣传"在中国历史语境下的内涵，并与西方语境下的"宣传"以及当今的"宣传"形成对话。潘祥辉提出"施文德行教化"的思想是中国古代"宣"的核心灵魂，这与西方宣传中饱含的"说服"之意形成了鲜明的对比。与此同时，他还将古今的"宣传"内涵进行了对比，提出中国古代的"宣"传理念更加平和而不具煽动性② 。与上一篇文章的不同之处在于潘祥辉是通过溯源汉字"宣"的历史发展脉络以及文字演变这一研究路径梳理出"宣"在中国语境下的含义之后，再与当代西方进行对话的。

基于上述三篇文章，恰好可以概括出当前学界进行华夏政治传播理论建构与概念阐释的三种路径：一基于中国古代传播实践，构筑出本土化的传播理念，并与西方进行对话；二尝试用经典传播的概念来概括与阐释中国古代政治传播现象，并对其进行理论反思和重构；三通过溯源特定传播概念在中国历史中的发展，解释特定概念在中国语境中的含义，并阐释中西方差异的缘由。

（二）华夏政治传播观念的追溯与阐释

古代思想家、政治家的政治传播观念是当代政治传播实践丰厚的价值养料和技巧宝库，能够在某种意义上为当今政治传播活动的开展提供有益借鉴。2018 年的相关研究主要从如下两个方面展开：一是对于特定思想派别的政治传播观念的整体探析。谢清果就对《中庸》这一儒家经典中的政治传播观念进行了考察，他提出儒家政治传播观念中包含了一个循环往复的政治传播体系："为政在人"是"落脚点"，"以人治人"是其方法论；"反身而诚"则是其"原点"与"终极关

---

① 姜华：《古代中国舆论的发生及其内在精神》，《山西大学学报（哲学社会科学版）》2018 年第2 期。

② 潘祥辉：《宣之于众：汉语"宣"字的传播思想史研究》，《新闻与传播研究》2018 年第 4 期。

怀"①。二是对特定思想家、政治家政治传播观念的个别阐释。任中峰通过描述春秋时期政治家子产所开展的政治传播活动和发表的政治传播言论对子产的政治传播思想进行了总结。他认为子产所开展的一切政治传播活动的目的均是为了维护郑国的国家利益；其政治传播的态度宽容开明的，并且认为对于政治传播的受众要加以区分并且进行安抚和取悦，"与人同欲"则是子产所期待的理想传播效果。在国际政治传播中，子产强调政治家个人以及国家声誉的重要性，主张国家要主动通过各种渠道表达自身诉求。②曹艳辉将老子的《道德经》视为面向君王的谏议式政治传播著作，对老子的政治传播观念进行了分析。③杨兵的《韩非子传播思想研究》也涉及了韩非子的政治传播观念。④

总体来看，现今对中国古代政治传播观念的研究仍比较薄弱，既需要对特定政治传播观念进行纵贯研究，进一步深度挖掘；也亟待扩展广度，探索不同政治家和思想家的政治传播思想。

（三）华夏政治传播制度的探索与讨论

此处的政治传播制度主要指的是中国古代社会特有的信息传递制度和机制。关于历朝政治制度的分析一直是政治史研究中的重要方面，而政治信息传递制度又是政治制度中不可或缺的一个维度。由此说来，对于历朝历代政治信息传递制度的研究算是史学研究中的"老问题"，而本年的华夏政治传播研究成果中出现了运用"新视角"重新解读和阐释"老问题"的现象。具体来说，2018年的研究成果包括对中国古代言官制度、邸报制度、舆情搜集和引导机制的考察。

张萌秋和许静从整体上对中国古代非常重要的一种政治制度——言官制度进行了舆论学视角的分析，考察了言官制度在民间与在上层决策中发挥的承上启下作用，并指出一方面，言官制度的舆论主体可以作为民间的意见领袖，另一方面还可以对上发表意见影响决策。⑤彭勇的《中国古代的舆情收集与舆论监督》则细致地梳理了中国古代历朝的舆情收集和监督机制。他认为自上而下进行舆情收集的机制有帝王巡游、设立采诗官、建立从中央到地方的监察体系、设置专职的监

---

① 杜恺健：《国家均可：〈中庸〉思想与政治传播旨趣》，谢清果等著，《中庸的传播思想》，北京：九州出版社，2018年，第41-58页。

② 任中峰：《子产的政治传播活动与思想》，《盐城师范学院学报（人文社会科学版）》2018年第2期。

③ 曹艳辉：《角色认知视域下老子的政治传播思想与谏言策略解读》，《中华文化与传播研究》2018年第2期。

④ 杨兵：《韩非子传播思想研究》，硕士学位论文，辽宁大学，2018年。

⑤ 张萌秋，许静：《对中国古代言官制度的舆论学分析》，《青年记者》2018年第36期。

察职官等，而自下而上的舆情监督机制则包括百姓作诗反映民情、清议制度、月旦评、谣谚等。① 除此之外，还有三篇成果直接聚焦特定朝代。韩高年认为春秋时代"礼治"的外在形式是议政、咨询、讽谏三种制度，核心是针对具体政治事件且具有特定语体模式的言辞的发布、传递与反馈。这三种制度是有益于君主专政实行的文体生成制度。② 刘文鹏的《清代的邸报制度与政治谣言》对清朝邸报的权威性、传递网络和制度管理进行了详细的分析，探讨了邸报以及邸报衍生品传播谣言的力量及其与行政力量之间的合作和博弈。③ 周子洋则将汉代的"礼乐教化"看作一种舆论应对机制。他强调民间舆论的采集与传播，宗庙礼乐的创作与宣传都离不开乐府这一重要的舆论机构。乐府对民歌进行采集并纳入礼乐系统是官方为民间提供的一条意见表达渠道，是统治阶级对舆论的主动收集和利用。④

（四）华夏政治传播媒介的考察与解读

对政治传播媒介的研究一向是传播学背景的学者着力颇多的领域，不过在本年的研究成果中，历史学、文学背景的学者也纷纷加入其中，对政治传播媒介展开了更加广泛的讨论，使得这一部分的研究成果推陈出新，内容也不再囿于传统意义上的传播媒介。具体而言，2018 年华夏政治传播研究中既有对较为传统的媒介如文字、图画、告示、学校等的深入分析，也有对礼乐、女性、铭镜等非传统意义媒介的探讨。

就文字／话语而言，差异化的文字表述不仅会传达不同的含义，而且还能形塑人们的意识。孙闻博对秦统一的政治表述进行了考察，强调秦在使用了"大一统"话语表明继承周室政治成就的基础上，更注重使用"并天下"这一政治表述凸显秦帝国的伟大功绩，展现了两种政治表述不同的侧重。⑤ 刘志平的《汉代的"汉人"称谓与"汉人"认同》也是一项比较重要的研究成果。该研究对汉代"汉人"内涵的演进过程进行了细致的梳理，并且讨论了称谓的认同功能以及对国家意识的影响。李俊芳则将秦汉以来"华夷同构"的"天下"帝国范式和"四夷传"书写与宋朝"天下不实"背景下的"华夷秩序"的书写进行了对比，为读者展现了随

① 彭勇：《中国古代的舆情收集与舆论监督》，《人民论坛》2018 年第 17 期。
② 韩高年：《春秋"礼治"与"经国之文"的生成——以政论、谏辞、问对三体为核心》，《文史哲》2018 年第 1 期。
③ 刘文鹏：《清代邸报制度与政治谣言》，中国人民大学清史研究所编：《清史研究集》（第九辑），北京：中国大百科全书出版社，2018 年，第 12~48 页。
④ 周子洋：《汉代"礼乐教化"舆论应对机制研究——基于对汉乐府诗的分析》，硕士学位论文，兰州大学传播学专业，2018 年。
⑤ 孙闻博：《"并天下"：秦统一的历史定位与政治表述——以上古大一统帝王世系为背景》，《史学月刊》2018 年第 9 期。

着国家实力的演变，宋人著述对于"华夷秩序"书写的悄然变化。[①] 与其有异曲同工之妙的是刘培的《论宋代辞赋中国家形象的演变》，他提出随着国力的发展、政权的需要，宋代辞赋中的国家形象也在相应地发生着变化[②]。林炫宇则以琉球的历史书写为研究对象，考察了自南宋至明琉球书写的变化以及背后的认知变迁和权力动因。[③]

就图画而言，2018 年出现了两篇论述耕织图传播功能和意义的研究。这一主题在之前的研究成果中出现得较少，是一个有待进一步开发的领域。王加华在《教化与象征：中国古代耕织图意义探释》提出耕织图往往以皇帝或中央政令的形式而被提倡、刊刻与推广，其更根本的意义在于教化，旨在宣扬、创造并维持一种各安其业、各担其责的和平安定的稳定社会秩序，具有深远的象征与社会治理意义。[④] 冯明阳则更加关注南宋楼璹《耕织图》的流变，提出图像摹本制作和传播会根据主体、观者和用处的不同而发生改变，并且由于观者不同，《耕织图》的传播功能也会随之改变。[⑤]

就告示、学校等物质性媒介而言，学界也有更加深入的探讨。袁丽华和徐燕斌发现，明清时期清江水流域的告示并不简单表现国家权力自上而下的扩张，它往往是地方政府与当地民众共同协商的结果，这体现了清水江流域国家权力与地方社会秩序之间的互动。[⑥] 阴艳通过考证清代官方告示，将其分为广义性告示和狭义性告示，并且提出二者分别具有时间偏向和空间偏向，而这种时间和空间的平衡保证了官方信息的传播效果。[⑦] 除此之外，王元崇对清代的时宪书予以关注，提出时宪书对体现与强化国家政权的合法性、延伸国家行政统治力以及加强对统一多民族国家的身份认同和共同记忆有重要作用。[⑧] 刘源和于祥成则分别对满蒙官学[⑨] 和乡村书院[⑩] 在社会教化过程中的媒介功能进行了探析。展龙的《揭帖：明代舆论的政治互通与官民互动》一文认为揭帖在明朝政治传播中扮演着重要的角色，是官方政治宣示、舆情传布的重要载体，具有参谋、劝谏、资政、表意、教化等

---

① 李俊芳：《宋人著述中的"华夷秩序"书写——"蛮"与"外国"》，《人文杂志》2018 年第 11 期。

② 刘培：《论宋代辞赋中国家形象的演变》，《社会科学战线》2018 年第 11 期。

③ 林炫宇：《书写、记忆与权力：南宋至明初琉球书写的转变及动因》，《史林》2018 年第 6 期。

④ 王加华：《教化与象征：中国古代耕织图意义探释》，《文史哲》2018 年第 3 期。

⑤ 冯明阳：《南宋〈耕织图〉的流变、传播及政治使用脉络》，《艺术设计研究》2018 年第 4 期。

⑥ 袁丽华、徐燕斌：《传播与控制：从告示看清代清水江流域社会秩序的建构》，《南方论刊》2018 年第 9 期。

⑦ 阴艳：《清代官方告示的信息传播规程研究》，《东岳论丛》2018 年第 4 期。

⑧ 王元崇：《清代时宪书与中国现代统一多民族国家的形成》，《中国社会科学》2018 年第 5 期。

⑨ 刘源：《清代满蒙官学的媒介功能探析》，《中国出版》2018 年第 9 期。

⑩ 于祥成：《论清代湖南乡村书院的社会教化》，《湖南大学学报（社会科学版）》2018 年第 4 期。

独特功能，而且成为民间获取舆论信息的重要来源。① 葛小寒同样对明朝的官刻农书进行了考证，说明了官刻农书一方面普及着农学知识，另一方面也传播着纲常伦理等级秩序。② 时嘉艺则另辟蹊径，对新莽王朝时期铭镜的传播功能进行了探析，表明时政韵文是这一时期镜铭的主要内容。③

就礼乐而言，自白文刚明确提出可将礼乐作为一种政治传播媒介之后，这一主题的研究也受到了学者越来越多的关注。在 2018 年度，王美华和彭孝军分别对五代十国和清朝的礼乐制度进行了媒介角度的分析。王美华在《皇帝祭天礼与五代十国的正统意识》中梳理了五代十国时期的皇帝祭天之礼，审视皇帝祭天礼所呈现的不同状态，指出皇帝祭天礼的举行与乱世之中各政权极力宣示自身统治的正统性的意识直接相关。④ 彭孝军则对清朝的礼制建设进行了全面的归纳，认为清帝通过阐发重礼思想、躬亲礼仪实践、修纂礼制专书等方式彰显自身政治合法性，并通过以礼化俗，实现各民族思想文化"大一统"的政治目标。⑤

最后，十分新颖的一个研究是潘祥辉的《"秦晋之好"：女性作为媒介及其政治传播功能考》，该文将女性看作中国古代政治生活中的关系媒介，对女性作为一种关系媒介的性质、原因以及在内政、外交中的作用做了全面的剖析。⑥ 这一研究为从政治传播角度研究媒介打开了新思路。

（五）华夏政治传播实践的描述与分析

在中国古代政治传播研究中，中国古代的传播实践和传播活动一直为学者们所关注，并涌现出了很多代表性的成果。在 2018 年华夏政治传播研究中，政治传播实践的研究占据了很大的比例。这些研究大多属于微观研究，建基于特定时代的特定传播现象，相较之前更加深入、细致。大体来看，现有研究成果可以分为三类：

首先，自中央至民间的信息传播。这一方向的传播活动往往与王朝合法性的建构、政治秩序的维护和对民众的教化须臾不离。张星久的《"圣王"的想象与实践：古代中国的君权合法性研究》借用文化人类学的戏剧理论，探讨了中国君权

① 展龙：《揭帖：明代舆论的政治互通与官民互动》，《史学集刊》2018 年第 3 期。
② 葛小寒：《明代官刻农书与农学知识的传播》，《安徽史学》2018 年第 3 期。
③ 时嘉艺：《镜铭载史：王莽儒生创作群体的时政传播》，《殷都学刊》2018 年第 3 期。
④ 王美华：《皇帝祭天礼与五代十国的正统意识》，《陕西师范大学学报（哲学社会科学版）》2018 年第 4 期。
⑤ 彭孝军：《论清帝以"礼"治世思想及其实践——以清前期礼制建设为中心》，《辽宁大学学报（哲学社会科学版）》2018 年第 3 期。
⑥ 潘祥辉：《"秦晋之好"：女性作为媒介及其政治传播功能考》，《国际新闻界》2018 年第 1 期。

合法性信念系统的结构与生成、演变及其转化为现实合法性的过程等问题。他将圣王型合法性信念模式看作一个民族关于"好皇帝"的集体"作品"与想象，是君主在"国家剧场"中进行合法化表演的"剧本"；整个帝制中国的礼仪符号系统，意识形态与重大制度、政策与活动，乃至奢侈浪费的生活、气势宏大的建筑等都是此种合法性信念的象征系统。君主们一般会用好的施政表现去贴近"剧本"设定的角色，也会在表演中操控人们的情绪与认知，以最大限度地获得合法性。[①]汪小虎从信息传播的角度对颁历授时的问题进行了探索，指出颁历授时这一实践活动与政治秩序紧密相关，具有重要的象征意义——君主以颁历体现其治权，臣民接受历书、奉行正朔，则意味着效忠并认同其统治。[②]董名杰重点考察了中国古代民间信仰的建构过程，最终得出在专制皇权下，民间信仰的传播过程其实质就是帝王教化万民、巩固统治的过程这样的结论。[③]除了这三篇从总体上对中国古代政治传播实践的论述之外，其他研究成果均建基于特定朝代。

　　清朝作为一个外族统治中原的王朝，运用了多种方式来证明自身正统性，实现对民众的教化。刘芳玲的研究就以此为主题，展现了清朝建立后不同统治者关于夷狄政权的政统辩论方式与过程。[④]除此之外，为帝王塑造恰当的形象也是维护统治的重要举措之一。崔欣和杨春君分别对乾隆皇帝和雍正皇帝的形象塑造动机与过程进行了勾勒。崔欣指出乾隆皇帝从佛（修行佛法）、法（佛法弘传）、僧（延请供养藏传佛教高僧）三个层面入手，塑造出菩萨王形象。这一身份助力清王朝最终实现对蒙藏的统御。[⑤]杨春君则认为雍正帝为构建清朝统治合法性及抑制文官集团、强化皇权的话语权力，为潜邸时期的自己塑造了"闲人"和"能人"两种形象。[⑥]关于清朝基层教化的问题，李悦田将政治教化看作一种政治稳定机制，并且着重从政治传播的角度分析了政治教化信息的反馈，旨在探索政治教化同底层控制之间的关系。最终得出清朝基于政治教化而实行的底层控制是失效的结论。[⑦]张一驰则具体探讨了《盛京赋》和《盛京通志》这两部附着政治含义文化载体的

---

①　张星久：《"圣王"的想象与实践：古代中国的君权合法性研究》，上海：上海人民出版社，2018 年。

②　汪小虎：《颁历授时：国家权力主导下的时间信息传播》，《新闻与传播研究》2018 年第 3 期。

③　董名杰：《服从与服务——专制皇权视野下中国古代民间信仰建构》，《甘肃理论学刊》2018年第 3 期。

④　刘芳玲：《清初关于历史上夷狄政权的正统辩论与清朝正统问题》，《燕山大学学报（哲学社会科学版）》2018 年第 1 期。

⑤　崔欣：《乾隆皇帝塑造菩萨王形象：清王朝构建统一多民族国家的一个侧面》，《西南大学学报（社会科学版）》2019 年第 1 期。

⑥　杨春君：《雍正帝与其潜邸形象之塑造》，《安徽史学》2018 年第 2 期。

⑦　李悦田：《清代政治教化与底层控制》，博士学位论文，中共中央党校，2018 年。

创作、篡修、流通、阅读等环节，旨在窥探清朝建构政治文化、影响精神世界的渠道和能力。[①]

其次，自民间至中央的信息传播。其中，较为典型的代表作是《乡论与秩序：先秦至汉魏乡里舆论与国家关系的历史考察》，作者卜宪群以"民间舆论"为视角，以"乡论"作为分析工具，对先秦至汉魏时期乡论的发展演变以及与国家关系的互动做了深入的分析。他提出乡论既可以与国家意识形态相统一，产生积极的历史作用；也可能出现失控状况，成为与中央集权相抗衡的力量。[②] 与之相似，田素美和谢清果也从舆论学的视角对东汉时期的民间乡议活动——月旦评的兴起环境、舆论特征及功能进行了分析，并指出月旦评作为古代社会的一种民间舆论形态具有一定的积极意义。[③] 此外，陈雅莉聚焦于"安史之乱"后的唐代社会，通过考察当时的精英话语和民间文本对胡汉族群的意义再现，梳理和分析了这一时期唐人在族群身份意识上的观念变迁以及唐人对胡汉族群叙述的文本特点[④]。Hilde De Weerdt 等学者则对 11 至 13 世纪宋朝的士人在国家—社会、皇帝—民众之间的政治沟通中的协调角色、方式进行了分析，并且与 11 至 13 世纪的拜占庭帝国和 15 世纪的法国做了对比研究。[⑤]

再次，朝廷内部的信息传播以及对外传播。李文玉以明朝内阁阁臣钱龙锡、杨嗣昌遭遇舆论谴责的经历为例，指出明末内阁政治生态的显著特征是政事追责的内阁指向性与阁臣行为的易受攻击性。[⑥]Wenyi Shang 和 Winbin Huang 两位学者则运用信息计量学的方法考察了宋朝元祐年间学者与政治家之间的关系。作者指出这一时期的政治是一种文人政治，学者和政治家之间的沟通频繁、关系密切，拥有共同文学追求的人在政治上也倾向于相互帮助与扶持。除此之外，他们还提出很多有趣的观点，譬如，文学作品序言和帖子的政治传播功能与意义等。[⑦] 这

①　张一弛：《御制〈盛京赋〉与清代政治文化——以〈盛京赋〉的发布、传播与阅读为中心》，《清史研究》，2018 年第 1 期；张一弛、刘凤云：《清代"大一统"政治文化的构建——以〈盛京通志〉的篡修与传播为例》，《中国人民大学学报》2018 年第 6 期。

②　卜宪群：《乡论与秩序：先秦至汉魏乡里舆论与国家关系的历史考察》，《中国社会科学》2018 年第 12 期。

③　田素美、谢清果：《舆论学视角下的汉代"月旦评"探析》，《现代传播》2018 年第 7 期。

④　陈雅莉：《唐中后期胡汉族群意识的动态演化与相关舆论的文本再现》，《中央民族大学学报（哲学社会科学版）》2018 年第 4 期。

⑤　Hilde De Weerdt Catherine Holmes John Watts，Politics, c.1000–1500, *Mediation and Communication*, Past & Present, Vol.238, Issue suppl_13,（1 November 2018），pp.261–296.

⑥　李文玉：《制度演进与舆论型塑：明末内阁政治生态解析——以钱龙锡、杨嗣昌为例》，《文史哲》2018 年第 6 期。

⑦　Wenyi Shang；Winbin Huang，"Investigating the Relationships between Scholars and Politicians in Ancient China: Taking the Yuanyou Era as an Example,"*Journal of the Japanese Association for Digital Humanities*，Volume 3 Issue 1（2018），pp.33–48.

些研究能让我们窥探些许朝廷内部信息传播的状态。

此外，对外传播一直是中国古代政治传播研究中的热点问题。本年度在这一主题上也颇有收获，更有一些研究并不局限于对中国古代政治传播实践的描述，还做出了理论贡献。阮丽萍从北宋使辽诗切入，探析了作为政治传播主体的使臣在进行对外政治沟通与形象建构时所遭遇的身份焦虑的问题，进而得出跨文化传播的障碍并不完全在于文化差异本身，而在于跨文化传播者对于"差异"的处理这一精辟结论。[①] 刘源的《清廷与蒙古藩贡的周边传播探析》分析了清廷与蒙古藩部之间的周边传播路径，即既包括满汉共治的礼制路径，也有遵从蒙古藩部与满族统治者相似的尚武之俗的时空路径。从而说明了周边传播与对外传播、国际传播的差异之处。[②] 李钟汉则从理念、原则、方针和策略四个维度出发，建构了明朝对外传播的范式。他认为明朝的对外传播遵循着"政治理想的论证→政治象征的互动→政治仪式的操演→政治价值的共振"这样一种模型。[③] 杨威和张秀梅也对唐宋文化对外传播的方式进行了梳理。[④]

四、华夏政治传播研究的评介与前瞻

从上述华夏政治传播研究的知识图谱来看，2018 年华夏政治传播研究成果丰厚，主题多样。学者们或通过传播的新视角重新解读历史，或通过对历史的阐述再次更新理论，实现了在与前人对话的基础上的学术创新。但是，纵观 2018 年的研究成果，依旧存在有待商榷抑或提高的地方，下面具体结合华夏政治传播研究中存在的三对张力来谈这一问题。

首先，华夏政治传播研究中存在着西方概念与本土经验之间的张力。从理论上说，西方概念生发于西方本土的实践，并不能完全适用于其他地方。但是反讽之处在于若没有来源于西方概念的支撑，很多研究便无法着手。不过，这并不能成为中国学者简单地将产生于西方的概念直接搬用至中国情境中解释中国现象的借口。这一点适合于任何学科，华夏政治传播研究亦是如此。在 2018 年的研究成果中，不乏研究将经典传播学概念不加调整与解释直接用来解读中国古代政治传播现象，甚至对中国古代的政治传播活动进行一刀切的价值评价的情形。具体来说，包括三种情形，一是对西方概念本身就语焉不详、理解不透，将其简而化之

---

①　阮丽萍：《北宋使辽诗与使臣跨文化政治传播》，《贵州民族研究》2018 年第 1 期。
②　刘源：《清廷与蒙古藩贡的周边传播探析》，《新闻爱好者》2018 年第 6 期。
③　李钟汉：《明初对外政治传播的范式研究》，硕士学位论文，重庆大学，2018 年。
④　杨威、张秀梅：《唐宋文化对外传播方式及其当代启示》，《文化软实力研究》2018 年第 3 期。

直接挪用；二将西方概念与中国古代存在的相同字眼相对应，强行解释，但是却不考察相关词语所产生的具体历史情境，使其成为只有躯壳没有灵魂的词语；三是仅仅将中国古代政治传播实践作为特定概念的研究注脚或素材，用单薄的概念来概括与定性纵深丰富的历史，未能处理好一维与多维、单面与多面之间的关系。这三种情形往往会引起概念—经验之间的错位，成为华夏政治传播研究中的绊脚石。我们认为正确的研究逻辑应该是将古代政治传播实践作为真正的研究对象，结合当时的历史情境，运用合适的概念进行描述和评析，并进而对固有概念范式进行修磨与反思。最理想的一种状态并非是刻意为了区别于西方而去建构中国化的概念或理论，而是在研究中自然而然地产生构建概念或理论的需求，并且水到渠成地形成概念或理论。这一概念可能是纯粹根据中国史实提炼而出的，也可能是对西方概念进行修磨而产生的。并且，无论是对西方理论的反思与重构，还是建构本土化的中国理论，也都不能忽略本土化与世界化是一体两面的事实，实现在地经验的全球价值也应是华夏政治传播研究的一大追求之一。

其次，华夏政治传播研究中存在着现代观念与古代实践之间的张力。随着时移世易，人们对于"世界本来是什么样子""世界应该是什么样子"以及"什么是好的"的价值判断也会随之改变。自近代以来，随着民族国家的建立，自由、平等、民主意识随着西方国家的坚船利炮而影响着全世界，滋养着一代又一代的人。与此同时，信息技术的快速发展，使得媒介更新换代的速度随之加快，媒介越来越深地嵌入到人们日常工作生活中，不同代际的媒介也使人们的思维结构与时空观念不断被打破、重组。相较而言，中国古代文明体系与价值观念毋庸置疑是迥然于西方，也是迥然于现代的。这就使华夏政治传播研究中现代观念与古代实践之间的张力凸显出来。其一，一些研究者们常常会戴着现代价值观的滤镜来审视中国古代政治实践，简单地加以定性并进行批判；其二，还有一些研究者常常用大众传播时代的思维来思索古代的传播行为。有学者就曾提出要警惕用大众传播的思维去切割古代传播的观念与实践[1]，这是因为大众传播思维的固有范式会限制人们的思考方向。故而，正确的做法是在研究中跳出现有的价值预设和范式桎梏，真正地深入当时的历史情境与政治文明体系之中，通过考证历史细节，客观认知、中立评判当时的政治、传播制度设计及其观念。

最后，华夏政治传播研究中存在着历史现象描述与政治对策探索之间的张力。华夏政治传播研究作为一项学科交叉的研究，既需要对历史现象有准确的把握与

① 姚锦云、邵培仁：《华夏传播理论建构试探：从"传播的传递观"到"传播的接受观"》，《浙江社会科学》2018 年第 8 期。

判断，也需要对现实政治有一定的时代关怀。但是如何处理好现象描述与对策，探索二者之间的关系也是研究过程中的一大挑战。纵观 2018 年华夏政治传播研究，关于这一问题的处理大体可以分为三种情况：第一类是"为历史而历史"——这一类研究尚未突破史学的研究旨趣，仅仅局限于浓墨重彩的历史现象挖掘与描述，虽然也能提供新鲜的视角，但却缺少一份现实使命感；第二类"为对策而历史"——将重点置于对策的提出，与此同时却忽略了历史细节的考证与历史情境的复归，甚至涂画历史为我所用。第三类"为现实而历史"——这一类研究将视域融合做到恰到好处，既能在问题选择时凸显现实关怀与时代情愫，又能在问题论证时尽可能地还原历史情境，复归历史原貌，以小窥大、见微知著。诚然，前两类研究并非没有任何长处可取，但第三类研究对于历史现象描述与政治对策探索之间张力的处理可谓最理想的一种状态，也是华夏政治传播研究所应追求的目标。在现有研究成果中，我们发现，从一微小的历史事件抑或媒介出发去探讨某一宏大问题的研究还不多，而一旦有这样的成果出现，就常常是精品。

总而言之，上述三对关系是目前华夏政治传播研究亟需处理好的问题，一旦能够把握好中国—西方、古代—现代、现象—对策这三者之间的关系，也就紧紧地握住了华夏政治传播研究的命门。由此，我们也能看出，华夏政治传播研究虽然隶属政治传播研究，是历史学、政治学、传播学等学科交叉融合的一个"小"领域，但是它却具有贯通古今的"大"视野，所处理的问题是遍及中西的"大"问题。这也说明华夏政治传播研究已经成为政治传播研究中的一道独特的风景，成为深耕中国政治传播研究、考察人类文明兴衰所必不可少的路径之一。

2018 年华夏组织传播研究综述

钟海连　蒋　银

（中盐金坛公司，江苏常州金坛，213200）

内容提要：组织传播不仅涉及新闻传播学，而且关联到组织行为学、管理心理学、新媒体技术等相关学科。作为一个交叉领域，各国学者都对其非常重视，中国学界近年正在努力推进组织传播的本土化研究，并已形成不少成果。本文通过统计分析 2018 年前后的相关研究成果、归纳这一领域的研究趋势发现，在华夏组织传播研究领域，研究者首先是从企业管理的视角展开探索；其次，从学校教育、社区建设等角度，对组织传播的研究工作也比较多；再次，有学者运用理论思辨、实地调研等方法，分析组织传播的内涵特征，展望华夏传播的未来趋势。此外，还有学者在分析个案的基础上，对家风、民俗的组织传播进行研究。从研究方法、研究内容来看，个案分析的研究方法被频繁运用，大多数研究成果属于中微观研究，而总体概括的研究方法使用频次不高，宏观型的研究成果较少。总体而言，虽然 2018 年华夏组织传播研究涌现出不少的成果，但是在理论高度、研究深度、实践可操作度等方面，还有待加强，期待学界在今后出现更优秀、更丰富的研究成果。

关键词：传统文化；组织传播；新媒体；华夏传播；研究综述

作者简介：钟海连（1968—），哲学博士，编审，美国夏威夷大学访问学者。现任中盐金坛公司副总经理，《贤文化》主编，《中华文化与传播研究》主编，《中国文化与管理》副主编，厦门大学—中盐金坛博士后科研工作站合作导师。研究方向：中国管理哲学、儒道哲学比较、企业文化。蒋银（1993—），江苏常州人，中盐金坛盐化有限责任公司《贤文化》编辑，东南大学图书馆学硕士，研究方向为贤文化、盐文化。

虽然有关组织传播的学术理论，由西方学界率先提出，但作为一种社会实务的组织传播，其实早已充溢于中华文明的发展历程中。因为组织传播的本质是：

组织成员间、组织内部机构间、组织与外部社会间的信息交流和沟通，这种传播活动普遍存在于古今中外的各种人类组织中。由于华夏文明与西方文明存在差异，因此，华夏组织传播具有明显的中国特色。例如，在层级结构、传播机制、文化氛围等方面，华夏组织传播具有不同于西方组织传播的特点。近年来，随着习近平总书记提出要"高度重视中华优秀传统文化，并将其作为治国理政的重要思想文化资源"[①]，深耕华夏组织传播研究便成为这一倡议的题中之义。于是，华夏组织传播作为一项对中国社会组织中的信息流动现象和观念的研究，越来越受到学界的关注。本文旨在通过对 2018 年前后华夏组织传播的研究成果进行概览和耙梳，描绘出现有研究的学术样态和主要观点，并对现有成果进行总结和反思，以供学界参考。

一、组织传播的内涵与华夏组织传播的研究内容

组织传播是社会组织在组织内部和组织与外界所从事的信息活动，它一方面涵盖组织成员之间、组织内部机构之间的信息交流和沟通，另一方面也涉及组织外的信息沟通与交流传播。具体地说，组织传播是人们通过各种相互依赖的关系结成组织网络，为应付外部环境的不确定性而创造和交流信息，这种传播活动普遍存在于古今中外的各种人类组织中。

从受众范围来看，人际传播范围最小，大众传播和网络传播的范围较大，而组织传播的范围介于他们之间。从传播时效、传播场合来看，组织传播进行的多是即时的传播，并且组织传播的接收多在正式的场合，而大众传播的接收可以在任何场合进行。人们接收大众传播不一定要聚精会神，而是可以"一心二用"甚至"一心三用"的，可以经常看到人们一边洗脸刷牙一边听收音机，坐公交的时候翻翻报纸，而在进行组织传播是很难几件事同时进行的。基于上述缘由，组织传播通常在固定的机构进行，面临固定的对象，其传播方式多是指令式的，因此在倡导集体主义的中华文化中，华夏组织传播研究存在明显的意义。

考虑到西方文化推崇个人主义，而中华文化倡导集体主义，因此，华夏民族的组织传播与西方世界的组织传播势必存在差异，因此华夏组织传播研究应当凸显中国特色。本文所选取的样本文献不仅包括明确以组织传播为研究对象的成果，而且也包括可以从组织传播角度进行解读的文献。换言之，或许一些学者并非有意识在进行华夏组织传播研究，但其研究成果实际上与华夏组织传播研究范畴确有重合之处，本文也将其纳入样本文献之中。

---

① 中共中央宣传部：《习近平总书记系列重要讲话读本》，北京：人民出版社，2016 年，第 201页。

在此基础上，本文以中国知网数据库为主要来源，同时运用超星发现和谷歌学术等搜索工具，以"（华夏 or 华夏文明 or 传统文化）and 组织传播"为主题，在网络中进行模糊检索，将时间框选为 2017 至 2019 年 6 月，经筛选过滤后得到 87 篇相关文献，资源类型包含期刊论文、报刊论文及硕士论文。其中，对于期刊论文，本文重点关注《中国社会科学》《文史哲》《历史研究》《清史研究》《新闻与传播研究》《现代传播》《国际新闻界》等人文社科权威、核心期刊。依据研究主题的相关性、学术期刊的权威性以及文章的质量等标准，本文细致考察了中文论文 48 篇，英文论文 3 篇以及学术著作 2 部。

二、2018 年华夏组织传播研究的学术样态

众所周知，信息传播是古今社会的常见现象，每个人都或多或少地与传播学发生过链接，可以说，传播学是很多人路过但是少有人驻足的十字路口。作为传播学衍生的子领域，华夏组织传播更是融合了历史学、传播学、政治学、新闻学等诸多学科。作为一个交叉研究领域，不同学科的专家学者常常就同一问题从不同的角度进行分析与探讨，形成学术对话与争鸣。也正是因为这样，华夏组织传播研究也越发的生机盎然。

本文在整理组织传播的近年成果时，提取了所收集文献的发文时间，并且根据文献的分类号对文献所属学科进行了分类。基于此，本文发现近年的华夏组织传播研究成果在发展趋势、学科分类、研究主题、热点、视角以及方法上均颇具特点。

从发文时间来看，2017 年至今，华夏组织传播研究成果数量成直线型递增趋势，显示出学者对该领域的持续关注。尤其值得注意的是，2019 年半年的研究成果数量已达到 37 篇，已经超过 2018 全年 29 篇的成果数量，显示出该领域逐渐成为研究的热点。

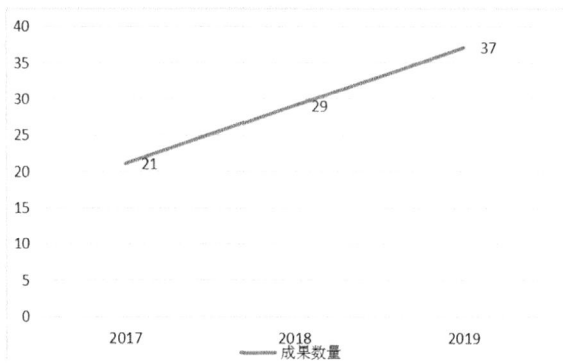

图 1　2017—2019 年华夏组织传播研究成果数量发展趋势图

从文献的学科属性来看，华夏组织传播相关研究涉及学科广泛，包含教育学、管理学、传播学、民俗学、体育学、民族学、艺术学、哲学、政治学、法学、文学多个学科。其中教育学、管理学、传播学的研究成果数量更多。

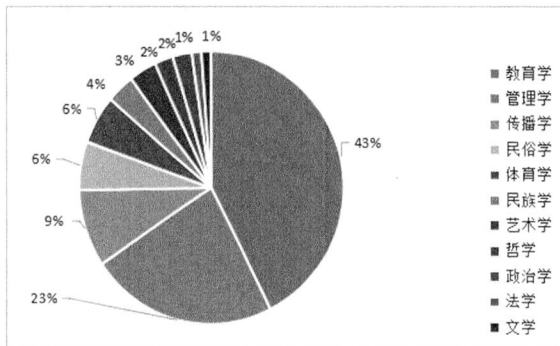

图 2　2017—2019 年华夏组织传播研究成果文献学科从属情况图

传播学、管理学、教育学、民俗学、体育学的相关研究数量均大于等于 5 篇，笔者将各学科的研究数量结合年份进行交叉分析，结果如图 3。可见，在三年的研究中，传播学研究分布较为均衡，管理学、教育学、体育学相关成果数量持续递增，表现对该领域关注度的提高。民俗学相关成果数量持续递减，表现出对该领域关注度的降低。

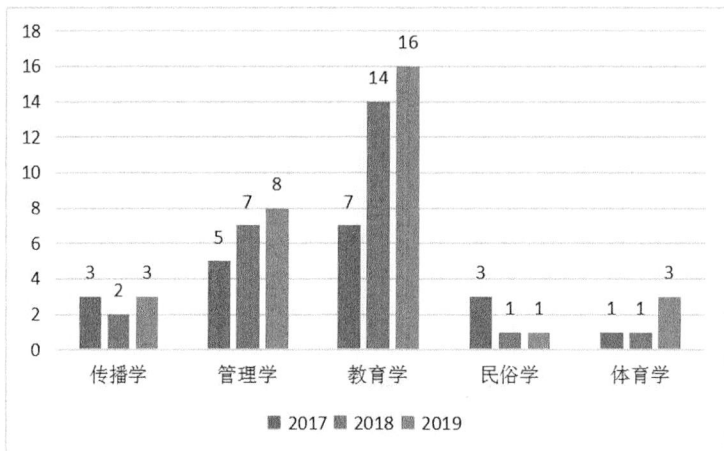

图 3　2017—2019 年华夏组织传播研究成果各学科成果数量示意图

通过对所收集学术成果的题目进行统计与筛选，笔者绘制了研究成果题目词云图，如图 4，据此可初步了解现有研究的主题热点情况。传统文化、中华优秀文化、高校、传播、教育、社区、管理、实践的词出现频率较高，表现出高校、社区等对华夏组织传播研究的关注，同时表现出研究中对有关传播及文化传承实践的关注。

图 4　2017—2019 年华夏组织传播研究成果题目词云图

为进一步了解华夏组织传播研究的特征，笔者将文献数据导入 Citespace 工具，对此领域进行计量分析，并且以科学知识图谱方式展示该领域研究主题特征、研究热点、变化趋势等。

笔者对文献数据进行分析后发现，华夏组织传播领域属于较为新兴的研究领域，故并未出现明显的高产作者与高产机构，如图 5 所示，该领域的作者结构松散，少部分的学者进行了合作，如高云飞与张明强、张少彬、臧朔，杨智慧和孟旭、李心怿、陈肖肖和谭春平、安世民等等。而从作者所属科研机构来看，可发现，学校是该领域最为主要的研究机构，参与研究的学校涉及小学、中学、中职、高职、大学各个层次。除学校外，主要是企事业单位和政府部门参与了相关研究，如党校、教育局、各类型企业等。最后还有少量的社区机构与民间研究所参与研究，如茶文化研究会、社区学院等。研究机构地域分布广泛，表现出该领域逐渐引起各方的关注。

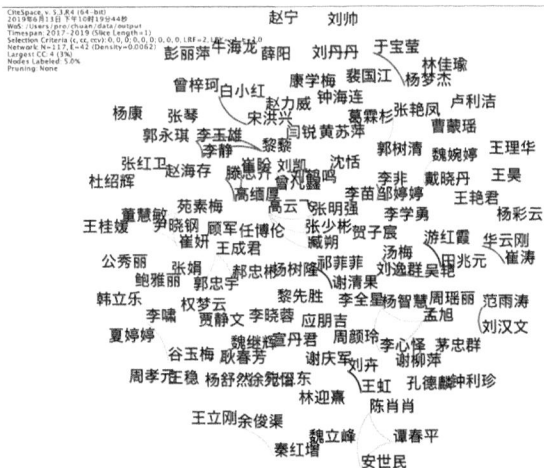

图 5　作者合作情况示意图

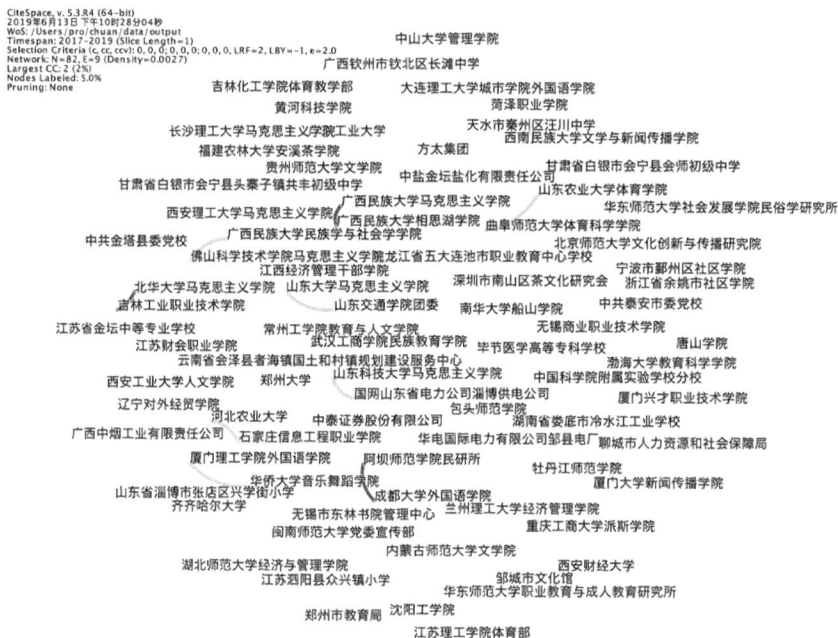

图6　作者所属机构合作情况示意图

利用软件对华夏组织传播相关文献进行研究主题的时序分析，结果如图7。2017—2019年该领域的研究呈现阶段性特征。一方面，有关传统文化在校园内的传播研究贯穿三年，但研究的主题在发生变化，从研究以具体课堂教学传播传承传统文化，演变为传统文化的传承教育，进而再演变为讨论传统文化传播与校园文化建设以及传统文化传承传播路径，研究的层次进一步提升，出发点进一步拔高，关注点更为宏观。除此外，有关传统文化传承传播与企业文化关联的研究较为集中于2017至2018年，有关传统文化与社区教育、社区建设的研究较为集中于2018年。

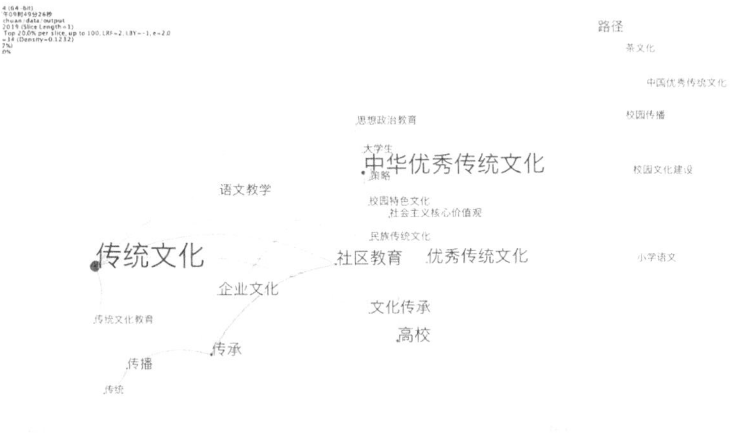

图 7　研究主题时序变化示意图

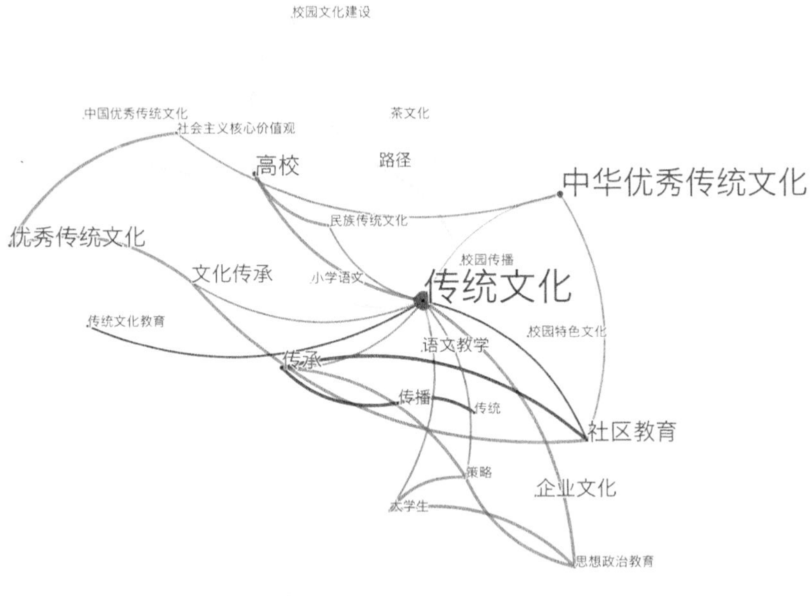

图 8　研究关键词聚类示意图

对该领域的研究结果进行聚类后，结果如图 8，结合聚类图和文献收集所得，经分析，华夏组织传播研究主要可分为三大主题：企业对传统文化的传承传播；社区对传统文化的传承传播；学校对传统文化的传承传播。此外，还有学者在分析个案的基础上，对家风、民俗的组织传播进行了研究。个别学者运用理论思辨、实地调研等方法，分析了组织传播的内涵特征，展望了华夏传播的未来趋势。

三、2018年华夏组织传播研究的观点深描

根据上述对2018年前后华夏组织传播研究学术样态的整体勾勒，可以发现在近年，学者们结合管理学、教育学、社会学等视角，对华夏组织传播提出了很多新观点和新见解。为了对这些新观点形成清晰的掌握，本文分别从企业、学校、社区等角度，对主要学术成果进行类型划分和观点深描，以期描绘出华夏组织传播研究的学术坐标。

（一）华夏组织传播与企业管理

由于组织传播不仅蕴含传播活动，而且涉及组织行为，因此企业作为现代社会最常见的人类组织，其所蕴含的传播实践相当普遍，并且关于企业组织传播的理论非常值得探讨。考察近年已有的研究成果可以发现，很多学者都认识到这一点，他们积极运用各种方法分析中国企业的组织传播实务，进而努力归纳其中的华夏组织传播理论。

在此领域较新的研究成果中，比较典型的是钟海连博士的诸多见解。例如2017年，具有丰富企管经验的钟海连博士发表《传统文化在现代企业传播的形态和效果——中盐金坛贤文化个案解读》一文。该文指出，在具有浓厚儒家特征的中盐金坛公司，以尚贤文化为核心的传统精神，对企业的组织管理工作形成极大贡献。[①] 在文中，钟海连不仅对中盐金坛贤文化的传播形态、传播效果做了深度的解读，而且分析了其传播历程和传播途径，可以说，此文为中华传统文化在现代企业的组织传播研究提供了一个典型案例。

除了研讨"贤文化"在现代企业组织传播中的功效以外，也有学者从"孝文化"的角度入手，探究其对组织传播、企业发展的贡献。谢庆军的文章《"孝文化"推动企业发展——以山东京博公司为例》[②] 便是这一领域的优秀研究成果。与钟海连的研究方法类似，该文也体现了作者立足于中国企业现实情况对组织传播的本土化再探索。与上一篇文章略有不同的是，这篇论文的主要分析对象是"孝文化"及其在企业组织的传播形式与传播效果。

该文认为，"京博公司的普通员工的父母每个月可以领到两百元的'仁孝金'，主管以上员工的父母每个月可以领到四百元的"仁孝金"，随着职级的提升，"仁

---

①　钟海连：《传统文化在现代企业传播的形态和效果——中盐金坛贤文化个案解读》，《中华文化与传播研究》2017年第1期。

②　谢庆军：《"孝文化"推动企业发展——以山东京博公司为例》，《中外企业家》2017年第16期。

孝金"也在不断增长。"①对于京博公司这种设置"仁孝金"的"孝文化",该文认为,企业组织为员工提供福利,不仅能减轻员工的负担,让员工事业健康双平衡,而且可用真切的行动传播孝文化,以组织制度使老有所依成为现实。

近年的学界不仅研究过组织传播中的"贤文化""孝文化",而且对"家文化""忠爱文化"也有一些关注。对于"家文化"的组织传播,李非、邹婷婷、彭丽萍等人陆续发表过各自的观点。李非和邹婷婷在结合民生公司这种个案分析的基础上提出,民生公司以传统"家文化"为根基,结合先进的企业管理思想,塑造了"和谐合作""仁义诚信""以人为本""多方共赢"的企业文化。在《基于民生公司的传统"家文化"思想研究》一文看来,民生公司以现代商业视角重新诠释了传统"家文化",把"家文化"的核心内涵融入现代企业文化之中,创造了独具特色的民生企业文化。这不仅是泛化了的"家文化",而且是对"家文化"的扬弃和超越。②

关于民生公司在企业组织内传播家文化的效果,著名学者厉以宁也曾予以高度评价。厉以宁认为:"民生公司有理由被认定为本世纪20年代至40年代内企业文化建设卓有成效的一个范例。"③与李非、邹婷婷的个案研究不同,彭丽萍在《简述传统家族文化对小微企业管理的影响》中,分析归纳了小型企业在组织传播"家文化"过程中的普遍规律和常见问题。该文认为,在传统家族文化的影响下,小微企业管理呈现出"关系治理""信任治理"等特征,这既有利于低成本战略的实施,也有利于应对复杂多变的市场环境。不过传统家族文化影响的小微企业同样存在任人唯亲、大权独揽等问题,长此以往必然会影响企业的健康发展。④

至于"忠爱文化",刘丹丹曾研究过广西中烟对"忠爱"文化的组织传播。经过深入研究后她发现,广西中烟十分重视且非常善于在企业组织中传播"忠爱"文化,积极将其融入生产、融入管理、融入科技、融入品牌、融入服务,努力凝聚一切有利于发展的正能量,使广西中烟在很多方面取得了重大进步。⑤刘丹丹认为,广西中烟在组织传播过程中为其他企业组织探索了有效的成功经验:它不仅关注组织传播的深度,努力使"忠爱"理念融入员工心灵,而且重视组织传播的广度,积极向社会播撒忠爱文化。

① 谢庆军:《"孝文化"推动企业发展——以山东京博公司为例》,《中外企业家》2017年第16期。
② 李非、邹婷婷:《基于民生公司的传统"家文化"思想研究》,《管理学报》2018年第10期。
③ 凌耀伦、熊甫编:《卢作孚文集》,北京:北京大学出版社,1999年,厉以宁序。
④ 彭丽萍:《简述传统家族文化对小微企业管理的影响》,《商场现代化》2019年第5期。
⑤ 刘丹丹:《打好企业文化"落地生根"攻坚战广西中烟推动"忠爱"文化落地生根的实践与思考》,《广西经济》2017年第7期。

此外，有学者注意到邹县电厂在企业组织内传播传统文化、打造企业文化的成功经验。华电国际电力有限公司邹县电厂管理层在组织运营的过程中日益发现："立足地域文化，积极探索优秀传统文化与企业文化建设融合的路径，是国有企业实现文化强企的必由之路……"①于是邹县电厂在企业组织中开展弘扬传统文化的探索与实践，他们通过实施"三大工程"，努力将"竞和"文化打造成富含孔孟之道、深谙儒家精髓的现代企业文化体系。一方面，在企业管理中，它提出"以制度人，以文化心"，高度重视人的价值和人格，追求企业与职工同成长、共发展，营造了"得道多助，天下顺之"的良好氛围。另一方面，在文化传播中，它注重多媒体传播，融合报纸、书刊、广播、电视、网站、微信等多媒体资源，组织开展"书香邹电""经典诵读"等活动，将仁义礼智信的价值观融入生产现场和生活区建设，润物无声地用优秀传统文化熏陶干部职工。②基于组织传播的成功实践，邹县电厂认为，运用互联网技术和数字技术，丰富传播手段，提升传播速度，进一步增强传统文化的影响力和生命力，能为企业发展注入源源不断的动力源泉。基于上述六篇研究论文，大致可以概括出当前学界对华夏组织传播与企业管理这一交叉领域的探讨情况。

（二）华夏组织传播与学校教育

除了着眼于企业组织传播的研究外，华夏组织传播也高度重视学校等教育机构与组织传播的各种关系。在现代社会，因为学校等机构也是普遍存在的人类组织，而且学校教育也是组织传播的典型形式，所以其所蕴含的传播理论与实践也值得探讨。考察近年已有的研究成果可以发现，学术界对校园传播投入过较多的注意力。从研究趋势来看，由于中华传统文化、地域民族文化在近年日益受到人们的重视，因而很多学者重点探讨了传统文化、民族文化在学校的组织传播。

在此领域较新的研究成果中，比较典型的是林佳瑜的文章《以优秀传统文化涵养校园文化的传播模式研究》，该文从总体上对传统文化在校园的传播模式进行了深入研析。林佳瑜认为，优秀传统文化是中华民族智慧的结晶，将其有效融入学生思想和生活教育中，在学校立德树人建设和涵养社会主义核心价值观具有重要作用……学校应该主动靠前行动，在传承和创新优秀传统文化中实现更大作为，为培育社会主义各类优秀人才做准备。

---

① 华电国际电力有限公司邹县电厂：《"三大工程"弘扬优秀传统文化》，《当代电力文化》2019年第4期。

② 华电国际电力有限公司邹县电厂：《"三大工程"弘扬优秀传统文化》，《当代电力文化》2019年第4期。

　　该文指出："传统文化在过去漫长的岁月主要表现为文字、图画或口头的传播方式，在当下数字和影像移动传播时代，若依然只限于过往的传播路径，就会尴尬陷入'好酒还怕巷子深'，成为口头上的'阳春白雪'高不可攀。"[①] 由于网络和移动传媒的结合开启了新一代的媒介传播模式，因而在新形势下，创新传统文化的传播形式，不拘一格地将之与流行文化时尚元素和新技术新媒体相嫁接，将是当下发展弘扬和传承优秀传统文化的重要途径。

　　除了总体型研究之外，很多学者纷纷结合各级学校的传播实践，对传统文化在中小学、职业院校、大学高校等各级组织中的传播情况开展了研究。首先，在《浅谈如何在语文课堂中传播传统文化》一文中，王桂媛探讨了小学语文课堂旧有的不足与应有的改进。她认为："学校是现代社会中最重要的一种社会组织，与文化有着千丝万缕的联系。学校的校园文化具有潜移默化、不可替代的教育作用。就学校物质文化方面来说，想要在小学语文课堂上传播传统文化顺畅，可以在校园的文化建设中增添一些传统文化因素。在校园文化建设中有机地渗透传统文化，既能发挥学校建筑的教育功能，让学生置身其中，感受和感悟学校物质文化中蕴含的传统文化，进而对传统文化感兴趣，又能够增添学校的文化气息，使校园的文化氛围浓厚。"[②]

　　就学校制度文化方面而言，要想在校园文化建设中渗透传统文化，学校应采用多样化的形式来安排一些仪式或活动向小学生有机地渗透优秀的传统文化。比如，学校每周举行升旗仪式唱国歌，来激发小学生的爱国情怀。或者，学校可以组织举办"传统文化知识问答大赛""我爱背古诗"和"我眼中的传统文化"为主题的演讲比赛等活动来调动全校师生对传统文化的热情与兴趣。通过加强校园文化建设，让学生在校园生活里潜移默化地感受传统文化的魅力所在，增强学生对传统文化的兴趣和热爱程度。

　　在中学层面，闫锐对于如何促进中华优秀传统文化在高中思想政治教育中的传播进行了探讨。他认为："中华优秀传统文化是我们取之不尽、用之不竭的智慧宝库，影响着每一代人。在高中思想政治教育中，向学生传播传统文化，能够使学生树立民族自信心，培养学生的爱国情怀，促进学生良好道德观念的形成……在互联网时代下，教师要积极利用信息技术，善于搜集网上的热点事件进行导入，

---

　　① 　林佳瑜：《以优秀传统文化涵养校园文化的传播模式研究》，《教书育人（高教论坛）》2018 年第 27 期。

　　② 　王桂媛：《浅谈如何在语文课堂中传播传统文化》，《文学教育（上）》2019 年第 3 期。

这样能够有效激发学生的学习兴趣。"①

　　其次，对于传统文化在职业院校中的组织传播，也有学者做过研究。卢利洁、刘珊琪等人分别结合自身在中职、高职院校中的经历，探讨了传统文化在职业院校中的传播策略。刘珊琪认为，职业院校所面对的学生即将进入职场，他们正处于一个对于优秀文化和人类历史中的经典极度渴求的阶段。她指出："中华优秀传统文化在如今的高职院校中仍然具有旺盛的生命力和肥沃的传播土壤，只要我们的教学方法得当，激发学生的兴趣、引导学生进行自主探究和合作学习，学生是能够掌握其中的精髓的。通过构建学生感兴趣的教学形式、为学生构建知识交流平台、举办校园文化主题活动等模式，中华优秀传统文化必将在我们的高职院校中良好发扬。"②

　　再次，更多学者的关注重点是，传统文化在大学中的组织传播。杨慧从自己的专业出发，结合古代文学课程的教学经验，探讨了高校古代文学课程教学与传承中华传统文化的关系。她指出："古代文学课程乃是我国高等院校中文系学生的基础课程和必修课程，然而，因为古代文学课程内容稳定，授课方式呆板，因此这门课程显得过于老套，从而处于比较微妙的境地，往往并不受到众多学生的喜欢。"③杨慧认为，随着中华传统文化的弘扬，全国人民对中华传统文化有着越来越强烈的认可度和积极饱满的热情……古代文学老师应该顺应这一潮流，利用自己的学术优势大力在课堂中宣扬中华传统文化，弘扬民族精神，为中华民族的伟大复兴贡献力量。

　　学界不仅关注着公办高校对传统文化的组织传播，而且也对民办高校的相关情况进行了研讨，例如，徐宛怡、张卫东曾分析过传统文化在民办高校校园传播中存在的问题及对策。他们指出："由于受到资金等诸多因素的制约，传统文化在民办高校校园传播中还面临着诸多的不足和制约。如何进一步地优化民办高校传统文化的传播力量，为传统文化提供更好的传播媒介，优化传播环境应该是今后民办高校在传统文化校园传播中需要重视的一个主要问题。"④学界对此除了总体型研究之外，还有个案型研究，比较典型的是，康学梅以福建农林大学安溪校区为例，探讨过中国传统文化融入高校心育的路径。在结合当地特色的基础上，他主

---

　　① 闫锐：《如何促进中华优秀传统文化在高中思想政治教育中的传播》，《甘肃教育》2018年第22期。

　　② 刘珊琪：《高职院校中华优秀传统文化教育模式研究》，《科学咨询（科技·管理）》2018年第10期。

　　③ 杨慧：《论高校古代文学课程教学中应如何传承中华传统文化》，《才智》2018年第1期。

　　④ 徐宛怡、张卫东：《传统文化在民办高校校园传播中存在的问题及对策》，《农家参谋》2019年第5期。

张将茶文化融入高校心理健康教育路径，形成课堂载体层面、环境氛围层面与师生主体层面等三位一体的融合体系。[1]

值得注意的是，由于华夏民族是多个民族的融合体，因此虽然传统文化在各级院校的组织传播固然值得研究，但民族文化、地域文化的校园传播也值得重视。在此领域，不少学者已经做出了探索，例如，牛海龙曾以内蒙古师范大学为例，研究过民族地区高校对少数民族文化的传播。[2]他认为："民族地区高校校园文化有着少数民族文化的多元性和冲突性，加大民族文化在校园文化中的传播力度和宣传手段，有着深远的重大意义。民族地区高校要立足自身、长远布局，要在校园文化建设中创造民族特色、打造民族品牌、加强民族文化在少数民族高校校园中的传播，从而使少数民族文化以崭新的、生机勃勃的姿态呈现在新时期的校园文化建设当中。"

李静、黎藜、李玉雄曾以基于南宁市武鸣区庆乐小学为例，探讨过壮族优秀传统文化进校园的有益探索。他们认为壮族优秀传统文化进校园是一项庞大而复杂的文化工程，也是民族教育与民族文化结合的落脚点。教育部长陈宝生提出优秀传统文化进校园的三条路径：覆盖教育的各个阶段，即固本工程；渗入教材体系中，即铸魂工程；贯穿在人才培养全过程，即打底色工程。为了形成良好的效果，庆乐小学将壮族优秀传统文化教育从学校扩大到家庭、社区这一文化传承场所，变家庭、社区为资源教室，推动学校、家庭、社会的有机结合，实现文化良性循环，力促壮族优秀传统文化进校园。[3]

此外，还有一些学者对其他少数民族及地区文化的校园传播，做过个案性的研讨。例如，孔德麟[4]曾研究过甘肃永靖傩文化在学校教育中的应用，权梦云[5]曾以云南丽江市纳西族、广西巴马县瑶族为例，对民族传统文化的学校传承和校园传播做过调查及思考。习近平总书记指出，我们要善于把弘扬优秀传统文化和发展现实文化有机统一起来，在继承中发展，在发展中继承。由于青年学子正是传播继承传统文化的使者及基因，因而发掘"藏在深闺"的地方文化瑰宝，应在学

---

① 康学梅：《中国传统文化融入高校心育的路径探析——以福建农林大学安溪校区为例》，《传播与版权》2018 年第 7 期。

② 牛海龙：《民族地区高校少数民族文化的传播——以内蒙古师范大学为例》，《内蒙古农业大学学报（社会科学版）》2017 年第 4 期。

③ 李静，黎藜，李玉雄：《壮族优秀传统文化进校园的有益探索——基于南宁市武鸣区庆乐小学实践的讨论与思考》，《广西教育学院学报》2018 年第 4 期。

④ 孔德麟：《基于高校与基础教育学校合作研究项目的教育叙事研究》，《山东师范大学外国语学院学报（基础英语教育）》2015 年第 2 期。

⑤ 权梦云：《民族传统文化在学校传承的调查及思考——以云南丽江市纳西族、广西巴马县瑶族为例》，《中国民族教育》2019 年第 5 期。

校积极带领青年学生一起研究探索。

（三）华夏组织传播与社区建设

一直为学者们所关注的还有社区建设过程中的组织传播，因为在现代社会，人们除了到企业工作、到学校学习之外，更多的时间是在社区生活，所以华夏组织传播也高度重视社区发展和组织传播的关系。考察近年已有的研究成果可以发现，学术界对社区传播的研究成果不多，这是因为虽然人们大多数时间生活于社区，但社区在本质是一个相对松散的社会组织。不过，随着科技的进步、管理的规范以及新媒体的发展，中国各地逐渐开始进行社区建设，于是，组织传播在社区建设进程中，日益受到人们的重视。

目前学界对此领域的研究主要包括两大方面，一方面是总体性研究，另一方面是个案性研究，其中总体性研究不多。在总体性研究中，比较典型的是华云刚、崔涛二人，他们曾发表过《论中华优秀传统文化在社区教育中的传播》一文。该文认为："社区教育是传播与弘扬中华优秀传统文化的重要平台，如何认识社区教育在传播中华优秀传统文化方面的意义和价值，以及发挥社区教育在弘扬中华优秀传统文化方面的重要作用，是当下需要关注并深入研究的问题。"[①]

在研究过程中，华云刚和崔涛指出："在社区建设的组织传播环节，一些社区基本设施不完备，缺乏合作单位以及必要的师资力量，社区教育工作缺乏科学规划，优秀传统文化教育的主题和内容均不突出。针对上述问题，可以采取以下措施发挥社区传播中华优秀传统文化的功能：建立社区教育管理与评价机制；加强社区教育平台建设；关注社区青少年的传统文化教育；激发居民学习传统文化的兴趣。"[②]

成果更多的是个案性研究。首先，黄苏萍以上海市为例，对社区教育促进传统文化传承的实践做出过细致的研究。她总结了上海市社区教育促进传统文化传承的实践经验，包括创建文化学习品牌、打造学习体验基地、培育民间团队、优化信息技术来推动传统文化与社区教育的结合，增强传统文化的影响力和生命力，满足居民的精神文化需求，推动社区教育的可持续性发展。

其文章指出："随着移动互联网的普及，社区教育的课程形式走进了网络化的阶段，社区学校通过构建数字化终身学习平台，丰富了课程资源。作为全国社区

---

①　华云刚，崔涛：《论中华优秀传统文化在社区教育中的传播》，《连云港师范高等专科学校学报》2018年第1期。

②　华云刚，崔涛：《论中华优秀传统文化在社区教育中的传播》，《连云港师范高等专科学校学报》2018年第1期。

教育的示范街镇之一，漕河泾镇的数字化学习平台建设水平走在前列。利用数字媒体，向居民普及传统文化小知识，学习资源丰富，可获得性强。从传统讲座模式到做中学，再到线上自学和线下互动，转变了居民的学习方式。而且，社区学校的信息技术类课程，以传统文化为素材，课程内容的融合和交叉增加了丰富性，提高了学习成果的转化率。"①

其次，钟利珍以深圳市为例，对社区教育活动中的组织传播做出过细致的研究。她发现，在深圳"每个社区都有一个居民议事会制度，专门讨论民生实事项目和资金的使用，其中一部分资金可用于社区的文化建设，聘请有资质或有影响力的专业队伍，为辖区居民服务。每个社区根据社区人员结构的不同，举办不同的活动，一般由社区工作站、居委会、居民议事会、物业管理处等进行讨论设计，开展丰富多彩的文化活动。如书法、国画、插花、舞龙、舞狮、舞蹈、音乐、茶艺等项目"②。她指出："通过茶文化进社区，让参与的社区居民端起茶杯，了解了茶文化的起源、兴起和发展，知道了六大茶类，认识到茶叶的保健功效，学会了如何评价一款茶。"③她认为这种组织传播不仅传承了我国优秀的传统文化，而且提升了社区居民的个人修养，具有重要的意义。

再次，张红卫以宁波市为例，研究了地方传统文化与推进社区教育发展的实践。其论文针对宁波地方传统文化知晓度低的问题，提出构建从读本到课程，从学校到社会，从自发到统筹的教育路径，全方位实施宁波优秀地方文化教育普及工程。为满足社区居民对传统文化的多样化需求，实现地方传统文化与社区教育的无缝对接，该文建议通过上下联动，专家引领与市民普及协同步推进；突出主题系列，开发传统文化特色课程；发挥老年人作用，组建地方传统文化志愿宣讲员队伍。④

此外，还有学者结合其他地区的案例，对华夏组织传播与社区建设做出过调研、探究。例如，王理华以常州金坛为例，分析过非遗文化传承视域下社区教育课程的开发途径。他指出，相对学校教育和家庭教育而言，社区教育在非遗文化传承、保护方面承担着更多的历史使命。金坛区高度重视非遗文化的挖掘、研究、保护和传承，开发形式多样的社区教育非遗课程，激励更多的人参与非遗保护，

---

① 黄苏萍：《社区教育促进传统文化传承的实践研究——以上海市为例》，《职教通讯》2018 年第 3 期。
② 钟利珍：《深圳社区茶文化推广活动实践》，《中国茶叶加工》2017 年第 1 期。
③ 钟利珍：《深圳社区茶文化推广活动实践》，《中国茶叶加工》2017 年第 1 期。
④ 张红卫：《以宁波地方传统文化推进社区教育发展的实践与思考》，《宁波教育学院学报》2018 年第 3 期。

让非遗文化更好地传承并发扬光大。①

宣丹君以余姚市为例，探讨过"先贤文化"传承的现状与策略。他指出，余姚市社区教育学院从社区教育的办学功能出发，对当地"先贤文化"的传承现状进行分析，提出了"开发文化资源、创新教育范式、搭建传播平台、开展特色行动"等策略，从而拓展先贤文化的学习路径，使"先贤文化"不断得以传承和发展，发挥以文化人、以德育人的作用。②

（四）关于华夏组织传播的其他成果

总体而言，近年关于华夏组织传播的研究，主要可以根据企业、学校、社区分为以上三大主题。除此之外，还有学者开展了更加微观、细致的研究，例如，对家风、民俗的组织传播进行探讨。比较有代表性的是王昊的文章《喇叭、旗语、口哨：民俗传播方式的承传与发展——基于陕西省关中地区的乡村田野调查》，该文认为在陕西关中平原上，喇叭、旗语和口哨，融合着大众传播与组织传播的功能，并展示出乡村传播的独特方式和属性。③

至于家庭组织中的家风传播，贺子宸以《记住乡愁》节目为例，对组织传播中的中华家风文化做过细致分析。贺子宸认为："中华家风文化五千年不间断的流传，除了靠其自身文化体系的优秀，也离不开其传播方式和传承载体。家风就是反映了一个家族的规章制度行为组织，在家族这个大组织中，依靠血缘亲疏远近，进行这种文化的传承，不但具有道德教化、文化传承的作用，也有利于社会和家族的稳定。家风的传播不仅能记载家里的仪式活动，在新媒体盛行的当下，也有了新的传播方式。"④

最后，值得关注的是，个别学者运用理论思辨、实地调研等方法，分析了组织传播的内涵特征，展望了华夏传播的未来趋势。极为典型的是，谢清果与祁菲菲在《华夏传播理论的内涵、特征及其未来展望》一文中，提出了不少很有启发的观点。该文着重从内向传播、人际传播、组织传播三个维度出发，力图勾勒出华夏传播理论的主要内涵，进而总结出其主要特征，最后基于历史与现实考量，

---

① 王理华：《非遗文化传承视阈下社区教育课程的开发途径——以常州金坛为例》，《江苏教育研究》2017年第3期。

② 宣丹君：《"先贤文化"传承的现状与策略研究——以余姚市为例》，《教学月刊小学版（综合）》2018年第6期。

③ 王昊：《喇叭、旗语、口哨：民俗传播方式的承传与发展——基于陕西省关中地区的乡村田野调查》，《中华文化与传播研究》2017年第1期。

④ 贺子宸：《组织传播中的中华家风文化分析——以〈记住乡愁〉节目为例》，《传播力研究》2019年第11期。

提出拓展华夏传播理论的相关建议与对策。① 该文的思路、见解为华夏组织传播研究指出了新方向。

四、余论：华夏组织传播研究的未来展望

从上述华夏组织传播研究的知识图谱来看，2018 年前后，华夏组织传播研究成果丰厚，主题多样，学者们或通过传播的新视角重新解读历史，或通过对历史的阐述再次更新理论，实现了在与前人对话的基础上的学术创新。但是，有些研究成果或多或少地存在有待商榷抑或提高的地方，本文认为，在接下来的研究工作中，有必要努力实现研究工作的改善。

一方面，由于组织传播的学术理论和大量概念由西方学界率先提出，因而在华夏组织传播研究中，目前的许多研究工作，存在着西方概念与本土经验之间的张力。因为西方文明与华夏文明存在差异，相应地，西方学界的大量概念并不能完全适用于中国的具体国情，所以在开展关于华夏组织传播的研究工作中，如果一味地将产生于西方的概念直接搬用至中国情境中解释中国现象，就会衍生一些牵强附会的研究成果。比较明智的做法是，参考西方的概念、理论，根据当前中国的实际情况，努力提炼出华夏组织传播的基本概念和主要理论。

另一方面，虽然组织传播的本质是组织成员间、组织内部机构间、组织与外部社会间的信息交流和沟通，这种传播活动普遍存在于古今中外的各种人类组织中，但应注意的是，组织传播研究中存在着现代观念与古代实践之间的张力。随着时世变迁，人们的思想观念和价值判断也会随之发生变化。特别是在当今时代，信息技术的快速发展，使得媒介更新换代的速度随之加快，不同代际的媒介也使人们的思维结构与时空观念不断被打破、重组。于是，中国古代文明体系与价值观念毋庸置疑是迥异于西方，也是迥异于现代的。这就使华夏组织传播研究，必须注意到现代观念与古代实践之间的张力，因此，今后的研究工作，不能戴着现代价值观的滤镜来审视中国古代组织传播的实践，也不能用大众传播时代的思维来思索古代的传播行为。有学者就曾提出要警惕用大众传播的思维去切割古代传播的观念与实践②，这是因为大众传播思维的固有范式会限制人们的思考方向。

总而言之，华夏组织传播明显具有中国特色，而且现代及未来的华夏组织传播与古代的华夏组织传播也存在差异。在社会阶层、传播工具、文化氛围等方面，现代的华夏组织传播具有不同于西方组织传播的特点，并与古代的华夏组织传播

① 谢清果，祁菲菲：《华夏传播理论的内涵、特征及其未来展望》，《今传媒》2017 年第 1 期。

② 姚锦云，邵培仁：《华夏传播理论建构试探：从"传播的传递观"到"传播的接受观"》，《浙江社会科学》2018 年第 8 期。

存在差异性。近年来，随着习近平总书记提出要"高度重视中华优秀传统文化，并将其作为治国理政的重要思想文化资源"①，深耕华夏组织传播研究便成为这一倡议的题中之义。于是，华夏组织传播作为一项对中国社会组织中的信息流动现象和观念的研究，值得学界投入更多的关注。一旦能够把握好中国—西方、古代—现代之间的关系，也就找到了华夏组织传播研究的正确方向。华夏组织传播研究的拓展工作，将会为华夏民族的企业、学校、社区等社会组织，探索出有效的传播路径、高效的沟通方式，助力中华民族的伟大复兴。

---

① 中共中央宣传部：《习近平总书记系列重要讲话读本》，北京：人民出版社，2016年，第201页。

2018 年华夏企业治理与传播模式研究综述

曹继东

（中国电力建设集团有限公司新闻中心，北京，100048）

内容提要： 华夏企业治理与中华文化精神融合的企业传播模式，是现代华夏企业治理研究、中华文化精神研究和企业传播研究的跨学科、交叉学科研究课题。近年来，关于华夏企业治理与中华文化精神融合的企业传播模式研究在业界、学界开始有所重视，所产生的学术成果，主要分布于传播学、企业管理、文化研究等学科领域。文章综述了 2018 年学术界和业界对于华夏企业治理与中华文化精神融合的企业传播模式研究情况，并对其所呈现出来的边缘性、交叉性、复杂性、跨学科性进行了简要分析。

关键词： 战略传播；品牌传播；"一带一路"国际传播；文化传播

作者简介： 曹继东，中国电力建设集团有限公司新闻中心副总编辑，图书情报和档案管理学博士后，文学（新闻传播—编辑出版学）博士，主任编辑，高级政工师。主要研究方向为企业传播。

本文以华夏企业治理与中华文化精神融合的企业传播模式研究为综述对象，重点分类研究和梳理 2018 年学术界和业界对华夏企业治理与中华文化精神相融合并开展企业传播的模式。本文注意了两个维度：华夏企业治理与中华文化精神的融合；企业传播模式。中国拥有独立法人企业大约有 1 亿家，本文所涉及的典型企业，是从中精挑细选出来的将华夏企业治理与中华文化精神相融合的典型企业。企业类别覆盖广泛，覆盖了文化企业、金融企业、工业企业，国有大中型企业、乡镇企业、合资企业或公司等。有关企业传播模式的综述，本文主要从企业战略传播、品牌传播、"一带一路"国际传播、文化传播四个方面着力开展资料搜集和整理。本文选取了符合华夏企业治理与中华文化精神相融合的典型企业作为主要综述对象，如德胜洋楼、苏州固得、华为、同仁堂、中国中信集团、海航集团、阿里巴巴、中国出版企业群体、中国交建集团、国家电投集团、中国电建集团、中盐金坛等部分中央企业，重点综述了儒家文化、贤文化、家文化、和文化、孙子兵法等对于华夏企业治理与中华文化精神融合的影响和传播模式。

从搜集的相关资料分析，研究成果主要分布于企业内部研究资料（如海航集团内部研究资料），有关网站（如中国社会科学网、武汉大学网、企业文明网、国际财经网等），硕士学位论文（经济管理、工商管理、新闻传播等学科），专著（出版单位主要有经济科学出版社、中国传媒大学出版社、清华大学出版社等），期刊（如，《现代商业》《孙子研究》《人力资源》《合作经济与科技》《商学院》《南京晓庄学院学报》《重庆科技学院学报（社会科学版）》《企业文化》《中国管理信息化》《中国电力企业管理》《现代企业文化》《纳税》《中国名牌》《公关世界》《中国广告》《中外企业文化》《人民周刊》《国际工程与劳务》《出版广角》《中国盐业》《中华文化与传播研究》《中小企业管理与科技》《中国经济周刊》《青年记者》《互联网经济》《唐都学刊》《郑州航空工业管理学院学报（社会科学版）》《经贸实践》《山东省社会主义学院学报》《企业改革与管理》《市场周刊（理论研究）》《中国石油企业》《企业管理》《时代文学》《建筑》《思想政治工作研究》《现代企业》《当代电力文化》等），报纸（如《中国社会科学报》《西安日报》等）。

从上述研究成果及其刊发的载体和平台可以看出三个特点：一是研究华夏企业治理与中华文化精神融合的企业传播模式的文章，刊登在北大、南大认定的国家级核心期刊上的文章较少，发布载体和平台多为非国家核心期刊。受我国传统"士农工学商"的思想的影响，学术界对于研究华夏企业治理与中华文化精神融合的企业传播模式关注较少，高质量、高水平的研究成果相对较少。二是从研究层次来看，主要呈现为硕士学位论文，在目前所能搜集到的资料中，博士学位论文将研究对象锁定为华夏企业治理与中华文化精神融合的企业传播模式的相对较少，这充分说明该选题在学术界的边缘性。三是从研究对象本身来看，华夏企业治理与中华文化精神融合的企业传播模式研究，在学术界属于跨学科、交叉学科研究范畴，单独研究企业治理、中华文化、企业传播的专家、学者和成果相对较多，然而把企业治理、中国文化、企业传播有机结合起来开展研究的学人和学术成果相对较少，我国具备跨学科研究能力的学术人才匮乏由此可见一斑，从搜集到的文本资料也可以证明该研究的跨学科性、交叉性、边缘性和复杂性。

一、华夏企业治理与中华文化精神融合的企业战略传播模式研究

关于企业战略传播模式研究，董关鹏对其有较为系统的研究和阐述。他于2018 年 3 月 30 日在"中国传播创新论坛"发表学术演讲《大企业战略传播——现

状、困境与创新》。他在论坛上指出，中国大企业在战略传播过程中存在两大症结，即有战略、无传播，有传播、无战略。他提出了四条解决方法：以内容为核心，说话有技术，渠道要丰富，处置有程序。他认为，学术界要做深度参与、知晓动向的"常态专家"，要深入一线接受企业的现场咨询，要加强"国际合作"，增加与国外学术界和业界的交流并努力多出成果。他建议关注三个方面议题，即"一带一路"与"跨文化"、"中国术语"与"话语权"、"融合媒体"与其"趋势引领"。他提出，要重点解决企业战略传播的三个问题：所在国官方与民间利益的平衡，社会责任与经济效益的平衡，传播话语和境外场景的平衡。[①] 基于此，在企业战略传播模式研究部分，笔者选取了符合华夏企业治理与中华文化精神相融合的典型企业，如中国交建、德胜洋楼、苏州固得等作为综述对象。

《孙子兵法》是中华文化精神的精华之一，《孙子兵法》和华夏企业治理相融合并开展的企业战略传播模式受到学术界的关注。原梦琦的《孙子兵法对现代企业管理的启示》认为，各个企业就如同古时征战的各个诸侯国，管理者就是战场上带领大家披荆斩棘的将领，在这场金钱的战争中带领企业生存发展。《孙子兵法》中的诸多战术对现代企业管理有着很好的效果。文章从"计""道""将""势"四个方面讲述《孙子兵法》对于现代企业管理的指导作用。[②] 吴依松的《再论孙子兵法与企业战略决策》认为，企业战略决策是有关企业的发展方向、规模、重大项目和重要人才使用的决定，它关系着企业的兴衰存亡。资本如兵，资本如水，故兵无常势，水无常形，资本有盈亏，能因市场变化者谓之神。先胜而后求战，先进行正确的战略决策而后才能赚钱，企业的战略决策须从长计议，人无远虑必有近忧，企业无远虑，必将破产。[③]

受中华文化精神影响深远的中式管理企业战略传播，成为研究的热点。潘安成的著作《企业日常交往的战略实践观：中式管理理论初探》，以关系本位的日常交往行为视角，揭示了构建中式管理理论的企业战略实践观。上篇给出了熟人社会背景下，企业日常组织活动的关系化原理；中篇提出了在中国传统文化语境里企业战略化行为的关系本位；下篇从"无为而治"层面，指出了中式管理的道义准则和日常组织原则。该书研究探讨了关系本位与战略实践观、战略实践观与关系化组织。该书采用以中国文化为背景的质性研究，提出予之为取，"知恩图报"让日常组织活动战略化；得道多助，互助行为与企业战略性恢复力；顺时而为，

---

① 董关鹏：《大企业战略传播——现状、困境与创新》，2018 年 4 月 9 日，http://journal.whu.edu.cn/academic/news/20180409z7yu，2019 年 5 月 17 日。

② 原梦琦：《孙子兵法对现代企业管理的启示》，《现代商业》2018 年第 28 期。

③ 吴依松：《再论孙子兵法与企业战略决策》，《孙子研究》2016 年第 5 期。

从人际交往中产生战略性创业实践等观点。[①]

在中国中央企业集团中，中国交建秉承"固基修道、履方致远"的企业使命，坚守"交融天下、建者无疆"的企业精神，是将华夏企业治理与中华文化精神相融合的典型企业。陶伶的硕士学位论文《中国交通建设集团战略转型研究》关注"五商中交"的战略构想研究，打破传统生存模式和思维模式，将"商文化"融入传统的"工文化"中，将商业思维与商业运作模式融入单纯的施工生产中，实现企业从"工"到"商"的改革和跨越式转变。文章以企业生命周期理论为指导，聚焦企业发展要经历诞生、成长、壮大、衰退或再生阶段，研究探讨了企业战略升级的必要性。[②]

儒教化企业是企业儒学的重要载体。儒教化企业关键性的共同特征是"教化之道"以及由此而生的规范与修行。[③]齐向宇的《躬耕匠心，让价值观有价值——对话德胜洋楼董事长聂圣哲》认为，德胜洋楼属于"中国式管理"企业，在企业战略传播方面开创了中国文化精神与企业治理融合的新模式。[④]吕力、杨晓叶的《儒教化与文化践履企业实证研究框架》分析探讨了中国本土企业管理、教化与儒教化企业，组织规范、修行与文化践履型企业，工具、目的与企业儒学。文章认为，以德胜洋楼为代表的企业突破了西方传统的企业定义，是"儒教化企业"或"文化践履型企业"。[⑤]赵正的《德胜洋楼：一个培养"君子"的公司》认为，德胜洋楼的企业文化和价值观是"把员工培养成君子"。德胜洋楼用制度和文化相融的力量，让处于社会各层的员工转变为有礼有节的"君子"。[⑥]

此外，还有研究成果验证了中华传统文化国学智慧在现代企业管理战略传播中的有效性，苏州固得是典型企业。例如，张庆雷的硕士学位论文《制造业产业工人主观幸福感影响因素研究——以苏州固得电子股份有限公司为例》文章认为，随着企业管理以人为本的理念的逐步深入和机器化、智能化的高速发展，通过提升产业工人的幸福感来提升员工绩效增强企业竞争力正成为企业越来越重视的战

①　潘安成：《企业日常交往的战略实践观：中式管理理论初探》，北京：经济科学出版社，2018年。

②　陶伶：《中国交通建设集团战略转型研究》，硕士学位论文，华中师范大学经济与工商管理学院，2014年。

③　吕力、杨晓叶：《儒教化与文化践履企业实证研究框架》，《合作经济与科技》2018年第3期。

④　齐向宇：《躬耕匠心，让价值观有价值——对话德胜洋楼董事长聂圣哲》，《人力资源》2018年第2期第12—19页。

⑤　吕力、杨晓叶：《儒教化与文化践履企业实证研究框架》，《合作经济与科技》2018年第3期。

⑥　赵正：《德胜洋楼 一个培养"君子"的公司》，《商学院》2018年第2期。

略问题。①

二、华夏企业治理与中华文化精神融合的企业品牌传播模式研究

企业品牌传播是指，企业通过广告、营销活动、公共关系、人际沟通等多种传播策略以及各种传播工具，与内部、外部的目标受众进行的一系列关于品牌信息的交流活动。②在企业品牌传播模式研究部分，笔者选取了符合华夏企业治理与中华文化精神相融合的典型企业，如中国电建、华为、同仁堂等作为综述的典型企业。

在中国中央企业集团中，中国电建的企业精神是"自强不息，勇于超越"。"天行健，君子以自强不息"，出自周文王姬昌《周易》。曹继东的《电力建设企业品牌传播路径》对电力建设企业如何做好品牌传播进行了研究，从新兴媒体、故事思维、全球传播、品牌叙事、文化品牌软实力五个方面探寻有效路径。文章认为，电力建设企业品牌文化的发展史，从某种意义上是若干叙事或故事的关联体；故事本身包含着电力建设企业品牌文化价值系统的解释。电力建设企业品牌故事就是对中国电力建设人生活中已经发生、正在发生或将要发生的事件及其过程的回忆、观察或想象的符号化概括。它直接呈现出中国电力建设人生活的价值系统，是中国电力建设人在自己的生活中面对来自方方面面（自然、社会、自我等）的挑战而应战的符号化结晶。③

华为的企业品牌传播模式作为研究热点受到的关注较多。吴令的硕士学位论文《华为企业品牌国际传播策略研究》认为，华为企业品牌的国际传播是一个系统化的战略工程，以华为技术和先进管理为支撑，以策略为指导，相辅相成，成就了华为企业世界品牌地位。华为企业品牌国际传播的策略研究，目的在于为打造更多中国企业"世界品牌"提供经验借鉴。论文最后针对当前国家对中国企业品牌"走出去"的政策支持和机遇创造，鼓励中国企业大胆开拓国际化传播实践，努力创造中国更多的"世界品牌"。④刘羽的硕士学位论文《华为品牌国际传播中的自媒体研究》通过对华为自媒体进行量化研究为主、质化研究为辅的分析后，总结出华为在自媒体运用上的研究发现。企业自媒体已经成为华为在国际传播中突破西方话语霸权，进行品牌建构的重要媒介。中国品牌在国际传播中应增强自

---

① 张庆雷：《制造业产业工人主观幸福感影响因素研究——以苏州固得电子股份有限公司为例》，硕士学位论文，山东大学管理学院，2018年。

② 张树庭、吕艳丹：《有效的品牌传播》，北京：中国传媒大学出版社，2008年。

③ 曹继东：《电力建设企业品牌传播路径》，《中国电力企业管理》2018年第11期。

④ 吴令：《华为企业品牌国际传播策略研究》，硕士学位论文，四川外国语大学，2018年。

主传播意识，建立统一的自媒体管理机构，注重形式与内容结合，提升企业自媒体的质量。[①] 彭可的硕士学位论文《华为公司品牌国际化战略研究》认为，在全球经济一体化及信息技术高速发展的背景下，中国企业生存与发展的一个必要条件是能够融入国际市场中。中国企业想要实现企业价值的最大化，就必须以优秀的跨国企业为榜样，学会对全球范围内的资源进行优化配置。企业品牌的国际化是企业实施"走出去"战略的重要组成部分。[②]

对于"中华老字号"企业品牌传播模式的研究成果较多，且最符合华夏企业治理与中华文化精神相融合的研究主题。姚咏梅的《回顾 40 年改革历程 讲好老字号品牌故事》从怎么样讲好中华老字号企业品牌故事的角度对企业品牌传播模式进行了探讨。[③] 张相蓉、陆璐璐的《"老字号"企业的品牌传播战略与途径——以蚌埠市为例》认为，采用文献分析、问卷调查和访谈等方法，从文化传播和公共关系传播角度分析"老字号"品牌传播的战略选择；结合蚌埠市"老字号"品牌传播的现状，分析了树立品牌意识、整合传播内容和寻找有效的品牌接触点等战略方法。[④] 陈虹羽、董媛媛、胡杨峰的《北京同仁堂建立品牌营销战略的策划分析》从品牌个性、品牌传播、品牌销售以及品牌管理四个方面分析北京同仁堂的品牌营销战略。[⑤] 王紫薇：《用文化创意讲好健康品牌故事》认为，北京同仁堂等中华老字号展现了品牌新意，以积极的姿态向外界展现其丰厚的文化底蕴与内涵。[⑥] 吕天骄的《悬壶济世，仁医仁术——看老字号中的中医药文化》认为，同仁堂、鹤年堂、达仁堂等中华老字号品牌深入人心，保障了人们的健康生活，代表了中医药老字号的文化走向。[⑦] 胡娜的硕士学位论文《医药老字号品牌延伸对品牌忠诚的影响研究》选取了富有传统文化特色的医药老字号品牌——云南白药和同仁堂，构建了医药老字号品牌延伸对品牌忠诚的影响模型，引入中介变量品牌形象和调节变量消费者创新性。研究结果表明，医药老字号品牌延伸会降低消费者的品牌忠诚，相对于高感知契合度的品牌延伸，低感知契合度的品牌延伸对品牌忠诚的

---

① 刘羽：《华为品牌国际传播中的自媒体研究》，硕士学位论文，华南理工大学新闻与传播学院，2018 年。

② 彭可：《华为公司品牌国际化战略研究》，硕士学位论文，江西财经大学国际经贸学院，2018 年。

③ 姚咏梅：《回顾 40 年改革历程 讲好老字号品牌故事》，《中外企业文化》2018 年第 7 期。

④ 张相蓉、陆璐璐：《"老字号"企业的品牌传播战略与途径——以蚌埠市为例》，《重庆科技学院学报（社会科学版）》2016 年第 6 期。

⑤ 陈虹羽、董媛媛、胡杨峰：《北京同仁堂建立品牌营销战略的策划分析》，《纳税》2018 年第 9 期。

⑥ 王紫薇：《用文化创意讲好健康品牌故事》，《中国名牌》2018 年第 2 期。

⑦ 吕天骄：《悬壶济世，仁医仁术——看老字号中的中医药文化》，《中国名牌》2018 年第 3 期。

影响更大；医药老字号品牌延伸会降低品牌形象，相对于高感知契合度的品牌延伸，低感知契合度的品牌延伸对品牌形象的影响更大。文章探究了医药老字号品牌延伸对品牌忠诚的影响，丰富了品牌管理理论的相关研究，同时对医药老字号品牌的创新与发展也提供了一定的理论指导。文章指出，中华老字号在进行品牌延伸时，要注重传承老字号品牌的文化内涵和自身的内功修炼，树立良好的品牌形象；还要注重产品质量，尽量避免低契合度的品牌延伸；同时，应创新营销方式，注重对高创新性消费者的产品精准推广等。① 冯修文的《从文化传播视角探讨中华老字号的对外译介》认为，对外传播中华老字号，一定要充分考虑中外文化的差异。在向外推介"中华老字号"时，不能仅关注其商业价值，更重要的是其文化价值。文章提出，采用汉语拼音译介中华老字号，是实现中华老字号对外传播的最佳解决方案。在对外传播中华老字号时，将老字号汉语名与汉语拼音译名一起推出，能很好地做到中华老字号国际化的文化"传真"。② 《公关世界》编辑部的《中国企业仍需进行品牌革命》认为，品牌是一个企业长期发展的基石。品牌形成的历史，反映了一个国家和地区经济发展的过程。伴随民族发展的"中华老字号"，诸如瑞蚨祥、全聚德、同仁堂、内联升、英雄牌钢笔等，是老品牌中的典型代表。老品牌历史悠久，拥有世代传承的产品、技艺或服务，具有鲜明的中华民族文化背景和深厚的文化底蕴，享有社会广泛认同，并形成自己独特的优势。③

此外，姜锦婷的硕士学位论文《电信科学技术第一研究所有限公司品牌形象塑造研究》④ 等文章从实操层面对于华夏企业治理与中华文化精神融合的企业品牌传播模式进行了研究。

三、华夏企业治理与中华文化精神融合的企业"一带一路"国际传播模式研究

企业"一带一路"国际传播是指，随着中国"一带一路"倡议被沿线国家的广泛接受和国与国之间项目的落地，中国企业加快了"一带一路"国际传播的步伐。企业"一带一路"国际传播的主要支撑力量有企业内部的国际传播部门，从事地域性推广的国际传播公司和面向国际全媒体的内容提供型公司。在企业"一带一路"国际传播模式研究部分，笔者选取了符合华夏企业治理与中华文化精神

---

① 胡娜：《医药老字号品牌延伸对品牌忠诚的影响研究》，硕士学位论文，西安理工大学，2018年。

② 冯修文：《从文化传播视角探讨中华老字号的对外译介》，《中国广告》2018年第1期。

③ 本刊编辑部：《中国企业仍需进行品牌革命》，《公关世界》2018年第9期。

④ 姜锦婷：《电信科学技术第一研究所有限公司品牌形象塑造研究》，硕士学位论文，兰州大学管理学院，2018年。

相融合的典型企业，如中国中信集团、同仁堂、中国出版企业群体、部分中央企业等作为综述对象。

中国中信集团的办公大楼——中国尊，耸立在北京 CBD 最显眼的位置，大楼本身的形象就是企业对于中华文化精神的融合与传播。中信集团公司李玲的《构建古今传承、中外融合的廉洁文化——树立国有企业"一带一路"上崇法守正形象》认为，中国传统商业倡导两种理念："何必曰利，亦有仁义而已矣"和"其有功于子，可食而食之矣"。国有企业必须带头扛起正确义利观大旗，组织企业党员领导干部认真学习中国传统文化，吸收传承"以德为先，以廉为本""重义轻利，崇义非利"的道义精神，在"一带一路"建设中，要超越传统以义斥利的取代式路径、先义后利的条件式路径、义即公利的化约式路径，寻求义利兼容甚至先义后利、讲义让利，体现出与"一带一路"国家经济外交的主体能动特征，让"一带一路"建设在互信合作的前提下行稳致远、致深、致广，造福世界。中国传统廉政文化是以儒家文化为主导的文化，是一种以"内圣外王"为目标的伦理型政治文化，在廉政模式上，表现为"德主刑辅"的廉政模式。国有企业践行"一带一路"倡议，构建廉洁文化，要发展中国传统文化，借鉴西方国家和项目所在国的廉政文化，坚持德治与法治并举的企业治理体系。[①]

中国出版企业是华夏企业治理与中华文化精神相融合的典型企业。新时期以来，中国出版企业国际化进程不断加快，在中国优秀传统文化传播推广方面起到了不可或缺的重要作用。刘叶华在《中国出版企业的"一带一路"国际传播路径研究》一文中认为，中国原创学术著作的版权贸易对推进我国出版企业"一带一路"国际传播起到重要作用。五洲传播出版社开展"中阿典籍互译出版工程"。社会科学文献出版社拓展国际合作新区域。中国人民大学出版社主动出击策划国际出版选题。北京师范大学出版社翻译出版"中国经典阿拉伯语译丛"。我国出版企业"一带一路"的国际传播，离不开少儿图书国际版权贸易的发展。中国少年儿童新闻出版总社和中文天地出版传媒股份有限公司在这个领域努力耕耘，效果显著。地方出版集团如重庆出版集团、广西出版集团、吉林出版集团、黑龙江出版集团等，在版权输出方面不断发力，为我国出版企业"一带一路"的国际传播增添助力。重庆出版集团启动"美丽丝路"大型国际合作出版工程。广西出版集团与泰国的出版机构合作编写汉语学习教材，并且在泰国教育体系中推广。中国少年儿童新闻出版总社、尼山书屋、中国人民大学出版社和浙江出版集团在国际销

---

① 李玲：《构建古今传承、中外融合的廉洁文化——树立国有企业"一带一路"上崇法守正形象》，《国际工程与劳务》2018 年第 10 期。

售渠道拓展方面的经验值得借鉴。中国少年儿童新闻出版总社举办中国原创童书及期刊巡回展。①

清华大学国家形象传播研究中心推出的论文集《国家形象：“一带一路”与品牌中国》重点关注了部分中国中央企业的“一带一路”国际传播模式，该研究成果基于清华国家形象论坛形成，在学术界和业界影响力较大。柳斌杰的《打造新时代的中国丝路品牌》认为，中国品牌所体现的名牌精神，是中国文化重要内容。品牌所代表的文化符号和蕴含的意义、态度、性格、情感、品位、价值是文化综合因素的总和，是国家、企业、产品竞争力之魂，也是全球竞争的资源、实力和创造水平。中国品牌就是对中华民族凝聚力、向心力、生命力的精彩表达，就是国家形象的物质化展现。②胡钰、卢俊的《央企海外形象建设的经验与思考》研究了神华集团、南航集团、中林集团、中远集团 4 家央企，特别是在以文化交流为突破口，赢得当地信任方面，公司积极开展文化交流工作，从 2000 年开始新西兰每年举办奥克兰元宵灯节，中远集团承担起元宵节赞助商的角色。③查长苗、任明朝的《央企全球品牌塑造的问题与对策——以中国交通建设集团为例》④，陈莹、李智的《以“人文精神”打造适应海外传播的央企宣传片——以〈2016 中国建筑形象片〉为例》⑤，郝文、闫永、刘海草、贺程的《全球化视野下央企故事的新表达》⑥，中国建筑海外传播力实践研究课题组的《战略沟通视域下央企海外传播与国家品牌形象构建》⑦，李敏的《对央企 B2B 品牌国际化的路径思考》⑧，赵云、范红的《中

---

① 刘叶华：《中国出版企业的“一带一路”国际传播路径研究》，《出版广角》2018 年第 10 期第 33-35 页。

② 柳斌杰：《打造新时代的中国丝路品牌》，范红、胡钰主编：《国家形象：“一带一路”与品牌中国》，北京：清华大学出版社，2018 年，第 8—15 页。

③ 胡钰、卢俊：《央企海外形象建设的经验与思考》，范红、胡钰主编：《国家形象：“一带一路”与品牌中国》，北京：清华大学出版社，2018 年，第 314—321 页。

④ 查长苗、任明朝的《央企全球品牌塑造的问题与对策——以中国交通建设集团为例》，范红、胡钰主编：《国家形象：“一带一路”与品牌中国》，北京：清华大学出版社，2018 年，第 322—329 页。

⑤ 陈莹、李智：《以“人文精神”打造适应海外传播的央企宣传片——以〈2016 中国建筑形象片〉为例》，范红、胡钰主编：《国家形象：“一带一路”与品牌中国》，北京：清华大学出版社，2018 年，第 330—339 页。

⑥ 郝文、闫永、刘海草、贺程：《全球化视野下央企故事的新表达》，范红、胡钰主编：《国家形象：“一带一路”与品牌中国》，北京：清华大学出版社，2018 年，第 341—353 页。

⑦ 中国建筑海外传播力实践研究课题组：《战略沟通视域下央企海外传播与国家品牌形象构建》，范红、胡钰主编：《国家形象：“一带一路”与品牌中国》，北京：清华大学出版社，2018 年，第 354—363 页。

⑧ 李敏：《对央企 B2B 品牌国际化的路径思考》，范红、胡钰主编：《国家形象：“一带一路”与品牌中国》，北京：清华大学出版社，2018 年，第 364—369 页。

国企业在塔吉克斯坦的内部沟通的研究》①分别从不同角度研究探讨了华夏企业治理与中华文化精神相融合的企业"一带一路"国际传播模式，为华夏企业治理与中华文化精神融合的企业传播模式研究提供了多维度的启迪。

"中华老字号"企业的"一带一路"国际传播模式研究仍然是研究的重点。闫萌的硕士学位论文《中华老字号品牌同仁堂的国际化经营评价研究》认为，同仁堂在其开拓国际市场的同时也把中医文化带到了全球各地，给全世界的人民带来了解中医文化和接受中医治疗的途径，也让中国历史悠久的中医文化在世界范围内大放异彩。文章以中华老字号品牌——北京同仁堂为例，提出国际化经营评价，从东道国环境、企业内部资源条件、企业生产、企业产品、本土化市场和全球化管理六个方面确立了同仁堂国际化经营评价体系，构建了同仁堂国际化经营评价模型，并以澳大利亚公司为例进行实证研究，得出同仁堂澳大利亚公司国际化经营评价等级为良好。②

此外，如何解决华夏企业治理与中华文化精神融合的企业传播模式在海外落地的问题，学者和专家也多有论述。牛松涛的《海外工程项目开发与地域文化融合——中国文化在海外的传播融汇简析》以中国文化在项目所在国的传播为出发点，结合中国文化领域典型传播案例，简述了海外工程项目实施过程中在所在国传播的方式，如汉语推广培训，传播中国传统思想文化与美德。③任正非的《在西方市场，讲好华为故事》认为，要解决在西方遇到的问题，首先要充分了解西方的价值观，主要是解决与西方的沟通问题。④

四、华夏企业治理与中华文化精神融合的企业文化传播模式研究

企业文化传播属于企业文化领域的应用传播研究范畴，是企业或个人通过各种媒介有计划、有目的地向企业内部员工或社会大众传递自己的企业文化信息的一个过程。企业会在这个过程中将企业的文化、物质、精神、行为等的意义进行象征性符号化，将其进行符号化编码，把企业的目的融入意义符号中，并采取各种方式或途径传播推广这些意义符号，传递给企业员工和社会大众，员工和大众又按照相应的原理解码，从而达到共享意义，理解企业文化的目的。企业文化的

① 赵云、范红：《中国企业在塔吉克斯坦的内部沟通的研究》，范红、胡钰主编：《国家形象："一带一路"与品牌中国》，北京：清华大学出版社，2018年，第370—380页。
② 闫萌：《中华老字号品牌同仁堂的国际化经营评价研究》，硕士学位论文，北京服装学院，2018年。
③ 牛松涛：《海外工程项目开发与地域文化融合——中国文化在海外的传播融汇简析》，《中小企业管理与科技（中旬刊）》2018年第4期。
④ 任正非：《在西方市场，讲好华为故事》，《中国经济周刊》2018年第49期。

传播是一个持续进行的动态过程，是在企业经营发展过程中积累、沉淀而成的。[1]
企业文化传播理论认为，企业文化是企业的灵魂，是企业价值观、信念、仪式、
符号、处事方式等组成的特有的文化形象，是生产经营和管理活动中所创造的具
有该企业特色的精神财富和物质形态。企业文化一经产生就会对内对外进行传播、
交流，企业也会根据实施要求制定传播方案，从而达到文化影响的深度和广度。[2]
基于此，在企业文化传播模式研究部分，笔者选取了符合华夏企业治理与中华文
化精神相融合的典型企业，如中国海航集团、阿里巴巴、同仁堂、中盐金坛、国
家电投集团等作为综述对象，重点综述了儒家文化、贤文化、家文化、和文化、
孙子兵法等对于华夏企业治理与中华文化精神相融合的影响和文化传播模式。

2017 年 1 月 25 日，中共中央办公厅、国务院办公厅印发《关于实施中华优秀
传统文化传承发展工程的意见》中提出要"用中华优秀传统文化的精髓涵养企业
精神，培育现代企业文化"。华夏企业治理与中华文化精神的融合，就是要讲清楚
企业的符号、故事、英雄、口号和仪式及其与企业文化的关系，并用于企业的对
内对外文化传播活动。"21 世纪儒商文化"以中国传统儒家文化的"和"为支撑，
保留其"中庸"和"制衡"的特质，同时又进行创新，结合互联网时代的特点与
趋势，补充注入了"平等开放""个性合作""共享或文化普惠"等内容，从而构
成了一种指导中国企业走出去，并为"一带一路"沿线国家的企业所共享的大文
化。[3]张桂平、林锋、王作言的专著《21 世纪儒商文化》在 21 世纪中国和平崛
起以及共建"一带一路"倡仪大背景下，创造性地提出的一种崭新的商业文化理
论。该书在注重理论原创的同时，通过对专家学者的访谈以及企业案例部分，突
出了理论的多样化以及实践的可操作性。该书的寻根篇，分析了"盐—商贾—商
业文化"和"儒—儒商—儒商文化"的精神。本书认为，儒商文化的核心基石是
德，儒商文化的演进过程是由传统到现代。该书的创新篇，提出从工业时代到互
联网时代的企业文化本质上是"人的演进"，从企业文化到商业文化体现的是"人
的自我实现与超越"。该书的共同体篇，提出传统儒家文化的核心思想是"和合一
家亲"，现代共同体是"安全与自由的对立"，中国构建以和为核心的人类命运共
同体。该书还分析了部分中华老字号企业，比如，同仁堂强调"同修仁德，济世
养生"，从同仁堂的来历探讨了企业追求质量和社会效益、仁善之心薪火传、文化
常青德为魂等方面的内容。本书将李锦记概括为"民族企业，品牌传奇"，将瑞蚨

① 陈瑶：《组织传播学视阈下链家的企业文化传播模式研究》，硕士学位论文，成都理工大学，
2018 年，第 14 页。
② 牛其恒：《新媒体在企业文化传播中的应用》，《青年记者》2018 年第 14 期第 124—125 页。
③ 张桂平、林锋、王作言：《21 世纪儒商文化》，北京：光明日报出版社，2016 年。

祥概括为"儒魂商才，大商无算"，将同庆丰概括为"钱中之王，商中之佛"，同时详细解读了这些中华老字号企业基业长青的文化密码。①

海航集团公司"内修中国传统文化精粹、外融西方先进科学技术"，在企业治理中特别注重与中华文化精神的融合。海航集团公司董事长陈峰，因从人事经验及其创业维艰中，凭借传统人文学说与治心之历练所得，汇集成书。海航集团公司的《中华传统文化导读》《海航管理干部必修读本》《管理研究》《同仁共勉十条》等企业内部文本资料是整个企业的文化读本。海航集团出版了海航企业文化必修系列读本，内容涉及《海航同仁守则》（2010 年）、《海航精神》（2012 年）、《海航科学发展之路》（2010 年）、《精进人生》（2010 年）、《博学之，审问之，慎思之，明辨之，笃行之》（2010 年）、《千字文讲记》（2010 年）、《我说"中学为体，西学为用"》（2012 年）等。《海航同仁守则》（2010 年）从诚信文化、创新文化、奉献精神、执行文化、责任文化五个面进行建设企业文化。

在海航企业文化必修系列读本《精进人生》（2010 年）一书中，南怀瑾先生指出，海航集团公司以《三国演义》《孙子兵法》《鬼谷子》等传统经典运用于海航集团公司管理。《海航集团公司员工守则》，是从儒佛道三家治心诚意用世之学中，摄取精华所得。对于如何做一个合格的管理者？该书从"内明外用"的学养、做事与做人、世事与人生、以德平天下人心、生有所立、死有所归、有益身心书常读等方面予以论述。《大学》的"内明外用""修身齐家治国平天下"的要义是海航集团公司融合文化传播的精神核心。海航企业文化强调，做人做事"两大圆满"是人生的最高境界。"一言偾事，一人定国"的修养原则。"跳出权位陷阱"的出世精神。"道得众则得国，失众则失国"的成败原理。因果关系——珍惜福报。领导者最基本的素质是"以德平天下人心"、"知止而后有定"的智慧修炼。中华传统文化的三大传承是儒释道。用"四十不惑""五十知天命"强调处理好人与社会的关系，人与自然的关系，人与自身生命的关系。海航集团公司强调高管要用《菜根谭》启迪修养自己的行为。

海航集团公司倡导"内修中华传统文化精粹，外融西方先进科学技术"，以"诚信、业绩、创新"为企业管理理念，以"至诚、至善、至精、至美"为企业宗旨，以"创造一个公司、创造一批人才、创造一种制度、创造一种文化"为企业目标，以"大众认同、大众参与、大众成就、大众分享"为企业精神，以"为他人做点事、为社会做点事"的企业理念鼓励员工追求社会和个人双向价值的实现。黄龙的硕士学位论文《海航集团企业文化研究》认为，海航企业文化的成功实践，

---

① 张桂平、林锋、王作言：《21 世纪儒商文化》，北京：光明日报出版社，2016 年。

为中国企业建设企业文化提供了一个很好的范例，海航"中西合璧"的企业文化具有一定的借鉴意义。① 丁万友的硕士学位论文《海航集团企业文化与企业核心竞争力研究》，分析了如何以持续增强企业核心竞争力为目标，指导海航集团的企业文化建设，面向国际化目标打造基于企业核心竞争力的海航文化。② 闫军的硕士学位论文《海南航空企业文化研究》通过对海航企业文化的形成、培育机制、内容、特色、实际效果的全面分析，得出以下结论：第一，海航企业文化建设构建出完整的企业文化层次，形成了适应企业发展需要的特色企业文化，建立了较好的企业文化培育机制，使企业文化获得了广泛的认同。第二，海航企业文化建设取得了显著的效果，员工的行为得到了正确的引导，员工的积极性和创造性受到了激发，企业文化造就出海航品牌，培育出海航的核心竞争力，提升了企业应对国内外日益激烈市场竞争的能力，最终促进了海航持续健康的发展。第三，海航企业文化建设中诸多有益的探索和尝试为我国企业进行企业文化建设提供了有益的启迪。③ 文章《海航"企业＋慈善"经济新模式下的履责新常态》认为，海航以共享理念做大做强实体产业链基础，以"圆融"为思想方法，以"生态"为企业发展观，打造"共享"模式并与大众"分享"利益，让社会各方都积极参与到海航的伟大事业，创造物质财富，支持慈善事业。④

研究一家企业的发展历程，从企业文化着手无疑是较好的一种研究视角。江瀚的《马云的武侠情和阿里的侠义文化》从企业文化的角度着手，从"独孤九剑"到"六脉神剑"，说明马云有着非常明显的个人特征和情结——武侠情。由此可见，阿里的侠义文化是阿里企业文化的特征。⑤ 李可的《阿里巴巴的武侠文化》从阿里巴巴创业初期倡导的"六脉神剑"价值体系，再到后来"独孤九剑"员工价值观；从创业伊始的"十八罗汉"，到如今已成腰缠万贯的上市公司高管。阿里巴巴的企业文化是成功的，其独特性像一柄"双刃剑"，影响着企业全方位的发展。阿里巴巴把中国特色文化与互联网这一高新技术产业相结合，并使其成为企业重要的文化竞争力。当阿里巴巴做大时，其创业初期的武侠文化与马云个人魅力对公司的影响，是否还能有效地作用于公司的未来发展；其英雄文化与草根情节是否同样适用于如今已成为互联网庞然大物的阿里巴巴。这将成为阿里巴巴往后发展中无

①　黄龙：《海航集团企业文化研究》，硕士学位论文，昆明理工大学，2007 年。
②　丁万友：《海航集团企业文化与企业核心竞争力研究》，硕士学位论文，大连理工大学，2009年。
③　闫军：《海南航空企业文化研究》，硕士学位论文，海南大学（华南热带农业大学），2007 年。
④　《海航"企业＋慈善"经济新模式下的履责新常态》，《中外企业文化》2018 年第 4 期。
⑤　江瀚：《马云的武侠情和阿里的侠义文化》，《互联网经济》2018 年第 Z1 期。

法逃避的重要问题。^①

儒家管理哲学的核心是"仁"，由"仁"衍生出了与之相适应的管理理论。所涉及的基本理念有两方面：一方面关于"仁"与"义"讨论的管理价值观，即义利观。综观儒家经典中对于义利观的讨论，其义利观本质上都是义以生利；另一方面关于"仁"与"礼"讨论的管理协调观，即和谐观。儒家管理哲学注重"争"与"和"的统一，追求整体和谐且"和而不同"。^②黄海冰的硕士学位论文《儒家管理哲学视域下的阿里巴巴企业文化研究》认为，阿里巴巴的企业文化对企业的发展起到了至关重要的作用。阿里巴巴企业文化直观地体现了以"义"为核心的武侠精神，与儒家管理哲学中的"人性可塑"论、合一管理思想、协同管理思想、礼治管理思想以及中和管理思想具有相似性。在儒家管理哲学的视角之下，阿里巴巴的企业文化价值层面体现了组织人本观、能群善分的管理组织观、执经达权的管理权变观、义以生利的管理价值观以及商业生态和谐观。^③

在中国中央企业集团中，中国盐业集团所属中盐金坛将中国优秀传统文化融入现代化生产之中，真正做到人与自然融为一体的绿色生产。企业将中华优秀传统文化——"贤文化"运用于现代企业管理，是对中华传统文化的创新性转化和创造性发展。钟海连、孙鹏的《贤文化·明本》认为，人之本是修身立德，彰显人的德性，以身边的族群为中心、以德性为亲和力，向外辐射构建和谐稳定的社群关系。如果把企业视为有生命力和生命周期的组织，企业的明本，实际是个人明本的放大或推广。企业由员工组成，他们围绕一个共同目标走到一起。从结构和基础上讲，员工为企业之本，员工队伍强，则企业的生命力就强；员工素养高，则企业的发展水平就高。^④孙鹏、钟海连的《贤文化·顺性》认为，对于企业来说，顺性就是尽力研发和生产满足不同客户需求的产品，积极投身于服务社会的生产经营活动，尽可能提高产品质量和服务民生的能力，充分发挥企业在国民生产和社会生活中的作用。^⑤孙鹏、钟海连的《传统本末思想的传播与现代企业的价值取向》认为，传统本末思想在中国历史上得到广泛传播，并被运用于治国理政、经世济民、立身处世等各个领域，产生过重要而深远的影响。现代企业在生产经营管理中明本末、重根本，使本末之间形成良好的互动关系，是确立正确价值取向和

---

① 李可：《阿里巴巴的武侠文化》，《现代企业文化》2015 年第 27 期。

② 黄海冰：《儒家管理哲学视域下的阿里巴巴企业文化研究》，硕士学位论文，广西大学，2018年。

③ 黄海冰：《儒家管理哲学视域下的阿里巴巴企业文化研究》，硕士学位论文，广西大学，2018年。

④ 钟海连、孙鹏：《贤文化·明本》，《中国盐业》2018 年第 8 期。

⑤ 孙鹏、钟海连：《贤文化·顺性》，《中国盐业》2018 年第 19 期。

科学发展之路的关键。①

钟海连是华夏企业治理与中华文化精神相融合的企业文化传播模式研究的央企专家代表，是该课题研究的代表人物。他近年来推出了一系列相关研究成果。钟海连的《传统文化在现代企业传播的形态和效果——中盐金坛贤文化个案解读》基于传统文化在现代企业传播的视角，对具有浓厚儒家文化特征的中盐金坛贤文化的传播形态、传播效果做了深度的解读，特别是对贤文化的内涵与历史传承、贤文化建设与传播的历程、贤文化传播的途径与形式、贤文化的传播效果等做了深入分析，为传统文化在现代企业的传播研究提供了一个典型案例。②钟海连、郑称德的《儒家价值观对企业创新的影响机制——中盐金坛案例研究》基于道德认同和伦理领导理论，以中盐金坛盐化有限责任公司为研究案例，探索了儒家价值观对于企业创新的作用机制。研究发现：公司领导层的儒家价值观会引发其儒家伦理领导，儒家伦理领导行为会推动企业实施社会责任活动，而企业社会责任活动最终促进企业创新。③钟海连的《企业报如何提高传播效果——以〈中盐人〉为例》以中盐金坛公司企业报《中盐人》为案例，通过调查分析，总结出当下影响企业报传播效果的主要因子有：传播者、受众、传播内容、传播渠道、传播环境。从《中盐人》的阅读率、满意度、公信力以及监督功能、引导功能、文化功能的实现程度六个方面，分析其实际传播效果，提出增强企业报传播效果的措施。④

钟海连的《儒家价值观与企业管理的结合及其成效——以 Z 公司"贤文化"管理为例》系国家自然科学基金项目"新儒商的儒家价值观与企业创新：基于儒家伦理关系准则、道德认同和伦理领导理论的跨层次实证研究（71472086）"，Z 公司委托课题"基于贤文化的人文管理研究"的阶段性成果。文章认为，学界和管理界对于儒家价值观能否与企业管理结合，及结合的成效如何等问题存在不同的看法。而 Z 公司领导层在实践中进行了积极探索，他们在儒家价值观的影响下，系统地提出了建设企业"贤文化"的具体路径。公司通过内部全员培训等措施，推行、实践"贤文化"，努力推动形成"贤文化"管理模式，并在促进企业创新、培养德才兼优的创新人才、履行企业社会责任等方面取得了明显的效果。该公司的案例，充分说明了在现代企业管理中，吸收和借鉴传统文化，尤其是儒家文化

① 孙鹏、钟海连：《传统本末思想的传播与现代企业的价值取向》，《中华文化与传播研究》2018 年第 1 期。

② 钟海连：《传统文化在现代企业传播的形态和效果——中盐金坛贤文化个案解读》，《中华文化与传播研究》2017 年第 1 期。

③ 钟海连、郑称德：《儒家价值观对企业创新的影响机制——中盐金坛案例研究》，《中国盐业》2016 年第 17 期。

④ 钟海连：《企业报如何提高传播效果——以〈中盐人〉为例》，《中国盐业》2017 年第 2 期。

价值观是一条行之有效的路径。①

钟海连的《贤文化管理与组织传播研究》认为，"成贤作圣"是中华传统文化的人生价值追求，贤与圣的修养目标虽由儒家提出，但在历史的发展中得到了释道两家的认同，从而成为中华文化价值观的主流。当前，人类命运共同体的未来面临诸多危机，需要从东西文明的历史文化传统中汲取智慧，寻找解决的良方。因此，研究和弘扬中华圣贤文化，是时代之需、人类之需。②钟海连的《贤文化与组织传播》认为，自古以来，选贤任能、尚贤重才是激发人们向贤趋贤的外在引力和内在动力，是治国理政和社会发展的必然选择。贤者，多贝也，以自身才能为社会创造大量的财富；贤者，多仁也，以自身的德行凝聚同道者并肩齐驱。以智慧洞察世界是贤明，以仁德润泽万物是贤德，以才智奉献社会是贤才，以能力造福大众是贤能，以良知感化世人是贤良，以爱心温暖亲邻是贤惠，以哲思照亮人心是贤哲。努力做一个贤者是人生应有的追求，慧眼识得贤者是人生的乐事。③

文化是一个国家、民族、企业软实力的重要体现。企业文化是企业的灵魂，是企业赖以生存和发展的精神动力。中华传统文化对于中国企业文化传播的影响是多维度的，研究成果所采用的维度和视角也较为多样。中航富士达科技股份有限公司总经理郭建雄的《根植优秀传统文化　培育中国企业家精神》认为，应该从中华优秀传统文化中寻找企业家精神的文化源泉，从历史中寻找企业家精神的文化因子。所谓"道"就是道路与方向，就是价值观，就是依托中华优秀文化培植的"企业家精神"，是企业发展的基础。④王广禄的《用优秀传统文化涵养企业家精神》认为，企业的高质量发展离不开境界高远的企业文化，追求长远发展的现代中国企业需要立足中华优秀传统文化，培育企业家精神，塑造具有中国特色的企业文化。对于中国企业来说，企业文化建设应当传承中华优秀传统文化，塑造能够代表中华文明的企业。以优秀传统文化涵养现代企业家精神，为企业家心态建设提供有益的思想资源。⑤

王通洲的《中国优秀传统文化对企业文化建设的启示》认为，企业在形成核心价值观的阶段，必须遵循"简"和"易"的原则以及创造价值有益社会的原则；在企业文化落地的过程中必须遵循"知行合一"的原则。中国优秀传统文化博大

---

① 钟海连：《儒家价值观与企业管理的结合及其成效——以Z公司"贤文化"管理为例》，《南京晓庄学院学报》，2017年第2期。

② 钟海连：《贤文化管理与组织传播研究》，《中华文化与传播研究》2017第1期。

③ 钟海连：《贤文化与组织传播》，《中华文化与传播研究》2018年第1期。

④ 郭建雄：《根植优秀传统文化　培育中国企业家精神》，《西安日报》2017年10月1日第6版。

⑤ 王广禄：《用优秀传统文化涵养企业家精神》，中国社会科学网—《中国社会科学报》2018年9月19日，http://ex.cssn.cn/wh/wh_hylt/201809/t20180919_4562961.shtml，2019年5月17日。

精深，企业的发展必定要从传统文化中汲取力量，以形成具有企业特色和民族特色的企业文化。只有具备企业特色，才能在国内市场的竞争中脱颖而出；只有具备民族特色，才能在国际市场上独树一帜。[①] 李长征的《中华优秀传统文化对国有企业文化软实力提升的影响及启示》以海钢集团企业文化建设为例，以中华优秀传统文化引领企业创新发展，探析中华优秀传统文化对国有企业文化建设软实力提升的影响及启示。通过开展中华优秀传统文化的学习教育活动，动员职工积极参与，让职工在参与中深受潜移默化的教育，逐步培育和塑造新的海钢文化。[②] 杜晓玲的《中国传统文化对国有企业文化创新的影响——以华润集团为例》[③]，刘国林的《中国传统文化对本钢企业文化建设的影响和启示》[④]，王银娥的《中国传统文化精义对建立现代企业文化的启示》[⑤]，刘庆的《中国精神锻造中国企业是中国现代企业文化建设的核心课题》[⑥] 分别从不同角度对中国传统文化对中国企业文化传播模式创新的影响、启示进行了探讨。

中华传统文化源远流长、博大精深，在历史上，儒家思想文化曾被成功运用于经济领域，形成独特的儒商文化，蕴含着丰富的可借鉴的优秀文化资源，为企业文化建设提供了丰厚的土壤和强有力的文化支持。[⑦] 车运景的《儒家人才伦理与企业文化软实力》认为，儒家以人为本的人才伦理，注重对人的选拔、培养、任用和考核，这是当今企业实现可持续发展动力之所在。借鉴儒家丰富的知人、识人、用人以及人事管理的理论和经验，对于丰富和完善当今企业人力资源管理伦理，培育企业文化软实力载体，提升企业管理、考核文化软实力有着重要的现实意义。[⑧] 吴芳芳的《有关儒商文化与现代企业文化建设思考》认为，加强企业文化建设，是提升企业软实力和凝聚力的重要议题。积极汲取儒家文化的优秀养分，有利于形成具有中国特色的现代企业文化。[⑨] 王建均的《儒商文化与现代企业文

① 王通洲：《中国优秀传统文化对企业文化建设的启示》，企业文明网，2015 年 6 月 23 日，http://www.enpctn.com.cn/ltem/15179.aspx，2019 年 5 月 17 日。

② 李长征：《中华优秀传统文化对国有企业文化软实力提升的影响及启示》，《企业文化·下旬刊》2016 年 11 期。

③ 杜晓玲：《中国传统文化对国有企业文化创新的影响——以华润集团为例》，《中国管理信息化》2012 年第 5 期。

④ 刘国林：《中国传统文化对本钢企业文化建设的影响和启示》，《企业文化》2013 年第 5 期。

⑤ 王银娥：《中国传统文化精义对建立现代企业文化的启示》，《唐都学刊》2005 年第 1 期。

⑥ 刘庆：《中国精神锻造中国企业是中国现代企业文化建设的核心课题》，国际财经网 2018 年 8 月 23 日，http://www.guojicj.com/news/china/shehui/19779.html，2019 年 5 月 17 日。

⑦ 吴芳芳：《有关儒商文化与现代企业文化建设思考》，《经贸实践》2018 年第 24 期。

⑧ 车运景：《儒家人才伦理与企业文化软实力》，《郑州航空工业管理学院学报（社会科学版）》2018 年第 1 期。

⑨ 吴芳芳：《有关儒商文化与现代企业文化建设思考》，《经贸实践》2018 年第 24 期。

化建设》认为，加强企业文化建设是提升企业软实力和凝聚力的重要议题。中华优秀传统文化博大精深，为企业文化建设提供了丰厚的土壤，而其中的儒商文化是我国传统文化的重要组成部分，蕴涵着丰富的可资借鉴的优秀文化资源，为当前企业文化的建设提供了强有力的文化支持。积极传承仁者爱人的人本经商理念、以义取利的商业道德、经世济民的家国天下情怀、诚实守信的经商行为准则、互惠互利的商业智慧、勤劳踏实的敬业作风，汲取儒商文化的优秀养分，有利于形成具有中国特色的现代企业文化。① 邓锡斌的《孙子兵法对现代企业文化的影响》认为，作为中国历史上最负盛名的兵书，《孙子兵法》蕴含着我国古代军事文化遗产中的璀璨智慧，是我国优秀传统文化中的重要组成。孙子兵法有非常深刻的思想和缜密的逻辑，对现代企业建设与发展具有极其重要的意义。② 王衡晓园、赵羚志的《浅谈企业文化的激励作用——以联想公司为例》认为，在当前新时代背景下，企业要重视发展文化，特别是诚信文化、以人为本等中华文化精神，将科学的企业文化运用到企业的长久发展中，形成更大的竞争力。③

　　近年来，华夏企业治理纷纷强调建设"家文化"，兴起了一股"家文化"建设的热潮。雅侃的《企业"家文化"建设正负效应》分析发现，娃哈哈、比亚迪、郁美净集团、中铁七局等知名企业都在制定或提出建设"家文化"的举措。联想集团、海底捞、胖东来、均瑶集团等，虽然没有明确提出要建设属于自己企业的"家文化"，但在实际管理工作中自觉或不自觉地在践行"家文化"理念。④ 子夜的《娃哈哈的家文化》认为，娃哈哈之所以能成为一个"家"，是因为它拥有如家一般的温暖、和谐以及共同奋斗振兴"大家"的团队精神。⑤ 程江的《企业应该建设"家文化"吗？》认为，简单否定"家文化"可能使企业缺乏温度，盲目推崇"家文化"可能使企业狼性不足。当前，对企业是否应该建设"家文化"的认识缺乏深层次的理论思考和系统分析"'家文化'热"与"公司不是家"。⑥ 常宇通、孙志勇、冯译冉的《弘扬"家文化"提升文化软实力的路径探析——以中铁七局集团有限公司企业文化建设为例》认为，"家"文化是引领企业发展的"魂"，是凝聚员工心智的"根"，其在提升企业软实力和增强企业核心竞争力方面发挥着重要作用。新时期弘扬"家文化"有利于增强文化自觉、坚定文化自信、坚持文化自

---

① 王建均：《儒商文化与现代企业文化建设》，《山东省社会主义学院学报》2018 年第 1 期。
② 邓锡斌：《孙子兵法对现代企业文化的影响》，《企业改革与管理》2018 年第 7 期。
③ 王衡晓园、赵羚志：《浅谈企业文化的激励作用——以联想公司为例》，《市场周刊（理论研究）》2018 年第 2 期。
④ 雅侃：《企业"家文化"建设正负效应》，《中国石油企业》2018 年第 5 期。
⑤ 子夜：《娃哈哈的家文化》，《企业文化》2008 年第 1 期。
⑥ 程江：《企业应该建设"家文化"吗？》，《企业管理》2018 年第 2 期。

主、实现文化自强。① 刘培峰的《"家文化"让企业活力迸发——中铁七局建设"家文化"的实践与思考》认为，国有建筑施工企业之间的竞争更多地体现于硬实力和软实力集成互补的综合实力的比拼，而其中以文化为主导的企业软实力是确保企业健康可持续发展的核心所在。中铁七局集团有限公司积极投身企业文化建设，凝聚整体发展合力，打造了独具特色的"家文化"。"家文化"打破了中铁七局内部固有的地域观念，树立了五湖四海、和合与共、与人为善的良好风气。② 陈伟的《家园文化助推企业发展的探索与实践》认为，家园文化是在企业工作场所基础上生长出来的一种特殊企业文化，是企业在生产经营过程中所创造和形成的具有类家庭性的行为方式、共同信仰和价值理念。③

"和"是中国古典哲学中一个重要概念，作为事物存在的理想境界，始终是诸子百家的精神追求。郭守国、张国来的《奋斗乃国家电投"和文化"之魂》认为，国家电投吸纳中华传统文化精髓，以引领核电发展为己任，以建设国际化现代国有企业为目标，以实现和谐共生为价值追求，以忠诚于国家为职业操守等，形成了内容丰富、体系完整、理想崇高、理论科学、注重实践的"和文化"。④ 刘芳的《"和文化"在发电企业的落地深植》认为，"和"是中华传统文化之精髓，体现了原中电投"人诚和实优"和国家核电"以核为先、以合为贵、以和为本"的共同核心价值观，体现了公司重组的产业整合、价值整合，是国家电投企业文化的基石。⑤

此外，有关企业家精神、社会责任和中华老字号企业的研究，都对企业文化传播模式进行了不同维度和视角的研究。王春梅的硕士学位论文《企业家精神对企业社会责任影响的实证研究》揭示了企业家精神对企业社会责任的影响路径。这一影响机理不仅包括企业家精神直接影响企业社会责任，还包括通过分维度、多视角的创新精神、进取精神、合作精神及济世精神显著正向影响企业社会责任。⑥ 白剑峰的《同仁堂：把仁义刻进人心》认为，同仁堂成为享誉世界的"中华老字号"，是一种品质，更是一种文化，其秘诀在于"诚信"两字。⑦

---

① 常宇通、孙志勇、冯译冉：《弘扬"家文化"提升文化软实力的路径探析——以中铁七局集团有限公司企业文化建设为例》，《时代文学（下半月）》2014 年第 11 期。

② 刘培峰：《"家文化"让企业活力迸发——中铁七局建设"家文化"的实践与思考》，《建筑》2016 年第 10 期。

③ 陈伟：《家园文化助推企业发展的探索与实践》，《现代企业》2018 年第 6 期。

④ 郭守国、张国来：《奋斗乃国家电投"和文化"之魂》，《思想政治工作研究》2016 年第 1 期。

⑤ 刘芳：《"和文化"在发电企业的落地深植》，《当代电力文化》2017 年第 4 期。

⑥ 王春梅：《企业家精神对企业社会责任影响的实证研究》，硕士学位论文，石河子大学，2018年。

⑦ 白剑峰：《同仁堂：把仁义刻进人心》，《人民周刊》2018 年第 2 期。

综上所述，随着中国经济的快速发展，华夏企业的迅速崛起，在全球化、"一带一路"建设的进程中，华夏企业治理与中华文化精神的融合进程将会加快，其企业传播模式也将呈现出更加多样化、复杂化、跨文化融合、联网化、全球化、新媒体化等特性。有关华夏企业治理与中华文化精神融合的企业传播模式研究也将逐渐从学术研究的边缘走进学术研究的中心，更多更高质量更高水平的系列研究成果必将呈现在高质量学术期刊、高水平学术会议、高规格学术研究平台上。华夏企业治理与中华文化精神融合的企业传播模式研究必将吸引和培养更多更优秀的跨学科、交叉学科研究人才、专家和学者，形成学术研究和企业传播实践的强大动力，形成学术界和业界的良性互动，形成理论与实践的同步发展，形成源源不断的源头活水，催生"华夏企业治理与中华文化精神融合的企业传播模式"学术研究的百花齐放、百家争鸣。

2018 年华夏人际传播研究综述

杨　雪

（北京大学新闻与传播学院，北京，100000）

内容提要：华夏人际传播是人际传播本土化视角下的伟大尝试，但至今未得到大陆学者的足够关注，研究多集中在港台和海外地区。本文围绕着华夏人际传播研究最为关注的脸面与关系、缘与命、礼、客气与报、风水、占卜与气几个概念进行观点的梳理和把握。结论认为华夏人际传播研究不仅是对中华文化传统中沟通行为的规律总结，也需要解释并解决当下的华人沟通行为与问题，更是要发展出一套世界范围内具有中国智慧的普适性原则。在未来的研究中需要处理好方法论上的矛盾，本土性与通则性的张力和中西之间的差异问题。

关键词：华夏人际传播；华夏传播；人际传播；研究综述

作者简介：杨雪（1993—），河南漯河人，北京大学新闻与传播学院博士研究生（在读），研究方向为节庆礼仪文化传播。

华夏人际传播研究是华夏传播的一个分支，是在华人自主性意识的推动下不断发展的。从 20 世纪 70 年代末余也鲁等学者提出研究中国传统文化中的传播问题，到 2004 年厦门大学黄星民教授界定华夏传播研究的内涵，再到今天国人文化自觉的提高和华夏传播研究热情的日益高涨。华夏传播研究经历了孕育期（1978—1988）、调整期（1989—1998）和蓬勃发展期（1998 至今），研究成果逐渐丰硕，人才队伍逐步扩大，理论体系逐渐形成[①]。厦门大学的黄星民教授曾为华夏传播下定义，认为其是"对中国传统社会中的传播活动和传播观念的发掘、整理、研究和扬弃"。[②] 研究对象包括"华夏文化"与"信息传播"，研究目标是形成"传播学

---

① 谢清果：《2011—2016：华夏传播研究的使命、进展及其展望》，《国际新闻界》，2017 年第 1 期。

② 黄星民：《华夏传播研究刍议》，《新闻与传播研究》2002 年第 4 期。

中华学派"，并将之与"传播学本土化"进行区分。陈国明教授从更广阔的视角看华夏传播，认为"正是华人传播学者，如何对中华文化诠释再诠释，创新再创新，建构出一个独立于特殊的所谓的'中华传播学'或'华夏传播学'，然后经由谈判与策略性的联系与互动，投射到全球脉络的过程"①。谢清果提出华夏传播学是华夏传播研究的终极指向，并这样表述华夏传播：华夏传播学是在对中国传统社会中的传播活动和传播观念进行发掘、整理、研究和扬弃的基础上，建构起来的能够阐释和推进中华文明可持续发展的传播机制、机理和思想方法的学说。②

综观近几年华夏传播的研究成果，内容上多集中在华夏传播断代史、华夏传播媒介、华夏传播概念、华夏传播理论建构、民族文化传播学和诸子传播思想等方向③；时间跨度上多把关注点放在中国传统社会，整理、挖掘和解释中国古代的传播现象、传播制度、传播理念，传播史研究的风头正劲。传播类型上，多为独具特色的内向传播、大众传播和中华文化走出去的国际传播。正如刘海龙提出的中国传播研究本土化的两个维度与四个理想类型所展现的，现在的华夏传播研究亦多集中在应用传播理论解读中国传统思想中的传播实践和观念。从中国的传统和现实中寻找资源，建构具有普遍性理论的研究还很少。④

但是研究华夏传播，不能脱离当下的时空。正如黄旦教授在讨论传播"本土化"时所说的，我们的'本土化'研究应该是从提问开始，是从中国现实的传播问题开始，是从具有人类共通性的中国传播问题开始。⑤以陈国明为代表的一批海外中华文化传播研究的学者充满信心地认为：要成功扮演全球社会的一个分子，华人社会的传播研究，在批判吸收与转化西方思想的同时，必须深耕中华文化的土壤，耙梳与建立起自我文化的认同，然后放眼全球社会，以资提供与接收必要的双向贡献。唯有经由健全的本土性的发展与认同，再以此认同投射到整个全球社会，华人传播学才能显现其光辉与乐观的前景。⑥因此华夏文化研究不能只向"后"看，更应该向"前"看，不能只向"内"看，也要向"外"看。华夏人际传播研究就是既要扎根历史，又要关照当下，既要立足中国，又要放眼世界的研究

---

① 陈国明主编：《中华传播理论与原则》，台北：五南图书出版公司，2004年。
② 谢清果：《2011—2016：华夏传播研究的使命、进展及其展望》，《国际新闻界》，2017年第1期。
③ 谢清果：《2011—2016：华夏传播研究的使命、进展及其展望》，《国际新闻界》，2017年第1期。
④ 刘海龙：《传播研究本土化的两个维度》，《现代传播》，2011年第9期。
⑤ 黄旦：《问题的"中国"与中国的"问题"——对于中国大陆传播研究"本土化"讨论的思考》，载黄旦、沈国麟（编）.《理论与经验：中国传播研究的问题及路径》，上海：复旦大学出版社，第35—59页。
⑥ 陈国明主编：《中华传播理论与原则》，台北：五南图书出版公司，2004年。

领域。

一、华夏人际传播的概念界定与研究现状

华夏传播史中，人际传播是最具本土特色的。中国文化中生发出来的"面子""关系""礼""报"等概念以及由它们衍生出的人际传播网络是无法用西方的传播理论简单地加以解释的。华夏人际传播可以说是以中国传统社会中的哲学理念和民俗概念为基础，经过发掘、整理、验证和扬弃，构建的一系列解释并指导人与人之间沟通活动的学说。华夏人际传播理论立足于华人的人际沟通原则，但不仅局限于华人群体或中国的空间范围，从中还可以提炼出具有中国智慧并适用于世界范围的普适性人际沟通原则。华夏人际传播理论不仅仅把视角停留在对中国古代社会人际传播活动的整理总结，还以现实为关照，以当代为导向，试图解决当今社会的诸多人际沟通问题。它不仅仅指人与人之间的信息传播活动，还包括华人个体或组织间的交往、互动、碰撞、共享信息的行为，具有与西方文化背景下的人际传播截然不同的表现与特点。台湾学者关绍箕曾将华人的人际沟通特点归纳为：强调观人、强调伦常、强调缘、强调君子之交、强调知心、强调人情、强调面子、强调防人之心、强调谦逊忍让。[①] 陈国明在 2001 年就试图建立一个华人沟通通论（general theory），通过四个假定（assumption），二十三个通则（axiom）和二十三个定理（theorem）提出了一个和谐理论。要达到和谐的目标，一个人必须能够内化仁、义、礼，调整好时、位、机，正确的行使关系、面子、权力。[②]

然而华夏人际传播方面的研究在大陆鲜有学者关注，研究成果多出自香港台湾和海外华人学者。海外华人学者如陈国明、张慧晶、马成龙、钟振升、罗文辉等，还有台湾学者黄光国、香港学者肖小穗等。以单一的文化为研究对象以期帮助人们实现有效沟通的研究，已经有不少学者在做。但是从沟通的角度对中华文化有系统研究的却是凤毛麟角。[③] 以华夏人际传播为主题的著述还没有，大陆学者谢清果的《华夏传播学引论》（2017）其中有一章论及华夏人际传播。台湾学者杨中芳主编的《中国人的人际关系、情感与信任：一个人际交往的观点》（2001）、大陆学者翟学伟的《人情、面子与权力的再生产》（2005）、台湾学者黄囇莉的博

①　关绍箕：《中国传播理论》，台湾：中正书局，1994 年。

②　陈国明：《海外华人传播学研究初探》，《新闻学研究》，2001 年第 69 期。

③　Chen,G.M，"Towards transcultural understanding: A harmony theory of Chinese communication," M.K.Asante & P.O.Nwosu(Eds.),Transulture: Interdisciplinary perspectives on cross-cultural relations. (2001).

士论文《华人人际和谐与冲突》（2007）、台湾学者杨国枢主编的《华人本土心理学》（2008）都为华夏人际传播研究提供了方向。

论文方面，以"华夏人际传播"为关键词在 CNKI 里检索，只有一篇安徽大学的硕士论文，从中国成语意象中分析华夏人际传播观念并将其特征总结为"心神之交，言意之妙"，但仅仅停留在成语文本的解读上，没有论及当今社会的华人沟通行为。另以"华人""人际传播""沟通"为关键词进行检索，没有发现任何相关文献。如果将范围扩大来看，华夏人际传播应该归类为人际传播范畴（international communication），也可以被称为中国本土化人际传播研究。但中国大陆地区的人际传播研究尚处于起步阶段，和美国成熟的人际传播知识领域相比，文献积累量显得严重不足。[①]

虽然说华夏人际传播相关研究涉及传播学、心理学、哲学、社会学、人类学等领域，文献搜集方面存在一定的难度。但总体来看，大陆学者确实没有对华夏人际传播领域倾注足够的关注，甚至没有有意识地将其作为一个研究领域，缺乏对中华文化背景下的人际传播理念和规律进行总结和分析。本文主要选取台湾、香港以及海外的相关文献进行综述。

二、华夏人际传播研究中的关键概念

要真正了解一个人的沟通行为，或有效地与人沟通，必须对此人的文化先有所认识。[②]想要达到"跨文化实境"（transcultural realities），我们必须经由直接与该文化的人们互动与对话的过程，来了解该文化。[③]在传播学本土化的浪潮中，研究分析"缘分""关系""面子"等民俗概念，成为理解华人社会行为的关键。这些民俗概念又互相关联，互为因果，是华人人际关系重要的"根喻"（root metaphor），牵动整个文化脉络与中心思潮。想要理解华人人际传播与沟通行为必须围绕这些概念来展开。

（一）脸面与关系

从华人的角度，面子、情感和人际关系等概念，必须作为一个整体来理解。[④]

---

① 王怡红：《中国大陆人际传播研究与问题探讨（1978—2008）》，《新闻与传播研究》2008 年第 5 期。

② 陈国明：《海外华人传播学研究初探》，《新闻学研究》，2001 年第 69 期。

③ Epstein，"Theory and model construction in communication."Reading, MA: AddisonWesley. (1995).

④ 冯海荣：《客气与华人沟通行为》，陈国明（编）.《中华传播理论与原则》，台北：五南图书出版公司，2004 年，第 435—450 页。

面子（Mientz，face）意味着在互动过程中，因受到对方的尊敬而获得的声誉与自尊，它代表一个人的社会地位与声望。这种社会地位与声望，是因为自己成功地扮演了一种社会角色，受到他人确认而产生的。① 早在 1987 年，黄光国教授就建构出"人情与面子"的理论模型，并指出华人语境下，身处"关系网"中的人需要对彼此负有"人情"的义务，这种义务通过"面子"（留面子、丢面子、有面子）表现出来。② 黄光国在 1989 年和 2001 年的研究中进一步把华人的人际关系分为三类：情感性关系、混合性关系与工具性关系。在交易法则上，情感性关系应用的是需求法则，混合性关系应用的是人情法则，工具性关系是公平法则。人情与面子最可能在混合性关系里使用。之后又借用"方法论关系主义"（methodological relationalism）的概念，构建出华人社会中的冲突化解模式。研究指出在儒家关系主义的影响下，"不同关系中的人"（people in relations）依照不同的交换法则，和关系不同的其他人进行社会互动。按照"人情与面子"的理论模型，如果处在"混合性关系"和"工具性关系"的范畴，人际关系场合是需要"做面子"的，而如果属于"情感性关系"，就很少有"做面子"的必要。③ 基于儒家传统的生命观，个人的生命是历代祖辈的延续，这和基督教认为生命由上帝创造因此人生而平等的生命观有根本上的不同。因此家庭不是华人玩"面子游戏"的主要场所。但华人家庭成员被视为一个"大我"，这个主体在外人面前"一荣俱荣，一损俱损"，个人必须努力捍卫家庭的"面子"④。

在现代化的社会互动情境里，个人掌握的资源越多，他的"面子"越大，他的社会影响力就越大，因此个人会努力争取可得的资源，为自己创造"面子"。根据不同的场域，一个人会有"多重面子"，这些面子有实也有虚⑤。黄光国还尝试从社会学的角度分析华人社会中的面子与沟通行为，并总结出华人社会互动中的面子语言，以说明华人社会沟通的特色，比如"给面子和不给面子、增面子和损面子、借面子和看面子、顾面子和不顾面子、有面子和没面子、撕破脸和有脸面、

① Chen, Z.Z., "Analysis and empirical study of the psychology of face", *The psychology of Chinese people*. (1988).pp.155-237.

② Hwang, K.K Face and favor, "the Chinese power game." *American Journal of Sociology*,vol92,no.4,(1987), pp.944-974.

③ Hwang,K.K.Guanxi and mientze, "Conflict resolution in Chinese society." *Intercultural Communication Studies*, Vol.VII:I.(1997-8),pp.17-37。

④ Hwang,K.K.Filial piety and loyalty, "The types of social identification in Confucianism." *Asian Journal of Social Psychology*,2.(1999),pp.129-149.

⑤ 黄国光：《华人社会中的脸面与沟通行动》，陈国明（编）.《中华传播理论与原则》，2004 年，台北：五南图书出版公司，第313—336页。

留面子和敷衍面子"[1][2]。可以说"面子功夫"（facework）是华人权力游戏过程，最具影响力的因素之一。[3] 在华人的关系互动网中，保护双方的面子是维持友谊的重要手段。在冲突的情况下，华人也会追求先礼后兵、息事宁人的态度，避免"撕破脸"。为给对方面子，也会避免直接或公开拒绝，以便建立一个和谐的互动气氛。[4][5]

马成龙（Ma,R.）运用实证的方法验证"关系"在华人沟通行为中扮演的重要角色。Ma,R. 在 1992 年的研究中，通过对 25 名中国中部大城市的 25 名非学生的成年人进行非正式访谈，发现在中国人之间的非正式调解的方式在解决人际冲突时依然非常频繁和稳固。这也明确了"间接沟通"和"维护他人面子"的概念，同时也表达了间接沟通和中介存在的密切联系。Ma,R. 和 Chuang,R. 对 95 名大陆和台湾学生进行开放式的问卷调查，发现"暗示""以身作则"和"投其所好"是被普遍采用的三大说服原则，由此反映出中国人对"关系"的普遍关注。[6] 马成龙（Ma,R.）在 2004 年又试图建立一个跨文化比较关系的多面向，分别是人们关心它的程度、人们认为它对重要事情的影响程度，人际关系在自我形成中扮演的角色、人们渴望和谐的程度、社会阶层差异性、策略操纵的程度和建立关系的时间长度。然后以此为基准来描述"关系"在中华文化中的重要性，并解释"关系"何以成为华人沟通的桥梁。"面子"在网络社交上依然存在，Gina Chen 通过一项包含三种条件（拒绝、批评、控制）的单因素实验，证明在类似 Facebook 的社交网站上，即使是较小的威胁到面子的行为，也会导致自我负面情绪和报复性攻击的增加。[7]

（二）缘与命

当华人对命运的掌握产生无力感的时候，往往会在沟通过程中采取听天由命

① Hwang,K.K，"Face and favor: the Chinese power game." *American Journal of Sociology*, vol.92, no4, (1987). pp.944-974.

② Hwang,K.K，"Face and favor: the Chinese power game." *American Journal of Sociology*, vol.92, no4, (1987). pp.944-974.

③ Wang,Y.L: Renqing and Mientz. In C.Yiao(Ed.),The Chinese reqin and mientz,Beijing: *China Friendship*,1992, pp.34-45.

④ Chu,R.L: *Empirical researches on 92the psychology of face*. Doctoral dissertation, Taipei, Taiwan: Taiwan University.1983.

⑤ Chiao,C，"Chinese strategic behavior: Some central principles." *The content of culture: Constants and variants New Haven*, Conn:Hraf. (1989) ,pp.525-537.

⑥ Ma,R.& Chuang,R，"Persuasion strategies of Chinese college students in interpersonal contexts." *Southern Communication Journal*,66,(2001), pp.267-278.

⑦ Gina Masullo Chen，"Losing Face on Social Media: Threats to Positive Face Lead to an Indirect Effect on Retaliatory Aggression Through Negative Affect." *Communication Research*, vol.42,no6,(2015),pp.819-838.

的态度，于是产生"命"和"缘"的概念。①②

　　与"面子""关系"相比，"缘"并没有受到很多关注③。相关研究主要是在社会学心理学的领域进行的④⑤。传播学领域，陈凌曾在香港进行有关"缘"的量化研究，发现"缘"的理念在香港年轻人中依然被广泛接受，相信"缘分"和对双方关系的满意度呈现正相关关系⑥。在美国则主要是 Chang 和 Holt 关于"缘"的质化研究。⑦⑧

　　"缘"的概念意在解释事件起因的种种情境因素，但"缘"的概念经由许多相关词组语汇，如"有缘""无缘""恶缘""良缘""投缘""人缘"等，以及其他许多与它联结的成语俗语，成为华人日常生活中个人诠释或建构人际互动意义的一个重要民族概念。这些与"缘"相关的词汇并不是散乱无章，而是有系统的层层架构，将所有相关的概念组合而成的所谓的"主要象征"（key symbol）⑨。研究发现，学者作家对"缘"所代表的世界观的论述，直接影响到华人对此观念的认知与评估。⑩"缘"从佛学教义和哲学观点进入到民俗文化之后，深深浸润着华人的文化，影响他们对人际关系的看法。在台湾，人们用"缘"的格式词组来表达人际关系的某些特质，比如人与人之间关系的存在与否与深度（如有缘、无缘、缘深、缘浅）；关系的品质（如善缘与恶缘）；相互吸引的程度（如投缘与不投缘）；对关系的态度（如随缘和惜缘）。⑪"缘"不只是用来描述各种亲疏不同的关系和交

　　① Chen,G.M..Feng shui, "The Chinese art of space arrangement," *Paper presented at the 1996 annual meeting of Speech Communication Association.*San Diego, California（November, 1996）

　　② Chen,G.M.& Starosta,W.J., "Foundations of intercultural communication." Boston,Ma: *Allyn and Bacon*(1998).

　　③ Chang,H.C.&Holt,G.R:《缘与华人沟通行为》，陈国明（编）.《中华传播理论与原则》，台北：五南图书出版公司，2004 年，第 410 页。

　　④ 杨国枢:《中国人之缘的观念与功能》，《中国人的心理》，台北：桂冠图书公司，1989 年。

　　⑤ 文崇一:《中国人的富贵与命运》，文崇一、萧新煌编.《中国人：观念与行为》，台北：巨流图书公司，1988 年，第 25—42 页。

　　⑥ Chen,L.,"Romantic Relationship and'Yuan': A Preliminary Study of Chinese in Hong Kong," *Communication Research Reports*,26,(2009),pp.253-258.

　　⑦ Chang,H.C.&Holt,G.R:《缘与华人沟通行为》，陈国明（编）.《中华传播理论与原则》，2004 年，第 410 页。

　　⑧ Chang,H.C.&Holt,G.R, "More than relationship: Chinese interaction and the principle of kuan-his." *Communication Quarterly*, 39(1991)，pp.251-271.

　　⑨ Ortner,S.B, "On key symbols." *American Anthropolpgost*,75(5),(1973).pp.1338-1346.

　　⑩ Chang,H.C.&Holt,G.R:《缘与华人沟通行为》，陈国明（编）.《中华传播理论与原则》，2004 年，第 410 页。

　　⑪ Chang,H.C.&Holt,G.R, "More than relationship: Chinese interaction and the principle of kuan-his." *Communication Quarterly*, 39(1991)，pp.251-271.

涉的程度，也用来形容这些关系的品质和正当性。[①]"缘"与所有相关的词汇，组成一套隐喻，提供华人解释人际关系意义一个非常特殊的面向。尤其是在描述爱情、婚姻关系、亲属关系时。但"缘"也不仅仅描述人际关系，也用来描述宇宙万物之间的互动。缘与命、缘与情、缘与报的概念形塑了华人对生活的态度，必须遵循世间万物不断改变的法则。"随缘"可以说是华人最深奥但最广为遵循的人生智慧，即不强求也不执着。"缘"具有促进社会和谐的功能[②]，"缘"的观念为华人注重差序格局的人际社会创造了一个双赢的局面。缘分是一种对个人自身和社会互动的保护机制，提供有效的自我防卫方法。[③]缘分、报和命的观念，虽然看起来似乎与日常生活没有直接关系，但都是维护华人集体主义文化的重要因素，也将个人行为导向重视权威主义和保守的方向，使华人培养出安分守己的态度。[④]

在现代社会，缘分仍然发挥着它的影响力。Chang(1994)对台湾各行业中年人的深度访谈[⑤]、Chang和Holt对在美台湾研究生的研究[⑥]，余德慧与陈斐卿对台湾大学生的研究[⑦]，Chen对香港年轻人的量化研究都证实了这个观点[⑧]。

（三）礼、客气与报

"礼"是华夏人际传播的鲜明特色。不同于西方的"礼貌"（politeness），现代华人社会的礼貌观念，很大程度上是中华传统文化中的"礼"（propriety）的延续。肖小穗把"礼"提到了传播学中相当重要的位置，指出"礼"应该成为中国人际传播学研究的核心概念。"礼"本身就是一套文化表意系统和沟通模式，"礼"的字形结构就与沟通行为有关，最初是表达祭祀时对神的敬意。[⑨]在中国，礼还

---

①　Chang,H.C.&Holt,G.R：《缘与华人沟通行为》，陈国明（编）.《中华传播理论与原则》，2004年，第410页。

②　Chang,H.C.&Holt,G.R：《缘与华人沟通行为》，陈国明（编）.《中华传播理论与原则》,2004年，第410页。

③　杨国枢：《中国人之缘的观念与功能》，《中国人的心理》，台北：桂冠图书公司，1989年。

④　文崇一：《从价值取向谈中国国民性》，李亦园、杨国枢编.《中国人的性格》，台北："中央研究院"民族学研究所，1972年，第47—83页。

⑤　Chang，H.C, *Chinese communication and interpersonal relationships*. Unpublished doctoral dissertation. University of Illinois at Urbana-Champaign, 1994.

⑥　Chang,H.C.&Holt,G.R,"More than relationship: Chinese interaction and the principle of kuan-his."*Communication Quarterly*, 39(1991)，pp.251-271.

⑦　余德慧、陈斐卿：《人缘：中国人舞台生活的秩序》，杨国枢编.《中国人的人际心态》，台北：桂冠图书公司，第2—46页。

⑧　Chen,L.,"Romantic Relationship and'Yuan'：A Preliminary Study of Chinese in Hong Kong,"*Communication Research Reports*,26,(2009),pp.253-258.

⑨　肖小穗：《礼与华人沟通行为》，陈国明（编）.《中华传播理论与原则》，台北：五南图书出版公司，2004年，第381—405页。

包括一整套的行为举止、仪容谈吐的礼仪制度。中国传播学者论"礼"责无旁贷，但是至今还未有一部论述"礼"的表意系统和沟通模式的专著。肖小穗提到，对"礼"持否定性态度的学者只关注到了礼的制约性和约束性功能，但忽略了礼的能动性。能动性正是"礼"能够给我们带来良好人际关系的关键，也对中国传播学研究有特别重要的意义。

肖小穗还创造性地提出了礼的游戏性质，认为这是解释礼的能动性的关键。他认为礼具有游戏的两个基本特性：规范性和开放性。五四以来，学者多把礼视为制约规则。实际上古人更强调礼的构成规则和基本精神，这种开放性不仅给行礼者一个自由行动的空间，更为行礼者提供了游戏的愉悦和美的享受。同时肖小穗指出敬让、诚意、回报三个构成规则决定了中国人礼貌沟通和君子游戏的基本模式。涉及人际沟通的具体形式，如果把君子沟通视为中国人际沟通游戏或关系沟通游戏的理想类型，那么礼可以看作这一沟通形态的总规则。中国传播学研究的重心，应该是构成规则和操作规则，而不是制约规则。我们关注的焦点不该是那些死的沟通规则，而应是互动的沟通过程。

"客气"是与"礼"紧密关联的民俗文化概念。Gu 指出华人的"礼貌"有四个基本因素：敬意、谦虚、态度热情和有涵养。[1]Chinese Culture Connection 的一篇调查华人价值观的文章中，列举的四十多项价值观中有不少观念与"礼"有关，如孝、容忍、谦虚、礼仪、有礼貌和尊敬传统等。[2]冯海荣在研究中提出假定——客气是"礼"的具体表现，并认为社会距离、权力、加诸对方的影响程度是影响客气的明显因素。[3]送礼和谦虚是华人表现客气的两种通用形式。客气是华人维护双方面子、建立和维护人际关系、获致和谐的手段。总之从客气具体的表现方式进行综合考察，可以发现客气是华人实现文化价值观的一种沟通手段，也是华人用来维持、强化与延续中华文化特征的一个手段。

在"礼"与"恕"的规范下，华人经由"报"来表达对他人的感激与关怀之情，维护正义并同时依据关系的亲疏远近，严守人与人的分寸。[4][5]"报"的概念虽

---

① Gu,Y.G., "Politeness phenomena in modern Chinese." *Journal of Pragmatics*,14, (1990), pp.237-257.

② "Chinese Culture ConnectionChinese values and the search for cultural-free dimensions of culture. "*Journal of Cross Cultural Psychilogy*,18,(1987),pp.143-164。

③ 冯海荣：《客气与华人沟通行为》，陈国明（编）.《中华传播理论与原则》，台北：五南图书出版公司，2004 年，第 435—450 页。

④ Holt,G.R.& Chang,H.C.《报与华人沟通行为》，陈国明（编）.《中华传播理论与原则》，2004 年，台北：五南图书出版公司，第 409—432 页。

⑤ Yang,L.S., *The concept of "pao" as a basis for social relations in China,Chinese thought and institutions*, Chicago, IL University of Chicago Press,(1957),pp.291-309.

不是独属于华人文化，但在华人社会有着长期的历史，对社会制度产生深远的影响[1]，可以说是引发华人行为的一项主要动机。[2]"报"是维持良好"关系"的充分且必要条件，与"情"字不可分，通常是以"人情"与"人情债"的概念，来表达和强调双方的责任归属[3]。"报"还兼具满足拉近和推远这一对巧妙的辩证关系，因此华人的人际关系因此是温馨而冷酷的，黏腻又疏离的，最有人情味也是最功利的。

与之前的学者强调关系远近影响华人的沟通行为不同，Holt & Chang[4]为"报"在华人传播理论中的作用提供了研究方向。第一是研究传播人如何根据"报答"的原则，采取恰当的应对进退模式；第二是需要考察传播人如何利用口语谈判来界定双方的权利义务，实现"报"与"人情债"的内涵；第三是应该考量"报"影响下的人际沟通行为，如何因关系的亲疏远近而有所差别[5][6]，未来可以从"报"的角度来重新探讨"差序格局"对其人际沟通的影响；第四，可以把"第三人"的介入纳入研究；最后，"报"如何让华人彼此之间保持若即若离的关系，是最值得深究的课题，简单的"集体主义"与"个人主义"的二分法是不足以描述华人传播的纷繁现象。[7]

（四）风水、占卜与气

作为中华传统智慧的积累，风水、占卜等具有独特中国文化价值的民俗实践具有神秘和不可解的知识。其中的很多论点可以结合社会科学的研究方法进行研究和解释，而不是直接给它们贴上迷信、不科学的标签。

陈国明（2004）从传播学的角度考察风水学，认为风水学的内涵是非语言沟通和空间学（proxemics）领域内研究的主要范畴。从社会科学的角度，提出风水学具有实证测试价值的假设，以理论架构的方式加以表现，试图建立一个风水的

[1]　Yang,L.S., *The concept of "pao" as a basis for social relations in China,Chinese thought and institutions*, Chicago, IL University of Chicago Press,(1957),pp.291-309.

[2]　Hsu,F.L.K Eros, affect, and Pao. *Kinship and culture*.(1971), pp.439-475.

[3]　Holt,G.R.& Chang,H.C:《报与华人沟通行为》，陈国明编.《中华传播理论与原则》，2004 年，第 409—432 页。

[4]　Holt,G.R.& Chang,H.C:《报与华人沟通行为》，陈国明编.《中华传播理论与原则》，2004 年，第 409—432 页。

[5]　Chang,H.C.&Holt,G.R, "More than relationship: Chinese interaction and the principle of kuan-his." *Communication Quarterly*, 39, (1991), pp.251-271.

[6]　Ma.R, "The role of unofficial intermediaries in interpersonal conflicts in the Chinese culture." *Communication Quarterly*,40,(1992), pp.269-278.

[7]　Holt,G.R.& Chang,H.C:《报与华人沟通行为》，陈国明编.《中华传播理论与原则》，2004 年，第 409—432 页。

初级理论。陈国明（2004）还从传播学的角度为风水学指出未来的发展方向，创造性地提出将风水学关于空间布置设计的学说归类为空间传播学（proxemic communication）的研究范畴，风水学对时间使用的观点可以纳入时间学（Chronemics）的领域。①

庄瑞玲认为占卜（或算命）是华人沟通行为一种普遍的现象，代表了华人生活世界（life world）的价值观。庄瑞玲从不确定性减除理论（uncertainty reduction theory）、文化情境脉络（cultural context）、镜中我（looking glass self）和自我实现预测（self-fulfilling prophecy）理论的角度来讨论占卜（或算命）的沟通熟悉与功能，此外还指出了以占卜为代表性实践的中华文化所具有的心理咨询功能。认为占卜（或算命）对提高华人生活与生命的意义和理解华人沟通行为来说是一个必要的议题。②

"气"的概念源自中国，最初指物理的自然之气，后来引申为哲学的天地元气、人体之气、心理之气。③钟振升以中国哲学为基础创造性地提出了"气"与人的内外关系模式、"气"与自我、组织和他人的阴阳系统和"气"的传播模式。他认为研究气的传播，就是研究传播者的气如何激荡与协调讯息的气以及如何与受播者互相感应，达成传播的效果。在传播沟通的各种情境（context）中，都有阴阳相对的属性，阴与阳造成差距让旁观者感受到气。而操纵气的能力就是所谓的"才气"。使用语言策略安排讯息，造成阴阳相对之势达到效果的能力，就是"文气"。"气"的理论建构具有放诸四海而皆准的潜力。④气的观念和战略还可以发展成为一种新的公共关系模型，强调变化、整体、长期关系和互补关系。⑤

三、华夏人际传播研究的评介与前瞻

（一）研究总结与局限

纵观中华文化与华人沟通行为领域的研究成果，可以发现学者们从脸面与关系、缘与命、礼与客气、报、风水、占卜与气的概念出发，在建构华夏人际传播

---

① 陈国明主编：《中华传播理论与原则》，2004 年，台北：五南图书出版公司。

② 庄瑞玲：《占卜与华人沟通行为》，陈国明（编）.《中华传播理论与原则》，台北：五南图书出版公司，2004 年，第 503—516 页。

③ 朱荣智：《文气与文章创作关系研究》，1998 年，台北：师大书苑。

④ 钟振升：《气的传播理论和语文策略》，陈国明（编）.《中华传播理论与原则》，2004 年，台北：五南图书出版公司，第 517—538 页。

⑤ Chuang,J., Public Relations, I-Ching, and Chi Theory. *China Media Reseach*.5(3), 2009, pp.94-101.

理论方面做了很多伟大的尝试。由于中华文化与西方文化在思考方式上存在着根本的差异，因此建构知识的方法、对待知识的态度不尽相同。中国的科学更多的像是一个伦理实践的理解过程。[①] 华夏人际传播虽然也会用西方的实证方法对理论加以验证，但整体上是在中国传统伦理实践关照下所做的理论建构的尝试。

然而该领域的研究从整体上看还存在一些局限。首先从地域上看，学者多集中在台湾、香港以及海外华人群体，还未引起大陆地区学者的广泛关注。由此即导致了关于华人沟通理论的实证研究样本主要存在于香港台湾和海外，最该成为研究对象的大陆地区反而被忽略；其次从研究时间上看，20 世纪末到 21 世纪初是成果最为集中的时期，后续的研究并没有及时跟上。尤其是随着现代化程度的加强和媒介大变革时代的到来，"缘""面子"之类的传统民俗概念是否依然适用于现代社会，它们的语义和意义经历了怎样的流变和转向，在互联网新媒体空间下它们是否依然发挥作用和怎样发挥作用都有待及时的跟进和探索。

（二）方法论上的思考

关于华人沟通理论，一些方法论上的讨论也值得思考。首先目前关于华人人际沟通方面的理论，仍然较多地沿用社会心理学的理论，缺少有对华人背后情感哲思的关注和讨论。简单地用"集体主义"来解释华人文化中比较"传统"的部分是不完善的。应该从西方理论模式中跳脱出来，把中华文化的民俗概念当作一个独特的文化概念来研究[②]。其次在研究方法上，不管是定性还是定量的研究关注点都会较多地倾向于外控归因，而忽略内控归因和自我省察过程。在研究中尤其是深度访谈中，研究者要能够区分传统民俗概念在华人社会的普遍表征和受访者对其的主观描述与认知。此外还存在一个在华人沟通理论建构时非常值得注意的问题——文化和行为之间的关系，并不是简单的一对一的因果关系。我们不但很难测量文化概念对个人行为的具体影响，也很难评估中介因子增强或干扰文化与行为间的关系[③]。尤其是在实证研究中，研究者很容易出现的问题是假设文化与传播行为之间有直接的关系。因此研究者需要注意的是不仅要证明中华文化观念与华人人际沟通行为之间有密切的相关度，还需要仔细考察文化观念是如何以不同的方式和渠道来影响沟通行为的。

---

① 汪琪、沈青松、罗文辉：《华人传播理论：从头打造或逐步融合》，陈国明（编）.《中华传播理论与原则》，台北：五南图书出版公司，2004 年，第 27—44 页。

② Chang,H.C.&Holt,G.R:《缘与华人沟通行为》，陈国明（编）.《中华传播理论与原则》，台北：五南图书出版公司，2004 年，第 410 页。

③ Chen,L., "Romantic Relationship and 'Yuan': A Preliminary Study of Chinese in Hong Kong," *Communication Research Reports*,26,(2009), pp.253-258.

（三）通则性与本土性之间的张力

根据 Mario Bunge（1996）的定义，"理论"是一个容许我们建构有效论辩的假设系统，是可以被验证、具有解释力和预测力的。[①]然而华人沟通理论如果只局限在一群人或一种特定的社会环境下，就不能被称为一种具有通则性的理论，只能被称为一个领域内的假设。于是就带来了华夏人际传播理论本土性和通则性之间的张力。但这并不意味着华夏人际传播理论是个伪命题，因为华夏传播研究的目标应该是从解释华人社会的特殊现象，发展到建构具有普适性价值的理论。虽说每种文化中都有自己的独特经验，但其中还是有一小部分可以上升为普适原则。华夏人际传播理论最终要走向从特殊到普遍、从应用到理论的发展道路。理论是应社会问题而生的，正如美国的大众传播学就是冷战的产物。面对着国内和国际上社会矛盾日益显现、传播媒介日新月异的现实，传播研究不应该只停留在对人类传播现存的反映和概括，而应该是对人类传播实践进行设计和开拓，为世界贡献中国智慧。

（四）中西方理论与方法之间的张力

从 20 世纪 90 年代传播研究本土化的呼声渐起，中西之争就一直是一个无法绕开的议题。甚至有较为激进的本土化学者认为建立中国本土的传播理论需要摒弃所有西方的理论与方法，并且把跨文化研究中的问题片面地归咎于社会科学研究方法的问题，把实证定量的研究方法视为唯一的西方范式并将之对立起来。但要消除所有西方概念、想法……不但不切实际，而且也是一种冒失的想法。[②]在没有得到学术共同体普遍承认的基础上便简单地否定这个群体已达成的共识，是十分轻率的行为。[③]传播学本土化研究的关注点不应该停留在空间维度的中西方差异上，而应该以时间为参照系，带着明确的本土问题意识出发。正如单波指出的"我们并不缺少传播学的知识，我们缺少的是与中国传播问题相匹配的智慧。知识的积累使我们对人类的传播越来越清楚，而他人观点的堆积却使我们的思想越来越糊涂。一旦思想不是从问题出发而是从观念（而且是他人的观念）出发，思想就没有了自由，我们就失去了智慧"。[④]不过因为中国传统文化中并不存在西方话语体系下所谓的"理论"，也没有给我们带来适合"理论"发展的环境或条件，因此

①　Bunge, M., *Finding philosophy in social science*, New Haven: Yale University Press,1996.
②　汪琪、沈青松、罗文辉：《华人传播理论：从头打造或逐步融合》，陈国明（编）.《中华传播理论与原则》，台北：五南图书出版公司，2004 年，第 27—44 页。
③　刘海龙：《传播研究本土化的两个维度》，《现代传播》2011 年第 9 期第 43—48 页。
④　单波：《如何表现中国传播研究的智慧》，《新闻大学》2008 年第 2 期。

想要发展成为能够和西方对谈的理论体系，华夏传播研究仍富有难度和挑战。

此外，发展本土化研究不能单纯地把中国或西方视为铁板一块，更不能将之视为对立的双方。尤其是在全球化时代，我们没有必要把自己局限于特定的时间与文化范围内，要警惕把中国与世界割裂开来的思想。总之在传播领域，既要走出过去追随模仿、步人后尘的老路，找到自身的定位，又要避免单纯排斥、对立的行为，融合、创新是最终的发展方向。正如汪琪、沈青松、罗文辉在《华人传播理论：从头打造或逐步融合》（2004）中写到的：在一个全球化的时代，必须能够放眼天下；不过同时我们也不能忘了将我们的"眼力"培养好；东西看不清的时候，我们是无法"站起来，走出去"的。①

---

① 汪琪、沈青松、罗文辉：《华人传播理论：从头打造或逐步融合》，陈国明（编）.《中华传播理论与原则》，台北：五南图书出版公司，2004年，第27—44页。

2018 年汉语国际传播研究综述 *

柴俊星　刘　铭　樊　嵘　羊至刚

（海南师范大学 国际教育学院，海南海口，570000）

内容提要： 2018 年汉语国际传播研究成果持续增长，论著数量突破 125 篇。研究者学术背景主要以汉语国际教育、应用语言学为主；历史学、文学、传播学次之；间或有政治学、民族学、哲学背景学者的相关研究。学术成果主要刊发于综合性的社会科学类期刊及硕、博士论文；著作、报纸、会议等其他来源的文献数量相对较少；研究方法追求规范和质化，切入宏观和微观范式，从汉语国际传播理论研究、传播史研究、传播政策研究、传播范式研究、传播教学实践研究等热点以及其他研究入手，对华夏汉语国际转播的内容进行梳理和探究，得出在该六类研究中，除汉语国际传播教学实践研究属于微观研究外，汉语国际传播理论、汉语国际传播史、汉语国际传播政策、汉语国际传播范式及其他等五类均属于宏观研究。在此基础上对汉语国际传播研究进行综述并分析其未来势态。

关键词： 2018 年；华夏汉语国际传播；研究简述

作者简介： 柴俊星，海南师范大学国际教育学院教授；羊至刚、刘铭、樊嵘，海南师范大学汉语国际教育专业应届研究生。

一、2018 年汉语国际传播研究的内涵与范式

人类命运共同体的构想，随着新时代赋予我们的使命应运而生。而汉语国际传播正是在新的使命下，衍生出汉语推广文化传播、沟通世界、"一带一路""全球一体化"和"互联网 ＋"等大格局。在这种格局下，我国经济发展和国际交往的日益广泛及世界各国对汉语学习的需求增长，凸显出汉语国际传播对实现中华民族及华夏文明伟大复兴的战略意义。当前汉语国际传播从国家层面来看，已经有了自上而下的顶层设计和战略规划，且逐年完善，研究丰硕。相较于 2018 年前

---

* 基金项目：本研究获海南省教育厅教改项目基金支持，项目号 Hnjg 2017-16。

汉语国际传播政理研究滞后于教学实践研究的现状，有了很大改观。

耙梳 2018 年汉语国际传播的研究趋向，既有政策等宏观方面的解读，也有微观教学实践等方面的细究。文献显示汉语国际传播理论、政策及范式的文章占大多数。这表明，当前汉语国际传播的研究内容已经逐步由教学微观研究转向政策性、方向性的宏观研究过渡。在对各类文章引频次数的研究上看，前五名的文献均属于汉语国际传播政策或模式研究。这也从另一方面说明，政策性、方向性的宏观研究已经成了汉语国际传播研究的新热点、新趋势。这也说明探索汉语国际传播的新理论，探究汉语国际传播的有效模式及途径，是提高汉语国际传播的广深度、深化我国与世界各国的友好来往与合作的可行之道。这些研究像激光一样，射画出鲜活的前景范式，也成为一种学术期待。然而，固有的传播思路显然禁锢了汉语国际传播的脚步。鉴于目前汉语国际传播理论仍严重滞后于实践的现状，开展汉语国际传播研究不仅具有重要的现实意义和学术价值，也是业内同仁的责任所在。面对新的历史机遇，唯有开创新局面，开拓新思路，应对新问题，才能推进汉语国际传播事业不断发展。

可喜的是，通过本次研究，可以明确看到汉语国际传播理论仍严重滞后于教学实践的现状得到了明显改观。2018 年的汉语国际传播研究趋势中，理论的宏观研究已大大超过了微观的实践研究。

本文旨在对 2018 年汉语国际传播研究成果进行概梳，细化出现有研究的样态和主要观点，最后对现有成果进行总结和反思，为后继研究者提供参考及捷径。

二、2018 年汉语国际传播研究概况及数据分析

（一）2018 年汉语国际传播研究概况

为了统计 2018 年度汉语国际传播相关研究的大致情况，总结研究成果，揭示研究趋势，我们在中国知网上以"汉语国际传播"为关键词进行检索，并将时间限制为 2018 年，共检索出相关文献 135 篇。我们首先对这 135 篇文献进行了初步筛选，去掉了一些新闻通告类文献以及相关性不强的文献，共获得有效文献 125 篇。在此基础上，依据该 125 篇文献的不同研究内容及研究视角，我们将其分为六类：汉语国际传播理论研究、汉语国际传播史研究、汉语国际传播政策研究、汉语国际传播范式研究、汉语国际传播教学实践研究以及其他研究。从研究层面上来看，在该六类研究中，除汉语国际传播教学实践研究属于微观研究外，汉语国际传播理论、汉语国际传播史、汉语国际传播政策、汉语国际传播范式等

四类均属于宏观研究。具体数据统计如下：

各类论文占比情况统计

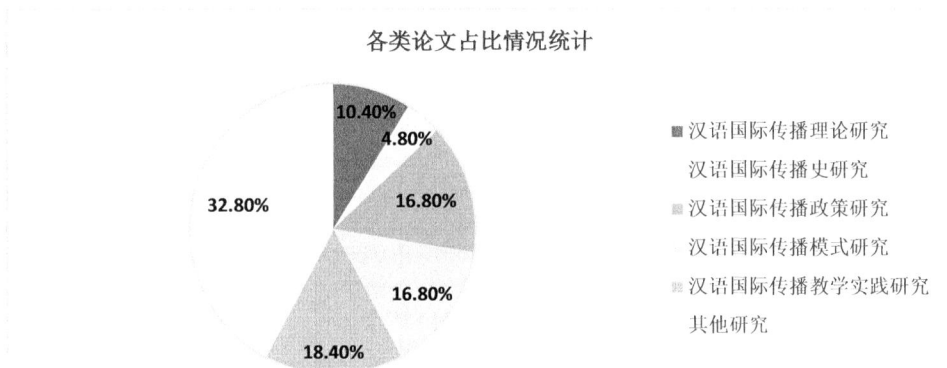

图 1　汉语国际传播相关研究分布

　　如图，我们可以看到，教学实践研究共有相关论文 23 篇，约占总数的18.40%；而汉语国际传播理论、汉语国际传播史、汉语国际传播政策、汉语国际传播范式等四类宏观研究约占总数的 48.80%；其他研究则占 32.80%。由此可见，该 125 篇文献中宏观研究的占比远大于微观研究。在宏观研究中，理论研究 13 篇，占论文总数的 10.40%；历史研究 6 篇，占总数的 4.80%；政策研究 21 篇，占比16.80%；传播范式研究 21 篇，占比例 16.80%。

　　在上表的统计数据中我们也可以看出，2018 年涉及汉语国际传播研究的文献中，其研究内容已经比较全面，基本涵盖了汉语国际传播的各个方面。这说明，汉语国际传播的体系已经基本构建完善。从文献数量上来看，涉及汉语国际传播理论、政策及范式的文章占大多数。这表明，当前汉语国际传播的研究内容已经逐步由教学微观研究而向政策性、方向性的宏观研究过渡。

（二）2018 年汉语国际传播研究数据分析

　　为了解 2018 年度汉语国际传播相关研究的情况，我们从文献分布、论文质量、被引频次及项目级别等四个方面对所搜集的文献进行进一步的整理和分析。

　　1. 各类文献分布情况分析描述

　　经过统计我们发现，2018 年发表的有关汉语国际传播研究的 125 篇文献来源是比较广泛的。其中，有 86 篇来源于各类期刊，占比 68.80%；有 27 篇是硕士或博士学位论文，占比 21.60%；有 10 篇来源于各类报纸，占比 8%，此外，还有 1篇会议文章及 1 本著作，各占比 0.80%。

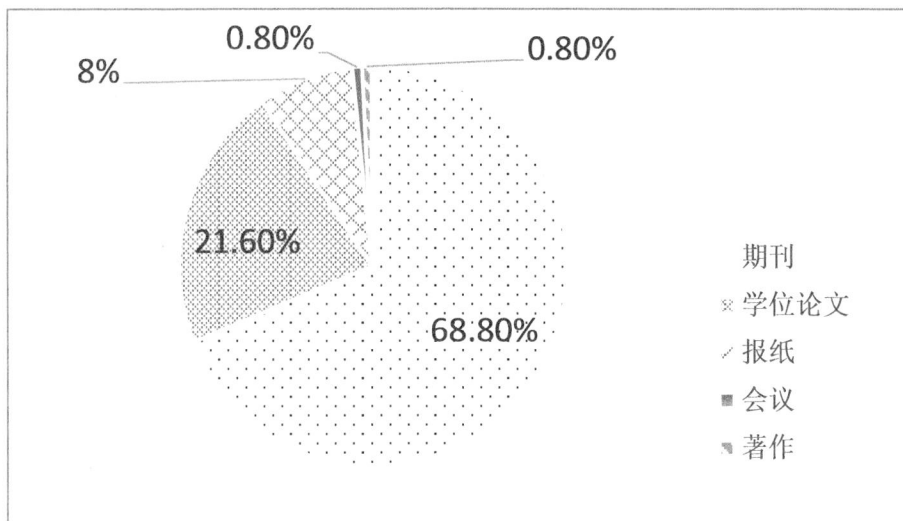

图 2　2018 年汉语国际传播研究论文来源

鉴于上述分析，我们可以发现，2018 年发表的有关汉语国际传播的研究绝大部分来源于各类期刊及硕博士论文，著作、报纸、会议等其他来源的文献数量相较之下少得多。

2. 论文质量分析描述

在论文分布情况统计的基础上，我们进一步统计分析了本文涉及的 125 篇文献发表于核心和普通期刊的情况，以便了解文献的质量及学术水准。经过统计分析发现，该 125 篇文献共发表于 70 种期刊上。其中，发表于《世界汉语教学》《华文教学与研究》《社会科学家》《中南民族大学学报（人文社会科学版）》《云南师范大学学报（哲学社会科学版）》等核心期刊的论文共有 20 篇，约占总文献数的 16%。属于教学实践微观研究的 23 篇文献中有 3 篇发表在核心刊物上，占比 13%；宏观研究的 62 篇文章中则有 15 篇发表在核心刊物上，占比 24.19%。

由此可见，涉及教学实践研究的文献数量较少，发表于核心期刊上的频次也较低；而涉及宏观研究的论文的数量较多，其总体学术水准也比较高；我们还发现，宏观研究中的政策研究和传播范式研究等两类文献发表于核心期刊的频次较高，分别占比 28.57% 和 23.81%。

这说明，汉语国际传播的研究方向在逐步从微观向宏观研究过渡，且研究高度及深度均有了较明显的变化。在当今中国蓬勃发展、国际地位不断提高的大背景下，汉语推广已经成为汉语国际传播的主要靶标，是一项国家行为。正如崔希亮在《汉语国际教育与人类命运共同体》一文中所指出的，汉语是中国与其他各国扩大合作，友好来往的有力交际工具之一。[①] 因此，探索汉语国际传播的新理论，探究汉语国际传播的有效模式及途径，是提高汉语国际传播的广深度，深化我国与世界各国的友好来往与合作的航标之道。

3. 文献被引分析描述

下表 1 为 2018 年间汉语国际传播研究被引频次前 30 的文献统计。由下表可以看出，2018 年间发表的有关汉语国际传播的 125 篇文献中，被引次数排名前 5 的分别是沈骑、夏天的《"一带一路"语言战略规划的基本问题》19 次；《目标设定、路径选择、队伍建设：新时代汉语国际教育的重新认识》8 次；《但丁协会与孔子学院的比较及其启示》7 次；《"一带一路"背景下汉语国际传播的新机遇、新挑战与新作为》7 次；《新时代世界华文教育发展理念探讨》被引 6 次。具体统计数据如下表所示：

表 1　2018 年汉语国际传播研究被引频次前 30 的文献统计

序号	篇名	作者	刊名	被引频次	发表时间
1	"一带一路"语言战略规划的基本问题	沈骑 夏天	新疆师范大学学报（哲学社会科学版）	19	2018-12-31
2	目标设定、路径选择、队伍建设：新时代汉语国际教育的重新认识	胡范铸 陈佳璇 张虹倩	世界汉语教学	8	2018-01-05
3	但丁协会与孔子学院的比较及其启示	李宝贵 史官圣	辽宁师范大学学报（社会科学版）	7	2018-01-20
4	"一带一路"背景下汉语国际传播的新机遇、新挑战与新作为	李宝贵 尚笑可	辽宁大学学报（哲学社会科学版）	7	2018-03-15
5	新时代世界华文教育发展理念探讨	贾益民	世界汉语教学	6	2018-04-05
6	汉语国际教育与人类命运共同体	崔希亮	世界汉语教学	4	2018-10-05
7	汉语国际传播的"五观"问题	李宝贵	沈阳师范大学学报（社会科学版）	3	2018-03-20
8	汉语国际教育硕士专业课程设置研究	刘明阳 潘婧妍	吉林广播电视大学学报	2	2018-01-15

---

① 崔希亮：《汉语国际教育与人类命运共同体》，《世界汉语教学》，2018 年第 4 期。

序号	篇名	作者	刊名	被引频次	发表时间
9	浅谈汉语国际教育与中华文化国际传播	孙嘉蔚	才智	2	2018-02-25
10	"一带一路"背景下东盟国家汉语教育发展研究	洪柳	河北师范大学学报（教育科学版）	2	2018-03-15
11	非洲孔子学院的语言文化传播效果研究	杨薇 翟风杰 郭红 苏娟	西亚非洲	2	2018-06-10
12	汉语国际教育发展对策研究	何洪霞	黑龙江教育（高教研究与评估）	2	2018-08-21
13	国际汉语教材中国人物形象自塑研究	朱勇 张舒	华文教学与研究	2	2018-09-20
14	传播学视域下汉语国际教育传播者研究	代偲	山东大学	2	2018-05-18
15	文化自信与传播视角下汉语国际教育诗歌教学研究	杨辉 胥娜娜	北京印刷学院学报	1	2018-12-26
16	埃及开罗大学孔子学院汉语教学本土化研究	周啸生	海外英语	1	2018-01-23
17	数字媒介推动汉语国际传播的策略研究	郭薇 于萌	传媒	1	2018-01-25
18	跨文化传播的价值观选择——兼谈汉语国际教育专业的媒介素养教育	黄鸿业	传媒	1	2018-01-25
19	国际汉语教师知识体系与职业能力建构刍议	陈肯	西南石油大学学报（社会科学版）	1	2018-05-23
20	汉语国际教育学科发展现状及教学策略思考	安兰朋 韩瑞军	河北经贸大学学报（综合版）	1	2018-06-25
21	当代汉语国际传播的有效途径研究	何干俊	中南民族大学学报（人文社会科学版）	1	2018-09-20
22	激发和培养汉语国际教育本科生学习动机的意义及策略	黄章鹏	读与写（教育教学刊）	1	2018-11-15
23	汉语国际教育的终极目标与本土化	张新生 李明芳	语言战略研究	1	2018-11-10
24	深化对汉语国际教育性质的理解	张建民	语言战略研究	1	2018-11-10

续表

序号	篇名	作者	刊名	被引频次	发表时间
25	国家形象视域下的外宣翻译规范研究——以《今日中国》为个案	胡好	上海外国语大学博士论文	1	2018-05-01
26	文化软实力思想与弘扬中国传统文化——基于孔子学院的文化传播工作	PRAMES-INI KHAMTAB	华南理工大学博士论文	1	2018-05-31
27	汉语国际教育硕士学位论文对比分析类选题研究	黄丹萍	黑龙江大学硕士论文	1	2018-05-03
28	汉字教学融入中国文化课堂的路径研究	李昀蔚	西南交通大学硕士论文	1	2018-05-01
29	把握时代机遇 推动汉语国际教育	郝瑜鑫 吴辰禧	中国社会科学报	1	2018-09-06
30	如何提升汉语国际影响力	冯小玲	社会科学报	1	2018-11-08

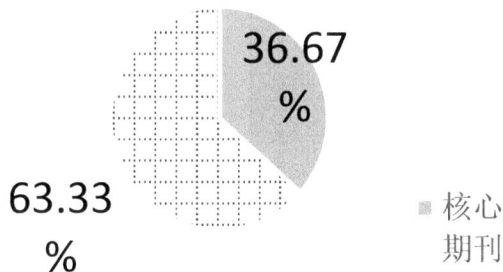

36.67%

63.33%

核心期刊

图 3　30 篇高频被引文献核心期刊和普通期刊分布情况

如图 3，被引频次前 30 的文献中，发表于核心期刊的共有 11 篇。其中《世界汉语教学》3 篇，《传媒》2 篇，《华文教学与研究》《中南民族大学学报（人文社会科学版）》《新疆师范大学学报（哲学社会科学版）》等各 1 篇。我们还发现，被引频次前五名的五篇文献均属于汉语国际传播政策或模式研究。这也从另一方面说明，政策性、方向性的宏观研究已经成了汉语国际传播研究的新热点、新趋势，如图 4。

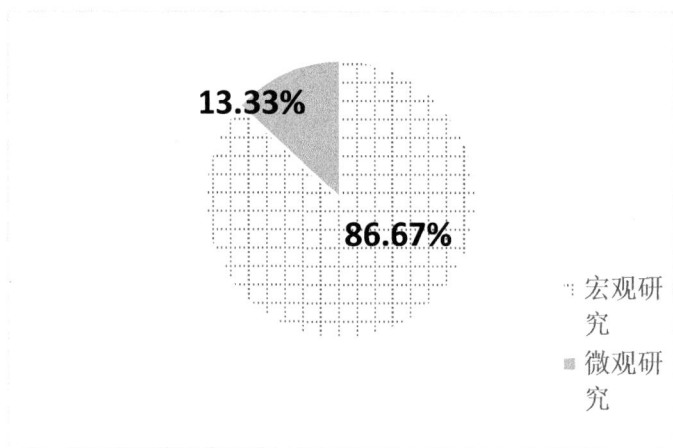

图 4　30 篇高频被引文献微观宏观研究分布情况

4. 科研项目级别分析

为了更加全面地了解 2018 年汉语国际传播研究的总体情况，我们对所搜集的 125 篇文献的课题来源做了统计。本文所涉及的 125 篇文献中属于国家级项目（课题）、省部级项目（课题）、市校级项目（课题）的文献共有 46 篇，占总文献数的 36.80%。

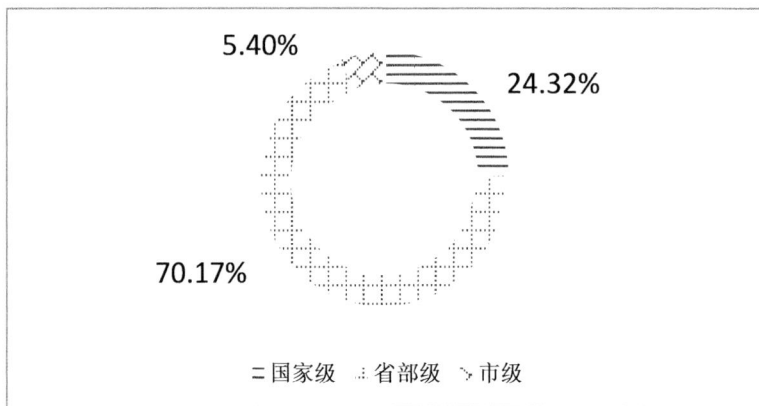

图 5　2018 年汉语国际传播研究文献项目级别统计

如图 5 所示，有 9 篇文献是国家级项目的研究成果，占比 19.57%。省部级项目的文献有 26 篇，占比 55.32%。市校级项目 11 篇，占比 23.91%。从上图的统计中可见，来源于各级科研项目的文献约有三分之一，其中占绝对数量的是省部级项目。这说明，国家对于汉语国际传播的重视程度和投入都在不断增加，研究层次不断上升，研究深度和广度也在不断增加。

下表 2 是对本文研究的 125 篇文献中的 9 篇国家级项目的统计。其中国家社科重点项目（课题）有两篇，分别是《汉语国际教育硕士跨文化交际能力培养体系》的国家社科基金重点项目"中国古代蒙学典籍的海外传播及其影响研究"以及"汉语国际教育专业学位研究生教育研究"；《继承语理论对东南亚华语传播的启示》的国家社科基金重点课题"东南亚汉语传播的国别比较研究"。

表 2　2018 年汉语国际传播研究的国家级项目统计

序号	篇名	科研项目名称
1	汉语国际教育硕士跨文化交际能力培养体系	国家社科基金重点项目"中国古代蒙学典籍的海外传播及其影响研究""汉语国际教育专业学位研究生教育研究"
2	继承语理论对东南亚华语传播的启示	2014 年国家社科基金重点课题"东南亚汉语传播的国别比较研究"
3	拟态环境视角下汉语国际传播的新思考	国家社科基金项目"面向汉语国际教学的负面评价副词立场表达研究"
4	"一带一路"视野下对外贸易与汉语传播的相关性探析	2017 年度国家社会科学基金项目"华人移民对东南亚汉语传播影响的国别比较研究"
5	3D 虚拟世界中的语言文化传播	国家社科基金项目"基于虚拟现实的汉语国际教育发展新模式研究"
6	新时代孔子学院转型发展路径探析	国家社会科学基金一般项目"意大利汉语当地化传播模式及其对汉语国际传播的启示研究"
7	"一带一路"语言战略规划的基本问题	国家社科基金项目"非传统安全领域语言安全问题与语言规划研究"
8	汉语国际推广与武术国际传播的互动关系探析	国家社会科学基金项目"武术国际传播人才培养研究"
9	目标设定、路径选择、队伍建设：新时代汉语国际教育的重新认识	国家社科基金项目"新媒体条件下政治传播与国家形象修辞案例库建设研究"

三、2018 年汉语国际传播相关研究描述

（一）汉语传播理论研究及分述

汉语国际传播理论是有效开展汉语国际传播的前提和指导，也是学科理论构建的根本。在本文所搜集的 125 篇文献中，涉及汉语国际传播理论研究的文章共有 13 篇，约占总文献的 9.6%。其研究方向主要有汉语国际教育学科研究；汉语国际传播的实现方式；汉语国际传播的经济价值；孔子学院的发展路径等等。

汉语国际传播是中外人文交流的重要形式，其宗旨是促进中外民心相通和文明互鉴，是造就国际社会情感沟通的重要力量。李宝贵针对"如何有效实现汉语国际传播"这一问题提出了"传播主体多元观、传播受众本位观、传播内容整体观、传播方式柔性观、传播途径精准观，以期为汉语国际传播提供有效路径"[①]。

汉语传播理论研究中最主要的研究内容是汉语国际教育学科理论研究。汉语国际教育这一学科的终极目标是使汉语成为国际语言[②]，这一目标的实现也就要求汉语国际教育不断发展来推动汉语国际传播的进行，汉语国际传播理论研究中大部分文献是有关汉语国际教育专业的研究也就印证了这一观点。这类文献主要研究内容集中以下三个方面：a. 学科理论研究。胡范铸、陈佳旋、张虹倩对新时代汉语国际教育专业的目标、发展路径、队伍建设进行了论述；张新生、李明芳提出了汉语国际教育的终极目标即让汉语成为国际语言及其本土化等。b. 人才培养方式即国际汉语教师的培养方式研究。陈肯就国际汉语教师的知识体系和职业能力的培养进行了论述；白洁论述了汉语国际教育专业人才的培养要点以及人才培养体系的建构；潘颂汉提出了汉语国际教育中复合型人才的培养模式。c. 课程设置研究。刘明阳、潘婧妍对比分析了三所高校汉语国际教育硕士的课程设置，提出了课程改革方案；林科对某省地方高校汉语国际教育本科课程设置的状况进行了调查分析，提出尝试构建"汉语（语言和文化：教、学和传播什么？）+ 国际（国内和国外：何时教、学和传播？）+ 教育（课堂和实践：怎么教、学和传播？）"多维互动课程体系[③]。其目的都是为了促进汉语国际教育这一学科的发展，以期更好地推进汉语国际传播。

（二）汉语国际传播史研究及分述

汉语国际传播并不是一个完全新兴的事物，而是具有悠久的历史。研究汉语国际传播的历史，有利于我们梳理汉语国际传播的脉络，总结汉语国际传播的规律和方向。本文所搜集的文献中，共有 5 篇是从汉语国际传播史的维度展开研究的，其研究视角各有不同。

高飞的博士论文《津巴布韦汉语传播研究》从历时的角度出发，梳理了汉语在津巴布韦传播的历史和模式，并探索了津巴布韦各时期语言政策对汉语在津传播的影响，对津巴布韦的汉语"三教"问题进行了探讨，为津巴布韦的汉语教学

---

① 李宝贵：《汉语国际传播的"五观"问题》，《沈阳师范大学学报（社会科学版）》2018 年第 2 期。

② 张新生、李明芳：《汉语国际教育的终极目标和本土化》，《语言战略研究》2008 年第 6 期。

③ 林科：《地方院校汉语国际教育本科专业课程体系建设研究》，硕士论文，四川师范大学，2018 年。

和国家层面的汉语本土化传播计划都提供了一些有益的参考。《东盟国家汉语教育发展研究》和《非洲孔子学院的语言文化传播效果研究》等两篇文章分别分析了当地汉语教育的发展历程以及孔子学院建设的现状，揭示了其主要存在问题，并提出了加强语言教学与文化传播相结合、努力发展创意文化产业等建议。《讲好中国故事，助力"一带一路"——以亚美尼亚埃语大孔院为例》则因地制宜地提出了可以在当地设立"文化体验课"，根据亚美尼亚当地人的中国文化偏好，开设武术或中意这类特色课程以提高汉语国际传播亲和力的主张。张晋闽的硕士论文《清末西学在华传播对当今汉语国际教育的启示》则回顾了清末西学在华传播的历程及模式，并以此为汉语国际教育及中华文化的传播提供了一些参考和借鉴。[1]

尽管这几篇文章的研究视角不尽相同，但都强调了在进行汉语国际传播的过程中要因地制宜，这也是当前学界的普遍观点。不同国家、地区有不同的区位优势及时代背景，语言传播的过程中也面临各式各样的问题，因此，如何将汉语传播与当地文化习俗相结合、如何针对性地解决语言传播中产生的问题，是其关键点所在。

（三）汉语国际传播政策研究及分述

要卓有成效地开展汉语国际传播，顶层政策设计是必不可少的。在本文所搜集的文献中，涉及汉语国际传播政策研究的文献也不在少数。依据其主题不同，我们将其分为"一带一路"政策相关研究、"国家形象塑造"相关研究、"构建'人类命运共同体'"相关研究、新时代华文教育发展研究、弘扬中国文化软实力相关研究、政府推动语言国际传播相关研究等几类。

Pramesini Khamtab 的《文化软实力思想与弘扬中国传统文化》一文以文化软实力为研究视角，深入研究中国文化的传播与发展模式，通过对泰国普及孔子学院的调查分析，展示了文化软实力视域下孔子学院对汉语国际传播的促进与推动作用，并提出了汉语国际传播海外传播的新趋向[2]。贾益民从中国特色社会主义进入新时代这一具有重大历史意义的背景出发，以党的十九大为指引，结合汉语国际教育的实践经验，提出了"新时代世界华文教育发展'十大理念'，即新时代、全球化、大华文教育、融入主流、多元驱动、民间力量、转型升级、华文教育＋、产教融合、华教安全"[3]，为中国语言文化传播提供了重要的理论支撑。崔希亮等

---

[1] 张晋闽:《清末西学在华传播对当今汉语国际教育的启示》，博士学位论文，四川师范大学，2018 年。

[2] Pramesini Khamtab:《文化软实力思想与弘扬中国传统文化》，博士学位论文，华南理工大学，2018 年。

[3] 贾益民:《新时代世界华文教育发展理念探讨》，《世界汉语教学》2018 年第 2 期。

人也论述了如何在中国特色社会主义新时代的背景下，打造符合国际惯例且具有中国特色的对外传播体系，从理论高度上分析了汉语国际传播促进和而不同、兼收并蓄的世界文明交流的使命。尹洁的《孔子学院与中国国家形象塑造》一文和王雪琪的《国际汉语教师的新"三感三情"》以十九大为指引，以孔子学院和国际汉语教师为文化传播的直接途径，结合我国现阶段在国际地位中的话语环境、话语内容、话语方式、话语主体，提出了塑造中国大国崛起、联通互惠、和平友好、文化自信的国家形象。[①]

李宝贵等人的文章则从共建"一带一路"倡议的角度出发，分别从多个方面探讨了"一带一路"倡议对汉语国际教育人才培养的现状及有效方式、"一带一路"倡议对中国及沿线国家的影响以及"一带一路"倡议对汉语国际传播在沿线国家的发展等等关键问题，指出了"一带一路"倡议为汉语国际传播带来的新机遇和新挑战。"一带一路"倡议的推行，不仅为中国的发展增添动力，也为世界了解中国打开了新局面。汉语作为中国文化对外传播的名片，也迎来了"汉语热"的新高峰。因此，如何通过汉语国际传播让世界更了解如今日益繁荣富强、国际地位日益提高、国际形象越来越深入人心的中国，如何让汉语这张名片更加引人注目，是汉语国际传播发展中的新挑战，也将开启新篇章。

（四）汉语国际传播范式研究及分述

如下面的图6所示，在我们所搜集的文献中，汉语国际传播范式相关研究占有相当一部分的比重，占比为16.8%。这也说明了汉语国际传播研究方向及热点转变的趋势。

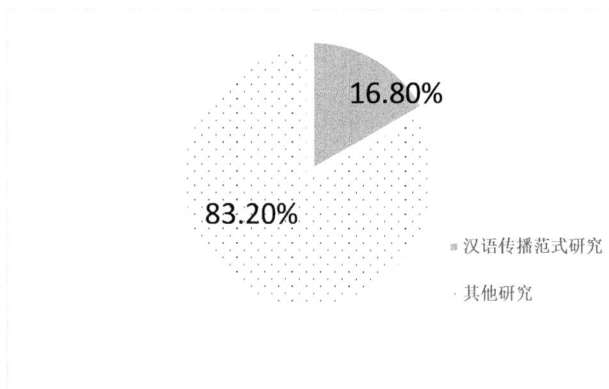

16.80%

83.20%

■ 汉语传播范式研究

　其他研究

图6　汉语国际传播范式研究比例

---

① 尹洁：《孔子学院与中国国家形象塑造》，《江西理工大学学报》2018年第4期。

当今的世界是一个技术飞速发展的世界。如何有效利用新兴传媒和工具为汉语国际传播拓宽道路、改进传播范式，是汉语国际传播面临的新问题。近些年，关于汉语国际传播范式的探讨的相关研究也在逐渐增多。本文所搜集的文献中涉及汉语国际传播范式研究的共有 21 篇，占总文献数的 16.8%，主要从汉语传播媒介、新时代环境下汉语国际传播的有效途径等方面进行了分析和探讨，且具代表性。他们的观点如下：

郭薇、于萌等人分别就如何有效利用新兴数字媒介推动汉语国际传播发展做了一些论述和探讨。值得注意的是，马冲宇提出将最新的 3D 虚拟技术运用到汉语语言文化传播中，他对国外将 3D 虚拟技术运用到语言文化传播中的现状进行了概述，然后提出了汉语国际传播的新模式——从现实世界到虚拟世界，即利用 3D 虚拟技术建立一个虚拟孔子学院[①]。肖治国、鲁光男等人主要研究方向有：（1）汉语传播媒介的研究及分析。邹伟滨、李梦雨等也从"互联网 +"、大数据和人工智能等方面对新兴技术在汉语国际传播中的应用做了一些讨论，为我们提供了一些汉语国际传播新途径的启示。肖治国、鲁光男等人则论述了汉语国际传播平台的构建。何干俊提出加快当代汉语国际传播的有效途径有："使汉语进入国民教育体系；借助新兴传播媒介，构筑立体化的交互平台；开展丰富多彩的文化交流活动，创造良好的汉语传播氛围"等等[②]。王文艳在则"一带一路"的背景下分析了汉语口语国际传播的价值及现状，提出创新汉语口语国际传播的新路径。

好的传播途径，可以让我们在开展汉语国际传播时省去许多麻烦，并取得事半功倍的效果。以上诸位学者的探讨，均旨在为汉语国际传播寻找新的有效传播途径，为我们提供了许多有益的启发和参考。

（五）汉语国际传播教学实践研究及分述

我们已经看到，汉语国际传播的方向正在发生转变，逐步向宏观、方向性研究过渡。但这并不意味着微观的教学实践研究就停滞了，相反，从图 7 所示的数据中可以看到，教学实践研究在汉语国际传播相关研究中仍然占据了相当一部分的比重。

---

① 马冲宇：《3D 虚拟世界中的语言文化传播》，《传媒》2018 年第 22 期。
② 何干俊：《当代汉语国际传播的有效途径研究》，《中南民族大学学报：人文社会科学版》2018 年第 5 期。

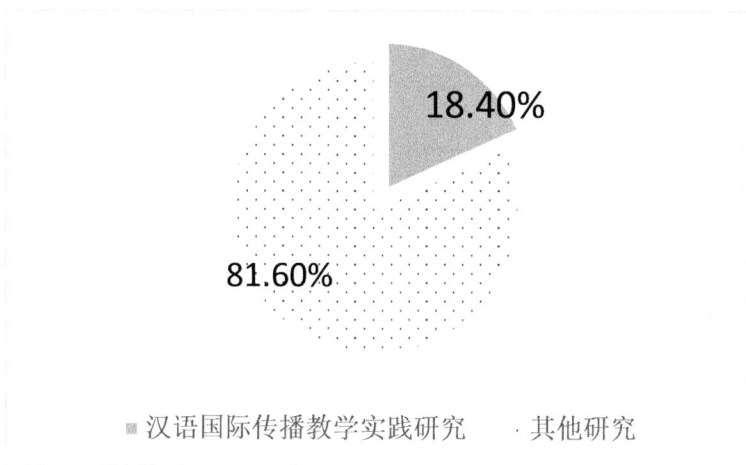

图 7　汉语国际传播教学实践研究比例

汉语教学及实践是汉语国际传播的主要途径和手段之一，也是外国人接触中国和中国文化最为直接的途径之一。因此，汉语国际教学实践始终是汉语国际传播的重中之重。本文的 125 篇文献中有 23 篇是属于汉语国际传播的教学实践研究，其中涉及最多的话题是汉语文化的传播及教学。语言是文化的主要载体和传播方式，中华文化在汉语教学及传播中起着至关重要的作用，想让外国学生真正透彻地学习和掌握汉语，必须让其了解中华文化，因此汉语文化的教学及传播受到国内学者的广泛关注。姚保兴和周玉洁等人探讨了汉语教学中文化传播内容的选择问题及汉语文化教学法的应用问题。关于具体的文化教学内容的研究中值得关注的是对汉语国际教学中诗歌教学的研究，杨辉、胥娜娜诗歌分析了诗歌在汉语国际教学中的作用，并提出了诗歌的具体教学原则和教学方法。张雪梅、李思渊等则探讨了如何在文化教学中塑造国家形象的塑造。

安兰朋、王海峰等人分别探讨了汉语教学原则与方法以及汉字教学原则与方法的研究等等问题。朱勇等则探讨了国际汉语教材研究的研究和使用问题。汉语教材承担着传授语言知识和展现中国文化等多重使命[①]，从汉语文化传播的视角看，这种方式比传统的外宣方式更有效。因此国际汉语教材在汉语国际传播研究中十分重要。王亚楠、杨伟奇等人则从国别角度出发，探讨了汉语国际传播中的国别教学现状及发展研究。

司新丽、王雅琪等人则从课程设置出发，探讨了汉语国际教育专业的发展及人才培养问题，加强中华传统文化、汉语本体知识以及实践应用能力的学习和教

---

① 朱勇，张舒：《国际汉语教材中国人物形象自塑研究》，《华文教学与研究》2018 年第 3 期。

学的问题。

（六）其他研究及分述

除上述五类研究方向、研究内容等特征比较显著的文献外，2018 年的汉语国际传播相关研究中还有一些难以归类的其他研究。如图 8 所示，其他研究在 2018 年汉语国际传播相关研究中占比 14.29%。

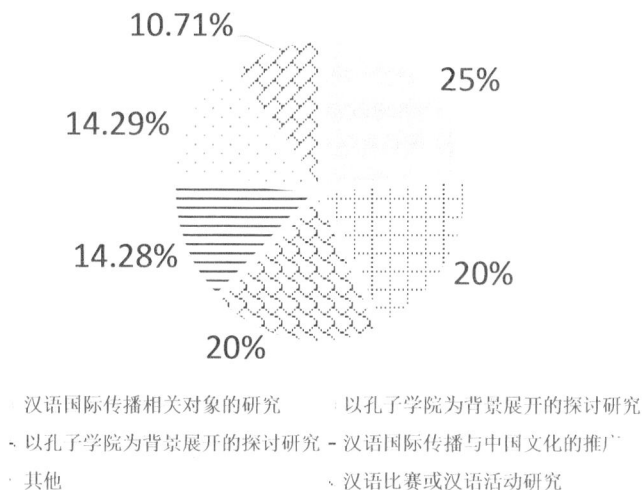

图 8　其他研究类文献内容细分

其他研究这一类文献内容来源较为复杂，难以将其归至上述五类研究中。因此，为了研究方便起见，我们将其单独归为一类。依据其研究的具体内容及研究视角的不同，我们可以再细分为 7 类：1. 由汉语比赛或汉语活动引发的思考探究，共 3 篇；2. 汉语国际教师的选拔与培训，共 2 篇；3. 汉语国际传播与中国某类独特文化的推广，4 篇，主要研究对象为茶文化、陕西文化、民俗文化、武术；4. 由某个现象引发的启示，共 3 篇；5. 汉语国际传播相关对象的研究，共 7 篇；6. 以孔子学院为背景展开的探讨研究，共 5 篇；7. 其他。这一部分内部分类较多，但研究每部分的文献较少，这说明对汉语国际传播的研究的深度和广度在不断扩大，分类研究层出不穷且不断深入细化，但每个新的研究角度还不够系统、不够完善。

（七）余论

从上述汉语国际传播研究的表图及分析结论来看，2018 年汉语国际传播研究的成果，模块多样，主题鲜明。学者们或通过对汉语国际传播新视域的窥探，或是在对新理论的阐述和更新，都是在努力实现学术的探讨和创新。虽有不足，但成果显著。

2018 年孔子学院文化传播研究综述 *

叶　虎　唐心阁

（厦门大学新闻传播学院，福建厦门，361005）

内容提要：中华文化传播是孔子学院的主要功能之一，在孔子学院研究中占据着重要地位。本文首先介绍了 2018 年国内外孔子学院相关研究概况，并对孔子学院文化传播研究的内涵予以界定。在此基础上，探讨了 2018 年孔子学院文化传播研究的学术样态，分析了孔子学院文化传播研究的主要内容，对 2018 年孔子学院文化传播研究进行了深入的反思，以期促进和提升孔子学院文化传播研究的质量和水平。

关键词：2018 年；孔子学院；文化传播；研究综述

作者简介：叶虎，男，安徽省巢湖市人，厦门大学新闻传播学院副教授、博士，硕士生导师。研究方向为海外华文传媒研究、孔子学院研究、文化传播研究、新媒体研究等。唐心阁，女，广西桂林人，厦门大学新闻传播学院 2019 级新闻学硕士研究生。

一、2018 年国内外孔子学院相关研究概况

伴随着 21 世纪以来"中国热""汉语热"的持续升温，孔子学院顺应时势，应运而生。2004 年，第一个孔子学院合作协议在乌兹别克斯坦塔什干国立东方学院签署，第一块孔子学院铭牌在韩国首尔韩中文化协力研究院挂出，第一所孔子学院在美国马里兰大学正式投入运行。截至 2018 年 11 月，全球 154 个国家（地区）建立 548 所孔子学院和 1193 个孔子课堂。① 孔子学院的成长和发展有力地促进了中外文化、教育和人文交流，已成为中国的一张闪光的名片，是语言之桥、

---

　　* 基金项目：本文系福建省社科规划一般项目、福建省中国特色社会主义理论体系研究中心 2016 年年度项目"推进文化强省建设，提升福建文化软实力研究"（项目编号：FJ2016B033）的阶段性成果。

　　① 《为孔院打 call！2018 年新增 32 所孔院，总数已达 548 所》，2018 年 11 月 30 日，http://www.sohu.com/a/278983464_651875，2018 年 12 月 22 日。

文化之桥、交流之桥和心灵之桥。

笔者在中国知网、EBSCO、WOS 等数据库中以"孔子学院""Confucius Institute"为篇名检索，剔除新闻稿件、评论文章、书籍简介、会议发言等，得到 226 条结果，其中中文研究成果 215 篇（部），英文研究成果 11 篇。

从研究主题来看，主要集中在六个方面：汉语"三教"研究、文化传播研究、机构发展与政策研究、孔子学院报道分析、价值意义与综述研究、经贸功能研究。

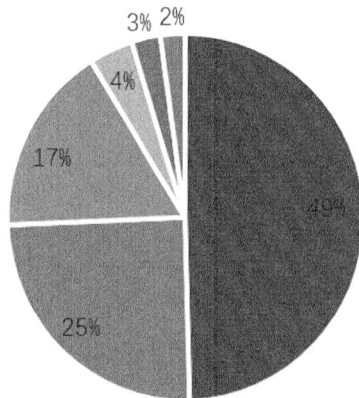

图 1　2018 年孔子学院研究主题分布比例图

表 1　2018 年孔子学院研究主题分布

主题	文章数量
汉语"三教"研究	112
文化传播研究	56
机构发展与政策研究	38
孔子学院报道分析研究	9
经贸功能研究	6
价值意义与综述研究	5

由图 1 和表 1 可见，作为孔子学院建立和发展基础的汉语"三教"研究占据主导地位，主要内容包括教学模式与策略研究、教学内容研究、师资培养等。其次就是文化传播研究和机构功能发展与政策研究。此外，还有一定比例的孔子学院报道分析，价值意义与综述研究以及孔子学院的经贸功能研究。

汉语教学研究主要分为三个部分：汉语教学模式策略与效果研究、汉语教学内容研究、师资培养与教职人员研究。汉语教学模式策略与效果研究主要包括教师在教学模式、策略以及学生反馈的学习动机与学习策略等；汉语教学内容研究包括偏误分析、教材分析等；针对师资培养与教职人员的研究将目光集中到汉语教师身上，探讨师资培养的现状与建议以及汉语教师的跨文化交际状况等。孔子学院文化传播研究主要集中在区域与国别研究、现状与策略研究、影响研究、中国文化要素传播研究和孔子学院教职人员的跨文化实践研究等方面。孔子学院的机构功能发展与政策研究也是热点之一，尤其是结合了"一带一路"的政策背景、可持续发展、命运共同体等理念，多篇研究成果都提出了有前瞻性的观点。孔子学院报道分析研究主要集中在话语分析、孔子学院形象研究、孔子学院发展的舆论环境等方面。孔子学院的价值意义与综述研究主要从建构意义的角度对孔子学院予以分析，或围绕孔子学院主题做了综述研究，提出建设性建议。孔子学院经贸功能研究主要从孔子学院促进经贸发展的角度展开分析，诸如孔子学院促进中国教育服务的出口，孔子学院促进来华留学等。

文化传播研究是 2018 年孔子学院研究的重要组成部分。汉语是中华民族文化的重要载体，孔子学院汉语国际推广过程也是中国文化的国际传播过程。同时，孔子学院的文化传播也是增强中国文化软实力的重要途径，是增进中外民间和谐互动的文化外交活动，也是广大汉语教师教学实践的重要组成部分。因此，孔子学院文化传播研究近年来一直为学者们所重视。

二、孔子学院文化传播研究的内涵

文化传播产生于人类生存与发展的需要。传播促进了人类社会的发展，而文化借助于传播影响着人类。文化传播不仅是人格和社会的建筑材料，而且反映了人与人之间的一种共存关系。文化传播是人类特有的各种文化要素的传递扩散和迁移继传现象，是传播者的编码和解读者的解码互动阐释的过程，是主体间进行文化交往的创造性的精神活动。①

本文所说的孔子学院文化传播研究，即指由孔子学院组织机构和汉语教师作

---

① 庄晓东主编：《文化传播：历史、理论与现实》，北京：人民出版社，2003 年，导论第 5—6 页。

为传播主体，开展的一系列文化传播活动及其对传播受众在心理、认知及行为等方面产生影响及相互交流对话等问题的研究。基于此，本文利用中国知网、超星发现、EBSCO 和 WOS 检索 2018 年孔子学院文化传播研究的相关中英文论文、著述，经筛选，剔除新闻稿件、新闻评论、相关性低的无效文章，得到相关研究共56 篇（部），其中包括中文论文 49 篇，英文论文 4 篇，学术著作 3 部。

三、2018 年孔子学院文化传播研究的学术样态

图 2 是由中国知网检索孔子学院文化传播研究相关论文（不包括外文文献）所得。孔子学院文化传播研究成果在 2007 年仅 1 篇，2008 年 2 篇，2009 年 4 篇，2010 年增至 12 篇，2011 年 23 篇，2012 年 28 篇，2013 年 33 篇，2014 年 41 篇，2015 年 42 篇，2016 年 49 篇，2017 年 55 篇，2018 年 49 篇。

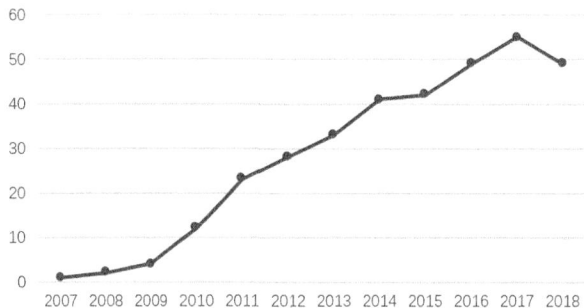

图 2　2007—2018 年孔子学院文化传播研究成果数量

从研究成果数量来看，孔子学院文化传播研究自 2007—2017 年均呈上升趋势。2010—2014 年关于孔子学院文化传播的研究蓬勃发展，自 2014 年后增长速度开始放缓，但仍在 2017 年达到了峰值和拐点，2018 年的研究成果数量较 2017 年有所下降。

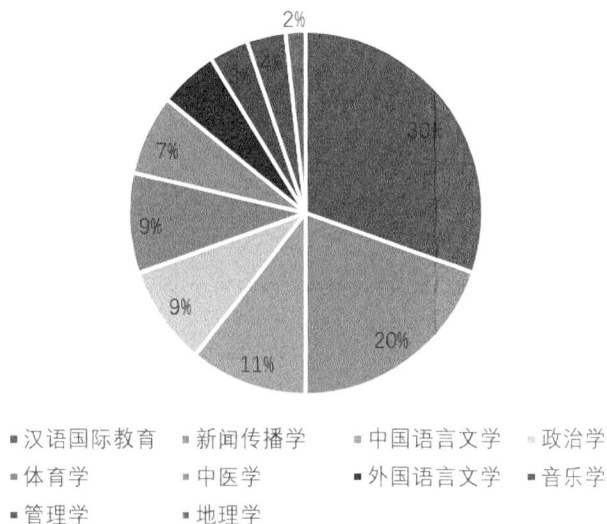

图 3　2018 年孔子学院文化传播研究作者学科背景分布比例图

表 2　2018 年孔子学院文化传播研究作者学科背景分布

学科背景	人数
汉语国际教育	17
新闻传播学	11
中国语言文学	6
政治学	5
体育学	5
中医学	4
外国语言文学	3
音乐学	2
管理学	2
地理学	1

　　由图 3 和表 2 可知，样本文献作者的学科背景主要以汉语国际教育和新闻传播学为主，中国语言文学、政治学、体育学、中医学和外国语言文学背景的作者所占比例也较大。除此之外，还有少量具有音乐学、管理学以及地理学等背景的学者参与其中。

　　从跨学科研究的视角来看，文化传播现象的普遍性和文化要素的广泛性使得学者们能够从不同的学科和理论视角来研究，主题极具延展性。汉语国际教育背景的学者主要从汉语教育、语言文化发展的视角，关注跨文化传播间的中外文化差异问题，同时，也有学者从传播学的理论架构来分析问题。新闻传播学背景的学者以传播学的理论为主，考察孔子学院文化传播活动中传播的各要素、传播模式以及传播过程，分析传播困境的原因并提出提升传播效果的路径。中国语言文学背景的学者以中国文化活动发展、国家形象塑造的角度审视孔子学院文化传播现象。政治学背景的学者则会从命运共同体建构、国家软实力提升、中西文化摩擦碰撞、顶层制度设计等角度解读孔子学院文化传播的效果或困境并提出解决路径。体育学、中医学、音乐学等背景的学者则结合其专业知识，分析不同中国文化要素在孔子学院文化传播活动中的现状、挑战、策略等。

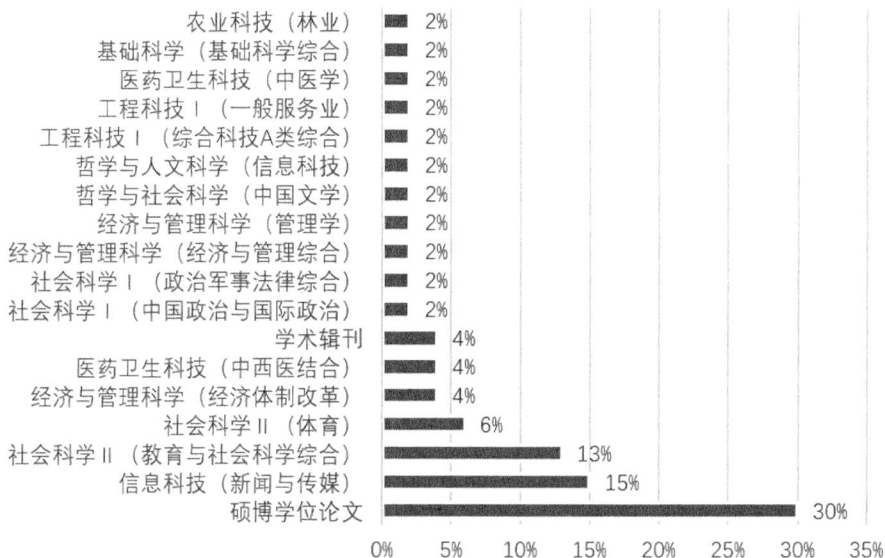

图 4　2018 年孔子学院文化传播研究发行期刊类型图

图 4 是根据中国知网期刊门类的划分梳理出来的。由图可知，2018 年孔子学院文化传播研究涉及期刊类别较为广泛，新闻传播类和教育社科综合类期刊上发表数量高于其他类型期刊，这也对应了多数研究者的学科背景来自新闻传播学与汉语国际教育的状况。

从内容结构来看，2018 年孔子学院文化传播研究主要集中在区域与国别研究、现状与策略研究、影响研究、中国文化要素传播研究和教职人员的跨文化实践研究等五个方面。总体来说，学者们对文化传播现象的分析在宏观、中观和微观三种视角的上都有涉及，也不乏将两种或三种视角结合起来分析的。许多学者基于自身对孔子学院丰富的教育教学实践，灵活切换三种视角，呈现出许多篇具有针对性的案例研究和经验性研究。如，叶虎的《泰国孔子学院的中华文化传播：优势、问题与对策》① 与杨薇等的《非洲孔子学院的语言文化传播效果研究》② 等。这些研究既介绍了当地孔子学院文化传播发展的现状、特色和价值，同时也指出了当前存在的问题并提出相应对策。

从理论视角来看，首先，许多学者会选择拉斯韦尔的"5W"模型，因此研究结果明显地呈现出不同孔子学院在文化传播过程中存在的共性和差异。如许学波的硕士学位论文《老挝国立大学孔子学院文化传播研究》③ 与杨意秋的硕士学位论文《美国堪萨斯州立大学孔子学院中华文化活动调研报告》④ 经"5W"模型分析后都指出，传播者的师资力量不足、流动性大，传播内容缺乏深度等共性问题，但在传播途径上，老挝的孔子学院案例表现出了传播渠道单一的问题，而美国的孔子学院案例则表现出传播途径多样化但硬件设施不完善的问题。其次，学者们也不乏理论创新的尝试。如，何国华和安然的《孔子学院跨文化传播影响力研究——基于阴阳视角的解读》提出，从阴阳视角解读孔子学院跨文化传播影响力中自我形象与他者形象的理论关系，从而分析得出孔子学院跨文化传播影响力是个动态、双向博弈、多维取向的过程。⑤ 赵涵在其博士学位论文《儒家人文精神范式下孔子学院中方院长跨文化能力研究》中，探究了跨文化能力的本土化研究路径，并最终建构出能够用于指导开展大规模量化研究的并具有实证意义的本土化跨文化能力理论。⑥ 此外，还有一些学者运用体验式学习理论、文化符号理论、"九力分析模型"以及后结构主义理论等理论视角进行研究。

从研究方法上看，量化研究和质化研究都占一定比例。大多数学者采用量化研究与质化研究相结合的方式，在特定的区域或国家的孔子学院实地调研，经问卷调查、访谈、内容分析等过程收集并分析数据，形成结论，其中以量化调查研究为主。质化研究层面，访谈、焦点小组、民族志、田野调查和扎根理论等方法，常见于影响研究和孔子学院教职人员的跨文化实践研究中。此外，还有学者在文化传播的视角下将孔子学院与其他国家文化传播机构进行比较研究，如将孔子学院与俄语中心、歌德学院、塞万提斯学院等进行对比。

---

① 叶虎：《泰国孔子学院的中华文化传播：优势、问题与对策》，《中华文化海外传播研究》2018 年第 2 辑。

② 杨薇等：《非洲孔子学院的语言文化传播效果研究》，《西亚非洲》2018 年第 3 期。

③ 许学波：《老挝国立大学孔子学院文化传播研究》，硕士学位论文，广西民族大学，2018 年。

④ 杨意秋：《美国堪萨斯州立大学孔子学院中华文化活动调研报告》，吉林大学硕士学位论文，2018 年。

⑤ 何国华、安然：《孔子学院跨文化传播影响力研究——基于阴阳视角的解读》，《华南理工大学学报》（社会科学版）2018 年第 1 期。

⑥ 赵涵：《儒家人文精神范式下孔子学院中方院长跨文化能力研究》，博士学位论文，上海外国语大学，2018 年。

四、2018 年孔子学院文化传播研究的主要内容

2018 年围绕孔子学院文化传播的研究主要集中在五个方面：区域与国别研究、现状与策略研究、影响研究、中国文化要素传播研究以及孔子学院教职人员的跨文化实践研究。以下将按照这五大方面介绍 2018 年孔子学院文化传播研究的主要内容。

（一）孔子学院文化传播的区域与国别研究

目前，孔子学院作为我国国际传播平台，历经十几年的蓬勃发展后，规模网络已覆盖全球，然而世界各国乃至一个国家中的不同群体，对中国的认知和需求都不一样，对文化传播能力和水平都提出了更高要求，即要有针对性和精准性的文化传播。近些年来，以文化传播的视角开展区域和国别研究已成为学者们关注的热点之一，针对特定的区域或国家，梳理其孔子学院的发展概况、文化传播现状、文化传播过程中出现的问题以及对策建议。其中，2018 年热门的研究区域和国家主要有：泰国、老挝、非洲、印度尼西亚、英国等。

李诺恩收集了泰国 4 所孔子学院门户网站 2017 年文化活动的宣传报道，筛选出体验式中华文化活动后，从活动内容、活动形式、活动环节等三个方面进行统计分析，认为其活动类型兼具广泛性和针对性、活动过程注重主体的参与和体验、活动宣传利于中华文化传播与中国形象塑造。[①] 叶虎在《泰国孔子学院的中华文化传播：优势、问题与对策》一文中，探讨了泰国孔子学院在中华文化传播中具有中泰经贸旅游往来密切、"汉语热"升温以及泰政府和王室等支持的优势，并对其存在的问题予以分析，进而提出了应对策略。[②] 许学波的《老挝国立大学孔子学院文化传播研究》[③] 与周宇鹏的《孔子学院在老挝的文化传播研究》[④] 都采用了拉斯韦尔的"5W"传播模型，从传播者、传播内容、传播媒介、传播受众及传播效果等五个方面分析了孔子学院在老挝的文化传播活动中出现的问题，并提出对策建议。杨薇等在《非洲孔子学院的语言文化传播效果研究》中对肯尼亚内罗毕大学的学生进行了问卷调查和访谈调查得出，孔子学院的语言文化传播对于提升非洲人对中国整体形象的认知起到了正面的促进作用。但是，非洲孔子学院也面临规模高速增长与稳定教育资源供给不足的矛盾，以及缺乏现代文化产业支撑等诸多

---

① 李诺恩：《泰国 4 所孔子学院体验式中华文化活动调查研究》，《2018 年对外汉语博士生论坛暨第十一届对外汉语教学研究生学术论坛论文集》，2018 年。

② 叶虎：《泰国孔子学院的中华文化传播：优势、问题与对策》，《中华文化海外传播研究》2018 年第 2 辑。

③ 许学波：《老挝国立大学孔子学院文化传播研究》，广西民族大学硕士学位论文，2018 年。

④ 周宇鹏：《孔子学院在老挝的文化传播研究》，湖南大学硕士学位论文，2018 年。

问题。① 由徐丽华主编的《非洲孔子学院：回视与前瞻》依据地域、汉语传播状况、
官方语言背景等选择了非洲最具有代表性的 12 个国家，梳理其汉语传播的历史、
探讨其孔子学院的发展现状，其中文化传播作为汉语传播机构的重要功能也有论
及。② Theo 和 Leung 列举了三个孔子学院在印度尼西亚发展遭遇困难的案例，通
过访谈法调研发现，孔子学院在印尼发展的过程中，由于印尼独特的历史、社会
文化和官僚政治等因素，其发展充满着不确定性，但同时华裔和印尼侨民作为两
个国家沟通的桥梁，在孔子学院的发展过程中起到了积极作用。③ 陈李戈瑞以伦敦
孔子学院为例，探究孔子学院在进行中国文化交流中的实际影响，发现孔子学院
在传播过程中对于自身性质的认知与受众认知孔子学院的性质存在较大出入，而
且在输出的文化产品方面，孔子学院无法将深层次中国文化传递给受众，传播辐射
面较窄。④ 付洁萍运用民族志形态描写手法详细研究孔子学院文化活动的开展与传
播，并提出针对性建议。⑤ 刘权考察了喀麦隆孔子学院的文化推广模式，归纳了六
种模式，值得一提的是院企合作的新型合作模式以及中资公司积极参与孔院的各
项文化活动。⑥

　　基于上述论著，可以看出学者们在对特定区域或国家的考察中，既肯定了孔
子学院作为语言和文化传播机构的正面作用，也指出了教师流动性大、深层次的
文化传播缺乏、未充分挖掘新媒体传播优势、受众社会背景差异大却未对其细分
以及传播效果的评估体系不完善等问题。这些研究对于改善孔子学院的文化传播
方式，提高传播技巧和能力有重要的借鉴意义。

（二）孔子学院文化传播发展的现状与策略研究

　　孔子学院文化传播发展的现状与策略研究一直是学者们关注的热点，并涌现
出许多有价值的观点。2018 年孔子学院文化传播发展的现状与策略研究，主要探
讨了孔子学院文化传播的价值、现状、困境、反思、出路，此外，还有学者对孔
子学院与国外语言文化传播机构进行对比研究以及针对网络孔子学院的研究。

① 杨薇等：《非洲孔子学院的语言文化传播效果研究》，《西亚非洲》2018 年第 3 期。
② 徐丽华主编：《非洲孔子学院：回视与前瞻》，上海：上海交通大学出版社，2018 年。
③ Theo Rika, Maggi Leung. "China's Confucius Institute in Indonesia: Mobility, frictions and local surprises", *Sustainability, Vol.*10, No.2 (2018),pp.530.
④ 陈李戈瑞：《孔子学院中国文化传播的现状与出路》，硕士学位论文，广东外语外贸大学,2018 年。
⑤ 付洁萍：《美国 A 大学孔子学院中国文化活动形态描写》，硕士学位论文，华南理工大学,2018 年。
⑥ 刘权：《喀麦隆孔子学院文化推广模式及努力方向研究》，《楚雄师范学院学报》2018 年第 5 期。

当前国际形势的外部环境以及孔子学院自身文化传播力的不足为其发展带来了不确定因素。何倩指出，当前西方媒体对孔子学院的报道具有倾向性和意识形态化，而且外冷内热，发展规模大但效果有待强化，因此，中国传统文化要实现现代转变，孔子学院要成为民间的文化交流平台，要构建新的文化传播符号和形象符号。① 李明和孙宏伟指出，当前国际形势变化给孔院发展带来不确定因素，欧美文化霸权对孔院的强势挤压，而且孔院资金来源较为单一，其规模化发展出现自我不适，应当践行文化自信，提升孔院文化传播力，增加资金来源，促进孔院产业化和本土化发展。② 王怡仙从传播理念、传播方式和传播内容的角度，提出要围绕构建人类命运共同体的理念，不断创新发展，采用当地受众易于接受的方式讲好中国故事，并且对当代中国文化进行深入探讨，加强对外派教师和志愿者的培训。③ 皮家璇提出，要打通多元传播路径，线下传播与线上推广结合，并且要重视价值观念对外传播，竞争国际话语前沿高地，适当将目光放在当下生活、前沿热点问题上。④

学者们多用"5W"模型论述孔子学院文化传播的困境与出路。张毅博用"5W"模型，从传播主体、内容、渠道、对象、效果等五个方面分析其困境，提出应当厘清孔子学院的定位，完善其职能，积极运用新的媒介技术多样化办学，积极落实孔子学院本土化。⑤ 肖萌在《全球化背景下孔子学院的文化传播功能探析》一文中，从传播者、传播对象、传播内容等三个方面着手，认为应该提高教师的传统中华文化素养，并且将学生明确定位为传播对象，将传播内容以教学大纲的形式制度化。⑥ 马梦真提出孔子学院的传播内容趋于表面化，传播方式趋于程式化，应适当传播传统的价值观念，并注重传受双方的双向协作磨合。⑦ 王超超以网络孔子学院为例，发现网络孔子学院在跨文化传播者出现了受传者成分复杂、课程资源单一、网站没有有效的课程监控评价系统等问题，提出应使网络课程资源更加多样化，让网络课程与文化相辅相成，并且在网络课程中增加现代文化内容。⑧

---

① 何倩：《中华文化对外传播困境与对策——以孔子学院为例》，《新闻研究导刊》2018 年第 21 期。

② 李明、孙宏伟：《文化传播视角下孔子学院发展的困境与出路》，《北方经贸》2018 年第 10 期。

③ 王怡仙：《孔子学院如何讲好中国故事》，《人民论坛》2018 年第 25 期。

④ 皮家璇：《孔子学院的海外传播策略》，《青年记者》2018 年第 12 期。

⑤ 张毅博：《跨文化传播视域下的孔子学院发展困境及解决措施》，《新闻研究导刊》2018 年第 24 期。

⑥ 肖萌：《全球化背景下孔子学院的文化传播功能探析》，《现代传播》2018 年第 3 期。

⑦ 马梦真：《孔子学院文化传播过程中的几个问题及解决方法》，《文学教育（上）》2018 年第 7 期。

⑧ 王超超：《汉语学习网站的跨文化传播现状分析——以网络孔子学院为例》，《湖北函授大学学报》2018 年第 11 期。

常一硕等从办学理念、资金来源、发展模式的角度，对比研究了孔子学院与俄语中心的情况，分析二者对跨文化传播的指导。[①] 邬迪的《孔子学院扩大中国文化影响力的路径研究》一文，对比了孔子学院与歌德学院的异同，并提出孔子学院扩大中国文化影响力的方法和路径。[②]

（三）孔子学院文化传播的影响研究

孔子学院的影响研究是指"孔子学院的存在和发展，对政治、经济、文化、外交等内外部环境，以及中国文化走出去和国家软实力建设等产生影响的相关研究"[③]。2018 年孔子学院文化传播的影响研究主要包括：孔子学院与国家形象、跨文化传播影响力等方面。

彭增安从孔子学院的核心职能、派出人员、教学内容等三个方面切入，认为孔子学院作为中外交流的平台，为世界各地的民众学习汉语和了解中国文化提供了良好的机会，其派出人员掌握着话语主动权，其教学内容更适合塑造客观、全面的国家形象。[④]Hartig 通过对亚洲、非洲、欧洲和美洲 50 个孔子学院内部工作报告分析后认为，孔子学院有其自身特定的叙述视角，即通过强调中国传统文化而避免政治话题冲突，以此呈现出一个去政治化的中国。[⑤]尹洁认为，孔子学院通过语言教学和多元文化的交流共通，塑造了中国大国崛起、联通互惠、和平友好、文化自信的国家形象。[⑥]何国华和安然从阴阳视角对孔子学院跨文化传播影响力中自我形象与他者形象的理论关系进行解读，认为孔子学院跨文化传播影响力是个动态、双向博弈、多维取向的过程，其结果呈现为正面、负面、中性的多维取向，并且以 AMO（能力、动机、机会）三因素为理论框架，寻求提升孔子学院跨文化传播影响力的途径。[⑦]Yang 从后结构主义理论的角度分析了中国话语体系、中国身份认同与孔子学院的关系——孔子学院是中国文化外交的一个重要组成部分，它有助于构建中国促进世界和谐的话语体系，同时也满足了构建中国和平崛起并渴

---

① 常一硕等：《孔子学院与俄语中心对比研究对跨文化传播的指导》，《传播力研究》2018 年第 7 期。

② 邬迪：《孔子学院扩大中国文化影响力的路径研究》，硕士学位论文，山东大学，2018 年。

③ 宁继鸣主编：《孔子学院研究年度报告 2018》，北京：商务印书馆，2018 年，第 107 页。

④ 彭增安：《孔子学院与国家形象传播》，《秘书》2018 年第 6 期。

⑤ Hartig Falk. "China's global image management: Paper cutting and the omission of politics", *Asian Studies Review*, Vol.42, No.4(2018),pp.701-720.

⑥ 尹洁：《孔子学院与中国国家形象塑造》，《江西理工大学学报》2018 年第 4 期。

⑦ 何国华、安然：《孔子学院跨文化传播影响力研究——基于阴阳视角的解读》，《华南理工大学学报（社会科学版）》2018 年第 1 期。

望在世界舞台上提升软实力的身份认同的要求。①

由上述论著可以看出，学者们尽管从不同角度论述了孔子学院文化传播的影响，但都肯定了孔子学院在国家形象塑造和软实力提升等方面的独特作用。

（四）孔子学院中国文化要素传播研究

2018 年孔子学院中国文化要素传播研究主要集中在音乐、中医、武术等三个方面，个案研究较多，探讨了各种中国文化要素在孔子学院传播的现状、困境和对策。

在音乐文化传播方面，闫晓松介绍了丹麦皇家音乐孔子学院在传播中国民族音乐方面的做法与经验，也论述了文化观念差异，受众群体对中国音乐的距离感，音乐教学的师资教材缺乏等挑战，同时肯定了孔子学院在传播中国民族音乐方面发挥了积极的辐射作用，其长期性的教学与文化传播活动对中国音乐在欧洲传播起到了显著的推动作用。②胡雪丽和陈金凤的《孔子学院：中国音乐传播困境与策略初探》结合音乐学、传播学、心理学等多学科知识，分析了孔子学院在中国音乐传播方面面临着传播者、传播内容以及传播方式上的困境，并提出了优化策略。③朱志晗在《中国民族音乐在海外孔子学院的传播研究》一文中，以美国瓦尔帕莱索大学孔子学院的音乐传播行为为主要研究案例，从音乐传播学、音乐社会学的视角出发，采用"5W"模型以及"九力分析模型"，对其音乐传播活动进行梳理、总结，分析问题，最终提出对策。④

在中医药文化传播方面，杨必安等学者针对"一带一路"沿线国家的孔子学院中医药文化传播的研究现状以及面临的问题进行梳理总结，提出了中医师资的培养、教材设计、文化活动以及文化网络平台传播等方案。⑤张文明论述了中医文化国际传播的历程和现状，运用"5W"模型，分析了英国文化教育协会、歌德学院、法语联盟、塞万提斯学院等国外语言文化传播机构的传播经验，为孔子学院

①　Yang Kun, Discourse, "Identity and Strategy: The Analysis of China's Cultural Diplomacy Based on the Case of Confucius Institutes", *2018 4th International Conference on Social Science and Higher Education (ICSSHE 2018)*, Atlantis Press, 2018, pp.627-631.

②　闫晓松:《基于孔子学院平台的中国民族音乐国际化传播研究》,《大连大学学报》2018 年第 2 期。

③　胡雪丽、陈金凤:《孔子学院：中国音乐传播困境与策略初探》,《文化与传播》2018 年第 6 期。

④　朱志晗:《中国民族音乐在海外孔子学院的传播研究》,硕士学位论文,南京艺术学院,2018 年。

⑤　杨必安等:《"一带一路"战背景下孔子学院的中医药文化传播策略研究》,《世界中西医结合杂志》2018 年第 11 期。

中医文化的传播发展提出建议。① 钱敏娟等以皇家墨尔本理工大学中医孔子学院为例，以社区为着眼点，发掘出中医药文化与当地社区文化的融合点，并提出要营造适合中医文化传播的社会环境。② 王思懿等基于"5W"模式，就伦敦南岸大学中医孔子学院的中医药文化传播主体、内容、媒介、对象等进行论述，并分析其网站新闻及 Twitter 推文的年度分布和热点关注，讨论中医孔子学院存在的问题并提出改进建议。③

在武术文化传播方面，韩晓明和胡晓飞对冰岛、挪威和喀麦隆三国孔子学院太极拳国际化推广主体、内容、受众和教学空间等进行研究，发现太极拳较边缘化，技术教学与文化传播脱节等问题。④ 郑琦萱探讨了卑尔根孔子学院武术课程的开设现状⑤，王恩龙研究了肯尼亚武术推广策略⑥，都认为孔子学院是推广武术的极佳平台，但也存在着师资水平不一、课程设置没有本土化等问题，同时也针对卑尔根和肯尼亚的不同情况提出建议。王璐的《孔子学院武术国际传播综述研究》指出，从内容来看，主要集中在全球观的策略研究、个案现状研究、传播要素针对性研究以及学科交叉研究。从研究现状总体来看，也存在一定的局限性，个案研究区域不平衡，重复性研究多，基础理论单薄，交叉学科研究不足以及反馈系统的缺失，并对未来孔子学院武术国际传播的研究提出方向性建议。⑦

（五）孔子学院教职人员的跨文化实践研究

目前孔子学院的研究多集中于组织层面，主要是对孔院文化传播能力以及汉语推广能力的研究，而对于文化传播微观层面的孔子学院教职人员的跨文化实践研究则较少。

葛俊伟对 20 名汉语教师志愿者进行访谈及课堂观察，收集到了 50 个案例，从汉语学习者、汉语教师志愿者、社会环境等客观方面和价值观念、民俗差异、文化负迁移等主观方面分析了汉语教师志愿者产生跨文化交际问题的原因，并从

① 张文明：《孔子学院视角下的中医文化国际传播研究》，硕士学位论文，南京中医药大学，2018 年。

② 钱敏娟等：《中医文化进社区助力中医海外传播——澳大利亚皇家墨尔本理工大学中医孔子学院个案分析》，《中医药文化》2018 年第 5 期。

③ 王思懿等：《伦敦中医孔子学院中医药传播研究》，《中国中西医结合杂志》2018 年第 5 期。

④ 韩晓明、胡晓飞：《太极拳国际化推广问题及对策——以冰岛、挪威和喀麦隆三国孔子学院为例》，《体育文化导刊》2018 年第 6 期。

⑤ 郑琦萱：《卑尔根孔子学院武术课程开设现状及发展建议》，《运动精品》2018 年第 6 期。

⑥ 王恩龙：《国际化视角下武术在肯尼亚孔子学院的推广策略研究》，《武术研究》2018 年第 6 期。

⑦ 王璐：《孔子学院武术国际传播综述研究》，《中华武术（研究）》2018 年第 11 期。

跨文化交际意识方面、汉语教师志愿者跨文化交际能力和教学能力方面提出相应的应对策略。[①] 赵涵的博士论文《儒家人文精神范式下孔子学院中方院长跨文化能力研究》以《论语》《大学》两部儒家经典以及相关阐释为研究的思想背景，建构了以"仁"为核心的儒家人文精神范式，并在该范式的指导下，使用扎根理论的数据搜集方法以及数据分析方法，对孔子学院中方院长的跨文化能力进行了探索性的研究，并且提出了中方院长的跨文化能力理论模型，尝试建构出能够用于指导开展大规模量化研究的并具有实证意义的本土化跨文化能力理论。[②]

Ye 和 Edwards 使用焦点小组和访谈的方法收集数据，探讨了在英国工作的孔子学院汉语教师的跨文化经历，分析其动机等相关因素，探讨专业和个人方面所做的调整以及跨文化经验对教师发展的转化力，也对今后国际交流项目的改进提出了建议。[③]

（六）2018 年孔子学院文化传播研究反思

中华文化传播长期以来发挥着联结中外、沟通民心的重要作用，研究行之有效的中华文化传播观念及策略，历来为学界所重视。作为传播中华文化和中外人文交流的重要平台，孔子学院在十多年的快速发展中取得了有目共睹的成绩，但也存在着不容忽视的问题。一方面，在新时代的背景下，在新媒体飞速发展的当下，孔子学院无论是在传播的内容、渠道、效果等方面都面临着变革的压力。从另一方面来看，也给中华文化传播带来了新机遇。探索孔子学院中华文化传播观念、形式、策略上的创新，已成当务之急。

2018 年孔子学院文化传播研究主要包括区域与国别研究、现状与策略研究、影响研究、中国文化要素传播研究以及孔子学院教职人员的跨文化实践研究等方面。研究者的分布呈现出多元化的特点，特别是随着一些硕士研究生加入志愿者教师队伍后，不少论文围绕着孔子学院文化传播展开。在知网 2018 年 49 篇涉及孔子学院文化传播的中文论文中，就有 12 篇为硕士毕业论文，占比达到 24.5%。总体看来，2018 年孔子学院文化传播研究涉及面较广，研究议题较多，大多数论文主要从"现状＋问题＋对策"的思维逻辑进行论述，有些论文尝试从理论上对孔子学院文化传播予以分析和总结。在取得一定成绩的同时，也有一些问题值得

---

① 葛俊伟：《汉语教师志愿者跨文化交际案例分析》，硕士学位论文，新疆大学，2018 年。

② 赵涵：《儒家人文精神范式下孔子学院中方院长跨文化能力研究》，博士学位论文，上海外国语大学，2018 年。

③ Wei Ye，Viv Edwards，"Confucius institute teachers in the UK: motivation, challenges, and transformative learning"，*Race Ethnicity and Education*，Vol.21,No.6 (2018),pp.843-857.

反思。

第一，总体来看，孔子学院文化传播研究缺少理论创新。最常见的是套用拉斯韦尔"5W"模式，对孔子学院文化传播实践进行分析和论述。早在 2009 年，刘海龙先生就指出，要在完整的学术语境中理解拉斯韦尔丰富的传播观念，不能以拉斯韦尔模式代替拉斯韦尔的传播观念。[①]刘建明先生在一篇质疑新闻 5W 传播模式的论文中指出："拉斯维尔的'五个 W'能不能构成传播模式都是疑问，把它视为新闻传播模式更让人匪夷所思。""在今天，美国的绝大多数传播学者认为，拉斯维尔的'五个 W'指的是传播要素或传播过程，将其作为传播模式生硬地移植进来，不仅明显带有不确定性，而且完全背离传播概念的内涵。"[②]从实际情况来看，中华文化传播是一个系统的、复杂的长期工程。作为联结中外的媒介，孔子学院以其综合文化交流平台的定位被嵌入到复杂多元的网络节点中。孔子学院处于交互型的网络传播生态中，仅仅以线性传播为特征的"5W"模式予以阐释和分析，在理论的说服力上是远远不够的。当然，在此并不是全然否定"5W"，如果将其定位为传播要素或过程，自有一定的合理性。我们需要警惕的是凡是论述孔子学院文化传播，必定要将"5W"搬运过来，使其机械化和模式化，造成理论创新的匮乏。

第二，以"二元对立"的思维处理中国传统文化与当代文化的关系。大致来说，孔子学院主要通过讲授中华文化课程、举办各类中华文化系列讲座、庆祝中华传统节庆（如春节、中秋节、端午节等）、开展中华才艺培训、举办中华文化图片展览、开展中国影视活动、举办中国歌舞比赛以及中华文化知识竞赛等一系列活动传播中华文化。按照对文化的一般划分方式，大致将"文化"分为物质文化、行为文化和精神文化等三个层次。从孔子学院中华文化传播的现状来看，主要涉及物质文化和行为文化，指向深层次的精神文化层面的较少。孔子学院中华文化传播受到国内外一些学者、媒体的诟病之处，正在于传播内容的浅表化、模式化。如何规避对传统文化的简化造成损害其丰富性和深刻性的问题，如何正确处理好传统文化与当代文化的关系，选择和传播好中国当代文化，都是孔子学院文化传播研究亟待思考和解决的紧迫问题。在研究中，有一种典型的观点认为传统文化是建筑在过去时代的经济和政治之上的，因此与当下的社会与现实环境是脱节的，是格格不入的。我们认为，传统文化确实诞生于传统社会，但文化本身是发展的、流动的，传统文化的精神和意蕴会流淌在我们的思维方式和行为模式中。当然，

① 刘海龙：《一篇存在争议的传播学奠基文献》，《国际新闻界》2009 年第 2 期。

② 刘建明：《新闻传播模式的实践图景——兼对"新闻 5W 传播模式"的质疑》，《西部学刊》2017 年第 1 期。

传统文化要延续和发展，必须进行创造性转化、创新性发展。其中一个可行的路径是从传统文化中挖掘具有现代价值的精神内涵，并以现代的审美表达、技术方法、传播方式加以转化重述、改编创造，才能让它们与当下的疏离感逐渐减少，才更能发挥其内在文化魅力。①

　　第三，缺少深入的人际传播维度和媒体融合传播维度分析。孔子学院双方人员和文化的双重"在场"体现了孔子学院文化传播的价值与意义，也成为孔子学院文化传播的主要方式。正是坚持和强化孔子学院的"在场"价值，才能在人与人的互动中加强情感联系，构建情感共同体，实现文化的互通有无。因此，运用人际传播的相关理论成果，并结合孔子学院的实际加以系统研究，对于提升孔子学院中华文化传播力具有重要的价值和意义。在这方面，2018年孔子学院文化传播研究更多地偏重于"工具主义"的思维逻辑，对人际沟通和情感传播较为忽视。

　　在新媒体时代，中华文化传播不再局限于主流传统媒体，而是新旧媒体的融合。当前，有越来越多的海外受众倾向于通过新媒体了解中国文化。特别是年轻群体，更习惯于通过新媒体获取中国信息。在孔子学院文化传播研究论著中，不少论者都提到要高度重视孔子学院的新媒体传播。但如何运用Facebook、Youtube、Twitter以及所在国流行的社交媒体和自媒体进行中华文化传播，虽有提及，但大多语焉不详，点到为止。而对孔子学院在文化传播过程中，如何运用大数据技术、云计算和人工智能技术，实现分众传播和精准传播的研究就更为匮乏。

　　第四，经验性陈述和对策性研究偏多，理论深度和建构有待进一步提升。一些论著满足于对孔子学院文化传播事无巨细的现象描述和经验呈现，而不能从中进行理论的批评和发现。一些论文多从中国方面单维审视孔子学院中华文化传播问题，往往忽视当地特定历史社会条件及政治经济环境下受众心理的把握，使研究呈现明显的主观化倾向。一些论文停留于孔子学院的现状描述，新意较少。一些论文主要围绕孔子学院文化传播的现状、问题与对策进行分析和论证，还缺少理论的提炼和建构。上述问题都可以在进一步的研究中予以重视和改进。

---

① 邓立峰：《弘扬传统文化要有当代意识》，《中国艺术报》2017年9月13日第1版。

2018年传统文化题材纪录片研究综述 *

张兵娟　李　萌

（郑州大学新闻与传播学院，河南郑州，450001）

内容提要： 传统文化题材的纪录片对当今传统文化的复兴有着不可忽视的作用。在2018年涌现了众多优秀传统文化纪录片，本文着手于2018年17部传统文化纪录片的播出、分类等基本情况，然后从创作与制作方式、传播方式、评价反馈分析了2018年传统文化题材纪录片的发展状况、发展规律，最后总结分析当前传统文化题材纪录片的当代价值以及困境与发展建议。

关键词： 传统文化；纪录片；发展状况

作者简介： 张兵娟（1963—），女，郑州大学新闻与传播学院教授，博士，博士生导师，研究方向：文化传播、电视传播；李萌（1995—）女，河南郑州人，硕士生，主要从事广播电视艺术学研究。

纵览改革开放40年来波澜壮阔的历程，纪录片持续发挥着重要的社会文化功能，那么传统文化题材的纪录片作品就是不断为中国民族复兴凝聚文化认同与文化记忆的一股力量。传统文化题材纪录片作为当下中国主流的文化形式，自党的十九大以来，发展更加繁荣，创作更加积极，纪录片制作单位纷纷把目光对准传统文化题材纪录片的制作，2018年涌现众多传统文化题材纪录片。

虽然传统文化题材目前发展形势较好，却也一直面临着如何使传统文化真正进入现代生活、触动当代年轻人的问题，但2018年诸多传统文化题材纪录片不断尝试创新创作与传播方式，力求传统文化题材纪录片成为中国人与传统文化的真正的纽带。同时，近年来随着新媒体的不断革新，也加快了传统文化题材纪录片进一步的发展，互联网、手机平台可以把影像内容更深入地聚合起来，进行制作

＊ 基金项目：本文为作者张兵娟主持研究的国家社科基金项目"中国礼文化传播与认同建构研究"（16BXW044）的阶段性成果。

传播。在新媒体时代下制作的传统文化题材纪录片，吸引了越来越多的受众，新媒体平台使用户可以对纪录片进行即时交流与评价，再成为二次传播者。因此新媒体与纪录片、传统文化、受众的增长相辅相成。

一、2018 年传统文化题材纪录片概述

我国传统文化的内涵十分丰富，是一种"在历史上积淀下来成为传统，并且已具有稳定形态的中国文化"。① 精神内核主要由儒、道、释三家思想融合而成，而外在表现形式为建筑遗址、文物器皿、传统民风民俗、传统手艺工艺、价值观念等。因此拍摄主题涉及上述形式的纪录片便可以归为传统文化题材纪录片。2018 年可以展现传统文化的纪录片据笔者统计主要有 17 部（见下表）。与往年传统文化题材纪录片数量比较呈上升趋势。

表 1　2018 年 17 部传统文化题材纪录片列表

序号	作品名称	首播时间	篇幅（集数 * 分钟）	导演	制作单位	播出平台
1	如果国宝会说话	2018.1.1	25*5	徐欢	央视纪录频道	央视纪录频道；央视网；爱奇艺腾讯视频；B 站
2	记住乡愁 4	2018.1.2	60*30	王海涛	中央电视台	央视中文国际频道；央视网
3	追寻宋金时代的别样生活	2018.1.26	4*25	张馨尹	中央新影集团	央视纪录频道；央视网；B 站；腾讯视频
4	博物馆之夜：探秘河北博物院	2018.2.10	2*45	白璐	中国教育电视台	中国教育电视台；爱奇艺
5	餐桌上的节日	2.18.2.10	25*5	骆永红	央视纪录频道	央视纪录频道；央视网；B 站
6	舌尖上的中国 3	2018.2.19	8*50	刘鸿彦	央视纪录频道	CCTV-1；CCTV-2；央视网；B 站；CCTV-9；CCTV-4；CCTV-7；优酷网；爱奇艺
7	齐鲁家风 2	2018.3.6	5*40	张立婷	山东广播电视台	山东卫视；央视网；爱奇艺

---

① 赵吉惠：《中国传统文化导论》，西安：陕西人民教育出版社，1998 年，第 47 页。

续表

序号	作品名称	首播时间	篇幅（集数＊分钟）	导演	制作单位	播出平台
8	我们的节日——春风春雨话清明	2018.4.5	1*90	彭韬等	中央电视台	央视科教频道；央视网
9	传承 2	2018.4.14	7*48	张可可	中央电视台	央视中文国际频道；央视网；B 站
10	超简中国史	2018.5.24	10*3	看鉴团队	北京中澜视讯传播科技有限公司	爱奇艺；搜狐视频；B 站
11	如果国宝会说话 2	2018.7.23	25*5	徐欢	中央电视台	央视纪录频道；央视网；爱奇艺；腾讯视频；B 站
12	三国的世界	2018.7.23	6*50	段锦川	四川广播电视台	央视纪录片频道；四川卫视；央视网
13	江南文脉诗词篇	2018.7.30	50*5	于平	江苏省广播电视总台	江苏卫视；爱奇艺；腾讯视频
14	景德镇	2018.8.27	4*50	董浩珉	北京发现纪实传播有限公司	央视纪录频道；央视网；爱奇艺
15	木作	2018.9.10	2*25	张一泓	北京发现纪实传播有限公司	央视纪录频道；央视网；爱奇艺；腾讯视频
16	汉字里的中国人	2018.10.22	20*3	王颖	北京中澜视讯传播科技有限公司	爱奇艺；搜狐视频；B 站
17	风味人间	2018.10.28	8*50	陈晓卿	稻来传媒、企鹅影视制作	浙江卫视；腾讯视频

17 部纪录片按照题材分类大致分为以下几种类型：

1. 传统历史文化纪录片：中华文明是世界古文明中唯一传承至今的伟大文明，所孕育出的中国优秀传统文化，更是滋养着中华民族使其不断发展，而记录这些历史文化的纪录片也是一笔财富，如《如果国宝会说话1、2》使国宝在五分钟的视频里穿越古今，展示国宝背后震撼人心的传奇故事与内涵，用引人入胜的历史故事，使观众身临其境，领略国宝不朽的价值。《追寻宋金时代的别样生活》以北宋时期开封的城市规划、经济文化发展等为主题，以民俗为切口，讲述了北宋风俗与现代社会之间的联系。《博物馆之夜：探秘河北博物院》以国宝为主角带领观众探究河北博物院。《齐鲁家风2》讲述30多个出生成长在齐鲁大地的古今人物故事，用一个个生动的故事印证着优秀的"家风"千百年来在齐鲁大地不断的传承与发展。《超简中国史》围绕十个中国历史朝代，每季用100个展现时代特色的关键词展开，兼顾知识性与趣味性。《三国的世界》向观众重现与阐释了三国的历史，通过对三国时代真实历史探究以及分析三国文化去探寻其中最有价值的部分以及对中国人深刻的影响。《江南文脉诗词篇》用微纪录片的形式精美的画面带领观众走进诗词里的江南。《汉字里的中国人》每集一分钟讲述一个汉字从甲骨文到金文、篆文再到隶书楷书的演变，让观众领略汉字的伟大与魅力。《景德镇》从景德镇的起源、景德镇与皇权、景德镇的商业力量以及世界陶瓷贸易四个方面展现古今景德镇的重要历史瞬间。

2.传统手艺工艺纪录片：中国传统手工艺有着悠久的历史，其中蕴含着文化性与艺术性、许多传统手艺工艺更是被列为非物质文化遗产，记录它们的纪录片便应运而生。如《传承2》记录中国传统手艺工艺，重点展示传统技艺传承的场所、规则、方式、精神内涵等，彰显中国传承的力量。《木作》每集选取普通木匠通过展现木匠与他们的木作工艺，表现出工匠精神，让观众领略木作之美了解中国人生活与木头之间的紧密联系。

3.传统节日纪录片：传统节日是中国传统文化的重要载体与组成部分，蕴含着中国丰富的祭祀文化、自然文化、天文历法、民风民俗等内容。如此丰厚的文化内涵更加值得用纪录片永久记录。如：《我们的节日——春风春雨话清明》通过清明这一传统节日切入，展现中国人对清明的感悟，探讨中国传统宇宙观以及生命哲学。《餐桌上的节日》关注中国人的餐桌，从食物解读节日文化。

4.传统美食纪录片："民以食为天"，传统美食背后也有着丰富的文化内涵。如《舌尖上的中国3》既观食物之美，又看文化渊源，也展现与传统美食相关的人文精神。《风味人间》在历史中探究中国传统美食的发展变化，探讨中国人与食物的关系，从美食中折射中国人的民族个性。

5.传统村落纪录片：传统村落蕴藏着丰富的历史景观与文化信息。如《记住乡愁4》以古镇为载体，探寻古镇历史故事，通过挖掘传统的乡规、家规等唤醒中国人的乡愁。

按照分集时长可分为普通纪录片与微纪录片，17部纪录片中微纪录片有6部分别是：《如果国宝会说话》《超简中国史》《餐桌上的节日》《如果国宝会说话》

《江南文脉诗词篇》《汉字里的中国人》。传统文化题材的微纪录片制作数量在 2018 年也呈上升趋势。

二、2018 年传统文化题材纪录片发展状况

（一）创作与制作方式

1. 年轻化与精品化的趋势

传统文化题材纪录片由于纪实性与题材的严肃性，导致受众长期以来认为它是枯燥、老套的。但是，2018 年诸多纪录片年轻化的创作尝试使受众看到了传统文化题材纪录片轻松的一面，加快了传统文化融入现代生活的脚步。

年轻化与精品化的创作主要目的是吸引年轻受众关注，主要方式包括制作时长简洁、主题精炼的微纪录片，它有着幽默诙谐的旁白、创造诗意文艺的意境、4K 电影级画质拍摄、奇观化的视觉冲击等。

如微纪录片《超简中国史》《汉字里的中国人》一集用极短的时间结合旁白与动画轻松有趣的讲述一段历史与一个汉字的来历，十分吸引快生活节奏的年轻人。微纪录片《如果国宝会说话 1、2》则在每集五分钟的时间内不论解说还是画面用诙谐与内涵结合的方式向观众展示一件从新石器时代到汉朝、穿越八千年的风霜的国宝文物，让受众看到背后造物的人，理解器物与时代的联系。这部纪录片用文化底蕴＋幽默画面＋内涵解说词的模式向观众展示平时躺在博物馆的冰冷国宝，使文物活起来赢得一致好评。

而《风味人间》除了在挖掘传统食物的内涵之外，在拍摄与制作上下足了功夫。导演陈晓卿则表示，从用户的角度出发，照顾观众的感受十分重要。他认为："这些年来纪录片最大的变化是在创作上迁就观众。所谓'迁就'就是在方方面面充分满足观众的视听感受。"《风味人间》不仅在拍摄上采用了高清 4k 画质还多处运用"显微摄影"技术半个月也许只完成一个镜头。例如在第一集《山海之间》里，拍摄新鲜的马肉在零度以下一夜之间便结出了冰霜和在制作马肋排时，盐粒在鲜红的肉上的跳跃变化。在镜头下这些画面新奇而艺术满足了年轻受众的奇观化需要。

2. 经典 IP 的延续与新鲜 IP 的挖掘

随着 2012 年《舌尖上的中国》IP 大热，越来越多的纪录片纷纷尝试打造 IP。经典的纪录片 IP 取得了观众的认可，延续经典热门 IP，便能准确的吸引以往受众的期待与新观众的关注，转化为经济效益。于是市场反馈强烈的纪录片纷纷拍摄续集，传统文化题材的纪录片也不例外。2018 年经典 IP 依旧是热门，2018 年 2

月 19 日《舌尖上的中国 3》正式播出，在展现食物美感同时增加了食物的文化和历史感，通过前期调研，对中国传统菜式的前世今生进行追溯。着眼于中国传统村落方方面面的《记住乡愁 4》在 2018 年也正式播出。继续发扬"工匠精神"的 IP《传承 2》的也于 2018 年播出获得一致好评。

在成熟的 IP 上继续创作的之外，新鲜 IP 的挖掘也在持续。"国宝"IP2018 年持续发力，2017 年《国家宝藏》的播出使国宝首次以轻松的方式出现在观众眼前 2018 年 1 月 1 日《如果国宝会说话》趁热打铁播出，时隔六个月在 7 月 23 日便播出第二季，在大大吸引受众对"国宝"IP 的注意力后，第三、四、五季也在计划播出中。腾讯、五洲传播与陈晓卿导演自主研发的"风味"IP，在 2018 年 10 月 27 日播出综艺《风味实验室》打响"风味"IP 第一枪，28 日《风味人间》紧随其后播出获得热烈反响，豆瓣评分 9.1 远高于传统"舌尖"IP 的《舌尖上的中国 3》，《风味原产地》也于 2019 年 1 月播出第一集。此外，《江南文脉》《木作》也均为第一季播出并有第二季制作计划。

（二）传播方式

传统文化题材的纪录片的传播方式首先依旧依靠传统媒体电视平台传播，据《2017—2018 中国视频用户体验白皮书》数据显示截至 2018 年第一季度，我国家庭电视收视用户达 4.47 亿户，电视覆盖家庭总量趋于饱和。可见电视受众的基数大，是一支不可忽视的受众力量，并且据 CSM 媒介研究调查数据显示我国纪录片的收视结构，男性、中年、中高学历及中等收入的观众是收看纪录片的主力军，45 岁及以上中老年观众对于纪实类节目的喜爱程度高，而中老年观众的观看渠道往往是传统媒介。因此 2018 年的 17 部传统文化纪录片除去两部以新媒体传播为主的微纪录片以外，在电视与网络均有播出，并且电视媒体的中老年受众与新媒体年轻受众两者结合使传统文化题材纪录片传播更为深入。

其次，随着媒介融合与新媒体时代的到来，新媒体传播也成为传统文化题材纪录片传播的主流渠道，为纪录片提供了传统媒体所无法提供的广阔生存空间。据《2018 中国网络视听发展研究报告》显示截至 2018 年 6 月，中国网络视频用户规模达到 6.09 亿，占网民总体规模的 76%；手机视频用户 5.78 亿，占手机网民的 73.4%。[①] 传统文化纪录片如何吸引新媒体受众为重中之重，2018 年 17 部传统文化题材纪录片主要依靠央视网、腾讯视频、爱奇艺、优酷、B 站五大视频网站，其次依靠两微一端自媒体推荐。最后，2018 年短视频播放平台获得大量年轻人关

---

① 《凝心所以聚力　创新点亮视界》，《光明日报》2018 年 12 月 1 日第 6 版。

注成为传统文化题材纪录片传播的重要渠道，短视频应用迅速崛起，热门短视频应用用户规模达到 5.94 亿，占整体网民规模的 74.1%。《国宝会说话 1》2018 年 1 月 1 日播出，播出首月，短视频总播放量超过 1600 万，在总体短视频播放量中，预告与纯享播放量占比达到 42%，正片总播放量 923 万，可见该片的短视频传播力量之大。

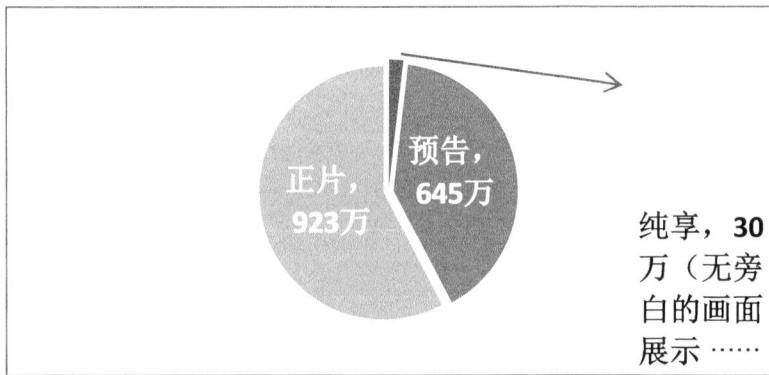

数据来源：CSM 媒介研究 2018 年 1 月 1 日至 1 月 31 日

图 2 《如果国宝会说话 1》2018 年 1 月短视频平台播放量

正是由于新媒体所提供的开放式传播环境，使得在多渠道播出影片的同时，能够迅速得到受众的即时反馈，并根据反馈进行纪录片的有目的传播，这样大大提升了纪录片的社会热度和传播效应[①]

最后，2018 年互联网电视迅猛发展，累计覆盖终端达到 3.22 亿台，激活终端 2.18 亿台，激活率达到 67.7%。互联网电视成为结合新旧媒体的渠道传播纪录片。

既能把网络内容放置家庭"中荧幕"上又使电视媒介发挥家庭媒介功能。

（三）评价反馈

1. 整体评价反馈

从 2018 年 17 部纪录片的整体评价反馈来看传统文化题材纪录片反响热烈，获得诸多好评。

业内角度，2018 年国家广播电视总局推荐三批优秀国产纪录片共 143 部，其中传统文化题材纪录片占 9 部，第一批次有《如果国宝会说话 1》《博物馆之夜：探秘河北博物院》《鲁家风 2》，第二批次有《舌尖上的中国 3》，第三批有《如果国宝会说话 2》《传承 2》《三国的世界》《我们的节日——春风化雨话清明》《江南

---

① 张成军：《新媒体环境下的纪录片传播》，《电视研究》2013 年第 9 期。

文脉诗词篇》。其次，在 2019 年 1 月 28 日下午，由中广联合会纪录片委员会、光明日报文艺部主办，纪录中国理事会承办的"2018 年度中国最具影响力十大纪录片系列推优活动"在北京梅地亚中心举行。活动推选出 2018 年 10 部最具影响力的纪录片，其中两部传统文化题材纪录片《风味人间》《如果国宝会说话 2》入选。经过比较发现与入选的其他题材类型纪录片相比传统文化题材纪录片数量占比重大，可见业内对于传统文化题材纪录片的重视度与认可度高。

普通受众角度，从播放数量来看，《如果国宝会说话 2》在腾讯视频的播放量为 4277.1 万次，《如果国宝会说话 1、2》在 B 站弹幕总量高达 8.1 万条，《风味人间》腾讯视频播放量为 9.3 亿次，《三国的世界》腾讯视频播放量为 4630 万次等热门传统文化纪录片，播放数量高于许多政论、自然、人物等类型纪录片。而 2018 年其他传统文化纪录片也均有 30 万—150 万次的播放数量，虽然播放数量少但在可查询到的短评中好评居多，也证明传统文化题材纪录片逐渐在大众的视野中变得开阔。

因此无论从业内还是普通受众角度去看 2018 年传统文化题材的纪录片整体反馈都是呈现好的局面。

2. 个体评价反馈

表 3 2018 部 17 部传统文化题材纪录片豆瓣评分

排名	作品	豆瓣得分	排名	作品	豆瓣评分
1	如果国宝会说话 2	9.5	6	记住乡愁 4	8.0
2	如果国宝会说话 1	9.4	7	追寻宋金时代的别样生活	7.8
3	风味人间	9.1	8	三国的世界	7.2
4	木作	8.8	9	舌尖上的中国 3	3.8
5	传承 2	8.3			
10	博物馆之夜：探秘河北博物院	暂无评分	14	超简中国式	暂无评分
11	餐桌上的节日	暂无评分	15	江南文脉诗词篇	暂无评分
12	齐鲁家风 2	暂无评分	16	景德镇	暂无评分
13	我们的节日——春风春雨话清明	暂无评分	17	汉字里的中国人	暂无评分

（注：暂无评分代表此纪录片评分人过少不足以得出客观评分）

表 4 2018 部 17 部传统文化题材纪录片百度搜索指数

排名	作品	百度搜索指数（峰值）	排名	作品	百度搜索指数（峰值）
1	舌尖上的中国 3	67396	6	如果国宝会说话 2	2092
2	风味人间	59861	7	传承 2	1047
3	记住乡愁 4	8948	8	博物馆之夜：探秘河北博物院	152
4	如果国宝会说话 1	4896	9	追寻宋金时代的别样生活	106
5	景德镇	3036	10	三国的世界	无
11	餐桌上的节日	无	15	齐鲁家风	无
12	江南文脉诗词篇	无	16	超简中国史	无
13	汉字里的中国人	无	17	我们的节日——春风春雨话清明	无
14	木作	无			

（注：搜索指数越高代表关注度越高，无代表关注度过低）

通过分析表 3、表 4 可得出以下结论。首先，结合播放量弹幕数量等因素综合评价反馈较好的纪录片为《如果国宝会说话 1、2》《风味人间》《记住乡愁 4》。关注度与评分反差最大的纪录片为《舌尖上的中国 3》关注度高评价却很低，结合评论原因可能与第三季总导演与制作团队换血有关。

其次，受观众欢迎程度由高到低的类型分别为：传统历史文化纪录片、传统美食纪录片、传统村落纪录片、传统手艺工艺纪录片、传统节日纪录片。

最后，17 部纪录片的关注度呈两极分化的局面，前期宣传工作越足的纪录片关注度越高，创作越多创新化尝试的纪录片评分越高，如《如果国宝会说话 1、2》、《风味人间》。在前期 IP 的基础上创作的纪录片关注度高如《记住乡愁 4》《舌尖上的中国 3》），由老牌纪录片制作单位与导演制作的纪录片关注度高评分高，如央视制作与徐欢导演的合作，相反地方卫视与新制作团队制作的纪录片往往关注度很低。

三、传统文化纪录片的当代价值

首先，弘扬社会主义核心价值观。习近平总书记说："核心价值观是一个民族赖以维系的精神纽带，是一个国家共同的思想道德基础。如果没有共同的核心价值观，一个民族、一个国家就会魂无定所、行无依归。"[1] 但在当下，中国的传统价值观仍不断地被西方文化所冲击，增强文化自觉，发扬中华民族优秀传统文化与思想道德尤为重要，众多的传统文化题材纪录片便"肩负"起了此任务。例如《记住乡愁》。《记住乡愁》以乡愁为切入点，选取"仁、义、礼、智、信、忠、孝、勤、俭、廉、温、良、恭、谦、让、诚、勇、睦、和、善"等中国人优秀传统品质结合村落故事进行记录，并且将这些优秀品质总结为副标题如《丹噶尔镇－重信守诺 家业兴》、《江平镇——天人合一 和谐共生》、《五里街镇——义行传家》而这些优秀品质也正是核心价值观的具体体现，把社会主义核心价值观浓缩在每一集的内容中来提醒观众，中华民族传统品质与优秀文化基因不能忘记。

不论是古北口人与爱国战士保家卫国的家国情怀还是石塘镇李姓小伙子为还清欠款变卖房产的诚信品质，又或是宝顶镇每一位石刻工匠精益求精的匠人精神等等，都是中国传统民族精神的侧写，朴素却有使中国发展不忘初心的力量。而通过纪录片所展现出的这股"力量"可以使观众从中收获到积极的正能量，也是一笔精神财富，更是弘扬了社会主义核心价值观，无形中教化群众。

其次，增强民族自豪感。"与共同遵守的规范和共同认可的价值紧密相连、对共同拥有的过去的回忆，这两点支撑着共同的知识和自我认知，基于这种认识和认知而形成的凝聚型结构，方才将单个个体和一个相应的'我们'连接到一起"。[2] 在当前社会发展中，如何唤醒文化记忆产生身份认同从而加强民族自豪感，增强文化自信，传统文化题材纪录片发挥了重要作用

众多的传统文化题材纪录片通过双重仪式对观众产生作用，第一重仪式是来自纪录片内容中的仪式，直接纪录传统文化中的各种仪式活动例如祭孔大典、节日祭祀等，或通过纪录片创作手法在情节或画面中进行重复，以形成一种仪式感，例如每集出现同样的旁白。例如在《我们的节日——春风春雨话清明》中从历史民风民俗的角度记录清明的祭祀活动，从而延伸出对清明节的追思与感悟，不仅使观众了解清明节的历史，也通过中国独特的祭祀文化加深了观众对自身的身份认同，从而增强自豪感。在《如果国宝会说话》中，每一个国宝都代表一段历史文化记忆，国宝与趣味性、知识性、艺术性的结合激发出观众的民族认同感与自豪感。

第二重仪式是在纪录片播出时所建构的仪式，除了每天固定的播出时间使观

---

① 黄玥：《平"语"近人——习近平谈社会主义核心价值观》，2016 年 12 月 8 日，http://www.xinhuanet.com// politics/2016-12/08/c_129395314.htm，2019 年 3 月 25 日。

② 扬·阿斯曼：《文化记忆：早期高级文化中的文字、回忆和政治身份》，金寿福、黄晓晨译，北京：北京大学出版社，2015 年，第 7 页。

众产生习惯形成仪式感之外在新媒体环境下，在新媒体视频网站边观看边发弹幕已经成了一种新型的集体仪式。笔者收集 7 集《如果国宝会说话》弹幕作为样本，据统计首先每集均有超过 50 个为"已查收"的弹幕字样，作为对《如果国宝会说话》片头"您有一条来自国宝的留言"的回应，两者互动也已经形成一种仪式，使观众更加投入于纪录片的观看。第二，每集均会大量出现"赞""自豪""骄傲""震撼""期待"等积极字眼的弹幕。由于社会赋予个体的生机和力量的功能在集体当中格外明显，所以集体的情感则可以激发出强大的内在凝聚力[①]。大量的积极弹幕会激发集体的正向情感使之民族自豪感与认同感大大提升。第三，据观察，积极字眼的弹幕大多是对纪录片自身的创作与制作以及国宝的称赞，并不是对单一事物进行赞同，可见优质的纪录片会以优秀的形式对所记录的事物产生作用，《如果国宝会说话》便用其精良的制作无形中使观众对中国国宝的自豪感提升。

最后，传承传统文化。过去传统文化的传承主要通过家族、师徒与仪式传承，传播媒介通常是文字但当这些传承方式受到时空限制时极易产生传承偏差。而在当今社会，大众媒体与新媒体的出现大大提高了传承传统文化的效率与准确性。现代电视与网络纪录片凭借自身优势，在纪录片纪实性的基础上又增加趣味性与艺术性，不仅可以将传统文化记录下来，而且可以使传统文化的内涵走进观众心中，因此传统文化题材纪录片是传承传统文化的重要渠道，也是传播传统文化的重要途径。

四、传统文化题材纪录片展望

（一）发展困境

第一，传统文化题材纪录片与其他类型影视如电视剧、综艺节目相比整体关注度教低。虽然传统文化题材纪录片收获一众好评，但优秀的口碑还是难以转化为收视数据。比如《国家宝藏》在 CCTV3 周日的黄金档播出，但收视率始终在 0.5% 左右；《国家宝藏》在网络上的点击率，根据骨朵专业数据，平均每天在所有影视中的排名，在 25 位左右。而《如果国宝会说话》进入前 50 都是困难的。而综艺《爱情保卫战》在腾讯视频的播放总量为 382.3 万，轻松超过部分传统文化题材纪录片。

第二，追求内容新颖性、意境性、趣味性时忽略客观性、真实性。现在许多热门的纪录片，视觉与内容都是偏向清新与综艺的。因为只有这样，才会吸引更多观

---

① 爱弥尔·涂尔干：《宗教生活的基本形式》，果东，汲喆译，上海：上海人民出版社，2010 年，第 398 页。

众去看。为了吸引观众，有些纪录片便顾此失彼。《舌尖上的中国3》评分大跌和片中出现的很多纰漏也许有关系。例如，第三集片中错把大口黑鲈当作四鳃鲈鱼。在第四集中介绍了中草药炖猪脚，片子容易使观众产生模仿效应，但自行购买采摘草药具有一定的风险。而让观众更为质疑的是片中自制中药口红，中药口红被曝原材料来自淘宝三无店。豆瓣短评中更是有网友评论唐朝还没有出现回坊。

第三，题材扎堆。出于延续与挖掘IP的考虑，一部纪录片播出大热后，许多纪录片制作单位争相模仿，传统美食、传统手艺工艺等题材频繁出现在荧幕，但只模仿形式而不注重内涵就会形成画葫芦不成反成瓢的尴尬局面，因此，挖掘新鲜题材与尝试单个题材多个角度十分重要。

（二）发展策略

首先，加强传统文化题材纪录片的前期宣传工作。宣传工作是吸引观众十分重要的一步，用新鲜有趣的宣传方式可大大增加观众的期待度与前期关注度。在宣传工作上《如果国宝会说话1、2》十分出彩，用幽默有趣的网络海报便首先吸引了一批年轻观众的眼睛。例如有的文物海报把当下流行在年轻人中的段子、自黑等元素加入其中，收获众多好评。

其次，尝试"纪录片＋电影"模式。纪录电影《地球：神奇的一天》一经上映好评不断，之后《二十二》又以1.7亿元票房为纪实电影取得"优异成绩"。电影院大荧幕的展出方式，精神集中的观看形式从视觉到心灵都为观众带来震撼。传统文化题材纪录片不妨一试制作纪录电影，进一步推动传统文化纪录片由小众不断向大众迈进的脚步。

最后，创作要保持"故事＋内涵＋轻松"模式。三者缺一不可。新时代的传统文化题材纪录片要用戏剧的手法、科技的手段、深度的内涵为观众带来全新的感受，三者结合传统文体题材纪录片才能完整散发自身魅力。

结语

2018年是传统文化题材纪录片创新发展的一年，也是持续发展的一年，传统文化题材的纪录片的不断发展更是使传统文化不断升温，成功地将传统蕴含的精髓思想观念、生活智慧在社会中传播，以引起观众的认同与情感。

在全国宣传思想工作会议上，习近平总书记强调，要把优秀传统文化的精神标识提炼出来、展示出来，把优秀传统文化中具有当代价值、世界意义的文化精髓提炼出来、展示出来。通过传统文化题材纪录片讲好中国传统文化的故事，带领观众领略传统文化之美，一定能更好地推动传统文化在当代的传播与复兴。

2018 年传统文化类电视综艺节目传播创新综述

张兵娟　张　欢

（郑州大学新闻与传播学院，河南郑州，450001）

内容提要：2018 是改革开放 40 周年，也是中国电视事业诞生 60 周年。在全媒体时代大趋势下，中国电视事业迎来了崭新的春天，电视行业的发展与祖国同命运，与时代同前行。2018 年中华传统文化借电视综艺节目再发力，掀起了一股"文化热潮"，赢得了大众一致的好评，这类节目在形式、内容及价值的创新，不仅将传统文化成功地嵌入电视节目中，彰显了本民族特色，还提升了中国电视的品质，促进了"中国价值"的传播。

关键词：文化类电视综艺；传播创新；当代价值

作者简介：张兵娟（1963—），女，郑州大学新闻与传播学院教授，博士，博士生导师，研究方向：文化传播、电视传播；张欢（1994—）女，河南三门峡人，硕士生，主要从事广播电视艺术学研究。

文化在整个社会中扮演了核心而崇高的角色，文化是一个符号传承体系，人们使用相同的文化符号、秉承共同的文化理念、遵循共同的思维方式和行为规范、追求共同的文化理想。一切文化都是通过传播媒介得以继承和发展的。电视作为大众媒介，是人们接受政治、经济、文化教育的主要途径之一，是现代社会信息传播的主要承载者，它直接或间接地影响了人们的思想、行为和社会价值观念，承担着精神文明建设的重担，具有文化导向的重要作用。当传统文化元素被呈现在电视上时，会激起一种全国性的文化参与。电视媒介受众覆盖面广、传播范围大，传播效率高，具有传播的"时间偏向性"和"空间偏向性"，电视对传统文化的再传播和弘扬起到了至关重要的作用。

如今，越来越多的人希望在电视中获得一种思考、审美上的愉悦与满足，电视制作者也清醒地意识到，要充分发挥媒介引领作用，做好"把关人"角色，积极健全受众的审美感受。中央广播电视总台作为电视媒体的领头羊，它所推出的文化类电视节目，不仅受到了观众的追捧，也大大推动了文化的传播，更进一步促进了社会主义核心价值观的推广。2018 电视文化节目的开年之作《经典咏流传》和《信·中国》在社会上引起了广泛的影响，继而为电视文化注入源源不断的活力，而《国家宝藏》《中国诗词大会》第三季、《朗读者》第二季热度也依旧不减，收视率稳居前列。文化类电视节目相继涌现是一种时代的必然，也是一种价值的回归，同时也意味着电视制作者对各种题材艺术驾驭能力的提高，也是对电视节目审美感悟的跃升，更是对电视潜在审美表现力的挖掘。

一、文化类电视综艺节目进入"刷屏"时代

在中国，电视作为"第一媒介"，作为最具影响力和渗透力的大众传播文化，自身也是一个国家和民族文化的重要表征。[①] 电视媒介为广大受众提供的电视节目在很大程度上影响着受众群体的价值观念，因此选择内容这一步也许是媒体运作最为重要的组成部分。[②] 在当下，电视为人们提供最为集中、最为便捷的审美途径和条件，电视理应向"提升人文素养，培养审美情趣"方面纵深发展。但制作一档富有时代气息的精品力作并非易事，文化类节目虽然借助综艺的外壳，却又不同于纯娱乐性的综艺节目，在观看的过程中不只是哈哈一笑，而是需要带给观众更多精神上的思考感悟，抑或心灵上的鼓舞和社会责任感。2018 年文化类电视节目涉及的传统文化可分为以下几个层面：

古典诗词："五千年文化、三千年诗韵"，古典诗词是中华传统文化的瑰宝和精髓，那些历经千年所传承下来的古诗词对当代人的精神生活及当代文化建设起着重要的作用，具有极高的思想价值和艺术价值。《中国诗词大会》以"赏中华诗词、寻文化基因、品生活之美"为宗旨，邀请全国各个年龄段、各个领域的诗词爱好者共同参与诗词知识比拼。2018 年初首播的《经典咏流传》用"和诗以歌"的形式将古典诗词文化与现代流行相融合，把音乐和诗词传递给观众，深度挖掘诗词背后的内涵，为现代文明追本溯源，树立文化自信，并获得第 24 届上海电视节白玉兰奖。

国宝文物：五千年历史绵绵不绝，文物作为历史和文明的载体，对社会起到积极的教育作用、借鉴作用，也为探究历史、发展科学提供资料，守护好文物就是守护好我们的传统文化。《国家宝藏》立足于中华文化宝库资源，通过对一件件文物的梳理与总结，演绎文物背后的故事与历史，通过电视语言的呈现让博物馆

---

① 张兵娟：《电视媒介仪式与文化传播》，北京：中国社会科学出版社，2016 年，第 1 页。

② 施拉姆、波特：《传播学概论》，何道宽译，北京：中国人民大学出版社，2010 年，第 150 页。

的文物"活"起来。

经典文学：中国经典文学是中华传统文化的重要组成部分，不仅是人类的民族灵魂和文化性格的一面镜子，而且它能产生积极传播文化、塑造人类灵魂的伟大作用。正是由于一代又一代优秀文学作品的熏染，人类才在精神品格上、思想情感上变得如此崇高、坚强、丰富和优美。《朗读者》已播出两季，用最平实的情感读出文学背后的价值，节目旨在实现文化感染人、鼓舞人、教育人的传导作用。

家风传承：传统文化是非常重视家教的，而现代社会也强调家风的建设，好的家风胜过万贯财产，弘扬良好家风，是打通社会主义核心价值观念和优秀传统文化衔接血脉的重要举措。《谢谢了，我的家》以展现全球华人家庭文化传承为主的节目，围绕每位嘉宾成长经历中与家人相关的故事展开访谈，从中挖掘家风对成长的重要意义。

书信文化：中国的书信文化在世界文化史上是独树一帜的，具有鲜明的民族性，从书信文化中能获得文化的养分和精神需求。如今信息传递方式的多元化，使用书信来表达自我的形式早已被人们忘却，节目的播出唤醒了人们的文化记忆。《信·中国》于 2018 年 3 月 9 日在中央广播电视总台综合频道首播，节目以"信"为载体，传递的是"信仰、信念、信守、自信"的内核。节目每期精选若干封"理应受到更多关注的信件"，充满了"发现、感动、震撼、振奋"的力量。

《经典咏流传》《国家宝藏》《中国诗词大会》《朗读者》《信·中国》《谢谢了，我的家》以上六档节目均在中央广播电视总台播出，从形式上来看，是以古典诗词、文物、文学作品、书信、家风为文化载体，将电视打造为传承经典的平台，它们在满屏的娱乐类综艺节目中崛起，不仅是中华传统文化的一个延续，也是创造经典、推出经典的一个过程。中央广播电视总台作为中国最大的媒体，拥有其他省级电视媒体无法匹配的政策、资源、人才等方面的优势，其推出的综艺节目引导舆论不言而喻。

虽然中央广播电视总台在节目资源方面占尽优势，但省级电视媒体作为中国媒体力量的重要组成部分，同样也担任着传播传统文化的责任。比如 2018 年北京卫视推出的大型京剧文化传承节目《传承中国》通过戏曲名家以及致力于传承京剧文化的明星，在你教我学的过程中，展现了京剧与众不同的艺术特征与文化内涵。还有深圳卫视 2018 年推出的大型原创文博推理秀电视节目《诗意中国》，节目以推理的形式，开创了文化综艺的新局面，涉及礼乐文化、宴饮文化、花艺文化、节庆文化、华服之美等。虽然省级电视媒体在收视率和社会影响力稍有落后，但节目总体来说制作精良，深刻地挖掘了京剧文化、礼乐文化、宴饮文化等，拓宽了电视不同领域的传统文化。

二、文化类电视综艺节目的传播创新

（一）制播分离：激发节目创新制作的活力

新媒体时代电视行业竞争的多元化和激烈化，不仅使得电视领域逐步进入市场化，更使得制播分离成了我国电视节目发展的必然趋势。制播分离的概念最早起源于英国，这种模式不仅可以提高电视媒体的效率，还凝聚了社会力量为大众制作出喜闻乐见的电视节目，更推动了电视行业的健康发展。

2018年大火的三档原创文化类电视综艺节目都实施的是制播分离的制作模式。《经典咏流传》和《朗读者》两部节目都是由央视创造传媒有限公司承担制作的，《国家宝藏》是由央视纪录国际传媒有限公司承制的文博探索节目。央视创造传媒有限公司和央视纪录国际传媒有限公司主营节目的制作与发行，这些制作公司自主生产节目，他们会研究观众的审美偏好，制作出观众喜闻乐见的节目，依托央视平台，与平台紧密合作，重塑了央视在综艺节目领域的引领力。近年来，央视逐步重获良好的口碑和收视率，担当起了文化传播的重要使者。除此之外，包括一些省级电视媒体也会与专门制作节目的公司进行合作。《传承中国》是由北京小家家文化传媒有限公司制作。这种模式能让节目形式更加丰富多彩，内容来源更加广泛，也能促使节目水准达到一个新高度，提高综艺节目的创新价值。

多媒体融合发展。除了技术手段的各媒介融合发展之外，其实更重要的是观念的整合和体制的完善，要建立合理的节目评估体系以及完整的法规政策，这样制播分离才能实现互利共赢的局面。一方面促进企业的积极性，一方面为电视文化注入创新的活力，增强我国电视媒体的国际影响力。

（二）内容制胜：推进传统文化的创造性发展

为响应落实十九大报告"推动中华优秀传统文化创造性转化、创新性发展"的精神，电视媒体人积极响应政策，向传统文化致敬，将中国文化与大众娱乐、综艺形态结合在一起，让普通的观众在寓教于乐中，感受到中华文化的巨大魅力。

电视媒介担任着文化与教育的传承，因此传承优秀的传统文化是当代电视媒体人不可推辞的责任和使命。在传播学研究史上，拉斯韦尔最早提出了传播的"三功能说"，其中讲到社会遗产传承功能。人类社会的发展是建立在继承和创新的基础之上的，只有将前人的经验、智慧、知识加以记录、积累、保存并传给后代，后人才能在前人的基础上做进一步的完善、发展和创造。传播是保证社会遗产代代相传的重要机制。①电视作为大众传播媒介，借助新媒体技术运用动态演示，加强受众的冲击力和感染力，它使人类文化的传承内容更加丰富，感觉更加直观，依据更加可靠。电视媒介影响之普遍，作用之强大，是现代社会中极其重要的信息系统。

中国电视节目内容制胜是关键，符合我国本土文化才能吸引更多的受众，要深度挖掘不同领域的优秀传统文化，中华优秀的传统文化是中华民族的精神命脉，因此我们更要努力从中华民族世世代代形成和积累的优秀传统文化中汲取营养和智慧，延续文化基因，建立新时代文化自信的节目。在文化类电视节目中嵌入诗词、文学经典、京剧、礼乐文化、文物等，不仅传播了中华博大精深的文化魅力，也在以崭新的方式向大众解读经典，也许这些诗词、文学经典、文物被人翻阅无数次，也被人解读了很多次，但每次传递出来的能量都是崭新的。每一档节目都会进行深度解读，不仅让我们学习了传统的文化知识，更了解了其背后的人文价值和精神内涵，让我们对中华传统文化有了多一份的自信和自豪，也使得中华优秀的传统文化得到更加有力的传播。

有思想有内涵的电视节目要以文化为根，依托中华优秀的传统文化资源，挖掘具有本民族元素的文化特色，融入时代的元素，做出鲜活的文化节目，不仅为我们提供了"传统文化思考的新途径"，扩大了文化的认同度，还提升了节目品位，给观众带来视觉和精神的双重享受。

（三）多重互动设计，引导用户主动传播节目信息

所谓互动，就是双方相互动起来。互动是一种多个个体之间的信息交流与共享的方式，通常也就是指传播方与接收方之间的相互作用。②互动传播是文化类电视综艺节目的重要传播形式，随着新兴技术的发展、传媒环境的改变，公众对话语权的渴望与逐渐掌控，双向传播模式甚至多向传播模式得到了更广泛的应用，形成了全民参与全媒体传播行动。

电视媒介为达到更好的传播效果、拉近与观众的距离，在节目背景设置、环节设置上深入普通观众的生活，增强观众的真实感，同时增强互动性。比如《中国诗词大会》的百人团名单，只要你热爱诗词，擅长诗词即可参与百人团参赛报名，百人团选取了各行各业的选手，有利于调动全民参与的积极性。一般节目在播出之前，电视媒体人会利用微博热搜以及明星带动效应对节目进行宣传，各节

---

① 郭庆光：《传播学教程》，北京：中国人民大学出版社，2011 年，第 101 页。
② 李景伟：《分析新媒体技术与受众互动传播模式的发展》，《新闻研究导刊》2018 年第 9 期。

目都设有微信公众账号与微博公众账号，提前吸引观众的注意力，拉动与观众的距离。例如《朗读者》还设置有线下朗读厅，不仅打通了线上与线下的距离，更加强了与观众的互动，使朗读走近每个人的身边。

在互动平台方面，受众最大限度地使用和参与媒介，通过微博、微信、APP等社交媒体，人们能够更快捷、更直接地传播和获取信息。如《国家宝藏》节目播出之后，会让观众参与投票选出最喜欢的三件国宝，新媒体的互动性、参与性，为受众提供了一个共享的文化空间和舞台。当收传者通过反馈意见积极参与对传播者的内容趋向产生影响，使得传播者和收传者之间相互促进、相互推动，传统媒体也会在创新中荣获新生。

三、文化类综艺节目的当代价值

电视作为一种民族文化形式，一种具备"民族化"功能的大众传播媒介及公共机构，它在维系群体情感、凝聚象征力量、增进文化认同、建构民族—国家共同体中发挥着不可替代的作用。[①] 新媒体环境下，电视产业正在发生翻天覆地的变化，这些变化要求电视节目必须积极进行传播价值拓展，电视文化产业作为精神文明建设的重要组成部分，其所传播、引导的文化、意识形态等会无形中对观众产生巨大的影响，从某种意义上来讲，精神上的满足有时会给人带来巨大的力量，文化类电视节目的出现可以满足人的精神需要和审美需要，也有利于电视产业自身的良性发展。

（一）唤醒文化记忆

人是文化的动物，人又是记忆的动物，而这种记忆本质上是文化的记忆。德国学者扬·阿斯曼认为，文化记忆是"包含某特定时代、特定社会所特有的、可以反复使用的文本系统、意象系统、仪式系统"。[②] 文化类电视节目把传统文化元素巧妙地融入节目中，通过媒介传播使得那些积淀在人们潜意识深处而又富有象征意义的符号来唤醒人们对某种共同历史的记忆，从而强化人们对某种特定文化的归属以实现文化认同及社会认同。

传统文化是一种历史，也是当代中国人文化记忆的主要来源，文化记忆的符号包括表演、文字记录、器物等，而正是通过这种特定的符号形式，打开了一个通往文化记忆的特有通道。通过这些特定的符号将中华民族的历史记忆保存了下

① 张兵娟：《全球化时代：传播、现代性与认同》，北京：中国广播电视出版社，2010年，第2页。
② 简·奥斯曼：《集体记忆与文化身份》，陶东风、周宪译，北京：社会科学文献出版社，2011年，第10页。

来。而唤醒文化记忆，必须大力传播中华民族优秀的传统文化，文化的传播更应融入创新的理念，在新的时代赋予其新的内涵，利用电视媒介的传播让陈列在博物馆的文物多了几许可爱，让经典诗词和文学走进大众视野，让国粹京剧备受关注，把高大上的文化变成可亲可爱的大众产品，不断唤醒人们内心深处的那份文化记忆。

（二）建构文化认同

"认同"意味着"身份""同一"等含义，其指向"个体"及社会对某种意义的寻求和归属。① 而文化将境遇、背景各不相同的个体和家庭结合到一个集体中，在这个集体中人们形成了强烈的相互认同，获取了基本的意义，并找到了情感的满足。② 有学者曾提出，电视的作用是"将大众转变成一国人民，将一国人民转变成一个民族"。从口语传播到文字传播再到现在电子传播无形中改变着人们的思维模式，正是新兴的技术给人们提供了一个认同的空间，唤起了人们共同的记忆，并将各不相同的人们同化到一种共同的公民文化中。

电视媒介所传递的信息包含着大量的文化符号，这些符号的传播过程也是社会认同与社会关系不断建构的过程。文化类电视节目通过构建共享的意义与文化，从而增加了观众对传统文化的自豪感。节目通过影像建构，将文物宝藏、戏曲文化、诗词文化、礼乐文化、家风家训呈现在电视上。例如《经典咏流传》将诗词与音乐联姻，用音乐的形式让中国的古诗词能够被现在的观众所重新认识，使得传统的诗词文化更具备吸引力和现代感，适应了现代传播的需要。只有唤起全国观众对中华优秀传统文化的认同感，中华传统文化才能一代一代地传承下去。

文化认同的核心是对一个民族的基本价值的认同，只有建立文化认同，我们的国家才会拥有强大的向心力和凝聚力，认同对于群体具有非常重要的意义，它不仅是群体借以团结其成员的核心力量，而且是一个社会组织机构借以证明自身合法性的依据。

（三）增加情感凝聚

情感是人的最基本的存在方式。当与观众引起情感上的共鸣从而形成合法性的认同时，便可达成共同体情感上的建构，不仅有利于与观众的交流，更有利于情感的社会整合，形成共同的社会价值观念。涂尔干认为，同属于一个社会集团的成员之间具有共同的感情即集体性感情，集团成员间具有的这种"共同情感"

① 闫伊默：《仪式传播与认同研究》，北京：知识产权出版社，2014 年，第 3 页。
② 戴安娜·克兰：《文化社会学》，南京：南京大学出版社，2006 年，第 24 页。

越强烈，集团的团结性就越强，凝聚力就越大。[①]电视作为一种赋予公共精神的文化，在建构共同体、促进社会情感的凝聚中发挥着积极作用。电视媒体也有责任、有义务积极营造充满温暖、关怀、善心、爱心的情感空间，有了社会性情感，人们交往行动才能转化为社会动力。因为情感的社会化功能发挥，可以使得人们的情感丰富、纯真、崇高，增强对社会的归属感、向心力和凝聚力，人类社会因情感而整合、协调地发展，从一定意义上说，社会的进步也取决于人的情感的进步。

经济的迅速发展，使得现代的传播手段极大地改变了人们的体验与意识，"电子媒介"开始跨越以"共同在场"为基础的群体认同，利用情感的纽带联系不同时空的生命，传递情感、传承精神、传播文化。文化类综艺节目制作者也有意识地激发观众的情感能量，以情感人、以情动人，通过电视媒介的传播和放大，形成一种情感能量和情感关怀，带给人以精神上的享受与愉悦。《朗读者》经典文学背后的情感故事深深地撼动了无数观众，从朗读嘉宾真挚的人生故事出发，分享爱情、亲情、友情、恩情，这些人世间共通的情感，会帮助观众理解朗诵文字背后蕴含的广度和深度。《经典咏流传》和《中国诗词大会》中呈现了不同类型、不同题材的诗，有抒情诗、田园诗、边塞诗、爱国诗等等，都体现了内涵美，蕴含着作者不同的情感，营造了一个良好的社会公共情感氛围。《谢谢了，我的家》通过讲述家风的故事，道出了每个家庭最重要的精神内涵，向观众展现了纯粹而又浓厚的情感。

狄德罗曾强调过"没有感情这个品质，任何笔调都不可能打动人心"。情感是艺术表达中不可缺少的基本元素，因为具有极强的感染性和煽动力，它能够通过相互影响使人们产生彼此相同或相似的体验，并在最短的时间内通过情感产生共鸣，让受众达到认可的效果。文化类电视节目为观众打开了斑斓的情感世界，使观众在毫无强制的情况下，自由自愿、不知不觉地受到感染，心灵得到净化。

四、结语

如何传承、弘扬中华优秀的传统文化，如何让传统文化教育进一步切合时代，用更加生动的形式、多样的手段进行传播，依旧是我们关注的问题。众所周知，在当代社会，文化的力量正显示出越来越重要的作用，对传统文化的推崇使得一大批本土原创文化类电视节目走进大众的视野，文化类电视综艺节目借助现代传播媒介不仅很好地实现了传统文化资源与电视传播的良性互动，同时为观众开启了一扇了解传统文化和现代文明的窗口。

---

① 郭景萍：《情感社会学》，上海：上海三联书店，2008 年，第 61 页。

第二部分　2018 年度华夏传播
研究年度核心论文

携手共同构建人类整体传播学 *

邵培仁

内容提要：中国传播学并不"健康"，而且"有病"，即学术研究"过度西方化"和"过度量化"，现在需要回到中西方平等对话、交流的立场上来，丢掉建构"中国中心主义"或"东方中心主义"的幻想，积极探索传播学研究中的"第三条路经"或"第三种范式"，携手共同构建人类整体传播学。这既不是西方的，也不是东方的，而是世界的。这样可能导致传播学研究失去部分"中国性"，但"薄利多销"的"宝塔糖策略"会得到更多的"中国性"。坚持"传播学本土化研究"，则是强化文化"中国性"和"亚洲性"的不二法门，也是实现世界文化多样性、构建人类整体传播学的必经之路。

关键词：人类整体传播学；传播学本土化；中国性

作者简介：邵培仁，浙江大学传媒与国际文化学院教授。

在座的同行都知道，我和戴元光教授、龚炜教授是大陆第一部传播学专著《传播学原理与应用》的作者，学术界有人说我们是"复旦三兄弟"，也有人说是"传播学三剑客"，我是三人中较差的。明年就要退休了，从事传播学研究三十余年，发表学术论文 300 多篇，主撰、主编出版了 31 部传播学、媒介管理学、华莱坞和文化创意产业研究方面的著作。今天会议的主题是"反思中国传播学"，为什么要"反思"呢？因为我们走到了"十字路口"，需要回顾、反思走过的路，思考下一步走向何方？如何行走？也是因为我们发现中国传播学并非完全"健康"，也是"有问题"的，用单波教授在前面的话说，也是"有病"的。既然"有病"，就必然有"病症"，就可以探讨"病因"，寻找"药方"，提出"治疗方案"。

在中国传播学研究中，大家都认可的甚至西方学者也是这样认为的"病症"

---

* 本文为邵培仁在浙江大学"反思传播学圆桌论坛"发言稿《携手共同构建人类整体传播学》。本文全文刊载于《国际新闻界》2018 年第 2 期第 62—65 页。

是"西方中心主义"或"过度西方化"。换句话说，中国传播学研究对西方传播学有一定的依赖性，特别是一些从西方学成归来的专家学者，他们用的传播理论和方法是西方的，思维是西方的，甚至表达也是西方的，论著的参考文献都是西方的，有的几十个注释中看不到一个中文文献。这种"过度西方化"，值不值得反思和忧虑？如果你的理论、方法、思维、表达、文献等等都是西方的，你能保证你的立场、眼光和思想是中国的吗？请好好想想。

还有，过度的量化研究是否也是一种"病"？在座的有几家知名学刊负责人，我常看到有的刊物上三分之二是量化研究论文。量化的微观研究的确有它的好处，它像聚光灯一样能把研究对象照得通体透明，又像显微镜一样让研究对象毫发毕现，但它又是让人担忧的。过度的量化研究其实不符合学术生态平衡、多样的原则。它对人的多样性需求、信息多元化需求，可能会构成挑战。事实上，我们是期待百花齐放、百家争鸣的。在我们可以根据大数据来发表我们的思想和观点的时候，这个世界会不会陷入同质化？会不会出现"一种声音"？对此，我们不应该鼓掌、欢呼，而应该表示担心，这是抹杀人性的。同时，过度的量化研究也会引导我们过度关注微观层面的东西，而看不清世界格局的变化和时代潮流的演进，或者说它不仅看不清宏观层面的变化，甚至也看不清楚中观层面的东西。

因此，中国传播学研究需要换位思考，需要回到中西方对话、交流的立场上来，需要在研究中综合运用各种研究方法，包括定性与定量相结合方法或混合研究方法。我指导的一个博士后是从日本学成归来的，她的博士论文前面部分是定性的，中间主体部分是定量的，后半部分又是定性的，用的就是混合研究方法，我觉得这比单一的定量研究要好。

另外，我们在进行研究的时候，要有意识地关注世界格局的变化和发展趋势，同时也要有意识地关注中国在世界格局变化中的位置和走向，注意国家的重大关切。作为人文学科老师一定要有社会责任感。刚才赵心树老师讲到，美国媒体采访时问他是中国人还是美国人？他说自己从内到外都是中国人，我很感动。站在中国立场上研究传播问题，分析传播现象，提出解决问题的办法，这是理所当然的，需要回避吗？

刚才胡翼青教授讲到我的"华夏传播研究"，要我关注西方传播学的命门。这个课题是我60岁以后做的，因为不要天天上班，可以静下心来了，专心干点自己喜欢的事。《华夏传播理论》一书2018年可能会出版。我编写的省重点教材《传播学导论》获省人民政府优秀教学成果（教材）一等奖，编写的国家重点教材《传播学》已经出了第3版，其他传播学交叉研究成果也有十几种，对西方传播学是知道一点的，但华夏传播研究是不是击中西方传播学命门还真不敢说。我在华夏传播研究中是一直在挣扎和反抗的，想摆脱它对我的思维定式，当然是很难的。最后，我和弟子姚锦云没有采用西方传播学研究的通常范式，而是采取的是"传播问题"或"传播主题"的研究范式，这不同于传统的"传播年代"研究范式，也同于我的弟子潘祥辉的"传播现象"研究范式。我在许多年前读过罗根泽的《中国文学批评史》，"传播主题"的研究范式受到这本书写作体例的启发。由于研究的主题和问题是中国的不是西方的，研究的资料主要是中国的也不是西方的，研究的结果应该不是西方化的东西。

刚才我赠送赵心树老师一本《亚洲传播理论》，车上只有一本，他远道而来先请赵老师指正。哪位教授有兴趣我可以特快给您。《亚洲传播理论》应该是又一本非西方化的东西。

最近，我在研究新世界主义时，突然意识到建构人类整体传播学如今已水到渠成。这既不是西方的，也不是东方的，而是世界的。新世界主义是指习近平主席及其领导集体对世界和人类文明现状及其发展趋势所持有的创新性的系统性认识、论述、主张及其行动方案。其核心理念是习近平提出的"构建人类命运共同体、共同建设美好世界"。

我们正站在人类发展进步的一个新的历史起点之上。世界正处于大发展、大变革、大调整的关键时期，同时，世界也从来没有像今天这样互联互通、唇齿相依、水乳交融。如果说新航路的开辟是世界开始连成一个物理整体的标志性事件，那么互联网的出现则是世界连接成一个传播整体的里程碑，是人类朝着世界传播整体化进程迈出的关键性一步。

如今任何国家和组织都已经无法单独面对和解决所遇到的安全性、危机性、灾难性世界问题和传播问题，人类相互依存、利害与共的互动共进关系已经进入了一个新的历史阶段，面临着一系列前所未有的新挑战和新形势，从而不仅迫切需要世界各国共同打造全球安全治理的新秩序和新机制，而且也迫切需要共同构建一种全球性、跨文化、能为全人类共同接受的具有包容、开放，自由、民主，善良、慈爱，和平、安全，和谐、平等，对话、协商等特质的人类整体传播学。

各位都知道，传播学天生就是一门生命力极其旺盛的"世界性学问"。如果说在许多年前各学科之间的界限分明、清晰可辨，那么当今各学科之间的边界已经模糊不清，而传播学则是学科渗透、融合、交叉、互动的催化剂和黏合剂，并正在迅速发展成为一门走向统一、走向整体的社会科学——人类整体传播学。传播学诞生以来，一方面她以极强的扩张性姿态向其他学科迅速渗透，另一方面她又以宽广的开放性势态接受其他学科的新知输入，造就了融合性、整体性、适应性和包容性的秉性，从而建构、开拓了许多新兴交叉学科——如政治传播、经济传播、艺术传播、媒介生态、媒介地理、媒介记忆、媒介恐怖、媒介身份等，取得了一系列开创性学术成果，并从不同角度和层面向建构人类整体传播学提供了养分和材料。

在未来社会，万物感知，万物互联，万物智能，万物一体。人类整体传播学是以"构建人类命运共同体、共同建设美好世界"为核心出发点，综合运用多学科知识和方法，以多角度、多层面的和宏观、中观、微观相结合以及古今中外相融通的分析视维，研究世界各民族的一切传播行为和传播过程发生、发展的规律以及信息与人、社会、世界的复杂互动关系，进而建构一个和谐包容、开放合作、共进共演、共赢共享、良性发展的新型传播世界，符合未来社会的基本要求，也能为各国人民认同和接受。但是我要说，这个我是不可能做出来的，我快退休了，退休后我要做一点更轻松的事，比如我会再写一点学术散文，此前已经出版了一本《传媒的魅力》。

从"零"到一：中国传播思想史
书写的回顾和展望 *

吴予敏

内容提要：本文作者以个人亲历回顾了 40 年来中国传播思想史研究的起点和过程，对大陆和港台学者们共同探索中华传播理论的脉络和方法进行了梳理，提出要超越西方传播学的逻辑框架，以中华民族在漫长历史上的交流实践以及在交流实践过程中形成的观念和心态结构作为中国传播思想史研究的中心问题。

关键词：中国传播思想史；传播研究本土化；传播理论；中国文化研究

作者简介：吴予敏，深圳大学传播学院传媒与文化发展研究中心教授，复旦大学信息与传播研究中心研究员。

年近岁末，再次登临厦门岛，依旧是环海澄碧，棕榈婆娑。回想 24 年前，第一次来到厦门大学，应邀参加"首届海峡两岸中国传统文化中传的探索座谈会"的情形，难免让人思绪翩翩。那时，我还是深圳大学中国文化与传播系的一个年轻的教师，意外收到厦门大学新闻传播系的邀请，感觉是相当陌生而新奇的。在此之前，我和海内外的新闻传播学界没有什么学术交往，对于邀请方更是一无所知。来到这里才发现，原来是由创建传播学科的施拉姆教授（Wilbur Schramm）亲随弟子香港中文大学新闻传播学科的掌门人余也鲁先生倡导并主持的高端学术会议。应邀参加会议的有台湾新闻教育界创办人之一的徐佳士先生、"中研院"的近代史家张玉法先生、香港中文大学文化人类学家乔健先生，大陆方面的有中国社科院新闻所所长孙旭培先生、南京大学民俗学家高国藩先生、复旦大学经济思想史家叶世昌先生、厦门大学隋唐五代史家郑学檬先生等各学科的著名学者以及其他中青年学者，可谓"老中青三结合"的跨学科研讨。和一般学术会议不同的

---
* 本文系 2017 年 11 月 18 日在厦门大学举办的"中国新闻史学会中国新闻传播思想史研究会年会"上的发言基础上整理而成。本文刊载于《国际新闻界》2018 年第 1 期第 90—108 页。

是，这是一次有非常严格学术纪律的会议，与会者必须在会前提交精心写作的论文，会期长达五天。每篇论文均有专门报告时间，并且提前安排有专人的阅评，继而是知无不言、言无不尽的热烈讨论，从朝至晚。记得对我的论文进行阅评的是孙旭培先生，谬承奖掖，令人汗颜。会后，各位作者对论文进行修订，由厦门大学出版社于次年出版了名为《从零开始》的文集。

回忆这番经历作为一个引题，我们来回顾一下中国传播思想史的研究，并对其未来的发展做一点展望吧。

一、从"零"开始的初衷

我还记得，五天紧张而热烈的会议即将结束之时，余也鲁先生代表座谈会的组织委员会做了一个总结，他说："如果要给我这个总结报告加个题目的话，只有四个字：'从零开始'，因此今天不是结束，而是一次较大规模的探险的开始。让我们勇敢地跨出第一步。"① "从零开始"，这四个字是斩钉截铁、分外鲜明的，让我为之一震。"从零开始"，这是什么含义呢？是说在此之前，关于中国传统文化中的传播问题的探讨都是一片空白吗？我当时的感觉是既有振奋，也有些诧异的。或许我当时的视野是狭窄的。本人在 1988 年已经在大陆一家名为"国际文化出版公司"的单位，出版了一本小册子《无形的网络：从传播学角度看中国传统文化》，在 1991 年又有台湾一家名曰"云龙出版社"的单位出版了竖排繁体版。这本书在会议上没有人提到，显然是没有人看到过。所以，海内外学者们的印象好像是，在厦门会议之前，大陆关于中国传统文化中的传播问题的探索是一个"零"的存在？这个诧异当时只是在我心头一过而已。

徐佳士先生在这次会议上做了《简略检视台湾学界传播研究中国化的努力》的报告。他历数了从 1967 年起，由朱传誉、赖东临、吴东权、关绍箕等 19 位学者的论著，特别是对关绍箕先生的贡献做了强调。他归纳了这些著作触及传播史、传播观念、一般传播理论、人际传播、非语言传播、口语传播、政治传播、传播伦理等八个类别。他的报告表明，台湾学者"已开始步出纯然接纳西方成果的阶段，很多在台湾所做的研究固然大致上仍旧是西方同类研究的复制，但是真正本土化的探讨已越来越多"。同时，他也承认："从事这一学术工程的人士似乎还是相当稀少，而且局限在大学新闻与传播科系。研究生的硕士论文占了研究成果的极

---

① 余也鲁、郑学檬主编：《从零开始：首届海峡两岸中国传统文化中传的探索座谈会论文集》，厦门大学出版社，1994 年版，第 291 页。

大部分。跨学门的努力似乎尚未出现。"①

那么，所谓"从零开始"的含义，是余也鲁先生在总结里面所说的"这次座谈会应该是现代中国首次跨学科的，比较有系统的有关传学的讨论"。② 看来这个"零"是由三个尺度来界定的：传播学中国化、跨学科、有系统。作为这次会议之后的部署，是除了出版会议论文集以外，又委托孙旭培主编概论性的著作《华夏传播论》③，通过中国社科院新闻研究所主办的《新闻与传播研究》期刊向海峡两岸招标征集作者。我错过了这次征集。这本书出版以后，孙先生赠送了我一本。事实上参与这本书写作的海外学者只有方鹏程和关绍箕两位并未参加厦门会议的台湾学者，其他都是大陆学者。孙旭培本想邀请余也鲁和徐佳士先生来写序言的，但他们执意谦让了。

现如今一个当红的词叫"不忘初心"，说的是人们走着走着难免忘记了出发点，就容易走偏方向。需要时不时地往回看，从最初的出发点来矫正脚下的路。所以，"从零出发"可以有另一个含义，就是让我们再回到原点。

1993 年的厦门会议期间，余也鲁先生专门约我到他的房间做过一次深谈。和蔼的学界名家长者，详细询问了我的学术背景和从事传播学研究的过程，给了我一些鼓励。

我自己在 1986 年到 1988 年间在中国社会科学院文学研究所读博士研究生，专业领域是美学，主攻的方向是中国美学史。本人对于中国美学史的研究角度是从中国传统文化的总体来考察美学观念的演变。在准备博士论文期间，偶然接触到由余先生翻译的宣伟伯（即施拉姆）所著的《传学概论：传媒、信息与人》（香港海天书楼，1983 年出版），大感兴趣；马上又去找了已经在 1984 年由新华出版社出版的施拉姆 (W.Schramm) 和波特 (W.E.Porter) 合著的《传播学概论》（陈亮等译），读后深受启发。当时我的手头正在一边研读基辛 (Keesing,R.) 的《当代文化人类学》（于嘉云、张恭启同译，台湾巨流图书公司 1981 年版），一边思考如何分析中国传统文化的结构和机制的问题，顿时受到传播学的理论启发，以为可以从信息传播的角度解释中国的传统文化的播散和传承的机理。这是我开始研读传播学论著和思考中国传播发展史和思想史的起点。当时可能接触到的中文的传播学论著十分有限，只有麦奎尔 (D.Mcquail) 和温德尔 (S.Windahl) 所著的《大众传播

---

① 徐佳士：《简略检视台湾学界传播研究中国化的努力》，见《从零开始：首届海峡两岸中国传统文化中传的探索座谈会论文集》，第 11—14 页。

② 余也鲁的总结，见于《从零开始：首届海峡两岸中国传统文化中传的探索座谈会论文集》，第 288 页。

③ 孙旭培主编：《华夏传播论》，北京：人民出版社，1997 年版。

模式论》（祝建华和武伟译，上海译文出版社,1987 年出版），以及联合国教科文组织编写的《多种声音，一个世界：交流与社会现状和展望：国际交流问题研究委员会编写的报告》（中国对外翻译出版公司第二编译室译，中国对外翻译出版公司 1981 年版）等少数文献。传播学只是我分析中国的传统文化的一个视角和阐释方式。当时的北京学术界是一个思想激荡、新说纷呈的氛围，从传播学角度反思中国传统文化的事情，还没有人做过，这一点让我感觉兴奋。于是，我暂时放下正在准备的博士论文，很快草拟了包括四个主要章节的提纲：古代社会的传播媒介、古代社会组织的传播方式、古代政治领域的传播形态、古代的传播理论观念，后来又加了一章，是综论社会传播结构和传统文化模式的关系，在后边一章里面加了一些图示，是受到麦奎尔的《大众传播模式》一书的影响。写的过程中，整天泡在研究生院的图书馆里面，读了不少社会学、人类学、历史学、民俗学、语言学、文字学的论著。对于陈登原、费孝通、杨联陞、杨启樵等前辈的著作印象深刻。写的时候，没有课题或发表的需要，只是一个思想和知识的系统整理，好像写的过程如同治疗精神病一样，不写出一个结果就走不出来。写完了，丢在抽屉里，心安了才去做博士论文。在读博士的第三年，遇到一个丛书编委会（"蓦然回首"丛书）急于约稿，全书的题目按照丛书的格式，定为《无形的网络》就递交上去，到书出版的时候我已经快要毕业了。这之后，就是求职找工作，搬家，适应新环境，接受新的工作任务。

厦门会议期间我和余先生交谈中有一个细节，留下很深的印象。记得他很郑重地问我，为何在提交的论文中开头一段转述哈贝马斯的思想？我的原文是这样的：

社会行为的发生依赖于行为者的"情境界定"。这并不仅仅是行为者的主观动机问题。"情境界定"，是一个被哈氏称之为"主观际性的结构"。社会行为所指向的意义，也是一种主观际性的意义。主观际性的结构，是社会文化母体之中存在的"符号—意义"的规范理性化程序。此一结构是以社会行为为中介，通过交往和传承积淀下来的。此一系统成为社会系统和个人系统运作的前提条件。人的交往行为，也即我们在此所说的"传"的行为，不仅体现在技术、战略、组织等工具性的拓展上，造成经验信息传达、物质成果的积累递进结果，而且也体现在交往（传）的行为的媒介资质上，体现在价值、信念、世界观和角色意识的确证和实现的结果上，造成社会和传统的同一性。

哈贝马斯的这一理论洞见，对于我们理解传统文化中的"传"的问题，颇具启发意味。①

在我当时看来，哈贝马斯的交往行动理论，可以涵盖从个体交往、群体交往、代际交往到跨群交往的各类形式。交往行动的形态就是"传"，"传"的本质就是交往行动。交往行动的累积和凝结，就成为社会文化的结构和机理。哈贝马斯的这个观点，我在写作《无形的网络》的时候，是完全没有接触的。那本小册子出版以后，我送给同班的研读德国哲学的同学谢维和，他读了后说，你这个书上说的问题，好像正合于哈贝马斯的交往行动理论。那时我才知道有这个哈贝马斯。所以当我给厦门会议准备论文的时候，特意研读了哈贝马斯，在文章开头部分就情不自禁地转述了他。但是令我意外的是，余先生对这个引述是不以为然的。就一篇讨论中国儒家和法家的"传"的观念的文章结构而言，这样的引述或许显得生涩隔膜，不过余先生却是这样对我说："我们和他们是不一样的，一般不引述他们的观点。"

"我们"和"他们"是什么意思？谁是"我们"，谁是"他们"？余先生没有明说。这个悬念就一直盘旋在我的脑海里。直到后来有一回我向一位留美的教授询问，他才告诉我说，美国的传播学的主流是与欧洲的批判学派观点大相径庭的。看来，"从零开始"并非从空白开始，这样一场在美丽校园的凤凰树下绽放的学术花蕾，原是有她的根系所在。余先生在开幕序曲中引用了杜甫的诗句"好雨知时节，当春乃发生"，而后他说道："我们都希望这个以传播研究中国化，进而充实西方传学的努力，成为润物细无声的春雨，在中国的泥土中开花结实。"② 施拉姆学派及其后学对于"中国长春的文化传统"有着浓厚的兴趣和热切的期待，希望通过传播学中国化的途径别开生面，从中总结出新的理论和规律，充实由西方人已经建构的传播学体系来共同应对进入信息时代人类社会面对的机会和挑战。当然，这个传播学体系是施拉姆所建构的知识体系，并不包含欧洲批判学派在内的。

我们不妨将这个"初心"理解为"以中补西，中西求同"的出发点。余也鲁这样写道："西方传学经过 60 年的努力，已确立了一些研究的架构，规划出了一个范围，用以统合同类的研究，找出共同的大问题。"③ 这是传播学的"本体框架"，中国研究的位置呢？ "我们希望可以从中国人已有的经验中去寻找一些传的行为的规律或观念，当作假设"，"在现代社会中加以验证，从而建立一些小理论"④。当

---

① 吴予敏：《从"礼治"到"法治"：传的观念》，见《从零开始：首届海峡两岸中国传统文化中传的探索座谈会论文集》，第 50—51 页。

② 《从零开始：首届海峡两岸中国传统文化中传的探索座谈会论文集》，第 288 页。

③ 《从零开始：首届海峡两岸中国传统文化中传的探索座谈会论文集》，第 289 页。

④ 《从零开始：首届海峡两岸中国传统文化中传的探索座谈会论文集》，第 290 页。

然，这里不应该穿凿附会，说"小理论"是轻视了中国经验的意思。所谓"小理论"，也就是西方传播学借以累积起来的一块块作为科学认知工具模态的"中层理论"，也就是美国实证主义和功能主义导向的社会学家默顿所说的"中层理论"的含义。例如，我们今天耳熟能详的"议程设置""沉默螺旋""刻板印象""使用满足""创新扩散"等等。这些"小理论"，都是从具体的传播经验现象出发，经过形式化的抽象提炼，形成概念化的公式，再将其作为我们认知人类传播行为规律的工具，因此它们是功能性的概念，绝非内含着文化价值和意识形态特性的观念。长期以来，这些小理论构成了传播学体系的基石。像哈贝马斯那样的"交往行动理论"之宏大范畴，无法用于分析操作，当然也不属于这样的"小理论"，因此，也不具备传播学的"家族属性"。

1993 年的春天，我们就是这样从"零"出发的，在西方传播学的灯笼的照耀下进入我们自己的文化母体。

二、未曾料想到的三个"休止符"及其后的"另起炉灶"

厦门会议以后，在余也鲁、徐佳士、孙旭培、郑学檬、（后来加上厦门大学新闻传播系主任郑松锟）等五位学者的组织下，开启了海峡两岸"中国传统文化中的传播"的研究计划。根据现有的文献，我们知道规划中的"五史六论"开始问世。[①] 影响较大的是孙旭培主编的《华夏传播论》（人民出版社 1997 年出版），另有三论分别是：郑学檬的《传在史中（中国社会传播史料初编）》、黄鸣奋的《说服君主》和李国正的《汉字解析与信息传播》（上述三论均为文化艺术出版社 2001 年出版）。随后这一计划悄然停歇。这可以说是国内第一波有组织的中国传播史和传播思想史的书写。

其他基于学者个人探索热情而涌现的相关论著陆续出版。[②] 一方面，我们看到中国传播史和思想史的热度提高了；另一方面，却出现了三个未曾料想到的"休止符"：海峡两岸学人共同研究中国传统文化中的传播的合作计划停歇了；跨学科的研究停歇了；从西方主流传播学框架出发的中国化系列研究停歇了。这一景象和大量应用西方传播学理论的现实研究的兴起、欧洲批判学派、北美媒介环境学派、传播政治经济学派的堂皇引入、传播学和文化研究的交叉等热闹景观相比，显得是有些凋零了。我个人也在 90 年代中期被牵引到新闻传播学专业教育和学科建设的事业中。

---

① "五史六论"的具体内容可参阅黄星民：《堂堂小溪出前村》一文，载于许清茂主编：《海峡两岸文化与传播研究》，厦门：厦门大学出版社，2005 年版。

② 王琛：《20 年来中国传播史研究回顾》，《当代传播》2006 年第 6 期。

2000 年，我得到时任香港浸会大学传理学院院长朱立先生的推荐，向台湾的中华传播学会年会投递了一篇题为《中文传播的媒介权力及其观念的演变》论文，通过两位前辈的匿名评审得以与会。依稀记得评审意见中的一句话，说这是一篇"颇具野心的"研究框架。这让我琢磨了半天，是肯定呢，还是批评呢？参加这届年会的，只有我一个大陆学者。这是我第一次登上台湾岛，直接和台湾的传播学者交流，结识了陈世敏、陈国明、翁秀琪、黄懿慧、冯建三诸位。会间和陈世敏先生同居一室，方知两位评审正是他和翁秀琪教授。我向陈世敏先生介绍了刚刚在大陆出版的由美国孔飞力所著的《叫魂》的中文译本，以为这可视为中国传播研究的一个典范之作。[①] 后来陈世敏告诉我说，他很快就将这本书带到政治大学的博士课程里了。

由陈国明主编的《中华传播理论与原则》一书在 2004 年由台湾五南图书出版公司出版。陈国明是美国罗德岛州立大学传播学系的华人教授，学养深厚，其学术兴趣集中于传媒文化、人类传播学方面，特别对于汉语修辞传播、易经哲学有独到的研究。这部著作集合了当时在美国、台湾地区、香港地区从事传播学研究的一些学者的系列论文，按照"总论、分论、细论"的结构排列，呈现出"中华传播学"的另一番图景。陈国明在前言中写道："传播学算是一门既是社会科学也是人文学的领域"，"依我个人的看法，'传播'或'沟通'是一个普世性的概念"，"归纳或演绎出普世性的传播理论，并不是不可能之事"。但他话锋一转又说："从文化的角度，可以发现不同的文化群体，显然具有不同的传播形态（communication style）。这么说，从不同的面向，观察不同族裔的不同传播行为，所提炼出来的理论或模式，就不再具有普世性了。""本书以《中华传播理论与原则》为名，乃建立在这个论点之上。其目的并非在寻找普世性的传播理论，而是要从中华文化的角度，来探讨所谓中华式或本土性的传播形态或行为，以资与其他文化的传播形态或行为有所分别。"[②] 这是在海外华人学者当中发起的以文化主义对应科学主义、价值论对应功能论、本土化对应全球化、特异性对应普世性、多元典范对应一元典范的新一轮的学术探索。这本文集既包括在华人社会中的传播学研究的论述，也包括对华人或中华传播学的论述。在总论中，各位学者从不同的角度，探讨构建中华传播方法论的合理性与可能性。从某种意义上说，这是由海外的华人传播学者策动的第二波对中国传播史和传播思想史的书写。一方面是对第一波的

---

① （美）孔飞力（Philip A.Kuhm）：《叫魂：1768 年中国妖术大恐慌》，陈兼、刘昶译，上海：上海三联书店，1999 年。

② 陈国明：《中华传播理论与原则》，台湾：五南图书出版股份有限公司，2004 年，前言第 1—2 页。

书写的继续，更重要的是对第一波书写的反思。陈世敏在《华夏传播学方法论初探》一文中，回溯了由余也鲁和徐佳士所倡导的"中国文化与传统中'传'的研究"路径，提出了对传播学研究中国化之所以"长路漫漫"的反思，指出："这反映了华人学术界亟于走出依赖的边缘心态，然而实践上却又宿命地掏空了'中国化'提法的主体性。这个代价不可谓不沉重。误认研究方法本身是中性的，或许是个关键。""在科学的外衣下，实证主义研究方法被神化了。这同时也是学科被驯化的开始。""社会科学属于'道德科学'（moral science）范畴，是一种讲求'意义'（meaning）的学科"，"研究方法本质上便非价值中立。硬生生将之移植到另一个社会文化情境中使用，适用性便大有可疑"[①]。他设问："中国有没有自己的方法学？"在这篇文章中，他以《叫魂》一书为例，呼吁学术界"换脑袋另起炉灶，为最具'道德学科'意味的传播学找寻合适的方法学，迈向名副其实的华夏传播学"。进而，他以"学科四论"为标准，从本体论、认识论、形上论和方法论等四个层面阐释了"方志学"之于探索华夏传播学独特的方法论的意义。我在和陈世敏的交往中，时时感觉到他的温和、谦逊和包容，这和读他的学术文字的感觉稍有所不同。他对于美国正统传播学体系，乃至全球化时代的科学主义、国家主义对知识生产的宰制的批判是十分犀利的。因此，他也合乎逻辑地转向对地方化知识的青睐。他所提到的"方志学"之于探索华夏传播学的意义，我是认同的。中国的"方志学"知识谱系，作为对正史的参照比对或丰富是没有疑义的。但是，"方志学"也仍在传统社会的总体性思想框架内并严重受制于儒家经典和官家审查，也是不争的事实。

在这本文集的"分论"中，陈国明从易经八卦中发掘中国人际关系发展模式，如人际关系形态的特殊性、长期性、亲内性、合礼性以及公私重叠性，华人中的四种沟通行为：互惠、克制、间接性和重面子。有趣的是这本文集的各篇细论：分别讨论了华人社会中的各种沟通行为，如脸面（黄光国）、和谐（陈国明）、关系（马成龙）、礼（肖小穗）、报（Richard Holt/ 张惠晶）、客气（冯海荣）、缘（张惠晶）、风水（陈国明）、占卜（庄瑞玲）、气（钟振昇）等。可见学者们正在从华人沟通行为的经验现象中归纳出某种"小理论"的努力。文集中提及的还有费孝通的"差序格局论"、翟学伟的"面子论"、黄星民的"风草论"、乔健的"计策论"和金耀基的"耻论"等等。这些都可以被看作"另起炉灶"后的星光火焰。比较可惜的是，这本著作中除了一些单篇文章在大陆发表过，多数内容并没有得到大

---

①　陈世敏：《华夏传播方法论初探》，陈国明主编：《中华传播理论与原则》，第136—137页。此文最先刊载于《新闻学研究》第七十一期，在原文中提及了本人向他推介《叫魂》一书。

陆学界的重视和回应。

三、以"传"为中心，抑或以"媒"为中心？

当 Mass communication 一词披上汉语的外衣登陆的时候，曾经一度有一个奇怪称呼叫"群众交通"。而它随同自己的"父亲"施拉姆再次登陆，便有了新的名字"传学"或"传播学"。本土的人们或者热情拥抱这个新朋友，或者对它报以疑惧的态度。Communication 这门学科在香港还有两个中文名字"传理"（浸会大学）和"传意"（城市大学），这发音叫人想起英国贵族的名字"查理"。80 年代中期，深圳大学创建这个学科专业时，所设系科和课程都是"传播学"。到了 90 年代初，当时主讲概论课的朱艳霞老师找到我说，"传播学"这个词用起来实在是觉得名不副实。所以由她编写的教材便称作《传通学》[①]。不过这个词听上去好像"串通学"。这和中文语境中"公关"即是"攻关"有点相似。在中国的社会语境中，总给人不大正经的联想。联合国教科文组织编辑出版的专刊 *Communication* 中文译作《交流》，最是切合原词本意和该组织宗旨的。可惜在中国人的学科产房里面，助产士没有将这块名牌挂在这个新生儿的脖子上。于是它就带着"传播"这个不大妥帖的胎记来到世上。

诚如余也鲁所说，"传与生俱来"。"从中国的古籍中，只要稍微留意，便可以发现，我们是一个很讲究'传'的民族。""中国人在衣、食、住、行之外曾倡导'育'与'乐'，育中包括教育，乐中包括娱乐，二者都是'传'的一部分。可惜，从来没有进行过科学性的探索。"[②] 我们自己感觉非常神圣豪迈的事情，有时候在外人却不能理解。记得有一次我和深圳大学文学院的一帮玩现象学和新儒学的"哲学狗"嗨酒侃山的时候，酒酣饭饱，我壮胆一句脱口而出"传播即存在"，顿时就笑翻了一桌人，被讥为"戈培尔的哲学"。

传播学，不是一直将"传媒、信息和人"三个关键词作为三角支撑点的吗？1978 年，维纳（N.Wiener）的名著《人有人的用处：控制论和社会》经陈步翻译在商务印书馆出版，我们正好刚进大学读书。一位女生给她的朋友赠送的定情物就是这本风靡一时的信息论和控制论著作。接着，就是盖茨掀动的激动人心的对信息高速公路的想象。以信息为素材，以人的关系为单位，研究信息传输系统及其和社会其他系统的交互影响，最终达成对古今社会的传播通则的认知，不就是这个学科的基本内涵么？这应该是完全可以和经济学、伦理学、法学、社会学、心理学、美学并驾齐驱的基础学科呀。然而，传播学却只是沿着社会科学主干家族

---

① 朱艳霞编著：《传通学概论》，广州：广东高等教育出版社，1993 年。
② 余也鲁：《论探索：回到历史，回到中国》，见于《从零开始》一书，第 6—7 页。

"攀援而上的一支青藤"，以"寄生"或"分蘖"的方式成长着。

2002 年 2 月，在复旦大学举办了首届中国传播学论坛。我给大会提交的论文《传播学知识论三题》中写道：

正如经济学可以把人定义为"理性的追求利益最大化的动物"、社会学把人定义为"全部社会关系的集合"、法学把人定义为"天生的政治的动物"、心理学把人定义为"由本能欲望和潜意识支配"，传播学为何不能依据"人是制造运用符号来传播信息的动物"这样明白的事实，建立起和经济学、社会学、心理学那样的社会科学主干学科？传播学的诞生，根源于媒介与人的关系的异化。因此不管人类对于传播有如何深远的认识，传播学只能是一门现代学科。它产生于媒介与人的分离和对立，产生于不是人来自由地运用分享媒介，而是由媒介控制人这一残酷的社会事实。就是说，传播学产生于媒介从人的外化和异化的现代性境况。报纸、杂志、广播、电影、电视、网络，越来越丰富的媒介世界，将人们带到无限宽广的信息的汪洋大海。媒介代替了令人敬畏的长老、威严的国王、风骚的荡妇。媒介正在控制人们对于世界的认知，对于幸福和恐惧的感受。①

这一段文字反映出进入 21 世纪的我们，已经没有 20 世纪末那样的天真烂漫了。我们和传播学的恋情邂逅，已经转化为婚后纠结。

这一年我受命主持深圳大学文学院，对着我的老领导老朋友、刚刚退休的何道宽教授，我建议他可以将翻译工作集中于西方传播学经典。"传播学有什么经典？""您 1992 年出版的麦克卢汉就是啊！"

这部出自麦克卢汉之手的《人的延伸：媒介通论》的著作，提出了一个"怪论"：媒介即信息。不是思想的言说，而是言说的思想；不是人们照镜子，而是镜子照人们。难道说，不是崔莺莺"当窗理云鬓，对镜贴花黄"，倒是王凤姐"招引风月鉴，毒设相思局"么？境况变了，我们这些观镜之人就从君瑞小生一转而成贾瑞大爷了。传播学，终于从以"传"为中心，转到了以"媒"为中心！

人类会在以"媒"为中心的时代"精尽而亡"么？我当时是这样认为的：

我们说，社会科学的分类，可以有一个简明的概念。一类学问从基本的人性设定出发，并且通过特定的知识探索，最终丰富对于人性的认知。另一类学问，则是从人类的境况出发，描述境况的形成，多角度的探求其根源，寻求改善的途径。前者是由终极关切的智慧冲动来推进的知识，构成严格的学科边界和知识传统；后者由于社会实践的反思性或策略性的需要。因此，前者形成纵向性积淀的

---

① 吴予敏：《传播学知识论三题》，见于《中国传播学：反思与前瞻——首届中国传播学论坛文集》，上海：复旦大学出版社，2002 年，第 83—95 页。首次刊于《深圳大学学报（人文社会科学版）》2001 年第 6 期。

学问，后者形成多学科交汇的知识平台。传播学与以上提到的各类开放的知识平台可能有所不同的是，它还有机会将自己发展成纵向积累的学问（新的基础学科）。如果说传统学科是从纵深走向广延，传播学有可能从广延走向纵深。走向广延的传播学，即传播学的广义概念，是从人的从事信息传播行为的本质出发，研究传播对于社会文明的建构以及对人的认知—心理系统的建构。走向纵深的传播学，即狭义的传播学，是从媒介与人的外化和异化着眼，研究媒介的工具存在、社会存在对于现代社会中人的影响，包含着控制的知识和反思的知识两个方面。当然在这里纵深度和广延度也是相对的。广延的传播学，恰恰是超越了具体的社会管理问题，而将知识的探触头伸向人性的和文化的本质层面，试图从信息交换的形式的角度做一个根本性的解释。然而纵深的传播学，却是执着地追踪最敏感的社会问题，将知识从高空拉向地面。①

同样出自何道宽译手的麦克卢汉在中国的两度登场②，其风光程度是大有不同的。连何道宽自己也没有完全意识到，他这位"摆渡人"的"渡船"划进了当今世界的巨流的主航道。这便是以"媒介"为枢纽的社会文化主潮。这位夙兴夜寐的艄公奋力地划桨，穿梭在现代性的场景中。我先后邀请过陈世敏、林文刚等访问深圳大学，与何道宽切磋甚密。这是一个跨越纽约、多伦多、台北和深圳的自认"媒介环境学派"的学术群体。《麦克卢汉精粹》《数字麦克卢汉》《麦克卢汉：媒介及信使》《机器新娘》《麦克卢汉书简》《麦克卢汉如是说》《麦克卢汉传》《媒介即按摩》《余韵无穷的麦克卢汉》《指向未来的麦克卢汉》等大批文本出自何道宽的翻译，雄踞中国传播学出版市场四分之一世纪之久且无衰颓之势。与此同时，聚焦媒介和文化关联的伊尼斯（一译为英尼斯）、莱文森、波斯曼也纷纷成为中国出版物的热销品。

英尼斯在《帝国与传播》中，将罗马帝国的扩张和对纸莎草产地的控制联系起来，从媒介的物质形态的演进和分类出发论述了媒介对历史上的帝国版图和统治的决定性作用。这是以媒介技术界定文明进程的历史观。还记得我和何道宽第一次到巴黎的卢浮宫看到大量的书写在莎草纸上的埃及圣书文字和神话，似乎可以摸到埃及王朝的脉动。媒介是生产和交流的工具，媒介技术的进步是社会生产力的一种形态，它决定了人们的社会交往、制度建构和意识形态变化。这个观点显然是符合马克思主义的唯物史观的。深受马克思影响的英尼斯采取这一视角观察和论述历史是顺理成章的。2000年，我发表的《全球化时代的传播与国家发展》

① 吴予敏：《传播学知识论三题》，《深圳大学学报（人文社会科学版）》2001年第6期。
② （加）麦克卢汉：《人的延伸：媒介通论》，何道宽译，成都：四川人民出版社，1992年；此后又有《理解媒介：论人的延伸》，何道宽译，北京：商务印书馆，2002年。

一文 ①，引述英尼斯、杜波夫（R.DuBoff）、休杰（P.J.Hugill）、默多克（G.Murdock）的著作，都是从媒介决定论的角度论述国家发展史。后来何道宽将英尼斯翻译过来了。

以媒介为轴心来界定传播的观念以至于以媒介理论涵盖传播学知识体系是逐步形成的。50年代拉斯韦尔发表《社会传播的结构与功能》，提出了传播过程及其五个W构成要素。在传播学的奠基时期，施拉姆学派基本秉持这个观念，媒介只是其中一个W（In Which Channel）被提及。但是随着大众传媒的垄断化、全球化以及其后的互联网崛起，媒介的决定性作用日益凸显。媒介成为传播学的观念轴心和知识边界，或许是麦克卢汉、英尼斯、梅洛维茨、席勒，乃至卡斯特尔、德布雷等连续进入中国之后逐渐形成的概念。媒介从工具发展为产业，进而成为当代社会的经济和政治利益以及权力关系聚集的中心。一切历史的书写，都是从当代出发的。因此，传播史被界定为媒介史就不足为奇。上述西方学者，以及文化研究学派的福柯、布尔迪厄等对我们的影响是深刻的。我本人在书写中国传播思想史的时候，历史上的媒介形态、媒介体制、媒介权力和媒介观念，也是思考和叙述的轴线之一。以往的中国历史书写，虽然谈及媒介的作用，但是仅仅作为文化生活的一个因素，甚少将媒介看作社会控制、交往和整合的决定性力量。在我的印象中，似乎只有柳诒徵的《中国文化史》对唐五代和宋代以后的出版的社会历史作用给予了较多的重视。

传播史和传播思想史，是以"传"为中心，还是以"媒"为中心呢？如果是以"传"为中心，人们会关注"人的传播行为结构—社会互动关系结构—社会文化结构"的同构关系；历史的阐述将循着"观念形态—话语形态—传播形态"的演化呈示关系。如果是以"媒"为中心，人们会秉持"媒介即信息""媒介即权力"的观念，沿着"媒介工具和技术的演进—媒介建构空间和时间—媒介建构社会行动、社会组织和制度—媒介建构社会权力和象征体系"的路径寻求历史和逻辑的统一。在前一个思路中，人作为社会主体的交往沟通（传播）实践决定了媒介的使用和改造；在后一个思路中，媒介作为人们交往实践的工具环境和先决条件。以"传"为中心，还是以"媒"为中心，是不是一个问题的两个方面？我以为还不能这样笼统地下结论。叙述历史，总归是有一个主角的。例如我们可以有"蔗糖史""烟草史""冶铁史"，当然也可以有"传媒史"。但是这不等于说，传播史就是一部以媒介为中心的历史，传播思想史就是一部媒介观念的历史。

"媒介中心论"或者"媒介决定论"，归根结底是现代性的本质特征的观念表

---

① 吴予敏：《全球化时代的传播与国家发展》，《新闻大学》2000年冬季刊。

达。在诸多实践工具中，传播媒介凸显逐渐起到支配作用，是现代性发展的必然结果。传播学作为现代化进程中出现的社会科学，与生俱来的现代性特质必然走到媒介中心论也是其内在的逻辑。那么，用这样一个现代性逻辑去衡量框定前现代的漫长的历史是否完整和恰切，就成了一个问题。换言之，以现代传播学理论框架作为方法论去反观中国传统文化和历史，也就存在问题。在这一点上，我已经和当年写作《无形的网络》的时候的观念有所不同。这是因为当年我们对于传播学的认识还是比较粗浅的，而今天传播学理论知识体系的多面性、复杂性以及它的局限性让我们对其有所反思。

近年来，随着德布雷的"普通媒介学"的译介引入，英尼斯 - 麦克卢汉式的媒介观念被突破了。人们不再将媒介简单地看作物质性和工具性的存在物，也不再将它看作特定的信息载体、传播渠道和传播组织。德布雷以"媒介域"的概念来重新界定"媒介"。[①] 欧洲文化传播学派基于索绪尔普通语言学原理，以"符号—意义"二元构成的表征物来界定媒介，基于行为主义和结构功能主义的媒介社会学、强调技术演进的媒介环境学派，从"工具—行为—机构—体制"的一体化逻辑来界定媒介。德布雷则与之不同，他将媒介演进看作交流工具的迭代过程。由交流媒介重构了人类生活的时间和空间关系、人类交往的技术平台、社会等级和权力关系、社会行为的规约关系、社会制度和组织形式以及一定社会的观念信仰体系，将"媒介域"概念当作衡量人类文明史的一个界标。这是继麦克卢汉媒介决定论之后的关于媒介的更具包容性和拓展性的阐释。他的"文字（逻各斯域）""印刷（书写域）""视听（图像域）"等概念在一定程度上可以说是类似于"青铜时代""铁器时代""蒸汽机时代""电子时代"等表述，可以作为对文明史的一种简洁明了的界标。

德布雷的普通媒介学理论，强调支配性媒介技术对社会关系和权力结构的决定作用，当然，他也将此概念扩大到介质化交往实践的物质和制度环境。这对于我们认识媒介发展的历史以及媒介演进对于社会观念和制度的演进的影响无疑是很有启发意义的。由此可以产生出传播思想史的书写轴线。但是，能否以"普通媒介学"界定"传播学"的知识边界，则是可以讨论的。"媒介"或"媒介域"在突出传播中介性作用的同时，弱化了传播主体的能动作用。观念在支配交往实践的过程中创造了多样的媒介形式，媒介形式反过来又将观念体系实体化、形式化。因此传播是一个双向作用的过程，并非单一的支配过程。大量的人类学研究成果

---

① （法）雷吉斯·德布雷：《普通媒介学教程》，陈卫星、王杨译，北京：清华大学出版社，2014年。

证明，介质化的沟通和社会交往实践是灵长类进化的过程和结果。媒介是介质化的沟通和社会交往实践的创造物。人类的介质化的沟通和社会交往实践本质上也是一种生产劳动，包括了物质生活资料的生产和人本身的生产以及其他社会关系的生产。媒介是介质化的沟通和社会交往实践中的必要因素。特定的媒介形式是否对介质化的沟通和社会交往发生支配性的作用，则是由特定的历史阶段和社会文化条件决定。人们的介质化的沟通和社会交往实践是非常丰富的，其利用媒介的交往活动也是多层次的、迭代积累的以及因时因地变化的。一方面我们要看到历史发展到一定阶段将出现支配性的媒介形态，另一方面也要看到媒介形态的复杂性、多变性、迭代性和复合性。媒介史从属于传播史，而传播史并不能归结为媒介史。

有很多文献和人类学研究案例表明，媒介的最初的作用不是用来承载信息的，更多是作为一种感应力量的想象物而存在。介质化沟通遍及天人之际、万物之际、人鬼之际、人我之际、身心之际，在原始文化中，媒介物是有灵而富于感应力的。媒介物遍及整个自然界，随着人们的生产实践和观念想象而转移。弗雷泽所说的"交感巫术"和"触媒巫术"都借助于媒介物而实施。从部落到部落联盟再到酋邦，原始巫术和神话建构并行，神话体系整合了复杂的媒介物序列，巫术逐渐发展成巫教文化制度，媒介物也逐渐定型，程序化，转化为意义象征系统。中国文化有十分悠久的历史，其地方的多样性也远远超过文献的记载。从巫教文化发展到礼乐文化，经历了漫长的时间，媒介物的复杂结构功能也被积淀和整合在礼乐文化以及地方民俗文化里面了。例如在思想史上讲得很多的"格物致知"，其本源就是一种巫术操作。天下之物无一不具有感应力。汉儒解释经典文献，训"格"为"来"。郑玄根据《尔雅·释言》发挥格物致知的意思是说，人有何种德性知识就可以招徕何等事物，有善知招善物，有恶知招恶物。天下事物都是因为人之所好而来的。这个观念后来孕育出体仁修身的儒家认识论。事实上在先秦的文献中，关于"来物""物来"的说法很多。王国维在《释物》一文中说，"物"的本意是杂色牛，后推之以言杂色帛，再引申为万有不齐之庶物。所以，"物"是巫教崇拜的仪式上的祭品。巫教祭祀，借用祭品招徕鬼神，祝祷天地。祭品、明器、龟甲都是沟通的媒介。而在原始部落时期，崇拜天地，信奉万物有灵，各种灵物都是媒介。裘锡圭从古文字解释"格物致知"，把"格"字解释为"徕"字，指出了上古时期的原始宗教和先秦认识论之间的关联。① 可以招徕上帝鬼神的"物"是非文

---

① 裘锡圭：《说"格物"——以先秦认识论的发展过程为背景》，载王元化主编：《学术集林》（第一集），上海：远东出版社，1994 年。

字的实物，但又是有特殊功能的，类似于大麻、酒之类的致幻物。凌纯声研究环太平洋萨满文化圈，早就指出了远古时代的巫教仪式文化中招神请神的主要媒介就是此类致幻物。[①] 如何招神请神，《山海经》里面有很多的记述，人们常常把这本书当作神话来读，不将它当作巫教仪礼来读。人们运用媒介物想要达成的实用效果和后来人们对媒介物承载的信息价值的解释并不是一回事。在《尚书·君陈》和《酒诰》里面，说"黍稷非馨，明德惟馨"，"弗惟德馨香，祀登闻于天"。说酒的香气不在酒本身而在用酒祭祀的人的德性。这种观念是西周以后形成的，道德价值依托于祭品。巫术，是比较复杂的全套的操作技术，它和古代的饮食、医疗、歌舞、音乐、图画、文字的发明都有关系。巫的关键之处是作为沟通天人、鬼神之际的媒介。随着国家形态的逐渐形成，一步步垄断化，而它和世俗王权之间存在着复杂关系。从"家有巫史""民神杂糅""民神同位"到"绝地天通""人神不扰"，是中华文明形态和国家形态的根本的变化，从"以教领政"转到"以政领教"，巫史传统逐渐走向理性化。在中国传播史上人们津津乐道的不阿权贵秉笔直书的事例，其实是和巫史传统直接相关的。春秋时齐国大臣崔杼因个人恩怨杀了齐庄公，齐太史就秉笔直书："崔杼弑其君。"崔杼一怒杀了齐太史，太史的两个弟弟继续如实记载，又都被崔杼杀了。到了太史第三个弟弟来，还是要"据事直书"，还说"失职求生，不如去死"。门外又有南史听说几个太史都死了，就捧着竹简跑来等着崔杼再杀以后继续顶替记载真相。这个阵势搞得崔杼下不了台只好作罢。这种不惜为了记载事实真相以命相搏的事情，也许是一种专业主义的精神，不过这都是因为有巫史世袭制度和信仰的传承的结果。

德布雷说文字所代表的逻各斯域，这是纯粹西方人的传统，和中国传统不相同。这一点德里达是明白的。他说中国文字完全脱离逻各斯中心。中国的文字起源，不是理性化的产物，相反却是天人感应和象征思维的产物。文字起源于巫术活动，这种天人感应论在中国人的文化心理结构中积淀很深，几千年都没有根除。中国人的介质化沟通实践是非理性的实用主义，既是实用主义，又是非常富于想象和情感意志。

用"媒介域"来定义文明进化，从物质工具和技术的支配作用来看社会行为、社会组织、社会制度乃至社会观念的演化，有很强的解释力。但是这不等于全部传播的历史。中国人历史上的介质化的社会交往实践是非常丰富的，富于创造性和戏剧性，更是具有文化独特性的。媒介因交流情境而变化。我这里再举几个例

---

① 凌纯声：《松花江下游的赫哲族》，国立中央研究院历史语言研究所，1934年；《中国与海洋洲的龟祭文化》，"中央研究院"民族学研究所，1972年。

子。

大家知道汉阳这个地方有个古琴台，始建于北宋，清朝嘉庆初年由湖广总督毕沅主持重建。相传是春秋时期伯牙抚琴之处，和钟子期以琴会友。这里"琴"就是交往的媒介。西晋时期的嵇康受陷害临刑之时抚琴一曲《广陵散》，表达他的孤愤之情。而陶渊明不解音律，却存了无弦琴一张，每每饮酒适意，就抚弄一番以寄其意。李白倾慕不已，有诗曰："抱琴时弄月，取意任无弦。"（《赠崔秋浦三首》）"大音自成曲，但奏无弦琴。"（《赠临洺县令皓弟》）琴，作为一个交流的媒介依存于主体的思想情感而变化。

《红楼梦》第四十一回"栊翠庵茶品梅花雪"写妙玉奉茶，用了六种茶具，分了各色人等，给宝玉的先是用自己喝茶用的绿玉斗，后来又换成九曲十环一百二十节整雕竹根蟠虬，亲疏贵贱，清浊雅俗，幽怨悱恻，真是妙不可言。贾宝玉挨打以后，姐妹们来看他。林黛玉最是悲actor。贾宝玉把自己的一个旧手帕赠送给她，这个物件就成为他们之间互通情愫的媒介物。

介质化的社会交往实践是渗透在日常生活中，渗透在人情世故中，媒介形态多变而含意无穷，只有透过文化语境才能有所领悟和解释。媒介结构、传播结构和政治经济结构、军事结构乃至社会管理运作互为支撑。在中国古代社会里，有些媒介是和权力结构高度结合，甚至是垄断化的。尽管这样，垄断化的媒介运作里面也有各类人物的行为作用。古代的邮驿是遍及全国的信息通讯系统和社会管治系统，是整个帝国运转的血脉经络，加以严格管控的。秦孝公时商鞅变法，制定了一整套严厉的驿站馆舍管理办法，临到他自己政治败亡，跑到边境的馆舍里，管理员说，商君有令，没有合法证件的人不得住店。商鞅就只能自食其果了。驿站馆亭是邮政网络的各个节点，是专制帝国的紧要之处，但也可能被造反的人所利用。东汉末年，汉中人张鲁传播道教，部署徒弟"各领部众""各起义舍于路，同之亭传"，就是利用驿站馆亭的传播通道秘密筹备起义。汉朝设置"督邮"官职，主要职责除督送邮书外，还代表太守巡查属县，督察官吏和邮驿，宣达教令，案验刑狱，检核非法。"督邮"地位不高权力很大，就很容易招人怨恨。驿站是地方运作，督邮则代表上级巡查。在专制统治松弛的王朝末年，这两个运作机制之间就非常紧张。《三国志》里面记载刘备、张飞都是受了督邮的气的。华佗是民间游医，他的麻沸散、五禽戏形同巫医之术。他给几个督邮治病，都把他们治死了。张角奉事黄老道，用巫术符水咒说治病为名，在北方广大地区发动了黄巾起义。曹操发家靠的是收罗黄巾军三十余万人。尽管曹操本人喜好刑名之学（道家和法家杂之），但他对民间道教的传播和造反是很警觉猜忌的。曹操患头疼病，华佗却借故返家。曹操屡次求医，华佗"特能厌食事，犹不上道"。曹操大概认为华佗形迹可疑，近乎道教巫医，存心要害他，恨其虚诈，就将其收监拷打致死。我们学习历史研究历史，就要从历史真实出发，不是从既定的概念出发。社会文化传统不同，所创造的媒介形态也就有所不同。甲骨文是媒介，大漠烽烟也是媒介；霓裳羽衣是媒介，麻衣相术也是媒介；熹平石经是媒介，千刀万剐也是媒介。媒介可以是温情脉脉文绉绉的，也可以是声色俱厉血淋淋的。前几年我去山西参观一座古代的县衙，在县衙里面展览的就有对付古代失节妇女的刑具，其残忍精致令人不寒而栗。朱元璋治贪官剥皮实草摆在官厅里，不也是媒介吗？总之，传播思想史的媒介观念可以更加灵活通脱。

四、传播思想史书写追求什么 "一"？

"从零到一" 这个说法，不只是说我们的传播思想史研究，已经告别了 "零"，迈出了第一步，而且这个第一步是在西方传播学知识体系的帮助下走出去的。有的学者认为，中国传播思想史，或者传播思想史的价值在于为建立中国传播学的学科体系做出历史的梳理。这个观念内含了一个 "一"，就是一个独创的有中国特色的学科地位。

和中国传播思想史相关联的有很多专门史，比如中国修辞史、出版史、邮政史、交通史、新闻史、舆论史、中外交流史；再拓开一层，又有语言史、民俗史、社会史、政治史、教育史、军事史、文学史、艺术史等等，直到宗教史、思想史、哲学史。构建一个学科领域，主要是其特定的设问、特定的观念、特定的方法和特定的材料四者的结合。和其他学科相比，也主要从这四个方面加以区分。有的地方是和其他学科重合交叉的，但是组合起来就有所不同。例如，对于中国书院的研究，教育史和传播史的设问、观念、方法和材料就会有所不同。传播史会研究书院的空间结构和仪式功能、书院内部和外部的人际交往、权力结构、信息管控、出版演讲辩论和惩戒制度、书院存废对社会文化环境特别是政治环境的舆论影响等等。在这里我不能不遗憾地说，长期以来过度地依存于新闻传播学的学科概念框架，对于中国传播思想史的研究是一个自我限制，习惯于在邸报、塘报、民意、谣言这些规范概念下面扒疏。我以为，从 "媒介" 到 "媒介域" 的拓展固然是一个思路，但是不够。这只是关于中国传播史或传播思想史的一个分题的设问。而这个学科的总的设问应该是，中华民族在漫长的历史上的交流实践是怎样的，在交流实践的过程中形成了怎样的观念和心态结构？

刘勰的《文心雕龙》是一部 "体大而虑周" 的文艺理论著作，分为上部和下部。就上部的 "文体论" 来说，如果不采取现在 "文章学" 或 "文艺学" 的读法，而采取 "传播学" 的读法，就要和历史上的政治行政运行体制、信息交流活动、事件案例结合起来，同样的材料会有不同意义的呈现。汉代刘劭的《人物志》被当代人读解成为"人才学"著作，实际上它既是人际交往的经验总结，又是政治传播的教科书，这一类著作后来从识人术发展到图像学。总之，中华民族在漫长的历史上的交流实践无比的丰富和复杂，由此形成的观念和心态结构也无比的精微和系统，要深入其境，又要出乎其外地进行研究，首先要从打破对现代传播学的迷信开始。《文心雕龙》里面有一句妙语："众美辐辏，表里发挥。"不同的学科都是知识的"辐辏"，是进入文明心灵中心的入口。

"生也有涯，知也无涯"，人皆生有宿命，除了肉体，便是文化的宿命。宿命如一条浑浊而奔腾不息的河流，个体生命随之沉浮。我们与其无知无识无力地甘愿作为一片树叶，倒不如将自己的生命打造成一叶扁舟，在文化的宿命中识别她的河床、航道、漩涡和险滩，且行且观且思，也不枉成就一个微薄的智慧生命，如萤火般消失于茫茫夜空。

传播史上的孔庙祭祀礼制及其当代价值 *

内容提要：中国是礼仪之邦，"礼"是中国文化的核心标志和文明象征，祭礼是中国礼制的重要组成部分。孔庙（文庙）既是祭祀空间，也是文化载体，同时还是中国祭祀礼制的实体化显现。从传播史的研究视角切入，考察孔庙祭祀礼制和儒家文化传播在中国历史上的发展及作用，指出孔庙作为传播媒介兼具"时间偏向"和"空间偏向"，是一个"隐形的传承者"；孔庙祭祀礼制具有教化天下和传承文明的跨文化传播价值。在当代中国，积极发挥孔庙及祭孔礼制的文化传播功能，对增进文化自信，建构文化共同体，将起着重要的作用。

关键词：孔庙；祭孔礼制；文化传播；文化共同体

作者简介：张兵娟，女，郑州大学新闻与传播学院教授，博士生导师，研究方向：文化传播、电视传播；王闯（1994.08），男，河南南阳，郑州大学新闻与传播学院2016级传播学硕士研究生，研究方向：文化传播、新媒体传播。

一、作为传播制度的孔庙祭祀礼制

中国是礼仪之邦，"礼"是中国文化的核心标志和文明象征，礼文化至今仍深刻影响着中华儿女的生活。在早期社会，礼和俗并没有完全分化，直到西周，周公制礼作乐，"因俗制礼"，礼俗才逐渐与伦理道德和政治制度结合，并发展成为规范的"礼制"，进而发展成为"礼义"，规范着中国人民生活的方方面面。[1] 中国礼制既是政治制度亦是社会制度，它可以"定亲疏、决嫌疑、别同异、明是非"[2]，意味着身份的确认和秩序的确立，其规范功能是实现社会调控维稳的重要手段，"礼制"也就走向实践，转化成了"礼治"。法国汉学家汪德迈曾说："礼治是治理

---

*　基金项目：本文为国家社科基金项目"中国礼文化传播与认同建构研究"（16BXW044）的阶段性成果。本文刊载于《现代传播》2018年第1期。

①　邹昌林：《中国古礼研究》，台北：文津出版社，1992年，第11页。
②　郑玄注、孔颖达疏：《礼记正义》，北京：北京大学出版社，2000年，第14页。

社会的一种很特别的方法。除了中国以外，从来没有其他的国家使用过类似礼治的办法来调整社会关系，从而维持社会秩序。"①"礼"在中国文化中占据着核心位置，发挥着治国安邦的重大作用，"礼制"和"礼治"是中国文化区别于其他文化的独特之处。

在《周礼·春官·大宗伯》中，礼被分为吉礼、凶礼、军礼、宾礼和嘉礼，其中"吉礼"就是祭祀之礼。《礼祭·祭统》有云，礼有五经，莫重于祭。中国祭祀礼制中，对祖先的祭祀起初仅限于血缘亲属等，而后世逐渐拓宽了祭祀的范围，包括历代帝王、先圣先师，其中最为独特的就是对"先师"的祭祀。这个先师就是孔子。孔子为历代帝王所推崇、后世儒生所敬仰，被尊称为"至圣先师"和"万世师表"。作为儒家学派的开创者，儒家思想也随之成为绵延千年的主流思想，儒家文化更是成为中华儿女共同的文化基因。

礼有三本："天地者，性之本也；先祖者，类之本也；君师者，治之本也。无天地焉生，无先祖焉出，无君师焉治，三者偏亡，无无安人。故礼，上事天，下事地，宗事先祖而宠君师，是礼之三本也。"②《礼记·文王世子》说："凡学，春官释奠于其先师，秋冬亦如之。"孔庙祭祀的主要形式是释奠礼。所谓释奠，郑玄解释说"设荐馔酌奠而已，无迎尸以下之事。"③先秦时，释奠礼是简单易行的仪式，到了后世却变得格外隆重并由皇帝和儒生阶层所垄断。

释奠礼历史上有一个漫长的发展过程，真正发展成熟是在唐朝。开元二十年，官方礼典《大唐开元礼》颁行，释奠礼正式列入其中，并被确立为一项独立于天神、地祇、人鬼之外的祭礼。"凡祭祀之名有四：一曰祀天神，二曰祭地祇，三曰享人鬼，四曰释奠于先圣先师。"④国家祭祀分为大祀、中祀、小祀三个等级，礼典详细规定了从中央官学到地方州县的释典礼制，中央官学的释奠礼为中祀，用太牢（牛、羊、猪各一），地方州县则为小祀，用少牢（羊、猪各一），还需备三献之礼。⑤

宋朝时期，宋真宗大中祥符元年(1008年)加谥孔子为"玄圣文宣王"，后又改为"至圣文宣王"。宋高宗绍兴十年(1140年)更是将国学释奠礼升为大祀，用笾豆十二，礼如社稷。元武宗时，再加封为"大成至圣文宣王"。明初沿用宋元时期的释奠礼制，称孔子为"大成至圣文宣王"。明孝宗弘治十七年(1504年)，释

---

① 法汪德迈：《礼治与法治——中国传统的礼仪制度与西方传统的JUS（法权）制度之比较研究》，转引自杨志刚：《中国礼仪制度研究》，上海：华东师范大学出版社，2000年，第22页。

② 王聘珍：《大戴礼记解诂》，北京：中华书局，1983年，第17页。

③ 郑玄注、孔颖达疏：《礼记正义》，北京：北京大学出版社，2000年，第736页。

④ 李林甫等：《唐六典·卷四》，北京：中华书局1992年版，第120页。

⑤ 王美华：《礼制下移与唐宋社会变迁》，北京：中国社会科学出版社，2015年，第138—139页。

奠礼由六佾升为八佾。到了明世宗嘉靖九年 (1530 年)，改称"至圣先师孔子"，大成殿改称孔子庙，还毁塑像改用木主，减化祀孔礼仪。①到了清朝，历代皇帝尊孔崇儒，称孔子为"大成至圣文宣先师"。清光绪 (1906 年) 更是把释奠礼升为大祀，孔子的地位也被推向历史最高峰。

孔庙祭祀延续千年，"礼仪之隆杀、封爵之升降、笾豆之增损、舞佾之加减、从祀之取舍"②等礼制沿革崇祀脉络，都有史料可循，孔庙祭祀礼制也在历代发展实践中不断完善，甚至远播东亚，儒家思想更是影响了韩国、日本、新加坡等周边国家。释奠礼是对中华文明的礼敬，具有强烈的传承文明、教化天下的意义与价值，当今的祭孔大典是历史上释奠礼的继承和发展，这种"发明的传统"是构建文化共同体的重要来源，有其重要的当代价值。

二、作为传播媒介的孔庙

孔庙，又称文庙、孔子庙、夫子庙、先师庙。司马迁在《史记·孔子世家》中写道："故所居堂、弟子内，后世因庙，藏孔子衣冠琴车书，至于汉二百余年不绝。"③公元前 195 年，汉高祖刘邦亲临曲阜，并以最高规格的太牢（牛、羊、猪各一）祭祀孔子，首开帝王祭孔先河。公元前 153 年，东汉桓帝下诏修缮曲阜孔庙，由国家管理曲阜孔庙，并任命孔和为行政官，这可视作孔庙由家庙向"国庙"转变的开始。东晋太元九年 (384 年)，孝武帝采纳尚书谢石的建议，"选公卿二千石子弟为生，增造庙屋一百五十五间"④，这成了在国家最高学府中建造孔庙的开端，这也是第一座建于京师的孔庙，标志着孔庙走出阙里。

北齐是中国孔庙第一个大发展时期，"郡学则于坊内立孔、颜庙"⑤，这是孔庙开始建立于地方学校的开始。到了唐贞观四年 (630 年)，"诏州、县学皆作孔子庙"⑥，首次将孔庙推向全国，并确立了孔庙的奉祀制度和祭祀制度。宋代尊孔崇儒，孔庙也得到了持续发展，而辽、金、元时期，战乱使孔庙遭到破坏，也带来了孔庙向边远地区的远播。到了明代，大兴教育，广建学校，增加从祀人物，又提高祭孔级别，兴学即兴庙，孔庙再次进入大发展时期。清代推行尊孔崇儒的政策，儒学教育兴盛，孔庙进入鼎盛时期，到清末，全国约有一千七百四十多所。

---

① 赵克生：《明朝嘉靖时期国家祭礼改制》，北京：社会科学文献出版社，2006 年，第 166—167 页。
② 董喜宁：《孔庙祭祀研究》，北京：北京社会科学出版社，2014 年，第 2 页。
③ 安平秋编：《史记》，上海：汉语大词典出版社，2004 年，第 766 页。
④ 杨忠编：《宋书》，上海：汉语大词典出版社，2004 年，第 291 页。
⑤ 孙雍长编：《隋书》，上海：汉语大词典出版社，2004 年，第 159 页。
⑥ 黄永年编：《新唐书》，上海：汉语大词典出版社，2004 年，第 289 页。

孔庙是祭祀空间，又是文化载体，同时还是祭孔礼制的实体化显现，其数量的演变和孔庙祭祀礼制的演变是同步发生的。奉祀人物、祭祀制度、祭祀礼仪都由国家统一制定，历代帝王对儒家思想和孔庙祭祀礼制的态度，也都影响着孔庙的存毁和数量的多寡。反过来讲，孔庙作为一种祭祀空间，它的演变史既能展现出祭孔的礼制史，还能反映出中国的政治史，更能传达出儒家的思想史。

在孔庙研究中，作为传播媒介的孔庙较少被提及，但在传播学研究中，作为传播媒介的建筑在传播史上随处可见。"石雕传播古代诸神的庄严伟大，建筑物和纪念碑传达了王国或统治者的丰功伟绩，泰姬陵和金字塔等名胜古迹、教堂的非凡构想不仅召唤人群、传播生活方式，而且传递民族的历史、讲述其对未来的希望。"①美国传播学家威尔伯·施拉姆把包括石雕、纪念碑、泰姬陵、金字塔和教堂等在内的建筑物统称为"无声的媒介"，这些媒介和传统意义上的大众媒介一样，都具有传播信息的功能。

法国媒介学者雷吉斯·德布雷更进一步，区分了传播与传承，将某种媒介技术维系着的具有稳定性的人类集体记忆和社会关系，称为"媒介域"。②人类的思想活动依赖于媒介技术的记录、传递和储存，孔庙在中国古代所构成的"媒介域"，是"隐形的传承者"。从制度角度说，孔庙背后是中国祭孔礼制；从建筑角度说，孔庙是祭孔礼制的实体和传承儒家思想的场所；从仪式角度说，孔庙如同一个舞台，祭祀活动在其中举行，完成了对道统的传承。

加拿大传播学家哈罗德·伊尼斯从时空层面，将传播媒介分为两大类：空间的偏向和时间的偏向。前者有莎草纸和纸张等，它们轻巧方便，利于在空间中进行远距离的信息传播；而后者有如石碑和泥板等，它们笨重耐久，不适合运输，承载的信息在时间维度上更持久。③根据"传播偏向论"，我们可以发现孔庙是一种"时间偏向的媒介"，它穿越千年增减兴衰，既是儒家思想的传播渠道，又是中华民族的文明象征，产生了"润物细无声"的深远影响。

孔庙礼制建筑虽是具有时间偏向的"无声的媒介"，但它们却是载体之载体，传播和传承着丰富的儒家文化意蕴。孔庙列入国家祀典后，其建筑依循着某些固定的要求，"建筑的开间、屋顶的形式、斗拱的踩数、屋瓦的颜色质地、彩画的颜

---

① [美]威尔伯·施拉姆、威廉·波特：《传播学概论》，何道宽译，北京：中国人民大学出版社，2010年，第135页。

② [法]雷吉斯·德布雷：《普通媒介学教程》，陈卫星、王杨译，北京：清华大学出版社，2014年，第4页。

③ [加]哈罗德·伊尼斯：《传播的偏向》，何道宽译，北京：中国传媒大学出版社，2015年，第71页。

色图案、建筑的高低大小等等无不受到礼制规定的约束"①。曲阜孔庙是各级地方孔庙的本源，它和衢州、京师孔庙一样，虽也设学，但主要用于祭祀孔子。各级地方孔庙的建筑形制都依循曲阜孔庙，采用"庙学合一"的布局，"学"的部分一般包括明伦堂、学斋、尊经阁等建筑，另有魁星亭、文昌阁之类的祈祝文运建筑；"庙"的部分一般包括万仞宫墙、棂星门、泮池、大成门、大成殿、东西两庑、启圣祠、名宦祠、先贤祠等建筑。②

孔庙建筑多采用红黄二色，寓意吉庆尊贵，其整体建筑特征可以概括为"中正"和"对称"，有"从容中道""中立不倚"之意，可见孔庙深受儒家"中庸"思想的影响。具体到孔庙的局部建筑，也各有象征意义。

万仞宫墙，取名自《论语·子张》中的"夫子之墙数仞，不得其门而入，不见宗庙之美"，子贡以"宫墙万仞"比喻孔子之道。棂星门前有金声玉振坊和泮池，金声玉振坊出自《孟子》中的"孔子之谓集大成，集大成者，金声而玉振之也"。"金声玉振"本是指奏乐全过程，古时奏乐以击钟（金声）开始，以击磬（玉振）结束，在此则象征孔子思想集古圣先贤之大成。③泮池是孔庙水池的特有形制和专用名称，也是曲阜泮水的象征。设泮池以蓄水，隐含有希望学子从圣人"乐水"，以水比德中得到启示之意。同时，泮池中的水绝大多数是活水，这种设计是儒家思想"孔泽流长"的象征。④

棂星门是孔庙的第一道门，意指孔子乃棂星下凡，主管人间的教化。大成殿由宋徽宗始，是孔庙礼制建筑的核心场所，也是孔庙祭祀的仪式空间。古时称古乐一变为一成，九变为九成，至九成而乐终称为"大成"。孔子之谓集大成，意思是孔子把古圣先贤的思想再创造为一种至高无上的理念，这种理念就是孔子学说的升华，就是大成。⑤明伦堂是孔庙内学宫的主要建筑，是讲学的主要场所。"明伦"意指让人知晓做人的事理，这也是具有代表性的儒家教学理念。

当然，我们不能忽视的是孔庙建筑在传播儒家文化之外，它本身还是祭祀孔子的仪式空间。罗马尼亚宗教学家米尔恰·伊利亚德在《神圣与世俗》中提到，空间可被划分为神圣的和世俗的，并认为神圣空间意味着空间连续性的中断。⑥孔庙在"中断"意义上，也可以被称为一种神圣空间，因为在古时除了定时的祭祀，

　①　孔祥林、孔喆：《世界孔子庙研究》，北京：中央编译出版社，2011年，第199—220页。
　②　沈旸：《东方儒光：中国古代城市孔庙研究》，南京：东南大学出版社，2015年，第196页。
　③　孔祥峰、张龙：《孔庙建筑与儒家思想》，《百年建筑》2003年第3期。
　④　李鸿渊：《孔庙泮池之文化寓意探析》，《学术探索》2010年第2期。
　⑤　张晓旭：《孔庙的建筑文化和匾额文化》，《南方文物》2002年第4期。
　⑥　罗马尼亚米尔恰·伊利亚德：《神圣与世俗》，王建光译，北京：华夏出版社，2002年，第1—3页。

孔庙多是封闭的，普通民众禁止游观。"作为儒学圣域的孔庙，其高墙深院的空间构成与城市形象，弥漫着拒人于千里之外的崇峻凛然。"① 不过，孔庙又不同于敬拜绝对主宰的教堂，它的"中断"并不是彻底的隔离，而是具备着"空间伦理"，是"修身齐家治国平天下"观念体系中的重要一环，体现出"对社会和谐充满智慧的思考以及倡导入世的积极进取精神，其精华成为中华民族巨大的精神财富"②。

三、作为文化记忆的仪式传播

古希腊诗人西摩尼得斯发明了"记忆术"，其原理是把记忆"地点化"，把需要被记忆的事件融入具体的环境，实现记忆与空间的连接。德国"文化记忆"理论奠基人阿莱达·阿斯曼在《回忆空间》中提出这种记忆术的核心就在于"视觉联想"，这也是"空间作为记忆术的媒介朝向建筑物作为记忆的象征的一步"。③ 从这个角度来讲，孔庙可以被看作一种"记忆媒介"，它是记忆的空间隐喻，可以为记忆提供储存的载体以及流动的通道。那么，作为记忆媒介的孔庙，又是何种记忆的媒介呢？有学者认为国家往往通过教育、礼制、典籍和建筑四种途径保存和传承历史文化知识，④ 这些历史文化知识正是文化记忆的基本内容，因此我们认为孔庙在建筑以外，还是儒学教育、祭祀礼制、儒家典籍的集合体，它传播着的是中华民族的文化记忆。

孔庙是文化记忆的媒介，文化记忆若要被有效地传承，最重要的还是要深入到人们的日常生活。由于文化记忆是个体和社会的融合物，当人们都保有同样的文化记忆，他们便可以从中找到归属感和认同感。德国学者扬·阿斯曼在《文化记忆》中指出："节日和仪式定期重复，保证了巩固认同的知识的传达和传承，并由此保证了文化意义上的认同的再生产。"⑤ 释奠礼就是这样的仪式，它有严格的时间规定，释奠礼的时间，通常固定于每年春秋仲月（二月和八月）的上丁日，因此又称丁祭。丁祭是孔庙祭祀礼制中最为重要和核心的祭期安排，丁祭之日，举国上下都祭祀孔子，场面壮观。

它遵循着严格的仪式流程，在释奠礼前二十天就开始祭前准备，包括祭器陈设、斋戒备敬、礼乐排练等。释奠礼的祭祀过程不同朝代各有不同，一般有十五

---

① 沈旸：《东方儒光：中国古代城市孔庙研究》，南京：东南大学出版社，2015 年，第 273 页。
② 赵向东：《集大成也金声玉振：古代文庙的社会学分析》，《中国文化遗产》2014 年第 5 期。
③ 德阿莱达·阿斯曼：《回忆空间：文化记忆的形式和变迁》，潘璐译，北京：北京大学出版社 2016 年，第 174 页。
④ 王霄冰：《文化记忆与文化传承》，《励耘文学学刊》2008 年第 1 期。
⑤ [德]扬·阿斯曼：《文化记忆：早期高级文化中的文字、回忆和政治身份》，金寿福、黄晓晨译，北京：北京大学出版社，2015 年，第 52 页。

至二十五个步骤。释奠礼的祭祀过程中伴随着祭孔乐舞，包括"宫悬之乐""八佾之舞""轩悬之乐"和"六佾之舞"等。整个乐舞由歌生、舞生和乐生三大部分组成，还有指挥作乐、起舞的麾生、旌生等。孔庙是仪式传播的建筑媒介，释奠礼则是文化记忆的表达方式，同时还能够生成和强化文化记忆，人们参与其中实现双向交流，进而确认群体身份并促进文化认同。

扬·阿斯曼认为："每种文化都会形成一种'凝聚性结构'，它起到的是一种连接和联系的作用，这种作用表现在两个层面上：社会层面和时间层面。凝聚性结构可以把人和他身边的人连接到一起，其方式变式让他们构造一个'象征意义体系'……凝聚性结构同时也把昨天跟今天连接到了一起：它将一些应该被铭刻于心的经验和回忆以一定形式固定下来并且使其保持现实意义。"①中国礼文化同样存在着这样的"凝聚性结构"，并显著地表现在孔庙之中。在社会层面，孔庙连接着人们，凝聚成具有相同文化精神的整体。孔庙固定不动，文化记忆有赖于儒生的流动而传承。在国家和民众之间，"礼下庶人"的实现依靠儒生，因此儒生成了儒家文化的旗手，他们通过家规、家礼、族规和乡约之类的规定，甚至通过祭祀或仪式中的戏曲、说唱，迅速传播知识、思想与信仰，推动着文化记忆从上层到下层、从中心到边缘的渗透，实现了人与人的连接。

在时间层面，孔庙连接着过去与现在，凝聚成流淌文化血脉的传统。美国社会学家爱德华·希尔斯在《论传统》中写道："传统——代代相传的事物——包括物质实体，包括人们各种事物的信仰，关于人和事件的形象，也包括惯例和制度。它可以是建筑物、纪念碑、景物、雕塑、绘画、书籍、工具和机器。"②孔庙发端于公元前402年，从唐朝开始各州县皆有孔庙（文庙），每年春秋举行两次释奠礼，到清末从未中断。以此观之，孔庙也构成了一种传统，这种传统既包含着对祭孔仪式的传承，又包含着对儒家文化的传播。

此外，孔庙除了祭祀功能，还承担着教育功能。文化记忆的传承诺仅是局限在精英阶层内部，其影响力势必会衰减，但祭祀功能和教育功能的结合，使得孔庙在祭祀仪式空间之外，还承担起传播儒家文化的功能。儒生在其中学习儒学知识，体悟儒家思想，并通过科举制度走向仕途，成为"志于道"的士，帮助治理者施道，或者成为乡贤士绅，承担起人文教化之责，实现儒家理想。这都是传承儒家传统的重要方式，可以有效地抵消文化记忆的消逝，成为儒家思想的载体。

---

① [德]扬·阿斯曼：《文化记忆：早期高级文化中的文字、回忆和政治身份》，金寿福、黄晓晨译，北京：北京大学出版社，2015年，第6页。

② [美]爱德华·希尔斯：《论传统》，傅铿、吕乐译，上海：上海人民出版社，1991年，第71页。

根据扬·阿斯曼的"文化记忆"理论，祭孔仪式保证了仪式的一致性，而儒学教育则保证了文本的一致性，他所认为的两者之间的过渡关系，在孔庙当中反而是并存的，这是孔庙"庙学合一"的独特之处，更是孔庙仪式传播的独特之处。

四、孔庙祭祀的文化传播功能

（一）教化天下

《周易·贲卦》说："观乎人文，以化成天下。"教化可以被理解为推行道德教育的重要手段。教化过程不但历时漫长，还是"潜""默"的，将伦理道德自然而然地内化于心，践诸日常。中国古代对个人的道德教育较为看重，"修身齐家治国平天下"既能被看作个人人生发展的不同阶段，也可被看作整个教化活动的递进目标。教化使"自我"由身向家、由家向国、由国向天下层层推展，转变成一个胸怀天下的"大我"，在这一过程中，儒家典籍、通俗文艺、礼乐制度都是教化内容的传播媒介。

"祭者，教之本也已。"[1] 有学者认为孔庙在中国古代社会主要有三大功能：一是"崇德"，修建孔庙祭祀孔子，是为了显示国家崇儒重道；二是"报本"，慎终追远，民德归厚，孔庙祭祀就是报本返始的体现；三便是"教化"，除了对儒生进行成圣成贤的教育外，还对普通百姓进行伦理道德的教化。[2] 孔庙的教化功能包含两方面，首先它表现在对孔子的礼祭上。孔子在世俗维度上是一个文质彬彬、实实在在的"人"，在神圣维度上是一个思想崇高、人格伟大的"圣"，在政治维度上则是一个巩固政权、维系社会的"神"。[3] 国家对孔子及儒家思想的推崇，把孔子树立为一个道德模范，也就意味着儒家思想在整个社会文化中占据着主流且正统的地位。

此外，它还表现在对儒学的传承上。"古者入学，则释奠于先圣先师，明圣贤当祠之于学也。自唐以来，州县莫不有学，则凡学莫不有先圣之庙矣。"[4] 孔子作为古代中国的精神领袖和思想圣人，为世代儒生指明奋斗的方向。历代儒生入孔门学儒道，生前为己修身、为民造福，身后有望从祀孔庙、百世流芳。美国学者斯蒂芬·福伊希特旺在《学宫与城隍》中写道："学宫是崇拜贤人和官方道德榜样的

① 郑玄注、孔颖达疏：《礼记正义》，北京：北京大学出版社，2000年，第1580页。

② 孔祥林：《崇德·报本·教化：孔庙在中国古代社会的主要功能》，《中国文化遗产》2014年第5期第33—39页。

③ 尹砥廷：《中国古代文化中孔子形象的三维透视》，《吉首大学学报（社会科学版）》2004年第3期。

④ 马端临：《文献通考》，北京：中华书局，1986年，第411页。

中心，是官僚等级的英灵的中心，学宫还是崇拜文化的中心。"① 这里的学宫即是孔庙。孔庙祭祀所塑造的崇圣符号和圣贤形象，有助于形成尊圣尚贤的社会风气，在教化过程中也承担着重要的引导作用。

作为中国古代重要的文化中心，孔庙的教化功能的实现免不去国家层面的推动，这在前文提及的孔庙沿革中便可窥一二。在孔庙之中，体现着权力和信仰的相互渗透。"孔子之教，非帝王之政不能及远；帝王之政，非孔子之教不能善俗。教不能及远，无损于道；政不能善俗，必危其国。"② 一方面祭孔既是传统，成为崇圣尊道的仪式，又被政治制度化，受制于治理者。以从祀制度为例，始于东汉，兴于唐代，并在宋代基本定型，明清时期继续扩充从祀人员。从祀制度并非一成不变，历代都有增祀、罢祀、改祀或复祀的现象，也因此，何人从祀、因何从祀等都是治理者和儒生争论不休的话题。

另一方面，孔庙还承担着正统文化宣导者与国家教育执行者的双重功能，成为儒生士人的重要输出机构。通过在孔庙中接受儒学教育，儒生有机会进入统治集团，帮助治理者实现社会凝聚，或者成为乡贤士绅，教化一方水土百姓，阐释传播儒道，使儒家思想产生更大的影响力，治理者也可借孔庙教育实现国家整合，维持长治久安的稳定局面。

"孔庙既是儒学教化链条的一环，又是祭祀施报体系中的一体。前者以明，后者以幽，正显古人'神道设教'的苦心。整体而言，孔庙入驻学校，是传统政治与传统教育相结合的产物。"③ 庙学合一的孔庙格局对教化天下产生了积极影响，它的文化传播功能是显而易见的。"《礼运》云：'礼达而分定。'使非孔子立教垂训，则上下何以辨？礼制何以达？此孔子所以治万世天下，而为生民以来所未有也。"④ 因此孔庙的遍布的确对传播儒家文化、教化天下百姓发挥了重要的历史作用，并且这种功能在当代仍然具有不可磨灭的价值。

（二）传承文明

以孔子为代表的儒家思想是中国礼文化的核心和血脉，其思想包含"仁""礼""和"。"仁"主张"仁者爱人"，要实现"爱人"就要遵循忠恕之道，"己所不欲，勿施于人"；"礼"主张"克己复礼"，即克制自己，使自己符合"礼"

---

① ［美］施坚雅编：《中华帝国晚期的城市》，叶光庭等译，北京：中华书局，2000 年，第 726 页。
② 孔贞丛：《阙里志》，卷一，天历二年《遣官祭阙里庙碑》，第 40 页。转引自黄进兴：《优入圣域：权力、信仰与正当性》，北京：中华书局，2010 年，第 181 页。
③ 董喜宁：《孔庙祭祀研究》，北京：社会科学出版社，2014 年，第 89 页。
④ 庞锺璐：《文庙祀典考》，中国礼乐学会，1977 年，第 12 页。

的要求，"礼"不仅是道德主张，还是等级秩序；"和"主张"和为贵""和而不同"，孔子所谓的志于道，据于德，依于仁，是理解其思想核心的关键，"仁"和"礼"都是"和"的表现形式，要实现"仁"和"礼"，必须遵循中庸之道。此外孔子的思想还有"忠恕""孝悌""天命"等。[①]儒家思想在中国历史中具有治民安邦的作用，也正是由于这一重要作用，儒家思想传至东亚诸国后，被普遍接受并广泛传播，各国在保有自身的独特性之外，还存在着文化共通要素，形成了颇具特色的"东亚文化圈"。

儒家思想的传播，还带动了尊孔崇儒的风潮，孔庙不仅从曲阜走向中国各地，还走向了朝鲜半岛、日本和越南等东亚地区。每年中国农历二、八月的上丁日，韩国的成均馆孔庙和韩国的243所乡校都会举行释奠大祭，日本汤岛、长崎等地的孔庙也都会举行祭孔活动。孔庙从中国走向东亚的过程，具有浓厚的跨文化传播意味，台湾学者高明士认为，中国式学校的建置，是这些文化共同要素具体展开的里程碑，以学校的建筑而言，东亚诸国设置学校的过程，与中国无二致，都是由学到"庙学"的过程。[②]

中国与朝鲜半岛水土相连，交往密切，儒家思想传入最早，传播领域最广，接受程度也最深。韩国有学校教育，始于高句丽小兽林王二年（372年）所创建的"太学"。高丽时期，孔庙得以发展，朝鲜时期达到鼎盛。朝鲜的国学是成均馆，采取前庙后学的格局，前庙称"大成殿"，后学称"明伦堂"。朝鲜半岛的孔庙，虽然同样以庙学格局为基础，研习儒家经典、祭祀儒门圣贤，但与中国不同的是，除主享孔子不可变动外，配祀则可包括本土的先贤儒者。

日本是亚洲国家中对儒学推崇的国家，也是现存孔子庙较多的国家。儒家思想传入日本始于应神天皇十六年（216年），孔庙大量涌现则是在江户时代。日本的孔庙多以"圣庙""圣堂"冠名，如汤岛圣堂、多久圣庙和长崎圣堂等，其建筑形式，在平安时代基本上比照唐制，到了江户时代，又大多演变成明清的建筑样式。

在越南，儒家文化同样备受推崇。远在秦朝的时候，中国儒学就开始进入越南。1070年，李朝王室看重儒家文化在社会中的教化作用，在河内修建了文庙，并要求各省兴建文庙，各乡镇设立文祠祭孔。河内文庙依照中国样式建造，规模仅有曲阜孔庙的一半。除了供祭儒家先贤，河内文庙还在1076年扩建了国子监，成了庙学合一的最高学府，皇室和官宦子弟都在此学习。但随着王朝更迭，京都

---

① 杨义堂：《祭孔大典》，济南：山东友谊出版社，2013年，第9—10页。
② 高明士：《庙学教育制度在朝鲜地区的发展——中国文化圈存在的历史见证》，《韩国研究论丛》1995年第1期。

迁移，"学"的部分（国子监、太学堂）也随之迁移，河内文庙成了专门供奉孔子的庙堂。①

东亚各国文化同源，儒家思想是东亚文化圈的共同价值观，是进行沟通交流的最好的语言。中国向来讲究以礼待人、推己及人，不仅在人与人之间的互动中追求和睦，在人与自然的相处中追求和谐，讲究万物一体、天人合一，在国与国之间的交往中更是追求和平，讲究怀柔远人、厚往薄来。这种以"和"为基础的交往原则，体现出的是和而不同，是对待不同文化宽和兼容的态度，但"和"也只是儒家文化"用"的一面，而其"体"则是"仁"。"以仁为体、以和为用"的文化实践结构，正是儒家文化与西方文化的不同之处。②不同于西方传教士的布道，儒家文化的传播讲究人的传承、讲究仪式的身教践行，这种传播是渐进式的、潜移默化的、润物细无声的。

（三）建构认同

孔子不仅是中国文化的代表，上承夏商周文明之精华，下开中国千年思想之正统，是中华文明承上启下的关键人物，还是世界文明的东方起点，是世界上公认的教育家和思想家，更被后人视为"万世师表"，被联合国教科文组织评为"世界十大文化名人"。他的名言"己所不欲，勿施于人"还被镌刻在联合国总部大厅。对孔子的祭奠既是对其所做出的卓越思想贡献的肯定，又是对两千年中华文明和历史传统的传承，更是实现中华民族伟大复兴过程中的文化礼赞。

孔庙既是有形的文化遗产，更是无形的历史宝藏。从曲阜孔庙到地方孔庙、从中国孔庙到世界孔庙，孔庙作为一种极具文化内涵的文化载体，其影响力持续至今。"'礼乐'制度是中华民族在文明的独特发展中摸索出来的，不以武力和强制达成社会合作、融洽与统一的伟大制度。"③孔庙是中国古代礼乐制度的一个缩影，更是中国礼文化的一个关键符号。孔庙祭祀既是一种仪式传播，还是一种制度传播，更是一种文化传播。孔庙作为中国古代礼乐制度与祭祀礼制的集中显现，庙学合一的形式让它成为祭祀孔子、尊崇儒道的神圣空间，又成为传承儒学、输出儒生的教育机构，更推动了东亚文化圈的形成。

文化是民族的血脉，更是人民的精神家园，"由孔子创立的这一套文化思想，在长久的中国社会中，已无孔不入地渗透在人们的观念、行为、习俗、信仰、思维方式、情感状态……之中，自觉或不自觉地成为人们处理各种事物、关系和生

---

① 范小平：《近现代中国孔庙在东亚与东南亚发展的历史及成因》，《四川文物》2003 年第 2 期。
② 陈来：《孔夫子与现代世界》，北京：北京大学出版社，2011 年，第 112—115 页。
③ 毛峰：《文明传播的秩序：中国人的智慧》，北京：中国传媒大学出版社，2005 年，第 64 页。

活的指导原则和基本方针，亦即构成了这个民族的某种共同的心理状态和性格特征"①。孔庙所传播的儒家文化奠定了中华文化的根基，以儒家文化为主干的中国礼文化，实际上已经积淀并转化成了一种潜层的文化—心理结构，指导着人们的日常生活，引领着国家的发展方向。

在纪念孔子诞辰2565周年国际学术研讨会上，习近平指出："儒家思想在内的中国优秀传统文化中蕴藏着解决当代人类面临的难题的重要启示，比如，关于道法自然、天人合一的思想，关于天下为公、大同世界的思想……中国优秀传统文化的丰富哲学思想、人文精神、教化思想、道德理念等，可以为人们认识和改造世界提供有益启迪，可以为治国理政提供有益启示，也可以为道德建设提供有益启发。"②一个国家的文化基础，可以为这个国家带来活力，赋予它方向、意义和形式，而在西方文化的冲击下，我们的文化基础正面临着被破坏的危机。

当前，我们再次重视孔子、重视孔庙、重视祭孔仪式，正是为了挖掘出孔庙及其祭祀礼制的当代价值。孔庙祭祀制度奠定了中国尊圣尊贤、崇德报功的文化传统，孔庙是仪式场所和神圣空间，以儒生为代表的知识分子成为祭祀仪式的实践主体，他们通过制度化的祭祀仪式传播和传承着礼乐传统和文化记忆。中国礼文化可以为中华儿女提供稳定和持久的保障，并带来群体的归属感、社会的凝聚力和文化的认同感。文化认同的力量又将帮助提高人民的文化自信，增强中国的文化实力。在21世纪，儒家文化将发挥其积极作用以促进人类文明进步，而孔庙这一浓缩着中华历史与文化记忆的建筑，也会继续成为中国礼文化传播的有力媒介。

---

① 李泽厚：《新版中国古代思想史论》，天津：天津社会科学院出版社，2008年，第32页。
② 习近平：《从延续民族文化血脉中开拓前进——在纪念孔子诞辰2565周年国际学术研讨会暨国际儒联第五届会员大会开幕会上的讲话》，《孔子研究》2014年第5期。

礼乐协同：华夏文明传播的范式及其功能展演 *

谢清果　林　凯

内容提要：礼和乐作为华夏文明传播的两种符号形式，具有多样性和差异性。礼和乐地位是等同的，它们需要相互协调，合作运转。礼要有乐配合，乐要有礼引导，二者在协同运作中准确而有效地传递着"仁义"等中华文化的核心思想。而传播和践行礼乐协同所传递的这些核心思想的关键在于人，因此礼乐协同运作中突出了对人的情感（尤其是道德情感）诉求，通过对个体情感的激发，以促进人际间情感的互动，进而在礼乐协同的规范和引导下实现中华文化核心思想的灌输和内化，达到对人的教化，塑造一个具有德性的人格，由此展现礼乐协同的情感传播特质和内在运作机制。更为重要的是，礼乐协同以情感为媒介将社会各阶层凝聚在一起，传承中华文化，实现社会大众的情感共鸣，构筑稳定、和谐的社会秩序，推进华夏文明传播的实践，展现特殊的社会功能。礼乐协同是华夏文明传播的一种范式，在中国社会发展的历史进程中发挥着重要的作用，彰显了华夏文明的可沟通性和开放包容的品质。

关键词：礼乐协同；华夏文明；传播范式；文化传承；情感传播；思想灌输

作者简介：谢清果，博士，厦门大学新闻传播学院教授。林凯，厦门大学新闻传播学院。

前言

文明是人类社会不断发展进步，逐步摆脱野蛮和落后的生存状态，它随着时

---

　　* 基金项目：厦门大学人文社会科学"校长基金·创新团队"项目"海峡两岸舆论：动力机制及其演化轨迹研究"（编号：20720171005)之子项目"华夏舆论传播研究"成果。本文刊载于《新闻与传播评论》2018 年第 6 期

代发展而呈现不同状态。① 华夏文明是中国古代几千年来积淀的结晶。在华夏文明传播过程中，中国古人通过文字创造、文学作品书写、礼乐传唱、制度设计、民俗活动举办等各种形式传播中华文化，书写历史，赓续文明。

中国儒家的礼和乐是中华文化传承的两种特殊而普遍的载体形式，是中国古代社会生活的重要组成部分，更已内化为现代社会生活的基本规范。中华民族遵行礼的同时配以乐的表演，并在二者的协同中传播特定的礼和乐的内涵，不断续写和丰富儒家的尊卑有序的核心思想，展现儒家行中和之道的核心精神。对此，余英时先生曾说道："我们可以断言，离开了古代的礼乐传统，儒家中心思想的发生与发展都将是无从索解的。"② 更进一步说，儒家的礼乐文化折射出中国文化的特质，正如牟宗三在阐释中国特质文化时所说："这整个的文化系统，从礼一面，即从其广度一面说，我将名之曰：礼乐型的文化系统，以与西方的宗教型的文化系统相区别。"③ 中国的文化系统作为一种礼乐型的文化系统，她注重的是教化与感化，不同于区别神学的训诫传统。在中国历史发展的长河中，礼乐协同以其特有的展现形式而源远流长，形成蔚为壮观且一以贯之的和不断推陈出新的文化系统。可以说，礼乐的协同演进，是华夏文明发展的独特表达，更是华夏文明传播的一种特色范式。

中国社科院的杨瑞明表述"文明传播"（communication of civilization）的概念内涵如下："在一定历史时期，不同文明和不同区域的特质文化，通过一定的传播方式或传播媒介进行沟通互动、交流融合，获得传承延续与发展跃迁的内在秩序与过程。"④ 在杨瑞明看来，文明传播是不同特质文化的沟通、传承、交融与发展的过程。这些特质文化在经过历史积淀之后而逐渐形成各具特色的文明形态。这里提到的沟通、传承、交融、发展的过程实际上也说明了"文明"具有可传播的

---

① 有关文明与文化的概念界定，学术界没有一个确定的说法。从中国学者对文明的定义来说，有积极成果说、进步程度说以及价值体系说等。（杨海蛟，王琦在《论文明与文化》一文中对文明与文化的定义进行梳理总结。该文发表在《学习与探索》2006 年第 1 期）笔者在本文中探讨的是中华文明的传播与发展，因此，从社会纵向发展角度来说，文明是人类起源之后，逐步摆脱野蛮和落后的生存状态，推动社会向前发展所形成的能力或状态，是进步的一种标志。而文化应该是人类社会生存发展过程中所凝结成的所有物质和精神成果。一般来说，只有进步文化才能积淀形成人类文明。关于二者的运用，举例来说，儒学是文化，佛学是文化，道学是文化，而人们只能根据儒学、道学、佛学衍生出来的礼乐形式与庙堂建筑称之为文明（此例引自林剑的《文化与文明之辨》，发表在《学术研究》2012 年第 3 期）。本文认为华夏民族能够创造并使用礼乐等形式来传播信息，从而体现了华夏文明传播的一种独特样态。

② 余英时：《士与中国文化》，上海：上海人民出版社，1987 年，第 93 页。

③ 牟宗三：《中国文化之特质 // 牟宗三先生全集（27）》，台北：联经出版事业公司，2003 年，第 66 页。

④ 这是杨瑞明为应中国社会科学院新闻传播研究主持的新闻学与传播学名词审定委员会邀请所写的词条。目前这个词条还未正式发布。特此致谢。

这一特征。正如笔者曾撰文指出："文明"自身就是个传播观念，因为文明本质上是探讨人如何与自然、社会以及自身身心、国家与国家之间如何和谐共处的问题，文明就是人意识到人应当以人的方式来对待这个世界的一切，因此"文明"正是"人的方式"的标识和结晶。① 以此看来，华夏文明传播的范式之一——礼乐协同，其强调人的主体性，并以建构、维系和升华人和社会其他主体关系为目标的整体传播活动则可视为华夏文明传播特征的一个重要体现。对此，我们可以对华夏② 文明传播的范畴做一个界定：华夏文明传播是以中华文化精神为核心内容，以中国传统传播媒介或符号为载体，以吸纳社会各阶层、其他民族或地区为多元一体的文明共同体为目标，在交融、合作、传承中，以期达到教化、融通，从而构建起一个共存共生的和谐社会关系的信息传播过程。可以说，华夏文明传播充分体现了儒家倡导的在"和而不同"与"礼之用，和为贵"间保持必要的张力的思想理念，即既强调礼的社会规范性，又关照到个体的自主能动性，体现了一种以人为本的人文主张，正如毛峰认为："孔子之社会理想，从人道主义出发，以人文主义为旨归。"③ 而这种人文主义的旨向更注重人的情感的表达和抒发，注重在和善对话中取得"随风潜入夜，润物细无声"的传播效果。可以说，中国传统社会的传播方式往往带有情感偏向的特质。推而言之，礼乐协同的华夏文明传播实践正是催生中华民族情感取向传播范式的内在机理，本文从文明传播的视角来探讨礼乐协同何以展演出其特殊的传播功能。

一、礼和乐协同：华夏文明传播的符号表征和运作形式

《礼记·曲礼》中提道："鹦鹉能言，不离飞鸟；猩猩能言，不离禽兽。今人而无礼，虽能言，不亦禽兽之心乎！……是故圣人作，为礼以教人，使人以有礼，知自别于禽兽。"④ 古人认为人正是通过对礼的学习，承受礼的教化而成其为人，这是人与禽兽区别，而也只有人类能够通过制作礼乐等符号系统进行传播交流。卡

---

① 谢清果：《中华文明传播的世界意义》// 收录于 2018 年 5 月 19 日在西南政法大学召开的"传统文化与传播学术研讨会"的《中华文化与传播研讨会论文集》，第 1—22 页。

② 本文中涉及"华夏""中国""中华"等概念，三个概念有一定相似，也有一定区别。黄星民在《华夏传播研究刍议》（《新闻与传播研究》2002 年第 4 期）一文中认为，"中国""中华"涵括古今，可以指今天的中国，也可以指古代中国。而"华夏"常常特指古代中国，它并不仅仅只是个地理概念，还包括中华民族的祖先及其文化。詹鄞鑫在《华夏考》（《华东师范大学学报（哲学社会科学版）》2001 年第 5 期）一文中提到，现代我们一般用"中华""华夏"来代表中国各民族，而"中国"是一个地理概念，也表示中国各民族。综合来看，本文中，中华文化指的是中国古代各民族文化，而中国文化则是包括古代和现代整个中国文化系统。

③ 毛峰：《文明传播的秩序：中国人的智慧》，北京：中国传媒大学出版社，2005 年，第 164 页。

④ 贾德永：《礼记·孝经译注》，上海：上海三联书店，2013 年，第 7 页。

西尔认为：“我们应当把人定义为符号的动物（animal symbolicum）来取代把人定义为理性的动物，只有这样，我们才能指明人的独特之处，也才能理解对人开放的新路——通向文化之路。”[①]由此看来，人能够制造符号，并能有意味地使用符号，才能编织有意义的网络，构造人类文化。古代社会中的礼乐是君王或君子传递教化思想或统治规训思想的一种重要的符号形式，它不仅存在于统治阶层，更延续和深入到百姓生活中。人们在这些礼乐符号所构筑的意义之网中按照一定的等级秩序构筑特定的生活场域和生存空间。当然，应该注意的是礼和乐作为两种不同的符号，其间需要彼此的配合、协调、共融才能在协同运作中准确传达特定的思想内涵。华夏民族以其高明的智慧创造礼乐符号，设计礼乐协同运作形式，生成和谐美好的情境，并在此情境中塑造和演绎华夏文明的传播形态。

（一）礼和乐：作为华夏文明传播的符号表征

《周礼·大宗伯》将礼分为五种：吉礼、凶礼、宾礼、军礼、嘉礼。[②]在不同的时间和空间中采用不同的礼，而且这些礼具有不同的规范和表现。譬如，礼的要素包含有礼法、礼义、礼器、辞令、礼容、等差等几项。[③]这其中包括礼仪的规则和程序的固定安排；对礼仪包含的内涵和精神的阐释；礼仪所用器皿的选择和分布；引导和推进礼仪所配置的交流言语；礼仪过程中所展现的仪容仪表以及社会各阶层遵守有等级差别的礼仪。同时，这些元素之间相互衔接，在一定的秩序中表现特殊的意义。实际上可以将礼看成一套表征符号，具有交流和沟通的功能，它具有一定的规范性，可以提供一套行为符码，同时又具有开放性，能够让参与者、传播受体进行解读，从而形成一个交流系统。[④]而礼乐中的乐，不仅只是音乐，还包括诗歌、舞蹈等艺术形式。[⑤]乐的演奏和表演需要一定的乐器、表演服饰、表演程序等，体现一定的等级要求，可以说，乐也是一套能够配合礼、传达思想内涵、沟通传者与受者的符号系统。

（二）礼和乐协同：华夏文明传播的一种运作形式

礼和乐作为两种不同表现形式的符号，在相互配合中传递特定的意义，形成传播华夏文明的一种特殊形态和关系。关于礼和乐之间的地位和关系在中国古代

---

① 卡西尔：《人论》，甘阳译，上海：上海译文出版社，2003年，第42页。
② 黄公渚：《周礼》，北京：商务印书馆，1936年，第55页。
③ 彭林：《中国古代礼仪文明》，北京：中华书局，2004年，第34页。
④ 陈国明：《中华传播理论与原则》，台北：五南图书出版股份有限公司，2004年，第383页。
⑤ 黄星民：《礼乐传播初探》，《新闻与传播研究》2000年第1期，第27页。

史书中都有记载和论述。有观点认为，礼是处于主导地位，而乐则是一种附属，没有独立地位，譬如《左传·文公七年》记载晋国郤缺之言："无礼不乐，所由叛也。"①这说明，没有礼便不会有音乐，也就没有快乐。②中国儒家倡导"三纲五常"伦理道德，将礼置于重要的地位，是儒家对其在道德规范和伦理建设上的考量，在封建社会中起到维持秩序的重要作用，乐则为辅助形式。而根据《通志·乐略》记载："礼乐相须以为用，礼非乐不行，乐非礼不举。"③这说明礼和乐是相互作用、互不分离的两种符号形态，而且凡用乐，必与不同类型的礼制或礼俗仪式密切相关，成为仪式的有机组成部分，显示出其独特作用和地位。④《礼记·乐记》记载："乐由天作，礼以地制。"⑤这说明了二者同等的地位。彭林认为，在儒家的礼仪文化体系中，礼与乐相辅相成，两者的关系形同天地，密不可分，甚至可以说，没有乐的礼不是礼，没有礼的乐不是乐。⑥笔者以为，礼和乐是在儒家文化中两种不可割离的有序结合的符号系统，而且必须二者相互配合才能完整准确传递信息，是不分主次和创新性的运作，也即礼乐协同⑦。《礼记·乐记》中说道："乐者，天地之和也；礼者，天地之序也。和故百物皆化；序故群物皆别。"⑧实际上，这一表述准确揭示了礼乐的本质和精神内涵，也即它们代表了一种人与人、人与自然、人与社会之间和谐发展的秩序，在礼仪展示和乐的演奏中传达出对太平盛世、和谐安宁的一种向往的精神内涵，由此以礼乐的协同运作形式传播着华夏文明。

二、礼乐协同的内在机制：华夏文明的情感传播与交流

纵观中国历史，中华民族能够在历史演进中始终凝聚在一起，华夏文明始终

---

① 左丘明：《左传》，蒋冀骋点校，长沙：岳麓书社，2006 年，第 173 页。
② 刘丰：《先秦礼学思想与社会整合》，北京：中国人民大学出版社，2003 年，第 272 页。
③ 郑樵：《通志·卷四十九·乐略第一》，上海：商务印书馆，1935 年第 625 页。
④ 项阳：《中华礼乐文明、礼仪之邦的历史与现代意义》，《中国音乐（季刊）》2013 年第 1 期。
⑤ 贾德永：《礼记·孝经译注》，上海：上海三联书店，2013 年，第 169 页。
⑥ 彭林：《中国古代礼仪文明》，北京：中华书局，2004 年，第 47 页。
⑦ 笔者以为，礼和乐地位是等同的，而且需要互相配合才能展现和传播一定的思想。协同意在表明礼和乐相互协调，合作运转。礼要有乐配合，乐要有礼引导。所以将这种关系称为"礼乐协同"。这种协同形式在《礼记》中多有记载。如《礼记·仲尼燕居》中记载："两君相见，揖让而入门，入门而悬兴，揖让而升堂，升堂而乐阕。下管象、武，夏龠序兴，陈其荐、俎，序其礼乐，备其百官，如此而后，君子知仁焉。行中规，还中矩，和、鸾中'采齐'，客出以'雍'，撤以'振羽'，是故君子无物而不在礼矣。入门而金作，示情也。升歌'清庙'，示德也。下而管象，示事也。是故古之君子，不必亲而相与言也，以礼乐相示而已。"（孙希旦：《礼记集解》，北京：中华书局，1989 年，第 1269—1270 页）这段话说明在君子相见的礼仪的程序中要有乐的协调配合，由此来传达情、德、仁等思想内涵。礼乐成为君子交流沟通中的超越言语的一套符号系统。当然除此之外，《礼记》中也有很多关于不同礼仪中采用不同乐的记载。本文在此就不一一列举。
⑧ 贾德永：《礼记·孝经译注》，上海：上海三联书店，2013 年，第 169 页。

能够得以延续而不中断，其中很重要的原因在于中华民族拥有共同的道德情感。这是中国儒家文化的特质，也是华夏民族共有的精神象征。礼乐作为传承儒家文化的表征符号，一方面能够以其特有的形式激发受众的情感；另一方面，礼乐蕴含的仁义等是中国人主要的基本道德情感，奠定人们相互认同的基础。以此看来，礼乐协同实际上是通过情感来维系日常生活中各阶层、各伦理主体（君臣、父子等）的关系，保证道统观念和社会秩序得以维持，由此推动着华夏文明的情感传播实践，这是礼乐协同运作的内在机制所在。李泽厚曾表示，孔子或者说儒家的智慧体现在，把人的情感心理消融在人与人的世间关系之中，让宗教的规训力量渗透到世俗伦理和日常心理的综合统一体中，而不必去建立另外的神学信仰大厦。[①]

（一）礼乐协同的情感传播特质

从礼乐作为符号的表征系统及其在日常生活中的运用来看，礼乐协同运作是一种显在的传播形态，它是一种大众传播模式，具有明显的情感传播特质。所谓情感传播是指传播活动主体思维采用情感逻辑的结构和指向方式，通过情感主体活动影响受众，以情感为基础和传播媒介力求达到传播活动的目的和需求。[②]在中华文化语境中，中国古代圣人、君子、师、士等作为传播主体，将情感附着于礼乐等形式，实现对象之间的互动交流，达到一定的目的和需求。这呈现了华夏文明传播的情感特色。

儒家历来重视人（仁）的引导和培养，情感则是人立足于社会的重要内在性情，因为情感，且只有情感，才是人的最首要最基本的存在方式。[③]孔子最了不起的贡献就是从人的基本情感出发，发展出一套关于价值的知识，这是儒家思想能够传承两千年的内在原因。[④]在上文论述中，我们看到儒家对礼乐的推崇就是因为礼乐之于人的重要性，更进一步说，礼乐源于人的情感，也是对人的情感尤其是道德情感的激发和规范作用。人情是礼的根源，礼是缘情而作。[⑤]《论语·八佾》中记载：林放问礼之本。子曰："大哉问！礼，与其奢也，宁俭；丧，与其易也，

---

① 李泽厚：《中国古代思想史论》，北京：人民出版社，1985 年，第 21 页。
② 李建军，刘会强，刘娟：《理性与情感传播：对外传播的新尺度》，《江西社会科学》2015 年第 5 期。
③ 蒙培元：《情感与理性》，北京：中国人民大学出版社，2009 年，第 3 页。
④ 邵培仁，姚锦云：《传播模式论：〈论语〉的核心传播模式与儒家传播思维》，《浙江大学学报（人文社会科学版）》2014 年第 4 期。
⑤ 刘丰：《先秦礼学思想与社会整合》，北京：中国人民大学出版社，2003 年，第 102 页。

宁戚。"① 在孔子看来，礼之本应该简朴，在丧礼中要求有真情实感的流露，要真正有哀伤的情感。人的真实情感成了礼的根本。反过来看，人通过礼来表现情感，正如《礼记》中谈到的"君子礼以饰情"②。当然，在行礼过程中诸如礼容，即礼者的体态、容貌等，也为行礼时所不可或缺③，它们是展现情感的符号形式。总的来说，礼既是情感的一种载体，又是一种规范。正如《礼记·檀弓下》中所记载："礼有微情者，有以故兴物者，有直情而径行者，戎狄之道也。礼道则不然。人喜则斯陶，陶斯咏。咏斯犹，犹斯舞，舞斯愠，愠斯戚，戚斯叹，叹斯辟，辟斯踊矣。品节斯，斯之谓礼。"④ 这说明人的情感的表达需要礼的激发和约束。而乐更是人的情感表达的一种符号形式，来自生命个体的内心。苏珊·朗格曾说过，音乐能够通过自己动态结构的特长，来表现生命经验的形式，情感、生命、情绪等组成了音乐的意义。⑤ 对此，《礼记·乐记》中有许多记载，譬如，《乐记》说："凡音之起，由人心生也。人心之动，物使之然也，感于物而动，故形于声。""乐者，音之所由生也，其本在人心之感于物也。""凡音者，生人心者也。情动于中，故形于声，声成文，谓之音。"⑥ 而《荀子·乐论》中也有记载："夫乐者，乐也，人情之所必不免也，故人不能无乐。"⑦ 这说明人的情感是乐的根源，乐是表现情感的一种特殊的方式，是人的感情的需要，综合起来看，儒家认为礼乐之根本在于人之情。⑧

　　儒家是注重人性的发展，从某种意义上说也是注重人的情感的抒发。但是应该看到，在中庸思想指导下，礼乐协同在情感表达方面追求的是中和的境界，也即是对情感进行适中的规范。《论语·八佾》中谈到《诗经》中《关雎》这首诗歌表达的情感，是"乐而不淫，哀而不伤"⑨。也就是情感要适当地抒发。此外，《荀子·乐论》中也谈到"乐合同，礼别异"⑩。这是强调礼应该按照不同等级不同环境进行变化，乐则要讲求和合，也即乐的根本原则是"合同""中和"，即和谐。人的情感活动只有处在和谐的状态，才能感受到快乐。⑪ 总的来说，在情感上克制自己，同时实行适当的礼仪，最终实现"仁"。

① 杨伯峻：《论语译注》，北京：中华书局，1980年，第24页。
② 陈澔：《礼记》，上海：上海古籍出版社，1987年，第107页。
③ 彭林：《中国古代礼仪文明》，北京：中华书局，2004年，第42页。
④ 陈澔：《礼记》，上海：上海古籍出版社，1987年，第53页。
⑤ 苏珊·朗格：《情感与形式》，周发祥译，北京：中国社会科学出版社，1986年，第42页。
⑥ 贾德永：《礼记·孝经译注》，上海：上海三联书店，2013年，第159页。
⑦ 方勇，李波：《荀子》，北京：中华书局，2011年，第325页。
⑧ 刘丰：《先秦礼学思想与社会整合》，北京：中国人民大学出版社，2003年，第105页。
⑨ 杨伯峻：《论语译注》，北京：中华书局，1980年，第30页。
⑩ 方勇，李波：《荀子》，北京：中华书局，2011年，第329页。
⑪ 蒙培元：《情感与理性》，北京：中国人民大学出版社，2009年，第271页。

从礼乐协同中所携带的人的情感属性来看，儒家注重对人的道德伦理建设，将自然规律人伦化，建构起控制人的情感的礼乐文化。或者说是以人为核心，从人出发，深入人的情感来控制人，[①] 从而凸显对人的主体性的尊重，充分体现出了"人"的自我意识的觉醒和对于"人"的本质的认识及终极关怀。[②] 从人的主体性入手，而情感又是人的重要存在基础，因此，中国儒家文化从礼乐协同中实现对人的情感的激发和规范，实际上是对人的道德约束和对人的精神引导，从而实现社会秩序的稳定，这是儒家智慧，也是中国文化中凸显的情感传播特征。总的来说，"礼乐之统，管乎人心矣"[③]。由礼乐来管控情感，强化人性情感的教育，并以之作为社会根本，形成了华夏文明的重要传统。[④]

（二）情感作为社会传播媒介的呈现

中国文化是情感特质文化，它讲求仁爱的道德情感，其缘由在于中国古代先贤对人的主体性的强调以及对人性的管控，也就是说通过凸显人的社会主动性以及对人性中情感的引导和规范可以化解一切社会问题。笔者以为，不管是通过何种形式和媒介，传播的最终目的是实现人的交流和沟通，维护各种社会关系，而从人的情感出发并以此为媒介则能更加有效促进交流和传播。可以说，人也是一种讯息，人的言、行、情、思对传播效果的产生都发挥着中心作用。[⑤] 情感作为媒介是人际关系和社会大众传播中最为有力的耦合剂和绞和力，能够有效连接各人群关系。

在中国儒家文化中，礼乐协同所表达的是人伦精神，或者说是道德情感，这种道德情感根植于社会的各种关系中，以情感互动推动和维护社会关系，是社会互动和传播的重要媒介。在丹森看来，情感互动包括共有的感受、情感的传染、情感的同一等形式。[⑥] 情感作为一种媒介在中国社会传播过程呈现，形成特有的情感传播和交流形态，或者可以说，情感也是一种由独特的语言构成的交流系统。[⑦] 其一，从内向传播角度看，情感作为媒介在社会传播和互动过程中要求每个人的内心都要有基本的道德情感，对事物有一个基本的价值判断，也即对某个道德情

① 龙柏林、刘伟兵：《传统礼乐的文化整合功能》，《重庆社会科学》2017年第2期。
② 冯兵：《礼乐哲学论纲》，《社会科学研究》2015年第4期。
③ 方勇、李波：《荀子》，北京：中华书局，2011年，第329页。
④ 李泽厚：《〈论语今读〉前言》，《中国文化》1995年第11期。
⑤ 陈嫒如：《心传——传播学理论的新探索》，厦门：厦门大学出版社，2010年，第79页。
⑥ 诺尔曼·丹森：《情感论》，魏中军、孙安迹译，沈阳：辽宁人民出版社，1989年，第227—237页。
⑦ 史华罗：《中国历史中的情感文化：对明清文献的跨学科文本研究》，林舒俐、谢琰、孟琢译，北京：商务印书馆，2009年，第2页。

感有基本的认知和感受，形成一套可以指导社会行动的道德思想体系。正如孔子所倡导的"为仁由己"。其二，在人际传播中，一个人的情感变化必然引起对方情感的刺激和相应，如在互相行礼过程中，双方的情感实现互动和感染。其三，在社会大众传播活动中，如在仪式中行礼奏乐的过程是情感传递的过程，是受众对某一种道德情感的认同和共鸣，受众通过这种情感而聚集在一起，实现对情感从内心到外在行动的感悟、认知和认同，并进一步得到巩固和强化。概括来说，情感传播需要的是自我内在的感悟和情感的触动，内化于心，然后诉诸（感染）于旁人，进而通过个体之间互动而且外化于社会环境，在社会大众中扩大传播和影响，它是一种具体、现实的"情感理性"[①]，从而形成华夏情感传播体系和生态。可以看到，情感既包含个人意义的主观体验，又包含社会行动的现实性。[②] 一方面，儒家倡导的道德情感是人的生命体验的一个部分，另一方面，也是来自中国传统社会的培育和传承，形成在礼乐协同引导下的情感传播体系，史华罗说，基于遗传和文化，情感协助建立了一个人际之间、集体之间交互作用的系统，同时也被交往的礼仪和规范所制约。[③] 这恰到好处地描绘了中国文化的情感传播特质。

人是情感的存在，情感对于人的各种活动具有重要影响和作用，甚至起决定性作用。[④] 正如丹森（由于笔误，"史华罗"应改为"丹森"）认为，不仅个体间的联系是通过情感性存在的，而且他们只有通过情感性才能相互认识和了解；人类的认知、思想和生活的意义不仅在情感性中得以实现，而且它们作为理解和解释的过程，其本身就依赖于个体在领会对象及别人行为的意义时所具有的情感性感受。[⑤] 在中国儒家文化语境中，个体之间以及个体和社会之间的特殊关系，是通过道德情感来维系的，将"情感"作为一种媒介，以传播的视角看待情感在中国古代社会中的政治、文化、经济等各领域的影响，揭示情感作为媒介在华夏文明实践中发挥的枢纽、联结作用，甚至作为个人与社会之间交涉的场所以及将人们团结在文化中的一种黏合剂。[⑥] 这不仅能够让我们看到中国儒家文化传播的独特面向，而且能够彰显中华文化在社会中传播以及华夏文明在中国社会传承的内在机理。因此，我们可以说，礼乐协同实质上是激发和引导人们的情感交往实践，使

---

① 蒙培元：《情感与理性》，北京：中国人民大学出版社，2009 年，第 15 页。

② 郭景萍：《情感社会学：理论·历史·现实》，上海：上海三联书店，2008 年，第 19—20 页。

③ 史华罗：《中国历史中的情感文化：对明清文献的跨学科文本研究》，林舒俐，谢琰，孟琢译，北京：商务印书馆，2009 年，第 18—19 页。

④ 蒙培元：《情感与理性》，北京：中国人民大学出版社，2009 年，第 19 页。

⑤ 诺尔曼·丹森：《情感论》，魏中军，孙安迹译，沈阳：辽宁人民出版社，1989 年，第 14 页。

⑥ Sally Planalp 在 《Communicating Emotion: Social, Moral and Cultural Processes》 一书的首页对情感交流的总结性介绍。

人们的情感表达与交流能够让彼此达到和谐共生的崇高目标——生生之德。

三、礼乐协同的功能和意义：文化习得与文明的传承

上文，我们既阐述了华夏文明传播的礼乐协同的形式，也剖析了礼乐协同本质上是一种以仁义廉耻等为情感媒介的交流系统，换句话说，是以崇高的道德感召力，吸引族群产生和传播共同体意识。在此过程中，儒家文化自身也得到了有效的、深入人心的传播。因为从个体而言，在礼乐协同活动中得到精神体验，从而将礼乐承载的内涵内化于心；从社会整体而言，以中国儒家文化为代表的华夏文明依托礼乐协同而得到了传承，亦即在以情感为传播媒介的礼乐协同运作中，社会秩序得到有效维系，国家得到稳定管理，甚至在孔子的理想中可以实现世界大同。

我们知道，在世界多元格局形成过程中，世界各地因为经济、政治、种族、文化等各方面的差异容易导致冲突，对此，美国政治学家亨廷顿曾在其著作《文明的冲突与世界秩序的重建》中谈道："文明之间最引人注目的和最重要的交往是来自一个文明的人战胜、消灭或征服来自另一个文明的人。"[①]这也是我们所熟知的"文明冲突论"。这种观点认为文明的交往是会冲突的，并导向消极的、不和谐的，这种看法是忽视人的主体性和人类基本道德情感的，或者说，是在交往传播过程中忽视乃至排斥文明传播、文明对话的技巧和策略的结果。华夏文明，尤其是中国儒家的观念是与此相反的。成中英认为："对儒家来讲，和谐乃是实在界的基本状态和构成；而冲突则不隶属于实在界，它不过是一种不自然的失序与失衡，是没有永久意义的。在儒家的眼光里，这个世界是一个变化和发展的过程。不错，世界上的确有相异、相对、不合、敌视等现象，但儒家坚持：整个宇宙、人类社会、个人生活的大方向基本上是趋于和谐与统一的。"[②]在儒家的观念中，人类拥有共通的基本道德情感，从这一点来看，华夏文明是有人情味的、可沟通的文明，是兼容并蓄的文明，是能够基于人类共通情感而化解矛盾的文明。陈国明在《有助于跨文化理解的中国传播和谐理论》一文中认为，为了在传播过程中实现和谐，中国人归纳出一些指导方针，从内在角度看，人们必须能够将三个原则加以内化——仁、义和礼；从外在角度看，需要有三种因素加以对应——时、位、几；

---

① 亨廷顿：《文明的冲突与世界秩序的重建》，周琪等译，北京：新华出版社，1998年，第35页。

② 成中英：《论中西哲学精神》，李志林译，上海：东方出版中心，1991年，第177页。

此外从策略技巧上关系、面子、权力也是三个必要元素。① 这些内在修行的理念和外在的技巧都充分说明了华夏文明传播的沟通性及其具有的建构和谐关系的功能。因此，在中国文化中礼乐协同作为以情感为媒介的华夏文明传播范式，其维系社会关系，构建和谐社会的功能显得尤为突出。

（一）感知和教化：自我的情感体验和礼乐化人

礼乐传播是一种大众传播②，其对象涉及社会各阶层民众。譬如"凡挚，天子鬯，诸侯圭，卿羔，大夫雁，士雉，庶人之挚匹"③。这说明庶人能够凭借一定的礼物（"匹"）参加到礼乐活动中；再有"斯礼也，达乎诸侯大夫，及士庶人"④。当然，应该注意的是，与士以上的各阶层相比，庶人直接参与礼乐活动是非常有限的。⑤ 实际上，也只有礼乐能够推及普通民众（只是普通民众在礼乐使用的等级和规模上与上层社会有所区别而已），社会才能上下统一，秩序才能稳定。

一方面，通过礼和乐协同活动来达到对某种具体情感的感知，形成自我的情感体验，如丧祭之礼来表达对父母的孝顺之情、缅怀之情，运用各种朝觐之礼、乡饮酒之礼等形式化的礼仪程序来表达对君王、长者、客人的尊敬之情等。⑥ 当然，人类喜怒哀惧等各种细微的情感也能够在礼和乐的形式中得到感知，由此控制和规范自己的情感。这是华夏情感传播的重要逻辑起点。所谓"成己，仁也；成物，知也"⑦，也就是说，古代社会对人的情感诉求，要求人具有一定的道德修养和人际

---

① 赵晶晶：《和实生物：当前国际论坛中的华夏传播理念》，杭州：浙江大学出版社，2010年，第22—23页。

② 黄星民在《"大众传播"广狭义辨》（《新闻与传播研究》1999年第1期）中清晰地将传统"大众传播"概念无法贯通古今中外传播实践的理论问题进行创造性阐述与区分："大众传播是这种信息传播过程，它由一定的组织或机构向通常不知其名的分布广泛的受众提供信息和娱乐。当这个传播过程中使用了印刷和电子等机器媒介时，可以把它称为狭义的大众传播；当这个传播过程中使用了机器媒介或者传统的非机器媒介时，则可以把它称为广义的大众传播。"他认为礼仪便是一种非机器的大众媒介。后来，他又在《礼乐传播初探》（《新闻与传播研究》2000年第1期）中将礼乐传播阐述为一种大众传播形态，并从传播者、传播内容、传播渠道、传播受众、传播效果及反馈等方面进行阐释。此外，还在《从礼乐传播看非语言大众传播形式的演化》（《新闻与传播研究》2000年第3期）一文强调了礼乐传播的定期传播和多层传播的特点。笔者认为，礼乐传播的传播者利用礼乐作为媒介向社会大众进行信息传播，具有与报纸、广播、电视、互联网等大众传媒形式相似功能的大众传播样态。因此，就古代信息传播情境而言，礼乐传播是一种古代形态的大众传播方式。

③ 贾德永：《礼记·孝经译注》，上海：上海三联书店，2013年，第160页。

④ 王国轩：《大学·中庸》，北京：中华书局，2016年，第105页。

⑤ 黄星民：《礼乐传播初探》，《新闻与传播研究》2000年第1期。

⑥ 朱承：《礼乐文明与生活政治》，《中山大学学报（社会科学版）》2014年第6期。

⑦ 王国轩：《大学·中庸》，北京：中华书局，2016年，第122页。

知觉，或者是具有良好的情感感知能力。[①]另一方面，《论语·宪问》中提道："文之以礼乐，亦可以为成人矣。"[②]此外，《礼记·乐记》中也提道："乐也者，圣人之所乐也，而可以善民心。其感人深，其移风易俗，故先王著其教焉。"[③]从这些论述中我们可以看到礼乐协同的重要目的和功能在于通过情感感知，将仁义等儒家核心精神传递给社会民众，实现对人的教育感化的作用，培养他们的道德情感意识，从而归顺统治阶层的管理以及遵从中国文化规范的心理定向，形成中国儒家文化所塑造的仁者爱人的典范。而礼乐协同正是完成这一使命的基本途径，礼乐教化的推行、实施，可以发挥"赞天地之化育"的重要作用。[④]实际上，中国古代礼仪教化就是一种典型的情感社会化形式。[⑤]我们知道，个人感受不会出现在社会真空中，[⑥]必须有一定的社会传播情境，譬如，通过使用礼乐等符号传播来进行个体社会行为的建构。Eric W. Rothenbuhler 认为，仪式（包括礼仪）是一种强有力的传播效果的形式，它通常是关于原始事物，利用我们的符号和意义系统中最深刻编码的逻辑，建立在最基本的信仰和价值观基础之上，这些仪式（包括礼仪）的特征使它比任何其他传播形式都有效。[⑦]实际上，仪式和传播的性质和逻辑类似，也即通过适当模式化的行为构成了超越行为本身的有效符号，[⑧]以此推进对人的教化和社会共同意义的建构。以道德情感为媒介的礼乐协同运作正是建立在我们最基本的信仰和价值观基础上，这也是礼乐进行大众传播的重要基础。

（二）仪式与传播：华夏文明的赓续和社会秩序的维系

法国著名汉学家汪德迈（Lion Vander meersch）曾说过："礼治是治理社会的一种很特别的方法。除了中国以外，从来没有其他的国家使用过类似礼治的办法来调整社会关系，从而维持社会秩序……只有在中国传统中各种各样的礼仪被组织

① 郭景萍：《中国情感文明变迁 60 年——社会转型的视角》，北京：人民出版社，2010 年，第 104 页。

② 杨伯峻：《论语译注》，北京：中华书局，1980 年，第 149 页。

③ 贾德永：《礼记·孝经译注》，上海：上海三联书店，2013 年，第 176 页。

④ 郭景萍：《中国情感文明变迁 60 年——社会转型的视角》，北京：人民出版社，2010 年，第 104 页。

⑤ 曾繁仁：《儒家礼乐教化的现代解读》，《郑州大学学报（哲学社会科学版）》2017 年第 6 期。

⑥ Sally Planalp: *Communicating Emotion: Social, Moral and Cultural Processes*. Cambridge University Press .1999，pp.159.

⑦ Eric W. Rothenbuhler: *Ritual Communication: From Everyday Conversation to Mediated Ceremony*, California: SAGE Publications.1998, pp.58-59.

⑧ Eric W. Rothenbuhler: *Ritual Communication: From Everyday Conversation to Mediated Ceremony*, California: SAGE Publications.1998, pp.26.

得异常严密完整，而成为社会活动中人与人关系的规范系统。"①从这里我们可以看到，中国儒家是极其重视礼的社会性作用。美国社会学家兰德尔·柯林斯认为："历史上，最早关于仪式的社会学思考是由中国思想家做出的。孔子和他的追随者强调，礼仪表现对社会秩序至关重要。"②诚然，礼乐协同活动的更深层次的社会功能在于通过仪式传播活动来维系社会秩序的稳定，传承华夏文明。正如《礼记·效特性》中提道："礼之所尊，尊其义也。失其义，陈其数，祝、史之事也。故其数可陈也，其义难知也。知其义而敬守之，天子之所以治天下也。"③这就是说，天子通过礼乐协同的展演以让民众知"礼义"，从而发挥"治天下"的功能，这是因为礼义就是社会等级秩序，一种生活传播的规范。④

仪式/礼仪（ritual）指组织化的象征活动与典礼活动，用以界定和表现特殊的时刻、事件或变化所包含的社会与文化意味。⑤仪式在中国文化中具有重要的含义和作用，在特定的时刻和场合由两个或两个人以上集聚在一起，进行富有文化意味的活动，分享共同的情绪或情感体验。中国儒家的核心精神都是通过这样的仪式和礼仪来传达的，本质上看它是一种仪式传播形态。⑥美国学者詹姆斯·凯瑞曾提出传播仪式观，认为传播是一种现实得以生产（produced）、维系（maintained）、修正（repaired）和转变（transformed）的符号过程。⑦传播是在社会中的一种互动，是一种文化行为，是符号互动和文化分享活动，"包括了对美学体验、宗教思想、个人价值与情感以及学术观念的分享——一种仪式的秩序（a ritual order）"⑧。从凯瑞的仪式传播观来看，仪式在传播的过程中是通过极强的符号互动进行精神和文化的体验共享来实现人与人或人与社会的互动和交流的。仪式传播的目的，就是传承文化精神，维系社会关系。⑨具体来说，中国仪式中的礼乐协同需要的是人的参与，需要传播者和受传者，在礼乐符号的刺激和带动下，进入一种体验场域，在其中每个参与者都能感到自己和他人有着相同的体验，有

---

　①　汪德迈：《礼治与法治——中国传统的礼仪制度与西方传统的 JUS（法权）制度之比较研究》，《儒学国际学术讨论会文集》，山东：齐鲁书社，1989 年；吴静：《二程礼论与社会整合》，《重庆师范大学学报（哲学社会科学版）》2004 年第 2 期。

　②　柯林斯：《互动仪式链》，林聚任，王鹏，宋丽君译，北京：商务印书馆，2012 年，第 xvi 页。

　③　陈澔：《礼记》，上海：上海古籍出版社，1987 年，第 149 页。

　④　刘丰：《先秦礼学思想与社会整合》，北京：中国人民大学出版社，2003 年，第 232 页。

　⑤　费斯克：《关键概念：传播与文化研究辞典（第二版）》，李彬译注，北京：新华出版社，2003 年，第 243 页。

　⑥　柯林斯：《互动仪式链》，林聚任，王鹏，宋丽君译.北京：商务印书馆，2012 年，第 vi 页。

　⑦　詹姆斯·凯瑞：《作为文化的传播》，丁未译，北京：华夏出版社，2005 年，第 12 页。

　⑧　詹姆斯·凯瑞：《作为文化的传播》，丁未译，北京：华夏出版社，2005 年，第 21 页。

　⑨　张方敏：《仪式传播场域论纲》，《当代传播》2015 年第 5 期。

着强烈的同在感，所有参与者都沉浸到共同的体验之中。① 可以说，仪式本质上是一个身体经历的过程。② 只有身体在场才能够深刻体会其中的氛围和感悟其中的意涵。在此过程中，一方面是情感的激发和扩散，通过对情感的共同的感知和认同而将在场主体凝聚在一起。在中国古代仪式中，人们可以通过仪式互动来增进对儒家所提倡的道德情感的深入体悟，从而由这种互动仪式再生出一种共同的关注焦点，一种共同的情绪，并形成群体的情感共鸣且根据道德规范将它们符号化。③以符号化的形式再次传播情感，延续象征意义，维持秩序。人们参加仪式活动可以改善自我的感情，而社会秩序则建立在这些感情之上。④ 由此，我们也看到了礼乐协同在情感社会化过程中的作用，也即情感不仅仅是一种个人体验，也是一种社会结构的设定。情感交流反映、表达、支持、挑战和修复社会结构。⑤ 因此仪式中情感作为社会传播的媒介重要性也在此得到呈现。另一方面，是对思想的领悟和对信仰的尊崇。这种思想的领悟和信仰尊崇是对中国儒家文化中的道德和伦理的自觉，是对中国特色社会关系的调整，并且是需要将之嵌入到日常生活实践中的，可以说，没有仪式和礼仪，个人的道德无从寄寓和表现，社会的秩序也无法得到确认和遵守。⑥ 也只有经过这一套象征意义的行为及程序结构来规范、调整个人与他人、宗族、群体的关系，并由此使得交往关系"文"化，社会生活高度仪式化。⑦ 以此让华夏文明在实践中得到传承，在交往关系的调整中维持社会秩序的稳定。

礼之本质是"序"，即等级、秩序；乐的本质是"和"，即和合、和谐。⑧ 余英时先生曾说："中国的'道'源于古代的礼乐传统，这基本上是一个安排人间秩序的文化传统。"⑨ 礼乐协同运作中仪式作为一种重要的形式，它能够展示一个时代的某种文化、某个社会的价值体系，⑩ 美国人类学家克利福德·格尔兹（Clifford

① 张方敏：《仪式传播场域论纲》，《当代传播》2015 年第 5 期。

② 柯林斯：《互动仪式链》，林聚任，王鹏，宋丽君译，北京：商务印书馆，2012 年，第 87 页。

③ 柯林斯：《互动仪式链》，林聚任，王鹏，宋丽君译，北京：商务印书馆，2012 年，第 vii 页。

④ A.R. 拉德克立夫 - 布朗著：《原始社会的结构与功能》，丁国勇译，北京：中国社会科学出版社，2009 年，第 145 页。

⑤ Sally Planalp：*Communicating Emotion: Social Moral and Cultural Processes*，Cambridge University Press，1999，pp.146.

⑥ 葛兆光：《中国思想史（第一卷）》，上海：复旦大学出版社，2001 年，第 93 页。

⑦ 陈来：《古代宗教与伦理：儒家思想的根源》，北京：生活·读书·新知三联书店，1996 年，第 248 页。

⑧ 丁鼎：《儒家礼乐文化的价值取向与中华民族精神》，《山东师范大学学报（人文社会科学版）》2014 年第 6 期第 67 页。

⑨ 余英时：《士与中国文化》，上海：上海人民出版社，1987 年，第 107 页。

⑩ 吴晓群，郭晓东：《论仪式学视角下儒家礼乐思想的解读》，《华东师范大学学报（哲学社会科学版）》2005 年第 4 期。

Geertz) 将之称作一种"文化表演"(cultural Performances)。① 在这种表演中构筑一张关系之网②，在这张网中礼乐向受众传递的不仅是礼乐的基本信息，也即是欢快、哀伤、严肃等表层情愫，而且传递内含仁义等中国儒家文化的核心精神，更重要的是以情感为纽带构建一张维系社会各阶层关系的网络，从而保证社会秩序的稳固和和谐社会建构。(如图 1 所示)

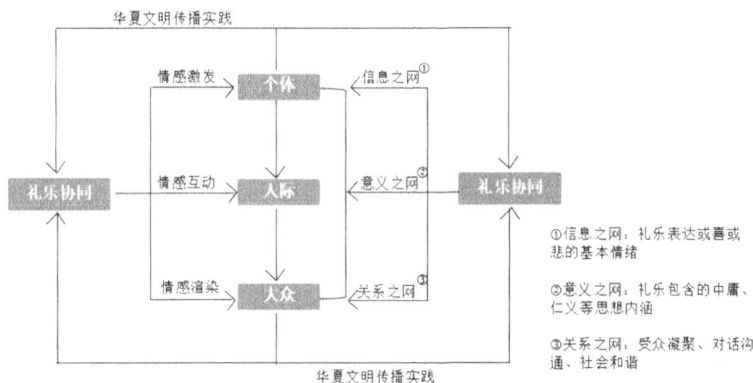

图 1　礼乐协同：华夏文明传播范式及其功能

四、结语

陈来先生曾说到："在礼乐关系上，重要的不是礼所体现的器物、装饰和仪节，不是诗歌、乐器和乐舞，乐所代表的是'和谐原则'，礼所代表的是'秩序原则'，礼乐互补所体现的价值取向，即注重秩序与和谐的统一，才是礼乐文化的精华。"③礼乐作为礼和乐的综合体，能够对社会实现整合的作用，④ 其实这也反应了礼乐协同的重要性。笔者以为，中国文化中认为礼为主，乐为辅，虽然形式上这种安排是存在和确定的；但实际上，礼乐在传播中国文化的思想内涵上应该是要协同一致的，而不应有主次之分，只有统合于中国特殊文化语境中才能传达特定的含义，发挥特定的社会功能。同时，礼乐文化及其协同活动体现了中国传统哲学对于人

---

①　克利福德·格尔兹：《文化的解释》，纳日碧力戈译，上海：上海人民出版社，1999 年，第 129 页。

②　暨南大学姚锦云在"中国新闻史学会新闻传播思想史研究委员会 2017 年会暨第四届中外新闻传播思想史高峰论坛"中的"华夏传播研究工作坊"上提到过传播之网，指出其由三个部分组成，也即信息之网、意义之网和关系之网。

③　陈来：《古代宗教与伦理：儒家思想的根源》，北京：生活·读书·新知三联书店，1996 年，第 278 页。

④　龙柏林，刘伟兵：《传统礼乐的文化整合功能》，《重庆社会科学》2017 年第 2 期。

的主体性的重视，并以情感为传播媒介强化人的道德意识和引导人的行为，体现以人为本，彰显人的价值。而恰恰是这种关注人的主体性而内含情感特质的礼乐协同运作是华夏文明传播能促进社会沟通、构建和谐社会的基础所在，也是华夏文明传播所最终追求的目标。毛峰认为，文明传播的要义，在于公正而有序地播散文明的福利与价值。前者为社会公正，后者为社会和谐；同时他也总结了孔子的观点，即世界历史的核心、人类文明的奥秘存在于人的本性——"仁"之中。①这些都充分展示了华夏文明传播在化解社会矛盾冲突中具有其可沟通性和人文主义情怀，是在世界范畴内能够包容不同文明的传播形态。礼乐协同促进了华夏文明传播，保证了中华民族生生不息，中华文化源远流长。此外，礼乐协同中形成的以情感传播作为一种在中国特殊文化语境中的新的传播形态，能够从特殊的视角展示和诠释华夏文明，在跨学科融合中形成中国特色传播理论，构建华夏文明的传播话语体系，丰富华夏文明的内涵，推进华夏文明广泛而深入的传播。

---

① 　毛峰：《文明传播的秩序：中国人的智慧》，北京：中国传媒大学出版社，2005 年，第 164 页。

宣之于众：汉语"宣"字的传播思想史研究 *

内容提要：从传播史的角度看，"宣"是中国古代非常重要的传播行为和传播语汇，具有丰富的传播学内涵。自上古开始，"宣"就是一种以王室和王命为中心的政治传播活动。这种传播是自上而下、自内而外的，为王权所垄断和独占，并被注入了一种"神圣合法性"。从"宣"字的构造，其本义及引申义的演变可以揭示"宣"作为一种政治传播行为的特征。与西方及现代的"宣传"不同，古代中国的"宣"不偏重于讯息，而偏重于抽象的恩威与德泽。"宣"的主要目的不是为了说服，而是为了达致"德化"。体现在古代汉语语汇中，"宣德""宣和""宣化"等出现频率极高。在笔者看来，古代"宣"之起源与发展及其所形成的历史传统也影响到中国近代以来"宣传"一词的感情与价值色彩。在当代中国"宣传"的概念语汇中，我们可以窥见华夏之"宣"的历史维度。

关键词：宣；宣传；宣化；华夏传播；传播思想
作者简介：潘祥辉，南京大学新闻传播学院教授。

一、引言：作为一种传播活动的"宣"

在传播学研究中，"宣传"向来受到重视。许多学者对"宣传"概念进行过词源上的考证。[①] 刘海龙的研究指出，现代意义上的"宣传"一词系近代到中国的传教士对译 propaganda 一词产生的。这个翻译后来传到了日本，影响了日本对 Propaganda 的翻译。到了 20 世纪，该词又通过留日学生等"内销"回中国。[②] 不

---

* 本文刊载于《新闻与传播研究》2018 年第 11 期第 109—125、128 页。

① 参见刘海龙：《宣传：观念、话语及其正当化》，北京：中国人民大学出版社，2012 年，第 30 页；刘海龙：《西方宣传概念的变迁：起源与早期的争论》，《国际新闻界》2007 年第 4 期；叶俊，《宣传的概念：多维语境下的历史考察》，《新闻与传播研究》2015 年第 8 期；郑保卫、叶俊：《从宣传研究到传播研究．对拉斯韦尔宣传定义的知识社会学考察》，《国际新闻界》2016 年第 2 期。

② 刘海龙：《宣传：观念、话语及其正当化》，北京：中国人民大学出版社，2012 年，第 30 页。

过即便如此，我们也很难断定"宣传"就是一个"外来词"。因为在中国，"宣传"连用至少在公元 3 世纪时就已经出现了。《三国志·魏书·三少帝纪》："（王）起宣传辅言，告令将士，所宜赏异。"《北齐书·列传第十六》："（孙搴）又能通鲜卑语，兼宣传号令。"在《北史》《宋史》《金史》中，"宣传"一词也多次出现。据笔者的统计，仅在中国正史的二十五史中，"宣传"就出现了 66 次。尽管在研究现代"宣传"尤其是"宣传"的历史时，学者们都会追溯其古代渊源，但古代典籍中出现的"宣传"与我们现在所用的"宣传"到底有没有关系？又有什么关系？绝大多数研究对此或存而不论，或语焉不详，因此这一问题至今悬而未决。

在笔者看来，要解答古代"宣传"与现代"宣传"之间有无关系，是何种关系，我们不能仅从"宣传"一词入手，而应该从对"宣"的考察入手。原因很简单，"宣传"在今天是一个词，在古代却是由"宣"和"传"两个词组成。与现代汉语的双音节词占主导地位相反，在古代汉语中，绝大多数语汇都以单音节为主。黄金贵先生指出："古汉语以单音节为主。古代文化中的传播概念是通过一些表示传播活动的单音节词而体现的。这些代表性的传播词是：传、播、布、宣、扬、流、通、递。"①实际上，古代汉语中的"宣"即是一个单音节词，它可以单独使用，也可以与其他词合并使用。如与"传"组合成为"宣传"或"传宣"。《后汉书》卷七十三《公孙瓒列传》："令妇人习为大言声，使闻数百步，以传宣教令。"宋代诗人王以宁的《鹧鸪天·寿刘方明》有"明年寿酒君王劝，知有传宣敕使来"，用的都是"传宣"。可见古代"宣"与"传"的组合是十分灵活的，这与现代汉语中的"宣传"作为一个不可拆分的双音节合成词有着很大的不同。

事实上，古代"宣"字的用法十分灵活。除了"宣传"或"传宣"，作为一个单纯词或"词根"语素，"宣"字还可以和其他词或语素组合成"宣告、宣战、宣称、宣召、宣言、宣语、宣化、宣示、宣明、宣和、宣谕、宣圣、宣恩、宣政、宣诏、宣令、宣布、宣扬、宣威、宣仁、宣读、宣讲、宣判、宣誓、宣付"等一系列词语。这些词语在古代汉语中十分常见，有些词在现代汉语中依然广泛使用。笔者检索发现，在 1997 年商务印书馆出版的合订本《辞源》中收录了以"宣"字打头的词语 81 个。在 2014 年商务印书馆出版的《现代汉语词典》（第 6 版）中也收入了"宣"字头的词语 26 个。如果我们仔细分析就能发现，词典中这些与"宣"字组合的词语，除去"宣泄"意义上的"宣"（通"渲"），绝大多数都与我们今天所讲的"传播"义近。

可以说，古代汉语中的"宣"本身就是一种重要的传播行为或传播活动。"传

---

① 孙旭培：《华夏传播论》，北京：人民出版社，1997 年，第 22 页。

播"二字都可以与"宣"搭配使用。除"宣传"或"传宣"外，"宣播"的用法在古籍中也时有出现。《后汉书·吕布列传》："其督将高顺谏止（吕布）曰：'将军威名宣播，远近所畏，何求不得，而自行求略。万一不克，岂不损邪？'"《宋书·列传第五十五》："仆以不德，荷国荣宠，受任边州，经理民物，宣播政化，鹰扬万里，虽尽节奉命，未能令上化下，而下情上达也。"显然，这两例中的"宣播"与我们今天所讲的"传播"意思一致。因此我们完全可把"宣"看作现代"宣传""宣告""宣读""宣讲"等词语的上位词或者说"词根"。那么，为什么"传""告""读""讲"这些词前面要加一个"宣"字呢？"告"和"宣告"，"讲"和"宣讲"又有何不同？作为一种传播活动，中国古代的"宣"到底有何特点？古代的"宣"与我们现在的"宣传"又有何关联？这些问题迄今还没有人做过专门研究。

为了真真切切地搞清楚这些问题，挖掘"宣"字中所包含的传播思想，在研究方法上，本文尝试采取一种"实证取向"的研究。将对"宣"字思想史的研究建立在较为扎实的实证材料基础之上。著名思想家福柯在《知识考古学》中曾指出："思想史的任务是要贯通那些现存的学科，研究和重新阐述它们。那么与其说它构成了一个边缘的领域，不如说它构成了一种分析的方式，一种透视法。"[1] 可见思想史的研究依赖于一种贯通的、跨学科的分析方法。借鉴福柯"知识考古学"的概念，本人曾将那种综合多学科知识对古代传播媒介与传播现象进行的正本清源式的研究称之为"传播考古学"研究。[2] 本文对"宣"字的考证与诠释即采取这样一种传播考古学的路径。

汉字的历史悠久，可以说每一个字都包含着中国的传统思想和古人的精神观念，极具思想史的分析价值。诚如陈寅恪先生所言："凡解释一字，即是作一部文化史。"实际上，在对汉字的思想史研究中，前人已经取得了诸多成果，如杨联陞对"报"的研究，[3] 黄兴涛对"她"字的研究等[4]，堪称经典。借鉴前人的研究成果和研究方法，本文对"宣"的考察首先从文字训诂入手，借鉴中国传统"小学"之考据方法考察其思想本源；其次采用语料库分析的方法，通过检索正史史料中"宣"字的用法与搭配来诠释其意义。在语料的使用上，本文采用了电子文献检索的方式，所使用的语料库主要来自台湾"中央研究院"的汉语古籍电子检索系

---

① （法）福柯：《知识考古学》，谢强、马月译，北京：生活·读书·新知三联书店，2003 年，第150 页。

② 潘祥辉：《传播之王：中国圣人的一项传播考古学研究》，《国际新闻界》2016 年第 9 期。

③ 杨联陞：《中国文化中"报""保""包"之含义》，北京：中华书局，2014 年。

④ 黄兴涛：《"她"字的文化史　女性新代词的发明与认同研究》，北京：北京师范大学出版社，2014 年。

统"汉籍全文数据库"（http://hanji.sinica.edu.tw/index.html），此语料库文献共计50,758,837字，包含二十五史、十三经等古籍；再次，本文也采用比较分析的方法，在考证与分析古代中国"宣"之思想内涵的基础上与西方的"宣传"观进行对比。比较分析是传播考古学的重要研究方法。正如福柯指出的："（知识）考古学是一项比较分析，它不是用来缩减话语的多样性和勾画那个将话语总体化的一致性，它的目的是将它们的多样性分配在不同的形态中。"① 结合文字训诂、考据、史料分析与东西方的对比分析，本文力图全方位地揭示出汉语语境中"宣"字的传播思想史。

二、王权独占："宣"与中国古代的政治传播

汉字造字之初，往往包含着古人的认知心理。因此文字的训诂对于传播思想史的考古异常重要。从汉语史看，"宣"字的起源十分古老，在商代的甲骨文中就出现了该字，这为我们解读"宣"这种传播活动提供了线索。

（一）"宣"之本义：充盈祥瑞之气的天子居所

在甲骨文中，"宣"写作""（有时也写作或，即"亘"字），金文中写作""篆文写作""。其字形演变如下 ②：

东汉许慎的《说文解字》收"宣"字在"宀部"，解释为"天子宣室也。从宀亘声。"显然，许慎将其作为一个形声字来解读，认为"亘"是一个声符。不过，不少学者认为"宣"可能是一个会意字。这种歧见主要在于对"亘"字的理解不同。

在甲骨文中，"亘"常常被用作"宣"的本字，写作或。对这个符号的理解，历代研究者见仁见智。著名古文字家、日本学者白川静认为"亘"是形符，指"半圆形物体"，半圆形的室即曰"宣室"。③ 台湾学者许进雄则将"亘"解释为

---

① （法）福柯：《知识考古学》，谢强，马月译，北京：生活·读书·新知三联书店，2003年，第177页。

② 李学勤：《字源》，天津：天津古籍出版社，2012年，第655页。

③ （日）白川静：《常用字解》，苏冰译，北京：九州出版社，2010年，第264页。

"屋子里有回旋图案的装饰状"①。也有学者认为"亘"即旋转之意，宣室即"旋室"，是一种可以旋转的供夏桀商纣享乐的宫室。②还有学者将"亘"的象形解释为像在收卷状的卷子，"宣"的意思为"将文卷展开"以进行宣读。③应该说，这些解读各有各的道理，但也难免望文生义。在笔者看来，上述解释都没有道破"亘"之本义。

从宣字从"宀"来看，许慎将"宣"解释为"天子之宣室"，应当是其本义。清代学者段玉裁的《说文解字注》也沿袭此说。日本学者白川静同样认为"宣"字的本义应当是"宣室之室名"。在他看来，"宀"为祭祀祖先神灵的庙宇房顶之形，半圆形的"亘"室即宣室。④《史记·龟策传》载"武王破纣牧野，杀之于宣室"（另见《淮南子·本经训》）。汉高诱注曰："宣室，殷宫名。"⑤从殷纣王就被杀于"宣室"的记载来看，宣室当为天子所居之室无疑。事实上汉以后仍称天子所居为宣室。汉代焦赣《易林·师之恒》："乘龙从蜺，征诣北阙，乃见宣室，拜守东城。"《陈书·宗元饶传》："元饶劾奏曰：'爰降曲恩，祖行宣室，亲承规诲，事等言提。'"唐代骆宾王《代李敬业以武后临朝移诸郡县檄》："公等或居汉地，或叶周亲，或膺重寄于话言，或受顾命于宣室。言犹在耳，忠岂忘心。"这些用法中的"宣室"均指"天子所居之处"。

既然"宣"为天子所居之室，那么在上古的语境中，它必然是不同凡响的。从字形上来看，笔者倾向于认为"宣"字中回旋状的"亘"符表示的是一种回旋状的祥瑞之气。商代王室崇尚占卜星象，天子所居，必有瑞气，这符合殷商时代的宗教与文化语境。⑥北宋初年校定《说文解字》的著名学者徐铉将"亘"符解释为"风回"的象形，他认为"宣"字"从回，风回转，所以宣阴阳也"。徐铉用"宣阴阳"来解释"宣"的意思笔者认为有相当的合理性。但"亘"不应当是风的象形，而可能是回旋状的"云"或"气"的象形。笔者的这个观点与高鸿缙先生

---

① 许进雄：《中国古代社会：文字与人类学的透视》，中国人民大学出版社，2008年，第347页。

② 华强：《殷商甲骨文本训》，黄山书社，2005年，第123页。

③ 这种说法认为金文［字］对甲骨文字形中的"亘"［字］底部加一横指事符号━，写成［字］。篆文［字］将金文的［字］写成［字］，表示"文卷两端的卷轴"。后来文卷形状的［字］又被写成"曰"［字］（说），意在强调"诵读"。参见樊中岳：《篆法漫谈（十）——说"宣"字》，《书法报·老年书画》2013年8月20日，第32期。

④ 日白川静：《常用字解》，苏冰译，北京：九州出版社，2010年，第264页。

⑤ 在《淮南子·本经训》的注中，高诱提供了三种"宣室"的解释，一曰"殷宫名"一曰"狱也"，一曰以"璇室瑶台象廊玉床"装潢的宫室。

⑥ 张荣明：《权力的谎言：中国传统的政治宗教》，杭州：浙江人民出版社，2000年，第10—11页。

的看法不谋而合，他认为"宣"字"从云气在天下舒卷自如之象。其上着一者天也，上下各着一者，天与地……宣字从宀……乃通光透气之室也。"①在笔者看来，"宣"为天子所居，这个"云气"应当不是一般的气体，而应当是一种不同寻常的"祥瑞之气"。这种祥瑞之气表征在"宣"字的字形结构中，显然是为了增加王及"宣室"的神圣化色彩。王室的这种神秘性色彩和"克斯理玛"可能是上古"宣"之权威性和神圣性的重要合法性来源。

　　在笔者看来，只有将"宣"理解为一种"祥瑞之气笼罩的天子居所"，我们才能理解"宣"的本义和引申义之间的关系。"宣"的本义是"天子居所"，其引申义却有"散布、遍布"之义。《尔雅·释言》："宣、徇，遍也。"段玉裁《说文解字注》："天子宣室，盖礼家相传古语，引申为布也，明也，遍也，通也，缓也，散也。"②但宣的本义和引申义之间的关联是如何产生的呢？其中又存在什么样的关联逻辑呢？历史上没有人对此做过合理解释。为了弥合"宣"的本义和引申义之间的断裂，段玉裁将"宣室"理解为"大室"。不过这种解释非常牵强，即便"天子用室必大"，"大"也难以引申出"周遍"之意。因此笔者认为，"宣室"不是因为"大"，而是因为其中带有一种"瑞气"（"亘"符），而气体是可以扩散的，所以"宣"字才会引申出"化""通""散"及"周遍"等意思。"宣"的引申义与"传播"义近，其实也与气体的扩散原理暗合。因此将"宣"理解为"祥瑞之气环绕的天子居所"，笔者就很好地解释了"宣"之本义及引申义之间的逻辑关联，解决了历史上的一桩公案。

（二）"宣"与王室的政治传播

　　从功能上看，"宣室"不仅是天子居室，也是天子进行祭祀或举行典礼的重要场所。据周代金文《虢季子白盘》记述，周王曾在"宣室"举行过"献馘"之礼，献上的是敌族玁狁的将领之首。由此可见"宣室"也是举行审判或仪式的重要场所。因此它也是"礼"与"刑"之所出。"礼"与"刑"是古代政治的重要内容，上古所谓的"宣政"应当包括了这两方面的内容。

　　"宣室"还是商周帝王进行政治决策的地方，到汉代还有沿用。《汉书·刑法志》云："时上（宣帝）常幸宣室，斋居而决事。"如淳注云："宣室，布政教之室也。"可见"宣室"也是王室政治传播的中心。在笔者看来，正是因为"宣室"是上古天子的神圣居所及政治决策中心，所以君主在这一神圣场所进行的政治传播

---

① 高鸿缙：《中国字例》，台北：三民书局，1960年，第393页。

② 清段玉裁：《说文解字注》，上海：上海古籍出版社，1981年，第609页。

活动也称之为"宣"。从这一场所发布出去的政令称为"宣令""宣政"或"宣诏"，从这一场所传播出去的"礼"称为"宣礼"，"言"称为"宣言"，"告"称为"宣告"。王室的这种传播活动用"宣"来命名，显然是基于"宣室"这一处所及其特性的一种引申。

由此可见，中国古代的"宣"一开始就是和"王权主义"①联系在一起的，它代表了王室的立场，并且由王室所垄断。这一特征最典型地体现在"宣诏"与"宣令"的使用上。在中国古代，"诏"与"令"均指君主的旨意，也只有君主有权发布诏与令。"诏"与"令"的传播常与"宣"字搭配，在古籍中的出现频率非常之高。《周礼注疏》卷三十六云："布刑则以旌节，出，宣令之于司寇。"汉代的孔安国认为周代的"遒人"即"宣令之官"（古文《尚书·胤征》孔注）。"宣令"当然是宣王室之令。《汉书·黄霸传》："时上垂意于治，数下恩泽诏书，吏不奉宣。霸为太守选择良吏，分部宣布诏令，令民咸知上意。"此例中的"奉宣""宣布"指的都是诏令。《三国志·蜀志·马忠传》："延熙五年还朝，因至汉中，见大司马蒋琬，宣传诏旨，加拜镇南大将军。"此例"宣传"一词也是与"诏旨"相搭配。实际上，在古代文献中，"宣旨"特指宣布皇帝的诏书，如《宋书·柳元景传》："上遣丹阳尹颜竣宣旨慰劳。""宣谕"特指"宣示皇帝的旨意"。如《隋书·长孙平传》："上使平持节宣谕，令其和解。""宣召"则特指皇帝召见臣下，在唐代成为一种"礼"。宋代沈括《梦溪笔谈·故事一》："唐制，自宰相而下，初命皆无宣召之礼，惟学士宣召。盖学士院在禁中，非内臣宣召，无因得入，故院门别设复门，亦以其通禁庭也。"与"诏""令"类似，"宣命"即"传达皇帝的诏命""宣制"是"宣布帝王的诏命"。帝王召见臣下谓"宣召"、诏拜将相曰"宣麻"，按帝王之意办理丧葬谓"宣葬"，向臣下发问谓"宣问"，甚至帝王的诏书径直谓"宣"。"宣"一定程度上成为"帝王"或"帝旨"的代称。②

从古代文献中的"宣"字使用来看，其主语（主体）的确多是王、天子或其"代理喉舌"。《史通·内篇·叙事第二十二》："盖《书》之所主，本于号令，所以宣王道之正义，发话言于臣下，故其所载，皆典、谟、训、诰、誓、命之文。"可见，《尚书》中的篇章，多为王之所"宣"号令，如"康诰"就是康王所宣。《史记·周本纪》也载："康王即位，遍告诸侯，宣告以文、武之业以申之，作康诰。"秦始皇在泰山石刻中也宣称自己"专隆教诲。训经宣达，远近毕理"（《史记·秦始皇本纪》）。这里的"宣告"和"宣达"的主体均是"王"。实际上，因为"宣"之起源

---

① 关于"王权政治"的概念和论述见刘泽华：《中国的王权主义》，上海：上海人民出版社，2000年。

② 孙旭培：《华夏传播论：中国传统文化中的传播》，北京：人民出版社，1997年，第24页。

与王室的关系密切，上古"宣"一定程度上成为王室的一种"独占性传播"。

因此我们也可将上古的"宣"字理解为一种王室政治传播的重要语言标记。从传播学的角度看，这种"宣"传是一种典型的自上而下的单向传播。除了君主或其代理人，其他传播主体在发表或传播信息时鲜有使用"宣"字的。《国语·周语·刘康公论鲁大夫俭与侈》："臣闻之：为臣必臣，为君必君。宽肃宣惠，君也；敬恪恭俭，臣也。""宣惠"指向的是"君"而不是"臣"。"宣"的等级性也可以从它与"上""下"的搭配上看得出来。荀子说："上宣明，则下治辨矣。"（《荀子·正论第十八》）东汉班固认为赋的功能"或以抒下情而通讽喻，或以宣上德而尽忠孝。"（《两都赋》序）《诗·大雅·烝民》："出纳王命，王之喉舌。"孔传："纳言，喉舌之官，听下言纳于上，受上言宣于下，必以信。"可见"宣"总是与"上言"及"上德"紧密联系在一起的。从古代文献用例来看，君对臣、上对下可以用"宣"，而下对上则只能用"纳""告""说""奏"等，这体现了"宣"传的等级性和垄断性。1906年（清光绪三十二年），一份名为《学部奏请宣示教育宗旨折》的奏折在中国历史上第一次提出了政府宣布的教育宗旨，奏折中的"奏请"和"宣示"用词等级分明，分别对应着"臣"与"君"的身份。实际上，直到清代，"圣谕"还只能用"宣讲"，"讲圣谕"的说法显然是"政治不正确"。

（三）"宣官""宣职"与"天子喉舌"

尽管"宣"之主体毫无疑问是王室，但天子之"宣"却不一定要其亲口传达，而是多借"宣室"中服侍天子的寺臣来代为传达，他们"谨闺闼之禁，通内外之言"，实际上就是"天子喉舌"。正如梁启超在《论报馆有益于国事》中所言："（古者）瞍人掌诵王志，道国之政事，以巡天下邦国而语之。凡所以宣上德、通下情者，非徒纪述，兼有职掌。"[1]在上古，这些职掌多为"太监"充任。在上古他们也被称为"阍人、寺人、内竖、奄人"等。笔者认为，上古这些人应该也陪居在帝王的"宣室"之中，除了在王宫中担任守门、侍奉起居外，也负责宣达王的命令。《册府元龟·内臣部·总序》载：在帝座之侧的宦者，"所以给事左右，出入宫掖，典司纠禁，宣传命令"（《册府元龟》卷六百六十五）。可见"宣"的主体虽然是王，但这些同居"宣室"中的"寺臣"却扮演了王的代理人的角色，他们毫无疑问是中国历史上最早的"喉舌"。"宣传"与"喉舌"的关联可见由来已久。实际上，一直到清代，代皇帝"宣旨"的仍然多为"太监"，这可以说是沿袭自商周以来的

---

① 梁启超：《论报馆有益于国是》，见张品兴主编：《梁启超全集》（第一卷），北京：北京出版社，1999年，第67页。

传统。这种"专司宣召的内监"后来也发展出正式的名称，即"宣使"。明代刘基的诗句"紫薇门下逢宣使，新向湖州召画工"（《有感》），这个"宣使"即指传令宣召的太监。

天子身边的"宣使"在后世也逐渐转变成政府的职官，这即古代形形色色的"宣官"或"宣职"。这些官员和机构都由王室来设置和任命。实际上，"宣"的政治垄断性也表现在这些与"宣"有关的职官设置上。考中国古代文献，我们就可以发现有许多以"宣"为名的官职。如"宣政使""宣抚使""宣慰使"等等。兹列举一二如下：

1."宣抚使"。唐玄宗时始置。唐后期派大臣巡视战后地区及水旱灾区，称宣先安慰使或宣抚使。唐代韩愈《送陆歙州诗序》："当今赋出于天下，江南居十九，宣使之所察，歙为富州。"元稹《赠太子少保崔公墓志铭》："是岁，前逋负尽入焉，宣使骇异之。"两例中的"宣使"即为"宣抚使"。此职官宋时沿用。《宋史·职官志七》解释"宣抚使"的职能是："掌宣布威灵、抚绥边境及统护将帅、督视军旅之事，以二府大臣充。"元代时"宣抚使"于西南少数民族地区置，管理军民。明清继续沿用。直到辛亥革命后"宣抚使"仍在使用，可谓历史悠久。

2、"宣谕使"。宋代官名。据《宋史·职官志七》："宣谕使"主要掌考察地方政治，按察官吏，招抚起事者，宣谕朝廷关心。南宋绍兴后常于民众起事被镇压后派高级官员为"宣谕使"前往抚慰，代表皇帝的宅心仁厚。

3."昭宣使"：宋代官名，淳化四年（993年）置。《宋史·列传第六十八·王延德》："淳化中，当进秩，延德与王继恩、杜彦钧使额已极，特置昭宣使，以延德等为之。"宋时为正六品职官。

4."宣政使"。宋代宦官名，为高级官称。宋淳化五年（994年），宦官昭宣使王继恩镇压王小波、李顺起义后，特置此官，以示奖励。

5."宣庆使"：宋代宦官官名，为高级官称。宋大中祥符元年（1008年）置。

除此之外，古代典籍中还有"宣德郎"[①]"宣义郎"[②]"宣义节度使"等职官。

从中国历史上，"宣官"与含"宣"机构历朝历代都有，名称略有变化。顾名思义，他们最初的职责都与"传播圣意"有关，这从"宣义""宣政""宣谕"等名称的设置上也能看出来。尽管后世的"宣官"并非专事信息传递，但一直具有

---

①　隋置官名，为散官。唐沿用，宋沿置，为第十九阶，正七品。《宋史·贾伟节传》："登进士第，今为宣德郎，皆正之善教之致也。"宋政和四年曾改称宣教郎。明、清仍为散官。明宣德郎为从六品吏员出身升授之阶。清吏员出身者从六品授宣德郎。

②　如《唐书》曰："贞观十八年，命将征辽东。安州人彭通请出布五千段以资征人，上喜之，比汉之卜式，拜宣义郎。"

重要的信息传播功能。如研究者指出的，宣抚使、宣谕使就在南宋朝廷与川陕沟通的信息渠道中扮演了关键性角色。①而从对象上看，这种"宣官"既包括"外宣"（面向边疆或化外之民），也包括"内宣"（面向基层或边远之地），但宣官所代表和秉持的都是中央朝廷的旨意。自商周时代起，"宣官"就多为宦官代理，后世的"宣"官也多为宦官充任，显然沿袭了这一传统。如宋代的"昭宣使""宣庆使"都是宦官官名。在"宣"传上，宦官一直受到历代皇帝的倚重，显然是因为宦官是天子的近臣，加之宦官是去势之人，依附于君主，天子选择宦官做"喉舌"显然更加放心。古代中国"宣"与"帝"的紧密关联的传统，可谓经久不绝。

（四）比较政治学视野下的中国之"宣"

通过对"宣"之本义及用法的考察，我们可以看出，中国古代的"宣"是一种由王室垄断的自上而下的政治传播行为或政治传播活动。从东西方比较视野来看，中国古代的"宣"一开始就发端于王权政治，这和西方的"propaganda"一词最早源于宗教领域很不一样。②尽管汉以后佛教东来，"宣"也用于"宣译佛经"等说法，③但中国之"宣"的传播与扩散路径显然是"先政治后宗教"。这与西方的"propaganda"一词先从宗教领域再进入到政治及商业领域的路径刚好相反。

从宣传实践来看，尽管在基督教之前，西方就已经存在政治宣传的事实了，但如果我们比较一下先秦和古代希腊、罗马，就会发现两者的政治宣传有着很大的不同。作为一种政治传播形态，中国之"宣"一开始就是垄断性的、为王权所独占。它主要表现为一种自上而下的、自内而外的单向传播方式，受到王权的严格控制。王权（皇权）垄断了"宣"传。"皇帝的权力范围，是涉及全领域的，它不容许有跟自己相同权力之存在。天下无二君，此乃皇权之特性。作为皇权的性

---

① 曹家齐：《南宋朝廷与四川地区的文书传递》，《中国社会科学》2014年第5期。

② 英语propaganda一词由拉丁语词根propaso演变而来的，其本意是植物的嫁接、播种、移植。17世纪，罗马教会发起了反宗教改革运动，格列高利教皇十五世为此成立了"信仰宣传委员会"，该协会拉丁文全称"congregatio de propaganda fide"，简称"propaganda"，指通过传教士使用各种文字、语言传播教义，发展信徒的活动。这在西方语境中首次提出了现代意义的"宣传"概念。

③ 佛教东来后，我们确实发现有"宣"的用法，如《三国志·魏书·释老志》中曾提到："后有天竺沙门昙柯迦罗入洛，宣译戒律，中国戒律之始也。"《高僧传》："安清，字世高，安息国太子也。讽持禅经，备尽其妙，游方弘化，遍历诸国。以汉桓之初，始到中夏。才悟机敏，一闻能达。至止未久，即通习华言。于是宣译要经，改梵为汉，先后所出经论，凡三十九部。"西晋竺法护译《等目菩萨所问三昧经》："现建立如来之土，以佛音声，而普雨诸法，使其音声，普闻诸土。广宣传佛之正受，亦复普宣诸佛世尊，贤圣之众。"在笔者看来，佛教中的"宣"可能借用了王权领域的"宣"的合法性和权威性，此外，佛教的传播本身一度受到王权的支持，其用"宣"字显然也经过了王权的授权或默许。

格的公权，其实现的场所是：王化所及，天下属之。"① 而古希腊罗马的政治宣传则是开放性和竞争性的，没有任何政治势力或政治团体可以垄断宣传，它可以是纵向的传播，也可以是横向的传播。

显然，追根溯源，这与东西方的宣传起源不同有关。中国的政治宣传（"宣"）起源于王权政治，而西方的政治宣传则起源于一种竞争性的政治。英国著名历史社会学家芬纳 (S.E.Finer) 区分了古代帝国的不同政体及其特征，他指出：古代中华帝国自古以来是一种典型的"宫殿式政权"，即君主专制体制，而希腊罗马的政治则是一种典型的"论坛式政体"。芬纳论述了这两种政体的不同："宫殿式政体是极权主义的，统治权力由上向下授予，而论坛式政体虽然不一定是民主的，但却是民众的（popular)，权力由下向上授予统治者的。宫殿政体是君主政体，而论坛体制是多头政治。前者的权力来源不是人民，因而也无须对人民负责，而后者的权力来源于人民，须要对人民负责……和宫殿式政体不同，论坛式政体主要的政治过程不在于命令，而有点在于说服。"② 显然，这种政体上的不同不仅影响着中西方对宣传的理解，也影响到东西方宣传的性质和方式。

三、显"德"行"化"：中国古代"宣"之理念

在芬纳看来，希腊罗马的"论坛式政体"奠基于一种"多头政治"，这种政治的核心过程就是"说服"，它高度依赖于口头传播。"论坛式政体不依赖于文字，而是依赖于演讲。因此论坛式政体的特征之一就是对修辞之学的发展。在这个体制中，人们不是简单地接受来自上方的命令，被要求怎么做，而是必须被争取过来。于是论坛式政体产生了修辞之艺术和科学。"③ 实际上，"说服"也是发端于西方语境之"宣传"最为明显和核心的特征。

但与此迥异，古代中国的"宣"基本不重视演讲、辩论、修辞或"口头传播"。孔子就非常反感辩论和口头修辞。他认为"巧言、令色，鲜矣仁。"（《论语·学而》）当有人说孔子的弟子雍"仁而不佞（口才之美）"时，孔子反驳说："焉用佞！御人以口给，屡憎于人。不知其仁，焉用佞！"（《论语·公冶长》）足见"口头说服"绝不是中国古代"宣"的题中应有之义。在甲骨文及金文的"宣"字结构中，我们也没有发现任何包含"口说"的信息。这与现代及西方的宣传概念显

---

① 日西嶋定生：《中国古代帝国的形成与结构：二十等爵制研究》，武尚清译，北京：中华书局，2004年，第43页。

② 英芬纳：《统治史（卷一）：古代的王权与帝国——从苏美尔到罗马》，马百亮、王震译，上海：华东师范大学出版社，2010年，第35-38页。

③ 英芬纳：《统治史（卷一）：古代的王权与帝国 从苏美尔到罗马》，马百亮、王震译，上海：华东师范大学出版社，2010年，第37页。

得十分不同。

（一）"宣"之内涵："宣文教以章其化"

在笔者看来，与"说服"相比，中国古代"宣"的突出特征是更加注重"化"，即"感化""教化"或"文化"。"宣教"与"宣化"是古代政治的重要内容。汉末思想家荀悦指出："兴农桑以养其生，审好恶以正其俗，宣文教以章其化，立武备以秉其威，明赏罚以统其法。是谓五政。"（《申鉴·政体》）"宣文教以章其化"是"五政"之一，也构成了中国古代政治传播的重要内容。

从上古"宣"的对象上来看，"诏令""旨令"固然重要，但一些儒家文化中抽象的"德""义""礼""和""仁""威""慈""惠"等更是占有突出的地位。笔者通过对台湾"中央研究院"的汉语古籍电子检索系统"汉籍全文数据库"中收录的 25 史的电子版进行检索，统计出了 25 史中"宣"与不同词语的搭配及出现的频率。

表 1　二十五史中"宣"字的搭配统计

宣德	宣和	宣化	宣布	宣旨	宣威	宣诏
934	588	204	190	160	148	146
宣仁	宣言	宣文	宣扬	宣传	宣令	宣告
145	144	79	67	66	59	57

我们可以发现，宣与"德、和、化、旨、威、仁、文、令、告"的搭配都比较常见，而"宣德""宣和"与"宣化"是出现频率最高的三种搭配，超过了"宣旨""宣诏"与"宣令"。这说明，与单纯的传播讯息（诏令）相比，中国古代的"宣"更多强调中央王朝的"德泽"。实际上，"君德"是古代"宣"的重要内容。如《尚书·皋陶谟》"日宣三德"。《汉书·张汤传》："车骑将军光禄勋富平侯安世，宿卫忠正，宣德明恩。"《汉书·列传第四十二·王贡两龚鲍传》："臣闻圣王宣德流化，必自近始。"《白虎通·辟雍》："天子立辟雍何？所以行礼乐宣德化也。"从这些存世文献来看，古代天子所宣，确实以"德"首。

而"宣德"的目的是为了教化。汉代刘向在《说苑·指武》中写道："圣人之治天下也，先文德而后武力。凡武之兴为不服也。文化不改，然后加诛。"将"文化"（以文教化）放在"武力"之前，显然体现了古代儒教中国的社会特征。唐代诗人李华《吊古战场文》说："文教失宣，武臣用奇。""文"教是"宣"的重要方式，也是"宣"的最终目的。实际上，古代地方官员的一项重要职责就是"奉召宣化"（《汉书·宣帝纪》）。正如董仲舒所说："今之郡守、县令，民之师帅，所使

承流而宣化也，故师帅不贤，则主德不宣，恩泽不流。”（《汉书·董仲舒传》）

可以说，注重文德教化是中国自先秦以来就存在的传统。这在以孔子为代表的儒家思想中体现得十分明显。孔子认为“君子修己成德、以德化人”是十分重要的，他也非常注重这种道德教化在政治中的重要性。“为政以德，譬如北辰，居其所而众星共之。”（《论语·为政》）“道之以德，齐之以礼，有耻且格。”（《论语·为政》）在《论语》中有很多关于“道德教化”的论述，“文”“行”“忠”“信”构成了道德教化的基本内容。[①] 在历史上，孔子还曾一度被封为“宣公”。如汉元始元年（公元1年），王莽追谥孔子为“褒成宣尼公”。到唐代，唐太宗李世民于贞观二年（公元628年）尊孔子为“先圣”，贞观十一年改称“宣父”，并于兖州修筑宣尼庙（也称宣父庙）。但为什么孔子被封为“宣公”“宣父”呢？迄今还没有人清楚地解释过这个问题。在笔者看来，以“宣公”“宣父”谥孔子，盖因“宣”一定程度上是“教化”的同义词，而儒家之功即在“教化”。班固在《汉书·艺文志》中说：“儒家者流，盖出于司徒之官，助人君顺阴阳、明教化者也。”因此用“宣”号来加封儒家的先师孔子，算得上名副其实。加之古代的“宣”字本身具有一定的神圣色彩，赐孔子“宣父”之名增加了其“教化之父”的神圣合法性。

可以说，“施文德行教化”的思想是中国古代“宣”的核心灵魂。正如《国语·周语》中所说：“宣所以教施也，惠所以和民也。本有保则必固，时动而济则无败功，教施而宣则遍，惠以和民则阜。”除了圣王君主的言语和德行，能达到“宣化”目的的还有“礼乐”。实际上，“礼”“仪”“乐”也都是古代“宣”的重要内容。中国自古就十分注重礼乐的教化。在朝廷设置的一些“宣官”“宣职”中，很多就和礼乐教化有关。最典型的如中唐以后设置的“宣徽院”。这一官署主要掌“总领内诸司及三班内侍之籍，郊祀、朝会、宴享供帐之仪”，其职能相当于后世负责礼仪宣传的部门。[②] 宋以后，宣徽院职责更加广泛。据《宋史》载，其职责“掌总领内诸司及三班内侍之籍，郊祀、朝会、宴飨供帐之仪，应内外进奉，悉检视其名物”。足见宣徽院掌管皇帝的礼乐仪式，毫无疑问是古代重要的“宣化”机构。

（二）古代中国的“外宣”与“内化”

因为强调“普世”的德泽与教化，中国古代的“宣”因此是无远弗届的。对于边陲或化外之民，这种“宣化”理念同样得到贯彻。儒家自古就非常注重对“远

---

① 杨朝明：《刍议儒家的教化文化》，《孔子研究》2008年第6期。

② 加王立：《欢娱的巅峰：唐代教坊考》，北京：新星出版社，2015年，第228页。

人"的"文德教化"。"设神理以景俗，敷文化以柔远"（南齐王融《三月三日曲水诗序》）既是古代儒家的理想，也是古代帝王重要的安边策略。通过"宣"来教化边民为历代朝廷所重视。表现在机构设置上，就是出现了许多以"宣"为名的"外宣机构"，这显然沿袭自上古"宣"的传统。其最初设立的宗旨当为传播中央朝廷的德教恩泽，以达到"化外安边"的目的。如最早见于金朝、在元朝时普遍设立的"宣慰司"就具有重要的沟通与传播功能。据《元史》记载："宣慰司，掌军民之务，分道以总郡县，行省有政令则布于下，郡县有请则为达于省。"宣慰司的长官称"宣慰使"。此外元代还设有"宣政院"，是掌管全国佛教事宜和藏族地区军政事务的中央机关，其前身本来叫"总制院"。据《元史·百官志三》载："至元二十五年（公元1288年），因唐制吐蕃来朝见于宣政殿之故，更名宣政院。"可见"宣政院"带有浓厚的"外宣"色彩，它是接待"外宾"的地方。之所以名"宣"，因为它承担着"显扬国威"的"宣化"功能。

明代的"宣官""宣职"则有所谓的"三宣六慰"，它同样以管理和教化"边民"为主职。明代"凡百夷聚居区，都设土司"。洪武年间，在云南承宣布政使司下先后设立了南甸、干崖、麓川平缅三个宣抚司及木邦、孟养、缅甸、八百大甸、车里、老挝六个宣慰司。永乐年间又设底兀刺、大古刺、底马撒三个宣慰司。"宣慰使""宣抚使"是其行政长官，管辖司内军民之政。这些官职冠以"宣"字，显然说明它也承担着重要的教化功能。实际上，这些名字本身也具有传播"王权德化"的象征功能。在中国一些省份的地名中，至今还保留着不少"宣"字头的名字，如云南的"宣威（县）"、河北的"宣化（县）"、安徽的"宣城（市）"，这些地名都由当时设置的"宣化"机构转变而来。值得注意的是，这些"宣"字机构的设立表面上在于"宣播朝廷恩威"，实际上它不只是文宣机构，更兼有军事职能。如明代的"三宣六慰"就既管民政，也管军政，其目的在于控制边远少数民族地区。然而，用一个沿袭自上古的"宣"字作为职官名称，既突出了朝廷注重文教、化育边民的良好用心，又软化和遮蔽了其强力控制的本质与目的，可谓一举两得。

作为一种政治治理（传播）手段，我们千万不能小觑这种"宣化"的力量。李约瑟和黄仁宇在论及古代中国的政治与印度的不同时曾指出，与古代印度内部的紧张、多样、难以"统一"不同，"中国人能将周边部族吸纳到自己的文化中来，而不会削弱自己的文化，甚至还可以同化征服者，直到他们所有的可辨识特征孑然无存。不仅如此，中国还向整个东亚输出她的文化，以至于朝鲜、日本和越南在某种程度上都是她的子文化"①。在笔者看来，这种"同化力"不仅与中国政治文化本身的"特质"有关，也与中国特色的政治传播方式即"宣化"方式紧密关联。

（三）古今中西"宣传"理念的差异

从"宣"与"德"及"化"的使用以及"宣"字职官的设置来看，我们能看出，中国古代的"宣"传理念十分平和，丝毫不强调"对抗"与"论辩"，可以说是一种"和平"教化思想的体现。它与西方现代意义上的"宣传"理论起源于战争，强调"灌输"与"对抗"完全不同。②

在哈罗德·拉斯韦尔看来，宣传是现代战争必不可少的部分，"宣传即思想对思想的战争"。③ 不过，同样是面对"外敌"，中国孔子的态度则是"远人不服，则修文德以来之。既来之，则安之"（《论语·季氏》）。实际上，中国古代即便是面向域外民族的"外宣"（今天称之为"对外传播"），也有着鲜明的"往内同化"的色彩。在笔者看来，这种"宣"之理念与中国古代儒家的"天下观"及"德治观"是分不开的。在古人眼中，"中国"是礼仪之邦。"中国者，聪明睿智之所居也，万物财用之所聚也。贤圣之所教也，仁义之所施也，诗书礼乐之所用也，异敏技艺之所试也，远方之所观赴也，蛮夷之所义行也。"（《战国策·赵策》）宣扬"中国"的这种礼仪并同化对方，这就是政治统治。许倬云先生指出：儒家界定的普世价值，是一种具有推己及人的"圈层性质"的人间伦理。"这一社会关系圈，投射于中国与四邻的关系。遂是理想中'近者悦，远者来'的'向化'，没有绝对的'他者'，只有相对的'我人'。几千年来，所谓'天下'，并不是中国自以为'世界只有如此大'，而是以为，光天化日之下，只有同一人文的伦理秩序。中国自以为是这一文明的首善之都，文明之所寄托，于是'天下'是一个无远弗届的同心

---

① （美）李约瑟、黄仁宇：《中国社会的特质——一个技术层面的诠释》，见黄仁宇：《现代中国的历程》，北京：中华书局，2011年，第8—9页。

② 战争对西方 propaganda 概念的影响至深。1718年，英文 propaganda 首次出现。在18世纪美国独立战争、19世纪的美国南北战争中，宣传发挥了重要作用。英文 propaganda 的宗教意义退化，政治含义日增。到"一战"期间，propaganda 一词随战时宣传而流行。1918年，英国成立隶属于政府新闻部的战时机构"对敌宣传司"（Department of Enemy Propaganda），propaganda 一词首次出现在政府机构名称中。一战后，苏联的宣传部和纳粹德国大众教育和宣传部，使得在意识形态上与他们对立的英美等国放弃了具有积极意义的宣传概念，把它变成了一个完全负面的词汇，专门用于指称敌方的传播和说服活动。1947年后，世界进入"冷战"时期，意识形态的宣传与反宣传取代了战争宣传。在意识形态斗争中，英文 propaganda 因含有贬义而被彻底弃用了。propaganda 概念经历了由宗教向政治、商业的演变，由通用到弃用的转变。参见叶俊，《宣传的概念：多维语境下的历史考察》，《新闻与传播研究》2015年第8期。

③ 美哈罗德·拉斯韦尔：《世界大战中的宣传技术》译者序，张洁、田青译，北京：中国人民大学出版社，第22页。

圆，一层一层地开化，推向未开化。"①

可见，古代和现代，中国和西方，两种"宣传"理念可谓相去甚远。总体而言，中国古代"宣"的重要特征就是不以"说服"为目标，也不以传递信息或灌输某种思想观点为目标，而主要是为了显示王权的礼德、威仪或恩泽，以之实现对子民或边民的"教化"，达到"以德服人"的效果。西方现代意义上的"宣传"则被定义成"深思熟虑的、系统性的企图，意图影响看法、操纵认知、引导行为，以便促成宣传者所欲达到的目的"②。与这种强调"明确的宣传意图"，强调"操纵象征符号"和"影响态度、行为"的西方"宣传"观念相比，中国古代的"宣"更具有"仪式性"而非功利性。比起现代意义上的"宣传"，中国古代的"宣"传理念也更加平和，不具煽动性。刘海龙曾指出："中国传统的政治文化中缺乏现代的宣传观念。"③如果我们将传统的"宣"和现代的"宣传"进行对比，两者确实存在相当的差异。

值得一提的是，作为儒教文化语境下的"宣"之内涵显然影响了日本。日本天皇也非常注重对"宣"的垄断和使用，直到近代亦是如此。日本侵华时期还曾设立"宣抚机构"。1937 年 12 月 8 日，南满铁道株式会社的 30 名日本职员抵达上海，他们的任务就是从事日本人所称的"宣抚工作"。这些专事"宣抚"的职员不穿军服，胸前的口袋上绣有日 \ 中文"宣"字。"宣"被翻译成英文的 pacification。④尽管这种"宣抚"是日本人"靖绥主义"策略的一部分，但日本人所理解和使用的"宣"倒是符合中国古代"宣"之意含，这显然是一种文化上的跨域继承。

四、"正当化"："宣"之传统对现代"宣传"的影响

如果我们将中国古代的"宣"和现代的"宣传"以及西方的"propaganda"进行比较的话，我们就会发现，不仅中国古代的"宣"与西方的"宣传"大异其趣，中国现代意义上的宣传（源自对 propaganda 一词的翻译），也与西方存在一定的差异。这个最大的差异就感情色彩上的不同。

---

① 许倬云：《我者与他者：中国历史上的内外分际》，北京：生活·读书·新知三联书，2010 年，第 20 页。

② Jowett,G.andO'Donnell, "Propaganda and Persuasion." BeverlyHills,CA:Sage.(1986)

③ 刘海龙：《宣传：观念、话语及其正当化》，北京：中国人民大学出版社，2013 年，第 33 页。

④ 加卜正民：《秩序的沦陷：抗战初期的江南五城》，潘敏译，北京：商务印书馆，2015 年，第 47—49 页。

（一）中国"宣传"概念的正面色彩

在西方语境中，propaganda 源自拉丁文"to sow"，最初是一个中性的词，意思是"散布或宣传一个思想"。但第一次世界大战以后，"宣传"经战争的洗礼，逐渐变成一个带有"否定性含义"的词汇，与"不诚实、操纵性和洗脑"联系在一起。[①] 这种负面色彩持续至今，以致该词遭到某种程度的弃用。西方各国开始逐渐用"传播""沟通""公共关系"等概念取而代之。[②]

但在中国，我们会发现，从"宣传"一词诞生至今，几乎一直保持着正面色彩。不论是 19 世纪的传教士用"宣传"一词来传播教义，还是近代以来的启蒙思想家、知识分子、报人及国共两党，用"宣传"来表达和传播思想观点，它都是一个十分正面的词汇。近代著名宣传家梁启超在《论报馆有益于国事》一文中就将报馆的"去塞求通"功能与"宣德达情之效"等量齐观，其对"宣传"的理解也是正面的。实际上，即使在西方 propaganda 一词已经负面化时，在同一时期的中国，"宣传"一词仍然十分正面。即便如民国时期的自由主义知识分子，如张佛泉等人，也认为"宣传"是个"光明正大的事业"。[③]20 世纪国共两党对"宣传"一词的认知和使用也是正面的，两党在建党时便成立了"中央宣传部"，设立了"宣传部长"。1949 年以后，在西方早已经被污名化的"宣传"一词，在中国仍然享有尊荣。从政府机构的设置，到对新闻从业者工作的描述，到学术著作的出版，[④]"宣传"都是一个正面词，没有负面色彩。尽管为了避免西方 propaganda 一词的负面化影响，1997 年以后中央规定各级"宣传部"不再使用 propaganda 作为对外传播中的英译词，改用 Publicity Department，但在国内的汉语语境中，"宣传"一词继续为官方所用，其含义仍然是"褒义的"。

那么，如何解释作为"例外"的中国"宣传"话语的正面色彩呢？显然，马克思主义的宣传观和苏联的影响是十分重要的因素。中国现代的"宣传"，尤其是国共两党政治语汇中的"宣传"概念，很大程度上受到苏联话语的影响。在马列主义的政治话语体系中，"宣传"是一个正面词汇。《苏联大百科全书》认为："马

---

① 展江、田青：《美国传播学的开山之作》，见哈罗德·拉斯韦尔著：《世界大战中的宣传技术》译者序，张洁、田青译，北京：中国人民大学出版社，2003 年，第 9 页。

② 叶俊：《宣传的概念：多维语境下的历史考察》，《新闻与传播研究》2015 年第 8 期。

③ 张佛泉曾在《宣传与教育》一文中为将教育等同于宣传，并为政府的宣传辩护，他说："一个政府不能不担负宣传责任；教育机关也不能不帮助政府担负宣传的责任。"见张佛泉：《宣传与教育》，《中央周刊》1939 年第 1 卷第 13 期。

④ 据笔者统计，1949 年至 2012 年，仅冠以"宣传艺术"的图书就达 41 种，冠以"宣传技巧"的 9 种。如《宣传艺术与技巧》（任健雄等主编，西南交通大学出版社，1990 年）、《宣传艺术论》（祁崇岳，江苏教育出版社，1991 年）、《宣传技巧》（顾作义，广东人民出版社，1991 年）、《新时期军事新闻宣传的策略和艺术》（肖平，长征出版社，2007 年）等。

克思列宁主义的宣传（俄语 пропаганда）以社会发展规律的知识武装共产党员和全体劳动人民，提高他们的政治警惕性。"①陈力丹曾详细考证过马克思和恩格斯使用"宣传"概念的情况，都是比较正面的用法。在马恩的著作里，"宣传"这个概念出现的频率约有 400 次，其使用与"鼓动"一词（die Agiation）的意义十分接近。②马克思的"宣传观"为列宁所继承。列宁说"报纸不仅是集体的宣传员和集体的鼓动员，而且是集体的组织者"，同样是在正面意义上使用"宣传"一词。20世纪 20 年代，中国的两大政党——国共两党的宣传体制都受苏联的影响。从孙中山、陈独秀到毛泽东，对"宣传"都做正面理解。两党都设有"宣传部"。从 1921年到 1949 年，中共前后有 16 位宣传部部长，国民党的宣传部长则有 32 位。而1949 年前国共两党的宣传部部长中大约有一半是留学苏联的。③苏联对中国"宣传"的影响显而易见，而中国共产党的"宣传"理念与实践更是受到苏联的强烈影响。④

　　不过，马克思主义和苏联"宣传"观念对中国的影响最多只能解释"新文化运动"以后的事情，却不能解释之前中国"宣传"概念的使用。在此之前，"马克思主义的宣传观"都还没有进入中国知识分子的视野。实际上，当马列主义传入中国时，中国的知识精英为什么会用"宣传"一词去对译俄语的 пропаганда 一词恰恰是需要我们给出解释的。在笔者看来，中国人之所以用"宣传"来对译俄语中的 пропаганда，恰恰是因为"宣传"在汉语的历史和传统语境中，一直都是一个正面词汇。以一个"正面词"对译另一个"正面词"，这实在是非常自然的事情。

　　因此，在笔者看来，影响近现代中国"宣传"正面色彩的还有另外一个重要因素，这就是古代中国"宣"传所形成的传统，这一传统为近现代的"宣传"所吸收和内化。这正如现代汉语"宣传"一词的构成演变一样，它将古代的"宣"和"传"从两个能单独使用的词变成了只能组合使用的两个语素，但作为古代词汇的"宣"和"传"的意思却都部分地保留在新造的"宣传"这一合成词中。这也使得现代汉语"宣传"一词无法割裂它与古代汉语的关联。然而在中国的"宣传"研究中，这种历史关联因素却常常为研究者所忽视。如有研究者指出，"不管是中文'宣传'还是英文 propaganda，其初始感情色彩都是中性的，只是表达一种社会活动现象。"⑤显然，这一论断失之偏颇。事实上，中国的"宣"传从一开始

---

① 叶俊：《宣传的概念：多维语境下的历史考察》，《新闻与传播研究》2015 年第 8 期。
② 陈力丹：《精神交往论》，北京：开明出版社，2005 年，第 204—205 页。
③ 余敏玲：《两岸分治：学术建制、图像宣传与族群政治（1945—2000）》（序），台北：中研院近代史研究所，2012 年版，第 3 页。
④ 林之达：《中国共产党宣传学概论》，石家庄：河北人民出版社，1988 年。
⑤ 叶俊：《宣传的概念：多维语境下的历史考察》，《新闻与传播研究》2015 年第 8 期。

就是"正面"而不是中性的。如果我们追溯"宣"的传统，就会发现，作为一种王权体制下的自上而下的政治传播行为，"宣"在中国古代一直保持着它的权威性和神圣性。在历代王权的垄断、维护和强化之下，"宣"的正面色彩从上古一直延续到清代，几乎没有什么发生过变化。

（二）历代王朝对"宣"之神圣合法性的强化

中国之"宣"的正面色彩是不言而喻的。实际上，从"宣"字诞生之始，它就代表一种"神圣合法性"。从商代以后，历代帝王不断延续并强化"宣"的这种神圣合法性。在历史上，使用"宣"字来做帝号、谥号、年号或庙号的皇帝非常之多。以谥号为例，从周代的"周宣王"，到春秋时期的"宣公""齐宣王""宣惠王"等等，许多帝王以"宣"为谥。东汉王充指出："谥者、行之迹也。谥之美者、成、宣也，恶者、灵、厉也。成汤遭旱，周宣亦然，然而成汤加'成'，宣王言'宣'。无妄之灾，不能亏政，臣子累谥，不失实也。"（《论衡·须颂》）可见，"宣"在历史上一直都是一种美谥。笔者对中国历代皇帝的谥号进行了统计，发现历代皇帝中谥号用"宣"的共有12位，兹列表如下：

表2：中国历代皇帝中带"宣"字的谥号

年代	谥号
公元前 827 年—公元前 782 年	宣王（周）
公元前 74 年—公元前 49 年	孝宣皇帝（汉）
公元 179- 公元 251 年	宣帝（晋）
公元 530 年—公元 582 年	孝宣帝（陈）
公元 499 年—公元 515 年	宣武帝（北魏）
公元 550 年—公元 559 年	文宣皇帝（北齐）
公元 578 年—公元 580 年	宣皇帝（北周）
公元 711 年－公元 762 年	宣皇帝（唐）
公元 846 年—公元 859 年	宣宗（唐）
公元 1213 年—公元 1223 年	宣宗（金）
公元 1425 年—公元 1435 年	宣宗（明）
公元 1820 年—公元 1850 年	宣宗（清）

可以发现，在这些谥号中，直接冠以"宣帝（王）"的有4位，"孝宣"的2位，"文宣"的1位，"宣武"的1位，而用的最多的是"宣宗"，从唐到清，共有

4位。作为美谥的"宣"主要用于强调谥者的"宣传教化"之功。《谥法》："圣善周闻曰宣；施而不成曰宣；善问周达曰宣；施而不秘曰宣；诚意见外曰宣；重光丽日曰宣；义问周达曰宣；能布令德曰宣；浚达有德曰宣；力施四方曰宣；哲惠昭布曰宣；善闻式布曰宣。"可见，只有具有美德且善施美德的皇帝才配得到"宣"字谥号的褒奖。

除了谥号，古代皇帝的庙号中也经常用"宣"。考历代皇帝的庙号，用"宣"字的至少有4位，分别是唐肃宗李亨的庙号"文明武德大圣大宣孝皇帝"；金圣宗耶律隆绪庙号"文武大孝宣皇帝"、元武宗孛儿只斤·海山的庙号"仁惠宣孝皇帝"、明世宗朱厚熜的庙号"钦天履道英毅圣神宣文广武洪仁大孝肃皇帝"。而历代皇帝的年号中用"宣"字的也不乏其人。考历代年号，至少有6个年号称"宣"，包括"宣平"（成汉）、"宣光"（北元昭宗）、"宣和"（北宋徽宗）、"宣政"（北周武帝）、"宣德"（明宣宗）、"宣统"（清溥仪）等。除了谥号、年号和庙号以及前文所述的"宣"字职官，历代皇帝也喜欢用"宣"来命名一些皇宫建筑，以宣示其政治美德和合法性。如汉代长安的未央宫有"宣平门"、北魏孝文帝时有"宣文堂"、唐代长安城大明宫有"宣政殿"、北宋东京宫城有"宣德楼"和"宣德门"、明永乐十七年修建有"宣武门"（取"武烈宣扬"之意）等。

可见，由于"宣"所具有的传统合法性，历代皇帝都偏爱用"宣"。不论谥号还是建筑，所"宣"名物无外乎朝廷倡导的儒家道德伦理或君主的恩威德泽。实际上，对"宣"字的偏爱和广泛使用本身也是古代帝王一种"自我宣传"的方式，这种包装和宣传又反过来强化了"宣"的权威与神圣化色彩。

（三）现代"宣传"对"宣"之合法性的继承和延续

考古代文献中的"宣"之用法，我们能清楚地看到，从上古一直到清代，皇权垄断下的"宣"之正面色彩一直没有改变。清代大兴"宣讲圣谕"，在笔者看来，这种名曰"宣讲"的方式上承古代王室"宣"之传统，下启清末及民国"世俗化""平民化"的"宣讲"传统。

清末时期，政府设置了许多"宣讲所"，一方面宣讲《圣谕广训》进行道德教化，另一方面也借助"宣讲"进行社会启蒙和政策宣传。在这个过程中，"宣"开始去神圣化。清末的"宣讲所"到民国时期仍有沿用。[①] 在民国时期的思想启蒙运动中，许多演说、读报等宣传场所也被冠名为"宣讲所"，这种演讲和读报美其名曰"宣讲"，显然是在沿袭和借用传统"宣"之合法性。不过此时皇权体制已然崩

---

① 刘姗姗：《以宣讲所为中心见清末社会教育的发展》，《教育与教学研究》，2015年第2期。

解，"宣讲所"所"宣讲"的已经不"圣谕"，而是新时代的思想，"宣讲"的目的也开始转向"开民智"了。由于使用主体的多元化和平民化，"宣"也逐渐褪去王权垄断下的"神圣化"色彩而变得日益世俗化。

在笔者看来，"宣"的延续与变异也体现在近代报业的转型上。从古代的邸报之"宣"到现代的新报"宣传"，这当中就存在某种延续性。梁启超就曾用"宣上德、通下情"来概括现代报纸的功能。近代著名报人、政论家汪康年也是如此。1898 年 5 月 5 日，在《时务日报》创办之际，汪康年宣称："日报之制，仿于中国之邸抄，而后盛于泰西，又大变其制"，其功能在于"能通消息，联气类，宣上德，达下情，内之情形暴之外，外之情形告之内。在事者，得诉艰苦于人；僻处于士，不出户庭而知全球之事"①。汪康年认为，现代日报是"中国之邸抄"的改制与变形，而"中国之邸抄"中的"宣上德"的传统也为现代报纸所继承。汪康年用"宣上德通下情"来概括现代日报的功能本身说明了这种认知上的延续性。

尽管随着皇权时代的结束，后世包括"宣传"在内的一系列"宣"字词汇都失去了其"神圣合法性"而变得世俗化，使用主体也不再区分官民。但在这种"断裂"中我们也要看到继承的一面。在笔者看来，尽管辛亥革命从政治上结束了两千年多年的帝国政治，"宣"的王权独断的传统被彻底颠覆，但作为一种历千年之久的政治传播传统，"宣"所建构起来的合法性与意义仍然在晚清、民国及共和国的"宣传"概念中得到延续，并没有因为皇权的崩溃而中断，也没有因为西方"宣传"的污名化而负面化。美国汉学家孔飞力（Philip Alden Kuhn）曾指出 20 世纪中国政治与传统的继承关系，他说："20 世纪中国的历届政府在从事国家建设时，能够倚靠并受益于旧政权源远流长的行政经验。"②显然，在政治宣传上也是如此。可以说，中国古代之"宣"的正当化，为近现代以来中国"宣传"概念的正当化提供了"正当化"和"合法化"基础，这当中体现的，显然有历史传统的惯性和力量。

---

① 汪康年：《论设立〈时务日报〉宗旨》，见汪林茂编著：《汪康年文集》，杭州：浙江古籍出版社，2011 年，第 48-50 页。

② [美] 孔飞力：《中国现代国家的起源》，陈兼、陈之宏译，北京：生活·读书·新知三联书店，2013 年，第 120 页。

华夏传播理论建构试探：从"传播的传递观"到"传播的接受观"*

姚锦云　邵培仁

内容提要：建构华夏传播理论，需要厘清何为理论、如何建构理论的问题。前者是知识论问题，我们可以从韦伯、吉登斯、格尔茨和凯瑞的思想中获得启示；后者是方法论问题，我们可以向凯瑞和黄光国学习。在他山之石的指引之下，我们尝试建构"传播的接受观"（a reception view of communication）理论。其首要问题是，传播不等于"传"，而是"传—受之链"，"受"与"传"都是传播过程的重要部分。相对于现代西方传播学"传"的传统，中国人更侧重于"受"的传播观念。一方面，"传播的接受观"是对中国古代传播现实的表征。例如在文人雅士中流行"观""味""知"的传播观，庄子、慧能与王阳明等儒释道思想家也倾向于接受中的主体性，可以称之为"接受主体性"（receiving subjectivity）。另一方面，"传播的接受观"能为新的传播现实提供表征，具有一定的解释力。例如很多传播事件会出现始料未及的后果，或许原因多出在"受"的方面，而非仅仅是"传"的方面。"传播的接受观"不仅意味着视角的转换，更意味着立场的转移，使得华夏传播研究转向作为个体的、具体的、能动的受者，而非作为群体的、抽象的、被动的受众。这样的视角有助于呈现一个鲜活的中国古代世界，同时也有助于加深对当下传播问题的理解。

关键词：华夏传播；本土化；理论；概念；方法论；传递观；接受观

作者简介：姚锦云，浙江大学新闻传播学博士，暨南大学新闻与传播学院讲师；邵培仁，浙江大学传播研究所所长、教授、博士生导师。

---

　* 本文系 2018 年广东省高等教育教学改革项目"中华优秀传统文化融入专业课教学的研究与实践：以'传播学'课程为例"的成果之一。本文刊载于《浙江社会科学》2018 年第 8 期。

一、华夏传播理论建构的困境与出路

什么是华夏传播理论？大致有三种观点。第一种观点认为思想即理论，华夏传播理论可以直接从中国传统文化中找到。代表性研究如关绍箕的《中国传播理论》（1994），他"将理论与思想（thought）视为同义字"，认为"'理论'乃是思想家或学者对某一现象的解释 / 或对某一问题的见解"。[①]但祝建华（2001）认为关绍箕的传播理论不符合形式标准，"缺乏可操作性和可证伪性"。[②]第二种观点其实是一种研究路径，即用现代传播学的理论框架来描述和解释中国历史，以期总结出一套华夏传播理论，充实传播学的理论体系。代表性研究如李国正的《汉字解析与信息传播》（2001）。第三种观点认为，中国传统文化中没有"现成的、符合社会科学研究定义的理论"，只有理论的"胚胎"。[③]

总体而言，华夏传播研究者在"什么是华夏传播理论"的问题上，只有粗略观念而缺乏深入探讨，反而是"局外人"在为其指路。若深入探讨就涉及一系列问题：什么是理论？第一种理论观果真是颠扑不破的真理吗？第二种理论观似乎不可取，但如果完全放弃西方概念，那么华夏传播研究的学术支点在哪里？调用西方概念的限度在哪里？能否从中国传统词汇中提取学术概念？关于第三种理论观，究竟什么是"胚胎"？"胚胎"能否发展为理论？如何发展？

要厘清这些问题，就涉及理论背后的"理论"——知识论和方法论。正如赵鼎新所言："社会科学的研究对象比自然科学研究的对象要复杂得多，但社会科学家在方法论上的造诣却往往弱于自然科学家，从而在研究中犯下大量方法论错误。"[④]一些研究者在盲目跟进"本土化"的同时，或许忘了一个重要的现实，"今天世界学术社群中所流行的研究典范，大多是西方文明的产品"。[⑤]换言之，理论这个学术工具是西方人发明的，它是现代科学的"语言"，但我们对这种语言本身却缺乏足够的了解。很多西方社会科学家在建构理论的同时，都有一套知识论或方法论的说明相伴随，例如社会学家韦伯、吉登斯，人类学家格尔茨，以及受到格尔茨很大影响的凯瑞等，他们的思想是华夏传播理论建构的"他山之石"。特别是凯瑞，他的"传播的仪式观"理论，是利用（西方）传统思想资源建构传播理

---

① 关绍箕：《中国传播理论》，台北：正中书局，1994 年，第 5 页。

② 祝建华：《精确化、理论化、本土化：20 年受众研究心得谈》，《新闻与传播研究》2001 年第 4 期。

③ 汪琪，沈清松，罗文辉：《华人传播理论：从头打造或逐步融合》，《新闻学研究》2002 年第 70 期。

④ 赵鼎新：《社会与政治运动讲义（第二版）》，北京：社会科学文献出版社，2012 年，第 2 页。

⑤ 黄光国：《人情与面子：中国人的权力游戏》，北京：中国人民大学出版社，2010 年，第 259 页。

论的典范。此外，黄光国建构的本土理论"人情与面子"，也有助于指引华夏传播理论的建构。在此指引下，我们就能够对如下问题有更深入的理解——什么是华夏传播理论？能否建构？如何建构？

二、何为理论：从实证到解释的西方理论观变迁

人们对社会科学理论的理解有着历史的过程。19世纪社会科学的发展始于对自然科学（尤其是牛顿力学）精确性的模仿，后者的理论追求体现为"对于超越时空、永远正确的普遍自然法则的追寻"①。在这样的模板下，孔德和穆勒主张建立一门像"社会物理学"那样的实证科学，其任务是把天体力学的逻辑应用于社会世界，分析社会世界的种种"普遍性"规则。②孔德就反对一切现实"解释"的模式（modes of "explaining" reality）③，主张探求"单纯的规律"或因果关系，而不求"无法认识的本义的起因"④。

（一）走出实证主义：韦伯的解释社会学与吉登斯的双重解释

这样激进的理论观在韦伯看来是过于理想了，因为人毕竟不同于天体和物体。韦伯认为，把人看作细胞的集合体或生物化学反应的复合体，尽管也能得出一些因果关系，却无法理解人的精神方面，社会学的认识对象应该是"行动的主观意义复合体"⑤。因此，韦伯主张在（解释）"因果"与（理解）"意义"之间保持平衡，"解释性地理解社会行动并对其进程与结果进行因果说明（a causal explanation of its course and consequences）"。⑥

吉登斯在韦伯解释性理解的基础上，进一步提出了"双重解释"（double hermeneutic）⑦说。吉登斯认为，人除了受到外部环境影响外，还在自身思想观念的驱动下开展行动。第一重解释是借助常人的理解，要像研究对象理解自身那样理解他们；第二重解释是超越常人的理解，建构更为精致的理论，揭示更为深层

---

① 华勒斯坦等：《开放社会科学：重建社会科学报告书》，刘锋译，北京：生活·读书·新知三联书店，1997年，第4页。

② 华勒斯坦等：《开放社会科学：重建社会科学报告书》，第13页。

③ Immanuel Wallerstein: *Open the Social Sciences Report of the Gulbenkian Commission on the Restructuring of the Social Sciences*, Stanford University Press, 1996, pp.12.

④ 奥古斯特·孔德：《论实证精神》，黄建华译，商务印书馆，1996年，第10页。

⑤ 马克斯·韦伯：《经济与社会（第一卷）》，阎克文译，上海人民出版社，2010年，第92-93、102页。

⑥ 马克斯·韦伯：《经济与社会（第一卷）》，第92—93页。

⑦ 安东尼·吉登斯：《社会学方法的新规则——一种对解释社会学的建设性批判》，田佑中，刘江涛译，北京：社会科学文献出版社，2003年，第50页。

的联系。这两重解释的区别在于，常人用日常语言解释世界，而社会科学家则用科学语言（概念、命题等）解释世界；其联系在于，社会科学家与普通人拥有一部分"共有知识"（mutual knowledge）。

（二）对解释的解释：格尔茨与凯瑞的文化分析理论观

人类学家格尔茨既赞赏韦伯的意义与解释，也能与吉登斯的双重解释说对话。格氏著作《文化的解释》就代表了一种解释意义的主张，并且认为解释的过程远比想象的要复杂。一方面，"我们称之为资料的东西，实际上是我们自己对于其他人对他们以及他们的同胞正在做的事的解释之解释（constructions of other people's constructions）[①]"，另一方面，"我们对析解进行析解（explicating explications）"[②]。在解释意义方面，格尔茨赞同韦伯的观点，"人是悬在由他自己所编织的意义之网（webs of significance）中的动物"，"所谓文化就是这样一些由人自己编织的意义之网，因此，对文化的分析不是一种寻求规律的实验科学，而是一种探求意义的解释科学（an interpretive one in search of meaning）"[③]。解释科学也有"双重任务"：一方面是揭示研究对象中"所说过的"，另一方面是"建构一个分析系统"，"提供一套词汇"，使"所要说的"得以表达出来。[④]

詹姆斯·凯瑞理论观受到格尔茨的很大影响，也提倡对"解释做出阐释"（interpret the interpretations）[⑤]。凯瑞赞同格尔茨所说的从事民族志研究就如同在阅读一部难读的手稿，认为传播的文化研究也如解读文本一般，即把人类行为（human behavior）或人类行动（human action）"看作是一种文本（text）"，其任务是"建构这一文本的'解读'（reading）"[⑥]。

可见，社会科学理论观有一条从实证走向解释的线索，从韦伯解释性的理解到吉登斯双重解释，人类学家格尔茨与传播学家凯瑞则走得更远，认为理论解释如同文本的解读。

三、如何建构理论：西方与本土的理论建构案例

在明晰了"何为理论"以后，我们就可以学习西方和本土理论建构的经典案

---

① Clifford Geertz: *the interpretation of cultures : selected essays*, New York: Basic Books, Inc.,1973, pp.5-9.

② 克利福德·格尔茨：《文化的解释》，韩莉译，译林出版社，2008 年，第 11 页。

③ 克利福德·格尔茨：《文化的解释》，第 5 页。

④ 克利福德·格尔茨：《文化的解释》，第 35 页。

⑤ 詹姆斯·W.凯瑞：《作为文化的传播》，丁未译，北京：华夏出版社，2005 年，第 42 页。

⑥ 詹姆斯·W.凯瑞：《作为文化的传播》，第 42 页。

例。凯瑞"传播的仪式观"的理论建构，黄光国"人情与面子"的本土理论建构，都有助于指引华夏传播理论的建构。凯瑞启示我们，理论可以从（西方）传统思想中汲取养料，并通过"双重解释"的方式加以建构；黄光国则告诉我们，可以将日常语言和传统观念转化为理论。

（一）从双重解释到传播理论：凯瑞"传播的仪式观"理论建构

詹姆斯·凯瑞是用（西方）传统思想资源建构现代理论的典范。他在批判"传播的传递观"（a transmission view of communication）的基础上，提出了"传播的仪式观"（a ritual view of communication）理论。①

凯瑞使用了两种传统思想资源来建构理论，一是西方基督教生活中的"仪式"观念，二是荣格的"原型"观念。②"原型"（archetype）的重要特征是反复性，即它会在历史中反复发生。符号在这方面跟"原型"很类似——符号不仅表现了过去的经验，而且建构了将来的经验。不同的是，原型是无意识的，符号则是被意识加工过的。

在凯瑞看来，"传递"与"仪式"都有"原型"可寻："如果说，传递观中一词的原型（archetypal）是出于控制的目的而在地域范围内拓展讯息；那么在仪式观中传播一词的原型则是一种以团体或共同的身份把人们吸引到一起的神圣典礼。"③换言之，拓展讯息的"传递"和作为神圣典礼的"仪式"，就是反复发生"原型"。以"传播的仪式观"为例，基督教的"弥撒仪式""祷告、圣歌和典礼"，这是西方文化中特有的、并且经常发生的日常行为。

我们可以用吉登斯的"双重解释"来理解凯瑞对"传播的仪式观"理论的建构。一方面他必须用某种符号来表征人们的传播行为，另一方面这样的符号也能为新的现实提供表征。凯瑞发现，人们看新闻的行为恰如看戏剧，不是在寻求新的东西（信息），而是在寻求旧的东西。"传播的仪式观并不在于信息的获取（虽然从中也获取了信息），而在于某种戏剧性的行为，在这种戏剧性行为中，读者作为戏剧演出的旁观者加入了这一权力纷争的世界。"④换言之，看新闻就像参加弥撒仪式，通过这样的"神圣典礼"，"特定的世界观得到了描述和强化"，"是一种对

---

① 詹姆斯·W.凯瑞：《作为文化的传播》，第 4 页。

② 邵培仁、姚锦云：《从思想到理论：论本土传播理论建构的可能性路径》，《浙江社会科学》2016 年第 1 期。

③ James W.Carey：*Communication as culture：essays on media and society*（Revised Edition），New York：Routledge, 2009, pp.15.另请参见前引中文版《作为文化的传播》第 7 页。

④ 詹姆斯·W.凯瑞：《作为文化的传播》，第 9 页。

现实的呈现，为生活提供了整体的形式、秩序和调子"。① 因此，"仪式"恰恰是一个很适合的词汇，一方面它很好地解释了人们的日常传播行为，另一方面它又是以常人意想不到的方式表述的，这正是吉登斯"双重解释"方法的精髓。

（二）从日常语言到学术概念：黄光国华人本土理论的建构

如果说凯瑞通过调用西方传统思想资源建构了理论，那么中国学者能否调用中国传统思想资源来建构本土理论？ 黄光国用自己的实绩证明了这一路径的可行性：首先在知识论和方法论上论证可行性，然后以此实践建构出本土理论。按照库恩的"科学革命"（scientific revolution）学说，科学的进步是革命式的，旧范式全部或部分地被新范式取代。② 但图尔敏则认为，科学的进步更像"演化（进化）"（evolution）而不是"革命"（revolution），概念也不是绝对变化而是进化的。③ 换言之，新理论未必会全面取代旧理论，相反它还可能会与旧理论对话，特别是在概念上④；不仅如此，不同文化中的概念也可相互对话⑤。这意味着，本土观念或概念都能与西方观念或概念进行对话，从而为本土理论建构奠定了坚实的知识论和方法论基础。

黄光国正是在此建构本土理论的。第一步是梳理传统观念并将其概念化。例如人情、面子、关系和"报"是流传于中国民间和儒家典籍中的本土观念，可以将其发展为概念。第二步是将传统观念与西方概念对话（或寻找能够中西对话的概念）。例如人情、面子、关系和"报"等观念，就可与西方社会学的社会交易理论对话。第三步是引入更高抽象层次的新概念系统，将（概念化之后的）中国传统观念与西方概念对接。这是韦伯"理想类型"（ideal type）式的努力，黄光国用"情感性"与"工具性"作为关系理想类型的两极。这就是"人情与面子"理论，既能解释中国人的特殊行为，又能在更高层次上解释中西文化中的不同行为。⑥

其实，将日常词汇（传统思想）发展为学术概念之所以可能，就有一个凯瑞式的理由——我们运用这些词汇／思想／观念才得以理解过去的一切经验形式，并为现在的经验提供形式和调子。"作为'……的符号'（symbol of）以表现现实；

---

① 詹姆斯·W.凯瑞：《作为文化的传播》，第9页。
② 托马斯·库恩：《科学革命的结构（第四版）》，金吾伦，胡新和译，北京：北京大学出版社，2012年，第79页。
③ 斯蒂芬·图尔敏：《常规科学和革命科学的区别能成立吗？》，伊雷姆·拉卡托斯，艾兰·马斯格雷夫：《批判与知识的增长》，周寄中译，北京：华夏出版社，1987年，第55、57页。
④ 黄光国：《人情与面子：中国人的权力游戏》，第221页。
⑤ 黄光国：《人情与面子：中国人的权力游戏》，第264页。
⑥ 黄光国：《人情与面子：中国人的权力游戏》，第2—12页。

作为'为……提供符号'（symbol for）则创造了它所表现的现实。"① 我们之所以理解自己的语言，是因为它描述的是我们的生活过程，同时语言又建构了我们的生活过程。② 语言的这种特性已经被很多哲学家所揭示，如海德格尔说"不是我们说语言，而是语言说我们"③；马丁·布伯也说"并非语言寓于人，而是人栖居于语言"④；伽达默尔也说"我们理解一门语言，乃是因为我们生活于这门语言之中"⑤。吴予敏也认为："不是人创造形式，而是形式创造人；不是形式为人服务，而是人服从于形式。"⑥

总之，凯瑞与黄光国的理论建构实践意味着，传统观念与日常语言都能发展为本土理论。

四、从思想到理论："接受主体性"与"传播的接受观"

从以上知识论（何为理论）和方法论（如何建构理论）的论述可知，"理论"是科学的"语言"，用精致的概念解释世界，但未必有严格的形式标准。理论可以通过"双重解释"的程序建构，既可以调用传统思想资源建构理论（如凯瑞），也可以将日常语言和传统观念发展为概念和理论（如黄光国）。对中国人来说，一些日常词汇或传统观念实际上是韦伯和格尔茨所说的"意义之网"，或是人赖以行动的"释义系统"⑦。几千年来"统之有宗，会之有元"的中国传统思想⑧，就是中国人"意义之网"的重要构成部分。即使经历了一百多年西方思想的冲击，它们仍然在"日用而不知"地发挥作用。⑨ 作为"意义之网"的"华夏传播观念"，正是足以发展成为传播理论的"胚胎"。我们发现至少有十对这样的基本传播观念，分别是："阴—阳""和—合""交—通""感—应""时—位""中—正""名—实""言—

① 克利福德·格尔茨：《文化的解释》，第 17 页。

② 邵培仁，姚锦云：《从思想到理论：论本土传播理论建构的可能性路径》。

③ 约翰·杜翰姆·彼得斯：《对空言说：传播的观念史》，邓建国译，上海：上海译文出版社，2017 年，第 34 页。

④ 马丁·布伯：《我与你》，陈维纲译，北京：商务印书馆，2015 年，第 39 页。

⑤ 汉斯 - 格奥尔格·伽达默尔：《诠释学 I：真理与方法》，洪汉鼎译，商务印书馆，2013 年，第 541 页。

⑥ 吴予敏：《无形的网络：从传播学的角度看中国的传统文化》，北京：国际文化出版公司，1988 年，第 30 页。

⑦ 杨中芳：《我的"自我"探索：一个本土研究者的自述》，见杨中芳：《如何理解中国人：文化与个人论文集》，重庆：重庆大学出版社，2009 年，第 11 页。

⑧ 钱穆：《从中国历史来看中国民族性及中国文化》，北京：九州出版社，1998 年，第 88 页。

⑨ 余英时：《中国思想传统的现代诠释》，南京：江苏人民出版社，1989 年，第 45 页。

行""心—受""易—简"。① 我们试图在多年前期工作 ② 的基础上，依据作为理论胚胎之一的"心—受"传播观念和"接受主体性"传播概念，初步发展为"传播的接受观"（a reception view of communication）理论。

（一）由"传"到"受"：华夏传播研究的视角转换

如果将传播的过程做一区分，那么"传"与"受"就是其两端，一端是信息 / 意义的传递，另一端则是信息 / 意义的接受。早在香农的信息传输模式中，就设置了发送器（Transmitter）和接收器（Receiver）的两端。据彼得斯考证，在 19 世纪 80 年代和 90 年代之前，communication 还没有作为一个"明确的问题"（explicit problem）③ 被加以探讨，传播理论（communication theory）作为一个观念出现也不会早于 20 世纪 40 年代，而且当时这种理论指的是"信号处理的数学理论（a mathematical theory of signal processing）"④，即数学家香农（C. E. Shannon）《通讯的数学理论》（*A Mathematical Theory of Communication*，1948），信息（information）概念正是由此提出。尽管香农解决的是机器与机器之间的信号传输问题，但其模式依然被看作一种传播模式。在香农模式中，信息就像货物，能够被打包、储存和转移。其隐含的假设或前提是，（作为信息的）货物是固定不变的；最大的困难或障碍仅仅是噪音，人们要做的就是有效提取货物，不要把噪音错当成信息。凯瑞后来将此种观念称作"传播的传递观"，即"信息的移动在本质上被看作是与货物（或人）的位移相同的过程"，"把信号或讯息从一端传送至另一端"。⑤

但在实际传播过程中，"传"与"受"的内容却并非像货物一样，仅仅是发生地理的位移，有时候会出现"无中生有"的情况。例如，当传播者试图传递某种确定的信息时，接收者有可能对传播者给定的"货物"视而不见，而将传播者并

---

① 邵培仁，姚锦云：《传播理论的胚胎：华夏传播十大观念》，《浙江学刊》2016 年第 1 期。

② 早在 20 世纪 90 年代初，邵培仁就提出了能动性接受的"受体"概念，参见邵培仁主编：《艺术传播学》，南京：南京大学出版社，1992 年，第 239—240 页。其后，邵培仁又分析了中国文人雅士"观""味""知"的特殊传播观，侧重能动性的接受。参见邵培仁：《当代传播学视野中的中国传统信息接受观》，《中国传媒报告》2004 年第 6 期。此后，我们通过对《论语》的分析，发现了儒家"传受兼顾"的传播思维，参见邵培仁，姚锦云：《传播模式论：〈论语〉的核心传播模式与儒家传播思维》，《浙江大学学报（哲学社会科学版）》2014 年第 4 期。我们还比较了庄子、慧能与王阳明的传播观，发现他们都主张主体性的接受观念，从而提出了"接受主体性"的概念，参见邵培仁，姚锦云：《传播受体论：庄子、慧能与王阳明的"接受主体性"》，《新闻与传播研究》2014 年第 10 期。此外，我们继续分析了能够作为"理论胚胎"的华夏传播观念，特别是"心—受"观念，参见邵培仁，姚锦云：《传播理论的胚胎：华夏传播十大观念》，《浙江学刊》2016 年第 1 期。

③ Peters, John Durham, *Speaking into the air: a history of the idea of the communication*, *Chicago*: The University of Chicago Press, 1999, pp.9-10.

④ 约翰·杜翰姆·彼得斯：《对空言说：传播的观念史》，第 15 页。

⑤ 詹姆斯·W. 凯瑞：《作为文化的传播》，第 4 页。

未提供过的"货物"当作自己接收的信息。所谓的"言者无心，听者有意"就是这样的情形。拉斯韦尔早就注意到了这个问题，他提出了"传播之链"（chain of communication）的说法，强调"输入"（input）和"输出"（output）的差异。[①]他说："凡是行使接力功能的人，我们都可以根据信息的输入和输出予以检视。什么言论被带入了他那个环节并引起了人们的注意？他用口头方式传递了什么信息？他丢弃了什么信息？加工了什么信息？又追加了什么信息？信息输入和输出的差度与文化和人格有何关系？"[②]笔者粗略统计了一下，拉斯韦尔在这篇文章中只使用了一次"information"和一次"informational"，却使用了 11 次"讯息"（message）。只是何道宽先生和另一位译者[③]均将"message"译作信息。从"传"的视角看，"message""information"区别不大；但从"受"的视角看，"message"则既可以有"information"（能被"打包"和"固定"），也可以有"meaning"（无法控制，可能会"无中生有"）。

拉斯韦尔的"传播之链"实际上是"传—受之链"，即任何人都是"传—受"过程中的一环。其中"受"是传播的重要组成部分，一个"行使接力功能的人"作为"传播之链"中的一环，他会处理各种"输入"（受）的信息 / 意义，然后选择性地"输出"（传）。拉斯韦尔提出的实际上是传播中的失真问题，而一旦存在失真问题，则传播的内容就不可能像货物一样可以控制。确切地说，失真问题首先发生在"输入"（input）环节，进而影响到"输出"（output），即"丢弃""加工""追加"等过程。一个中国的成语"道听途说"能够形象地表明这个过程。遗憾的是，拉斯韦尔著名的"5W"模式似乎掩盖了其"输入"与"输出"问题背后的洞见，后者似乎也没有霍尔"编码 / 译码"那么大的影响力。

拉斯韦尔的"输入"（input）与"输出"（output），在霍尔那里就是"编码 / 译码"（encoding, decoding），相当于前述的"传"与"受"。在霍尔看来，电视机构传播的成败在于其是否成功地依照公共规则进行"编码"，从而生产出受众能够以同种规则"译码"的意义。[④]也就是说，电视机构在进行编码之前首先要进行

---

① 哈罗德·拉斯韦尔：《社会传播的结构与功能》，何道宽译，北京：中国传媒大学出版社，2013 年，第 89 页。

② 哈罗德·拉斯韦尔：《社会传播的结构与功能》，第 53 页。

③ 另一个译本这样翻译："不论谁传递信息，人们都可以从输入和输出两方面对其考察。怎样的言论声明引起了某个传递环节的注意？他逐字传送了哪些？丢弃了哪些？改动了哪些？增添了哪些？输入与输出内容的不同与文化、性格有什么关系？"参见拉斯韦尔：《社会传播的结构与功能》，谢金文译，黄旦、张国良校，张国良主编：《20 世纪传播学经典文本》，复旦大学出版社，2006 年，第 207 页。

④ 霍尔：《编码 / 译码》，朱晨译，张国良主编：《20 世纪传播学经典文本》，上海：复旦大学出版社，2006 年，第 423 页。

"译码"。"它们从其他信源和其他话语结构中抽取节目主题、处理方式、议程、事件、人员、观众形象和'情境的定义'。"①

可见，拉斯韦尔与霍尔都注意到了"受"在传播过程中的重要地位，甚至是优先地位。但在效果研究的传统中，"受"的立场与视角只能附属于"传"。说得清楚些，问题的关键并不是"传"与"受"孰先孰后的问题，因为实际的"传—受"过程是循环往复的。问题的关键是立场与视角：我们是从"传"的立场与视角看，还是从"受"的立场与视角看。换言之，问题的关键并非指时间上的先后，而是思维方式上的先后。对大众传播研究来说，从"传"的立场和视角出发并不会有太大问题。这样研究既符合效果研究的传统，也能满足大众传播机构的需求。但如果将这种视角放置到中国古代，那么问题就来了——"传"的视角究竟有多少解释力？

这似乎是一个多余的问题，表面上看应该是不证自明的。在中国传播研究的起步时期，不仅传播学被等同于"传学"，甚至传播问题也被等同于"传"的问题。最典型的例子是余也鲁先生，他将其老师施拉姆的著作译述为《传学概论》。余也鲁说："从中国的历史中找寻到许多传的理论与实际，用来充实、光大今天传学的领域。"②据陈培爱回忆，早在1978年，余也鲁就提出"中国的传学可以回溯到数千年"，例如战国时期苏秦张仪的说服术，郑和下西洋的传播技巧等；1982年4月，余也鲁陪同施拉姆来到中国，他在复旦大学做报告时首次提出了"中国传播学的研究"，认为从具有悠久历史的中国文化中，一定可以找出不少亮光，帮助我们更清楚地认识人类的"传"的行为。③这当然可与施拉姆的观点互通："我们在西方文化背景中学习科学研究方法与理论的人，看见中国长春的文化，和她悠久的传的艺术传统，总免不了会肃然起敬。"④

然而，一大批优秀学者在几乎遍览中国古籍的情况下，或是出现"牵强附会"的解释，或是发现了"支离破碎"的结果，这是令人匪夷所思的。以关绍箕为例，当他对作为中国先秦思想高峰的《易传》进行研究时，却只发现了一些残缺不全的"传播思想"。例如，在语文传播方面，《易传》只论及了语意层面的"符号传达意义的限度"问题；在人际观察方面，《易传》只论及了一般观察层面的"观察

---

① 霍尔：《编码／译码》，第425页。

② 余也鲁：《中国文化与传统中传的理论与实际的探索（代序）》，W·宣伟伯：《传媒、信息与人：传学概论》，余也鲁译述，北京：中国展望出版社，1985年，第XI页。

③ 陈培爱《记华夏传播研究的奠基人——余也鲁教授》，《中华文化与传播研究》2013年第1期。

④ W·宣伟伯：《新订本序》，W·宣伟伯：《传媒、信息与人：传学概论》，余也鲁译述，北京：中国展望出版社，1985年，第VI页。

通则"与"多面观察"问题；在传播规范方面，《易传》只论及了一般规范的"言行规范"问题和语言规范的"慎言原因"和"慎言准则"问题；在人际关系方面，《易传》只论及了朋友关系层面的"交往类型"问题；在民意问题上，《易传》只探讨了"民意与政权"问题。[①]

对此，我们毫不怀疑关绍箕先生的治学态度和古籍研读水平，只能认为他的研究视角出了问题。因为传播既是一个概念，也是一种观察视角——合理的视角有助于发现真正的问题，而不合理的视角则可能会导致事倍功半，甚至牵强附会。凯瑞说得好："学术上的事往往起点决定终点，对传播的基本立足点很大程度上决定了随之而来的分析路径。"[②]彼得斯不走寻常路，却在那些似乎跟传播学没有关系的思想家中发现了"对话"与"撒播"两种传播思想的交锋。"在本书考察的人物中，几乎没有一个人想到过什么'传播理论'。但是，我们目前所处的位置，使我们能够发现他们的著作里原本并不存在的东西。"[③]也许在余也鲁、关绍箕的观念中，传播就是"传"，它具有理所当然的合理性。但越是深入中国历史语境，就越会发现这样一个问题——传播不等于"传"。

当早期华夏传播研究者还在试图探讨"传学"或"传"的问题时，学科外的学者却在问，为什么近代以前中国"传"的观念明显逊于"受"的观念？汤一介先生曾提出过这样的传播问题：第一，"为什么在汉唐时期（甚至到以后各朝各代），为什么印度佛教经典被大量译成汉文，而中国的经典和著述却没有被译成梵文（或印度的其他文字）在印度流传，并对印度社会生活产生影响呢？"[④]第二，"20世纪前半个世纪……都是我们向西方学习，主动地或被动地接受西方文明，而我们很少主动地向西方传播中国文化，这又是什么原因？"[⑤]汤一介的回答是："我们国家无论在强盛时期（如汉唐），还是在衰弱时期（如清末），在与外国的文化交往中基本上都是'拿来'，而很少把我国的文化主动地'送去'。"[⑥]"中国人在吸收外来文化上有较强的自觉性和主动性，而在向外传播自己的文化上则缺乏自觉性和主动性。"[⑦]无独有偶，当李济之还在哈佛大学读书的时候，有些美国朋友也问过他类似的问题。"欧美许多的人跑到中国传基督教天主教，为什么你们没有人到

---

①　关绍箕：《中国传播思想史》，台北：正中书局，2000年，第157-167页。

②　詹姆斯·W.凯瑞：《作为文化的传播》，第10页。

③　彼得斯：《交流的无奈：传播思想史》，何道宽译，北京：华夏出版社，2003年，第8页。

④　汤一介：《〈汉学名家书系〉总序》，《沈清松自选集》，济南：山东教育出版社，2005年，总序第3页。

⑤　汤一介：《〈汉学名家书系〉总序》，总序第5页。

⑥　汤一介：《〈汉学名家书系〉总序》，总序第5页。

⑦　汤一介：《〈汉学名家书系〉总序》，总序第8页。

我们这儿传孔教？"①汤一介先生之所以有这样的发现，当然不仅因为他是"大家"，更因为他并没有传播学科或传播理论的束缚，而能够直接从中国历史中发现真正的"传播"问题。

在"传"与"受"的问题上，我们依然可以用霍尔"编码/译码"的概念来解释中国古代的传播问题。例如研究者可以考察古代书籍的传播功能，当明清时期的通俗小说进入大规模出版的时代，读者的喜好促进了小说创作的繁荣，因而很多明清书坊努力揣摩读者的"译码"方式，以改进小说的"编码"方式，促进小说的"销售"。一个很重要的举措就是大量刊印小说插图，甚至邀请"名笔妙手"绘制插图，因为插图能够弥补文字、情节的不足，加强读者的理解。②但如果将时代从明清时期回溯到汉唐乃至春秋时代，这样的研究视角能否依然可行？一个最具挑战性的问题是，那些墓葬品中的书（例如马王堆汉墓帛书），是否也能用"编码（传）/译码（受）"的思维方式来看待？棘手的问题是，墓葬的主人和家属并不期待这些墓葬帛书被后人发掘出来。再往前推，那些永远"长眠"于地下直至腐烂的书就只有"编码"（传），而没有"译码"（受），我们又做何解释？

解决上述问题的关键在于转变思维方式。我们真正需要警惕的，不是用传播的思维或视角去思考或观察古代社会，而是用大众传播的思维去切割古代传播的观念与实践。在大众传播思维中，研究者的立场多站在传者的视角，因而思考的起点往往是传播者的"传"，并指向抽象的假想接受对象（受众）。在这样的思维方式中，即使有"传"有"受"，也往往会落入这样的假设：一方面，传播者是主动的，接受者是被动的；另一方面，传播过程从"编码"（传）开始，到"译码"（受）结束。但当我们从传者的立场转移到具体的受者（而非抽象的受众）立场时，真实的传播过程或许未必如此——一方面，传播者未必是主动的，接受者也未必是被动的；另一方面，传播过程也可能从"译码"（受）开始，到"编码"（传）结束。

（二）传播的接受观：从"观""味""知"到"接受主体性"

当我们通过转换立场和视角，用"受"来考察中国古代的传播现象时，就能发现一个鲜活的古代世界。人类文明皆有语言和文字，但不同文化中的人在对语言文字的理解运用上又稍有区别，正是这一区别构成了我们的文化特色和生活形

---

① 杨联陞：《中国文化中"报""保""包"之意义》，贵阳：贵州人民出版社，2009年，第140页。

② 程国赋，蔡亚平：《论明清小说读者与通俗小说传播的关系——以识语、凡例作为考察中心》，《南开学报（哲学社会科学版）》2010年第1期。

式。维特根斯坦曾说:"想象一种语言就意味着想象一种生活形式。"①卡西尔也说:"各种语言之间的真正差异并不是语音或记号的差异,而是'世界观'的差异。"②余英时进一步指出了问题所在:"我承认人类文化大同小异。因为'大同'所以不同文化之间可以相通,不仅在物质层面,而且在精神层面也可以相通。但因为'小异',所以每一文化又各有其特色。"③

中国古人有非常多的关于"译码"(受)的词汇。从视觉描述的有:"见""看""视""观""睹"等;从听觉描述的有:"听""闻";从味觉描述的有:"品""尝""味""咀嚼"等。如果从产生时间、使用频率和认同程度等各方面综合考察,中国古代文人雅士频繁使用着"观""味""知"等词汇,这是一种用"传""播""宣"视角看不到的观念。一方面,"观""味""知"意味着,古人非常关注如何"译码(接受)"信息/意义。另一方面,"观""味""知"的发出者是作为个体的、能动的、具体的"受者",具有完全的主体性;而不是作为群体的、被动的、抽象的"受众",其主体性似乎是传者的附庸。

首先,"观"是细致而优雅的信息/意义接受。在中国传统文化典籍中,人们多用"观"而少用"看"。"观"不论是指观书、赏文,还是指观人、观景,人们都强调要从整体的角度观察对象的多样性与矛盾性。简言之,物、言、意在"观"中融为一体,达到物我融通的境界。其次,"味"比"观"更为重视受者的主体性。"味"讲究言外之意,意外之旨,既不脱离文本,又超越文本之外,注重读者接受的主观能动性。再次,"知"是一种更深层次和更高境界的信息和意义接受。"相知"有一定的难度,"知音"则是更高的境界。"观""味""知"体现了一种传播主体性意识的东方智慧。④

"观""味""知"体现出中国古人在接受信息/意义时高度的主体性和能动性,可以称之为"接受主体性"(receiving subjectivity)。由于这个概念源自对蕴含在中国传统典籍中信息(意义)接受观的归纳,也具备足够的抽象度和解释力,能够演绎到儒释道的思想脉络中。例如,庄子、慧能和王阳明,就非常注重接受主体性。在他们看来,传播的成败不在于"传",而在于"受";"受"的关键是恢复一个本真的精神世界,庄子称其为"真宰",慧能称其为"本心",王阳明称其为"良知"。这个本真的精神世界往往是被蒙蔽的,人需要恢复它的本来面目,即"空"的状态,从而达到与"道"相"通"的目的。这需要付诸强大的主体性力量,

① 维特根斯坦:《哲学研究》,李步楼译,北京:商务印书馆,1996 年,第 12 页。
② 恩斯特·卡西尔:《人论》,甘阳译,上海:上海译文出版社,2003 年,第 154 页。
③ 余英时:《余英时文集(第一卷)》,桂林:广西师范大学出版社,第Ⅱ页(序)。
④ 邵培仁:《当代传播学视野中的中国传统信息接受观》,《中国传媒报告》2004 年第 6 期。

亦可称之为"接受主体性"。①

凯瑞曾认为，传播的传递观源自地理和运输方面的隐喻，但还有更深刻的宗教渊源。"传播的'传递观'其现代含义肇始于美洲拓荒时期"，"运输使欧洲的基督教徒与美洲的异教徒发生交往，这种传播形式就带有深刻的宗教意味，因为这次空间大迁移试图建立并拓展上帝的领地，试图创造聆听圣音的环境，创造一个尘世间的天堂之城"。②对中国古人来说，"接受主体性"或许可以追溯到占卜活动。占卜是中国人最早的传播活动之一，只是其对象是"天"而非人，即与天"沟通"，最终的目的是为了获知"天意"、明白吉凶，从而调整人的行为。占卜最大的特点，是不会给出一个直接的答案，最终的决定还在于人本身。因此，占卜本身不重要，对占卜的解释才重要，对占卜解释的理解尤为重要。可以说，《周易》是中国人主体性传统的力量源泉。③

即便是作为中国"传播之王"的"圣人"④，同样体现出一种"接受主体性"。"圣"的早期甲骨文像长着大耳的人⑤。徐中舒认为："声、听、圣三字同源，其始本为一字，后世分化其形音义乃有别，然典籍中此三字亦互相通用。"⑥李孝定认为，甲骨文的圣字像人上长着大耳朵，"圣之初宜为听觉官能之敏锐"。⑦潘祥辉认为，圣人作为一个超凡魅力的传播者（即"传播之王"），"听力非凡""闻声知情"才是上古圣人最为重要的传播特质。⑧

如果说"传"与"受"是传播的两端，那么中国人的传播观念也在传播的"通性"之中体现出相对的"个性"。余英时对中西文化"性格"的比较与概括颇有启发性：一方面，他主张"应该从一般文化的通性转向每一具体文化的个性"⑨，对中国文化来说，"我们更应该注意它的个性"⑩；另一方面，这种"个性"是以"通性"为前提的，是相对而言的"个性"。"我认为西方文明可以代表'外向超越'的典型；在西方对照之下，中国的'超越'才显出其'内向'的特色。因此无论是说

---

① 邵培仁、姚锦云：《传播受体论：庄子、慧能与王阳明的"接受主体性"》，《新闻与传播研究》2014 年第 10 期。

② 詹姆斯·W. 凯瑞：《作为文化的传播》，第 5 页。

③ 邵培仁、姚锦云：《传播模式论：〈论语〉的核心传播模式与儒家传播思维》，《浙江大学学报（哲学社会科学版）》2014 年第 4 期。

④ 潘祥辉：《传播之王：中国圣人的一项传播考古学研究》，《国际新闻界》2016 年第 9 期。

⑤ 李学勤：《字源》，天津：天津古籍出版社，2012 年，第 1047 页。

⑥ 徐中舒主编：《甲骨文字典》，成都：四川出版集团·四川辞书出版社，2014 年，第 1287 页。

⑦ 李孝定：《甲骨文字集释》（第十二卷），台北："中央研究院"历史语言研究所，2004 年，第 3519 页。

⑧ 潘祥辉：《传播之王：中国圣人的一项传播考古学研究》。

⑨ 余英时：《中国思想传统的现代诠释》，第 3 页。

⑩ 余英时：《中国思想传统的现代诠释》，第 5 页。

中国'内向超越'或西方'外向超越'，都只能从相对的意义上去理解。"①正如人的性格以及中西文化的性格是经过比较才凸显的，中国的传播思维在西方传播思维的比较之下也具有如下相对特征——中国传播的传统更关注内向的接受，体现出强烈的"接受主体性"，而西方传播的传统更关注外向的传递，体现出强烈的"传递主体性"。如果说后者代表了一种"传播的传递观"（a transmission view of communication），那么前者就代表了另一种"传播的接受观"（a reception view of communication）。

五、传播的接受观：华夏传播理论的新起点

"传播的接受观"（a receiving view of communication）是对华夏传播理论的试探性建构，经由双重解释的程序，拥有双重表征的解释力。

首先，"传播的接受观"是对中国古代大量特有传播现象的提炼与概括。借用凯瑞的话说，"传播的接受观"是对中国古代传播现实的表征。一方面，早期华夏传播研究者曾用"传"的视角来考察中国古代传播现象，结果或是"牵强附会"，或是得出传播思想"残缺不全"的结论。另一方面，当我们用放眼中国古代文人雅士的传播观念时，发现他们多用"观""味""知"的观念。这实际上是一种侧重"受"的传播观念，非常注重个体在接受信息/意义时的主体性和能动性，我们可以称其为"接受主体性"。无独有偶，在分属道释儒的庄子、慧能与王阳明思想中，同样在反复强调接受中的主体性。

其次，"传播的接受观"在解释新的传播现象时具有一定的解释力。用凯瑞的话说，"传播的接受观"为新的传播现实提供了表征。我们相信，如此强大的观念传统（"受"重于"传"）依然在我们的生活中发挥作用。一方面，正如汤一介所说的，近代以前的中国人具有吸收外来文化"自觉性和主动性"，缺乏向外传播自己的文化的"自觉性和主动性"，拿来多、送去少。另一方面，在现实的传播现象中，很多问题或许并非出在"传"上，而是出在"受"上。例如，一个小小的微博或微信帖子，可能会导致令传播者始料未及的结果，甚至引发轩然大波。这里的问题或许更多在"受"而不是"传"：不仅是传播的技巧、策略问题，而更是"传播之链"中受者的接受与认同问题。

第三，正是"接受"问题在"传播之链"中的重要性，我们主张"接受主体性"。表面上看，"接受"与"主体性"似乎是矛盾的，"接受"似乎是被动的行为。实际上，"传"与"受"都是传播过程的重要部分，都需要主体性。只是"接

---

① 余英时：《论天人之际：中国古代思想起源试探》，北京：中华书局，2014年，第198页。

受主体性"并不是指向作为群体的、被动的、抽象的"受众"，而是指向作为个体的、能动的、具体的接受者，后者具有全然的主体性。这不仅意味着视角的转换，更意味着立场的转移。在"接受主体性"和"传播的接受观"视角下，"受者"不再是被动接受信息 / 意义的"受众"，而是"传播之链"中主动接受甚至创造信息 / 意义的主体。

当然，作为理论建构的试探，"传播的接受观"尚在成长中，充其量只是理论的雏形。正如李金铨所说："我们离理论华厦还有漫长的道路要走，但至少应该开始添砖加瓦。"①

---

① 李金铨：《在地经验，全球视野：国际传播研究的文化性》，《开放时代》2014 年第 2 期。

再论视觉之势：传统、内涵及其合法性 *

——基于中西比较的视野

李　红

内容提要：文章通过与西方视觉修辞表意传统的对话，发现中国文化中"势"可以作为一种视觉修辞的新范畴。视觉之势在效能上体现为接触与促动；在内涵上体现为某种不平衡的引发力。通过对于视觉之势合法性的探讨，文章发现视觉之势的范畴可以被置于修辞批评的传统中，并且体现出中国文化主体性克减的批判逻辑。

关键词：势；视觉修辞；语言；表意；华夏传播

作者简介：李红，西北师范大学传媒学院副教授、博士。

本文作者曾经于《新闻大学》2018 年第 4 期上发表《视觉之势：论视觉修辞的活力之源》一文，探讨"视觉修辞为什么能够打动人"的问题。紧接着上述文章的脉络，本文试图继续深化对于"视觉之势"问题的讨论，通过引进西方的他者视野，并基于中国文化传统而进一步论证"视觉之势"作为一种视觉修辞新范畴的合法性。

一、问题提出：超越主体与意义的视觉之势

西方视觉修辞理论常常建立在主体的表意实践、修辞动机和自我觉醒的基础上，体现了一种基于主客以及主体间的表意、论证或者逻辑传统。这实际上继承的是演说修辞的传统，是将视觉修辞比附于语言修辞的结果。

首先，西方视觉修辞理论主流是在主客关系基础上，将视觉物（图像）处理为"客体"，关注的是其中意义生产的问题。罗兰·巴尔特（Roland Barthes）就认

---

　　* 本文是国家社科基金重大项目"视觉修辞的理论、方法与应用研究"(17ZDA290) 的阶段性成果。本文刊载于《浙江社会科学》2018 年第 8 期。

为形象（image）的核心是"意义"，即"形象通过意义系统被一层一层穿透"[1]。潘诺夫斯基的图像学也显得"跟符号学方法接近"，研究的是图像中的母题和象征[2]；福斯（Sonja K.Foss）认为视觉修辞就像所有的传播行为一样，是一套符号体系。[3]博德瑟尔认为视觉修辞可以通过"命题可视化"进行视觉论证（visual argumentation），并实现理性的视觉劝服。[4]具体修辞实践中，视觉修辞研究的任务就是发现视觉文本的意义建构策略，比如总统竞选图片的意义建构策略[5]，越战纪念碑中"沉默的力量"以及歧义（ambiguity）[6]、空白与沉默(understatement)[7]的修辞力量。

其次，西方视觉修辞理论还有基于"认同"（identification）研究的主体间范式。肯尼斯·伯克（Kenneth Burke）发现，修辞的"认同观"始终蕴含在亚里士多德的修辞劝服观里，并试图超越语言的局限以关注象征行动（symbolic action），由此"为视觉修辞研究的建立提供了可能性"[8]。这实际上放弃了对于符号指称意义的迷恋，而试图寻求形式上的"同一"（identification），以此在主体间讨论符号意义生产问题。比如环境传播中，某种共同认可的凝缩符号（condensation symbol），被不断挪用，由此通过视觉图像推动对话性的、协商性的和参与性的"绿色公共领域"（green public sphere）[9]；以图像事件（image events）为中心，公众的环保意识和参与意识得以增强，因此图像"激活并拓展公共辩论的可能性"[10]。在此，视觉

① 罗兰·巴尔特：《形象的修辞》，吴琼译，载吴琼编：《形象的修辞：广告与当代社会理论》，北京：中国人民大学出版社，2005年，第49页。

② 欧文·潘诺夫斯基：《图像学研究：文艺复兴时期艺术的人文主题》，戚印平、范景中译，上海：三联书店，2011年，"中译本序"，第6页。

③ Foss, S.K., Theory of visual rhetoric. In K. Smith, Sandra Moriarty, Gretchen Barbatsis, and Keith Kenney (Eds.). *Handbook of visual communication: Theory, methods, and media*.Mahwah, NJ:Erlbaum，2005, pp.144.

④ Birdsell D. S. & Groarke L., *Toward a Theory of Visual Argument, Argumentation and Advocacy*，33 (1), 1996, pp.1-10.

⑤ Birdsell, D. S. & Groarke.L., *Outlines of a Theory of Visual Argument, Argumentation and Advocacy*, 43 (3-4), 2007, pp.103-113.

⑥ Foss, S. K., Ambiguity as persuasion: The Vietnam Veterans Memorial, *Communication Quarterly*, 34, 1986, pp.326-340.

⑦ Carney, L. S., *Not telling us what to think: The Vietnam Veterans Memorial, Metaphor and Symbol*, 8 (3), 1993, pp.211-219.

⑧ Olson, L. C., Finnegan, C. A., & Hope, D. S.,*Visual rhetoric: A reader in communication and American culture*, Thousand Oaks, CA.: Sage, 2008, pp.1.

⑨ Cox, R., *Environmental Communication and the Public Sphere(2nd edition)*, London: Sage, 2010, p.69.

⑩ Delicath J. W. & Deluca K.M., *Image Events, the Public Sphere, and Argumentative Practice: The Case of Radical Environmental Groups, Argumentation*, 17 (3), 2003, pp.315-333.

的修辞功能不在于表达什么，而是通过图像使得参与、对话与辩论得以可能，主体间关系在此被激活。

再有，就是基于主体解放视角的视觉修辞批评范式，以回应人类的生存问题。芬尼根（Finnegan C.A.）就认为，所谓视觉修辞是"依赖视觉批评去阐明图片本身以及图片周围所包含的权力和知识的复杂的动态关系"[①]。在约翰·班德（John Bender）与戴维德·威尔伯瑞（David Wellbery）看来，修辞不仅仅是一种技巧，而且还应该回应人类的生存问题："修辞学的研究重点则是要正视人的存在本身"[②]；卡拉·芬尼根（Cara A.Finnegan）认为，视觉修辞应该回应现代社会的视觉性（visuality）问题。在此，视觉修辞通过揭示视觉思维以及视觉实践中的权力及其意识形态逻辑，以获得主体的解放与自由。

延续着这种西方式的逻辑，中国学者也认为"由于语言修辞和视觉修辞在学科身份上的一致性，二者之间便必然具有学术史意义上的传承结构和通约基础"[③]；并且始终在西方语言修辞概念"语境"[④]"隐喻""转喻"[⑤]等范畴下展开运思。这就导致了两个结果：第一个是，默认视觉文本或视觉布局与修辞受众之间存在必然关系，而忽略了视觉文本或视觉布局和修辞受众之间更多时候其实是悄无声息的两个世界；第二个是，用线性逻辑的思维处理空间性的图像，而忽视了语言的抽象性和图像的具象性之间的差异。

事实上，西方语言修辞是建立在口语传统基础上的，是一种通过声音实现的在场性修辞。西方文化的语音中心主义（phonocentrism）认为，语音与存在具有绝对贴近性，即"语音就是灵魂中的感受的符号"[⑥]；语音不是简单的能指，而是表达了"心境"[⑦]；黑格尔说"心灵只能通过内在的声音来言说"[⑧]。这里"声音"是通过"共鸣""运动"的方式让耳朵得以领会，从而使"听—说"的修辞关系得以直接实现，避免了文字符号的中介性关系。声音作为一种弥散性的力量，将言语、对象与主体三者彼此紧密联系在一起，天然就具有在场性的活力，不需要追问。

① Finnegan C.A., Documentary as Art in U.S. Camera, *Rhetoric Society Quarterly*, 31（2），2001, pp.37-67.

② 刘涛：《视觉修辞何为——视觉修辞议题研究的三种"修辞观"》，《中国地质大学学报》2018年第2期。

③ 刘涛：《转喻论：图像指代与视觉修辞分析》，《南京社会科学》2018年第10期。

④ 刘涛：《语境论：释义规则与视觉修辞分析》，《西北师大学报（社会科学版）》2018年第1期；李晓愚：《帝王的图像策略：明宣宗赏画的视觉修辞分析》，《新闻界》2018年第12期。

⑤ 刘涛：《隐喻与转喻的互动模型：从语言到图像》，《新闻界》2018年第12期。

⑥ 亚里士多德：《范畴篇 解释篇》，聂敏里译，北京：商务印书馆，2017年，第47页。

⑦ 雅克·德里达：《论文字学》，汪家堂译，上海：译文出版社，2015年，第14页。

⑧ 转引自白艳霞：《在中国人的语言观念中有语音中心主义吗？》，《外国文学评论》，1996年第3期。

但是，视觉并不像声音那样具有内时间意识的弥散性，视觉物（能指）、对象（所指）与观者之间是有距离的，而且观者可以通过睁眼或者闭眼的方式控制与视觉物或对象之间的距离。在此，视觉布局（图像）、视觉对象和修辞主体就产生了分离，我们必须对此有所警觉。

如果说基于表音传统基础上的印欧语言的约定性编码机制是对语法的强调，展现出更多的逻辑性和在场性，而中国汉字的编码机制则以"字"为中心[1]，展现的是一种非逻辑的表意传统，体现了更多的视觉性特征。西方语言修辞传统运用到视觉修辞当中需要经历更为深刻的逻辑转换，而汉字作为一种"超级符号系统"，融合言、文、象于一身，"一手牵着图像一手牵着语言"[2]，则天然就具有视觉性。据此，可以假定：中国文化以汉字作为根基，就具有鲜明的视觉思维的传统。正是基于这个假设，本文提出"视觉之势"的范畴，以处理图像如何抵达观者的问题。

无论什么事物或者现象，它的作用效果并不是完全依赖于它是什么或者实际怎么样，而是由诸多综合条件储备之上的"势"所带来的某种实际偶发效果[3]。因而是"道生之，德蓄之，物形之，势成之"，即物的最终实现依靠的是"势"；"贤智未足以服众，势位足以诎贤者"（《韩非子·难势》），"善不善，性也；所善所不善，势也"（郭店楚简《性自命出》），军事当中也是"勇怯，势也"（《孙子·兵势》）。因此具体品质并不是决定性的，品质要发挥作用也得借助于"势"。文学中"因情立体，即体成势"（《文心雕龙·定势》），也说结构不是决定性的，而"势"才是决定性的。这就意味着：首先，对于视觉修辞来说，光有文本是远远不够的。文本必须进入修辞实践中，并充分唤起视觉之势，视觉修辞效果才能最终实现。而没有进入到视觉修辞实践中的私人图像，虽然它的文本形式并未缺失，但由于势的匮乏而使其失去了修辞的活力。其次，很大程度上，视觉修辞之势并不在修辞者的掌控之中。视觉修辞不仅仅是主体目的或者意图的最终实现，而是通过"势"的整体效能而实现的，甚至主体也被裹挟其中。中国文化特别强调"势"对于主体之"人"的排除，比如军事上强调"求之于势，不责于人，故能择（释）人而任势"（《孙子·兵势》）；历史逻辑也是"封建非圣人意也，势也"（柳宗元《封建论》）。因而视觉修辞研究的一个重要任务就是探讨视觉布局或者图

---

[1]　徐通锵：《语言论》，长春：东北师范大学出版社，1997年，第52页。

[2]　孟华：《文化元素系统建设中的超级符号技术》（访谈），访谈人：周尚琴，访谈时间：2018年7月13日。

[3]　金岳霖《道论》："共相底关联为理，殊相底关联为势""个体底变得，理有固然，势无必至"，北京：商务印书馆，1987年，第198、201页。

像中的"视觉之势"如何引发整体的修辞资源，以促进视觉布局或者图像最终抵达观者。

二、图像抵达观者：视觉之势的接触与促动

语言学家雅各布森（Roman Jakobson）在提出其语言的六要素和六功能的时候，就注意到了语言的"接触"（contact）要素具有"交际"（phatic）功能，比如"能听见吗""嗯，哼"等就是为了保持交际的继续；而指向"接收者"（addressee）的则具有"意动"（conative）功能，比如呼唤语和祈使句。[①] 实际上，雅各布森所举的例子是基于口语的，其中的声音使得语言的接触功能和意动功能通过在场性的方式很容易就得以实现，而文字或者图像则缺少这种直接的在场性。相比于声音，视觉文本常常是冷静的、沉默的、被动的，除非观者主动寻求，视觉对象很难主动进入观者的意向中。如果将雅各布森基于表意传统的"意动"功能修正为弥散性的视觉"促动"功能，则其理论意义将能够拓展到语言之外。因此，借用雅各布森的逻辑，则可以追问：沉默的视觉文本是如何实现对观者的接触和促动的呢？

就视觉布局或者图像的可沟通性和对话性来说，它不是一种应答式的存在，而是一种静观式的展示，它所唤起的人与人之间的关系是比较弱的。但是，它的效应到底是如何产生的呢？首先，视觉布局或者图像，很多时候（非叙事）是一种空间化的存在，而不是时间性（逻辑性）的存在，其效应产生的方式应该不同于逻辑的表意，因而语言修辞的逻辑运用到视觉修辞中总是感觉不搭调；其次，视觉布局或者图像是具象化的，而不像语言那样是空洞或者贫乏的（形式），因而，视觉修辞分析必须承认其中的"质地"，并且深入谈论其中"质地"的修辞效力。无论是空间还是质地，都在通过一种视觉之势的压迫性让主体慌乱，因而仅仅停留在"空间语法"[②] 的层面是远远不够的。

视觉布局或者图像具有空间占位和弥散性的特质，由此获得一种与观者的接触。首先，视觉布局或者图像需要依靠空间的合适占位，以获得对观者的震撼性接触，否则便撑不起相应空间的宏大意义。比如佛像总要追求高大，乐山大佛通高 71 米，莫高窟的"北大像"弥勒大佛通高 35.5 米；傅抱石、关山月创作的《江山如此多娇》送审稿本送给周恩来，周恩来的意见是：画幅挂在人民大会堂还是

---

① 罗曼·雅各布森：《语言学与诗学》，滕守尧译，载赵毅衡主编《符号学文学论文集》，天津：百花文艺出版社，2004年，第175—182页。

② 张潇潇：《从物的语言到空间的语法：宜家空间的视觉修辞实践》，《新闻大学》2018年第4期。

略显小了些，此外太阳也要加倍放大。① 其次，视觉布局或者图像的空间弥散性，使得视觉具有无处不在的辐射力，但是需要注意的是，空间弥散性是外感官的，而声音弥散性则是基于时间的内感官。② 福柯意义上的全景监狱（panopticon）所显示的"可见的但又是无法确知的""权力局势"（power situation）③，这种空间弥散性是通过监视者的"无法确知"而得以实现的。在后现代社会中，物的无限丰富"给人一种大量繁衍与热带丛林的感觉"，人们是从"全部意义上去看全套的物"④；随着影像技术的发展，"生活本身展现为景观的庞大堆聚"⑤；媒介技术的无限发达也导致了"能指的丰富性"⑥。实际上，图像生产和编辑技术的发展，网络时代传播方式的便捷性，大数据对于复杂传播资源的聚合能力，都强烈推动着图像的空间占位和无限弥散，从而不断发动、扩展，并实现着视觉之势。

视觉布局或者图像打动人心的力量，还来自其中蕴含的精神之力，并由此实现心灵与文化、体制、社会、他人等等整体世界的连接，从而使观者受到视觉之势的深深促动。首先，观看的背后具有一套视界政体（scopic regime），它决定着什么该看什么不该看，并由此实现着观看的精神性权力。全景监狱中的视觉之势，不仅仅是一种肉眼的视觉，最为关键的还是通过知识和话语实现的一种精神性权力⑦，从而将被监视者界定为"犯人""疯子"等等；在商场的监控视频中，如果被认定为非消费者（比如捡破烂的女人、无家可归者或者青少年）则将被驱逐或者赶出⑧，因而底层人群将面临更多观看的精神压迫；但是，底层也并不是悄无声息的，而是可以通过肮脏、邪恶、不吉的图像之"秽"进行抗争。⑨ 其次，观看是具有方向性的，其中视觉之势的精神内涵通过方向的不平等而得以实现。2009 年奥巴马向日本天皇鞠躬的图像，被日本媒体解读为与 60 多年前美国占领军司令麦克阿瑟傲慢招呼昭和天皇形成了强烈对比；美国媒体则认为身为美国总统，不该随

---

① 搜狐：《人民大会堂挂的这些字画，你知道几幅？》，2017 年 3 月 15 日。http://www.sohu.com/a/128905880_515314，2018 年 11 月 10 日。

② 康德：《三大批判合集》（上），邓晓芒译，北京：人民出版社，2009 年，第 25 页。

③ 米歇尔·福柯：《词与物》，莫伟民译，上海：三联书店，2001 年，第 226 页。

④ 波德里亚：《消费社会》，刘成富、全志刚译，南京：南京大学出版社，2000 年，第 2—4 页。

⑤ 居伊·德波：《景观社会》，王昭风译，南京：南京大学出版社，2006 年，第 3 页。

⑥ 隋岩：《能指丰富性的表征及新媒介的推动》，《现代传播》2013 年第 6 期。

⑦ 福柯称之为"精神对精神的权力"，参见米歇尔·福柯《词与物》，莫伟民译，上海：三联书店，2001 年，第 231 页。

⑧ Judd, D.R., The rise of the new walled cities, In Liggett, H. and Perry, D.C., editors, *Spatial practices: Critical explorations in social/spatial theory*, Thousand Oaks, CA: Sage, 1995, pp.149.

⑨ 工雪晔：《以"秽"抗争：表演式抗争实践中的"秽"话语及其视觉生产》，《新闻大学》2018 年第 4 期。

便"行大礼"，而副总统切尼会见日本天皇时也只是握手，并未鞠躬。[①]奥巴马在视觉上"低眉顺眼"，使得图像被置于一种历史和国家的精神维度进行审视，从而使其"视觉之势"上升到了国家尊严的高度而被批评。

实际上，图像的精神之力，可以通过图像的意向性（intentionality）分析得以实现，其中的"视觉之势"正是通过意向性而得以引发。这可以通过四个层次去分析：第一，是主体意向性，展现为图像中人物的目光、动作与情绪的指向，比如逃离的动作、厌恶的表情、凝视的目光等都展现了不同的意向性；第二，是文本意向性，即一幅图像的拍摄的主题和视角以及从中表达出来的整体指向性；第三，是语境意向性，即一幅图像总是会被置于相应的语境中进行解读，将相应的事件呈现于大众面前，以经受大众的舆论审视；第四，是文化意向性，即一幅图像的影响力，还需要一套文化体系的支撑，比如对孩子的怜悯、死亡的恐惧，对自由的追求等等。综合上述四个层次的意向性分析，视觉布局或者图像便获得了来自从微观到宏观的无限精神之力，从而实现了对观者的深深促动。

当视觉布局或者图像已经被置于复杂场域中的时候，创作者的意图已经不再是支配性的力量，因而，西方的视觉修辞理论的逻辑、理性、秩序、解放等基于主体控制假设的视野就需要反思。实际上，人类的修辞活动充满了无知、非理性、差异性、依附性、不确定性等等，福柯（(Michel Foucault)将其命名为"异托邦"（hétérotopies），它"是扰乱人心的"[②]。通过"视觉之势"的深入探索，正好能够发现视觉修辞中更多隐藏的维度，从而深入把握视觉布局或者图像是如何接触和促动观者的。

三、不平衡：视觉之势的无限引发力

视觉之势总是充满着不平衡，即"空间的落差、视觉的不均、间隔的距离、视觉的趋向等"，这是"势"得以产生的重要前提。[③]《孙子·兵势》讲"势"的时候，就利用了高山圆石的落差意象，即"如转圆石于千仞之山者，势也"；水流漂石的动态意象，即"激水之疾，至于漂石者，势也"；张弩的趋向意象，即"势如扩弩，节如发机"。《韩非子·难势》也引用慎到"飞龙乘云，腾蛇游雾"的"用势"的空间意象，深入阐述了他的势治思想；书论和画论中讲"势"的时候，也

---

①　环球网：《奥巴马向日本天皇深鞠躬遭美国媒体抨击》，2009 年 11 月 16 日。http://world.huanqiu.com/roll/2009-11/633645.html，2018 年 11 月 11 日。

②　米歇尔·福柯：《词与物》，莫伟民译，上海：三联书店，2002 年，前言第 5 页。

③　李红：《视觉之势：论视觉修辞的活力之源》，《新闻大学》2018 年第 4 期。

常常使用"龙"的意象，其中充满了飞跃、超脱、活力和难以捉摸的审美趣味。①
这种不平衡常常被表述为"奇"，如《孙膑兵法·奇正》说"奇"是"无形而制
形"，是一只"看不见的手"②。《周易·系辞》说"见乃谓之象，形乃谓之器"，"象"
因"见"而生，"形"则是静止的实体③，"象"因为视觉意向性的介入而携带了无
限的精神之力。

不平衡作为一种"奇点"，常常涵摄了无限的时空及其资源。布列逊在谈到摄
影的涵摄力的时候，提出了"决定性瞬间"的概念，强调拍摄对象的"不经意"，
因为只有自然的状态下才具有时空的涵摄力，一旦故意摆出某种姿势，它便从时
空中被强行切割出来，其涵摄力也就失去了。全景监狱中视觉的威力，便在于它
涵摄了整个体制，从而把整个体制当中的知识、精神、权力、暴力等纳入进去
而"安排一切"④。势作为一种时间上连续性的"奇点"，比如滚动的圆石、拉满的
弓箭、湍急的水流等；再比如惊恐的逃离、瞬间的创伤（开裂的大坝、爆炸的瞬
间）。这种瞬间的奇点其实蕴含了过去的所有的能量（Energy）或潜能（Potential
Energy），但是它不仅仅是"能"，而是指向最终实现的未来性（可能），因而追
求的是在"势来不可止，势去不可遏"（蔡邕《九势》）的连续性中蕴含的无穷
性。李零认为"形"是 potential energy, 而"势"是 released energy, 或者如马克梦
（Keith McMahon）所说，possible energy 是"形"，actual energy 是"势"⑤。实际
上，势并不是客体（过去）的，也不能实现（未来），而是连接过去与未来的那个
充满张力的奇点，必须处于时间流动或者连续的现实性当中。因为能量不指向未
来，它就是静止而缺少活力的；能量在未来得以实现（释放），它便不再指向未来，
势也就失去了。因而，处于事件当中的图像一旦被置于博物馆，它的势便失去了；
而博物馆中，视觉修辞的很大一部分工作便是重构图像的时间链条。

《孙子》总结说："战势不过奇正，奇正之变，不可胜穷也"；《文心雕龙·定势》
也主张："奇正虽反，必兼解以俱通"，但是，"正"处于主导地位，即"以正驭
奇"。修辞是一种非正常状态下的行为，即修辞情景面临"事态变化"，其特征是
"紧迫"，是一种"障碍"或"缺陷"，是"一件待处理的事情，一件偏离了正常状

---

①　余莲：《势：中国的效力观》，卓立译，北京：北京大学出版社，2009 年，第 128—144 页。

②　李零：《兵以诈立》，北京：中华书局，2012 年，第 174 页。

③　王树人、喻柏林：《论"象"与"象思维"》，《中国社会科学》1998 年第 4 期。

④　米歇尔·福柯：《规训与惩罚》，北京：生活·读书·新知三联书店出版社，2003 年，第 232
页。

⑤　李零：《兵以诈立——我读〈孙子〉》，北京：中华书局，2006 年，第 171 页。

态的事情"①，因而需要一种打破常规的新思维去运用修辞。但是，这种打破常规又不是完全的颠覆，而是需要做到"因利而制权"，是"修辞立其诚"（《周易·乾·文言》）的"忠信"品德之上利用已有的情理、事理、法理、资源、条件等等进行创新处理。一方面利用现成的自然之势；另一方面利用人为的"人设"之势。②无论是自然之势，还是人设之势，一方面可以作为一种"问题"已经客观地迫在眉睫，另一方面则是可以通过视觉修辞去引发，即通过"奇点"的修辞实现对于"正"的价值的引发，以获得整体性资源的支撑。比如猎杀大象在世界很多地方也许看起来是很正常的行为，但是当大象被盗猎的各种惨状被图像或者影像呈现出来的时候，在动物保护组织的推动下，它就变成了一个世界性"问题"。反过来，当"问题"作为一个奇点被可视化之后，便作为一个"奇点"，通过关联（统觉）和意向（欲望）思维，将更多的事实、价值与精神灌注其中，由此让视觉之势得以产生。

"分"的逻辑是"势"得以产生的前提。《孙子》里说的分数、形名、奇正、虚实等，其实就是对于分合的辩证应用以获得势；《吕氏春秋·慎势》强调分封并不是为了爱，而是为了削弱地方势力以保证君主"便势全威"，因为"权钧则不能相使，势等则不能相并"。因而，视觉之势的获得常常依赖于视觉布局或者图像中二分的不平衡性。比如高山、水流、飞翔等都存在一种空间的不平衡性；一个人对抗一群警察的数量和力量的不平衡；一叶扁舟对抗一艘军舰的体积上的不平衡；屠刀下的生命硬度的不平衡；全景监狱中存在上下二分的观看的不平衡。这种不平衡就构成了一种文本内的张力，而这种张力的最大效用在于唤起背后更多力量来源的追问，视觉之势由此得以唤起。

视觉修辞中的不平衡性总是通过方向性来处理，这种方向性就使得视觉布局或者图像获得了动态性的活力。首先，是时间方向性。视觉布局或者图像是过去时间的产物，其中凝聚了关于过去的影像或者曾经的观看，它是时间的一种凝缩；并且指向未来，"未来"作为一种势作用于当下的修辞观众，让他们谨慎地采取策略以改变现状。其次，是空间的方向性。空间的动态趋向就是时间的未来性，空间趋向的视觉化表征使其获得了时间的流动感，因而空间的落差、间距、聚集等等就蕴含着无限的势能与精神。第三，是意向的方向性。精神常常是通过视线的

---

① 肯尼斯·博克等：《当代西方修辞学：演讲与话语批评》，常昌富等译，北京：中国社会科学出版社，1998年，第124页。
② 《韩非子·难势》说："势必于自然，则无为言于势矣。吾所为言势者，言人之所设也。"意味着势存在着两种：自然之势和人设之势。自然之势是利用已有的天时地利；人设之势，是通过人为努力创造有利于自己的条件。韩非子基于制度设计的目的重点强调"人设"的部分；而修辞学则可以在两个部分同时利用。

布局或者文化指向中的意向性关系携带出来，而图像所引发的"问题"的重要性也会影响到其意向性强弱，从而构成视觉之势的精神之力。视觉修辞的"三个方向性"分别在两个层面展开，即视觉话语（能指）的方向性和视觉实践（所指）的方向性。比如关于难民的图像，就存在视觉图像（能指）中难民逃亡的空间指向和时间指向，并以厌恶（战争）和期望（接纳）的意向性构成故事的方向性；而视觉修辞实践（所指）层面所引发的难民问题，又涉及实践维度上政治家的命运和政府未来的决策以及空间维度上如何接纳和安置难民。在此，图像的"视觉之势"就引发了无限的精神之力，并对相应的政治实践产生实质性影响。

四、势的价值立场：生存、效力与批判

修辞术在西方哲学家那里曾经屡受批评，被认为是虚假、装饰和操纵的代名词；而高尔吉亚则认为，可以通过公共的论辩追求幸福生活，将修辞术置于生存论的角度论证其合法性。在高尔吉亚看来，"我们不表达实体，而只是表达言语而已"，但是"它能够终止恐惧、消除悲伤、创造快乐、增进同情"；所谓的绝对真理只是一个虚妄的梦，只有修辞才是最真实的技艺，它处理的是变动不居的真实世界；高尔吉亚怀疑一切，但是并不怀疑语言；伊索克拉底也认为，人高于动物的地方就是它具有言语，由此能够通过言语建立城邦、制定法律。[1] 在此，修辞学赢得了存在论、认识论和政治学意义上的合法性，而且为西方现代社会的体制改革提供了必要的技术储备和文化氛围，它也是西方自我意识和地缘政治实体得以形成的条件之一。[2]

在中国语境中，并不存在西方意义上的修辞。因为中国并不存在西方式的民主和论辩传统，因此，中国的修辞学是"研究语言运用的效果的科学"[3]，专注在日常表达和文艺上，并不指向存在、社会与政治。或者换句话说，中国文化中的存在、社会和政治不靠语言修辞，而靠的是道、德、理、气、势等范畴。这些范畴是非语言的，是在对于世界的整体感知当中体察到的。就"势"来说，它既非形式层面的视觉布局或者图像，也非其中的"理"，因为"百理俱在平铺放着"[4]，而它还需要"理成势"，即"以其顺，成其可；以其逆，成其否"（王夫之《诗广传·小雅》），"势"是"理"的具体实现。如果说理性只是一种逻辑上的纯粹推导，

① 柳孟盛：《政治的限度——柏拉图为何批判修辞术》，《哲学门》第十六卷第二册，北京：北京大学出版社，2015年，第237—249页。
② 刘亚猛：《追求象征的力量》，北京：生活·读书·新知三联书店出版社，2004年，第4页。
③ 周振甫：《中国修辞学史》，北京：商务印书馆，1999年，第1页。
④ 冯友兰：《三松堂全集》（第四卷），郑州：河南人民出版社，2001年，第125、124页。

并不是现实中的具体抉择，而"势"是"整个底实际"①，因而"势"的范畴能够分析视觉修辞实践中的复杂局面。比如麦克阿瑟从朝鲜战场回国的电视转播，在认知理性的层面来看是一种对于现实的虚假加工，既有的修辞范式揭示的正是其中的"诡计"。那么其中"压倒性舆情"（overwhelming public sentiment）或者电视的"崩裂式效果"（landslide effect）②是如何产生的？就不能仅仅将其归咎于权力的阴谋而轻轻放过，而是需要详细去把握其中的力量来源。

中国人很早就认识到，人类总是处在一种整体的生存势域当中，这是不可逃避的，比如天道流行、人生命运、世事无常等；天地不言，但是"四时行焉，百物生焉"（《论语·阳货》）；人类能做的就是"无可奈何而安之若命"（《庄子·人间世》）。这种整体性常常体现在连续性中。书法中的转笔、藏笔、藏锋、护尾等笔法就是通过相应技法将整体性蕴含在连续性中。绘画中"笔将俯，必先作仰势，以及欲轻先重，欲重先轻，欲收先放，欲放先收之属"，通过相互蕴含的整体性，势得以蕴含；而"势"特别讲求的是"一气相通""一气贯注"；"气"是其中精神性的东西，它一方面是描画对象（山形树态）"受天地生气而成"，另一方面则是"托心腕之灵气以出"（沈宗骞《芥舟学画编》），是培养而成的。这种整体性的势域并不是主体驱动的结果，而是弥散性的存在，是自然生发的结果。在此，世界不仅仅是一个对象，而是一种生存处境，是非主体性的，或者主体也被纳入这种处境当中，即"生而不有，为而不恃，长而不宰"（《道德经》第十章），而君则要做到"事由自然，莫出于己"（《淮南子·主术训》）。

韩非子"势"治理术的最大问题，就是"势"依赖于"法""术"的强制性，从而使得统治者脱离掉终极性的"道势"的境域，因而主体与世界就出现了分离，不再是"以德配天"的融合状态。如此，"势"的问题在政治领域就很容易变为阴谋论与统治术，其合法性就因此而面临危机。在视觉修辞中谈势，很容易就被理解为非理性、阴谋性以及无意识的压迫性，并变成某种修辞控制术。

实际上，视觉修辞面对的就是丰富、整体和流动的世界，其表征（represent）方式是充满质感的，而不像语言那样仅仅是抽象的"形式"（forme）③，因此，视觉修辞很难有类似语言修辞那样的辩证法（dialectics）或者理性特征。换句话说，视觉修辞依靠的不是符号的切分，不是论辩或理性，而靠的是整体布局所造

① 冯友兰：《三松堂全集》（第四卷），第 125、124 页。

② Lang K. and Lang G. E., the Unique Perspective of Television and its Effects: A Pilot Study, *American Sociological Review*, 18（1），1952, pp.3-12.

③ 费尔迪南·德·索绪尔：《普通语言学教程》，高名凯译，北京：商务印书馆，1980 年，第 158 页。

成的势，是对图像无限阐释所引发的资源或力量的综合之力。实际上，在视觉布局或者图像中，视觉背后的表达主体的主体性存在层次上的差异，由此带来的就是在理据性上存在强弱程度的深刻差异。绘画作为一种表达的艺术，它可以与现实世界保持强烈的理据性，比如临摹；也可以充分地表达某种观念，比如超现实主义。但是都经过了创作者动机性的处理，因而与真实世界就拉开了距离。照片则是现实世界的一种直接（机械）反映，它是现实在视觉上的真实切片，现实的丰满性就蕴含在其中，等待着去无限地挖掘与想象。至于像博物馆、纪念馆，甚至监视视频这样的视觉布局，它们直接就是世界本身。虽然其中充满了选择性，但是它直接就是原初世界的切片，相比照片，它们的理据性又进了一层。皮尔斯的符号学始终在处理符号与世界之间的关系，他根据符号与世界的理据性关系，将符号分为像似符（icon）、指示符（index）和规约符（symbol）。其中，像似符强调符号载体的品质（quality）或者内在特性（internal nature），它能够直接触动人的感觉和情绪，使对象对解释者产生了效力（effect）而形成"情绪解释项"（emotional interpretant）；指示符则通过符号载体与对象之间存在的空间、因果等"实在联系"，从而将世界的整体带入到解释者，由此构成"能量解释项"（energetic interpretant）；基于法则（law）、习惯（habit）、性情（disposition），以及规律性（regularities）等支配下的规约符，则成为一种"逻辑解释项"（logical interpretant）[①]。但是，视觉布局或者图像更多是处于质感和关系，规约的层面还是比较欠缺，因是一种主体不彰的状态，主体常常被置于复杂的视觉之势当中。

当然，人为的势（人设之势），一方面，是一种统治术，能够维持社会的秩序；另一方面，它也具有压迫性，在中国文化中也总是面临着文化价值的批判。《尚书·君陈》中，周成王告诫大臣君陈"无依势作威"，"势"是需要警惕和谨慎对待的。"势"总是要经受道德性的审判，"故势为天子，未必贵也"（《庄子·盗跖》），使桀纣权倾天下，小盗贼也不愿意自己被拿来与桀纣相提并论，因为桀纣的道德性是有问题的。"势"的批判不仅仅是一种道德训诫，而且会导致"害性"，因此"势为天子，而不以贵骄人"（《庄子·盗跖》）；权势的欲望会导致人的情绪波动，故"权势不尤，则夸者悲"（《庄子·徐无鬼》），是对人的完满性的伤害。因此孟子主张贤王需要"好善而忘势"，贤士需要"乐则而忘人之势"（《孟子·尽心上》）；庄子也提到"不死之道"需要"削迹捐势，不为功名"（《庄子·山木》）。由此，作为一种分析范畴的视觉修辞的势的反思性就与西方修辞批评的批判性结合起来了。

---

① 皮尔斯：《论符号》，赵星植译，成都：四川大学出版社，2014年，第43—49页。

而这种批判实际上并不是为了发现权力的诡计以实现主体的解放，而是试图"顺应大道"以回归自然、天道、天理、真纯、素朴的状态，并且避免人为干预对于"道势"的脱离。在中国传统的绘画世界中，人并不是作为主体得到彰显，而是往往被置于风景、场景和情境当中；中国文化并不是一个主体性张扬的文化，而是主体性减损的文化，因而展现为克、磨、损、忘、空等内省功夫。因而中国文化总是充满着"战战兢兢""戒慎恐惧"的谨慎气质，并且特别注重对于"几""微""幽"等未发状态的预先洞察，以实现"大音希声，大象无形"（《道德经》四十一章）的彼此圆融状态，目的就是为了通过主体性的克减进入到广大无边的势域当中，以做到对于"道势"的顺应而成就其伟大。

五、结论：通过"视觉之势"发现生存的境域

视觉修辞不仅是一种表意，而且是一种生存的境域，是人不可避免的环境的一部分。通过视觉布局或者图像，人被置于一种整体性的势域当中。当人作为世界的一部分被感知的时候，一种渺小或者忘我的感觉便会油然而生。因而中国风景绘画中，人总是被置于无边的风景当中，占位极小而且只是写意性的存在。中国文化始终在强调"大"，比如文化经典中常常谈到"大""大哉""大象""大人""大道""大德""大鹏"等等；建筑、绘画和文章中也常常强调"恢弘气象"；"天地"意象的宏大而不可知，正是其神圣性的来源。

人看不见完整的世界，只有通过视觉载体才能进入更多的世界，比如通过眼睛进入灵魂、通过奔跑感知恐惧、通过愤怒感知冲突、通过一片叶子进入秋天等等。因而，"视觉之势"的分析需要依赖于视觉文本，但分析的方向不是其中"表意方式"，而是"引发力"。"引发力"是本文提出的一个用以描述"视觉之势"的概念，它可以用以分析视觉修辞的载体（"形"）如何携带出充满力量的势，从而将复杂的世界境域召唤出来。《孟子·尽心上》说"引而不发，跃如也"，即强调教育不是给予确定的结论，而是通过诱发去启迪，类似的话《论语》里也有"不愤不启，不悱不发"；《孙子》也多处讲到"引而去之""发之""节如发机"等。而图像作为"决定性瞬间"是一种"奇点"，是一种"高潮"，也是一种"汇聚"，因而就充满着"引发力"。

另外，"视觉之势"必须被置于视觉修辞的复杂实践中，展现出一种时间性的未完成的状态，而不能局限于做静态的分析。正是视觉修辞的过程性，使得其中蕴含了无限的可能性；一旦事件结束，时间便停止，视觉修辞之势便不复存在，便只会留下视觉素材的残迹。因此，对于视觉修辞之势的分析，还需要将其视觉载体置于相应的时空脉络中进行分析。如果说"形"的分析是文本层面的分析，

那么这里的分析则是文本实践的分析，关注的是其外在运行的语境，并且仍需要通过其意向性分析把握其精神性的活力，以把握其中的视觉修辞之势。

　　总之，本文的任务是：基于中国文化中"势"的独特范畴，提出一种视觉修辞分析的新范畴，试图从"视觉"的角度把握其"视觉之势"，并且在文化前提下，试图与西方视觉修辞理论进行对话，以找寻到华夏传播研究的可能位置，最终为视觉修辞研究提供中国独有的智慧。

宋代图书出版业的侵权治理探析 *

西南政法大学　刘大明

内容提要：两宋时期，图书出版业呈现出一番繁荣景象，但这种繁荣是一种虚假的繁荣，"不法之举"日益猖獗。在这种情况下，宋廷以维护专制统治为主导，加强对图书出版传播领域的侵权行为防控，并调动各种力量、运用各种手段设置层层的政治门槛，将预审、追查与信息反馈制度并行，奖励检举与惩罚违规手段并用，形成了一套有特色的图书出版侵权防控机制。

关键词：宋代；图书出版业；侵权；防控机制

作者简介：刘大明，西南政法大学新闻传播学院副教授。

在中国出版史上，宋代是图书出版业发展的重要时期。尤其自唐代以降，印刷术、造纸工艺的改进及城市商品经济的繁荣，推动了宋代图书出版业的发展。同时，伴随着大量的翻刻、盗印、窜改等现象，引起一些具有维权意识的人士警惕，如"眉山程舍人宅刊行，已申上司，不许复板"①。尽管如此，他们仍无法阻止为追逐利益的侵权行为。一般来说，这种行为只要不威胁到专制统治，就不会遭到控制，反而能够得到宋代统治者的变相鼓励。因此，笔者拟以宋代图书出版业为切入点，探讨在专制体制下，图书出版行业内的侵权现象及其防范风险的机制。

一、宋代图书出版业内的侵权现象

在赵宋王朝的"儒术治国"背景下，从国子监到地方机构皆参与图书出版的活动，形成了"刻书以便士人之购求，藏书以便学徒之借读"②的社会风气。尽管宋代图书出版业呈现出繁荣的景象，但这种繁荣是一种虚假的繁荣，这种发展是

---

* 本文原刊载于《新闻与传播研究》2018 年第 4 期。

① （清）叶德辉：《书林清话》卷二《翻板有例禁始于宋人》，长沙：岳麓书社，1985 年，第 31 页。

② （清）叶德辉：《书林清话》卷八《宋元明官书许士子借读》，第 168 页。

一种无序的发展，充满了图书出版的"不法之举"日益猖獗的侵权行为。主要体现在以下几个方面：

其一，根据市场行情，书商私自出版、销售名人的作品。一般情况下，书商颇重视市场行情，往往直接刊印某些名家墨宝并私自出售。这是因为，当名家的作品传出后，往往引起人们关注，产生"洛阳纸贵"的商机，故而这种商机自然少不了书商们的身影。元祐初年，宰相司马光去世后，京城民众罢市吊唁。于是，有出版者抓住商机，"画其像，刻印鬻之，家置一本，饮食必祝焉。四方皆遣人求之京师，时画工有致富者"①。显然，名人作品深受人们的追捧，直接成为书商们的利润增长点。又如，僧祕演邀请大文豪欧阳修为其好友撰写墓志铭。事后，欧氏发现书商盗卖此文，于是责问祕演为何卖价低了。祕演辩解道："公难道不记得高中省元时，人们竞相摹仿新赋，叫卖于通衢，复更名呼曰：'两文来买欧阳某省元赋。'当今一碑文五百，价格已多矣。"②这些书商为追逐经济利益，往往忽视翻印作品的质量，引起了士大夫们的不满。李觏发现其《退居类稿》被盗版的事情后，气愤地说："不知阿谁盗去，刻印既甚差谬，且题《外集》，尤不韪。"③苏轼亦批评这些唯利是图的书商不考虑刊印的图书质量问题："某方病市人逐于利，好刊某拙文，欲毁其版，况欲更令人刊耶……今所示者，不惟有脱误，其间亦有他人文也。"④在这种情况下，士大夫既表达了维权艰难的诉求，又被迫接受书商侵权的事实。

其二，以张冠李戴的拼凑方式出版图书。为逃脱法律制裁或诱骗读者购书，书商们不惜以改题署名的方式出版图书，"诸州民间书坊收拾诡僻之辞，托名前辈，辄自刊行"⑤。绍兴十五年(1145)，两浙东路安抚司干办公事司马伋指出："建州近日刊行《司马温公记闻》，其间颇关前朝政事。窃缘曾祖光平日论著，即无上件文字，妄借名字，售其私说。"⑥与那些赤裸裸的盗版行为相比，有些书商假借名人招牌，扩大其销售量的做法，就更加恶劣了。某书商利用宰相周必大号"省斋"的漏洞，将其名字署在廖行之《省斋集》上出版，获取丰厚利润。廖氏之子指出书商盗借周氏字号的原故，"窃惟益公亦尝名斋以'省'，岂书市之不审耶？抑故托

① 李焘：《资治通鉴长编》卷三八七，元祐元年九月丙辰条，北京：中华书局，2004年，第9415页。

② 丁传靖辑：《宋人轶事汇编》卷八，北京：中华书局，1981年，第384页。

③ （宋）李觏：《李觏集》卷二五《皇祐续稿序》，北京：中华书局，2011年，第269页。

④ （宋）苏轼：《苏轼文集》卷五三《尺牍·〈答陈传道〉》，北京：中华书局，1986年，第1574页。

⑤ （清）徐松：《宋会要辑稿·刑法》二之一五一，北京：中华书局，1957年，第6571页。

⑥ （清）徐松：《宋会要辑稿·刑法》二之一五一，第6571页。

之以售其书耶？又岂料刊之家塾，而不可亲如是乎！"① 可见，书商为了谋取利润，往往不择手段地进行图书出版活动。

其三，翻印往年科举试题或制作科场剽窃工具书。根据宋代出版刑律，书坊翻印科场试题必须向国子监提出申请，再交纳使用费。然而，有些书坊为减少这环节控制，经常翻印科场书籍或制作剽窃工具书，如"建阳书肆方日辑月刊。时异而岁不同，四方传习，率携以入棘闱，以眩有司，谓之怀挟。"② "怀挟"书即科场剽窃工具书，这成为当时书商们出版的利润增长点。国子博士杨璘言："今书坊自经子史集事类州县所试程文专刊小板，名曰夹袋册，士子高价竞售，专为怀挟之具，则书不必读矣。"③ 诚如宋人黄潜善说："学者比年以来，于时文中采摭陈言，区别事类，编次成集，便于剽窃，谓之决科机要。"在这种情况下，书商们不择手段地追逐利益，往往忽视翻印的试题质量，影响了科举选拔人才的正常运行。福建麻沙书坊刊印的太学文体中收录私试都魁郭明卿《问定国是》《问京西屯田》《问圣孝风化》等文章。其实"郭明卿去年春季策试即不曾中选，亦不曾鲁有前项问目。及将程文披阅，多是撰造怪辟虚浮之语，又妄作祭酒以下批凿"④。

从上述看，尽管宋代图书出版领域内出现了种种侵权行为，但人们对此评价可谓不同。淳熙十四年八月，洪迈从宋孝宗口中得知其《容斋随笔》被书商盗卖。然而，这种行为在宋人眼中是"书生遭遇，可谓至荣"⑤。但对学人来说，他们的维权行为不只追逐经济利益，更重要的是维护其学术声誉与作品纯洁。淳熙四年(1177)，朱熹刚撰成《四书或问》，"未尝出以示人。书肆有窃刊行者，亟请于县官追索其板，故惟学者私传录之"⑥。可见，朱熹因为担心该书误导读书人思想，故希望官方打击盗版商，这反映了作者追求精神权利胜于物质权利。

二、出版传播领域的政治禁区

在帝制时代，任何图书出版均要服从专制统治的需要，绝不允许挑战皇权权威的行为出现。如果图书出版业的发展威胁到皇权，统治集团就调动各种力量、运用各种手段来对付那些出版、传播图书的行为。因此，宋廷以政治利益为出发点，集中力量对图书出版、传播领域设置了层层禁区，并指导、规范其活动。择其要而言之，主要有以下几点：

---

① 潜敷：《省斋集·省斋集跋》，台北：商务印书馆，1986年，第402页。

② （清）叶昌炽：《藏书纪事诗》卷一《岳珂肃之》，上海：上海古籍出版社，1989年，第60页。

③ （清）徐松：《宋会要辑稿·刑法》六之四九，第6718页。

④ （清）徐松：《宋会要辑稿·刑法》二之一二九，第6560页。

⑤ （宋）洪迈：《容斋续笔》卷一，北京：中华书局，2005年，第219页。

⑥ （清）王懋竑：《朱子年谱》卷二，台北：商务印书馆，1983年，第65页。

其一，禁止私自出版历法、国史、刑律等书籍。宋廷"诏民间毋得私印造历日；司天监选官，官自印卖；其所得之息，均给在监官属"①。"本朝《会要》、《实录》不得雕印"。②在利益驱动之下，有些官员铤而走险将违禁的刑律书籍改头换面进行出版。庆历年间，知仁和县、太子中舍翟昭应将《刑统律疏》正本改为《金科正义》，"镂板印卖"。宣和三年，林虑建议朝廷禁止书商私自出版史书，指出："先臣希尝直史馆，因得其绪，纂集成书。鬻于书肆，立名非一，所谓《辞场新范》之类是也。"③新差权知随州赵彦卫明确亦指出："近来忽见有本朝《通鉴长编》、《东都事略》、《九朝通略》、《丁未录》与《夫语录》、家传，品目类多，镂板盛行于世。其间盖有不曾彻圣听者，学者亦信之，然初未尝经有司之订正。乞尽行取索私史，下之史馆，公共考核，或有裨于公议，即乞存留，仍不许刊行。"④

其二，禁止涉及政治、军事机密等书籍的出版传播。宋廷出于国家安全的考虑，严防将涉密的政治军事等书籍输入敌国境内。在澶渊之盟后，宋辽交往不断，"将带皇朝臣僚著撰文集印本传布往彼，其中多有论说朝廷防遏边鄙机宜事件"。于是，宋廷禁止"今后如合有雕印文集，仰于逐处投纳附递闻奏，候差官看详，别无妨碍，许令开板，方得雕印"⑤。康定元年五月二日，朝廷因"访闻在京无图之辈及书肆之家，多将诸色人所进边机文字镂板鬻卖，流布于外"⑥，限制出版传播。大观二年三月十三日，朝廷禁止"雕印书铺"未经检查，不得出版、传播"论议边防、兵机、夷狄之事"书籍⑦。这是因为，宋廷长期处于与辽夏金对峙的格局，故其严禁有关图书情报流出，这也反映了宋代图书出版领域的重要特征。

其三，禁止刊印"党人"的书籍。宋代的政争、党争残酷激烈，各方相互攻讦，时常刻印书籍，流布天下。当一派执政后，就大力压制另一派，禁止其言论书籍刻印、传播。尤其是北宋中后期的新旧党争，逐渐演变成一场大规模的政治斗争，许多党人的书籍遭到禁毁。崇宁二年（1103）四月，新党执政的朝廷焚毁元祐党人"三苏集及苏门学士黄庭坚、张耒、晁补之、秦观及马涓《文集》，范祖禹《唐鉴》、范镇《东斋纪事》、刘攽《诗话》、僧文莹《湘山野录》等印板"⑧。宣和五年(1123)七月十三日，宋廷针对书商私自雕印党人苏轼、司马光文集等现象，

---

① （清）徐松：《宋会要辑稿·职官》十八之八四，第 2796 页。
② （清）徐松：《宋会要辑稿·刑法》二之三八，第 6514 页。
③ （清）徐松：《宋会要辑稿·刑法》二之八七，第 6539 页。
④ （清）徐松：《宋会要辑稿·刑法》二之一三二，第 6561 页。
⑤ （清）徐松：《宋会要辑稿·刑法》二之一六，第 6503 页。
⑥ （清）徐松：《宋会要辑稿·刑法》二之二四，第 6507 页。
⑦ （清）徐松：《宋会要辑稿·刑法》二之四七，第 6519 页。
⑧ （清）黄以周辑：《续长编拾补》卷二一，北京：中华书局，2004 年，第 741 页。

做出"今后举人传习元祐学术以违制论。印造及出卖者与同罪，着为令"①。更为严厉的是在南宋奸臣秦桧当道时期，"党禁"颇为残酷，"将近世名公文集，尽行毁版，不问是非，玉石俱焚，真伪两失"②。

其四，禁止官员奏议、章疏及科场试题等出版。一般来说，官方涉密文件往往有利可图，故常被逐利的书商所刊印传播，致使朝廷的日益重视。政和四年六月，臣僚指出，"朝廷大臣之奏议，台谏之章疏，内外之封事，士子之程文，机谋密画，不可泄露。今乃传播街市，书坊刊行，流布四远，事属未便，乞严切禁止"③。绍熙四年十月，有臣僚发现"近日书肆有《北征谠议》《治安药石》等书，乃龚日章、华岳投进书札，所言间涉边机"，"泄之外夷，事若甚微，所关甚大"，指出应对"私雕龚日章、华岳文字尽行毁板。其有已印卖者，责书坊日下缴纳，当官毁坏"④。

其五，禁止谋反或妖言惑众的图书出版。由于传统社会长期处于愚昧状态，为某些异端邪说成为谋反者的工具提供了可乘之机，故而宋廷严禁有关妖言惑众的图书出版。"诸造妖书及妖言者，绞。传用以惑众者，亦如之。其不满众者，流三千里；言理无害者，杖一百。即私有妖书，虽不行用，徒二年；言理无害者，杖六十。"⑤政和四年八月，朝廷下诏："河北州县传习妖教甚多，虽加之重辟，终不悛革。闻别有经文，互相传习，蛊惑致此。""有印板石刻，并行追取，当官弃毁。"⑥崇宁三年四月，朝廷根据"廉州张寿之缴到无图之辈撰造《佛说末刧经》，言涉讹妄，意要惑众"的情况，下令"根究印撰之人，取勘具案闻奏"，以防"良民乱行传诵"⑦。

其六，禁止败坏儒家经义、社会风气的图书出版。宋廷担心违禁的图书出版，造成思想传播的混乱，给专制统治带来危机。大中祥符二年，朝廷指出当时书籍所存在的问题：

> 近代已来，属辞之弊，侈靡滋甚，浮艳相高，忘祖述之大猷，竞雕刻之小技……当遵体要，仍闻别集众弊，镂板已多。傥许攻乎异端，则亦误于后学，式资诲诱，宜有甄明。今后属文之士，有辞涉浮华，玷于名教者，必加朝典，庶复素风，其古

① 《宋会要辑稿·刑法》二之八八，第6539页。
② （宋）李心传：《建炎以来系年要录》卷一七一，北京：中华书局，1956年，第2811页。
③ 《宋会要辑稿·刑法》二之一二五，第6558页。
④ 《宋会要辑稿·刑法》二之一三八，第6539页。
⑤ （宋）窦仪：《宋刑统》卷十八，北京：法律出版社，1999年，第329页。
⑥ 《宋会要辑稿·刑法》二之四三，第6517页。
⑦ 《宋会要辑稿·刑法》二之四三，第6517页。

今文集，可以垂范。①

所以，宋廷对维护专制统治的学术图书出版给予大力支持。绍熙五年六月十五日，国子监提出"风谕士子专以《语》、《孟》为师，以六经子史为习，毋得复传语录，以滋盗名欺世之伪"的建议②。

综上所述，宋廷通过毁板与打击贩卖两种手段，设置了图书出版传播领域的禁区。其实，图书出版、传播禁区的核心就是维护宋代专制统治，凡涉及军国政事、社会风化等重大选题，皆予以严密控制。

三、维护以专制统治为主导的图书出版机制

一般来说，宋代所谓版权保护观念主要是围绕维护专制统治而展开的，故未形成显著的版权观念及其较完善的版权保护法。也可以说，宋廷所采取的相关强化图书出版控制举措，仅仅囿于宋代特殊的政治框架内，构建了一套以维护专制统治为主导的图书出版机制。

其一，制订与完善图书出版的预审、追查制度。为防患于未然，宋廷制订了严密的图书出版预审制度，监控各地的图书出版行情。天圣五年，朝廷颁布诏令："今后如合有雕印文集，仰于逐处投纳，附递闻奏，候差官看详，别无妨碍，许令开板，方得雕印。如敢违犯，必行朝典。"③绍熙四年 (1193) 六月，朝廷下令："今后雕印文书，须经本州委官看定，然后刊行，仍委各州通判，专切觉察，如或违戾，取旨责罚。"④嘉泰二年七月，朝廷规定书坊，凡涉及"干国体及边机军政利害文籍，各州委官看详，如委是，不许私下雕印"⑤。嘉泰十五年，太学正孙仲鳌言："自今民间书坊刊行文籍，先经所属看详，又委教官讨论，择其可者许之镂板。"⑥从上述政令看出，宋廷针对潜在破坏性的图书出版，颁布条例、诏令约束书商的违法行为，促进了图书出版业的合理性、规范性发展。

尽管宋廷建立了一套图书预审制度，却仍有不少违禁的图书出版行为。为此，宋廷加强了图书出版的追查力度。大中祥符二年七月，驸马都尉柴宗庆刊印《登庸集》中涉及不少僭越词语。有官员认为除《登庸集》"乞毁印板，免致流传"外，

---

① 《宋大诏令集》卷一九一《政事四十四诫饬二》，北京：中华书局，1962 年，第 701 页。
② 《宋会要辑稿·刑法》二之一二七，第 6559 页。
③ 《宋会要辑稿·刑法》二之三八，第 6514 页。
④ 《宋会要辑稿·刑法》二之一二五，第 6558 页。
⑤ 《宋会要辑稿·刑法》二之一三二至　二二，第 6561-6562 页。
⑥ 《宋会要辑稿·刑法》二之一五一，第 6571 页。

还应"诏宗庆悉收众本，不得流传"①。可见，宋廷将整个出版业置于其层层防控之下，"仰大司成专一管勾，分委国子监、太学、辟雍官属正、录、博士、书库官分定工程，责以岁月，删改校正，疾速剜补，内大段损缺者，重别雕造，仍于每集版末注入今来校勘官职位、姓名，候一切了毕，印造一监，令尚书礼部复行抽摘点检，具有无差舛，保经费闻奏"。从客观讲，宋廷实行层层把关控制图书出版的举措，无论从质量还是内容上，均对图书出版业产生了重要影响。

其二，制定奖赏的政策，调动人们检举违禁图书出版的积极性。在宋代的图书出版有关刑律中，记载了不少鼓励人们检举违禁图书出版的条例。至和二年，欧阳修上书朝廷："如有不经官司祥定，妄行雕印文集，并不得货卖。许书铺及诸色人陈告，支与赏钱二百贯文，以犯事人家财充。"②政和四年，朝廷禁止元祐党人图书，鼓励人们检举，"立赏钱一百贯告捉，仍拘板毁弃"。庆元年间，朝廷颁布系列的检举诏令、条例，如"诸色人告获私雕时政、边机文书，钱伍拾贯；御书、本朝《会要》《国史》《实录》者，钱一百贯；告获私雕或盗印《律》《勒》《令》《格》《式》《刑统》《续降条制》《历日》者：盗印，钱伍拾贯；私雕印，钱一百贯"③。在这种情况下，有书商在书籍里刊印朝廷禁止翻刻的公告，如"陈告追究，毁板施行"。可以说，宋廷通过查阅审勘与检举通告结合，发挥了上情下达、下情上达的信息交汇机制。

其三，鼓励出版钳制民众思想的图书，维护专制统治的教化功能。赵宋开国伊始，太祖、太宗等帝王致力于重建专制统治的秩序，推行"重文抑武"等政策。因此，宋统治者把图书出版视为一种钳制民众思想的治国手段，"夫教化之本，治乱之源，苟无书籍"④。宣和五年（1123）十一月，国子祭酒蒋存诚等言："窃见御注《冲虚至德真经》《南华真经》未蒙颁降，见系学生诵习及学谕讲说，乞许行雕印，颁之学校。"⑤为了推行政治教化，司马光建议朝廷刊印《荀子》《扬子法言》两书，实现"张大正术，使后世学者坦知去从"目的⑥。又如，绍兴十三年，尚书度支员外郎林大声言："江西州县有号为教书夫子者，聚集儿童，授以非圣之书，有如《四言杂字》，名类非一，方言俚鄙，皆词诉语。欲望播告天下，委监司、守令如有非僻之书，严行禁止。诏令本路提刑司缴纳，礼部看详取旨。"⑦礼部根据林大声

① 《宋会要辑稿·刑法》二之二一，第6506页。
② （宋）欧阳修：《欧阳修全集》卷一〇八《论雕印文字札子》，北京：中华书局，第1637页。
③ （宋）谢深甫：《庆元条法事类》卷一七，哈尔滨：黑龙江人民出版社，2002年，第366页。
④ （宋）李焘：《续资治通鉴长编》，北京：中华书局，2004年，第571页。
⑤ 《宋会要辑稿》职官二八之二三，第2983页。
⑥ 李之亮注：《司马温公集编年笺注》卷一六，第11页。
⑦ 《宋会要辑稿·刑法》二之一五〇，第6570页。

的建议，"乞付有司禁止"①。可见，如若宋廷不能及时控制潜在的有违社会风化的图书出版，就有可能成为危害专制统治的重要因素。

总之，尽管宋廷在错综复杂的内外环境下，对图书出版、传播领域的控制时松时紧，但为了维护专制统治，集中力量设置了层层门槛，将预审、追查与信息反馈制度并行，奖励检举与惩罚违禁并用，形成了一套有特色的图书出版侵权防控机制。尽管这一机制还存在种种问题，但对宋廷维护专制统治起到积极作用，同时也对图书出版业的发展有所帮助。

---

① （清）徐松：《宋会要辑稿·刑法》三之二六，第6590页。

进奏院别名考证 *

魏海岩 谷文浩 刘子琨

内容提要： 在进奏院存在的几百年时间里，衍生出邸务、留后院、留邸、邸、郡邸、州邸、奏邸、邸院、进邸、进奏、奏院等一系列别名，其中像奏邸一类的称呼使用范围广泛，遍及公私领域，频现于小说、诗文、史书等文体，又如邸务、郡邸等词，并不是专门指称进奏院。促成进奏院产生如此多别名的一个重要原因就是其功能由多元向信息传播集中。进奏院别名的出现还影响了邸吏状、邸报等名称的出现和流行。研究者在搜集史料的过程中，要注意广泛搜集与严格鉴别并举，方可汇聚真信息，复唐宋进奏院之实况。

关键词： 进奏院；邸务；郡邸；奏邸

作者简介： 魏海岩（1978—），河北大学新闻传播学院副教授；谷文浩（1993—），辽宁大学新闻与传播学院硕士研究生；刘子琨（1996—），武汉大学新闻与传播学院硕士研究生。

安史之乱以后，强盛的唐王朝国势日衰，中央控制地方的力量更是江河日下。但是，强藩重镇与朝廷之间仍需维持臣属关系。为了便于中央与地方的信息、人员、物资等往来，唐藩镇、直属州在京师设置办事机构——上都进奏院，简称进奏院。以后五代更迭，北宋一统，南宋偏安，此机构在隶属、权限、服务对象，其至正式全称（宋时称都进奏院）等方面都有不小的变化，但"进奏院"却一直是最常见的简称。与此同时，进奏院还是不断有别名出现。

一、邸务、留后院与留邸

唐代进奏院正式设立以前，"唐藩镇皆置邸京师，谓之上都留后院"，作为一

———————————
* 本文为国家社科基金青年项目"唐宋进奏院研究"（项目编号：13CXW006）的阶段性成果。原刊载于《编辑之友》2018年第2期，第98—101页。

种临时机构。① 代宗大历十二年（777 年），唐王朝才将"诸道邸务在上都名曰留后"②者统一改为上都进奏院，成为常设机构。

然而，以后仍有将进奏院称为邸务、留后院的情形。

现存于广州博物馆的"后梁吴存锷墓志碑"，碑文显示，志主吴存锷（848 年—917 年），唐朝末年，为岭南东道节度使刘隐部下，"制凡厥贡奉，皆仗于公，遂陟随使押衙，仍上都邸务，押诣绸（作者注：应为纲字）进奉到阙"。后梁建立后，志主受岭南东道节度使刘岩之命，"委赍进奉并邸务"。据程存洁先生考证文中，邸乃邸字异体字。③

进奏院肩负着协助管理地方向中央输送赋税、年节进奉等经济职能。例如，据《资治通鉴》记载，元和四年（809 年），宪宗"有旨谕进奏院"，吩咐"自今诸道进奉，无得申御史台"。④因此，"后梁吴存锷墓志碑"中"制凡厥贡奉，皆仗于公，遂陟随使押衙，仍上都邸务""委赍进奉并邸务"等语中的邸务实际上就是进奏院的同义语。

宋代薛居正等所撰的《旧五代史》中记载，乾祐三年（950 年）割据湖南一带的朗州节度使马希萼与其弟湖南节度使马希广为争夺统治权而发生内斗，"马希萼奏请于京师别置邸院"，但被汉隐帝"以湖南已有邸务，不可更置"⑤为由拒绝。马希萼以为后晋偏袒马希广，盛怒之下，"遣使称藩于唐"。唐朝时期，地方藩镇或直属州才在京师设置进奏院，及至五代十国分裂期内，向一国的京师派驻进奏官有政治上归顺的象征意义。例如，显德五年（958 年），后周世宗率军南渡，一路攻城略地，大有一统南北之势。南唐上下震恐，夏五月，为苟延残喘，息"大国"之怒，后唐元宗下令去掉帝号，改称国主。八月甲申，"（南）唐始置进奏院于大梁"。胡三省对此举的解释是"臣属故也"。⑥

马氏兄弟争相在后汉设置邸务，是想以承认后汉为正统的方式，进而换取对方承认自己在湖南一带统治合法性的目的。所以，此处的邸务应是进奏院。此外，对以上事件中提及的"邸务"，司马光径直称作"进奏务"⑦，亦可作为旁证。

但是，邸务并不总是进奏院的专有代称。《新五代史》中记载，马殷最初割据

――――――――

① 《皇朝会要》，引自（宋）李心传：《旧闻证误》卷一，北京：中华书局，1980 年，第 8 页。
② （后晋）刘昫等撰《旧唐书》本纪第十一代宗，北京：中华书局，1975 年，第 312 页。
③ 程存洁：《新发现的后梁吴存锷墓志考释》，《文物》1994 年第 8 期。
④ （宋）司马光：《资治通鉴》卷二三七唐纪五十三，北京：中华书局，1956 年，第 7658 页。
⑤ （宋）薛居正：《旧五代史》卷一百三汉书五隐帝纪下，北京：中华书局，1976 年，第 1368—1369 页。
⑥ （宋）司马光：《资治通鉴》卷第二百九十四后周纪五世宗显德五年，北京：中华书局，1956 年，第 9586 页。
⑦ （宋）司马光：《资治通鉴》卷二八九后汉纪四，北京：中华书局，1956 年，第 9426 页。

湖南之时，惧怕强邻环伺，问计于部下高郁。高郁向他建议："内奉朝廷以求封爵而外夸邻敌。"马殷听从他的话，开始向后梁进贡称臣。此外，"自京师至襄、唐、郢、复等州置邸务以卖茶"。①《资治通鉴》对同一事件的记载：开平二年（908年）七月，马殷向后梁朝廷提出申请，"于汴、荆、襄、唐、郢、复州置回图务，运茶于河南、北"，得到梁太祖朱温下诏批准。②

回图是贸易，营运之意，回图务即负责贸易的机构。回图务并非仅只设置于京师，只要有必要，在全国各州都可以设置。《唐律疏义·名例》中对邸店的解释是："居物之处曰邸，沽卖之所曰店。"综合以上材料，《新五代史》载马殷所置的邸务，是一个纯粹的商贸运营储存机构。

类似的例子还有：广顺二年(952年)，南楚马氏政权发生内乱，刘言乘机获得马氏故地。广顺三年(953年)，刘言向后周称臣，周太祖下诏，赐还"旧属湖南在京及诸处庄宅、楼店、邸务、舍屋等"。③能够在京城及各地广泛设置的邸务，与庄宅、楼店、舍屋等混为一谈，并且排列顺序置于庄宅、楼店之后，一定不是政治象征意义很强的进奏院，或者就是马楚政权时期的回图务。

宋代《益州名画录》有载，后晋天福七年（942年），荆南高从诲派遣"邸务丁宴入蜀"④，邀请后蜀翰林待诏李文才画兴义门两双石笋。荆南辖地狭小，兵力有限，在"南汉与闽、蜀皆称帝"的情况下，高从诲采取认小服低，"所向称臣"⑤的外交策略。是故，荆南政权在后蜀设置进奏院是可能的。再结合书中上下文语义推断，邸务或是进奏官的一种别称。但进奏官一般都是派驻在事实上或名义上的国家首都，是一种长期的职任。可是，按照文中记叙，丁宴似乎是为了完成请画师入荆南的任务而临时委派的，类似于使者。考察历史上的高从诲，曾接受中原王朝王爵的封号。王府僚佐也被称作宫邸官、邸官，因此，此处邸务可能是邸官的一种称呼。

《旧唐书》载，唐宪宗元和年间（806—820年），淄青节度使李师道因朝廷拒绝其停止讨伐淮西节度使的要求，而派遣"勇士数百人伏于东都进奏院"⑥，计划焚烧洛阳宫阙，屠杀城中居民，制造混乱和恐慌，以声援淮西。司马光《资治通鉴》

---

① （宋）欧元修等：《新五代史》卷六十六楚世家第六，北京：中华书局，1974年，第824页。

② （宋）司马光：《资治通恶》卷二六六《后梁纪一》，北京：中华书局，1956年，第8702页。

③ （清）董诰：《全唐文》卷一百二十二周太祖·赐刘言诏，北京：中华书局，1983年影印，第1231页。

④ （宋）黄修复：《益州名画录》卷中李文才，何韫若、林孔翼注，成都：四川人民出版社，1982年，第79页。

⑤ （宋）欧元修等：《新五代史》卷六十九南平世家第九，北京：中华书局，1974年，第859页。

⑥ （后晋）刘昫等撰《旧唐书》本纪之卷十五宪宗下，北京：中华书局，1975年，第454页。

对该事件的记载，先是"（平卢淄青节度使）李师道置留后院于东都"。元和十年（815年）淮西叛军侵犯东都附近地区，李师道"潜内兵于院中"，计划"焚宫阙，纵兵杀掠"。① 两则史料对比可知，进奏院与留后院乃同一事物。

可是，如邸务一样，留后院也非进奏院的专有别名。

唐文宗太和二年（828年）七月敕："潼关以东度支分巡院，宜并入盐铁江淮河阴留后院。"② 唐朝的盐、铁专卖与漕运皆由中央任命的盐铁转运使主管。因此，该处留后院是负责盐铁转运的一个机构，与地方派驻京师的进奏院不同。

邸务在上都者谓之留后，因而进奏院又生出一个别称，留邸。

开成四年（839年），李商隐在代替王茂元所作的《为濮阳公陈情表》中，有"李师道天平畔援之时，潜入其徒，盈于留邸"。③ 这句话描述的史实正是淄青节度使李师道伏兵于东都进奏院。证明此处留邸就是东都进奏院。

唐杜牧大中年间（847年—860年）任知制诰期间，作《柳师元除衢州长史知夏州进奏等制》有夏州节度押衙知进奏柳师元"主留邸之职"之语，作《赖师贞除怀州长史周少廊除虢州司马王桂直除道州长史等制》有凤翔府节度押衙知进奏赖师贞"主大藩留邸之事"④之句。文中说留邸之事由进奏官掌管，而进奏官的办公场所就是进奏院。

除了政府公文中有称进奏院为留邸的情形外，墓志铭、文学作品中也出现过此种情况。

《唐故泾原节度押衙知进奏银青光禄大夫检校大将宾客右金吾卫长史兼殿中侍御史上柱国王府君墓志铭并序》，记述的乾符三年（876年）病故的王幼虞，"少而孤焉，荣路自立，縻职留务。累更重难，自效辛勤二十余载"，"去岁旋遇汝南八座，杖节边陲，迁公知留邸。"⑤

唐卢言的《卢氏杂说·韦皋》中写道，韦皋任剑南西川节度使时，到京师向天子进奉乐曲，"于留邸按阅"。⑥唐孟棨的《本事诗》记载了韩翃晚年在汴宋节度使李勉手下任幕吏，一日晚间，同事韦巡官忽然叩门祝贺韩翃已被朝廷任命为知制诰，并说："留邸状报制诰阙人……德宗批曰：'与韩翃。'"⑦

① （宋）司马光：《资治通鉴》卷第二百三十九唐纪五五宪宗元和十年，北京：中华书局，1956年，第7715页。

② （宋）王溥：《唐会要》卷八十八盐铁，北京：中华书局，1955年，第1606页。

③ 刘学锴，余恕诚：《李商隐文编年校注》，北京：中华书局，2002年，第342页。

④ （清）董诰：《全唐文》卷七百五十杜牧，北京：中华书局，1983年影印，第7767页。

⑤ 周绍良、赵超主编：《唐代墓志汇编续集》乾符〇〇八，上海古籍出版社，2001年，第1123页。

⑥ 引自（宋）李昉：《太平广记》卷第二百四乐二，北京：中华书局，1961年，第1545页。

⑦ 引自（唐）孟棨等：《本事诗·本事词》，上海：古典文学出版社，1957年，第10页。

由此可见，在唐朝称进奏院为留邸很常见。不仅如此，这种用语习惯还延续到了宋朝。例如，仁宗庆历年间，由于范仲淹的推荐，苏舜钦任"监进奏院"。[①]恰逢进奏院祭神，苏舜钦便用卖故纸的公款宴请宾客，遭到鱼周询等劾奏。苏舜钦因而被除名，其他与会者皆遭遇不同程度的处罚。当事人苏舜钦在《上执政启》中，替自己辩解说："留邸之祀神，缘常岁而为会。"[②]

二、邸、郡邸与州邸

唐皇甫湜作《韩愈神道碑》中记述，宪宗元和五年（810 年），韩愈任河南令时，魏、郓、幽等藩镇派驻在东都洛阳的士兵骄横不法，不久以后，"郓邸果谋反东都，将屠留守以应淮、蔡"[③]。李师道匿兵于进奏院，欲发动叛乱，上文已略述。因此，皇甫湜所写碑文中叙谋反一事，即为此事。

淄青节度使最初以青州为治所，大历十一年（776 年）平卢溜青节度使李正己趁进讨李灵曜之机，把曹、濮、徐、兖、郓五州划入自己势力范围，并把治所由青州徙于郓州。以后，常把郓州指代平卢淄青镇。两则材料所记事件和细节高度重合。比较而言，郓邸对应的就是平卢淄青驻东都进奏院。

唐会昌三年（843 年），李商隐作《代仆射濮阳公遗表》中有"李师道潜谋洛邑，托以郡邸，入之甲兵"[④]。联系前后史料，可知此处郡邸也是淄青镇在东都设立的进奏院。

唐人何以名进奏院为邸、郡邸，是有历史渊源的。

我国从夏商周时代开始，最高统治者主要依靠诸侯来管理地方。所以，逐渐形成诸侯向中央王朝进贡、朝拜等制度。特别是周代，这一制度最为完善。秦始皇一统六国，加强中央集权，废封建而行郡县。汉朝建立后，大体因循秦制。汉朝廷为各郡来京官员更好地履行"通奏报，待朝宿"的职责，于京师为之修建的府邸，被称为郡邸。汉宣帝幼时由于"巫蛊之祸"的牵累，曾被"收系郡邸狱"的经历，便可作为例证。[⑤]

唐朝建立后，前期继续推行州（郡）级政府朝集使制度。具体实施的情况是：每年固定的时间，州（郡）以上的长官到都城，履行朝集使的职责，"集于考堂，

①　（元）脱脱等：《宋史》卷三百二列传第六十一何中立传，北京：中华书局，1977 年，第 10029 页。

②　苏舜钦撰：《苏舜钦集年校注》卷九《上执政启》，胡问陶、傅平骧校注，成都：巴蜀书社，1991 年，第 682 页。

③　（清）董诰：《全唐文》卷六八七，北京：中华书局，1983 年影印，第 7038 页。

④　刘学锴，余恕诚：《李商隐文编年校注》，北京：中华书局，2002 年，第 696—697 页。

⑤　（东汉）班固：《汉书》卷八宣帝纪第八，北京：中华书局，1962 年，第 235 页。

应考绩之事。……陈其贡篚于殿堂"①。可是，最初的朝集使入京，朝廷没有向其提供住所，直到贞观十七年（643年），唐太宗才特意下诏，"为诸州朝集使造邸第三百余所"②。中间几经兴废，至唐德宗建中二年（781年）方始消失。③可是，后来建立的进奏院无论从形式上还是在功能上都与郡邸有很多类似之处，以致时人就有把二者视为源流关系者。唐代柳宗元作《邠宁进奏院记》开篇就说，古代诸侯赴京师述职、朝觐、会计等皆有固定府邸。"其在周典，则皆邑以具汤沐；其在汉制，则皆邸以奉朝请。"唐朝兴起以后，"则皆院以备进奏"。《汉书》记载，西汉吕氏被诛灭后，大臣共同迎立汉高祖次子代王刘恒为帝。刘恒一行到达渭桥，太尉周勃送上天子玉玺。刘恒故作谦逊说："至邸而议之。"颜师古注："郡国朝宿之舍在京师者，率名邸……与邸同。"④

因而，以邸或郡邸称进奏院是用古称指代今物。后世依然有沿用这种习惯的现象存在。例如，显德五年（958年）八月甲申，"（南）唐始置进奏院于大梁"一事，宋王溥等所撰《周世宗实录》就有这样的表述："八月甲申，遣其臣陆昭符使置邸于京师。"⑤证明置邸就是设置进奏院。

宋张嵲作《鲁和刘锜申契勘进奏官鲁和自承受本司军期奏报等文字并无稽滞乞昨来湖北京西宣抚司进奏官王处仁体例先次与补受出职名目依旧在院承发本司文字奉旨与补承节郎制》中有"尔为吏郡邸，且司边邃奏报"。⑥

宋人文学作品中以郡邸指代进奏院的现象也有出现。仁宗庆历年间，苏舜钦因进奏院狱而被除名。宋魏庆之在《诗人玉屑》中有，"苏子美坐进奏院谪官，后死吴中"，江邻几作诗咏其遭遇："郡邸狱冤谁与辨？皋桥客死世同悲！"⑦

西汉时期，郡邸分散设置。及至东汉，中央政府将郡邸集中起来。这个群邸集结之地就被呼为"百郡邸"。例如，中平六年（189年），宦官蹇硕密谋诛杀大将军何进。何进知晓后，"引兵入屯百郡邸"。⑧陆机《洛阳记》："百郡邸，在洛城中东城下步广里中。"⑨由郡邸衍生出的百郡邸一词，在宋代也继续使用，并被赋予了

① （宋）司马光：《资治通鉴》卷一九三唐纪九太宗贞观五年正月胡三省注，北京：中华书局，1956年，第6086页。

② （宋）王溥：《唐会要》卷二十四诸侯入朝，北京：中华书局，1955年，第459页。

③ 张国刚：《唐代藩镇研究（增订版）》，北京：中国人民大学出版社，2010年，第124页。

④ （唐）柳宗元：《柳宗元集》卷二十六，中华书局，1979年，第712页。

⑤ （宋）王溥等：《周世宗实录》，陈尚君辑校，北京：中华书局，2000年，第1596页。

⑥ （宋）张嵲：《紫微集》卷十九，钦定四库全书。

⑦ （宋）魏庆之：《诗人玉屑》卷七事如己出天然浑厚，王仲闻点校，北京：中华书局，2007年，第205页。

⑧ （南朝）范晔《后汉书》卷六十九列传五十九窦何列传，北京：中华书局，1965年，第2248页。

⑨ （宋）李昉等：《太平御览》卷一百八十一居处部九邸，中华书局，1959年影印版，第880页。

新意。

宋朝诗人黄庭坚曾作《观秘阁苏子美题壁》咏苏舜钦生平，其中涉及进奏院狱一事，诗云"兼官百郡邸，报赛用岁常。"①

进奏院在唐朝诞生后，一直至宋朝初年，都是各地分别设立，散在首都各坊。宋太宗太平兴国年间，朝廷才把各地进奏院集中安置在一地，正式成为中央的下设机构，并且专设监官统一管理各州的进奏事务。

因此，诗中"官百郡邸"应是为天下郡邸统领官之意，即是进奏院监官。此处所言之百郡邸，应是都进奏院。

《旧五代史》记载，光启三年（887 年），"汴州邸吏"程岩与宦官刘季述勾结，欲行废立之谋，担心实力薄弱，不足以成事。正逢宣武节度使朱温派下属李振奏事于长安，"舍于州邸"，于是，程岩就把谋划告之李振，想获得朱温支持。被拒绝后，刘季述仍然发动政变，当日，"程岩率诸道邸吏牵帝下殿"。②《旧唐书》中对程岩的身份及所起作用的描述是这样的：刘季述"与汴州进奏官程岩等十三人请对"。③由此可见，所谓州邸就是进奏院。

唐朝前期实行州县二级行政区划制度，中后期实行道、州、县三级政区划制度。宣武军最初设立时，治所是在宋州，兴元元年（784 年）始徙汴州。④故文中的汴州州邸与汴州进奏官实际上就是宣武进奏院和宣武进奏官的异称。

类似的例子还有，唐宪宗统治时期，朝廷改任容管经略使房启为桂管观察使，"州邸以略请有司飞驿送诏"。⑤容管唐朝方镇之一，由容管经略使掌管，治所为容州。所谓州邸中的州也是以治所州指代容管。

但并非唐宋人笔下的邸、郡邸、州邸都是进奏院的专有代称。

唐传奇《枕中记》载，唐开元年间有一会仙术的道士吕翁，行经邯郸道上"息邸舍"，偶遇"旅中少年"卢生，"亦止于邸中"。⑥此处邸当作旅店解。

宋蔡绦《铁围山丛谈》载，政和年间，徽宗诸皇子日益长大，适宜迁居外第。于是，朝廷选址于景龙门外，"辟以建诸邸"。⑦此处之邸，应作侯王府第解。

北宋宋祁等所撰《新唐书》载，大历十四年（公元 779 年）六月己亥，德宗

①　（宋）龚明之：《中吴纪闻》卷一苏子美，上海：上海古籍出版社，1986 年，第 13 页。
②　（宋）薛居正：《旧五代史》卷十八 梁书十八列传八李振传，北京：中华书局，1976 年，第 251 页。
③　（后晋）刘昫等撰《旧唐书》本纪第二十上昭宗，北京：中华书局，1975 年，第 770 页。
④　（宋）宋祁等：《新唐书》卷一三九地理志二，北京：中华书局，1975 年，第 989 页。
⑤　（宋）宋祁等：《新唐书》卷一三九 列传第六十四房启传，北京：中华书局，1975 年，第 4629 页。
⑥　引自（宋）李昉：《太平广记》卷第八二异人二，北京：中华书局，1961 年，第 527 页。
⑦　（宋）蔡绦：《铁围山丛谈》卷一，冯惠民，沈锡麟点校，北京：中华书局，1983 年，第 2 页。

皇帝下诏："禁百官置邸贩鬻。"①百官为泛指，并非特指道、州长官，设置邸的初衷在于贩卖，所以此邸当作店铺解。

咸平二年（999 年）十月，时任处州知州的杨亿获赐"勑书一道、紫□纯绵旋襕一领"，屯驻诸军员僚获赐"初冬衣袄"。杨亿因而上表称谢，中有"光生郡邸，喜动辕门"②之语。

夏竦（985 年—1051 年）在所作《大安塔碑铭》中，记述了湖南长沙有一名叫作胡希圣的女子，曾被马氏"略为姬侍"。北宋初年，宣徽使李处耘"南定湘川，得之郡邸"。③

以上两例中的郡邸作为郡之府邸解释较为恰当。

宋朝宋敏求《长安志》卷九，记述唐代首都长安城怀真坊内，"东北隅废乾封县廨，本施、巫等八州邸。"④唐高宗乾封元年（666 年），朝廷方始设置乾封县。⑤施、巫等八州州邸出现在怀真坊东北隅的时间在唐高宗乾封元年以前，也就是说，大大早于上都留后院、进奏院诞生的时间。是故，此处州邸只能是朝集使的府邸。

三、邸院、奏邸、进邸、进奏务

唐宋间进奏院的别称还有把进奏院和邸务、留邸、郡邸、州邸等混合而成的情形。

后晋刘昫等所撰的《旧唐书》中对李师道藏叛乱士卒于东都进奏院一事的背景描述是这样的："初，师道于东都置邸院。"⑥

南宋诗人韩元吉（1118 年—1187 年）为苏师德（1096 年—1175 年）撰写的墓志铭中，提到亡者生前曾任都进奏院监官，"在邸院，值疆场多事"。⑦

南宋士大夫胡寅（1098 年—1156 年），由于与当权宰相秦桧不和，于绍兴二十年（1150 年）被处以落职、新州安置的惩罚。他在"责授果州团练副使，新州安置"时所进《散官安置谢表》开篇就点明，自己原本打算在谢表中对遭受处罚的

① （宋）宋祁等：《新唐书》卷七德宗本纪，北京：中华书局，1975 年，第 184 页。
② （宋）杨亿《武夷新集》卷十二杨亿谢赐衣表，钦定四库全书。
③ （宋）夏竦：《文庄集》卷二十七碑铭，钦定四库全书。
④ （宋）宋敏求：《长安志》卷九唐京城三，（清）毕沅校正，台北：成文出版社有限公司，1970 年，第 224 页。
⑤ （后晋）刘昫等撰：《旧唐书》卷三十八志第十八地理一，北京：中华书局，1975 年，第 1396 页。
⑥ （后晋）刘昫等撰《旧唐书》卷一百五十四列传第一百四吕元膺传，北京：中华书局，1975 年，第 4105 页。
⑦ （宋）韩元吉：《南涧甲乙稿》卷二十故中散人大致仕苏公墓志铭，引自《丛书集成初编》，北京：中华书局，1985 年，第 408 页。

原因做一点辩解，没想到"邸院又打下，云左降官不应上表"①。北宋地方官员正常的奏章进奏途径是先通过驿站传递到进奏院，进奏院再交给中央有关机构统一投进。然而，进奏院官吏受某种势力所迫或利益诱惑，也会干出隐匿奏章的勾当。例如，宋太宗雍熙（984年—987年）年间，秦州州民李益依恃家资富饶、结交朝中权贵而暴虐一方，甚至侵凌驱使州吏。州推官冯伉不堪受辱，"屡表其事，又为邸吏所匿，不得达"②。邸吏即为进奏院吏员统称。因此，此处的邸院应是进奏院的别称。

南宋周必大在考证知后官一职历史源流的时候，提出："唐藩镇于邸院，有知后官。《五代会要》载曾任节度至刺史等，则责本道进奏知后院状。"③

可是，并不是所有的邸院都等于进奏院。南唐刘崇远所撰《金华子杂编》就曾提到，唐昭宗天复三年（903年），平卢节度使王师范曾派手下将官刘鄩偷取兖州。刘鄩伪装成"回图军将"，"于兖州置邸院，日雇佣夫数百"④。回图军将意即负责贸易营运的官员，说明设置于兖州的邸院是负责贸易的，与传递信息无关，况且兖州也非晚唐的首都。

《旧唐书》中记载，元和年间，山南东道节度使孟简委派"腹心吏陆翰知上都进奏"⑤。《新唐书》对同一事件的记载是，孟简委派"亲吏陆翰主奏邸"⑥。

南宋许月卿《百官箴》中"进奏院箴"条，开篇就是宋太祖赵匡胤收藩镇之权，"奏邸宿弊，于焉以革"⑦。

《南唐书》记载，交泰元年（958年），后唐"置进奏邸于汴都"⑧。《资治通鉴》对这一事件的记载是，后周显德五年（958年），"（后）唐始置进奏院于大梁"⑨。

此类案例证明奏邸与进奏院的同一事物。

《新唐书》修撰始于庆历四年（1044年），成于宋仁宗嘉祐五年（1060年）；《南

① （宋）胡寅：《斐然集》卷六，钦定四库全书本。

② （元）脱脱等：《宋史》卷三百二列传第十六吴元载传，北京：中华书局，1977年，第8949页。

③ （宋）周必大：《二老堂杂志》卷四辩知后典误，引自王云五主编：《丛书集成初编》，上海：商务印书馆，1936年，第62页。

④ （南唐）刘崇远：《金华子杂编》卷下，钦定四库全书本。

⑤ （后晋）刘昫等撰《旧唐书》卷一百六十三列传第一百一十三孟简传，北京：中华书局，1975年，第4258页。

⑥ （宋）宋祁等：《新唐书》列传第八十五孟简传，北京：中华书局，1975年，第4968页。

⑦ （宋）许月卿著，肖建新校注：《百官箴校注》，合肥：安徽师范大学出版社，2005年，第181页。

⑧ （宋）陆游：《南唐书》卷二元宗本纪第二，引自《五代史书汇编》（九），杭州：杭州出版社，2004年，第5485页。

⑨ （宋）司马光：《资治通鉴》卷第二百九十四后周纪五世宗显德五年，北京：中华书局，1956年，第9586页。

唐书》卷十三刘仁赡传史论有"乾道、淳熙之间，予游蜀"等语，故可推知是书必作于孝宗淳熙年间（1174 年—1189 年）之后；《宋运幹山屋先生行状》记载："公于是著《百官箴》……比进，会理宗弃群臣而泥古心"。文中的"公"指许月卿，理宗为南宋第六任君主。说明以奏邸代指进奏院几乎伴随天水一朝始终。

不仅如此，宋人以奏邸指称进奏院频率极高，如下表所示，按照四部分类法，涵盖了史部、子部、集部，并且还涉及诗、词、奏书、墓志、题跋、书信等各个方面。

表 1　宋人作品中采用奏邸指代进奏院事例

时代·作者	来源	内容	类别
南宋杨仲良	皇宋通鉴长编纪事本末	文：疑误奏邸，壅天下之情	史部
南宋李焘	续资治通鉴长编	文：四方奏状已至京师，而奏邸却之不得通奏	史部
北宋魏泰	东轩笔录	文：苏舜钦奏邸之会，预坐者多馆阁同舍，一时被责十余人	子部
北宋文莹	湘山野录	文：苏子美以奏邸旧有赛神之会	子部
南宋叶绍翁	四朝闻见录	文：归咎奏邸报吏妄撰圣旨	子部
南宋洪迈	夷坚乙志	文：遽遣人人京，扣奏邸吏	子部
南宋陈鹄	西塘集耆旧续闻	文：御史刘元瑜迎合时宰之意，兴奏邸之狱	子部
北宋苏轼	《与王定国》第十六简	书信：奏邸拘微文，不肯投进	集部
南宋刘宰	漫塘文集	墓志：时度支之父华文实官奏邸	集部
南宋辛弃疾	稼轩词	词：沁园春·戊申岁奏邸忽腾报谓余以病挂冠因赋此	集部
南宋陆游	陆游诗全集	诗题：送三兄赴奏邸	集部
南宋李鸣	历代名臣奏议	奏疏：不以奏邸之傲歌而网名士	集部
南宋楼钥	攻媿集	跋文：隆兴改元，先光禄官奏邸检详新安张公为僚	集部

北宋进奏院娱神案的当事人苏舜钦给欧阳修的信中有"进邸神会,比年皆然"[①]之语，可以推知北宋时期，进奏院有进邸这一简称。

《珊瑚钩诗话》中在叙述苏舜钦进奏院娱神一案的时候，使用"苏子美进邸之会"[②]之语。《珊瑚钩诗话》的作者张表臣，南宋绍兴时期官至司农丞。

---

① 苏舜钦：《苏舜钦集年校注》卷九《与欧阳公书》，胡问陶、傅平骧校注，成都：巴蜀书社，1991 年，第 609 页。

② （宋）张表臣：《珊瑚钩诗话》卷中，《钦定四库全书》。

元祐元年（1086 年），反对新法的高太后执掌北宋政权，变法派领袖蔡确立即遭遇罢相、知陈州的贬黜。第二年，蔡确再次被贬知安州。此间，蔡确写了《夏日游车盖亭》十首诗歌。该诗日后被知汉阳军吴处厚得到，为之增加注释，说诗歌多涉谤讪，然后上奏。高太后观后大怒，将蔡确贬到新州，这就是著名的车盖亭诗案。南宋王明清《挥麈三录》中记载，当吴处厚把经过曲解的《夏日游车盖亭》上奏后，在其子的劝说下心生悔意，特意打发健步"驰至进邸"，但是已经来不及了，"邸吏方往阁门投文书"。①

此三例证明两宋都有以进邸作为都进奏院别名的做法。

进奏务前文已涉，不再赘述。

四、进奏、奏院

在进奏院这一简称的基础上还产生更为简洁的称呼：进奏、奏院。

《宋会要辑稿》：绍兴六年（1136 年）十二月十八日，高宗下诏，"登闻、检举、进奏、官告、文思诸司、诸军粮审院、仓场"等官员出阙，令吏部依法差注。②

南宋赵彦卫在《云麓漫钞》中称宋朝有六院设置，即"粮料，审计，进奏，官告，登闻检、鼓"。③《朝野类要》中对六院解释为，登闻检院、登闻鼓院、官告院、都进奏院、诸军司粮料院、两审计司合称六院。④

《建炎以来朝野杂记》"六院官入杂压"条的六院包括，登闻检院、登闻鼓院、诸军粮料院、诸军审计司、官告院、都进奏院。⑤

所以，以上诸例当中的进奏对应的是都进奏院。

宋朝李颀在《宋诗话辑佚》中则称"苏子美坐进奏赛神事"。⑥

宋朝阮阅于宣和五年（1123 年）完成的《诗话总龟前集》"苏子美坐进奏赛神事谪官"。⑦南宋洪迈在《容斋随笔》中称苏舜钦进奏院狱为"进奏狱"。⑧以上所

① （宋）王明清《挥麈录·挥麈三录》卷一，上海：上海书店出版社，2009 年，第 186 页。

② （清）徐松：《宋会要辑稿》选举二三之一五，北京：中华书局，1957 影印本，第 4617 页。

③ （宋）赵彦卫：《云麓漫钞》卷七，傅根清点校，北京：中华书局，1996 年，第 115 页。

④ （宋）赵昇：《朝野类要》卷二六院，北京：中华书局，1985 年，第 16 页。

⑤ （宋）李心传：《建炎以来朝野杂记》卷十三乙集官制一，徐规点校，北京：中华书局，2000 年，第 726 页。

⑥ （宋）李颀《古今诗话》卷上江邻几吊苏子美诗，引自郭绍虞辑：《宋诗话辑佚》，北京：中华书局，1980 年，第 158 页。

⑦ （宋）阮阅：《诗话总龟前集》卷六·评论门二，周本淳校点，北京：人民文学出版社，1987 年，第 61 页。

⑧ （宋）洪迈：《容斋随笔》卷第八谈丛失实，上海：上海古籍出版社，1978 年，第 101 页。

说的进奏事件，就是上文所说的进奏院狱。因此，此处的进奏也是进奏院的一个简称。

《宋会要辑稿》中记载，至道三年（997年）五月，真宗降诏，应当向中央进贡土产的各州各军，今后"不于奏院送纳"。①专制时代的中国，地方向中央定期进攻土产是非常常见的。进奏院设置以后，它的职能之一就是负责各道、府、州向皇帝进纳土贡。例如，后唐长兴三年（932年）五月二十九日，尚书户部上奏，二十余州贡物未能按时送到京师，其中就包括江陵府的胎白鱼，于是"堪问本道进奏官"。②若是进奏官于主管进贡事宜不相关的话，户部是没有理由进行勘问的。因此，上文所提之至道三年诏书中的"奏院"，应是进奏院。

南宋《朝野类要》中对"等子"的记载中有，等子出职的时候，"旧皆诣都进奏院行谢。盖奏院辖递铺故也"③。证实奏院也是都进奏院的简称。

五、结论

梳理、研究进奏院别名的学术意义不仅仅局限于名物考证，主要还体现在以下三个方面：

首先，有助于理解进奏院的主要功能——信息传播，是如何在其发展过程中得到逐步突出和转化的。进奏院的主要功能就是通过公文、口传等形式实现政治上的上下通情。唐人对进奏院地位的直接描述——"诸侯之任，各有职贡，小者得循事例，大者决于朝廷，闻白启导，属在留邸"④，或对进奏官作用的评价——"藩侯所任，邸吏为先，能传万里之音，不坠九霄之命"⑤，可以作为证明。

进奏院中的"进"，应作进献，奉上解，"奏"，原意也作进讲，后来引申为臣下向君主上书或进言。进奏院比之留后院，从字面上讲，强调的是单向传递物资、传播信息，并且有很强的皇权至上、中央驾驭地方的意味。

可是，却并非如此。第一，中晚唐及五代的实际情形却是地方挑战中央权威，兵强马壮的藩镇节度使可以肆意割据甚至妄行废立、自戴冠冕的时代。第二，进奏院的信息传播行为有很强烈的地方主义倾向。尤其是进奏官肩负着为本镇搜集

① （清）徐松：《宋会要辑稿》食货五六金户部度支／户部之九，北京：中华书局，1957影印本，第5777页。

② （宋）王溥《五代会要》卷一五户部，上海：上海古籍出版社，1978年，第255页。

③ （宋）赵昇：《朝野类要》卷二六院，北京：中华书局，1985年，第8页。

④ （唐）杜牧：《景思齐授官知宣武军进奏官制》，自（清）董诰等编：《全唐文》卷七百五十，北京：中华书局，1983年，第7767页。

⑤ （唐）崔致远：《曹鹏知行在进奏补充节度押衙牒》，自（清）董诰等编：《全唐文·唐文拾遗》卷四十，北京：中华书局，1983年，第10829页。

情报，撰写传递报状的职责，很多都是朝廷千方百计保密的信息。第三，如下表所示，唐五代的进奏院还有其他许多附加功能。

表 2　唐五代进奏院功能表

职能	示例
藩镇长官与下属入京居住之地	《邠宁进奏院记》：凡诸侯述职之礼，必有栋宇建于京师。朝觐为修容之地，会计为交政之所。 旧五代史卷梁书十八列传八李振传：光启三年十一月，太祖遣（李）振入奏于长安，舍于州邸。
向朝廷呈递本镇奏章	《唐会要》卷二十六笺表：例会昌五年八月，御史台奏："应诸道管内州……除四节外，非时别有庆贺，使司便牒支郡取表状，急递至上都，委留后官进奏。"
向本镇传达朝廷指令文书	《资治通鉴》第二百四十八卷：会昌五年八月，李德裕召进奏官谓曰："汝趣白本使……" 《唐会要》卷六十九刺史下：会昌四年八月，中书门下奏："比缘向外除授刺史，多经半年已上，方至本任。……自今以后，敕到南省，限两日内牒本道，便令进奏院递去。"
为本镇搜集情报，传递报状	《资治通鉴》第二百七十七卷：长兴元年九月癸亥，西川进奏官苏愿白孟知祥云："朝廷欲大发兵讨两川。" 《旧五代史》卷八十九列传四：(后晋兖州节度使桑维翰)上疏曰：近者，相次得进奏院状报：吐浑首领白承福已下举众内附，镇州节度使安重荣上表请讨契丹。
代表藩镇向朝廷提出要求建议	《旧唐书》列传第一百三十杨志诚传：太和七年，转（杨志诚为）检校吏部尚书。诏下，进奏官徐迪诣中书白宰相曰："军中不识朝廷体位，只知自尚书改仆射为迁，何知工部转吏部为美？"
为维护藩镇长官利益结交权贵	《旧唐书》列传第一百一十三孟简传：(孟)简在襄阳，以腹心吏陆翰知上都进奏，委以关通中贵。
参加仪式，完成礼节	《旧五代史》卷一百四十九志十一职官志：后唐天成元年，卢文纪初拜中丞，领事于御史府，诸道进奏官来贺……
货值汇兑	《唐会要》卷七十九诸使杂录下：会昌三年十一月十三日敕：诸道进奏官，或有一人兼知四五道奏进，兼并货殖。 《新唐书》志第四十四食货四：时商贾至京师，委钱诸道进奏院及诸军、诸使富家，以轻装趋四方，合券乃取之，号"飞钱"。
上交赋税、进奉、土贡	《全唐文》卷七百二十四李骘徐襄州碑：襄州两税，每差纲官送纳，并有直进胶腊，其数甚多，例属新官。岂免败阙，陪备差遣，扰害颇深。每吏部注官，多不敢受。因访问资纲大数可以资陪人，遂请度支陆运脚搬驮到京，遣进奏院所由勾当输纳。 《资治通鉴》第二百三十七卷：元和三年四月，（宪宗）有旨谕进奏院："自今诸道进奉，无得申御史台；有访问者，辄以名闻。"

邸务、留后院、留邸、邸、郡邸、邸院等别名，以其对地方权力色彩的强调和特征表述的模糊性，反而更能契合当时的时代特征和进奏院功能的多样性。因此，此类别名最早出现于唐五代或宋初。

宋朝建立后，开始大规模削弱地方权力，将大部分财政、军事、人事等权力收归中央。伴随这一进程，进奏院的设置权、进奏官的选拔权都收归朝廷。宋代钤辖诸道进奏院、都进奏院成立以后，身份已有过去的地方派驻中央办事处，改为中央枢密院、门下后省等的下属机构。不仅如此，宋统治者还特意对原有管理系统进行拆分，通过功能细化和机构设置上的叠床架屋来防范某一主管官员权力过大。在两种因素的综合作用下，唐五代进奏院的"藩镇长官与下属入京居住之地""代表藩镇向朝廷提出要求建议""为维护藩镇长官利益结交权贵""缴纳赋税""货值汇兑"等功能至此基本消失。

表 3　宋代进奏院功能表

职能	示例
公文方面的上下通情	《两朝国史志》：都进奏院掌受诏敕及诸司符牒，辨其州、府、军、监以颁下之。并受天下章奏、案牍、状牒以奏御，分授诸司。
编辑发行邸报	《宋会要辑稿》/刑法二/禁约三：绍熙四年十月四日，臣僚言：恭惟国朝置奏院于京都，而诸路州郡亦各有进奏吏，凡朝廷已行之命令，已定之差除，皆以达于四方，谓之邸报，所从久矣。
邮递官员私人信件	《宋会要辑稿》/职官二/进奏院：雍熙二年十月，诏自今的亲实封家书许令附递，自余亲识只令通封附去。
向史馆提供史料	《职官宋会要辑稿》/职官一八/修撰：真宗咸平四年八月，诏进奏院每五日一具报状实封上史馆。
向京师及四方臣下递赐物品	《宋会要辑稿》/帝系二皇子诸王杂录：孝宗隆兴七年四月二十二日，参知政事梁克家奏曰："旧来前二府以下夏、腊药率遣中使宣赐，后以其起动州郡，令进奏院递赐而已。"
派员参加政治仪式或庆典	《宋会要辑稿》/礼八/朝贺/正旦/臣朝贺仪/大朝会仪：高丽使、副在陪位官之西，交州使、副在高丽使、副之西，军员在宫架西黄道之西，诸方及海外蕃客在其南，进奏官在贡物之间，诸州贡首在其南，并北向东上……
上贡、进奉等事宜	《宋会要辑稿》/食货四一/历代土贡：绍兴十年十二月，进奏院上诸路贡物。宋会要辑稿/蕃夷五/南蛮：仁宗天圣二年正月，诏都进奏院、客省、阁门依溪峒诸州逐年四节进奉例施行。

"进奉""土贡""参加仪式，完成礼节"等方面的功能倒是保留下来，但也与过去有显著差别。

唐五代各地藩镇在常规赋税之外，额外献给皇帝钱物，称为进奉，宋代地方政府延续此俗，易名羡余。土贡，指藩属或臣子向帝王进献当地土产或财宝等。土贡古已有之，最早源流可以追溯到夏代。初期的土贡与赋税混而为一，至汉代方始泾渭分离。也就是说，自此以后，土贡对中央王朝不具财政意义，而只有标志臣属或称藩等政治象征意义。进奏官参拜中央高级官员等礼节性活动，同样具有地方尊奉朝廷、四海归一的象征意义。同样是"文饰政治"，但唐五代进奏院履行以上职能的时候，比之宋代却有相对务实的一面。由于唐五代的进奏院是藩镇驻京办事机构，进奏官是节度使的代表，因此在中央与地方发生不可调和矛盾的时候，朝廷会第一时间限制进奏院、进奏官履行上述职能。例如，文宗即位之初，成德军节度使王庭凑屡屡违抗朝命，形同割据一方的霸主。皇帝下诏绝其进奉，文中有"其上都进奏院，宜令御史台京兆府切加守捉，禁其出入，待后敕处分"①。所以，进奏院的"进奉""土贡""参加仪式，完成礼节"等活动是藩镇和中央之间关系有直接联系的。与之相对，宋代进奏院的监官和进奏官完全代表中央权益，进奏院派员参与进奉、土贡等，完全反映不出中央控制地方的实际情况，是一种纯粹的务虚性活动。

随着附加功能的去除或弱化，宋代进奏院的信息传播功能更为突出，并且在宋人中已达成共识，形成了明确、严谨的阐述。《梦粱录》载："（都进奏院）掌邦国传送之事"②。《两朝国史志》载："都进奏院掌受诏敕及诸司符牒，辨其州、府、军、监以颁下。并受天下章奏、案牍、状牒以奏御，分授诸司。"《玉海》《翰苑新书》《群书考索》《古今合璧事类备要》与后者的表述很类似。

此外，虽然唐五代进奏院状报与宋代邸报有明显的源流关系，但是二者之间有很大的不同。仅从中央集权的角度分析，唐五代进奏院状报完全出自各藩镇进奏官之手，服务于节度使的信息需求，因此，内容来源既有朝廷公开的消息，也有进奏官自行采集、国家不愿公布的机密。宋代邸报则不同，出自都进奏院进奏官之手，其信息采集、编辑、审定、发行的过程都要符合朝廷专门的制度规范，且经过有关官员的严格把关。之所以如此，是为忠实贯彻朝廷意志："欲以迁授降黜示赏功罚罪，勉励天下之为吏者。"③

---

① （唐）佚名：《绝王庭凑进奉诏》，自（清）董诰等编：《全唐文》卷七十一，北京：中华书局，1983年，第747页。

② （宋）吴自牧：《梦粱录》卷九，北京：中国商业出版社，1982年，第70页。

③ （清）徐松：《宋会要辑稿》刑法二之二二九，北京：中华书局，1957影印本，第6510页。

正是在此背景下，名字上更能表现中央集权、凸显信息传播职能的进邸、进奏务、进奏、奏院、奏邸等，就开始出现在宋代文献中或使用频率陡增。

当然，任何一种社会现象的出现，绝少如实验室中试验现象的检验结果那样，形成简单的一对一的因果关系。上都进奏院、都进奏院存世运行的过程中有十余种别名产生，不仅受功能变迁影响，还有其他原因。例如：第一，历史上与进奏院功能相似的机构产生得很早。从西周开始中国历朝特别是大一统的王朝疆域都十分辽阔，这样就产生中央与地方由于空间距离而造成的沟通交流困难。所以，上自先秦、下讫明清都要设置专门的机构，负责二者之间的信息、物资等传输事宜。进奏院诞生，并非仅仅只是唐代统治者的突发奇想，周邑汉邸就是其先声。古代中国人又特别注重"追终慎远"，乃至这种习惯拓展到事物命名方面。此为进奏院名称繁多的另一个原因。第二、进奏院从设立到完善经过了一个试用阶段——上都留后院。这又加剧了其名称多样化的趋势。

其次，了解进奏院别名，才能进一步获知进奏院状报名称的变化原因。进奏院状报自诞生之日起，就不断有别名产生。其中很多别名之所本，就是进奏院的别名。由留后院、留邸衍生出上都留后报、留邸状报。又由邸、郡邸、州邸、邸院、留邸、奏邸、进邸等衍生出邸吏状、邸吏报状、邸状、邸报等称呼。[1] 邸吏原是对汉代守邸官吏的泛称，到了进奏院诞生以后，就变成了留后官、进奏官的别称。如宝历二年（826年）进士夏侯孜，早年仕途坎坷，久不得意。连追随他的用人李敬也被众人所嘲笑，一次纷纷建议他尽早改投他处。可是李敬却说："我使头及第后，还拟作西川留后官。"碰巧夏侯孜无意间听到他们的对话。十几年后，夏侯孜终于仕途发达，懿宗朝由中央调任西川节度使。"临行有以邸吏托者，一无所诺；至镇，用敬知进奏，既而鞅掌极矣。"[2] 顾名思义，邸吏发出的报状，以邸吏状、邸吏报状名之是自然而然的事情。至于邸报是因邸、郡邸等所发邸报而得名，还是留邸状报、邸吏状简化的结果，难以寻求确切的答案，但大体不出以上两种可能。

---

① 至于具体哪一个别名与邸吏状、邸报之间是　　对应关系，不是本论文所能解答的。
② （宋）王定保：《唐摭言》卷十五贤仆夫，北京：中华书局，1959年，第165、166页。

表 4　由进奏院别名而生状报别名一览表

进奏院别名	状报别名	例证
留邸	留邸状报	《本事诗》情感第一 韦（巡官）就座，曰："留邸状报制诰阙人"。
留后院	上都留后报	文苑英华卷五百九十七韩　翃为田神玉谢兄神功于京兆府界择葬地表 臣神玉言今月三日得上都留后报称伏奉勅牒，臣亡兄神功宜令所司于京兆府界择地安葬……
邸 邸务 留邸 郡邸 州邸 邸院 奏邸 进邸	邸吏状	《旧唐书》列传第七十四 （李）师古遂集将士，引元素使者谓曰：师古近得邸吏状，具承圣躬万福。
	邸吏报状	《渑水燕谈录》卷九 杂录直史馆孙公冕……天禧中，连守数郡。……每得邸吏报状，则纳怀中，不复省视。
	邸状	《癸辛杂识》别集上 黄华父其先建宁人，父居吴兴。早游京学，本习词赋兼《春秋》。采时事，所抄邸状甚整……
	邸报	《容斋随笔》容斋三笔·卷第十二（十六则） 绍熙五年十二月二十二日，宣麻制除嗣秀王伯圭兼中书令。……邸报至外郡，尤所不晓。

再次，后代学人在研究进奏院的过程中，注意历史上曾出现过如此繁多的别名，才能有望最大限度地搜集足够多的史料。然而，许多进奏院的别名并不是专门对应进奏院的，所以一定要保持足够警惕，细致鉴别，沙中淘金，方可窥视进奏院之真容。

第三部分　2018 年度华夏传播研究会议概要

传统文化与传播学术研讨会

序号	时间	地点	主办方	会议名称	相关议题
1	2018.5.19	重庆	西南政法大学	传统文化与传播学术研讨会	传统文化与传播的问题、话语与理论建设

2018 年 5 月 19 日，"传统文化与传播学术研讨会"由西南政法大学法治新闻研究中心和厦门大学传播研究所主办，并由西南政法大学法治新闻研究中心承办。

此次会议以"传统文化与传播的问题、话语与理论建设"为主题，以"一带一路"与传统文化传播研究、传统文化传播思想史研究、新时代本土传播研究的核心观念与范畴研究、东西方文化传播观念比较研究等为议题。参与讨论的专家来自厦门大学、暨南大学、华东师范大学、天津外国语大学、扬州大学等国内 20 余所高校。

会议期间，潘祥辉教授介绍了他新近出版的书《华夏传播新探》，认为在全球化的时代应该发出自己的声音。在现场演示中，他主要围绕"中"字讲传统文化精神。谢清果教授讲解了"中华文明传播的世界意义"。

"华夏文明传播与企业家精神培育"研讨会

序号	时间	地点	主办方	会议名称	相关议题
2	2018.9.14	厦门	厦门大学传播研究所	"华夏文明传播与企业家精神培育"研讨会	华夏文明传播与企业家精神

2018 年 9 月 15—16 日，首届"华夏文明传播与企业家精神培育"研讨会在江苏省常州市金坛区举行。近百位专家学者与会，包括主题报告会和"企业家精神培育工作坊""华夏文明传播研究工作坊"等不同形式，围绕中华优秀传统文化传承创新、企业家精神培育与文明企业建设发展等话题展开研讨。

与会学者认为，企业既是中华优秀传统文化的重要传承载体，也是其滋养对象。中华优秀传统文化蕴涵着丰富的管理思想和治理经验，对于新时代企业家精神的培育和企业高质量发展意义重大。传承中华优秀传统文化，培育企业家精神，塑造中华文明企业，就要从中华优秀传统文化中寻找企业家精神的文化源泉。中华优秀传统文化中的许多内容能够成为现代企业发展、企业文化建设和企业家精神培育的思想之源和精神滋养。

中盐金坛公司总经理、党委副书记管国兴在讲话中提出，中华文明独有的理念、智慧、气度、神韵是中华民族对世界、对人类文明的巨大贡献。广泛传播华夏文明，让中华文化惠及全人类、走向全世界，对于增强我国的文化软实力，构建人类命运共同体意义重大。

"中国优秀传统文化是企业家精神重要的思想滋养和丰厚的精神滋养。"南京大学中华文化研究院院长、江苏宏德文化出版基金会理事长赖永海表示，企业的经营理念当中，企业家的思维方式是极为重要的。思维方式是立体、多元的，其中企业家精神是企业家人格的一种道德的价值体现，既是一种精神，也是一种能力和智慧。

扬州大学党委书记姚冠新提出，提倡企业家精神、塑造企业文化，既是我国经济发展和文化建设的需要，也是企业自身发展的需要。塑造优秀的企业文化才能形成品牌、保持持久的生命力和竞争力。以人为本、以文化为本培育企业家精神，建设和打造企业团队，将企业文化转化为事业发展的强大竞争动力。对于中国企业来说，企业文化建设应当传承中华优秀传统文化，塑造中华文明企业。

郑学檬教授认为，华夏文明传播方式的多样化和多层次性，说明了华夏文明传播研究具有广阔的研究空间。他指出既要关注古代中国传播现象的挖掘和理论提升，探讨古代中国传播现象在现代社会的延续，也要研究其在现代社会新的传播样态及其效应等。

林克勤提出，"一带一路"倡议注重推动多种文明的平等对话和共生共荣，肩负着引导人类文明创新发展的现实担当，一方面是重构全球化的包容性，实现世界的均衡发展、共同繁荣；另一方面则是创新人类文明生态，实现全球力量再平衡，建设和平之路、合作之路、和谐之路。

钟海连表示，企业家心态集中表现了企业家的思维方式、认知方式与行为方式，它受社会文化生态环境之影响，体现了个人与社会相互关系在心理思维活动上的对应关系之总和。王阳明心学对"心"这一人类精神现象作了独特的阐述，提出了心即理、心之本体是良知、心之本体常觉常照、心之本体是乐等命题和观点，其心学智慧有助于帮助企业家培育心性正能量，塑造积极、健康、快乐的企业家心态。

谢佩洪认为，中国企业在国际化进程中往往面临着外来者劣势、制度差异与品牌形象劣势等挑战，国家文化和组织文化的双重差异对企业的国际化形成实质性的挑战。应进一步研究中国传统文化与西方管理理论之间的融合方式以及实现这种融合的企业行为与文化认同作用机制，采取"中西结合"的方式来解决国际化困境。

与会学者普遍认为，中华文化博大精深，具有强大的传播力，华夏文明传播研究是具有丰富价值的学术研究领域，值得学者们努力探讨，深入研究，不断创新，形成和丰富华夏文明传播体系，进一步推动中华文化广泛而深入的传播。

浙江传媒学院文化创意学院副教授洪长晖从传播的视角出发，探讨传统文化中以人为圆心的诸多关系；暨南大学新闻与传播学院姚锦云探讨了电影这一独特的现代媒介的属性以及华莱坞电影作为传播中华文化的新载体及其意义；中国海洋大学文学与新闻传播学院教授孟华探讨了汉字的意象性，展现其跨越符号和语图融合的传达方式；西北师范大学传媒学院副教授李红基于中国文化中"势"这个独特范畴，提出了视觉修辞的一种新的分析维度。

会上，华夏传播研究会成立，厦门大学传播研究所所长谢清果任会长。在总结此次会议时，他表示与会学者紧紧把握中华文化与传播互嵌的内在规律，深挖中国传统文化丰富的资源，阐释其深刻的传播内涵及其对现实社会的关切，展现中国传统文化自身所包含的特色传播理论色彩。在传播中，将不断强化中华文化的理论普适性和实践应用性，逐步勾勒华夏文明传播新图景。

第二届中华文化海外传播大连论坛 (CCOCF2018)

序号	时间	地点	主办方	会议名称	相关议题
3	2018.9.15	大连	中国新闻史学会全球传播与公共外交委员会／大连外国语大学	第二届中华文化海外传播大连论坛 (CCOCF2018)	人类命运共同体与中华文化海外传播

由中国新闻史学会全球传播与公共外交专业委员会、大连外国语大学（以下简称"大外"）主办的"第二届中华文化海外传播大连论坛"于 2018 年 9 月 15 日在大外举办。

本届论坛的宗旨是：以习近平新时代中国特色社会主义思想为指引，以人类命运共同体理念为视角，多领域、多层次、多学科地探寻中华文化海外传播的理论创新与提质增效之道。论坛致力于为海内外中华文化海外传播领域的专家学者、专业人士提供高水平交流平台，探讨最新研究成果，增进紧密协作。近 300 位专家、学者和汉语志愿者围绕如何促进中华文化海外传播、增进中外文明交流互鉴、推动构建人类命运共同体等时代课题进行了深入的交流和探讨。

大连外国语大学校长刘宏在论坛开幕式致辞中表示，当前，党和国家高度重视中华文化的海外传播。在国家和社会各界的关注和推动之下，中华文化海外传播在近些年来取得了长足的进步。但我们深知，中华文化海外传播任重道远。推动中华文化走出去，要突出思想内涵和价值观念。思想内涵方面，要积极对外宣传阐释中国梦，要注重把中国梦同各国各地区人民实现自己的梦想联系起来；价值观念方面，要大力传播当代中国价值观念，作为外国语大学尤其要抓好当代作品翻译工程，积极向世界推介当代优秀作品，更好地推动当代中国价值观念走向世界。

清华大学教授王宁在论坛开幕式上表示，在全球化的语境下全方位地构建中国的国家形象，无疑是一个重要的研究课题，同时这也是"一篇大文章"。长期以来，在西方主流媒体的主导之下，世人对中国以及中国人多有误解，因此用世人所能读懂的语言来建构中国的国家形象就势在必行。西方人由于受到袭来已久的东方主义影响，再加之主流媒体的炒作和任意建构，便形成了对中国及中国人的错误的甚至扭曲的形象。但是随着中国的综合国力的变化和对外交流的日益频繁，这种不正确的形象又会从一个极端走向另一个极端。因此这就需要我们掌握自己的话语向世人讲好中国的故事。

论坛开幕式上，"大连外国语大学－中国日报网中华文化新媒体海外传播研究基地"揭牌成立。基地致力于进一步推动中华文化海外传播研究，不断提升中华文化影响力，由大连外国语大学和中国日报网共建，将在对外传播中国文化、智库交流、课题研究、人员培训与实习等多方面开展战略合作。

本届论坛由 2 场主旨演讲和 8 个分论坛组成。主要议题为人类命运共同体理念与国际传播研究、对外传播视域下的"一带一路"研究、对外话语与国家形象构建研究、新时代中华文化海外传播创新研究、世界其他国家文化海外传播的经验与启示研究、孔子学院与文化走出去研究、中华典籍海外传播研究、比较文学与比较文化研究等。论坛还发布了国家社科基金重大项目"'一带一路'背景下中国价值观的国际传播研究"的阶段性研究成果。

新时期城市传播与文化振兴学术研讨会
暨 2018 年浙江省传播学会年会

序号	时间	地点	主办方	会议名称	相关议题
4	2018.11.17	杭州	浙江大学城市学院	新时期城市传播与文化振兴学术研讨会暨2018年浙江省传播学会年会	讲好中国故事、传播好中国声音

2018 年 11 月 17 日上午，由浙江省传播学会、浙江大学人文学部、浙江大学城市学院主办，浙江大学城市学院传媒分院承办的新时期城市传播与文化振兴学术研讨会暨 2018 年浙江省传播学会年会在城市学院召开。城市学院党委副书记李磊致欢迎辞。

本次研讨会以"城市传播与文化振兴"为主题，共有来自浙江大学、浙江工业大学、宁波大学、上海外国语大学、大连外国语大学等省内外高校和科研单位的 120 余位专家学者与会，围绕城市、文化、传播三个关键词，立足城市，挖掘文化，以"讲好中国故事、传播好中国声音"为主线，进行新时期城市传播与文化振兴的讨论。

浙江省传播学会会长、浙江大学传播研究所邵培仁教授致辞并做了《论城市形象塑造与传播的灵魂及根本》主题发言。他表示，城市一定要打造成人类的良好情感记忆与传播之地，"城市形象塑造与传播不仅要关注人与城市之间在工作、生活方面的功能性依恋，而且要重视人与城市在精神层面的情感性依恋、意象性印象，关注情感生成的多维、复杂的心理机制和原因"。

会上，宁波大学宁海林教授、杭州师范大学施旭教授、浙江工业大学王哲平教授分别做主题发言。与会代表围绕"城市·媒介·形象""城市·社会·舆论""城市·文化·产业""城市·影像·阅读"等主题踊跃发言，热烈互动。代表们还实地考察了拱宸桥西运河两岸的文化景观、参观了杭州工艺美术博物馆，亲身感受杭州对历史文化的挖掘与保护的力度与做法。

本次会议汇聚各方智慧，为城市发展和文化振兴提供积极的理论指导，也为传播学教育提供有益的启发，更有力地提升了城市学院新闻传播专业学科的建设水平和人才培养水平。

浙江大学李岩教授在闭幕式上总结致辞，肯定了会议的召开与安排尽显了文化的意义，让文化从概念延伸到现场，运河漫步，桥与水召唤与会的每一位。这次会议讨论文化振兴，讨论传播在文化振兴过程的角色和地位，主要是它的功能。李教授特别强调了城市文化的传播促进城市政治文明建设的现实意义，良政是城市文化的核心，良政与城市的文化历史有关，良政直接影响到市民的生活的文明程度和个人的素养。

"文化与自我"高层学术论坛

序号	时间	地点	主办方	会议名称	相关议题
5	2018.11.25	北京	社科院文学研究所理论室	"文化与自我"高层学术论坛	传播与文化研究

2018年11月27日，"文化与自我"高层学术论坛在北京举行。本次论坛由中国社会科学院文学研究所理论室主办，中国社会科学院文学理论研究中心、河南大学传媒研究所、华侨大学（厦门）生活哲学研究中心、四川大学国际文化理论研究所（筹）协办。来自中国社会科学院、湖南社会科学院、北京大学、中国人民大学、山东大学、南开大学、中山大学、北京师范大学、东北师范大学、上海师范大学、上海政法学院、大连理工大学、河南大学、黑龙江大学、对外经贸大学、广西民族大学、中国文联出版社等单位的专家学者，共计60余位与会。中国社会科学院学部委员、国务院学位委员会原副主任汝信，中国社会科学院文学研究所副所长、《文学评论》副主编丁国旗出席开幕式并分别致辞。中国社会科学院文学研究所理论室主任金惠敏主持论坛开幕式。

汝信在致辞中表示，此次论坛主题体现了党中央以人为本的基本思想，对其展开讨论具有重要的意义和价值。从人类历史发展来看，无论中国还是西方都很重视对"文化与自我"关系的思考，我们应该批判地继承前人的思想成果。就当前而言，有几点建议以供探讨：一、要紧贴习近平新时代中国特色社会主义思想的要求和当代中国的实际；二、要倡导人类命运共同体，维护优秀文化传统，增强民族文化自信；三、要坚持与时俱进，文化创造既要符合中国国情，又要符合时代精神。

丁国旗进一步阐述说，"文化与自我"有两层意指：文化自信和文化自我。文化自信不是空谈，它需要一定的文化基础；主体自我可大可小，小可缩至社会个体，大可扩到国家民族；从国家层面来看，增强民族文化自信心和构建文化主体性需具备三个视野：一、要立足民族，守正创新；二、要有世界视野，辨别优劣；三、要有人类眼光，坚持人类文明共同体。

开幕式后，与会专家学者分别围绕文化自信、文化自我、文化对话和个案研究四个层面，展开了多维度、深层次、跨学科的思想碰撞和交流。

一、文化自信的智性向度

会议伊始，金惠敏阐述了此次论坛召开的缘由：文化自信不单是中国的问题，也是每个国家主体在多元文化冲突大背景下共同面对的现实难题。中华文化以什么样的形象出现在世界舞台、中华文化以什么样的方式与世界文化沟通、中华民族以什么样的姿态屹立于世界民族之林，是我们当前需要思考的三大问题；"对话自我"最早由荷兰学者赫尔曼斯提出，这一概念超越了中西二元对立的文化成见，将多元的世界置于整体性和全球化的视野之下，是对西方现代性自我的怀疑和批判。

全国马列文论研究会会长、中国社会科学院外国文学研究所党圣元研究员认为，文化自信不等于文化自负，我们应当克服当前社会存在的文化巨婴心态；文化自主和自觉不仅要求"己所不欲，勿施于人"，还应达到"己所欲也，亦勿强施于人"。

中国人民大学金元浦教授表示，在整个人类历史发展中，人类文明共同体与世界文化的多样化发展相辅相成，将来会有一个更高层次的新全球化理论诞生。文化间性阐释学有助于我们思考和解决当下中国在理论和文化实践上的问题。

东北师范大学王确教授认为，40年来的主体性文论行程给我们的启示是，只有接受他者的意见和批判才能形成主体间性。文化自信与文学的主体性之间具有理论上的同构关系。华侨大学王福民教授谈到，文化自信确切地说，是对中国现代化道路选择的自信，其核心是在个体的心理结构中，确立中国现代化道路选择的真理性和必然性。

二、文化自我的学理思辨

文化自信，简言之，是文化主体对自我位置想象的契合感，文化自觉是文化自信的基础和前提。北京大学金永兵教授认为，文化对话不是一言堂，需要建构中华文化的主体性，发出中国声音。中国人民大学陈奇佳教授谈到，文化自觉不是无根之木，中华文化的血脉之中潜藏着深刻的文化自觉意识，这种中国式的文化主体性与西方的现代性自我形成互补和对抗。上海政法学院祁志祥教授认为，"自我"从大的说叫中国（文化）自我，即中华文化的现代转换问题。从细末处来讲，可包含美学理论的自我建构，也即美的本质是什么。南开大学周志强教授以动漫电影为例，阐述了"自我"如何在事件的过程中掩盖自身，从而消弭自我存在的可能性的问题。黑龙江大学马汉广教授阐发了自己对当前世界文学观念的省思：中国文学要想走向世界，必须处理好世界性与民族性、现代性与传统性两个问题。以上专家学者分别从学理层面阐述了个人对文化自信与文化主体性的内在联系的认识，这代表了当前学界对文化自我的理性认识和辩证思考。

三、走向自信的对话实践

文化需要自信和反思，但最终要走向实践，对话是建构文化主体性和增强文化自信的可靠策略，这一点在与会专家学者的讨论中形成共识。上海师范大学朱振武教授以文化经典的外译为例提出，他者的认可是中国文化走出去的前提，认可的过程就是不同主体之间对话的过程，对话的过程也即建立自身话语谱系的过程。中山大学许德金教授进一步强调，文化走出去固然离不开我们对文化经典的译介，但我们不能夸大、吹嘘翻译的功能性作用。文化走出去要依托于我们对自身文化的反思和自信心。中国社会科学院外国文学研究所理论室主任徐德林研究员认为，当今中国的文化研究已经步入困境，最好出路是将行动派的理论诉求和思想派的介入实践在对话中达成耦合；中国社会科学院文学研究所刘方喜研究员认为，文化的对话与经济的共享是构建人类命运共同体的方法和策略，二者缺一不可。大连理工大学秦明利教授从伽达默尔的对话理论出发谈到，文化自信将中华文化和西方文化放在一起，对话是自我理解和相互理解的前提。湖南社会科学院文学所所长卓今研究员在此处对伽达默尔的阐释学做另一种理解：阐释或许可以抵达现实的边界，但却无法抵达不可见世界的边界。

四、跨文化传播的个案研究

该部分是本次论坛中的专题论坛，由河南大学传媒研究所组织。河南大学传媒研究所所长李勇教授认为，跨文化传播是探讨"文化与自我"关系的一个视角，自我生成于杂交的时代文化之中，与会专家学者对此分别从以下几个方面展开讨论：

（一）电影文本研究，如李勇教授以李安"少年派"电影中的小船为话题切口，阐述了个体自我与文化自我在场域中的通约关系；对外经贸大学金冰教授以《疯狂的亚洲人》为例，讨论了影像媒介对身份和文化认同的影响。

（二）哲学文本研究，如北京师范大学王颖吉副教授从海德格尔哲学出发，认为异域文化之间的本真性交流需借助多样的文化媒介才能实现。中国矿业大学刘宝副教授借汤因比之历史哲学，探讨了文明的同时代性与可比较性的对话主义内涵。

（三）文学文本研究，如中国社会科学院文学研究所理论室杨子彦研究员，从《红牡丹》和《飘》的主人公形象对比中，阐述了古代文论中被忽视的"艳、丽"两个概念。广西民族大学董迎春教授从诗歌出发，认为诗歌塑造自我，诗歌是从未离散的民族之根，诗歌之美体现了东方学的表意。

（四）其他文本研究，如广西民族大学翟鹏玉教授以壮族花婆神话为例，阐述了民族美学的生成范式和建构民族自我的历史意义，山东大学任增强、中国社会科学院刘玲华和王莹、河南大学王丽、南开大学陶峰、北京理工大学吴娟、重庆大学李玲、中国计量大学高照成，分别从不同的领域和视角分享了个人的研究成果与心得体会，使得整个研讨过程既有宏观和理论层面的探讨，又不乏微观和文本层面的分析。

首届大夏传播论坛（2018）"却顾所来径：改革开放与中国传播学的发展与反思"学术论坛

序号	时间	地点	主办方	会议名称	相关议题
6	2018.12.2	上海	华东师范大学	首届大夏传播论坛（2018）"却顾所来径：改革开放与中国传播学的发展与反思"学术论坛	中国传播学的发展与反思

2018 年 12 月 2 日上午，首届大夏传播论坛（2018）"却顾所来径：改革开放与中国传播学的发展与反思"学术论坛在华东师范大学顺利举行，继续上演思想荟萃之交锋论争。

论坛第三场由华东师范大学传播学院满方老师主持，主题是"新媒体时代新闻传播学的反思和想象"。台湾政治大学传播学院名誉教授钟蔚文以"AI 来了，传播学的春天 / 冬天还会远吗？"为题，拉开了上午讨论的序幕。钟蔚文教授认为，AI 时代是文明演化历程中经常出现的危机，它或将开启物种灭亡的危境，但同时也提供了新人崛起的机会。在这样一个危机与机遇并存的时代，传播学的危机是知识的危机，传统的传播领域知识体系有过时的可能。因此，传播学院应以创造新知识体系，重建传播学为己任。钟教授由此提出要从"瘦知识（knowledge-lean）"转向"富知识（knowledge-rich）"、从"独夫（person-solo）"转向"赛格人（person-plus）"、从"现在取向（present-minded）"转向"未来取向（future-oriented）"这三个范式转向，重建传播学研究和教育。加拿大西蒙菲莎大学全球传播政治经济学加拿大国家教授、清华大学新闻与传播学院特聘教授赵月枝以"否定之否定？从中西传播学术交流史上的 3S 说起"为题，围绕达拉斯·思迈斯（Dallas Smythe）、威尔伯·施拉姆（Wilbur Schramm）和丹·席勒（Dan Schiller）这三位以"S"开头的西方传播学者到中国访学的故事，反思了中国传播学的本土发展历史。赵月枝教授提出，美国冷战"传播学之父"施拉姆 1982 年对中国的学术访问一向被认为是中国传播学科发展的奠基之访，并以此为主流。然而，到了 20 世纪 80 年代，在美国本土事实上已经没有什么"主流"可言。此外，早在 20 世纪 70 年代，加拿大批判传播学者思迈斯曾带着到中国来研究和讨论中国问题的热情两度访华，并且留下了对中国传播和社会发展具有方向性指导意见的《自行车之后，是什么？》的调研报告。21 世纪以来，应邀到中国访学的国外学者大多是批判学者。这其中，丹·席勒的影响尤其重要。他不仅在自己的研究中延续了思迈斯的问题意识和对中国持续的关注，而且在 2016 年的北大讲学中为中国学界贡献了原创的《数字资本主义的兴起与扩张》一书，让中国学者对美国的数字资本主义的本质有最深刻的认识。因此，她认为有必要考虑重写／续写中外传播学术的交流史。此外，她还以美国第一部传播学国际百科全书为例，讨论了应该超越简单化的二元对立来看待"主流"还是"批判"的问题。香港中文大学新闻与传播学院教授冯应谦以"改革开放四十年中国和亚洲传播研究的发展"为题，探讨了包括中国在内的亚洲传播学发展状况。他提出，因为语言、文化和发展程度方面的近似，中国和其他亚洲国家尤其是韩国、日本在社会科学和传播学的发展上有相同之处。包括中国在内的亚洲传播学基本是以西方的理论范式为主导，同时随着西方的发展而发展，基本没有中国或亚洲的独到见解，而理论的研究又多以理解、分析、翻译西方理论读本为主。具有反讽意味的是，对于传播学去西方化的反思出现于西方（包括一些在西方的东方学者），主要观点包括认为西方理论具有意识形态，应该承认西方和中国／亚洲的传播模式具有不同之处，提倡适用中国／亚洲特色的传播理论发展。随着传播学"中国化"和"亚洲化"的出现，过度强调亚洲话语和全盘去西方化的情况开始抬头，同样应当引起重视。所以冯教授认为，中国／亚洲和西方传播学应该走向对话，找出共同的传播理论和模式，应该强调和而不同。

中国传媒大学新闻传播学部教授王晓红以"超越单向度的传播研究范式：试听交互传播的思考与展望"为题，从视听技术的发展和实践来反思传播研究的范式转移。王晓红教授提出，今天已经是一个"无视频，不生活"的时代，全新的视听传播形态带来的是传播关系的根本变革，传播主体化和个体赋权是这一形态的特征。视听传播形态的全新性体现在"本质性互动"，即"不断追求身体感觉丰富性的还原"和"不断追求交往互动的深化"。对于视听交互传播的未来展望，王教授认为，首先，要能更好地参与，让更多的人参与其中，共构内容生产，让用户成为新的生产力，激活用户参与的动力包括参与社交的功力；其次，要更深地"带入"（互动），内在地促进人的交流情境，把握人与人之间的关系和情感信息；最后，要更好地服务，考虑内容生产、消费、平台、环境之间如何形成有机的互动关联，从而相互依托来成就内容的最大价值。上海交通大学媒体与传播学院教授邵国松以"中西传播学研究的基本路径和常见问题"为题，从学术研究的角度对比了中西传播学之间的差异。邵国松教授首先分享了指导博士做研究的基本路径。他认为，真正的研究是一个系统地追寻问题答案和理解现象的过程，"确定研究主题，进行文献回顾，选择研究方法，收集数据，分析数据，得出结论，报告结果，重复研究"，这是一个系统的、基本的研究路径，各个步骤都不应忽视和遗漏。此外，要明确定性和定量方法的差异和基本过程。随后，邵教授对比了中西传播学的研究现状。北京大学新闻与传播学院教授吴靖以"历史的消逝与'生活在别处'：中国传播学建设中的现代化偏见"为题，从米尔斯对帕森斯和拉扎斯菲尔德的批判入手，对中国传播学建设进行了反思。吴靖教授认为，当下以及很长一段时间美式传播学对中国媒体研究的学科话语具有主导权；美国的社会学研究面临着去历史化的宏大理论和去政治化的抽象经验主义的趋向，去历史化和去政治化将导致科研与认知能力的退化。因此，在此基础上的中国传播学建设的问题就显而易见了，即对不同学科话语的功利性选择和重新组装；在运用和研究传播学理论时，对具体历史、时空、社会条件的无视；对现代性问题的高度简化与形式主义调用；对公共性、权力、正义等议题的科学主义和官僚主义的回避，这些问题都将制约中国传播学学科建设和发展。吴教授认为，中国传播学建设应该重回历史化和语境化。台湾师范大学大众传播研究所教授陈炳宏以"苍苍横翠微！望文不生义？两岸传播学术'书同文'之倡议"为题，由他参阅大陆40年来的传播学相关研究时的困惑，认识到两岸在传播学研究方面存在沟通上的困境甚至歧义，因而对两岸传播学界有"书同文"的倡议。陈炳宏教授首先回顾了两岸新闻传播教育的发展脉络，并介绍了当前两岸新闻传播学术交流的类型，其现状是：以个人的、短期的、机动的、非正式的为主，且变动性大。他倡议从四个方面改善当前两岸传播学术交流的困境：第一是合编"华文新闻传播辞典"；第二是期刊互设"两岸新闻传播专题论坛"；第三是统一"华文新闻传播学术写作格式"；第四是合力推动两岸重要新闻传播议题的研究计划，如"媒体素养教育研究""经典名著传播研究"等。中国社会科学院新闻与传播研究所研究员卜卫以"传播、发展与社会变革——改革开放40年来传播与社会发展学科建设的路径、方法论与实践"为题，着重从实践层面对传播学的学科建设提出了建议。通过参与少数民族地区妇女儿童的公益项目，抗击人口拐卖、抗击艾滋病的公益运动。通过发起针对乡村文化的传播工作坊，卜卫教授认为，传播与社会发展研究是要探讨在社会发展过程中，那些不同的发展参与者如何使用各种传播传统或适宜媒介，通过进行社会对话、社区发声、知识分享来参与发展进程，以改善自身状况并促进社会变革。传播与社会发展研究紧密地依赖于发展项目的实践，因此，它不仅是一个跨学科的研究领域，也是一个跨学科的实践领域。传播学的学科建设，应该回应中国社会发展的要求，使研究能成为人民和社会需要的研究，并最终能应用在发展实践领域。

《新闻与传播评论》副主编刘金波对这场论坛进行了一一评议。他对本届论坛有个整体感受，认为此次会议成果非常丰富。刘金波认为这一组专家的发言与主题非常契合，专家们也从理论、方法、路径上对传播学科建设提出非常好的建议。钟蔚文教授从 AI 到知识提了三个关键词：危机、再造和转向，就此提出新闻传播学的未来在哪里的反思，在危中发现机，这是一个很好的选择；赵月枝教授用一贯的汪洋恣肆，对传播学的反思娓娓道来，发出的"世纪之问"也是前瞻之思；她很认同冯应谦教授强调的传播学的中西平等对话，没有平等，没办法对话，只能是别人教育你怎么做，你学习别人怎么做；王晓红教授从技术层面探讨视听传播的问题，对前沿显题深入思考，具有当下价值；吴靖教授从传播学的知识生产现状、生存危机这个角度，探讨了中国传播学的建设，提供了一个创意性的路径；陈炳宏教授对两岸新闻传播的脉络进行了梳理，并提出了几点建议，对两岸学术交流具有实践借鉴价值；卜卫教授从跨学科的角度，对传播在社会发展和变革中的作用，做了深入的思考，具有学术开拓意义。随后，在座嘉宾还对相关发言议题进行了热烈的对话和讨论。

下午，第四场论坛主题是"媒介话语与公共空间"，由华东师范大学传播学院副教授赵路平主持。华东师范大学国家话语生态研究中心胡范铸教授以"'十字架身份体系'的崩裂：从流行语'万元户'的兴衰看改革开放 40 年的发展"为题，认为"万元户"是改革开放 40 年来中国最重要的流行语之一，其宣告了旧有的"敌我城乡"的层级式的身份系统的垮塌，"述说"了一个全新身份系统构建的开始。重庆大学新闻学院院长董天策教授以"深化与拓展当代中国的网络公共领域研究"为题，回顾了信息技术与网络新媒体的兴盛带来的根本变化，认为其通过技术赋权，全面刷新了传媒的公共性，使网络公共领域逐渐成为现实，但由于所谓"网络群体性事件"研究压倒了"网络公共事件"研究、以"网络公共事件"为内核的网络公共领域研究缺乏纵深的学理等原因，目前国内网络公共领域的研究仍较不充分，对此，应拓展网络公共领域研究的范畴，深化网络公共领域研究的学理，从而全面地洞察网络新媒体与社会发展的相互关系。上海社科院新闻研究所所长、研究员徐清泉以"媒介转型扩张与城市文化传播创新"为题，认为世界范围内经济文化全球化跨区域互动、互联网移动通讯等新科技日新月异、社会公众的民主自由意识普遍觉醒使得我们进入"媒介化生存"时代，公民成为外在于体制内媒体的自媒体主宰，成为引发城市文化传播体系出现生态变动、组织重构及机制调适的有生力量。武汉大学新闻与传播学院徐开彬教授以"动员、协商与组织民主：乡镇政府在村两委换届选举中的组织传播"为题，从"实践的社区"理论视角出发，通过参与观察，对湖北省京山市新市镇的换届选举制度进行了分析，认为动员与协商有助于凝聚村庄共同体，在培育乡村组织民主中起着重要作用。

厦门大学新闻传播学院谢清果教授以"'中国'：人类共生传播观的符号表征"为题，将"中国"看作一种生活方式、一种对"能中为大"的中道而行的行为范式，从传播观念和交往时空观两个角度对"中国"的意涵进行了阐释，认为建构"人类命运共同体"理念的提出，正是"中国"作为一种文明型国家的合乎逻辑的当代呈现。澳门大学传播系副系主任刘世鼎教授以"'小粉红'能给传播学什么启发"为题，通过对"小粉红"的起源、特征、外界对其的看法进行分析，认为其以游戏式的表达方式，创造了一种新的情感空间，表现出一种对自身"献身"权利的捍卫，而这种权利对于社会公共性十分重要，并提出当前存在将民族主义标签化和简单化的倾向，对此应关注民族主义产生的特定语境，重新思考新媒体与青年一代的内在关系。香港树仁大学教授魏永征以"媒体融合与舆论主导权——以中国官方政策为视角"为题，解析了中国官方提出媒体融合的传媒生态背景、领导人的阐述以及下达的措施，认为媒体融合仍是维护主流媒体在网络空间舆论主导权的战略部署，官方通过采取了优先发展移动媒体、打造"中央厨房"、促进新闻媒体与非国有网络上合作、建设县级融媒体中心等行动，取得了良好的成效，但也存在主流媒体在网络空间未覆盖多数、主流媒体经营下滑的趋势未从根本上得到扭转等不足。

首届大夏传播论坛（2018）"却顾所来径：改革开放与中国传播学的发展与反思"学术论坛议程结束后，华东师范大学传播学院副院长陈虹教授主持了闭幕礼，华东师范大学传播学院院长吕新雨教授致辞。

吕新雨教授在闭幕致辞中引述了著名思想家、国学大师梁漱溟关于一党制与多党制的观点，她指出，中国的执政党、群众路线与新闻传播事业发展的关系应该是值得我们思考和研究的议题。中国的新闻事业与西方不同，在中国，党性和人民性是新闻学的核心问题，群众路线是沟通党性和人民性的方式，这与执政党的性质是相关的。新闻事业是国家与社会的沟通机制，也是民情的现实反映，群众路线不能贯彻，社会就会出现危机。而中国的传播学则是在改革开放之后市场经济条件下社会转型与社会治理的架构下形成的，遵循社会主义市场经济的新兴领域。面对当今全球化的大格局，传播学的中国模式应该如何理解和定义，是学者们值得思考的问题。为此，吕新雨教授提出了"社会主义公共传播"的概念，认为虽然目前尚无此概念的官方话语，但社会主义公共传播体系的建设与发展模式是当前语境下值得思考的议题。新闻传播学者应该摒弃派别偏见，克服理论盲点，共同构建和发展中国的新闻传播事业。

福建省传播学会学术年会

序号	时间	地点	主办方	会议名称	相关议题
7	2018.12.22	福州	阳光学院人文与传播学院	福建省传播学会学术年会	"传播新技术与海丝核心区建设"

  2018年12月22日，福建省传播学会学术年会在阳光学院召开，大会以"传播新技术与海丝核心区建设"为主题，邀请到两岸各地的专家学者、媒介精英来共议传播文化的发展与创新。

  据悉，本次会议由福建省传播学会、阳光学院主办，阳光学院人文与传播学院、阳光学院船政文化研究中心联合承办。来自台湾世新大学、厦门大学、福建师范大学、闽南师范大学等多所高校的百余位专家学者参加了本次年会。

  阳光学院党委书记陈少平代表主办方，对与会学者表示了欢迎和感谢。他表示，进行海上丝绸之路文化研究，有利于福建省文化传播建设，有利于福州马尾的文化发展，相信这次大会既是一次传播文化探讨之路，也是福建省传播文化发展的新起点，同时将给予阳光学院文化传播学科新的启迪。

  在当天上午的主旨报告上，来自台湾世新大学夏春祥教授、福建省教育厅评估研究中心主任柏定国教授、福建师范大学传播学院郑宜庸教授、厦门大学新闻与传播学院谢清果教授和阳光学院人文与传播学院杨吉华教授，分别结合自身经历或相关案例，以"物质性的传播思想史""文化、传播与政治之间的关系""当前新媒介环境下影像传播的意义与文化""共生交往观：文明传播的中国方案""福建省数字文化产业的发展命题"等为主题，作了学术报告。

  此外，该年会还设置了"艺术与传播研究""闽台传播研究""华夏传播研究""新媒体传播研究"和"'一带一路'与海丝文化研究"为议题的五个分论坛，会上，专家们纷纷发言，为福建省传播文化的发展与探索带来新鲜的声音和研究的方向。在当晚举行的闭幕式上，大会为此次年会优秀论文进行颁奖。

其间，与会学者们参观了中国船政文化博物馆及阳光学院各类实验室和学生影展，进一步领略福建省传播文化的历史与发展。

第四部分　2018 年度华夏传播研究
　　　　　　博硕士论文摘要

一、地方文化传播研究

1."5W" 模式下信都龙舟节的传播研究

陈晓菲 广西师范大学硕士学位论文

摘要：在广西壮族自治区的水上运动中，龙舟运动又是为数不多的集历史感、民族性、观赏性、地域特色等元素为一身的运动。

龙舟竞渡历史悠久、源远流长，是一项深受我国广大人民群众所喜爱的民族传统体育项目，含着丰富而深刻的文化内涵，表现了中华民族强大的生命力和凝聚力。推广和普及龙舟竞渡这样的优秀民俗传统体育，不仅能锻炼人们的体魄，还能弘扬中华民族传统文化，加强人们团结协作、勇于拼搏的精神，有其他民族传统体育项目无法比拟的优越性。

本文运用社会学、传播学的视角，采用文献资料法、实地调查法、专家访谈法等研究方法，将信都龙舟节的传播发展作为研究对象，全面调查信都龙舟节的发展状况，分析传播五要素在信都龙舟节中的运用和影响，再通过对比信都龙舟节与中华龙舟大赛传播五要素上的区别，指出信都龙舟节传播发展中的不足之处，帮助有关部门全面了解信都龙舟节的价值、现状，进一步推动信都龙舟节的健康发展。本文还可以丰富传播学理论在民族传统体育运动、非物质文化遗产方面的运用。发掘信都龙舟节的运动性及经济效益是一举多得的措施，既能增强民众体质，又能带动当地社会经济发展，提升文明程度，促进社会和谐，更能展示这一古老运动中蕴含的中华文化的不畏艰险、拼搏进取精神。

通过研究发现：1.流经八步区的贺江为开展龙舟运动提供了绝佳的自然地理条件；2.信都龙舟节发展势头良好。3.在龙舟赛举办期间，穿插文艺晚会、摄影大赛等各种文化活动，能够丰富人们的文化生活，增强文化自信；4.信都龙舟节锻炼了人们的身体、加强了人们的社会交往与情感沟通，且推动了招商引资，推动了城乡消费。5.开展信都龙舟节，是促进当地全民健身比较可行和有效的方法。6.信都龙舟节传播中存在的问题：传播主体数量少、不够专业；学校中关于信都龙舟节教育的缺失；后备人才匮乏，参赛人员年龄结构老化、工艺接班人的失传；传播媒介传统单调；传播内涵呆板；龙舟节的赛制稍显落后，女子龙舟运动发展相对滞后等等。

信都龙舟节传播困境的原因：政府支持力度小，落实差；资金支持缺乏，来源少；其他运动对信都龙舟节的冲击；传播模式原始，没有系统性。

对信都龙舟节的传播发展的建议主要有：参与其他知名赛事，借助热点进行宣传；多媒体多途径宣传，增加话题度和扩大社会影响；融入各层级学校力量，加强龙舟青年后备人才培养工作，大力发展高校龙舟运动。同旅游扶贫政策挂钩，借势乡村振兴，精准扶贫、全民健身等政策；挖掘深层文化内涵，打造品牌；成立社会组织，自我成长；科学训练，关注运动员与完善赛制，打造龙舟明星运动员、运动队，形成明星效应。

关键词："5W"传播模式；信都龙舟节；传播

2. 仫佬族依饭节的传播渠道优化研究

吴茜茜　广西大学硕士学位论文

摘要：2006年5月，仫佬族依饭节被正式列入首批国家级非物质文化遗产名录，依饭节这一古老而神秘的少数民族节日逐渐受到人们的重视和保护。非物质文化遗产以其多样性与独特性所体现出的自身价值，成了当今人类社会宝贵的文化财富。传播非物质文化遗产，不仅有助于保护文化的多样性，还能传承人类智慧。随着时代的发展与社会的进步，现代媒介技术的到来扩宽和加快了非物质文化遗产的传播渠道与传播速度，为非物质文化遗产的传承与传播带来巨大契机。本文以仫佬族依饭节的传播渠道为研究对象，运用传播学、民族学、文化学等学科知识，采用实地调查、内容分析、文献分析等方法，对依饭节在人际间的传播现状和各现代媒介中的传播现状进行梳理，探究出当前依饭节的传播仍存在传承人老化、传播手段单一、传播内容空洞、更新频率低及传播平台功能不完善等问题。基于以上问题，本文提出诸如重视民间、走进校园、善用媒介、适当产业化等思考，以期从传播渠道上优化依饭节的传播，为我国民族文化的传承与弘扬尽绵力。

关键词：仫佬族；依饭节；非物质文化遗产；传播渠道

3. 新媒体环境下河北梆子传播路径研究

杨雪然　河北大学硕士学位论文

摘要：河北梆子是河北省重要的地方戏剧种之一，2006年被国务院批准为第一批国家级非物质文化遗产项目。河北梆子蕴含着特色的声腔艺术、深厚的文化内涵，具有独特的艺术魅力，是我国戏曲种类中不可缺少的部分。21世纪的今天，随着市场经济的高速发展，人们的生活节奏加快，很少有人还能想起传统的在舞台上演出的戏曲。各种文化形式的兴起对河北梆子的发展形成了巨大的冲击，其发展面临生死存亡的严峻形势。笔者认为，河北梆子作为国家级非物质文化遗产，有其自身的价值和发展特点，必须要加强对河北梆子的传播与保护，扩大河北梆子影响力、提高知名度，这不仅是河北梆子自身发展的需求，也是国家和民族发展的需要。本文通过问卷调查、访谈等研究方法，从传播学角度对新媒体环境下河北梆子主要传播路径进行研究。在新媒体环境下，河北梆子的传播路径仍然以舞台表演形式为主。借助媒介的传播路径发展呈现出明显不平衡状态，有关河北梆子的电视节目少，而且没有以河北梆子为主的电视节目；河北梆子专业网站少；在微博微信等新媒体平台的传播现状中官方微博微信不积极主动，远不如个人的微博微信平台活跃等。在现有的传播路径下河北梆子传播中存在一些问题：传播内容单一，只是大部分在传播名家唱段，缺少河北梆子知识或者演员等内容的介绍；传播方式欠缺，有的院团没有自己的微博微信平台等；通过研究新媒体环境下河北梆子传播路径现状，发现其中存在的问题，进而对优化传播路径提出具有可行性的建议：各大院团应该承担起传播主体的责任积极拓展河北梆子在新媒体平台的传播；优化微博、微信等传播方式，提高专业性和权威性；充分利用快手、唱吧等新型平台，发挥"角儿"的影响力。期望各方给予重视，以此来扩大河北梆子的影响力。

关键词：新媒体；河北梆子；传播路径；戏曲传播

4. 仪式传播视域下回族婚姻仪礼变迁研究——以河北省孟村回族自治县牛进庄乡为例

杨伟 陕西师范大学硕士学位论文

摘要：传播过程往往与文化相关。在宗教现象中，宗教文化通过宗教仪式进行传播，利用教义进行教化，从而增强信教徒宗教信仰。回族是一个基本全族都信仰伊斯兰教的民族，其宗教活动主要在婚丧嫁娶等相关仪式中完成。其中，婚礼的相关仪式活动更是其传播伊斯兰教文化以及宗教教义的重要渠道。对回族人来说，婚姻是真主安拉的恩赐，婚礼是实现人生阶段过渡的重要仪式。随着社会的发展，回族与其他民族的交往不断深入，婚姻观念逐渐发生了变化，婚姻仪礼出现了变迁，背后折射出了回族文化和回族社群的改变。研究回族婚姻仪礼变迁，或将引起人们对回族婚姻仪礼变迁这一社会现象的关注，引发当地回民对于回族婚姻仪礼传承与发展的思考，从而促进民族文化的传播。笔者通过查阅相关资料，确实发现了不少相关研究，但多集中在新疆、宁夏等西北地区，关于河北地区的研究较少。且尚未发现在仪式传播的视角下，针对河北地区回族婚姻仪礼变迁的相关研究。

关键词：回族；仪式传播；宗教；婚姻仪礼

5. 仪式观视角下潮汕茶文化的传播研究

金悦霞 广东外语外贸大学硕士学位论文

摘要："潮汕工夫茶"是我国茶艺中最具代表性的一种，是潮汕地区所特有的符号，已被定为国家级"非物质文化遗产"，既是一种茶艺，又是一种民俗。本文从仪式观的理论角度出发，将潮汕地区的工夫茶文化传播作为研究对象分析。

本文从宏观的角度对工夫茶的文化进行界定，并从纵向的角度对工夫茶发展的三个阶段进行梳理，分析潮汕茶文化的传播，总结工夫茶的广为传播的原因和特点，以此展开对茶文化仪式的研究。随着媒体的出现，工夫茶仪式地位也发生了较大的转变：重要—弱化—再强化。

本论文将工夫茶文化的传播视为一场文化传播仪式，从传播仪式的构成要素、传播过程和仪式的具体特征进行分析。通过调研，作者发现仪式可以在私人场域、公共场域展开，在不同的环境中，仪式的传播过程又有所不同。工夫茶仪式与其他茶艺最大的区别在于，工夫茶仪式除了作为仪式表演，还包括普遍存在的模式，它成为人们日常必不可少的仪式，人们通过参与该仪式从而获得信息的共享以及身份的认同。仪式的主要特征在于象征性互动，笔者通过对仪式过程中所出现的符号进行分析，来论述工夫茶文化所具有的文化内涵，即"和、敬、精、乐"。

论文通过工夫茶仪式的变迁，论述经济发展和大众传播媒介对工夫茶仪式的影响。经济的发展加快了潮汕人的生活节奏，促使越来越多人走出潮汕地区，参与工夫茶仪式也逐渐减少；传统媒体的出现，使得传统仪式失去了部分功能与意义，其教化、娱乐功能被弱化，从而弱化了仪式对潮汕民族的价值观念、归属感的影响，影响潮汕文化的稳定性与连续性。新媒体的出现，打破时空限制，通过现实与虚拟的"场域"，营造在场感，使得仪式的重新回归，增强了人们的族群认同感，使得潮汕文化通过新的媒介仪式得以传承与发展。

关键词：潮汕工夫茶；仪式；象征符号；大众媒体；身份认同

二、中华文化对外传播研究

1.《红楼梦》在马来西亚和新加坡的传播与研究

谢依伦（CHIA JEE LUEN）山东大学博士学位论文

摘要：本论文的研究范围从《红楼梦》被带入马来亚的可能性(19世纪20年代)开始乃至2018年近两百年的时间。笔者通过文献记录，尝试呈现出《红楼梦》在某个时代如何传播，当时的传播主体是谁、传播了什么信息、其受众范围的大小以及根据受众的反馈来探讨《红楼梦》传播的影响力。而后再对已出版的《红楼梦》相关文章与研究成果进行梳理和评述，为马新红学做一个概括性的基础介绍。最后，总结马新红学的特点及不足，参照世界红学的研究思路与方法，为未来马新的红学研究的拓展提些建议。

关键词：红楼梦；马来西来；新加坡；传播

2.《牡丹亭》在韩国的传播与接受

王白鸽 山西大学硕士学位论文

摘要：汤显祖是我国著名的文学家、戏剧家。他创作的戏曲作品《紫钗记》《邯郸记》《南柯记》和《牡丹亭》被并称为"临川四梦"。在"临川四梦"中，《牡丹亭》的传播范围最广，同时也是汤显祖一生最得意之作。

韩国作为中国的邻国，与我国在戏曲文化的交流上更为频繁。笔者通过调查研究发现，两国的戏曲交流可以追溯至秦汉时期，在文献和史料上都有许多记载。到了现代，随着韩国各个大学开设中文专业，众多学者把目光投向了中国戏曲，越来越多的戏曲作品走入了韩国读者的视线，越来越多的戏曲译本面世。两国的戏曲交流迈向了新高度，进入了新阶段。

虽然目前两国戏曲交流已经取得了很大进展，但笔者发现，大部分学者的研究重点，还是集中在几部较为知名的戏曲作品上，例如《西厢记》《五伦全备记》等作品。对《牡丹亭》等其他戏曲作品的关注度依然不高，《牡丹亭》的译本相较于《西厢记》等作品来说也是寥寥无几。就这一现状来说，笔者认为还是要加大对《牡丹亭》等优秀戏曲作品的海外传播，让越来越多优秀的戏曲作品走出国门，走向世界。

同时，笔者还将结合自己在韩国全罗南道罗州小学的教学经历，总结出在韩国中小学进行戏曲推广所面临的问题。本文还通过问卷的形式分析了韩国小学生对中国戏曲的接受程度，结合韩国小学生对中国戏曲推广课的反馈，进一步探究中国戏曲在韩国的传播策略。

关键词：《牡丹亭》；中国戏曲；韩国；传播策略

3.东南亚五国汉语传播与中国国家形象认知的相关性研究

王祖嫘 中央民族大学博士学位论文

摘要：近年来，汉语国际传播作为中国软实力战略的一部分日益受到重视，中国国家形象是国家软实力的重要组成部分，亦被研究者广泛关注，但有关两者间关系的研究却十分稀少。针对这种情况，本文以东南亚五国——泰国、越南、缅甸、马来西亚和印度尼西亚为研究范围，以汉语传播和中国国家形象认知的相关性为研究问题展开了探索。通过对以上五国一千多名民众的问卷调查，结合田野调查、内容分析和叙事研究等方法，对各国民众的中国国家形象认知状况进行了深入探究，对各国汉语传播要素展开了系统分析和横向比较，进而讨论了汉语国际传播与中国国家形象的相关性。

关键词：东南亚五国；汉语传播；中国国家形象；相关性

4、孔子学院在老挝的文化传播研究

周宇鹏 湖南大学硕士学位论文

摘要：自 2010 年国立大学孔子学院在老挝成立以来。经过近八年的执着发展，老挝孔子学院项目实现了从无到有。老挝孔子学院项目由最初的艰苦创业到如今实现茁壮成长、遍地开花的喜人局面，可谓披荆斩棘。本文基于"5W"理论，通过对孔子学院在老挝的传播活动进行实地调查。由传播者、传播内容、传播媒介、传播受众及传播效果方面进行调查研究。通过对孔子学院在老挝的传播活动进行调查和取证，调查孔子学院在老挝的文化传播活动。同时，通过对实地的调研数据的分析发现，目前孔子学院在老挝的文化传播活动已经显现出了相应的问题。通过对这些主要问题的成因进行相应的剖析和论述，发现具体的解决之道。

基于以上写作思路，本文首先结合实地的调研数据，从五个方面对孔子学院在老挝的文化传播活动进行了实地调查，并进行了客观论述。同时，对孔子学院在老挝的文化传播活动中所出现的典型问题进行了阐述和说明。尝试从内因和外因两个角度对其成因来进行分析。最后，通过结合自身的工作经历以及调研成果，尝试针对文化传播活动中所出现的典型问题提出针对性建议。认为，国立孔院与普通志愿者项目实际上共同构成了整个孔子学院在老挝的传播活动，共同承担了孔子学院在老挝的文化传播任务。鉴于老挝特殊的国别特征，指出在教材使用上孔子学院应该针对普通志愿者项目进行有针对性的援助。在人员派遣上，应该发挥国立大学孔院的集散作用，进行必要的岗前及岗中培训。在两者的传播地位上应一视同仁，对分散于各地的普通志愿者项目给予肯定，进行有效的后继援助。在物资的配给上，应实现公平调配。在组织架构上，应实现统筹兼顾的领导。结合国立孔院的发展成就，建立起国立孔院与普通志愿者项目之间的联动。使孔子学院在老挝的传播活动形成一个有机整体。

关键词：孔子学院；"5W"；文化传播；途径

5.孔子学院中国文化传播的现状与出路——以伦敦孔子学院为例

陈李戈瑞 广东外语外贸大学硕士学位论文

摘要：本文以伦敦孔子学院为例探究孔子学院在进行中国文化交流中的实际影响，辅以对孔子学院相关政策的辨析以及孔子学院大会的历届资料探析了孔子学院发展的主要目标，当下现状以及未来的出路。

本文采用案例访谈和数据分析处理的方法，通过对伦敦孔子学院的问卷调查访谈，探析伦敦孔子学院所遇到的挑战以及孔子学院遇到的共性问题。借助于每届孔子学院大会主题以及核心内容的定性分析，试图将孔子学院分为蓬勃发展期和稳步前行期。在国家政策层面上，孔子学院概念已经基本落地生根，正在积极进行受众面的扩大以期满足对汉语言文化传播的需求。本文发现了孔子学院在进行传播过程中由于对自身性质的认知在传播诸多层级上不统一，导致接收者认知孔子学院的性质存在较大出入。在输出的文化产品方面，伦敦孔子学院依托于受众感兴趣的文化，无法将深层次中国文化传递给受众，且在传播辐射面上较窄。在此基础上，提出孔子学院在建设过程中，由于受地缘政治的影响，孔子学院应当考虑所在国的国情与传统文化，合理制定本土化文化传播的政策。

关键词：孔子学院；中国文化传播；现状与出路

6.跨文化传播视角下的昆剧《牡丹亭》研究

巫丹丹 山西大学硕士学位论文

摘要：本论文从跨文化传播学的视角出发，以昆剧《牡丹亭》为研究对象，在对《牡丹亭》文本英译全本对比研究的基础上，分别对其多个版本戏剧演出的跨文化传播特点进行分析，从中总结演出对外传播的策略，最后重点讨论《牡丹亭》进入对外汉语课堂的传播现状以及开设以《牡丹亭》为主题的昆曲文化课程的构想、困惑、策略和意义。

关键词：跨文化传播；《牡丹亭》；对外汉语课堂

7.明代儒学典籍在朝鲜王朝教育机构的传播和影响

张金英 延边大学硕士学位论文

摘要：儒家思想在朝鲜王朝统治时期被统治者推崇为朝鲜王朝官方的统治思想，这一时期朱子学受到统治者的青睐，产生了诸多儒学大家，他们对儒学典籍进行研究，并与本国的文化相结合，使儒学典籍得到了传播与普及。儒学典籍作为儒家文化传播的载体，在传播儒家文化的过程中，起到重要的作用。成均馆、乡校、书院作为朝鲜王朝时期最为重要的教育机构，对儒学的传授与研习、儒学大家的培养、以及藏书等做出重要贡献。成均馆的主要教学教材为儒学典籍，藏书也主要为儒学典籍，因此，儒学典籍在成均馆中得到学习和研究。作为地方教育机构的乡校、书院是儒家文化传承体系中的重要组成部分，在儒家文化传播的过程中起到桥梁的作用。乡校、书院在教育和培养人才方面，做出了贡献，乡校举行地方百姓文化学习和交流活动，极大促进了以儒家文化为核心的社会价值观的形成，从而使得乡里社会得到规范。在源远流长的文化传播中，朝鲜王朝在野士林阶层，成为儒家文化主要的传播者，他们用学识以及生活方式教育儒生，促进了儒家文化在朝鲜王朝的传播。统治者对儒学的推崇，是儒学典籍在教育机构得以传播的思想基础，儒学典籍被广泛地学习，促进了儒学在朝鲜王朝的发展。

关键词：儒学典籍；朝鲜王朝教育机构；影响

8. 唐日书籍传播及其汉语诗学教育影响考论

李佳　贵州师范大学硕士学位论文

摘要：唐朝开放的对外政策为中日友好往来提供了良好的外在条件。七至十世纪，日本对汉文化有强烈的需求，通过派遣使者出访唐朝，加深了两国情谊，使得唐朝成为中日政治文化交流承前启后的重要时期。在此背景之下，汉籍通过各种方式大量传入日本，对日本政治文化建设影响巨大，其中汉语诗学发展尤为突出，开启了日本一代汉诗学风气。此现象得到学界关注，成为研究热点。本文在前人研究成果基础上，进一步系统梳理唐代中日书籍交流过程，并对书籍活动与日本汉诗学发展的关系做深入考察。

本文共七部分。

绪论部分，主要阐述选题的研究意义、唐日书籍活动的研究现状、本文的研究思路与研究方法。

第一章主要分析唐日书籍活动发生的原因，包括唐前中日书籍活动情况，唐代中日政治和外交制度等。从书籍交流传统以及现实制度等层面，阐述唐日书籍活动发生的可能性和重要性。

第二章论述唐日书籍活动的传播载体与交流方式。传播载体包括使者、僧人、留学生、商人等群体，他们在书籍活动中所起的作用各有特点。书籍传播方式包括官方赐赠、私人传抄、商业贸易等。

第三章根据《日本国见在书目录详考》及其他史料，整理出唐时传入日本的具体汉籍书目。整体来看，东传日本汉籍并对日本汉诗写作产生影响的典籍包含了儒家经典、史书、文集等，而每类书籍的内容和传播方式各有不同。

第四章从书籍活动影响下的日本学制与官制变革入手，阐述汉籍对日本教育制度和选官制度的影响。主要通过日本奈良、平安时期文章道的建立与兴盛等方面来厘清日本汉语诗学教育在这个时期盛行的原因。

第五章分析汉语诗学教育的基本形态，以《怀风藻》《千载佳句》《和汉朗咏集》《文镜秘府论》《百廿咏》等为例，从日人诗集、选本、汉语诗格著作等不同层面，进一步解析书籍活动与日本汉诗学发展的关系。

结语部分从世界格局分析唐日书籍活动的影响，特别指出其对"东亚汉文化圈"形成的作用。

关键词：唐朝；日本；书籍活动；汉语诗学

9. 戏曲元素化传播思路对戏曲海外传播的作用研究

王一婷　中国戏曲学院硕士学位论文

摘要：纵观戏曲的海外传播，其方式多集中于以戏曲本体传播为中心，以剧场传播为渠道，以演出传播为主要传播内容，这样的传播方式有将海外受众的文化语境等同于国内受众的文化语境之嫌。要有针对性地进行戏曲传播，元素化传播不失为一种可行的思路。戏曲元素化传播可将具备综合性的戏曲在对外传播的过程中进行元素化解构，在演出传播成为主体传播方式之前的，成为能够帮助海外受众入门戏曲的传播方式。

本文以戏曲为本体，以传播学为理论支撑，通过结合戏曲中以大众传播为主体的传播方式，来分析戏曲元素化传播与符号传播及其与拟态环境、刻板印象和沉默的螺旋这三种大众传播效果理论的关系，来论证戏曲元素化传播的可行性。论文的绪论部分介绍了戏曲传播的大致研究成果，论文的第一部分通过大致梳理戏曲从北宋至当下的传播历程，就戏曲传播做出简单概要，并发掘、归纳戏曲在传播方面的局限性；论文的第二部分阐释了戏曲元素化传播的思路，用事例辅助说明；论文的第三部分通过结合第一部分的局限性，用符号传播和三种大众传播效果理论来论证戏曲元素化传播这一思路对戏曲海外传播的有效作用。简言之，本文通过梳理戏曲传播历程，发掘戏曲传播的局限性，提出了戏曲元素化传播的解决方式，并论证之。论文立足于前人所做出的贡献之上，力求把戏曲艺术的海外传播深入下去，以期为日后的戏曲传播增添些许经验和启示。

关键词：戏曲；戏曲元素；海外传播；大众传播

10. 新媒体环境下乌克兰孔子学院跨文化传播研究

朱玺　北京外国语大学硕士学位论文

摘要：本文借助新闻传播学的相关理论，尝试构建孔子学院借助新媒体进行跨文化传播的理论模型。随后以该模型为参照对乌克兰孔子学院的跨文化传播状况进行验证性调查。调查发现孔子学院的新媒体使用情况在很大程度上受所在国经济水平的制约；不同孔院管理者对新媒体认识的差异导致不同孔院使用新媒体的情况各有侧重；视觉传播策略在跨文化传播中有优势等。但总体来说，乌克兰孔子学院存在社交媒体与网页的发布内容趋同，社交媒体互动不足等问题，新媒体的优势未被充分发掘出来，导致传播效果不佳。

针对调查发现的问题，本文借鉴新闻业的已有理论和实务经验，提出"重视受众"和"内容为王"两条策略，引入"中央厨房"和"众包新闻"的概念，以期为提高孔子学院借助新媒体的跨文化传播能力提供参考。

关键词：孔子学院；乌克兰；新媒体；跨文化传播

三、华夏传统艺术传播

1. "爨体"书法艺术在文化传播中的多重体现

武超　云南艺术学院硕士学位论文

摘要：《爨宝子碑》和《爨龙颜碑》两大书法碑刻艺术对云南爨文化的构成有着非常重要的历史价值和时代价值，同时也是"爨体"书法艺术风格和精神内涵的重要来源，"爨体"书法艺术将作为一种文化符号，从视觉上体现出云南爨文化的独特魅力，并在爨文化的传承和传播的过程中发挥出重要作用。本文将结合云南爨文化的历史背景，分析"爨体"书法艺术的精神文化内涵以及文字造型的独特视觉审美风格，分析出"爨体"书法艺术当在今书法专业领域、现代设计领域、新媒体环境以及学校和社会教育环境下对于爨文化传播更好的建构路径。进而从文化自身角度以及受众角度，得出如何更好地通过中国传统书法艺术与现代社会其他领域的融合与渗透，形成传统文化与现代社会的互融和谐，实现文化传播与经济效益的共同发展。

关键词：书法艺术；文化传播；爨文化；爨体书法；视觉审美

2. 梅兰芳京剧艺术的传承与传播研究

张咪　西北民族大学硕士学位论文

摘要：本文以梅兰芳先生所代表的梅派京剧艺术的形成及传承与传播为研究对象。以音乐史学中历时法贯穿全文，结合音乐文献学、音乐传播学等学科角度，在勾勒梅兰芳先生艺术之路的基础之上，通过传承与传播的不同层次内容的延展，综合研究中国戏曲的发展特征。

首先，通过梅兰芳的生平及梅派风格的形成与传播的表现以及其对京剧艺术表现的独特性、创造性、审美性等特征，来探究中国传统戏曲的形成之路。

其次，分析梅兰芳京剧艺术的传承与传播的途径，以梅兰芳一生和艺术传播过程为历史线索，划分为口传心授时期、纸质时期、媒体时期，根据不同时期梅兰芳艺术传播的特征来探究中国戏曲的发展之路。

最后，总结梅兰芳在传承与传播过程中的影响。梅兰芳开放性的戏曲教育理念，使得京剧走向国际舞台。同时，梳理出梅兰芳对流派传承的影响，在中国传统文化复兴之际，从而展现梅兰芳京剧艺术传承与传播在当今社会中的价值观念。

关键词：梅兰芳；京剧；艺术之路；传承与传播

3. 中医养生传播生态的构建策略研究

曾钦　广州中医药大学博士学位论文

摘要：本文将中医养生置于大时代背景及当代传播的现实基础之上，以中医养生学为研究主旨和理论引导，综合运用多种跨学科交叉研究方法，从传播生态的视角对中医养生传播过程中的传播环境、传播主客体、传播媒介等诸多因素和现象进行历时性和共时性的考察分析，探索中医养生传播生态的构建策略，以期在中华民族伟大复兴的新时代征程上，为中医药健康养生文化的创造性转化和创新性发展添砖加瓦。研究主要围绕以下五个层次展开：

首先，确立研究的理论基础。通过界定中医养生学和传播学相关概念的内涵，厘清生态学、传播生态学的学术源流和核心理论，根据对中医学和生态学在整体系统观、动态平衡观以及和谐发展观三个维度一致性的分析，探讨二者的理论融合机理，建立起研究的学科基础和理论支撑。明确中医养生传播生态研究的主旨与方向，就是要透过传播现象的表征去挖掘中医养生传播生态的特点与规律，以整体性和动态连续性的生态观为出发点，充分考察中医养生传播所处的政治、经济、社会等因子构成的传播环境、传播者和受传者构成的传播主体以及传播媒介等因子的特点和彼此的关联性，构建出营造中医养生传播平衡生态的策略。

然后，从历时性的角度回顾了中医养生传播的历史嬗变。中医养生传播历时数千年，横跨多个社会文明形态，包括从原始文明到农业文明的前工业文明、由西方建立的工业文明以及当前所处的后工业文明，或称为信息—生态文明。不同的社会文明形态营造了不同的传播生态，也使中医养生传播呈现出不同的时代特点。在历史阶段划分上，将中医养生传播分为古代史和近现代史两大阶段，并细分为原始社会至夏商周、秦汉至隋唐、宋金元至鸦片战争以前、鸦片战争至新中国成立前以及新中国成立后的五个时期，以中医养生思想和理论的发展与主要传播活动为脉络，梳理和探究中医养生传播的历史轨迹。

紧接着，从共时性的角度，围绕中医养生传播生态系统的结构和五大生态因子展开研究。传播环境方面，我国地大物博的自然条件为中医养生提供了良好的物质环境，璀璨纷呈的古代哲学与科技水平奠定了中医养生传播的丰沃文化土壤，源远流长的民风民俗为中医养生创造了广阔的传播空间；传播主体方面，中医养生的传播者具有能动性、代表性和时代性三大特点，受传者则表现出广泛性、目的性和类群性的特征；同时，根据社会阶层与身份的差异，将传播主体划分为官方主体和民间主体两大类，再细分为帝王与方士、士大夫阶层、官办医学教育机构、医学世家、民间医生这五大主要类型进行分别阐述；传播客体方面，根据中国古代哲学的认知分类方式，从两个维度分析中医养生传播信息的特性，即"道"维度上的独特性和抽象性，以及"器"维度上的先进性和庞杂性；传播媒介方面，中医养生传播也呈现出与一般媒介不同的特点，主要包括以人为核心的示现媒介和以文本为载体的再现媒介。

随后，对当代中医养生传播生态进行综合考察。通过分析纷繁复杂的中医养生传播现象，挖掘其背后的社会文化根源、发展动力和传播机制，将当代中医养生传播生态分为三个方面进行讨论。首先，在中华民族复兴的背景下，中医养生传播呈现出鲜明的意识形态化特点，建立了良好的传播政治生态环境；其次，在全球消费文化驱动下，中医养生商品化的步伐日益加快，在助推中医养生传播快速发展的同时，也带来了传播乱象丛生、消费主义横行等负面问题；第三，在多元传播媒介的营造下，中医养生传播开始"去中心化"，既迎来了巨大的传播机遇，也面临信息泛滥、把关人缺失等问题的挑战。

最后，在对中医养生传播的漫长历史和复杂现实做出回顾与反思后，提出了构建适应新时代发展的和谐、高效、可持续发展的传播生态策略。第一，培"土"——通过夯实中华民族优秀传统文化土壤、提供持续稳定的政策法规保障，来创造健康良性的传播环境生态；第二，炼"金"——通过完善中医养生学的理论体系、制定中医养生标准化产品和服务体系，创建紧跟时代发展的传播信息生态；第三，引"水"——针对政府、事业单位、社会团体和企业这四大中医养生传播者存在生态位"缺位""错位""重叠"的问题提出具体解决方案，以创建多元有机的传播者生态。第四，植"木"——通过树立"绿色传播"价值观、建立互利共生的媒介关系、倡导以人为本的专业主义，营造平衡和谐的传播媒介生态。第五，育"火"——中医养生信息得以传播的生命线就是它的群众性，只有通过培育广大受众理性的中医养生文化素养和需求，才能实现中医养生传播绵延不绝的生命力。

本文认为，中医养生传播生态的构建策略研究，本质上是一个文化创新的过程，传播生态视角为这一创新尝试开辟了崭新路径。构建中医养生传播生态策略，既是对中医养生传播在生态文明社会的意义探寻，也包含了对传播媒介技术和手段层面的思考，更是对传播生态系统整体平衡结构的试验性摸索。只有在中医理念的引领下，综合运用中国传统优秀文化的智慧和现代传播的方法，才能推动当代中医养生传播生态的平衡健康发展。

关键词：中医养生；中医药文化；健康养生文化；传播生态

四、社会交往与文化传播研究

1. 北宋士人女眷的社会交往研究

王曦　兰州大学硕士学位论文

摘要：唐宋之际是中国古代社会转型时期，北宋在政治、经济、文化、社会等领域发生了一系列变革。在"举世重交游"的时代风气下，北宋士人女眷通过教育活动、救助活动、拜谒活动、宴饮活动、宗教活动与士人、士人女眷、乡邻、皇室、僧尼等社会群体互动交流，形成了师友、文友、救助、主人与宾客、佛友等类型的社会交往关系。家庭地位较高或社会地位较高的北宋士人女眷有机会参加更多的社会交往活动，交往更多的人。北宋士人女眷在社会交往的过程中，开阔了自己的眼界，维护了家庭、家族的利益。

关键词：北宋，士人女眷，社会交往

2. 传播学视域下孔子人际交往观研究

穆毅　郑州大学硕士学位论文

摘要：交往即传播，人际交往是传播活动的主要形式。孔子人际交往思想内涵丰富、影响深远，对现代社会具有重要启示作用和现实意义。本文从传播学视角入手，通过对文献与文本的整理分析，分别从人际交往活动的历史背景、形式、目的三个方面阐释孔子思想产生的基础，划分出两种不同类型的人际传播关系，即以血缘维系的父子、夫妇、兄弟等家庭关系，以非血缘凝聚的君臣、师生、朋友关系，并总结出人际交往的实质关系。以此为基础，本文对孔子人际交往的传播思想进行剖析，认为人际传播活动是依据"正其名""主忠信""推己及人""过犹不及"的交往原则进行，以"内仁外义""礼自外作""和而不同"作为人际交往的内在行为理念和外在行为规范，在交往中实现自我与他者的统一，并运用语言和情景传播艺术构建"共通的意义空间"。最后，本文将孔子人际交往的传播思想置于解决现代人的交往困惑、缓解人际冲突之中，将传统文化现代化转变，以"各安其位"建立和谐人际关系，以"仁者爱人"培养现代人际交往理念，以"礼"相待改善人际传播行为。

关键词：孔子；人际关系；人际交往；当代价值

3. 当前中国传统文化传播存在的问题与对策研究

史珂　山东师范大学硕士学位论文

摘要：传统文化的传承必须依靠媒介传播，本研究运用问卷分析法，从当前传

统文化传播的影响因素调查入手，结合相关传播案例，分析当前中国传统文化在传播过程中出现的西方传统文化观念冲击中国传统文化观念、泛娱乐化传播趋势下传播内涵的弱化和数字传播创新性不足的问题。其原因主要包括：文化霸权的渗透和文化自觉的弱化、消费主义与泛娱乐化的盛行、传播思维固化和时代性转化不足以及数字化转换的矛盾。最后，利用不同媒介的相关传播案例，总结出传统文化认同建构、创新传播和数字化传播的媒介传播策略。

本研究主要从以下几部分展开。

绪论部分分析了当前中国传统文化传播的研究背景和研究意义，并对文章中所涉及的文化和传统文化的概念进行阐释，梳理总结了国内外传统文化传播的研究领域及其研究现状，以期更全面、系统地对传统文化传播进行深入研究。

第一章从当前传统文化的媒介传播价值入手，认为媒介传播可以提升传统文化认知，建构传统文化认同，并促进多元文化传播。分析了当前的传统文化传播的主要媒介方式，包括当前传统文化在报纸、电视和新媒体中的传播形式和具体内容。

第二章对传统文化传播的影响因素进行实证研究。根据 5W 传播模式和相关理论、文献的分析建立相关指标，从个人、社会和传播过程 3 个层面做出研究假设和模型图，通过问卷设置兴趣度、政府政策、文化环境、媒介环境、媒介技术、传播内容和传播人才 8 个研究维度，并将得到的调查数据运用 SPSS 进行因子分析，最终对影响因素进行整合，验证假设和模型。5W 传播模式为传播现状的研究提供研究范围，为问题的研究带来启发。

第三章根据影响因素的维度，从个人、社会和传播过程层面分析传统文化传播的现状，认为受众当前对传统文化的总体兴趣度较高，对"互联网＋"传统文化兴趣明显；当前的多元文化环境对传统文化的传播来说，是机遇与挑战并存的；当前的政府政策给传统文化的传播带来转机；认为当前传统文化传播的深度内容少，传统文化传播人才匮乏。

第四章根据现状的分析结论，对当前中国传统文化传播出现的问题和原因进行剖析。首先，受众受到西方传统文化的冲击，其原因主要为文化霸权式的文化渗透和文化自觉的示弱。其次，以电视综艺节目为代表的泛娱乐化传播趋势下传统文化传播内涵的弱化，其原因主要为当前消费主义的潜在影响和传播思维固化。最后，当前媒介社会环境下，各种类型的传统文化出现数字化传播难题，其原因主要为传统文化与当前数字技术的转化矛盾。

第五章针对传统文化传播存在的问题提出相应的对策，侧重传统文化认同到文化自信的建构、创新传播内容和传播形式、数字化传播转向。在研究传统文化认同的建构中，认为主流媒体的话语权和电视的文化传承功能和传统文化素养教育为传统文化认同和文化自信的构建提供了可能；而传统文化的创新传播，可通过 IP 改编来创新传播内容和传播形式，进行深度传播；在数字传播过程中，可通过对传统文化进行媒介化编码，并用数字包装文化资源。

关键词：传统文化；传播；影响因素；问题；对策

4. 记忆的保温：非物质文化遗产的代际传播研究

张艳　湖北大学硕士学位论文

摘要：非物质文化遗产是一种与群众生活密切相关、世代相承的精神文化遗产。在传播过程中，它以文化记忆的形式呈现，在社会发展中起着教化民众、建构身份认同的作用。作为一种强调世代传承的活态文化，非物质文化遗产在代际主要以口耳相传、言传身教的方式进行传播，是传受主体基于一定的代际关系而进行的传播实践。在新的传播环境下，虽然互联网技术使非物质文化遗产的代际传播能够跨越巨大的空间，传播范围从个人、家庭、地域等层面扩大到更广泛的社会层面，但还是出现了一定程度的代际断裂现象。人是文化传播活动的主体，非物质文化遗产常常是与特定的文化空间、文化传统紧密相连，如何让创造非物质文化遗产的群体或个人代代相传，实现文化空间或文化传统的赓续和发展，是一个值得关注的新问题。

文章以国家级非物质文化遗产项目——湖北楚剧为分析案例，通过文献研究、问卷调查等方法，在文化记忆和文化传播理论框架下，对非物质文化遗产的代际传播进行分析，以探寻弥合代际断裂，走出传播困境的策略。全文主要包含以下几个方面的内容：

首先，从传播形态和社会功能上阐述了非物质文化遗产作为文化记忆的特性，并从微观和宏观层面上对代际传播的相关概念进行厘清与辨析，从传承的内在需求和保护的必然要求上对非物质文化遗产代际传播的重要性进行论述。

其次，从传播范围和传播媒介的变化上对非物质文化遗产代际传播现状进行说明。并结合案例分析，从传受主体的代际分层、传播内容的代际承接、传播时空的代际延续和传播效果的代际差异上对非物质文化遗产的代际传播特征进行了说明，并首次对非物质文化遗产的代际传播形式进行了三种分类，即个体与个体之间的直线式传播，个体与群体之间的教学式传播，群体与群体之间的社区式传播。

再次，通过对问卷调查结果和案例的比较分析，从传受主体间的代际断层、传播意愿上的代际反差和效果认知上的代际鸿沟三个方面说明传播过程中的代际断裂现象，并对这一现象所带来的消极影响进行阐释，从传播环境的客观局限和代际群体的主观限制上解读非物质文化遗产的代际传播陷入困境的原因。

最后，根据前文分析，针对我国国情和代际群体的实际情况，从政府、民众和传媒三个层面上提出代际传播策略，具体包括完善传播链条和传播条件、激发传播动力和传播实践、增加传播密度和传播渠道等。

关键词：非物质文化遗产；代际传播；文化记忆；湖北楚剧

5. 明清徽州日常人情交往研究

李玲玉　安徽大学硕士学位论文

摘要：日常人情交往是人们生活的重要组成部分。传统的农业社会，以人情关系为主要联结，人情交往活动以多样的形式存在人们日常生活里。利用明清徽州遗留下来的大量文书资料，展现当地民众在明清时期所参与的日常人情交往，有助于了解人们在乡村生活的真实面貌。

明清时期，是徽州发展最负盛名的一个时期，徽商遍布天下，新安理学思想影响全国。徽州社会民众的日常人情交往主要是为了维持已有的良好关系，使彼此之间和睦相处、互帮互助而进行的活动。这些交往活动根据其庆贺方式的不同，大体可以分为仪式性日常人情交往和非仪式性日常的人情交往。仪式性日常人情交往主要是用以记录人生的重大事件：活动举行的同时一般都配有礼簿，记录所送的礼物以及大型的请酒活动，可以分为送嫁、贺娶、吊丧、祝寿、庆生、贺新居以及祝贺入学等。这些活动的举行可以调动大范围的人员，增加了彼此之间的沟通交流。非仪式性日常人情交往主要分为新年时节的拜访活动与普通时节的走访活动，这些活动内容庞杂且名目繁多，基本涵盖了人与人之间日常的不具备明确庆贺意义的友好交往。这些组成了人们生活的重要内容，并且使得乡土社会在充分利用人力物力资源的基础上，自主维持了基层社会的长期稳定发展。在徽州社会，传统的耕作模式，闭塞的生存环境，浓厚的宗族氛围，使得人们之间处于强烈的血缘关系与地缘关系中，大大限制了人们的交往对象、交往范围、交往意愿、交往目的，使得传统的日常人情交往占据了人们交往的主要方面。明清徽州日常人情交往的目的是维持已有的关系，其丰富了当时人们的日常生活，使得乡村社会在互帮互助的人情交往中更为稳定。

关键词：明清；徽州；日常人情交往

6. 山东滕州"墨子故里"之文化传播现状研究

黄睿　山东艺术学院硕士学位论文

摘要：春秋战国时期，学术自由，百家争鸣，造就了一大批思想家、教育家、军事家等。他们的思想文化历经数千年发展，渗透在社会发展的各个方面，成为现代人的文化基因。20世纪90年代以来社会掀起"国学热"，重视中华传统文化，学习和传承优秀的传统文化。经过多年的发展，国学热度持续升温，但它受到社会意识形态的影响，传播的文化与社会制度的发展相适应，因此国学侧重学习孔孟为代表的儒家思想，注重对人的道德伦理教化。在现代，名人故里作为文化空间概念，对思想家思想的传承应该尽可能降低社会意识形态的影响。回归思想家的历史叙事资源，正确认识墨子思想，理解墨子思想构建的社会蓝图，沟通其思想与现代社会建设的联系，以便更好地传播我国的传统文化。

名人故里作为文化产业发展中的重要部分，是文化的象征，肩负着传承与传播思想文化的重任，开发名人故里也是在打造各地城市名片。但商业化的运作模式，使名人失去了独特个性，我国的名人故里开发出现同质化的现象，滕州墨子故里也是如此。近年来，滕州市修建了多处墨子纪念地，不仅主要纪念场馆的建造模式和各地多数名人故里雷同，而且当地不同的景区采用相同的设计思路，墨子故里失去了个性，墨子思想也未进行完整、有效的表达。这与墨子思想被曲解有关。墨家后世"墨离为三"，之后便没有正统的墨学传承人，历史上的各个阶段习惯于把墨子思想理解为符合意识形态的解释，在不断的择取中，弱化了墨子思想之于国家社会发展层面的意义。同时，墨子思想与其他学派长期掺杂，忽略了墨子关于社会普适性思想的构拟。墨子故里是除了高校或专门的研究机构外，传播墨子思想最有自觉性的区域，所以研究墨子故里的文化传播策略，是在思考学院派的研究之外，关注社会基层对墨子思想的主流诠释和呈现面貌。

本课题采用文献资料、实地调查和意识形态分析的方法，研究分析滕州墨子故里传播墨子思想的方式以及效果。从收集到的墨子文本资源入手，尝试恢复墨子在思想层面的整体形象，梳理墨学不断被取舍的过程并分析其原因，以此观照墨子故里的文化传播，研究墨子思想被呈现和被弱化的现状，总结反思影响墨子故里文化传播的因素，为墨子故里打造提供些许启发。本课题以期通过分析墨子故里的文化传播策略，探讨当地在传播墨子思想时有选择地截取或弱化其思想内容的原因，总结墨子故里文化传播的目的追求，为墨子故里的建造提供理论上的启发，同时为国内开发名人故里提供一定程度上的参考，尤其是对思想家故里的打造，展示思想家独特的文化气质是故里文化传播中最为核心的原则。

关键词：滕州；墨子故里；墨子思想；文化传播

7. 山东邹城"孟子故里"之文化传播现状研究

刘运果　山东艺术学院硕士学位论文

摘要：本文选取关于思想家的名人故里进行研究，是思考除了学院派学术研究之外，社会基层如何来理解与传承思想家精神遗产，或者关于思想家的主流诠释在社会基层的呈现面目。而"故里"则是社会现实中关注、诠释与传承思想家遗产最为主动或自觉的地理区域，它们往往在多方合力下试图打造出一个有关注度、吸引力、消费力的文化空间品牌。在这样多方合力打造中，故里能否将名人个性呈现出来正是本文的研究对象。本文基于孟子思想概貌的梳理，同时比照儒家学派创始人孔子的思想，界定孟子思想的特点；其次对邹城孟子故里文化传播现状和曲阜孔子故里文化传播现状做对比分析，以前者为基准，将孟子思想为评价标准，对当下文化传播的现状予以分析，进而对孟子故里文化传播呈现效果予以思考和判断。

本文在研究过程中运用了文献研究法、实地调查法、比较研究分析法，并综合运用传播学、社会学、心理学和美学等理论知识，论文主要包括以下四个部分。

绪论部分首先对论文的研究背景做了简单介绍，说明了孟子研究的可行性及研究意义，其次是对前人研究的综述，在梳理的基础上为文章第一章做好理论支撑，最后是对本文的研究思路和研究方法做简单的说明。

第一章主要论述孟子思想源流，从孟子生平入手分析考证孟子名字、生卒年代、故乡、家族、母教、著述等，有利于梳理清楚孟子的生平叙事资源和把握其思想整体，之后梳理出孟子思想的理论基础和实施路径，对比孔子思想，得出孟子思想个性，并对不同历史时期孔孟形象被树立的过程进行分析，寻找孔孟历史地位的差距，为当代两地不同的传播现状寻求一些依据。

第二章主要对邹城"孟子故里"文化传播现状进行分析。在界定文化空间概念中的名人故里之后，首先对孟子故里文化传播物态呈现进行描述，之后对当地文化节庆与民俗分析，最后比照曲阜孔子故里文化传播现状，逐步得出邹城与曲阜两地的差异化呈现。

第三章主要是对邹城孟子思想文化传播现状的思考。首先对孟子思想被呈现和弱化的原因分析，随后是对名人故里文化传播呈现同质化倾向的思考：一是名人思想文化精神的相似性，二是历史遗迹类型的相似性，三是打造手段的相似性，四是名人故里之争造成对资源的重复开发。最后是对思想家类型的名人故里个性化呈现的思考：一是追本溯源，厘清思想；二是对比多方，寻求个性；三是用纪念仪式进行可操演的身体实践；四是整合资源，形成差异化开发；五是进一步遵循传播规律。

本文研究的主旨在于以邹城孟子故里为出发点，在对比分析孟子与孔子思想异同的基础上寻找思想家个性，以思想为标准对故里文化传播呈现效果进行分析，以期寻找到思想家故里打造的个性化呈现方式，为实践提供借鉴经验。

关键词：邹城市；孟子思想；孟子故里；文化传播

8. 文化传播与认同视角的境内外词典同收中华文化词研究

赵咪咪 鲁东大学硕士学位论文

摘要： 中华文化词作为中华文化的名片，是传播中华文化的纽带、桥梁。本文主要通过对比词典中文化词的释义，创新性提出从对比词典中文化词释义的角度摸查中华文化在境外的传播与认同，以期为今后中华文化"走出去"战略提供建议。

论文共分为五个部分，各部分内容具体如下：

首先是绪论部分。主要包括研究背景、研究对象、研究语料来源、研究综述、研究思路、研究方法、研究目的和意义。

第一章介绍了论文研究可操作的前提，包括理论基础和方法基础。其中，理论基础包括词典、语言、文化三者的关系，中华文化词及在文化传播、认同中的作用，义位的结构理论，语言接触与文化接触，文化传播与文化认同；论文研究主要以对比词典学为指导，从对比词汇释义的角度进行。

第二章是两岸文化词释义对比与中华文化在两岸的认同研究。我们从文化词释义对比的角度出发，先对两岸词典中文化词义项数量差异原因进行了分析，然后借助语义桥理论、义位演变类型对两岸词典中义项间的关系做了比较分析，重点在义位微观结构指导下，我们详细对比分析了两岸中华文化词在释义上的相同点和不同点，得出文化词释义差异主要有基义基本相同、基义基本相同且陪义相同、基义基本相同但陪义不同、基义基本相同但义域不同、基义基本相同但陪义、义域都不同、基义不同和基义不同且陪义不同 7 种情况。

根据两岸文化词释义对比结果总结了两岸对中华文化的认同与差异。两岸文化认同表现在同一文化范畴包含相同的文化要素、对同一文化要素认识相同、对同一文化要素有相同的认识发展；两岸文化认同差异表现为文化保留认识差异、文化内涵认识差异和文化内涵发展差异等。并分析出政治、经济因素、科技发展因素、文化心理因素等都是影响两岸文化认同的关键。

第三章是中英词典中文化词释义对比与中华文化海外传播认识研究。首先从物质文化、制度规范文化、心理观念文化三方面对英语词典收录的中华文化词做了分类，总结了英语词典中中华文化词的释义特征；然后重点对比分析了英语词典中中华文化词的释义，得出中英词典中中华文化词释义主要包括基义基本相同、基义基本相同且英语词典释义较充分、基义基本相同但中英词典关注点不同、基义基本相同但英语词典释义较笼统和基义有偏差等 5 种情况，并得出英语词典中中华文化词的释义具有统一性、客观性和概括性的特点。

通过比较词典中中华文化词释义的相同与差异情况，从文化认识客观和文化认识存在差异两大方面分析了中华文化在海外的传播认识，主要有文化认识客观、文化认识偏误、文化认识定势及文化认识片面等 4 种。

最后是结语部分。首先是对本文的研究进行了总结，然后论述了编纂一部中华文化词词典的必要性，其次指出了本文研究存在的一些不足之处，最后谈了本文研究未来的可拓展空间。

关键词： 中华文化词；义位分析；词典释义；对比分析；文化传播与认同

9. 新媒体时代岳麓书院文化传播现状研究

马球　北京印刷学院硕士学位论文

摘要： 值此传承弘扬优秀传统文化和发展文化产业成为国家重要战略组成部分之际，书院受到人们越来越多的重视，书院文化一时成为专家学者研究的热点。但由于种种原因，书院文化没有得到很好传播，书院的文化资源没有很好地转化为经济价值和社会影响力。

传播书院文化的主要目的就是要通过合理的挖掘开发书院文化资源，通过各种媒介使书院文化得到广泛传播，使中国优秀的传统文化得到继承和弘扬，强化国人的文化认同和文化自信，满足人们日益增长的精神文化追求。同时，通过现代工业化和商业化策略将无形的文化资源市场化，生产出各种文化创意产品，深入到人们日常生活的方方面面，使文化资源转化为文化产业，进而增强国家软实力、促进国家经济发展和提高传统文化的国际影响力。

岳麓书院千年传承，是我国古代书院文化的典型代表，至今仍然保持着教学、学术研究和学术交流以及作为文化旅游景点的功能。本文首先回顾了书院的发展历程，对书院文化的基本特征做了简要阐释，然后选取岳麓书院为典型案例，概括总结其历史沉淀和内在文化精神。本文对岳麓书院文化的传播过程和问卷调查进行分析，通过对岳麓书院文化传播发展现状的优势、劣势以及新时代下的机遇和挑战综合分析，尝试提出新媒体时代书院文化传播方式，使书院文化得以广泛传播，使书院成为当地经济发展重要引擎和一张对外的新名片。

关键词： 书院；书院文化；岳麓书院；文化传播

10. 以诗为媒：唐代士人群体的人际传播研究

朱文轩　山东师范大学硕士学位论文

摘要： 人类是一种无处不充斥着社会性的生物。作为人类的一种基本行为，人际传播组成了人类社会关系的坚实根底。现代生活如此，在历史长河中徜徉了数千年的中国古代，他们的人际传播也是如出一辙，反映着社会生活的方方面面。唐代既是古典世界的终结，又是近世社会的开端（李彬．唐代文明与新闻传播 [M]．中国人民大学出版社，2014）。诗莫盛于唐，浩瀚的唐诗为我们研究唐代的人际传播提供了鲜活的研究文本。为此，文章在对《唐五代人交往诗索引》的厘定整合基础上，以人际传播为切入点，将唐代繁盛的士人交往诗作为研究起点，并结合相关的著作、史料，从文本上对士人群体的交往诗进行细致翔实的解读，进而剖析其人际传播特征及对人际交往的影响。

论文首先对"人际传播""交往诗""士人群体"三个概念进行了分析界定，并系统地阐述了国内外关于该选题的研究现状与趋势。论文将《唐五代人交往诗索引》作为研究文本，在对其统计原则做了详细阐述后，仔细剖析了符合研究要求的交往诗数量，共厘定出 2974 首相关诗歌。根据诗歌内容形式的多寡，将诗歌划分为寄送赠别、友朋访问、官场应制、宴集唱和等几项分类，并对其分别进行了梳理。

在唐代的交往诗中，我们不难发现，士人们的交往动机都有迹可循：无论士人们的含情脉脉的温情惬意的交往，还是为追求高官达贵的往来，都是为了获得相应报酬而展开的。这种报酬又可以细分为外在酬赏和内在酬赏。经过分析，唐代士人的交往内容则离不开官场、情谊和娱乐三大场景，我们可以将其概括为"宴集唱和赠别离，登高赏月论天下"。而士人们展开人际传播所使用的传播方式，是以直接间接、横向纵向等维度作为线索进行探析的。唐代士人不仅会进行面对面的交流，坐到一起，侃侃而谈，同时，他们也会以物品为媒介进行人际传播，比如驿寄梅花、鱼传尺素，还会借助"壁"、物品等实体物质。这些交往方式互相交织，共同构成了唐代士人群体人际传播的基本方式。同时，在纵向传播过程中，士人们深受皇权集权和血缘宗族的牵制。而在社交团体这种业缘的横向传播过程中，交往多建立在平等的地位上，处于同一政治团体中的他们往往会一荣俱荣，一损俱损。

在对当时的时代特征进行总体把握后，文章从伦理化和公共性两个方面阐述了唐代士人群体的人际传播特征。第一，唐代士人群体深受儒学伦理道德规范樊笼的枷锁，难以进行自由的个人表达，他们只能在传统伦理道德规范和个性表达的夹缝中生存。第二，唐代的传播出现了基于题壁这一视觉传播和唱传这一语言传播的公共性萌芽。通过对士人群体的人际传播内容、形式、特征等要素进行概括和总结，为士人群体的人际传播研究供了新的视野，这便是本文的研究目的之所在。

关键词：交往诗；唐代士人；人际传播

五、中华文化媒介传播研究

1.《大众日报》孔子形象传播的媒介实践研究——以 2013—2014 年两年《大

众日报》为例

郭明明　山东大学同等学力申请硕士学位

摘要： 在全国弘扬中华优秀传统文化的时代背景之下，在"媒介即生活"的媒体环境中，孔子形象传播是否有效，如何让传播更有普世价值，如何设计孔子形象传播的媒体路径，这些问题将是本研究的重点。

山东是孔子故里，拥有丰富的儒家文化资源。《大众日报》是山东省委机关报，是山东省最具权威性和指导性的大型综合性日报。笔者以"孔子、儒家、优秀传统文化"等与孔子有关的符号为关键词，搜集了 2013—2014 年度《大众日报》的报道及图片。采用内容分析法、文本分析法及个案研究法对《大众日报》2013—2014 年两年间对孔子形象传播的媒体实践进行数据统计、数据对比分析、文本分析，在对《大众日报》孔子形象传播情况进行反思之后，得出当前时代背景下孔子形象传播的媒体路径。

研究分为三部分，第一部分是选择《大众日报》孔子形象传播的媒介实践作为研究对象的背景及意义，界定了所涉及的概念，并对目前关于此类研究的文献进行综述；第二部分通过"改革开放后孔子形象传播概况""《大众日报》孔子形象新闻报道的数据分析"及"《大众日报》典型文本分析"三个方面，研究《大众日报》孔子形象传播的媒体实践；第三部分，在分析第二部分的基础上，从优点及不足两个方面对《大众日报》孔子形象传播进行反思；并提出在新的时代背景下对孔子形象传播的未来媒介路径。第二部分是本研究的重点，第三部分是本研究的难点。

本人认为，《大众日报》在对孔子形象进行传播的实践中，以正面报道为主，紧紧围绕"社会主义核心价值观"的阐发、诠释，对能够凸显孔子形象的事件进行了"报道策划"，但因报道的官方性、严肃性等特点使报道并未达到良好的传播效果。据此《大众日报》应建立专业的团队，在有策划和主动构建意识的情况下进行全媒体传播，建立孔子形象传播的数据库。

关键词： 孔子；形象传播；媒介实践

2.《中国诗词大会》的文化传播研究

余方敏　新疆大学专业硕士学位论文

摘要： 2016 年春节期间，由中央电视台主办的文化类电视节目《中国诗词大会》（第一季）首播时收视率就收获了全国第四名的不俗成绩。2017 年春节期间，《中国诗词大会》（第二季）总体收视人群达到了 11.63 亿人次。节目播出后，受众在微博、微信、知乎等社交平台对节目讨论热烈，关于中国诗词和中华文化传承的思考日益增多。在文化全球化、国内舆论环境充斥"娱乐至死"的呼声、国内主流媒体电视节目创作乏力和新媒体时代下电视媒介式微的背景下，节目在众多的电视节目中独树一帜，扩大了中国诗词和中国文化的传播范围，取得了收视率和社会效应的双赢。

本文综合采用文献分析法、文本分析法和个案研究法，系统研究《中国诗词大会》传播中国文化和中国诗词的过程、特点和功能，探讨《中国诗词大会》的创新和发展路径。文章主要分为五个部分：第一部分对文化传播的相关研究进行梳理，介绍《中国诗词大会》的节目概况，阐述节目的文化传播理念。第二部分从节目形态、节目结构、节目包装这三个方面对节目的创新之处进行系统分析，详细介绍节目组在展示诗词文化时所做的努力。第三部分以文化传播特征为主要内容，以文化传播主体、文化传播内容、文化传播符号、文化传播渠道、文化传播策略等五个要点为具体内容，对《中国诗词大会》的文化传播活动进行全面梳理。在梳理的基础上分析节目在构建文化传播影响力，实现文化传播目的所做出的传承和创新。第四部分从国家、社会、个人、对外传播四个方面对《中国诗词大会》的文化传播功能进行分析，以引用他人评论、具体事例和具体数据论证节目所取得的文化传播效果。第五部分主要是对在全球化时代背景和传统文化日益式微的文化背景下对节目进行反思，并在此基础上，从专业人才培养、话题人物塑造、文化氛围营造、媒介平台搭建、反馈互动等方面提出建议。

关键词：《中国诗词大会》；文化传播特征；文化传播功能

3. 城市传播视野下的古城：儒家文化在城市中的呈现、传播、断裂与再发展

刘修艳　山西大学硕士学位论文

摘要："城市是文明的载体"，"中国城市是中国文明的载体"。本文从城市传播的研究起点即城市与传播的关系出发，借助城市传播理论中"城市即媒介"的观点，结合对中国古代城市的发展与建设史的追溯，探寻中国古代城市与中国传统文化，尤其是与儒家文化的共商关系，尝试厘清城市、文化和传播的关系。

从石器时期到先秦时期，通过对照中国古代城市萌芽、出现与意识形态的酝酿、发生，用文化与城市的关系论证了中国古代城市作为中国古代文明的载体所具有的媒介属性；主要体现在"礼乐形成"与城市文明的萌芽同步；"敬天"和"祭祖"礼俗在空间信息中的出现；礼制文化成为城市空间设计的原则等三个层面。

通过对古代城市中蕴含的儒家文化的解读，以此初步认识古城作为媒介的基本形态。不仅是儒家统治思想在整体城市布局中的体现，同时还以城市的形态向更加广阔的领域进行传播和扩散，包括中原以外的华夏大地和其他海外的区域。

在确立的古城的媒介性质和形态基础上，古城作为媒介的功能随着儒家文化的繁荣得到了进一步发挥。首先是新儒学的出现和发展扩展了城市的空间结构，其形

成的新的城市空间又进一步促进了文化的传承和意义的共享，从而在一定程度上形成了一个简单的交流社会，以此推动了新儒学的进一步发展和传播。

随着封建王朝的崩溃，其统治思想在空间中的地位也变得岌岌可危。先是军事力量强力摧毁了古城这一儒家文化传播的重大固体媒介，然后伴随着资本主义剥削的入侵，大量蕴含了经济力量的建筑开始出现，与代表儒家统治思想的城市建筑形成对峙。在漫长的探索发展期间，市场为主导的城市之路导致了儒家城市文明在空间中的断裂。

最后，本文以正在复兴的太原市明太原县古城为例，初步认为现存的古城及其维修、复兴工程具有全新的媒介价值，即完成城市和文化服务于政治、经济到城市和文化服务于人的转变。

关键词：城市传播；古城；儒家文化

4、从茶马古道到互联网络：滇藏古城的道路变迁与文化传播

侯文妮　云南师范大学硕士学位论文

摘要：道路作为最早的传播媒介，带来物的流动与文化的变迁，是新闻传播学的重要内容。网络传播革命的诞生，互联网全面更新了道路传播的版图，成了真正意义的"信息高速公路"与"媒介高速公路"。随着互联网络与通讯系统的不断完善，道路在社会中所扮演的角色愈发复杂与丰富。云南省定位于发展大健康、大生物、大旅游的省级区域规划，迪庆地区作为唯一一个藏族自治州，从茶马古道的民族走廊区域性探究，再到互联网通道的网络化生活，呈现了独克宗不同时期因道路的变化，而产生文化的变迁，继而改变着生活其中的人。

本文立足于新闻传播学的学科背景，基于传播泛媒介的角度重释"道路"，主要采用田野调查与深度访谈的研究方法，探究独克宗道路变迁的内容，道路变迁对古城文化传播的关系，道路与互联网络基于传播媒介进行阐述的合理之处。

第一章：绪论。从选题背景及选题意义，对"路学"及"独克宗古城"相关研究进行梳理，建构论文分析框架：道路的物质属性到媒介属性，古城文化传播在道路变迁中的传承与融合。

第二章：独克宗的历史文化。从古城的历史与道路建设、宗教融合、商贸文化三个维度寻找独克宗古城的文化根源，进而揭示古城历经文化线路的茶马重镇、旅游开发发展之路、互联网络转型时期，逐渐积淀为一个集文化、商贸、旅游于一体的流动空间，文化在其中从远古走向现代。

第三章：独克宗古城的"路"及其文化意义。重点论述"茶马古道"与"互联网通道"这两条具有学理关系、辩证关系的道路是如何变迁的。一方面，文章从宏

观、中观、微观三个层面，讨论了茶马古道滇藏线—滇藏公路与丽香铁路—古城青石板路的变迁过程，揭示茶马古道的内部张力变化。另一方面，互联网络通道下的独克宗古城，梳理其互联网络进入的历史，及官方、民间等不同的网路传播活动，共建古城文化的现代转向：新的社会分工，村落与世界的联系。

第四章：独克宗古城道路的"媒介属性"。本章节是论文理论归属点。古城道路的媒介属性集中体现在道路的现代性特征、道路的时空属性以及道路的媒介隐喻三个方面。古城道路为文化的传播提供了商业消费空间、社会交往空间、迁徙移动空间，道路的媒介属性镶嵌在茶马古道的文化脉络当中，互联网络延伸了古城与世界交往的传播路径。

结语与反思：笔者认为古城的道路构成包含了茶马古道遗迹、现代旅游小镇的道路、手机和互联网等现代通讯网络通道等多种多样的道路形态，共建了一个复杂的文化空间。将道路作为一种传播泛媒介的新尝试，存在诸多困难之处。展望未来更加有深度、有学术价值的道路与传播的研究，笔者认为仍呈繁荣之象。

关键词：独克宗古城；道路；互联网络；文化传播

5. 论古装影视剧对刺绣的传播作用——以《步步惊心》为例

崔家悦　中国艺术研究院硕士学位论文

摘要：刺绣作为一门传统手工技艺，自古以来大多作用在美化人们生活的范畴，不仅仅是为达官贵人绣制日常用品，老百姓在日常生活中亦是广泛应用，尤其是少数民族地区，生活应用更为常见。而刺绣在戏剧舞台剧装上面的应用更是由来已久。随着科技的发展，人们的娱乐生活日益丰富，刺绣从日常生活、舞台剧装进而走向了大荧幕，从电影到电视，为了突显影视剧的社会背景，剧中角色的地位，性格，心理活动，设计师把大量的刺绣用于角色的服装当中，至此，刺绣这一优秀的传统文化便以文艺作品的形式得以展现。而刺绣技艺，作为优秀的中国非物质文化遗产的重要项目，也得到更好地传承与弘扬。由于影视剧有着极为广泛的受众群，通过影视剧装展现的刺绣艺术更能够被民众认识和接受。中国传统刺绣技艺所涉及的历史悠久，与当今社会的文化环境存在着较大的对比反差，而古装影视剧所呈现的传统刺绣艺术则一点不显得突兀，这对于让民众透过古装影视剧的刺绣应用，更多地了解中国传统文化，传播中国文化精粹起到了积极作用。然而，当前古装影视剧内容众多，品质参差不齐，时代与地域性大多模糊化，影视剧服装角色众多，需求量巨大，刺绣的手段已经不仅仅满足于手绣，其方法越来越多，刺绣在影视服装中的技术应用问题，以及非遗保护对影视剧这一传播载体的重视程度，都还存在一些问题。笔者通过深入影视服装生产基地，进行了多日实地调研，详细了解其制作过程，以影视剧《步步惊心》为例，分析古装影视剧对刺绣的传播作用。

关键词：影视服装；刺绣；传播；图案配色；绣法

6.我国古诗词文化的电视传播研究——以《中国诗词大会》为例

王优雅　郑州大学专业硕士学位论文

摘要：中华文化源远流长、灿烂辉煌，其中积淀着中华民族最深沉的精神追求，是中华民族最独特的精神标识和最宝贵的文化财富。古诗词作为中华优秀传统文化的代表，其中所蕴含的传统美德、生活哲理、价值取向等观念不仅在过去发挥了巨大的作用，在当今社会仍然具有现实意义和传播价值。古诗词文化的电视传播不仅创新了我国电视节目类型，更重要的是将古诗词从书本搬上荧幕，通过电视艺术声音与画面的组合表达，让写在书籍里的诗文活起来，拓宽了诗词文化的传播渠道、丰富了诗词文化的传播形式。对古诗词文化电视传播的研究，有助于厘清以古诗词为代表的传统文化的传播路径和价值，为我国其他优秀文化的传播指引一条新的道路，不断扩大优秀传统文化的传播力和影响力。

除绪论部分外，本文共分为五个章节。第一章首先对我国古诗词的起源与发展以及诗词文化类电视节目的产生背景和发展现状做简要梳理。第二章和第三章主要采用内容分析的方法，以《中国诗词大会》为个案来研究我国古诗词文化电视传播的特色与主题。通过分析发现，电视化的传播方式、大众化的传播人群，兼具文化性与趣味性的传播表现形式，注重参与性与互动性的传播过程，是我国古诗词文化电视传播的鲜明特色；将我国失落已久的诗教传统，古诗词中所蕴含的审美理念以及亲情、爱情、友情等情感观念传递给大众，是我国古诗词文化电视传播的重要主题。第四章采用问卷调查法对我国古诗词文化电视传播的效果进行分析，发现《中国诗词大会》受众最多、受喜爱程度和知名度最高，诗词文化类电视节目获得了多数受众的肯定和认同，很大程度上实现了传播者的传播意图，达到了良好的传播效果。第五章基于前文的探讨和研究，概括总结出了我国古诗词文化电视传播在唤醒文化记忆、建构文化认同、增强文化自信方面所体现出的文化传承价值以及立足本土文化、重视受众体验、不断提升节目品质的媒介引领价值。

关键词：古诗词文化；电视传播；中国诗词大会；传播价值；文化继承

7.戏曲文化传播中公共交互媒体艺术的设计研究

程从梅　中国戏曲学院硕士学位论文

摘要：戏曲在不同的媒介时代作为载体和桥梁，沟通着时代文化与大众文化，成为传承传统文化不可或缺的要素。京剧大师梅兰芳先生曾用"移步而不换形"总结了自己对戏曲的创新实践，"移步"是戏曲应跟随时代的发展而不断进步；"不换形"是戏曲最根本的精神内涵与戏曲意象之美。戏曲文化不断发展，适应时代改革的同时在戏曲舞台上推陈出新也不能离开传统的一招一式，保留传统，我们也要不断的实验创新，在思考新媒介传播同时发掘戏曲文化视觉化与媒体艺术的互动性，通过不同的媒介题材传承戏曲文化。现今新媒体时代，研究戏曲传播媒介的演变，探索用独特新媒介形式传播戏曲文化，唤醒大众对戏曲文化的感知和注视。随着时代发展，交互媒体艺术出现代表着艺术与技术相结合的产物。新媒体影像的实时体验式互动艺术直接拉近创作主体与受众之间交流距离。这种创造性表现方式改变了以往的视觉体验，受众在互动情境中获得更高程度的参与和交流。本文从戏曲传播原则视角下探究不同媒介转换时期的形态以及对在发展过程中对戏曲文化的影响，对不同交互媒体艺术展览形式和空间应用进行调研和分析。尝试用新的传播形式，在新媒介带动下，通过视觉设计，将戏曲的故事性变为视觉画面应用到数字影像互动中。戏曲文化传播方式通过视觉交流和互动体验，在人群接受戏曲文化的方式上形成接受—愉悦—明确—融入其中的一个过程。大众在无意间互动过程中通过思维的改变与碰撞，实现对戏曲文化的理解与感悟，从而唤醒大众对戏曲文化的感知和注视。

关键词：戏曲文化；传播媒介；公共性；交互媒体艺术

8. 中国传统服饰文化网络传播内容的现状研究

杜璠 北京服装学院硕士学位论文

摘要：基于服装网络传播的特点，借鉴传播学、新闻学等相关研究，并参考内容分析法在其他领域、特定文化传播的操作方案，尝试将内容分析法运用到中国传统服饰文化网络传播内容的实证研究中，分析中国传统服饰网络传播现状。设计传播内容指标体系，对研究对象进行定量研究和分析，并且进行部分传播内容的案例分析。研究结果如下：

（1）政府和相关组织机构、学校教育类机构等高度重视中国传统服饰文化的传播，传播内容数量较多，支持力度较大；个人爱好者也是中国传统服饰文化的重要传播者；在传播内容上以传统服饰具体内容和传统服饰相关事件为主，服饰种类集中于认知度较高的传统服饰；图文结合是主要的传播形式。春秋战国时期、隋唐时期和清朝服饰内容较多。名人相关传统服饰内容的传播信息和时尚娱乐类传播内容关注度较高。

（2）微信传播者以政府、学校、企业等机构为主，传播内容丰富，但传播形式单一，以公众号文章进行传播互动性较弱；新浪微博传播者以个人为主，传播形式多样，但服饰内容单一，内容具有较高话题性，互动性强。知乎传播内容主要集中于传统服饰相关话题，具有较高的参与度。

（3）传播内容不严谨、劣质服饰泛滥、传播主旨不明、大众跟风效仿是目前中国传统服饰传播内容存在的主要问题。复古和创新并行是中国传统服饰内容传播的现状。

（4）结合中国传统服饰文化传播所面临的困境和当下网络传播所具备的特点，用户黏度大、传播形式多样、内容丰富新颖、大众参与度高的新媒体平台更适合中国传统服饰文化的广泛传播。

通过传播内容现状研究和分析，总结当下中国传统服饰文化网络传播遇到的问题并提出改善的建议。

关键词：传播内容；中国传统服饰文化；内容分析法；网络传播；现状

第五部分　2018 年度华夏传播研究

期刊论文摘要

一、媒介与传统文化研究

1."互联网思维"下的戏曲艺术传播浅论

马宁《中国戏曲学院学报》2018年第1期

摘要：戏曲艺术曾在不同时代，依托剧场、报刊、电影、电视进行传播，保持了一定的生命力。传播，影响着戏曲的传承。戏曲作为中国传统文化中最具代表性内容之一，本身具有广泛的群众基础，而互联网正以更低廉的成本和便捷的渠道深入人心，这两种跨越年代、跨越类别的方式怎样联合融通？以互联网的思维方式和传播手段传播博大精深的戏曲艺术，充实其传播价值，使戏曲艺术在新的传播方式中不断发展，这是传播者的研究方向和社会责任。

关键词：戏曲；互联网；传承；传播

2."中华优秀传统文化＋短视频"整合传播研究

宁海林《现代传播》2018年第6期

摘要：短视频顺应了人们利用碎片化时间随时随地阅读的习惯，迎合了人们对信息迅速获取的需要，满足了人们对影视作品的娱乐化快餐式需求，已然成为当下传播的利器。在国家倡导全面复兴传统文化、建立清朗网络环境的大背景下，"中华优秀传统文化＋短视频"整合传播无论在理论上还是在现实上都具有合理性和必要性，能够实现两者双赢。中华优秀传统文化短视频整合传播可以在传播主体、传播渠道以及表现路径等方面进行整合。

关键词：传统文化；短视频；整合传播

3.传统文化的现代传播之道

吴春彦《人民论坛》2018年第19期

摘要：传统文化是中华民族的命脉，其传承与发展问题一直是被关注的热点。当前民族文化的传播将传统内核与现代媒介创新融合，呈现出异彩纷呈的繁荣景象，但需格外注意的是，对于民族精神的坚守是探索之路上不可放弃的重要准则。同时，传统文化的现代传播需要重视青年群体，既要坚守，也要创新。

关键词：传统文化；传播之道；现代创新

4.敦煌学背景下裕固族历史数字化传播的三种思路

范小青、钟进文《西北民族大学学报（哲学社会科学版）》2018年第3期

摘要：裕固族是围绕着敦煌及其周边地域生活并延续至今的为数不多的少数民

族，裕固族历史可谓敦煌学珍贵的活态资料，是构筑敦煌历史语境的重要文献。在敦煌学背景下进行裕固族历史研究，对敦煌学和裕固学来说都十分重要。基于敦煌学与裕固学的姻亲关系，同时借鉴敦煌数字化传播的经验，在敦煌学背景下探讨裕固族历史的数字化传播，可以有三种思路，即：从数字化展演到卷入式体验；从专家书写到大众书写；从单一场域传承到整合新媒体传播。

关键词：敦煌学；裕固族历史；数字化传播；裕固学

5. 论国家话语中的口语传播

李亚铭《编辑之友》2018 年第 1 期

摘要：在以"国家"为主体和内涵的传播活动中，口语传播一直是其主要形态之一。在积极建构中国国际话语权的背景下，加强对国家话语中口语传播现象、规律的研究，既是理论需求，更是实践的迫切需求。文章将着重从修辞学、语言学、话语学等视角就国家话语中口语传播的形式、主体、特征、问题及对策等进行较为详细的探讨。以期为拓展国家传播的范畴与深度，提升我国国家话语传播主体的口语能力与话语权做出探索。

关键词：国家话语；国家传播；口语传播；修辞

6. 媒介融合视域下中华优秀传统文化传播的现代转换

牛凤燕《理论学刊》2018 年第 5 期

摘要：媒介融合是媒介发展的必然趋势。传统媒体与新媒体融合共生，为中华优秀传统文化的传播带来了机遇，同时也面临新的挑战。新技术的应用导致"精华"与"糟粕"同时存在、传播内容尚未实现现代转换、传播定位过于注重知识化商业化娱乐化等问题，制约了传播实效。应从国家层面的顶层设计和方向引导、中华优秀传统文化内容的现代转换、中华优秀传统文化价值引导功能的充分发挥、新技术应用的批判反思等方面，创新传播路径、完善传播体系、依托媒介融合优势，提升优秀传统文化的传播力，在此基础上不断提升全民的文化自觉和文化自信。

关键词：媒介融合；传统文化；传播；现代转换

7. 媒介视角下的戏曲跨文化传播策略

戴茜、林一《戏剧艺术》2018 年第 4 期

摘要：本文通过大众传媒中的媒介环境学派视角分析了戏曲艺术的跨文化传播媒介特性，将戏曲在跨文化传播中采用的主要媒介分为具有时间偏倚性的热媒介、具有时间偏倚性的冷媒介、具有空间偏倚性的热媒介和具有空间偏倚性的冷媒介，建

构了戏曲跨文化传播媒介分析模型。结合"英译《牡丹亭》"的跨文化传播案例验证了理论的有效性。研究成果为以戏曲为代表的中国传统艺术，在跨文化传播中应采取的传播策略提供了参考。

关键词：戏曲；跨文化传播；媒介偏倚；热媒介；冷媒介

8. 民族文化传播中社交媒体新定位

冯娟、郭小良《贵州民族研究》2018年第2期

摘要：民族传统文化的多元性和民族文化社会价值的隐性蕴含使得民族文化的传播需要社会媒介发挥边缘思维，实现社会主义精神文明建设机制下民族传统文化社会正能量的释放。整合社交媒介的内部资源以跨文化视域为基础，在包容民族传统文化的时代性传播的同时实现社交媒介社会功能的多元化，从而辅助民族传统文化的传播，优化民族文化传播中社交媒体的新定位，重塑媒体社会角色，弘扬民族传统文化成为新时期社交媒介的新趋势。

关键字：民族传统文化；传播；社交媒介；新定位

9. 融媒环境下故宫文化传播的策略分析

万韵菲、詹秦川《出版广角》2018年第21期

摘要：如何拉近故宫文化与大众之间的距离，如何利用媒介融合的优势进行文化传播，故宫博物院一直在不断尝试和改变。从与新媒体的交互、数字化的展览、品牌的推广到开发创意十足的文创产品，逐渐年轻化的故宫都紧跟时代的步伐，展现其特有的文化魅力。

关键词：融媒环境；故宫；文化传播；策略

10. 数字媒介推动汉语国际传播的策略研究

郭薇、于萌《传媒》2018年第2期

摘要：随着媒体技术的飞速发展，数字媒介日益发达和成熟，在传播活动中的作用越来越大。本文结合数字媒介技术发展的现状与特征以及汉语国际传播的实际，从传播主体、渠道、受众、机制等方面出发，重点探讨了数字媒介技术推动汉语国际传播的主要策略。

关键词：汉语国际传播；数字媒介；策略

11. 新媒体环境下中华传统文化的传承与传播

杨云香《郑州大学学报（哲学社会科学版）》2018年第6期

摘要：中华传统文化积淀着中华民族最深沉的精神追求，是中华民族生生不息、发展壮大的丰厚滋养，并成为新一代党和国家领导人治国理政的理论基础、文化外交的软实力以及开展国民教育的重要思想源泉。在传播技术高度发达、电子媒介迅猛发展的新媒体时代，中华传统文化面临着接受、传播与传承的困境。为此，可以开发传统文化的新媒体传播形态，建设中华传统文化网络教育平台，培育中华传统文化数字艺术创作人才，建立中华传统文化数字博物馆。

关键词：新媒体环境；中华传统文化；文化霸权；文化外交

12. 新媒体时代传统民俗舞蹈传播路径探析

李静、张孟军《传媒》2018 年第 9 期

摘要：中国传统民俗舞蹈是舞蹈艺术的一个分支，是民俗文化的传承，其独特的艺术特色反映社会生活，深受人们喜爱。随着新媒体技术的发展，其原有的传播形式已不能满足现代人娱乐和欣赏的需求。为此，利用新媒体传播中国传统民俗舞蹈的艺术魅力，就显得尤为重要。

关键词：新媒体；传统民俗舞蹈；传播路径

13. 虚拟现实技术对戏曲艺术创新传播的影响

王晓宁《中国戏曲学院学报》2018 年第 3 期

摘　要：进入 21 世纪以来，以数字媒体艺术为代表的新媒体技术蓬勃发展，在带给受众海量信息的同时，也迅速演变出更多新的传播形态。而对于戏曲艺术来说，尽管传统的舞台表演形式仍是主要的传播类型之一，但随着数字化技术的兴起，新的传播形态也在逐渐融入其中，使戏曲艺术在新的时代下产生了更多的传播可能。数字媒体艺术作为新兴的传播方式，与戏曲艺术进行结合，不仅在内容上可以更好地展现戏曲艺术的魅力所在，同时也能通过新颖的传播方式吸引更多的受众以亲近戏曲艺术；不仅对两者的各自发展产生积极作用，同时也在我国传统文化创新传播方面做出新的实践。

关键词：虚拟现实技术；戏曲传播；创新

14. 作为信仰"装置"的秦汉石刻：一种媒介学的视角

贾南、芮必峰《现代传播》2018 年第 11 期

摘要：以媒介学视角关注作为载体的秦汉石刻，从文献、史料出发探索石刻媒介在社会大变迁的时代背景下对于建构时空观念、"装置"信仰的作用。石刻媒介具神圣性、永恒性、稳定性和公告性，迎合了大一统帝国集权统治的符号逻辑；华夏文

明中的石质媒介因"灵石观"而挣脱了物理属性的限制，成为沟通时间和空间的观念性载体。秦汉时期，石刻媒介及其运作系统，作为装置孝道信仰和经学信仰的物质载体，以虚化甚至超越时空范围的脱域化效果，促进了社会大变迁下时空"谐律"的重构，在一定时期内，起到了维系社会运作、加强社会凝聚力的作用。

关键词：秦汉石刻；媒介学；信仰；装置；时空观念

二、中华文化对外传播

1."旅侨"概念及中华文化的海外传播

郭镇之《现代传播》2018 年第 11 期

摘要：在全球化时代，随着人口的大规模流动，侨居或者侨民只是暂时的身份状态，而不是一种永久的固定身份。涉侨群体，主要是尚未入外国籍或者取得长期居留资格而旅居国外的经商者、务工者与留学生、海外教师及访问学者等，他们很难被称为"移民"，也通常不被国内政策视为"华侨"，不妨称之为"旅侨"。辨析"华侨""华人"的概念体系，如果按照并列的关系，旅居者群体既不属于"华侨"，便只能归入"华人"一类，造成与"外籍华人"合为一体并混为一谈的窘境；如果理解为包含和递进的关系，按照与中国关系远近的逻辑，旅居者不仅应先于外籍华人，也应先于目前定义的华侨。建议将"旅侨"纳入"华侨"体系，与"居侨"（长期或者永居移民）并列；将外籍华人与华侨（包括居侨和旅侨）纳入"海外华人"的更大类属。作为中国在海外最主要的形象代表和舆论代表，应该进一步发挥旅侨在海外维护中国利益、改善中国形象、传播中国声音方面的重要作用。

关键词：旅侨；华侨华人；中华文化；海外传播

2."一带一路"倡议下中国对外语言文化传播研究的新思考

侯旭、韩雨轩《西安外国语大学学报》2018 年第 1 期

摘　要：过去十多年间，中国对外语言文化传播研究呈现出继承性和开拓性特征，但研究大多以"我"为主，呈现单向度特征，学界开始探讨"他信力"和"他者"等命题。本研究指出，交往思想的核心内涵就是肯定人的交往本性，与对外语言文化传播的本质高度契合，交往思想成为探讨中国对外语言文化传播的学理依据。研究进而从人的主体性和主体间性两个方面论证了交往思想对构建中国对外语言文化传播"他信力"范畴和正确处理"他者"与"自我"关系的启示。

关键词：交往思想；中国；对外语言文化传播；他信力；自我；他者

3."一带一路"国家文化战略背景下太极拳国际化传播策略

宋清华、申国卿《武汉体育学院学报》2018年第3期

摘要：采用文献资料、田野调查、专家访谈及归纳分析等方法，对"一带一路"国家文化建设背景下太极拳国际化传播的策略进行探讨，旨在为太极拳的时代价值彰显和跨国传播策略提出创新发展思路。研究认为：（1）太极拳作为中华民族文化的优秀载体，在共建"一带一路"倡议中起着文化助力作用，但当前太极拳在跨国传播进程中面临着区域文化差异、观念认识冲突、优秀传播人才匮乏及如何科学理性地解释太极等诸多挑战和困惑；（2）在调整和完善太极拳国际化传播策略过程中，宏观上，既要从大政方针等政策方面制定对外传播的策略，也要结合相关对策以完善和调整上层政策，微观上，政策或对策能否得到妥善执行，依赖于相关措施、手段和方法等细节工作的推进程度；（3）应理顺传播策略体系中各组成元素的关系，建立良好的信息反馈机制，疏通信息传播渠道，利于完善太极拳国际化传播的整体策略及提高其执行的质量。

关键词：一带一路；文化建设；太极拳；国际化；传播

4.从传播学视角看《天演论》的译介及其对文化传播的启示

周楠、谢柯《外语研究》2018年第6期

摘要：中国文化译介是中国文化"走出去"的重要途径之一。中国文化译介本质上是跨文化传播，只有遵循传播原则和规律才能取得良好的传播效果。传播学可为中国文化译介实践提供理论指导。考察以往的成功译介案例可从中获得对中国文化译介具有指导作用的有益启示。严复翻译的《天演论》取得良好传播效果的原因比较复杂，而译者遵循了传播原则和规律是其中一个重要原因。中国文化译介可从《天演论》的成功译介中获得若干启示。

关键词：传播学；中国文化译介；传播效果；传播主体；传播受众；《天演论》

5.当代中国价值观念话语体系的对外传播策略研究

左路平、吴学琴《探索》2018年第1期

摘要：在推动当代中国价值观念的国际传播过程中，我们不仅需要精心地构建属于中国的、具有中国特色的当代中国价值观念话语体系，而且还需要采取恰当的传播策略来实现当代中国价值观念话语体系的良好传播，提升传播的广度与深度，以达到提升话语影响力和国际话语权的目的。当代中国价值观念话语体系对外传播的方式多样，包括政治交往、经济交往、文化交往和学术交往中的价值观念传播与寄载；当代中国价值观念话语体系传播的具体路径包括通过媒介能力建设、推动中华

文化走出去和利用传播活载体等进行价值观念的负载与传播；同时，要依托孔子学院、中国的各类驻外机构来推动当代中国价值观念话语体系的传播。

关键词：当代中国价值观念；对外传播；传播策略；话语体系

6. 当代中国文化国际传播的现状与路径述论

逄增玉《现代传播》2018年第5期

摘要：中国文化跨国传播的历史源远流长。改革开放四十年来，随着我国经济的崛起和国际地位的极大提升，中国走向世界和世界走向中国成为历史大趋势，与此相应，我国的文化软实力建设、文化走出去倡议取得巨大成功，包括海外孔子学院、中国文化中心、国家电台电视台的国际频道和大量中国国情与文化栏目、国家级主流媒体在国外的分支机构、电影电视、文学艺术、图书文物和民间工艺的国际活动和场馆展播参与等，极大丰富了中国文化国际传播的内容，并在创新传播手段基础上取得了与预期目的一致的传播效果。通过对当代中国文化国际传播的多方面内容与多元化方式进行了较为全面的梳理与阐述，并结合国际环境和语境，对中国文化国际传播更多可资借鉴和依赖的方式与路径，做出分析与探讨，同时对近年来中国文化、中国形象国际传播和塑造的方式与内容存在的若干不足，提出改进的建议与对策。

关键词：中国文化；国际传播；文化软实力；文化走出去

7. 东方智慧的推广——《额尔古纳河右岸》英译本的文化传播意义

孙瑶《出版广角》2018年第5期

摘要：传播是人类借助符号交流的活动，当代中国文学英译本的推出就是一种跨文化、跨语际的信息传播。当代中国文学作品外译的成功之作——《额尔古纳河右岸》英译本出版后，引起了国内外媒体的关注，获得了海外读者的好评。文章从物质文化、民族文化及生态文化三个层面分析了《额尔古纳河右岸》英译本中民俗文化的传播效果，及其对推广东方文化具有的重要意义。

关键词：《额尔古纳河右岸》英译本；对外文化；文化传播

8. 非洲孔子学院的语言文化传播效果研究

杨薇、翟风杰、郭红、苏娟《西亚非洲》2018年第3期

摘要：非洲地区的孔子学院建设在服务中国国家战略、促进中非语言文化交流和发展语言文化外交方面具有特殊意义。从汉语学习者数量的增加、肯尼亚语言教育政策的变化和当地大学生对汉语、中国人和中国文化态度等方面来看，孔子学院

的语言文化传播对于提升非洲人对中国整体形象的认知起到了正面的促进作用。与此同时，非洲孔子学院也面临规模高速增长与稳定教育资源供给不足的矛盾以及缺乏现代文化产业支撑等诸多问题。据此，中国政府相关部门需加强孔子学院语言教学与文化传播的有机结合，积极扶持发展创意文化产业；在语言文化传播的目标和方式上，则需实现从重数量到重质量的转型，且通过加强非洲研究，夯实孔子学院语言文化传播效果的基础。

关键词：语言文化传播；非洲孔子学院；肯尼亚；语言态度

9. 纪录频道对中华文化的海外传播研究

郭讲用《当代传播》2018 年第 1 期

摘要：在当今文化全球化时代，中华文化如何走出去，让世界正确认识中国，是增强中国文化软实力的重要议题。本文以中央电视台纪录频道为例，分析了纪录片作为跨文化、跨时空的电视媒介形式，在中华文化海外传播方面的独特优势。指出纪录片的真实性、仪式性、艺术性等特征，能超越语言、概念、编码译码等传播障碍，以移情、共鸣等直契心灵的方式传播中华文化的意境及形而上之美，达到"人同此心，心同此理"的传播效果。本文主要从频道的核心理念"中国价值""国际表达"两方面剖析央视纪录频道在电视技术与传播手段方面的跨文化之"用"，传播中华民族共同体的文化价值之"体"。同时亦指出该频道部分纪录片强调娱乐性、大众性，为了收视率而稀释甚至消解中华文化内涵，在协调精英文化与大众文化传播失衡等问题。

关键词：纪录频道；中华文化；中国价值；国际表达

10. 困境与出路：中国民族体育文化对外译介传播研究

白蓝《成都体育学院学报》2018 年第 3 期

摘要：以民族体育文化作为研究对象，对民族体育文化对外传播的译介困境进行了分析。结果显示：我国民族体育文化外译工作缺乏专业翻译人才，民族体育文化外译作品的数量较少，译介的方式缺乏多样性，译介的内容单一。在此基础上，提出民族体育文化译介应构建翻译人才体系，建设人才队伍；重视民族体育文化译介的"语境"转换，拓宽传播的文化路径；打破民族体育文化对外传播译介的"壁垒"，降低传播的文化门槛；优化民族体育文化译介传播的内容体系等建议。

关键词：译介；民族体育文化；国际传播；文化自信

11. 中国文化对外传播面临的问题及其对策——基于文化层次性的研究

潘荣成《理论月刊》2018 年第 5 期

摘要：文化的层次性决定了对外文化交流内容的层次差异，而高级层次的精神文化往往比中间层次的制度行为文化和低级层次的物质文化能够更深刻地体现一个国家的特色，更清晰地塑造一个国家的形象，并更持久地支撑其国际文化影响力。作为新时代中国的主要对外文化交流计划，文化"走出去"在实施过程中遇到了诸如输出的文化产品层次偏低、传统文化和当代文化比例失调、文化国际竞争力不强、文化海外认可度偏低、对外文化产业和文化传播方式亟待优化等问题。有鉴于此，建议采取调整对外文化交流的目标定位、优化对外文化产品的结构层次、整合外向型文化的内容体系、塑造具有国际特色和时代精神的文化理念等措施作为破题之道。

关键词：中国对外文化传播；文化层次性；文化软实力；整合文化资源

12. 中医文化国际传播的策略与路径

王孜、曾祥敏《传媒》2018 年第 21 期

摘要：向全世界传播中医文化，能为人类的健康提供新思路和新选择，其"简便廉验"四两拨千斤的理念，可以为一些特殊病症提供解决方法。中医文化既是中国文化走出去的重要助力，也是向世界展示中国文化魅力的重要方式。本文通过分析中医文化对内传播的现状、成功经验，对比找到中医文化国际传播的难点和困境，以期找到突破点。

关键词：中医文化；国际传播；"一带一路"；健康传播

13. 人类命运共同体理念下跨文化传播的创新策略

刘连营《传媒》2018 年第 23 期

摘要：随着人类命运共同体理念的提出与发展，我国跨文化传播进入到一个新时期。在这个新时期，跨文化传播必须实现从单向传播到互动交流的转变，以更符合文化交往和交融的传播策略和交流策略，营造良好的国际舆论生态。

关键词：跨文化传播；人类命运共同体；传播困境；国际舆论

14. 认知心理学视角下中华文化国际传播路径研究

周广艺、李清平《湘潭大学学报（哲学社会科学版）》2018 年第 11 期

摘要：中华文化国际传播的路径研究为有效弘扬中华文化提供了具体的解决方案。实施有效的文化传播范式，能够提升中华文化对外传播的效果，从而加快我国实现中华民族伟大复兴的中国梦的进程，推进"一带一路"建设，促进人类命运共

同体的构建。目前中华文化对外文化推广研究主要从传播学的角度进行探讨，较少从认知心理学视角研究对外文化传播。认知心理学的信息加工理论和记忆的建构本质有助于了解外国民众加工和存储文化信息的特点，为中华文化的传播提供有效途径。为此，应运用认知策略，促使外国民众深入加工中华文化信息；采用记忆策略，提高外国民众存储中华文化信息的能力；搭建实践平台，促进外国民众提取中华文化信息，加快中华文化的国际传播。

关键词：认知心理学；中华文化；国际传播

15. 儒学海外传播话语模式研究

孔蕾、秦洪武《外语教学》2018年第3期

摘要：本研究基于"儒学英文原创文本历时数据库 (1690s-2010s)"，采用文本数据挖掘方法，考察儒学在西方传播的话语构成特征以及儒学在西方英语文化中定位、叙述和传播的主要方式。研究发现，在主动传播状态下，接受端思想和概念会参与儒学叙事且呈现历时变化，文化隐喻是西方儒学传播的主要话语模式。这种传播样态成因复杂，涉及接受端对自身文化地位的认知和对他者文化的态度。研究认为，对接受端讲述儒学和中国文化进行文本分析有助于我们从不同视角审视自己，以便知己知彼，制定科学有效的文化海外传播对策。

关键词：儒学；孔子；海外传播；话语模式

16. 试论中国思想对外传播如何跨越语言障碍

王会珍《人民论坛·学术前沿》2018年第7期

摘要：中国思想已成为中国在国际舞台上展现综合国力的漂亮名片，然而中国思想在对外传播过程中的语言障碍不容忽视。可以通过提高翻译水平，通过软文化潜移默化，通过继续提高综合国力吸引外国人主动学习中文等方式以跨越中国思想对外传播的语言障碍。

关键词：中国思想；对外传播；语言障碍

17. 太极拳文化海外传播的理论研究与问题消解

常朝阳《西安体育学院学报》2018年第3期

摘要：通过历史学、文化学、社会学的研究方法，考察了太极拳文化禀赋的中国文化表征与存在的现实意义，并梳理了太极拳文化海外传播的历程及阶段特征。基于传播学理论，分析了太极拳文化海外传播的基本类型与基本要素，并就其中的理论核心问题进行了理性思考。太极拳文化海外传播存在人文环境的缺失、群体组织

传播"病态局限"的束缚、大众传播"拟态环境"的膨胀、传播客体受众的局限、传播信息文化认知的浅薄等问题。提出了消解问题的理论创新：借鉴"波纹理论"从宏观上提出了集团化传播思路；从太极拳文化作为经验总结和身体感悟的文化特点，提出了立体式传播构思；从文化学视角提出了海外核心文化圈传播路径选择的理论思路；从社会学视角提出了太极拳文化分化与自律过程中，应树立"大太极"理念作为传播者意识形态的灵魂。

关键词：太极拳文化；海外；国际化；传播

18. 探索多元化的对外文化传播路径

谢丹《人民论坛》2018 年第 15 期

摘要：人类命运共同体理念的提出，让中国更加接近国际舞台中央。随着受众群体的增加、传播话题深度与广度的加强，中华优秀传统文化在国际传播中面临着难得的机遇。由于当前存在中外文化差异、传播渠道不畅通、传播内容缺乏针对性等问题，使得中华文化对外传播的效果受到了一定的影响。做好中华文化的国际传播，需要讲好中国故事、革新传播理念、拓展传播渠道，打造多元化的传播格局，发挥公众的聚合力量。

关键词：人类命运共同体；中华文明；国际传播

19. 西南少数民族节庆文化对外传播研究

林海《广西社会科学》2018 年第 10 期

摘要：由于西南地区区位条件、传播优势、传承方式、人才缺乏等因素的限制，西南少数民族节庆文化对外传播存在力度疲软、速度滞后、广度狭窄、效果欠佳等问题。应采取坚持因地制宜和有的放矢相结合、合理顶层设计和灵活多样相结合、坚持乡村振兴战略和文旅产业相结合等措施，对外传播西南少数民族节庆文化，以期能够活化乡村文化资源和民族文化资源，挖掘西南区域的发展潜力和构建良好的区域形象。

关键词：西南少数民族；节庆文化；价值；活化；困境；路径

20. 新时代如何进一步提升中华文化影响力

袁媛、贾益民《人民论坛·学术前沿》2018 年第 21 期

摘要：党的十八大以来，我国的国际传播能力显著增强，中华文化影响力也不断提升。然而，当前中华文化传播仍然存在诸多问题和瓶颈，与我国不断提升的综合国力不符。面对复杂多变的国际局势和"西强我弱"的国际舆论格局，我们需要

把握新形势，坚定文化自信、挖掘文化内涵、创新文化表达，从而更好地展示中国形象，全面提升中华文化影响力，为实现中华民族伟大复兴的中国梦和"两个一百年"奋斗目标营造良好国际舆论环境。

关键词：中华文化；国际传播；文化自信；传播

21. 新世界主义：中国文化对外传播的新理念

李智《新视野》2018 年第 1 期

摘要：进入 21 世纪以来，中国的迅速崛起，中国经济和军事力量的勃兴，不仅深刻地改变了世界经济格局，有力地影响了全球政治、安全和文化发展态势，同时也为中国文化对外传播提供了一个更为广阔的世界舞台。基于"共建新世界"的全球想象，指引和主导中国未来文化对外传播实践的理念既不会是中国传统的天下观，也不应是现代西方的世界主义，而应该是超越上述两者、以跨文化建构的普遍主义价值规范为基本内涵的新世界主义。

关键词：中国文化；对外传播；天下观；新世界主义

22. 语言与文化传播的国家意义和时代特征

马晓乐《东岳论丛》2018 年第 2 期

摘要：全球化背景下，国强语兴之道渐成共识。语言与文化传播成为国家"软实力"建设的重要组成部分，其承载国家意志，维护国家利益，推动国家文化治理，既是社会发展的结构性存在和文化变迁的动力因素，也成为国家间竞合博弈的重要立足点，而促进民族语言文化的对外传播也成为世界各国有关话语权生成的优选模式之一。语言与文化传播由此打上更为浓厚的国家印记，富于时代特征，具体表现在：其与经济的捆绑、与政治的联动、与科技的嫁接、与教育的结合、与习俗的交融等方面，折射出全球化背景下语言与文化传播的新变化、新气象、新格局、新特点。

关键词：语言与文化传播；国家利益；时代特征；软实力

23. 中国礼文化在日本的传播、影响与认同建构

侯巧红、刘俊娟《郑州大学学报（哲学社会科学版）》2018 年第 3 期

摘要：作为人类文明的一个重要组成部分，以儒家为代表的中国礼文化对增进中华民族凝聚力、促进中华文化认同、维护社会和谐及塑造民族形象发挥了重要作用，同时在长期的交流和传播过程中对世界各国也产生了广泛而深远的影响。中国以"仁""和""忠""孝""心"等为代表的礼文化核心价值观在日本的传播过程及其认同建构经验，对于消除当代认知偏差、对传统礼文化进行批判性继承和创造性

转换有借鉴意义，也有助于新时代背景下人们对我国礼文化的认同建构。

关键词：礼文化；日本；传播；认同建构

三、中华历史经典传播研究

1.传播史上的孔庙祭祀礼制及其当代价值

张兵娟、王闯《现代传播》2018年第1期

摘要：中国是礼仪之邦，"礼"是中国文化的核心标志和文明象征，祭礼是中国礼制的重要组成部分。孔庙（文庙）既是祭祀空间，也是文化载体，同时还是中国祭祀礼制的实体化显现。从传播史的研究视角切入，考察孔庙祭祀礼制和儒家文化传播在中国历史上的发展及作用，指出孔庙作为传播媒介兼具"时间偏向"和"空间偏向"，是一个"隐形的传承者"；孔庙祭祀礼制具有教化天下和传承文明的跨文化传播价值。在当代中国，积极发挥孔庙及祭孔礼制的文化传播功能，对增进文化自信，建构文化共同体，将起着重要的作用。

关键词：孔庙；祭孔礼制；文化传播；文化共同体

2.传播史视阈下晚清电报的官督商办

李煜《现代传播》2018年第5期

摘要：20世纪60年代，电报作为现代电子媒介"舶来"中国，开启了中国传播史上的新时代。这个非原生性的外来技术，在晚晴洋务运动中从无到有，成为洋务实业不多的成功案例。然而，电报网络落地中国的决定因素，并不在于技术规则与商业刺激，而在于国内外政治经济的复杂考量。在收回"利权"（利益和控制权）和自主建设的双重压力下，集权的中央政府日渐衰落，代之而起的是日益强大的地方势力。这些以"西学为用，中学为体"为宗旨的洋务改革派，在"自强"的风潮中，通过"官督商办"的体制，有力地推动了电报网络在风雨飘摇的大清国的本土化。但是，"官督商办"中的"官"，从一开始就不是简单的国家权力的运行代表，而是地方势力利益集团的主导者，他们在这种产权关系模糊的体制下，名为"国家监督"，实为"疆吏私人控制"，使电报从"自强"工具变为"求富"生意。于是，在媒介特征上天然具有共享、互联特性的电报技术，在旧中国从未实现广泛的可达性(accessibility)或普及性，难以发展成为大众服务的公共事业。

关键词：传播史；晚清电报；官督商办；电报网

3. 从四个维度看老子《道德经》的传播观

汪振军、杨利贞《郑州大学学报（哲学社会科学版）》2018 年第 6 期

摘要：以老子为代表的道家思想具有多方面的思想价值，《道德经》论述了老子四个层面的传播思想："虚静无为"的内向传播观，强调个体的身心和谐；"谦下不争"的人际传播观，揭示人际相处之道；"道莅天下"的国家传播观，传递崇尚和平的理想；"道法自然"的自然传播观，呼吁人对自然的尊重与顺应。

关键词：老子；《道德经》；传播观

4. 关于唐五代书仪传播的一些思考———以中原书仪的西行及传播为中心

吴丽娱《敦煌学辑刊》2018 年第 2 期

摘要：本文试从信息传播的角度研讨敦煌书仪的制作与传入问题，分开元天宝、中晚唐和五代明宗的不同时段，选择具有典型意义的书仪进行讨论，发现这些书仪的传入并非带有随意性，而是有着特殊的背景和需要。除了必需的道路交通条件之外，其传入乃至制作都受到西北政局及地方政权与中央关系的影响。后唐明宗时传入的书仪尤有特征，它们既有鲜明的地域性和时间性，又有具体的来源，是中原政权开发和拓展西部的产物。对书仪传播原因和来源的考察，不仅可以了解书仪传入的途径和方式，也能够了解书仪作为中原文化的组成向西部传递的特殊价值与时代意义。

关键词：天宝拓边；张议潮收复；后唐明宗；河北

5. 礼制与学行：荀子沟通学、仕的尝试及其历史意义

刘书刚《海南大学学报（人文社会科学版）》2018 年第 3 期

摘要：礼制在荀子思想中居于关键地位。通过对礼制进行阐发，荀子规划出一个等级分明、上下有序的政治制度，并特别突出了"学"在这一体制中的重要性。个人学行修养的水准，取代了血缘的亲疏远近，成为获得政治地位、物质财富的依据，这种沟通学、仕的制度看起来更加公平、合理。然而，荀子对于"学"的内容、求学方式都有严格的规定，以礼义为中心的儒家经典之学，以"从师"为主的求学路径，使得他在学、仕之间打开的路途实际更多地面向当时的士阶层，特别是其中的学士群体。荀子的思路在察举制等制度中得到了落实，深刻影响了后世的制度建设。

关键词：荀子；礼制；学行；学士群体

6. 明代官刻农书与农学知识的传播

葛小寒《安徽史学》2018 年第 3 期

摘要：明代官刻农书，指的是在明代官员主导或参与下刊刻的农书。初步统计，这一时期官刻农书的数目在 51 种左右，刊刻次数则约为 68 次。这些农书在官刻过程中，构筑了从获取到校订再到刊刻与流传的关系网络。通过这一网络，农书得以传播，书中所载的农学知识亦得以散布。一方面，旧有的农学知识与私人的农学经验通过农书的官刻而重现与"公共化"；另一方面，官刻农书更加强调有关教化与治理方面农学知识的传播。

关键词：明代；官刻农书；农学知识；传播

7. 明代筝乐传承与传播研究

冯晨晨《中国音乐（双月刊）》2018 年第 5 期

摘要：本文选取明代筝乐的传承与传播作为研究对象，以文献学为基础，音乐史学为主导，对明代筝乐的传承场合和传播区域两个主要方面进行论述。文章不仅对明代筝乐传承人的身份进行解读，并对其传承的场合进行类分，传播的区域进行研究。在对明代筝演奏者的身份进行解读的同时，还解析其背后制度以及动因，演奏场合、传播区域与社会礼俗的关系，以期在明代音乐文化背景下结合其历史阶段的特点梳理出明代古筝传承和传播的发展脉络，改变既往以来因研究不足而认为明代筝乐衰微的认知。探析其传承和传播情况，在什么样的场合下由谁而弹，起着什么样的功能，并认识和理解其在社会、政治和礼俗文化中的特殊作用和整体意义。

关键词：明代；筝乐；传承与传播

8. 明末士子的时文选评与声名传播——以张溥等《国表》系列书籍为中心

郭英德《中南大学学报（社会科学版）》2018 年第 5 期

摘要：崇祯元年至八年 (1628—1634)，张溥 (1602—1641) 等编订时文选本《国表》，先后推出四集，连同《国表小品》，构成《国表》系列书籍。无论是从选录的人数、篇数来看，还是从传播的广度、深度来看，这一系列书籍都足以作为士子"社稿"的典范，引导我们走进明末士子时文选评和声名传播的历史现场，审视他们的文化活动与文化风貌。深入考察张溥等《国表》系列书籍的选评者、选评标准与传播效应的基本特征，从一个方面展现了明末士子的时文选评活动及其社会文化功能。

关键词：时文；士子；选本；复社；张溥

9. 清代"大一统"政治文化的构建——以《盛京通志》的纂修与传播为例

张一弛、刘凤云《中国人民大学学报》2018年第6期

摘要：清人四次纂修《盛京通志》。康熙、雍正两朝所修《盛京通志》是《一统志》纂修的一部分，地方当局通过纂辑盛京地区风土人情，体现清朝统治疆域的广度。乾隆朝纂成两部《盛京通志》则向中央典籍转型，将侧重点变为塑造清朝起源的共同历史记忆，从而构筑中央政治权威。它们共同构成了盛清时期多种面相的"大一统"政治文化。而作为读者的文人士大夫在阅读该书时，主要关注点却不在于政治文化的主旨，而在于书中包含的丰富知识，反映出士人对朝廷政治文化建构的微妙疏离感。

关键词：盛京通志；政治文化；大一统；地方性

10. 清代官方告示的信息传播规程研究

阴艳《东岳论丛》2018年第4期

摘要：清代官方告示是重要的信息传播媒介，在政治传播中作用显著。以媒介环境学派理论来分析清代官方告示，可将其分为狭义性告示与广义性告示。狭义性告示是地方官员发布信息的正式公文，广义性告示是信息传布的媒介。狭义性告示强调传播时间偏向，有利于长久维护地方稳定。广义性告示强调传播空间偏向，有利于维护广阔疆域统一。时间与空间的平衡保证清政府统治。清代中晚期以后，告示利用现代传播媒介作为载体，强化时间偏向与空间偏向的传播效度，强化官方信息传播系统。另外，狭义性告示与广义性告示普遍的白话文语体倾向，为白话文运动和民众启蒙创造了有利的社会语境。总之，清代告示在政府与民众的共同期待中完成其工具性意义。

关键词：清代官方告示；狭义性告示；广义性告示；传播偏向；官方信息传播系统

11. 清末船山思想的传播及其特点

张晶萍《安徽史学》2018年第3期

摘要：近代船山思想资源的开发，不仅体现在对船山形象的塑造上，也体现在对船山思想的传播上。1895年以后，船山在报纸杂志中的曝光率与日俱增，极大地提升了在大众中的知名度。大众媒介中的船山，是经由传播者重新解读、赋予特定内涵的船山，具有明显的加工改铸色彩。在传播方式上，既有学理的剖析，更有通俗白话的解读；既有论说、诠注，也有诗歌、小说。在传播内容上，侧重于王船山的民族气节与攘夷思想，以船山史论振起国魂，以船山《黄书》凝聚黄帝魂，将船山思

想通俗化为"攘夷的道理"与"攘夷的法子"。在传播对象上，则由传统士大夫转变为青年学子与社会大众。船山思想经由新媒介而传播到民间，成为清末思想启蒙运动的重要资源。

关键词：清末；船山；思想；传播；特点

12. 宋代图像传播对唐代诗人与作品的经典化形塑

罗时进《文学遗产》2018 年第 6 期

摘要：从本质主义经典化理论和建构主义经典化理论双重视角来看，唐人与唐诗成为中国文学史、文化史上经典之可能，本质上是其客观、潜在的经典特质所决定的，但某种精神潜能、美学特质被激活，最终形塑为经典，则有待许多传播事件的发生。入宋后，人们开始了对唐代文化的继承、总结、反思，往往以绘画唐代诗人与作品作为认知、解读、接受唐代诗文化的一种手段，产生了许多图像传播事件。图像构建了唐代经典作家谱系，突显出唐代作品的典型性，演绎出唐人的独特形象，成为经典建构的一种方法，也成为经典建构的一种力量。历史地看，唐人唐诗的图像绘塑肇端于唐，兴起于宋，推进于元，盛行于明清，因此宋代这个逻辑链上的相关图像事件，尤其值得关注。

关键词：唐人唐诗绘画；图像传播；经典形塑

13. 宋人三代古物图像知识的形成、传播与重构

黎晟《民族艺术》2018 年第 1 期

摘要：有赖于宋代经学与金石学研究的发展，围绕着《三礼图》与各类吉金图录，宋人先后形成了两种既有联系又有相当大差异的图像体系。此两体系的图像后经由中央与地方各种途径的传播，成为一般宋人理解与重构三代世界的知识基础。但图像的差异终究无法忽视，在没有现代考古学帮助之前，宋人尝试以一种折中的方式弥合知识的差异。在宋代有关三代时期的画作中，不但可以观察到两种图像体系的交互出现，更可以窥见宋人如何在旧的知识体系之内接纳新图像，以重构他们对于三代世界的想象。

关键词：宋代；三代；古物图像；知识重构；文化传播

14. 唐代馆驿场域与诗歌的生产及传播

谢仁敏、刘慧《云南师范大学学报（哲学社会科学版）》2018 年第 2 期

摘要：唐代兴盛一时的馆驿构筑了诗人与诗歌赖以存在的一个文学场域空间，对唐诗的生产与传播发挥了特殊作用。首先，馆驿外部空间的诸多因素触引诗歌的

发生，包括现实空间的位移带给诗人以心理冲击，场域外力与人文因素引发诗人情绪波荡形诸文咏等。其次，馆驿自身还可内化为诗歌的意象，幻化成人生羁旅的象征、亲友离合的音符、世事变迁的镜像等符号要素。同时，馆驿场域还是诗歌传播的重要媒介，其打破传播时空、阶层限制的特性，不仅有利于实现传播目标，也有助于提升传播效率；而传播过程中内容增损带来的诗歌形变，则会引发诗歌的"二次创作"，形成新的价值空间。

关键词：馆驿场域；诗歌生产；传播；价值再造

15. 晚明传教士"点金"谣言的传播与辩驳

刘燕燕《华侨大学学报（哲学社会科学版）》2018 年第 6 期

摘要：晚明社会流传传教士擅长"点金术"的谣言，这与中国炼丹传统与晚明求仙社会风气密切相关。针对谣言和资金来源不明的传闻，传教士和教徒们纷纷著述驳斥，同时表达对当时社会风气、儒学道德沦丧和时世混乱的痛心。护教人士对传教士和天主教的维护，从本质来说，是出于维护传统儒家的纯正性的需要和回归上古社会道德秩序的期望。

关键词：点金；艾儒略；林光元

16. 先秦儒家人际交往思想重估与再释——基于胡塞尔现象学视野

束秀芳，芮必峰《新闻记者》2018 年第 2 期

摘要：本文借用胡塞尔现象学方法，本着"中体西用"的原则，从"知识之母""本质直观""意义积淀"三个方面指出重估、再释先秦儒家人际交往思想的必要性和可行性。

关键词：先秦儒家；人际交往；知识之母；本质直观；意义积淀

17. 先秦诸子口传理念探析

张伟《齐鲁学刊》2018 年第 6 期

摘要：先秦诸子在游说诸侯宣传自己主张的过程中，非常注重从传者和受众的角度考虑问题，如道家的不言之言、墨家功利的"说"、法家察言观色的"说"、纵横家顺时应势的"说"等，都是他们对语言运用问题提出的看法和评论。这些传播思想主要体现在先秦诸子的传播理论和传播实践中，因而形成了中国古代略具雏形的口语传播理念。

关键词：道家；墨家；法家；纵横家；口语传播；理论观念

18. 序跋与《聊斋志异》的传播

刘彦彦、李楚《明清小说研究》2018 年第 2 期

摘要：在《聊斋志异》经典化的过程中，序跋发挥了很大的作用。在传播的不同时期，不同版本的《聊斋志异》序跋内容的关注点也有所区别，这主要跟传播方式、传播接受者、传播效果等因素有一定的关系。由于《聊斋志异》内容涉及花妖狐媚，文体上采取以传奇写志怪，因此受到拘迂文人的诟病，从而对小说的流布产生了一定的影响。但是由于《聊斋志异》各版本序跋提纲挈领地议论和评述，负面的声音逐渐减弱，从而显示出序跋对小说经典化所起的作用和功效。

关键词：《聊斋志异》；序跋；传播

19. 宣之于众：汉语"宣"字的传播思想史研究

潘祥辉《新闻与传播研究》2018 年第 4 期

摘要：从传播史的角度看，"宣"是中国古代非常重要的传播行为和传播语汇，具有丰富的传播学内涵。自上古开始，"宣"就是一种以王室和王命为中心的政治传播活动。这种传播是自上而下、自内而外的，为王权所垄断和独占，并被注入了一种"神圣合法性"。从"宣"字的构造，其本义及引申义的演变可以揭示"宣"作为一种政治传播行为的特征。与西方及现代的"宣传"不同，古代中国的"宣"不偏重于讯息，而偏重于抽象的恩威与德泽。"宣"的主要目的不是为了说服，而是为了达致"德化"。体现在古代汉语语汇中，"宣德""宣和""宣化"等出现频率极高。在作者看来，古代"宣"之起源与发展及其所形成的历史传统也影响到中国近代以来"宣传"一词的感情与价值色彩。在当代中国"宣传"的概念语汇中，我们可以窥见华夏之"宣"的历史维度。

关键词：宣；宣传；宣化；华夏传播；传播史

20. 颁历授时：国家权力主导下的时间信息传播

汪小虎《新闻与传播研究》2018 年第 3 期

摘要：人们通过历书作为载体来传播时间信息的现象极为普遍。为何古代中国的颁历授时这种时间信息传播活动，长期处于国家权力的主导乃至垄断之下，并发展出体现统治确认、身份认同关系的仪式化特征，最终形成一种东亚地区国际交往的礼仪文明？究其原因有四：首先，使用阴阳合历的广大臣民，需要国家天文机构每年颁发来岁新历；其次，大一统皇朝的长期统治下，出于社会管理对中央集权的需求，国家努力推行统一的时间秩序，并禁止私历；第三，通过颁历授时体现"统治—服从"关系的观念，实际上经过儒家学者的倡导、君臣互动的示范、国家加强

控制等途径的逐步建构与强化；最后，颁历授时作为东亚"朝贡体系"下的国际交往方式，因藩属国臣服并认同宗主国正朔以及宗藩之间就制度安排达成一致而形成。

关键词：颁历授时；历书（历日）；时间信息；传播；国家

四、华夏政治传播

1."祖国母亲"：一种政治隐喻的传播及溯源

潘祥辉《人文杂志》2018年第1期

摘要："祖国—母亲"是民族国家建构和爱国主义教育中最为常见的话语象征。作为一种"隐喻结构"，它通过"拟血缘关系"映射了个体与国家间的关系，建构了国家的合法性，也塑造了公民的国家想象和国家认同。"祖国母亲"是一个将人伦伦理转化为政治伦理的隐喻概念，具有重要的政治功能。从历史来看，"祖国母亲"的政治隐喻是在近代以来的民族和民主革命中逐步建构起来的，她主要来自对欧洲政治文化的移植。这一隐喻植根于西方的宗教及政治传统。晚清以来，随着民族国家观念的引入，这种国家象征女性化的欧洲传统也传入中国，法国及苏联政治文化的影响尤其明显。这一隐喻的移植与内化也受到中国自身政治演变逻辑及文化传统的影响。

关键词：祖国母亲；爱国主义；民族主义；政治隐喻；政治传播

2.北宋使辽诗与使臣跨文化政治传播

阮丽萍《贵州民族研究》2018年第1期

摘要：北宋使辽诗是宋诗中一个较为特殊的类型，是宋辽民族关系的产物。使辽诗因其创作主体身份的特殊性，可视为研究宋辽民族文化交流史的路径之一。作为政治传播主体，使臣肩负着对外政治沟通与形象建构的使命，通过政治修辞，体现着作为文化输出国的大国情怀，在宋辽交聘中不同程度地体现出文化的民族中心主义倾向，同时也导致了使臣跨文化传播的身份焦虑。宋辽两国和谐、理性的跨文化传播的可能性仍在于传播主体（使臣）自身的文化身份认同，重新建构"我"与文化环境的关系，从文化主体性走向主体间性。

关键词：使辽诗；使臣；跨文化；民族中心主义；政治传播

3."秦晋之好"：女性作为媒介及其政治传播功能考

潘祥辉《国际新闻界》2018年第1期

摘要："秦晋之好"作为一种政治婚姻，是古代社会建构联盟关系、建立政治信

任的最为常

见的沟通合作机制，在内政和外交中都被广泛应用。在这种政治沟通模式中，女性充当了一种关系媒介。女性之所以具有建构政治社会网络的媒介功能，在于她可以通过婚姻和生育将两个族群联结起来，形成亲属关系。"以女为媒"的政治联姻是人类历史上的常态，更是中国"宗法政治"的基础。女性既是交换媒介，也是流动媒介。作为一种"生物—社会"复合媒介，女性通过融合基因、缔结亲属、消弭冲突、传播文化等方式，在人类族群融合的历史中发挥了重要作用。女性以其特有的媒介属性影响着人类政治。

关键词：秦晋之好；和亲；联姻政治；女性媒介；政治传播

4. 舆论学视角下的汉代"月旦评"探析

田素美、谢清果《现代传播》2018 年第 7 期

摘要："月旦评"作为我国东汉时期的民间乡议活动，对于社会和历史发展产生过深远的影响。其产生和兴衰历程，基于特定的社会人文环境，折射出古代中国民间舆论与官方舆论场相辅相成，又互为对立的关系。学界对于"月旦评"的评价莫衷一是，本文以"月旦评"为研究对象，从舆论学的视角入手，分析其兴起的社会环境、舆论特征及舆论功能，并探讨其历史的进步意义，为当今社会舆情治理与和谐社会的构建提供镜鉴。

关键词：月旦评；舆论学；意见领袖；清议之风

五、华夏传播理论

1. 华夏传播理论建构试探：从"传播的传递观"到"传播的接受观"

姚锦云、邵培仁《浙江社会科学》2018 年第 8 期

摘要：建构华夏传播理论，需要厘清何为理论、如何建构理论的问题。前者是知识论问题，我们可以从韦伯、吉登斯、格尔茨和凯瑞的思想中获得启示；后者是方法论问题，我们可以向凯瑞和黄光国学习。在他山之石的指引之下，我们尝试建构"传播的接受观"（a reception view of communication）理论。其首要问题是，传播不等于"传"，而是"传—受之链"，"受"与"传"都是传播过程的重要部分。相对于现代西方传播学"传"的传统，中国人更侧重于"受"的传播观念。一方面，"传播的接受观"是对中国古代传播现实的表征。例如在文人雅士中流行"观""味""知"的传播观，庄子、慧能与王阳明等儒释道思想家也倾向于接受中的主体性，可以称之为"接受主体性"（receiving subjectivity）。另一方面，"传播的接受观"能为新的

传播现实提供表征，具有一定的解释力。例如很多传播事件会出现始料未及的后果，或许原因多出在"受"的方面，而非仅仅是"传"的方面。"传播的接受观"不仅意味着视角的转换，更意味着立场的转移，使得华夏传播研究转向作为个体的、具体的、能动的受者，而非作为群体的、抽象的、被动的受众。这样的视角有助于呈现一个鲜活的中国古代世界，同时也有助于加深对当下传播问题的理解。

关键词：华夏传播；本土化；理论；概念；方法论；传递观；接受观

2. 礼乐协同：华夏文明传播的范式及其功能展演

谢清果、林凯《新闻与传播评论》2018 年第 6 期

摘要：礼和乐作为华夏文明传播的两种符号形式，具有多样性和差异性。礼和乐地位是等同的，它们需要相互协调，合作运转。礼要有乐配合，乐要有礼引导，二者在协同运作中准确而有效地传递着"仁义"等中华文化的核心思想。而传播和践行礼乐协同所传递的这些核心思想的关键在于人，因此礼乐协同运作中突出了对人的情感（尤其是道德情感）诉求，通过对个体情感的激发，以促进人际间情感的互动，进而在礼乐协同的规范和引导下实现中华文化核心思想的灌输和内化，达到对人的教化，塑造一个具有德性的人格，由此展现礼乐协同的情感传播特质和内在运作机制。更为重要的是，礼乐协同以情感为媒介将社会各阶层凝聚在一起，传承中华文化，实现社会大众的情感共鸣，构筑稳定、和谐的社会秩序，推进华夏文明传播的实践，展现特殊的社会功能。礼乐协同是华夏文明传播的一种范式，在中国社会发展的历史进程中发挥着重要的作用，彰显了华夏文明的可沟通性和开放包容的品质。

关键词：礼乐协同；华夏文明；传播范式；情感传播；思想灌输

3. "重构中国传播学"的时代场景和学术取向

吴予敏《国际新闻界》2018 年第 2 期

摘要：本文以"引进""采纳""对话"和"重构"四个关键词概括了四十年来中国传播学的发展，指出中国传播学并非学术殖民化的结果，而是和改革开放的时代场景并行不悖。本文提出时代场景决定学术取向，学术取向又要保持其自有理性定力，坚守文化的主体性和人本主义价值观。同时，本文亦对媒介学、公共性、城市和乡村传播研究等新的学术取向进行了评论。

关键词：中国传播学；媒介学；公共性；城市传播；乡村传播

4. 视觉之势：论视觉修辞的活力之源

李红《新闻大学》2018 年第 4 期

摘要：视觉修辞的活力常常来自视觉之势，即视觉所引发的无限潜力。实际上，中国文化在谈"势"的时候，常常使用的也是视觉意象，因而从视觉意象到视觉修辞来谈"势"就显得很自然。势常常来自视觉在公共性、意向性和空间性上的引发力，因此，其方法论就是基于公共性、意向性、身体性和在场性的综合分析。

关键词：视觉修辞；视觉意象；势；张力

5. 新子学的当代转向——以儒家道心、人心的博弈与当代自我传播智慧为例

谢清果《管子学刊》2018 年第 4 期

摘要：新子学的当代转向强调的是子学之新在于将子学面对当代学术视域中加以省思，以期阐发出子学蕴藏着的学术思想，以丰富和推进当代相关领域的学术研究。本文着重以道心人心这个儒家核心命题入手，并从自我传播理论视角加以剖析，以期实现两者对话。儒家的心性之学大体上可以浓缩表达为《尚书·大禹谟》的"人心惟危，道心惟微，惟精惟一，允执厥中"。而这"十六字心传"正是儒家自我传播思想的关键所在。道心是应然的自我，即"客我"，而人心则是当下充斥着欲望的自我，即"主我"。如此，这个孔门心法，实质追求的正是历经两者的对话，实现微妙的道心对危险的人心的主宰，而实现的路径是"惟精惟一"，即明辨是非，始终如一。而这样的坚持，终将产生良好的社会效果，即"允执厥中"，即社会治理达到中和之境的执政艺术，实现了无过无不及的"执中"之化境。因此，儒家的道心人心之辨从本质上讲是探讨了自我传播的智慧，而这一自我传播过程，臻至理身理国的妙境，既成就了自我，也治理了社会，可谓达到了自我传播的社会效果。

关键词：儒家；道心；人心；自我传播

六、华夏民俗传播研究

1. 民俗学视阈下未成年人葬俗的传播与变异———以海岱地区史前时期瓮棺葬为例

王清刚《民俗研究》2018 年第 4 期

摘要：葬俗作为人生礼俗的内容之一在民俗学中备受关注，以瓮棺葬形式埋葬未成年人是海岱地区大汶口文化中期偏早到晚期阶段曾一度流行的习俗。与中原和江汉地区相比，本区瓮棺葬以"陶片覆盖葬"为主，"完整陶器装入葬"较少，在葬具的组合和墓主年龄及埋葬位置等方面亦存在自身特点。海岱地区先民在向西拓

殖的过程中主动引入了豫中地区的瓮棺葬俗，并且加以改造来适应自身文化。民俗学理论中关于葬俗传播和变异的研究为阐释史前时期海岱地区瓮棺葬俗提供了新的启示。

关键词：瓮棺葬；海岱地区；大汶口文化中晚期；葬俗传播；葬俗变异

2. 汉语国际推广与民俗文化传播

李琦《晋阳学刊》2018 年第 3 期

摘要：汉语国际推广不仅是一个语言习得问题，更是一个文化传播问题。汉语在"走出去"的过程中，必然要向外传播中国文化；在"引进来"的过程中，同样也会向来华的留学生介绍中国文化。在这两种过程中，作为中国传统文化典型代表之一的民俗文化是不可绕开的一个内容。因此，在汉语国际推广过程中，要积极引导民俗文化介入其中。

关键词：汉语国际推广；民俗文化；传播策略

七、古代新闻与出版研究

1. 从版印媒介技术发展看宋代的文字狱及书禁报禁

郭志菊《新闻大学》2018 年第 3 期

摘要：宋代版印媒介的高度发育，开启了"印刷交往"的时代并深度介入社会公共生活，加之党争激烈，最终导致了宋代文字狱和书报禁的规模性爆发。综观有宋一代，文字狱和书报禁的泛滥，版印媒介发达是首因，党争是动因，文字狱行之于前，书报禁继之于后，两者则互为因果，颉颃而行，成为封建统治阶级控制信息传播最终达致稳定皇权统治的重要手段。

关键词：版印媒介；宋代；文字狱；书报禁

2. 机事不密则殆：京报、新闻纸与清政府保密统治的式微

邵志择《新闻与传播研究》2018 年第 5 期

摘要：清政府对信息和传播信息的媒介都有严厉的控制措施，其专制权力的有效运作建立在论文所称的保密统治之上。这一信息控制机制一直都是有效的，直到西方人以及他们引入的新闻纸反制了清政府对信息的控制。新闻纸的大量增加与租界制度的保障使得清政府不再能维持专制统治所必需的保密统治，这在很大程度上改变了晚清的信息和舆论环境。保密统治的失效不仅使清政府的权力运作处处被动，也使得权力无法控制的新型舆论政治空间得以形成，晚清政治革命的勃兴与辛亥革

命的成功与此不无关系。

关键词：京报；新闻纸；保密统治

3. 近代商业报纸何以成为"技术新知"？——以中国活字印刷革命中的《申报》《新闻报》为例

曾培伦《新闻与传播研究》2018年第12期

摘要：活字印刷术在中国诞生，又在德国人谷登堡的改良后"反哺"东方。在中国近代印刷术的革新方面，学界长久以来聚焦于以商务印书馆为首的书商，而忽视了近代商业报纸的技术贡献。实际上，源于对规模经济效应和良性收益循环的追求，商业报纸经营者对机械化活字印刷机的渴望比书商更加迫切。《申报》《新闻报》在西方活字印刷设备的采用、扩散、修造三方面的历史贡献支持了这样的判断。舶来的西式商业报纸化身为技术的"新知"，推动了中国近代活字印刷技术的革命。

关键词：活字印刷术；技术新知；《申报》；《新闻报》

4. 进奏院别名考证

魏海岩、谷文浩、刘子琨《新闻与传播研究》2018年第11期

摘要：在进奏院存在的几百年时间里，衍生出邸务、留后院、留邸、邸、郡邸、州邸、奏邸、邸院、奏邸、进邸、进奏、奏院等一系列别名，其中像奏邸一类的称呼使用范围广泛，遍及公私领域，频现于小说、诗文、史书等文体，又如邸务、郡邸等词，并不是专门指称进奏院。促成进奏院产生如此多别名的一个重要原因就是其功能由多元向信息传播集中。进奏院别名的出现还影响了邸吏状、邸报等名称的出现和流行。研究者在搜集史料的过程中，要注意广泛搜集与严格鉴别并举，方可汇聚真信息，复唐宋进奏院之实况。

关键词：进奏院；邸务；郡邸；奏邸

5. 书写与密码：晚清皇朝"灵晕"的离散

孙藜《新闻与传播研究》2018年第9期

摘要：晚清电报在嵌入官方通讯体系的过程中重构了帝制中国晚期的官文书体系与权力合法性。清代统治者发明完善了奏折制度，其实践蕴含着"拜折"仪式、形制与传递的组织规制，在传播形态上以毛笔手写方式"具身"展现着皇权"灵晕"的仪式化表演和强化式再生产；晚清电报网络拆除了清廷与世界的沟通壁垒，以密码化的信息存储与瞬时往返的传播形态形成不断转译的文本，剥离了由手写而来的身体"在场"，催生出以"语质而事核，词约而理明"为特点的"电奏"新文体，重

塑了君臣关系展演的空间舞台。电报在与奏折旧制的并行纠缠中，以新的传输与书写方式促成了皇权"灵晕"的分解与散落。

关键词： 电报；具身化；书写；密码；灵晕

6. 宋代图书出版业的侵权治理机制探析

刘大明《编辑之友》2018 年第 2 期

摘要： 两宋时期，图书出版业呈现出一番繁荣景象，但这种繁荣是一种虚假繁荣，"不法之举"日益猖獗。这种情况下，宋廷以维护专制统治为主导，加强对图书出版传播领域侵权行为的防控，并调动各种力量、运用各种手段设置层层的政治门槛，将预审、追查与信息反馈制度并行，奖励检举与惩罚违规手段并用，形成了一套有特色的图书出版治理机制。

关键词： 宋代；图书出版业；侵权；治理机制

7. 林则徐去广州：19 世纪中国"传播网络"的一个片段

卞冬磊《国际新闻界》2018 年第 11 期

摘要： 本文将"传播网络"赋予物质性与历史性，以"林则徐去广州"为叙事对象，借助《林则徐日记》等史料，深描了近代中国传播网络的一个片段。通过追寻 1838 年到 1840 年之间林则徐的旅行、禁烟与翻译活动，文章呈现了近代中国传播网络的日常运作：道路交通、市镇分布和网络中的主要流动物（权力、商品和信息）。在此基础上本文指出，权力和信息网络的封闭、权力网络和广阔疆域存在的矛盾以及信息网络的要素限制，是 19 世纪前期中国传播网络存在的主要问题。相较而言，甲午战争之所以引起巨大的社会震动，则与传播网络在 19 世纪后期发生的变化有关——主要是新闻纸兴起所引起的网络地理的拓展、同时性的增强以及传播网络凝聚周围人群意见的能力提升。

关键词： 林则徐；鸦片战争；传播网络；交通；新闻纸

8. "益闻"与"风闻"：19 世纪中文报刊的两种新闻观

操瑞青《国际新闻界》2018 年第 11 期

摘要： 本文以早期外报为考察对象，分析了 19 世纪中文报刊的两种新闻观念。研究认为，传教士报刊和外商报刊在理解新闻时，形成了"益闻"与"风闻"两种观念传统。前者以"载道"为宗旨，力图借助新闻实现传教之目的，因而注重阐述道理，格外强调报道真实与新闻伦理；后者以"传事"为宗旨，意在营业谋生、广传近事，早期并不重视新闻真实，主张事有可取皆能报道。19 世纪后期，两种观念相互影响且渐趋融合，但"载道"与"传事"的重心仍有差异，它们共同构成了此后国人自办报刊中理解"新闻"的观念源头。

关键词：传教士报刊；"益闻"；外商报刊；"风闻"；新闻观念

第六部分　2018 年度华夏传播研究著作摘要

1.《20 世纪中国古代文化经典在日本的传播编年》

严绍璗、王广生著，大象出版社，2018

内容简介:《20 世纪中国古代文化经典在日本的传播编年》是著名的比较文学学者严绍璗与王广生所编写的研究专著，为 2007 年度教育部哲学社会科学研究重大课题攻关项目"20 世纪中国古代文化经典在域外的传播与影响研究"之一种。本书对 20 世纪中国古代经典在日本的传播情况通过编年的形式进行撰写，通过"大事记""书文目录""备注"三大部分的资料，全面展示了中日文化交流过程中所有重要的人物和事件，对中日文化比较研究领域具有很大的参考价值。本书内容翔实、资料珍贵，有很高的学术研究价值。

2.《唐代文人文学传播意识研究》

黄俊杰著，武汉大学出版，2018

内容简介:《唐代文人文学传播意识研究》以文章名世观为逻辑基础，重点运用文献考证的研究方法，并借助于历史学、传播学、现象学的理论工具，对唐五代时期文人的传播意识进行了全面的研究，旨在揭示以不朽观念为基础的文学传播意识之下的明道、存史、弘文、诉情等各类文学传播形态，分析文学传播观念下的文学传播行为与文学创作倾向，理解这些传播观念对于唐代文学学习与研究的意义，并为文学传播与文学创作关系的研究提供了一个案例。

3.《中庸的传播思想》

谢清果等著，九州出版，2018

内容简介: 本书开创性地从传播学的视角探讨《中庸》一书以及中庸思想的核心意涵。书中分别从慎独入手探讨中庸内向传播思想，进而从人际传播、政治传播、大众传播、跨文化传播等理论视域观照中庸观念，从而整体性地展现中庸的传播思想。

4.《中国语言文化在海外华侨华人社会中的传播研究：基于对意大利华侨华人社会的考察》

严晓鹏、郑婷等著，浙江工商大学出版，2018

内容简介:《中国语言文化在海外华侨华人社会中的传播研究：基于对意大利华侨华人社会的考察 / 改革开放 40 周年丛书》主要研究对象是中国文化在华侨华人社会中的传播内容、传播方式、传播媒介以及传播的效果和作用，书中考察了华人社团、华文学校、华文媒体三大华人社会的支柱组织在中国文化海外传播中的效果与作用，并寻找中华语言文化海外传播各项影响因素，提出相应对策建议。

5.《中华文化海外传播研究》（2018 年第 2 辑）

刘宏、张恒军、唐润华编，社会科学文献出版社，2018

内容简介：《中华文化海外传播研究》由大连外国语大学中华文化海外传播研究中心主办，每年两辑，集中推出当前中华文化海外传播领域研究的新成果。《中华文化海外传播研究》（2018 年第 2 辑）紧密贴近中华文化海外传播工作实际，着力解决中华文化海外传播中的理论和实践问题。强化学理性，推动构建中国风格、中国气派、中国精神的文化传播理论；体现前瞻性，提高中华文化海外传播的主动性和主导性。本辑不仅探讨了中华文化海外传播中的现实问题，如当代中华文化海外传播的影响力、海外社交媒体对国家形象塑造的文化传播策略等，而且探讨了美国生态女性主义批评在中国的传播以及孔子学院发展的舆论环境变迁等热点问题，为我国当前的对外文化交流与传播研究提供了有益的参考。《中华文化海外传播研究》（2018年第 2 辑）作为中华文化海外传播研究领域的高端学术平台，既有严肃的深度学理探讨，又有理论联系实际的应用研究。

6.《华夏传播学的想象力：中华文化传播研究著作评介集成》

谢清果著，钟海连编，九州出版社，2018

内容简介：本书收录了 104 部研究中华文化传播文章的著作，对每本著作介绍其内容，评价其成就，成为华夏传播学的入门读物。

7.《晚清民初的知识转型与知识传播》

张寿安著，北京师范大学出版社，2018

内容简介：近代中国知识转型与知识传播是一个庞大且具特殊意义的课题，这是近代史上中西学术交江、互渗、裂变与再造的复杂过程，具有很高的学术价值与文化意义，本书从两大面向展开：一是探讨中国传统学术自身的分化，一是梳理西方科学式知识在中国的建构与实践。试图借此考察中国近代性的全面发展，建立中国学术本位，重启中西对话。

8.《华夏传播研究（第 1 辑）》

谢清果编著，中国传媒大学出版社，2018

内容简介：华夏传播理论具有"心传天下"的特质，以仁兼济天下为指归，为中国传播学增添一缕人文精神。为深入阐扬华夏传播理论的核心特质，厦门大学新闻传播学院收集有关华夏传播的优质论文，集纳成册每年出版两期，将其打造成华夏传播研究的领军之地、前沿之地。内容涵盖新闻传播学界各类媒介发展状况，内容生产创新创优之处，传播技术的近期新发展等各个方面，主要聚焦新闻行业动态、追踪各领域理论研究前沿，旨在服务我国的新闻传播事业，搭建学界业界的沟通桥梁，促进新闻传播学的学科建设，有一定的理论与实践指导意义。

9.《店名文化传播研究》

李洪彩著，知识产权出版社，2018

内容简介：店名作为一种社会用语，不仅仅是店铺的标识符号，更是一种社会文化传播载体，是社会政治、经济、文化、心理等方面的直接反映。它像一面多棱镜，体现了一个民族的哲学观念、思维模式、文化心理、道德观念、生活习俗、社会制度乃至政治信仰。我们把店名看作一个系统，这个系统内部包括专名和区别名，这个系统的外部与文化、历史、社会、生活等有着广泛而深刻的联系。前者的关系网络表现为店名文化的显性的、表层的形态，后者则积淀成店名的隐性的、深层的内涵。把表层形态和深层内涵之间的对应关系揭示出来，正是店名文化传播研究的一个重要目的。店名有自己相对完整而独特的传播语境与传播特点，我们在深入梳理店名的起源、发展与现状的基础上，从语言符号传播的视角，对店名进行一个全新视域的分析研究，建立了一个相对完整的店名文化传播研究体系，是一个很有意义的尝试。

10.《华人社团与中华文化传播》

张禹东、陈景熙等著，社会科学文献出版社，2018

内容简介：本书在"华侨华人与中国梦"的问题意识与现实关怀之下，研究华人社团与中华文化传播，乃至中国梦的实现问题。书中简要梳理华人社团的历史发展脉络与现实体系；对当代各类华人社团的中华文化传播活动进行分析，探讨各类华人社团的中华文化传播活动"和而不同"的具体机制；在讨论中华文化认同、跨国"华族"的族群建构问题的基础上，揭示华人社团传播中华文化的共同旨趣；逐步推进分析，力求揭示华人社团传播中华文化与中国梦的实现的重大问题。

11.《形似神异——〈三国演义〉在泰国的古今传播》

金勇著，北京大学出版社，2018

内容简介：《形似神异——〈三国演义〉在泰国的古今传播》从历时性和共时性的双重维度系统地展示了《三国演义》在泰国长达数百年的传播的动态过程，并分析这套传播机制及其背后的深层动因，总结《三国演义》在泰国传播的模式。《三国演义》在泰国的传播是个漫长而复杂的过程，根据传播主体人群、传播文本、传播方式和手段、传播特点等方面的差异，可将整个传播过程划分成两个传播阶段，分别归入上下两编，而作为两编分水岭的标志性事件就是昭帕耶帕康（洪）版《三国》经典泰译本的产生。

12.《汉字传播史》

陆锡兴著，商务印书馆，2018

内容简介：汉字传播问题是一个复杂的问题，第一，要整理出传播的路线和时间，即传播的地理走向和传播的历史时间。第二，要弄清传播的状态，该民族如何使用汉字和使用的范围。第三，民族文字的创制，弄清民族文字的蓝本是什么，是一元的还是二元的或者多元的。

13.《"陈三五娘"故事的传播研究》

黄科安著，中国社会科学出版社，2018

内容简介：本课题以在闽南文化区域中广泛流传的"陈三五娘"民间爱情故事作为研究对象，在宏观背景下，从不同的层面展开溯源与探讨，彰显其作为民间爱情故事之强大生命力和广阔的阐释空间，分析并描述这一民间爱情故事的起源、发展、影响与趋势；从多学科的理论视域，探索以"陈三五娘"传说的故事内涵及其跨界传播脉络；在跨文化的多元语境中，梳理研究这一民间爱情故事在各类文体的传承与流变；既服务于"一带一路"的文化建设，也为非物质文化遗产的保护与开发提供理论与实践。

14.《菲律宾华文报刊与中国文化传播》

赵振祥、郭志菊等著，人民出版社，2018

内容简介：《菲律宾华文报刊与中国文化传播》从菲华报刊的历史发展这一视角切入，把菲华报刊置于其与华人社团、华文学校的关系中进行考察分析，从三者的依存关系中管窥中华文化在菲华社会的传播以及菲华社会文化的建构。通过对菲华报刊发展历史的梳理，可以看出菲华报刊在引导华社路向方面是一个富有远见的"瞭望者"，在保护华社利益方面是一个忠于职守的护卫者，在文化传播方面是一个虔诚的布道者。菲华报刊就像一条特殊的纽带，把菲华社会联结、整合在一起，强有力地推动着菲华社区的形成和发展，在华文媒体推动中华文化的海外传播方面提供了一个典型范例。

15.《华夏传播新探：一种跨文化比较视角》

潘祥辉著，复旦大学出版社，2018

内容简介：本书将中国古代的媒介与传播置入一个跨文化、跨时空的背景中进行考察，追根溯源，纵横中西，对华夏本土传播学的议题和思想进行了新的开掘和阐释，新见迭出。全书贯穿了文化比较的视野，旁征博引，学术视野开阔，信息含量丰富，堪称中国本土传播研究领域不可多得的一部著述。

16.《丝路之绸：起源、传播与交流》

赵丰著，浙江大学出版社，2018

内容简介：赵丰主编的《丝路之绸：起源传播与交流》以考古出土的丝绸实物或相关实物为例第一次系统全面地论述中国丝绸的起源及其传播与交流。丝绸文化作为中华文明的特质之一，有着很早的独立的起源。如同中华文明的发生、发源于黄河、长江流域一样，丝绸文化很早就已出现在黄河流域和长江中下游地区。以证据确凿的实物说明中国丝绸文化的起源，这是第一次。中国的丝绸文化很早就具有世界的影响力，中国西北地区乃至中亚、欧洲所发现的丝绸就充分地说明了这一点。同时，西方的技术和审美在中国丝绸文化传播的过程中也反向地影响中国丝绸的生产与织造，表现出中西文明的双向交流。

17.《春秋会盟的沟通机制》

任中峰著，浙江大学出版社，2018

内容简介：会盟是春秋时期一个非常独特的历史现象，会盟沟通成为春秋时期最为重要的国际沟通方式。任中峰著的《春秋会盟的沟通机制》探讨了会盟沟通的需求、会盟沟通的本质、会盟沟通中的劝服、会盟沟通的仪式、会盟沟通的议题、会盟沟通的盟书以及会盟沟通体系的崩溃等问题。本书认为，春秋时期诸侯之间的"会盟沟通"是诸侯各国在约定的时间和地点，按照特定的程序和仪式，针对特定的事务和议题，举行会议和盟誓活动，是维系友谊、协调冲突、处理事务、达成共识、缔结协议、制定规则、分配权力的一种国际沟通方式；霸主所主导的会盟沟通体系是一定时期国际利益关系和权力秩序的反映和体现，会盟沟通本质上是国际社会调整利益关系和权力秩序的手段。

18.《说服天下〈鬼谷子〉的中国沟通术》

翟玉忠著，中国书籍出版社，2018

内容简介：人是社会性动物。人与人之间进行社会交往，必须相互沟通、彼此说服。在此意义上，"通上下之志"的纵横术更具普遍意义。本书不仅为纵横家正名，恢复孔子所传"言语"科圣贤之学的本来面目，还超越两千年的时空，对纵横术进行了系统总结——由内圣而外王，从心力的培育到具体的说服理论，再到生动的说服案例，使失忆千载的纵横之学终成完璧。对于身处21世纪"新战国"大争时代、信息时代的现代人来说，从商业到军事，再到日常生活，沟通说服已经变得越来越重要。说服术的修习，无论有意还是无意，都变得不可或缺。在此意义上，纵横术是现代人安身立命的重要基石，若能举一反三，有利于在复杂的社会环境中成就自己的志向！

19.《光荣与梦想：传播学中国化研究四十年（1978—2018）》

谢清果编著，九州出版社，2018

内容简介： 本书上篇侧重回顾四十年传播学中国化的历程，分析传播学中国化的问题意识，学术争论和未来发展。下篇一方面对传播学各主要研究领域，如说服传播，政治传播等研究成就进行专题评述；同时本书按年代主要探讨大陆20世纪20年代以厦门大学为基地开展华夏传播研究开始到当下本世纪20年的研究成果进行综述，力图呈现华夏传播研究这一传播学本土化重要领域的成果。

20.《海外华人华侨对中华文化的传承与传播》

刘琛等著，北京大学出版社，2018

内容简介：《海外华人华侨对中华文化的传承与传播》全面总结、梳理了我国推动海外华人华侨传承与传播中华文化的主要策略。重点依据习近平总书记在党的十八大以来关于中华文化的重要论述，从理论与实践两个层面，对相关策略进行分析，积累经验、突出问题，围绕问题开展研究。本书融合艺术学、社会学、国际政治、国际经济、国际传播等学科理论，并且在总结美国、英国、德国等著名智库或公关公司的相关排名模型和工具的经验与局限性的基础上，提出中华文化传承与传播的主要测评维度。本书提出了中华文化传承与传播的评价指标体系，尽可能准确、客观地评估海外华人华侨对中华文化的传承与传播现状。

21.《典籍英译与传播——以〈孙子兵法〉为例》

魏倩倩著，人民出版社，2018

内容简介： 典籍是中国文化浓缩的精华，其翻译在中国文化"走出去"的过程中承担了重要的角色。兵学典籍《孙子兵法》作为中国典籍的重要组成部分，不仅体现了古代军事思想的精华，也蕴含着博大精深的中国文化，其千余年的对外传播，成绩斐然。《孙子兵法》已成为"中学西传"的很好代表，对于典籍英译与传播具有极强的借鉴意义。本书以《孙子兵法》为例探讨典籍的英译与传播，就《孙子兵法》中的文化翻译问题、译介与传播问题进行了研究。

22.《权力与媒介：近代中国的政治与传播》

马建标著，北京师范大学出版社，2018

内容简介： 本书探讨的主题是中国近代的权力与媒介的互动关系，讲的是"媒介传播"，其实仍是一种"历史叙事"，也即通过历史的视角来审视媒介与权力的变迁，所探讨的媒介主要是指报纸、电报、记者、出版社、大学和通讯社等传播媒介。媒介不仅是在传播知识，同时也会改变媒介受众的思想观念。随着近代媒介的传播，人们之间的交往方式和活动方式在形态、规模和速度上都将发生变化。在此过程中，规范人际关系的权力运作方式也将发生变化。随着时间的推移那些规范人们生活的观念和权力也将发生变革。这种由媒介技术变革而引起的近代中国权力及人们思想观念变迁的图景，本书提供了丰富的个案，学术价值极高。

23.《中华文化与传播研究（第3辑）》

谢清果编著，九州出版社，2018

内容简介： 本书研究以中国礼文化的传播、贤文化与组织传播、盐文化的传播、口述历史、地方文化传播等几大板块为核心展开本书的组织架构。每一个板块设置一个主持人，各个板块既相对独立，又密切相连，把传播学与中国传统文化进行了有机的融合，可以为传播学及传统文化研究者提供新的思路与视野。

24.《清末民初戏剧传播研究》

朱崇志著，复旦大学出版社，2018

内容简介： 本书包含两方面内容：一、晚清民初戏剧传播研究，除学界研究较多的文本、表演传播之外，本书注重考查文体间传播、图文传播、报刊传播及出版传播等问题，包括小曲对戏曲的传播、小说作为戏剧传播的软媒介、图画类期刊对戏剧传播的影响、民国初期戏剧类书籍的出版发行分析等；二、晚清民初戏剧批评研究，主要对清末民初的剧话体戏剧批评文献、批评群体、批评载体等问题进行研究，包括剧话文献考辨、剧评家专题研究、作为批评载体的报刊研究等。

25.《华夏文明与舆论学中国化研究》

谢清果等著，九州出版社，2018

内容简介：本书立足中华文明自身的发展轨迹，从舆论学的视角阐发中国传统社会舆论存在的基本形态，认为，水舟论是中国古代政治传播场域中的舆论建构，禅让制是中国传统舆论的特殊形态；风草论是中国传统社会的舆论观念；圣人论是中国古代的舆论管控主体；民谣（谣言）是中国古代民间舆论的表达方式；《诗经》是中国先秦舆论建构的感性表达；村规民约是中国民间小传统舆论运作的法典；礼乐传播是中国传统社会深层的舆论引导；此外，本书还探讨了中国传统社会舆论与天意、道德、媒介、监查制度等方面的关联，从而呈现了华夏舆论学的整体框架。

26.《20世纪中国古代文化经典在域外的传播与影响导论》

张西平著，大象出版社，2018

内容简介：本书为"20世纪中国古代文化经典域外传播与研究书系"的导论部分。它从"中国文化向域外传递的基本轨迹和方式"这个层面着手，将重点放在中国古代文化经典的翻译研究上。循着中国文化向域外传递的基本轨迹和方式，结合对象国文化对中国文化的容纳、排斥和变异的状态，将中国古代文化经典放在社会与思想的历史背景中去考察，纠正了那种单一套用后现代理论解释西方汉学的知识特征和思想文化特征的混乱倾向。

27.《"中国梦"的话语建构与传播》

苗兴伟主编，南开大学出版社，2018

内容简介：《中国梦的话语建构与传播》是研究中国梦话语建构与传播的文集，收录了学术论文16篇，作者的学科背景包括语言学、传播学和翻译学等研究领域。文集分为"中国梦的话语建构""中国梦的话语传播"和"中国梦话语研究的翻译学视角"三个部分。文集呈现了中国梦话语研究的近期新成果，力图使读者对这一研究领域有一整体把握，从而推进中国梦话语研究的发展。自提出"中国梦"的概念以来，中国梦已经成为一个具有时代气息的话语符号。作为中国发展目标、民族共识和中国道路的新规划蓝图，中国梦的话语体系博大精深、内涵丰富。中国梦话语研究对中国话语体系的建设和中国靠前话语权的提升都具有重要的理论意义和现实意义。

第七部分　2018 年度华夏传播研究
课题立项目录

华夏传播研究 2018 年度国家社科基金重点项目、一般项目、青年项目一览表

序号	项目类别	课题名称	批准号	学科	负责人	工作单位	所在省市	预期成果
1	国家社科基金·重点项目	人类命运共同体视阈下中国价值的跨文化传播研究	18AKS004	马列·科社	张三元	武汉工程大学	湖北	专著
2	国家社科基金·重点项目	新时代背景下中华优秀传统文化的继承与创新研究	18AKS020	马列·科社	王 易	中国人民大学	北京	专著
3	国家社科基金·一般项目	习近平对中华优秀传统文化传承理念的新发展研究	18BKS130	马列·科社	盛海英	大连医科大学	辽宁	专著
4	国家社科基金·一般项目	乡村振兴战略中传统村落文化的活化发展研究	18BKS131	马列·科社	任映红	南方医科大学	广东	专著
5	国家社科基金·一般项目	中华优秀传统文化创造性转化路径研究	18BKS132	马列·科社	梁秀文	山东科技大学	山东	专著
6	国家社科基金·一般项目	中华优秀传统文化融入当代公德建设研究	18BKS133	马列·科社	刘白明	江西财经大学	江西	专著
7	国家社科基金·一般项目	阴阳家在秦汉时期的衍变及其观念研究	18BZX063	哲学	孙功进	曲阜师范大学	山东	专著
8	国家社科基金·一般项目	王阳明思想在西方的翻译、传播与影响研究	18BZX082	哲学	曹雷雨	北京师范大学	北京	论文集
9	国家社科基金·一般项目	中华传统政治认同文化的创造性转化机制研究	18BZZ023	政治学	田亮	同济大学	上海	专著；研究报告
10	国家社科基金·一般项目	中国传统礼治文化的创造性转化和创新性发展研究	18BZZ050	政治学	岑红	江苏师范大学	江苏	专著；研究报告

序号	项目类别	课题名称	批准号	学科	负责人	工作单位	所在省市	预期成果
11	国家社科基金·一般项目	农村公共文化服务与传统文化传承协同发展研究	18BZZ107	政治学	刘辉	河南大学	河南	论文集；研究报告
12	国家社科基金·一般项目	庙会现象的实证研究与宗教社会学知识体系本土化研究	18BSH011	社会学	江波	陕西省社会科学院	陕西	专著；研究报告
13	国家社科基金·一般项目	多元文化视野下的青藏地区汉文化传播与接受研究	18BMZ032	民族学	马志林	青海民族大学	青海	专著
14	国家社科基金·一般项目	甘青人口较少民族优秀传统文化当代传承与创新研究	18BMZ054	民族学	陕锦风	青海民族大学	青海	研究报告
15	国家社科基金·一般项目	蒙古族祝赞传统文化创新性转化路径研究	18BMZ058	民族学	玉荣	赤峰学院	内蒙古	专著
16	国家社科基金·一般项目	苗族传统手工艺的数字化保护与传承研究	18BMZ059	民族学	张文婧	贵州师范学院	贵州	研究报告
17	国家社科基金·一般项目	当代蒙古族"新民族音乐"组合对优秀传统文化创造性转化研究	18BMZ088	民族学	侯燕	内蒙古艺术学院	内蒙古	专著
18	国家社科基金·一般项目	民心相通视阈下中缅跨境民族优秀传统文化的影像表达与集成研究	18BMZ089	民族学	童绍英	滇西科技师范学院	云南	研究报告；其他
19	国家社科基金·一般项目	《红楼梦》清代刻本海外流布与影响研究	18BZW059	中国文学	曹立波	中央民族大学	北京	专著
20	国家社科基金·一般项目	十九世纪《三国演义》的英译与传播研究	18BZW068	中国文学	王燕	中国人民大学	北京	专著
21	国家社科基金·一般项目	《楚辞》百年西传得失与中国典籍的译介路径研究	18BYY032	语言学	田传茂	长江大学	湖北	专著

序号	项目类别	课题名称	批准号	学科	负责人	工作单位	所在省市	预期成果
22	国家社科基金·一般项目	"一带一路"倡议下西北少数民族文化对外传播的话语建构研究	18BXW021	新闻学与传播学	郝香	甘肃政法学院	甘肃	专著
23	国家社科基金·一般项目	"一带一路"对外传播话语体系建构研究	18BXW022	新闻学与传播学	于嵩昕	东华大学	上海	研究报告
24	国家社科基金·一般项目	"一带一路"对外传播话语体系建构研究	18BXW023	新闻学与传播学	周丽	新疆财经大学	新疆	研究报告
25	国家社科基金·一般项目	"一带一路"战略背景下中国出版走出去研究	18BXW024	新闻学与传播学	赵树旺	河北大学	河北	专著其他
26	国家社科基金·一般项目	闽台茶文化海上丝绸之路传播研究	18BXW028	新闻学与传播学	蔡清毅	厦门理工学院	福建	专著论文集
27	国家社科基金·一般项目	人类命运共同体理念与全球传播秩序重建研究	18BXW062	新闻学与传播学	邵鹏	浙江工业大学	浙江	专著研究报告
28	国家社科基金·一般项目	互联网群体传播对节日文化传承与创新的影响研究	18BXW094	新闻学与传播学	常启云	郑州大学	河南	论文集研究报告
29	国家社科基金·一般项目	美国孔子学院跨文化传播的时、度、效研究	18BXW095	新闻学与传播学	刘荣	四川大学	四川	专著
30	国家社科基金·一般项目	民国时期中医古籍出版与文化传承研究	18BXW096	新闻学与传播学	赵艳	北京中医药大学	北京	专著
31	国家社科基金·一般项目	南海《更路簿》的跨文化研究与国际传播	18BXW097	新闻学与传播学	张军军	海南大学	海南	专著
32	国家社科基金·一般项目	中国传统文化跨文化传播体系构建及传播模式研究	18BXW099	新闻学与传播学	漆谦	解放军电视宣传中心	北京	专著研究报告

序号	项目类别	课题名称	批准号	学科	负责人	工作单位	所在省市	预期成果
33	国家社科基金·一般项目	中国西北跨国民族文化传播与文化安全研究	18BXW100	新闻学与传播学	王晓红	兰州大学	甘肃	研究报告
34	国家社科基金·一般项目	文化自信视野下青少年优秀传统文化阅读推广研究	18BTQ015	图书馆、情报与文献学	汪全莉	湘潭大学	湖南	专著
35	国家社科基金·一般项目	基于典籍的中华传统文化知识表达体系自动构建方法研究	18BTQ063	图书馆、情报与文献学	何琳	南京农业大学	江苏	研究报告电脑软件
36	国家社科基金·一般项目	二元主体互动与创新情境调节视角下的中国传统文化与员工创新行为研究	18BGL135	管理学	金辉	江苏科技大学	江苏	论文集研究报告
37	国家社科基金·青年项目	中华传统家风家训涵养新时代青年价值观研究	18CKS013	马列·科社	韩文乾	首都师范大学	北京	论文集研究报告
38	国家社科基金·青年项目	习近平新时代中国特色社会主义思想的中华优秀传统文化渊源研究	18CKS026	马列·科社	李丹丹	东北林业大学	黑龙江	专著
39	国家社科基金·青年项目	中华传统文化对构建人类命运共体的作用与路径研究	18CKS038	马列·科社	谢霄男	重庆邮电大学	重庆	专著
40	国家社科基金·青年项目	理学的早期西传及其影响研究	18CZX037	哲学	王格	中山大学	广东	专著
41	国家社科基金·青年项目	中晚明阳明心学民间道德教化与传播研究	18CZX053	哲学	韩玉胜	南京大学	江苏	专著
42	国家社科基金·青年项目	中国传统耻感文化及其现代转型的历史社会学研究	18CSH003	社会学	王佳鹏	南京大学	江苏	专著论文集

序号	项目类别	课题名称	批准号	学科	负责人	工作单位	所在省市	预期成果
43	国家社科基金·青年项目	贵州苗、侗、布依等民族传统纺织文化的传承困境与现状调查研究	18CMZ020	民族学	夏梦颖	四川大学	四川	专著
44	国家社科基金·青年项目	传统文化的创造性转化与近代中国国际关系研究	18CGJ035	国际问题研究	赵思洋	暨南大学	广东	专著论文集
45	国家社科基金·青年项目	儒学东传与朝鲜王朝前期的风俗改易研究	18CSS022	世界历史	徐凡	西北师范大学	甘肃	专著论文集
46	国家社科基金·青年项目	中国土地崇拜在东亚的传播与文化认同研究	18CZJ022	宗教学	张丽山	浙江理工大学	浙江	专著研究报告
47	国家社科基金·青年项目	宋元文章学在日本的传播与接受研究	18CZW026	中国文学	李由	江苏省社会科学院	江苏	专著
48	国家社科基金·青年项目	汉赋纪事文献传播与叙事结构研究	18CZW031	中国文学	刘祥	西安交通大学	陕西	专著
49	国家社科基金·青年项目	海外华语电视的本土内容生产与中华传统文化传播创新研究	18CXW004	新闻学与传播学	梁悦悦	中央民族大学	高校	研究报告
50	国家社科基金·青年项目	近代西北地方媒介传播西医防疫思想研究	18CXW016	新闻学与传播学	吕强	西北政法大学	陕西	研究报告
51	国家社科基金·青年项目	中国古代图书馆的历史记忆功能及其机制研究	18CTQ001	图书馆、情报与文献学	王瑛琦	哈尔滨理工大学	黑龙江	专著
52	国家社科基金·青年项目	中国近代读书会及其文化现象研究	18CTQ002	图书馆、情报与文献学	凌冬梅	嘉兴学院	浙江	专著

序号	项目类别	课题名称	批准号	学科	负责人	工作单位	所在省市	预期成果
53	国家社科基金·青年项目	清代西南方志纂刊与流通问题研究	18CTQ014	图书馆、情报与文献学	毛丽娟	云南师范大学	云南	其他专著
54	国家社科基金·青年项目	西北书院与学术文化传承研究	18CTQ017	图书馆、情报与文献学	马培洁	西北民族大学	甘肃	专著

华夏传播研究 2018 年度教育部人文社会科学研究规划基金、青年基金项目一览表

序号	学科门类	项目名称	项目类别	项目批准号	申请人	学校名称
1	马克思主义/思想政治教育	古代书院个体品德培育对当代高校思想政治教育的启示研究	规划基金项目	18YJA710010	杜华伟	兰州交通大学
2	马克思主义/思想政治教育	民族复兴视域下铸牢中华民族共同体意识研究	规划基金项目	18YJA710019	孔亭	枣庄学院
3	马克思主义/思想政治教育	中华传统文化与社会主义意识形态引领力建设研究	规划基金项目	18YJA710026	李丽	中山大学
4	马克思主义/思想政治教育	中华优秀传统文化与中华民族共同体意识建构研究	青年基金项目	18YJC710064	苏泽宇	华南师范大学
5	马克思主义/思想政治教育	人类命运共同体：全球现代性问题解决的中国智慧与方案研究	青年基金项目	18YJC710044	刘洋	上海财经大学
6	马克思主义/思想政治教育	"人类命运共同体"视域下中华文化国际传播能力建设研究	青年基金项目	18YJC710099	张颖	绍兴文理学院
7	马克思主义/思想政治教育	优秀家风家训嵌入社会主义核心价值观培育全过程研究	青年基金项目	18YJC710102	郑晶晶	扬州大学
8	历史学	魏晋南北朝时期的家传研究	规划基金项目	18YJA770003	李传印	华中科技大学
9	历史学	先秦谏议思想研究	青年基金项目	18YJC770047	周耿	北京交通大学
10	历史学	金代区域文化变迁与文化认同研究	青年基金项目	18YJC770034	王万志	吉林大学
11	历史学	明代政治中的礼仪实践与秩序维护研究	青年基金项目	18YJC770036	吴恩荣	肇庆学院

序号	学科门类	项目名称	项目类别	项目批准号	申请人	学校名称
12	法学	宋代家训与宋人日常行为规范研究	规划基金项目	18YJA820011	马泓波	西北大学
13	民族学与文化学	现代传媒视野下口头传统的传承研究	青年基金项目	18YJC850001	包媛媛	北京城市学院
14	民族学与文化学	"一带一路"背景下民族文化对外传播路径创新研究	青年基金项目	18YJC850012	李锦云	中南民族大学
15	新闻学与传播学	乡村振兴战略视域下乡村文化传播生态重建研究	青年基金项目	18YJC860016	李彬	吉林农业大学
16	新闻学与传播学	Twitter中孔子学院相关议题的话语分析与对策研究	青年基金项目	18YJC860011	侯宏虹	四川大学
17	体育科学	新时代武术中美跨文化传播研究	规划基金项目	18YJA890020	孙刚	山东师范大学
18	交叉学科/综合研究	科尔沁叙事民歌沉浸式传播研究	规划基金项目	18YJAZH023	何红艳	合肥工业大学
19	交叉学科/综合研究	大运河沿线传统村落居民对运河文化的认知与认同研究——以京津冀运河沿线传统村落为例	青年基金项目	18YJCZH019	成志芬	北京联合大学
20	交叉学科/综合研究	基于新媒体动漫的"文化中国"国家形象建构与传播策略研究	青年基金项目	18YJCZH136	牛旻	湖北工业大学
21	交叉学科/综合研究	现代新儒家与西方社群主义自我观比较研究	青年基金项目	18YJCZH168	王斐	华中师范大学
22	交叉学科/综合研究	明清经典小说在英语世界的传播及启示研究	青年基金项目	18YJCZH056	黄剑	南昌大学
23	交叉学科/综合研究	《文心雕龙》在西班牙语世界的译介、接受与影响研究	青年基金项目	18YJCZH250	张雅惠	厦门大学

华夏传播研究 2018 年度各省／市社会科学规划立项项目情况一览表

省份／市名	项目名称及类别	课题名称	项目编号	学科门类	负责人	管理单位
山东省	2018 年度山东省社会科学规划研究专项项目·一般项目	沂蒙精神在齐鲁文化走出去中的对外传播研究	18CZCJ01	艺术学	叶霞	山东艺术学院
	2018 年度山东省社会科学规划研究专项项目·一般项目	"一带一路"与齐鲁文化传播研究	18CZCJ07	中国文学	史洁	山东师范大学
	2018 年度山东省社会科学规划研究专项项目·一般项目	近代儒家文化背景下齐鲁女性形象审美对外传播研究	18CZCJ20	艺术学	王泽梁	齐鲁工业大学
	2018 年度山东省社会科学规划研究专项项目·一般项目	孔子学院平台下齐鲁文化走出去的创新策略	18CZCJ22	新闻学与传播学	李欣人	山东大学
	2018 年度山东省社会科学规划研究专项项目·一般项目	媒介融合背景下齐鲁文化全媒体国际化传播研究	18CZCJ23	新闻学与传播学	徐洋	山东政法学院
	2018 年度山东省社会科学规划研究专项项目·一般项目	齐鲁传统文化资源在艺术领域的现代转化与海外传播研究	18CZCJ25	艺术学	张有平	山东艺术学院
	2018 年度山东省社会科学规划研究专项项目·一般项目	齐鲁传统音乐文化对外传播机制研究	18CZCJ26	艺术学	王曼	济宁学院
	2018 年度山东省社会科学规划研究专项项目·一般项目	儒家文化在澳大利亚的传承发展与传播研究	18CZCJ31	艺术学	胡斌	济南大学
	2018 年度山东省社会科学规划研究专项项目·一般项目	儒学在美国的传播：狄百瑞新儒学研究梳辨	18CZCJ33	语言学	张涛	曲阜师范大学

省份/市名	项目名称及类别	课题名称	项目编号	学科门类	负责人	管理单位
山东省	2018年度山东省社会科学规划研究专项项目·一般项目	近代以来儒学变容与国家认同建构	18CYMJ45	中国历史	徐 峰	曲阜师范大学
	2018年度山东省社会科学规划研究专项项目·一般项目	中和仁义：亚洲新电影中的儒家文化研究	18DSJJ02	中国文学	李 岩	山东大学（威海）
	2018年度山东省社会科学规划研究专项项目·一般项目	儒家礼学的现代扬弃与"美德山东建设"研究	18CSJJ03	哲学	郭雁南	日照职业技术学院
	2018年度山东省社会科学规划研究专项项目·一般项目	儒家关系思想与现代社会工作理论融合研究	18CSJJ23	社会学	杨 超	临沂大学
	2018年度山东省社会科学规划项目·重点项目	儒家情感学	18BSJJ02	哲学	周远斌	青岛大学
	2018年度山东省社会科学规划项目·一般项目	水浒传播文本的数据库建设及海外传播研究	18CZKJ05	语言学	马艳颖	曲阜师范大学
	2018年度山东省社会科学规划项目·重点项目	中华优秀传统文化继续教育的路径与机制研究	18BJYJ03	教育学	何爱霞	曲阜师范大学
	2018年度山东省社会科学规划项目·一般项目	东亚跨文化传播中的齐鲁文化与鲁剧创作	18CXWJ03	新闻学与传播学	周 琳	山东大学
四川省	2018年四川省社科规划基地重大项目	儒学调适与治理转型：晚清四川财政思想的变动与制度改革研究	SC18EZD030	哲学	廖文辉	四川大学
	2018年度四川省社科规划项目·一般项目	传统与西化视域下的工匠书写——近代日本文学中的传统工匠形象构建	SC18B074	艺术学	林 敏	四川大学
江西省	2018年江西省社会科学规划项目·一般项目	"儒道文化"对江西传统民居中"非遗"艺术的影响研究	18YS09	艺术学	刘 沐	江西农业大学

省份/市名	项目名称及类别	课题名称	项目编号	学科门类	负责人	管理单位
福建省	福建省 2018 社会科学规划项目·一般项目	文化传统与革命传统：闽西客家革命歌曲研究	FJ2018B139	艺术学	黄文杰	集美大学
	福建省 2018 社会科学规划项目·一般项目	福建传统坊巷的群体互动装置设计研究	FJ2018B147	艺术学	李锴	福建江夏学院
	福建省 2018 社会科学规划项目·一般项目	"印象福建"世界表达的语用研究	FJ2018B163	语言学	何文贤	福建商学院
	福建省 2018 社会科学规划项目·一般项目	日本华裔妈祖信仰的传播记忆与认同研究	FJ2018B165	宗教学	刘智豪	泉州师范学院
	福建省 2018 社会科学规划项目·青年项目	闽台传统礼仪的当代时间与乡村社会治理研究	FJ2018C055	社会学	何斯琴	福建工程学院
	福建省 2018 社会科学规划项目·青年项目	朱子学派礼图思想及影响研究	FJ2018C101	哲学	王志阳	武夷学院
	福建省 2018 社会科学规划项目·西部扶持项目	朱子理学与世界文化话语权和影响力研究	FJ2018X004	马列·科社	陈绍西	三明学院
浙江省	浙江省 2018 年度哲学社会科学规划"高校思想政治工作专项课题"	书院制模式下高校文化育人创新研究	18GXSZ022YB	高校思政	蒋邢飞	浙江科技学院

省份/市名	项目名称及类别	课题名称	项目编号	学科门类	负责人	管理单位
广东省	广东省哲学社会科学"十三五"规划2018年度青年项目	海上丝绸之路与宋代工艺美术东亚传播研究	GD18YYS03	艺术学	朱彦	广州大学
	广东省哲学社会科学"十三五"规划2018年度一般项目	粤台客家礼俗音乐与中华文化认同研究	GD18CYS05	艺术学	董晓梅	嘉应学院
	2018年度广东省哲学社会科学规划学科共建项目	晚明儒释道与基督教的异质碰撞及关系演变研究——以利玛窦为中心	GD18XZX04	哲学	周黄琴	肇庆学院
	2018年度广东省哲学社会科学规划学科共建项目	"乡规民约"在乡村社会治理中的作用研究	GD18XGL43	管理学新兴交叉学	何帆	广州华夏职业学院
	2018年度广东省哲学社会科学规划学科共建项目	东莞木鱼歌传播媒介嬗变研究	GD18XYS01	艺术学	王芹	东莞理工学院
	2018年度广东省哲学社会科学规划学科共建项目	岭南·陶文化在海上丝绸之路中的古今传播价值研究	GD18XYS02	艺术学	熊青珍	广东财经大学

省份/市名	项目名称及类别	课题名称	项目编号	学科门类	负责人	管理单位
陕西省	2018 年陕西省社会科学基金年度项目	中华优秀传统文化融入高校思想政治教育的逻辑理路与实践路径研究	2018A01	马列·科社	汤玲	西安理工大学
	2018 年陕西省社会科学基金年度项目	明代关中礼学研究	2018C02	哲学·宗教学	孙德仁	陕西师范大学
	2018 年陕西省社会科学基金年度项目	现象学视域下中西"家"文化的异同之辩	2018C03	哲学·宗教学	程秋君	西安建筑科技大学
	2018 年陕西省社会科学基金年度项目	陕西乡规民约碑刻研究	2018H04	历史·考古学	党斌	省社科院
	2018 年陕西省社会科学基金年度项目	陕西家训文献整理与优秀家风研究	2018J03	文学	张静莉	渭南师范学院
	2018 年陕西省社会科学基金年度项目	陕西地区建筑遗产的传播与推广研究	2018K31	艺术学	林梅	西安建筑科技大学
	2018 年陕西省社会科学基金年度项目	中国传统文化的当代话语转换及"走出去"策略研究	2018M16	语言学	李俊丽	陕西理工大学
	2018 年陕西省社会科学基金年度项目	多元文化背景下汉字部件构意的英文阐释暨外宣传播研究	2018M33	语言学	党秋菊	西京学院
	2018 年陕西省社会科学基金年度项目	汉中非物质文化遗产翻译与传播机制研究	2018M35	语言学	曾小珊	陕西理工大学
	2018 年陕西省社会科学基金年度项目	以陕西民间艺术促进社会主义核心价值观传播策略研究	2018N10	新闻学与传播学	张荣花	西安培华学院
	2018 年陕西省社会科学基金年度项目	清末陕西报业与关学文化传统的关系研究	2018N12	新闻学与传播学	余亚莉	宝鸡文理学院

省份/市名	项目名称及类别	课题名称	项目编号	学科门类	负责人	管理单位
辽宁省	2018年辽宁省社会科学基金年度青年项目	艺术人类学视野下的辽西古文化传播与发展研究	L18CMZ001	民族学	单林梦	渤海大学
	2018年辽宁省社会科学基金年度青年项目	辽宁地区汉魏墓葬及其文化交流互动研究	L18CKG001	考古学	徐 政	辽宁省文物考古研究所
	2018年辽宁省社会科学基金年度自选项目	辽宁海洋民间故事开发与传播	L18DZW004	中国文学	高 旗	大连海洋大学
贵州省	贵州省2018年度哲学社会科学规划国学单列课题·国学单列·一般课题	中国德性伦理：传统资源的阐释与现代传承	18GZGX17	哲学	王文东	中央民族大学
	贵州省2018年度哲学社会科学规划国学单列课题·国学单列·青年课题	黔中地区丧礼仪式的传统文化渊源及现代诠释	18GZGX33	哲学	曾顺岗	贵阳孔学堂文化传播中心
	贵州省2018年度哲学社会科学规划国学单列课题·国学单列·青年课题	明初"去蒙古化"与文化重建研究	18GZGX32	历史学	张佳佳	复旦大学
	贵州省2018年度哲学社会科学规划国学单列课题·国学单列·一般课题	西方儒学史	18GZGX16	哲学	丁子江	美国加州州立理工大学
	贵州省2018年度哲学社会科学规划国学单列课题·国学单列·青年课题	辽夏金元时期北方少数民族政权儒学资料整理与研究	18GZGX28	历史学	李玉君	辽宁师范大学
	贵州省2018年度哲学社会科学规划国学单列课题·国学单列·一般课题	清水江文书儒家精髓运用与传承研究	18GZGX11	历史学	安尊华	贵州师范大学

省份／市名	项目名称及类别	课题名称	项目编号	学科门类	负责人	管理单位
黑龙江省	2018 年度黑龙江省哲学社会科学研究规划项目立项名单·扶持共建项目	哈埠特色文化创意产品设计研究与推广	18YSE603	艺术学	王佳誉	哈尔滨商业大学
	2019 年度黑龙江省哲学社会科学研究规划项目立项名单·扶持共建项目	赫哲族纹饰的品牌化运用研究	18YSE604	艺术学	翟颉	哈尔滨商业大学
	2020 年度黑龙江省哲学社会科学研究规划项目立项名单·扶持共建项目	黑龙江省渔猎民族传统手工技艺保护与发展研究	18YSE605	艺术学	欧阳安	哈尔滨商业大学

省份/市名	项目名称及类别	课题名称	项目编号	学科门类	负责人	管理单位
湖南省	2018 年度湖南省社会科学成果评审委员会课题项目·一般课题	中国民间故事在西方的译介与传播	XSP18YBZ009	文学	邓娜	湘潭大学
	2019 年度湖南省社会科学成果评审委员会课题项目·一般课题	梅山民间土陶技艺的传承与创新	XSP18YBZ014	艺术学	付薇薇	湖南人文科技学院
	2019 年度湖南省社会科学成果评审委员会课题项目·一般课题	新媒体环境下中国网民民族主义话语传播与引导研究	XSP18YBZ112	新闻传播学	魏明革	长沙理工大学
	2019 年度湖南省社会科学成果评审委员会课题项目·一般课题	夏布文化传承场域中手工艺人的自我身份认同研究	XSP18YBC084	艺术学	黄准	湘潭大学
	2019 年度湖南省社会科学成果评审委员会课题项目·一般课题	基于文化自信视域下的中国传统武术的国际传播研究	XSP18YBC088	体育科学	姜辉军	湖南第一师范学院
	2020 年度湖南省社会科学成果评审委员会课题项目·一般课题	传播媒介与中国书法字体演变机制研究	XSP18YBC133	传播学	李正庚	长沙理工大学
	2020 年度湖南省社会科学成果评审委员会课题项目·一般课题	晚清民国墨学在湖湘学术中的运用及其当代意义研究	XSP18YBC262	哲学	吴晓欣	湖南大学

省份／市名	项目名称及类别	课题名称	项目编号	学科门类	负责人	管理单位
湖南省	2020 年度湖南省社会科学成果评审委员会课题项目·一般课题	西方文化帝国主义扩张与渗透背景下文化自信的构建与传播研究	XSP18YBC271	马列·科社	武海波	长沙民政职业技术学院
	2020 年度湖南省社会科学成果评审委员会课题项目·一般课题	印本传播与宋诗嬗变	XSP18YBC218	文学	苏勇强	湖南人文科技学院
	2020 年度湖南省社会科学成果评审委员会课题项目·一般课题	书院文化融入大学生思想政治教育研究	XSP18YBC313	高校思政	杨美新	湖南大学
	2020 年度湖南省社会科学成果评审委员会课题项目·一般课题	湖南传统文化符号在当代动画形象设计中的应用研究	XSP18YBC294	传播学	熊 明	湘潭大学
	2020 年度湖南省社会科学成果评审委员会课题项目·一般课题	土司制度的完善与国家认同的强化研究——以明代酉水流域土司为例	XSP18YBC326	历史学	尹 宁	吉首大学
	2018 年度湖南省社会科学成果评审委员会课题项目·重点课题	新世纪中国形象文学书写的传统文化元素研究	XSP18ZD1009	文学	李胜清	湖南科技大学

省份/市名	项目名称及类别	课题名称	项目编号	学科门类	负责人	管理单位
广西壮族自治区	2018年广西哲学社会科学规划研究课题立项名单·青年课题	东盟来桂留学生对中华文化的认同现状及其传播策略研究	18CKS001	马列·科社	张莉	广西教育研究院
	2018年广西哲学社会科学规划研究课题立项名单·自筹课题	周敦颐修养文化在桂北地区的传承及对新时代社会主义核心价值观建设的启示	18FZZ001	政治学	李成远	桂林市委党校
	2018年广西哲学社会科学规划研究课题立项名单·一般课题	瑶族史诗《密洛陀》的谱系视角与传承保护机制创新研究	18BSH004	社会学	覃琮	广西师范大学
	2018年广西哲学社会科学规划研究课题立项名单·自筹课题	广西少数民族传统文化保护中的神圣价值观对经济行为决策的影响研究	18FSH006	社会学	龙艳	桂林旅游学院
	2018年广西哲学社会科学规划研究课题立项名单·自筹课题	广西、泰国、老挝岩画比较研究与民族文化认同	18FMZ002	民族学	肖波	广西民族博物馆
	2018年广西哲学社会科学规划研究课题立项名单·自筹课题	广西少数民族传统民俗节庆数字动漫转化与传播路经研究	18FMZ005	民族学	蒋慧	广西师范大学
	2018年广西哲学社会科学规划研究课题立项名单·青年课题	东盟来桂留学生对中华文化的认同现状及其传播策略研究	18CKS001	马列·科社	张莉	广西教育研究院
甘肃省	2018年甘肃省社科规划项目拟立项名单·一般项目	两周青铜礼容器所见甘肃与中原地区的文化交流：以陇东、陇南为例	KG004	考古学	马军霞	西北师范大学
	2018年甘肃省社科规划项目拟立项名单·一般项目	空间视角下甘南地区藏传佛教寺院的媒介功能研究	XW016	新闻学与传播学	王君玲	兰州大学新闻与传播学院
	2018年甘肃省社科规划项目拟立项名单·一般项目	胡汉文化交流与唐诗关系研究	WX031	文学	高璐	兰州大学文学院

省份／市名	项目名称及类别	课题名称	项目编号	学科门类	负责人	管理单位
宁夏回族自治区	2018 年宁夏回族自治区哲学社会科学规划年度项目立项名单	固原地区佛教石窟艺术样式的文化传播	18NXBKG01	考古学	宋永忠	宁夏师范学院
云南省	2018 年云南省哲学社会科学研究基地课题立课题·一般课题·南诏大理历史文化传承与发展研究基地课题·编号二十三	道教传播与南诏大理国中华文化认同关系研究	JD2015YB48	宗教学	颜文强	大理大学
	2018 年度云南省哲学社会科学规划项目·一般项目	中国电视剧在越南的传播与影响研究		新闻学与传播学	刘健	云南师范大学
安徽省	2018 年安徽省社科普及规划项目	传承中华文化，兴我礼仪之邦——安徽优秀传统文化活态传承路径与典型案例		马列·科社	苏涛	安徽工程大学
	2018 年安徽省社科普及规划项目	传承中华文化 兴我礼仪之邦——安徽优秀传统文化活态传承路径与典型案例		马列·科社	高长春	安徽师范大学
湖北省	2018 年度湖北省教育厅人文社科研究·重点项目	湖北三国地名文化研究		历史学	王前程	三峡大学
	2018 年度湖北省教育厅人文社科研究·青年项目	跨文化传播伦理与中医文化国际传播研究		交叉学科／综合研究	李思乐	湖北中医药大学
	2018 年度湖北省教育厅人文社科研究·青年项目	中医经典的重构：《黄帝内经》的译介与海外传播		交叉学科／综合研究	王娟	湖北中医药大学
	2018 年度湖北省教育厅人文社科研究·一般项目	晚清小说叙事与民族国家想象关联研究		文学	王成	湖北师范大学

省份/市名	项目名称及类别	课题名称	项目编号	学科门类	负责人	管理单位
湖北省	2018年度湖北省教育厅人文社科研究·青年项目	中晚唐江汉漕运与区域社会研究		社会学	陈乐保	湖北师范大学
	2018年度湖北省教育厅人文社科研究·青年项目	基于《礼记》中英文语料库的阐释学研究		历史学·考古学	吴玥璠	湖北科技学院
江苏省	2018年度湖北省教育厅人文社科研究·重点项目	典籍《庄子》译序中的中国文化形象研究		历史学·考古学	殷燕	湖北大学
	2018年度江苏省社科立项项目·一般项目	儒家礼乐思想融入高校校园文化建设的实践路径研究		马列·科社	杨日晨	盐城师范学院
	2018年度江苏省社科立项项目·青年项目	新乡贤文化推动乡村振兴的内在机制与实现路径研究		马列·科社	庞超	南京审计大学
	2018年度江苏省社科立项项目·一般项目	改革开放以来朱熹伦理道德思想探索进程研究		哲学	时名早	淮阴师范学院
	2018年度江苏省社科立项项目·一般项目	伊洛道学话语共同体研究		哲学	包佳道	江南大学
河南省	2018年度河南省哲学社会科学规划后期资助项目	中国传统文化当代解读与多维研究		文学	舒坤尧	华北水利水电大学
内蒙古自治区	2018年度内蒙古社科规划项目立项项目·一般项目	以民族文化特色符号弘扬中华优秀传统文化的价值研究		交叉学科/综合研究	黄霞	内蒙古工业大学

省份/市名	项目名称及类别	课题名称	项目编号	学科门类	负责人	管理单位
上海市	2018 年度上海市社科规划一般课题	陶诗明清传播与接受研究		文学·艺术	邓富华	上海建桥学院
	2018 年度上海市社科规划一般课题	近代上海出版人社会生活研究（1897—1937）		新闻学	杨卫民	上海理工大学
	2018 年度上海市社科规划青年课题	清代丁数、民数的记录、传播和意义		历史学·考古学	张鑫敏	上海电机学院
重庆市	2018 年度重庆市社会科学规划项目·一般项目	北朝佛教造像中的儒、佛文化互动研究		历史学·考古学	叶原	西南大学
	2019 年度重庆市社会科学规划项目·一般项目	重庆苗族民歌的当代价值与传承研究		历史学·考古学	张琴	重庆文理学院

后记

　　华夏传播研究是伴随着传播学中国化进程而产生的一种具有中国主体意识的学术探索。20 世纪 70 年代末，余也鲁、徐佳士等人于港台地区首创，力图从中华五千年文明中探索出中国人独特的传播智慧，以丰富和发展源于西方的传播学。而 1993 年，当厦门大学新闻传播系创系 10 周年的时候，余也鲁等人与厦门大学的郑学檬教授（时任厦门大学常务副校长）共同商议举办了"首届海峡两岸中国传统文化中传的座谈会"，同时也成立了厦门大学传播研究所作为推动全国传播研究的基地。此后，积极推动出版了《华夏传播论》和《华夏传播研究丛书》（三卷）等著作，从此厦门大学成为海内外华夏传播研究的重要基地。

　　转眼间，华夏传播研究已走过了四十个春秋。研究的接力棒落到了新一代学人身上。为了不辜负前辈们的殷切嘱托，厦门大学传播研究所决心继续打造"华夏传播研究"这一学术传统，在教学上创立了厦门大学经验，即开出了本硕博贯通的课程教学体系，体现在面向本科生开设"华夏传播概论"必修课，面向硕士生开设"史论精解——华夏传播学"（必修课）和"中国传播理论"（选修课），面向博士生，开设"研究前沿——华夏传播研究专题"，同时博硕士课程打通，可以互选。同时，建设了相应的配套教材与教辅：本科生教材为《华夏传播学引论》（厦门大学出版社，2017），硕士生教材为《华夏文明与传播学本土化研究》（九州出版社，2016，2018 年荣奖福建省社会科学优秀成果三等奖），博士生教材为《光荣与梦想：传播学中国化研究四十年（1978—2018）》（九州出版社，2018），当然这三本教材都可以互为参照学习，各有侧重。本科生教材以西方传播学框架来建构华夏传播学的基础理论体系，以方便学生进行比较学习。硕士生教材则重华夏传播学自身的理论建构，形成了包括心传论、风草论、情感论等有中国特色的理论体系。博士生教材则重在历史的把握，注重观照传播学中国化进行中的论争，把握华夏传播研究四十年的历史成就。同时，为了帮助初学者入门，我们主编了

《华夏传播学读本》（世界道联出版社，2016），该书主要精选了本领域的代表性论文，让读者能够直观把握这个领域研究的特色。同时，为了实现一本在手，概览华夏传播研究的主要成果的目标，我们主编了《华夏传播学的想象力——中华传统文化传播研究著作评介集成》（九州出版社，2018），该书收录了近40年来该领域代表性成果的著作提要，做作了简要的评介。在科学研究方面，我们力争打造"华夏文明传播研究"方向，从文明传播学的高度，来建构华夏传播研究自身的话语体系、理论体系与实践体系。我们一方面主编了《中华文化与传播研究》《华夏传播研究》两本集刊；另一方面也主编了《华夏文明传播研究文库》（含《华夏文明与舆论学本土化研究》《大道上的老子——〈道德经〉与大众传播学》等10部），从而初步打造出了研究特色，产生了一定的学术影响。

我们心中有一个梦想，那就是将华夏传播研究提升到"华夏传播学"，经过不懈努力，最终能够成为与传播学"美国学派""欧洲学派"相媲美的"中国学派"，至少要做到中国传播研究的"厦大学派"。因为在我们心中，华夏传播学是华夏传播研究领域发展到21世纪的一种更为深沉雄厚的学术追求。华夏传播学是在对中华五千年文化传统中的传播活动与传播观念进行发掘、整理、研究和扬弃的基础上建构起来的能够阐释和推进中华文明可持续发展的传播机制、机理和思想方法的学说。她不仅站在中华文化立场上，归纳提炼了中国人的传播智慧，而且统摄全球传播视野，力求综合创新，打造出具有民族性、时代性、先进性、全球性的传播理论。

2018年9月16日，一批有志于推动华夏传播学缔造的传播学人集聚江苏金坛，于首届"华夏文明传播与企业家精神培育研讨会"上成立了"华夏传播研究会"，挂靠华夏文化促进会。从此，从厦门大学传播研究所发展而来的华夏传播研究会正努力以工作坊、研究会、办刊等方式，不断提升华夏传播学的研究力，不断集聚研究人才，以期创造更加辉煌灿烂的明天。

本丛书取名"华夏传播研究论丛"是立志于庚续《华夏传播研究丛书》（2002）的传统，继承开创华夏传播研究新境界。热切期望有志于中华文化传播研究的学人加入我们的行列中来。而本卷本意是开创《华夏传播学年鉴》的先河，其本质上也是采用年鉴的格式来主编的，因此成为《华夏传播学年鉴》（2019）。明年我们将力争单独编写《华夏传播学年鉴》（2020），相信能够久久功成。

丛书主编：谢清果

2019年8月16日